湖南省民间非物质文化遗产研究基地系列成果之一
怀化学院五溪流域上古文化研究所系列成果之一

会同话
与
简易汉字学

宋泽计　杨汉立　著

中国社会科学出版社

图书在版编目(CIP)数据

会同话与简易汉字学/宋泽计、杨汉立著.—北京:中国社会科学出版社,
2014.4

ISBN 978 - 7 - 5161 - 3741 - 3

Ⅰ.①会… Ⅱ.①宋…②杨… Ⅲ.①汉字—研究②西南官话—研究—会
同县 Ⅳ.①H12②H172.3

中国版本图书馆 CIP 数据核字(2013)第 294027 号

出 版 人	赵剑英
策划编辑	郭沂纹
责任编辑	吴丽平
责任校对	李 莉
责任印制	王 超

出 版	中国社会科学出版社
社 址	北京鼓楼西大街甲 158 号 (邮编 100720)
网 址	http://www.csspw.cn
	中文域名:中国社科网 010 - 64070619
发 行 部	010 - 84083685
门 市 部	010 - 84029450
经 销	新华书店及其他书店

印刷装订	环球印刷(北京)有限公司
版 次	2014 年 4 月第 1 版
印 次	2014 年 4 月第 1 次印刷

开 本	710×1000 1/16
印 张	56
插 页	2
字 数	948 千字
定 价	168.00 元

从方言入手，结合字形结构，是研究上古汉语和字义的又一途径。

王辰夏 王震中於中国社科院

《会同话与简易汉字学》创造性地提出"汉语音本义原理"和"汉字形本义原理"，这是将方言语音与字形结构相结合来研究语言文字的又一创新之举，可喜可贺！

癸巳初冬 中国社科院 王震中

作者向王宇信、王震中教授汇报书稿内容

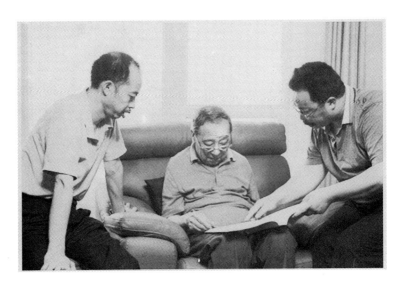

作者向李学勤教授汇报书稿内容

湖南會同歷史久遠，由
會同方言推求古漢語
文字的形音義，是很值
得發展的研究方向。

李學勤
二〇一二年六月於北京

序 言 一

中国社会科学院荣誉学部委员、博士生导师 王守信

　　记得，2012 年 6 月 30 日下午，一场瓢泼大雨刚过，王震中教授就带领宋泽计、杨汉立二位同志来到我家。陪同他们一道来的，还有会同县政协主席李显阳先生。进房间后没有过多的寒暄，宋、杨二位就你一言我一语地向我讲起他们的新作——《会同话与简易汉字学》一书的诸多精彩之处和书中的创新点。虽然二位滔滔不绝，讲得很起劲，但对他们一口地道的湖南话，我真的没有听懂几句。只听明白了至今会同话中还保存着不少汉字的古音古意，对甲骨文字的音读有参考价值云云……当分别时，宋、杨二位给我留下一部 800 多页的书稿，并恳切要我看后多提意见，希望我能为他们写一篇"序"。虽然我满口答应，并连声说："一定认真拜读！"但心底里却没有把这份书稿当回事。因为在我看来，汉语汉字学是一门较为神秘而又高深的学问，是语言学家皓首穷经钻研一辈子的事情。而这两位朋友生活和工作在湘西南的一个偏僻的小县城，又哪里去寻找和参考自汉代《说文解字》以来的大量字书和音韵学著作，又怎么能了解和掌握当代语言学家的研究成果和研究动向呢？！但当我一打开书稿认真阅读的时候，立刻就被作品精辟的论述和充满创造性的观点吸引住了……

　　《会同话与简易汉字学》，是一部在融会贯通前人和近人汉语汉字学研究成果的基础上，走出并开创了一条解决千百年来汉语汉字学习中"形难记"、"音难定"、"义难通"的新思路的优秀著作。本书的亮点就在于在书中创造性提出了"汉语音本义原理"和"汉字形本义原理"，从而推动了语言学研究的发展与深入。

　　所谓"汉语音本义原理"的核心内容，"就是通过探寻汉语每个音节发生的大体情况，弄清确认汉语每个音节所包含的隐性语源义"。"汉语音起源于义，义附于音，汉语的音义是同源的。从根本上来说，汉语音本

义原理属于汉语语言学的范畴，其宗旨就是求源推因，就是确认 400 来个汉语音节的语源义。"如，作者举例分析、论证了反、饭、泛、范、犯、返、燔、贩、翻、幡、帆等读音为"fan"的同一音系的一组文字，虽然它们的所指义——词的表层使用意义各不相同，但他们的本义所要求的"反转（相反）的"特点，却是它们所共有和必须具备的，从而深刻阐明了上古汉语"音义同源"的规律是确实存在的。而以往的语言学家，由于没有掌握汉语音本义原理，因而在对汉字进行训释的时候，往往不能将汉字的隐性词源意义揭示出来，这就给汉字汉语的学习者，在理解记忆汉语语词和汉字的音形义带来了极大困惑，这就使整体感和逻辑性十分突出的汉字语词，成为零碎杂乱的信息碎片了。而"汉语音本义原理"的提出，不仅明确了汉语语词的语源义，而且还进一步确定了同源词族的范围，这就可使几十、几百个同源词，能在较短的时间里方便而清晰地识记下来。初学者只要正确理解、掌握任何一个音节的隐性含义及其发生的内在机理，当听到任意一个音节时，就能较快地在脑海里找到那个音节所对应的具体事物，在头脑中就会产生形象生动的画面和声音效果，从而变"汉语难学"为"汉语易学"。不仅如此，"汉语音本义原理"对于训诂学而言，二位作者指出，它可以确知每一类语词所指对象的隐性特点，因而能够准确地辨析近义词及一大类事物的细微差别，从而找准每一个词语所确指的事物，就可以避免《说文》等字书释义含混不清的缺陷。而对于汉语音韵学而言，由于汉语音本义原理能够明确汉语语词的音义结合关系，能够揭示出每个汉语语词的语源意义，所以可用大量的义通之词声音演变的轨迹，来证明古代声纽与韵部之间的关系，成为音韵学研究古代汉语音系的佐证，并可进一步通过它检验各种方言词语音读的准确与否，从而厘清汉语语词音韵变化的脉络。

而所谓"汉字形本义原理"，是二位作者立足于"文字（包括象形文字、拼音文字）作为一种记录有声语言的可视符号"，"是在人类有声语言高度发达以后才逐步产生，慢慢完善"的基础上提出的。汉字形本义，"就是指既包含了汉语音本义（作者按：也可称作语源义）揭示的事物的特点，又包含了汉字形体所对应的具体事物的最原始意义"，而"研究汉字形体演变是探寻汉字'形本义'的唯一途径"。如此等等。

宋泽计、杨汉立提出的"汉语音本义原理"和"汉字形本义原理"，为语言学研究别开蹊径，找到一把开启汉语、汉字神秘之门的钥匙，即汉语音义结合的内在原理，这就使汉语、汉字形难记、音难定、意难通的难题得到了解决，为汉语、汉字学的研究作出了贡献。

宋泽计、杨汉立《会同话与简易汉字学》之所以取得成功，是和他们在全面继承古代和当代语言文字学研究成果的基础上，找到了前人所受时代、材料和聚讼的症结所在并有所前进，即他们认识到先秦时期开始的"声训"之不足，并对汉代以来的文字学著作，诸如毛亨《毛诗故训传》、班固《白虎通义》、许慎《说文解字》、刘熙《释名》等书所取得的成绩和不足有所认识。而两宋时期的"右文说"认为形声字的声符既表音又表意，为汉字研究开辟了一条新路，但也指出了"右文说"在于用许多声符相同而形符相异的字进行比较以看出这些字的共同意，应属于文字范畴，与旨在揭示汉语语源、解释语词由来的"声训"属于不同体系。自清代以后，训诂学有了高度发展，戴震、段玉裁、王念孙、郝懿行、王引之、黄承吉等学者作出很大贡献。特别是段玉裁、王念孙对汉语"音义同源"的规律和汉字形体与音义结合的原理都有了深刻理解和认识。而清末民初以后，"声训"继续在语言学大师章太炎、刘师培、黄侃、杨树达等的推动下，又有了进一步的发展和深入。但是，由于语言学家对汉字形、音、义等及其和语音结合的原理理解得不透彻，加之传统声训的操作原理及研究方法不够完善，在 20 世纪 60 年代以后，"声训"遭到了以王力等大师为代表的语言学家的怀疑、批判和否定。但王大师在进一步研究过程中，从《中国语言史》到《同源字典》，走过了否定之否定的道路，又开始从全盘否定"声训"的认识中走出来，并进行了进一步的探索……

用汉字字形的分析去阐释字义的方法——形训，虽然自先秦时代就开始了，诸如人们耳熟能详的"止戈为武"、"皿虫为蛊"等简单的形训。但到了汉代，以形训为主流的训诂学得到了蓬勃发展，《说文解字》就是一部集古代形训之大成的著作。此书"以形为纲，因形为训"并兼及音训、义训，成为两千多年来的训诂学经典。

其后，又经唐代陆德明《经典释文》的发展，清代在形训这一训诂方法上得到了进一步的前进，诸如段玉裁《说文解字注》、王念孙《广雅疏证》、王筠《说文释例》、桂馥《说文义证》等，就是在据字形考释字义方面取得巨大成就的著作。随着清代金石学的发展，极大地促进了文字学家对汉字形体演变的理解和认识。特别是 1899 年甲骨文的发现，使近现代文字学家考释文字走出以传统的讹变了的小篆形体立说的束缚，甲骨文给形训这种独特的汉字训释方式注入了新活力，宣告了以小篆形体为研究对象的传统形训的终结，开启了现代形训的新纪元。此外，《会同话与简易汉字学》认识到传统"六书"分析文字形体的方法种种欠科学、欠严密之不足，将构字法（象形、象事、形声）、用字法（假借）和释字法（转注）加以辨析，提出自己的象形、象事（包括指事、会意）、形声等"三书说"，并随文以一批文字的说明为例，认真确定文字的结构方式，理清其与汉字形本义的关系，并强调汉字的形训必须紧扣音本义原理，方能求得汉字的确切本义，从而走出了以往语言学家重形而不重音的局限。

宋、杨《会同话与简易汉字学》一书，在本书第二章"汉语音本义原理"和第三章"汉字形本义原理"的有关论述和例证，说音释义，考形推义，并将意义结合加以验证，既全面汲取了前人、近人已有的语言学研究成果，又正流清源，在行文中指出了前人的不足。在继承扬弃中认识，在总结中前进并有所创新，走出了以往语言学家"为研究而研究"、"为学术而学术"，从而离汉语内在规律——形、音、义有机结合的原理日益远去的怪圈，因而走出了一条自己说文解字的新路。因此也可以说，《会同话与简易汉字学》，不仅提出了考释文字的新途径，本身也堪称一部中国语言学批判发展史著作，将会对语言学研究产生深远的影响。

礼失求诸野。几千年来，中国汉语的语音，也和汉字的演变，诸如经甲骨、金文、大篆、小篆、隶书、楷书的演化发展一样，古文字经"篆变"的飞跃以后，才形成今天通行的汉字。中国文字的读音，也经历了上古音、中古音等阶段的演变，才固化为今天的汉字字音。因此，文字学家在训释文字的字音时，必须追本溯源，确定哪些语词的音读已发生讹变，哪些语词的音读是最确切反映它的语源读音的，这就需要语言学家通过研究先秦文献中的古韵，以及存古性特征极强的方言予以还原。湖南怀化会同地区，地处湘西偏僻之地，民风淳朴，语言独特，较之周边地区的方言，其语音、语义的存古性特征颇为明显。可以说，会同话语音古老、语义古老，用字方法也很古老。宋、杨二位作者特意举出若干例保存上古语音的语词，诸如甲骨学界所熟悉的"酉"、"眾"、"亥"等字加以论证。我们不妨以甲骨文"酉"字为例，看作者的精彩说解。虽然现在多数学者都把它读为"酒"字，但 20 世纪 80 年代初李学勤教授指出的"酉"字音义存在的问题，至今一直没有人能合理地给予解决。虽然

"𤔲"字形象为以酒浇地的祭祀活动，但商代用"酒"祭祀的礼仪、方法、形式等却多有差异，诸如"酉"（借为酒）、"𥝲"（福）、"𥁕"（尊）等祭名，因而"𤔲"字的具体意义和音读还是值得进一步研究的。先从字形看，"𤔲"字从酉从彡，"𥝲"像盛酒的酒尊，而"彡"在甲骨文中为提示声音、气味传播的符号。再从字义上分析，"𤔲"由"𥝲"和"彡"组合在一起，包含了让盛酒器中的酒香长时间挥发之义。因此，甲骨文中的"𤔲祭"，应就是一种以酒为祭品，请神灵、先祖享用的祭祀活动。而"𤔲"字读音，《说文》、《玉篇》、《广韵》、《集韵》等古代字书均不得其音读，但甲骨文"𤔲"字形体所反映出来的意义与会同话的"lâng 祭"相符合，也与汉语音本义原理，即"lang"音本义主要强调"长的"、"空无（虚无）"两个特点相近。而会同话的"lâng 祭"，就是将少量的酒筛在杯子里，再置于神龛前长时间供放，以使"lâng 杯"里的酒消失并变得空无，恰好具备了"lang"音本义的要求。这样一来，困扰学界多年的"𤔲"祭读音，在会同话中找到了"祖"型。不仅如此，《会同话与简易汉字学》还辟专章，即"第五章，汉语音本义、汉字形本义实例集解"，对会同话以"a"音字、"ai"音字、"ban"音字、"bi"音字、"cai"音字等不同组类的一批文字进行了辨析，指出历代字书对有关文字训释的不确之处，并以形本义和音本义原理点评其不足，再结合会同话的这一"上古汉语活化石"，对各个文字的音本义、形本义加以复原和验证。可以说，在对这一批文字进行说解时，作者对"主流观点"评得有理有据，切中要害。而作者自己的认识，集中体现在对该所考字的形本义、音本义的"概括"里，可谓证据充分、令人信服。因此可以说，会同话成了破解聚讼不决的文字症结的关键。

凡此种种，我们可以看到，当今地道的会同话，堪为"上古汉语的活化石"。也可以说，会同话里为我们保留了不少"殷商时代的语词"，这正是破解汉语音义同源和汉语语源义的最好密码，对研究汉语的源头具有重大科学价值，因而会同话是值得保护和弘扬的民族文化非物质文化遗产，正是《会同话与简易汉字学》，把会同话这一珍贵古老的华夏民族精神财富推向了海内外学术界。我们建议，会同县有关领导，应对会同话这一非物质文化遗产继续加大保护和研究力度，在会同县形成一支保护、弘扬和整理、研究会同方言的队伍，以进一步发扬非物质文化遗产——会同话的深厚文化底蕴，为祖国的汉语汉字文化的研究和发展作出贡献！

诚如宋泽计、杨汉立二位先生所言：大道至简。既然二位同志为我们找到了汉语汉字的规律性、逻辑性、可操作性认识，从理论上破解了汉语汉字文化学习中的难点和瓶颈，我们建议二位同志再接再厉，以他们发现的汉语音本义和汉字形本义原理为指导，更上一层楼，对中国的汉语汉字进行一番全面体系统的整理、研究、归纳，为我们编写出一部全新特色的《简易汉语汉字辞典》来，这将是有利于当代、惠及后人的大好事。将使所有学习汉语汉字的人，举一反三，由此及彼，较容易地学习、理解，并在享受知识的快乐中学好并掌握汉语汉字，从而把汉语汉字的优势充分发挥出来，推动中华文化的发展和更广泛地传播！

宋泽计、杨汉立二位同志，在当今人们比较讲究功利，追求实效的大环境下，却能甘心寂寞，心无旁骛地投身到枯燥的语言学研究中并取得成就，这种追求精神是值得敬佩的！在不少人把书束之高阁，浮躁得无暇和无心读书的时候，二位同志却坐定会同县炎帝文化办公室，聚精会神地埋头在故纸堆里，从佶屈聱牙的甲骨、金文等古文字开始，再钻到枯燥难懂的历代文字学字典、音韵学著作和当代学者的语言学研究成果之中，并将它们读懂、读通，融会贯通并走出来，走进上古汉语活化石——熟悉的会同话语言环境之中，从而另辟蹊径，为汉语汉字的大普及大推广找到了一条新路，因此，《会同话与简易汉字学》的完成，既是二位同志的精神追求，也是二人多年辛勤劳动的收获！应该说宋、杨二人骄人成绩的取得，是和湖南省会同县有关领导，为了发展和建设文化会同，大力支持和培养、发现人才的远见卓识分不开的。为了弘扬优秀传统文化，建设中华民族的共同精神家园，会同县有关领导不仅把会同的炎帝故里文化打造得风生水起，在海内外产生了重大影响，而且还润物细无声，在当地文化人才的培养上也做了许多工作，可谓善莫大焉！宋泽计、杨汉立同志就是县领导发现、培养和支持下成长起来的"草根"语言学家！中国的广大民间，有许许多多的各方面的人才，希望各地有更多的领导和会同县的领导一样，发现、支持和培养"草根"人才，使他们在社会主义和谐的美好家园中得到茁壮成长！须知，中国历代多少杰出人物和不朽作品，不知多少就是出自民间，出自"草根"啊！藏龙卧虎，是我国文化事业大发展大繁荣不可或缺的正能量。

总之，《会同话与简易汉字学》是一部优秀的语言学著作，它不仅会使语言学工作者受到启迪、获得新知，也会使一般读者破除对汉语、汉字种种神秘感。此外，通过本书生动例证和准确的评析，还可消除对古今语言学字典、韵书的陌生感和高深莫测感，从而使原本源于人们社会生活的语言学研究，走出学者们清冷的书斋，重回人们的社会现实生活中来，从而使艰难、复杂的汉语汉字学习，变得简易并从中得到乐趣！

我竭诚地向广大热爱汉语、汉字文化的读者推荐这部《会同话与简易汉字学》！

写出以上读书的笔记，权以为此书的"序"吧！

2013 年 1 月 16 日于北京方庄"入簾青小庐"寓所

2013 年 1 月 20 日于大雪纷飞中寄出

序 言 二

刘忠阳[①]

　　宋泽计是我的学生，在大学念书时便喜欢文学，是文学社的骨干成员，毕业后曾长期痴迷于《周易》的研究，甚至走火入魔到脱离教职足迹遍历名山大川，通都大邑，拜访名师。而后回归故乡也是炎帝故里的会同，回归文字学，这一切冥冥中仿佛有只神奇的手，指引着他一步步趋向那神圣的学术殿堂。宋泽计先学易而后学文与字，为他今日的学术研究奠定了厚实的基础。今看到他煌煌近 80 万字的《会同话与简易汉字学》，不仅写得文从字顺，而且语言典雅平实，真不负他在做莘莘学子时对文学的一番深情与苦功。而整部著作皆以《易经·系辞上传》的"乾以易知，坤以简能。易则易知，简则易从。易知则有亲，易从则有功。有亲则可久，有功则可大。可久则贤人之德，可大则贤人之业。易简而天下之理得矣"为纲统率全书，使全书纷而不乱，博大而精深，真不负他长达二十余年对于《周易》的痴迷之情。该书的一大特点是考据详瞻，资料丰富，可见其治学之扎实。仅他著作中娴熟引用古文字学、音韵学、古汉语的几百部（篇）文献资料，就足可解他在那么短短的几年时间里为什么能够拨弄出那么大一门学问来了。而他对于故乡的一往情深，对故乡语言的深透把握与了解，又使他恍如神助，得到一把上古与中古音韵的金钥匙，从而整出了汉语这世界上号称是最难掌握的语言的简易汉字学。

　　北宋王子韶（字圣美）提出了"右文说"，认为形声字的声符既可表音，同时又具有表义的功能，这为汉字学的研究开辟了一条新的道路。古

---

　　①　刘忠阳，怀化学院中文系教授。1977 年高考制度恢复后考入湖南师大中文系。中国作家协会会员，中国美学家协会会员，中国《西游记》研究会会员，中国寓言研究会会员，中国古典文学研究会会员。湖南省及怀化市 VIP 高级培训师，湖南省及怀化市企业家协会特聘企业文化企业管理专家。

文字书，皆从左文。凡字，其类在左，其义在右，如木类，其左皆从"木"。古人把"音近义通"作为文字训释的原则，就古音求古义，"不限形体"，清代诸儒如王氏父子已发挥到极致，取得了前所未有、登峰造极之成就，如其《广雅疏证》。证明了语音与语义之间应有着必然之联系，这一点自有其固理存在，毋庸置疑。然而，自发生学的角度来探讨词义，理论上是可行的，可事实上是绝难贯彻到底的，因为时代之久远，最初某词发生之古音渺茫难寻也。"汉语音本义原理"的重大发现，是使瞿秋白们所谓的"高难汉语"回归到"简易汉语"变得触手可及了。宋泽计此书用声训的方法，因声求义，佐之以会同话与字源学，充分论证了同类汉字同源之理。

当然任何学问都不可能是终极的结论与真理，宋泽计此书也同样还存在着一些可值商榷的地方。如也、野，中古为以母，属喻母四等字，而根据汉语语音演变规律可知，喻四归定，上古属定母［d］，可见某些会同方言并不古老。而如果依据中古音来阐释语义的产生来源，似欠妥。又如乾、健二字，古音同，但会同方言声母已读为 j。而 j、q、x 的产生已是在康熙之后，它们是从上古声母 g、k、h 和 z、c、s 里分化出来的，所以其音也并不古，如果以此音作为其语义产生的根据，自然也是很值得考虑的。希望宋泽计在已经取得的成果基础上，百尺竿头更进一步，将自己的研究加以完善，做成一门真正泽惠于民族与时代的大学问。

汉语真的那么难学么？汉字真的那么难认么？汉字不灭，中国真的必亡么？答案显然是否定的！造成这一认识误区的根本原因，主要是人们找不到打开汉语汉字天堂大门的"金锁匙"。那么，打开汉语汉字大门的金钥匙是什么呢？我们认为，只有找到汉语音义起源与结合的规律，找到汉字形体的创造以及与音义有机结合的原理，才能获取这把开启汉语汉字神秘殿堂的金钥匙。

学术发展在创见，学术价值在发现。真学问在民间，而今我们许多高校、科研院所年年整出的数十万篇和数千部所谓的学术著作与文章，一没有问题意识，二没有现实关怀，三没有生命投入，只不过是一堆冷冰冰的文字垃圾，甚至在圈内都得不到关注，上了职称，结了题便成一堆废纸送往废品回收站，这不仅是一种浪费而且是一种精致的无聊。

现今不管是在学术界还是在世界范围内都有一股全盘西化的暗流在涌动，其最大的依据便是汉语难学，汉字难记，而宋泽计此书一出，真是对此股暗流起到了断源止流、釜底抽薪的作用，真令我这个从事古典文学教学与研究长达数十年的老师有种不亦快哉之乐。

现今我有许多学生在国外做汉语教学，做传播中华传统文化的使者，他们都正苦于教外国人学汉语之难，而宋泽计的著作所发现和创见的汉字简易学正逢其时，将为汉语言文明全球推广起到推波助澜的作用，真是其功莫大焉。

2013 年 7 月 8 日于怀化学院

自 序

简易的汉语 简易的汉字

　　都说汉语汉字复杂难学，其实是因为没有认识到汉语汉字的内在规律和找到科学的学习方法。

　　中华民族是一个崇尚简易、追求简易的民族。自然现象千姿百态，社会生活纷繁复杂，人类应该怎样与自然万物相处？应该怎样应对复杂的社会万象？最有利于人类长久生存的方法，就是找到简单易行的各种生存技巧。纵观五千年中华文明史，我们可以强烈地感受到，中华文化的核心，就是"易"，就是"简易"。汉语作为中华文化的重要内容和载体，也很好地遵循了"简易"规律。

　　我们的祖先甚至就是将生存的哲学称为"易"，先民把这种哲学写成了书，并将它奉为至高无上的经典，这就是有"群经之首"称号的《易经》。《易经·系辞上传》说："乾以易知，坤以简能。易则易知，简则易从。易知则有亲，易从则有功。有亲则可久，有功则可大。可久则贤人之德，可大则贤之业。易简而天下之理得矣。"简易可行，就是《易经》这部经典的宗旨和灵魂所在。《易经·系辞上传》又说："一阴一阳谓之道。"《易经》通过阴（☷）阳（☰）两种的事物形态来认知世界，化繁为简，化难为易，将天道规律、地道法则和人道准则，都通过简易的阴阳平衡理论来予以推阐、演绎，可以称得上人类文明中上最富于智慧的大成之作。从这一意上来说，中华悠久的传统文化，其实就是以"易文化"为核心的文化系统。

　　中华民族崇尚简易、追求简易的精神，体现在人们生活的方方面面。作为人与人之间交际的重要工具——汉语汉字，就充满着中华民族对简易的追求和化繁难为简易的大智慧。

　　首先，汉语是简易的，汉语蕴含着中华易文化的精髓。

第一，单一音节语素是构成汉语的最坚实的基础语法单位，单音语素化的特点是汉语最为显著突出的特点。

《易经·系辞下》说："天下之动，贞夫一者也。""一"，即是专一、单一、同一，统一，"一"是太极，是万物之来源。汉语"单一"音节语素，是汉语中最小的语音语义结合体。这种发音简单的独特语素，完美地体现了中华民族崇尚简易的精神。

汉语中的每一个单一音节，都包含了这个词语所指事物的显明特点。如"yi"这个音节，就包含着"统一"（含"单一"、"同一"）的意义，这就是我们所称的汉语音本义。每个单一音节，都包含着属于这一音节所独有的"音本义"。根据这一音节构造出来的汉字，都是以这一特定音节的"音本义"为纲领，并且能从其形体表现的意义中最先体味出来。以"yi"音为例。如"邑"字，甲骨文写作"𠱠"，"口"表示范围，"𠪢"表示跪坐不动的人，"邑"表示同一氏族统一生活在一起的聚落。如"疫"字，许慎《说文·疒部》："疫，民皆疾也。"许氏训释不确切。《黄帝内经·素问·刺法论》说："五疫之至，皆相染易，无问大小，病状相似。""无问大小，病状相似"，也就是说不管年龄大小，大家一起在同时间患上了同一症状的病。又如"易"字，"易"是"蜴"之本字，古代指会变色的晰蜴。蜴，即指可以将皮肤颜色变成和所处环境颜色相同一的动物。又如"姨"字，上古之世男孩头上留有两束头发，俗称"总角"，因形状像丫杈，所以男孩在古代被称为"伢"，丫、伢为同一音系之字。因头发有二束，所以男孩又被称为"儿"，二、儿为同一音系之字。而女孩子的头发只留有一束，所以女孩子就因为这种发式被称为"姨"，一、姨为同一音系之字。《礼记》说："剪发为鬋，男角女羁。"前人注释认为：角者，即"夹囟两旁当角处，留发不剪"；羁者，即"留其顶上，纵横各一，相交通达"。沈从文先生对此作了通俗的解释，沈氏说："原注意译成现代语言，似可作剪发，男的顶门两旁留一小撮，把发梳理之后，结成小丫角，女的顶正中留一小撮，编成小辫（俗名'一抓椒'、'冲天炮'），以示区别。"[①]《礼记》、沈从文氏之说可证，我们对"儿"、"伢"、"姨"三字语源的推理是正确的。再如"意"字，字从

---

① 语见沈从文《中国古代服饰研究》，上海世纪出版集团、上海书店出版社 2005 年版，第 68 页。

"音"从"心"构作，在古文字中，音字小篆写作"⟨音⟩"，言字金文写作"⟨言⟩"，从字形可知，言与音乃一字分化的关系。会同俗语说："吃鱼 tìng（此词在会同话中是将舌尖挺出品尝食物的意思）刺，讲话听音。"汉语的音义关系是十分紧密的，音节不同，"音本义"就不同，音调不同，所指的具体对象也就自然会产生变化。由此可知，"意"字即指音节所对应的语词所包含的意思与心里的想法完全同一。再如《论语·八佾》中的"佾"（yì）字，是指多个人站成同一条直线的行列。再如"译"字，是指将两种或多种语言所表达的意思转换成同一语言的行为。再如"抑"字，甲骨文写作"⟨抑⟩"形，上部从"⟨手⟩"，表示手向下压迫之状，下部从"⟨人⟩"，表示跪坐之人，可知"⟨抑⟩"属于象事（会意）字，像一人用手将另一人的头部向下按压之形，表示用强制力量迫使他人的思想、行动与自己的思想、意愿相统一的行为。"yi"音节之字，在《新华字典》中共收录有 127 个，在《辞海》中共收录有 272 个。这些"yi"音节之字，虽然涉及了自然、社会生活等众多层面，但它们在汉语音本义上，却拥有着一个共同的音本义——"单一"、"同一"或"统一"。

　　许慎《说文·一部》："一，惟初太始，道立于一，造分天地，化成万物。"一是万物之始，所有的规律、规则都建立于"一"之上，这正是中华易文化的核心所在。中华民族"天人合一"的观念，就是产生于这一认识。一，就体现"单一性"，因为单一，所以才简单，因为单一，所以才易于了解和把握。现在有十几亿人在使用的汉语，正是建立在 400 来个音节语素构成的坚实平面之上的一种伟大语言。《易经》是用 384 个阴爻阳爻构筑的哲学大厦，384 爻，400 来个单一音节语素，两者似乎有着某种内在的血肉联系。《易经·系辞上传》说："是故《易》有太极，是生两仪，两仪生四象，四象生八卦，八卦定吉凶，吉凶生大业。"中华易文化强调"一物一太极"，而汉语中的每一个单音节语素，也就是一个相对独立的太极，也就是许慎《说文》中所讲的"惟初太始"的"一"。每个音节由声母、韵母两部分组成，即类似于《易经·系辞上传》所讲的"是生两仪"，声母、韵母拼读后有四个声调——阴平、阳平、上声、去声，即类似于《易经·系辞》所讲的"两仪生四象"。由此可见，汉语最基础的语法单位——单音节语素，在多个方面都体现了中华易学文化的思想。这种特点能让其音节利于排列组合成大量词汇，达到以少胜多的效果。

第二，在400来个单音节语素中，有相当一部分的音节，直接源自于人们对自然界者人体多种声音的切身感受与体会，因而具备了容易记忆、容易辨别、容易联想的特点。

关于给事物命名的问题，国学大师章炳麟先生，曾经在《国故论衡·语言缘起说》中谈及，章氏说："诸言事皆有根，先征之有形之物则可睹矣。何以言'雀'？谓其音'即足'也；何以言'鹊'？谓其音'错错'也；何以言'鸦'？谓其音'亚亚'也，何以言'雁'？谓其音'岸岸'也，何以言'驾鹅'？谓其音'加我'也……"①　虽然，章氏是站在事物取名的角度来谈论语言缘起的，但我们可以从章氏的论述中感受到汉语音义的紧密关系，感受到汉语的单音节语素与自然界的紧密关系。

如"鹅"，因会发出"e—e—e"的叫声而得名。据《简明生物学词典》介绍："在我国，养鹅的历史甚为悠久。"②　鹅与雁体形很相似，是被人类驯化了的雁。因为鹅不好动习性与天鹅、大雁长距离迁徙的习性迥然有别，所以，人们便给"e"音节赋予了"呆立不动"的含义，因而，我（会同话读é）、讹、呃、厄、蛾、扼、鳄、娥、愕、俄等字，其最初的意义，都与"呆立不动"密切相关。如"鸡"，源于小鸡"ji—ji—ji"的鸣叫声。在常见的家禽中，只有鸡在歇息时喜欢一个个纵横交会、迫压地聚集在一起，因而，古人便赋予了"ji"这个音节"交会"、"迫压"的内涵，"交会"、"迫压"，就是"ji"音节所要强调的两个特点。譬如"亟"、"极"、"脊"、"几"、"纪"、"积"、"迹"、"即"、"级"、"箕"、"基"、"棋"（计按，会同话读如jí）、"集"、"急"、"挤"、"继"、"际"、"棘"、"期"等文字，就无一例外地体现了"ji"音节所强调的这两个特点。又如"火"，源于山火焚烧时发出的"huo—huo—huo"之声，根据汉语发生学的规律，单音节语素"huo"，也正是古人从山火焚烧发出的声音中概括出来的。火是一种能让其他物质的形态、性质迅速产生转化（或转换）的事物，因为火的这个特点，华夏先祖便将单音节语素"huo"的音本义，规定为了"迅速转化（或转换）"。如"活"是形

---

① 语见章太炎《国故论衡·语言缘起说》，转引自孙雍长《训诂原理》，高等教育出版社2009年版，第127页。

② 冯德培、谈家桢、王鸣岐主编：《简明生物学词典》，上海辞书出版社1983年版，第1442页。

态迅速转化的激流，"霍"是燕子在雨快来临时上下翻飞、迅速转换的飞行姿态……

苏新春先生说："一个音节与意义的结合之间，更多凭借的是一种约定性的规定，而不是形式差异的对应。"① 苏先生认为汉语单音节语素与意义的结合，主要凭借一种约定的规定。这一认识，其实也是学术界一直以来唯一的共识。然而，根据前面的分析，我们认为这一认识是不确切的。汉语单音节语素与意义的结合，其实来源于华夏先民长期的对自然、社会、人体自身的深刻认识，两者之间，是一种缺乏强制约定性的、自自然然的结合。

第三，汉语没有严格意义的形态变化，与有形态变化的英语相比，简易的特点更为突出。申小龙先生认为："印欧语言是形态语言，而汉语是非形态语言——没有严格意义的形态，不依靠形态作为重要的语法手段。"② 苏新春先生说："汉语缺乏严格意义上的形态，指的就是汉语缺乏在一个词的内部语音形式上，以局部音素变化的方式来显示语法意义的能力。由于单音词在汉语中所处的特殊地位，因此'形态缺乏'也就在单音词的构成与性质方面构成了一个极为重要的特性。"③ 申小龙、苏新春两位先生关于汉语缺乏形态变化的论述是非常正确的。汉语是一种非形态语言，它不像英语那样去依赖形态的变化准确表达语义，与英语相比，因而更显得简单和易于掌握。

其次，汉字是简易的，它体现了中华易文化博大精深的内涵和智慧。

第一，汉字易识别。

汉字的字根，主要是以象形、象事（会意）的方法创造的，它真实地反映了华夏先民身边的自然现实、社会现实和生活现实。因此，我们祖先对自然、社会、生活的认识，基本上完整地移植到了每一个汉字当中。汉字的构字，是合乎观念性、社会性和逻辑性的。

《易经·系辞下传》说："古者包牺氏（按，即伏羲氏）之王天下也，仰则观象于天，俯则观法于地，观鸟兽之文与天地之宜，近取诸身，远取诸物，于是始作八卦，以通神明之德，以类万物之情。"事实上，八卦符

---

① 语见苏新春主编《汉字文化引论》，广西教育出版社 1996 年版，第 183 页。
② 语见申小龙《中国语言的结构和人文精神》，光明日报出版社 1988 年版。
③ 语见苏新春主编《汉字文化引论》，广西教育出版社 1996 年版，第 177 页。

号的创造是这样，汉字形体的创造也是这样。如"日"、"月"、"星"、"云"、"雨"等字是仰观天象而创造的，"山"、"水"、"土"、"原"、"石"等字是俯察地理创造的，"人"、"目"、"首"、"口"、"手"等字是"近取诸身"创造的，"刀"、"斤"、"兵"、"武"、"我"是"远取诸物"创造的。概而言之，每一个汉字之形体，都与人们息息相关，都是广大群众所熟悉的事物或社会现象的真实写照。因为熟悉，所以识别时就显得简单，因为熟悉，所以容易领会和掌握。李敏生先生说得好："从认识论上看，汉字的创立是先人们认识自然，认识社会生活的结果，这一认识的结果通过汉字的字形表示出来。先人们认识受当时的历史条件，特别是受初始的农业社会的低下的生活力水平所制约，初创的汉字是当时社会生活的反映。汉字所包含的内涵不是天上掉下来的，也不是先人们的头脑中所固有的，也不是随意的胡编乱造，而是源于自然、社会和人生。这是汉字的客观性。"[1]

第二，汉字音义易记忆。

一方面，汉字是记录汉语的可视符号系统，汉字的形、音、义是受汉语的音、义制约的，汉字与汉语的关系，是和谐统一、有机联系的。汉语的基础语法单位，总共才包含了400来个单音节语素。每个单音节语素，都有自己独特的"音本义"，都侧重地强调了众多不同事物或现象内在所共有的最为显著的特点。我们只要将这400来个单音节语素的"音本义"总结归纳出来，那么，被这些单音节语素统管的几千个常用汉字，其音义是很容易识记下来的。"日本上智大学外语系教授金一春彦博士在《日语的特点》一文中引用的统计材料表明，英语的音节数量不少于8万个。这个数字是汉语音节数字的200余倍。"[2]

另一方面，汉字是拼形文字，常用字数量少而稳定，与通过形态的复杂变化和大量增添新词来表达观念的拼音文字相比，其简易的特点是很突出的。就拿英语来说，它不仅有动词的时态变化、名词的单复数变化，还有形容词、副词的比较级、最高级变化。据估计，英语古语词汇有5万—6万个，而现代英语大辞典收入的词数却多达65万—75万个。而且，"据

---

[1] 语见李敏生《汉字哲学初探》，社会科学文献出版社2000年版，第11页。
[2] 语见苏新春《汉字文化引论》，广西教育出版社1996年版，第203页。

钱伟长教授估计，现在英语每年新出现的词汇数以千计"[1]。但现代常用汉字不过 2500—4000 个不同单字。茅盾的《子夜》总字数 242687 个字，只用了 3129 个不同单字；曹禺的《雷雨》、《日出》、《北京人》三部剧本总字数 172005 个字，只用了 2808 个不同单字；老舍的《骆驼祥子》总字数 107360 个字，只用了 2413 个不同单字。[2] 4000 来个常用汉字的形音义，统管在 400 来个单音节语素之下，其识记的难易程度，与词汇众多的英语相比，当然显得更加简单和容易掌握了。

第三，汉字容易书写和输入电脑。

从构造方式来说，汉字主要包括了象形字、象事（会意）字及形声字三种。而在现代汉字中，形声字所占的比例又有近 90% 的样子。初学者只要花一定量的时间去熟悉具有字根功能的数量很少的象形字、象事字，便可循序而进，很快地掌握形声字的形、音、义。现代汉字的基本笔画，包括了横、竖、撇、捺（点）、折五种，所有的单个独立汉字，不过就是这五种基础笔画的组合产物。"运用这五种笔画，可以随任人们怎样书写而成字。"[3] 汉语词汇特别是成语众多，言简而意长，翻译成拼音文字往往是长长的句子，而汉语用字却很少。对这些词汇、成语，五笔输入法只需要四个码就能打出，速度更是大大提高。

随着电子计算机的发明和普及，中文信息处理技术应运而生。人们惊奇地发现，这一古老的文字，同样可以"在西方人研制出来、以 26 个字母为输入标准键的电脑中运用自如，如鱼得水。汉字在信息化的时代也显示出了科学的结构规律和旺盛的生命力"。"在 1993 年北京举行的一次全国的五笔字型汉字输入比赛中，冠军的速度达到每分钟输入 264 个汉字。"[4] 由此可见，汉字有着很强的适应新时代的能力，其输入电脑的速度，也是拼音文字难以比拟的。

总而言之，只要我们结合汉语发生学的规律、汉语音本义原理，归纳总结出 400 来个单音节语素的"音本义"；结合汉字形本义的原理，概括出 4000 来个常用汉字的"形本义"，并找到形本义和比喻义、引申义的内在联系，学习汉语汉字是有规律可依循、有逻辑可推演的。我们写作这

---

[1]　语见李敏生《汉字哲学初探》，社会科学文献出版社 2000 年版，第 75 页。
[2]　同上书，第 75—76 页。
[3]　语见苏新春《汉字文化引论》，广西教育出版社 1996 年版，第 220 页。
[4]　同上书，第 214、217 页。

本书的目的，就是要揭示汉语汉字的规律性、逻辑性，继而让"简易汉语"、"简易汉字"的观念得到推广和普及，让所有学习汉语者轻易地学习并学好汉语，让汉语的优势充分发挥出来，并推动中华文化的传播和发展。

说句实在话，我们从阳历 2008 年 11 月底抽调到县炎帝文化研究办才开始系统性地自学甲骨文、金文等古文字知识，到 2011 年 11 月 5 日中午完成这本书的初稿，其间不过区区三年而已。我们自学古文字知识，发现汉语的内在规律，结合湖南会同方言提出了"汉语音本义原理"、"汉字形本义原理"，都是在没有老师指导的情况下独立完成的。我们的这一简短的学习、写作的过程，事实上也反过来论证了"简易汉语"、"简易汉字"观念的正确性。

古语说："大道至简"，而长期以来，汉语言文字研究和语文教学偏离了汉语汉字发生学的基本大道，偏离了大道的文字研究和语文教学自然"简易"不起来，因而"汉字落后论"、"废除汉字论"等诸多"长他人志气灭自己威风"的论调，在 20 世纪 90 年代以前的很长时间里甚嚣尘上，这也就是情理之中的事了。我们衷心地希望，此书能给汉语汉字研究和汉语汉字教学带来一种新理念，能为汉语的推广和普及充当铺路石。

需要说明的是，我们的研究主要是以南方话来与上古汉语对接，又以我们所熟悉的、存古性极强的会同话代表南方话为例证。会同话也存在着四声，但与普通话的四声不同（此问题留待以后论述，本书不作阐释），为了便于电脑录入，在本书中我们仍然采用如"ā、á、ǎ、à"一样的四声进行标注。

诚然，由于我们水平所限，成书仓促，书中错误难免，恳望各位方家和广大读者批评指正。

宋泽计　杨汉立

二〇一一年十一月十七日晨六点五十三分

目　　录

第一章 绪 论

第一节 历史误判：从鲁迅"汉字不灭，中国必亡"说起

早在 20 世纪 80 年代，我们就听说了鲁迅先生"汉字不灭，中国必亡"这一极富悲怆意味的论调。作为一个对汉字运用自如的文人来说，何以会对汉字产生出如此的情感呢？是所谓"爱之弥深，恨之愈切"的心理作怪，还是所谓崇洋媚外、数典忘祖的原因所致？当时不得而知。

后来，一个偶然的机会，终于找到了困惑许久的答案了，鲁迅在其文章《门外文谈》里谈道："古人是并不愚蠢的，他们早就将形象改得简单，远离了写实。篆字圆折，还有图画的余痕，从隶书到楷书，和形象天差地远。不过那基础并未改变，天差地远之后，就成为不象形的象形字，写起来虽然比较简单，认起来却非常困难了，要凭空一个一个的记住"。

原来如此！

鲁迅先生是深深热爱着自己的民族的，这一点，相信大家不会怀疑。因为爱，他把文字当作投枪、匕首，一枪枪刺入那个时代中国人近乎麻木的心里，一刀刀划剥着"中华民族的劣根性"；因为爱，他便"一个都不饶恕"，不饶恕敌人，也不饶恕论战的亲人朋友；还是因为爱，他不断寻找中华民族遭受诸强凌辱的原因。在他找到的那些原因里，这传承了几千年的"汉字"，也便成了先生眼中一个非得食其肉、寝其皮而后快的祸殃头了。

我们现在暂且不去讨论鲁迅"汉字不灭，中国必亡"观点的对与错，平心而论，鲁迅是讲了一句大实话的：汉字"写起来虽然比较简单，认起来却非常困难了，要凭空一个一个的记住"。学习汉字，连中国人自己都感觉如此，更遑论金发碧眼或宽鼻黑肤的外国朋友了。从表面上看，在

鲁迅的眼中，与国外的众多拼音文字相比，汉字是落后的，汉字是没有竞争力的。但如果从更深层次的角度去分析，我们会发现，鲁迅高喊"汉字不灭，中国必亡"，主要是因为他认为："方块汉字真是愚民政策的利器"，"汉字也是中国劳苦大众身上的一个结核，病菌都潜伏在里面，倘不首先除去它，结果只有自己死"。①

事实上，"汉字落后论"、"废除汉字论"由来已久。

20世纪五四运动时期，钱玄同先生第一个站出来主张废除汉字，他在《新青年》（四卷四号）上发表的《中国今后之文字问题》一文中说："欲使中国不亡，欲使中国民族为20世纪文明之民族，必以废孔学、灭道教为根本之解决；而废记载孔门学说及道教妖言之汉文，尤为根本解决之根本解决。"后来，瞿秋白先生也毅然决然地加入到了"废除汉字论"的阵营之中，他说："第一，汉字是十分困难的符号。聪明的人都至少要十年八年的死工夫。平民千字课只能够写写简单的信，记记简单的账。第二，汉字不是表示声音的符号……"② "然而说到具体的中国文字，我们不能够不说，这是比较落后的文字，比较落后的语言。" "中国言语的落后，是因为经济发展的落后：一切社会关系的比较简单，比较野蛮，使中国人对于物件、事情、时间的种种关系没有精确的概念……承认中国言语文字的落后，一点儿也没什么可耻；倒是'妄自尊大'的夸张中国文字是进步的文字，反对拼音制度，怀疑拼音制度的可能，这是没有勇气克服一切困难去适应现在中国民众的真正活的言语的进化——这才真正可耻呢！" "中国现代言语发展的情形，已经必须要采用拼音制度，必须要最彻底的文字革命——就是完完全全废除汉字。"③ 他甚至极端地认为："这种汉字真正是世界上最龌龊、最恶劣、最混蛋的中世纪的毛坑！"④

到了后来，甚至有少数研究汉语汉字的专家，也主张"废除汉语"、"汉字是落后文字类型"的观点，如蒋善国先生、周有光先生就是其中的代表人物。蒋氏说："就文字体系看，文字发展的总趋势是由表形趋向表意，由表意趋向表音。这个总趋势形成了文字发展史的三个阶段，即形意阶段，意音阶段和拼音阶段。" "埃及文字很早就变成了拼音文字，是拼

---

① 《鲁迅全集》（第六卷），人民文学出版社1981年版，第160页。
② 《瞿秋白文集》（二），人民文学出版社1953年版，第649—650页。
③ 同上书，第657—658页。
④ 同上书，第690页。

音文字的摇篮,汉字却长期停止在形声阶段,即意音阶段,这是两个系统在历史发展中的异点。""意音文字已经能够按照词儿无遗漏地记录复杂的语言,可是它还不能够按照语言的声音结构,用分析和拼合的方法,系统地、完备地运用表音符号,因而意音文字发展到了后期,逐渐与社会对文字的需要,与人们的交际需要不相适应了。也同样注定要被一种新的文字体系所代替,这种新的文字体系就是拼音文字。拼音文字的特点是它的书写符号既不表示实物的形象,也不表示整个的词,而是表示语词中一定的语言单位。它的优点是显著的简单性,运用极少数字母(一般是二三十个),就能记录丰富的、复杂的语言。这当然是最优越、最进步的文字类型,是世界各民族所要求的最完善的文字类型。用几十个字母来表达语言,不但比意音文字有更大的适应性,并且有更大的效能,在机械化、自动化和高速化的现代,更显示出它的伟大作用。"① 而国学大师、语言学家周有光先生则引用清末马体乾《谈文字》的观点说:"今六书文字,难于辨,难于记,难于解,难于用,辞难通,音难同,书难读,字难工。特较标音文字之易习易用者,不可同日而语矣。"② 周氏并据此将汉字归结为六难——难认、难读、难解、难记、难查、难写。基于这一认识,周氏进一步认为:"近年来,汉字应用不便的问题渐渐引起了人们的注意。这也是跟拼音文字、主要是跟拉丁字母文字比较的结果。特别引人注目的是拉丁字母的文字机器日新月异,种类越来越多,性能越来越好。人们不能不认识到,汉字应用不便、特别不便于使文字工作机械化、自动化和高速化,是个不可忽视的严重问题。它不仅仅浪费人们一生中间的许多岁月,还影响到各方面工作的效率,影响到经济建设和文化建设的速度。"③

英国学者李约瑟博士,曾经也谈到汉语汉字难学难懂的问题,他说:"中国所使用的是一种与拼音文字截然不同的象形文字。这种文字作为最古老的现行语言的记载工具而被历代沿用不绝。使用这种文字的人数之多以及历史之久,曾得到人们的高度赞赏。但是,正是这种难懂的汉字成了人们了解中国时的一道几乎无法逾越的鸿沟。大多数汉学家都必然具有文学爱好和文学方面的修养,因而在世界的进步迫使中国科学技术工作者学

---

① 蒋善国:《汉字学》,上海教育出版社1987年版,第143、146、147页。
② 周有光:《语文风云》,文字改革出版社1981年版,第16页。
③ 同上书,第19页。

会外国语言的时候，欧洲或者其他西方国家的自然科学家却恰恰相反，他们当中懂得一点中国语言的人实在是寥寥无几。""今天，我们所以要设法穿过这幅由语言构成的帷幕，在很大程度上是为了整理文明史。好在现在有个别学者，如霍姆亚德和温特，还保持着巴思城的阿德拉德的传统。至于谈到中国的情况，只有绝无仅有的几个懂得中国语言的人具备足够的科学造诣，能对中国人的贡献作出评价。"①

从历史发展的实际情况来看，钱玄同、鲁迅、瞿秋白、蒋善国、周有光等先生关于汉语汉字发展趋势和前景的观点，是经不起历史检验的。汉字并不是一种落后的文字，汉字也绝不能走拉丁字母的道路。但是，我们却又不得不承认，从我们现在学校的汉语汉字教学去考察，我们现在的确是学汉字难，学汉语更是难上加难。就连很多汉语言专业毕业的大学生朋友，也应该会有同样的感受：看汉语文字学、音韵学方面的书籍，开始头晕，继而头大，接着便是头痛，最后大多丢弃永不涉猎了。

汉语真的那么难学么？

汉字真的那么难认么？

汉字不灭，中国真的必亡么？

答案显然是否定的！造成这一认识误区的根本原因，主要是人们找不到打开汉语汉字天堂大门的"金锁匙"。那么，打开汉语汉字大门的金钥匙是什么呢？我们认为，只有找到汉语音义起源与结合的规律，找到汉字形体的创造以及与音义有机结合的原理，才能获取这把开启汉语汉字神秘殿堂的金钥匙。毋庸讳言，自秦汉以降，的确有许多有志之士皓首穷经，致力于汉语音韵学、汉语文字学的研究，而且确实也取得了不少成果。但因为大多数语言文字学家的研究，几乎都定位于学术的层面上，而不是以真正掌握并运用这种古老语言、古老文字为出发点，去着力探寻其音、义、形的内在联系和本质规律，所以仍然未能找到汉语音义结合的本质规律，也未能很好地破解汉字形、音、义有机结合的内在密码。

语言文字学家为研究而研究、为学术而学术，他们的研究方向与汉语的内在规律越离越远，他们的研究成果与平民百姓的日常需要山水相隔，慢慢变成为少数人的"学术游戏"，甚至是维护所谓"学术权威"的武器。无怪乎钱玄同先生、周树人先生有如此的感慨了。

---

① ［英］李约瑟：《中国科学技术史》序言，陆学善译，科学出版社 2003 年版。

第二节　惊天冤案：简易汉语被诬高难语种

我们这里所讲的"汉语"，包括两个方面：一是汉语言；二是汉文字。我们认为，汉语之所以难学，主要是因为汉字的难学，这是由于汉字是作为汉语言的载体出现并存在的。而汉字的难学，具体表现为汉字（计按：在此特指以普通话读音为标准的汉字）的"形难记"、"音难定"、"义难通"三个方面。

所谓"形难记"，主要是指构成汉字的笔画难于掌握，结构难于识记。

一个字由几笔组成？哪些笔画在上？哪些笔画在下？哪些笔画在左边？哪些笔画在右边？这个字为什么需要这些笔画来组成？教学者不知道深层次的缘由，无法就具体字作出浅显易懂的讲解，学习者当然也就无法弄明白了。这样就只会造成一个结果：没有理解记忆，只有机械记忆。很多朋友也许有过这样的经历：小学时（可能也有中学时期）因为写错一个字被老师罚抄 50 遍、100 遍，甚至更多。如此机械的压迫式的教学方法，自然容易引起学习者的反感，学习者与汉字的关系，自然也就只有变得越来越隔膜了。

当然，学习者出现这种情况，主要是因为汉字自身形体在发展过程中出现了较大变化造成的。汉字从起源发展到甲骨文、金文，再发展到篆书、隶书，然后再发展到现在的楷书，其间经历了一个漫长的历史过程。在这个演变的过程里，字形的变化表现得最为突出。有些文字，甚至在形体上因线条化时产生了讹变现象，其"庐山真面目"，早已隐藏到了现在大家熟悉的字形的背后。

如"奔"字，在金文时期写作"𢍫"，上为"大"，是一个人双手用力前后摆动快速飞跑时的定格画面；下面本从三个"止"，"止"在甲骨文、金文时期写作"𠃊"、"𡳿"等形，是"趾"的本字，表示人或动物的脚趾，在文字构形中表示脚部"动态符号"之作用，表示双脚行走、奔跑等意思。"𢍫"字下面所从三个"止"字，表示人脚快速移动，可以体会出"快速奔跑"之意。这样一分析，可见，原来的字形本来好识好记，但因为三个"止"讹变为三个"屮"字，写成了"卉"字的形状，如此一来，"奔"字的形体和意义自然就变得难识难记了。

图1—1　圆锥状的居室建筑　　　　图1—2　圆锥状帽子

又如"冤"字,《汉印文字徵》写作"𡪄",其形体上部所从本来是"宀"而不是"冖"字,下部所从本来是"免"而不是"兔"字。对此,复旦大学刘钊先生指出:"那么冤字所从之'兔'能否是'免'字之讹呢?我们认为这种可能性极大。一是因为《说文》说解'冤'字从兔的道理极为牵强,另外在汉代文字中,冤字似乎皆从免作,而从没有明确带短尾形的兔字。"① 根据刘钊先生的论证,可证现在从"兔"构作的冤字,的确是从"免"字讹变而来的。"宀",汉代许慎《说文·宀部》解释说:"宀,交覆深屋也。象形。"清王筠《说文释例》:"宀当作'介',乃一极两字两墙之形也。"饶炯《说文部首订》说:"古者屋因厂(计按:此字读为 hǎn,象上部外突下部有较大空间的山崖之状)为之,与厂对刺仅覆一面,其形固浅,后世构为重屋,则交覆两面,而左右有翼,其形甚深,篆文正象深屋中脊与正面线,及两翼交覆之形,故曰'交覆深屋也'。"许慎、饶炯两氏依据"宀"字小篆形体立说,解说不足为据,王筠氏虽然能够窥知宀字的古文形体为"介"形,但解释也未十分正确。对此字的解释,还是徐复、宋文民两位先生解说得比较好:"(宀)象宫室之形。据半坡村仰韶房屋遗址复原,乃在圆形基址上建墙,墙上覆圆锥形屋顶,屋顶中开有通窗孔,下有门。"② 从徐复、宋文民先生的解说可以知道,"宀"其实就是指古代的一种圆锥状的居室建筑(见图1—1)。

---

① 刘钊:《古文字构形学》,福建人民出版社2006年版,第217页。

② 徐复、宋文民:《说文五百四十部首正解》,江苏古籍出版社2003年版,第217页。

"免"字金文写作"🔆"形，谷衍奎先生说："（免字）甲骨文象人戴丧帽俯身而吊形，古代丧礼，先脱掉冠然后用白布包裹发髻，免即此风俗的写照。"[①] 由此可见，"免"是指古代人居丧期间所戴的圆环形白布帽状物，现在写成了"絻"字。综合分析可知，"宀"字属于象事结构的字，本来应该是指戴在罪人头上像"宀"一样的高高的圆锥状帽子（见图1—2），即字面体现出来的"像宀一样的圆锥高帽"之意。中华民族给罪犯戴高帽以示侮辱的习俗，一直到 20 世纪 80 年代仍有很普遍的保留。而"yuan"的音本义，正是强调"圆环"和"长（或高）"两个特点，与"冤"字形体所指的事物完全吻合。这对于熟悉古代家居建筑、古代民众生活习俗和汉字构造规律的一般人来说，都能够轻松地将"宀"字形体所想要表达的含义猜出来。所以，对于领会了"宀"字形、音、义的人而言，"宀"字的音义本来也是易识易记的，但因为后来"宀"字下面的"免"讹变为了"兔"字，形与义失去了有机的联系，当然就变得难识记难理解了。"宀"字形体演变成了"冤"，看来也是造化捉弄人，真正称得上是汉字发展史中的天字第一号冤案了。许慎《说文·宀部》："冤，屈也。从兔从宀，兔在宀下不得走，益屈折也。"许老夫子认错字解错形，实为这一冤案之始作俑者，看来，他是与这天字第一号冤案脱不了干系的。如按许说，兔在宀下不得走为冤，何不将兔换成虎字？如果将独来独往、有"百兽之王"称号的老虎置于宀下，使之不得走动，岂不更加显得冤枉吗?!

对早期汉字字形的考证、汉字构形的探究，是一门系统性、逻辑性都很强的古老的学科。甲骨文的出土，以及大量铜器铭文的发现，为这一古老的学科提供了最为坚实的物质基础。可喜的是，前贤孙诒让、林义光、罗振玉、王国维、章太炎、黄侃、郭沫若、董作宾、唐兰、杨树达、李孝定、于省吾、胡厚宣、商承祚、朱芳圃、容庚、戴家祥、徐中舒、陆宗达、徐复诸氏，近贤李学勤、裘锡圭、高明、李圃、赵诚、姚孝遂、张桂光、王宇信、王宁、邹晓丽、刘钊、宋镇豪等先生在这一领域有颇多建树，为今后汉字形义学的深入研究、为解决汉字"形难记"的问题提供了可行的保障。

---

① 谷衍奎：《汉字源流字典》，华夏出版社 2003 年版，第 294 页。

所谓"音难定"，就是指字的读音难于识记判定。

"人"字为什么要读为"rén"？"鸡"字为什么要读为"jī"？"冤"字为什么要读为"yuān"？华夏祖先为何要如此发音？这些问题，应该是困惑过或正在困惑着每一位汉语汉字的学习者。弄不清汉字"音"与"形"、"义"的内在联系，自然也就只有通过死记硬背，将3000多个常用汉字的音形义去进行"乱点鸳鸯谱"式的对应识记，这个"月下老人"可就真不好当了，出错自然是家常便饭。事实上，我们仅通过一年多时间的深入研究，就发现了汉语语音存在着内在规律这一特殊的语言现象，知道了华夏先民并不是要制造出一门"高深莫测"的语言来为难他们的后人。汉语语音内在规律——"汉语音本义原理"的重大发现，是使瞿秋白等人所谓的"高难汉语"回归到"简易汉语"变得触手可及了。

当然，"音难定"的确也有历史与现实的双重原因。最先的汉语语音是怎样的？现在"普通话"的发音与上古汉语、中古汉语之间的差异有多大？汉语的方言为何如此众多？我们通过对比研究，发现少部分以"普通话"为标准音的汉字，它们的"音难定"的确存在两个实际原因：

（一）语音的发展变迁，使普通话中的少部分字音产生了变异。我们认为，虽然造成这个情况的因素有多方面的，但最关键的是，从夏商以来，地处黄河流域的中原地区长期处于政治、文化、经济的核心区域，因而经常会发生冲突和战争。部族争战、五胡乱华等原因，导致纯正的汉语受到了部族方言的"交叉感染"，以及其他语种的"语音污染"，使北方语言区中部分汉字的读音产生了某些变化。这是历史的原因。

（二）简体字的制定推行，使汉语语音内在的核心规律被掩盖或者淡化。如简体字"卖"，读为"mài"，而"读"、"渎"、"椟"、"赎"、"牍"、"窦"等以"卖"为声的字，读音却与"mài"风马牛不相及。为什么会出现这个情况？其实就是简体字制定不慎造成的。"卖"字金文写为🔯，小篆写为"𧷓"，含"卖出"、"买入"（计按：买、卖属于汉语施受同源之规则，与受、授同源为一类）之意；而"椟"（繁体写作"櫝"）等字所从的"卖"（賣）其实是另一个字，小篆写为"𧶠"，读作"dù"。但是因为简体字的制定、推行，一些汉字的简化出现了近类合并的现象，在一定程度上给学习者造成了记音难的实际困难，"读"等字所从的"卖"就属于此例。这是现实的原因。我们认为，汉字字体的简化与制定，确实需要更加审慎和富于智慧。

　　然而，汉语语音有着极富逻辑性的简易规律，这是毫无疑问的事。我们将在以后的章节详尽地予以说解，并用大量的文字实例分析来进行证明，相信有缘者看过这本书后，立马会有疑窦顿开、豁然开朗的感受。

　　所谓"义难通"，主要是对形难表义、一字多义等情形而言的。

　　根据汉字发生学的规律来看，汉字的形义结合，是有机联系而不是分割的，汉字的比喻义、引申义和它的形体所表现出的本义之间，也有着强有力的纽带来进行联系。然而，一方面，《说文解字》等古代字书、辞书，因为其成书年代距离甲骨文时代已经非常遥远，这些书籍的著作者没有见过甲骨文，所以，他们所收录的早期汉字形体，大多是以发生讹变了的小篆为主，其形义的分析自然也就建立在讹变了的小篆基础之上。依据错误形体分析出的文字意义，是有着很大的负面作用的。这些负面的作用，在汉语的传播、发展过程中产生出了一些不利因素，其中就以文字的形义分析不确切危害最大。相应地，这也给学习汉语的朋友掌握汉字的读音带来了很大的不方便。由于历史的局限性，前人在编著字书、辞书时一定会存在这样那样的不足，如果我们不加分析，照单全收，并以此来作茧自缚，其害处是显而易见的。在古文字构形学方面有深入研究的复旦大学教授刘钊先生，对《说文》一书的认识可资大家借鉴："今天却有许多人抱住《说文》的许多错误说解不放手，这实在让人不解；从释义上说，《说文》对一些字的训释都是秦汉时期通行的一些引申义或假借义；从字形上说，《说文》依据的是久经讹变的'小篆'，以此来探'形之本源'，窥'字之原始'，其解释自然会错误百出。从今天对古文字的掌握程度看，毫不夸张地说，凡是古文字中有的而《说文》对其形体进行过解说的字，十之八九是有问题的。"① 另一方面，自《说文解字》以来的字书、辞书，在对文字训释的时候，往往割裂了本义与比喻义、引申义的内在联系，硬是将一个有机联系的整体分割得七零八落，"义难通"现象当然也就从偶然变成了必然。

　　现在仍以实际字例来予以说明。

　　如"古"字，在甲骨文中写作"甴"、"甹"等形，刘兴隆先生《新编甲骨文字典》认为："象置兵器盾于凵，示大事发生，为古，故之初

---

① 刘钊：《古文字构形学》，福建人民出版社 2006 年版，第 227 页。

文。"① 高明先生编著的《古文字类编》收录了"古"字在金文中的几种形体：周代早期《孟鼎》写作"㕭"形；周代中期《师旂鼎》写作"㞢"形；春秋《石鼓雨师》写作"古"；战国望山简写作"㠯"形。②

而"古"字常用义项，新编《辞海》收录有如下几条：

①早已过去的年代。与"今"相对。
②历时久远的。
③旧；原来。
④古体诗的简称。
⑤谓不同时俗。

仔细品味上面《辞海》所列的几个义项，其实几项含义都紧密相关，都是由一根强有力的纽带连接为一个有机的整体，这根纽带就是——"很久以前的"之义。如："古代"是指很久以前的年代，即"早已过去的年代"；"古物"是指很久以前做的器物，即"历时久远的"器物；"古事"是指很久以前的事，即常所谓的"旧事"；"古怪"早先是指某人的衣着状貌、行为奇特，不符合人们时常见到的情况，与落后的蛮夷部族（计按：这些部族与汉人心目中很久以前的古人类似）相似，即"谓不同时俗"。然而，这些"古"字的意义，其实属于"古"字的引申义，不是它的最初意义。"古"字的最初意义，在"古板"一词之中有所保留。"古板"一词，用来形容人的观念意识固执守旧，从不随意改变，这正是"古"字的比喻用法——"像'古'一样不可改变"之意。但是，因《辞海》的编者不知"古"字所指何事，便出现了这些表述不清的情况。

那么，"古"字形体表现的本义到底是指什么呢？"十"与"口"相合为什么能表示"很久以前的时间或事物"？先让我们看看文字学家们对此字含义的分析吧。

许慎《说文解字》："古，故也。从十口，识前言者。"徐铉校注："十口相传，是前言也。"

---

① 刘兴隆：《新编甲骨文字典》（增订版），国际文化出版公司 2005 年版，第 118 页。
② 参见高明编《古文字类编》，中华书局 1980 年版，第 120 页。

徐锴《说文解字系传》："古者无文字，口相传也"。

段玉裁《说文解字注》："识前言者，口也，至于十则展转因袭，是为'自古在昔'也"。

吴大澂《说文古籀补》："古文以为故字，盂鼎故字重文。"

清代女学者萧道管《说文重文管见》说："训古为天……莫古于天地。"

谷衍奎先生《汉字源流字典》："会意字。金文从十从口，以十口相传表示久远年代的事。""本义指过去久远年代的事物。"[①]

邹晓丽先生《基础汉字形义释源》："古从'十'（古'甲'字），是指开天辟地的时代，从'口'表示讲述。所以'古'是讲述开天辟地时的事情。又，郭沫若以为'盬'之初文，唐兰以为从'毌（guàn）'声，从口得义。"[②]

国学大师陈寅恪曾经发表了一个著名言论："凡解释一字，即是作一部文化史。"诚哉斯言。我们认为，上引学者们对"古"字的分析基本上是错误的。他们出现这一问题的主要原因，是因为对"古"字形体构造的把握不准确。"十口相传"的说法十分牵强，十张口放在一起，即可体会众多人口之意，又可体会吵闹之意，还可体会大吃大喝之意，为何就一定是"十口相传"呢？这种分析，是不符合汉字发生学的规律的。研究中国古文字的人都知道，汉字初始阶段的"独体字"，几乎都是象形见义的，它所描述的对象，无一例外不是古人身边所熟悉的人、事物或现象，其所指是具体的。后来到了象事字（计按：即通常所讲的会意字）阶段，也多是由两个或以上的象形符号组合会意，由两个（或以上）独体字构成的象事字，基本都是可以通过分析两者（或几者）之间的紧密关系，而体会出文字形体所包含的浅显的意义。许慎氏、大小徐及段氏的分析未能确切把握"古"字形体构造的原理，说解不可信。而萧道管《说文重文管见》"训古为天"的解释，则纯属臆测之辞，更是让人摸不着头脑。如果按萧氏所讲把"古"字解释为"天"，那么"故"字又该去怎么分析？是指用手去制造或击打至高无上的天么？高明先生在《中国古文字通论》中说："会意字是象形字的进一步发展，是在象形字的基础上产生

① 谷衍奎：《汉字源流字典》，华夏出版社 2003 年版，第 102 页。
② 邹晓丽：《基础汉字形义释源》（修订版），中华书局 2007 年版，第 50 页。

的一种新字体结构。象形字是从图形的方法代表诸物的名称，多为静止形态。会意字是表示人与人、人与物、物与物之间活动形态的一些词，因而它是由两个以上的象形符号组成的。"① 刘钊先生也认为："从古文字构形规律看，从'殳'到'攴'的字，其所从的'殳'或'攴'大都是孳乳分化时加上去的动态符号，而最早的初文本就不从'殳'或'攴'。"②刘钊先生的这一认识是十分正确的。如"啟"、"政"、"救""敝"、"毁"等字即属于这种情形，"攵"即"攴"（pū）字，在汉字构造中表示手部的动态符号。由此可知，"故"字也应属于此类情况。大家知道，"故"字是不能分析为用手去制造天的。从民俗学来看，也没有将"古"或"故"字用以表示天的说法。分析可见，萧道管《说文重文管见》中"训古为天"的说法，是一点也站不住脚的。

　　邹晓丽先生的观点看来似乎比较理性。认为"古"字上部所从的"十"即古文之"甲"字，以"甲"为种子萌芽之象形，体会出事物"开始"、"开端"之意，进而体会出"指开天辟地的时代"之义。但是，"甲"字在甲骨文里写作"╋"，是龟甲上纹线形象的"简笔画"，从不写作"╪"、"╫"等形，两者形体判然分别。可见，邹晓丽先生的推论不符合象形字的规则，加上推论过于迂曲，也不符合古人造字力求"浅显易懂"的特点，由此可知，邹先生的这一观点，应该也是靠不住的。郭沫若氏以为"古"字是"鹽"之初文的观点，唐兰氏以为"古"字从"毌（guàn）"声，从口得义的观点，也都未能够让人们对"古"字的形义结合原理明白了悟，不足信。

　　那么，应该如何分析"古"字的形、音、义呢？这就涉及本书的核心理论体系：一是"汉语音本义原理"；二是"汉字形本义原理"。

　　我们认为，与其他语言文字相对来说，汉语是一种极其简易又极富逻辑趣味的语言，汉字也是一种极其简易和富于逻辑趣味的文字。汉字只要"音同"，其意义就必定"相近"，绝无风马牛不相及的现象。当然，我们的这个观点是有条件的，其前提条件是指：该字的读音是属于不受外族语言影响前的"原始读音"。而汉字的这些原始读音，可以通过对上古时代

---

① 高明：《中国古文字通论》，北京大学出版社 1996 年版，第 49 页。
② 刘钊：《古文字构形学》，福建人民出版社 2006 年版，第 132 页。

文献的音韵研究来获得，譬如对《诗经》的音韵研究；当然也可以对存古性特征特别明显的方言研究来得到，譬如对笔者所讲的湘西南"会同话"的研究。基于这种认识，我们提出了"汉语音本义原理"、"汉字形本义原理"的理论，前者是根，是体，是灵魂；后者是标，是用，是血肉。

汉语音本义原理认为，凡读作"gu"音的汉字，它们表现的事物的核心特点——"音本义"是相同的，它们的音本义，并不会因为声调的阴、阳、上、去的变化而产生变化。音调的升高，只起到加强"音本义"程度和区分"汉字形本义"的作用。这一理论将在以后的"汉语音本义原理"一章详论。

那么，"gu"之音本义是什么呢？简而言之，"gu"的音本义包含了"圆环状的"、"固定的"两个特点。一切具有这两个特点的事物、现象，皆可称之为"gu"。形状固定不变、位置固定不变、特质固定不变的圆状事物，都是"gu"音所要表述的对象。

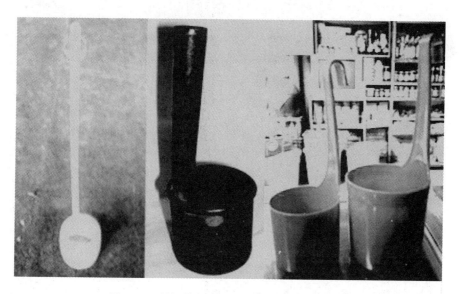

图1—3 竹酒提子、古锡酒提子、塑料酒提子

如作买酒卖酒讲的"沽"字（计按：沽字从"氵"，本指河流名，即今从天津北塘入海的那条河流，天津因而简称为"沽"，丧权辱国的《塘

沽协定》就是在这里签订的），本来写为"酤"，字从"酉"、从"古"构作，最先应该是指按固定容量标准制作的圆筒状盛酒器——现在会同话俗称"酒提子"（计按：因为此器演变发展，有了一根供手握住向上提升的长柄，所以又得名为"提子"，见图1—3）。后来根据汉语名动相因的规律，便被特指用固定标准容量的器具买酒卖酒的行为。《诗经·小雅·伐木》："无酒酤我。"《史记·高祖本纪》："高祖每酤留饮，酒雠数倍。"用的即是"酤"（沽）字的形本义。买卖糖果不叫"沽"，买卖粮食不叫"沽"，买卖金银器物也不能叫"沽"，为何单单是指买或卖酒的行为呢？究其根本原因，是因为古代买卖酒时不是通过称重来计量的，而是通过固定不变的圆筒量器来计量的。众所周知，以前商店买卖自酿米酒或工厂生产的散装酒，全部都习惯使用"酒提子"，因为这样方便快捷。酒提子有用竹筒做的，也有用薄薄的铅皮子、铝皮子做的，都固定了容量，容量主要有半斤的和一斤的两种。因为从前沽酒从不用秤称，只需要用固定容量的器具——"酒提子"量取，所以买卖酒要说"沽"，不能说是"称"，而其他物品的买卖行为却没有类似情况，因而不可以叫做"沽"。《辞海》释沽字为"或买或卖"，释义不太确切。应明确为"用固定量的圆筒容器买卖酒的行为"。

　　现在流行于民间市场的"塑胶桶"，会同话称之为"胶沽子"，而装油的铁皮桶则称作"铁沽子"。虽然"塑胶桶"有5公斤、10公斤、20公斤等不同的型号，但因每种不同型号的容量是固定的，所以被取名为"胶沽子"，这正是对上古汉语中"酤"（沽）字得名的延续，上古汉语生命的顽强性由此可见一斑。

　　如读为"gǔ"音的"贾"字，《辞海》（1993年版）解释说："①古指设肆售货的商人；②做买卖；③买；④求取；⑤招引；⑥卖出。"《辞海》如此释义，抓不住要领，将简单问题复杂化了。如按"汉语音本义原理"定义为：在固定的圆锥状屋顶的家（计按：家字古代也有gū的音）里做买卖的人或行为。则简单明了，易识易记，并且符合汉语音义结合的逻辑和规律。在固定地方做买卖求财利，自然也可以引申出《辞海》所讲的"求取"、"招引"之义。那么，"贾"字又是怎样被会意出汉语音本义原理所定义的这一含义呢？仔细分析其字形的结构，便可一目了然。"贾"字下边从"贝"，"贝"字在作为汉字的一个形体构件时，主要是表示钱财、货物的意思。这源于古人以"贝"作过流通货币的历史。上边所从的"兀"表示一种大型的圆形覆盖物，有些类似于今天集贸市场高大的棚架屋。徐复先生说："复谨按：如章（太炎）先生说，则兀音当如夏。亦借为夏屋义，《楚辞》景差《大招》'夏屋广大，沙场秀只。'王逸注：'言乃为魄造作高殿峻屋，其中广大也。'夏与厦同。"①分析可知，"兀"与"贝"组合成的"贾"，应当属于象事结构的文字，受众很容易会意出"在圆形的大房屋下营求财利"的意思。将货物摆放在房舍店铺中做生意，人不能随意外出走动，与到处行走做买卖的担货郎不同，有"固定不变"之特点，完全符合"gu"音规定的音本义要求。《周礼·地官·司市》："以商贾阜货而行布。"郑玄注："通物曰商，居卖物曰贾。"郑氏释义切中要害。许慎《说文·贝部》："贾，坐卖售也。"元代戴侗《六书故·动物四》："坐肆居卖之谓贾。"《汉语大字典》卷七贾字下："古时特指囤积营利的坐商"，"储货坐卖"。几家所释都比较正确。

读音为"gu"的字还有很多，如"毂"是固定在车轴上的圆形部件，"鼓"是固定在架子上的圆形乐器，"箍"是固定木桶木盆的竹制圆环物，"顾"是指人的身体站立不动而头部旋转环视的行为。出于篇幅的考虑，暂且分析这些，其他的放到后面专门的章节进行解释。

现在，让我们回过头再对"古"字进行分析。

首先分析字形。

第一，古字由"十""口"组成，"口"形在作为构字部件时，多指"与口功能相关或形状类似的事物"。一些文字学家认为，"口"在构字部件中，有时作为一种修饰性符号——"饰笔"（计按：也称作"羡符"）出现的。刘钊先生认为，作为"饰笔"符号的"口"没有实在的意义，如"高"、"商"、"周"等字所从的"口"即如此②。我们认为这一看法不确切，还很有商讨的空间。出于本节内容分析的简明性、逻辑性的考虑，先暂时搁置有关"饰笔"作用的争论。

第二，对古字所从的"十"形的认识是对此字字义理解的关键。从"古"字甲骨文、金文时的形体可知，上部所从的"十"形，在造字之初一般写作"中"、"十"等形，以此为据，可见，"古"既不像盛水、酒液

① 徐复、宋文民：《说文五百四十部首正解》，江苏古籍出版社 2003 年版，第 227 页。
② 参见刘钊《古文字构形学》，福建人民出版社 2006 年版，第 236 页。

体的"鹽"形（郭沫若观点），"十"也不像种子萌芽的样子（邹晓丽观点）。甲骨文"古"、"古"字上部所从的"中"、"申"，虽与"盾"的初文"申"、"申"有几分类似，不好下确切的有区分的结论，但一比较"古"、"盾"两字在金文中的形体，便"冰释前嫌"了。"盾"金文作"申"（周早期秉盾觯）、"申"（宅簋周早期画盾戈九）；而"古"字金文写作"古"（周早期盂鼎），"古"（周中期师旂鼎）等形，形体划然有别。"盾"字之金文形状中的边框方正，与金文"古"、"古"字上部的"十"、"十"形体殊异。分析可知，刘兴隆先生《新编甲骨文字典》"象置兵器盾于凵，示大事发生，为古，故之初文"[1]的观点是不足为信的。"丨"在甲骨文中与直线形事物相关，像直的棍棒，也像下垂的直的绳索，如"午"（杵之初文）在甲骨文中作"丄"、"丨"形，便是明证。套在"丨"上的"〇"形体，在甲骨文中表示束缚、捆绑在"丨"上的绳索类环形套。刘兴隆先生《新编甲骨文字典》册字条下说："（卌）象编简之形，'川'为竹简，古人无纸，著书于竹片上，'〇'为绳子，用绳把写好的竹简编联起来，即成书册。"[2]从刘氏的分析可知，甲骨文"卌"字中的"〇"，即有以绳子束缚竹简之意。又如甲骨文"束"，即今天的"束"字，像以藤蔓或绳子束缚树木之象；甲骨文"寅"，即"寅"字，寅字的含义与矫正箭矢杆有关。甲骨文中还有"束"字，此应是"束"字的一种异构，只不过是特指"捆束禾草类软体植物"而言的。由此推理，可知"古"字上部的"十"，与束缚、捆绑在直线上的环形套有关。

第三，数字"十"金文时期写作"十"、"十"等形，与"古"字金文时期上部的构形有类似性。但在甲骨文时期，数字"十"写作"丨"形，与"十"形的区别很大，可知"十口相传"的观点不值一驳。

基于以上分析，我们认为，"古"字与古代"结绳记事"的传说密切相关，"十"、"十"即指捆绑固定在绳索上的"结绳符号"。"古"字从

---

① 刘兴隆：《新编甲骨文字典》（增订版），国际文化出版公司 2005 年版，第 118 页。
② 同上书，第 112 页。

"十"、从"凵"构作，属于象事结构的文字，即表示用圆环形的结绳符号将他人（一般指王）说的语言记录下来（见图1—4）。"古"的构字原理，与"书"字如出一辙，"书"字繁体写作"書"，金文写作"𢒉"、"𢓶"等形，上部之形体包括了"聿"（计按：像手执毛笔之状，商代已经有毛笔）、"止"（计按：止为趾的本字，在构字中表示动态符号）以及几个小墨点，下部从"凵"，上下形体组合后，最初表示用笔将帝王说的东西记录下来

图1—4 结绳

的行为。现在所讲的"秘书"一词，仍然包含了"书"字最初的意义。"古"字加动态符号"攴"构成"故"字，表示用手在绳索上打上环形的结，象事意味更加明显。如此一来，对"故"字含义的理解也就水到渠成、顺理成章了。

再看字音、字义。

"古"读为"gǔ"，根据汉语音本义原理，此字所指的对象，就一定包含了"圆形的"、"固定不变"的两个特点。《周易·系辞》说："结绳以记事。"我们认为，"结绳记事"应起始于私有制产生以后，文字还没有产生以前的原始社会晚期。私有制的产生，人与人之间便会形成等级，便会形成劳动分配，便会产生对劳动情况进行登记管理的手段。"结绳记事"，最早应该是统治阶级对劳动者的劳动情况进行登记管理的一种手段，这和过去农村社员在生产队劳动后要"记工日"，以及中小学校《班级日志》要登记出勤的情况非常类似。结绳符号所代表的事件、工种等，是氏族成员大家约定俗成固定不变的，结绳的数量、顺序也应该是不允许随意变动的。记事的圆环状结绳不允许随意变动，因而具有"圆环形"和"固定不变"两个特点。捆绑在绳索上的结绳符号都是指已经发生了事件，故而又可以引申出"过去了的"、"旧的"、"以前的"之义。分析

可知，"古"字的构形能反映"gu"音的音本义要求的特点，"古"字的音义结合完全符合汉语音本义原理。

古人说："礼失求诸野。"对于"古"字的真实含义，可以再求证于方言和民俗。

第一，从会同方言来看。①会同方言有"合古"一词，时至今日，此词的运用率仍很高。其大体的含义，一般是指"述说过去发生的事"。讲述过去的事为什么不用"说"而用"合"呢？因为"合"有"对应相合"之义。"合古"即源于"结绳记事"的传说，是指根据固定在绳子上的结绳符号，两相对应，讲述以前在哪一年发生了什么样的事。这正和20世纪六七十年代，农村农民不定期地在晚上去生产队长家里"对工日"的事情如出一辙。②会同方言还有"这古"、"咯古"、"闷（有的乡镇也用'恁'）的古"的词语，用普通话可分别表达为："这样的"、"那样的"、"如此一样的"。"古"字在此用为代词，可代指事件，也可代指物品，这正好与华夏先民"结绳记事"，用固定的结绳符号代替"所做过的事"的语义完全相契合。③戒指在会同话中被称为"戒箍子"，"箍"与"古"属于同一音系的字，"箍"现在一般是指用于固定木桶、木盆的竹制环形套子，与固定在绳子上的结绳符号有一定的类似性，二者得名的原因是一样的。戒指（箍子）束缚在手指之上，结绳（古）束缚在粗大的绳子上，一个称"箍"，一个称"古"，二者得名的原理也可以相互佐证。

第二，从会同及其周边地区的"草标"风俗来看。在会同及其周边地区，有用草、藤等物结成套子捆束在村边的树干上以"禁大木"（即禁止砍伐使之长成高大的树木）的习俗。这些树木禁成大树后，其中的杉木大多用来做"寿木"，即做棺材用；其他的树种，禁成古木，大多用来作祭拜的社神树。"草标"是湘黔桂边界侗苗地区源于"结绳记事"——"古"的习俗，打了草标的事物，表示提醒此物要"固定"在此处，外人决不可随意挪动它。这种松散地捆束在树干上的标记物，因为具有提示"固定不能动"的作用，俗称为"箍子"；因为又能够达到让被捆束的树木长期安全地生长的效果，所以，古人便又将这种用草松散地捆束树木的行为称作了"束"。"束"字甲骨文写作为"𣑿"、"𣑿"等形，金文写作"𣠤"、"𣠤"等形，正描摹了上古时代人们的这一特殊习俗。刘兴隆氏说："（𣠤）从木，从囗，象以绳索束木形，或从彐（又），又像手，义同。"① 刘氏在甲骨文形体研究方面的功底较为深厚，所释基本正确。

通过以上分析，读者们应该对汉语的音、义结合的逻辑性有了初步的了解，也应该对汉字的形、义结合的规律性有了浅层次的体会。汉语汉字，真的不像人们认为的那么深奥那么难把握难学习，只要掌握了汉语音本义原理和汉字形本义原理，学习、运用汉语是简易的，学习、运用汉字也是简易的。汉语是中华文化的灵魂，是炎黄子孙的根，汉字是世界上最完善最美丽的文字，我们不能因为将家里的钥匙暂时弄丢了，便将家也抛弃掉。汉语是不能废除的，汉字是不能消灭的。现在，我们将家里的"金钥匙"找到了，希望炎黄子孙们珍爱汉语汉字，不要让汉语受到外来语的污染，更不要让汉语汉字灭亡。杨树达先生曾经说："由余上方之所讨论，知吾祖先文字之制作实有极精之条贯存于其间。惟吾人漫不经心，此中条贯尘翳数千年，不曾显见于吾辈之目前……若吾人将此中条贯理会明白，使国人知祖宗制作之精，将油然生其爱国之心。"② 季羡林先生说得更通俗明白："汉语是世界语言里最简练的一个语种。同样表达一个意思，如果英文要 60 秒，而汉语 5 秒就够了。汉字是世界上唯一没有消亡的从象形到形声、从会意交融相合到不断发展完善的最古老文字。华夏民族数千年以来一直用汉语思考、用汉语交流、用汉语书写，从一定意义上说，是汉语文化孕育了中国人的智能智力，铸造了中华文明。"

第三节 大道至简："三大原理"克服"汉语三难"

对于普通的读者来说，最让人头昏脑涨的书籍，很可能是"语言文字学"类的书籍。而"中国古文字研究"方面的书籍，则更是让读者产生出被煎熬的味道。一直以来，枯燥无味、晦涩难懂的臭名声，如影随形，常常伴在汉语言研究书籍的左右。笔者曾与几位研究文学理论的教授在会同炎帝山庄喝酒聊天，在谈到中国古文字研究的话题时，笔者讲了这样一个冷笑话：

"印一千本是正常。请猜是哪一类书籍？"

---

① 刘兴隆：《新编甲骨文字典》（增订版），国际文化出版公司 2005 年版，第 364 页。
② 杨树达：《积微居小学金石论丛》，中华书局 1983 年版，第 51 页。

"印三千本是超常。请猜是哪一类书籍？"

"印五千本是反常。请猜是哪一类书籍？"

席间众人果然会心地笑了起来。

笔者为什么要这样去调侃？请大家试想一下：一个十三亿人口的泱泱大国，为何消受不起区区几千本研究汉语汉字的书呢？"中国话"天天挂在嘴上，再熟悉不过；"中国字"天天在眼前晃悠，再熟悉不过，可是这研究"汉语汉字"的书，却竟然成了人们最陌生最疏远的一种精神食粮，丝毫引不起人们的食欲来。这实在是一件让语言文字的研究者感到极度悲哀的事情。为何会出现这种情况呢？究其原因，就是有些学者将本来浅显易懂的汉语汉字，研究成了一门"深奥难懂"的学科了，最终成为一种小圈子内游戏和维护所谓权威的虎皮。

我从涉及汉语言文字研究领域以来，就有一种冲动：要写一本初中生能看、大学生爱看、语言文字专家也愿看的书籍。现在看来，这一梦想终于要变成现实了。

通过一年多较深入的探索、研究，在发现、领会"汉语音本义原理"、"汉字形本义原理"、"比喻引申原理"的操作规则后，笔者更是发自内心地热爱上了这种语言。她简单明了，她极富逻辑；她表面神秘高深，实则素雅清新。五千年来，她似乎一直披着丝织的红盖头，在摇曳的烛光中静静等待着有缘人来亲近她珍爱她、永生永世呵护着她。

古人说："大道至简。"擅长"仰观天象，俯察地理"的华夏民族，是一个非常善于观察、善于思考、善于归纳总结的民族。华夏先民注重透过事物的表面现象，观察并发现事物的内在本质，然后根据这种认识，条分缕析，分门别类，然后发乎声、合于义，开始给世间人事万物去拟定适宜的名称，于是，汉语便诞生了。本人学识浅陋，对于汉语之外的其他语言知之甚少，自然就不可能觉察体会到它们的规律奥妙之所在，因此，在汉语和其他语言之间，笔者不可能也不必要去评判谁优谁劣，分出孰高孰下。但是，笔者可以对汉语汉字的秘密进行细致入微的探讨和分析，将汉语音义结合与汉字形义结合的内在规律揭示出来，方便大家学习和使用汉语汉字，从而升华人们对汉语汉字，进而对中华文化的由衷热爱。

针对现在学习汉语汉字"音难定，形难记，义难通"的瓶颈，我们相应地提出了汉语汉字内在的"三大原理"。

一　汉语音本义原理

汉语音本义原理，主要负责揭示汉语语音起源和音义结合的奥秘，通俗地说，即负责解释“人”为何要被称作“rén”，负责阐释如“人”、“壬”、“刃”、“仁”等字为何同属于“ren”一音系等诸如此类的问题。这与过去常说的“音同义近”理论有一定的联系，但从以往的汉语言文字学家对“音同义近”理论的实际操作情况看，我们发现的“汉语音本义原理”，其实又与它有着非常鲜明的区别。这一原理的发现，将彻底解决学习汉语时“音难定”的难题，为大家轻松地学习汉语开辟出一条崭新的捷径。

汉语音本义原理认为，“ren”音的音本义，主要强调“熟的”、“柔软的”这两个特点。

如“人”字，甲骨文写作“”、“”等形，金文写作“”（周早期盂鼎）、“”（周晚期克鼎）等形。刘兴隆先生解释说：“（）象人侧立之形。”① 解说十分正确。在上古汉语里，“人”是对身体发育成熟（计按：一般就是以男女性发育成熟标准），但躯体仍然较柔软的人而言的。婴儿躯体虽然柔软，但身体发育不成熟、且不能站立，因此不能称为“人”；儿童虽然可以站立，但身体也未发育成熟，仍然不能称为“人”。在甲骨、金文时期，婴儿被称为“子”，“子”字甲骨文写作“”、“”等形，金文写作“”（周早期盂鼎）、“”（周早期传卣）等形，大多突出了圆圆的头和两只手，胸部以下之身体简略为一条线，表示婴儿双足被襁褓包裹在一起。左民安先生说得好：“（）是一个刚出生的婴儿，上部是头，左右是两臂，两腿是用小被裹在一起的样子。”② 纪德裕先生也认为：“‘子’是象形字，就像婴儿在襁褓中的形状。篆体‘’上部像婴儿的头，一横是上肢，下部弯勾是襁褓裹着的双足。所以看上去就像一条腿，故‘子’常指婴儿。”③《礼记·曲礼》：“子于父母。”郑玄注：“子者通男女。”《荀子·劝学篇》：“干、越。夷、貉之子，生而同声，长而异俗，教使之然也。”可见在古代，“子”起初的确是指婴儿，并没有性别之分。而

---

① 刘兴隆：《新编甲骨文字典》（增订版），国际文化出版公司2005年版，第482页。

② 左民安：《细说汉字——1000个汉字的起源与演变》，九州出版社2005年版，第86页。

③ 纪德裕：《汉字拾趣》，复旦大学出版社2002年版，第30页。

"巤"字，上部之"囟"即现在的"囟"字，交叉线表示婴儿左右顶骨与颅盖诸骨结合不紧密所形成的骨间隙，会同话叫做"脑门囟"，下部之形体则表示用长带子束缚着的襁褓，整个字就是一幅生动形象的"襁褓婴儿图"，比"孑"字更富于写实的意味。分析可知，"人"在古代特指躯体比较柔弱但可以站立的、身体发育成熟了的人。所以，我们今天还常常说"希望××长大成人"的话，反过来说，儿童夭折长不大，则不能称作人。

如"刃"字。甲骨文写作"𠬛"，《说文》小篆写作"刃"，其构造是在"刀"字刃口处加了一个斜点，表示刀刃之所在。过去说是指事字，其实仍可以划归象事字系统（分析详见后面章节）。刀口为什么被称作"rèn"呢？这一点，过去的文字学家们没有一个能够给予确切的解释。许慎《说文·刀部》："刃，刀坚也。像刀刃之形。"王筠《说文句读》："刀坚者，刀利之处也。"刀坚，即是刀最坚韧的部位，许氏释义虽然正确，但却未能揭示"刃"为何被称为"rèn"的内在原因。谷衍奎先生解释说："甲骨文从刀，在刀口处加一点，指出刀口之所在。""本义为刀剑的锋利部分，即最坚韧的钢口刀口。"[①] 唐汉先生持相同观点："甲骨文的'𠬛'字，左下部为一把刀的象形白描，上部的一点作为指事符号，以指明刀口所在的位置。因此，'刃'的本义指刀口，即刀的锋面。"[②] 谷衍奎先生、唐汉先生都因袭许氏之说解，虽有发挥，但他们也和许氏一样，不能够将"刃"字的音、形、义有机地结合起来分析，因此，仍然未能够揭示出"刃"字得名的奥秘。

其实，"刃"得名为"rèn"，是与我国古代金属冶炼技术密切相关的。

俗话说："好钢用在刀刃上。"那么，用在刀刃上的金属有什么特殊的地方呢？我国古代，根据是否经过"淬火"（计按：现在叫做"热处理"）这一工序，将铁通俗地分为两种：未经过淬火的叫"生铁"，即现在讲的"白口生铁"，生铁脆而易断，性刚硬；经过淬火的叫"熟铁"，即现在讲的"韧性可锻铸铁"，与生铁相比，熟铁韧性强，性柔软。古代刀剑兵器的刃口部位最需要的是韧性，所以都要用经过"淬火"处理的、柔软而韧性又很强的"熟铁"包镶。因而，这个部位的铁，具有了"柔软的"和"熟的"两个特点，正好与"ren"的"音本义"要求相吻合，所以，这一部位

① 谷衍奎：《汉字源流字典》，华夏出版社 2003 年版，第 39 页。
② 唐汉：《汉字密码》（下册），陕西师范大学出版社 2009 年版，第 556 页。

被称为了"rèn"。阙勋吾先生说:"《韩非子·五蠹》篇中所说的'禹之王天下也,身执耒臿以为民先'的'臿',以及《淮南子》中所说的'禹时,天下大水,禹执畚臿以为民先'的'臿',都应是'铁臿'。据考古发现所得实物,'铁臿'是一种包镶铁口,刃向前方的工具。"① 可证古代最初的铁制工具和兵器,其刃口部位只是用少量的"熟铁"包镶着的,所以刃口也即"铁口"。那么,我国古代是怎样锻铸出"熟铁"的呢?《史记·天官书》说:"水与火合为淬。"明代宋应星《天工开物》曾对淬火工艺进行过论述:"凡铁镞,纯钢为之。未健之时,钢性亦软。以已健钢錾划成纵斜文理……划后烧红,退微冷,入水健。"《热处理工艺学》一书对此也有浅显的说明,书中的《绪论》说:"热处理是使固态金属通过加热、保温、冷却工序改变其内部结构,以获得预期性能的工艺过程。""热处理在我国有着悠久的历史。早在2000多年前,随着铁器的大量使用,热处理工艺也在生产实践中逐步形成和发展。战国时期,我国人民已经利用淬火来提高剑的硬度,也曾采用柔化处理(即退火处理),将白口生铁变成韧性铸铁(即可锻铸铁)。而在欧洲和美国,则分别在公元十八世纪、十九世纪,才出现韧性铸铁,我国比西方早了两千多年。"②

又如"饪"字。《说文》小篆写作"𩚏",字从"食"、从"壬"构造,属于形声结构的汉字。西汉扬雄《方言》卷七:"饪,熟也。徐、扬之间谓之饪。"许慎《说文·食部》:"饪,大熟也。"宋代陈彭年等编修的《广韵·侵韵》说:"饪,熟食。"三家所释皆不确切。《论语·乡党》:"失饪,不食。"三国魏·何晏注:"孔曰:'失饪,失生熟之节也。'"其实,饪是指熟了但又柔软不糜烂的食物,何晏的注解是十分正确的。北京师范大学著名教授王宁先生曾对"饪"字做过专门的研究探讨,她说:"'饪'是古代熟食的总名,又是生熟程度的标准。《礼记·文王世子》和《论语·乡党》都有'失饪'之说,'失饪'即'失生熟之节',也就是食物煮得不熟和过熟,不合标准。古代祭祀时,煮肉要煮得恰到好处,祭肉生熟程度大致有四等,'腥'是全生,'爓'(计按:古读为 qiān,即欠火候之意)是半生半熟,'糜'是过熟,熟而不过,称作

---

① 阙勋吾:《试探中国何时开始用铁》,载《中国历史文献研究集刊》第三集,岳麓书社1983年版,第201页。

② 中国第一机械工业部统编:《热处理工艺学》,科技普及出版社1983年版,第1页。

'饪'。'腥'和'燗'都可入祭，然而至于饔，也就是到了厨房里，供人的膳食时，就必须合乎'饪'，所以《论语》说：'失饪不食'。"① 王宁先生学术功底深厚，对"饪"字的分析非常正确。

又如"稔"字。许慎《说文·禾部》："稔，谷熟也。"顾野王《玉篇·禾部》："稔，年熟也。"王筠《说文句读》："此谓五谷蕃熟谓之稔也。"通俗地说，谷物熟则称为"稔"。其实，稔是饪的后起分化字，王宁先生说："'饪'的异体字作'腍'。《仪礼·聘礼》说：'唯羹饪筮一尸'，注说：'古文饪作腍。'《诗·小雅·楚茨传》：'亨（烹），饪之也。'《经典释文》说：'饪，本作腍。'由'腍'生出另一个挚乳字'稔'（rěn），意思是稻谷成熟。"② 这正与婴儿熟则成"人"，生铁熟则称"刃"，食物熟则称"饪"是一个道理。

再如"仞"字。《说文》小篆写作"仞"，字从"人"、从"刃"构造，属于形声结构的字，读作"rèn"，比读作"rén"的"人"高了两个声调，强调意味大大增强了，与"人"相对而言，是指形体发育特别成熟的成年人。从汉语音本义原理、汉字形本义原理考虑，更加可以推理得知"仞"是指成年人而言的，其字面的意思是："像熟铁那样坚韧结实的成年人。"后来便专门用于特指"像成年人那样的高度"，其实也就是今天大家常说的"××物体有一人（仞）高"的意思。那么，中国古代成年人的平均身高大体是多少呢？我们收集到了中国古代成年人身高的一些数据，提供给大家参考。据《中原远古文化》一书介绍，生活在仰韶文化区域之内的古人，陕西西安半坡人男性的身高平均为 169.45 厘米，华阴横阵村人男性的平均身高为 167.9 厘米，宝鸡百首岭人男性的平均身高为 168.8 厘米，华县元君庙人男性的平均身高为 168.4 厘米，而山东大汶口文化的主人，其男性平均身高达 172.26 厘米③。

许慎《说文·人部》："仞，伸臂一寻，八尺。"《广韵·震韵》："仞，七尺曰仞。"《书·旅獒》："为山九仞，功亏一篑。"孔安国传："八尺曰仞。"陆德明释文："七尺曰仞。"清陶方琦《说文仞字八尺考》："许君所用周尺也，故主八尺之说。郑君所用汉尺也，故主七尺之说。"

---

① 王宁：《训诂学原理》，中国国际广播出版社 1996 年版，第 290 页。
② 同上。
③ 参见许顺湛《中原远古文化》，河南人民出版社 1983 年版，第 162—163 页。

《汉语大字典》卷一仞字下："古代长度单位。八尺为一仞。一说七尺为一仞。"尺字，金文写作"𰀁"形，《说文》小篆写作"𡳿"，像人的大拇指和中指极力张开的形状，最先用来指成年男人的大拇指和食指极力张开的长度，大约17厘米，这就是《大戴礼·主言》说的"布指知寸，布手知尺"的来历。在安阳殷墟出土的一把骨尺，现在收藏在中国历史博物馆中，长16.95厘米，与早期"尺"的长度正好相合。男子身高达到170厘米左右，即有十尺（一丈），所以，古代又将正常身高的成年男子形象地称作"丈夫"，这也正与古代半坡人、横阵村人、大汶口人男性的正常身高惊人地吻合。后来，"尺"被统治者用做标准的长度单位，但在不同的朝代，尺的具体长度又是有较鲜明的差别的。近人根据杨宽《中国历代尺度考》①、曾武秀《中国历代尺度概述》② 等，推算出古代各朝各代"尺"合于今天厘米的长度：周代一尺22.5厘米，秦朝一尺为22.1厘米，东汉一尺为23.3厘米③。生活在东汉时期的许慎，将"仞"字硬性地规定为"八尺"，解释是不太确切的。其实，"仞"的含义，就是指一个正常成年男人的高度。

再如"仁"字。金文写作"𰀂"（中山王鼎）形，《说文》小篆写作"𰀃"形，《六书通》小篆写作"𰀄"、"𰀅"等形，字从"人"、从"二"，或从"二"（也有从"千"）、从"心"构作。对于此字音形义如此结合的原因，历来的文字学家们都未能给予正确的解答。《韩非子·解老》："仁者，谓其中心欣然爱人也。"《说文·人部》："仁，亲也。从人从二，𢖪，古文仁从千心。"《广雅·释诂一》："仁，有也。"王念孙《广雅疏证》："古者谓相亲曰有……有，犹友也。"蒋善国先生说："𰀃（仁），《说文》说：'亲也，从人从二。''二'就是重文的记号。章炳麟说：'金文人字有作𰀆者，重人为𰀆，以小画二代重文，则为仁。'（《检语五·正名杂义》）可证𰀆为仁字；仁从'二'，就是重'人'的符号。"④ 后左民安先生从蒋氏之观点："𰀂是金文的形体，其上边是'人'的侧立之形；下边的'二'，据蒋善国先生说'是重文的记号'，也就是

---

① 杨宽：《中国历代尺度考》，商务印书馆1995年版。
② 曾武秀：《中国历代尺度概述》，《历史研究》1964年第3期。
③ 参见纪德裕《汉字拾趣》，复旦大学出版社2002年版，第67—68页。
④ 蒋善国：《汉字的组成和性质》，文字改革出版社1960年版，第89—90页。

说仍然是个'人'。'人'与'人'相处就要仁。""许慎将'二'看做数字，恐不妥。应为重文的记号。'仁'的本义是'对人要亲善、友爱'，比如《庄子·天地》：'爱人……之谓仁。'"① 谷衍奎先生则认为："甲骨文、古文和篆文皆从人，从二，用二人会亲近、以人道待人之意，即对人亲善、同情、友爱。人也兼表声。"② 而李程先生认为："仁，由'人'和'二'构成。'二'字有相同的含义，整个字的意思是用相同的态度对待所有的人，由此产生平等待人的含义。'二'字也可看作是天地的示意图，整个字的意思是人处于天地之间，由此产生中心的含义。它在'果仁儿'一词中用的就是这种含义。整个字也可理解为两个人之间的关系。两个人之间应同情和友爱，由此产生同情和友爱的含义。"③

　　其实，仁字从"二"构作，并不属于这些文字专家分析的情况。因为，从汉语音本义原理可知，"er"（计按，普通话的"er"音字，在会同话里都读为"ri"，与日字属于同一音系）音包含了"两个的"、"柔软的"之特点，如："儿"甲骨文写作"🜖"、"🜚"等形，金文写作"🜖"、"🜚"等形，像头发梳理成两束的、躯体还柔软的男孩子之形；"而"甲骨文写作"🜔"，《说文·而部》："而，颊毛也，象毛之形。"本来是指男人两颊下柔软的长胡须；"日"字甲骨文写作"⊟"，是指一天中在早晨和黄昏时会有两次光线柔和的星体；"耳"有两只，又非常柔软，所以得名为"ěr"。分析可知，"仁"字从"二"，实际是指成年人的心肠很柔软（即心地善良），"仁"字的异体写作"🝁"，字从"二"从"心"构作，心肠柔软的意思就更加表露无遗了。"果仁"中的仁，是指果成熟之后，果核或果壳里头生长出来的较柔软的部分④。用的仍然是仁字"熟的"、"柔软"的含义，并不像李程先生说的那样，用了"中心"的意思。李先生弄不清楚"仁"字音形义结合的内在奥秘，所以才会有如此荒诞的臆测之辞。

　　另外，"韧"是指像熟牛皮和熟铁那样柔软坚韧的特性；"认"是指将陌生事物变为熟悉事物并记得持久（有韧性特点）的行为；"忍"是指

---

①　左民安：《细说汉字——1000 个汉字的起源与演变》，九州出版社 2005 年版，第 15 页。
②　谷衍奎：《汉字源流字典》，华夏出版社 2003 年版，第 66 页。
③　李程：《汉字字源与字根》，东方出版中心 2008 年版，第 167 页。
④　参见《汉语大字典》编辑委员会编纂《汉语大字典》（第二版）卷一，第 139 页。

人的心像熟铁那样柔韧能承受；此外还有"壬"、"妊"、"任"、"荏"、"纴"等，诸如此类，无不合乎"ren"音的音本义要求。

二 汉字形本义原理

这一原理主要负责揭示汉字构形和形义结合的内在规律，告诉大家古人怎样造字，如何进行字形和音义的有机结合。同时，我在进行汉字形体分析的过程中，还会结合汉字的发展历史，揭露汉字形体在发展过程中出现的讹变及不合理简化带来的问题，并本着有利于汉语发展的目的，提出汉字改革的合理化建议，以供语言文字学家、国家语言文字研究与改革机构参考。

比如"解"字。甲骨文写作"🐾"形，上部从"𠬪"、从"🐎"、"八"，下部从"牛"字。"八"这个符号在构字中表示分开的功能，"🐎"字在此强调的是角斗行为，由此可知，这几个形体的组合，是指人用手部的行为使正在角斗的牛分开的意思。刘志基先生曾经说："'触'，古玺文写作'🐄'，以'牛'、'角'会意，牛喜欢以角相触，所以古代造字者如此设计字形。"① 根据刘氏的这一分析，我们推定"🐾"字实际是从"𠬪"、从"八"、从"触"构造，属于象事结构的文字，描绘的是人们使用人为的手段将以角相触的两头斗牛分开的场景。至今会同俗语讲的"解交"之义，即与"🐾"字的构形原理非常切合。解字金文写作"🐏"（周早期子瓶）、"🐑"（周中期解子鼎）等形，字形基本上与它甲骨文时期的形体相延续，从"牛"、从"角"、从"𠬪"（双手）或"🖐"（手持长木棍或鞭子）构作，手持长棍介入两头牛之间，将角斗的双方分开，"解交"的意味仍然十分明显。但是；此字在小篆时代形体产生了讹变，写成了"解"形，"𠬪"或"🖐"讹变成了"刀"（刀），以至于造成了今天的结果。解字，在会同话读作"gǎi"和"gài"两个音，表示人们用某个物体或手段介入到两个交合在一起的事物之间，将双方完全分隔开来的意思。许慎《说文·角部》："解，判也。从刀判牛角。"许氏以小篆形体立说，完全不符合甲骨文、金文中的"解"字的含义。刘

---

① 刘志基：《汉字文化综论》，广西教育出版社 1996 年版，第 216 页。

兴隆先生《新编甲骨文字典》说："🀄，象双手解判牛之形。"① 谷衍奎
《汉字源流字典》："解，会意字。甲骨文从双手，从牛，从角，会两手拔
牛角之意，表示在宰牛。小点象征血肉碎屑。"② 刘氏、谷氏虽然对甲骨
文非常熟悉，但他们未能结合汉语发生学以及汉字音形义结合的规律去考
察，因此不可能得到确切的答案。

　　"解"字在会同话中还有"gài"一读音，表示用锯子将木料分解开
来的意思，因为锯子是金属制作的，故而后世又加"金"旁造出了一个
"鍇"字。《汉语大字典》："'鍇'，gǎi；锯开（木料）。"③ 西南师范大
学教授蒋宗福先生指出："'鍇'，gài〔kai⁵³〕；（把木头）锯开。或作
'解'。……'鍇'是'解'的增旁字。"④ 北魏贾思勰《齐民要术·伐
木第五十五》："犹有剖析间解之害，又犯时令，非急勿伐。十一月，伐
竹木。"《金瓶梅词话》第六十七回："我的儿，你肚子里枣核解板儿，能
有几句儿。""句"与"锯"谐音，枣核太小，要锯成板，自然没有几锯。
话里面隐藏的意思，是说那人肚子里没有装着几句曲。上引文献中的
"解"字，即是锯开木料的意思。《醒世姻缘传》第三十三回："但凡人家
有卖甚么柳树枣树的，买了来，叫解匠锯成薄板，叫木匠合了棺材，卖与
小户贫家殡埋亡者，人说有合子利钱。" "解匠"，会同话读作"gài
jiang"，是指专门从事锯木的工匠。分析可见，"解"字即与《汉语大字
典》中的"鍇"字实际是一字，应当读作"gai"一音系。

　　汉语音本义原理认为，"gai"音主要强调"介入"、"使分开"两个
特点，"jie"音主要强调"上举"、"连结"（或"交接"）两个特点。
"解"字，本来是指用行为介入将角斗的牛拉开、分开，符合"gai"音
所强调的"介入"和"使分开"这两个特点，的确当属于"gai"一音系
之词。《公羊传·宣公六年》："子，大夫也。欲视之，则就而视之。"何
休注："顾君责己以视人，欲以见就为解也。"陆德明《经典释文》："解，
佳卖反。"佳卖反，换成今读即是"gài"。

　　为了让大家对此有更深入的认识，下面，我们先带大家了解一下会同

① 刘兴隆：《新编甲骨文字典》（增订版），国际文化出版公司 2005 年版，第 263 页。
② 谷衍奎：《汉字源流字典》，华夏出版社 2003 年版，第 766 页。
③ 《汉语大字典》（第二版）卷八，四川辞书出版社、崇文书局 2010 年版，第 4593 页。
④ 蒋宗福：《四川方言词语考释》，巴蜀书社 2002 年版，第 201 页。

话中部分"jie"音字的音形义结合原理。

如"节"字。"节"金文写作""形，上部是"艹"，下部是"卪"，楷化后写作"節"。关于"艹"，左民安先生解释说："金文艹多像两枝下垂的竹叶。"① 古人以竹最富于特点的叶子来表示竹这种植物，是运用了一种"借局部代整体"的方法。"卪"就是今天的"即"字，左边是一个食器，右边是一个屈膝弯腰的人，属于象事结构的字，描摹了人肚中空空后极力靠近食器吃饭食的情

图1—5 竹子

形。因而，"即"最初表现的是"迫压"义，由此可以引申出"接近、连接"的意义。许慎《说文·竹部》："節，竹约也。"竹约，通俗而言，其实就是指竹竿上下两节的连结之处。大家知道，从竹子的外表情形看，竹子好像是由一段向上顶着一段地生长而成的，因此，在人们的眼里，"节"就具备了"上举"、"连接"的特点（见图1—5）。

总之，用汉语音本义原理来表述，"节"，就是指竹竿下节与上节相连接，并将其向上举起的部位。

如"结"字。许慎《说文·系部》："结，缔也。"王力等编《古汉语常用字字典》："结，①打结。②缔结，结交。"② 谷衍奎编《汉字源流字典》："结，形声字。本义为打结。"③ 几家所释，都未能完全符合"结"字的真实含义。"结"字小篆写作"結"，字从"糸"、从"吉"（计按：吉，会同话读作jié，形义分析详见下面）构作，此形体不见于甲

---

① 左民安：《细说汉字——1000 个汉字的起源与演变》，九州出版社 2005 年版，第 447 页。
② 王力等编，蒋绍愚等增订：《古汉语常用字字典》，商务印书馆 2007 年版，第 187 页。
③ 谷衍奎：《汉字源流字典》，华夏出版社 2003 年版，第 518 页。

骨文、金文，属于后起的形声兼象事结构的文字。"吉"也含有"上举"、"交接"之特点，由此可知，"结"也应是与一种具有这两个特点的布帛类物件相关的行为或事物。王宁教授说："古代的长服装襟的上部腋下处有短带，系短带叫'结'。后来改为纽扣，也叫'结'。扎腰带叫'束'。……穿衣到了系短带和扎腰带的阶段，已经是最后一道程序了，所以，'结束'一词才发展出'终了'的意义。"① 从王氏的论述可知，"结"，本来是指在衣服穿戴完了之时，将衣襟上提后把上下两根纽带连结在一起的行为（见图1—6）。《礼记·内则》："衿缨綦屦。"注："（衿）犹结也。"刘熙《释名·释衣服》："衿亦禁也，禁使不得解散也。"古人从不同的语音角度考察，"结"又可以得名为"衿"。

图1—6　战国楚墓彩绘俑

再如"吉"字。会同话读作"jié"。吉字甲骨文写作"𠮷"、"𠮷"等形，上部之形体为男性生殖器的形状，下部的"𠙵"表示女性生殖器。两形组合，表示男性生殖器向上挺举，能够和女子进行性的交接了。生殖器能坚挺上举说明男人的性功能良好，所以"吉"字可以引申出"好"和"善"的意义。谷衍奎先生说："吉，会意字。甲骨文从口，从士，是容器里盛着一个士（男性生殖器）形玉器的形象，表示正在举行一个求

---

① 王宁：《训诂学原理》，中国国际广播出版社1995年版，第153页。

福的祭典。俗称男孩的生殖器为'吉巴'，可证'士'为男性生殖器形。"① 谷氏将"士"解释为男性生殖器之形，十分正确，但将"口"释为容器，不确切。古文字中，容器之形一般都写作"Ⴘ"、"Ⴘ"等形，即现在的"皿"字，很少见将"ㅂ"用为器皿的构字。

　　另外，"吉"字的坚挺上举之义，还可以从其他从"吉"构作的形声字得到验证。"颉"字古读做"jié"，《说文·页部》："颉，直项也。从页，吉声。"直项，即是坚挺上举的脖子。"桔"字本读作"jié"，《说文·木部》："桔，一曰直木也。"桔槔是古代的一种常见汲水器具，就包含有直木坚挺上举之状（见图1—7）。"诘"字读为"jié"，本来是指用直言责问顶撞自己的上级，仍然包含着坚挺上举的意思。"硈"字也读为"jié"，朱骏声《说文通训定声·履部第十二》："硈，石坚也。从石，吉声。《尔雅·释言》：'硈，巩也。'今俗结实字以结为之。"分析可知，"硈"其实与"碣"字音义相通，就是指坚挺上举的石柱类物体，身体壮实挺拔的人和这种石柱相似，所以，人们就通过比喻的手法，用它来形容身体长得结实的人。又，《尔雅·释诂》："劼，固也。"巩与固义同，可见"劼"字应该是"硈"的异体字。

　　再如"竭"字。《说文》小篆写作"竭"形，左边从"亻"，是一个站立的"人"形，右边从"𣶒"，像一人背负着重物之形。许慎《说文》："竭，负举也。"《礼运》："五行之动，迭相竭也。"郑玄注："竭，犹负载也。"王念孙《广雅疏证》："'竭'与'揭'通，凡物上举者皆谓之'揭'。""亻"与"𣶒"两形

图1—7　汲水器具桔槔

相合，可以会意出背负重物者（计按：有脊背与重物连接在一块之意）用尽全力使腰杆挺立，将重物背负举起来的情形。《庄子·胠箧篇》："唇

　　① 谷衍奎：《汉字源流字典》，华夏出版社2003年版，第160页。

竭而齿寒。"唇竭，即嘴唇向上翻出之意，用的就是竭字的"上举"之义。因为将重物负举而起的动作需要用尽全力，所以，"竭"字在后来又引申出了"完"、"尽"的意义。

再如"孑"字。《说文》小篆写作"ϛ"形，与"子"字小篆"ϛ?"形相比，"ϛ"是少了一只手臂的形状，属于象事结构的文字，实际上含有"半个儿子"的意思。在会同话里，仍然习惯将从本族中过继来的儿子称为"孑崽（仔）"。从汉语音本义原理以及汉字形本义原理来看，"孑"，实际就是指男人无子后，将族内某个侄子过继来使自己身份得到提高（即变为了父亲），并起连结血脉香火的儿子。因为这个"孑"不是自己亲生，过继过来的结果，是能够让自己身份提高和连结血脉香火，这与"jie"的音本义要求——"连结"、"上举"正好吻合，所以，

图1—8　玩踩高跷

古人便费尽心思造了个"孑"字来表达"孑崽"这个意思。再者，因为"孑"是单独一人，不可能有兄弟，所以可以引申出"孤单"的意义。成语"孑然一身"，用的就是"孑"字的这一引申义。《说文·了部》："孑，无右臂也。从了，丿。象形。"许氏不能理解"孑"字音形义结合的奥妙，所以作出了极其错误的解释，不足为据。

再如"杰"字。此字繁体写作"傑"，字从"人"、从"桀"构作，属于形声结构的字。这个字的核心构件，就是读作"jié"的"桀"。其实，桀字是傑的初文、本字，傑字是桀的后起形声字。桀字小篆写作"桀"，下部为"木"，上部是方向相反的两个"屮"（止），"止"即"趾"字，两"止"，就表示两只脚。这几个形体组合在一起，描摹的是一人两脚踩着

木制高跷（会同话俗称"高脚马"，见图1—8）的形象。

高跷连接着脚掌，人的身体也被高高举起，因此，脚掌踩着高跷的形象，恰好具有"上举"、"连结"的特点，与"jie"音的音本义要求十分吻合。人踩着高跷，高度骤然增长，所以能够自然地引申出"特别高出"之义。《诗·卫风·伯兮》："伯兮朅兮，邦之桀兮。"毛传："桀，特立也。"解释非常正确。清徐灏《说文解字注笺》："桀、傑古今字……同从二人在木上，取高出人上之意。"林义光《文源》："《尔雅》'鸡栖于杙为桀'，象两足在木上之形。"徐、林二氏对"桀"（杰）字形体的分析，基本符合汉字形义学的规律。

另外，"揭"是用手将物体高高举起；"碣"是指高高上举的石柱，其他"jie"音之字，无不包含了相同的语源特点。而普通话读作"jiě"的"姐"，会同话读作"jiá"，其他如"介"、"届"、"界"、"戒"、"街"、"阶"、"诫"等字，会同话都读为"gai"一音系。

再看看会同话中部分"gai"音字的音形义结合原理。

如"改"字。甲骨文写作"𢼜"形，字从"己"、从"攴"构作，"己"像跪着的小孩之形，"攴"即"攴"（pu）字，像手持小棍或鞭子之形状。两形合在一起，属于象事结构的字，描绘了一幅手持小棍或鞭子扑打犯错小孩使他改正错误的"教子图"。《说文·攴部》："改，更也。从攴、己。"李孝定氏指出："许书改下说解乃汉义，自非造字本义。"[①]左民安先生认为："左边为'巳'，实像人形；右边为'攴'，一只手拿着鞭子打。郭沫若说：'殆像扑作教刑之意，子跪执鞭以惩戒之也。'"[②] 分析可知，"改"字形体表现出来的意思，其实即指父母用管制行为介入到孩子与不良习惯之间，并使两者分开的行为。其含义中包含了"介入"和"使分开"两个特点，完全符合"gai"音的音本义要求。

又如"该"字。《说文》小篆写作"該"形，字从"言"（言）、从"亥"（亥）构作。《说文·言部》："该，军中约也。"军中约，即军队里的军规戒（会同话读作gài）约，就和现在我们大家所熟悉的《三大纪律八项注意》是同类的东西。用汉字形本义的原理来表述，"该"，就是指军队的将帅将本人的主观管理意识介入到将士与无约束的行为之间，并使

① 李孝定：《甲骨文集释》，"中研院"历史语言研究所1974年版，第1077页。
② 左民安：《细说汉字——1000个汉字的起源与演变》，九州出版社2005年版，第317页。

两者完全分开的军规戒约，也即是所谓军令、军纪。《周易·师卦第七》初六爻辞："师出以律。否臧凶。"师出以律，就是军队出发征战必须用严明的纪律——也就是"该"来进行约束。由此可知，我们的祖先早就认识到，军规戒约是军队里必须具备的东西，所以，"该"字可以引申出"应当"、"应该"的意义；军规戒约内容一般都很完备，所以，"该"字可以引申出"完备"的含义，这个意义现在写作"赅"，成语"言简意赅"的"赅"字，用的就是这一意义。我们认为，"该"字从"言"构作，意思与语言文字有关，"言简意赅"的意思也是相对语言文字来说的，"赅"字应当改回其本来的状态，写成"言简意赅"。

再如"概"字。《说文》小篆写作"𣏾"，上部从"𣎆"，下部从"木"。"𣎆"甲骨文写作"𩚫"，隶定后楷书写作"既"，"𩚫"左边的形体是一个盛着食物的器皿，右边是一个口向后张开的跪坐人形，表示一人吃饱喝足后扭头不敢再吃的意思。因此，"既"字的本义是"肚子受到过多食物迫压"（计按：通俗而言，就是吃饱了），继而可以引申出"吃完了"的意义。会同话里至今还说"吃既嘎"的话，换成普通话讲，就是"吃饱了"、"吃的过多了"的意思，这正与甲骨文"𩚫"字要表达的含义相一致。"概"字从"既"构作，属于象事结构的字，表示的是一种将量器里过多的食物刮平、分离出去的木板。

通过以上对"jie"、"gai"两个音系部分文字音形义的对比分析，我们可以推知，"解"字在造字之初，的确应该像会同话一样读作"gai"一音系。由此也可以反推，"解"字早期形体甲骨文写作"𤙗"之形，是符合社会生活的历史实际的。

于省吾先生是现代科学古文字学的奠基人之一。对于早期汉字形体与音义结合的关系，于氏有比较深刻的认识，于氏说："古文字是客观存在的，有形可识，有音可读，有义可寻，其形、音、义之间是相互联系的。而且，任何古文字都不是孤立存在的。我们研究古文字，既应注意每一个字本身的形、音、义三方面的相互关系，又应注意每一个字和同时代其他字的横的关系，以及它们在不同时代的发生、发展和变化的纵的关系。只要深入具体地全面分析这几种关系，是可以得出符合客观的认识的。"①于氏主张通过对古文字原始形体及音义结合关系的解析，来探求其纵向、

---

① 于省吾：《甲骨文字释林·序》，中华书局1979年版。

横向的发展状况，这一观点无疑十分正确。

三 比喻（假借）引申原理

我们认为，汉语在运用过程中体现出来的最大特点，就是"运用比喻"。从汉语运用的实际情况看，汉语的确是一种时时刻刻都在运用着比喻的语言。在汉字创造之初，对于一些无形可象的事物或现象，人们就常常通过比喻手法的运用，找到与它有相似特点的可以用笔画描述的事物，并将这个根据具体对象造出的文字借用过来表述抽象的事物或现象。从本质上看，过去所谓的"假借字"，其实并不是像一些文字学家认为的"纯属意义毫不相干的借用"，而是通过浅层次的比喻来实现的。当汉字创造以后，人们更是通过比喻手法的运用，将汉字的"比喻义"、"引申义"概念化，建立起了一个很完善的"形本义"、"比喻义"、"引申义"三位一体的字义系统。"形本义"是第一层次的，"比喻义"是第二层次的，而"引申义"是在"比喻义"中发展起来的，因此，"引申义"是属于第三层次的东西。

比如以"节"字为例，《辞海》（1990 年版）对它的常用义项解释如下："①植物茎上着生叶与分枝的部分。动物的骨骼衔接处也叫节。如：骨节。②段。如：一节课；一节火车。③节日；节令。④节度；法度。⑤礼节。⑥气节；节操。⑦删节。⑧节制；减省。⑨符节，古代使者所持以作凭证。⑩古乐器，用竹编成，上合下开，象箕，可以拍之成声，起表示拍子的作用。引申为节拍、节奏。"如果按《辞海》所释去记忆"节"字在文献和日常用语中的各种意义，势必会造成学习者畏难厌倦的情绪。这种割裂了"形本义"、"比喻义"、"引申义"三位一体的字义源流系统的解释，对汉语汉字的教学和推广是有很大的危害的，极不可取。

那么，怎样解释"节"字才不至于割裂它各种意义的内在联系，并让人能够简单、牢固地记下它的这些意义呢？我们认为，只有立足于"节"字的形本义，明确"节"字的比喻义，理清"节"字引申的途径，才符合汉语实际运用的情况，才真正能够体现出汉语简易的精髓。

第一个层次，从汉字形本义原理分析。"节"字繁体写作"節"，字从"竹"、从"即"构作，本来是指竹竿上下连接的部位，即通常讲的竹节。许慎《说文·竹部》："节，竹约也。"纪德裕《汉字拾趣》："繁体字'節'是形声字，形符竹，声符是即。节的本义是竹节，引申为木节、骨节、关节等。"① 谷衍奎《汉字源流字典》："节，本义为竹节。也泛指草木的分节、骨骼连接处。"② 邹晓丽先生也说："节，竹节。后来凡植物枝干约束之处都称为'节'。"③ 上引诸家对"节"字的解释是基本正确的，但他们的不足之处，是将属于第二层次的"比喻义"当作了第三层次的"引申义"，并且不能通俗明白地解释出"节"字形音义所体现出来的最显著特点——"上举"和"连结"（或连接）。出现这种情况，都是因为他们不能够真正弄清楚汉字音义发展的内在规律所导致。

第二个层次，从"比喻义"来分析。人们通过比喻手法的运用，"节"字又被用于泛指一切具有像竹节的形状或特性的事物和现象。如"动物骨节"、"草的茎节"、"四时八节"、"二十四节气"、"节日"、"音节"、"符节"等。从汉字发生学的规律看，用来专指稻麦茎秆的"秸秆"一词，其实本来就应该写作"节秆"，"秸"是"节"的后起分化字，是专门为了指称稻麦茎秆而构造的形声字，完全没有存在的必要。"符节"中的"符"和"节"，都是古时代表皇帝，代表国家的特使所持的信物凭证。《辞海》将"节"字直释作"符节"，是不确切的。早期的"符"是用两半可以完整地合并在一起的半圆形竹板制作的，后来发展为虎形（见图1—9）、鱼形、龟形等形状，材料也有用铜、玉制作的，但不管怎样，符都是一分为二，有关两方各执一半，两半相合，即可为信。"符合"一词就源于此。而特使所持的"节"，则完全是另一种样式。《前汉书·高帝纪》："封皇帝玺、符、节。"唐颜师古注："节以毛为之，上下相重，取象竹节，因以为名。将命者，持之以为信。"后多以玉制。分析可知，"符节"的"节"，正是得名于其上下相重、像竹节的形状，其实仍然属于"节"字的比喻义。

第三个层次，从"引申义"的角度分析。其一，竹节的外部形状，很像是束缚在竹竿上的环形绳套。在汉语里，凡是用来束缚人或物的东西，都可以引申出"限制"、"制约"的含义。比如"牵"字，做名词时是指"用来牵拉牛鼻子的短绳"，后来的"牵制"一词，就含有"限制、

① 纪德裕：《汉字拾趣》，复旦大学出版社2002年版，第70页。
② 谷衍奎：《汉字源流字典》，华夏出版社2003年版，第103页。
③ 邹晓丽：《基础汉字形义释源》（修订本），中华书局2007年版，第186页。

制约"的意义；又如"限"字，"限"、"陷"都是"臽"的后起分化字，
"臽"字甲骨文写作""、""、""等形，金文写作""形，刘兴隆解释说："象人陷于坑坎中，所从之小点为土块，为'臽'、'陷'之初文本字。《说文》：'臽，小阱也。从人在臼上'。臼当为''形之讹变。"① 刘氏的说解是很正确的。时至今日，本字"臽"已经基本退出了历史舞台，作为名词"陷阱"讲的"臽"，写成

图1—9 古代虎符

了"陷"，作为"制约"引申义来讲的"臽"，则写成了"限"。因此，"节"字也被引申出了限制、制约的意义。大家熟悉的"节制"、"节约"、"节俭"、"节度"等词，用的就是这个引申义。另外，作为古代乐器名称讲的"节"，也正是因为它具有"节制"歌咏节奏的功能而得名的，与今天大家所熟知的竹制"快板"非常类似。其二，"节"虽然是指两段竹筒之间的连接之处，但是在人们的眼中，这个"节"又是将长长的竹竿划分为不同区段的标志物，因此，根据汉语名动相因的原则（计按：如"雨"字，古代名词指雨水，动词指下雨），节字又包含着"分节"，即分开成不长的节——也就是"段"的意思。把长形物体分成多个短短的"节"，所以可以引申出"截取"、"减省"的含义，与动词"截"意义相同。现在讲的"删节"、"节选"、"节录"等词，用的就是这个意义。《辞海》编者弄不清"节"字这两大类引申义的关系和由来，所以才会有像"⑧节制；减省"之类，将两个来源不同的引申义项合在一起的"异类合并"。

综上所述，我们可以将"节"字的义项归纳并合为四点：

①指竹竿上下相连接的部位，即俗语称的竹节。

②泛指一切具有像竹节的形状或特性的事物和现象，如古代使节所持的"节"。

③竹节像束缚的绳套之状，因而可以引申出限制、制约的意义。如：

---

① 刘兴隆：《新编甲骨文字典》（增订版），国际文化出版公司2005年版，第434页。

"节制"、"节约"、"节俭"、"节度"等。

　　④竹节是将长竹竿划分为众多短节的标志物,所以可以引申出"截取"、"减省"及"段"的含义。如:"删节"、"节选"、"节录"、"节省"等。

　　从以上对"节"字"形本义"、"比喻义"以及"引申义"的来源、发展情况的分析可知,汉字的形与音义的结合关系是很紧密的,汉字的"形本义"、"比喻义"以及"引申义"之间,也有着十分密切的纽带。三者既层次分明,区别显著,但又联系紧密,构成了汉字"三位一体"的意义源流系统。由此可以推论,汉语的确是一种简易而富于逻辑性的科学的语言,汉字也是一种简易而富于逻辑性的完美的文字。

　　我们认为,在汉字实际运用的过程中,最突出的两个方式,就是上述的"比喻"和"引申"。中国语文界习惯将其称为"假借"和"引申"。参看以上的分析可知,汉语言学家所称的"假借",其实就是运用了字的比喻义而已。如作为宇宙万物始祖讲的"帝"字,本是"花蒂"之"蒂"字的初文,但由于"蒂"是生育花和果实的根本,因而也包含着"根源"、"起始"的意义。后世用"帝"指称生育宇宙万物的起始之祖,正是运用了比喻的手段。如果仅仅简单地将这一现象称为"假借",汉语音义关系的奥秘,就会逐渐湮灭。对于这一现象,我们的语言学家们基本没能去仔细探究其中的原因,如张世禄先生就曾说过:"训诂学之所以发生,最主要的原因就是在处理中国文辞当中同字异义和同义异字的现象,以及这种现象所造成的种种困难。因为中国语词的音读形式非常单纯,因之语言中所包含的同音语词特别众多。文字又不是采取拼音的制度,而只是应用一种借字表音的方法,只要音读形式上相近似,就可以借用这个字来代表别个语词。而各字的音读不能不有变化,此时此地所用来表音的字体,和彼时彼地所用来表音的又不相一致:例如卬、吾、台、予等,就都有'我'的意义了。同时字义本身也可以转移,原来表明这种观念的字体,因心理上联想的作用,可以转来表明别种相类或相通观念;因之在意象上相类或相通的字体,常可互用:例如初、哉、首、基等,就都有'始'的意义了。这就是中国语文里引申和假借的两种方式;这两种应用得很广大,使得同字异义和同义异字的现象日益显著。……因为有这种现象,我们在读书识字时就要遇到种种困难;训诂学的所以产生,以及古书里文辞的所以需要解释,大多就是因乎此。"① 张氏因为忽视了汉语语词音义结合关系的可论证性和逻辑性,所以理不清汉字字义的发展和延伸的脉络,才会做如此的论述。这不过是一种推托、掩盖之词而已。

学习和掌握一种简易的科学的语言文字,自然需要有一套简易、科学的理论、方法来指导。但在过去的很长时间里,我们并未能够建立一套简易的科学的理论和方法。就拿中国古文字学来说,唐兰先生就曾对它缺少科学理论的状况,进行了深刻的揭露,唐氏说:"古文字研究本是文字学里最重要的一部分。但过去的文字学者对古文字无深切的研究,研究古文字的人又多不懂文字学。结果文字学和古文字研究是分开的,文字学既因语言、音韵学的独立而奄奄待尽。古文字的研究也因没有理论和方法,是非漫无标准,而不能进步。"② 那么,如何解决这一问题呢?唐氏指出:"一种科学应当有原理、方法和规则。没有系统的理论,是无从定出标准来的。没有标准,所用的方法就难免错误。根据若干原则来建立一个系统,创立出许多方法和规则,这种方法或规则,应用时没有矛盾,这才是科学,这才是学者们应肩负的责任。"③

我们正是基于唐氏的这一认识来学习、研究汉语汉字的,通过比较深入的学习和研究,我们发现并总结出了以上的"三大原理"。我们相信,汉语的学习者只要掌握了以上三个原理,一定会在学习汉语汉字的过程中游刃有余,取得事半功倍的良好效果。

---

① 张世禄:《张世禄语言学论文集》,学林出版社 1984 年版,第 222—223 页。
② 唐兰:《古文字学导论》自序,齐鲁书社 1981 年影印本。
③ 同上。

第二章　汉语音本义原理

第一节　汉语的音义结合关系

在此所说的"汉语"，是专指语言学界所讲的汉民族使用的"有声语言"。文字的产生，在人类语言发展史上，是很晚的事，而人类的"有声语言"则伴随着人类从猿进化成人的过程逐渐产生、发展。换一句话说，人类有了多长的发展史，则"有声语言"也就有了多长的发展史。这一推论，应该是符合语言产生的实际情况的。高明先生在《中国古文字学通论》中指出："语言起源于从猿向人的转变过程中，与劳动有密切关系。""语言是人类在漫长的成长过程中逐渐产生的。"① 对于人类语言产生情况的推测，不管针对哪一种语言，高氏的这一观点都非常正确。

那么，什么是语言呢？

《辞海》（1990 年版）是这样下的定义："（语言是）人类最重要的交际工具。它同思维有密切的联系，是人类思维和表达思想的手段，也是人类社会最基本的信息载体。""语言是以语音为物质外壳，以语词为建筑材料，以语法为结构规律而构成的符号体系。""语言是一种特殊的社会现象，它随着社会的产生而产生、发展而发展。"

上引《辞海》（1990 年版）对语言的几个解释，是站在不同的思维角度去阐述的。从形式来看，语言是借助不同的声音构成的；从功能来看，语言是用来表达人们的思想的；从产生的内在机理来看，语言是一种社会现象，而不是自然现象。简而言之，语言就是一种通过声音来表达人们思想的社会现象。

---

① 高明：《中国古文字学通论》，北京大学出版社 1996 年版，第 25 页。

　　既然语言是一种通过声音来表达人们思想的社会现象，那么，不同的声音，自然就会包含不同的意义。在语言发生的最初阶段，声音与意义的结合，很可能会因为语言种类的差异而体现出不同的结合方式。有的结合是自自然然的有机统一，然后在语言的发展过程中，通过大家无意识的自觉的规范行为，音义的联系不断得到巩固和拓展，其音义的来源有根有据，发展脉络清楚明晰，可以得到合理的推理和论证，音义的结合是有逻辑的，非任意性的；而有的结合是随随便便的强制约定，在后来的发展过程里不断与时俱进、变更创新，语词音与义的联系是松散不固定的，其音义的来源缺乏依据，发展甚至可能出现断层的现象，音义之间不能够得到合理的论证，音义的结合是没有逻辑的、任意性的。瑞士的索绪尔是20世纪最著名、影响最深远的语言学家之一，他的著作《普通语言学教程》，创建了结构主义语言学，揭开了语言学研究历史的新篇章，被誉为"现代语言学的奠基性著作之一，是语言学领域的经典名作"。① 他认为："语言符号连结的不是事物和名称，而是概念和音响形象。……语言符号是一种两面的心理实体……这两个要素是紧密相连而且彼此呼应的。""第一个原则：符号的任意性……'能指'（计按：即语词的声音形式，简而言之，就是'音'）和'所指'（计按：即语词所称谓的客观内容，简而言之，就是'义'）的联系是任意的，或者，因为我们所说的符号是能指和所指相连结后所发生的整体，我们可以更简单地说：语言符号是任意的。""上面所说的这个原则（计按：即语言符号的任意性原则）支配着整个语言的语言学，它的后果是不胜枚举的。"② 索绪尔精通多种语言，对汉语汉字也有较深入的研究，但我们认为，他所坚持的"语言符号是任意性的"之观点，很可能只符合于汉语以外的其他一些语种。然而对汉语来说，索绪尔的这一学说很明显是片面的、不正确的。苏联著名语言学家贾克什·哈山诺夫则认为："为我们语言奠定基础的最早时期的先辈们对某一事物和现象的名称，决不是随便脱口而出的。语言一开始就是取之于自然界。请看 dur-dur（隆隆）……拟声词，我认为，人们最早就是利用这些声音（拟声）确定和称呼各种事物和现象的。"③ 哈山诺夫的认

---

　　① 语见《中外社会科学名著千种评要·语言学卷》，华夏出版社1992年版，第9页。

　　② ［瑞士］索绪尔：《普通语言学教程》中译本，高名凯译，商务印书馆1982年版，第101—103页。

　　③ ［苏］贾克什·哈山诺夫：《根词，词的起源》，《语言与翻译》1986年第2期。

识，明显地比索绪尔进步了很多。

　　陆宗达是我国著名的语言文字学家，对汉语汉字有着很深入的研究，陆氏说："语言是属于社会现象之例的。它即是人们交流思想、交流经验的工具，就必然要反映出人在社会实际生活中的各个方面。"① 19世纪美国著名人类学家摩尔根先生，通过40多年的深入研究，撰写成了他最负盛名的《古代社会》一书，摩尔根氏曾经在书中指出："人类的语言似乎是由最粗糙、最简单的表达形式发展起来的。必然是先有思想而后才有语言。"② 我们认为，对于汉语而言，陆氏、摩尔根氏的论述都是十分正确的。中国传统文化的核心是"天人合一"思想，中国文化强调人与自然的和谐统一，我们的哲学、语言都是先民"仰观天象"、"俯察地理"的结果。汉语的音义联系——也即索绪尔所讲的"能指"和"所指"的联系其实是十分紧密的，两者融合后所构成的"语言符号"，必然来自于先民对自然、社会的观察和思考，当然会反映出中国古人类在社会实际生活中的各个方面，因此，并不会也不可能像索绪尔所认为的那样，具有鲜明的任意性的特点。这可以从汉语的源起和发展的实际得到确切的论证。

　　首先，让我们从语言发生的普遍规律来分析。

　　很多在农村生活过的朋友，大多有过这样的经历：当你正在高兴地欣赏自家的母鸡领着一群小鸡仔觅食之时，天上突然出现了一只盘旋的鹰隼，母鸡发现了危险（母鸡带小鸡时特别注意观察周围的状况），立即会发出异于平常的声音，小鸡听到母鸡奇异的叫声后，知道有危险降临了，立即快速四处逃窜，寻找隐蔽的地方，或隐于树叶之下，或隐于墙边屋角僻静之所……

　　喜欢看《人与自然》、《动物世界》、《奇趣大自然》等电视节目的朋友，也一定看到过这样的情形：一群猴在树上玩耍，当以猴为捕食对象的蛇或虎豹出现在树下时，负责观望的"哨兵"会发出奇异的警告声，群猴迅速躁动起来，睁大双眼，齐齐地向地下张望，看危险物隐于何方。当看清危险物的样子和位置后，群猴会发出与"哨兵"同样的叫声，一直到危险物离开后才会停止。然而，当捕食的杀手鹰隼出现在天空时，"哨兵"发出的警告声又会不同。听到这种警告声后，群猴便齐刷刷地翘首

<hr/>

① 陆宗达：《说文解字通论》，北京出版社1981年版，第192页。
② [美]摩尔根：《古代社会》，杨东莼、马雍、马巨译，商务印书馆1981年版，第5页。

向天空张望，绝无向地下张望者。

动物不同的叫声，绝对会有不同的含义。过去，人类过于高估自己、贬低动物，甚至刻意地与动物划清界限，对动物语言的研究多有忽视，武断地认为思维和语言为人类所独有。好在近年有了可喜的变化，有关专家开始了对此进行深入的探讨和研究。动物的声音，有含义，且同类能听懂，这与人类"有声语言"的本质是一样的。由此可以窥测人类"有声语言"的早期形态。

我们认为，一些疯子的"嗬嗬"声，以及正常人故意发出的没有含义的一些声音，自己和其他人都不知道这些声音里有什么含义，因而都不能属于语言。但像猴群一样的"警示声"，因为它们等级形态明显、社会化程度也较高，其他同类能做到"闻声知意"，这反而可算得上是一种语言。

恩格斯在《自然辩证法》中说道："需要产生了自己的器官，猿类不发达的喉头，由于音调的抑扬顿挫的不断加多，缓慢地然而肯定地得到改造，而口部的器官也逐渐学会了发出一个清晰的音节。"说到底，人类也是动物，在类人猿及以前的漫长时期，我们的老祖宗难道不一样会用不同的声音提醒"危险降临"、"危险在什么方位"等信息的吗？难道不一样是用不同的声音表达愤怒和高兴的吗？

基于上述的分析，以及结合现在汉语发音的实际情况来看，我们认为汉语的"语言符号"主要来自于以下几个方面。

第一，动物性本能的遗传。美国学者 S. 南达先生说："几百万年以前，我们祖先的叫声系统和黑猩猩的叫声系统或许没有太大差别——即都在某一事情发生后立即发出有一定意义的叫声。"[①] 美国语言学家 Harry Hoijer 同样指出："考古资料提供了大量证据，说明人类及其近亲类人猿有着共同的祖先。……语言的开端（我们可以把这一进化发展阶段叫语前阶段）很有可能早已在人科动物中间产生。但在人科动物中，真正语言的发展可能是在很久以后，即在他们同时获得真正文化的时候。即使如此，我们仍需要记住早期人科动物的语言和文化是非常原始的，原始到这样的程度：要是我们今天听到他们讲话，他们的语言使人听起来与其说像

_____

① ［美］S. 南达：《文化人类学》，陕西教育出版社 1987 年版，第 84—85 页。

人类的语言，毋宁说像动物的叫唤。"① 这一方面的信息，仍能够从现在的汉语中找到点点滴滴的遗存，如轻平之声音大多用于表达事物的常态情况，而重浊之声音一般起强调之作用，基本与很好（喜悦）或很不好（危险）的信息相关，这正如当危险降临时，社会化程度较高的群居动物会发出重浊的"警示声"一样。如"鳄"（危险物）、"愕"（坏的神态）、"蛇"（危险物）、"杀"（夺命的动作）、"斫"（大力气的动作）、"快"（出现紧急状态）、"斗"（危险行为）、"吐"（身体不适）等。

第二，模拟其他事物发出的声音。这一来源是汉语初级阶段时最主要的获得方式。如"鸭"，是模拟鸭子的"嘎—嘎—嘎"的叫声，"鸡"是模拟小鸡"唧—唧—唧"的叫声；"象"是模拟大象的"象—象—象"的叫声；"鹿"是模拟鹿的"鹿—鹿—鹿"的鸣叫声（这些情况是我们看动物类节目时经过反复验证的）；"火"是模拟大火燃烧时"嚯—嚯—嚯"的声音；"活"是模拟水流的"嚯—嚯—嚯"的声音；"滴"是模拟水滴从树叶、岩石缝隙或屋檐滴落时发出的"嘀—嘀—嘀"的声音。我们所提倡的"汉语音本义"，就是人们对被模拟对象的显著特点感知和认识的结果。索绪尔曾说："在任何时代，哪怕追溯到最古的时代，语言看来都是前一代的遗产。曾几何时，人们把名称分派给事物，在概念和音响形象之间订立了一种契约——这种行为是可以设想的，但从来没有得到证实。"② 索绪尔氏虽然精通多国语言，其中也包括汉语，但因为他并未能深入认识到汉语音义同源的规律，所以他的这一伟大设想，也就不能够得到充分的论证了。

清代学者张行孚氏认为："古人造字之始，即以字形象物之形，即以字音象物之音。如：'牛'字象牛之形，而'牛'字音即与牛鸣相似……'豕'字象豕之形，'豕'而字音即与豕鸣相似……若夫形声、会意之字，虽字形不象物形，而字音亦有象物之声者。如：'雞（鸡）'从'隹'、'奚'声，而'鸡'字音则如鸡鸣相似；'鹊'字从'隹'、'昔'声，而'鹊'字音则与鹊鸣相似；'雀'字从'小''隹'会意，而'雀'字音则与雀鸣相似。……大抵其字之音，即象其鸣之声。此等字音，真天地之

---

① ［美］Harry Hoijer：《语言的起源》，《国外语言学》1981 年第 2 期。
② ［瑞士］索绪尔：《普通语言学教程》，高名凯译，商务印书馆 1980 年版，第 107 页。

元音。"① 刘师培先生也说："盖人声之精者为言，古人之言，非苟焉而已。既为此意，即象此意制此音。故推考字音之起源，约有二故：一为像人意所制之音，二为像物音所制之音，而要之皆自然之音也。"② "古人造字，虑字音展转失其真读也，乃以字音象物音。例如：'火'之字音为'呼果切'，即象风火相薄之声；'水'之字音'式轨切'，即象急湍相激之声（盖水音为'渐渐'，'水'字之音象之。今江南'水'读若'矢'）。……若'滴'字之音，征以檐溜下注之音；'湫'字之音，征以水流之音，亦字音曲象物音者也。夫字音即象物音，字音恒易而物音弗移，则今音异古音者，验以物音可以知验其迁变矣。"③ 刘氏虽然对于汉语音本义原理的精妙内涵并未完全通晓，但他的这些推理之辞，却非常符合汉语起源的真实情况。关于汉语语音的源起问题，国学大师章炳麟先生，曾经在《国故论衡·语言缘起说》中谈及过，章氏指出："诸言事皆有根，先征之有形之物则可睹矣。何以言'雀'？谓其音'即足'也；何以言'鹊'？谓其音'错错'也；何以言'鸦'？谓其音'亚亚'也，何以言'雁'？谓其音'岸岸'也，何以言'驾鹅'？谓其音'加我'也，何以言'鹘'？谓其音'磔格钩辀'也。此皆以音为表者也。……故物名必有由起。"④ 据此分析，章氏得出汉语音义结合的结论："语言者，不冯（凭）虚起，呼马而'马'，呼牛而'牛'，此必非恣意妄称也。"⑤ 不凭虚起，非恣意妄称，就是说汉语中的"语言符号"其来有自，是非任意性的。对于汉语的音义结合非任意性的奇特现象，孙雍长先生认为："这种非任意性，虽然不一定能够用来解释语言产生之初一切语词的形成，但能用来解释语言发展阶段中新词的孳生，则是无疑的。由此而言，语言中普遍存在的声义同源现象，则主要是基于音义结合的这种非任意性而形成的。"⑥ 刘志基先生也同样指出："具体来说，当人们在生产、生活实践中感到某种事物、概念需要纳入自己的语言时，一般并不是对这种事物、概

①　张行孚：《说文发疑》，《说文解字诂林前编》，第 325 页。

②　刘师培：《正名隅论》，《刘申叔先生遗书·左盦外集》卷六，台北京华书局 1970 年影印本，第 2 页。

③　刘师培：《原字音篇》，《左盦集》卷四，第 20 页。

④　章太炎：《国故论衡·语言缘起说》，《章氏丛书》第 13 册，右文社，第 40 页。

⑤　章太炎：《国故论衡·语言缘起说》，转引自孙雍长《训诂原理》，高等教育出版社 2009 年版，第 115 页。

⑥　孙雍长：《训诂原理》，高等教育出版社 2009 年版，第 116 页。

念有了完全客观、全面的认识，而只是透过当时文化背景的有色眼镜而映现在先民有限的眼界中的某种不完整的甚至走了样的影像。出于这种特定的先民认知，人们又常常会以自己早已熟悉了的与之有某些相似或联系的事物、概念来类比这种新的事物、概念，并以表示前者的语音形式赋予后者。由此而造成的词，其音义的联系中便存在了某种理据，而这种理据又是极有可能反映当时的某种社会文化背景的。”①

那么，汉语“语言符号”的音义是如何结合与发展的呢？

让我们以汉语“di”音字为例进行简单的分析。前面讲过，汉语的“di”音来自于水滴下垂滴落时发出的“嘀—嘀—嘀”声。古人从水向下滴落的现象里获取了“di”这个音义符号，于是，便从这一经常看到的自然现象中，很自然地得到了 di 音所对应的特点。一方面，“嘀”是小水点滴落到地面（含岩石表面、水面等）时发出的声音，所以，“di”音包含了“小的”特点；另一方面，“嘀”的声音通过是小水点向下运动碰撞地面而发出的，所以，“di”音又包含了“向下的”、“在下的”特点。综合而言，“di”音之字，从名词上看，一般是指形体小而且位置又处于下部的事物；从动词上看，一般是指向下做小距离运动的动作。

如“地”字。地字《说文》小篆写作“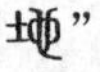”形，字从“土”、从“也”构作，明显创制于父权时代，属于象事结构的文字。“也”字小篆写作“”、“”等形，许慎《说文·乁部》：“也，女阴也。象形。”黄生《字诂》“也”字条下：“《说文》训‘女人阴也’，初疑其诞，谛思之，字从‘匚’，从倒‘冂’，盖指生人所从出之穴也。”② 女阴，即女性生殖器。“”正是女性生殖器形状的描摹。“也”字会同话读如“yā”（计按，普通话中的“ye”音字，会同话大多读为“ya”，如“野”，“夜”、“爷”等），会同话中至今仍然有“也（yā）话”、“也（yā）事”、“也（yā）得很”这样的语词，其中的含义，就直接与女性生殖器的事情相关。会同话中“也”字的含义，可以证明许氏“女阴”之解说不误。女阴外形分为两个块状，所以可以用来作为引起表述第二个或第二层意思的发语词，这与“而”字本来指两鬓相对的长胡须，因而可以用来表示转入与第一个意思相对的第二个意思的发语词属于同一道理。

① 刘志基：《汉字文化综论》，广西教育出版社 1996 年版，第 2—3 页。
② 黄生撰，黄承吉合按：《字诂义府合按》，中华书局 1984 年版，第 35 页。

　　从汉字形本义的原理看，"也"字在作为构字部件时，一般表示女性和具有女性生殖器的形状、位置特点或类似功能的事物。女性生殖器位置低下、具有生育生命的功能。很多从"也"构作的文字，基本都与"也"的构字功能有着紧密的联系。赵世民先生说："还有些与'也'有关的字都和女阴有关。'袘'，指圣母。'她'，是老年女性的尊称。'舓'，是舔的意思，兽类和人类都用舌触也部调情。'迆'，烛遗，极像'也'的分泌物。'地'，天为阳，地为阴，当然取女阴为象征了。'池'，低处的水塘像女阴。'他'，是人'也'生的，用以代表人类。先人没'她'，'她'是刘半农组创的。'牠'，是牛'也'生的，用以泛指兽类。'弛'，是未上弦的弓，形状及松劲酷似女阴。""还有一个现象，竹简文（如信阳楚简、睡虎地秦简）'也'就是'女'字。这说明先人以女阴的形绘来代表女性，如同以男阳的形绘代表男性。如'士'。"① 通过分析可知，"地"字就是指像女性生殖器那样位置低下，并具有生育新生命的土地。当然，这一结果，是从与高大的"天"相对比而来的。唐尹知章《管子注》："地者万物之本原，诸生之根菀也。"清王引之说："引之曰，菀与根义不相属，尹曲为之说，非也。根菀当为根荄。下文曰：'水者，何也？万物之本原，诸生之宗室也。'本原、根荄、宗室，皆谓根本也。"② 尹氏、王氏的解说，实际是"地"字在后世的比喻之义，非本义。刘熙《释名·释地》："地，底也，其体底下，载万物也。"刘师培氏指出："地字亦然，因上古之初，地低之音相近，因地体在下，故呼之为低，后低音转为地音，乃别造地字。"③ 刘熙、刘师培氏的解析比较符合汉语音本义原理及汉字发生学的实际情况，基本可从。

　　如"帝"（蒂）字。帝字甲骨文写作"𣎺"、"𣎳"等形，字从"𣎺"、从"𠙴"（或"囗"）构作，"𣎺"像小小的花蕾之状，实际就是"不"和"胚"字的初文、本字，"𠙴"和"囗"，表示花蕾下部具有承托和束缚作用的根蒂。分析可见，"𣎺"、"𣎳"应当属于象事结构的字，是指位于花蕾下部的、细小的根蒂，后来经隶变楷化后，写作为"帝"。"帝"是"蒂"字的初文、本字，"蒂"是"帝"的后起形声字。因为

---

　　① 赵世民：《汉字：中国文化的基因》（二），广西人民出版社 2003 年版，第 192—193 页。
　　② （清）王念孙、王引之：《读书杂志》，江苏古籍出版社 1985 年版，第 472 页。
　　③ 刘师培：《小学发微补》，《刘申叔先生遗书》。

"帝"是花蕾以及后来果实的"根本",所以,"帝"字又可以引申出"根源"、"根本"的意义。会同话把创家立业的初始阶段叫作"起蜂窝蒂",又有成语"起根发柢",其中的"蒂"与"柢",都是"根源"、"根本"的意思。商代人特别崇尚祭祀"帝","都认为,'帝'能够赐授丰硕的收获,在战争中给以神灵的保佑,商王的祖先们能代向'帝'求情赐福,而商王们又可与祖先们进行沟通"①。那么,"帝"在商代人的心目中到底所指何物?张桂光先生说:"再联系到甲骨文中杀牲祭祀先祖神灵的卜辞不计其数,却没有一条是祭祀那权威比'祖'、'妣'、'后'更大的帝的,这些都完全可以和《易·睽》注的'帝者,生物之主,兴益之宗'、《礼记·郊特牲》疏的'因其生育之功谓之帝',以及《公羊传·宣公三年》的'帝牲不吉'等记载相印证,证明殷人所尊的帝的初意即为宇宙万物之始祖,是宇宙的生殖之神。"② 张桂光先生的论述可证,"帝"字在商代人的心目中,就是指"宇宙万物的始祖",也即宇宙万物的根源、根本。这不过是"帝"字引申义的运用而已。

将"帝"字解释为"花蒂"的说法,最早见于宋代郑樵《六书略》,郑氏在书中说:"帝象萼蒂之形,假为蒂。"后来,文字学家吴大澂、王国维、郭沫若诸氏从之,现代甲骨文字学家姚孝遂仍从此说,然而认为"帝字究竟何所取象,仍然待考"③。可证很多古文字专家对"𥝌"、"𥝌"等形体及意义的认识,是不能给予科学、逻辑的推理的。许慎《说文·丄部》:"帝,谛也。王天下之号也。从丄(上),朿声。"许氏所释之义,为帝字引申义——"根源"、"根本"的用法,即指氏族部落的创始人,如炎帝、黄帝等称号就属于此例,而许氏对"帝"字形、音的解析,则大误。陆宗达氏则认为:"𣎴象积柴,囗象束柴。古代柴必合束方始用之。郑玄《礼记·月令注》:'大者可析谓之薪,小者可束谓之柴。'《公羊传·哀公四年》说亡国之社,'掩其上而柴其下',就是说用散木枝条合束编排作为社宫的四面墙壁。可见柴具有合束义。帝字以束柴象形,正

---

① 张光直:《商文明》,辽宁教育出版社 2002 年版,第 192 页。

② 张桂光:《殷周"帝"、"天"观念考察》,《华南师范大学学报》(社会科学版)1984 年第 2 期。

③ 参见于省吾主编《甲骨文字诂林》第二册,中华书局 1996 年版,第 1086 页"姚孝遂按语"。

以表示燔柴祭天之义。所以帝即禘字初文，其本义为祭天，这是无疑的。"① 谷衍奎先生同样认为："（釆），象形字。甲骨文像结扎柴草为神形，燔烧以祭天神。""本义为祭祀天神。是禘的本字。"② 刘兴隆先生说："（釆）象人工制作的偶像形。竖杆、肢体、腰绳，应有尽有。是殷人想象中主宰宇宙万物的、可向人们赐福降灾的、至高无上的上帝。或曰：象束木燔以祭天之形，为禘之初文，引申为帝，可参。"③ 禘是商周时代专门祭祀"帝"的一种仪式，在甲骨文、金文时期一般都写作"帝"，"帝"用于作为一种特别的祭祀仪式后，便成了禘字的初文、本字，禘是后人特意为了这种祭祀仪式创造的形声字。陆宗达氏、谷衍奎氏、刘兴隆氏因为不能够结合汉语音本义原理去考察"釆"、"釆"音形义结合的内在机理，所以，他们才会有以上不确切的解说。

又如"商"（啻）字。商，其实是啻字的变形写法，商、啻是一字分化的关系。裘锡圭氏指出："嫡庶的'嫡'，经典多作'適'。不论是'嫡'或'適'，都是从'啻'声的，'啻'又是从'帝'声的。"④ 谷衍奎氏说："商与啻本为一字。故《说文》没有收。"⑤ "商"字，普通话、会同话现在都读为"dì"；"啻"字普通话读作"chì"，会同话则读如"zhì"，与"只"为音近字，文献中的"不啻"，实际就和口语中的"不只"意义完全一样。对于这两个字，过去的文字学家们也不能给予科学、逻辑的解释。从汉字形本义原理看，"啻"（商）字上部从"帝"，下部从"口"构作，属于形声兼象事结构的字。下部的"口"，在作为构字部件时，大多表示与人的口部功能或形状相关的意义，此处用来指女性生殖器（口状之物）。分析可知，"商"，实际就是现在所讲的"阴蒂"之"蒂"的本字，阴蒂形状很小，又位于人体躯干的下部，正与"dì"的音本义包含的内容完全吻合，所以被称作"dì"；"啻"，会同话读作"zhì"，在会同话中也是"阴蒂"之义。甲骨文中有一字写作"🐚"形，会同话读做"bāi"，指女性生殖器（女性生殖器外形像略微开口的贝壳

---

① 陆宗达：《说文解字通论》，北京出版社 1981 年版，第 195 页。
② 谷衍奎：《汉字源流字典》，华夏出版社 2003 年版，第 488 页。
③ 刘兴隆：《新编甲骨文字典》（增订版），国际文化出版公司 2005 年版，第 7 页。
④ 裘锡圭：《关于商代的宗族组织与贵族和平民两个阶级的初步研究》，《文史》第 17 辑，中华书局 1983 年版。
⑤ 谷衍奎：《汉字源流字典》，华夏出版社 2003 年版，第 655 页。

状），因此会同话又将阴蒂称为"🔣音音"。而音与痣两字在会同话里属于同一音系的语词，音义的联系又是十分紧密的。

又如"氐"（柢）字。氐字金文写作"🔣"形，小篆写作"🔣"、"🔣"等形，像树木下部的根须深入到泥土中的形状，即今天"柢"字的初文、本字。"氐"位于树干的下部，形体又比树干小很多，正与"di"的音本义规定的两个要素相符合，所以被称为"dǐ"。许慎《说文·木部》："柢，木根也。"而《说文·氐部》又说："氐，至也。从氐下箸一，一，地也。"许氏对"氐"字的解释不是本义，当为引申义（计按：此义后来写为了"抵"），这样的解释混淆了"氐"字本义和引申义的关系，模糊了汉字音形义结合的内在规律，很不确切。

《诗·小雅·节南山》："尹氏大师，维周之氐。"毛传："氐，本也。""本"字的本义是树木的根，根、本、氐（柢）其实乃一物异名的现象，毛传释义十分准确。《尔雅·释言》："柢，本也。"氐字已经加"木"写为了"柢"，"柢"是"氐"的后起形声字。段玉裁《说文解字注》："氐之言柢也。"徐灏《说文解字注笺》："氐即根氐本字，相承增木为柢。"林义光《文源》："氐象根，根在地下，非根之下复有地也。"徐复、宋文民同样指出："氐即根柢字。"[1] 上引诸家所释，可证我们对"氐"字的分析不误。

又如"缔"字，字从糸，从帝，帝亦声。"帝"的引申义为"原初的"、"原始的"；"糸"指丝线，"糸"与"帝"组合起来，属于形声结构的字，表示"最初的线结"。最初的线结为何被称作"dì"呢？这与古人搓捻绳索的行为习惯是密切相关的。古人搓捻绳索时，先要打一个小小的线结，并将它捆缚在一根短棍中间，然后双脚踩住短棍的两端，使短棍上的线结固定不移动。这时，小线结所在的位置正好处于绳索的最下部，恰好具备了"di"音规定的"小的"、"在下的"之要求，因此得名为"dì"。这一搓捻绳索的行为习惯，至今都保留在会同农村。从它的词义发展来看，因为缔是搓捻绳索时最先打的小线结，所以缔字可以引申出"初始"、"原始"、"最初"的意义，"缔造"一词用的就是这个意思；又因为缔是由两根小线连结形成的、以后不可再解开的小线结，所以缔字还可以引申出"牢固连结"的含义，"缔结"、"缔约"等词用的就是这个

---

[1] 徐复、宋文民：《说文五百四十部首正解》，江苏古籍出版社 2003 年版，第 358 页。

意思。当然，这些引申义，其实是人们在日常生活中通过比喻的用法而获取的，即有"像最初的缔一样"、"像牢固连结的缔一样"之意。许慎《说文·系部》："缔，结不解也。"许氏所释是缔字的引申义——"牢固连结"，不是本义。这样的解释，不符合汉语音本义原理和汉字形本义原理，而且割裂了汉字音形义结合的有机联系，不足为据。

再如"弟"字，弟字甲骨文写作"𡴋"、"𡴋"等形，金文写作"𡴋"、"𡴋"等形，与甲骨文形体完全相同。对于此字的形义分析，古文字学家也有较大的分歧。许慎《说文·弟部》："弟，韦束之次弟也。"吴其昌氏认为："弟字殆即叔字之省，以形体言之，弟字明我叔字之省变。金文叔字作𡴋，弟作𡴋，同象有矰缴缠绕于杆稿之形，但弟字省去缴端镞镝之形耳。"[1] 后李孝定先生从吴氏之观点，李氏说："吴说可从。矰缴缭绕亦有次弟，故引申之义为次弟，又引申之为兄弟也。"[2] 左民安氏认为："这个'弟'字本是象形字。甲骨文𡴋的中间是上下直立的'弋'，是长木橛的形状，中间缠上绳索。商承祚先生认为，这就是'梯'字的初文。""《说文》：'弟，韦束之次弟也。'此说欠妥。'弟'字的本义是'梯'，因为'梯'的攀登是依次而上，所以'弟'引申出次弟之义。"[3] 刘兴隆氏认为："象弋上绕绳之形。绳索绕弋，次第分明，故作次弟之第字，借音作兄弟之弟。"[4] 上引文字学家对弟字形义认识上的不确定性，主要是因为不能结合汉语音本义原理一起考察探究所致。

从"弟"字甲骨文、金文的形体看，"弟"本来就是从"𡴋"、从"己"构作的字，"𡴋"，于省吾先生释为"弋"，于氏说："甲骨文弋字作𡴋或𡴋，象竖立有杈之木于地上之形，与《说文》训弋为橛之义相符。《说文》又训橛为弋。朱骏声《说文通训定声》谓'凡竖木而短者皆得曰橛'。弋字典籍也通作杙或檥（zhì）。《周礼·牛人》郑注，谓'檥谓之杙，可以系牛。'《尚书大传》的'椓杙者有数'，郑注谓

---

①　吴其昌：《金文名象疏证·兵器篇》，转引自于省吾主编《甲骨文字诂林》第四册，中华书局1996年版，第3232页。

②　李孝定：《甲骨文字集释》，"中研院"历史语言研究所1965年版，第1932页。

③　左民安：《细说汉字——1000个汉字的起源与演变》，九州出版社2005年版，第300—301页。

④　刘兴隆：《新编甲骨文字典》（增订版），国际文化出版公司2005年版，第332页。

'杙者系牲者也'。"①姚孝遂先生指出："按：于先生释'弋'是正确的。"② 而"己"字，则象缠绕在弋上的绳索之形。综合分析可知，弟应当属于象事结构的字，表示是用来系缚牵引牛马等动物的缰绳的矮小木桩。这种木桩附着在地面，位置低矮，形体又较短小，所以可称之为"dì"。

这种断去了一大截的短木桩直竖于地面，又包含了"jue"音要求的"断开的"、"短直的"两个要素，所以又被称作"橛"。《尔雅》："橛谓之杙。"郭璞注："橛也。"又："橛谓之闑（qù）"注曰："门阃也。"《玉藻正义》说："阃谓门之中央所竖短木也。"可证"橛"的得名，正是由于它具有"断开的"、"短直的"两个特点。另外，如"绝"本来是指断开的短直的丝线；"崛"是指与其他山体断开的短直的山（计按：屈字金文写作"屚"，字从"尾"、从"出"构作，源于古代将长着不吉颜色的小狗尾巴截断的习俗）；"倔"是用来形容像截断后的短直的狗尾巴那样绝不弯曲下垂之人的性情；"诀"是指人临近死亡分别之时，吩咐亲人的简短直白的话语，等等。

《周礼·春官·肆师》："颁于橛（zhì）人。"郑玄注："橛，可以系牲者。"杨树达先生曾经指出："橛谓可以系箸物也。"③ 可见这种小木桩是用来拴缚牵引牛马的缰绳的，于是又具有了让牛马等物"定止"、"黏附"在木桩周围的特点，因而又与"zhi"音音本义所要求的特点——"定止的"、"黏附的"完全切合，所以又被称为了"橛（zhì）"。

"弟"字作为拴缚牛马用的矮小木桩之义，在会同话中仍然有所保存。如形容某一人或物体不高时，会同话就表述为："某某人（物）只有弟吖子高。"这其实仍属于比喻的用法，说是"像低矮的拴马桩那样的高度"。后来，因为与兄、姐相比，位置处于兄姐的下面，身材低矮、形体娇小的孩子也被叫作"dì"，男孩子写作"弟"，女孩子则写作"娣"。蒋善国先生说："凡音同的字，虽形不同，而义往往相同。例如'氐'字本含有'低'和'底'等义，凡和'氐'同音的字，如'地'字（含有'低'、'底'等义）、'弟'字（因身材比兄低小而得名）、'谛'（音帝）

---

① 于省吾：《甲骨文字诂林》第四册，中华书局 1996 年版，第 3451 页。
② 同上书，第 3456 页"姚孝遂按语"。
③ 杨树达：《积微居小学述林全编》，上海古籍出版社 2007 年版，第 15 页。

字、'滴'字（均表示由上而下的动作）等，均和'低'、'底'等义相近。"①蒋氏的论述虽然与汉语音本义原理还有较大的差距，但分析大体是正确的。

　　另外，"砥"字是指垫在刀斧的下面用来磨砺的小石块；"底"最先是指房屋

图2—1　公牛用角抵触对手

下部用来做基脚的小部分地面，后来泛指所有器物最下部位；"觚"也写作"牴"，本来是指公牛用角抵触对手或其他动物时，一般都要将一只角的细小角尖先向下低垂的行为（见图2—1）；"蹢"，此字也写为"蹄"或"蹄"，会同话读作 dí，最初是指动物足下部几个坚硬的小块角质层，《辞海》（1990年版）在蹢字下解释说："蹢，dí，兽蹄。"而在蹄字下又解释说："蹄，tí；马、牛、羊、猪等脚趾端的表皮变形物。由一种特殊的较坚硬的角质层组成，有利于行走和承受体重等作用。也指马、牛、羊、猪等的脚。"蹢字从"商"得声，蹄字从"帝"得声，二字实为一字，都当如会同话一样读作"dí"。这与"di"的音本义要求完全符合。

　　再者，汉语中读"di"音与"zhi"音的一些字，有一些所指常常为一物。但过往的语言文字学家没有注意到这一特殊现象，因而，对一些字的读音、形体演变的探究和论证，出现了脱离汉字音、形、义结合的规律，产生了错误的认识。为了利于汉语的健康、长久发展，我们有必要对其中的一些字的音形义进行合理化的整理。如"底"字，其义就和"址"相同，"基底"即"基址"；如"坻"字，《辞海》给出了"chí"、"dǐ"、"zhǐ"三个读音，此字的异体写作"坺"，表示被水面覆盖到下面的小土堆。从汉语音本义原理以及汉字形义结合的规律来看，此字只应该读作"dǐ"音，其义正与"汦"相同，而"zhǐ"应当是汦字的读音，

① 蒋善国：《汉字学》，上海教育出版社1987年版，第107页。

"chí"应当是"zhǐ"音的讹变；又如"胝"字，《辞海》读作"zhī"，是指人体足底因长期与地面直接摩擦而形成的较坚硬的角质层，俗称"老茧"，这正与用来指称兽足角质层的"蹄（蹢）"是同一类。基于这一情况，我们认为，"胝"字要不就读如"蹢"，要不就将从"氏"构作改为从"氐"（计按：氐有 zhī 一音读）构作；又如"跖"字，《辞海》读作"zhí"，并解释说："人和少数动物（猴、熊等）站立时着地的部分。在人亦称'足底'，皮肤厚而致密，汗腺发达。"可见，"跖"与"胝"、"蹢"、"蹄"、"𧿹"等字所指其实为一物，后人为了将人足的角质层和兽足的角质层名称强行区分开，因而多造出了几个字。现在，我们根据汉语音本义原理、汉字形本义原理，弄清了"跖"与"胝"、"蹢"、"蹄"、"𧿹"等字的源流关系，完全可以对它们进行合理的整理；又如"抵"字，其义与"止"、"至"相同，现在测量土地范围所讲的"四至"，会同话至今仍说为"四抵"；又如"商"字，其义与"啻"（会同话读 zhì）所指为一物，即通常说的"阴蒂"；再如"弟"字，最初是指位置低矮、体形短小的拴缚牛马的木桩，其义正与"橛"字相同，《周礼·牛人》郑注："橛谓之杙，可以系牛。"可证"弟"的确是用来拴缚牛马的木桩。

通过以上对"di"的音义源起以及一些常见"di"音字音形义结合的内在规律的分析探究，我们认为，汉语的"语言符号"——音义结合为有机整体的语词，它们的音和义之间的联系，存在着可以论证的严密的逻辑关系。清代语言学家主张的"音义同源"的观点，就是建立在这一认识之上的。周大璞先生指出："'训诂音声，相为表里'这一句讲得尤为确切，用现在话来说，就是语音和语义的关系是形式和内容的关系。语义是语言的内容，语音是语言的形式。所以，二者当然是密切结合，互相依存，不能分离，因而也必然是同源的。"[①] 索绪尔所坚持的"语言符号是任意性的"之观点，对以拼音文字为主的语种来说，可能大体是正确的，但是相对于有着悠久传承历史的汉语而言，可以说是极其地荒诞谬误。

索绪尔的语言学说，对中国当代的语文界产生了很大的负面影响。很

---

① 周大璞：《论语音和语义的关系》，见《古汉语论集》第一辑，湖南教育出版社 1985 年版，第 211 页。

多长期从事语文研究和教育的专家，在现实的研究和教育工作里，不能正确认识到矛盾的普遍性和特殊性的关系，抛开了汉语本身独有的特点，囿于索绪尔语言学说的樊篱之中，坚持认为汉语语词的音义结合是任意性的，不敢越雷池一步。王宁先生就是其中的突出代表。她说："《荀子·正名》：'名无固宜，约之以命，约定俗成谓之宜，异于约则谓之不宜。'这段话说明，词的音义联系不是天然的、有机的，而是偶然的，仅仅因为社会约定才巩固下来。""在语言发生的起点，音与义的联系完全是偶然的。'约定俗成'说准确地反映了音义联系的社会约定性。正因为如此，同一声音可以表达多种完全无关的意义，语言中因此产生大量意义无关的同音词；而相同或相近的意义又可以用不同的声音来表达，语言中因此又产生大量声音相异的同义词，这都说明音义联系的偶然性。"① 王宁先生师从陆宗达氏，而陆氏又是极力主张"因声求义"的黄侃氏的弟子，可见王宁先生在学术方面是有自己独立的见解和追求的。但王氏的这一观点，的确不符合汉语音义结合关系的实际情况。

让人高兴的是，自先秦时期开始，我国语言学界里有很多前贤曾对汉语语词音义结合的关系进行了有益的探索。远的暂且不论，清代就涌现出了如金坛段玉裁氏，高邮王念孙、王引之父子，吴县朱骏声氏，广州陈澧氏等一批认为汉语"音同义通"的语言文字学家。陈澧就曾在《说文声表自序》中说："上古之世，未有文字，人之言语，以声达意。声者，尚乎意而出者也。文字既作，意与声皆附丽焉。"陈氏作为清代著名的学者，作为清代时期岭南文化的代表人物，在古文字、古音韵，尤其是在广州方言的研究方面，取得了很好的成果，他的著作《切韵考》，甚至被梁启超誉为"绝作"。陈氏对汉语、汉字音义关系的认识，虽然显得有些粗浅，但仍然是非常了不起的。

第二节　　先秦两汉时期"声训"的探索、萌芽

我们在上一节已经较详细的论述过汉语"语言符号"——"语词"的音义结合不是任意性的，音与义两者之间，存在着可以论证的并且富于逻辑性的内在机理。沈兼士氏指出："凡义之寓于音，其始也约定俗成，

---

① 王宁：《训诂学原理》，中国国际广播出版社1996年版，第47页。

率由自然，继而声义相依，展转孳乳。"① 孙雍长先生也说："可见，语词中声音和意义的结合，完全是特定语言社会约定俗成的结果。在这一结合体中，声音虽然是形式，却是一种物质性的客观存在；意义虽然是内容，却是一种认知性的主观反映。这就是语词的构成，语词的基本性质。"② 汉语语词的声义关系虽然是"特定语言社会约定俗成的"，但这种"约定俗成"，"率由自然"，完全是源于华夏先祖对自然界的各种不同的声响感悟的结果。因此，汉语语词音义关系的真正实质，是属于自自然然的、有机的结合关系，而不属于索绪尔氏的"任意性"，以及王宁氏的"偶然性"的范畴。既然汉语语词音义关系有如此神奇的逻辑性，那么，古代的语言文字学家们，是否对这种神奇的关系引起了注意并进行了深入探究呢？答案当然是肯定的。

古人探索汉语音义之间神秘关系的行动，早在先秦时期就开始了。

远在先秦时期，一些学者就试图通过文字的读音和意义，去探索到它得名的内在原因——汉语语词的音义结合之原理。在先秦的文献著作中，出现声训较多的一部书是《周易》，如《易经·说卦》："乾，健也；坤，顺也……坎，陷也；离，丽也。"乾字普通话读"qián"（会同话读 jiân），健字读"jiàn"，从普通话的角度看，二者韵母相同，属于叠韵相训；从会同话来看，二者则完全属于同一音系的字，属于同音相训。郭芹纳先生《训诂学》说："其中乾与健……上古音同。"③ 可证会同话的音读的确是很古老的。"乾"象征天、雄性等具有阳刚健壮特性的事物，所以古人用"健"来说解"乾"字得名的因由。坤（kūn）与顺（shùn）、坎（kǎn）与陷（会同话读 hán，普通话读 xiàn）属于叠韵相训，离与丽属于同音相训。另外，如《论语·颜渊篇》孔子说的"政者，正也"。《孟子·尽心下》引孔子之语"仁也者，人也"。政与正属于同一音系的字，仁与人属于同一音系的字，它们相互之间的确存在着"音同义通"的机理，所以孔子想通过这样的解释来说明"政"、"仁"自身的音义结合关系，这也属于同音相训。又如《孟子·滕文公上》："设为庠、序、学、校以教之。庠者养也，校者教也，序

---

① 沈兼士：《声训论》，转引自孙雍长《训诂原理》，高等教育出版社 2009 年版，第 248 页。

② 孙雍长：《训诂原理》，高等教育出版社 2009 年版，第 22 页。

③ 郭芹纳：《训诂学》，高等教育出版社 2005 年版，第 56 页。

者射也。"庠（xiáng）与养（yǎng）、校（xiào）与教（jiào）属叠韵相训。王力认为："古人教养不分，《周礼·地官·保氏》说：'而养国子以道'，可见养就是教；射是六艺之一，这里代表学校里传授的一切知识和技能。……'庠者养也'、'校者教也'、'序者射也'，都是叠韵为训，而声母也很相近。"① 又如《大戴礼记·诰志》所记孔子引虞史伯夷之语曰："明，孟也；幽，幼也。明幽，雌雄迭兴，而顺至正统也。"明用孟训释，属于双声相训，幽用幼训释，属于同音相训，这也是想通过音同或音近的语词来揭示音义结合原理的例子。黄季刚（黄侃）先生认为："训诂与声音之关系，十居其九。古无韵书，训诂即韵书也。古无训诂之学，只有字读二者，字即形，读即音。《大戴礼记·诰志篇》引虞史伯夷曰：'明，孟也；幽，幼也。'此为中国最古之训诂，亦即言音韵之最古者。"② 传说伯夷是虞舜时期的史官，所以黄氏认为这是中国最古之音韵训诂之例子，黄氏所谓的音韵训诂，即是通过语词的声音来探究语词含义的方法，就是语言学界经常讲的"因声求义"、"以声求义"的方法。高明先生说："所谓以语音求本义，古代未有文字之前，先有语言，事物名称定于造字智贤而寓于语音之中。明其音原而有时可以了解字义，以语音去求本义，此一训诂方法在古文献中运用得很普遍。"③ 自清代朱骏声开始，语言学界又把这种训诂方法称为"声训"。上引先秦文献中的这些声训的简单例子，开启了探索汉语语词音义结合秘密的先河。

那么，创始于先秦时期的"声训"，给后世的语言学家带来了怎样的影响？后世的语言学家又是怎样认识"声训"的内涵和意义的？

戴震说："故训声音，相为表里。"王念孙《广雅疏证·叙》说："窃以训诂之旨，本于声音。"朱骏声《说文通训定声·凡例》说："训诂之旨，与声音同条共贯。……故凡经传及古注之以声为训者，必详列各字之下，标曰：'声训'。"陆宗达先生指出："'因声求义'作为训诂的一个方法，比之'以形索义'更为重要，往往成为探求和贯通语义的根本途径"，"语义的发展变化从本质上是依托于声音而不依托于字形。因此，

---

① 王力：《中国语言学史》，山西人民出版社 1981 年版，第 2 页。

② 黄侃述，黄焯编：《文字声韵训诂笔记》，上海古籍出版社 1983 年版，第 144—145 页。

③ 高明：《中国古文字学通论》，北京大学出版社 2006 年版，第 212 页。

离开了声音这个因素，是不可能通过形、音、义的统一来正确解释古代语言"。① 关于"声训"这种方法的内涵，陆氏在《训诂简论》中认为："所谓声训，就是从声音线索推求语源的方法。"② 齐佩瑢氏对此则表述得更加详细，齐氏说："三曰求原（推原求根），即从声音上推求语词音义的来原而阐明其命名之所以然者。如《说文》：'天，颠也。''日，实也。'《释名》：'天，显也。''天，坦也。' 等例是也。"③ 陆氏、齐氏的这些论述，阐明了传统声训的目的和本质。孙雍长先生认为："先秦著作中的声训虽然很有限，但却奠定了声训之法的要点：第一，使声训的施用范围明确地定位在'推源'上，为后人了解声训的性质提供了参照实例；第二，初步确立了声训的条理形式：一方面体现出以音同或音近之字为释的条例，另一方面体现出'某（者），某也'的基本形式。后来的声训形式便只是在此基础上少有发展变化而已。"④

上面所举先秦时期"声训"的几个例子，现在看来，有的非常简单，有的甚至是主观臆断的。那个时代的一些学者，"往往利用音同或音近的字来解释被训的名物，希望在音训的原则上，推导出那一名物'命为此名的所以然'来"⑤。但这种对于汉语语词音义关系的简单的、主观的认识，不可能真正触及汉语音义结合原理的实质，与我们现在所提倡的"汉语音本义原理"相距甚远。比如说，"人"最早是指形体发育初步成熟，头部囟门已经闭合但躯体仍较柔软的行了成年礼的少年，是一个和"子"相区别的概念，而"仁"是指成年人表现出来的柔软慈爱心肠，两者都具有"成熟"、"柔软"的特点，音义同源，符合共同的音本义要求，但孔子"仁者，人也"的解说，却是一种主观的音义系联，与汉语音本义原理的规则不相切合。这些探索和实践，如同一把双刃剑，一方面引起了后来者对汉语语词音义关系的逐步深入的研究，为后世的语言学家们开启了一扇新的大门，具有非比寻常的意义；而另一方面，却又将汉语语词音义关系的研究带入了一个巨大的误区，认为任何两个音同或音近字之间

---

①　陆宗达：《因声求义论》，《陆宗达语言学论文集》，北京师范大学出版社1996年版，第255页。

②　陆宗达：《训诂简论》，北京出版社2000年版，第134—135页。

③　齐佩瑢：《训诂学概论》，中华书局1984年版，第96页。

④　孙雍长：《训诂原理》，高等教育出版社2009年版，第209—210页。

⑤　胡楚生：《训诂学大纲》，台湾华正书局有限公司1990年版，第80页。

的训释，就能够揭示汉语音义同源的规律，其对汉语的研究和发展，危害
是显而易见的。

到了汉代，这种以声求义的方法又得到了较大的发展，在一些训释字
义的著作中得到了较为普遍的应用。两汉时期声训的最大发展，"是由诸
子作者的自我行文变成了训诂家的训解诠释，也就是说，声训由原来的
'经文'内容变成了诠释经文的'注文'内容，并独立形成了专书，使得
声训之例最终脱离了明辨之学的范畴，成为训诂学的一种词义训解方式，
成为语义学研究中的一项特定内容"①。其中代表之作，就有毛亨、毛苌
的《毛诗故训传》（后世简称《毛传》），班固等编撰的《白虎通义》（又
名《白虎通德论》或《白虎通》），许慎的《说文解字》，以及汉代声训
的最高成就——刘熙的《释名》。

《毛传》是将声训之法专门用于解释文献语词命名之义的最早的训诂
学著作，在对《诗经》里出现的日常语词的训释中，《毛传》便常常借助
传统声训的方法，对这些语词得名的因由予以揭示。一些释例见解独到，
不乏精彩之处。如《诗·大雅·崧高》："吉甫作诵，其诗孔硕，其风肆
好，以赠申伯。"毛传："赠，增也。"赠增同音相训，增为"加高"之
义，"赠"是指让他人的财富"加高"，此释就与我们提倡的音本义原理
正好契合。

汉语音本义原理认为，"zeng"音
的音本义强调"加高"的特点，凡
"zeng"音之语词，一般都包含了这一
语源意义。如"曾"字，甲骨文写作
"𝕐"、"𝕌"等形，金文写作"𝕊"、
"𝕌"等形，属于象事结构的文字，是
后世"甑"字的初文、本字，"甑"是
"曾"的后起形声字。"甑"最初是一种
专门用来蒸煮食物的器具，在殷商时期
就已经出现了。时至今日，"甑"在会

图 2—2 甑

同农村仍然普遍运用，现在大多用来蒸煮饭食和烧酒。王宁先生说：

---

① 孙雍长：《训诂原理》，高等教育出版社 2009 年版，第 210 页。

"'甑'字从'曾',也是形声字,也可表现出它的特点。原来这种蒸煮器的口很大,腹壁内折,圈足,底箅有数小孔,用以通蒸汽。它不能单用,要架在釜上。釜内水沸后,蒸汽上行,食物放在甑里,有盖。知道这种形状,就可知道它为什么从'曾'。从'曾'之字如'層'(计按:今简化作层)、'增'等都有累增、重叠的意思。'甑'正是它们的同源字,它的声符有示源作用,正反映它叠架在釜上的形象。"① 王氏对古代甑器的形状说解是基本正确的,底箅通蒸汽的空隙,有小孔状的,有十字形的,也有直线形的。但王氏不知道"曾"和"甑"的源流关系,弄不清"曾"字构形的原理,对"曾"的音义说解也不确切(计按:重叠、叠压之义是"ceng"的音本义)。金文"曾"由三个部分组成,下部的"日"表示盛有水的釜(锅子),中间的"田"表示有十字形空隙的甑底,上部的"八"表示上升的蒸汽。甲骨文则省略了下部的"日"(釜),属于当时的一种简化写法。徐中舒释解曾字时说:"田本应为圆形作田,象釜鬲之箅,八象蒸汽逸出,故曾象蒸熟食物之具,即甑之初文。"② 刘又辛先生说:"按照这些解释,则古人的甑本是一种蒸饭用的器具,形制同现在的蒸具甑子大体相似。不过远古的甑为陶制,所以《考工记》属'陶人'下。陶甑分两层。下面一层盛水,上层底有空,可使蒸汽进入上层,孔上加箅子,米放在箅子上蒸,以免漏入水中。这便是甑这种器具的形状。"③ 高亨先生也认为:"但据金文,曾非从曰、从⑪,许说非也。曾即古甑字,蒸米为饭之器也。上象气,中象箅,下象甑。箅者以木为之,形若窗棂,今亦用笮字。"④ 由此可知,"曾"、"曾"的确属于象事结构的文字,它抓住了甑的主要形体特点和用法来进行描摹,意思就是"加高到釜上的器具"。屈原《九歌·东君》:"翾飞兮翠曾,展诗兮会舞。"注:"曾,举也。"举就是高举的意思。《淮南子·览冥训》:"(凤凰)曾逝万仞之上。"注:"曾犹高也。"这些文献运用的就是"加高"的意义。另外,"增"是指夯土时土层的"加高";"赠"是指送给他人财物,使他人财

---

① 王宁:《汉字与烹食文化》,载何九盈、胡双宝、张猛《中国汉字文化大观》,北京大学出版社1995年版,第290页。

② 徐中舒:《甲骨文字典》,四川辞书出版社1988年版,第68页。

③ 刘又辛:《刘又辛语言学论文集》,商务印书馆2005年版,第332页。

④ 高亨:《文字形义学概论》,山东人民出版社1963年版,第126页。

物的数量"加高";"罾"字上部所从的"皿",实际是"网"字的简化,是指一种需要"抬高"到水面上后再进行抓捕鱼的网具,现在会同话也称之为"抬网"(见图2—4);"矰"是一种尾部连接着长长细丝的箭矢,专门用于射杀高飞的鸟(见图2—3),《周礼·夏官·司弓矢》:"矰矢……用诸弋射。"郑玄注:"结缴于矢谓之矰。矰,高也。……可以弋飞鸟。"《史记·留侯世家》:"虽有矰缴,尚安所施?"《索隐》:"矰,一弦,可以仰高射,故云矰也。"可见"矰"的得名,就是源于"加高"的意思。

图2—3　矰

图2—4　抬网

"曾(甑)"的"重叠"、"叠压"之义,是属于"ceng"的音本义所包含的特点。"曾"分化出"zēng(zèng)"、"céng"两音,正是由于古人能够从不同的角度观察事物所含的特点导致的。一方面,"甑"是一种需要抬高放置到锅子上的器具,所以符合"zeng"的音本义要求;另一方面,"甑"在使用过程中,又是叠压在锅子上的一种器物,所以又符合"ceng"的音本义要求。在会同话中,曾经的"曾"(céng)字,至今仍然作为动词使用,表示"叠加"、"叠压"之义,如:"昨晚倒嘎一苑大树,把一栋老屋曾(céng)垮嘎",意思就是一株大树倒下叠压在一栋老房子上,使之垮塌;又如"她肯定已经被那男人曾(céng)嘎了",字面意思是说"她"的身体被"那男人"叠压于身体下,话语里暗含的意思是"她"已经和"那男人"有了性行为了。"曾"(céng)包含着"叠压"义,所以,叠压于"现在"之上的时间——"过去"、"往昔",也被通过引申的手法称为了"曾","曾经"的"曾",就是从这个意思中引申出来的。通过以上分析,可以证明王宁先生对"曾"字音义关系的说解是不确切的。而《毛传》用"增"字来训释"赠",则恰好又碰及了汉语音义结合的奥秘之所在。

东汉章帝建初四年（79），章帝在白虎观亲自主持召开了一次经学辩论大会。班固等人根据在白虎观进行的经学辩论内容，编撰而成了《白虎通义》一书。该书主要采用声训的方法，对群经涉及的名物词语进行训解阐释，不仅释其然，而且释其所以然，即解释名物词语的得名之由来，内容涉及了我国古代政治、历史、礼制、学术、信仰以及社会心理等方方面面，可以说是那个时期的众多学者一起探究五经异同的智慧结晶，是集当时学术之大成的一部著作。

该书大量运用声训的方法来阐发各种典章制度之名的由来，如卷一《爵》篇有："公者，通也，公正无私之意也。""候者，候也，候逆顺也。""男者，任也。""大夫之为言，大扶进人者也。"卷一《号》篇有："王者，往也，天下所归往也。""谓之尧者何？尧犹峣峣也，至高之貌。清妙高远，优游博衍，众圣之主，百王之长也。"卷一《礼乐》篇有："南之言任也，任养万物。""琴者，禁也，所以禁止淫邪，正人心也。""钟之为言动也。"卷二《五行》篇又有："金之为言禁也。""土之为言吐也。"卷三《商贾》篇还有："商之为言，商其远近，度其有亡（wú），通四方物，故谓之商。""贾（gǔ）之为言固，固其有用物，以待民来，以求其利者也。"卷三《性情》篇也有："仁者，不忍也，施生爱人也。""智者，知也，独见前闻，不惑于事，见微者也。""肝之为言干也。"卷四《日月》篇也有："日之为言实也。""月之为言阙也。""星者，精也。"以上的声训实例，有一些解释远远超出了周秦时期声训的简单粗糙，如对"土"、"贾"的训释，就已经碰触到了汉语语词音义同源规律的实质，这一进步是非常了不起的。但是，综观全书的声训实例，有很多语词的音义联系显得牵强附会，主观臆断的成分特别多。

《说文解字》一书完成于公元 100 年，上书于安帝建光元年（121）。全书共十四卷，分五百四十部，共收录了九千三百五十三字，每字都做了字形、字义和字音的解释和说明，创造了一种从字体结构去考察文字音义的新体系。对后世的作用特别巨大，堪称不朽之作，其积极的影响力居功至伟。但毋庸讳言，从当今语言文字研究的实际情况来看，它的负面影响也是不可小觑的。

《说文》在声训方面也做了一些有益的探索和实践，根据孙雍长先生的统计，《说文》全书纯以声训相训的有 25 例，如："士，事也。""葬，藏也。""尾，微也。""妇，服也。""母，牧也。"等等。声训与义训并施的有 42 例，如："天，颠也；至高无上。""帝，谛也；王天下之号也。""户，护也；半门曰户。""卯，冒也；二月万物冒地而出。"等等。将命名之义包含于义训之中的有 255 例，如"芬，草初生其香分布"，芬与分音同相训；"牵，引前也"，牵与前音同相训；"话，合会善言也"，话与会双声相训；"禾，嘉谷也，二月始生，八月而熟，得时之中和，故谓之'禾'"，禾与和音同相训；"泉，水源也"，泉与源叠韵相训等[①]。

　　而刘熙的《释名》，专以声音相同或相近之字展转训释，是那个时代运用"以音求义"之法训释字义最为突出的代表。刘氏在《释名·序》中说："夫名之于实，各有义类，百姓日称而不知其所以之意。故撰天地、阴阳四时、邦国都鄙、车服丧纪，以及庶民应用之器，论述指归，谓之'释名'。"刘氏的这些认识，对于中国语言学而言，是值得大加赞扬和肯定的。《释名》一书因以探求物名的"所以然之意"为宗旨，继而通过声训的办法解释词义，认为词义源于声音，语音与语义有着有机的内在的联系，语音相同，其意义也必可相通。它不仅训释字义，而且力图说明所释之字的音义关系，有的"声训"实例，甚至已经触及了我们所提倡的"音本义原理"的内核了。例如："土，吐也，吐生万物也。"即抓住了"tu"音的音本义所要求的"吐发"之特点；"颊，夹也，两旁称也。"即抓住了"jia（ga）"音（计按：家、夹、加、架等字，会同话读为"ga"一音系，普通话基本都转为了"jia"一音系）的音本义所要求的其中一个特点——"两旁的"；"睫，插接也，插于眼眶而相接也。"接、结、节、睫等字为同一音系，即抓住了"jie"音本义要求的"连接"的特点；"腕，宛也，言可宛曲也。"宛、腕、万（计按：万字在甲骨文时代指尾部经常向前卷曲的蝎子）、弯、晚等为同一音系的字，即抓住了"wan"音音本义规定的"弯曲（不直）"的特点。清代学者王先谦对此评价："文字之兴，声先而义后。动植之名，字多纯声，此名无可释者。……学者缘声求义，辄举声近之字为释，取其明白易通而声义皆定。……逮成国（即刘熙）之《释名》出，以声为书，遂为经说之归墟，

---

① 参见孙雍长《训诂原理》，高等教育出版社 2009 年版，第 220—231 页。

实亦儒门之奥键。"① 王先谦氏看不到《释名》一书中不合理据的声训例子,因而评价显得过高了,但如果从语言研究史的角度去考察《释名》一书的作用,王氏的这一评价也可以说不算为太过。

然而,《释名》之作者对"以声求义"的实践,仍然只属于浅层次的探讨,还没有真正理解"声同义通"的本质,所以书中穿凿附会之处很多,给后世语言文字学家探寻声训之路带来了很多的阻碍,甚至成为一些语言学家质疑汉语"音同义通"规律的"反面教材",从而也对汉语的健康发展产生了不良效应。刘师培氏指出:"刘熙《释名》,区释物类,以声解字,虽间涉穿凿,然字义起于字音,则固不易之定例也。"② 后来,高明先生也在《中国古文字学通论》书中对此评价说:"《释名》因长于音训,它能帮助了解汉字的古音,以及当时的语音与方音的关系,由于它保存了相当数量的古代词汇,并逐一作了解释,因此,还可帮助我们理解古籍中的词义。但是,语音和词义虽有一定关系,用语音解释词义必须有一定的条件,不是任何同音词都能互训。《释名》的最大缺点,在于以声求义的方法不够谨严,有人批评它'偏颇于穿凿',实为中肯。"③ 高氏对《释名》的这一评价,严格地说是比较客观的。然而不管如何,刘熙《释名》的这一实践,虽然存在着这样那样的问题,但是我们不能因此而对它予以全盘的否定,更不能对汉语语词音义结合的可论证性视而不见,对它简单粗暴地进行污名化。现代著名语言学家王力先生,就没有看到刘熙声训实践的成功之处,也无视汉语音义同源的实际规律,就曾对刘熙的声训实践予以了全盘的否定。王力先生说:"刘熙的声训,跟前人一样,是唯心主义的","他的声训甚至达到了荒唐的程度"。④

我们认为,王力先生的这一评论有失公允。刘熙《释名》关于汉语语词音义结合关系的探讨和实践,其认识的深度已经大大超越了前人,以及和他同时代的语言研究学者。其不足是历史的局限性所造成的。它最主要的贡献,就是用"声训"来推求语源,推求事物得名的缘由,它对于汉语语词音义关系研究的意义不可磨灭。孙雍长先生说得好:"但更重要的是,除了对《释名》运用声训(以及其他的一些声训著述或零星材料)

---

① 王先谦:《释名疏证补》序,中华书局 2008 年版。
② 参见刘师培《刘申叔先生遗书·汉宋学术异同论》。
③ 高明:《中国古文字学通论》,北京大学出版社 1996 年版,第 217 页。
④ 王力:《中国语言学史》,山西人民出版社 1981 年版,第 50 页。

的得失须作具体分析外，我们还应当始终坚持并肯定这样的认识：声训之法的基本原理是语言中的声义同源规律，它本身并不是'唯心主义'的；即使古代的声训成果多有不正确的，这也只是声训的运用是否得当的问题，不能由此而对声训本身全盘否定。对声训的全盘否定，即是对声训性质缺乏了解，对声训成果不甚客观，更是对语言中语词的滋生繁衍存在'义类'规律的抹杀。"① 对于汉代声训材料反映出来的汉语语词滋生繁衍的"义类"现象（计按：又可称声义同源现象或声同义通现象），孙雍长先生认为主要表现为以下八种情况：

（一）据客观物体的外形状貌之特征而命名；
（二）据客观物体的颜色文采或声音特征而命名；
（三）据客观事物的时空次第之特征而命名；
（四）据客观事物的制作方法之特征而命名；
（五）据事物的动作行为之特征而命名；
（六）据事物的手段方式之特征而命名；
（七）据事物的质性品德之特征而命名；
（八）据事物的功能用途之特征而命名。②

现在，让我们结合孙雍长先生所总结的情况和汉语音本义原理，略举几个《释名》一书中有关声训的实例予以简单评说，这样做的目的，是让大家更深入地了解汉语音本义原理和正确全面地认识《释名》一书的意义和不足。举要如下：

（一）从客观物体的外形状貌之特征推求语源。如《释形体》："颈，径也，径挺而长也。""胫，茎也，直而长，似物茎也。"

简评：茎、颈、胫、径四字皆从"巠"构作，都是属于根据"巠"的引申义，通过比喻手法构造的形声字。汉语音本义原理认为，"jing"音的音本义，主要包含了"最好的"、"少的"两个特点。

如"巠"字，金文写作"𢀖"、"𢀕"等形，是"经"的初文、本字，"巠"是象事结构的字，而"经"是巠的后起形声字。林义光《文

_____

① 孙雍长：《训诂原理》，高等教育出版社 2009 年版，第 219 页。
② 同上书，第 243—246 页。

源》卷二："巠即经之古文，织纵丝也。川象缕。"郭沫若氏说："大盂鼎'敬雝德巠'，毛公鼎'肇巠先王命'，均用巠作经。余意巠盖经之初字也。观其字形，前鼎作巠，后鼎作巠，均象织机之纵线形。从糸作之经，字之稍后起者也。"① 戴家祥氏从林、郭之观点："按金文巠用作经之本字。"② 从上引资料可知，经（巠）线就是指绷紧安装在织布机上的纵向直线。

我国古代纺织技术有着非常悠久的历史，在距今 7000 年左右的浙江余姚河姆渡遗址，就曾出土了较为原始的纺车和纺机零件。那么，"巠"（经）字为何得名"jīng"呢？这是和古代纺织的实际需要密切相关的。由于在纺织过程中，经线要承受较大的张力和打纬刀、绞纱棒等的摩擦，因而需要比纬线具备更强的韧性，古人由此还发明了"浆线"这一工艺；另外，由于纺织效率的需要，经线的质地要比纬线更细密。因此，与纬线相比，经线既细密又结实，是用于纺织的纱线中最好的了，故而古人将它命名为"jīng"。另外，如"精"是指去掉粗皮后质量最好、分量又变少了的米；"竟"字小篆写作"竟"形，从"音"、从"人"构作，属于象事结构的字，表示音乐乐章中最好听最高潮的核心部分之意（计按：古代果仁常常写为果人，指最好吃的果肉部分）；"京"字甲骨文写作"京"，像高大的房屋形，今人王献唐先生指出："京之为制，在古代一切建筑中最高，因引申有绝高义。"③ 徐伯安先生认为："'京'的构成，说明除'土台建筑'外还有一种由若干立柱架起的'木台建筑'。……功能上，既可防潮湿又可防虫蛇……这类'木台建筑'，是我国原始先人在长江流域一带所创造的一种建筑体系。它有极强的生命力。在我国南方和西南地区目前还大量存在着这种建筑，即所谓'干栏式'建筑。"④ 分析可见，"京"最初是指一种通风良好、具有防潮防虫蛇功能的干栏式建筑，在古人的眼中，这类建筑性能最好，所以得名为"京"。其他如"净"、

---

① 郭沫若：《金文丛考·释巠》，转引自李圃主编《古文字诂林》第九册，上海教育出版社 2004 年版，第 268 页。

② 戴家祥：《金文大字典》上卷，学林出版社 1999 年版，第 1078 页。

③ 王献唐：《那罗延室稽古文字》，转引自于省吾《甲骨文字诂林》，中华书局 1996 年版，第 1953 页。

④ 徐伯安：《汉字与建筑》，载何九盈等主编《中国汉字文化大观》，北京大学出版社 1995 年版，第 305 页。

"井"、"靖"、"晴"、"菁"等"jing"一音系的语词，也都包含了"jing"音音本义所要求的特点，此不再赘述。

"巠"字"直而长"的含义，是人们根据纺织机上经线的形状而引申出来的，"直而长"不是"巠"字的语源义。后来，人们通过比喻手法，将所有像经线直长形状特点的事物也称作"巠"。茎、颈、胫、径等四字都是从"巠"分化出来的，不过是人们为了区分实际事物的需要而制造的后起形声字而已。"茎"是指像经线那样小而挺直的植物主干；"颈"是指像经线那样细小而挺直的动物脖子；"径"是指像经线那样小而挺直的路；"胫"是指像经线那样挺直的小腿；通过以上分析可知，刘熙关于几个 jing 音字"直而长"的解说，是不符合"jing"音音本义所规定的要求的。

（二）从客观事物的时空位置之特征推求语源。如《释地》："地，底也，其体底下，载万物也。"《释水》："山夹水曰涧；涧，间也，言在两山之间也。"《释宫室》："房，旁也，在堂两旁也。"又："栋，中也，居屋之中也。"《释亲属》："父之弟曰'仲父'，仲，中也，位在中也。"

简评："地"的音义关系分析详见上一节，刘氏对"地"的训释基本接近了"di"的音本义要求。因为篇幅的考虑，在此仅对"中"与"栋"的音义关系进行简单评述。

"中"属于"zhong"一音系的文字，甲骨文写作"𠂤"、"𠂤"、"𠂤"等形，金文写作"𠂤"、"𠂤"、"中"、"中"等形，其形体逐步趋于简化，演变轨迹十分清楚。刘兴隆先生说："𠂤本旗形，旗中之为指事，中间之义。氏族社会都建旗徽，作为自己

图2—5　旗子飘带

氏族的标志，凡有大事都'立中'，立中即立旗，以便众人望而聚
之。……（金文）均与甲骨文繁简相同。"① 左民安氏同样认为："甲骨
文是直立一面旗帜，向左弯曲的四条线是'旗游'（旗上的飘带），而中
间的'口'形就表示中间之意。"② 邹晓丽说："中（🚩）本旗帜之类，
有九、六、四游，当以四游者最古。古时有大事聚众于旷地，先建'中'
焉，群众来自四方而趋附，则建中之地为中央，后引申为一切之中。"③
刘、左、邹三氏的解说基本正确。🚩是旗子之形状，上两条线表示旗子
上面的细长飘带（见图2—5），下两条是飘带在地面的影子，而中间的
◻，其实是表示一个氏族的居住区中间的圆环形空地。在我国上古时代，
文明程度较高的氏族部落，已经学会了在聚落的周围开挖出较深的壕沟，
灌满水后以起到防御的作用，◻就是这一形状的简笔素描。据中国社科
院考古研究所发掘的兴隆洼文化遗址来看，距今8000来年的兴隆洼古村
落遗址，面积约两万平方米，四周由椭圆形的壕沟围拢，围沟内井然有序
地排列着10排房址，每排10间左右，中间是较大的圆形平整空地，大多
是用做氏族成员的聚会祭祀的场所。无独有偶，陕西姜寨遗址的情况也和
兴隆洼古村落遗址非常相似，据《中国建筑史》一书介绍："仰韶时期的
氏族已过着以农业为主的定居生活，当时的原始村落多选择河流两岸的台
地作为基址，这里地势高亢，水土肥美，有利于耕牧和交通，适宜于定居
生活。这种村落已有初步的规划布局，陕西临潼姜寨发现的仰韶村落遗
址，居住区的住房共分为五组，每组都以一栋大房子为核心，其他较小的
房屋环绕中间空地与大房子作环形布局，反映了氏族公社生活的情况"④
（见图2—6）。通过以上分析，我们可以推知，🚩属于象事结构的字，表
示建立在氏族聚落中间开阔地的大旗，其作用有些和今天的国旗相类似。
"中"字的中间义，即与它所建立的位置密切相关（计按：zhong 的音本
义还没有得到很好的破译，因而不进行延伸讨论）。

　　而"栋"从"东"得声，是属于"dong"一音系的字。"东"字繁
体写作"東"形，甲骨文写作"𣆪"、"𦯉"等形，金文写作"𣓀"、

_____

① 刘兴隆：《新编甲骨文字典》（增订版），国际文化出版公司2005年版，第27—28页。
② 左民安：《细说汉字——1000个汉字的起源与演变》，九州出版社2005年版，第174—
175页。
③ 邹晓丽：《基础汉字形义释源》（修订版），中华书局2007年版，第107页。
④ 《中国建筑史》编写组编撰：《中国建筑史》，中国建筑工业出版社1982年版，第2页。

"𢆶"等形，和东字的甲骨文形体完全相同。许慎《说文·东部》："东，动也。从木，官溥说：'从日在木中。'"日出而作，日出现在东方，人们便开始一天的行动了，许氏以"动"训"东"，正属于古人说的"同声相训"之范畴，表面看来有一些道理，但这种解

图 2—6　半坡遗址微缩

说是不符合汉语语词音义结合的原理的。加上许氏自己对"东"字的形、音、义结合原理理解不透彻，故而又引用官溥氏的观点对"东"字的形体组合进行说解，以至于给后世文字学家正确体会"东"字的形体意义带来了巨大困难。宋代郑樵《通志》认为："日在木中曰东，在上曰杲，在下曰杳，木若木也，日所升降。"当代的纪德裕先生也是受到官溥观点影响很深的学者之一，纪氏说："东（東）是日和木组成的，日在木中，会意。所谓日在木中，是说日还没超过树梢，刚刚升起，是旭日东升的景象，由此而表示东方。古代有日出扶桑的传说。扶桑是木名，扶桑树在东方，所以'日'与'木'组成'東'字。"[1] 然而，从甲骨文、金文中的"𢆶"字形体看，中间所从绝不可能是"日"字。徐中舒氏认为："東古橐字，《埤苍》曰'无底曰橐，有底曰囊。'《史记》索隐引《仓颉篇》曰：'囊橐之无底者也。'实物囊中括其两端，𢆶象之。"[2] 橐，普通话读 tuó；会同话读作 tuō，至今仍将需要捆束的无底布袋子叫作"大橐口"。而"dong"之音本义，主要是强调"（程度方面）低微的"、"（形体方面）大的"两个特点。古代的"大橐口"一般都是将动物毛皮通过低加

① 纪德裕：《汉字拾趣》，复旦大学出版社 2002 年版，第 77 页。

② 丁山：《说文阙义笺》，转引自于省吾主编《甲骨文字诂林》第四册，中华书局 1996 年版，第 3011 页。

工而成的，这样一来，它就具有了"dong"音音本义所要求的"低微的"、"大的"这两个要素，因而这种盛物的大皮袋，也被人们称作"橐"。后来，丁山、姚孝遂、左民安诸氏皆从徐中舒之观点，姚氏指出："徐中舒谓东乃古橐字，其说是正确的。字本象实物其中，束其两端之形。既不从木，也不从日。"① 分析可知，"东"最初是指一种用动物毛皮低加工而成的大皮袋子。后世"东西物件"的"东"字，就仍然保留着这一原始的信息。孙雍长氏说："甲骨文'东'字像车轮转动之形，其构形模式为借形寓意，亦正体现了'东'由'动'而来，古人'日出而作'，'动'犹作也，故以为方位名。""或释'东'为'橐'，或释为'束'，游离于语言之外，不足为信。"② 唐汉先生说："古人在太阳升起时便须起床，将铺在身下的兽皮卷成'橐'，扛在肩上，出门远行，采集狩猎。因此，'橐'被用来借指太阳升起的方向。"③ 古人用"东"代指太阳升起的方向，其实并不像孙雍长氏解释的那样不符合汉字形义结合规律，也不像唐汉先生说解的这样迂曲不符生活的实际。大家都知道《列子》中有一个"两小儿辩日"的故事，对于文中"日初出大如车盖，及日中则如盘盂"、"日初出沧（cāng）沧凉凉，及其日中如探汤"的句子也可能还记忆犹新。日在东方之时，人们会产生出"大如车盖"的错觉，而且它又"沧沧凉凉"，这正好给人们带来了"形体大"、"温度低微"的感觉，与"dong"的音本义要求——"大的"、"低微的"两个特点刚好吻合。现在，会同话形容刚升起的旭日的颜色时，基本都还是说"红东东的"，绝无用"红彤彤的"一语来形容的，这正是上古语言在会同方言中遗留的反映。"栋"字从"木"、从"东"构作，在会同话中是指只经过低加工的大原木，如："木栋子"、寿木的"底栋子"，等等。房屋上的"栋"，也即房屋的"檩"，会同话俗称"檩子木"。《说文·木部》："栋，极也。"段玉裁注："极者，谓屋至高之处……五架之屋正中曰栋。"两家所释只是"栋"的一种，名叫"脊檩"，许段二氏的说解不确切。这些叫"栋"的房屋材料，其实就是只通过砍削掉木皮枝节的、低加工的大原木而已。刘熙所解释的"栋"，只是相对于房屋最高处的"脊栋"而

---

① 于省吾主编：《甲骨文字诂林》第四册，中华书局 1996 年版，第 3011 页"姚孝遂按语"。
② 孙雍长：《训诂原理》，高等教育出版社 2009 年版，第 251 页之正文及注释。
③ 唐汉：《汉字密码》上册，陕西师范大学出版社 2009 年版，第 312 页。

言的，而这仅是众多"栋"里的一种，可见刘氏的这一说解也和许慎的解释一样，不太确切。王力先生说："语源的探讨，本来不是一件容易的事。但是人们喜欢附会成说，有时候也能以假乱真。李时珍在《本草纲目》中说，葡萄'可以造酒，人醐饮之则酶然而醉，故有是名'。最近有人写了一篇知识小品，题为《醐酶—蒲桃—葡萄》，还加以解释说：'醐，指大饮酒，见《说文》，酶，极醉之意，见《集韵》。'其实，'葡萄'只是当时大宛语的译音，和'醐''酶'没有关系。李时珍是杰出的医学家和植物学家，然而他对语源学是外行。"① 王力先生对于传统声训是持完全否定态度的，但先生的这一论述，的确道出了传统声训的最大问题，非常中肯。《汉语外来词词典》说："葡萄，一种成串成嘟噜的水果，供鲜食或制葡萄干、葡萄酒等。又作'蒲陶、蒲桃、葡陶、蒲萄'。《史记·大宛传》：'其俗土著，耕田，田稻麦。有葡萄酒'。源大宛 bādaga（一说来自大宛语 budaw）。"② 此引可证王力先生对汉语里"葡萄"的语源分析十分正确。刘熙《释名》中关于"栋"的语源义的判断，确实好像能够"以假乱真"，但只要我们真正领会汉语音义同源规律的确切内涵，运用汉语音本义原理去对文字的语源义进行深入的考证，这个"不容易的事"，自然就会变得简单而有趣了。

另外，如"侗"字，现在最常见的就是用于指称我们侗族。侗族的名称，其实来源于"洞"、"峒"（计按，有学者认为"峒"指山间的谷地或盆地，我们认为此说不确。在会同话里，山间的谷地叫做"tong"，俗写为"冲"，如韶山冲）。我国南方的古原始人，有过长期居住洞穴的经历，"峒"（洞），就是指通过粗略加工后即可以住人的宽大山洞。湘西南、桂北、黔东南一带，分布着面积广阔的喀斯特地貌，山间大型的石灰岩溶洞很多，明清时期，外地便曾将住在这一带的人称为"峒蛮"、"峒苗"、"峒人"、"洞家"等，新中国成立后，"峒人"便改写为了"侗人"。分析可知，侗族，就是指住在有众多大山洞地区的民族。又如"董"字，古鉥写作"𧄄"形③，左边所从是"重"字，右边所从之"𠂤"，像一个张口大声说话的站立之人形，本来属于形声兼象事结构的字，表示

---

① 王力：《中国语言学的继承和发展》，载《中国语文》1962 年 10 月号。
② 刘正埮、高明凯、麦永乾、史有为编：《汉语外来词词典》，上海辞书出版社 1984 年版，第 279 页。
③ 参见《汉语大字典》第二版第六卷，第 3464 页。

是一种权力很大但力度低微的督察行为。《尔雅·释诂下》："董，督，正也。"《汉语大字典》："董，督察；监督。"两家所释近似。确切的解释，应该是指权力很大但力度又低微的督察行为。今天所谓的"董事"，就是强调了拥有很大权力，但只能用低微力度去督察公司日常事务的意思，用的正是"董"字的本义。又如"懂"字，字从"忄（心）"构作，最初是指小孩能够程度低微地感知大的事理的心理行为；又如"冬"字，甲骨文写作"𓏃"形，像冬季特有的下垂的冰棱之形，表示指大范围气温较低的季节；又如"冻"字，字从"冫（冰）"、从"東"构作，声调又比"冬"高很多，表示因为气温极低，由水凝结成的大块的冰，从"冻"的形体来说，即是指像"東"（大皮袋）一样大块的冰。通过这些分析可知，我们对于"栋"字的解说是有理有据的。

　　"汉代因声求义的方法虽然广为运用，但是还缺少科学性。"① "加以方法论的不够科学，所以他们在运用声训时仍然犯有不少'唯心主义'的错误。"② 根据以上我们对《释名》声训的简评情况来看，刘熙《释名》的声训实践，其中虽然的确也有一些训释例子能够大体揭示出汉语语词音义结合的规律，但有很多的释例又确实是主观臆测缺乏逻辑性的。关于以刘熙为代表的汉代语言学家的声训功过，王玉堂先生的认识是值得大家借鉴的，王氏说："声训成为训诂方法之一，并且盛行于汉代，这是当时的历史条件促成的，是适应当时语言研究的需要的。汉代训诂家用声训去推求语源，表明他们认识到声音线索对语言研究有重要意义。他们的这种认识以及他们的实际工作，都不能简单地斥为唯心主义。固然重视声音线索不等于犯唯心主义错误，但否定声音线索肯定不是唯物主义。汉代训诂家的语源研究，是粗浅的。他们只是寻求词的直接的、表面的联系，又多只是平面的联系，可供我们直接利用的成果是有限的。但他们做了语源研究的开创工作，在中国语言学史上的地位是不可否定的。"③

---

① 郭芹纳：《训诂学》，高等教育出版社 2005 年版，第 56 页。
② 孙雍长：《训诂原理》，高等教育出版社 2009 年版，第 232 页。
③ 王玉堂：《声训琐议》，载《古汉语论集》第一辑，湖南教育出版社 1985 年版，第 277 页。

第三节　两宋时期"右文说"的兴起

汉代以后，"以声求义"的探索仍然相沿不绝，但直到明清以前，"声训"的探索力度大大减弱，远远没有汉代那样蔚然风气了。

如在晋代，杨泉《物理论》中有谈到过汉字声旁相同则意义相通的例子，与汉代训诂家的"声训"层次就有很大距离。《物理论》说："在金石曰'坚'，在草木曰'紧'，在人曰'贤'。千里一贤，谓之'比肩'。故语曰：'黄金累千，不如一贤。'"① "坚"、"紧"、"贤"三字上部都从

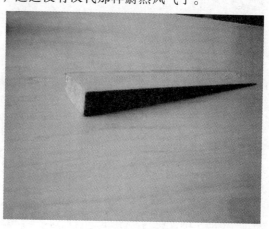

图2—7　木质尖子

"臤"构作，"臤"字金文写作"🐦"形，实际就是"坚强"的"坚"字的初文②。此字左边所从为竖立的眼睛之形，即"臣"字之初文，但在充当合体字的构造部件时，常常表示眼睛直视的状态；右边所从的"彐"，即"又"和"右"字的初文、本字，在作为构字的部件时，与"𠂇"（左手之形，左字初文）一样只表示手部的行为。分析此字的形体可知，"臤"属于象事结构的文字，表示眼睛在受到外力攻击时仍然保持着直视的状态，即说明此人意志十分坚强。杨泉弄不清"臤"字的音形义结合原理，因此错误地分析了"坚"、"紧"、"贤"三字上部从"臤"构作的用意。事实上，"坚"字是"臤"的后起形声字，属于形声结构，而"紧"、"贤"二字则属于象事结构。"坚"字小篆写作"𡑡"形，字从"土"，表示它的意义与土有关；从"臤"得声，表明它的意义一定包含了"jian"音音本义所具有的特点。汉语音本义原理认为，"jian"音的音本义强调"固定"、"小的"之特点。如"尖"字，其繁体写作"櫼"或

① 《太平御览》卷四〇二《人事部·叙贤》。
② 参见尹黎云《汉字字源系统研究》，中国人民大学出版社1998年版，第77页。

"鐵"，"櫼"是指竹木做的楔子，"鐵"是金属制作的楔子。段玉裁《说文解字注》："木工于凿枘相入处，有不固，则斫木札楔入固之，谓之楔。"杨树达氏指出："《说文·六篇上·木部》云：'櫼，楔也。子廉切。'今长沙犹言打櫼，俗书作尖。"① 由此可知，"尖"是指用于固定凿枘的小楔子。这种楔子形状尖削，因而可以有"尖削"的比喻义。在会同俗语里，就常常将使小手段让两者之间仇恨加深的行为，形象地说为"着尖子"。又如成语"高屋建瓴"的"建"字，本是"楗"字的同音通假。而"楗"就是今天常用的"关键"之"键"的初文，最初是指直竖于门后起固定门扉的木杆。这种木杆下大上小呈直立的形态，故而有"直立"的比喻义，将盛水的瓴直立倒放（下大上小）在屋顶，即是这一比喻义的运用。又如"见"字，甲骨文写作"𥋇"形，像一个坐着的睁大眼睛观看的人形，古代是指一种监督力度较小的、坐着看管他人劳动的督察行为。

那么，"坚"字到底是指什么事物呢？根据发掘出来的很多原始社会晚期遗址可知，我们的祖先早已经掌握了用石灰和着泥土涂抹房屋地面、墙面的技术。如陕西临潼姜寨遗址，是我国迄今发掘的面积最大的新石器时代遗址，考古学者在遗址中发现了一些房屋的地面，就是运用石灰泥土做成的。这种泥土现在称为石灰稳定土，质地坚硬、细腻光滑，有很好的防潮湿的作用。因为这种泥土具有了"jiɑn"音音本义要求的"坚固（固定）"、"细腻（细小）"的特点，所以得名为"jiān"。我们认为，"坚"字就是指这种坚固细腻的石灰稳定土。《吕氏春秋·审分》："坚穷廉直。"注："坚，刚也。"玄应《一切经音义》卷三引《字书》："坚，谓坚牢。"两家所释正是"坚硬"、"坚固"的意思。而"紧"字从"糸"构作，属于和"禁"同一音系的语词，最初是指坚牢系缚着的不能解开的死结。"贤"字从"贝"构作，"贝"在构形中有指代钱财的功能，表示人们在钱财面前目光不为钱财所左右、毫不动心的优良品格。

到了宋代，北宋王子韶（字圣美）提出了"右文说"，认为形声字的声符既可表音，同时又具有表义的功能，这为汉字学的研究开辟了一条新的道路。今引沈括《梦溪笔谈》对"右文说"的介绍，让大家了解其约略梗概。沈括在《梦溪笔谈》卷十四《艺文一》中写道："王圣美治字

---

① 杨树达：《积微居小学金石论丛》，上海古籍出版社 2008 年版，第 228 页。

学，演其义为'右文'。古文字书，皆从左文。凡字，其类在左，其义在右，如木类，其左皆从'木'。所谓'右文'者，如'戋'，小也；水之小者曰浅，金之小者曰钱，歹之小者曰残，贝之小者曰贱。如此之类，皆以'戋'为义也。"孙雍长先生对此解释说："右文说的对象是汉字中的形声字，因为声符多数位于形声字的右边，所以'右文'也就是形声字的声符。论述形声字的声符与意义关系的学说就是右文说。一般认为，形声字意符（形符）是意义范畴标志（主'义'），声符是读音的标志（主'声'），右文说则提出形声字'声中兼义'，认为形声字的声符与意义也有一定联系。"① 在王子韶"右文说"提出之后不久，王观国便在其著作《学林》卷五中提出了"字母说"的观点，王观国说："'盧'（简体写作卢）者，字母也，加'金'则为'鑪'，加'瓦'则为'甂'，加'目'则为'瞳'，加'黑'则为'黸'。凡省文者，省其所加之偏旁，但用字母则众义该（计按：完备包括在内之义）矣。亦如'田'者，字母也，或为畋猎之'畋'，或为佃田之'佃'，若用省文，唯以'田'字该之。他皆类此。""盧"（卢）字甲骨文写作"𤎫"形，金文写作"𣥤"、"𤔲"等形，形体基本与甲骨文相同；隶定楷化后写为"盧"，仍然承袭了甲骨文、金文的形体。从"盧"字甲骨文的形体看，上部所从为"𠂤"，强调了锋利的牙齿、大口和圆圆的眼睛，是老虎头部的形状，在构字中大多表示与虎的血盆大口有关；中间所从为"田"，在字体的中、下部时，一般表示圆形的有空隙的算，前面分析过的"曾"（曾、甑）字中间所从的"田"，正属此例；下部所从的"皿"，表示是一种有撑脚的器皿类物体。《正字通·皿部》："盧，盛火器。或作鑪、爐（炉）。"郭沫若氏《新郑古器之一二考核》："盧，余谓此乃古人燃炭之鑪也。鑪字其后起者也（今人作爐，又其后起）。"② 分析可知，盧即今天所写的"炉"的初文、本字，因为有了铁制的"盧"，所以加"金"写作了"鑪"（见图2—8），因为"盧"是用来烧炭火的，所以又加"火"写作了"爐（炉）"。火炉一般会被炭火熏黑，因而，火炉状的或黑色的物体，都可以加"盧（卢）"构作。如"瞳"是圆圆的黑色眼珠；"垆"是指用来放置

---

① 孙雍长：《训诂原理》，高等教育出版社 2009 年版，第 257 页。
② 转引自《汉语大字典》第二版第 5 卷，四川辞书出版社、崇文书局 2010 年版，第 2752 页。

图2—8　炉

酒坛的像火炉状的土台；"颅"是指像火炉状的头骨；"鲈"是指一种体背有四条黑色宽横纹的鱼①；"獹"是指一种黑色的狗；"鸬鹚"是一种全身黑色的捕鱼鸟。王观国氏不知道"盧（卢）"字形义结合的原理及其在构字时的功能，他所讲的"字母说"，只着眼于文字字原（又称字根）在构造形声字时的孳乳分化和省文现象，是"以一个字原来的意义为纲，用以解释同声符的形声字的字义，指出了初文和孳生字的关系"②，仅仅涉及了汉字形义学中形声字中的构件组合规则而已，与王子韶的"右文说"和传统声训的本质都有很大的距离，与我们发现的汉语音本义原理则更不是一个层次的学说了。

在南宋时期，对王子韶"右文说"推演阐释较好的学者，主要有张世南、戴侗两人。

张世南在《游宦纪闻》卷九中写道："自《说文》以字画为类，而《玉篇》从之，不知右旁亦多以类相从。如'戋'有小义，故水可涉者为'浅'，疾而有所不足者为'残'，货而不足贵重者为'贱'，木而轻薄者为'栈'；'青'字有精明之义，故日之无障蔽者为'晴'，水之无混浊者为'清'，日之能明见者为'睛'，米之去粗皮者为'精'。凡此皆可类求，聊述两端，以见其凡。""戋"字甲骨文写作"𢦧"、"𢦦"等形，字从两戈相对残杀以会意，《说文·戈部》："戋，贼也。"徐锴曰："兵多则残也，故从二戈。"陆德明《经典释文》："戋，本亦作残。"左民安《细说汉字》："甲骨文𢦧像两戈相向，当为'残'的初文。""'戋'的本

---

① 参见李海霞《汉语动物命名考释》，巴蜀书社2005年版，第506页。
② 刘又辛、李茂康：《训诂学新论》，巴蜀书社1989年版，第156页。

义当为相残……相斗，往往出现残局。"① 汉语音本义原理认为，"can"音的音本义主要强调"弱小"的特点。如"戋（残）"，本来是使敌对方的势力变弱小的行为；"孱"，最初是指因生了多个孩子而身体极度虚弱瘦小的女人，章炳麟《新方言·释言》："今谓下劣怯弱为孱头。""孱头"一词，会同话大多还是指弱小的男人而言的；"餐"，是从"飧"字分化出来的，"飧"字小篆作"飧"形，从"夕"从"食"，是指临近黄昏（夕）时的水泡饭食，属于象事结构的字。戴侗《六书故·工事四》："飧，夕食也。古者夕则餕朝膳之馀。"殷商时代，我们的祖先每天只吃两次饭食，上午吃的正餐叫"饔"，又称"大食"；下午吃的水泡饭叫"飧（餐）"，又称"小食"。《周礼·司仪》："掌致餐如致积之礼。"郑玄注："餐，食也。小礼曰餐，大礼曰饔。"其源头正是殷商古人一日两餐的习俗。许慎《说文·食部》："餐，吞也。从食，奴声。湌，餐或从水。"从汉语音本义和汉字形本义的原理看，"飧"是着眼于饭食的时间点而构造的字，"湌"是着眼于饭食的特点——水泡饭而构造的字，后来，因为"飧"的形体讹变为了"殄"，继而又演变为今天的形声字"餐"。概而言之，"餐"的最初的意义就是指分量小且柔软的水泡饭（计按：有点类似于今天的稀饭）。张世南虽然有可能未掌握我们所分析的上述情况，但是，他从王子韶的著作里懂得了"戋"字在作为构字部件时的功能，继而又发扬光大，从而推演到由"青"构作的一些文字的含义由来，尽管其中多有不足，然而这种学术的探讨精神是值得我们赞扬和学习的。

戴侗精研《说文》，后又吸纳了当时盛行的"右文说"的观点，著有《六书故》一书。本书对于音与义的关系阐发尤其繁多，戴侗氏说："书学既废，章句之士知因言以求意矣，未知因文（字）以求义也；训故之士，知因文（字）以求义矣，未知因声以求义也。夫文字之用莫博于谐声，莫变于假借。因文以求义，而不知因声以求义，吾未见其能尽文字之情也。""六书推类而用之，其义最精。'昏'本为日之昏，心目之昏犹日之昏也，或加'心'与'目'焉；嫁娶者必以昏时，故因谓之'昏'，或加'女'焉。"戴氏提出"因声以求义"，正是对汉代声训的继承，后又提出"六书推类之法"（计按，沈兼士认为："所谓'六书推类'之

---

① 左民安：《细说汉字——1000个汉字的起源与演变》，九州出版社 2005 年版，第 279 页。

说，即是右文"①）。这样一来，形声字声义关系的研究，在戴氏数十年的努力之下，又得到了进一步较深入的发展。"王子韶、戴侗等人专从形声字的'声符有义'出发研究汉字，为后来的同源词研究开辟了一条新路，但对汉字造字的整体原则并未触及。"② 尽管如此，戴氏的研究成果，还是对后世的文字训诂学产生了比较深远的影响。

形声字中声符与语义的关系，在当今中国的语言文字研究领域，一直都没能得到真正的重视和突破。在两宋时期的王子韶、戴侗等人，居然能够独具慧眼，揭示出其中的一些要旨，实在是了不起的。这对于揭示汉字构形学、汉字形义学的内在规律，有着划时代的意义。然而，王子韶等人倡导的右文说，"旨在揭示具有共同'右文'（声符）的形声字意义上的共性，其对象是汉字本身（虽然文字不能离开语言而独立，但右文说所关注的是'右文'，是一种'字本位'观念）"③，右文说的本质，是"用许多声符相同而形符相异的字加以比较，看出这些字的共同义"④，这与旨在揭示汉语语源、解释语词由来的"声训"还是有本质的差异的。过去，一些语言文字学家习惯将"右文说"与"声训"混为一谈，这就是因为他们对二者的本质差异没有悟透的缘故所导致。孙雍长先生指出："声训的着眼点是语词，而右文说的着眼点是文字；声训旨在探求和解释一个个语词（主要是物名之词）的命名之义，而右文说旨在描述具有同一'右文'的多个形声字的共有之义。"⑤ 简而言之，"声训"属于语言学的范畴，而"右文说"则属于文字学的范畴，两者虽然在揭示"声义同源"规律的方面存在着一些相似性，但它们仍然是属于有鲜明本质区别的不同体系的学说。

第四节　明清时期"声训"的深入发展

明代中叶，一些语言学家开始精心研究汉语语音的古今异同和演变规

---

① 沈兼士：《右文说在训诂学上之沿革及其推阐》。

② 刘又辛：《沈兼士先生文字训诂研究评述》，载《刘又辛语言学论文集》，商务印书馆2005年版，第433页。

③ 孙雍长：《训诂原理》，高等教育出版社2009年版，第268页。

④ 刘又辛、李茂康：《训诂学新论》，巴蜀书社1989年版，第155页。

⑤ 孙雍长：《训诂原理》，高等教育出版社2009年版，第269页。

律，从而促成了上古音韵学的创立与兴起，使训诂家了解到了古今语音的异同和发展变化情况。其中，陈第撰写《毛诗古音考》和《屈宋古音义》两书，提出了"盖时有古今，地有南北，字有更改，音有转移，亦势所必至"的宝贵见解；后来，顾炎武在这一基础上撰写了《音学五书》，从而为上古音学的深入研究奠定了比较坚实的基础，同时也为明清两代的文字研究学者探求汉语语源，以及分析汉字的形音义提供了一个新的角度和保障。

明代的训诂家，仍然坚持走宋代"右文说"的路子，提出了"以声为纲"之学说。其中最突出的代表作，就有吴元满的《六书总要》、《谐声指南》和黄生的《字诂》、《义府》。

清焦循《易余籥录》曾对吴氏的学术成果做过介绍，书中说："余家有《六书总要》五卷、《谐声指南》一卷，为吴元满撰。……阅其《谐声指南》，本杨桓《六书统》，以声为纲。如以'公'声为纲，而系以'鬆'、'蚣'、'伀'、'松'、'讼'、'颂'、'瓮'；以'户'声为纲，而系以'雇'、'旷'、'扈'、'妒'、'所'。虽未能精，然在明人中可谓铮铮。"从这些简单的介绍看，吴氏的训诂实践，其实仍然只停留在汉字字根（也称字母、字原）的横向联系上，与以探究汉语语源义为依归的"声训"不能算做同一的体系。

在文字音义系联的研究方面，明末清初的黄生，是那个时代的训诂家中取得较高成就的学者。如《字诂》"疋（shū）……梳"字条下："疋，鸟足之疏也。'䟽'、'䟽'，并窗户之交疏也。梳、疏，并理发器也。鸟足开而不敛，故作疋字象之。疋有稀义，故窗户之稀者曰'䟽'，栉器之稀者曰疏，并从疋会意兼谐声。疏所以通发也，故借为疏通之疏。因借义专，故去疋从木作梳以别之。凡稀疏之义，当借用'䟽'，疏通之义，当借用疏，今日但作疏，非是。俗又妄为疎，不知何故从束？"[1] 疋与足是一字分化的关系，足字甲骨文写作"𠬝"、"𠬝"、"𠬝"等形，像人的足部之状；金文写作"𠯑"、"𠯑"等形，上部的圆圈是从甲骨文"𠯑"中的腿部形状演变而来的，下部所从的"止"（计按：止，像足趾之形状），也是从止（趾）字甲骨文的"𠧪"形体演变而来的。后来，"足"

---

[1] 黄生撰，黄承吉合按：《字诂义府合按》，中华书局1984年版，第6页。

主要用于指人和兽的脚，"疋"用于表示鸟类的脚。可见黄生氏对与"疋"的音义关系有着比较清晰的认识。又如《字诂》"纷……棼"字条下："物分则乱，故诸字从分者皆有乱义。纷，丝乱也；雰，雨雪之乱也；衯，衣乱也；鳻，鸟聚而乱也；棼棼，乱貌也。"黄氏之族孙黄承吉注："按，凡谐声字以所从之声为纲义，而偏旁其逐事逐物行迹之目，此则公已先见及之。"[1] 汉语音本义原理认为，"fen"音的音本义主要强调"众多"、"零乱"两个特点。黄生氏认为"诸字从分者皆有乱义"，已经触及了汉语音义同源规律的实质内容，这一训释是非常了不起的。

如"坟"字，许慎《说文·土部》："坟，墓也。"许氏说解不确切。段玉裁《说文解字注》："析言之则墓为平处，坟为高处。"段氏的说解是比较准确的。上古时代，人死后就弃尸于野，用草简单覆盖，把尸体隐藏起来，这就是"葬"字反映出来的习俗。葬字小篆写作"𦸈"，中间为尸首，上下都是草，很好地描摹了这种远古的葬俗。后来发展到土葬、火葬、水葬、风葬、天葬等多种方式，其中，将同一氏族死者集中于一地进行土葬的方式最为流行。根据敛藏尸体的不同材质，土葬又主要分为瓮棺葬、木棺葬和石棺葬三种；根据坟墓不同的外部形态，人们又将它分为坟和墓两大类，即有隆起的土堆叫"坟"，平整无隆起土堆的为"墓"。因为远古的坟墓一般是集中在村落周边的某一块地，隆起的土堆在人们的视觉里便呈现出"众多"、"零乱"的特点，不像"墓"那样给人平整的感觉，所以被称作"坟"。

如"焚"字；甲骨文写作"𤈦"、"𤌍"、"𤎣"等形。上部所从之"林"（或卝，小草之形），即现在的"林"字；下部所从之"火"，即今天的"火"字，两形相结合，"象火焚草木之形"[2]，属于象事结构的文字，描绘了山林或原野大火之时"众多"、"零乱"的状貌。和"焚"有密切关系的几个字，是"田"、"畋"、"狩"、"守"、"兽"。在上古时代，"田"（计按：会同话读作 diɑn，与巅属于同一音系，后分化出畋字）最早是指用火烧山将猎物驱赶到山顶烧死的捕猎方式，而"狩"是指一种用火焚烧平原野草将猎物围堵、驱赶到预定地点的狩猎方式，焚字甲骨文中的"𤎣"一形体，上部从"卝"（草）构作，就侧重反映出这个信

---

① 黄生撰，黄承吉合按：《字诂义府合按》，中华书局1984年版，第20页。
② 刘兴隆：《新编甲骨文字典》（增订版），国际文化出版公司2005年版，第639页。

息。《说文·犬部》："狩，火田也。"火田，"就是用火打猎"，"野兽生活在森林山薮之中，用火焚烧山林，是一种围攻野兽的方法。……在《诗经》里仍有这种田猎方法的记载，如《郑风·大叔于田》：'叔在薮，火烈具举。襢裼暴虎，献于公所'；'叔在薮。火烈具扬'；'叔在薮，火烈具阜'。薮是草木丛生的地方，易于焚烧。"① 分析可见，人们在原野焚草驱赶野兽时，往往会留有一个缺口，让野兽通过缺口逃向预定的利于人们捕作的陷阱类地点，猎手预先守备在那里收网抓捕，所以被称作"狩"。

综合上述分析可知，黄生在对汉字音、形、义结合规律的探究上，的确取得了一定的突破。

到了清代，训诂学空前发展，达到了一个前所未有的高峰。训诂学家对于汉语语词的音义关系，以及汉字形音义的结合原理有了非常深刻的认识。学者们汲取了前辈的"声同义近说"、"右文说"、"字母说"、"以声为纲说"，以及明代在上古音韵方面的研究成果，提出了"声义同源"、"音近义通"的学说，将传统的声训"推进到了一个崭新的历史阶段"②。戴震、段玉裁、王念孙、郝懿行、王引之、黄承吉等人执着于此道，"治经莫重于得义，得义莫切于得音"③，他们以此为宣言，重视探究汉语语词的音义关系，重视对汉字的音形义进行综合考量，将"声义同源"、"音近义通"之说阐发到了一个很高的境界。清代训诂家们的这一成就，备受推崇，得到了后世学者的很好评价。高明先生就曾在《中国古文字学通论》中赞扬道："晋代郭璞注《尔雅》、《方言》，专解字义不谈形音；宋代吴棫《韵补》、明代陈第撰著《毛诗古音考》和《屈宋古音义》，又专攻音韵，不问形义；宋初徐铉、徐锴研究《说文》，目的是以形释义，不言古音。严格地讲，上述三者只是对文字的某一方面的研究，都不能称之为文字学。真正把形、音、义三方面结合起来进行研究，是从清开始的。……清代学者把文字的形、音、义三个方面联系起来，研究它们的共同发展和相互作用，故所获成绩，远在前人之上。"④

为了让读者们对清代训诂家的学说及学术成就有一个初步的了解，现

---

① 陆宗达：《说文解字通论》，北京出版社 1981 年版，第 159 页。
② 王力：《中国语言学史》，山西人民出版社 1981 年版，第 157 页。
③ 段玉裁：《广雅疏证序》，载王念孙《广雅疏证》，江苏古籍出版社 2000 年版，第 3 页。
④ 高明：《中国古文字学通论》，北京大学出版社 1996 年版，第 20 页。

在略列戴震等诸家见解之梗概于下。

戴震（1724—1777）撰有《转语》二十章，原书已经散佚，只存有一篇序言，收集在《戴东原文集》当中。戴氏在《转语·序》中认为："凡同位则同声，同声则可以通乎其义。位同则声变而同，声变而同，则其义亦可以比之相通。"戴氏所讲的"同位"，就是指声纽发声的部位相同，"位同"，就是声纽发声的方法相同。他认为声纽的发音部位相同，字音就会相同，意义就应该相通；声纽发音的方法相同，字音的转变也相同，字义也就可以互相比附、彼此通用①。戴震的这一学说，后来被章（太炎）黄（季刚）学派的传人刘博平先生作了进一步的阐发，刘氏说："窃以声韵二者互相为用，同韵部者既可审音以推义，同声纽者似为犹神。……是故喉音发声（即古声类影见二纽）为众声之原始，矢口而出，故发音之词多属之。其送声（即晓匣溪三纽），吹气而出，故声息之词多属之。大抵象取乎混玄，义丽于惊叹……唇音发送（即帮滂并三纽），其言也辨，故其义多推分而排比；其收声（即明纽），为音之终，闭口而出，故其音也近于无。"②刘博平氏的阐述虽然有些发挥过头，但基本反映了戴震学说的实质内容。我们认为，戴氏在训诂学上主张"以声求义"，提出了"声同则义通"、"声近义可通"的观点，是很有见地的，他的这些主张和观点，对他的学生段玉裁、王念孙二氏产生了极其巨大的影响，从而也为清代训诂学的深入发展打下了最坚实的基础。

段玉裁（1735—1815）《说文解字注》坤字下说："文字之始作也，有义而后有音，有音而后有形，音必先乎形。"禛字下又说："声与义同原，故谐声之偏旁多与字义相近。"《广雅疏证序》："圣人之制字，有义而后有音，有音而后有形。学者之考字，因形以得其音，因音以得其义。治经莫重于得义，得义莫切于得音。"

王念孙（1744—1832）《广雅疏证自序》："窃以为训诂之旨，在于声音，故有声同字异，声近义同。虽或类聚群分，实亦同条共贯。譬如振裘必提其领，举网必挈其纲。""就古音以求古义，引申触类，不限形体。"

郝懿行（1757—1825）《尔雅义疏》："凡声同、声近、音转之字，其

①   参见周大璞《论语音和语义的关系》，载《古汉语论集》第一辑，湖南教育出版社 1985年版，第 224—225 页。

②   刘博平：《古声同纽之字多相近说》，载《武汉大学文哲季刊》第二卷第二号。

义多存乎声。"并举了大量的实例进行分析。如："洪者，水之大也。故《说文》云：洪，洚水也。洚与洪音义同，通作鸿。《书》之洪水，《史记》俱作鸿水。《文选·四子讲德论》云：'夫鸿均之世。'李善注：'鸿与洪古字通也。'"

王引之（1766—1834）《经义述闻自序》："训诂之旨，存乎声音。字之声同声近者，经传往往假借。学者以声求义，破其假借之字而读以本字，则涣然冰释。"《经义述闻》卷三："凡字之相通，皆由于声之相近，不求诸声而求诸字则窒矣。"王引之是王念孙之子，家学渊源深厚，加上又师从清代著名学者阮元，因而能够在训诂学上取得骄人的成绩。

黄承吉（1771—1842）《梦隐堂文集》卷二："凡同一韵之字，其义皆不甚远，不必一读而后为同声，是知古人闻声即已知义。所以然者，人之生也，凡一声皆为一类，则即是一义。是以凡同声之字皆为一类，试取韵之字而绎之，无不然者。"《字义起于右旁之声说》："盖凡字之同声者，皆为同义。声在是，则义在是，是以义起于声。"

在清代众多的训诂家当中，以段玉裁、王念孙的成就最高，段、王二氏坚定贯彻戴震氏"以声求义"的主张，对汉语"音义同源"的规律理解得比较透彻，对汉字的形体与音义的结合原理也有比较深刻的认识。段氏著有《说文解字注》，王氏著有《广雅疏证》和《读书杂志》，他们的成就，就基本上反映在这几部书里。在训释中，他们以音韵通训诂，或以声求义，以声为义；或以音求形，音形互求；或以形求义，形义互证，很好地阐释了声训的作用。因为两人的巨大成就，后世于是又将乾嘉学派的训诂学称为"段王之学"。

先看一看段氏几例声训的得失。

（1）《说文·示部》："神，天神引出万物者也。"段注曰："天、神、引同在古音十二部。"又："祳，社肉，盛之以蜃，故谓之祳。天子所以亲遗同姓。"段注曰："《五经异义》曰：'古左氏说，脤，祭社之肉，盛之以蜃。'郑注'掌蜃'，杜注《左传》皆同。蜃、祳叠韵。经典祳多从月作脤。"《说文·女部》："娠，女妊身动也。从女，辰声。"段注曰："凡从辰之字皆有动意。震、振是也。妊而身动曰娠，别词也。浑而言之则妊娠不别。《诗》：'大任有身，生此文王。'传曰：'身，重也。'盖妊而后重，重而后动，动而后生。"

简评：段氏解释"祳"（脤）的得名缘由是正确的，其他说解则没有能够揭示汉语音义同源的规律。汉语音本义原理认为，凡"shen"音之语词，都和"隐匿的"、"大的"两个核心特点有密切关系。如"蜃"（shèn）字，其初文即"辰"（会同话读作 shén），从"虫"构作，属于后起的形声字的字。"辰"甲骨文写作"🗇"、"🗇"等形，金文写作"🗇"、"🗇"等形，徐中舒氏认为："商代以蜃壳为镰，即蚌镰"，"甲骨文辰字正象缚蚌镰于指之形"，"故辰之本义为蚌镰，其得名乃由蜃，后世遂更因辰作蜃字。"[1] 辰乃蜃的初文、本字，徐氏所释不确切。王宁认为"蜃在商代金文里写作🗇、🗇，突出它软体虫形及脚的特征，甲骨文形作🗇、🗇，则是描绘它的外壳了。……甲骨文的这个字形后来演变为干支字'辰'，蚌名才加'虫'变成了'蜃'，以示区别"[2]，"古代的蚌大的叫蜃"[3]，可证"蜃"就是埋在河塘污泥里的形体较大的蚌。这种蚌壳形体大，又隐匿在污泥中，因而符合"shen"音音本义规定的两个特点。又如"肾"，俗称"腰子"，是人或高等动物的主要排泄器官，一般隐藏在脂肪层之内，形状又和隐藏在污泥里的"蜃"很相似，所以也得名为"shèn"。又如"身"字，身字金文写作"🗇""🗇"等形，邹晓丽以为"像妇人有妊之形，今天尚称有身孕的妇女为'有身'。"在甲骨文里，"🗇"（身）与"🗇"（孕）从不混同[4]，我们认为，邹氏之说有误。《古史考》载："太古之初……山居则食鸟兽，衣其羽皮，饮血茹毛。"我们认为，在遥远的旧石器时代，华夏先民已经学会用兽皮制衣御寒了。人们甚至在大块的兽皮中间划割出一个让头可以穿过的口子，一件简单的衣服就制作完成了。从颈部到两胯之间的躯体部分，恰好被这种简单的兽皮衣服所覆盖，这正是古人所讲的"身"。《论语·乡党》："必有寝衣，长一身有半。"一身，即指从颈至两胯间，今所谓上半身[5]。相对于头和四肢而言，从颈部到两胯间的躯体部分，形状粗大，正好又隐匿在原始的兽皮衣服之中，这与"shen"一音系的音本义要求刚刚吻合，古人于是便将它称作了"身"。段氏不知道"辰"为何物，更不知道"shen"音与义的关系，故而不能很好地解释"神"、"蜃"、"娠"等字的音义关系。

　　（2）《说文·阜部》："陉，山绝坎也，从阜，巠声。"段注曰："《释

---

①　徐中舒：《甲骨文字典》，四川辞书出版社 2006 年版，第 1590 页。

②　王宁等：《〈说文解字〉与中国古代文化》，辽宁人民出版社 2000 年版，第 117 页。

③　王宁：《汉字与烹食文化》，载何九盈等编《中国汉字文化大观》，北京大学出版社 1995 年版，第 282 页。

④　于省吾：《甲骨文字诂林》姚孝遂按语，中华书局 1996 年版，第 37 页。

⑤　黄金贵：《古代文化词义集类辨考》，上海教育出版社 1995 年版，第 477 页。

山》曰：'山绝，陉。'按，今《尔雅》夺坎字。郭注云：'连山中断绝。'非是。陉者，领也。《孟子》作'径'，云'山径之蹊'。赵注：山径，山领也。扬子《法言》作'山陉之蹊'。皆即陉字。凡巠声之字，皆训直而长者。"《说文·米部》："精，择米也。"段注曰："择米谓导择之米也。《庄子·人间世》曰：'鼓筴播精。'司马云：'简米曰精。'简即柬，俗作拣（拣）者是也。引申为凡最好之称。"

简评：刘熙《释形体》："颈，径也，径挺而长也。""胫，茎也，直而长，似物茎也。"前面已经分析过，凡"jing"声之字，其所指的事物都具有"细小的"、"最好的"两个特点。而"径"、"胫"、"茎"等字，都是"巠"的后起形声字，属于一种比喻法的运用。段氏依循刘熙《释名》的观点，说不可从。

我们在前面章节论述过，"巠"是"经"的初文、本字，形体上部的"巛"，正像纺织机上细小挺直的经线之状，是用质地最细密、质量最好的一种纱线来做的。"径"是指像经线那样小而挺直的路；"茎"是指像经线那样细小而挺直的草秆；两者都是根据"巠"的比喻义而造的后起形声字。"箐"是一种形状细小而韧性最好的竹子，会同话就叫做"箐竹"，它生的细笋子，会同人称为"箐竹笋"；"精"是一种去掉粗皮后，通过挑选出来的形体细直的最优良的米。由此可知，从汉字形义结合的规律分析，"陉"，实际是指山脉中像经线那样细小挺直的部位。山领，就是山脉中像动物细长脖颈的部位，晋代郭璞《尔雅》注和汉代赵岐《孟子》注所指为一物，段氏强分为二，不可从。

据曾永英先生统计："《段注》中涉及的音义材料共有 1800 余条，其中约有 700 余条是与形体有关的。"[①] 段氏的《说文注》，凭借严谨的治学态度和深厚的音韵学、文字学、经学功底，通过全面考虑文字的形、音、义结合关系，对许氏《说文》的声训思想作了很好的阐释和发展。然而，因为传统声训的先天缺陷，段氏虽然在文字形音义的考证方面用力甚勤，但仍然不能够通过丰富的实例来揭示汉语音义同源的规律，对汉语的音义关系的认识，也仍然是不很深刻的。

再看看王氏的声训实例。

---

① 曾永英：《论〈说文解字注〉中的"之言"、"之为言"》，《重庆大学学报》（社会科学版）2003 年第 6 期。

（1）《广雅疏证》卷七枱字条下："凡言吕者，皆相连之意。众谓之旅，铁衣谓之绒，脊骨谓之吕，桷端榱联谓之枱，其义一也。"（2）《广雅疏证》卷二里字条下："闾者，《周礼·大司徒》：'五家为比，五比为闾。'《说文》：'闾，侣也，二十五家相群侣也。'又云：'闾，里门也。'按：闾里一生之转，乡谓之闾，遂（计按：遂相当于现在的县市）谓之里，其义一也。"

简评：王念孙氏是清代训诂学的大师，他继承了其师戴震"因声求义"的训诂学思想，立足声训考释文字的音义关系，据有关学者统计，《广雅疏证》运用声训之条例就有700多处，其中引证刘熙《释名》就高达400来条。这些声训的实例，大多能够通过客观的考证和推理，较少主观臆测，对揭示汉语音义同源的规律有着很重大的意义。上引"枱字条"的训释，就是王氏表现声训功能较为突出的例子。

汉语音本义原理认为，凡"lü"音之语词，基本都包含了"松散连接（联系）"的特点。如"吕"字，繁体写作"呂"形，小篆写作"呂"、"呂"、"呂"等形，上下的两个"ㄖ"，表示其中的两节脊椎，中间的细线，表示属于一种松散的连接状态，这正是对动物脊椎骨的简单正确的描摹。如"枱"，字从"吕"得声，属于形声兼象事结构的字，表示具有"吕"一样特点的木制物，即屋檐，会同话俗称"滴水"。"枱"因为是由多块木板松散连接而成的，所以叫"lǚ"；因为形体很长，又起到遮蔽檩子的作用，使屋檐齐整美观，而具有了"yan"音音本义规定的"长的"、"遮蔽的"之特点，与艳、靥、炎、烟、咽、盐、雁、燕（燕子是候鸟，要长途迁徙，栖息檐下）等属于同一音系，所以又叫"檐（yán）"；因为位于屋檐滴水之处，所以又称作"樀"（dì，会同话就读如滴），即会同话所讲的"滴水"。《尔雅·释宫》："檐谓之樀。"郭璞注："屋枱。"古人着眼于事物的不同特点，因而给同一事物取了几个不同的名字。如"旅"字，甲骨文写作"㫃"、"㫃"等形，金文写作"㫃"、"㫃"等形，像有长长飘带（㫃）的旗子下有两个侧立的人形。刘兴隆氏说："象人执旗，示为军旅。"[1] 孙景涛先生说："旅字甲骨文作㫃，象很多人站在旗帜下面。古代生产力低下，无力负担大数目的常备军，于是

政府就在农闲或战事爆发时征召平民百姓接受军训或进行战斗。……《周礼·夏官·大司马》：'中春教振旅，司马以旗致民。'旅字所表示的，就是这种民兵性质的军事组织。与旅字相类的还有族字，甲骨文作 📖，象很多箭镞聚集在旗帜下面，指家族，又指以家族构成的进行战斗的军事组织。"①民兵性质的军事组织，人与人之间是一种松散连接的关系，所以也被称作"lǚ"。"旅"字的众多义是后面引申出来的，王念孙氏不解此字的真正内涵，故而对此字的说解显得非常模糊。又如"褛"（缕）字，成语"筚路蓝缕"大家也许比较熟悉，但对其实际的含义，可能就不太清楚了。"筚"是用长的竹枝、荆条类物件紧密编扎成的东西，"路"本应该写作"辂"，是古代车的一种，"筚路"，即所谓"柴车"；"蓝缕"现在一般写作"褴褛"，是指破烂的衣服，破烂衣服即呈现出"松散连结"的特点，故而被称作为了"lǚ"。又如"闾"字，字从"门"、从"吕"构作，古代是指里巷的大门以及住在这个大门中的二十五户人家。王念孙氏不去结合"闾"的形制特点考察，因而弄不清"闾"的音义结合关系，以为"闾里一声之转"才是"闾"得名的根源，这显然不符合汉语音义同源的规律。其实，里巷大门是公共性质的大门，和现在城市里一些居民小区的大门类似，并没有用来关闭的门扇，因而呈现出"松散连接"的特点，也被称作"lǚ"。又如"膂"字，"膂"是"吕"的后起形声字，本来也是指人的脊梁骨，今天大家熟悉的"膂力"一词，其实就是指人们在负担物体时脊椎支撑腰杆直起的力量，也就是通常所讲的"腰力"。再如"履"（lǚ）字，根据古代文献的记载，最早的鞋子叫做"屦"，读作"jú"，小篆写作"屦"形，是一种用草或麻葛编织的鞋，因而需要有长长的鞋带系缚在脚上，屦与脚部之间是紧密捆绑的，双脚不能自由穿上或脱下；"履"小篆写作"復"、"履"等形，字从"舟"、从"彳"、从"夂"、从"人"构造，说明这种鞋子的形制有些像小船之状，这种鞋子无须鞋带，履与脚部之间呈现的是一种松散连接的关系，因而双脚可以自由穿上和脱下。清代朱骏声氏认为："古之屦，汉以后称履，今曰鞋。"②唐宋以后，人们开始称"履"为"鞋"，朱氏从不同的

---

① 孙景涛：《汉字与军事》，载何九盈、胡双宝、张猛主编《中国汉字文化大观》，北京大学出版社 1995 年版，第 240 页。

② 转引自纪德裕《汉字拾趣》，复旦大学出版社 2002 年版，第 411 页。

历史时期去考察其名称的变化，是比较符合历史实际情况的。然而，他没能从汉语音义关系去探究其名称变化背后隐藏的原因，是为美中之不足也。另外，因为作为颜色讲的"绿"字，会同话读如"陆"，不属于"lü"一音系。《说文·糸部》："绿，帛青黄色也，从糸，录声。"本来是指黄颜料和蓝颜料调配后染成的帛，但因为这种帛的颜色处于青黄之间，可能和陆地颜色相近的缘故，所以有了这一名称。

　　从上面的分析可知，汉语语词音义同源的规律确实是存在的，王念孙氏学识渊博，有通人之才，其对"lü"的音义结合关系，是有了较深刻的理解。但呈现"连接"特点的自然事物和社会现象多种多样，古人贴近自然和生活，对这些事物和现象又进行了仔细观察、深入辨别，特别揭示出了各种"连接（联系）"的差异之处。不独"lü"音的音本义特点是这样，其他汉语语词的音本义特点，其实也都属于类似的情况。对于这一点，包括王念孙在内的所有清代训诂家，都未能够真正做到"登堂入室"，更谈不上"窥其堂奥"了。

　　上引清代诸家对于汉语音义关系的见解，虽然各有侧重，但它们的核心内容，都是在阐释"因声求义"这一古老的训诂方法，其中也的确不乏真知灼见。对此，高明先生给予了极高的评价："清代学者把文字的形、音、义三个方面联系起来，研究它们的共同发展和相互作用，故所获成绩，远居前人之上。"[①] 王力先生在《中国语言学史》中更是毫不吝惜笔墨，高度赞扬了清代学者的这些成就，王氏说："文字本来就只是语言的代用品。文字如果脱离了有声语言的关系，那么就失去了文字的性质。但是古代的文字家们并不懂得这个道理，仿佛文字是直接表示概念的；同一个概念必须有固定的写法。意符似乎是很重要的东西；一个字如果不具某种意符，仿佛就不能代表某种概念。这种重形不重音的观点，控制着一千七百年的中国文字学（从许慎时代到段玉裁、王念孙时代）。直到段玉裁、王念孙才冲破了这个藩篱。文字既是代表有声语言的，同音的字就有同义的可能；不但同声符、不同意符的字可以同义，甚至意符声符都不同，只要音同或音近也还可能是同义的。这样，古代经史子集中许多难懂的字都讲清楚了。这是训诂学上的革命，段、王等人把训诂学推进到崭新

───────────

① 高明：《中国古文字学通论》，北京大学出版社 1996 年版，第 20 页。

的 个历史阶段，他们的贡献是很大的。"①

第五节 清末民初以来"声训"的继续发展和瓶颈

清末民初，随着西学东渐，西方历史语言学的理论和研究方法，对中国的语言学家产生了巨大影响。汉语语源的问题引起了学界更广泛的重视，声训的实践和探索，在以段、王为主的乾嘉学派之基础上，也因此而得到了持续的发展，涌现出了像章太炎、刘师培、黄侃、杨树达、沈兼士、刘博平等一批著名的国学大师。在他们之后，又有高本汉、王力、齐佩瑢、刘又辛、陆宗达及今人王宁、张舜徽、孙雍长、任继昉等氏不断投入到汉语语源的研究领域，对传统声训的原理及条例，进行了比较深刻的反思和检讨。在这些学者的学说当中，以章太炎的"摩声说"（计按：又称象声说）理论，黄侃的声训研究，刘师培、沈兼士的"右文说"研究，杨树达的"声训系统论"，以及王力的"声训唯心论"等对中国语文界的影响最大。

章太炎（1869—1936）国学功底深厚，后来又受到西方语源学摩声说的启发，于是开始构建汉语摩声说理论，其成就主要见于《文始》、《国故论衡》、《新方言》和《小学答问》之中。关于汉语语源的研究问题，章氏说："世人学欧罗巴语，多寻其语根，溯之希腊罗甸。今于国语，顾不欲推见本始。"② 关于汉语语音的源起，章氏认为即是源自于对自然界中各种声音的模仿，他论述道："诸言事皆有根，先征之有形之物则可睹矣。何以言'雀'？谓其音'即足'也；何以言'鹊'？谓其音'错错'也；何以言'鸦'？谓其音'亚亚'也，何以言'雁'？谓其音'岸岸'也，何以言'驾鹅'？谓其音'加我'也……"③ 关于汉语语词的音义关系，章氏指出："治小学者，实以音韵为入门"，④ "凡治小学，非专辨章形体，要与推寻故言，得其经脉，不明音韵，不知一字数义所由出"⑤。在具体的声训实践中，章氏念念不忘汉语音义同源的规律，常常

① 王力：《中国语言学史》，山西人民出版社1981年版，第156—157页。
② 章太炎：《新方言·序》。
③ 章太炎：《国故论衡·语言源起说》，上海古籍出版社2007年版。
④ 章太炎：《论语言文字之学》，载《国粹学报》1906年。
⑤ 章太炎：《国学讲演录·小学略说》，上海人民出版社1985年版。

着眼于从整体的词义系统考察，通过声训的手段及"孳乳"、"变异"两个条例对字的音形义进行考证和训释，从而使汉语语词的音义系统和汉字的形义系统互为佐证，比较系统地结合在了一起。其代表作《文始》一书，以《说文》初文为语根，并结合音义同源规律，导源穷流，由一个起点出发，触类旁通，多方系联，尽力探求词义的必然联系和历史联系，不愧为"总集字学、音学之大成"①的得力之作。当然，章氏在声训实践中仍然跳不出传统声训的窠臼，甚至未能逾越乾嘉学派的段玉裁和王念孙二氏的学术成就，再加上他不信甲骨文，又怀疑金文，这对于需要结合汉字早期形体才能予以准确定位的汉字形义关系来说，章氏无疑会受到更多的制约，因此，章氏的语源研究还是比较零散的，从而缺乏严密的系统性。

就以章氏自诩为"一字千金"而"千六百年未有等匹"的《文始》举例。如《八上·人部·佫》下："壴、竖（竖）、佫多有立意，即佫之本义也有立意。尌、樹（树）亦有立义。今住驻字《说文》当作佫，逗留之逗当作豆。"章氏此释，即拘泥于许慎《说文》的说解，混淆了"壴"和"豆"的形体联系，也模糊了尌、樹、竖三字之间的源流关系。"壴"字甲骨文写作"𧯄"、"𧯄"等形，金文写作"𧯄"、"𧯄"等形，即是上古时代的乐器——"建鼓"（计按：即平放固定于木杆上的鼓）的象形描摹（见图 2—9）。徐锴《说文系传》："壴，树鼓之象。中，其上羽葆也。"郭沫若氏说："案（壴）乃鼓之初文也，象形。"②唐兰氏也认为："然则壴为鼓之本字，殆为不可移动之铁案矣。"③此后丁山、杨树达、姚孝遂、左民安等氏皆从此说。在造字之初，"𧯄"是指打击乐器之建鼓，是名词；甲骨文中的"𧯄"字像手持棒槌击打"𧯄"之状，即"鼓"字，是动词。而"豆"字甲骨文写作"𧯄"、"𧯄"等形，是一种高脚盘状的盛食器具（见图 2—10），与"鼓"完全不是一码事。章氏不相信甲骨文，以为"壴"、"竖"、"尌"、"樹"几字都从"豆"构作，与"佫"、"逗"两字有形体方面的联系，他的这一认识完全错误了。"尌"字金文写作"𧯄"形，小篆写作"𧯄"或"𧯄"形，刘兴隆先生说：

---

① 黄侃：《黄侃论学杂著》，上海古籍出版社 1980 年版，第 164 页。
② 郭沫若：《甲骨文字研究·释龢言》，上海大东书局 1931 年版。
③ 唐兰：《殷墟文字记》，中华书局 1981 年版，第 50 页。

"金文从又，篆书从寸，又、寸皆手也，均会树立、树艺之意。文献尌、树一字，与竖通用。"① "尌"是象事结构的字，描摹了用手将乐器建鼓树立之状，是"树"、"竖"的初文、本字，"树"、"竖"是"尌"的后起形声字，"树"表示像木一样树立之形，"竖"表示像在旁伺候的奴才一样挺直腰杆之形。"竖"不是从"臤"、从"豆"构造，而是从"臣"从"尌"（或壴）构造的，甲骨文中还有一字写作"㪔"形，从"卩（跪坐之人形）"、从"壴"构作，在古文字中，从"卩"与从"臣"可以相通，都表示跪坐的身份很低的人，可见此字即"竖"的早期形体。② 章氏为了维护《说文》的权威与正统之地位，便刻意回避了对甲骨文、金文的研究，故而作茧自缚、故步自封，不能够真正体会到汉字构形的精蕴所在。这不能不说是中国语言文字学界的一大损失。

图 2—9　建鼓　　　　图 2—10　盛食器具

刘师培氏（1884—1919）立足于"声义同源"规律，精研"右文说"，他据此探赜索隐，找寻汉字的语源义，也取得了骄人的成绩。刘氏与章太炎、黄侃二氏之间，都有着极深的渊源关系。刘氏与章氏见识及学术成就相当，先友后敌；黄侃氏与刘氏也一直保持着朋友关系，还曾拜刘

① 刘兴隆：《新编甲骨文字典》（增订版），国际文化出版公司 2005 年版，第 280 页。
② 参见于省吾主编《甲骨文字诂林》第三册，中华书局 1996 年版，第 2789 页。

氏为师，学习经学，事实上，刘氏的学术思想对黄侃氏的影响更甚于章氏太炎。可见刘氏的国学功底非常人可与伦比的。

刘氏在《左盦集》卷四中说："古人名物，凡义象相同，所从之声亦同，则以造字之初，重义略形，故数字同从一声者，即该于所从得声之字，不必物各一字也。及增偏旁，物各一字，其义仍寄于字声，故所从之声同，则所取之义亦同。"① 刘氏认为义寄于声，声同义同，声符表义；坚决赞同汉语音义同源的规律，他著《字义起于字音说》、《声义同类说》等文，"都是针对右文说所提出的现象而运用声义同源的原理和造字规律来加以解释的理论说明"②。

在对汉字字形和音义结合的认识上，刘氏认为："然造字之始，既以声寄义，故两字所从之声同，则字义亦同；即厞（非）相同，亦可互用。如太师虘（cuó）豆'邵洛'即'昭格'，盂鼎'妹辰'即'昧晨'是也。六艺旧文、周秦古籍，同声之字，互相同用，以'佑'代'祐'，以'维'代'惟'，'委佗'犹之'委蛇'，'横披'犹之'广披'，均其例也。……此例既明，则知文字之义象，均属（zhú）于声；而六书谐声之字，必兼有义。"③ 刘氏"以声寄义"的看法是正确的，但"故两字所从之声同，则字义亦同"的说法则有误区。刘氏的这种认识，正是秦汉以来训诂家大多所共有的。我们认为，在汉字没有产生以前，汉语的"音义同源"规律也只是相对于同一单音节语词所共有的隐性特点而言的，即我们提倡的"汉语音本义"，也就是"传统声训"所想要寻找的"语源义"。但语词的具体所指对象，还是能从音调的高低变化去进行对应。在汉字产生以后，每一个不同的汉字形体，都是依据口语的不同语词而创造出来的，其所指则更加具体化和形象化。对于隶属于同一音系而形体又不相同的同源汉字而言，如果将一字异体的现象排除在外，那么，它们的具体含义也是不可能相同的，这就是我们所讲的"汉字形本义原理"。相对于具体的汉字来说，"汉语音本义"是隐性的意义，而"汉字形本义"是显性的意义，两者虽然相互关联，但是却有着明显的质的区别。孙雍长先生说："声训所解释的虽然只是词的命名之义，而不是所指义，但这并不

---

① 刘师培：《左盦集》卷四，中国书店 2008 年版。
② 孙雍长：《训诂原理》，高等教育出版社 2009 年版，第 265 页。
③ 刘师培：《左盦集·字义起于字声说（中）》，中国书店 2008 年版。

意味着二者毫无关系。因为语词命名立意的过程其实也就是对客观事物的一种认识过程，所以命名立意之义与所指义总还是有着某种关联的"①，刘氏没有考虑到语源义与文字（或用声调给予区别的口语语词）所指义的异同，又没有考虑汉字形体在发展过程出现的分化和讹变情况，因而对所引用的例证就未能予以透彻明白的辨析。

在对汉字字音与字义结合关系的认识上，刘氏说："字义起于字音，非为古文可证也。试观古人名物，凡义象相同，所从之声亦同，则造字之初，重义略形，故数字同从一声者，即该于所从得声之字，不必物各一字也。及增益偏旁，其义仍寄于字声。故所从之声同，则所取之义亦同。如从'叚'、从'开'、从'劳'、从'戎'、从'京'之字，均有'大'义；从'叕'、从'屈'之字，均有'短'义；具见于钱氏《方言疏证》，而王氏《广雅疏证》诠发犹详。汇而观之，则知古人制字，字义即寄于所从之声。就声求义，而隐谊毕呈。"② 从刘氏的这一论述看，刘氏的学术思想大多仍然是建立在乾嘉学派段王之学的基础之上的。他对汉语音义同源的规律和汉字形体的认识还是不很深刻。如以"屈"字为例，"屈"字金文之形体写作"屐"，上部所从是"厾"，像一人身后吊了一根长长的尾巴之状，即"尾"字初文，这属于象事结构的字，是一种运用"增其所无"的造字方法制造出来的（计按："ク"是一种"去其所有"的造字方法）；下部所从为"屮"，像"止（足趾）"从"U"处离开之状，即今天的"出"字，"出"，普通话读作"chū"，与"初"属于同一音系，会同话读作"qū"，与"取"属于同一音系。两形组合，表示是一种将动物（狗）尾巴截去一节后的状况，这与"jue"的音本义所要求的"断开"、"短直"之特点刚好切合，古代本来就有"jue"一音读。如汉代贾谊《论积贮疏》："生之有时而用之亡（无）度，则物力必屈。"此处"屈"字即读为"jué"，表示短缺之意。许慎《说文》："屈，无尾也。"顾野王《玉篇》："屈，短尾也。"高诱注《淮南子·原道训》："'屈'读'秋鸡无尾，屈'之'屈'。"《史记·天官书》："白虹屈短。"《集解》引韦曜《汉书注》说："短而直也。"因为截去一节后的狗尾巴形状短直，所以，从"屈"构造的文字，大多包含了这个特点。刘氏不

---

① 孙雍长：《训诂原理》，高等教育出版社 2009 年版，第 256 页。
② 刘师培：《左盦集·字义起于字声说（下）》，中国书店 2008 年版。

知道"屈"字的形体构造原理，所以不能在王念孙氏认识的基础之上更进一步。

刘氏的语源探究，主要是以"右文说"为研究对象的。孙雍长氏认为刘氏是"对'右文'现象的形成亦即'右文'现象产生的原理阐述得最清楚的"①近代学者。刘氏的"右文"研究，的确也颇多创获。如刘氏曾在《小学发微补》一文中论述说："然上古人民，未具分辨事物之能，故观察事物，以义象区别，不以质体区分。然字音源于字义，即为此声，即为此义。凡彼字右旁之声同于此字右旁之声者，其义象亦必相同。且右旁为声之字，半属静词、动词，而名词特鲜。……如'仑'字本系静词，隐含分析条理之义，上古之时，只有'仑'字。就言语而言，则加'言'而作'论'；就人事而言，则加'人'而作'伦'；就丝而言，则加'丝'而作'纶'；就车而言，则加'车'而作'轮'；就水而言，则加'水'而作'沦'（皆含文理成章之义）。是'论'、'伦'等字，皆系名词，实由'仑'字之义引申也。"②刘氏所论之仑、论、伦、纶、轮、沦等为同一音系的字，即属于汉语"音同义通"说讨论的范畴，也属于"右文说"讨论的范畴，此释正好可以窥见刘氏对这两个问题认识的层次。汉语音本义原理认为，"lun"音的音本义主要强调"汇集"、"规则（有条理之义）"两个特点，凡符合这一要求的事物和现象，都可以称为"lun"。

如"仑"字，金文写作"㒼"形，小篆写作"㒼"、"㒼"等形，上部所从的"亼"，隶定楷化作"亼"，读为"jí"，和"集"字实际为一字之异体，在构字中表示"汇集"的功能；下部所从的"冊"，像古代的简册之形，隶定楷化为"册"，就如同我们今天所讲的"书本"。两形组合在一起，就是表示按照（同类）规则，将简册整理汇集在一起的行为。就是现在图书馆所谓的"分类整理"，所以可以引申出"同类"的意义。《礼记·曲礼》："拟人必于其伦。"郑注："犹类也。"唐代韩愈《论佛骨表》："数千年以来，未有伦比。"伦是仑的后起形声字，用的就是仑的引申义——"同类的"。《说文·亼部》："仑，思也。"段玉裁注："思与理义同也，思犹理也。凡人之思必依其理。"徐灏《说文段注笺》："仑、伦

---

① 孙雍长：《训诂原理》，高等教育出版社 2009 年版，第 265 页。

② 刘师培：《小学发微补》，载《刘申叔遗书》，江苏古籍出版社 1997 年版。

古今字，伦，理也。"理，即有规则、条理之义，许氏所释不确切，段、徐二氏所释近是。

如"论"字，字从"言"、从"仑"构作，是形声结构的字。读作"lún"时，属于名词，是指汇集在一起的解释社会规则的语言。段玉裁《说文解字注》论字下："论以仑会意。凡言语循其理得其谊谓之论。"段氏所释对了一半。读作"lùn"时，属于动词，是指把大家汇集在一起按照一定规则进行的有条理的讨论。许氏《说文·言部》："论，议也。"许氏所释比较准确。"议"是指大家为了达成同一的认识、看法而进行的讨论，与"论"强调的侧重点虽然各有不同，但"论"的最终目的也是为了达成共识，故而两者可以互释。

又如"纶"字，字从"糸"、从"仑"构作，属于形声结构的字。读作"lún"时，是指一种绳子。郭璞《尔雅注》："纶，绳也。"陆宗达氏说："'纶'是用麻或草比次连续起来拧成的，所以也是'缀得理'。""凡是把同类事物按照一定的次第综集比附在一块儿，使它有条不紊，叫做'缀得理'。"① 通俗而言，"纶"就是指将麻或草按规则比次连结汇集而成的绳子。

又如"轮"字，字从"车"、从"仑"构作，属于形声结构的字。许慎《说文·车部》："轮，有辐曰轮，无辐曰辁。"许氏解说虽然正确，但这样的说解，不能够揭示出"轮"的特点及得名的因由，不可取。刘熙《释名·释车》："轮，纶也，言弥纶也，周币（匝，zā）之言也。或曰䡃，言辐总入毂中也。"毕沅疏证："《老子·道经》'三十辐共一毂。'是言辐总入毂中也。"② 刘、毕二氏所释，基本说清了"轮"的重要特点。轮主要是由毂（gǔ）、辐、辋（wǎng）等部件构成。毂是轮子的中心部分，中间有圆孔，用以固定在轴上，所以得名为 gǔ；辋是指轮子周围的外框部分，而辐就是内接于毂，外接于辋的直木条，其得名为"fú"，正是因为它具有"成对"的特点。杨润陆先生说："'辐'字从车、畐声，得名于'副'，谓析木为之，大小如一，比例匀称。"③ 轮的得名，就是和

---

① 陆宗达：《说文解字通论》，北京出版社 1981 年版，第 33—35 页。

② 王先谦：《释名疏证补》，中华书局 2008 年版，第 258 页。

③ 杨润陆：《汉字与交通》，载何九盈、胡双宝、张猛编《中国汉字文化大观》，北京大学出版社 1995 年版，第 318 页。

"辐"在轮子中的特殊结构密切相关。《周礼·考工记·轮人》:"揉辐必齐,平沈(沉)必均。"① 孙诒让《周礼正义》解释说:"郑锷云:木有虚实,不能无轻重,故平而沉诸水,以观其入水之深浅。入深者知其必重,入浅者知其必轻。从其重者而削之,则必平矣。"② 在上古时代,轮之所以得名为"lún",就因为它是由六十根(三十辐)直木条按同类对称的规则汇集于毂中而制作的车子部件(见图2—11)。

再如"沦"字,字从"水"、从"仑"构作,属于形声结构的字。许慎《说文·水部》:"沦,小波为沦。从水,仑声。《诗》曰:'河水清且沦漪。'一曰:'没也。'"许氏所释,虽然抓住了"沦"的两个主要特点,但却将它们一分为二,因此不能确切地解释出"沦"的真正含义。刘熙《释名·释水》:"沦,伦也,水文相次有伦理也。"刘氏以伦字来解释沦,也只对了一半。《诗经·魏风·伐檀》:"河水清且沦漪。"毛传:"小风水成文如转轮也。"说解也不确切。根据汉语音本义、汉字形本义原理,我们认为"沦"字其实是指水面的旋涡之纹(见图2—12)。旋涡纹基本都呈现出"汇集"、"规则不零乱"的特点,又具有"沦陷"、"陷落"的义象,与"沦"在实际应用中的意义完全切合。

图2—11 上古时期的马车   图2—12 旋涡之纹

从上面的分析看,刘师培氏对"仑"、"论"等字的解说,因为不能清楚地认识到"lun"音的音本义,不能较透彻地了解"侖(仑)"字的形义关系,所以,他的认识也仅仅只是停留在段玉裁氏的层面之上。

黄侃氏(1886—1935)是章太炎氏的得意弟子,后又拜刘师培为师,

---

① 郑玄注,贾公彦疏:《周礼注疏》下册,上海古籍出版社2010年版,第1544页。
② 孙诒让:《周礼正义》第十三卷,中华书局1996年版,第3169页。

他和这两人的关系都在亦师亦友之间，足见章氏对黄的厚爱和器重（计按：刘师培与黄侃年纪相近，先友后师）。黄氏基本沿承了章、刘二氏的学术思想，但又能结合自己的学术实践进行反思，和章太炎氏的学术研究比较，因而有所变化和发展。他甚至如此评价章氏的得意之作："近时若章太炎《文始》，只能以言文字，不可以说语言。……故《文始》所言，只为字形之根源，而非字音、字义之根源也。求语根之专书，端推刘熙《释名》，有《释名》然后知名必有义，义必出于音。"① 可见，章太炎氏自诩为"一字千金"的以寻求语源为宗旨的《文始》，在黄侃的眼中还不能算得上是寻求"字音、字义之根源"的著作。

在对汉语音义关系的认识方面，黄侃氏表现出了较为矛盾的立场，一方面，他认为"义由音生，故谓吾国字义止四百余亦可。夫文字虽至四万有余，而不出声音四百之外，以有限之声音，御繁多之文字，是则必相连贯而有系统可寻。故吾国文字音近者义往往相近"。"故凡以声音相训者，为真正之训诂，反之，即非真正之训诂。试取《说文解字》观之，其说解之字，什九以声训，以意训者至鲜。推之刘熙《释名》诸书，莫不皆然。声音为训诂之纲要，断可知矣。"② "凡文字其意义相关者，其音亦往往相关。……凡此之类，皆可由声以绎其义，亦可就义以寻其声也。"③ 另一方面，黄侃氏又指出："同音者虽有同义，而不可言凡。淮南虿与瑟同音，周人谓玉为璞，郑人谓鼠为璞，此同音而义不必同也。物有同音而异语者，亦有同语而异音者。同音异语，如虿与瑟；同语异音，如《尔雅》初、哉、首、基俱训始是也。同语者不必一音，而往往同音，如江、河、淮、海、汉、湖、洪、沉皆大也，洪与红亦同，鸿、讧亦有关。若言凡匣母字皆有大义，则非也。"④ "故治音学者，当知声同而义各殊之理。"⑤ 那么，黄氏为何会持有两种矛盾不相包容的学术观点呢？黄氏"当知声同而义各殊之理"的看法是否正确呢？

我们认为，黄氏是一位治学相当严谨的国学大师，其"当知声同而

---

① 黄侃述，黄焯编：《文字声韵训诂笔记》，上海古籍出版社 1983 年版，第 199 页。

② 同上书，第 199—200 页。

③ 同上书，第 204 页。

④ 同上书，第 49—50 页。

⑤ 黄侃：《声韵略说·论字音之起源》，转引自《古汉语论集》第一辑，湖南教育出版社 1985 年版，第 227 页。

义各殊之理"的见解，正是在这种严谨的治学态度影响之下提出来的。黄氏在汉语语源的探究上用力甚勤，对"右文说"声符能否表音、怎样表音，以及表音的范围也进行了较深入的研究，他抛弃了早期右文说"声符皆表意"的观点，保守地提出了"声符多兼义"的看法，将形声字中的音义关系，分为了"声与义同一"、"声与义不相应"等几种情况。但是，黄氏的这些认识是基于不完善的理据和研究方法提出来的，我们认为不足为据。

第一，汉语音义同源的规律，是建立在语言发生之初的上古音系基础上的，这一规律，因此仅适用于这一音系中的所有语词。黄氏以不同方言中的语词声音去探讨汉语音义的规律，当然不可能得出完全与音义同源规律相符的答案。

第二，汉语音义同源的规律，仅仅只适用于同一个音节的所有语词，它一般都是揭示同一音节语词所指事物或现象共同拥有的两个以上特点。因此，过去训诂家们以双声、叠韵或声近的两个字两两系源来揭示事物特点的训释，还不能称为真正意义上的"声训"。黄氏列举了众多具有"大"义的语词来说明"同语者不必同音"，正是局限于传统声训的樊篱。

第三，汉语音义同源规律不能揭示文字字义的发展、延伸情况，因而文字的引申义是不能和文字的本义放置在同一平面进行考察的。哉、首两字的"始"义属于引申义范畴，这一意义不能放到"声义同源规律"中进行考察。如《广雅·卷一上》："古、昔、先、创、方、作、造、朔、萌、芽、本、根、蘽、蛙、葎、昌、孟、业，始也。"其中的"葎"本应写作"律"，"昌"本应写作"倡"，"蛙"可能是"娲"或"娃"的同音通假，这些字的"起始"义，大多就是引申出来的。另外，还有"元"、"原（源）"、"基"、"自"、"开"、"启"、"肇"、"头""菌"等都有起始义，如不明白汉字字义的延伸规则，都统一将它们放置于"声义同源规律"之下去评判，则就脱离了语源学研究的标准了。

第四，虱子之"虱"，会同话读为"sé"，俗称"虱婆"，正和"瑟"属于同一音系的语词，与黄氏所讲的"淮南语"读音基本相同。汉语音本义原理认为，凡"se"音之语词，都具有"长期敛藏"的特点，虱与瑟两字也不能例外。如"啬（嗇）"字，甲骨文写作"𠶸"、"𠷎"等形，金文写作"𠷎"、"𠶸"等形，上部所从的"来"，即"來（来）"

字的初文，是麦子的象形描摹；下部所从的"㒳"，即"亩"、廪字的初文，是上古时代的一种收藏谷物的仓库，由此可知，"㐬"属于象事结构的字，表示将麦穗收割后匿藏于仓库中的行为，也即是"稽"字的初文、本字。孙诒让氏说："㐬当即蔷字，《说文·蔷部》蔷：'爱濇也。从來、亩，來者，亩而藏之，故田夫曰蔷夫。'"① 陈梦家氏说："'亩'是积谷所藏之处，即后世仓廪之廪。动词所以敛收之则曰蔷。"② 姚孝遂氏指出："徐灏《说文解字注笺》谓'蔷即古稽字。'《方言》、《广雅》并云：'蔷，积也。盖蔷之本义谓收获，故从來、从亩。來，麦也，非行来之谓也。'朱骏声《说文通训定声》亦谓蔷'本训当为收谷，即稽之古文。'其说皆与古文字合。"③ 分析可证，"蔷（稽）"就是指将收割后的谷物"长期敛藏"于仓廪的行为。又如"瑟"字，此字小篆写作"𤥨"、"𤫼"等形，上部的"珡"，和"琴"字上部所从为同一形体，是对固定在琴瑟木制面板的弦线的简单描绘，下部所从为"必"，我们推测大多是"宓"字的省形。两形相组合，表示是一种用于帷幕后面隐匿处作为背景音乐演奏的乐器，同样包含有"长时间敛藏"的特点。瑟的起源很早，《世本》就有"庖羲作瑟"的记载，《诗经·小雅·甫田》："琴瑟击鼓，以御田祖，以祈甘雨，以介我稷黍，以谷我士女。"说明"瑟"的确有很悠久的历史了。又如"色"字，甲骨文最早写作"𢁅"形④，字的左边是一个跪坐的女人之形，右边是一个张着老虎大口状的男人之形，属于象事结构的字，是表示让男人看得张大口想吃掉（得到）的美色女人，说明她脸部的气色红润动人；后来简化写为了"𦉡"形，从"亻"（计按：亻，像站立之人形，左民安以为是"刀"形⑤）、从"卩"（像跪坐之人形，在古文字里，与跪坐的女人可通用）；小篆写作"𢀖"之形，将左边的站立之人形"亻"，移放到了跪坐之人的上部，构形基本和甲骨文保持了一致。左民安氏说："甲骨文'𦉡'的左边是'刀'，右边是一个跪着

---

① 孙诒让：《契文举例》上册，转引自于省吾主编《甲骨文字诂林》第三册，中华书局 1996 年版，第 1971 页。

② 陈梦家：《卜辞综述》，科学出版社 1956 年版，第 536 页。

③ 于省吾主编，姚孝遂按语：《甲骨文字诂林》第三册，中华书局 1996 年版，第 1974 页。

④ 参见于省吾主编《甲骨文字诂林》第一册，中华书局 1996 年版，第 497 页。

⑤ 左民安：《细说汉字——1000 个汉字的起源与演变》，九州出版社 2005 年版，第 67 页。

的人。唐兰先生认为'色'是'断绝之义也。'""《说文》：'色，颜气也。'恐不妥。'色'的本义为'断绝'，实际上也正是'绝'字的初文。"① 我们认为，左民安氏的说法不能切合汉语音本义和汉字形本义的原理，更不符合"色"字在生活中的实际运用情况，此说不可从。《论语》："色孛如也。"许慎《说文》说："色，颜气也。"《黄帝内经·素问·脉要精微论》："夫精明五色者，气之华也。"清汪宏《望诊遵经》："色显于皮肤之间，谓之浮；隐于皮肤之内，谓之沉。"翟双庆教授说："《灵枢·邪气脏腑病形》'十二经脉，三百六十五络，其血气皆上于面而走空窍'。可见，颜面之色与目之神气皆为脏腑经脉精气汇聚之处，也是其精气盛衰、功能强弱最集中、最显著的外在特征。因此，通过察色也就可以测知脏腑精气之常与变。"② 分析可知，"色"，通常是指人的气血"长期敛藏"于面部皮肤内时的一种现象。我们常说的"失色"，正是指人们因为受到惊吓后气血运行不正常，头部供血不足，"色"继而从脸部消退的状况。古人造字时，因为"色"是一种难以描摹的抽象性的东西，所以便只有通过象事的手法，用男人看得张嘴并想得到的美色来婉转表示。再如"虱"字，繁体写作"蝨"，上部从"卂"，即"迅"字；下部从"䖵"，表示众多的虫子。两形结合，形体意思是指一种繁衍生发迅捷的虫子。据网上资料介绍："虱类是已经完全适应宿主体表环境的寄生昆虫，对寄生环境要求比较恒定、专一，喜黑暗。虱类有群集的习性，头虱主要寄生在头部毛发中，多集中在耳后发根；体虱多集中于衣领、衣缝、裤腰处，阴虱则主要集中于会阴部的阴毛中。""每一雌虱每天约产十粒卵，虱子卵可坚固地黏附在人和动物体的毛发或衣服上，在人和动物体的身体环境中，经过八天左右即可孵化成幼虫，立刻可咬人吸血，大约经过两三周后通过三次蜕皮就即可长为成虫。"③ 从这一介绍可知，虱子主要就是指一种长期匿藏于人体（或动物）及衣服隐秘部位、繁殖非常快速的寄生昆虫。虱子的这些特点，正好和"蝨"（会同话 sé）字的形、音、义完全吻合，古人造字之妙，由此可见一斑。黄侃氏不知道"蝨"字的形音义结合原理，故而有此一说。

---

① 左民安：《细说汉字——1000 个汉字的起源与演变》，九州出版社 2005 年版，第 67—68 页。

② 翟双庆：《中医经典百题精解丛书——内经》，人民卫生出版社 2009 年版，第 416 页。

③ 参见 http: //baike. soso. com/v213300. htm? pid = baike. box。

杨树达氏（1885—1956）是这一时期语言学界的佼佼者，他的语源学研究成果，代表了自汉代刘熙以来的最高成就。杨氏认为："盖文字之未立，言语先之，文字起而代言，肖其声则传其义。"① 他坚持"声中有义"之说，认为因声求义就是"所谓语源学"，继而指出只有通过这一条途径才能使"训诂学得以统宗"②。杨氏的学术研究，始终是以揭示汉语语源为终极的目标，并且寄予了"他日文治大进，不使一字无源"③ 的殷殷期望。

杨氏进入汉语语源的研究，大体是由三个方面的原因引起的。第一个原因，来自于少年时期家庭教育的影响，杨氏回忆道："予年十四五，家君授以郝氏《尔雅》（计按：指郝懿行《尔雅义疏》）、王氏《广雅》（计按：指王念孙《广雅疏证》）诸篇，颇知声近义通之说。"④ 第二个原因，即是源自于章太炎氏的《文始》，杨氏说："初读章氏《文始》则大好之"，"继而以其说多不根古义，又谓形声字声不含义，则又疑之。……遂发愤以求形声字之说。"⑤ 第三个原因，是由于受到西方语源学的影响，杨氏在《述林》的自序中写道："我研究文字学的方法，是受了欧洲文字语源学 etymology 的影响的。少年时代留学日本，学外国文字，知道他们有所谓语源学。偶然翻检他们的大字典，每一个字，语源都说得明明白白，心窃羡之，因此我后来治文字学，尽量地寻找语源。往年在清华学报发表文字学的论文，常常标题为语源学，在这以前，语源学这个名词是很少看见的。"⑥

杨氏在具体的语源研究实践当中，明确地提出了文字声中表义及形声字声中寓意的观点，杨氏说："盖语言皆受义于其声，则此诸字所从之声类义必相近，故自然之理也。""盖文字根于言语，言语托于声音，言语在文字之先，文字第是语音之徽号。以我国文字言之，形声字居全字数十分之九，谓形声字义但寓于形而不寓于声，是直谓中国文字离语言而独立也。其理论之不可通，固灼灼明矣。"⑦ 汉字是记录汉语语词的特有符号，

---

① 杨树达：《积微居小学金石论丛》自序，中华书局1983年版，第13页。
② 参见杨树达《形声字声中有义略证》。
③ 杨树达：《积微居小学述林》，中华书局1983年版，第109页。
④ 杨树达：《积微居小学金石论丛》自序，中华书局1983年版，第51页。
⑤ 同上书，第13页。
⑥ 同上书，第4页。
⑦ 同上书，第38页。

看其形，则可知道其所指何物何事，知其义，则又可得到其所对应的口语声音。汉字义寄于形，义寄于音，是音形义三者的有机统一体，结合汉语音义同源及形义结合的规律，的确能够实现杨氏"他日文治大进，不使一字无源"的梦想。通过长期深入的语源探讨和研究，杨氏发现了汉语语源中的部分奥秘，杨氏认为："于声字多含汗下之义。"①"少声字多含小义。""与小声音近的刀声、兆声、盗声诸字亦含小义。"②"交声字多含直义。""干声及声近之亦字多含直立之义。"③另外，杨氏还在《积微居小学金石论丛》中提出了很多类似看法，如"厷声字、分声字、吴声字多含大义"，"燕声字多含白义"，"取声聚声及音近字多含小义"等。在杨氏的这些认识中，很多观点堪称真知灼见，已经接近于我们提出的"汉语音本义原理"了。基于这些认识，杨氏在分析具体的字源义时，便能够融会贯通，多有创获。

如《释赠》："《说文·六篇下·贝部》云：'赠，玩好相送也。从贝，曾声。'按，赠为玩好相送，许君不详其语源。考《诗·大雅·崧高篇》云'以赠申伯。'毛传：'赠，增也。'按，以增训赠，说似迂远难通，而毛公云尔者，乃明赠字之语源耳。《说文·五篇下·会部》会下云：'曾，益也。'赠从曾声，故有增益之义。""盖以物赠人，实以物增加于人也。岂赠字为然哉，凡与赠同义之字皆有增益之义矣。"④赠字从曾得声得义，曾字是甑的初文、本字。杨氏将赠、增、曾三字系联考察，并能推而广之，所释近是。

又如《积微居小学述林》卷一《释識（识 zhì）》："'识，常也。一曰知也，从言，戠声。'积微先生谓：识训常，许君盖以为后世之旗帜字，然与从言之字义不合，当以训知者为正义。先生又谓识字依事之先后分三义，最先为记识，一也；认识次之，二也；最后为知识，三也。……识字之本义明，然后识字之语源可得而言焉。按，识从戠声，戠声与其同音之字多含黏着之义。《土部》云：'埴，黏土也。'《释名·释地》云：'土黄而细密曰埴。埴，腻也，黏泥如脂之腻也。'……《说文》黏下云：'相著也。'盖黏着谓之樴，亦谓之腻，黏土谓之埴，由具体推衍为抽象，

---

① 杨树达：《积微居小学金石论丛》自序，中华书局 1983 年版，第 59 页。
② 同上书，第 80 页。
③ 同上书，第 86 页。
④ 同上书，第 3—4 页。

事之黏着于心者谓之识，其义一也。"① 杨氏以同属于"zhi"一音系的"埴"、"戠"、"樴"、"膱"等字论证了"識（识 zhì）"字的语源义，十分正确。汉语音本义原理认为，"zhi"的音本义即包含了"黏附的"、"定止的"两个特点，如"支"、"止（趾）"、"指"、"肢"、"执"、"至"、"踬"、"制"、"直"、"治"等字，它们的字源义无不包含了这两个特点（详见以后分析），这就是我们所讲的"汉语音本义原理"。杨氏以他深厚的语言学和古文字学功底，依据汉语语词的声音寻求语源，揭示出了"zhi"音音本义所要求的一个特点——"黏着"，其探索之功已经远远超越前人了。

沈兼士氏（1887—1947）是对"传统声训"和"右文说"都有较深刻认识的学者之一，曾师从章太炎氏，在训诂学、文字学、音韵学等领域都获得了较高的成就，这些成就，主要集中体现在他的《文字形义学》、《右文说在训诂学上之沿革及其推阐》、《广韵声系》等著作或文章里。

关于汉语语词声与义是怎样产生并结合的情况，沈氏参阅了众多先辈的研究成果后作出了自己的判断，沈氏说："溯自清儒王念孙、段玉裁以还诸小学家，标榜声训，主张声近义通之说者颇多，更有进一步以音义相关为先天的必然性者，如张行孚《说文发疑》之字音每象物声，陈澧《东塾读书记》之声象乎意说，刘师培《原字音篇》之象意制音说，《小学发微补》论声音之起源，谓声起于形，声起于义，以字音象物音诸说皆是。证以事之琐细者，多以心纽之声呼之，物之广大者，多以阳唐之韵读之，其言亦自成理，惟按诸实际，殊难得一普遍适用之定律"，"凡义之寓于音，其始也约定俗成，率由自然，继而声义相依，辗转孳乳，先天后天，交错参互，殊未可一概而论也"②。据此，沈氏进一步阐发了他的老师章太炎氏首倡的"语根"之说，沈氏指出："语言必有根。语根者，最初表示概念之音，为语言形式之基础。换言之，语根是构成语词之要素，语词系由语根渐次分化而成者。"③

我们认为，汉语语词的"声音"，就是源自于我们祖先对自然界最常见最熟悉的声音的模拟，人们在对这些声音和其对应的事物、现象有了较

---

① 何泽翰：《杨树达诞辰百周年纪念集·积微先生与语源学》，湖南教育出版社1985年版，第140页。

② 沈兼士：《沈兼士学术论文集》，中华书局1986年版，第259页。

③ 同上书，第168页。

深入的认识后，自然也就会将对特定声音所对应的事物或现象的心理意象，赋予这一特定的声音。古人对这些特定事物或现象的心理意象，就是我们所讲的"汉语音本义"，也即学界所称的"语源义"（计按：章太炎谓之语根）。如"ji"音，就来自于人们对"小鸡"鸣叫声音的模仿。在早期被人类驯化的动物之中，鸡群在歇息时，喜欢一个个相互挤压紧贴成一团，所以，古人便将"迫压"、"聚集"的意义赋予了"ji"这一语词。沈兼士氏"凡义之寓于音，其始也约定俗成，率由自然，继而声义相依，辗转孳乳"的观点，的确反映了远古时代汉语发生、发展的实际情况。

关于声训的内在原理，沈氏认为："语有义类，实为声训成立之主要原因。"① 接着又对此进行了明确的阐述："领受之印象既相同，造作之概念自相似，其命名之称呼必同类也宜矣。凡是皆缘天官感触之异同而定，即《墨子·经上》所云'故所得而后成。'……此声训成立之基本原理也。"② 汉语"声训原理"之所以成立，正是因为汉语在产生、发展的过程中，都是基于汉语音义同源规律来进行的。人们认识到某一特定事物或现象的显著特点之后，便将这些印象和它所发出的特定的声音有机结合起来，继而推广开去，将所有具有这一事物或现象的特点之物象，都命名为同一的"语词"，然后根据包含这些特点的强弱程度，在音调方面予以区分。沈氏的这一认识，也是非常了不起的。后来，沈氏又将传统声训分为两大类，一类称之为"泛声训"，是指"泛用一切同音或音近（双声或叠韵）之字相训释"，另一类是指"同声母字相训释"③。

至于对"右文说"的研究，沈氏的学术成果甚至超过了刘师培氏，"其所达到的成就也是前所未有的"④。1933 年，沈氏发表洋洋六万余字的《右文说在训诂学上之沿革及其推阐》一文，较详尽地介绍了自宋代以来"右文说"发展和研究的情况，"它一方面实事求是地批评了历史上诸家右文说的不足和局限性；另一方面也让右文说在训诂学史上获得了应有的历史地位，正确地肯定了'右文'研究的价值"⑤。沈氏在文中指出，

---

① 沈兼士：《沈兼士学术论文集》，中华书局 1986 年版，第 257 页。
② 同上书，第 258 页。
③ 参见沈兼士《右文说在训诂学上之沿革及其推阐》，最先刊载于《蔡元培先生六十五岁纪念论文集》（1933）。
④ 孙雍长：《训诂原理》，高等教育出版社 2009 年版，第 275 页。
⑤ 孙雍长：《训诂原理》，高等教育出版社 2009 年版，第 275 页。

研究"右文"现象有四个方面的意义。一是可以分训诂之系统；二是可以察古音之变迁；三是可以穷语根之起源；四是可以溯语词之分化①。

当然，毋庸讳言，沈氏关于"右文"的研究和实践仍然存在误区和不足。沈氏对"语根"的定义模糊，对语词的"语源义"（汉语音本义）和文字的"所指义"（汉字形本义）未能予以区分，因而不能正确辨别"声训"和"右文说"的异同。比如说，沈氏在分析"斯"、"澌"、"渐"、"廝"等字的关系时，认为以"斯"为声符的这些字所包含的"析散"之义，都是从《说文·斤部》"斯，析也"这个意义孳生变化出来的，继而得出形声字中的声符"斯"即是所谓"语根"的结论。然而，沈氏也曾指出："语言必有根。语根者，最初表示概念之音，为语言形式之基础。"② 我们认为，语根即是语源，即通常所讲的"语源义"（我们提倡称为"音本义"）；而作为文字构件的"斯"，只能称呼为"字原"或"字根"。也就是说，语词"si"的语源义包含了"析散"的特点，"斯"在充当形声字的构件时，既起到提示读音的作用，而又能起到传达"si"的语源义的作用，"斯"可以作为形声字当中的一个"字根"，但不能称作为"语根"。

汉语音本义原理认为，"si"音的音本义主要包含了"离析"、"细微"两个特点。如"丝"字，甲骨文写作"𢇛"、"𢇛"等形，金文写作"𢇛"、"88"等形，徐复、宋文民两位先生说："丝，今称蚕丝、丝绸，象束丝形。……从二糸，象丝两束之形，与糸为二字。"③ 其实，丝的得名，来自于古老的缫丝工艺。人们将蚕茧用温水煮熟后，将细微的蚕丝从茧中离析出来，因此，从蚕茧中离析出来的细微的东西，就被称作为了"sī"。如"死"字，甲骨文写作"𠂔"形，金文写作"𠂔"、"𠂔"等形，字从"歺"从"人"构作，属于象事结构的字。《说文·死部》："死，澌也，人所离也。从歺，从人。"李孝定先生说："𠂔字象人拜于朽骨之旁会意，死生之别昭然。"④ 谷衍奎先生同样认为："甲骨文从歺（即

---

① 参见沈兼士《右文说在训诂学上之沿革及其推阐》，最先刊载于《蔡元培先生六十五岁纪念论文集》（1933）。

② 沈兼士：《沈兼士学术论文集》，中华书局1986年版，第168页。

③ 徐复、宋文民：《说文五百四十部首正解》，江苏古籍出版社2003年版，第373页。

④ 李孝定：《甲骨文字集释》，""中研院""历史语言研究所1965年版，第1470页。

歹，枯骨），从人，像人跪在枯骨之旁，会人死之意。"① 刘又辛先生在《谈谈假借字，异体字，古今字和本字》一文中指出："人死魄散叫作'瓕'，也写作'澌'。"② 各家所释近是。从汉语音本义原理来看，"死"其实是指微弱的气息从人体离析而去后的状况。所以，人们最常用的判断人是否死亡的方法，就是将手指伸到他（她）的鼻子下，看是否还一息尚存。又如"斯"字，金文写作"𣂁"、"𣂊"等形，由"𠙴"、"𠂇"、"𠂤"三个部分组成，属于象事结构的字。"𠙴"像箕畚之形状，是古代最常见的竹制器具，为"其"、"箕"字的初文、本字；"𠂇"像细薄的竹篾条之形状，是用来编织器具"箕"的材料；"𠂤"即"斤"字的初文、本字，是一种体形较小的刀斧类工具，在此字的构件中起表示用来破篾的作用。三形组合在一起，既可以表示用"斤"将竹子离析为细薄竹篾的行为，也可以表示从竹子中离析出来的细薄的竹篾。在今天的会同话里，"斯"字至今还被用于表达细薄的物体，如"一斯板子"、"一斯篾"、"一斯肉"等，这正是上古汉语音义的孑遗。又如"厕"字，厕所在会同话中叫做"茅厕"，厕字读作"sī"。茅厕即是指和住屋处于离析状态的小茅草棚，现在南方的很多农村仍保留着这一建筑习俗。会同俗语云："我堂屋里的讲话，你茅厕里的冇来插言。"可见，茅厕与堂屋不在一处，等级森严。另外，从"斯"有关的几个字，刘又辛先生也做过类似的分析。刘氏说："'斯'字的本义是'析'，即劈开、解析。《诗经·墓门》：'斧以斯之'，用斧子劈开，用的是本义。这个字现在写作'撕'。引申为从事劈柴等家务劳动的奴仆叫作'厮'。声音破裂叫作'瘬'或'嘶'。"③ 刘氏此释虽然在前人的基础上有所发挥，但还是没有跳出沈兼士等氏画好的圈圈。从这些分析可知，沈兼士氏对于汉语语源义（音本义）和汉字"所指义"（形本义）间的关系，认识还是不清晰的。对于形声字所从的"右文"（声符）之性质和功能，沈氏也不能够给出确切的定位。

综上所述，从汉代以来开始兴起和发展的"声训"，虽然经历了"音同义近"、"声近义通"、"音义同源"等多个发展阶段，后来又得到了

---

① 谷衍奎：《汉字源流字典》，华夏出版社 2003 年版，第 171 页。
② 刘又辛：《刘又辛语言学论文集》，商务印书馆 2005 年版，第 181 页。
③ 同上。

"右文说"的有力补充，但因为众多语言学家对汉语发生学的规律认识不充分，对汉字形义学及其和语音结合的原理理解不透彻，再加上传统声训的操作原理及学者研究的方法不完善，到20世纪60年代左右，"声训"便遭受到了语言学家们前所未有的怀疑、批判，甚至完全否定。王力先生就是其中最为突出的代表。

王力先生（1900—1986）是中国现代语言学奠基人之一，著名语言学家，曾在北京大学中文系担任一级教授，学问博大精深，为学界所公认。王氏在语言学方面的成就，主要集中体现在《汉语音韵学》、《汉语史稿》、《中国语言学史》、《龙虫并雕斋文集》、《中国语法理论》、《同源字典》等著作当中。

对于传统声训以及汉语语源问题的认识，从可以见到的文献资料看，王力先生大体经历了两个阶段。第一个阶段，是以批判、否定为主轴，其观点主要体现于《中国语言史》、《龙虫并雕斋文集》等书中；第二个阶段，是以反思、探索为主轴，其认识主要体现在他晚年全身心创作的得力之作《同源字典》一书中。

《中国语言史》是王力先生1962年在北大任教时的讲义，它介绍了中国语言学发展的简要历史，将我国语言的发展史分为四个时期：训诂为主的时期；韵书为主的时期；文字、声韵、训诂全面发展的时期；西学东渐的时期。在这本书里，王氏对"声训"的源流、原理进行了简要的评述，认为"刘熙的声训，和前人一样，是唯心主义的。他随心所欲地随便抓一个同音字（或音近的字）来解释，仿佛词的真诠是以人的意志为转移似的。……他的声训甚至达到了荒唐的程度（如'痔'）"①。"声训作为一个学术体系，是必须批判的，因为声音和意义的自然联系事实上是不存在的。马克思说：'任何事物的名称，和事物的性质是没有任何共同之点的。'因此，凡企图寻找事物名称和事物性质之间的关系的人，都不可避免地陷入了唯心主义的泥坑。"② 但是，由于前人，尤其是清代段玉裁、王念孙的声训研究成果对王力先生造成了一定的影响，王力氏对传统声训的批判又暴露出了不彻底的一面。王氏说："声训对于中国后代的语言学既有不良的影响，也有良好的影响。不良影响的结果成为'右文

① 王力：《中国语言学史》，山西人民出版社1981年版，第50页。
② 同上书，第51页。

说'。这是认为谐声偏旁兼有意义，而上文所举'缣，兼也'，'锦，金也'等例已开其端。良好的影响的结果成为王念孙学派的'就古音以求古义，引申触类，不限形体。'唯物主义的语源学和唯心主义的真诠学之间的界限是不容易区别清楚的。上古声训里的糟粕多，精华少；王念孙学派因声求义，则是精华多，糟粕少。"① 后来甚至又指出："声训也是时代的反映。不谋而合，古希腊哲学家们也正是争论事物之得名是由于本质还是规定（即约定俗成）。我们可以说，荀子是规定论者，声训家是本质论者。正如在希腊的争论中本质论者占了上风一样，声训曾经占了上风。但是声训的危害不是很大的，而由于声训的提出，让人们考虑一下语音和语义的关系问题，也不是没有一点积极作用的。"② "声训，是以同音或音近的字作为训诂，这是古人寻求语源的一种方法。声训，多数是唯心主义的，其中还有许多是宣传封建礼教的，应该予以排斥。但是，也有一些声训是符合同源字的，不能一概抹杀。"③ 仔细分析王氏的这些观点，可知他对汉语语源学的定位不明确，对汉语音义同源规律，对传统声训的性质、原理，对"右文说"的内涵等的认识也存在有一定的模糊性。当然，也正是因为王氏的这些模糊性的认识，又促成了他去写作以寻求语源为目的的《同源字典》。

　　王氏为什么会对"声训"采取怀疑、批判的态度呢？他对汉语音义同源规律的认识又是处在怎样的阶段呢？试看王氏的这一段论述："要知声训之不可靠，第一，试看各家声训有时候会大相径庭。例如《说文》：'未，味也，六月滋味也'，《史记·律书》：'未者，言万物皆成，有滋味也'，是一派；《释名》：'未，昧也，日中则昃向幽昧也'，《淮南子·天文训》：'未者，昧也'，又是一派。……这简直是令人百索不得其解了。"④ 王氏的这一段论述，隐含了这几层意思，其一，许慎、刘熙等氏的声训方法不符合汉语音义同源规律，王氏故而"百索不得其解"；其二，许慎、刘熙等氏的声训方法正确，王氏不懂汉语音义同源规律，故而"百索不得其解"；其三，许慎等氏的训释不符合汉语音义同源规律，王氏也不懂汉语音义同源规律，故而"百索不得其解"。根据我们的分析，

① 王力：《中国语言学史》，山西人民出版社 1981 年版，第 52 页。
② 同上书，第 54 页。
③ 王力：《同源字典》，商务印书馆 1982 年版，第 10 页。
④ 王力：《龙虫并雕斋文集》第一册，中华书局 1980 年版，第 353—354 页。

应该是属于第三种情况。

汉语音本义原理认为，语词"wei"的音本义主要强调"高（深）的"、"弯曲的"两个特点。如"囗（围）"字，甲骨文写作"囗"形，属于象形字，小篆写作"圍"，属于形声字。《春秋提要注》："环其城邑曰围。"由此可知，在远古时代，"囗"是上古先民在聚落周围修筑的起防卫作用的弯曲的深壕沟，具有"高（深）的"、"弯曲的"特点，这种壕沟，在西安半坡遗址、临潼姜寨遗址、内蒙古兴隆洼遗址、安徽尉迟寺遗址、湖南澧县城头山遗址等众多上古时代的氏族聚落中都有发现。比如迄今为止发现的中国最早古城址——距今6500年左右的湖南城头山遗址，其周围的壕沟，宽度甚至在30—50米。另外，据中国社会科学院王吉怀先生《尉迟寺聚落遗址的初步探讨》介绍："在这批房子周围，一条椭圆形围壕把聚落团团围住，形成了一个相对独立的氏族集体。围壕的宽度为25—30米，南北跨度240米，东西跨度220米，深4.5米。房屋均建在围壕之内，形成了一个封闭式的建筑格局。""在新石器时代聚落遗址中，不同规模的围沟曾有普遍发现。"[①] 汉字中有些字就是从"囗"构作的，如"邑"、"或"（计按：即"国"字初文）、"韋（韦）"、"衞（卫）"等字就属于这一情况。如"为"字，甲骨文写作"𤳹"、"𤕠"等形，金文写作"𤕣"、"𤖤"等形，字从"𠂇"（手向下抓取之形，爪的初文）、从"𧰼"（长鼻子的大象形）构作，属于象事结构的字，表示大象用弯曲的鼻子高高扬起像人手一样"抓取"树叶的行为。许慎《说文·爪部》："爲（为），母猴也，其为禽好爪，爪，母猴象也；下腹为母猴形。"许氏不识"爲（为）"字的形义音结合原理，故而有此痴人说梦似的训释。王力先生认为："人为为伪（引申为诈伪），故'为''伪'同源"[②]，谷衍奎先生说："甲骨文是以手牵象形，会役使大象以帮助劳动之意。"[③]谷氏析形不确切，因而得出的推断也不能成立。在汉字当中，用"𠂇"（表示手的动作）加某一动物构作的字有好几个，如"驭"、"隻"等，马能够耕地驮物，为什么"驭"就不可以表达"帮助劳动之意"呢？而"伪"字是"为"字到后来才分化出来的形声字，用于表示是人为的而非

---

① 王吉怀：《尉迟寺聚落遗址的初步探讨》，《考古与文物》2001年第4期。
② 王力：《同源字典》，商务印书馆1982年版，第434页。
③ 谷衍奎：《汉语源流字典》，华夏出版社2003年版，第84页。

自然本真的性质。分析可知，王、谷二氏的说解都是不符合汉语音义同源
规律的。又如"委"字，甲骨文写作"𦱿"、"𦱦"等形，"𣎴"是禾穗
下垂弯曲之形，"𠨭"是女字，像女子跪坐之形状。宋徐铉氏说："委，
曲也，取禾谷垂穗委屈之貌。"① 刘兴隆先生指出："（𦱦）从𠨭从𣎴，𣎴
象禾穗卷曲之形，有委屈之义，与一般之不同。"② 禾谷之穗又高又弯曲，
女子躬身跪坐之形也呈弯曲之状，可见"委"字属于象事结构的字，最
初是指女子像又高又弯曲的禾穗那样躬身跪伏之形状，所以能够引申出
"屈服"、"顺从"等意义。又如"尾"字，甲骨文写作"𡰪"之形，宋
均芬先生说："象人身后系有尾饰之形。"③ 左民安先生说："甲骨文是面
朝左的一个人（本为尸形），屁股上长了一条大尾巴"，"'尾'字本义就
是'尾巴'"。④ 许慎《说文》："尾，微也，从到（倒）毛在尸后，古人
或饰系尾，西南夷亦然。"许氏用传统声训的方法以"微"释"尾"，不
太确切。其实，"尾"应该属于象事结构的字，是通过"增其所无"来达
到让人意会之目的的。其所指当为狗、牛、羊、猪、马等动物可以卷曲可
以高高上扬的尾巴。又如"微"字，甲骨文写作"𣁲"、"𣁬"等形，金
文写作"𣁲"、"𣁹"等形，石鼓文加动符"彳"写作"𢾿"形，小篆讹
变作"𢾿"和"𢾿"形，其形体演变的轨迹十分明了。甲骨文"𣁲"左
边所从的"𣁲"，像一个生着很长很多头发的人形，隶定楷化后写作
"镸"，简化作"长"，在构字中表示地位崇高的长老；右边所从的
"攴"，表示手持杖或枝打人的动作，隶定楷化后写作"攴"，在充当偏
旁部首时简化作了"攵"。刘兴隆先生认为："（𣁲）象以手执杖打人形，
释'𢾾'，与微同字。"⑤ 我们认为，微是"𢾾"的后起分化字，"𢾾"
表示地位崇高的长者在暴力迫压之下弯曲脖子垂头的状况（与禾穗下垂
之状类似）。这一语词至今仍然保留在会同方言中，如看到某人长时间无
精打采作垂头之状时，会同话就会这样表述："那人𢾾死𢾾死地。""那

① 许慎撰，徐铉校订：《说文解字》，长江文艺出版社 2005 年版，第 342 页。
② 刘兴隆：《新编甲骨文字典》（增订版），国际文化出版公司 2005 年版，第 815 页。
③ 宋均芬：《汉语文字学》，北京大学出版社 2005 年版，第 279 页。
④ 左民安：《细说汉字——1000 个汉字的起源与演变》，九州出版社 2005 年版，第 145 页。
⑤ 刘兴隆：《新编甲骨文字典》（增订版），国际文化出版公司 2005 年版，第 98 页。

人太敳了。"后世学者不知道其中的奥妙，便又造出了一个"穄"字来
代替；而从"彳"构造的"微"字和行走有关，表示怕别人看见面貌而
弯腰垂头走路的样子。许慎《说文·彳部》："微，隐行也。"解释比较准
确。现在常常说的"微服私访"，用的就是这个意义。再如"威"字，金
文写作"威"、"威"等形，小篆写作"威"、"威"等形，字从"戌"
（或"戊"）、从"女"构作，属于象事结构的字。"戌"（或"戊"）是
一种安装着长柄的大斧子，在古代是权力的象征，"戌"在用作纪时的地
支时，又位于倒数第二，是最接近终点的时段，因此，"戌"和"女"两
形组合在一起，表示掌握着家族大权的老年女子。这类女性地位很高，而
身体又大多出现驼背向下弯曲的状况，所以得名为"wēi"。许慎《说
文·女部》："威，姑也。"《广雅·释亲》："姑谓之威。"《汉语大字典》：
"威，指丈夫的母亲。"也就是说，"威"其实就是今天结婚女子所称呼的
"阿婆"。"威"和"姑"的称呼，源自于遥远的母系氏族社会，这个意
义的"威"字，甲骨文写作"君"，隶定楷化后写作"君"，其上部所从
的"尹"，是手握权杖之象，下部之"口"表示说话，两形结合的意思，
是指手握权杖发号施令的母系氏族长老。《尔雅·释亲》："妇称夫之父曰
舅，称夫之母曰姑。姑舅在，则曰君舅、君姑。"① 王念孙《广雅疏证》：
"威姑，即《尔雅》所谓君姑也。君与威古音相近，《说文》'君，从尹、
君声，读若威。'是其例也。"② 分析可知，"威"在甲骨文时代写作
"君"，的确是表示地位很高，身体向下弯曲的年长女性。后来因为"君"
被用来表示"君主"一词，遂又造了一个从"女"从"戌"的
"威"字。

那么，"未"字的形与义又是怎么一回事呢？且看我们为读者们作简
要的分析。"未"字甲骨文写作"未"、"未"等形，金文写作"未"
（周早期矢方彝）、"未"（周中期守簋）等形，刘兴隆先生认为："未，
象多枝条之木形。"③ 左民安先生说："（未）像穗的形状。郭沫若先生认
为'未'就是'穗'的本字。"④ 王宁先生持同样的观点："郭沫若说：

---

① 转引自吴荣爵、吴胃《尔雅全译》，贵州人民出版社 2000 年版，第 383 页。

② 王念孙：《广雅疏证·卷六下》，江苏古籍出版社 2000 年版，第 201 页。

③ 刘兴隆：《新编甲骨文字典》（增订版），国际文化出版公司 2005 年版，第 992 页。

④ 左民安：《细说汉字——1000 个汉字的起源与演变》，九州出版社 2005 年版，第 298 页。

'薝'从'未',其形可作'米',即'穗'的古字,　'未'即'米'(穗)'字。这个说法很有道理。"[1] 邹晓丽先生说:"李孝定:眛的本字,象树木枝叶重叠之形,因有'幽昧'、'暗昧'之义。"[2] 我们认为,"禾"属于草本植物,甲骨文写作"米"形,与"木"字之甲骨文形体"米",区别即在两字的最上部。谷穗之穗字,甲骨文写作"米"形,隶定楷化后写作"采",许慎《说文》:"采,禾成秀也,人所以收。从人、爪。穗,采或从禾,惠声。"而"米"字上部从"屮",表示细嫩的小草或枝叶,下部从"木",两形组合,表示树木最高处弯曲下垂的嫩树尖。刘兴隆氏的说法不确切,郭沫若、李孝定、左民安、王宁、邹晓丽等氏的看法也不正确。"米"字加"口"造出了形声兼象事的"味"字,即表示一种食物最高境界的、令人回味无穷的味觉感受。

我国的考古学者认为,距今 170 万年的云南元谋人,就是"采集树林里多种植物的果实、块根、种子、鲜枝和嫩叶"[3] 作为充饥的食物的。在会同话里,至今仍然习惯将高高的树尖称做"未子"或"未子木",这些都可以佐证我们对"未"字形义的推论。许慎《说文》:"未,昧也,六月滋味也。"刘熙《释名》:"未,昧也,日中则昃向幽昧也。"许、刘两家所释,都结合了中国古代以干支纪时的方法予以说解,附会牵强,完全脱离了先民为月令、时辰命名的妙趣。在上古时代,人们已经学会用天干地支来纪年、月、日、时等时间概念了,人们根据木星(岁星)的运行周期(12 年),便将十二年定为一个循环周期,每年配上一个地支的名字,后来又推衍到了月、日、时。每年的农历六月,因为正是我国气温由最高转向低温的时候,其抽象意义和又高又弯曲下垂的细嫩树尖很类似,所以被称为了"未",每天下午一点到三点,太阳从最高处开始下降,温度也从最高开始下降,所以也被命名为了"未"。任继昉先生说得好:"语言不是从天上掉下来的,不是世上本来就有的,更不是神授的,总之,不是无缘无故出现的。……因为,按照唯物辩证法原理,任何现象都有其产生的原因,无原因的结果和无结果的原因都是不存在的。事物名称

---

① 　王宁:《训诂学原理》,中国国际广播出版社 1996 年版,第 306 页。
② 　邹晓丽:《基础汉字形义释源》(修订本),中华书局 2007 年版,第 229 页。
③ 　李昆声:《云南文物古迹》,云南人民出版社 1984 年版,第 3 页。

的出现，作为一种现象，不可能没有原因。"① 许氏以农历六月之"未月"解说，刘氏以下午一点到三点的"未时"解说，都未能窥探"未"字形义及其被用于纪时的奥秘。王力先生也因为不能体会"未"字的音形义结合原理，更不知道古人用地支名称来纪时的和谐统一性与逻辑性，自然不能对许慎、刘熙等氏对"未"字的训释予以评判了，无怪乎王氏百索不得其解也。

后来，王力先生又开始从过去全盘否定声训的认识里走了出来，王氏认为："凭同类字（部首）去研究语源，是《说文》家们的主要工作；但是这种研究方法是有其局限性的。特别是甲骨文出土以后，我们发现许多字形和小篆的字形并不相符，这样，专靠《说文》来解释语源，不但不够，而且不一定可靠。自从王念孙父子以来，汉语语义学（'训诂学'）有了一个新方向，就是脱离字形的束缚，从语音上去追究词与词之间的意义联系。朱骏声、章炳麟、刘师培等人在这方面都有不少的贡献。""有些词声音相似（双声叠韵），因而意义相似。这种现象并非处处都是偶然的。相反地，声音相近而意义又相似的词往往是同源词。至于声音完全相同而意义又非常接近（例如'獲''穫'），简直可以认为同一个词的两种写法，至少也可以认为同一个词的引申。从语音的联系去看词义的联系，这是研究汉语词汇的一条非常宽广的路。"② 基于这一新的认识，从1974 年 8 月开始，已经 74 岁高龄的王力先生便使用了整整四年的时间，三易其稿，完成了《同源字典》的写作。这本书研究的对象是什么呢？王氏在《序》中说："同源字的研究，其实就是语源的研究。这部书之所以不叫作《语源字典》，而叫作《同源字典》，只是因为有时候某两个字，哪个是源，哪个是流，很难断定。例如'麸''膚'（计按：简化作肤）二字同源，'麸'是麦皮，'肤'是人的皮肤，二字同源，到底先有麦皮的'麸'，后有皮肤的'肤'呢，还是相反，很难断定。以文字出现的先后，似应先有'肤'，后有'麸'；但上古书籍有限，也许有了'麸'字，没写在书上，又也许最初有'麸'这个词，只是没为麦皮造字，我们不能由此引申出结论，以为先有'肤'，后有'麸'。"③ 从王氏的论述

---

① 任继昉：《汉语语源学》，重庆出版社 2004 年版，第 65 页。
② 王力：《汉语史稿》，中华书局 1980 年版，第 616—617 页。
③ 王力：《同源字典》序，商务印书馆 1982 年版，第 1 页。

看，王氏的"语源观"是不明确的，我们认为，汉语语源是指汉语语词的音义来源，也就是说，共同拥有同一单音节的所有语词，其源头只能是相同的。王氏以为音义（计按：此处指文字的所指义）相近的字才属于同源的，而且最早出现的那个才是"源"，后出现的那些字才是"流"，这种研究其实和语源的研究相去很远，其最多只能属于文字学中文字史的研究范畴，这对于寻求语源的作用是微乎其微的。齐佩瑢先生又将语源称为语根，齐氏说："语根的探求本为一种归纳的公式，系构拟的而非确知的，换言之，探求语根是以语言（音义）为主，而不是以字形为主。"①任继昉先生也指出："语源，是语言中词和词族的音义来源"，"词的语源，是一个词的音义来源、造词理据（音义结合的理由、根据），即一个具体的词音义最初结合的缘由"。② 任继昉先生的观点是很正确的，王氏在该书序言后面所讲的"词族"的研究，才可以纳入"语源学"的范畴，才算得上是"语源的研究"。那么，王氏所讲的词族又是什么呢？王氏说："一种语言的语音系统性和语法系统性都是容易体会到的，唯有词汇的系统性往往被人们忽略了，以为词汇里面一个个的词好像是一盘散沙。其实词与词之间是密切联系着的。这里所讲的同源词就是词汇的系统性的现象之一。"③ 王氏此处所讲的同源词，学界也称其为"词族"，研究"词族"，即是对语源的探究。王氏曾想通过这一途径来进行汉语的语源研究，但最后还是作罢，他后来袒露心迹说："从前我曾企图研究汉语的词族，后来放弃了这个计划。'词族'这东西可能是有的，但是研究起来是困难的。过去有人研究过，每一个词族可以收容一两百字。但是仔细审察其实际，在语音方面，则通转的范围过宽，或双声而韵部相差太远，或叠韵而声纽隔绝；在字义方面，则展转串联，勉强牵合。世上偶合的情况很多，文字上也是这样。如果不在语音规律上严加限制，则必众说纷纭，莫衷一是，使读者无所适从。如果研究不好，反而引导读者误入歧途。"④ 王氏研究学术的态度是非常严谨的，但有时又因太过严谨，过犹不及的缺陷也就如影随形，经常使他裹步不前，囿于文献资料的繁琐考证去了。我们认为，真正宏大的学说和学术研究，一定是和人们最为贴近的，它既然

---

① 齐佩瑢：《训诂学概论》，中华书局 1984 年版，第 108 页。
② 任继昉：《汉语语源学》，重庆出版社 2004 年版，第 1 页。
③ 王力：《汉语史稿》下册，中华书局 1980 年版，第 545 页。
④ 王力：《同源字典》序，商务印书馆 1982 年版，第 1—2 页。

源自人们的生活，最终还是要回归到人们的生活之中。因此，学者的最高境界，就是让它怎样变得浅显明白和易于操作，只有这样，学说和学术研究的成果才能够更好地为人们排忧解难，答疑释惑，让人们生活得简单而不失丰富的体验，快乐而不失逻辑的情趣。

第六节　上古汉语与会同话对"声训"的意义

一　会同话与汉语音义同源规律

原始社会时期，早期人类最早由自然群生发展到母系群生；再由母系群生，发展到父系群生。在这一漫长的社会发展过程中，社会化程度变得越来越高，人们因为信息交流、情感交流和思维交流的需要，语言也越来越变得成熟。由于各个群体生存环境的不同，生活的习性、观察事物以及探寻人体奥秘的角度因而也就有了千差万别，但语言从低级发展到高级的这个规律应该还是相同的。

我们一直有一个这样的认识：任何一种语言都应该具有很强的系统性，但不同语言的系统性还是有层次高低之区别的。虽然它们在用于一般的人际交往时没什么障碍，都能够顺利地表达出人们的思想情感。然而，随着社会的不断发展，新生事物的不断涌现，有一些语言可能会显得词汇匮乏、难以应对，甚至因此退出历史的舞台。

而汉语却表现出了极强的生命力和发展的潜力，这是因为汉语在发生的初期，就已经极具科学的逻辑性了。汉语的最大特点，就是在其起源和发展的过程中，人们依据事物的形状、质地、位置等带给人的心理印象，去评判万事万物，并予以逻辑归纳、科学分类。然后，人们又将在汉语发生初期根据某一常见事物所提炼出的声音，推衍到和这一事物具有相同"心理印象"的其他事物、现象之上。事物带给人的心理印象，就是这一事物所具备的特点，汉语的"每一个音节"（语词），是我们的祖先根据常常听到的声音模拟而来的，古人听其音，如同婴儿听到母亲声音便知道发声者为母亲一样，便立即会想到那个物象和它最显明的特点。经过漫长的发展后，人们又采取变化声音音调的办法，将其他具有同样特点的事物、现象分门别类地进行了命名。汉语中的每一音节所涵盖的不同的具体事物，只是通过音调的变化来予以约定对应，这个所谓的约定，其实是非常宽松的。在通过漫长的发展以后，古人在反复的交流过程中，部落成员之间逐渐形成了一种默契，能够逐步而又顺其自然地去完成不同音调的同类语词与具体事物的对应。而后随着双音节、多音节语词的出现，这种对应便变得更加明确，因而也显得更加简单，甚至达到了唾手可得的地步了。沈兼士氏说："语言必有根。语根者，最初表示概念之音，为语言形式之基础。"① 这最初的表示概念的声音，自然有它产生的原因和缘起，它所表示的概念，即声音所包含的抽象的特点，我们称其为"汉语音本义"。黄侃氏指出："凡有语义，必有语根。言不空生，名不虚作，所谓'名自正'也。《左传》言名有五，是则制名皆必有故。语言缘起，岂漫然无所由来？无由来即无此物也。"② 言不空生，名不虚作，这与上古汉语发生发展的实际情况是完全相符的。上古汉语的每一个语言符号——音节，可以涵盖众多拥有共同特点的事物、现象。一个事物或现象，也可以因为人们观察和感受角度的不同而获得不同的语言符号。上古汉语也因此显示出了统一性和多样性的特点，但统一性和多样性并不矛盾，相反，它们相辅相成，使上古汉语变得仪态万千而不失简单质朴，上古汉语的发生发展，都是在其自身的音义结合规律和具有统一性的语音体系中进行的。

如"mei"这个音节，它是指在两个人或两个物体之间起连接作用的媒介物、手段等，只要现在使用的汉字其"音节"没有发生讹变，无论其声调如何改变，它所包含的隐性的意义——"汉语音本义"，就能通过汉语音本义原理予以确切地揭示，这对于正确理解和辨别语词所指对象的内在特点，是有特别重要和不可替代的作用。下面举几个具体的例子予以简要说明：

如"每"字，甲骨文写作"𣥂"、"𣥡"等形，像头插曲折簪子的跪坐的女子之形，金文写作"𣥢"、"𣥣"等形，基本承沿了甲骨文的形体，簪子本来是直的，造字者有意将笔直的簪子变成了曲折之状，这就是通过"去其所有"的方法创造的象事结构的文字。赵诚先生指出："甲骨文的每字一般写作𣥂，是在𣥡上部加上一个'〰'符号以区别于母，而仍以

---

① 沈兼士：《右文说在训诂学上之沿革及其推阐》，载《沈兼士学术论文集》，中华书局1986 年版，第 168 页。

② 黄侃述，黄焯编：《文字声韵训诂笔记》，上海古籍出版社 1983 年版，第 59 页。

母为声。"①《礼记·内则》："女子十五笄，二十而嫁，有故，二十三而嫁。"古代女子十五岁行了"笄礼"，即称为"妇"，表示可以结婚生子了。甲骨文里有一字写作"𡞅"形，头部即插着两根笔直的笄（簪子），就是对"妇"的形象描述，后来可能因为此字有些繁复，便又借用同音的"帚"（婦）字来表达了。而"𣫺"字簪子曲折，表示结婚后因不能生育而被离弃的女人，所以"每"字可以引申出"（整体中的任何）一个"的意义。那么，"每"为何被称为了"měi"呢？这是因为这种女人要担任"女师"，给其他未婚的女子传授女人需要掌握的知识技艺之缘故。因为此字常常被用来表示"（整体中的任何）一个"的意思，故而后世又加"女"旁写作了"姆"。《说文·女部》："姆，女师也。从女，每声。"段玉裁《说文注》："《士昏礼注》曰：'姆，妇人年五十无子，出而不复嫁，能以妇道教人者。'"《诗经》："言告师氏。"《毛传》："师，女师也。古者女师教以妇德、妇言、妇容、妇功。"分析可知，"每"其实是指在知识技艺和少不更事的女子之间起连接作用的媒介物——后来称作"女师"，简而言之，即是指知识技艺的媒介者。许慎《说文·中部》："每，草盛上出也。"许氏根据讹变的小篆形体"𣫺"立说，大误。唐汉《汉字密码》："'每'字的造字本义，是用来指称氏族社会内，因儿孙众多而受人尊敬的女性长辈。"②唐先生不结合汉语音义同源的规律，不确切体会甲骨文"𣫺"的形义结合原理，故而会出现南辕北辙的说解训释。

如"梅"字，金文写作"𣏾"、"𣏾"等形，隶定楷化后写作"某"。许慎《说文·木部》："某，酸果也。"徐灏《说文解字注笺》："'某'即今酸果'梅'字。"高鸿晋《中国字例·二篇》："原作某者，倚木而画其上有小果之形。由文生意，故为梅树之梅。名词。上象酸果，非甘字。加木为意符者，则作楳。另造形声字作梅。"③丁山氏说："某古音读如媒，与梅之音读全同。"④可见"某"字的确是杨梅之"梅"的初文、本字，"某"是象事字，"梅"是后起的形声字。那么，"某"（梅）为什么

---

① 赵诚：《甲骨文字学纲要》，中华书局 2005 年版，第 201 页。
② 唐汉：《汉字密码》下册，陕西师范大学出版社 2009 年版，第 442 页。
③ 高鸿晋：《中国字例·二篇》，载《古文字考释提要总览》第二册，上海人民出版社 2010 年版，第 1006—1007 页。
④ 丁山：《说文阙义》，载李圃编《古文字诂林》第五册，上海教育出版社 2002 年版，第 816 页。

被称作了"méi"呢？其得名的根本原因，是因为在上古时代，梅子曾是古人用来去掉兽肉腥味的最主要的调味品，也即是在腥味和美味之间起连接作用的媒介物。《尚书·说命》说："若作和羹，尔惟盐梅。"《礼记·内则》记载："凡脍，春用葱，秋用芥；豚，春用韭，秋用蓼；脂用葱，膏用薤；三牲用藙，和用醯，兽用梅。"唐汉《汉字密码》："在醋没有诞生之前，古人用'梅'作为调酸杀腥之物。"① 根据文献记载可知，殷商时代已经有了比较成熟的调味理论，确立了常用的调料品种。商代采用的调味品主要是盐和梅，取咸酸两味为主味，梅子可以去掉兽肉的腥味，继而调和出可口的美味，它即是美味的媒介者。前面分析过，"每"是知识技艺的媒介者，"梅"字从"木"从"每"构作，仍然不失汉字形义结合的妙趣。草莓的"莓"字，从"艸"、从"每"构造，也属于后起的形声字，因为这种草本植物的果实，在外形和口感方面与杨梅很相似，所以也被称为了"méi"。

如"媒"字，字从"女"从"某"构作，属于形声字。《说文·女部》："媒，谋也，谋合二姓。"（会同话把有意得到人或物叫做"谋"，如："崽大嘎啦，要谋个媳妇哒。""我最近谋起了一屋场地。"）慧琳《一切经音义》六十三："媒，谋合二姓以为婚姻也。"两家释义基本正确。换成"音本义原理"的表达方式，即可表述为：在未婚成年女子和男子之间起连接作用的媒介人。通俗地说，就是我们今天所讲的"媒婆"。《周礼·地官·媒氏》："中春之月，令会男女……司男女之无夫家者而会之。"②《诗经·卫风·氓》："匪我愆期，子无良媒。"这些文献资料可证，我国男子请媒婆到女子一方说亲的习俗，已经有着很悠久的历史了。齐冲天先生说："聘为询问、问候、征求意见之义，是自主自愿的，通过媒妁之言，谋合二姓之好。相传'太昊伏羲氏制嫁娶，以俪皮为礼'。丽，为象形字，象包束的一对鹿皮之形，小篆始在下加鹿字，成为形声字。《礼记·士冠礼》郑玄注：'俪皮，两鹿皮也。'鹿皮是很好看的，古代的中原，盛产鹿。在太昊伏羲那时的物质文明条件下，这是可以找到的极好聘礼了。而且取义也好，两两相附则为丽，《说文》：'丽，旅

---

① 唐汉：《汉字密码》上册，陕西师范大学出版社 2009 年版，第 143 页。
② 郑玄注，贾公彦疏：《周礼注疏》上册，上海古籍出版社 2010 年版，第 511—513 页。

行也'，旅行，即相并而行。后说'伉俪'，即夫妻，也是这个意思。"①
上古时代的男子以鹿皮为聘礼，请媒婆说亲，可见"媒"主要是充当未
婚男子的媒介者。

如"煤"字，字从"火"从"某"（梅）构作，也属于形声字，其
意义与火相关。许慎《说文》没有收录"煤"字，但《说文·火部》炱
（计按，读 tái，火烟凝成的黑灰）字下："炱，灰炱煤也。"此条又出现
了"煤"字。顾野王《玉篇·火部》："煤，炱煤。"《吕氏春秋·任数》：
"煤炱入甑中，弃食不祥。"高诱注："煤炱，烟尘也。"陈彭年《巨宋广
韵》解释煤字说："煤，炱煤，灰集屋也。"②《汉语大字典》："煤，烟气
凝结而成的黑灰，即烟尘。"上引各家的训释基本是正确的，但都没有能
够揭示其得名的因由，是其不足。会同方言仍有"堂煤"一说，"堂煤"
就是指"黏附在堂屋板壁上的煤"；又称锅底炱（锅底灰）为"锅煤黑"
或"锅煤子"。因为这种"煤"质地疏松干燥，又紧密地黏附在火炕上的
楼板处，很容易粘上细微的火𤎴，然后缓慢燃烧，带来火灾；这样，
"煤"就成为了将"火灾"与"木屋"间连接起来的媒介者，也即是火
灾的媒介者。它给人的心里印象，正好符合"mei"的音本义要求，所以
得名为"煤"。由于这个缘故，古人便将它视为火灾的媒介，把它看作不
吉祥的东西，因而形成了在农历十二月五行属水的日子，取以水克去火灾
之意，主妇要将堂煤打扫干净，从而达到趋利避祸的效果。这一奇特的风
俗，至今仍然很好地保留在我们会同的民俗当中。到后来，人们又用它制
作墨汁，用于书写和绘图。分析可知，"煤"最初的意义，与今天大家熟
悉的煤炭是不同的，煤炭之煤，是借用了"煤"的比喻义，即指像"煤"
那样黢黑而又可以缓慢燃烧的东西。

又如"酶"字，字从"酉"从"每"构造，属于形声结构的字。
《五音集韵·灰韵》："酶，酒母。"酒母，现在称为"酒曲"。酶，异体
也写作为"𬋊"，甚至直接借用"媒"字。顾野王《玉篇·米部》："𬋊，
酒母也。"《集韵·灰韵》："𬋊，酒本曰𬋊，或从酉。"《正字通·酉部》：
"酶，酒母。《周礼》'媒氏'注：'齐人名麴曰媒。'《齐民要术》有女麴

---

① 齐冲天：《汉字与婚姻家庭》，载何九盈、胡双宝、张猛编《中国汉字文化大观》，北京
大学出版社 1995 年版，第 264 页。

② 陈彭年：《巨宋广韵·卷一·灰部》，上海古籍出版社 1983 年版，第 28 页。

即酒母。"王宁先生说:"《汉书·李陵传》注引孟康说:'媒,酒教。'这可看出古人对发面的认识,那时的人们已经认识到,发面是一种媒介物,也就是引子来使面象酒一样发酵。"① 通俗而言,"酶"就是在"酒"和蒸熟的"粮食"间起连接作用的媒介物,也即是"酒"的媒介物。

又如"羃"(méi)字,新编《辞海》不收,《说文》:"羃,网也。"《说文》单单释为网而不确指的字,就有"罕"、"罨"、"罿"、"罟"、"罿"、"罾"等。像《说文》这样的解释,能弄清楚"羃"等字的具体含义么?绝不可能。但是,只要结合汉语音本义原理、汉字形本义原理一起考察,就能够知道各字所确指的具体对象,能够明了它们的特点与差异。陈彭年《巨宋广韵》说:"羃,雉网"②。段玉裁《说文解字注》也说:"羃,网之一也。《篇韵》皆曰雉网。"野鸡古代叫作"雉",可知这种网是用来捕捉野鸡的。根据现在抓捕野鸡的常用方法可以推论,称作雉网的"羃",实际上就是一种内部装着一只驯化好了的野鸡的带网的装置。内中所装的野鸡,俗称"鸟媒"、"迷子",通过它的鸣叫声,可以将山林中的野鸡引诱进入到网里面。因此,它以装"鸟媒"而得名"羃"。装置中的"鸟媒",在商代又被称作"囮"(é)或"䜣"(yòu),甲骨文写作"圂"形,刘兴隆先生说:"圂,象隹在口中,隹为禽类泛形、泛称。圂字《说文》所无,应与从鸟之圂同,即囮字初文。《说文》:'囮,译也,率鸟者,系生鸟以来之,名曰囮,读作讹。'"③《辞海》(1990 年版):"囮,鸟媒,捕鸟人用来诱捕同类鸟的活鸟。"

又如"枚"字,甲骨文写作"枚"形,金文写作"枚"、"枚"等形,字从"木"、从"攴"构作。"攴"在构字中表示击打或限制的作用,由此可知,"枚"字属于象事结构的字,古代是指一种具有限制作用的竹筷似的小木棍。这种小木棍两端各系着一段绳线,从其形制来看,木棍正好处于两根短绳线的中间,就好像是两根短绳线间起连接作用的媒介物,所以得名为"méi"。许慎《说文·木部》:"枚,杆也。可以为杖。"许氏没有抓住"枚"的内在特点,所释大误。欧阳修《秋声赋》:"又如赴敌之兵,衔枚疾走,不闻号令,但闻人马之行声。"《汉语成语大词典》

---

① 王宁:《训诂学原理》,中国国际广播出版社 1996 年版,第 310 页。
② 陈彭年:《巨宋广韵·卷一·灰部》,上海古籍出版社 1983 年版,第 28 页。
③ 刘兴隆:《新编甲骨文字典》(增订版),国际文化出版公司 2005 年版,第 369 页。

解释枚字说："形状象筷子，两端有小绳，古代行军袭敌时衔在口中，绳系颈上，使不能说话。"[1] 所释至确。

再如"昧"字，金文写作"昔"（免簋）形，上部所从是"未"字，下部所从是"日"字，属于象事结构的字，是指太阳即将升起前的那段时间，也就是在前后两天之间起连接作用的时间。《说文·日部》："昧爽，旦明也。从日、未声。一曰闇也。"闇与暗音义相近，一释为"旦明"，一释为"暗"，可见许慎对"昧"字的形义理解不透。王筠《说文释例》："昧爽之时，较日出时言之则为闇，较鸡鸣时言之则为明，本是一义，不须区别。"日出前的那段时间光线昏暗——处于半明半暗的状态，看不太清楚，因而可以引申出"昏暗"、"隐瞒"的意义。但"昧"的得名，正是因为它所处的时间段的位置特点而决定的。于省吾氏说："《书·牧誓》的'时甲子昧爽'，伪传（计按，指孔安国传）：'昧冥，爽明，早旦'，按，未明谓之昧，已明谓之旦或爽，指天将明时言之。"[2] 于氏不愧为古文字大师，说解清楚且正确。正确理解汉字音形义的内涵，非常有利于我们确切地分析和把握甲骨卜辞的真实意思，反之，则会带来不必要的困惑。如张光直先生《商文明》书中就写到过学者们对一则卜辞的争论，就和"昧"字有密切关系。张氏说："最后一条月食日有不同的解释……但德效骞把该字解释为'持续'，他认为商代以午夜作为一天的开始和结束（'罗马日'），这样，月食发生的日子就是己未，并持续到庚申日。董氏（董作宾）主张商纪日是'巴比伦式'，即以黎明作为一天的开始和结束。根据'亜'字用法的一致性和最近关于此字的研究，我倾向于巴比伦说，即每一个纪日包括从日出到日落和日落再到日出的时间。"[3] 张氏是当代著名的美籍华裔学者、考古学家，但因为未能结合"昧"字的音义去予以区别判断，所以只能"倾向于巴比伦说"，虽然选择了一个正确的答案，但是，作为华裔学者，这样瞎猫碰上死耗子的选择，是让我们觉得有些遗憾的。

再如"妹"字，甲骨文写作"糕"、"糕"等形，金文写作"牭"、

---

① 朱祖延主编：《汉语成语大词典》，河南人民出版社 1985 年版，第 1268 页。

② 于省吾主编，姚孝遂按语：《甲骨文字诂林》第一册，中华书局 1996 年版，第 583 页"按语"。

③ 张光直：《商文明》，张良仁、岳洪彬、丁晓雷译，辽宁教育出版社 2002 年版，第 315 页。

"𣕾"等形,字从"女"从"未"构作。《说文·女部》:"妹,女弟也。"女弟,即现在通常说的妹妹。然而,在会同土话里,"妹"这一语词,却是指所有年龄小的男孩女孩。这一称谓,在会同广坪、炮团、青朗、蒲稳等乡镇,今天仍然较普遍地使用。如笔者熟悉的几位男士,其乳名就有"尿妹仔"、"二妹仔"、"细妹"、"妹伢子"等。查江苏教育出版社出版的《汉语方言大词典》第三卷"妹"字条下,竟然未发现有和会同话里妹字含义相同的方言释例,会同话的这一独特性,其背后的原因有待语言学家进行深入的研究发掘。小孩是夫妻情感的纽带,在母系氏族社会,"民但知其母而不知其父",小孩的这种独特的作用可能显现不出来,但进入到父系氏族时期以后,小孩自然就成了维系夫妻长久关系的一个最重要因素,是在夫妻间起到最关键连接作用的媒介人物,因而可以得名为"mèi"。

再如"鋂"字,字从"金"、从"每"构作,属于形声结构的字。许慎《说文·金部》:"鋂,大锁也,一环贯二者。"段玉裁注改"锁"为"环"字。《诗经·齐风·卢令》:"卢重鋂,其人美且偲。"《毛传》:"鋂,一环贯二也。"孔颖达疏:"谓一大环贯二小环也。"陈彭年《巨宋广韵》解释鋂字说:"大环,《诗》传云:'一环贯二'。"① 两个小环套在同一个大环里,当三个环成一字形摊开时,大环正好位于两小环中间,成为了两小环之间起连接作用的媒介物,因而得名为"méi"。可证各家所释十分到位。

再如大家熟悉的"楣"字,字从"木"从"眉",属于后起的形声字(计按:眉,会同话读 mí,甲骨文时期读如"弥",见下面分析)。关于"楣"字的本义,秦汉以来主要有两种看法。一是认为"楣"字表示"屋檐",也即前面讲过的"梠",刘熙《释名·释宫室》:"楣,眉也,近前各两若面之有眉也。"楣字的这一音义,我们认为存在很大的商榷空间。一是认为"楣"字是门框上的横木,《尔雅·释宫》:"楣谓之梁。"郭璞注:"门户上横梁。"楣所以叫"méi",正是因为它连接着左右两旁的枋或柱,能使枋或柱更加稳固、不左右摆动歪斜。甲骨文"门"字写作"𨳈"形,上面的横线"一"即是门楣。门楣位于两根门枋的中间,充当着连接两根门枋的媒介物般的作用,由此可以窥见古人给事物命名的

---

① 陈彭年:《巨宋广韵·卷一·灰部》,上海古籍出版社 1983 年版,第 28 页。

妙趣。

再如"寐"字，甲骨文写作"𤕭"、"𤕭"等形，上部从"宀"，即"宀"字，在构字中表示和房屋相关的意义，下部从"𤕭"、从"𤕭"或"𤕭"，实际就是甲骨文"𤕭"（休）字的异体构形，属于象事结构的字，表示是在家里的休息——睡觉；后来，小篆写成了"𤕭"形，下部变为了从"爿"从"未"构作，"爿"在构字中表示和床相关，"未"是从甲骨文"𤕭"中的"木"演变来的，起到提示读音的作用。《说文》："寐，卧也。"释义基本正确。古人认为，人死了就是长眠——睡觉之后再也不醒来，而较短时间的睡觉，就是处于"活着"与"死亡"之间，也即是连接着"活"与"死"的一种状态，所以，"睡觉"被称作"寐"，读作"mèi"。

再如"美"字，甲骨文写作"𤕭"、"𤕭"等形，上部所从是"𤕭"，即"羊"字，下部所从是"𤕭"，即"大"字；金文写作"𤕭"、"美"等形，小篆写作"美"形，隶定楷化后写作"美"，其形体一直都是沿承了甲骨文"𤕭"的结构。关于"美"字形义的解说，自许慎以来，各家众说纷纭，莫衷一是，没有定论。许慎《说文·羊部》："美，甘也。从羊、从大。羊在六畜主给膳也。"段玉裁注曰："甘者，五味之一，而五味之美，皆曰甘。引申之凡好皆谓之美。"李孝定氏说："解《说文》者均以会意说美字，谓羊大则肥美。《段注》则更删从字云'从羊大'，说固可通。契文羊大二字相连，疑象人饰羊首之形，与羌同意。"[1] 姚孝遂氏说："按：甲骨文、金文'美'字均不从'羊'。其上为头饰。羊大则肥美，乃据小篆形体附会之谈。"[2] 谷衍奎先生认为："美，象形兼会意字。甲骨文下从人，上像有羊形头饰之状，表示形貌好看。金文稍讹。篆文遂进一步讹为从羊从大，成了羊大则肥美了。"[3] 王宁先生又认为："远古时，人们对羊的好感，恐怕大都是实用的，《说文解字》'美'训作'甘'，本义是味美，美貌、美好之义都已是引申义。"[4] 周淑敏先生从王宁氏的观点："甲骨文𤕭是以羊的肥大体现古人以肥为美的文

---

① 李孝定：《甲骨文字集释》，""中研院""历史语言研究所 1965 年版，第 1323 页。

② 于省吾主编，姚孝遂按语：《甲骨文字诂林》第一册，中华书局 1996 年版，第 224 页。

③ 谷衍奎：《汉字源流字典》，华夏出版社 2003 年版，第 492 页。

④ 王宁：《训诂学原理》，中国国际广播出版社 1996 年版，第 291 页。

化内涵，是由 🖐 和 𣥂，两个字素合起来构成的。……美的本意是味道可口，它可以引申为形貌好看。"① 刘兴隆先生则在两可之间："象人有头饰，示美好之义。或释作从羊从大，示美善之义。"② 马如森先生又出新说："美，从大、从∨，∨象羽毛，字象人头上装饰羽毛，示以美观。本义是美观。"③

我们认为，以上诸家所释，都不怎么令人信服。其一，从视觉审美角度看，在上古时代，个人外表装饰是否美观的标准，应该与氏族部落的图腾崇拜物有较大关系，图腾不同，则标准很可能就会出现差异。就传说中的炎帝部落、黄帝部落而言，图腾崇拜物就多达数十种。《国语·晋语上》："昔少典娶于有蟜氏，生黄帝、炎帝。"有蟜氏，即是以蟜为图腾崇拜。那么，蟜是一种什么样的事物呢？《山海经·中次六经》载："有神焉，其状如人而二首，名骄虫，是螫虫，实为蜂蜜之庐。"骄虫即蟜虫，是一种喜欢螫人的蜂，可见炎黄部落都曾以蜂为图腾。《帝王世纪》又说："（炎帝）人身牛首，长于姜水。""有蟜氏女登，为少典妃，游华阳，有神龙首，感生炎帝。"则是以牛和龙为图腾。《史记·五帝本纪·正义》："黄帝有熊国君。"则又是以熊为图腾。另外，还有以凤鸟、蛇、鱼、狗、豕、羊、马、鸿、龟、云、风等作为氏族图腾的，据许顺湛先生统计，单单黄帝部落的图腾崇拜物就有 22 个之多④。《诗经·商颂·玄鸟》："天命玄鸟，降而生商。"可知商族的图腾是玄鸟（燕子）。所以，认为头戴羊形头饰、羽毛头饰等说法难以让人心悦诚服。其二，从味觉体验的角度看，羊在过去的确是作为"主膳"的，所以，"羞"、"馐"、"膳"、"羡"、"鲜"等与美食相关的字大多从"羊"构造。然而，形体大的羊肉就一定是甘美的吗？答案也未必如是。《周礼·秋官·掌客》就有"卿皆见，以羔，膳大牢"⑤ 的记载，可证以羊羔之肉作为大牢之膳，古已有之，羔羊肉嫩味美，自然也是一道不可多得的美食了。其三，汉语音义同源的规律，是客观存在的不可否认的语言规律，其他读音没有讹变的"mei"音之字，都符合"mei"音的"音本义"要求，而读音也没有

① 周淑敏：《快乐汉字》，中国文史出版社 2006 年版，第 365 页。
② 刘兴隆：《新编甲骨文字典》（增订版），国际文化出版公司 2005 年版，第 230 页。
③ 马如森：《殷墟甲骨文实用字典》，上海大学出版社 2008 年版，第 97 页。
④ 许顺湛：《中原远古文化》，河南人民出版社 1983 年版，第 415 页。
⑤ 郑玄注，贾公彦疏：《周礼注疏》，上海古籍出版社 2010 年版，第 1494 页。

产生讹变的"美"字，却又独立于这一汉语语言规律之外，这种逃脱规律的情况显然不能够成立。

　　我们推测，"美"最初可能是表示被人们牵着朝见天子（王）以表示臣服的活羊。因为羊生性温驯，不会对人进攻而构成伤害，所以，古人便有牵羊拜见以示臣服的习俗。首先，从古代文献可知，这种礼节在商周时期就已经非常盛行，据《史记·宋微子世家》记载："周武王伐纣克殷，微子乃持其祭器造于军门，肉袒面缚，左牵羊，右把茅，膝行而前以告。于是武王乃释微子，复其位如故。"距今3000多年，周武王伐纣灭商，微子作为纣王的老大哥，牵羊面见周武王以示臣服，得到了武王的饶恕，于是成为了宋国的开国之君，足见这一习俗的古老。到了春秋战国及秦汉时期，这种习俗仍然非常流行。《左传·宣公十二年》："楚子围郑……郑伯肉袒牵羊以逆，曰：'孤不天，不能事君，使君怀怒以及敝邑，孤之罪也。'"杜预注："肉袒牵羊，示服为臣仆。"此即是成语"肉袒牵羊"的出处，郑襄公牵羊以示臣服，态度如此真诚，终于得到了楚庄王的宽恕。其次，从甲骨文"𦍌"的形体来看，我们的推理也是能站得住脚的。甲骨文中和"人形"相关的字，常见的就有"𠂣"、"𠂤"、"𠤎"、"大"、"𡴃"等五种。"𠂣"像侧立的人形，在充当构字部件泛指一般的人；"𠂤"像跪坐的男人之形，在构形中表示臣服的男人；"𠤎"像跪坐的女人之形，在构形中表示臣服的女子；"大"像正面站立的男人之形，在构字中大多表示身份地位崇高的人；"𡴃"像倒立的人形，在构字中大多表示倒立或反向行走的人。《尚书·微子》："殷罔不小大，好草窃奸宄，卿士师师非度。"赵光贤先生指出："'大'指贵族，大臣，即卿士。"[1] 微子是商纣王的兄长，此也可以侧证我们对甲骨文"大"构字功能的推论。"羌"字甲骨文写作"𦍌"、"𦎫"（特指用绳子捆绑的羌奴）等形，下部所从即是侧立的人形，和"𦍌"字划然有别。从"𦍌"的字形看，"𦍌"在"大"之上，与"口"在"大"之上为"𠑿"（天）的构造理据属于同类情况，即包含了"羊"的地位高于"大人"之意。这种羊是在地位较高的臣服者与天子（王）间起连接作用的媒介物，因而得名为"měi"。它很可能要被臣服者预先清洗打扮一番，如同今天给礼物进行漂

---

① 赵光贤：《周代社会辨析》，人民出版社1980年版，第17页。

亮的包装一样，加上又具有使双方关系达到和好的作用，所以能够引申出
"和好"、"美好"的意义。

最后说一说"眉"和"湄"字，眉字甲骨文写作"𒀭"、"𒀭"等
形，在"目"字之上面画了 2 根到 3 根的眉毛，属于象事结构的字，刘
兴隆先生说："𒀭，象目有眉毛之形，释眉"①，于省吾氏曾经指出："𒀭
乃眉字的初文"②，可证此字即"眉"字的初文；金文写作"𒀭"、"𒀭"
等形，基本沿承了眉字甲骨文的写法；发展到小篆以后，形体略变为
"眉"，上部表示眉毛的部分，很明显是从金文"𒀭"上部的形体演变而
来的。《说文·眉部》："眉，目上毛也，从目，象眉之形，上象额理也。"
额理，即额纹，许氏释义正确，但分析字形则有误。姚孝遂氏对许氏的误
析予以批驳："甲骨文下象目，上象毛，不象额理。"③

"眉"，普通话读作"méi"，会同话读作"mí"，如会同话里的"眉
毛细雨"、"眼眉毛"等即使这样，此字普通话与会同话的读音虽然近似，
而且在语音含混时容易混淆，但明显不属于同一音系。关于"眉"字在
殷商时代的读音，一些古文字学家对此也多有论证。姚孝遂氏指出："卜
辞'湄日'或作'眉日'，'眉日'即'弥日'，犹言终日。"④ "眉"通
假为"弥"，可见两者读音当属于同一音系。杨树达氏曾说过："湄日者，
湄当读为弥，湄日谓终日也。"⑤ 屈万里氏更是对此详加论述："湄日二字
连文，卜辞习见，且常系于畋猎之辞。按《诗·小雅·何人斯》：'居河
之麋。'知麋与湄通。《周礼·春官·眡祲》：'七日弥。'注云：'故书弥
做迷。'又《春官·小祝》：'弥裁兵。'注云：'弥，读曰敉。'麋、敉、
迷，俱从米声。而湄、弥与之通，是湄与弥亦相通也。然则，湄日犹言弥
日，盖谓终日也。"⑥ 屈氏旁征博引，有理有据，论证非常充分。眉字古
读为"mí"的论据，最关键的还有"麋"字，麋就是通常所讲的麋鹿，
会同话叫作"麋子"。麋字在甲骨文里写作"𒀭"、"𒀭"、"𒀭"等形，

---

① 刘兴隆：《新编甲骨文字典》（增订版），国际文化出版公司 2005 年版，第 206 页。
② 于省吾主编，姚孝遂按语：《甲骨文字诂林》第一册，中华书局 1996 年版，第 583 页。
③ 同上书，第 582 页"按语"。
④ 同上。
⑤ 杨树达：《积微居甲文说·卜辞琐记》，中国科学院 1954 年版，第 69 页。
⑥ 屈万里：《殷墟文字甲篇考释》，载于省吾主编《甲骨文字诂林》第一册，中华书局
1996 年版，第 583 页。

突出强调了这一动物的眉毛之状，属于象形字。刘兴隆氏认为："〔字〕，形声字。以〔字〕（眉）表声，后来以米代眉作麋。"① 〔字〕上部所从的〔字〕，虽有提示音读的作用，但刘氏认为〔字〕是形声字，似有不妥，其他说解则至确无疑。《汉语大字典》卷八麋字下："《甲骨文编》：'卜辞麋从眉得声。'按：甲骨文'麋'字，似鹿而特显其眉。"孙雍长先生说："《急就篇》颜注云：'麋似鹿而大，目上有眉，因以为名也。'甲骨文'麋'字正从甲文'眉'，突出其目上有眉的形状。实际上麋的目上有白斑，看上去似眉。所以古人为这种动物取名，便联想到了眉毛的'眉'。"② 分析可证"眉"与"麋"音同且可以通假。《荀子·非相》："伊尹之状，面无须麋。"杨倞注："麋，与眉同。"须麋即是须眉，也就是今天讲的眉毛胡须，由此可知，"眉"字在荀子的时代仍读如"mí"，甚至到了杨倞所处的大唐盛世，"眉"字很可能还是读如"麋"。"眉"不属于"mei"一音系，其音本义自然就不会包括"连接"和"媒介"的特点。而"湄"字从"水"从"眉"构作，意义与水相关。《诗经·秦风·蒹葭》："所谓伊人，在水之湄。"毛传："湄，水隒也。"孔颖达疏："《释水》云：'水草交为湄。'谓水草交际之处，水之岸也。"《字汇·水部》："湄，水草之交也。岸有草，水与草交则水之际也。"水草相交，相互交错，是一种你中有我，我中有你的关系，并不完全具备"连接"、"媒介"的特点，水在草丛中若隐若现，正与"mi"的音本义要求相符合，仍然当读为"mí"，《诗·小雅·巧云》"居河之麋"的"麋"，即是"在水之湄"的"湄"字的同音通假。

　　综合上面的分析可知，汉语语词音义的关系的确是很紧密很有逻辑的。通过"音"，可以探求语词隐含的内在特质，通过语词所指事物的内在特质，又可反推出它最确切的音读，这就是我们所提倡的"汉语音本义原理"。自汉代以来，无数的语言文字研究学者，几年甚至数十年地与青灯黄卷相伴，想去将汉语音义结合的秘密揭示出来，继而达到杨树达氏所追求的"不使一字无语源"之目的，但为什么"因声求义"的"声训"，却在王力的时代几乎走到穷途末路的境地了呢？我们认为，造成这一状况的原因有多方面的，而最关键的原因，应该包括如下几个方面：

---

① 刘兴隆：《新编甲骨文字典》（增订版），国际文化出版公司 2005 年版，第 619 页。
② 孙雍长：《训诂原理》，高等教育出版社 2009 年版，第 252 页。

　　其一，语音产生了讹变。自夏商以降，地处黄河流域的中原一带，长时间作为中华大地的政治、文化、经济中心，民族融合、五胡乱华等因素，给北方语音带来了很大的影响，一些语词的读音产生了转变，从而逃离了上古汉语音义同源的根本规律。我们的语言文字研究者未能发现这一问题，或者虽然发现了却又确定不了哪些语词的音读已经产生讹变，哪些语词的音读是最忠实于它的语源读音的。如果不去考察这一现象，加上分析问题的方法又过于粗浅简单，语源的研究就当然是举步维艰、难以深入了，更不用说去揭示汉语音义同源的根本规律。在明清以后，音韵学的兴起和发展，尽管为汉语语源的研究提供了一定的方便，然而，学者据此而创建的"同韵相训"、"同声相训"、"通转说"等学说，却将探求汉语语源的路子从一个错误带入到了另一个错误。这就是问题的最关键所在。

　　如以"窗"字为例，普通话读作"chuāng"，常常称其为"窗户"；会同话读作"cōng"，常常称其为"窗子"，两者的读音差异很大。那么，谁的读音和上古读音最接近？谁的读音与"窗"字的形义结合最为贴切？这只能通过对它进行纵向和横向的考察分析，才能让大家的疑惑涣然冰释。

　　先看"窗"字的源流演变历史，进行纵向的考察分析。"窗"字，《说文》古文形体写作"𡆧"，后演变为"囱"、"囪"；小篆增加穴宝盖写作"窻"、"窗"等形，后演变为"窗"。王力先生说："按：'囱、窗'实同一词。词义发展的过程是这样：最初的时候，'囱'指天窗，即在帐篷（屋）上留个洞，以透光线。后来灶突也叫'囱'，同时，墙上的窗户也叫'窗'。"[1] 广西博白王氏的这一论述，符合"窗"字的源流演变历史，十分正确。根据我国考古学家的研究成果，远古时代的圆顶茅草房屋上方的正中处，就留有用于采光通烟的天窗，王氏以"屋"作"幄"，认为"囱"只是帐篷顶上方的小洞，则显得过于拘泥了。汉语音本义原理认为，"cong"音的音本义所强调的特点，主要是"小的"、"中空直通的"两大特点。杨树达氏指出："七篇下《穴部》云：'窗，通孔也，从穴，悤声。'按窗即囱之或作。囱即通孔，故物之中空可通者皆受声于囱。"[2] "囱"（窗）最早是指古代圆顶茅屋上可以让阳光炊烟直通的小洞，故而得名为"cōng"。《说文·囱部》："囱，在墙曰牖，在屋曰囱。

①　王力：《同源字典》，商务印书馆1982年版，第385页。
②　杨树达：《积微居小学述林全编》（上册），上海古籍出版社2007年版，第264页。

窗，或从穴。"段玉裁注："屋在上者也。"许段二氏的解说非常准确。孙诒让氏《周礼正义》："郑珍云：'轵轊凡两端，皆为偏笴，各纵横相贯如窗椟然，故谓之椟。《阳货》载葱灵，寝其中而逃。葱灵即窗椟之借。'"① 在会同话中，"窗"与"葱"音同义通，正好可以通假。

再结合与"窗"字语源相同的一些文字进行横向的考察分析。如"葱"、"聪（聪）"、"琮"、"悤（忽、匆）"、"骢"、"鏓"、"蟌"等字，都与"窗"（cōng）属于同一音系，是同源词；而普通话读为"cong"一音系的"从"、"丛"，会同话却读为"zong"一音系，与"囱"、"葱"等字不是同源词。王宁先生曾经对"囱"、"葱"等字的音义关系做过探讨，王氏说："词源意义中包含了古人的传统观念。例如下列一组同源词：囱，烟囱，走烟的通道。葱，调味菜，其叶中空。窗，墙孔，室中通空气的。聪，闻审谓之聪，接收外界事物通达。它们的意义关系：Y〔4〕（计按：指上面的 4 个语词）=/N〔4〕（计按，指词的类义素，即所指义）+/空——通/。"② 从王氏的分析看，王氏对于这些字的音义关系的把握，大体是正确的，但还不是十分到位。"囱"与"窗"本来是一字异体的关系，王氏却硬将它们一分为二，这不是很妥当的说解。事实上，"葱"就是一种形体较小、叶子中空而直通的调味菜（计按：调味菜薤头的叶子中空，但不能直立）；"聪"字从"耳"、从"心"、从"囱"构造，属于形声兼象事结构的字，表示人的听觉器官"耳"和思维器官"心"（古人以为"心之官则思"）之间的通道，像"囱"那样中空直通，没有阻碍，闻声则知意，继而引申出聪慧、聪明的含义；"琮"是古代的一种祭祀玉器，中间有直通的小圆孔（见图 2—13）；"悤"字，又写作"忽"，简体作"匆"，本来是指人因为心窍通达而

图 2—13　玉琮

反应敏捷迅疾，后来便引申出"急遽"之义，杨树达氏说："多遽悤悤谓

① 孙诒让：《周礼正义》第十三册，中华书局 1996 年版，第 3200 页。
② 王宁：《训诂学原理》，中国国际广播出版社 1996 年版，第 155 页。

之恖。"① "恖字"的"急遽"意义，其实正是从心窍通达敏捷引申出来的；"骢"字本是从"马"、从"蔥"构作，属于形声字，是指有青白色杂毛的马。《尔雅·释器》说："青谓之蔥。"杨树达氏说："马青白杂毛谓之骢。"② 通俗而言，即是说马的杂毛像青葱的颜色；"鏓"，读"cōng"，许慎《说文·金部》："鏓，鎗鏓也。一曰大凿，平木者。"解说摇摆不定，不能确解。顾野王《玉篇·金部》："鏓，大凿，平木器。"说解不符合"鏓"字的音形义组合原理和实际。段玉裁《说文解字注》："凿非平木之器，马融《长笛赋》：'鏓硐隤坠。'李注云：'《说文》：鏓，大凿中木也。然则以木通其中皆谓之鏓。'今按：中读去声，许正谓大凿入木曰鏓。"段氏训释至确无疑。"蟌"，读"cōng"，即通常讲的"水蜻蜓"。李时珍《本草纲目·虫部》："蜻、蟌，言其色青葱也。"李海霞先生说："蟌：即葱，葱绿，蟌多蓝绿色。"③ 蟌，不仅颜色和葱相似，最关键的是，那细长挺直的尾巴和葱叶也是极其类似。

王念孙《广雅疏证》卷四上："《尧典》云：'明四目，达四聪。'《王风·兔爰篇》云：'尚寐无聪。'毛传：'聪，闻也。'《噬嗑·象传》云：'聪不明也。'是聪为听也。"④ 又卷七上："聪与窗古同声而通用，《大戴礼·盛德篇》云：'名堂凡九室，一室而有四户八聪。'"⑤ 王氏认为"窗"古音与"聪"相同，这与会同话"窗"的实际读音完全符合，并训聪为听（计按：此处为名词，指听觉器官），与聪字的初义也比较接近。

杨树达氏也曾论述："按聪字从恖声而训为察者，恖之为言囱也。……囱为通孔，故物之中空可通者皆受声于囱。……一篇下《艸部》云：'葱，菜也，从艸，恖声。'按葱之为物中空也。物通者必明，故聪从恖声而训为察也。"⑥ 杨氏对从"囱"构作的"聪"、"葱"等字的音义关系进行了更深入的考察，其说多有可取之处。

结合王、杨等氏的论述，可知"窗"字古音即当如会同话读为"cōng"，

① 杨树达：《积微居小学述林全编》（下册），上海古籍出版社 2007 年版，第 587 页。
② 同上书，第 593 页。
③ 李海霞：《汉语动物命名考释》，巴蜀书社 2005 年版，第 532 页。
④ 王念孙：《广雅疏证》，江苏古籍出版社 2000 年版，第 116 页。
⑤ 同上书，第 209 页。
⑥ 杨树达：《积微居小学述林全编》，上海古籍出版社 2007 年版，第 23 页。

还可以推论"聪"字即是指中空细小而直通无阻碍的听觉通道,学者们的这些观点和认识,恰好可以证明我们对"cong"音字的分析是正确的。

　　概而言之,汉语音义同源的规律是很科学和富于逻辑的,只要语词的读音不窜入另外的音系,它的语源所强调的内在特质,就可以通过音义互证来予以准确定位。林尹先生指出:"推因的训诂方式,既是从声音上推求语词音义的来源,而阐明事物命名之所以然,所以其理论是建立在音义同源上的。因为一义转为多声,一声转为多字,后世音义虽各殊,而追溯同一语根的字,在古初仍是同音同义的。"[①] 根据我们的研究,会同话是一种存古性特征十分突出的方言,它保留了很多上古时代汉语语词的音读与意义,对于探求汉语语词的语源义,的确有着不可替代的巨大作用。刘又辛先生说得好:"四五千年来,许多来源悠久的词语,有的在通语(上古雅言,《方言》里的'通语',近古近代的'官话')中消失了,但在一些方言中还保留着。所谓'礼失而求诸野',一切有民族特色的风俗、习惯、礼仪和语言,都是社会文化的组成部分,都包括在'礼'这个范畴中。从人类社会学的观点看来,一个历史悠久的民族,她的'礼'往往是很有生命力的。一种风俗,一种语言中的词语,可能在源发地已经消失了,变了,但随着民族的迁移,往往在一些边远地区还保留着。这是一个普遍规律,现在研究汉语词汇史的朋友,已经认识到这一点,这类著作也逐渐多起来,这是一个好现象。"[②]

　　会同县地处偏远的湘西南山区,长时间处于交通闭塞的状况,因而形成了一个相对封闭的语言环境,呈现出"语言孤岛"的效应。在会同,至今仍有将外地人称作"貘黧"(mòlì)的习惯,"貘"是上古时代北方地区的一个部落氏族,"黧"是指皮肤黝黑体形较小的古南方部族。因此,华夏先祖便经常用他们来代指外族的人。由此可证,这个源于上古时代的古老的语词,在会同这个"语言孤岛"中确实得到了很好的保留。

　　其二,研究方法有误。从汉代许慎、刘熙开始,学者们创立的所谓"声训",虽然是以寻求语词的语源义为依归,以探求事物名称"所以然

---

　　① 林尹:《训诂学概要》第二章第四节,台北正中书局(油印件)。
　　② 刘又辛:《〈四川方言词语考释〉序》,载《刘又辛语言学论文集》,商务印书馆2005年版,·第353—354页。

之意"为宗旨，但汉儒所创建的声训方法，和"某者，某也"一对一训释的条例仍然是不正确的。通俗地说，以刘熙为代表创建的传统声训，它所寻求到的绝大多数是显性的所指义（汉字形本义），而不是汉语音义规律所包含的隐性的语源义（汉语音本义）。王宁先生指出："如果我们对汉语的早期词义加以分析，就会发现，词义的内部实际上存在两种不同的因素：一种是词的表层使用意义；另一种是词的深层词源意义。""词在使用时都有一个表面的义值，除此之外，词义内部还存在一种在表面上并不直接显现的东西，传统训诂学表述这种因素时以'词义特点'来称谓。它来源于造词的理据，由词的内部形式所负载；它贯穿于词义引申的全过程，也贯穿于同源派生词之间——在词义引申和新词的派生中，使用义发生了变化，而词源意义只在某一阶段发生相应的分解，却从不消逝。……而且，词源意义虽然不在使用中直接实现，但它对使用意义的特点有决定作用，非同源的同义词，只在使用意义上相同，词源意义却不可能相同，用这个方法可以辨析同义词。"① 海宁王氏的这一认识，可以说是我们现在所能看到的有关汉语语词意义认识方面最为深刻的。王氏所讲的词源意义，就是两千年来训诂家们梦寐以求的语源义，我们把它通俗地称为"汉语音本义"。"汉语音本义原理"所揭示的，就是对汉语语词所指义的特点起着决定作用的语源意义。

　　如以部分"ai"音字举例，"矮"字的所指义——王宁先生所讲的显性的使用义，是指人身体的垂直高度短小；"爱"字的所指义，是指人的行动非常缓慢；"嗳"（恚）的所指义，是指成年男女之间才会产生的爱慕情感；"艾"字的所指义，是指一种常用于艾灸、叶子有香气的多年生草本植物；"崿（岩）"（会同话读 ǎi）字的所指义，是指形状和性质的变化都很缓慢的岩石；"癌"字的所指义，是指一种治疗缓慢、质地较硬的恶性肿瘤。从这些同属于"ai"一音系语词的所指义来看，它们似乎不是一家人，相互间好像也并没有什么必然的联系。然而，只要仔细分析一下它们的深层意义，就能发现：它们"500 年前是一家"。

　　汉语音本义原理认为，"ai"音的音本义，主要是强调"变化缓慢"的特点。对前面列举的几个字稍加分析就能知道，"矮"是生长缓慢的结果；"爱"主要表示走路等行动缓慢；"嗳"（恚）表示在成年男女间产

① 王宁：《训诂学原理》，中国国际广播出版社 1996 年版，第 105—106 页。

生、消失都很缓慢的情感；"芠"在古人心目中，是一种让人延缓死亡且燃烧缓慢的神奇药草；"岩"是一种形状和性质的变化都很缓慢的物质；"癌"字从"嵒（岩）"、从"疒"构造，并从"嵒（岩）"得声，属于形声结构的字，是指一种治疗起效很缓慢、性质像岩石一样顽固的恶性肿瘤。这些字的音形义结合原理，详见第五章"ɑi"音字集释一节。

通过以上分析可知，汉语的语源的的确确是存在的，过去语言学家所讲的"语源义"、"词源义"或"语根义"，其实都是一回事，也就是我们提倡的"汉语音本义"。称其为"汉语音本义"，指向更加明确，又容易与汉字的"形本义"区别开来，我们认为比前面的几个名称都要贴切一些。但怎么去探寻汉语语源？怎么揭示出同一音系的"音本义"？这就需要有正确的方法为指导。传统的声训，其出发点是好的，但一开始就没有找到正确的方法，故而路子越走越窄。虽然在段玉裁、王念孙、程瑶田的时代有所突破，并且似乎要找到准确的途径了，但并不完善的音韵学说又将它拖入泥潭，以至于被王力先生扣上了"唯心主义"的高帽，几乎陷入绝境。

其三，研究缺乏系统性。我们认为，从秦汉时代以来的汉语语源研究，都必须是建立于汉字形、音、义的基础之上，继而结合存古性特征很突出的方言，以及语词所反映的自然、社会等实际情况一起研究，才有可能将所有汉字的语源义揭示无遗。但是，过去的研究者们，要么只以小篆字形为据，抛弃语音的核心作用，仅关注语词的所指义，如许慎氏和他的《说文解字》；要么用两个同声字比附训释探求语源，然而穿凿附会，臆测牵强，难以让人接受，如刘熙氏和他的《释名》；要么只去精研《说文》，以《说文》的训释及小篆形体为圭臬法则，却将汉字的老祖宗甲骨文弃之于不顾，如章太炎氏和他的《文始》；要么死死抱着甲骨文、金文的形义探求不放，却又将《说文》和汉语音义同源规律放到了一边，如少数古文字研究学者；如果再加上远离生活，天天独居书斋啃文献，不去体会对汉语汉字起着决定性作用的自然和社会万象，这样研究的结果，便只能出现瞎子摸大象般得到的是局部而不是全面的结论。

拿中国古文字学来说，唐兰先生就曾对这种支离破碎的研究状况进行了批判，唐氏指出："古文字研究本是文字学里最重要的一部分。但过去的文字学者对古文字无深切的研究，研究古文字的人又多不懂文字学。结果文字学和古文字研究是分开的，文字学既因语言、音韵学的独立而奄奄待尽。古文字的研究也因没有理论和方法，是非漫无标准，而不能进步。"① 正如唐兰氏所批判的这样，我们的语言学、文字学、音韵学、训诂学的研究状况，在很长的时间里，同样是处于一种相互割裂甚至分离的状态。

陆宗达氏指出："文字的研究偏重于形，音韵的研究偏重于音，而训诂学的研究则偏重于义。不过，这三个门类的研究虽有以上的分工和侧重，但实际上又不能分开，必须相互联系和贯通。一方面，我们对古代语言文字的一切研究，都是为了通晓古书的内容，了解古人的思想，使古代文献还其本来面貌，从而达到批判继承的目的。从这个意义上说，训诂是我们研究的落脚点；另一方面，训诂学在解释语言的思想感情时，是不能脱离文字的基础和语音线索的。"② "语言是属于社会现象之列的，词和词义的发展都是和人类的社会生活密切联系着的。因此，了解一个词的意义和词义的发展变化，不仅要考虑到它的形体和声音，而且还要对与这个词有关的人类社会生活情况有所了解。"③ 事实上，每一个汉字都是一个信息库，它们涉及了自然、社会生活以及思维科学的方方面面，所有的汉字组合在一起，就是一部大中华百科全书，如此信息丰富的文字，应该是世界上其他种类的文字都无法比拟和企及的。然而，如果我们脱离了古人造字的理据，脱离了汉语音义同源的规律，脱离了自然和社会生活的常识，研究缺乏系统性，随着一些存古性特征突出的方言的消亡，那么，对汉语语源的探究就永远也不可能实现。我们想，这无疑是中国文化史上最大的遗憾了。无根之木必有枯槁死亡的那一天，无源之水必有枯竭消亡的那一天，如果我们现在还找不到汉语的根和源，在西方文化长时间的强势入侵之下，我们的母语还会有多久的生存时间呢？（计按：写到此处，笔者不禁悲怆不已，泪如泉涌）

我们认为，训释汉字的确是一项系统性很强的工作，最好将汉语音义同源规律确定为必须遵循的准则，继而结合汉字形义结合的原理，以"汉语音本义"（语源义）为核心，将所有汉字音形义的源流及演变解释得清清楚楚。因为只有这样，人们才会对语词所指对象的特点和汉字形义

---

① 唐兰：《古文字学导论·自序》，齐鲁书社 1981 年影印本。
② 陆宗达：《训诂简论》，北京出版社 2002 年版，第 13—14 页。
③ 同上书，第 150 页。

的结合有一个准确的了解，才会通过这些鲜活生动的特点与形体对文字进行持续长久的记忆，人们运用起来也自然就得心应手、游刃有余了。我们想，这就是语言文字研究者应有的历史责任。

现在，不妨再以"介"、"界"两字形音义的结合原理予以分析说明。

如"介"字，普通话读为"jiè"，而会同话却读为"gài"，从汉语音本义原理来说，完全属于两个不同的音系。"介"字甲骨文写作"介"形，小篆写作"介"、"介"等形，从"人"、从"八"，"八"在构字中表示分开的功能。分析可知，"介"是指站在两方之间具有分开功用的人物。甲骨文中还有一字写作"介"、"介"等形，在侧立人形的周围有四个小点，过去也释为"介"。刘兴隆氏说："介，象一人浑身披甲，会英雄介士之意。小本动物之鳞甲，即保护层，此指人之衣甲。"[1] 左民安氏认为："介是甲骨文，面朝右侧站立的一个人，手臂略向前下方伸展，腿部的前后四点是护身的铁甲。"[2] 我们赞同刘、左二氏对甲骨文"介"的分析，甲骨文"介"，的确是指披在勇士身上的铠甲，音义都源于"甲"，应当属于"甲"的异体字，特指铠甲。此义后来加人旁写为了"价"[3]，与"介"字的音形义不是一码事，后来两字混同为一体，故而一再出现"介"、"甲"相通用的现象。《礼记·曲礼上》："介者不拜。"介者，其实就是"甲者"，即穿着铠甲的武士；《史记·韩非子传》："急则用介胄之士。""介胄"即当写作为"甲胄"。在汉字从甲骨文、金文发展到《说文》小篆的时候，出现了一些形体讹变混同的情况。这种现象，已经引起很多古文字学家的注意和研究了。裘锡圭氏指出："《说文》成书于东汉中期，当时人所写的小篆的字形，有些已有讹误。"[4] 许慎《说文·八部》："介，畫（画）也。从八、从人。人各有介。"徐铉："古拜切。"《说文·画部》："畫（画），介也，象田四介，聿，所以畫之。""劃（划）"是"畫（画）"的后起形声字，"画"与"划"音义相通，许氏所释，正是取其划分之义。也就是说，读作"gài"的"介"字，其实是

---

① 刘兴隆：《新编甲骨文字典》（增订版），国际文化出版公司 2005 年版，第 44 页。

② 左民安：《细说汉字——1000 个汉字的起源与演变》，九州出版社 2005 年版，第 16—17 页。

③ 参见谷衍奎《汉字源流字典》，华夏出版社 2003 年版，第 70 页。

④ 裘锡圭：《文字学概要》，商务印书馆 1988 年版，第 62 页。

指介入别人的纠纷，并让双方分开的调停者。杨树达氏说："谓字从人在八之间，当以介在义间为义矣。由此孳乳，田境介在田间，故谓之界。"①可证杨氏所讲的"介"，即是介入两者之间的意思。王宁先生也谈道："'介绍'一词，三十年代用作'绍介'。'绍'与'介'的结合是有历史文化原因的。周代的礼节，贵族相见时主客都要有人传命和导引。客方的传命人称'介'，分上介、次介、末介；主人的导引人叫'傧'，分上傧、承傧、绍傧。末介与绍傧正是主客之间的中介，所以《仪礼·聘礼》有'介绍而传命'之说。"②周代的中间人"介"，就是从以前的调停人——"介"发展来的。《孔丛子·杂训》说："士无介不见，女无媒不嫁。"从现在"介"字的最常用的意义来看，"媒介"一词，"媒"强调的是使两者相合，而"介"强调的则是使产生纠纷的双方分开，所以二者经常结合为一体。其他如"生死"、"死活"、"来去"、"上下"等都属于这类情况。因为纠纷者必然牵扯两方面的人，人数众多，而调停者则往往是威望最高的人，所以"介"字可以引申出"单独"的意义。会同话中有"独卵介"一语，"独"、"卵"、"介"三字，都包含有单独的含义，因此组合在一起表示最孤独的意思。王念孙《广雅疏证》卷三上："《昭十四年·左传》：'收介特。'杜预注云：'介特，单身民也。'"③介字即为单独、孤单的意思。从对"介"字的分析看，我们不仅要考虑它的形体演变与音读，还要结合社会生活以及俗语等内容综合考察，才有可能理清它的源流演变，语言文字研究的系统性，可见有多么重要。

"界"是"介"的后起形声字，小篆写作"畍"形，字从"田"构作，可知意义与"田"有关，其形本义是指田地之间表示管理权限分开的界限。《广雅·释诂三下》："疆、畔，界也。"《说文·畕部》："畺，界也，三，其界画也。疆，畺或从彊、土。"又《田部》："畔，田界也。""界，境也。"可见疆、畔、界都是田的分界线，其所指虽然相同，而命名立意的角度却有了区别，界是介的后起形声字，其得名的关键就是源于"介入"和"使分开"。至于"界"的古音，徐铉读作"古拜切"，换成今音就是"gài"；另外，日本话里也保留了一些汉字的古音，笔者在看电

---

① 杨树达：《积微居小学述林全编》，上海古籍出版 2007 年版，第 55—56 页。
② 王宁：《训诂学原理》，中国国际广播出版社 1996 年版，第 158 页。
③ 王念孙：《广雅疏证》，江苏古籍出版社 2000 年版，第 79 页。

视时曾注意到，日本话中的"世界"，其音读也正和会同话的读音非常近似，由此可证"界"、"介"两字都当读为"gài"。这刚好也与"gai"的音本义要求相吻合。

汉语音本义原理认为，"jie"音之音本义强调"连接"、"上举"的特点，"gai"音之音本义强调"介入"、"使分开"的特点，但两者也有出现"交集"的时候，如两个区域的分界线，从另一个角度看，其实也就是两地相连接的线，这可能是"介"、"界"两字读音转变为"jiè"的主要原因。然而，不管怎样，"介"、"界"两字所强调的主要还是"介入"、"使分开"的特点，古音古义，不可随意抛弃。

再简单做一下横向的比较分析，如前面分析过的"节"、"结"、"竭"、"揭"、"桀"等字，普通话都读为"jie"一音系，会同话也读为"jie"一音系，两者的读音没有分歧，可站在同一标准，依据汉语音义同源规律去进行检验。如"节"字，本来是指竹子主干上下两段相连结着的部分，后用于泛指植物茎上两段之间相连结的地方，如甘蔗、稻麦、茅草等植物的节。从视觉上看，"节"起着上下连接并将上一段向上举起的作用，这恰好和"jie"的音本义要求相吻合。

又如"结"字，《辞海》（1990年版）释为："用线绳等物打结或编织"、"缔结"等义，解释不确切。"结"本来是指将衣服的前襟向上提起，然后与腋下衣服上的短带连结在一起的行为，仍然和"jie"的音本义要求相吻合。

又如"竭"字，《辞海》（1990年版）释为："①举，竖起；②干涸；③完，尽。"所释也不确切。②③音义相同，都是"完"、"尽"之意，这是将"渴"字的意义归并在一起的结果。"水竭"的"竭"，古代本来写作"渴"，即水完了尽了的意思，"干涸"就是水尽，因此，不必再增加"干涸"这一义项，《说文·水部》："渴，水尽也。"许氏所释是正确的。从"竭"字的形体来看，左边所从的"立"，是一个站立的人形；右边所从的"曷"，像一个背负重物之人形，两形组合后，形体所表达出的意思是：一个人用脊背接住重物，并挺直腰杆用力将重物向上托起站直之状。《说文·立部》："竭，负举也。从立、曷声。"段玉裁注曰："凡手不能举者，负而举之。"重物压在脊背上，具有脊背与重物相"连接"的特点，脊背将重物向上托起，又具有了"上举"的特点，完全和"jie"的音本义要求相符合，正因为如此，所以才得名为"jié"。与此字构造原理相似的"歇"字，也是用类似的"象"来创造的，"曷"为背负重物之人，"欠"表示力量已经"欠缺"了，所以表示需要"歇息"之义。《辞海》（1990 年版）的编写者，由于不能理解、掌握汉语音本义原理和汉字形本义原理的神奇奥秘，所释自然就会出现偏差。《礼记·礼运篇》："五行之动，迭相竭也。"郑玄注："竭，犹负载也。言五行运转，更相为始也。"用的正是"竭"字的本义。

再如"揭"字，字从"扌"（手）、从"曷"构造，意义与手部的行为或结构有关；读为"jiē"，则语源义一定包含了"上举"、"连接"的特点。《说文·手部》："揭，高举也。从手、曷声。"许氏所释基本正确。《辞海》（1990 年版）对"揭"字的释义有"高举"、"扛在肩上"、"掀开"、"揭露"等项，所释也基本正确。从汉字形义结合的规则分析，"揭"字就是指一个人用双手将物体向上托起的行为。"竭"字是用脊背向上托起重物，"揭"字是用手向上托起物体，两字的形音义之间都有极其密切的关系。

再看"杰（桀）"字，从古文字发展的实际情况来看，"桀"与"乘"实际是一字之分化。"乘"字甲骨文作"𡘇"形，为"一人在木上"之象。有些古文文字研究学者，对"木"所代表的事物认识过于肤浅，认为它就是一棵树。如说"相"字是用眼睛看树，而"乘"字则应该是人在树上云云。如此主观臆断，不足为信。其实在甲骨文时期，造字之人是将木当成一个宽泛的事物来看的，可以是树，可以是树枝类事物，也可以是其他的棍状木制品。在我们所讲的象事结构的文字中，"木"作为一个构字部件时，就可以表示"棍状木制品"的含义。根据上述分析，"乘"字所表示的意义，应该不会是人在树上那么简单了。那么，从汉字构形学的角度看，"乘"字到底是怎样的含义呢？刘兴隆氏《新编甲骨文字典》说："象人在木上，示升、登之义。"①《说文》："乘，覆也。从入、桀；桀，黠也，军法曰乘。"又曰："桀，磔也。从舛在木上也。"段玉裁注曰："裴骃引《谥法》曰：'贼'人多杀曰桀。引申为桀黠字。"我们认为，上引诸家的观点，对"乘"字的形义分析都不十分正确。我们在前面已经分析过，"桀"字很可能就是"高跷"或"踩高跷"之象，也即会同俗语讲的"踩高脚马"或"骑高脚马"。针对古人释义不确切的

---

① 刘兴隆：《新编甲骨文字典》（增订版），国际文化出版公司 2005 年版，第 332 页。

情况，我们只有用"汉语音本义原理"和"汉字形本义原理"去对"桀"字进行考察检验，并将"桀"字的孪生兄弟"乘"放在一起来分析，才能够比较准确地解释出它的内部含义（详见前面分析）。木制高跷和脚是"连接"在一起的，人踩在高跷上，从另一个角度看，即有高跷将人高高上举之象，所以"桀"字可以引申出"特高"之义、"突出"之义。

通过以上的横向比较分析，我们知道上古时代"jie"音字的音本义（语源义）是相同的。"介"、"界"两字，虽然可以说具有"连接"的特点，但它们并没有包含"上举"的意义，所以，我们认为这两个字的正确读音，应该就是像会同话一样读作"gài"。

总而言之，汉语在发生的初期，是有着很强的逻辑性的。它严格遵循着汉语音义同源的规律，并围绕着这一规律建立起了一套极其完善的简单实用的语言体系。后来，虽然在逐步发展的过程中由于受到了一些内外因素的影响，而产生了些许的变异，但它本身的构架与体系，却仍然可以归纳到逻辑知识的范畴之中。英国李约瑟博士在他所著的《中国科学技术史》中，就对中国人所创造的人文科学不无赞叹地说："在中国人过去的时代精神中，显然没有任何东西能够阻止人们去发现那些最符合于严格的考据原则、精确性和逻辑推理的知识。"[1] 我们认为，中国人完全不愧于这一赞扬，汉语音义同源的规律，不仅有规则可以依循，而且有逻辑可以演绎，作为一名炎黄子孙，我们有理由为华夏先祖的这一伟大创造感到无比骄傲与自豪。

二　会同话堪称上古汉语活化石

会同地处湘西南偏远之地，隶属于怀化市，境内有渠水、巫水穿过，是粟裕大将的故乡，风情独特，文化古朴。其中的高椅古村有"江南第一村"、"江南民居活化石"之誉；"鹰嘴界国家级自然保护区"有"物种天堂"之称；境内连山盆地传说为"连山易"的发祥地，"炎帝故里在会同"已成为众多炎黄文化研究学者、中华文明起源研究学者认可的一种"新说"。

会同民风淳朴，语言独特。与周边地区的方言相比，会同话的语音语

---

① 转引自漆永祥《乾嘉考据学研究》，中国社会科学出版社 1998 年版，第 50—51 页。

义存古性特征十分突出和明显，堪称"上古汉语活化石"。主要表现如下：

①语音古朴，音调沉浊简单，平铺直叙，缺少曲线变化，与语言产生初期音调简单的特点比较吻合。

②语义古老，很多常用语词的意义，可以上溯到甲骨文的时代。如"𥄂"、"若"、"由"、"踞"等。

③语词用法古老，名词用为动词现象特别突出，如"瓮"、"亥"等，"瓮"字在会同话里可以作动词用，读为"wēng"，包含有"掩埋（尸体）"的意义，"瓮"字的这一意义，可以追溯到距今9000年前的贾湖村古人瓮棺葬习俗。

④语词读音古老，一些常用语词的读音，仍然保持着上古汉语的状态，如前面已经分析过的"眉"、"湄"、"解"、"介"、"界"等字。

⑤通过加重语调来加重语词含义、或使语词含义产生有内在联系的变化。以"爷"字为例，音轻则表示父辈，如：爷老子（计按：表示父亲或父亲之兄弟）、蛮爷（计按：指排行最小的叔父）；而音重（读去声）则表示父辈的父辈，爷爷（祖父）、老爷（老祖父）。

对于以上观点，现略举数例予以论证。

（一）"𥄂"字古义保留至今

"𥄂"字，《辞海》注音为"tà"，会同话读为"tá"与"tà"两音。在秦汉以后的文献中，此字已经非常罕见，因此，一般人基本上不能知道它的音读和含义了。但在先秦时期的铜器铭文和殷商甲骨卜辞中，它出现的频率却是非常高的。

"𥄂"字甲骨文写作"𥄂"、"𥄂"等形，金文写作"𥄂"（静簋）等形，隶定楷化后写作"𥄂"。许慎《说文·目部》"𥄂"字下："目相及也。从目从隶省。"许氏释义基本正确，但析形则大误；朱骏声《说文通训定声》："按以目尾其后，犹《孟子》之施从而𥄂（探视）也。"仍是发挥许慎氏的说解，弄不清"𥄂"字的形义组合原理；郭沫若氏在《金文丛考·臣辰盉铭考释》中对此字的形义也曾做了说解，郭氏认为："甲文、金文皆作'隶'省。此当系涕之古字，象目垂涕之形"，"𥄂字卜辞及彝铭习见，均用为接续词，其义如'及'，如'与'。"① 后刘兴隆氏、赵诚氏皆从郭氏之观点，刘氏说："𣶒象目中流泪，示垂涕之义。卜辞中多借作连词，义同及、暨。"② 赵氏也说："㝫，本像目垂泪之形，即古涕字，此用作副词，有'共同'、'一道'的意思。"③ 郭氏、刘氏、赵氏析形并误，释义基本正确；《辞海》（1990 年版）："㝫，目相及。……按众（眾）下从三人，㝫下从隶省，截然各别。"从《辞海》的解释看，也是采信了许氏"从隶省"的说法。那么，㝫字的形义结合原理到底是怎么一回事呢？让我们先录几例与㝫字相关的甲骨卜辞、铜器铭文进行分析：

①豚㝫羊㝩（皆）用。（《甲骨文合集》31182）

②辛巳卜，王其奠，方㝫用皆在盂奠，王弗……（《小屯南地甲骨》1029）

③丁卯卜，宁贞：翌己未令多射㝫敖……（《甲骨文合集》7242）

④戊寅卜，贞，令甫比二侯及㝫元，王偝之，若。（《甲骨文合集》7242）

⑤王令士上㝫史寅殷于成周。（《臣辰盉铭》）

第①条卜辞说的是：祭祀时候，小猪和羊都要用。

第②条卜辞大体是说：辛巳日（计按，古人用干支纪日，现在所谓算命，就要将人的出生年月日时转换为干支）这一天占卜，王要进行祭奠。方（人名）和用（人名）都在盂地祭奠，王不要（去）……

第③条卜辞是说：丁卯日这一天占卜，宁（占卜人名）通过看卜兆判定：接下来的己未日，命令多射（人名或官职名）和敖（人名或族名）……（计按：这一条卜辞要不有错刻，要不是编者录错了。丁卯日接下去的是己巳日，与卜辞不合；因"翌"字也可指接下来的一旬即下旬，但下一旬的己为天干的日，应是己卯日，所以可判定丁卯与己未中的"卯"或"未"定有一个是刻错或录错了。可见读书要善于思考）

第④条卜辞大意为：戊寅日占卜决定，命令甫（人名）联合及（王侯名）和元（王侯名）二位王侯，（接受）商王来偝（字可释为省，视

① 郭沫若：《金文丛考·臣辰盉铭考释》，转引于《汉语大字典》（第二版）卷五，四川辞书出版社、崇文书局 2010 年版，第 3110 页。

② 刘兴隆：《新编甲骨文字典》（增订版），国际文化出版公司 2005 年版，第 199 页。

③ 赵诚：《甲骨文字学纲要》，中华书局 2005 年版，第 56 页。

察义），非常顺利。

第⑤条铭文的意思是：王命令士上（官职及人名）和史寅（官职及人名）两人在成周洛邑举行殷祭。

以上卜辞及铭文中的"𥃟"字，都属于连词，包含有现在的"和"、"与"、"及"的意思。从其甲骨文中的"𥃟"、"𥃟"、"𥃟"等形体看，字实际是从"目"、从"小"构作，"小"字甲骨文写作"小"、"小"等形，"𥃟"（计按：小鸟之意，即雀字）字从"小"从"隹"构造，"𥃟"字"像老鼠侧面形"①，即"鼠"字，上部也是从"小"（小）构作，与"𥃟"的构造原理相同。金文写作"𥃟"（静簋），下部所从的"小"已经出现讹变了。在会同话里，一只眼睛上下相合而变小呈微闭之状，即被称做"tà"，长有这种眼睛形状的人，俗语就称之为"𥃟子"。郭沫若氏等人以为像眼睛落泪之象，对形体认识不确切；有的文字学家甚至直接将"𥃟"字释为"暨"字，虽含义符合，但与汉字形义学的规律不相符，更不可取。

汉语音本义原理认为，"tɑ"音字主要强调"不对称的"、"上下合并"两个特点。由此可知，作连词用的"𥃟"，主要用于表示地位不对称的上下级关系或异类物体间的合并；而"与"、"及"等连词，强调的是同类聚集或平等相合等不同特点，在古人看来，这是有明显区别的。在会同方言中，"tɑ"音的语词有好多个，适用的范围也比较广。如"雌雄上下不对称交合"被称作"蹋（tà）"，"糟蹋"一词即源于此；"眼睑上下不对称合并（一睁一闭）"也称作"𥃟（tà）"；"衣服纽扣上与下不对称合并"也称作"𥃟（tà）"；"说话时上一句和下一句可以合并为一句（即话语重复之意）"也称作"沓（tà）"，会同话里至今仍有"话沓"（会同话读作 wá tá / tà）一词，就是表示话多又前后重复的意思，与《说文》："沓，语多沓沓也"正好符合；"两个以上盘子上下合并"也称作"沓（tà）"；"上层人（地位高的）与下层人（地位低的）合并"则称作"𥃟（tá）"。推而广之，则"塌"是指上部的土石下落、与下面的土石合并在一起了；"踏"是指一只脚（不对称）从上下落与地面合并的行为；"榻"是指一种床板几乎要与地面合并在一起的矮床；"搨（拓）"是指

---

① 赵诚：《甲骨文字学纲要》，中华书局 2005 年版，第 147 页。

用纸张覆盖在有文字的石碑或器皿上摩印的行为（源于纸与石面上下合并在一起）等，无不涵盖在汉语音义同源规律之中。用作连词的"𥝢"，至今仍然在会同话里运用十分频繁，而且依然包含了"上级带领下级"、"主要人物带领次要人物"的意味。如"小刘𥝢小李等人去打球"，虽然句中的"𥝢"字是连词，有"和"的意思，但强调了以"小刘"为主的含义。分析可知，在会同方言里，"𥝢"字的含义是很明确的，处于"𥝢"字前的那一方，往往是主要的、是领导者，处于"𥝢"字后的那一方，往往是次要的，是从属者。也就是说，双方的关系并不是平等对称的，这与甲骨文卜辞的用法其实一模一样。甲骨文中有很多条"妇好𥝢某某（去做某事）"的卜辞，妇好是商王武丁的妻子，地位很高，经常率部队征讨反叛的方国，根据今天的语言习惯，"妇好𥝢某某（去做某事）"，其实解释为"妇好带着某某（去做某事）"，意义更加贴切准确。总而言之，"ta"音本义主要是强调"不对称的"、"上下合并的"两个特点。一只眼睛下垂变小，这是甲骨文"𨑎"字形体反映出来的意思，上古之人熟悉口语"ta"所要求的内在特点，所以，只要看到"𨑎"这一形体，就知道它所指何事，就知道应该读为"tà／tá"。

（二）"由"字破译有理有据

"由"，普通话读为"yóu"，会同话都读作"you"，读音差异不大。然而，对于"由"字的音、形、义结合原理，自汉代许慎以来，却没有任何一个语言文字学家解释得清楚明白的。兹录著名学者专家对"由"字的解说于后，以便读者进行比较分析：

（1）许慎氏《说文》没有收录"由"字，但其中所收的"甾"（zī）字或㽞（yóu）字，后世文字学家大多认为就是"由"字的早期形体。许氏解释"甾"字为："东楚名缶曰甾。象形。凡甾之属皆从甾。𤱲古文。"释㽞字为："㽞，木生条也，从丂，由声，《商书》曰：'若颠木之有㽞卉。'古文言'由卉'。"

（2）徐锴氏《说文系传》："《说文》无由字，今《尚书》只作由㽞，盖古文省丂，而后人因省之，通用为因由字。"《书·盘庚上》："若颠木之有由蘖。"蔡沈注："由，古文作㽞，木生条也。"

（3）段玉裁氏《说文解字注》："缶下曰：'瓦器，所以盛酒浆，秦人鼓之以节歌，象形。'然则缶既象形矣，甾复象形，实一物而语言不同，且实一字而书法少异耳。"

（4）徐灏氏《说文解字注笺》："此当从《玉篇》作㞿。戴氏侗曰：
'㞿'，竹器也。灏按，㞿正象编竹之形，仲达说是也。此字隶变作甾，以
上三歧为曲笔，遂与艸部之甾相混，故《广韵》误认为一字。"

（5）章太炎氏《新出土三体石经考》："从由之字，皆当作㞿，今篆
文皆两侧冥合者，此自汉碑已然，传写转讹，其来已久，二徐已不知由当
作㞿，得卷子本《玉篇》与石经相印，然后千载之疑，昭然如发蒙矣。"①

（6）徐复、宋卫民先生《说文五百四十部首正解》："今按：《说文》
从由声之字凡二十二，而无由字，诸家以字体刻写资料证明，㞿即由字，
可无致疑。然由字竟为何义？王筠谓由为萌蘖，乃㞿之古文，徐灏谓为
竹器，段玉裁则谓为缶，各执一说，皆无以定之。"②

（7）邹晓丽先生《基础汉字形义释源》认为"由"与"甾"同字，
邹氏说："构形不明。在卜辞中作地名，也可作动词，与今之'载'意
近，故于省吾以为是'载'的古字，异体作'𢦏'；在卜辞中还可以作助
词或起指代作用，王国维认为即'由'的本字，读如'甾'；郭沫若以为
是'盐'的初。今学者多同意王国维之说。"③

（8）谷衍奎先生《汉字源流字典》："由，《说文》失收。从甲骨文
看，本义为竹木编的盛器。与甾是同一个字。"④

（9）刘兴隆氏《新编甲骨文字典》收有"由"字，作"㞒"、"㞒"、
"㞒"诸形。刘氏解释说："象武士所戴有缨饰之帽子顶部。卜辞辞例分
析，用如因由、事由之由。《韵会》：'因也。'古文由、繇同字，《前汉古
今人表》许由作许繇。"⑤

　　看了上引文字专家对"由"字的解说，读者能猜出"由"字到底为
何物么？答案显然是否定的。从这些学者的解说来看，大体有如下几个方
面的失误：其一，将"由"、"甾"（zī）、"葘"（zāi）三个字混为一谈。
"由"字甲骨文写作"㞒"、"㞒"等形，属于象事结构的文字，表示用来

<hr />

① 章太炎：《新出土三体石经考》，转自徐复、宋文民《说文五百四十部首正解》，江苏古
籍出版社 2003 年版，第 367 页。
② 徐复、宋文民：《说文五百四十部首正解》，江苏古籍出版社 2003 年版，第 367 页。
③ 邹晓丽：《基础汉字形义释源》（修订本），中华书局 2007 年版，第 150 页。
④ 谷衍奎：《汉字源流字典》，华夏出版社 2003 年版，第 117 页。
⑤ 刘兴隆：《新编甲骨文字典》（增订版），国际文化出版公司 2005 年版，第 65 页。

穿过针眼（小口）的线头之形；甾字甲骨文写作"𰀀"形，金文写作"𰀀"形，属于象形字，像古代一种盛酒浆的器物；而"菑"字《说文》或体写作"𰀀"，属于形声字，此字本来是从"𰀀"构作，"𰀀"字在甲骨文里已经出现，表示"川"（河流）被"—"所阻碍而出现堵塞不通之情况，在甲骨文里特指水灾的"灾"。《说文·艸部》："菑，不耕田也。'𰀀'，菑或省艸。"上古时代，人们刀耕火种，由于土地肥力的问题，耕地需要实行轮休耕种的制度，第一年放火除去地中的杂草进行开垦，但还不用于种植粮食，叫做"菑"，即"不耕田"；第二年无须开垦就可以直接进行耕种，叫做"新田"；第三年时土壤中的草根基本除尽，地力肥壮，叫做"畬"。据王若江先生介绍说，"同时菑又表示在这种土地上铲除草的劳动。郝懿行《尔雅义疏·释地》：'诗，采芑正义云，菑者，灾也。引孙炎曰：菑始，灾杀草木也。'菑的具体做法是将杂草翻入地里或烧掉，为耕种做准备。《尚书·大诰》：'厥父菑，厥子乃弗肯播，矧（shén）肯获。'可见菑、播、获是在菑地上的三个生产步骤。"[①] 分析可知，由、甾、菑三字在上古汉语时期就区别明显，由于随着汉字形体的发展演变，三字偶尔出现了混同的现象，后世文字学家因为不去加以深究，故而众说纷纭，解释不一。

不仅如此，"由"字与"古"字的形体后世也多有讹混。金文"由"字写作"𰀀"（🌀由方尊），"𰀀"（遣尊），从"由"的"油"字写作"𰀀"（散氏盘），战国包山楚简"邮"字写作"𰀀"。通过这些形体比较可知，"由"字已与"古"字金文时期形体相同或相近了，其上部既可写作圆点状，也可写成一横。刘钊先生说："古文字中的'由'与'古'两字时有相混的情况，典籍中亦有例证。睡虎地秦简中'车𰀀'、'复𰀀衣'之'𰀀'和'𰀀'，解释起来甚为牵强。后改释为'轴'和'油'，则涣然冰释。"[②] 刘先生分析深入浅出，材料过硬，可证"由"字的形体确实曾在演变过程中出现了讹变现象，其说可信从，但可惜没有对"由"字的形义结合原理作探源式的考证。

---

① 王若江：《汉字与农业》，载何九盈、胡双宝、张猛编《中国汉字文化大观》，北京大学出版社 1995 年版，第 341 页。

② 刘钊：《古文字构形学》，福建人民出版社 2006 年版，第 263 页。

　　那么，"由"字的形体和意义到底是什么情况呢？这还需要从它的甲骨文形体入手分析。从"由"字甲骨文"凷"、"凷"等形体可知，"由"字是"𝄐"和"𝄐"两个形体组合而成的，上部所从的"𝄐"，与"冬"字的甲骨文形体"𝄐"、"𝄐"构形有些类似，"𝄐"表示两个冻结在一起的尖锐冰棱，而"由"字上部所从的"𝄐"，则表示绳线尖锐细小的那一端，也就是俗语讲的"线头子"。古人为了将这一意义表现得更加明白，于是又加了一个"𝄐"字，"口"字在充当构字部件时，可以表示人或动物口部的行为，也可以表示所有物体的裂口，在"凷"字中，"𝄐"字表示骨针的裂口——针眼。两形组合后，即表示用于穿过针眼、在针线缝纫时中起导引作用的细小线头。

　　汉语音本义原理认为，上古汉语中"you"音的语词，都包含了"细微的"、"导引的"两个特点。线头形体极其细小，又在针线缝纫时起导引的作用，与"you"的音本义要求刚好符合，所以得名为"由"。"you"音所强调的内在特点，可以从其他"you"音之字得到检验。

　　如"幽"字，甲骨文写作"𝄐"、"𝄐"等形，金文写作"𝄐"、"𝄐"等形，字明显是从"𝄐"、"𝄐"（火）构造。许慎《说文·丝部》："幽，隐也。从山中丝，丝亦声。"许氏释义近是，析形则大误。刘兴隆先生说："（𝄐）象火熏两根丝线，示黝黑之义。古文火、山形近，故《说文》误以幽字从山。"[1] 刘氏析形比较正确，但释义则有误。左民安先生认为："这个'幽'字本为会意字。甲骨文'𝄐'的上部是两缕细丝，下部是'火'，以微火烧细丝，发出微光。"[2] 左氏的观点未考虑汉语音义同源规律，说解不符生活的实际。

图2—14　拉耒耕地

---

①　刘兴隆：《新编甲骨文字典》（增订版），国际文化出版公司2005年版，第241页。

②　左民安：《细说汉字——1000个汉字的源流与演变》，九州出版社2005年版，第102页。

事实上，"幽"是一个形声兼象事结构的字，即是指具有导引功能的少量火种。火种要用灰覆盖好，所以有"隐藏"之义，火种不会产生火焰，只有微微的红黄色光，所以有"幽冥"、"幽暗"之义。

如"幼"字，甲骨文写作" 字 "形，字从"幺"、从"力"构造。"幺"字像绳索之形，"力"字金文写作" 丿 "，像耕地的"耒"，两形组合，表示以绳索拉耒耕地之意（见图2—14）。赵诚先生说：" 丬 ，或写作 丿 ，左右无别，皆像耒一类之生产工具，即力字之初文。"① 徐复、宋文民先生指出："甲骨文'力'，象原始农具之耒形。"② 邹晓丽先生认为："古耕地在前面拉耒者多为幼者，后扶耒者须年长有力者，幼字形象以绳系于耒上之形。"③ 少年力量较细微，又在前面拉绳索起导引耕具耒的作用，所以得名为"幼"。

另外，如"诱"是指在前面起引导启发作用的只言片语；"右"是指在劳动过程中起导引作用（左手起辅佐作用④）的小肢（脚是大的肢）；"羑"是指用细微的惩戒手段（与刑杀等残酷手段相比）引导人向善变好的"拘留所"，周文王被纣王拘羑里而演八卦，"羑里"就是拘留软禁人的地方；"牖"是指墙壁上用来导引光线进来的小窗；"卣"是指一种专门用来盛装导引神鬼降临的香酒的细小器具（"柚"是指形状非常像"卣"的果实）等，无不符合汉语音本义原理。

"由"字的本来意义，也可以从会同方言中得到验证。会同俗语里有"pái起由头假（jià，借用）簸箕"一语，"由头"即是现在讲的线头，"簸箕"是古代女子做针线活时专用来盛装针线等的必备器物，换成普通话说，就是"双手将线头搭在肩膀上（像拉纤绳一般地）拉着去向别人借用盛装针线的簸箕"。因为"由头"具有导引的作用，所以，这句话运用夸张和双关语的手法，表达了另一个隐性的意义，话里隐藏的含义是："故意寻找引发事端的岔子（茬子）。"会同山歌有云："针眼难穿线难由。"此"由"是线在针导引下从布孔轻轻拉过去的意思。在会同，屠夫

---

① 赵诚：《甲骨文字学纲要》，中华书局2005年版，第177页。
② 徐复、宋文民：《说文五百四十部首正解》，江苏古籍出版社2003年版，第389页。
③ 邹晓丽：《基础汉字形义释源》（修订本），中华书局2007年版，第114页。
④ 王力说："但左手比起右手来处于次要的地位，它只能帮助右手，所以后来写成'佐'字，专指'辅佐'。"语见王力《汉语史稿》，中华书局1980年版，第618页。

宰猪，褪毛破肚后欲把猪剖为两边之前，先要扯住小肠一端并以之为引导轻轻将整个小肠拉出，称此过程为："把细肠子由出来"。会同话的古老性可见一斑。

"由"字的初义，还可以从其他从"由"构形的字来得到验证。如"抽"字，以前有些文字学家常常把它简单地理解为形声字，"扌"表示手的动作，是形部，"由"提示字音，是声部，其实这样的理解是显得有些肤浅了。但是，看过以上的分析后，大家都能从"抽"字的形体结构体会出"用手抓着线头往外拉"的意思，"扌"是动符，表示手部的动作，"由"是线头，两形组合后，"手抓线头（向外拉）"的象就一目了然了。剥茧抽丝、剥皮抽筋中的"抽"，用的就是抽字的本义。古人造字之妙，实在是非同凡响。

《辞海》（1990 年版）解释抽字为："①引出，吸；②拔出；③提出；④牵动，收缩；⑤抽打。"释义虽然胪列详细，但仍不得要领，使读者难于理解记忆。大家试想，"提出意见"中的"提出"不能转换成"抽"字，"收缩腹肌"中的"收缩"也不能以"抽"字代替。所以，这样简单又缺乏逻辑的解释，并不能给汉语学习者带来什么积极的作用。根据汉语音本义原理、汉字形本义原理，我们将"抽"字的含义定位为："抓住细小的线头类物体向外牵拉。"这样既易于理解抽字的本义及意义的扩展延伸，又更会对学习者正确地运用"抽"字提供很大的帮助。

"由"字的正确解读，最根本的原因，是我们运用了汉语音本义原理、汉字形本义原理，以及会同俗语中的相关材料进行推理。掌握了这两个原理，释读汉字不仅变得像做数学题目那样公式化、逻辑化，并且能够让人们在学习汉语的过程中充满了无限的推理乐趣。而会同俗语材料的印证，则说明会同话古音古义的遗存，的确十分丰富价值非凡。

（三）"居"字音义古老准确

"居"字，普通话读作"jū"，而会同话则读作"gū"，是"踞"的本字，"踞"是从"居"字派生出来的，是"居"的后起形声字。"居"，金文写作"𦣞"或"𦣝"等形，字从"尸"、从"士"（表示男性生殖器）、从"口"（表示女性生殖器）构作，属于象事结构的字，表示会暴露出人体隐私部位的一种坐姿，小篆写作"居"、"居"等形，字从"尸"、从"古"构造，形体已经产生了讹变；而现在所谓"居住"的

"居"字,小篆写作"屌"、"屌"等形,隶定楷化为"尻",与现在普通话"蹲"义相近的"居"(踞)字相比,形体划然有别。《说文·尸部》居字下:"蹲也。从尸,古者居从古。臣铉等曰:'居从古者言法古也。踞,俗居从足。'"《说文·几部》尻(jū)字下:"处也。从尸部得几而止。《孝经》曰:'仲尼(计按:即孔子)尻。'尻,谓闲居如此。"徐铉引唐代孙愐切音,均注为"九鱼切",如换成现在的拼音,就是"jū"音。由此可证,至迟到唐代时候,"居"与"尻"两字的读音就已经完全相同了。

《辞海》(1990 年版)中"踞"字常见的音义定为:"jù。蹲或坐。"而"居"字常见的音义定为:"jū,①住;②住所;③固定;停留;④坐。"现在,"居"写为了"踞","尻"写为了"居",这真是一个天大的误会。

对于"尻"、"居"两字的混淆情况,明代王夫之(字船山)早已察觉到了。他在《说文广义》中写道:"居,本训蹲也。徐铉曰:'俗从足作踞,音九鱼切。'虽与'尻室'之'尻'音同,而义自别。尻从几;几,所以安尻也,尻与行对,坐谓之尻,因借为停止事物、凝成德位之名,如'尻货'、'尻赢'、'尻位'、'尻德'、'尻功'之类。尻必于室,故又借为'屋'义;屋者,所以安处也。后世废'尻'字,以加足之'踞'为'蹲居','居'为'尻止'。相沿既久,六书之义不行,乃至以从九之'尻'写作'尻'字。传写经史者,实为乱始。"[1] 王船山广闻博识,比较透彻地分析了两字形体的讹混情况,非常正确。

汉语音本义原理认为,凡"ju"音之语词都有"直的"、"聚合"的特点。杨树达氏指出:"音与义之相关,盖犹影之于形,不可或离,故音训重焉。"[2] 杨氏所论至确,揭示汉语音义同源的规律。正如杨氏所说,"ju"音所强调的"音本义"就有着一种形影不离的非常紧密的关系。

如"巨"字,金文写作"榘"、"榘"、"王"等形,小篆写作"巨"形,省去了金文形体中的"大"(或"夫")。王夫之氏说:"巨,本'规巨'之'巨'字。或作'榘',今省作'矩'。其借为'大'义,

---

① 王夫之:《船山全书》第九册,《说文广义》,岳麓书社 1989 年版,第 66—67 页。

② 杨树达:《积微居小学述林全编》(下册),上海古籍出版社 2007 年版,第 599 页。

与'细'对者，字当作'鉅'。鉅，大刚也。"① 王氏没有参考"巨"字的金文形体，说解略有瑕疵。戴家祥氏引商承祚氏之说："'大'、'夫'皆人形，象人持'巨'，以证《说文》或作，矢乃夫之讹，木则后增，后以省体之'巨'为巨大字，遂以'矩'为矩规之专字矣。"② 巨、矩、榘三字，为一字异体现象，本来是指古代木工师傅所用的一种画直线的曲尺，也被称作"方尺"。"巨"是省体字，"矩"是一种掺杂了讹变形体"矢"的正体字，"榘"是加了"木"旁的后起形声字。商承祚氏所论符合"巨"字的形体演变实际，十分正确。从木匠师傅所用的曲尺形制来看，"巨"是一种用两块宽薄的直木板聚合在一起做成的尺子，具有"直的"、"聚合的"特点。后来被借用为"巨大"的"巨"（此义原写作"鉅"）。

如"炬"字，其本字写作"苣"，字从"艸"从"巨"构作，属于形声兼象事构造的字，主要强调了它的材质；而从"火"构作，则是着眼于它的功用。许慎《说文·艸部》："苣，束苇烧。从艸、巨声。"徐铉等曰："今俗别作炬，非是。"所谓"束苇烧"，即是将芦苇草聚合束缚成的直棍状火把。

如"聚"字，字从"取"、从"乑"构作，许慎《说文·乑部》："聚，会也。从乑，取声。邑落曰聚。"段玉裁注："邑落，谓邑中村落。"《广雅·释诂二》"聚，居也。"《史记·五帝本纪》："一年而所居成聚，二年成邑，三年成都。"张守节正义："聚，谓村落也。"分析可知，邑落是指同一氏族统一居住的村落，后来习惯于称作"聚落"，即众多氏族成员聚合居住在一起而形成的村落，而且它的房屋布局很可能呈现出规整的直线。许氏等人解说正确。邹晓丽先生认为："聚，从乑、取声。或'取'亦意。'聚'，奴隶，这是本义。"③ 邹氏未能结合汉语音义同源规律和古人生活实际，说解不可取。

又如"腒"字，从"月（肉）"构造，所指义当与"肉"有关，从"居"得声，所指物应该具有"直的"、"聚合"的特点。许慎《说文·月部》："腒，北方谓鸟腊腒。从肉、居声。《传》曰：'尧如腊，舜如

---

① 王夫之：《船山全书》第九册，《说文广义》，岳麓书社1989年版，第59页。
② 戴家祥：《金文大字典》上卷，学林出版社1999年版，第1984页。
③ 邹晓丽：《基础汉字形义释源》（修订本），中华书局2007年版，第12页。

脑。'"许氏释义正确，但未能根据汉语音义同源规律揭示"脑"的特点，从而让人们理解它得名的因由，这就是包括《说文解字》在内的所有汉语字典词典之最大缺陷所在。杨树达氏指出："按居声字多含直义（着重号为本书作者所加），脑为鸟腊，盖言其直也。知者：《释名·释衣服》云：'裾，倨也，倨倨然直也。'此裾有直义也。又《释用器》云；'锯，倨也，其体直，所截应倨句之平也。'按成国（即刘熙）云锯体直，是也，云所截应倨句之平，非也。锯形直，即以直为义而云锯也。此锯有直义也。《史记·司马相如传》云：'据以骄傲。'《索隐》云：'据，直项也。'此据有直义也。《说文》八篇上《人部》云：'倨，不逊也，从人，居声。'按不逊与直义相因，《释名》裾下云倨倨然直，是也。此倨有直义也。"[1] 杨氏对"锯"、"据"、"脑"、"倨"等字的说解，已经基本接近于汉语音义同源规律，比许慎氏的解释进步很多了。

又如"惧"字，繁体写作"懼"，或省写为"瞿"，《说文》古文写作"愳"，金文写作""、""等形，隶定楷化为"䀠"，甲骨文写作""形。从其早期的形体看，主要通过局部夸张的手法，强调了向左右张望的大瞪的眼睛。《说文·心部》："懼，恐也。从心、瞿声。愳，古文。"《说文·䀠部》："'䀠'，左右视也。从二目。读若拘。又若'良士瞿瞿。'"刘兴隆氏认为："，从从卩，象人张大两目，示惊惧之义。即《说文》'䀠'字，商'䀠'鼎作''，活象两只有眼有喙的鹰头，样子可怕，疑为瞿、懼之初文。"[2]《素问·阴阳应象大论》："人有五脏化五气，以生喜怒悲忧恐。"《素问·脏器法时论》："虚则目眈眈无所见，耳无所闻，善恐如人将捕之。"俗话说："眉目传情。"人的内心情绪，一般都会从人的眉目神态中表露出来，而恐惧者的眼神，正如甲骨文""所表现的一样，双眼大瞪直视，两个瞳孔呈现向中间聚合之象。古代造字者准确地抓住了恐惧者的这种特殊表情，将抽象的情绪生动形象地表述了出来。

那么，"居"（踞）到底是一种什么样的姿势呢？这需要结合甲骨文时期商代人生活的习俗，以及汉语音本义原理、汉字形本义原理去分析。我们认为，从"踞"（居）字在古代文献中的使用情况来看，应当包含了

---

① 杨树达：《积微居小学述林全编》，上海古籍出版社 2007 年版，第 119 页。
② 刘兴隆：《新编甲骨文字典》（增订版），国际文化出版公司 2005 年版，第 205 页。

两个音读：一是"蹲"义，会同话读作"gú"；一是"箕踞"义，读作"jū"。

商代人"坐"、"踞"（jū）、"蹲"的区别是极其明显的。"坐"字甲骨文写为"㿱"形，刘钊先生说："由包山楚简的坐字，联想到甲骨文的'㿱'字，其实也应该释为'坐'，字像人坐于席上，旧或释宿是错误的。古人所谓'坐'，就是如'㿱'形那样膝着于席，臀着于足的姿势。"[1]从刘氏的分析可知，古人所称的"坐"的姿势，即如今天影视中的日本人、韩国人双膝跪于地，屁股坐在脚跟上的形象，如有需要，可以前后做局部的移动。"居"（踞）字，高明先生在《古文字类编》收录有"㞐"（春秋居段）、"㞕"（战国陶·燕下都）、"㞕"（尊集）、"㞕"（战国印·故宫）等形，很明显是两个不同的形体，一是从"尸"、从"古"构作；一是从"尸"、从"㐭（吉）"构作。那么，读作"jū"的"居"（踞）字，到底是一种什么姿态呢？我们认为，"居"，是指以屁股着地、双脚聚合向前伸直的坐姿，它正好具备了"ju"音音本义所要求的"聚合"、"直"的特点，因此得名为"jū"。这一形状，因为很像古人常用的器具"箕"，所以古人又名之曰"箕踞"。这是一种很不礼貌的坐姿。古人为什么有这样看法呢？关键原因，就是因为古人的裤子和现代人的裤子是有很大区别的。上古之人所谓的"袴"（绔、裤其实一字），不过就是套在大腿部的筒状物，没有封裆，也更不会穿今天所谓的内裤，所以这样的坐姿，就会将人的私密处外露在他人眼前，极不雅观，对坐在对面的人来说，也是极不尊重人的行为了。"箕踞"就是"像箕形状那样地踞着"之意。而"蹲"字，《辞海》解释为"屈两膝如坐，臀部不着地"，解释十分正确。

以上三种姿态，汉代许慎以前的古人区分是很明显的。一种象，一个词，强调的内在特点绝不相混。如不按"汉语音本义原理"、"汉字形本义原理"去探索汉语语源，则会失之毫厘，谬以千里。经学大师段玉裁氏，就对"居"字的探究很是下了一番工夫，我们从《说文解字注》中摘录部分注解于后，以便于读者更好地理解这几种姿态的差异，段氏说："《足部》曰：'蹲，居也。'今《足部》改居为踞，又妄添踞篆，训云

---

[1] 刘钊：《古文字构形学》，福建人民出版社 2006 年版，第 326 页。

'蹲也',总由不究许书条理,罔知古形古义耳。……《说文》有'尻',有'居'。尻,处也,从尸从几而止。凡今人居处字,古人只作尻处;居,蹲也,凡今人蹲踞字,古只作居。《广雅·释诂二》'尻也'一条,《释诂三》'踞也'一条,画然分别。曹宪曰:'按《说文》今居字乃箕居字。'近之矣。但古人有坐、有跪、有蹲、有箕踞。跪与坐皆膝着于席,而跪耸其体,坐下其脽(臀)。……若蹲则足底着地,而下其脽,耸其膝曰蹲。……若箕踞,则脽着席而伸其脚于前,是曰箕踞。……箕踞为大不敬,三代所无。居篆正谓蹲也。今字用蹲居字为尻处字,而尻字废矣,又别制踞字为蹲居字,而居之本义废矣。"[1] "脽着席而伸其脚于前,是曰箕踞",即是我们前面分析的以屁股着地、双脚聚合向前伸直的坐姿。段氏分析蹲、跪、踞(jū)的区别很是值得称道,但最后却又糊里糊涂地将已经分析清楚了的蹲与踞(jū)等同为一,不知大师为何出了如此纰漏。

《蕲春语》一书介绍说:"《说文·尸部》:'居,蹲也。从尸;古者居从古。'俗篆作踞……字又作跍,《广韵》上平声十一模:跍,蹲兒;苦胡切。今吾乡谓蹲曰跍,亦曰蹲;音同《广韵》。"[2] 《巴县志》卷五《礼俗·方言》也说:"《说文》:'居,蹲也。'或作踞,居声。古韵在模部,音如姑。《广韵》:'跍,蹲貌。'音枯,见溪转也。跍即踞之省。今俗呼居如姑,犹存古语。"[3] 我们认为,上引资料证明"居"(踞)的上古读音与"姑"相近,则由此可以推论,这一姿态应该具有"gu"音音本义所要求的"环形"、"固定"之特点。大家知道,当人们蹲着不动的时候,基本上都是双手环抱叠压在两膝之上,这一姿态恰好符合了"gu"音音本义所要求的特点。

综上所述,"居"(jū)是一种将两腿聚合伸直于前的坐姿,和"蹲"完全不是一回事。而会同话中的"居"(gū),才是真正意义的"蹲"。会同话虽历经数千年的风雨岁月,但还能顽强地保留着"居"字古老而正确的音读和含义,这不能不说是一个语言的奇迹,也足见会同话存古性有多么浓厚。

---

① 段玉裁:《说文解字注》,上海古籍出版社 1981 年版,第 399 页。
② 参见蒋宗福《四川方言词语考释》,巴蜀书社 2002 年版,第 234—235 页。
③ 同上。

（四）"瓮"字用法相沿久远

"瓮"字，字从"公"、从"瓦"构作，异体写作"甕"或"罋"。扬雄《方言》卷五："瓮，甖也。"《说文·瓦部》瓮字下："瓮，罌也，从瓦，公声。"汉字中"瓦"、"缶"作为偏旁时，作用相同，可以互换，原因是"瓦"、"缶"都属于陶器，由此可知，"甖"、"罌"为一字异体现象。《辞海》（1990 年版）释瓮："wèng，一种陶制的盛器。"《汉语大字典》第三卷："瓮，盛东西用的陶器，一般腹部比较大。"而"罌"又是一种什么样的器物呢？《辞海》释其音义为："罌，yīng，盛酒器，小口大腹，比缶大。"从以上分析可知，瓮，的确是一种腹部较大的盛东西用的陶器。

那么，"瓮"为什么被取名为"wèng"呢？这可能和汉语起源时期拟声取名的做法有关。因为，瓮这种陶器，其形状为"小口大腹"，在有人对着它的口发声的时候，这一特殊的形制很容易产生出"嗡嗡"的回响声音，所以人们便将它称为"wèng"。

在会同话中，"瓮"除了上引《方言》、《说文》、《辞海》、《汉语大字典》所解释的意义外，还有一个最常用的意义——"埋藏（尸体）"，读为"ěng"（计按，普通话的 weng 音，在会同都读为 eng），如有某人过世了，就常会有人向死者家属咨询"哪一日瓮？""要瓮到哪的去？"等相关问题。早年在怀化师专求学时，笔者曾就此问过几位我们中文系的老师，可惜老师也未能给出合理的解释。查遍相关字典辞书，也实在没有一个"wěng"音之字当作"埋藏（尸体）"来讲的，无怪乎我们的老师回答不出来了。"瓮"作动词时读成"wěng"（计按：会同话实际读如 ěng），是古汉语名词变动词时采取的常用变音手段，通过改变音调而改变词性，从而产生出动词性质的意义，这种现象在上古汉语中俯拾即是。如大家熟知的"雨"字，当名词"雨水"讲时读为"yū"，但当动词"下雨"讲时则读为"yù"，"缝"当名词"缝隙"讲时读为"féng"，但当动词"缝补"讲时读为"féng"，"将"当动词"强力限制（率领）"讲时读为"jiāng"，当名词"有强大限制力的人（将军）"讲时则读为"jiàng"等都属于这一范畴。"瓮"字之音从"wèng"变读为"wěng"，名词变作了动词，词的性质产生了变化，但内在的词义却仍然密切相关，与上述例子同理。"瓮"作为动词时，就是"用瓮缸盛敛尸体去埋藏"的意思。

　　"瓮"字的"埋藏尸体"的意义，并不是我们会同人胡编乱造的，这一用法由来有自，其源头一直可上溯到 9000 年前的原始社会时期。这一用法，与上古人类"瓮棺葬"的习俗紧密相关。《礼记·檀弓上》记载："有虞氏瓦棺，夏后氏塈（jì，烧土为砖）周，殷人棺椁，周人墙置翣。周人以殷人之棺椁葬长殇，以夏后氏之塈周葬中殇、下殇，以有虞氏之瓦棺葬无服之殇。"《淮南子·氾论训》也有类似的记载："有虞氏用瓦棺，夏后氏塈周，殷人用椁，此葬者不同者也。""用瓦棺"就是瓮葬，此葬俗起始于新石器时代早期，距今已有 9000 年以上的历史了。

　　《辞海》（1990 年版）收有"瓮棺葬"词条，并解释说："古代一种葬俗。用陶瓮或陶罐作葬具。一般用于埋葬幼童。我国新石器时代至汉代较为流行。""瓮棺葬"这一古代特殊的葬俗，随着考古的不断发现，已经早已得到了证实。在我国出土的新石器时代瓮棺葬文化类型中，年代最早的要推裴李岗文化的舞阳贾湖遗址，可以确认为瓮棺葬的共有 32 座，距今已经 9000 多年了[1]；到了仰韶文化时期，这种瓮葬习俗更是普遍流行起来，其中陕西关中地区的李家村文化、黄河下游的北辛文化和杭州湾畔的河姆渡文化（早期）都发现了瓮棺葬的遗迹，三者年代大致相同，都在距今 6000—8000 年，可以看作中国古代瓮棺葬俗的发展。由此可知，在仰韶文化时期及以后，黄河、长河流域的主要文化类型中，都较为普遍地流行起了瓮棺葬这种葬俗。

　　根据汉语发生初期阶段语词"名动相因"的规律，可证会同话将"瓮"（wēng）作为埋葬尸体来讲的用法，其历史已经非常悠久了。

　　（五）"亥"字含义与古相同

　　"亥"字，甲骨文写作"𠀑"、"𠀒"、"𠀓"等形；金文写作"𠀔"（周早期天亡簋）、"𠀕"（周中期舀鼎）、"𠀖"（周晚期师兑簋）等形；小篆写作"𠚒"形[2]，形体已经产生了讹变，与"亥"字的甲骨文、金文形体不相符了。许慎《说文·亥部》："亥，荄也。十月微阳起，接盛阴。从二，二，古文上字；一人男，一人女也。从乚，象怀子咳咳之形。《春秋传》曰：'亥有二首六身。'凡亥之属皆从亥。𢊁古文，亥为豕，与

---

　　① 河南省文物考古研究所编：《舞阳贾湖》第五章，科学出版社 1999 年版。
　　② 参见高明《古文字类编》，中华书局 1980 年版，第 407 页。

豕同。亥而生子，复从一起。"许氏此释，前部分以传统声训（亥、荄叠
韵相训，荄为草根）、阴阳五行学说（农历十月为亥月）说解"亥"字的
含义，牵强附会，毫无可取之处；中间部分据讹变的小篆形体分析字形，
也大误；最后结合亥字的古文"𡗗"立说，认为"亥"与"豕"同，解
说近是。

　　"亥"，普通话读为"hài"，会同话读为"hái"，属于同一音系。《辞
海》解释说："亥，①地支的第十二位。②十二时辰之一，即二十一时至
二十三时。"《汉语大字典》卷一则解释为："亥，①草根。②地支的末
位。③十二生肖属猪。"两家所释不尽确切，而释"亥"为"草根"，则
是《汉语大字典》的编者们错误理解了许慎《说文》"亥，荄也"导致
的结果。林义光《文源》更是附会《说文》之说，林氏认为："亥，荄
也。古作 𠀤（大丰尊彝）。一象地，'𠀤'象根荄在地形。"① 林氏说解似
是而非，并误。

　　"亥"在甲骨文时期是一个独体象形字，并不是像林义光氏所分析的
那样由"地"和"根荄"组合而成的，那么，"亥"字到底是什么意思
呢？"亥"像什么形体？应该如何体会形体包含的意义？会同话中又是怎
样运用"亥"字的呢？请让我们逐一解释。

　　首先，从"亥"字早期的构形来看，甲骨文写作"𠀤"、"𠀤"、"𠀤"
等形，金文写作"𠀤"、"𠀤"等形，对于这一形体，古文字学家们各执
一词，众说纷纭。如吴其昌氏《金文名象疏证》说："亥字原始之初谊
（义）为豕之象形。"② 郭沫若认为："亥为怪兽形而当于射手座。巴比伦
之射手座象二首，一人一犬。身则上体为人，下体为马而有鸟翼。犬阴牛
尾蝎尾，恰当于二首六身。"③ 陈书农先生说："殷人豕彘有别。豕作𠀤，
示肥猪形，彘作𠀤、𠀤、𠀤、𠀤，示贯矢状，乃野猪也。亥作𠀤、𠀤必
为彘之缩写，𠀤或𠀤乃矢也。"④ 高鸿缙先生说："似此则𠀤本为韭根，

---

　　① 转引自于省吾主编《甲骨文字诂林》，中华书局1996年版，第3596页。

　　② 转引自《汉语大字典》（第二版）卷一，四川辞书出版社、崇文书局2010年版，第312
页。

　　③ 郭沫若：《甲骨文字研究·释干支》，载李圃主编《古文字诂林》第十册，上海教育出
版社2004年版，第1215页。

　　④ 陈书农：《释干支》，载李圃主编《古文字诂林》第十册，上海教育出版社2004年版，
第1217页。

'彑' 象其形，一，则为地之通象。故为指事字，名词。"① 谷衍奎先生甚至认为："亥，象形字。甲骨文像切割了头、蹄的猪形，是'刻'的本字。""本义当为切割。"② 而李孝定氏则采取了务实的学术态度，李氏指出："至从'上'从'二人'、乚象怀子形则纯属望文生义，不足为据。契文（计按：即甲骨文）作上出诸形，其初义未详。林氏（义光）从许氏第一义亦无确证，且字形亦殊不类。郭氏（沫若）谓二首六身之说乃于射手座取象，此于字形也毫无根据。其初义既不可知，亦惟付之阙如耳，牵傅之说无足取也。"③ 我们认为，前引各家对"亥"字的说解，都未能揭示出"亥"字的真实含义，不足为据，李孝定氏的看法是非常中肯的。后来，姚孝遂先生也对此提出了类似的观点，姚氏认为："《说文》说解亥字形体，离奇诡异，郭沫若已详辨之。但以'亥'为怪兽形，且据射手象为说，殊为牵强。孔广居《说文疑疑》即曾疑'亥'为古'荄'字，说尤支离。林义光之说即源于此。饶炯《说文部首订》亦同此说，皆非是。李孝定《集释》论各家之得失，较为通达。"④ 姚氏之论述，更可证前引诸说之谬误。

我们的观点是，"亥"字的含义的确与"猪"有密切关系，但并不等同于"豕"。甲骨文"彑"、"丆"，金文"彑"、"丆"，应该是对正处于休息状态之中、并不时地发出"咳（hái）—咳"声的大肥猪的形象描摹。这与豕字甲骨文形体"丯"、"丯"等形是有着明显的区别的，其中最大的区别表现在三个方面：一是虚化了"丯"头部"⌐"的大口之形象，写为了一横，表示猪处于停止进食的状态；二是突出了肢体舒展的样子，猪在站立状态时低垂的肥肚不见了，躯干仅用一条舒展的曲线进行了简单描摹；三是突出了挺直不动的猪脚，其中的"彑"更是有意突出了前肢停止不动的状态。另外，从"彑"与"丯"两形相比较，前者为大嘴紧闭且前后肢舒展的猪的形象，后者是张嘴站立且躯体肥满的猪的形象，由此可

---

① 高鸿缙：《中国字例·三篇》，载李圃主编《古文字诂林》第十册，上海教育出版社2004年版，第1217页。

② 谷衍奎：《汉字源流字典》，华夏出版社2003年版，第217—218页。

③ 李孝定：《甲骨文字集释》，"中研院"历史语言研究所1965年版，第4425页。

④ 于省吾主编，姚孝遂按语：《甲骨文字诂林》，中华书局1996年版，第3598页"姚孝遂按语"。

体味出造字者想要表达的"亥"字的形体含义：一只处于休息状态并不时发出"咳—咳"声音的猪。刘兴隆先生说："⊃、卜、⊃与天亡簋亥字同，从𠕛（家）（《合集》二四九五一）字所从之⊃（豕）分析，古亥、豕当是同源一字。"[①] 刘氏据《甲骨文合集》二四九五一片中"𠕛"（家）的形体，推论"豕"、"亥"当是同源一字，不是非常确切，但刘氏据此认为两者之间存在着密切联系，则确不可易。"据出土文物的同位素测定，我国养猪至少已有 5600—6080 年的历史。"[②] 我们的祖先在长期驯化、喂养家猪的过程中，对猪的生活习性有了充分的了解。分析可证，"⊃"字的形、音、义如此完美又和谐地统一于一体，正是由于华夏先民的高超智慧和善于观察的结果。一个汉字，就是一幅完美的写意画啊！

从汉语音本义原理看，"hai"音的音本义，主要是强调"长期停歇"、"松散"的特点。因为在古代中国人所熟知的动物中，被人们驯化饲养的家猪是最懒惰最贪睡的，一般猪的休息时间，每天 80% 左右，所以，古人便抓住了猪在休息时的特有声音和姿态，造出了一个"⊃"字。"亥"字形体所表达出来的意义，即是"猪停止进食歇息着"，这正好与"hai"音的音本义完全符合。我们认为，家猪在休息时发出的"咳（hāi）—咳—咳"的哼声，就是汉语"hai"音的最早语源。其他古代"hai"音之语词，都无不严格地遵循这"hai"音所规定的这一特点。如"海"字，金文写作"𤀍"、"𤁂"等形，字从"氺（水）"、从"𣫭（每）"构作，属于象事结构的文字，𣫭是没有生育能力的女师，单身而没有生命的延续，两形组合，即是指水流长期停歇不前、水面松散的宽阔水泊。在上古汉语里，湖泊也被称为"海"或"海子"，如今天所讲的洞庭湖，古代就称其为"南海"。刘熙《释名·释水》："海，晦也。"毕沅疏证："海之言昏晦，无所睹也。"刘志基先生说："'晦'、'海'上古晓母之部字，从语音上看亦具有同源的充分条件。退一步说，即便'晦'、'海'是否真正同出一源尚待考证，而以'晦'为'海'声训则确凿无疑地揭示了古人对于大海及大海以外的世界茫然无知的稚拙心态。"[③] 前

---

① 刘兴隆：《新编甲骨文字典》（增订版），国际文化出版公司 2005 年版，第 1007 页。

② 冯德培、谈家桢、王鸣岐主编：《简明生物学词典》，上海辞书出版社 1983 年版，第 1305 页。

③ 刘志基：《汉字文化综论》，广西教育出版社 1996 年版，第 54 页。

引文字研究学者对于"海"字得名的说解完全乃附会牵强之辞；又如"孩"字，小篆写作"𡥩"、"𡥐"等形，字从"子"、从"亥"构作，属于形声兼象事结构的字，是指常常处于停歇睡眠状态、躯体松散的婴儿；再如"醢"字，《说文·酉部》："醢，肉酱也。"《周礼·天官·醢人》："醢人，掌四豆之实。朝事之豆，其实：韭菹、醓醢（tán hǎi），昌本、麋臡（ní，有骨的肉酱），菁菹、鹿臡，茆菹、麇（jūn，獐子）臡。"郑玄注："作醢及臡者，必先膊干其肉，乃后莝之，杂以粱麹及盐，渍以美酒，塗置甀中百日则成矣。"① 从这些资料可知，肉酱就是将肉长期腌存（有停歇义）后，质地变得非常松散的一种肉汁；再如"骇"字，小篆写作"𩥍"形，字从"马"、从"亥"构造，属于形声兼象事结构的字，其实是指马受到大的惊吓后长时间停止进食、精神涣散的状态。

在会同方言中，"hai"音语词所表达的意思，正好遵循了上古汉语音义同源的规律，完全与"hai"音的音本义要求相符合。如"在家不用劳动的停歇放松状态"，会同话就称为"hǎi"，即可写为"亥"，例如："你一日到黑只晓得在屋里亥着，一点事也有做。"又如"走一程后长时间停歇游玩放松的状态"，会同话也称为"hǎi"，《玉篇》写作"跥"，《玉篇·足部》："跥，急行。"解说有误。《龙龛手鉴·足部》："跥，行貌。"解说不确切。《篇海类编·身体类·足部》："跥，行止（计按，着重号为本书作者所加）。"解说十分正确。例如："今年暑假我到高椅古村跥了一趟。"再如"正常大人整日无所事事、长期不愿劳作干正事的状况"，会同话也称为"hǎi"，应该即是《说文》中的"颏"字。例如："他这个人有些颏哟。"或："他这个人颏得很呢。"

"亥"字借用为纪时的地支，其实并不是随意乱定的，这与"亥"字所表达的内在含义有密切的联系。如"亥时"（晚上9点到11点），正是古人认为应该开始休息睡眠的时辰；如"亥月"（农历十月），立冬开始，阴寒之气日盛，植物气机也便开始闭藏，进入到了"休眠"的状态。刘熙《释名·释天》："亥，核也，收藏万物。"毕沅疏证："《律书》：'亥者，该也。言阳气藏于下，故该也。'"隋代萧吉《五行大义》："亥名大

---

① 郑玄注，贾公彦疏：《周礼注疏》，上海古籍出版社2010年版，第189页。

渊献。渊，藏；献，迎。言万物终亥，大小深藏窟伏，以迎阳也。"① 分析可见，"亥月"就是万物开始闭藏阳气进入休眠状态的月令。概而言之，"亥"借为干支用字，它的本来含义并没有丢失，其实也一同被借用过来了，只是我们不去发现它的内在联系而已。

接下来，让我们讨论一下"亥市"之"亥"的读音。《辞海》（1990年版）认为："亥市"的"亥"即可读"jiē"，又可读"hài"。我们认为，《辞海》的这一两可态度，正是由于没有理解汉语音义同源规律所致。根据汉语音本义原理，"jie"音的音本义强调"连接"、"上举"的特点，有连接不中断之象；而"hai"音表示"停歇"、"松散"状态的事物、现象，包含有停歇中断之意。亥市是指"隔日交易一次的集市"，由此可以推定，"亥市"的"亥"，只能读作"hai"一音系，不能读作"jie"一音系。

（六）"𥝱"字音义源远流长

甲骨文里有一字写作"𥝱"、"𠙽"、"𥝱"等形，过去有些文字学家把它当作"酒"字，但是，这一观点后来受到著名历史学家、文字学家李学勤先生的否定，李氏在为《新编甲骨文字典》作的"序"里写道："十几年前我为王宇信同志的《建国以来甲骨文研究》写序，曾提到文字的释读是甲骨研究的一项基础工作……当时我举'𥝱'字、'𐤕'字为例，可惜有关这两个字的问题迄今犹未解决。""𥝱"字的音义问题，李先生还在一些古文字研讨会上多次提到过。

那么，"𥝱"字究竟是什么意思？该念什么样的音呢？这些问题确实困扰甲骨文字学界很多年了，经过众多文字学者多年探究，其大体的意义已基本得到了厘清。刘兴隆氏所著《新编甲骨文字典》有对"𥝱"字的解释："𥝱，象以酒浇地，为酒祭之专用字。《说文》所无，见于金文，卜辞中常见之字。"② 并收录了大量卜辞于后为证，兹举几例：

1. 𥝱五十牛于河。　　　　　　　　　《甲骨文合集》（1403）

2. 丁卯，𥝱燎于父丁。　　　　　　　《小屯南地甲骨》（935）

---

① 萧吉：《五行大义》，载石午编《术数全书》下卷，中州古籍出版社1994年版，第195页。

② 刘兴隆：《新编甲骨文字典》（增订版），国际文化出版公司2005年版，第996页。

3. 王勿令𢒉。　　　　　　　　　　　　　《甲骨文合集》（5046）

很明显，卜辞中的"𢒉"确为一种专有的祭祀用词无疑。因构形中有"酉"字，可推知此种祭祀活动大多是与酒有关的。但商代用"酒"进行祭祀的祭礼，因为用酒祭祀方法形式上的差异，而又分为好几种，如"酉"（酉，借为酒）、"示"（福）、"裸"（裸，guàn）、"尊"（尊）等，那么，"𢒉"字的具体意义到底是什么样的呢？它的音读又是如何的呢？

研究甲骨文的学者都很清楚，迄今看到的甲骨文，总共有 5000 来个左右的单字。自 1899 年发现甲骨文开始，众多杰出的古文字研究专家投身到了甲骨文字的研究当中，但一百年过去了，被考释出来并得到公认的单字，至今却只有 1500 个左右。为什么会出现这种情况呢？其中的原因之一，就是大量的单字"其义可知，其音不能得其读"。① 通俗地说，其实就是"所不识的字因不少在商代以后的文字中就已不再使用，不容易找出它们字形演化的线索，在后世的字书里也很难得到印证"。② 由此可见，要想弄清"𢒉"字的读音，看来的确是一件极具挑战性的事情。但是，汉字的起源是有着非常科学的规律的，它不仅音义相随，符合上古汉语"音义同源"的铁定规律，而且形义相伴，可以因形循义，通过字的构形分析出它所包含的意义，继而推论出文字最有可能的音读。然而随着时间的推移，社会向前发展了，汉语中的某些方言的读音也因受到众多因素的影响产生了一些变化，"音同义通"的现象，在以北方语系为主的普通话里也就不那么特别突出了。我们两人通过对本土方言"会同话"的长时间的研究，惊喜地发现"会同话"保留着众多而显著的上古汉语的特征，尤其是"音义同源"的现象特别突出。因此，在破译甲骨文单字的音义方面，我们通过结合"会同话"中语词的音义，并以此为根本依据去进行甲骨文和汉字语源义的破解。

接下来，让我们一起对"𢒉"字的音和义进行简要分析。

首先，析其形。"𢒉"字从"酉"从"彡"。《说文》释酉："酉，就也，八月黍成，可为酎酒，象古文酉之形。"酉在甲骨文多写为"酉"、

---

① 郭沫若：《古代文字之辩证的发展》，《考古学报》1972 年第 1 期。
② 王宇信：《建国以来甲骨文研究》，中国社会科学出版社 1981 年版，第 54 页。

"酉"、"酉"、"酉"等形，像盛酒的酒尊之状；"彡"在甲骨文里，为提示声音、气味传播的符号。如"彭"字，甲骨文写作"彭"、"彭"等形，字从"壴"、从"彡"构作。"彭"字所从的"壴"，甲骨文写作"壴"、"壴"、"壴"等形，"中间所从的◻像鼓面（鼓竖放在架子上，鼓面朝外），下面的'山'像放鼓的架子，上面的Ϯ像装饰品（与中字字作Ϯ像草之形体同，而所表示的对象有异），合在一起像鼓形，乃鼓字之初文。"[1] 许慎《说文·壴部》释彭字说："彭，鼓声也，从壴，彡声。"刘兴隆先生认为："彭，从壴（鼓），从彡，彡是声波，示鼓声也。"[2] 刘氏见解十分正确。大家知道，"彭"读作"pēng"，其实就是模拟鼓被敲打时发出的声音而得来的，后来，"彭"字被借用为地区、姓氏名称，便又另造了"嘭"、"砰"等字来替代了它。与此同理，"酉"字所从之"彡"，则是表示酒香挥发传播的符号。

其次，辨其义。在上古时代，先民祭祀神灵或先祖的祭品种类极其丰富，祭祀的方式也十分繁多。这已经在殷商甲骨卜辞中得到了大量的佐证。从祭品来看，有猪牛羊牺牲、人牲、粢盛、玉帛、鲜血、酒类，等等；从处理祭品的方式看，有燔烧（如甲骨文的燎）、沉没（如甲骨卜辞中多"沉牛"、"沉玉"之记载）、灌注、瘗埋、悬投，等等。那么，"酉"是一种怎样的祭祀方式呢？这需要结合"酉"的形体分析来予以回答。殷商时期的甲骨文字，基本上是以象形、象事手法为主造出的字。"酉"字由"酉"、"彡"两部分构成，与甲骨文中的"彭"字一样，是属于象事结构的文字。在甲骨文里，"酉"与"酒"通用，而"彡"又表示声音、气味或色彩传播扩散的示意符号，可知"酉"与"彡"组合在一起，即包含了让盛酒器中的酒香长时间挥发传播的意义。分析可证，"酉"祭，应该就是一种以酒为主要祭品请神灵和先祖享用的祭祀活动。

再次，探其音。"酉"字《说文》所无，《玉篇》、《广韵》、《集韵》等书也没有收录。甲骨文研究者都知道，破译甲骨文音义的关键，是要在《说文解字》、《玉篇》等古代字书里找到和该字形体相对应或近似的文字。如果无法找到对应的文字，剩下的唯一途径，就是去存古特征特别突

---

① 赵诚：《甲骨文字学纲要》，中华书局 2005 年版，第 174 页。
② 刘兴隆：《新编甲骨文字典》（增订版），国际文化出版公司 2005 年版，第 279 页。

出的方言里寻找和该字形义相符合的语词了。

　　在今天的会同，仍然保留有很多华夏先民"祭祀"的风俗。其中，妇孺皆知的一种祭祀方式叫作"lâng"。进行"lâng"祭时，人们要摆好杯筷、将酒筛入三个 lâng 杯，端上糖果以及煮熟了的牙盘（猪肉）、鸡等菜肴，然后焚香作揖，请先祖或当值的神灵降临享用，这些仪式完成以后，人们又要将三个 lâng 杯放到神龛之上，让 lâng 杯里的酒自行蒸发，请先祖或神灵继续享用，这一特殊的祭祀方式，与甲骨文"彡"所表现出来的含义十分吻合。《诗·小雅·信南山》即有关于这类祭祀活动的描绘："祭以清酒，从以骍牡，享于祖考"。

　　我们认为，甲骨文"彡"字就是会同话中的"lâng 祭"之"lâng"，一方面，"彡"字形体所反映出来的意义与会同的"lâng 祭"相符合；另一方面，"彡"字读为"lâng"，也符合汉语"音义同源"的规律。汉语音本义原理认为，"lang"音的音本义，主要强调"长的"、"空无（虚空）"两个特点。而会同的"lâng 祭"，就是将少量的酒筛在杯子里置于神龛长时间供放，并让 lâng 杯里酒消失变为空无，这恰好又具备了"lang"音的音本义要求。

　　另外，如"良（廊）"字，甲骨文写为"㠯"、"㝩"等形，金文写作"㫐"、"㝩"等形，隶定楷化作"良"。徐中舒氏说："良，甲文作'㠯'（《前》二·二一·三）、'㝩'（《佚》六一八），象穴居由两个洞口出入之形。以后发展为郎、廊，即走廊之廊。"[1] 刘兴隆氏也认为："㠯，象穴居前后有道，示良好之义。"[2] 我们认为，甲骨文"㠯"属于象事结构的文字，它是由"囗"和两个长而弯曲的道路状事物组合而成的，"囗"表示院落之形，"囗"两侧的弯曲道路状事物表示院落的回廊，分析可见，"㠯"应该就是廊字的初文。据考古发现，中国院落建筑中的弯曲回廊，早在河南偃师二里头商代初期的宫殿就已经出现。《中国建筑史》一书介绍说："近年在河南偃师二里头发现了商初成汤都城——西亳的宫殿遗址（见图 2—15）。这是一座残高约 80 公分的夯土台，东西

---

　　① 徐中舒：《怎样研究中国古代文字》，载《古文字研究》第十五辑，中华书局 1986 年版，第 4 页。

　　② 刘兴隆：《新编甲骨文字典》，国际文化出版公司 2005 年版，第 321 页。

图 2—15 西亳宫殿遗址

约 108 米，南北约 100 米。夯土台上有八开间的殿堂一座，周围有回廊环绕，南面有门的遗址，反映了我国早期封闭庭院（廊院）的面貌。"①后来，廊又演变为院落的东西"厢"，良、廊（郎）、厢、序等，其实是从同一事物分化出来的不同的名称。东西"厢"共计两个，所以又得名为"liǎng"，写作"良"。良、两、辆、梁等属于同一音系，它们的语源义是相同的。回廊形体狭长，因两边没有封板，又呈现出虚空的特点，符合音所规定的"长的"、"虚空的"的特点，所以得名为"lang"，早期写作"郎"。因为古代侍奉主人的年轻男子，一般都是站在走廊处听候差遣，后世便将这一身份的男子称作"郎"，故而又加形旁"广"造出了"廊"字。《说文·畐部》："良，善也。从畐省，亡声。 古文良。"许氏所释为"良"字的引申义，析形则完全错误。《说文·邑部》："郎，鲁亭也。从邑，良声。"许氏不知道"良"、"郎"的源流关系，解说不正确。后来徐铉《说文新附》收录廊字，并解释说："廊，东西序也。从广，郎声。《汉书》通用郎。"徐氏的说解是正确的。

又如"晾"字，普通话读"làng"，会同话读"lâng"，两者属于同一音系。《集韵·宕韵》："晾，暴（曝）也。"《字汇·日部》："晾，晒晾。"《现代汉语词典》解释说："晾，làng，〈方〉晾。"《汉语大字典》："晾，晒；把东西放在通风或阴凉的地方使其干燥。"从上引诸家所释可知，"晾"，就是将东西长时间置于阳光下或通风处，并使东西包含的水分挥发变空无的过程，这一现象，正好与会同民俗"祭"所体现的方式完全一样，具有"长的"、"空无"的特点。

又如"阆"字，小篆写作""形，字从"门"、从"良"构作，读作"làng"。许慎《说文·门部》："阆，门高也。"顾野王《玉篇·门

① 《中国建筑史》编写组编撰：《中国建筑史》，中国建筑工业出版社 1982 年版，第 4 页。

部》："闾，高门。"许氏、顾氏的解说都不确切。唐代许敬宗《奉和执契静三边应诏》有诗句："熏风交阆阙，就日泛濛漪。"诗中阆阙并称，可见两者有着极为密切的关系。《说文·门部》："阙，门观也。"徐锴《说文系传》："盖为二台于门外，人君作楼观于上，上员（圆）下方。以其阙然为道谓之阙，以其上可远观谓之观（guàn）。"《汉语大字典》："宫门外两边的楼台，中间有道路。"① 事实上，这两个楼台被称为"què"，正是因为两者相夹而形成的"门"只是一个虚空的缺口，没有门扇，所以得名为"阙"；这个缺口——"门"形状很高（高与长义相因），又具有空无的特点，所以得名为"阆"。阆与阙所指实为一物，只是命名的角度不同而已。《庄子·外物》说："胞有重阆，心有天游。"郭象注："阆，空旷也。"成玄英疏："阆，空也。言人腹内空虚，故容藏胃，藏胃空虚，故通气液。"朱骏声《说文通训定声》："《汉书·扬雄传》：'闶阆阆其寥廓兮。'注：'阆阆，空虚也。'亦重言形况字。"② 这些古代文献资料可证，"阆"的"空虚"义，正是来源于它的语源义。"阆"字的这个意义，在会同话里仍然有较好的保留。如空旷的坪地，会同话即称作"阆场坪"。

再如"筤"字，字从"竹"构作，所指义与竹相关；从"良（廊）"得声，属于形声结构字，该字所指的对象应具有"长的"、"空无的"特点。许慎《说文·竹部》："筤，篮也。"许氏说解不确切。王念孙《广雅疏证》："《释名》：'车弓上竹曰郎。'郎与筤通。筤之言㝗也。《说文》：'㝗，廉也。'《方言》：'㝗，空也。'盖弓二十有八，稀疏分布'㝗''㝗'然也。"③ 车弓上竹，即"古代车盖上的竹骨架"④，与今天竹制的伞架很相像。车盖上的竹骨架形体细长，中间又稀疏虚空，故而得名为"筤"。

再如"浪"字，字从"氵（水）"构造，所指义与水相关；从"良"得声，属于形声结构的字，该字所指的对象也应具有"长的"、"空无的"特点。许慎《说文·水部》："浪，沧浪水也。"许氏所释为古代汉水中下

① 《汉语大字典》卷七，四川辞书出版社、崇文书局 2010 年版，第 4392 页。
② 朱骏声：《说文通训定声》，中华书局 1984 年影印本，第 922 页。
③ 王念孙：《广雅疏证》，江苏古籍出版社 2000 年版，第 242 页。
④ 《汉语大字典》卷五，四川辞书出版社、崇文书局 2010 年版，第 3174 页。

游的名称，与"浪"字日常所用的意义没有关系。顾野王《玉篇·水部》："浪，波浪也。"现在我们所熟知的"浪"，其实就是指一道一道会慢慢变小最后消亡（空无）的长长水纹。正因为如此，"浪"字可以引申出"空无"的意义，贾思勰《齐民要术·种瓜》："其瓜会是歧头而生，无歧而花者，皆是浪花，终无瓜也。"缪启愉、缪桂龙先生注："浪花：指雄花，滥开着不结瓜的。"① 《汉语大字典》则直释句中的"浪"字为："空的；无用的。"② 会同话称公猪为"猪浪牯"，即指其不能像母猪一样直接产仔，有"空的、无用的"之义。把牛马放出栏让其自由觅食、长时间无人看管（在看管上出现空无之义），这一现象在会同话里就叫作"放浪"。

再如"锒"字，许慎《说文·金部》："锒，锒铛，琐也。"段玉裁《说文解字注》："琐，俗作锁，非。琐为玉声之小者，引申之彫玉为连环不绝谓之琐。汉以后罪人不要累绁，以铁为连环不绝系之，谓之锒铛，遂制锁字。"③ 朱骏声《说文通训定声》："按锒铛叠韵连语，苏俗谓之链条。"④ 戴侗《六书故·地理一》："锒，锒铛，长锁也。"《汉语大字典》："锒铛，铁链；刑具。"上引诸家所释虽然很正确，但都未能揭示其得名的缘由。我们认为，锒铛之所以得名为"lángdāng"，主要是由于两个方面的原因：第一，铁链形制细长，每个铁环又是中空的，具有"长的"、"虚空的"特点，因而被称作"锒"；第二，这一刑具在犯人行走时会发出"叮当叮当"的声响，所以，人们便把这一刑具称作"锒铛"。

再如"哴"（láng，会同话读为lǎng）字，字从"口"构作，所指义大多与口部的功能或语言等有关；从"良"得声，所指的对象必定会具有"长的"、"虚空的"特点。"哴"字不见于《说文》，也不见于《玉篇》。扬雄《方言》卷一："平原谓啼极无声谓之唴哴。"在会同话里，人们往往将拖长的没有实际内容（即虚空的）的声音称作"哴"。如："他哴得恁厉害，伤得重吧？"此处的"哴"字类似普通话中的"呻吟"。又如："他的中气很足啊，唱歌时哴得起好久呢。"此处的"哴"即有将无实际内容的尾音极力拖长的意思。如果故意装酸卖穷，会同人就用借喻手

---

① 缪启愉、缪桂龙：《齐民要术译注》，上海古籍出版社2009年版，第133页。
② 《汉语大字典》卷三，四川辞书出版社、崇文书局2010年版，第1752页。
③ 段玉裁：《说文解字注》，上海古籍出版社1981年版，第713页。
④ 朱骏声：《说文通训定声》，中华书局1984年影印本，第922页。

法称之为"唝肚子痛"，很生动形象地表达了"不切实际、虚空"的意思。

上面的分析可证，"𢒹"读为"láng"有非常充分的理据。古老的会同话，对于探求汉语语源和破译甲骨文字，的确是有着巨大而不可替代的作用。

（七）"惷"与"蠢"的千年孽缘

著名古文字学家裘锡圭先生，曾经写过一篇《谈谈进行古代语文的学习和研究的一些经验教训》的文章，裘氏在文中说道："我过去写错别字，现在可能也还写错别字，自己不知道而已，汉语很难掌握。像我这样的人就无所谓了，像梁启超、郭沫若这样的大学者也写错别字。其实像王国维写的有关毛公鼎考释文章也有把《说文解字》里两个字的写成了一个字，比如'蠢'声旁是'春'，表蠢动；'惷'，声旁是'春'，表愚蠢，现在都写成'蠢'。毛公鼎里有一个'惷'字，王国维写成了'蠢'。我这样说，有同学会想学问那么大的人也写错别字，那么我们写几个错别字有什么关系，那要是这样的结果是我的不好了。我的意思就是真正掌握汉字是很不容易的，必须提高警惕少犯错误。"

可能因为篇幅的关系，裘老先生没有在文章中进行进一步的拓展分析。那么，"惷"与"蠢"的造字理据分别是怎样的？"惷"字真的存在吗？它的音形义到底又是怎样结合的呢？

我们带着这些疑问，查阅了大量相关的资料，并结合会同方言中的有关语词，对这些问题进行了较深入的探究。毛公鼎为西周晚期宣王时期的器物，由作器人毛公得名。铭文有 499 字，被誉为"抵得一篇尚书"。内容是周宣王为中兴周室，革除积弊，策命重臣毛公，要他忠心辅佑周宣王，毛公为感谢周宣王，于是铸鼎以记其事。铭文有"厥非先告父𤔲，父舍命，毋有敢惷，敷命于外"之句。从"惷"字的构形来看，上部所从为"�"，实际是"惷"（春）字的省体；下部所从为"心"（心），表示此字的意义与人的思想精神相关，由此可知，"惷"字属于形声字，应隶定楷化为"惷"，意为像"春"那样直上直下的、固执愚笨的心理行为。国学大师王国维氏将此字隶定为"蠢"，明显与"惷"的构形不符合，裘老先生在古文字学上有很高的造诣，裘氏的这一看法是十分正确的。

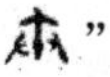

先看看"惷"字。"惷"字的金文形体写作"🜚"、"🜚"等形，小篆写作"🜚"形，字从"春"从"心"构作，属于形声结构的字，表示像"春"那样直上直下的、固执愚笨的思维模式和心理行为。许慎《说文·心部》："惷，愚也。从心，春声。"《周礼·秋官·司刺》："三赦曰惷愚。"郑玄注曰："惷愚，生而痴呆童昏者。"[1] 唐代玄应《一切经音义》卷十七："惷，愚也，戆（zhuàng）也。"《汉语大字典》："惷，chōng，愚蠢。"《集韵·钟韵》："惷，戆昏也。或作憧。"惷的异体字也常常写作为"憧"。《玉篇·心部》："憧，愚也。"又："憧，戆昏也。"可见憧与惷音义完全相同。《大戴礼记·千乘》："凡民之为刑，崩本以要闲，作起不敬以欺惑憧愚。"王聘珍注曰："憧愚，无定识之民。"《史记·三王世家》："臣汤等宜奉义遵识，愚憧而不逮事，"《国语·晋语四》："聋聩不可使听，童昏不可使谋。"韦昭注："童，无智。"此句中的"童"，实际就是"憧"字的通假。在会同话里，"惷"（憧）主要是指思维方式直来直去、僵直固执（即俗语说的脑筋不会转弯）而体现出来的愚笨，会同话中有"直惷"、"傻惷"等语词，表达的就是这一含义。

汉语音本义原理认为，"chong"音的语词都包含有"垂直注入（插入）"的特点。现在，让我们从汉字音形义内在的结合规则入手，对部分"chong"音字给予深入的分析。

如"舂"字，甲骨文写作"🜚"形，字从"🜚"（乳，爪）、从"个"（午，杵字初文，像木杵之形）、从"🜚"（臼中有谷米之状）构作，像一人双手乳持木杵在臼中捶击谷米之状，属于象事结构的文字；金文写作"🜚"形，字从"🜚"（廾，双手之形）、从"个"、从"🜚"（臼）构作，基本上承沿了甲骨文"🜚"的构形。古人用杵在臼中舂米时，会发出近似于"嗵—嗵—嗵"的声音，人们于是模拟这种声响，将这一行为称作"chōng"。许慎《说文·臼部》："舂，捣粟也。从廾，持杵临臼上。午，杵省也。"许氏的这一说解十分正确。谷衍奎先生同样认为："舂，会意字。甲骨文像双手持杵临于臼上，会在臼中捣谷之意。"[2] 事实上，"舂"不过就是反复将木杵垂直插入臼中捣去谷物皮壳的行为。

如"冲"字，甲骨文写为"🜚"形，字从"🜚"（中）、从"🜚"

---

① 郑玄注，贾公彦疏：《周礼注疏》，上海古籍出版社 2010 年版，第 1383 页。
② 谷衍奎：《汉字源流字典》，华夏出版社 2003 年版，第 611 页。

（川，河流之义）构作，金文写作"🜂"形，从"🜄"（水）、从"🜃"（中）构作，大体沿承了甲骨文的构形理据。"🜃"隶定楷化为"中"，是上古部落氏族建立在聚落中心地带用来召集族人的一种"旗帜"。《墨子·辞过篇》说："古之民……就陵阜而居，穴而处。"陵阜，是指河流两岸高起的台地土丘，"到了原始社会晚期，农业部落基本形成，为了生产和生活的需要，人们才较大规模地离开了山洞，到平原和丘陵地带去居住，到河流两岸的台地上去居住"①。"仰韶时期的氏族已过着以农业为主的定居生活，当时的原始村落多选择河流两岸的台地作为基址，这里地势高亢，水土肥美，有利于耕牧与交通，适宜于定居生活。"② 正因为如此，临河而居的古代聚落，如果碰上大的水灾，河水就会垂直向上高涨，并涌入台地上的氏族聚落。甲骨文"🜄"，就是对这一情景的传神描摹。"大水冲了龙王庙"，句中的"冲"字，就运用了它最初的"形本义"。许慎《说文·水部》："冲，涌摇也。"谷衍奎先生也认为："冲，会意兼形声字。甲骨文从水，从中（旗飘动），会水向上涌动摇荡的样子。"③"冲"字表示水垂直向上涌动的状貌，两家所释都比较符合"冲"字形体所反映的实际意义。

又如"翀"字，字从"羽"从"中"构作，从"羽"，则可推知此字的意义应该和鸟羽的功能或性质有关。顾野王《玉篇·羽部》："翀，飞上天。"《广韵·东韵》："翀，直上飞也。"《汉语大字典》："翀，向上直飞。"分析可知，翀，就是指鸟儿垂直突起、向上注入空中的飞行姿势，这与"chong"音的音本义要求完全符合。成语"一飞冲天"，其实写作"一飞翀天"更为贴切。

又如"充"字，《先秦货币文编》写作"🜂"、"🜂"等形④，字上部所从的"🜂"，强调了一个女人的生殖器形状，下部所从的"↑"或"|"，是表示男性生殖器垂直竖起向上插入的符号；小篆写作"🜂"、"🜂"等形，字变为了从"🜂"、从"儿"构作，形体产生了讹变。在会同话里，"充"字仍然是用于指男人挺直阴茎插入女性生殖器的性行为，

---

① 许顺湛：《中原远古文化》，河南人民出版社1983年版，第319页。
② 《中国建筑史》编写组编撰：《中国建筑史》，中国建筑工业出版社1982年版，第2页。
③ 谷衍奎：《汉字源流字典》，华夏出版社2003年版，第222页。
④ 参见李圃主编《古文字诂林》第七卷，上海教育出版社2002年版，第739页。

如："我充了他妈的屄。""不要烦躁我了，我是要充娘伙的。"因为男女交配的时候，其实就是将垂直竖起的男性生殖器插入女性生殖器，这与"chong"音的音本义要求完全符合。由于男女间的交配是以男性生殖器的插入为形式的，所以"充"字包含了"填充"、"充塞"的意义；这个时候的男性生殖器因为充血而变大变长，所以，"充"字又可以引申出"长"、"肥大"、"壮大"、"饱满"的意义。《诗·邶风·旄丘》："叔兮伯兮，褎（袖）如充耳。"郑玄注："充耳，塞耳也。"《广雅·释诂三》："充，塞也。"两家所释都较接近"充"字的本义。许慎《说文·儿部》："充，长也；高也。从儿，育省声。"许氏据小篆形体立说，析形错误，释义也不太确切。谷衍奎先生认为："充，象形字。充与允同源，都是由甲骨文 _图（一个长大肥硕的大猩猩形）简化而来的，用来表示长大肥实之意。大概先简化成古文之形，篆文进而讹为从儿，育省声。"[1] 甲骨文"_图"，是"夒"（náo）字的初文，谷衍奎先生不识此中奥秘，故而有此臆说之辞，不足为据。

又如"铳"字，字从"金"、从"充"构作，属于形声结构的字。在会同话中，是表示一种用来垂直撞击岩石裂缝而分拆出石块的斧形铁器，俗名称作"铳子"；如要把紧嵌于物体中的部件退脱，则必用小于嵌入物的棒状物垂直撞击嵌入物，会同话称此棒状物为"铳子"，此过程叫"铳出来"。《汉语大字典》："铳，chòng；金属制的打眼器具。即铳子。"这些都是由于用来垂直撞击而得名，得名的理据是完全相同的。后来，当火药被用于制作兵器以后，早期的管形火枪，需要将火药、弹丸倒入枪管并用一根长直的小棍反复垂直插入枪管去压实火药和弹丸，因此，人们又将这种火器称作"火铳"。明代邱濬（jùn）《大学衍义补·器械之利》："近世以火药实铜铁器中，亦谓之砲，又谓之铳。"以火药实铜铁器中，"实"就是填充压实的意思，邱氏说解至为确当。

又如"崇"字，小篆写作"崇"、"崈"等形，字从"山"、从"宗"构作，属于象事兼形声结构的字，意思就是"祖宗山"、"祖山"。通俗地说，也即是最高的山。《说文·山部》："崇，嵬高也。从山，宗声。"段玉裁注："《大雅》'崧高维岳'，《释山》、《毛传》皆曰：'山大

---

[1]　谷衍奎：《汉字源流字典》，华夏出版社 2003 年版，第 218 页。

而高曰崧.'《孔子闲居》引《诗》'崧'作'嵩','崧'、'嵩'二形，皆即'崇'之异体。"徐灝《说文段注笺》："崇，经传中凡言崇高者，其字亦作嵩。《汉桐栢淮源庙碑》：'宫庙嵩峻.'《三公山碑》：'厥体嵩厚.'并与崇同。"我们认为，"崇"、"嵩"（含崧）两字各有侧重，"崇"字侧重强调山的垂直凸起、直插云霄之势，"嵩"字则侧重强调山的高大（song 音有高大义）特征，二者是有细微区别的。在语言的实际运用中，一些人把"嵩"、"崧"与"崇"视为一字异体，虽然无可厚非，但其实就是对"chong"与"song"两个音节的"音本义"认识不清楚所导致。

再如"宠"字，甲骨文写作"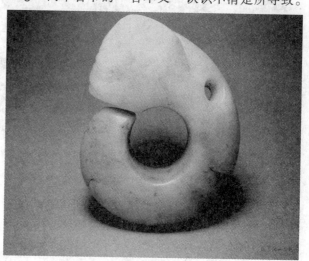"、"𡧊"等形，金文写作"𡩠"、"𡩣"等形，字从"宀"、从"龙"构作。"宀"表示房屋，"龙"在红山文化时期以后是最崇高的氏族图腾，用玉制作的龙形祭祀礼器，自然也成为氏族部落里最为崇高的礼器，甲骨文的

图2—16 红山文化中的玉猪龙

"𤰈"、"𤱊"、"𤲹"等字形，就是对这一祭祀神器的象形描摹（见图2—16）。"宠"字的甲骨文形体——"𡧊"，即明显表示供奉龙形礼器的房屋。这种房屋一般建筑在山顶垂直凸起的祭坛上，所以便被称作为了"宠"。许慎《说文·宀部》："宠，尊居也。"《国语·楚语下》："宠神其祖，以取威于民。"韦昭注："宠，尊也。"尊有尊崇之义，许慎氏、韦昭氏所释比较正确。而"宠爱"一词，本来是表示一种像"宠"那样地位崇高之人的爱（如帝王的爱），仍然属于"宠"字比喻用法。与此字构形类似的"庞"（páng）字，甲骨文写作"𤲞"、"𤲟"等形，其实与"宠"字乃一字分化的关系，"宠"字强调祭坛的垂直与凸起，"庞"强调房屋形体的高大，两个语词是从不同的侧面来着眼命名的。

图 2—17　垂直相交的道路

再如"衢"字，字从"行"、从"重"构作，属于形声结构的字（现在借用"冲"字）。"行"字甲骨文写作"〄"、"〄"等形。谷衍奎先生认为："像十字路口之形。"① 在构字中表示道路或行走的意义；而"衢"字从"重"读为"chōng"和"chòng"，表示此字的意义应该包含了"垂直"、"插入"的特点。顾野王《玉篇·行部》："衢，交道也。"戴侗《六书故·人九》："（衢），衢道经纬往来相直处也。"由此可见，"衢"就是指垂直相交，并呈现出相互插入穿通特点的道路（见图2—17）。"要冲（衢）"的"衢"，用的就是从这一含义引申出来的意义。《庄子·秋水》："梁丽可以衝城，而不可以窒穴，言殊器也。"成玄英疏："衝，击也。"《战国策·齐策一》："使轻车锐器衝雍门。"高诱注："衝，突也。"作为动词"冲击"的"衝（冲）"，实际是指向前突出的垂直碰撞或击打。另外，"衝（冲）"字的"面向"、"朝向"义，也是强调眼光垂直向前注视着人或物的状况。

① 谷衍奎：《汉字源流字典》，华夏出版社 2003 年版，第 202 页。

而"蠢"字从"春"从"𧍪"构作，属于形声结构的文字。从汉字构形原理分析，"春"不仅为"蠢"之声旁，其实也表现了春天风和日丽、万物复苏、昆虫开始蠢蠢欲动之情景。《尔雅·释诂下》："蠢，作也。"郭璞注："谓动作也。"《尔雅·释训》又说："蠢，不逊也。"郝懿行《尔雅义疏》："蠢为妄动，故不逊顺。"许慎《说文·𧍪》："蠢，虫动也。"虫动，即是指众多小虫无规则的乱动状貌，许氏说解十分正确。《左传·昭公二十四年》："今王室实蠢蠢焉。"左思《吴都赋》："鱼鸟聱耴（áo nì），万物蠢生。"这两个文献中的"蠢"字，都是"蠢动"、"蠕动"的意思。"蠢"字的愚蠢之义，是从虫子随意乱动的行为中引申出来的，古人认为，不遵循自然规律、礼制规则的行为，都是极其危险愚蠢的。《书·大禹谟》："蠢兹有苗，昏迷不恭。"《诗·小雅·采芑》："蠢尔蛮荆，大邦为仇。"这两处的"蠢"字，就是指不遵循礼制规则的愚蠢行为。

综上所述，"惷"与"蠢"字都包含有愚蠢的意思，但它们所强调的内涵是有显著区别的。"惷"主要是指僵直不会转弯的思维方式，"蠢"主要是指不遵循规律规则的妄动行为。

从以上分析的一些例子可知，会同话语音古老，语义古老，用字方法也很古老，会同话堪称"上古汉语活化石"。这一古老的语言，对于破译汉语音义同源规律，破译汉语语源义有着不可替代的作用，期待广大语言文字研究学者加以研究和保护。

会同话中保留了很多商代甲骨文的古老音义，从这个意义上说，会同人至今仍然生活在商代的语言里。商代的汉语，是一种使用很普遍的语种。张光直先生指出："关于商人的语言，我们无须多谈它的类属和卜辞语言是迄今所知汉语的最早形式。道布森说得很清楚：'古典汉语是后代汉语形式的母型……它依赖商代贞人的语言流传至今，保存在甲骨上刻写的贞问和回答中。'由于商代的陶文，如我们在第四章所说，其文字风格与卜辞相同，这一现存最早的汉语，显然是上层和下层阶级共同使用的语言。"① 从张氏的论述可证，商代人的语言，是迄今所知道的最早的汉语。而会同话里众多的"商人语词"，则正是破译汉语语源的最好密码。

---

① 张光直：《商文明》，张良仁、岳洪彬、丁晓雷译，辽宁教育出版社 2002 年版，第 319—320 页。

第七节　汉语音本义原理产生的缘起、内容、意义

根据本章前六节的论述可知，汉语声义同源的规律是客观存在的，而语言学家孜孜以求的"声训"，尽管早在先秦时期即已萌芽，但历经两千多年的风风雨雨，仍未能蔚为大观，甚至于进入到一个没有出路的境地。造成这种情况的主要原因，就是传统声训的操作原理本身的确存在许众多的缺陷和错误。

由于上述的原因，王力先生《中国语言学史》甚至认为："刘熙的声训，跟前人一样，是唯心主义的，他随心所欲地随便抓一个同音字（或音近的字）来解释，仿佛词的真诠是以人的意志为转移的。"① 进而得出一个在我们看来非常错误的结论："声训作为一个学术体系，是必须批判的，因为声音和意义的自然联系事实上是不存在的。""声训对中国后代的语言学既产生不良的影响，又产生良好的影响。不良的影响结果成为'右文说'。"② 王氏的这种认识，虽然客观上是由于传统声训的原理和方法所造成的，表面看来十分中肯，但究其内在原因，还是因为王氏对汉语音义结合的原理缺乏正确的理解导致的。这对于一个有着崇高地位的语言学家而言，这样的认识是片面的，是缺乏自己独立创见的，它给中国语言文字学的健康深入发展，客观上制造了巨大的阻碍。正因为如此，"声训的真谛及其价值，到了现代便多不为人所理解，乃至遭到了某些人的简单而严厉的否定"③。

《荀子·正名篇》说："名无固宜，约之以命，约定俗成谓之宜，异于约则谓之不宜。名无固实，约之以命实，约定俗成谓之实名。名有固善，经易而不指拂，谓之善名。"荀子的这些话，多被后世反对声训的学者引以为据，成为了这些学者反对汉语声义同源规律最权威的论战武器，他们错误理解了荀子"约定俗成"的含义，认为事物的"名"（音节符号）与它的"实"（内在意义）没有什么必然的联系。事实上，荀子说这些话，是针对当时"用实以乱名"、"用名以乱实"、"用名以乱名"的情

---

① 王力：《中国语言学史》，山西人民出版社 1981 年版，第 50 页。
② 同上书，第 51—52 页。
③ 孙雍长：《训诂原理》，高等教育出版社 2009 年版，第 233 页。

况而说的。他阐明了"名"与"实"存在着内在的关系，这一内在的关系就是大家"约定俗成"、获得了公众认可并具有可操作性的。用现在的话说，这个"约定"，其实就是对事物特点的认识的约定，事物是圆是方？是硬是软？是开是合？如果其内在的特性符合原来公众的统一约定，人们就以约定好了的相应音节给它进行命名。当然，这个对音节内在含义的最初约定也不是随意的，它来源有自，它是人们通过长期观察身边最熟悉的事物的声音而得到的。人们在与自然、动物打交道的过程中，人们慢慢开始熟悉了很多常见的自然声响和动物叫声，便对这些声音背后的事物特点逐步形成了固定的约定俗成的认识。符合于这个约定认识的"名"，则"谓之宜"；不符合于这个约定认识的"名"，则"谓之不宜"。

比如在日常生活中，人们经常与猪打交道，猪的叫声、猪的生活特性就会给人们留下深刻的印象。猪贪食嗜睡，休息时常常会发出"咳（hai）—咳—咳"的哼哼声音，古人于是通过打比方的手法，借猪的这种哼哼声去描述处于休息状态的人或其他事物、现象。当人们听到"hai"这一语词的时候，自然就会联想到正在休息的猪的哼叫声，也便自然地理解了说话者要表述的意思。慢慢地，"长期停歇"、"（肢体）松散"的特点便自然地成为了"hai"这个音节蕴含的内容了。如流水长时间停歇不前并扩散开，就成了"海"（古人将湖泊也叫做海）；人在某一个地方放松心身、停歇不前，就叫做"㜅"，人们不用劳作做事，开始进行睡觉休息，这个时辰也就被称为"亥"。

归根结底，上古汉语"音义同源"的规律是客观存在的，过去语言学家以探究语源为目的而进行的"声训"，想法是正确的，主要是操作原理和研究方法上存在着不可弥补的缺陷和错误。孙雍长先生说得好："能否正确探求语源，研究方法是关键。因为语源义即是语词的命名立意之义，所以对语源的探求应把着眼点放在词的命名立意上，而不能局限于词的所指义。如果局限于词的所指义，往往不能求得真正的语源。"① 前人对于"声训"的探索，对声与义关系的认识是正确的，想通过"以声求义"探索语源的想法、目的也是正确的，但研究方法显然脱离了汉语音义同源的内在规律，训诂家们大多不去以"音义同源规律"来解释事物

① 孙雍长：《训诂原理》，高等教育出版社2009年版，第173页。

之所以得名的原因，而只是停留在表面的以"字"释"字"、以"名"释"名"的粗浅层面。

王宁先生说："如果我们对汉语的早期词义加以分析，就会发现，词义的内部实际上存在两种不同的因素：一种是词的表层使用意义；另一种是词的深层词源意义。""而且，词源意义虽然不在使用中直接实现，但它对使用意义的特点有决定作用。"① 词的表层使用意义，即大家常说的"所指义"，词的深层词源意义，即我们现在提出的"音本义"，也就是汉语音义同源规律中"义"字所包含的内容。由于使用传统声训方法的训诂家大多未能懂得这一道理，因此，传统声训才走到了今天的这种尴尬境地。正是因为这个原因，我们才明确提出了"汉语音本义原理"这一全新的概念，这更有利于我们在训诂实践中时刻牢记汉语音义同源规律，更有利于我们对汉语语源有一个针对性的清晰明了的认识。

譬如说，"反"、"饭"、"泛"、"范"、"犯"、"返"、"燔"、"贩"、"翻"、"幡"、"帆"等字都读为"fan"一音系，虽然它们的所指义——词的表层使用意义各不相同，但它们的音本义——词的深层词源意义却一样，具体而言，即"fan"音音本义所要求的"反转的"（"相反的"）特点，是它们所共有和必须具备的。

如"反"字，甲骨文写作"⿰"、"⿰"等形，金文写作"⿰"、"⿰"等形，《说文》小篆写作"⿰"形，隶定楷化后写作"反"，其形体的演变脉络是十分清晰和一致的。许慎《说文·又部》："反，覆也。从又、厂。"覆为翻转的意思，许氏释义、析形都较为正确。谷衍奎先生说："反，会意字。甲骨文从又，从厂（山崖），会以手推转山石之意。""本义为翻转。"② 谷氏释义准确，但析形不符合实际。左民安先生认为："⿰是甲骨文的形体，左边是'厂（厓）'，右边为'又（手）'，表示用手攀援山厓而上之意。""《说文》：'反，覆也。'其实，'覆'并不是'反'的本义，而是引申义。'反'字的本义是'攀'，在经传中常写作'扳'，比如《礼记·丧大记注》中的'攀援'就写作'扳（反）援'。可见，'反'是'扳'的古文，是'援引'、'攀登'

---

① 王宁：《训诂学原理》，中国国际广播出版社 1996 年版，第 105 页。
② 谷衍奎：《汉字源流字典》，华夏出版社 2003 年版，第 69 页。

之意。"① 我们认为，左氏将"尺"字所从的"厂"视为山厓，也与"反"字的音义不能切合。研究古文字的学者都清楚，"射侯"的"侯"字，是一种古代箭靶的名称，甲骨文写作"𠂆"、"矛"、"𥎞"等形，金文写作"𠂤"、"𠂤"等形，明显都是从"厂"、从"矢（箭矢）"构作，则可知"𠂤"字中的"厂"，是指兽皮制作的厚厚的侯布而言的。由此我们可以推论，"尺"字形体所体现的意义，即是将侯布之类的东西翻转过来使用的意思。翻转，就是将物体转变为"相反"的一面，与"fan"的音本义正好相符合。

如"饭"字，金文写作"𩛥"形，小篆写作"𩜿"形，字从"食"、从"反"构作，属于形声结构的文字。许慎《说文·食部》："饭，食也。从食，反声。"许氏析形正确，释义则不确切。谷衍奎先生认为："饭，形声字。本义为吃饭。"② 上古汉语名动相因的现象极为突出，但从汉语发生学的规律来看，"饭"最先应该是作为一种食物（名词）来讲的。可见谷氏的说解也不的（dí）当。王宁先生指出："饭与糒不同，是蒸熟的。《春秋运斗枢》说：'粟五变：以阳化生为苗，秀为禾，三变而粲谓之粟，四变入臼米出甲，五变而蒸饭可食。'这里的粟即细米粒。种子种下去，出土而变成苗，苗抽穗灌浆称作禾，舂成粗米称粟，再脱皮变为米，蒸熟了即是饭。可见饭是米粮加工的最后一道工序。中国吃饭的历史很早，《周书》记载：'黄帝始蒸谷为饭。'"③ 现在农村大宴宾客时仍然习惯吃甑蒸饭，甑蒸饭是从上往下蒸熟的，它主要是靠热气流反转向下浸润的过程变熟，所以古人便将这种食物命名为"饭"。

又如"泛"（含氾、汎）字，《说文》小篆写作"𣲺"（含"𣲱"）形，字从"水"、从"𡿧"（或"𢀱"、"凡"）构作。"𡿧"是"正"（征）字的反写之形，表示与"正（征）"反向行动的意思，"水"与"𡿧"组合，表示水流反向逆行的意义，属于象事结构的文字；而"𢀱"（像人反腰之形）、"凡"（甲骨文写作"𠘧"，像船帆之形，为帆字初文）

①　左民安：《细说汉字——1000 个汉字的起源与演变》，九州出版社 2005 年版，第 51 页。

②　谷衍奎：《汉字源流字典》华夏出版社 2003 年版，第 298 页。

③　王宁：《训诂学原理》，中国国际广播出版社 1996 年版，第 326—327 页。

都属于"fan"一音系的语词,与"水"组合,则构成了形声结构的文字。《说文·水部》:"氾,滥也。"谷衍奎《汉字源流字典》:"氾,本义为大水漫流、淹没。"① 氾(泛)是指大水反向逆流之义,两家所释不尽确切。《孟子》说:"当尧之时,水逆行,泛滥于中国,蛇龙居之,民无所定,下者为巢,上者为营窟。"可证"泛(氾)"的确是针对"水逆行"而言的。因为河道堰塞不通或海水倒灌,于是出现了巨大水流反向而行(逆行)的现象,古人便将这一现象命名为"fàn"。甲骨卜辞中习见"鼫凡有疾"之句,郭沫若氏释为"游泛有疾"。连劭名先生认为:"'游泛'与'僭差'同义。《说文》:'氾,滥也。'《礼记·乐记》云:'狄成涤滥之音作。'郑玄注:'滥,僭差也。'""信与僭相当于正反卜,二者皆有吉凶之分。"② 我们以为,"游"即是《周易》所讲的"游魂卦","泛"(义与返同)即是《周易》所讲的"归魂卦"。《卜筮易知》说:"古谓游魂行千里,凡占得其卦者,如闻身命,无安家乐业之处。问行人,游踪无定。占出行,行止不常。占家宅,时有变迁。占坟茔,亡者不安。归魂则不出疆,诸事拘泥不行,与游魂适相反。"③

又如"笵"(简写为范)字,小篆写作"𥲭"形,字从"竹"、从"氾"构作,隶定楷化为"笵",属于形声兼象事结构的文字。许慎《说文·竹部》:"笵,法也。从竹,竹,简书也;氾声。古法有竹刑。"段玉裁注:"《通俗文》曰:'规模曰笵。'玄应曰:'以土曰型,以金曰镕,以木曰模,以竹曰笵。'一物材别也,说与许合。"④ 《汉语源流字典》:"笵,形声字。篆文从竹,氾声。指竹做的模子。"⑤ 《汉语大字典》:"笵,fàn,模子;法则。""笵"是古代模子的名称,法则是"笵"的引申义。因为最初的"笵"大多用竹子制作,所以字从"竹"构造,后来又发展出陶制的陶笵等类型。但不管如何,因为"笵"与人们所需要的器物形态凹凸相反,所以也得名为"fàn"。

---

① 谷衍奎:《汉字源流字典》,华夏出版社 2003 年版,第 142 页。
② 连劭名:《卜辞中的"游泛有疾"与〈周易〉》,载《古文字研究》第二十七辑,中华书局 2008 年版,第 57 页。
③ 凤生阁:《卜筮易知》,兰州大学出版社 1995 年版,第 410 页。
④ 段玉裁:《说文解字注》,上海古籍出版社 1981 年版,第 191 页。
⑤ 谷衍奎:《汉字源流字典》,华夏出版社 2003 年版,第 642 页。

图 2—18　反腰

又如"犯"字，小篆写作"犯"形，字从"犭（犬）"、从"卩"构作，与"氾"字的构形原理是一样的，属于形声结构的文字。许慎《说文·犬部》："犯，侵也。"许氏释义近是，但不能揭示"犯"字得名的真正内涵，说解方式不可取。《广韵·范韵》："犯，干也，侵也。"《玉篇·犬部》："犯，抵触也。"《小尔雅·广言》："犯，突也。"葛其仁疏证："《荀子·王霸篇》：'汗漫突盗'注：'突，谓相陵犯也。'犯之为突，转相训。"上引诸家对"犯"字的训释基本正确，但也未能从汉语音义同源规律来揭示它得名的内在原因。《周礼·夏官·大司马》："犯令陵政，则杜之。"郑玄注："犯令者，违命也。"《周礼》犯陵二字并言，"犯"字包含了违背、违反的意思，"陵"字是"凌驾于上"的意思，"犯法"其实就是指行为与法令的要求相反，也就是不顾法令要求，凌驾于法令之上的意思，可见"犯"与"陵"的确在意义上是可以相通的，郑注以"违"释"犯"，"违"有"违反"之义，郑玄所释符合"犯"字音形义结合的原理，至确无疑。从汉字形义学的规则看，"犯"字从"犬（犭）"构作，意义应该与狗的行为习惯相关；而"卩"字则应该是对人们反腰形象的描摹（见图2—18）。两形组合，本来应该是指狗在受到强势攻击时习惯龇牙咧嘴反转头侵袭对手的行为（见图2—18），即人们常常讲的"反咬一口"。通俗而言，"犯"字最初就是指狗"反咬一口"的习惯性行为。因为狗的这种侵袭对手的行为，在人们眼里是属于一种违反常理的方式，所以，人们便将"犯"字引申泛指一切侵袭他人他物的违反常理的行为。

再如"返"字，金文写作"返"（鄂君舟节）、"返"（中山王壶）

等形,小篆写作"䢟"、"祳"等形,字从"辵(辶)"(或"彳")、从"反"构作。"辵"与"彳"在构字中都表示足部的行为,构字功能相同;"反"在"返"字中提示字读音及"fan"音音本义所要求的特点,可见"返"字属于形声兼象事结构的文字。《说文·辵部》:"返,还也。"《广雅·释诂二》:"返,归也。"《古今韵会举要·阮韵》:"返,还也。通作反。"由此可见,"返"可以通作"反",其实就是反转回去的意思,也即是与先前出现了的"往"相反的行为。

再如"燔"字,小篆写作"燔"形,字从"火"、从"番"构作,属于形声结构的文字。从"火",意义与火相关;从"番"得声,意义应当包含了"反转"和"多的"两个特点。许慎《说文·火部》:"燔,爇(ruò)也。"《说文》又说:"爇,烧也。"许氏释义近是,但很不确切,体现不出"燔"的实际特点。顾野王《玉篇·火部》:"燔,烧也。"顾氏承沿了许氏的观点,也未能有所发明。《诗·小雅·瓠(hú)叶》:"有兔斯首,炮之燔之。"毛传:"炮加火曰燔。"炮与燔是两种加工肉食的方法,毛氏的说解也未尽善。《广韵·元韵》:"燔,炙也。"陈彭年等的解说虽然较许氏、顾氏的训释有了明显进步,但也不确切。《礼记·礼运篇》说:"以炮以燔,以亨(烹)以炙,以为醴酪。"郑玄注:"炮,裹烧之也;燔,加于火上也;炙,贯之火上也。"《礼记·内则》郑注又说:"炮者,以涂烧之为名也。"可见炮、燔、炙是三种不同的烧烤肉食的方法。王宁先生指出:"炮是带着毛烤肉。它的具体做法是把带毛的兽畜包上泥,外面用火烤,烤熟后,把泥剥下来把毛也带下来。""燔是把成块的肉去掉毛后一面一面傅于火上翻烤。……有人说它得名于'傅',其实,说它得名于'翻'更合理。燔肉是用来赠给兄弟国的,所以不但要烤熟,还要烧干,以便保存得长久。"而炙"就是用签棍把肉穿起来烧"[①]。分析可知,"燔"就是一种将肉块不断翻转烤干两面的烧烤方法,"翻转烧烤",就是将块状物体的正反两面不断反转烧烤,而这一点,正与"fan"音的音本义完全切合。左民安先生说:"《说文》:'燔,爇也。从火,番声。'许说不妥。'爇'为'点燃'或'放火焚烧'义,而

---

① 王宁:《汉字与烹食文化》,载何九盈等编《中国汉字文化大观》,北京大学出版社1996年版,第287—288页。

'燔'字的本义应为'烤'、'炙'。"① 左氏虽然在文字学方面有很高的造诣，但因为不懂汉语音本义原理，故而所释仍然是模糊不确切的。

再如"贩"字，《说文》小篆写作"𧴪"形，字从"贝"、从"反"构作，属于形声兼象事结构的文字。字从"贝"，说明此字的意义与财货相关；从"反"得声，表示它的词源意义包含了"反转"的特点。许慎《说文·贝部》："贩，买贱卖贵者。从贝，反声。"顾野王《玉篇·贝部》："贩，贱买贵卖。"朱骏声《说文通训定声》："贩，买贱卖贵也。从贝，反声。"② 贱买贵卖，就是以较低的价格买进，然后再以较高的价格反转卖出，这恰好符合"fan"音音本义所规定的特点，所以得名为"fàn"，根据上古汉语名动相因的规则，从事这种交易活动的商人，因此也被称作"贩"，许氏、顾氏、朱氏的训释都十分正确。

再如"翻"字，小篆写作"翻"、"飜"等形，字从"番"、从"羽"（或"飞"）构作，属于形声结构的文字。字从"羽"（或"飞"），说明此字的意义与鸟的翅膀或飞行姿态有关；从"番"得声，表示它的内在意义包含了"相反"（反转）、"多次"的特点。徐铉《说文新附·羽部》："翻，飞也。从羽，番声。或从飞。"徐氏析形至确，但释义则含混不确切。这正是大多数训诂家不懂汉语音本义原理的结果。顾建平先生认为："翻，形声字。从羽，表示鸟振羽飞行；番声，番有次数义，表示鸟儿飞行，翅膀须无数次扇动。本义是鸟飞。"③ 顾氏说解也未能揭示"翻"字得名的真正原因。事实上，当鸟儿需要腾空上升飞行时，翅膀则必须无数次反向往下拍打，向下拍打的姿势正好与上升飞行形成了反向的运动，所以得名为"fān"。

再如"幡"字，小篆写作"幡"形，字从"巾"、从"番"构作，属于形声兼象事结构的文字。字从"巾"，说明此字的意义与长条形状的布帛相关；从"番"得声，表示它的内在意义包含了"相反"（反转）、"多次"的特点。从古代的文献资料来看，"幡"字有两个常用的意义：一是指擦拭字的抹布，和今天用的黑板擦功能是一样的；二是指一种用来高高悬挂的旗帜。许慎《说文·巾部》："幡，书儿拭觚布也。从巾，番

---

① 左民安：《细说汉字——1000个汉字的起源与演变》，九州出版社2005年版，第232页。
② 朱骏声：《说文通训定声》，中华书局1984年版，第721页。
③ 顾建平：《汉字图解字典》，东方出版中心2008年版，第1084页。

声。"书儿，即刚刚练习书写文字的小孩子；觚，读作"gū"，《急就篇》："急就奇觚与众异。"颜师古注："觚者学书之牍，或以记事，削木为之，盖简属也。……其形或六面，或八面，皆可书。觚者，棱也，以有棱角，故谓之觚。""觚"最早是指一种腰部雕刻有多个像"箍"的环状物的酒器，后来，因为给小孩学习书写的六面（或八面）木牍，近似于固定在轴上的可以旋转的环状物，所以人们也把它称为"gū"，并借用酒器的"觚"字来表示。分析可知，"幡"就是小孩子用来擦拭文字，使木牍返回洁净面貌的抹布，因为它具有无数次使木牍反转到原有状貌的功能，所以得名为"幡"。《集韵·元韵》："幡，一曰帜也。"幡是旗帜的一种，主要是用来高高悬挂的。这种旗帜的顶端系有一根长长的绳索，当人们需要悬挂时，将幡上的绳索连续向下牵拉，幡就会反向往上升起，当人们要放下它时，则要将绳索连续向上松放，幡就会反向往下垂落。古人根据这一特殊的现象，于是也将这种旗帜命名为"幡"。事实上，船帆的"帆"，其得名的内在原因也正与这种"幡"完全一样。

通过以上分析可知，上古汉语"音义同源"的规律是实实际际存在着的。以往的语言文字学家，因为没有深刻理解汉语音义同源规律，没有掌握汉语音本义原理，所以在对汉字进行训释的时候，不能够将汉字隐性的词源意义揭示出来。而这恰恰就给汉语汉字的学习者，在理解记忆汉语语词和汉字的音形义带来了极大的困惑。整体感与逻辑性十分突出的汉语语词，几千年以来，在人们的心目中却毫无疑问地变为了零散杂乱的信息碎片了。王宁先生曾经说过："由于同源词之间共同的词源意义不易从表面看出，而它们之间的声音关系却是外在的，所以，古人因其训释词与被训词的音近关系而以'音训'名之，反而把归纳词源意义的训释实质给掩盖了。"① 张以仁先生在其《声训的发展与儒家的关系》一文中，对过往研究"声训"的巨学鸿儒也作了一番评论："历来的学者，多认为声训是解释字义的一种方法，与义训的差别只在于声训的被释与解释两部分有语音上的关系，而义训没有。这种观念上的含混从魏张揖的《广雅》开始，一直因沿下来。甚至到有清一代，学者如惠栋（《九经音义》）、段玉裁（《说文解字注》）、刘师培等都不免时有。便是民国以来的胡适（《中国哲学史大纲》）、杨树达（《国语识小》）、容庚（《中国文字学》）等硕

---

① 王宁：《训诂学原理》，中国国际广播出版社 1996 年版，第 106 页。

学也不能免。至于时下坊间出版或翻印的有关训诂方面的著作，如胡朴安的《中国训诂学史》、何仲英的《训诂学引论》、齐佩瑢的《训诂学概论》、胡楚生的《训诂学大纲》，大抵因循旧说，不加思辨。至于像林伊的《训诂学概要》、王文清的《实用声韵学》，更只是随兴发挥而已。"①张先生的评论也许有不确切的地方，但大概是较中肯而且一针见血的。我们非常欣赏张氏这种治学的严谨态度和敢于批判错误学说的勇气。

除张以仁先生提及的上述学者以外，章太炎、黄侃、刘师培、沈兼士等人，也在汉语语源意义方面作了长期的探索和研究。如章太炎氏作《文始》，绘制《成均图》，想要通过探寻语源来揭示汉语语词音与义的内在关系，他在所著《国故论衡》中进一步阐明了汉语的缘起："语言者，不冯（凭）虚而起，呼马而马，呼牛而牛，此必非恣意妄称也。诸言语皆有根，先征之有形之物，则可睹也。""何以言雀？谓其音即足也；何以言鹊？谓其音错错也；何以言雅？谓其音亚亚也；何以言雁？谓其音岸岸也……"章氏所言，虽然的确揭示出了上古汉语拟音取名的语言现象，但是，想要从某些模拟动物叫声命名的现象去探讨汉语的语源，这是很难触及真正的汉语源义的。其徒沈兼士先生，在语言文字研究方面也是颇多建树，他著《广韵声系》，撰写《声训论》，对汉语音与义的关系进行了比较深入的探索，提出汉字起源于"文字画"和"初期意符字"等观点，被唐兰先生给予了"最卓越之训诂学家，一人而已"的赞誉。虽然章、沈等氏在语源学的研究上建功殊多，然而甚为遗憾的是，他们并未能建立起一个符合汉语发生学规律，又具有实际操作意义的"声训"理论体系。

刘师培氏曾在《正名隅论》中说："意由物起，既有此物，即有此意；既有此意，即有此音。"并且明确指出："义本于声，声即是义。声音训诂，本出于一源。"②刘氏的这一论述，符合上古汉语发生的实际，揭示了汉语音义同源的规律，十分正确。刘氏的这一认识，在他的《物名溯源》等文章里有更清晰而明确的阐述，刘氏论述说："古人之于物类也，凡同形同色，则其呼名亦同。《说文》云：'瓢，蠡也。'蠡与螺同，'蠃'为'螺'字之正体。螺之大者可剖为瓢，与匏瓠剖为瓢者同形，故

---

① 张以仁：《声训的发展与儒家的关系》，载《总统蒋公逝世周年论文集》，""中研院""编印，1976 年。

② 刘师培：《正名隅论》，载《刘申叔先生遗书·左盦外集》卷六，台北京华书局 1970 年影印本。

瓠也谓之'蠃'《说文》又云:'螺蠃,蒲卢,细腰土蜂也。一曰虒蝓。'
又'娲'字下云:'娲,蠃也。'盖三物同名为'蠃'。其所以同名者,
皆以形圆而中细得名。螺蠃转音又名'蒲卢',而'螺蠃'之音又转为
'果蓏',《说文》云:'栝蒌名果裸。'盖栝蒌亦为圆形,故字异音同。
果蓏又作'果蠃','栝'、'螺'、'蒌'、'蠃'皆系双声。若近人称瓠为
'胡卢'(计按:今写作葫芦),或曰'蒲卢',其音亦由'果蠃'通转。
盖瓠亦形圆中细之物。'蒲'、'瓠'双声,莫不取义于圆转。今江淮之南
称物之圆转不已者恒曰'圆滚卢'(计按:会同话称'圆骨碌')。故物
之圆而易转者,古人皆称以此名。植物之果蓏、胡卢,动物之土蜂、虒
蝓、螺蛳,所由异物而同名也。即取名不同,其音亦不甚远,则以在有音
无字之前仍为一字也。又《尔雅·释木》云:'边,要枣。'郭注云:'子
细腰,今谓之鹿卢枣。''鹿卢'二字与'蠃'字为双声,即系'蠃'字
之转音。形圆中细之物咸谓之'鹿卢',故凡物之形圆中细者可谓之
'蠃'。观于此例,则植物、动物之得名,非以物类区分,实以物形区别;
物形相似,则植物、动物均可锡(赐)以同一之名,非若后世之物各一
名也。"①   "蠃"读作"luó",是"螺"的正体字,与"裸"、"落"、
"萝"、"骡"、"逻"等字属于同一音系,主要强调"圆状的"、
"寄生的"两个特点,如"落"的最初意义是指古人寄住的半穴式圆形地
穴,本来写作"各","古人的穴居之室总是低于地面,进入穴居之室总
要包含落入、落下之义,由此可见各日之各实是本义之引申。各的这种用
法后代写作落,各日当写作落日"②;"萝"是指寄生在圆圆树冠上的藤
蔓;蠃亦即螺、螺,凡软体动物腹足类,具有旋线的硬壳都叫螺,段成式
《酉阳杂俎·鳞介篇》说:"寄居……常候蜗(自注:一名螺)开出食。"
可见古人认为是寄生于圆形硬壳里的动物;"蠃蜂"则是一种将卵寄生在
螟蛉幼虫体内的蜂,古人错认为是螺蠃养育螟蛉之子,所以用"螟蛉之
子"作为"养子"、"义子"的代称,《说文·虫部》:"螺,螺蠃,蒲卢,
细腰土蜂也。天地之性,细腰纯雄无子。"许慎氏不知道螺蠃是将螟蛉之
子抢来养育幼蜂的,故有如此的说解;"骡"是驴马杂交的结果,古人认
为它像一种"寄生"动物;"罗"字小篆写作"羅"形,字从"网"从

---

① 刘师培:《物名溯源》,载《刘申叔先生遗书·左盦外集》卷七,第1—3页。
② 赵诚:《甲骨文字学纲要》,中华书局2005年版,第199页。

"维"构作，本来是指挂在树间或木桩间的圆形网，像"萝"一样具有寄生的特点。由此可见，刘氏的理论框架虽然非常正确，但是分析的实例是与汉语音义同源规律不太相符的。我们通过汉语音本义原理论证了大量的汉语语词的语源义，研究可证，上古汉语在发生、发展的初期阶段，的确而且事实上是按照汉语音义同源规律产生和发展的。

因此，如果要想探求到汉语语词的语源义，就必定要通过研究上古汉语的古音才能实现。然而，汉语的古音到底是什么样的情形？又要到哪里才能找得到汉语古音的踪迹呢？我们认为，汉语古音的基本面貌，可以通过研究先秦文献中的音韵以及存古性特征特别突出的汉语方言予以还原。就汉语方言而言，被外部因素影响越小的方言，就越接近上古汉语真实的面貌。汉语南方音系存古性特征明显，这是语言学界众所周知的事实，而会同方言作为南方方言的一个分支音系，其突出的特点就是受外族语言影响较小，没有受到异化和污染，具有很高的纯洁性。我们以此为坐标构建起来的汉语音本义原理，应该是比较符合上古汉语的实际情况的。

基于以上的认识，我们通过深入的研究和大量的实例检验，提出了"汉语音本义原理"这一全新的观点，以期还原汉语语词语源义的真实面貌。"汉语音本义原理"与过去训诂学家所讲的"声训"（或音训），虽然目的一样，但在操作方法上有着本质的区别。我们提出这个观点，并不是想标新立异，也不是想否定前人的研究成果，最根本原因就是想能让大家抛弃传统"声训"不正确的操作方法，更好地回归到汉语音义结合的真实原理上去。

"汉语音本义原理"的核心内容，就是通过探寻汉语每个音节发生的大体情况，弄清并确认汉语每个音节所包含的隐性的语源义——"汉语音本义"。音起于义，义附于音，汉语的音义是同源的，从根本上来说，"汉语音本义原理"属于汉语语源学范畴，其宗旨就是求源推因，就是确认400来个汉语音节的语源义。林尹先生指出："推因的训诂方式，既是从声音上推求语词音义的来源，而阐明事物命名之所以然，所以其理论是建立在声义同源上的。……章太炎先生在《语言缘起说》中也说：'语言者，不冯虚而起，呼马而马，呼牛而牛，此必非恣意妄称也。诸言语皆有根，先征之有形之物，则可睹也……'章氏的话，说明推因的训诂方式，是推求字义得声由来的训诂法，也是吾人今日寻求语根的珍贵资料。"①

华夏先民早就认识到了自然万物的运动是有规律的，宇宙有大道存在，大道虽然无形无象、无色无味，但它的确是无处不在的。老子说："道，可道，非常道；名，可名，非常名。无，名天地之始；有，名万物之母。故常无，欲以观其妙；常有，欲以观其徼。此两者同出而异名，同谓之玄。玄之又玄，众妙之门。"这种认识的产生，不仅凝聚了我们的祖先高超的智慧，而且也是先祖们从无数血与泪的教训经历中归纳总结出来的。先民通过对自然规律的逐步认识、理解，然后又将建立在自然规律上的这些知识，反过来运用于日常生活当中，因此，这种蕴含着东方文明最高超智慧的知识，本身就具备了很强的逻辑性和适用性。上古汉语是这一知识体系中最具代表性的一个分支，它的逻辑性和适用性，就完美地体现在它的语源义之中。长期以来，某些学者认为以古老的中国传统文化为代表的"东方文化"是归纳性的，而"西方文化"是逻辑性的，并且认为逻辑推理的层次远远高于笨拙的归纳，这种看法十分荒谬，表现了他们对东方文化的极度无知。

"汉语音本义原理"的发现以及提出，不仅彻底粉碎了人们长期以来对古老东方文化和汉语的种种误解，而且对汉语的教学与推广普及，对训诂学、音韵学的健康深入发展，对提高国人的民族自豪感和文化自信力都有着极其巨大的意义。具体说来，主要有以下几个方面：

（一）明确汉语语词的语源义，确立同源词族，变"汉语难学"为"汉语易学"。刘又辛、李茂康先生认为："声训最重要的作用在于探求语源。例如：《礼记·檀弓上》：'葬也者，藏也。'《说文》也说：'葬，藏也。'《白虎通·崩薨》：'葬之为言下藏之也。'葬，藏同源。"②"藏"在会同话里读为"záng"，与"葬"（zàng）属于同一音系，也即是我们讲的同源词。刘师培氏指出："窃谓古代声训义类之说，既可借此证明古音之部居，而现代研究汉语字族者，更须从汉语本身之声训义类及右文说着手，因而综合归纳之，以定字族词类之范畴。"③ 弄清了语词的语源意义，确定了同源词族的范围，几十甚至几百个同源词就能在短时间里简单清晰

---

① 林尹：《训诂学概要》，转引自孙雍长《训诂原理》，高等教育出版社 2009 年版，第 248 页。

② 刘又辛、李茂康：《训诂学新论》，巴蜀书社 1989 年版，第 179 页。

③ 刘师培：《刘申叔先生遗书·理学字义通释》。

地识记下来，这非常有利于中国中、小学的语文教学，更有利于汉语在国外的推广。这样一来，让初学汉语的学习者正确领会、掌握任何一个音节的隐性含义及其发生的内在机理，使初学者听到任意一个音节之时，就能迅速在脑海里找到那个音节所对应的具体事物上，从而在头脑中产生出形象生动的画面和声音效果，并体味出这一事物所包含的最为突出的特点——汉语音本义（语源义）。

通过与一些拼音文字语词的对比研究，我们发现，汉语的语源与西方语言学家所研究拼音文字语词的语源是有很大区别的。汉语的一个音节就是一个语词系统，所有相同音系的单音节语词，它们的语源义是相同的，呈现出很强的系统性和整体性；而拼音文字语词的语源，却是一个词或几个关联的词才拥有相同的语源义，没有汉语语源这样较强的系统性和整体性。例如："德语 Karser（皇帝）和俄语 tsar（沙皇）都是从罗马恺撒（Caesar）这个人名借来的，因词义引申而成为一般名词。英语的 money（钱币）一词来自拉丁语的 moneta，因罗马的造币厂设在 Jnno moneta 庙宇中，因此罗马人使用这个词兼有造币厂和钱币二义。"①

王力先生曾说："一种语言的语音的系统性和语法的系统性都是容易体会到的，唯有词汇的系统性往往被人们忽略了，以为词汇里面一个个的词好像是一盘散沙。其实词与词之间是密切联系着的。"② 根据汉语音本义原理组织起来的识字教学，完全摆脱了过去那种生硬地灌输式的教学方法，使教学过程充满了逻辑性、系统性和趣味性，大大提高了汉语学习者学习汉语的逻辑思维能力。同时，又教会了学生对同一事物进行多角度多层次的观察、分析，让学习者从事物最常见最主要的特点出发，反过来确定有哪些"音节"可以用来表达这个事物、现象的特点，从而提高初学者的发散思维以及分析问题、解决问题的能力。

（二）对于训诂学而言，它能帮助我们找准同类语词中每一个语词所确指的事物，能够准确辨析近义词及同一大类事物的细微差别，再也不会出现像许慎《说文》那种释义含混不清的情况，因为"汉语音本义原理"可以确知每一类语词所指对象的隐性特点。黄侃氏指出："真正之训诂

---

① 刘又辛：《刘又辛语言学论文集》，商务印书馆 2005 年版，第 268 页。
② 王力：《汉语史稿》（下册），中华书局 1980 年版，第 545 页。

学，即以语言解释语言，以求语言文字之系统与根源也。"① 任继昉先生
更是认为："可以说，探求语源，系联词族，是训诂学向纵深发展，走向
系统化的必由之路；语源明，词族清，这是训诂学的最高境界。"②

（三）对于汉语音韵学而言，由于"汉语音本义原理"能够明确汉语
语词的音义结合关系，能够揭示每个汉语语词的语源意义。因此可以
"以大量的义通之词声音演变的轨迹，来证明古代声纽与韵部之间的关
系，以为音韵学研究古代汉语音系的佐证。"③ 继而可以通过它来检验各
种方言语词的音读准确与否，从而理清汉语语词音韵变化的脉络，并且对
辨别、厘清外来词语有不可替代的作用。

（四）对于字典、辞书的编撰而言，因为"汉语音本义原理"能够准
确找到每个汉字的语源义，能够对每个汉字的音义关系予以基本准确的定
位，所以，它完全可以满足编写一部完备的汉语辞书的要求。杨树达氏曾
说："近世一般人颇感于旧式字典之不完备，而欲重为编纂。然余观西方
之字典，即极寻常之种类，亦必附有语源，备人寻检。今之欲编新式字典
者，附载语源乎？抑不载乎？若不载耶？何以异于旧者也。若附载耶？将
从何措手也？故吾意必语根研究明白，而后始有真正新式完备字典之可
言。"④ 任继昉先生甚至明确表示："从这一意义上来说，《汉语大词典》
还未能成为'异于旧者'的'真正之新式完备字典'。不独此一书，至今
国内编写的各种字典、辞书，还没有一部能达到这一要求的。"⑤ 但是现
在，我们创建的汉语音本义原理，完全有条件来实现杨树达氏半个世纪前
提出的这一夙愿，编写出一部真正新式完备的字典。不仅如此，汉语音本
义原理还可以为国家语言文字改革机构提供参考，为相关机构厘清汉字本
来读音，制定、推行一套有利于外国朋友学习汉语的简单可行方法提供理
论的保障。

（五）对于中国传统文化而言，"随着文化事业的日趋繁荣和文化素
养的不断提高，人们对古往今来的各种文化现象表现出越来越大的兴趣，
力图从各个方面加以探索。语源的研究，就是对文化现象探索、研究的一

---

① 王力：《汉语史稿》（下册），中华书局1980年版，第545页。
② 任继昉：《汉语语源学》，重庆出版社2004年版，第18页。
③ 陆宗达、王宁：《训诂方法论》，中国社会科学出版社1983年版，第118页。
④ 杨树达：《积微居小学金石论丛》（增订本），中华书局1983年版，第51页。
⑤ 任继昉：《汉语语源学》，重庆出版社2004年版，第19页。

个不可或缺的方面"①。中国文化博大精深，我们如果想要对中国文化有所了解、有所传承，那么，大家就必须去领会作为中国文化载体的汉语汉字。汉语音本义原理的提出，无疑为中国文化的爱好者提供了一把神奇的金钥匙。

---

① 　任继昉：《汉语语源学》，重庆出版社 2004 年版，第 27 页。

第三章　汉字形本义原理

第一节　汉字的起源：从有声语言进入有形语言

香港著名学者安子介先生说："汉字是中国的第五大发明。"

印度前总理尼赫鲁曾对其女儿说："世界上有一个伟大的国家，她的每个字，都是一首优美的诗，一幅美丽的画，你要好好学习。我说的这个国家就是中国。"

中国教育学会汉字文化教育研究中心主任戴汝潜先生说："千百年来，汉语汉字成为世界上唯一长存至今的独特的语言文字体系，笃定包含着中华民族独特的世界观和思维方式，以至于影响着绵延久远的独特文化。"[①]

汉字为何会获得如此高的评价？历史上，古埃及人创造过"圣书文字"，苏美尔人、克里特人创造过"表形文字"，古巴比伦也创造过"楔形文字"，同样，古印度人、玛雅人也创造过类似的"图画文字"，学者们大多习惯地把它们与汉字统称为"象形文字"。然而，它们却在历史发展的长河中，被无情淘汰了。汉字顽强的生命力，不能不让世人赞叹。作为现存的有十多亿人正在普遍使用着的"象形字"，在文字起源方面，与拼音文字相比又有什么奇特之处呢？

高明先生认为："汉字是世界上生存寿命最长的文字，迄今已有四千余年的历史……可以肯定，早在商代以前，中国汉字已经经历了一段相当长的发展过程。"[②] 高氏又说："文字则是历史的产物，是人类进入文明时

---

① 戴汝潜：《学习汉语汉字的哲学》，载《中国文字研究》2007 年第 1 辑。
② 高明：《中国古文字学通论》，北京大学出版社 1996 年版，第 3 页。

期后才产生的。文字在语言的基础上产生，是辅助语言的交际工具。社会上没有创造出记录人类语言的各种工具之前，主要交际工具是有声语言。……文字是记录语言的符号，这个符号兼有表音和表意的两种功能，因此，文字除了音义两个成分之外，还有形体这样一个成分。语言是表达思维活动的口头形式，文字则是记录语言的书面形式。"①

裘锡圭先生认为："事物都有一个发展过程，文字也不例外。以别的语言的文字为依傍，有时能为一种语言很快地制定出一套完整的字来。但是对完全或基本上独立创造的文字来说，从第一批文字的出现到能完整地记录语言的文字体系的最后形成，总是需要经历一段很长的时间的。"②"古汉字、圣书字、楔形文字等独立形成的古老文字体系，一定也经历过跟纳西文字相类的，把文字跟图画混合在一起使用的原始阶段。"③

赵诚先生认为："事实上证明一个字的构形和这个字所表示的意义有一定关联，但两者之间并不等同。从理论上讲也是如此，创造某种构形根据的是某一词义，这种创造就有一定的约束性，而创造出来的构形也必然和所表示的词义有一定关联；另外，创造某种构形只要能使人感到或意会到某一词义即可，这种创造就有一定的选择性和自主性……由此可以进一步体会到，造字是先有词义，次有构形之意，最后才产生一个构形。换一句话说，构形之意是根据词义产生的，构形是根据构形之意产生的。"④

高明先生的论述是侧重于汉字的性质功能说，裘锡圭先生的论述是侧重于"象形文字"的历史形成过程说，赵诚先生的论述则是侧重于汉字的构形与形义结合的原理说的。我们非常赞同几位先生的观点。

众所周知，文字（包括象形文字、拼音文字）作为一种记录有声语言的可视符号，的确是在人类有声语言高度发达以后才逐步产生、慢慢完善的。虽然各种文字形成、发展的过程基本类似，但是，在一些语言学家看来，象形文字和其他拼音文字的发生原理，却又存在着本质的区别。如索绪尔氏认为，象形文字属于"表意体系"，其特点是"一个词只用一个符号表示，而这个符号却与词赖以构成的声音无关。这个符号和整个词发生关系，因此也就间接地和它所表达的观念发生关系。这个体系的古典例

---

① 高明：《中国古文字学通论》，北京大学出版社 1996 年版，第 25 页。
② 裘锡圭：《文字学概要》，商务印书馆 1988 年版，第 1 页。
③ 同上书，第 7 页。
④ 赵诚：《甲骨文字学纲要》，中华书局 2005 年版，第 254 页。

子就是汉字";而拼音文字属于"表音体系","它的目的是要把词中一连串连读的声音模写出来。表音文字有时是音节的,有时是字母的,即以言语中不能再缩减的要素为基础的"①。沈兼士氏也同样认为:"综考今日世界所用之文字,种类虽甚繁多,我们把它大别起来,可以总括为两类:(1)意符的文字,亦谓之意字。(2)音符的文字,亦谓之音字。"② 然而索绪尔、沈兼士二氏的认识过于粗糙简单,与语言的实际不符,事实上,汉字不仅能表意,而且能表音,属于一种特殊的"意音文字"③,因为"象形字、表意字是在有了音读而后创造形体的,当然一定是表音的"④。作为一种既能表音又可表意的文字,汉字"与拼音文字完全是不同的两条发展道路"⑤,的确"是较为特殊、较为复杂的一种,所以特别引起了学者的关注"⑥。具体来说,"英文可以说是一种表音文字。但是这并不是说英文只有音没有义,只是说英文的字符,即二十六个字母,是表音的,不是表意的。例如:英文的'sun'是英语里｛sun｝这个词的符号。它既有音,即｛sun｝这个词的音——〔sΛn〕,也有义,即｛sun｝这个词的义——太阳。但是'sun'所使用的字符 s、u、n,跟它所代表的词只有语音上的联系,没有意义上的联系,所以我们把它叫作表音字。同样,我们所以把古汉字'☉'(日)叫作表意字,是因为'☉'作为字符,即太阳的象形符号来看,跟｛日｝这个词只有意义上的联系,没有语音上的联系。如果作为｛日｝这个词的符号来看,它也是音、义兼备的"⑦。

我们认为,像汉字这样既表意又表音的文字类型,其实比直接通过音符来表音读的拼音文字要艺术得多。因为它是人们通过了"图画艺术"的加工,所以人们能在经过简单的训练后,达到"见而知意"的良好效果,而拼音文字则不可能做到这一点。举个例子说,如果让一个既不懂汉语也完全不懂英语的人同时通过同样时间的简单训练,汉语训练能达到两个目标:一是能够理会所给出单个"文字"的含义;二是大体能够给出

---

① 索绪尔:《普通语言学教程》中译本,高名凯译,商务印书馆1982年版,第50、51页。
② 沈兼士:《沈兼士学术论文集》,中华书局1986年版,第386页。
③ 参见周有光《文字演进的一般规律》,《中国语文》1957年第5期;裘锡圭:《文字学概要》,商务印书馆1988年版。
④ 赵诚:《甲骨文字学纲要》,中华书局2005年版,第43页。
⑤ 安子介:《汉字科学的新发展》,香港瑞福有限公司1992年版,第15页。
⑥ 赵诚:《甲骨文字学纲要》,中华书局2005年版,第3页。
⑦ 裘锡圭:《文字学概要》,商务印书馆1988年版,第11页。

符合这个"文字"的读音；而英语训练只能实现一个目标：大体能给出所给"单词"的读音，但是对这个词的含义则一无所知。产生这一结果的原因，就是因为汉字音、形、义的结合都是非常有规律可依循的。方文惠先生主编的《英汉对比语言学》一书，就曾拿汉字和拼音文字做过一个有趣的对比，书中说："汉字的图像性有助于人类的认知和记忆功能——最近神经心理学家的研究结果证明，汉字是以声音和图形两种编码方式同时进入大脑神经的，左半球储存语音编码，右半球储存图形编码，两种编码都与字义相联系；因此汉字是一种'双脑文字'，它使左右两半球的脑功能同时发挥作用，在利用脑的潜力方面超过了'单脑文字'（拼音文字只有左脑的作用，缺乏右脑图像编码的协同工作）。"[1]

那么，这种神奇的汉字大抵起源于何时？它又是如何产生的呢？

对于汉字的起源，历史上有下面几种主要的说法：

（一）仓颉造字说

从现在所能看到的文献资料分析，战国时代已经出现了"仓颉作书"的记载，最早提出这一说法的是荀子。《荀子·解蔽篇》载："故好（hào）书者众矣，而仓颉独传者，一也。"后来，"仓颉作书"之说陆续见于《吕氏春秋·君守篇》、《韩非子·五蠹篇》、《广韵·九鱼》所引《世本·作》等典籍当中，只不过这些典籍不言"好书者众"，单单说"仓颉作书"了。

到了汉代，"仓颉作书"又演化为"仓颉造字"，《淮南子·本经训》、《论衡》等开始神化仓颉，说他"四目灵光"（计按：突出了仓颉善于观察的特点），"仓颉作书而天雨粟，鬼夜哭"。《春秋元命苞》则更是越演越神，说他"生而能书，又受河图录字，于是穷天地之变，仰视奎星圜曲之势，俯察鱼文鸟羽，山川指掌，开创文字"。对于仓颉的身份，有说是"黄帝之史官"者，如司马迁、班固、韦诞、宋忠等人即持此观点；有说是"古之王也"者，如崔瑗、曹植、蔡邕等人即持此观点；对于仓颉生活的年代，徐整说"在神农、黄帝之间"，谯周说"在炎帝之世"，卫氏云说"当在庖牺、苍帝之世"，张揖说"仓颉为帝王，生于禅通之纪"，看来，从现有的文献和条件想要确切地弄清仓颉其人是不太可

---

① 方文惠：《英汉对比语言学》，福建人民出版社1991年版，第22页。

能的了①。

我们的观点是，汉字是在漫长的时间里形成的文字体系，不可能是一个或两个人所能完成，但我们也不赞同不顾汉字内在的规律，而硬说汉字是广大群众智慧的结晶，是由广大群众创造完成的说法。从文字发生学的一般规律看，文字主要是适应随着社会的发展而进行社会管理和统治的需要而产生的，"农业和铁的冶炼是社会文明进步的重要标志。文字的产生受制于社会文明的总体发展程度。概括说来，社会生产力提高了，进而需要标记所有权，乃至记载并予留传；不在一处的族群之间也有某些事务需要交流，统治阶级为了进行有效的统治。这一切，产生了对文字的需求"②。继而从甲骨文的构形规律看，早期汉字的形体系统性很强，其内在的连续性也特别明显，这不可能是"百花齐放、百家争鸣"的结果；再者，文字的产生应该和私有制的产生密切相关，是部落首领、酋长、巫史等少数人出于自身或其统治集团的需要开始逐步创造的，是一种"奢侈"用品，是极少数人的专用物，而不是广大群众出于生活生存的需要创造出来的，这也符合发生学的观点，也应与文字创造的早期实际相符。王宁先生说："传说仓颉是黄帝的史官，也是有道理的。文字产生在国家形成过程中，首先是政事往来的需要。所以，汉字形成过程中起主要作用的应是与文字有密切关系的巫史。"③ 另外，从纳西族东巴文字和贵州水书的实际情况来看，东巴文字掌握在东巴（巫师）先生的手里，水书掌握在水书先生的手里，这两种现存的古老文字，事实上也是掌握在少数特权者的手中，这种情况可以说明，少数的特权阶级或个人是完全有能力推动一种文字的形成和发展的。鲁迅《门外文谈》曾说："文字在人民间萌芽，后来却一定为特权者所收揽。"汉字萌芽以后，在汉字由"图画文字"发展成为完整的文字体系的过程中，起主要作用的却是特权阶层中的巫史一类的人物。裘锡圭明确指出："在目前所能看到的内容比较丰富的成批古汉字资料里，时代最早的是与占卜有关的甲骨文，它们大概也出自当时的巫、史之手。……把史官跟造字联系在一起，还是有些道理

① 参见赵诚《甲骨文字学纲要》，中华书局 2005 年版，第 17—18 页。
② 胡双宝：《仓颉作书今说》，载《汉字文化大观》修订本，人民教育出版社 2009 年版。
③ 王宁：《汉字的起源》，载何九盈等编《中国汉字文化大观》，北京大学出版社 1995 年版，第 5 页。

的。"① 我们知道，流传下来的历史，其实总是属于少数人的。

分析可知，"仓颉作书"之说，应该比"群众造字"之说更接近于汉字产生的真实情况。"仓颉作书"，是古人为了纪念在汉字创造过程中作出巨大贡献的某一个人或少数巫史而提出来的，这正如大家熟悉的"毛泽东思想"、"邓小平理论"一样，把领导集体智慧的结晶冠以某个有巨大贡献的核心领袖的名字，这与历史的实际情况是相符合的。"仓颉是史官，因集中使用原始文字，得以对众人自发创制的文字加以规整，正如荀子在《解蔽篇》所云，仓颉是一个集中使用文字而晓其规律从而整理了文字的人，所以独传于后。在汉字从原始状态过渡到较为规范的文字的过程中，仓颉起了重大独特的作用。可以推断，这样的一个人，在汉字起源阶段的一定时期，肯定是存在的。"② 再者，"仓颉造字"的传说流传久远，的确应该是来源有自，加上这一传说又有利于人们不忘传统、寄托情感，我们何不快乐地接受这个比较符合历史实际的造字传说呢？

（二）汉字始于结绳说

《易经·系辞下》："上古结绳而治，后世圣人易之以书契。"《庄子·胠箧篇》云："昔者容成氏、大庭氏、伯皇氏、中央氏、栗陆氏……伏羲氏、神农氏，当是时也，民结绳而用之。"许慎《说文解字·叙》也说："神农氏结绳为治而统其事。"结绳以记事的传说流传甚广，从一些汉字早期的构形及音义分析，上古人类通过结绳记事，管理部落内部事务，记录部落重大事件应该确切地存在过。如"古"、"纪"、"计"、"十"、"廿"、"卖"、"媵"（yìng）等字，就反映出了上古确有"结绳而治"之事③（见图3—1）。"卖"字金文写作

图3—1　结绳

① 裘锡圭：《文字学概要》，商务印书馆1988年版，第28页。
② 宋均芬：《汉语文字学》，北京大学出版社2005年版，第68页。
③ 参见刘志基《汉字文化综论》，广西教育出版社1996年版，第213页；陈宗明：《汉字符号学》，江苏教育出版社2001年版，第32页。

"🔶"形，"像眼睛注视结绳，从事交易，从贝以示其意"①。"媵"字金文写作"🔶"形，字从"亻"、从"🔶"、从"🔶"（计按：像双手之形，隶定为廾）构作，"象双手持结绳以进，表示嫁女赔（计按：当是'陪'字之误）送随从要先送代表人数之结绳，故又从人"②。高明先生说："在没有产生文字以前，人们利用结绳的方法帮助记忆，处理日常生活中的一些事物，这是完全可能的。这种古老习俗无论中外都有实例可考，甚至有些后进民族至今仍在使用这种方法。"③"中国古书上说，在古代人们曾经用结绳记事，以代表语言文字，记载事件和传递信息。但是在远古时期，具体怎样'结绳记事'，现在无法知道。可是我们知道近代有些少数民族还曾采用结绳记事，其具体情况，据说是用不同长短和不同颜色的各种细绳，相隔不同的距离打着不同形式的结子，记载人们所需要记载的一些事情。"④

把结绳和文字联系起来相提并论的，最早见于唐代李鼎祚《周易集解》所引《九家易》，引言说："古者无文字，其有约誓之事，事大大结其绳，事小小结其绳。"但这里也只是将二者进行了联系，并没有说文字起源于结绳。从符号学的原理看，结绳应该属于一种象征符号，它通过"结"的不同形态、绳线的大小或不同的颜色、质地去记录不同的事件；而从汉字的本质而言，汉字也是一种符号，它通过"形"的不同构造方式去记录这个字所要表达的含义，两者是有相似性的。陈宗明先生说："编码是一种符号行为，在特定的符号对象领域里，应用一定的规则把能指和所指结合起来。准文字性符号虽然还不能算是汉字符号，但它们是汉字符号编码的源头，没有简单的准文字性符号编码，就不可能产生复杂的汉字符号系统。""结绳是许多原始民族用于记事的一种最简单的编码方式……其方法虽然简单，但已经有了能指和所指的区分，具有记忆和交际的初步功能。从中国商周的金文中发现，'十'写作'🔶'，廿写作'🔶'，'卅'写作'🔶'……它们的编码明显地具有结绳的形象。"⑤ 由此可见，结绳符号为汉字的创造提供过灵感，但"结绳不等于文字，也

---

① 宋均芬：《汉语文字学》，北京大学出版社 2005 年版，第 55 页。
② 同上。
③ 高明：《中国古文字学通论》，北京大学出版社 1996 年版，第 26—27 页。
④ 许顺湛：《中原远古文化》，河南人民出版社 1983 年版，第 363 页。
⑤ 陈宗明：《汉字符号学》，江苏教育出版社 2001 年版，第 32 页。

不能发展成文字"①。

那么，汉字与结绳有没有内在联系呢？我们认为是有的。司马迁《史记》记载：太昊伏羲氏"造书契，以代结绳之政"。从这一记载可以推知，一方面，"'结绳'作为一种象征符号，结构简单，其本身不可能是文字，但是比起八卦来，同汉字符号的产生更具有渊源关系。它是汉字产生之前的一种准文字性符号"②。另一方面，因为结绳符号难以保存，结绳符号含义宽泛，从另一个意义上来说，结绳记事的缺陷和不足又催生了汉字的产生，从当时部落发展的历史实际看，可以肯定地说是古人用"文字"的功能代替了"结绳"的功能，它们之间又存在着一种替代与被替代的关系。

（三）汉字起源于八卦说

关于汉字起源的传说，最早的是"伏羲造字"。太昊伏羲氏被后世尊为"人祖"，称为"有王之先"，是先于神农、炎帝、黄帝的君主。《尚书·序》说："古者伏羲氏之王天下也，始画八卦，造书契，以代结绳之政，由是文籍生焉。"《易经·系辞下》也说："古者庖牺氏（即伏羲氏）之王天下也，仰则观象于天，俯则观法于地，观鸟兽之文与地之宜，近取诸身，远取诸物，于是始作八卦，以通神明之德，以类万物之情。"但这些文献只是说庖牺氏"画八卦，造书契"，没有一点表示"书契起源于八卦"的意思。司马迁《史记》也持同样的说法："太昊庖牺氏……始画八卦，以通神明之德，以类万物之情。造书契，以代结绳之政。"那么，是谁将"伏羲造字"的传说变成了"汉字源于八卦"的呢？

认为汉字起源于八卦，或认为八卦符号就是汉字的观点，从所能看到的文献资料来看，最早提倡这一观点的学者是宋代的郑樵。他在所著《六书略·论便从》上说："文字便从（纵）不便衡（横），坎、离、坤、衡卦也，以之为字必从（纵），故☵必从（纵）而后成水，☲必从（纵）而后成火，☷必从（纵）而后成巛（即災字）。"但是从水、火、災（灾）三字的古文字形体考察，郑氏的这种说法是站不住脚的。"水"字甲骨文写作"〵"、"〶"等形，金文写作"〷"、"〸"等形，裘锡圭

---

①　高明：《中国古文字学通论》，北京大学出版社1996年版，第27页。
②　陈宗明：《汉字符号学》，江苏教育出版社2001年版，第30页。

氏说："〵，象流水。"① 李孝定氏曾说："唯以独立之文字视之，则〉为今文之㢧，〴为今隶偏旁之氵，〳为今文之㳄，〵为今文之川矣。"② 甲骨文、金文的"水"字，横写的形状与八卦中的离卦符号"☲"很相似，这仅仅是一种巧合。"火"字甲骨文写作"火"、"火"、"火"等形，描摹了火焰的大体形状，属于独体象形字，小篆写作"火"形，正是从甲骨文"火"形体演变而来的，此与离卦符号"☲"完全不是一回事。而"災（灾）"字在甲骨文中有多个表现形体，兵器伤灾的"灾"字写作"戈"、"戈"等形，隶定为"𢦏"，字从"▽"（计按：才，会同话读作 zái）、从"戈"构作，属于形声兼象事结构的字；火烧伤焚毁的"灾"字写作"𤆎"形，字从"火"（火）、从"戈"构作，隶定为"烖"，属于形声结构的字；水灾的"灾"字写作"𤁰"、"巛"等形，"𤁰"从"▽"（才）、从"川"构作，表示河流洪水的灾害，属于形声结构的字，"巛"从"一"、从"川"构作，表示河道堵塞，洪水泛滥的灾害，属于象事结构的字，分析可证，郑樵氏"☷必从（纵）而后成巛"之说，将《易经》中坤卦的符号"☷"与"巛"视为相同之形体，则更是牵强附会的臆测之词了。

郑樵还曾提出过"起一成文说"，他以《说文解字》五百四十个部首始于"一"终于"亥"的排列顺序为根据，认为所有的汉字都是从"一"演变而来的，这种认识"完全属于主观臆造，无任何科学意义，说明郑樵当时接触古文字的资料甚少，并不了解汉字演变的基本规律。用'一'字演化解释汉字的起源，只能把汉字研究引向歧途"③。

八卦起于何时？八卦与汉字哪一个产生得更早？从现有的研究水平与条件看，学者还无法给出确切的答案。但不管如何，郑樵所举的几个例子，基本都属于附会之辞，不可为据。由此看来，"汉字源于八卦"的观点是不能成立的。现在还有一些学者仍然持这种观点，这纯粹是不懂汉字早期形体甲骨文、金文的结果，如上过《百家讲坛》的台湾师范大学教授曾仕强先生就是其中的突出代表。

---

① 裘锡圭：《文字学概要》，商务印书馆 1988 年版，第 112 页。
② 李孝定：《甲骨文字集释》，"中研院"历史语言研究所 1965 年版，第 3260 页。
③ 高明：《中国古文字学通论》，北京大学出版社 1996 年版，第 27 页。

（四）汉字起源于图画符号

主张汉字起源于"文字画"最为著名的学者是沈兼士先生，沈氏创立汉字源于"文字画"学说，认为"初期意符字"是"文字画"和"象形字"之间的过渡。沈氏的这些观点引起了学术界的极大反响。刘又辛氏对沈氏的学说就极为推崇，认为"这是很卓越的见解和设想。……从人类文化发展的规律看，许多古老的事物多在后来的文化中留下一些残余，文字也不例外。沈先生认为金器铭文中有些装饰性的图形就是上古文字画的遗形，这个推测是可信的"①。并指出"沈先生打破了六书的旧框架和只从形体上着眼的肤浅之论，构拟了汉字发展的全貌，认为汉字产生前曾经历过文字画、意符字两个阶段。这一学说越来越为更多的材料所证明"②。从汉字形体的来源来看，沈氏可谓卓识。下面，举证几个汉字演变轨迹的例子，以供大家参考：

虎：𧈢—𧈢—𧈢—𧈢—𧈢—𧈢—虎

马：𩡧—𩡧—𩡧—馬—馬—马

羊：𦍍—𦍍—𦍍—羊—羊—羊

牛：𤘈—𤘈—𤘈—𤘈—𤘈—牛

门：門—門—門—門—门

从上面所举的例子可知，汉字早期阶段的甲骨文的确源自于图画，笔画虽然简洁，但形象明了，能让受众"见而知意"。如"𩡧"重点描摹了马背上长长的鬃毛；"𦍍"描摹了绵羊头上向下弯卷的两角和耳朵；"𤘈"描摹了牛头上向上扬起的双角和耳朵；"門"主要描摹了门枋和门扇的形状。高明先生曾说："象形字是根据个体实物所绘制的图形，它是汉字的骨干，其他结构的汉字，皆用它来组成。……这就说明，象形字是汉字中最早出现的一种形体，最初是采用绘画的手法，按照物体描绘而成，开始出现就是完整的图形，既无点划的姿态，不受笔画的限制，这在商周时代的甲骨、金文中可以找到充分的证据。"③ 裘锡圭指出："在文字

---

① 刘又辛：《语言学论文集》，商务印书馆 2005 年版，第 435—436 页。
② 同上书，第 438 页。
③ 高明：《中国古文字学通论》，北京大学出版社 1996 年版，第 34 页。

产生之前，人们曾经用画图画和作图解的方法来记事或传递信息。通常把这种图画和图解称为文字画或图画文字。"① 王宁先生更是明确论述："经过信息传递的多次重复，使某一绘形与某一意义建立了固定的联系，形意关系带有了约定性，这才有了图画文字的性质。"② 宋均芬先生也认为："汉字产生之前，应有一个由图画文字发展到早期象形文字的过渡时期。这时期的资料有二里头文化与大汶口文化所见的陶符。这些陶符显然介于图画与文字之间，可能属于图画文字"，"图画文字介于图画和文字之间，可称作文字的先驱，它与文字仅一步之遥了。图画文字进一步发展，就成了早期象形文字了"③。

在距离会同不远的高庙文化遗址发现一具距今六七千年的石质人像④（见图3—2），其上就有"凵"、"于"、"𢀖"三个图画符号或初期意符字，形体苍劲又不失端庄秀丽，笔画干净利落又呈现刚劲铁骨之力量，它们刻于一块石头上，应该是合起来表述事件的符号。一些水书⑤研究者请

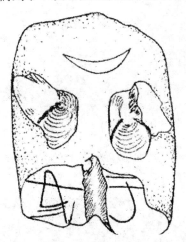

图3—2 距今六七千年的石质人像

贵州省荔波县两位老水书先生分别辨认，他们用水书释读的结果是："凵"为"月"字，也有"富贵"和"马鞍"的意思，可作"王"字或"首领"用；"于"是"午"字，代表十二生肖中的"马"字；"𢀖"是"申"字，代表十二生肖中的"猴"字。这与《水书常用字典》所释大体一致。这几个字连起来应当表达这样的意思："首领（凵）"生于或死于"午年申月（于𢀖）"或"申年午月（𢀖于）"。对此释读，我们未有深入研究，不作评判。但其字体近

① 裘锡圭：《文字学概要》，商务印书馆1988年版，第1页。
② 王宁：《汉字的起源》，载何九盈等编《中国汉字文化大观》，北京大学出版社1995年版，第7页。
③ 宋均芬：《汉语文字学》，北京大学出版社2005年版，第74、75页。
④ 《湖南黔阳高庙遗址发掘简报》，《文物》2000年第4期。
⑤ 水书即水族的文字，水族语言称其为"渺睢"，由水书先生代代相传，其形状类似甲骨文和金文，主要用来记载水族的天文、地理、宗教、民俗、伦理、哲学等文化信息。

于甲骨文，有别于原始的图画和单调的陶符，似乎应为一组文字，因其与石刻图画合为一体，组合为图画性字符。

总而言之，以上关于汉字起源的几种说法，其中第（一）、（二）、（四）的观点，只是从单一角度说明了汉字起源的问题。"仓颉造字说"回答了"哪些人造的汉字"；"结绳记事说"回答了"为什么要创造汉字"；"图画符号说"回答了"怎样创造出的汉字"。

我们认为，关于汉字的起源，这样表述可能是比较全面而中肯的：在新石器时代，为了更方便地记录氏族部落中的重大事件，管理部落内部事务，中国古人类以巫、史（如仓颉）等人物为中坚力量，在结绳符号已不能适应部落需要的情况下，他们通过"仰观天象、俯察地理及鸟兽之文"、"远取诸物，近取诸身"，通过象形模拟，创造了最早的具有图画性质的文字。陈五云先生说得好："因而图画记事的出现，标志着形成文字的物质形式已经准备好了。至于形成文字的心理上的准备，实物记事、符号记事和图画记事也已构成了形成文字的几个主要原则，即，文字必须是一种可以替代的符号，原始记事方式的共同点之一便是替代。文字必须是一种目治的符号，原始记事方式都是以形象来帮助记事的。文字必须跟语言挂钩，原始记事方式或强或弱总是同语言中的某些成分结合在一起的。因而，在前文字阶段，实际上已经孕育着文字形成的全部可能性。"①

第二节　汉字的形成：从陶器符号、原始图画到甲骨文

一　陶器符号

高明先生在《中国古文字学通论》中论述："近些年来地下出土的资料证明，早在原始氏族社会晚期，汉字尚未产生之前，因生产或生活的需要，曾创造出一些记事符号。"② 裘锡圭先生《文字学概要》也说："已发现的可能跟汉字有关的资料，主要是原始社会时代遗留下来的器物上刻画，描画的符号。这些符号大体上可以分成两类。第一类形体比较简单，大都是几何形符号，见于仰韶、马家窑、龙山和良渚等原始文化的陶器

---

① 陈五云：《从新视角看汉字：俗文字学》，河南人民出版社 2000 年版，第 111 页。
② 高明：《中国古文字学通论》，北京大学出版社 1996 年版，第 27 页。

上，偶尔也见于骨器和石器上。第二类是象具体事物之形的符号，见于大汶口等原始文化的陶器上。"① 原始陶器上的符号属于图画符号系统中的一种，它与汉字的起源有着极其密切的内在联系。先让我们对华夏先民刻画、描画在陶器上的"记事符号系统"做一个简要的梳理。

（一）仰韶文化陶器符号

1. 陕西西安半坡陶器符号（见图 3—3）

西安半坡发现的刻有符号的陶器和陶片，据有关人士统计，共有 133 件，陶器符号有 27 种。

图 3—3　陕西西安半坡陶器符号

2. 临潼姜寨陶器符号

临潼姜寨发现刻有符号的陶器、陶片，共有 129 件，其上有 38 种符号。

据考古研究，半坡类型的时代，属于原始氏族社会晚期新时期，"根据碳十四年代测定，半坡类型的时代，距今已有六七千年之久"②。

（二）大汶口文化陶器符号

山东莒县陵阳河陶符。山东莒县陵阳河遗址发现了四个象形符号（见图 3—4），都刻在大口承包制陶缸上外壁靠近口沿的部位。"据估计，大汶口晚期距今约四千五百至五千年左右。"③

图 3—4　山东莒县陵阳河陶器符号

---

① 裘锡圭：《文字学概要》，商务印书馆 1988 年版，第 22 页。
② 同上书，第 23 页。
③ 同上书，第 25 页。

（三）马家窑文化陶器符号

马家窑文化陶器符号主要包括以下两个类型：

1. 甘肃马家窑文化陶器符号（见图3—5）。

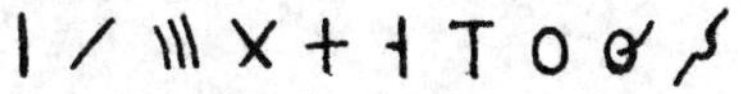

图3—5 马家窑文化陶器符号

2. 青海乐都柳湾陶器符号（见图3—6）。

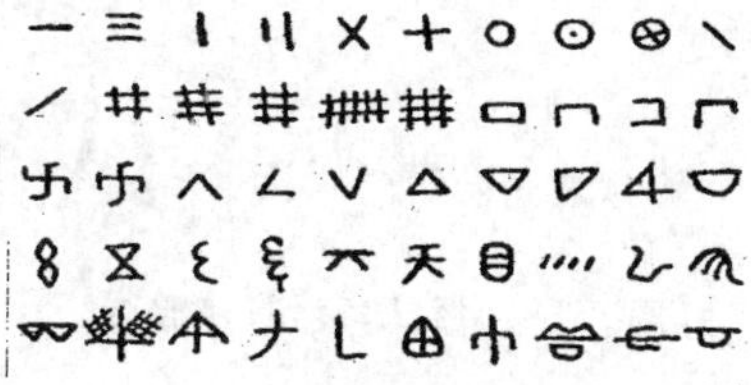

图3—6 青海乐都柳湾陶器符号

上举两个类型的陶器符号，都是用颜料描画（或涂画）出来的，每件器物只画一个，位置在陶器的腹部或底部，共有50种。马家窑文化时代较晚，但"距今也有四千余年"①。

（四）崧泽文化陶器符号

上海马桥出土的陶片上，发现下图下排四种符号；青浦崧泽出土的陶器上，发现了下图上排四种符号。它们的时代早于良渚文化（见图3—7）。

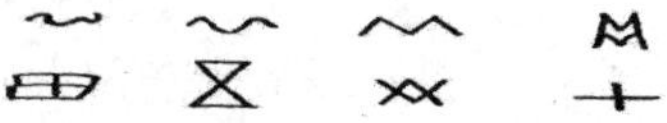

图3—7 崧泽文化陶器符号（上）、马桥出土的陶符（下）

（五）龙山文化陶器符号

1928年在山东章丘龙山镇城子崖出土刻有符号的陶片，符号为图3—8第一、第二个；1964年秋，在青岛北郊白沙河南岸赵村出土的陶片上发

① 高明：《中国古文字学通论》，北京大学出版社1996年版，第29页。

现了一个符号，为图3—8第四个符号；河北永年县台口村出土的陶器上发现了图3—8中的第三个符号。

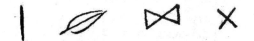

图3—8   龙山文化陶器符号

（六）良渚文化陶器符号

浙江良渚陶器符号（见图3—9）。

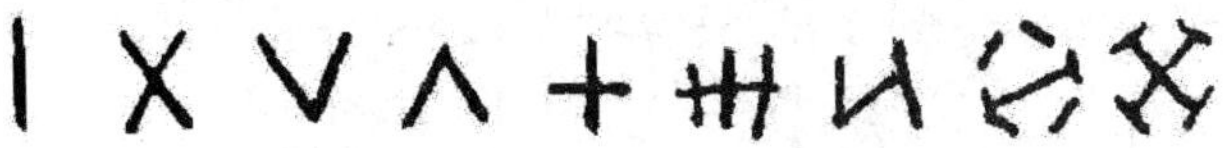

| X V ∧ + ⧻ Ⅱ ⊕ ⊗

图3—9   浙江良渚陶器符号

（七）早商至东周遗址陶器符号

1. 河南偃师二里头商代早期遗址，发现刻画在陶器上的符号24种，绝大多数刻在晚期大口尊的内口沿上（见图3—10）。

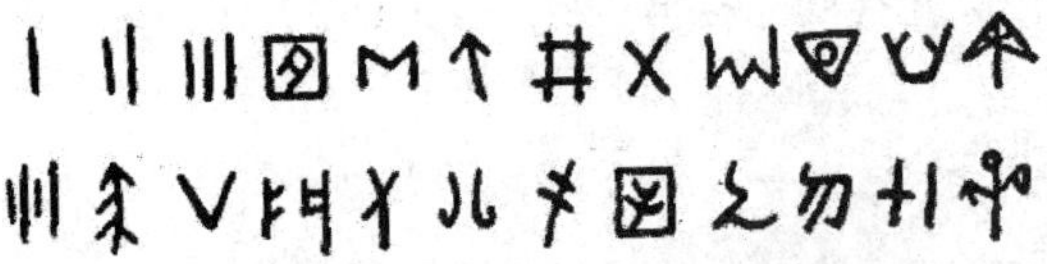

| | || ||| 回 ⋀ ↑ ⧻ X ⋈ ∧ ⋏

||| ⋠ ∨ ⧻ ⋡ 北 ⋇ 図 乙 勿 ⫯ ⋔

图3—10   河南偃师二里头商代早期遗址

2. 郑州二里冈商氏遗址，发现15种陶符（见图3—11）。

| ||| X + ↑ ↓ ⋈ ⧻ ⧧ ⫲ ⧼ ⧻ △ ⧉ ⫯

图3—11   郑州二里冈商氏遗址

3. 山西侯马东周遗址，发现刻画在陶豆豆盘内外陶符44种（见图3—12）。

图 3—12　山西侯马东周遗址

对于出土的商代以前的陶器符号，目前学术界争论较大，可谓仁者见仁，智者见智。郭沫若认为："彩陶上的那些刻画记号，可以肯定地说是中国文字的起源，或者中国文字的孑遗。"[1] 于省吾氏认为："这种陶器上的简单文字，考古工作者以为是符号，我认为这是文字起源阶段所产生的一些简单文字。仰韶文化距今得有六千多年之久，那么，我国开始有文字的时期也就有了六千多年之久，这是可以推断的。"[2] 裘锡圭氏认为："在大汶口文化晚期，生产已经相当发达，社会的贫富分化已经颇为显著，记录语言的要求很可能已经出现。上引象形符号〔☆〕的结构相当复杂（有人认为象日出于山之形，有人认为象日下有火，火下有山）。这个符号已有繁简两体，而且还在凌阳河和前寨这两个遗址里重复出现，似有可能已经具有文字的性质。从这些情况来看，大汶口文化象形符号已经用作原始文字的可能性，应该是存在的。……不过，如果说大汶口文化象形符号可能曾与原始汉字同时存在，相互影响，或者曾对原始汉字的产生起过一定的作用，距离事实大概不会太远。由此推测，汉字形成过程开始的时间，大概不会晚于公元前第三千年中期。"[3] 从裘氏的论述可知，裘氏所持态度是相当谨慎的。高明先生则认为："原始文字无论处于何种初级阶段，表达功能又如何幼稚，但自它诞生开始，即同语言密切结合，具备表达语言的能力。陶符则不然，它只是为了某种需要而记的标记，同语言毫无关系，只能独用不能组合。"高氏所论似乎过于武断，很可能不符合汉字起源的历史实际。

---

① 郭沫若：《古代文字之辩证的发展》，载《考古学报》1927 年第 1 期。

② 于省吾：《关于古文字研究的若干问题》，载《文物》1973 年第 2 期。

③ 裘锡圭：《文字学概要》，商务印书馆 1988 年版，第 25 页。

我们认为，陶器符号是流传在制陶者中的一种具有识别功能的记号系统。它刻画、描绘于陶器之上，作用不外乎有两个：一是标明制作者（个人或家族）的名号，用以统计其完成的数量；二是标明需求者（使用者）的名号，用以标明器物的归属。这应该是可以与语词发生对应的关系的。从商以后陶器符号仍在普遍使用的实际情况看，可以确定这种符号系统有延续性，有一定的约定性。如明清时期陶瓷的底部的款识（zhì）就应该是这一习俗的继承和延续。对于"陶符是随意刻画的"之说法，我们实在不敢苟同。众所周知，随意性的符号只能暂时地具有识别的功能，而不可能出现长久且普遍使用的情况。退一步说，如果陶器符号与汉字不是相同体系的符号，但由于陶器符号因为具有与制作者或归属者的对应性，陶工们当然也有将其识读的可能性，如现在流行于木匠中的记事符号。汉语是单音节的，汉语既然能够与以巫史为主创造的早期汉字一一相对应，那么，汉语也就能够与以陶工为主创造的陶器符号进行一对一的对应。汉字因为要用来记录由多个音节组成的语句，需要它不断创造出与"音节"所要表达之含义相对应的"字"；而陶符则不然，它因为只用于陶制作者所想要表达的"单个音节"对应的人或家族，没有必要创造出适应口语交流所需要的众多符号。因此，高明先生所说"陶符则不然，它只是为了某种需要而记的标记，同语言毫无关系，只能独用不能组合"①的观点，以及刘钊先生《古文字构形学》所说"只有逐词记录语言的符号系统才能称之为文字"②的观点都有失偏颇。

从文字发生学的规律来看，文字也不可能是一夜间齐刷刷地创造出来的，文字产生初期，几个或几十个最早期的图画符号，还不能具备逐词记录语言的功能。假如第一批产生的汉字是"人"、"水"、"木"、"日"，创造者（巫史）虽会识读，但不能用来组合出完整的句子，然而这些符号属于文字吗？答案是不言而喻的。

陶器符号是属于流行在陶工中间的具有文字意义的符号系统，"这些不同的陶器刻文，正是不同氏族部落向文明过渡的历史进程中，凭自己的聪明才智逐步创造发明的。现已证实，这些比甲骨文还要早一千多年的陶

---

① 高明：《中国古文字学通论》，北京大学出版社1996年版，第30页。
② 刘钊：《古文字构形学》，福建人民出版社2006年版，第223页。

器文字，是现在汉字的祖型或远祖型"①。陶工不是氏族部落的底层的人物，他们与部落首领、巫、史等处于统治地位的人关系是非常紧密的，陶符自然会对汉字的产生起到巨大影响。这是符合文字发生学的规律与历史实际的。

陶器符号是陶工们的创造性发明，它同样属于中华古老文化的一部分，是华夏先祖留给我们后人的精神财富，对汉字的形成曾经起到巨大的促进作用，很有研究的价值。它作为"制作者"识记符号的可能性很大，其影响很可能沿用到后期，武器制作、陶瓷制作留下"款识"的习惯即是它的孑遗。

二 原始图画

前面讲过，最早提出文字起源于"图画"之主张的，是沈兼士先生。后来，唐兰先生在其所著《古文字导论》中，进一步发扬了"文字的起源是图画"这一主张，现在已为多数语言文字学家所认可。高明先生就赞同沈兼士、唐兰氏的这一主张："据目前所见有关汉字的最早资料分析，可以这样推断，汉字是从原始图画发展来的。"② 刘钊先生更是旗帜鲜明地表示："世界上所有独立起源的文字，即自源文字，其最初都来源于图画，这一点绝无例外。"③

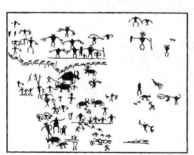

图 3—13 古人类狩猎生活

古人说："书画同源。"中国最古老的文字与原始图画是有着必然联

---

① 刘佳：《话说甲骨文》，山东友谊出版社 2009 年版，第 19 页。
② 高明：《中国古文字学通论》，北京大学出版社 1996 年版，第 32 页。
③ 刘钊：《古文字构形学》，福建人民出版社 2006 年版，第 223 页。

系的，但文字和图画又有着质的区别。早期的岩画都是记录事件而不是记录语言的，如狩猎画面、祭祀画面、战争画面，它们反映的是事件，是思想观念。如此，所以有些学者主张把这些岩画称为"文字画"。

1. 阴山岩画。阴山岩画大多反映了古人类狩猎的生活（见图3—13），动物图像就有了40多种；另外，还有描述原始祭祀、车骑、战争场面的图像，其中一些可能是原始族徽符号。

据刘佳先生在《话说甲骨文》一书介绍，在磴口县和乌拉特后旗相毗邻的包头格沟西山顶上，专家在一幅阴山岩画旁边发现有西夏文的题记，翻译成汉语就是"文字的父母"①。

图3—14　贺兰山岩画

图3—15　连云港将军崖岩画

2. 贺兰山岩画。贺兰山岩画数量众多，有2000多幅。"人面像"和"太阳图像"是岩画的主要内容（见图3—14）。

---

① 刘佳：《话说甲骨文》，山东友谊出版社2009年版，第29页。

3. 连云港将军崖岩画。江苏连云港锦屏山的将军崖画（见图 3—15），是中国迄今发现的最古老的岩画。刻有人面、兽面、日、月、网、鱼、农作物等符号，有"东方天书"之称。

4. 云南沧源岩画。1965 年，喜马拉雅山沧源等地发现了红色彩绘的古代岩画。其内容以人物图像为主，其次为动物图像，这与古人类渔猎时代的经历密切相关；另外，也有反映原始宗教、部落战争的画面。这些图画"作为象形文字的前身，与文字发展的历史大有关系"。"同时，一部分岩画也像甲骨文一样是采取线条的方法绘制而成。可见，甲骨文或古老文字与岩画是同出一源，有的字形相似，有的字形完全相同，可以说，岩画是象形文字之母。"①

除上述原始崖画外，从出土的陶器上也发现了较多的图画符号。新石器时代仰韶文化陶器花纹（见前文图 3—6），前面讲述过的属于大汶口文化晚期莒县陵阳河遗址的四个陶器图画符号，就是其中的佼佼者。唐兰、于省吾、裘锡圭几位先生都认为这与汉字的起源有很深的渊源。唐兰先生把"🔫"释为"戉"字，把"🔨"释为"斤"字，把"🞭"释为"炅"字；于省吾先生将"⚓"释为"旦"字。高明先生认为："这些图画……为后来汉字的起源创造了良好的条件。"②

图 3—16 山东莒县陵阳河陶器符号

汉字到底从陶器符号起源还是从原始图画起源？我们认为，从早期甲骨文的形体情况分析，符号与图画都在汉字起源的过程中起到了很大的作用，但汉字应该主要是由原始图画发展而来的。

三 汉字的形成、定义

汉字经过漫长的萌芽、发展后，终于从准文字性"表意图画"的幼稚中走了出来，迈入了人们所能认知的、系统成熟的"图画文字"阶段，即进入了象形文字时期。"图画文字是把整幅画拆成个别的图形，同相应

---

① 刘佳：《话说甲骨文》，山东友谊出版社 2009 年版，第 31、34 页。
② 高明：《中国古文字学通论》，北京大学出版社 1996 年版，第 33 页。

词语的读音和含义联系起来"①,因而具有了比"表意图画"更高的约定性、抽象性、区别性和稳定性。

汉字大体于何时产生形成?我们到底该如何给汉字下一个比较科学的定义?汉字与其他文字相比,又有怎样独特的性质内涵?只有弄清了这些问题,我们才有可能更深入地认识与研究汉字。也唯有如此,我们才能更好地揭开汉语的神奇面纱,破译出汉语的内在密码。

(一)汉字产生、形成的时代

前面章节我们已对汉字产生的原因和条件做了简单的探讨,这里不再赘述。我们在此要讨论的是两方面的内容:一是原始汉字产生的大体时期;二是汉字体系形成的大体时期。

宋均芬先生认为:"汉字起源的上限,可以定为新石器时代的中期,即距今约 6000 年前左右之时期;至于汉字起源的下限,应早于殷商时代。而文字体系形成的开端应在夏商之际。"②

王宁先生对于汉字起源、产生的时代也做了较深入的研读,她认为:"小屯殷墟甲骨文已是能够完整记录汉语的文字体系,这个体系形成的开端应当在夏商之际。《尚书·多士》记载西周初年周公的话说:'惟殷先人有册有典:殷革夏命。'这就是说,商人在灭夏时,已经有了记事典册。从古史文献也可以看出,夏代是中国第一个有完整世系流传下来的朝代。那么,汉字字符开始积累的年代,似可估计为夏初,也就是公元前2100 年左右。"王氏继而推论,"被称为汉字之父的'仓颉',在新石器时代的仰韶文化时期,便开始了自己的工作"。③

王志俊先生更是确信:"仰韶刻符和商代甲骨文、金文是一脉相承的,甲骨文、金文是仰韶符号的发展。"④

对于上述两个问题,裘锡圭先生似乎显得更为谨慎。关于汉字起源的下限,他认为:"从这些情况来看,大汶口文化象形符号已经用作原始文字的可能性,应该是存在的。当然,这只有在发现了用这种符号记录(可以是很不完整地记录)成组成句的词的实例之后才能证实。至于它们

---

① 陈宗明:《汉字符号学》,江苏教育出版社 2001 年版,第 31 页。

② 宋均芬:《汉语文字学》,北京大学出版社 2005 年版,第 78 页。

③ 王宁:《汉字的起源》,载何九盈等编《中国汉字文化大观》,北京大学出版社 1995 年版,第 8 页。

④ 王志俊:《关中地区仰韶文记刻成符号概述》,《考古与文物》1980 年第 3 期。

究竟是不是原始文字，目前就更无从断定了。不过，如果说大汶口文化象形符号可能曾与原始文字同时存在，相互影响，或者曾对原始文字的产生起过一定的作用，距离事实大概不会太远。由此推测，汉字形成过程开始的时间，大概不会晚于公元前三千年中期。"关于汉字体系形成的时期，裘氏云："根据绝大多数史学家的意见，我国大约在夏代进入阶级社会，所以汉字形成的时代大概不会早于夏代。""汉字大概就是在这样的基础上，在夏商之际（约在前 17 世纪前后）形成完整的文字体系的。"①

以上几位专家的观点，虽然个别地方有些出入，但基本上是相同的。这也是目前学术界所公认的关于汉字起源、汉字体系形成时代比较客观合理的说法。

（二）关于文字的定义

亚里士多德在《范畴篇·解释篇》中说："口语是心灵的经验的符号，而文字则是口语的符号。"②

瑞士语言学家索绪尔《普通语言学教程》认为："语言和文字是两种不同的符号系统，后者唯一的存在理由是在于表现前者。"③

《中国大百科全书·语言文字卷》释"文字"为："语言的书写符号，人与人之间交流信息的约定俗成的视觉符号系统。"

新编《辞海》将"文字"定义为："记录和传达语言的书写符号，扩大语言在时间和空间上的交际功用的文化工具，对人类文明起很大的促进作用。文字有表形文字、表意文字、表音文字，这三种类型大体上标志着文字发展的不同阶段。表音文字最便于人们学习和使用。"

梁东汉《汉字的结构及其流变》认为"文字"是"记录语言、扩大语言的作用的符号体系，是语言书面化的体现者"。④

高名凯、石安石先生主编的《语言学概论》给文字下的定义是："文字是一种标记语言的书写符号体系。文字是通过视觉感知的形式来标记语言的。"⑤

戚雨村主编的《语言学引论》认为："文字在有声语言的基础上形

---

① 裘锡圭：《文字学概要》，商务印书馆 1988 年版，第 25—27 页。
② 亚里士多德：《范畴篇·解释篇》，方书春译，商务印书馆 1959 年版，第 55 页。
③ ［瑞士］索绪尔：《普通语言学教程》，高名凯译，商务印书馆 1980 年版。
④ 梁东汉：《汉字的结构及其流变》，上海教育出版社 1959 年版，第 2 页。
⑤ 高名凯、石安石主编：《语言学概论》，北京师范大学出版社 1987 年版，第 248 页。

成，它是记录有声语言的书面符号系统。"①

以上专家对于文字下的定义各有侧重，有的着眼于文字产生的根本原因，有的着眼于文字的表现方式，有的着眼于文字的作用、功能和性质。我们认为，给"文字"下的正确定义应该包括三个层次。

第一层次，文字是在有声语言（口语）的基础上产生的，其最初的最根本的目的是记录语言。换句话说，文字是口语的附属产品，这是文字定义的最首要层次。

第二层次，文字是一种书写符号系统，是一种隐声的语言。这一层次着眼于文字的表现方式，是文字定义的次要的层次。

第三层次，文字是一种扩大了有声语言在时间和空间上的交际功能的工具。有声语言的作用是交际功能，其功能是通过听觉实现的；而文字不过是将有声语言实现交际的方式，从听觉转换到了视觉而已。相对于口语而言，从根本上看，它和手势语言（哑语）有很多的类似之处。区别仅在于哑语是暂时的、变动的，文字是长久的、固定的。

上述三个层次，就语言（有声语言，即口语；隐声语言，即文字）研究的整体性、系统性来说，对第一层次的研讨应是首要的、核心的。以前常常说的表音文字（即大家熟悉的拼音文字）应遵循这一法则，其实属于意音文字的汉字更应该遵循这一法则。过来对汉字研究不能取得重大突破的根本原因，就是把第二层次当成了研究的重点，而忽视了对第一层次的探讨研究，这种本末倒置的做法所带来的严重后果，就是将简易、逻辑的汉语变成了一种复杂、无逻辑性的语言。

（三）关于汉字的定义

杨五铭《文字学》："汉字是记录汉语的符号体系。"②

武占坤、马国凡主编的《汉字·汉字改革史》给汉字下的定义是："汉字是汉族人民进入文明时代，用于记录汉语、进行书面交际、传承民族文化的书写符号系统。"③

刘庆俄《汉字学纲要》持同样的观点："汉字是记录汉语的符号，是汉族人民的书面交际工具。"④

---

① 戚雨村主编：《语言学引论》，上海教育出版社 1985 年版，第 119 页。
② 杨五铭：《文字学》，湖南人民出版社 1986 年版，第 3 页。
③ 武占坤、马国凡：《汉字·汉字改革史》，湖南人民出版社 1986 年版，第 1 页。
④ 刘庆俄：《汉字学纲要》，中国和平出版社 1994 年版，第 120 页。

苏新春《汉字文化引论》进一步认为："汉字是汉族人民创制的，作为社会记录和交往工具用的、直接表达意义的、具有象征作用和审判价值的、和汉语相适应的书写符号系统。"[①]

苏氏对汉字的定义考虑到了汉字与其他通过文字的差异性，显得更加科学和准确。同其他文字一样，汉字也是记录口语的，但与其他通行的文字相比，汉字又有其独有的特性。基于这些认识，我们认为，汉字是一种记录汉语的具有独特表音和表意功能的视觉符号系统。

（四）古文字学家关于文字的观点

上引对"文字"以至"汉字"的定义，是基于当今通行的语言文字理论而作出的，和中国传统的文字理论并不切合。按中国古人的文字观念分析，"文"与"字"有着严格的区分。什么样的形体是"文"？什么样的形体称作"字"？古人根据文字发生学的一般规律，并结合传统的"六书"理论给予了明确的定义。因为此书讨论的对象是汉语和汉字，所以，我们有必要对前人关于"文字"（汉字）的观点有所了解，以便于我们更全面、更细致地对汉语（口语、汉字）进行评判，进而得出对汉语的正确的认识。

《周礼·春官·外史》："掌达书名于四方。"郑玄注曰："古曰名，今曰字。"贾公彦疏："滋益而多，故更称曰字。"《仪礼·聘礼》所云："名，书文也，今谓之字。"[②] 可见，在古人的观念里，书、名、文、字都是指记录汉语的书写符号而言的，但得名的原因不同，因而名称以及它们具体所指的对象也就有了细微的差异。

许慎《说文解字·叙》云："仓颉之初作书，盖依类象形，故谓之文；其后形声相益，故谓之字。文者象物之体，字者言孳乳而浸多也。"

唐代张怀瓘《书断》亦云："夫文字者，总而为言，包意而名事也，分而为义。则文者祖父，字者子孙，得之自然，备其之理。象形之属，则谓之文，因而之文，因而之蔓，子母相生；形声、会意之属，则谓之字，字者，言孳乳浸多也。"

元代戴侗《六书故》说："书之兴也，始于指事、象形，二者之谓文。……字者，孳也，言文之所生也。"

---

① 苏新春：《汉字文化引论》，广西教育出版社 1996 年版，第 26 页。
② 郑玄注，贾公彦疏：《周礼注疏》，上海古籍出版社 2010 年版，第 1027 页。

　　章太炎在《国故论衡》说："独体者仓颉之文，合体者后王之字。"章氏的意思是指仓颉时代创造出来的独体字属于"文"的范畴，而以后时代创造出的合体字则属于"字"的范畴。

　　杨树达氏同样认为："许君《说文·自序》说：'依类象形谓之文，形声相益谓之字。'原来文是独体，字是合体，所以许君自名其书，'文'上加一个'说'字，'字'上加一个'解'字，是大有理由的。《说文》说：'解，判也，从刀判牛角。'解字现在我们说'解剖'，说'分解'，因为'字'是合体，我们才能够加以解剖分解。不过我们看，许君对于字的解剖，似乎还有失之综合，未能彻底解判的地方，往往因此失却文字构造的真相，文字意思也因此而不明。"①

　　以上关于"文字"的观点，代表了中国传统文字学的主流认识，用通俗的语言解释，即：所谓"文"，就是指汉字中通过象形、指事手法创造出来的独体书写符号，如"牛"、"人"、"羊"、"日"、"山"、"月"、"本"、"刃"等；所谓"字"，就是指在第一批独体书写符号的基础上再次创造出来的合体文字符号。换句话说，"字"其实就是"文"滋生出来的"子"。我们平常经常提到的"会意字"、"形声字"即属于此种情况，如"相"、"从"、"泳"、"明"、"故"等。从这一角度看，汉字真可谓是"人丁兴旺、儿孙甚众"，因为"字"的数量远远超过了它的父母——"文"所拥有的数量。以形声字为例，裘锡圭氏所著《文字学概要》就对此做了较详细的介绍，裘氏说："据清代朱骏声《六书爻列》，形声字约占百分之八十二强。如果把所谓兼形声的象形、指事和会意字也算作形声字，比重便可以提高到百分之八十六强。南宋郑樵对两万三千多个汉字的结构做过分析。根据他的统计数字，形声字的比重已经超过百分之九十。不过在常用字里，表意字和由表意字变来的记号字比较多，所以形声字的比重就比较低。有人对教育部 1952 年 6 月公布的常用字表里的 2000 个字作过统计，算出形声字约占百分之七十四。"②

　　那么，古人为什么将象形的文字称为"文"呢？

　　首先，让我们从汉字的构形原理来分析，"文"字甲骨文写作"𡗕"、"𡗗"等形，金文写作"𡗍"、"𡗎"、"𡗏""𡗐"等形，其中𡗕、

<hr />

① 杨树达：《积微居小学述林全编·自序》，上海古籍出版社 2007 年版，第 3 页。
② 裘锡圭：《文字学概要》，商务印书馆 1988 年版，第 32 页。

"👤"、"👁"等字所从的"大",像一个伸展着四肢的人形,所从的
"👄"或"×",表示画在人体上的文饰符号或图案。朱芳圃氏认为:"文
即文身(计按:现在写作'纹身')之文。象人正立形,胸部之×、👄
👄👄,即刻画之文饰也。《礼记·王制》:'东方曰夷。披发文身,有不火
食者矣。'孔疏:'文身者,谓以丹青文饰其身。'《穀梁传》哀公十三年:
'吴,夷狄之国也。祝发文身。'范注:'文身,刻画其身以为文也。'考
文身为初民普遍之习俗,吾族祖先,自无例外。"① 姚孝遂氏在《甲骨文
字诂林》中指出:"按:《说文》:'文,错画也,象交文'。徐灏《段注
笺》云:'爻象分理交错形,因以为文字之称。《左氏隐公元年传》:"仲
子生而有文在其手。"即使分理言。'今字作纹,则其孳乳字。卜辞或增
饰作,其错画之形愈显。……朱芳圃以为'文'之本义为'文身'之
'文',其说可信。"② 徐中舒氏认为:"(大)象正立之人形,胸部有刻画
之纹饰。"③ 刘志基先生说:"'文'字本义为'纹理',也就是说,先民
在造'文'字之时,所要表达的是'纹'这个词义。"④ 从朱、姚、徐、
刘等氏的论述可知,"文"即"纹"字的初文、本字,其形体反映出来的
意思,是指刻画在人体上的纹饰符号。因为这种纹饰符号很可能就是对氏
族图腾或动物形象的描摹,在早期象形文字出现以后,于是,人们就将这
种对自然界中各种事物描摹的象形符号,也称作"文"。而金文中的
"👁"、"👁"两字,则是以突出木材横切面的"👁"形为构字部件,
意思即是指木材横切面上表示年轮的环状纹理。

其次,从汉语音义同源的规律来分析,汉语音本义原理认为,
"wen"音之语词基本上都包含了"比较贴近(近似)"的特点,这一音
系的语词,主要是指状貌或某一类的程度比较贴近(近似)于另一自然
事物之真实状况的事物。

如"温"字,繁体写作"溫",其本字为"昷",字从"囚"、从
"皿"构造。"溫"字是"昷"加"水"构作的后起形声字。唐桂馨氏

---

① 朱芳圃:《殷周文字释丛》卷中,中华书局1962年版,第67页。
② 于省吾主编:《甲骨文字诂林》第四册,中华书局1996年版,第3266页"姚孝遂按
语"。
③ 徐中舒:《甲骨文字典》,四川辞书出版社1988年版,第921页。
④ 刘志基:《汉字文化综论》,广西教育出版社1996年版,第204页。

说："𥁄，温之本字。上囪象皿盖上之纽文形，皿而加盖，保存食物之温度，使不至冷，故谓之温。"① 李孝定氏认为："窃谓温𥁄初当本是一字，其形只作'𥁄'。作𥁄者讹'丶丶'为口，作温者又增之水耳。字象人浴于盘中之形，罗（本玉）说字意近是。浴则身煖（暖），故引申得有温煴（暖）之意。"② 唐、李二氏说"𥁄"为温的本字，十分正确。在形义分析方面，唐氏对"𥁄"字形义结合的说解则显得牵强附会，不可信，李孝定氏之说近是。温字甲骨文写作"𥁄"，其形体的含义其实是指用来在盆中洗澡的与人体温度比较近似的水。这种水的温度比较近似于人体的温度，是人体最感到舒适的水，所以被称为"温"。"温暖"即是指这种水的温度带给人的感受，其异体字"煴"，主要是指阳光与火的温暖。

如"瘟"字，字从"疒"、从"𥁄"构作，属于形声结构的字。"疒"是病字旁，在构形中表示与疾病相关的意义，"𥁄"是"温"（含"煴"字）的本字，两形组合，即表示这是一种温热症状的疾病。《集韵·魂韵》："瘟，疫也。"《汉语大字典》："瘟，瘟疫，流行性急性传染病。"《中国医学大辞典》："瘟，疫也。急性传染病之总称。"三家所释比较正确，但都未能揭示出其得名的关键原因。顾建平《汉字图解字典》："瘟，形声字。疒表意，其古形体像一张病床，表示瘟是一种急性传染病；𥁄（wēn）表声，𥁄有仁义，表示得急性传染病者令人同情、怜悯。本义是指急性传染病。"③ 顾建平先生不懂医学，对汉字形义学的规律也未十分理解，他关于"瘟"字的形义结合原理分析纯属臆说，不足为据。《黄帝内经·素问·本病论》："民病瘟疫早发，咽嗌乃干，四肢满，肢节皆痛。"清代著名医学家刘奎《松峰说疫》记载："疫……其病千变万化，约言之则有三焉。一曰瘟疫……二曰寒疫……三曰杂疫。"李霞先生对此分析说："（《松峰说疫》）明确指出疫病包括了瘟疫、寒疫、杂疫三种。瘟疫，指感受温热邪气而致的外感发热性疾病。寒疫与太阳伤寒伤风相似，但系天作之孽，众人所病皆同，且间有冬月发疹。杂疫，其症千奇百

---

① 转引自刘志基主编《古文字考释提要总览》第二册，上海人民出版社 2010 年版，第727 页。

② 转引自李圃编《古文字诂林》第九册，上海教育出版社 2004 年版，第 14 页。

③ 顾建平：《汉字图解字典》，东方出版中心 2008 年版，第 512 页。

怪，众人所患皆同，是有疠气以行乎其间所致。并指出治瘟疫有一定之法而治杂疫却无一定之方。"① 刘士和等先生认为："《黄帝内经·素问·刺法论》：谓'五疫之至，皆相染易，无问大小，病状相似。'明确地指出了疫的两个主要特点：即疫具有强烈的传染性，疫的病患者具有十分相似的病状。……关于瘟疫的分类，不同的医家有不同的观点，大体可以分为两类：一类为暑燥疫，另一类为湿热疫。"② 分析可知，"瘟"只是"疫"其中的一种，"疫"是从患者发病症状相统一的角度来命名的，"瘟"是从患者感染温热邪气后表现出来的温热症状来命名的。从患病者表现的体温来看，这种温度与人体正常的温度的确也是比较贴近的。

又如"辒"字，从"车"、从"昷"构作，属于形声兼象事结构的字。字从"车"，其所指对象与车子有关；字从"昷"（温）得声，表示这种事物具有"温暖"的功能或特点。许慎《说文·车部》："辒，卧车也。从车，昷声。"杨润陆先生说："'辒'和'辌'都是卧车，后因载丧，遂为丧车。辒车密闭，辌车旁开窗牖，后人专以载丧，合为一种车，称为辒辌车。'辒'字从车、昷声，'辌'字从车、京（凉）声，分别是'温'、'凉'二字的分化字，其声义也分别得之于'温'、'凉'。"③ 分析可知，"辒"其实就是指一种车厢内比较温暖的冬季用卧车，其音义即得于"温"。

又如"闻"字，甲骨文写作"𦥯"、"𦥑"等形，唐兰氏指出："𦥑……乃闻之本字。"刘兴隆氏说："象一个突出了耳朵的人形，亦象以手附耳耸耳听闻之形。……卜辞用作动词，使神祖知闻。"④ 金文写作"𦥑"（周早期盂鼎）、"𦥑"（春秋邿子钟）、"𦥑"等形，基本沿承了甲骨文"𦥑"的构形原理，也是突出了人的耳朵。董作宾氏分析说："按此字（计按：指𦥑字）……确为闻之本字。'闻'，原为报告、奏事之专字，从𦥑或𦥑为耳字，从'𦥑'，为报告者跽而以手掩口之状，从丷象

---

① 李霞：《〈松峰说疫〉疫学思想及避瘟疫方药特点探析》，载《陕西中医》2009 年第 8 期。

② 刘士和、梁嵘、李菲：《论师承中医瘟疫治疗法的特征》，载《中国中医基础医学杂志》2007 年第 3 期。

③ 杨润陆：《汉字与交通》，载何九盈等编《中国汉字文化大观》，北京大学出版社 1995 年版，第 320 页。

④ 刘兴隆：《新编甲骨文字典》（增订版），国际文化出版公司 2005 年版，第 791 页。

口中液，或省之。掩口者，恐口液喷出，侮慢尊长，所以示敬也。金文分耳，伸足，缩手，加重口液置首上，去古谊（义）已远。"① 我们认为，"👂"字是跽坐之人掩口不语张耳聆听之形，主要强调了人体耳部的听闻功能，这与"聽（听）"字甲骨文写作"👂"形的构造原理略微相似。在上古汉语里，"闻"与"听"是有区别的，《大学》就说："心不在焉，听而不闻。"可证听与闻并不完全是一回事。陈炜湛先生对此曾有过论述："在先秦典籍里闻与听确是同义词，意义略有广狭之别。听泛指'聆也'的一般动作，而不管是否听清楚、是否听懂、理解……闻比听进一层，是表示听明白了其中的内容。"② 研究商代社会制度可知，在商代，商王在臣服的方国设有一种叫作"闻"的机构，学界称之为"闻报机构"。这种机构专门负责打探方国的重要信息，并将获得的信息不定期地向商王汇报，和今天的"大使馆"有些类似。由此可知，在殷商时期，"闻"是指获取与真实情况比较贴近、吻合的信息的行为。作为机构名称的"闻"，就是根据古汉语名动相因的规则，以及机构的主要职责——"获取与真实情况比较贴近、吻合的信息"而得来的。甲骨卜辞中有"王占曰：其业来👂"、"其业👂贞：舌方亡👂"等与"闻"相关的大量占卜内容。"业"即相当于现在的"有"字。"有来闻"，就是指有送来的与真实情况比较贴近的报告、消息；"有闻"，就是指有与真实情况比较贴近的报告、消息；"舌方亡（无）闻"，就是没有关于舌方的报告和消息。陈炜湛先生指出："'闻'的范围确实超过了一般的听，乃是指有确切内容的消息、报告，犹如现今之所谓新闻、要闻。"③ 陈氏的这一说解与"闻"的内在含义正好符合。

又如"问"字，甲骨文写作"問"形，字从"门"、从"口"构作，属于象事兼形声结构的字。姚孝遂氏说："按：从口从门，与《说文》同。卜辞辞义不明。"④ 许慎《说文·口部》："问，讯也。从口，门声。"

---

① 转引自于省吾编《甲骨文字诂林》第一册，中华书局 1996 年版，第 666 页。
② 陈炜湛：《甲骨文同义词研究》，载《古文字学论集》（初编），香港中文大学中国文化研究所 1983 年版。
③ 同上。
④ 于省吾主编：《甲骨文字诂林》第三册，中华书局 1996 年版，第 2085 页"姚孝遂按语"。

左民安先生说："甲骨文是门内有口，表示在门内发问，这是个会意兼形声的字。"[1] 顾建平先生认为："问，形声字。口表意，表示开口问；门表声，兼表问人以得到解惑的门路。"[2] 上引诸家的观点都不能确切地揭示出"问"的音义关系。我们认为，"问"与商代的机构"闻"有着紧密的关联，应该是指闻报机构的人员贴近民众，通过询问来获取贴近真实情况、消息的手段。后来，便被普遍用于泛指一切获取贴近真实情况、消息等的询问手段。

再如"吻"字，小篆写作"吻"、"𠻛"等形。许慎《说文·口部》："吻，口边也。从口，勿声。"《汉语大字典》："吻，嘴唇。"两家所释正确。从"吻"字的音义关系来看，因为"嘴唇"有两片，上下嘴唇的形状比较贴近，不是像双耳、双眼、四肢那样形状对称一致的那种情况，所以得名为"wěn"。继而根据名（词）动（词）相因的规则，"吻"又指用嘴唇去接触人或物以表示爱的行为。

再如"雯"字，从"雨"、从"文"构作，属于形声结构的字。字从"雨"，意义与云雨等方面相关；字从"文"而得声，说明这一事物与"文"（纹）有关。《广韵·文韵》："雯，云文。"《集韵·文韵》："雯，云成章曰雯。"《汉语大字典》："雯，成花纹的云彩。"前面讲过，"文"是纹字的初文、本字，最初即是指形状比较贴近于自然界中万事万物的简单纹饰图案，可见"雯"字同样包含了"比较贴近（近似）"的特点。

再如"稳"字，小篆写作"穩"形，字从"禾"、从"㥯"构作，谷衍奎氏认为属于"形声兼象事结构的文字。篆文从禾，㥯声。㥯也兼表筑捣之意。……本义为捣谷时扬弃秕糠留下一堆谷实"[3]。徐铉《说文新附·禾部》："稳，蹂谷聚也。一曰安也。"徐氏所讲的"蹂谷聚也"，即"捣谷时扬弃秕糠留下的一堆谷实"。人们在借助微风进行扬谷时，秕糠因为质量较轻，所以会飘落在离人较远的地方，而谷实因为比秕糠重，所以就基本会垂直下落在比较贴近扬谷者身边的地方。"稳"的名称，即是由于这一特点而得到的。谷实比秕糠重，所以"稳"字可以引申出"稳重"的意义；谷实堆有定止不动之象，所以"稳"字又可以引申出"稳

---

① 左民安：《细说汉字——1000 个汉字的起源与演变》，九州出版社 2005 年版，第 204 页。

② 顾建平：《汉字图解字典》，东方出版中心 2008 年版，第 552 页。

③ 谷衍奎：《汉字源流字典》，华夏出版社 2003 年版，第 791 页。

定”的意义。

再如“搵”字，字从“手”、从“昷”构作，读为“wèn”。《说文·手部》：“搵，没也。”可见搵即包含“淹没”之义。在会同话里，“搵”是指水面比较贴近物体表面的状况，与“浮”、“沉”属于三种不同的情况。“浮”是指水面附着在物体的下部，“沉”是指物体完全沉落在水的底部，而“搵”是指物体的表面与水面比较贴近的状况。通过分析，我们认为此字的构形不能贴切地反映出“没也”的这一含义，这种情况在汉字中是极其罕见的。

通过以上几个方面的分析，我们完全可以论定，古汉语中所讲的“文字”的“文”，的确是指形体比较贴近自然万物的“象形字”。

四　汉字的性质

（一）关于汉字性质的探讨

关于汉字性质问题的研究，是近代西方语言学传入中国后才开始的。国内外许多知名的语言文字专家，对汉字的性质做了长期深入的探讨，提出了一些不同的看法、观点。现将一些主流观点整理如下：

1. 汉字是图画文字（象形文字）

沈兼士在《从古器款识上推寻六书以前的文字画》一文中曾说道：“就余之研究，不但《说文》中之独体象形指事字非原始文字，即金文中之独体象形字，亦不得认为即原始字之真相。盖于六书文字画时期之前，应尚有一阶级（计按：即阶段层级之义），为六书文字之导源，今始定名为文字画时期。‘文字画’之可考见于今者，即钟鼎学家所谓殷商钟鼎中之‘图形’也。”[1]

沈兼士氏所说的“文字画”、“图形”，实际上即后来通常说的“图画文字”，图画文字是古人抛弃结绳、契刻方法记事，而采用通过描摹具体事物的方法来记事的结果。相对于结绳、契刻之方法，它不仅同样具有方便长久保存和广泛传播的优点，而且还具有明白易识、利于记忆的独特优势。对于“图画文字”的这些特点，王凤阳先生在所著《汉字学》中有很好的阐述：“图画是客观事物的复制，它的社会性和自我说明作用使它具备离开人的记忆和解说去独立传达信息的可能。把简略了的图画用于传

---

① 沈兼士：《段砚斋杂文》，协和印书局1947年版，第2—4页。

情达意，用于通讯和备忘就是图画文字。"①

而宋均芬先生则认为："图画文字是写画的人按自己的意思把要说的话简略跳跃地表达出来，使别人看了也能明白其意。但图画文字与语言没有确定的关系，因此不同的人可以用不同的话去解说它。所以图画文字还只是文字的初始形态，它不能准确地记录语言和表达语言。""'图画文字'作为汉字初始阶段的性质，暂作为一种假说。"②

2. 汉字是表意文字

近代西方一些研究语言文字的学者，根据文字符号的功能，将汉字、圣书字、楔形文字这一类型的文学视为表意文字。这种观点传入中国后，一些文字学家也逐渐接受了这一观点。

早期如沈兼士先生，他在其所著《文字形义学》表述了类似的看法："综考今日世界所用之文字，种类虽甚繁多，我们把他大别起来，可以总括为两类：（1）意符的文字，亦谓之意字。（2）音符的文字，亦谓之音字。"③

近期如徐中舒、李圃、林小安、宋均芬等专家学者，他们在研究早期汉字（甲骨文、金文）之后，认为通过六书理论中所谓的指事、象形、会意三种方法造出的汉字属于表意文字。

宋均芬先生在《汉语文字学》一书中明确指出："由指事、象形、会意这三种造字方法而产生的汉字，它们所使用的字符，跟这些汉字所代表的词只有意义上的联系，所以这些字符都是意符。使用意符的汉字是表意字。"④ 又说："表意文字由图画文字演化而来，它与图画文字具有继承和发展的关系。所谓继承，就是把图画文字中的各种图象沿袭下来，所谓发展，就是将图像简化和固定下来，使之逐渐与语言中的词相对应。"⑤

宋氏《汉语文字学》抄录有部分李圃《甲骨文字学》中列举的指事字、象形字、会意字。

其中指事字有：

---

① 王凤阳：《汉字学》，吉林文史出版社 1989 年版，第 288 页。
② 宋均芬：《汉语文字学》，北京大学出版社 2005 年版，第 93—94 页。
③ 沈兼士：《沈兼士学术论文集》，中华书局 1986 年版，第 286 页。
④ 宋均芬：《汉语文字学》，北京大学出版社 2005 年版，第 109 页。
⑤ 同上书，第 108 页。

十（才，"在"的初文），Y为初生之草，在它的上面加添一指地面。以草木破土而出表示出现、存在。

（尤，"疣"的初文），是手的象形，加一来虚拟疣瘤所在的部位，并以此概指"尤"的词义。

（次），是人张大口形的形象，即"打呵欠"的"欠"加来虚拟由口喷出之物，并以此概指"次"的词义（计按：此即涎字初文）。

（彭，今字又加"口"作"嘭"），是鼓的象形。加添标示鼓声。

（雷），甲骨文或作，是今之申字，即古之电字，是闪电的象形。加添ㅂㅂ或者标示雷发出的声音。

（日），是太阳的形象，加添表示太阳是个发光的实体，这样（日）就同（围）区别了开来。

（月），是月缺的形象，加添丨表示月亮是同日相对的光体，而（夕）专表夜晚，这样（月）同（夕）就区别开来。

（豆），是古代的一种盛器，古人从功能方面着眼表示词义，所以在中加，指的功用可以盛物品，由此（豆）便成了这种盛器的专名。

（鬯），是古代的一种盛器，中加数点表示这种盛器专门用来盛做酒用的秬稻米，由此，便成了这种盛器的专门了①。

其中象形字有：

（人），勾勒人行走时的侧面形象。

（子）勾勒幼儿形象。

（首），勾勒人的头部形象。

---

① 参见李圃《甲骨文字学》，学林出版社 1995 年版，第 127—130 页；宋均芬：《汉语文字学》，北京大学出版社 2005 年版，第 95—96 页。

（耳）勾勒人耳形象。

（目）勾勒人眼睛形象。

（口），勾勒人嘴巴的形象。

（象），突出大象鼻子这一特征。

（虎），突出老虎的血盆大口。

（兕），突出犀牛的一只大角。

（鹿），突出鹿的犄角这一特征。

（兔），突出兔的长耳。

（牛），突出牛的两只大角。

（羊），突出羊的两只弯角。

（豕），突出豕（按，即现今所谓的猪）的大腹便便这一特征。

（犬），突出狗的尾巴（向上卷曲）这一特征。

（马），突出马背上的鬃毛。

（木），树木之状。

（禾），禾苗之状。

（鼎），鼎之状。

（箕），箕之状。

（爵），爵之状。

（车），车之状。

（丁，顶的初文），像屋顶天窗的形象。

（戉，钺的初文），像长柄兵器钺的形象①。

其中会意字有：

（兵），两手持斤，会"兵器"之意，表名词。

---

① 转引自宋均芬《汉语文字学》，北京大学出版社 2005 年版，第 100—101 页。

（集），鸟栖树上，会"聚集"意，表动词。

（劦），三力聚合，会"劦和"意，表形容词。

（步），两脚一前一后，会"行走"意，表动词。

（美），羊肥大，会"肥美"意，表形容词。

（疒），病人卧床，会"患病"意，表动词。

（宗），室内置示，会"宗庙"意，表名词。

（北），二人相背，会"背离"意，表动词。

（即），人跪就食，会"接近"意，表动词。

（廾），双手相向，会"拱手"意，表动词。

（安），女子居室处，会"平安"意，表形容词。

（育），妇女生子，会"生育"意，表动词。

（休），人倚树下，会"歇息"意，表动词。

（立，并），两人并立，会"并列"意，表动词。

（取，"得"的初文），从手持贝，会"获得"意，表动词。

（叕，"祭"的初文），以手持肉，会"祭祀"意，表动词。

（牧），以攴驱牛，会"放牧"意，表动词。

（析），以斤破木，会"分析"意，表动词。

（启，启的初文），以手开户。会"开启"意，表动词。

（及），以手捉人，会"逮及"意，表动词。

（为），以手役象，会"劳作"意，表动词。

（兽），以干捕兽，会"狩猎"意，表动词。

（初），以刀裁衣，会"剪裁"意，表动词。

（采），以手摘叶，会"采摘"意，表动词。

（男），以耒作于田，会"男子"意，表名词。

（盥），于皿中洗手，会"盥洗"意，表动词。

（旅），于大旗之下相随，会"军旅"意，表动词。

　　（多），重叠的祭肉，会"数量大"意，表形容词。

　　（明），日和月的光辉，会"明亮"意，表形容词。

　　（保），成年人与幼儿的关系，会"保育"意，表动词。

　　（既），食毕转头打饱嗝，会"完毕"意，表动词。

　　（尽），手持帚洗刷器皿，会"净尽"意，表形容词。

　　（涉），徒步渡水，会"涉水"意，表动词。

　　（"昃"的初文），日偏西，人影斜，会"倾斜"意，表形容词。

　　（朝），日方出"　"中，月尚可见，会"清晨"意，表名词。

　　（名），夕不相见，故以口自命，会"命名"意，表动词。①

　　不仅如此，根据符号学原理来研究汉字的学者陈宗明先生也认为汉字应该划入"表意文字"的范畴，他说："汉字符号的约定性有一个由弱到强的漫长过程。汉字是有动机的符号。汉字不同于表音文字，后者只是简单地记录语音，可以说是无动机或动机极弱的文字。汉字则不然，它属于表意文字，每一个汉字都蕴含一定的理据，体现了创造者和使用者丰富的想象能力和审美能力。"② 但是，对于将汉字归类于"表意文字"这一观点，裘锡圭、赵诚等先生却表示了反对的意见。裘氏在《文字学概要》中说道："近代研究世界文字发展史的学者，起初把汉字、圣书字、楔形文字这种类型的文字称为表意文字。这一类型的文字都已含大量表音的成分，把它们简单地称为表意文字，显然是不妥当的。"③ 赵诚先生则更为明确地指出："（甲骨文字）虽然有以形表意的特点，但是，当时使用这些文字的人们，必然是一看就能读出该字的语音，并通过音读把意思传达给别人，另一个人在没有眼见这些形体的情况下，仅用耳听就能明白它们的含义。而后代的人们，尤其是几千年后的现代人，因为对于契刻在甲骨上的这些文字，仅仅通过看，即只用眼睛，就可由形体悟出文字的含义，所以很容易忽略文字是有声语言的符号，必然是有声音的这一特质，误认为甲骨文字是象形文字，是表意文字，'与词的读音没有关系'。""而文字只是记录语言的符号，是在有了有声语言之后才产生的，因此文字就不可避免地受着语言声音的制约。也就是说，文字的创造必然是以现实存在的语音为根据，因而任何一种文字都必然是有声的，甲骨文字也不会例外，这是问题的本质。"①

3. 汉字是意音文字

国内在 20 世纪 50 年代后半期，一些文字学者对汉字的性质发表了新的看法。"提出了汉字不是表意文字，而是'综合运用表意兼表音两种表达方法'的'意音文字'的主张。"② 代表人物有周有光、曹伯韩、孙常叙诸位先生。

周有光认为，根据文字演进的一般规律，文字可以划分为"形意文字"、"意音文字"、"拼音文字"低中高三个阶段，而汉字属于中等层次的"意音文字"，英语等字母文字属于高等层次的"拼音文字"阶段③。

1958 年，曹伯韩在《中国语文》第六、第七期上发表了《文字和文字学》的文章，将世界文字分为"意音文字和拼音文字"两大类型，也主张把汉字归入"意音文字"一类④。

1959 年，孙常叙先生在《吉林师大学报》第 4 期上发表《从图画文字的性质和发展试论汉字体系的起源与建立》一文。孙氏认为："从图画文字质变为形象的音节表意文字，是以形象写词因素为停洿（计按：停洿 wū，不流动的水），以假借写词方法为关掞（计按：关掞 ǀǀ，能转动的机械装置），以初期奴隶制度为条件，为新的政治、经济、文化生活的要求所触发而创通的。""假借写词法在从图画文字到表意文字的质变过程上是一个关键。这不意味着它是孤立地发挥作用的。首先，假借是凭借形象写词而存在的。它可以根据被描画事物的名称，以同音词关系，就其在所写语句中的地位和关系，想出所写的词来。没有形象写词，就没有假借写词的可能。因此，假借写词它不能离形象写词而存在。其次，突破图画文字樊篱，是书写形式摆脱语意图解向有声语言组织就范的过程。这时，

---

① 赵诚：《甲骨文字学纲要》，中华书局 2005 年版，第 40—41 页。
② 裘锡圭：《文字学概要》，商务印书馆 1988 年版，第 10 页。
③ 参见周有光《文字演进的一般规律》，《中国语文》1957 年第 7 期。
④ 参见宋均芬《汉语文字学》，北京大学出版社 2005 年版，第 85 页。

假借写词是和它依以存在的形象写词同时活动，互相作用，组成一个整体力量而横决先期文字区宇的。没有像物、像事、像意等写词法的同时确立，光靠假借，在当时是不能成功的。就这两点说来：以假借写词法为关键，从图画文字质变为形象的音节表意文字，是假借写词与蕴蓄已久的形象写词同时迸发的。缺少哪一方面都是不能成功的。"① 对于这一论述，宋均芬先生进行了比较浅显的解说："表意文字中的形象写词法，就其历史渊源而言，乃是图画文字中的提示符号的继承和改进。假借是象声写词法，假借是一种新创造的记言方法，它是促成汉语文字体系诞生的力量。形象写词法是旧质的残留，其能产性逐渐趋于停止，于是新生的假借——象声写词法大量使用，并成为应用中的主体。假借字实际上是音符文字。"② 从两人的论述来看，孙氏所谓的"音节表意文字"，其实质就是通常所讲的意音文字。

著名文字学家裘锡圭先生对于汉字的性质与分类也进行了深入的探讨，他说："讨论汉字性质的时候，如果不把文字作为语言的符号的性质，跟文字本身所使用的字符的性质明确区分开来，就会引起逻辑上的混乱。""各种文字的字符，大体上可以归纳成三大类，即意符、音符和记号。跟文字所代表的词在意义上有联系的字符是意符，在语音上有联系的是音符，在语音和意义上都没有联系的是记号。拼音文字只使用音符，汉字则三类符号都使用。"③ 裘氏根据这一分类的原则，继而推论说："汉字在象形程度较高的早期阶段（大体上可以说是西周以前），基本上是使用意符和音符（严格说应该称为借音符）的一种文字体系，后来随着字形和语音、字义等方面的变化，逐渐演变成为使用意符（主要是义符）、音符和记号的一种文字体系（隶书的形成可以看作这种演变完成的标志）。如果一定要为这两个阶段的汉字分别安上名称的话，前者似乎可以称为意符音符文字，或者像有些文字学者那样把它简称为意音文字；后者似乎可以称为意符音符记号文字。考虑到这个阶段的汉字里的记号都由意符和音符变来，以及大部分字仍然由意符、音符构成等情况，也可以称它为后期意符音符文字或后期意音文字。"④ 而对于汉字的表音功能，著名古文字

---

① 孙常叙：《孙常叙古文字学论集》，东北师范大学出版社 1998 年版，第 469 页。

② 宋均芬：《汉语文字学》，北京大学出版社 2005 年版，第 112 页。

③ 裘锡圭：《文字学概要》，商务印书馆 1988 年版，第 11 页。

④ 同上书，第 16 页。

学家姚孝遂先生进行了十分明确的论述，姚氏指出："古代汉字，就其文字符号的来源说，也就是从其构形原则来说，它是从象形符号发展而来的。但是，从它的发展阶段来说，它已经脱离了表意文字的阶段，而进入到了表音文字的阶段。"① 后来，姚氏对此又进一步阐述："无论是甲骨文也好，金文也好……就这些文字符号的作用来说，只是利用这些符号来记录语言，它是表音的，整个的文字体系已发展到表音的阶段。" "汉字……只是一个单纯的语音符号。"② 古文字学家赵诚先生也赞同姚氏的观点，赵氏说："上面的事实充分说明，象形字、表意字是在先有了音读而后创造形体的，当然一定是表音的。能够说明这一点的事实在甲骨文里还有不少，如有一个女人的名字写作 （即羊），也写作''（婞）……由此推广来看，甲骨文字当然都是表音的。"③

　　刘志基氏说得好："汉字的创制，是一个相当复杂的精神创造活动，概括地说，它是一个客观世界的物质、社会内容与人们主观思维认知的撞击过程，又是一个个体思维创造与群体审辨认同相结合的过程。汉字的创制可以细分为两个阶段：一个是前期制作阶段，一个是本体制作阶段。" "我们这里所说的汉字的前期制作阶段，实际指的是汉语的造词阶段。之所以把汉语的造词称为汉字造字的前期阶段，道理是很简单的，因为汉字所直接记录的主要是汉语中的词，两者不但在体系上是对应的，而且因古汉语词汇以单音节形式为主，在个体上也曾经是对应的。因此，我们不妨这样认为，在汉字（字形）造成以前，其音、义的内容已经被制作完成了。"④ 我们认为，刘志基先生的论述是很正确的。汉字不过是记录汉语语词音和义的一种文字符号，只要记录语言的文字符号都是表音的，就这一点来说，姚孝遂氏、赵诚氏关于古汉字都是表音的观点当然也就是正确的了。周有光先生将文字划分为"形意文字"、"意音文字"、"拼音文字"三个层次与阶段的观点，与文字产生、发展的实际不能完全相符。从文字发生的最根本原因和根本目的可知，文字是为记录口语服务的，它

---

① 姚孝遂：《古文字研究的现状及展望》，《古文字研究》第一辑，中华书局1979年版，第19页。

② 姚孝遂：《古汉字的形体结构及其发展阶段》，《古文字研究》第四辑，中华书局1980年版，第15、34页。

③ 赵诚：《甲骨文字学纲要》，中华书局2005年版，第43页。

④ 刘志基：《汉字文化综论》，广西教育出版社1996年版，第2页。

只是口语的一个附属产物。从这一点看，世界上的任何一种文字都有"表音"的共同属性。而共同的属性不能称其为特点，更不能成为区分同类事物的标准。皮之不存，毛将焉附？这个区分文字的所谓标准不成立，那些根据其区分出来的结果也就不言而喻了。

4. 汉字是表音文字

最早注意到汉字同字母（拼音）文字一样具有表音性质的当代学者是唐兰先生。在他以前，几乎所有的语言文字学家基本上都认为汉字是一种象形（图画）文字或表意文字。

在长期研究古汉字的实践活动中，唐氏逐渐认识到汉字不仅仅象形表意，而且也表音。但汉字又与所谓的拼音文字（如英文）有所不同，不是"纯音符的拼音文字"。针对这些情况，唐氏提出了汉字是"注音文字"，是"意符文字"的观点①。

1979 年长春第一届中国古文字学术研讨会成功召开，并成立了中国古文字研究会。在这次研讨会上，吉林大学著名古文字学家姚孝遂先生发表了《古文字研究工作的现状及展望》一文。对古汉字是图画（象形）文字这一普遍的提法予以了否定，明确提出："古代汉字，就其文字符号的来源说，也就是从其构形原则来说，它是从象形符号发展而来的。但是，从它的发展阶段来说，它已经脱离了表意文字的阶段，而进入到了表音文字阶段。也就是说，这种文字，并不是通过它的符号形体本身来表达概念，而是通过这些文字所代表的语言来表概念。绝大多数的古文字，其形体本身与所要表达的概念之间，并无任何直接的关系。"进而得出结论："从它所处的发展阶段来说，只能是表音文字，而不是什么表意文字（或象形文字）。"②

后来，姚孝遂先生在《古汉字的形体结构及其发展阶段》一文中进一步论述说："无论是甲骨文也好，金文也好……就这些文字符号的作用来说，只是利用这些符号来记录语言，它是表音的，整个的文字体系已发展到表音文字的阶段。"③ "这种不同概念的区分，我们是根据其在句子中

---

① 参见唐兰《古文字学导论》，齐鲁书社 1981 年版，第 110—113 页。

② 姚孝遂：《古文字研究工作的现状及展望》，《古文字研究》第一辑，中华书局 1979 年版，第 19—20 页。

③ 姚孝遂：《古汉字的形体结构及其发展阶段》，《古文字研究》第四辑，中华书局 1980 年版，第 15 页。

的地位和作用，词与词之间的关系来加以判定的。这种符号的功能和作用，只能是表音的。"①"汉字……只是一个单纯的语言符号。"②

我们认为，吉林大学古文字研究室的文字专家将汉字认定为"表音文字"而不是"表意文字"，并不是从文字形义学的规律来考察的。他们通过分析甲骨文字这一成熟的早期汉字体系，认为甲骨文中使用频率最高的假借字，是纯粹的表音文字，从而得出汉字是表音文字的结论，这和我们前面所提的世界上任何一种文字都是表音的这一观点有一定的区别。

1982 年，周士璞先生在《假借质疑》一文中发表了同样的看法："依我看来，假借的出现，表明汉字已经由象形的图形开始变成标音的符号，这是汉字发展史上从象形表意阶段向表音阶段过渡的开端。"③

同年，崇冈在《语文研究》上发表了一篇名为《汉语音韵学的回顾和前瞻》的文章。文中说："汉字是表形的，还是表音的？文字学家明确指出，汉字早已越过了文字史上的象形阶段，进入了表音阶段。汉字虽然不是以音素为单位的拼音文字，却是以音节—词素为单位的特别性质（即有形义成分残余的）的表音文字。"④

几乎就在同一时期，唐兰先生之高徒北大考古系高明教授完成了《中国古文字学通论》的编撰工作。书中认为："形声字是汉字表音的主要形式，在它的结构中，既有表义成分也有表音成分……因此，自形声字产生之后，不仅创新字多采用形声结构，而其他结构的字体也向形声方面规范。""形声字在《说文》中已占总数的百分之八十以上，现在早已超过百分之九十。形声字居于绝大多数，成为汉字的主体。说明汉字的体系早已由表意文字转化为表音文字了。"高明先生还在书中表明了与周有光先生对文字发展的同样认识，他说："文字表意走向表音，是文字自身的发展规律。世界上许多国家所使用的表意文字均已淘汰，被拼音文字所代替。中国的汉字虽然未走上拼音文字的道路，但也未停留在表意文字的阶段。它是在自身结构中加入表示音读的声符来表音，创造出以表音为主表意为辅的形声字。"⑤

---

① 姚孝遂：《古汉字的形体结构及其发展阶段》，《古文字研究》第四辑，中华书局 1980 年版，第 18 页。

② 同上书，第 34 页。

③ 周士璞：《假借质疑》，《武汉大学学报》1982 年第 2 期。

④ 崇冈：《汉语音韵学的回顾和前瞻》，《语文研究》1982 年第 2 期。

⑤ 高明：《中国古文字学通论》，北京大学出版社 1996 年版，第 165 页。

针对上述提法，赵诚先生站在语言学、符号学的高度给予了辩证的分析。他在所著《甲骨文字学纲要》中阐述说："在一般情况之下，研究古代汉语基本上是通过目验，即用眼睛看着古代汉字去研究古代汉语，久而久之会给人一个错觉，似乎古代汉语是通过汉字的形体组成的，古代汉字并不是通过古代汉语的语音表示意义，而是直接用形体表示意义。既然古代汉语似乎是由形体组成的，汉字形体又直接和意义联系，古代汉语和古代汉字的差别自然就在观念中逐步缩小。加上古代汉字大多数是一个字表示一个词，就很容易把字和词等同起来。只要细心观察，这种混同现象就经常可以发现，有他人的，也有自己的。关键的一点是忽略了古代汉语也是以语音来表示内容的，古代汉字也是通过古代汉语的语音来表示意义的。这一种忽略语音的现象，从符号学的角度就看得清清楚楚，认识自然要深刻得多。从这一事实反过来可以进一步证明，汉字、古代汉字、甲骨文字必然是表音的。"①

赵氏所论极是。我们在前文也已经论及，世界上任何一种为记录语言而产生的文字，在本质上都是表音的。它们的区别仅仅在于文字符号外在形式的选择上。有的选择了不能表意的符号（如字母），有的选择了能够表意的符号（如象形文字）。汉字是从能够表意的图形文字逐步发展起来的一种文字体系，它的形体不仅包含了汉语语词所要表现的具体含义，而且又记录了所对应单音节语词的音读，将汉字简单地认为是表意文字或表音文字，都不是十分确切的。

从这些分析也可以觉察到，周有光先生将文字的发展划为三个阶段，并认为拼音文字是文字发展的高级阶段的观点是不全面的。我们认为，判断文字符号是否完善、高级的标准，应该以文字符号能不能让他人简单识别和记忆为前提，方便他人识别并记忆的文字符号就完美、高级，不方便的就存在缺陷，就不能属于高级层次的符号系统。过去，在没有发现汉语音本义原理的情况下，几乎所有的语言文字学家都认为汉语汉字难学难记，我们现在有足够的理由可以证明，这其实是对汉语汉字最大的误解。

5. 汉字是表词文字（语素文字）

瑞士语言学家索绪尔在《普通语言学教程》中说："语言和文字是两种不同的符号系统，后者唯一的存在理由是在于表现前者。"从这一角度出发，他

---

① 赵诚:《甲骨文字学纲要》，中华书局 2005 年版，第 49—50 页。

认为世界上的文字只有两种体系，即一个词只有一个符号的表意文字和摹写词声的表音文字。后来，美国布龙菲尔德又将表意文字修正为表词文字或字词文字①。按照这种分类的方法，他们都认为汉字属于表词文字体系。

苏联伊斯特林对文字的分类研究更为细致，他在《文字的产生和发展》一书中将文字划分为句意字、表词字、词素字、音节字、语音字（音素）五类。他说："'表词文字'这个术语，也像其他类似的术语一样，被用来代替陈旧的不确切的术语'表意文字'。所谓'表词文字'是一些古老的经调整的文字体系（古汉字、古苏美尔文字、部分埃及文字以及其他一些文字），这些文字体系通常由图画文字产生并且局部或全部由表示单个词（确切些说是以词或最简单的词组的形状出现的言语的独立语义单位）的符号所组成。"② 我们认为，"表词文字"不过就是"表意文字"的一个更新版。只是一些语言学家认为这一种新的提法比"表意文字"更加准确而已。

1984 年，王伯熙先生在《中国语文》杂志上发表《文字的分类和汉字的性质》，他认为："从文字符号所记录的语言单位这个方面看，汉字应该属于表词文字，因为它的每个独立符基本上都是音义结合体，即形、音、义的统一体，是词的书面符号"。并进一步明确："古代汉字（小篆以前的汉字）是一种象形拼符表词文字，现代汉字（汉隶以后的汉字）是一种方块拼符表词文字，或者也可以说现代汉字是一种方块拼符语素文字。"③ 文中，他批驳了汉字是表音文字的观点，他认为汉字从来都不曾是专用于记音节的音节符号，而是音义结合体，即使是公认的具有表音性的假借字或同音代替字也不是专记音节的表音符号，而是音义结合体。

对汉字是表词文字的说法，赵诚先生表现出相当谨慎的态度。赵氏认为："说汉字是表词文字有一定道理，说甲骨文字是表词文字更容易被接受。但要说明一点，表词只是汉字或甲骨文字的一种作用，一种功能，而不是本质，不是基本特征。如果只从作用、功能的角度对某些文字进行分类就可能在整个分类系统上产生矛盾。伊斯特林的分类系统就存在这种矛盾。""以甲骨文而论，它基本上在实质上是表示音节的，大多数又能表

---

① ［美］布龙菲尔德：《语言论》，袁家骅等译，商务印书馆 1980 年版，第 360 页。
② ［俄］伊斯特林：《文字的产生和发展》，左少兴译，北京大学出版社 1987 年版，第 35 页。
③ 转引自宋均芬《汉语文字学》，北京大学出版社 2005 年版，第 88 页。

词，则甲骨文既可以入音节字一类，也可以入表词字一类，大多类文字都会有这种跨类现象，当然就是不严密的，也就是不太科学的。由此反过来看，把汉字或甲骨文字简单地视为表词文字显然不可取。"①

6. 汉字是词符—音节文字（或称为语素—音节文字）

针对以前文字分类系统和有关术语存在着某种不合理因素的情况，一些语言文字学家又采用了新的类型学对文字重新进行了分类。《简明不列颠百科全书》对这一新的文字分类介绍说：第一类是词符—音节文字，即表词符号和音节符号并存的文字。其中包括古埃及文字、古苏美尔文字、古赫梯文字、中国的汉字以及原始埃兰文字、克里特文字和原始印度文字；第二类是音节文字；第三类是字母文字②。《中国大百科全书·语言文字卷》也对这种文字分类方法做了简要的说明："名副其实的文字有三种主要类型：词符与音符并用的文字、音节文字和字母文字。""用汉字书写的中文，基本上属于词符与音节符并用的文字。"③

词符—音节文字也被称为语素—音节文字。这只是语言、文字学者称呼的不同而已，其实质其实一样。裘锡圭先生采用了"语素—音节文字"的称呼，他说："通过以上的分析可以知道，汉字不应该简单地称为语素文字（计按：即表词文字），而应该称为语素—音节文字。不过，对汉字使用的表音节的符号跟音节文字的音符之间的区别，也应该有足够的认识。""语素音节文字跟意符音符文字或意符音符记号文字，是从不同的角度给汉字起的两种名称。这两种名称可以并存。意符和记号都是属于语素这个层次的字符，所以语素—音节文字这个名称对早期和晚期的汉字都适用。"④

从裘氏的论述可以知道，所谓的词符—音节文字、语素—音节文字，其实即是前面讲过的"意音文字"的不同叫法而已。基于汉字的本来特点，我们赞同将汉字划入意音文字范畴的观点。《简明不列颠百科全书》认为："如果不考虑文字演变中最重要的时期因素，而用另一种类型学的术语来重新阐述，则可说存在着三种主要的符号类型：（1）表意符号。这是早期视觉交际的特点，但现代的所谓原始社会采用的交际系统和充分发挥的文字的某些方面，都证实有表意符号的存在。（2）表音符号。指充分发展的文字符号，和语言符号大体对应。（3）辅助符号。指一般书

---

①　赵诚：《甲骨文字学纲要》，中华书局 2005 年版，第 59 页。

②　《简明不列颠百科全书》第八册，中国大百科全书出版社 2004 年版，第 270 页。

③　《中国大百科全书·语言文字卷》，中国大百科全书出版社 1988 年版，第 400 页。

④　裘锡圭：《文字学概要》，商务印书馆 1988 年版，第 18 页。

写符号以外的补充手段，如标点符号，以及书写符号的不同形状和不同字体。"① 以此作为区分的依据，在分类时仅仅根据表意符号和表音符号的使用情况将文字划分开来。表意符号与表音符号并用的，就叫词符—音节文字，如汉字；基本上只用表音符号，而这种符号所表示的仅仅是音节的，就叫音节文字，如楔形音节文字、日本假名音节文字；基本上只用表音符号，且这种符号用字母表示元音和辅音的，就叫做字母文字，如希腊文字、拉丁文字等②。《中国大百科全书》更是认为："用汉字书写的中文，基本上属于词符与音节符并用的类型。在古汉语中，表示实词的汉字大都是词符，表示虚词以及拟声和译音的汉字是音节符号。"③ 裘锡圭先生也持类似的看法，他认为："各种文字的字符，大体上可以归纳成三大类，如意符、音符和记号。跟文字所代表的词在意义上有联系的字符是意符，在语言上有联系的是音符，在语言和意义上都没有联系的是记号。" "传统文字学所说的象形、指事、会意这几种字所使用的字符，跟这几种字所代表的词都只有意义上的联系，所以都是意符。"④ "汉字的意符和记号都不表示语音，前者只跟文字所代表的语素的意义有联系（音节以下的层次无意义可言），后者只能把代表不同语素的文字区别开来的作用。"⑤ 由上述引言可知，裘氏所谓的意符、音符和记号，虽是立足于文字的构成部件——字符而言的，但他将汉字归入语素—音节文字（或者说意音文字）的根本原因，是基于大部分汉字（因形声字在汉字中占绝大多数）是由意符和音符共同构成这一认识得出的。我们认为，裘氏的这一观点，仍然对文字表音的本质存在着一些比较模糊的认识。

导致这些认识上的偏差，关键是忽略了文字是作为记录语言的视觉符号这一最根本定义，从而没有看到文字相对于其他符号而言所共有的表音的本质。关于这个问题，赵诚先生有较清晰的全面的认识。赵氏论述说："如果细加考察，严格要求，上面介绍的观点和有关的解释还存在某些不足之处。（1）这种观点认为汉字当分为两类，一类是表音的音节符；另一类是表意符号即所谓的表意文字是词符，不属于音节符，当然就是不表

---

①　《简明不列颠百科全书》第八册，中国大百科全书出版社 2004 年版，第 270 页。

②　赵诚：《甲骨文字学纲要》，中华书局 2005 年版，第 60—61 页。

③　《中国大百科全书·语言文字卷》，第 400 页。

④　裘锡圭：《文字学概要》，商务印书馆 1988 年版，第 11 页。

⑤　同上书，第 17 页。

音的。音节符和词符各不相涉但又共同使用，所以是词符与意符并用的文字类型。从甲骨文字的现实来看并不完全切合。其实，甲骨文中所谓的象形字、会意字、指事字本身也都是表音的。""（2）这种观点把汉字分而为二，容易使人误会音节符不是词符，当然不表词。实际上并不如此。所谓的音节符实是指那些假借字和拟音字，我们统统称之为借音字。这些借音字都能表词……这种借音字即所谓音节符在甲骨文中有一半以上。（3）这种观点认为，'在古汉语中，表示实词的汉字大都是词符，表示虚词以及拟声和译音的汉字是音节符号。'从甲骨文和商代汉语的现实来看，并不完全如此。""（4）从上面三个方面可以清楚地看出，这种观点的基本问题是把汉字一分为二，一类是词符，另一类是音节符，两类互不相涉；然后又分别指出词符和音节符的表词功能，因而时有矛盾。从甲骨文的现实来看，所谓的记号符实质上也是表音的。……用我们的观点来说，甲骨文在本质上是表音的，但有以形表意的特征，所以能作为音节符表词，也可以作为词符表词。由此，我们才基本上接受把甲骨文叫做词符·音节文字，但解释有别。"[①] 赵氏所论抓住了汉字的本质，十分正确，我们认为这种认识是非常可取的。

（二）我们的观点

我们认为，要想弄清楚汉字的性质和所属文字类型，必须从两方面入手，一是抓住文字的本质；二是抓住视觉符号的功能特点。这两个方面是不能割裂开来的。

抓住文字的本质，我们可以清醒地认识到，世界上任何一种记录语言的文字其本质都是表音的。这是文字区别于其他符号的共同属性，不能专属于某一种文字。因此，表音既不是拼音文字（如英文）所独有的本质，也不是象形文字（如汉字）所独有的本质。

抓住视觉符号的功能特点，我们就可以以此为依据，去判断区分该视觉符号具备什么样的功能，可以归入到哪一类视觉符号系统。该符号能否表意？能否让不熟悉这种符号的人得到一些简单信息？这应该作为划分符号种类的重要标准。

基于这样的认识，我们认为，将世界上的文字划分为以下三种类型比较合适。一是意音文字；二是音节文字；三是拼音文字（字母文字）。三

① 赵诚:《甲骨文字学纲要》，中华书局 2005 年版，第 61—63 页。

种名称不仅照顾到了文字表音的本质，而且还兼顾了文字作为视觉符号形式存在的功能差异和独有的特性。

汉字的形体因为有表意的独特功能，应归入到意音文字这一类型。我们对有些文字学家分期分段地讨论汉字性质的做法持保留、谨慎的态度。汉字的演变虽然经历了多个阶段，但其形体的改变是因为书写材料、书写速度以及书写习惯等客观因素影响而造成的，而且汉字构形的灵魂从产生、发展到现在，始终如一，并没有发生根本的变化。王继洪先生说："汉字的字体虽然经历了数次重大变革，但汉字的字形结构总体还是相对稳定的。从已知最早的系统汉字甲骨文以来，跨越了四五千头，期间不知经历了多少朝代的兴衰、政权的更迭、制度的更新、社会的变迁、人口的迁移、民族之间的战争和融合以及生产力、生产方式和人们生活形态的变革等，但昔日的甲骨文与今天的简体汉字在字形结构上，还是清晰地有着继承和演进的关系，在字的形音义三者之间还是有着明显的内在的逻辑关系。"① 从整体来看，汉字的演变过程，传承性强，源流清晰，因此没有必要也不应该分阶段割裂地看待汉字的性质，虽然部分汉字形体因讹变而与其初文相去已远，已难体会出其初文所要表达的意义，但是仍然不能改变汉字意音文字的特性。因为，内在的基因，是在它产生的时候就已经固定了的。即如武则天造出的"曌"和刘半农造出的"她"，这种内在基因乃决定了其天性。

早期汉字——甲骨文的形成经历了一个漫长的过程。汉字起源于图画，以及早期的一些记事符号。在最初的萌芽阶段，很多形体都近于"视而可识，察而见意"的图像。后来，随着历史发展，汉字的书写者出于书写速度、书写材料与方式的制约等因素的考虑，线条性、抽象性越来越强，距离图画越来越远，逐渐演化为一种书写方便、高度发达的线性符号系统。但从本质上看，这仍然不妨碍中国汉字"视而可识，察而见意"的独特魅力。人们在经过较系统的简单训练后，只要学会将汉字中常用"字符"（或称为"字原"、"构件"）所代表的现实形象转化成眼中"视而可识"的图像，绝大多数汉字基本上是可以被"察而见意"的。

从观察事物到概念归纳，从概念归纳到音义的衔接固定，汉语便产生了，这即是刘志基先生所讲的汉字的前期制作阶段；从音义的衔接再到记

---

① 王继洪：《汉字文化学概论》，上海世纪出版股份有限公司 2006 年版，第 3 页。

录这些音义的形体的确定，汉字就形成了，这即是刘志基先生所讲的汉字的本体制作阶段。中国汉字正是遵循着音义同源的这一铁定规律而萌芽发生的，"汉字的本体制作阶段，即一般意义的造字阶段。在这一阶段，随着词汇被文字所记录，不但词汇体系中所反映的先民对自然、社会观察而获得的概念系统（包括概念的分类、构造及相互关系等）被完整地移植到文字体系中，单个词中所蕴含的先民对特定事物的认知被输入对应的单个汉字中，而且，作为表词手段的字形的创造，又为文化信息的蕴含开辟了新的途径。以形表义，是汉字造字表词的基本原则……"① "汉字被公认为一种具有表意特点的文字。所谓表意，具体所指，就是以字形来表示文字所记词语的意义。换言之，在汉字的字形和字义之间，每每存有一种逻辑的、内在的联系。"② 所以，汉字不同于其他的文字，它不只是简单地记录复原口语的音节，也不只是简单地通过形体去表达所对应的语词的意义，它是二者兼容并蓄，将音与义完美地统一到一个个如诗如画的独立的"图形"当中了。对此，王力先生曾经指出："汉语的文字像其他文字一样，在远古时代是由图画过渡到文字的。不但结绳不是文字，图画也不是文字。当图画只表示一件事而不是表示固定的词的时候，那还不是文字。等到'图画'能表示每一个词的时候，不但笔画简单了（只剩主要的，最能表示事物特性的轮廓），而且更重要的是'图画'和有声语言联系起来。拿汉字来说，就是每一个原始的字都代表着一定的声音。有人以为象形文字和概念相联系，而不和声音相联系，那完全是错误的。"③

如"春"字，楷书由"夫"、"臼"两部分组成，上部的"夫"已看不出早期的类似于图画的形状，下部的"臼"大家认识，是指窝状的石臼器具，两形组合会意，人们大体还能猜出此字要表达的意义一定与"臼"相关，但音义已不可确指。造成这种情况的关键原因，就是人们看不出"夫"所描绘的简单图形为何物何事。

"春"字甲骨文写作"𣆃"形，字从"𣏗"（乩，廾）、从"个"（午，杵字初文，像木杵之形）、从"𦥑"（臼中有谷米之状）构作，像一人双手乩持木杵在臼中捶击谷米之状，象事意味十分浓厚，属于象事结

---

① 刘志基：《汉字文化综论》，广西教育出版社 1996 年版，第 3 页。
② 同上书，第 203 页。
③ 王力：《汉语史稿》，中华书局 1980 年版，第 51 页。

构的文字；金文写作"〔字形〕"形，字从"〔字形〕"（艸，双手之形）、从"〔字形〕"、从"〔字形〕"（臼）构作，基本上承沿了甲骨文"〔字形〕"的构形。许慎《说文·臼部》："舂，捣粟也。从艸，持杵临臼上。午，杵省也。"许氏的这一说解十分正确。谷衍奎先生同样认为："舂，会意字。甲骨文像双手持杵临于臼上，会在臼中捣谷之意。"① 事实上，"舂"不过就是反复将木杵垂直高起后插入臼中捣去谷物皮壳的行为。

　　"舂"为什么又读"chōng"这个音呢？其实答案十分简单。古人用杵在臼中舂米时，会发出近似于"嗵—嗵—嗵"的声音，人们于是就模拟这种声响，将这一行为称作"chōng"。前面已经多次说过，汉语语词声义的起源，大多是采取了极其生动又形象直接的手段——拟声而得来的。

　　但是，事情发展到这一步还远远没有结束。中华先民不仅善于观察事物细微的特点，而且更善于触类旁通，举一反三。凡是有过舂米经历或对舂米行为作过研究的人都知道，用杵臼舂出的米粒绝大多数是完整的。米粒为什么能够做到脱去谷皮而不被挤破碎呢？关键有两个原因：一是臼底不是平整的，而是一个小的窝状形体，这样，杵就不会与臼底有实质性亲密接触；二是捣舂的动作。双手执棒杵只管向盛有谷物的臼中心垂直下捣，杵就会压着杵底处的未脱皮之谷物颗粒沉入到窝状处，原来居于窝状处的谷粟颗粒因受大力挤压脱皮，并顺着臼边向上溢散。如此反复为之，谷粟就能够脱尽稃皮而不破碎。古人在舂米的过程中，双耳听到"嗵嗵"的声响，双眼观察到棒杵反复垂直突起降落，由此推而广之，古人便将具有"垂直注入（插入）"特点的事物、现象都叫做"chong"。

　　"chong"音之字，它们的音义与"舂"是同源的。参见第二章"上古汉语与会同话对'声训'的意义"一节的相关分析可知，充、铳、冲、翀等字都具有"chong"音音本义所要求的特点。许慎《说文解字》臼部："舂，捣粟也。从艸（笔者按，即双手合写在一起的形体，可读为gǒng），持杵临臼上。午，杵省也。"刘兴隆氏《新编甲骨文字典》说："（〔字形〕）象两手执杵向臼舂米形。"② 谷衍奎氏《汉字源流字典》认为："舂，会意字。甲骨文象双手持杵临于臼上，会在臼中捣谷之意。金文稍

　　① 谷衍奎：《汉字源流字典》，华夏出版社 2003 年版，第 611 页。
　　② 刘兴隆：《新编甲骨文字典》（增订版），国际文化出版公司 2005 年版，第 432 页。

繁。篆文整齐化。隶变后楷书写作春。……本义为用杵臼捣去谷皮。"①
三家析形释义都比较正确，只是不能揭示出此字音义结合的奥妙，略显
遗憾。

"春"字的形体从甲骨文、金文时期的"𣍆"、"𣂼"演变到小篆时
期的"萅"，再演变为现在的"春"，字体上部的形状产生了较大的变化，
但这的确是因为书写这一外部因素影响而导致的讹变混同现象。通过溯
源，我们仍然能够依据它早期的形体"察而见义"，因而我们始终认为汉
字是既可表意又能表音的意音文字。如果单从形体的功能而言，汉字与现
在通行着的世界其他文字相比，它具有其他通行文字所不具备的最大优
势——"视而可识，察而见义"。

正是基于和我们相同或相近的认识，宋均芬先生曾经阐述了这样的观
点："汉字的形体最早可追溯到商代后期的甲骨文、金文。在此后的三千
多年中历尽沧桑而沿用至今。其间汉字形体虽然发生了些重大的变化，但
并未从根本上改变汉字的性质，汉字变化是一脉相承的。""汉字从古至
今一脉相承，虽然不断发展变化，但只是日趋完善，更加切合实用，而并
未变成另类文字。"② 裘锡圭氏对早期汉字的这个优势（性质）更是有着
比一般学者更深刻的认识，他说："商代后期一般文字的字形，跟图画已
经有了很大距离。但是作为一种文字来看，象形程度仍然应该算是相当高
级，有些字只要把它们所象的事物的特征表示出来，就能使人认
识……"③ 分析可知，即使到了现今的时代，大多数的汉字的确还是能够
通过形体的构造来表现出对应语词所要表达的意义的，这正如刘志基先生
所讲："汉字被公认为一种具有表意特点的文字。所谓表意，具体所指，
就是以字形来表示文字所记词语的意义。换言之，在汉字的字形和字义之
间，每每存有一种逻辑的、内在的联系。"④ 综合而言，如果按照语言学
界通常的说法予以表述，汉字就是一种既能表意又能表音的文字。赵诚先
生讲得好："因为文字在本质上都是表音的，说甲骨文字是表音的只能说
明甲骨文字和其他文字在本质上一样，都是作为语言的书写符号，都是通

---

① 谷衍奎：《汉字源流字典》，华夏出版社 2003 年版，第 611 页。
② 宋均芬：《汉语文字学》，北京大学出版社 2005 年版，第 122—123、531 页。
③ 裘锡圭：《文字学概要》，商务印书馆 1988 年版，第 44 页。
④ 刘志基：《汉字文化综论》，广西教育出版社 1996 年版，第 203 页。

过语音表示意义。这样的论定只是指出了甲骨文字和其他文字相同之处，不能把甲骨文字和其他文字区别开来。为了揭示甲骨文字有别于其他文字的突出之点，有必要指出甲骨文字还有以形表义这一特点。所以，最好实事求是地把甲骨文字看成是在本质上是表音的，但有比较突出的以形表意的特征。这就基本上和大多数文字区别开来了。"①

第三节　汉字形体的演变发展与存在的问题

一　汉字演变的原因与源流

我们普通大众现在所经常看见的汉字，从形体而言，可以叫做"简体楷书汉字"。汉字字形发展到今天这个样子，经历了数千年的时间，其间虽然几经曲折，有些字形甚至已变得面目全非了，但绝大部分汉字仍然保持着汉字一贯的灵魂骨架，汉字的性质也因此没有出现根本的改变。

按照大多数中国文字学者的观点，汉字形体的演变发展可以分为古文字和今文字（计按：裘锡圭氏取名为隶楷②）两个阶段。甲骨文、金文、籀文（计按：又叫大篆）、小篆和早期秦代隶书属于古文字阶段；汉代隶书、楷书、行书、草书、简书则属于今文字阶段。而王力先生根据古今文字字体的差异，又将这两个阶段形象地称为"刀笔阶段"和"毛笔阶段"③

裘锡圭先生认为，古文字阶段大约起自公元前 14 世纪的商代后期，终于公元前 3 世纪末的秦代，历时约 1100 多年。裘氏并根据唐兰先生按照时代先后和形体特点为古文字分类的意见，将中国古文字分为四类：商代文字、西周春秋文字、六国文字和秦系文字④。

商代文字包含甲骨文和金文两种，其中以甲骨文为主。甲骨文即占卜用的刻在龟甲和兽骨上的文字，金文即青铜器上的铭文。根据甲骨文与金文在形体的差异，裘氏认为："金文基本上保持着毛笔字的样子，甲骨文就不同了。商代统治者频繁进行占卜，需要刻在甲骨上的卜辞数量很大。

---

① 赵诚：《甲骨文字学纲要》，中华书局 2005 年版，第 50 页。
② 参见裘锡圭《文字学概要》，商务印书馆 1988 年版，第 40 页。
③ 参见王力《汉语史稿》，中华书局 1980 年版，第 48—51 页。
④ 参见裘锡圭《文字学概要》，商务印书馆 1988 年版，第 40 页。

在坚硬的甲骨上刻字，非常费时费力。刻字的人为了提高效率，不得不改变毛笔字的笔法，主要是改圆形为方形，改填实为勾廓，改粗笔为细笔……有时他们还比较剧烈地简化字形。"因此，"我们可以把甲骨文看作当时的一种比较特殊的俗体字，而金文大体上可以看作当时的正体字。所谓正体就是在比较郑重的场合使用的正规字体，所谓俗体就是日常使用的比较简便的字体"①。

西周春秋文字以金文为主，这一时期的文字，其主要的表现仍然是形体上的变化。据裘锡圭先生介绍，自恭、懿诸王以后，金文形体的变化变得剧烈起来。演变的主要趋势是线条化、平直化；形体演变的显著降低，书写起来就比较方便了②。

六国文字时期是中国文字的形体产生前所未有的剧烈变化的时期，社会的剧烈变化对汉字形体的演变产生了巨大影响。春秋战国之交，旧的贵族阶级逐渐为新兴剥削阶级所取代，文字开始扩散到民间，文字被贵族阶级所垄断的局面和时代结束了。文字的应用越来越广，使用文字的人也越来越多，于是，便于快速书写的俗体字又得到了迅速空间上的发展③。

秦系文字主要是小篆。秦始皇统一天下后，为了便于统治和地区间经济文化的交流，迅速进行了"书同文"的工作，以秦国文字为标准来统一全中国的文字。许慎《说文解字叙》记载："秦始皇帝初兼天下，相李斯乃奏同之，罢其不与秦文合者。斯作《仓颉篇》大篆，或颇省改，所谓小篆者也。"裘锡圭先生通过研究后认为，"从有关的古文字资料来看，籀文并不是秦国在统一全中国前夕所用的文字，小篆是由春秋战国时代的秦国文字逐渐演变而成的，不是由籀文'省改'而成的。"④ 统一后的小篆基本保存于许慎《说文解字》一书中，以《说文》为代表的小篆字系，是最丰富最有系统的秦系文字资料，但是，"《说文》成书于东汉中期，当时所写的小篆的字形，有些已有讹误。此外，包括许慎在内的文字学者，对小篆的字形结构免不了有些错误的理解，这种错误理解有导致对篆形的篡改。《说文》成书以后，屡经传抄刊刻，书手、刻工以及不高明的校勘者，又造成了一些错误。因此，《说文》小篆的字形有一部分是靠不

---

① 裘锡圭：《文字学概要》，商务印书馆 1988 年版，第 42—43 页。
② 同上书，第 46、47 页。
③ 同上书，第 51—52 页。
④ 同上书，第 64 页。

住的"①。

　　早期秦代隶书其实是由秦国篆文俗体演变而成的一种新型字体，原来篆文的圆变笔道多数已经分解或改变为方折、平直的笔画，有了浓厚的隶书意味。产生这一变化的原因，仍然是为了书写的方便。《睡虎地秦简》上的文字资料证明，隶书在这个时期已经基本形成。但是，秦代隶书还没有真正完全成熟，很多字的写法仍然接近于正规篆文，因此，以裘锡圭氏为代表的众多文字专家，仍然将早期秦代隶书归入到古文字阶段的范畴。这种归类无疑是十分正确的。

　　古文字阶段汉字形体的最大一次变化是秦代统一后实行的小篆。文字学家习惯上称之为"篆变"。

　　今文字阶段始于汉代，一直延续到今天。这一阶段的文字形体从实质上讨论，字形发生了三次重大的变化：文字学界所谓的"隶变"、"楷变"和"简书字"。

　　对于这一阶段文字形体的演变，我们可以参考裘锡圭氏的介绍："两汉时代通行的主要字体是隶书，辅助字是草书，大约在东汉中期，从日常使用的隶书里演变出了一种比较简便的俗体，我们姑且称之为新隶体。到东汉晚期，在新隶体和草书的基础上形成了行书。大约在汉魏之际，又在行的基础上形成了楷书。楷书出现后，隶书和新隶体并没有很快就丧失它们的地位。经过魏晋时代长达两百年左右的时间，楷书才最终发展成为占统治地位的主要字体。"②

　　简书字也叫简化字、简体字、俗体字或规范字。简书字是汉字在演变发展的过程中，书写者出于书写速度的考虑，在原字的笔画和形体上简化了的字。从甲骨文时期开始，简化一直伴随着汉字形体的演变过程。

　　新中国成立后，在1954年12月成立了中国文字改革委员会（1985年12月16日改名为"国家语言文字工作委员会"），简称"文改会"。文改会于1955年1月拟订了《汉字简化方案草案》，分批试用后，于1956年正式公布了《汉字简化方案》（以下简称《方案》），《方案》把564个繁体字简化为515个简化字，并规定了54个偏旁的简体写法。1964年，文改会又根据国务院指示编印了《简化字总表》以下简称《总表》。《总

---

① 裘锡圭：《文字学概要》，商务印书馆1988年版，第62页。
② 同上书，第74页。

表》公布了 2238 个简化字（由于"须"、"签"二字重见实际数为 2236 个）和 14 个简化偏旁，废除了 2264 个繁体字。这次文字简化工作，是继秦代"书同文"工作后的第二次大规模改革文字的政府行为，影响甚为深远。其利与弊也可谓是众说纷纭。针对此种局面，我们非常赞赏并希望实践台湾马英九先生所提倡的"识繁书简"的观点，借以缓解简书字与早期汉字形体差异所带来的矛盾。这样做，也有利于中华传统文化的传承，不至于产生巨大的文化断层。

二 汉字演变的实质与研究概述

汉字通过"篆变"、"隶变"、"楷变"及"简化"四次形体剧烈演变后，终于发展到了今天这样的形体。语言学家王力先生认为汉字形体的演变主要表现在两个方面：第一是字体（计按：指文字的笔画姿态）的变迁；第二是字式（计按：指文字的结构方式）的变迁①。裘锡圭先生从王氏之说，也将汉字的变化归结为两个方面：一是形体；二是结构。他说："即使只从商代后期算起，汉字也已经有三千三百年左右的历史了。在这段很长的时间里，汉字无论在形体上或结构上，都发生了一些很重要的变化。""从形体上看，汉字主要经历了由繁到简的变化。这种变化表现在字体和字形两个方面。"② "从结构上看，汉字主要发生了三项变化：（1）形声字的比重逐渐上升。（2）所使用的意符从以形符为主变为以义符为主。（3）记号字、半记号字逐渐增多。"③

我们认为，造成汉字"形体"变化的根本原因是人们为了书写的速度和便利所导致的，而造成汉字"结构"变化的根本原因是汉字功用、社会原因等所导致的。汉字形体变化的主要特征是甲骨文、金文、篆文中圆转随意的线条变成了今文隶书楷书中平直固定的笔画；形体变化的趋势主要是简化和繁化，其中以简化为主流。形体变化的具体方式表现有同化、分化、转化；变化产生的结果主要有形体讹变与形体循变两种④。

研究汉字形体的演变是探寻汉字"形本义"的唯一途径。对汉字形

---

① 参见王力《汉语史稿》，中华书局 1980 年版，第 48 页。
② 裘锡圭：《文字学概要》，商务印书馆 1988 年版，第 28 页。
③ 同上书，第 32 页。
④ 参见高明《中国古文字通论》；裘锡圭《文字学概要》；宋均芬《汉语文字学》；刘钊《古文字构形学》。

体的探索分析，早在先秦时期的文献中即已出现。如《左传·宣公十二年》："楚子曰：'夫文，止戈为武'。"《左传·宣公十五年》："宗伯曰：'故文，反正为乏'。"《左传·昭公元年》："医和曰'于文，皿虫为蛊'。""止戈为武"，就是说"武"字是由"止"和"戈"组成的；"反正为乏"，就是说"乏"字是由"正"字反写而成的；"皿虫为蛊"，就是说"蛊"字是由"皿"和"虫"两形组合而成的。这些文献中的类似于拆字游戏的简单分析，都可以看作是早期探索汉字形体的行为，他们分析字形虽然还显得很幼稚，但仍然应该视为汉字构形学（形体学）研究的发轫。

到了两汉时期，通过探究分析汉字形体以求得字之原始义（计按：即我们所讲的汉字形本义）的著作首推许慎的《说文解字》。此书以秦篆为主，兼收古文、籀文，共收入九千三百五十三字，其中重文一千一百六十三字，每字均作字形、字义和字音的简要解释与说明，创造了一种从字体结构中考察音义的新体系，开启了因形求义的新纪元，堪称中国语言文字学界的不朽之作。

后来，晋代吕忱的《字林》，梁代顾野王的《玉篇》，继承了《说文解字》重视汉字形体探究的传统。尤其是顾野王撰写的《玉篇》（计按：流存的残本分散在日本石山寺、高山寺、崇兰馆及佐佐木宗四郎等五处，清末黎庶昌出使日本，将其影刊归国，收入《古逸丛书》，题为《蟲旧抄卷子原本玉篇零卷》），价值很高，颇受后世文字学家的赞许和推崇。

再到清代，文字学研究达到了一个前所未有的高峰。就拿汉字音、形、义方面的研究成果来说，段玉裁的《说文解字注》，桂馥的《说文义证》，王筠的《说文释例》和《说文句读》，朱骏声的《说文通训定声》等著作，在校订文字形体，分析文字结构，解说文字音形义等方面多有发明和创见，取得了很大的成绩。这些著作，"不仅为专攻文字学者必读，而且是阅读先秦两汉古籍必不可少的参考书"。[①]

从清代晚期"甲骨文之父"王懿荣发现、收藏刻有卜辞的甲骨后，中国文字学界对汉字形体的研究又掀起了一个空前的高潮。刘鹗《铁云藏龟》首发"殷人刀笔文字"之创见，被胡适评价为研究甲骨文字的"开路先锋"。随后朴学大师孙诒让《契文举例》开启了考释甲骨文字之

---

① 高明：《中国古文字学通论》，北京大学出版社1996年版，第20页。

先河，成为历史上研究甲骨文字的第一人。王国维评价孙氏之书说："筚路椎轮，不得不推此矣。"1920 年，王襄编纂出版了第一部甲骨文字典《簠室殷契类纂》，又将甲骨文研究推向了系统化。后来，"甲骨四堂"①、章太炎、刘师培、黄侃、沈兼士、杨树达、陈梦家、唐兰、于省吾、商承祚、孙海波、李孝定、容庚、戴家祥、饶宗颐、李圃等文字学家著述甚丰，进一步将汉字形义研究推向深入，取得了举世瞩目的成就。再后来，以胡厚宣、徐中舒、朱德熙、李学勤、陆宗达、裘锡圭、姚孝遂、蒋善国、高鸿缙、刘又辛、张政烺、高亨、林沄、赵诚、高明、何琳仪、陈炜湛、左民安、王宇信、张桂光等先生为代表的语言文字学家，匡正谬误，发幽阐微，使汉字形义学的研究得到了更深入的发展。

1995 年，北京师范大学教授王宁先生在《中国教育报》上连续发表了《形体的传承》、《汉字构形系统》等文章，创立了现代汉字构形学的基础理论；2000 年，王氏又发表《系统论与汉字构形学的创建》一文，对汉字的结构单位、结构类型、构形模式等问题进行了更深入更系统的阐述。在她这一理论的指导下，一批文字学界的新人在汉字形体研究领域斩获颇丰，获得了可喜的成绩，如李运富、郑振峰、王贵元等先生就是其中的代表人物。

现在，华东师范大学中国文字研究与应用中心（以臧克和、刘志基、董莲池等先生为代表）、复旦大学出版文献与古文字研究中心（以裘锡圭、刘钊先生等为代表）与吉林大学古文字研究会（以吴振武先生等为代表）等一起成为研究汉字形体演变以及形义结合规律的主要阵地。汉字学的研究正在朝着更理性、更科学、更系统的方面前进发展。

三　汉字演变带来的问题及对策

汉字形体的演变，虽然使字形规范统一了，书写简便快速了，有利于在社会、经济等众多领域传播与交流，但同时也不可避免带来了一些问题。其中最主要的是，一些字形脱离了汉字早期的形体结构原理，产生了形体的讹变讹混，使字形与字义失去了内在的有机联系，以至于给后世学习者造成了理解方面的很大困难。乱解字、乱用字的现象，在很多地方都时常发生。事实上，这种情况反过来又极大损害了汉字音形义结合的内在

---

① 罗振玉号雪堂，王国维号观堂，董作宾号彦堂，郭沫若号鼎堂。

逻辑性，降低并损害了汉语汉字的魅力。

关于这个问题，很多古文字研究学者是有着很深感触的。就拿汉字形体第一次大演变——“篆变”为例，对古文字形体构造有很深造诣的刘钊先生，就在其所著《古文字构形学》一书中不无感慨地说道：“从字形上说，《说文》依据的是久经讹变的‘小篆’，以此来探‘形体之源’，窥‘字之源始’，其解释自然会错误百出。从今天对古文字的掌握程度看，毫不夸张地说，凡是古文字中有的而《说文》对其形体进行过解说的字，十之八九是有问题的。”①

但是，不管如何，我们认为汉字形体演变的情况并没有像刘钊先生所讲的那样严重，许慎《说文解字》对文字形体的错误说解，大多是由于许慎本人对汉字形体的错误认识所导致的。根据汉字“篆变”的实际情况而言，其实绝大部分汉字的形体演变仍然脉络清晰、有规律可以依循。高明先生说：“汉字形体的变化，新陈代谢与约定俗成起了很重要的作用。”② 高氏的这一观点非常中肯，绝大部分汉字的形体由“形象”而“抽象”，由“繁构”趋“简体”，由“圆转随意之线条”发展成“平直约定之笔画”，看似变化万端，实则万变不离其宗，其发展脉络清晰可理，我们可以通过归纳辨析找出其内在的变化脉络和结构方式。那些少数形体发生讹变的汉字，现今的形体虽然基本没有了“初文”时的模样，但文字学家可以通过对大量的古文字资料进行比较分析，找到并确定这些讹变汉字的早期形志，进而探究出其音形义的由来。

下面，略举几例作简要分析。

如“丰”字，此字繁体写作“豐”，许慎《说文·豐部》：“豐，豆之丰满者也。从豆，象形。”这里所讲的“豆”字，不是现今所谓之豆类作物的豆，豆字甲骨文写作“”、“”等形，金文写作“”、“”等形，最早是指一种用来盛食物的高足器具。刘志基先生说：“古人的饮食之器又多与今日形制不同，而多为高脚长足。此可见诸‘豆’字。豆为古代的基本食器，本是用来盛主食黍稷的。”③ 李海霞先生认为：“豆，上古盛食物的高脚盘，有个大圆头。金文《周生作尊豆》的豆即指这种

① 刘钊：《古文字构形学》，福建人民出版社2006年版，第227页。

② 高明：《中国古文字学通论》，北京大学出版社1996年版。

③ 刘志基：《汉字文化综论》，广西教育出版社1996年版，第88页。

盘。《说文》：'豆，古食肉器也。'豆又指豆子，形圆。《战国策·韩策一》：'秦地险恶……非麦而豆。'豆子的豆和豆盘的豆是同源通用。"①《尔雅·释器》："木豆谓之豆，竹豆谓之笾，瓦豆谓之登。"古人因为"豆"的材质的不同，又分别给竹编的豆取名为"笾"，陶制的豆取名为"登"。但无论怎样，其形状是一样的，与现在茶馆、酒吧中用来盛放食物的高脚盘差不多。许慎依据讹变了的小篆形体"豐"进行分析，认为"豐（丰）"字下部从"豆"构作，含义是指"豆之丰满者"，因而许氏对字形的分析难免不出错误，对字义的解说也就自然存在一定的问题了。

经学大师段玉裁仍依许氏之旧说，注曰："谓豆之大者也。引申之凡大皆曰丰。《方言》曰：'丰，大也。'凡物之大貌曰丰。"段氏进而割裂字形，将"豐"字分为"丰丰"与"豆"两个部分，又说："丰丰象豆大也。此与豐上象形同耳。戴侗云：'唐本曰从豆从山，丰声；蜀本曰丰声，山取其高大。'按，生部云：'丰，艸盛丰丰也。'与豐音义皆同。"段氏如此分析发挥，很是牵强。

以后到刘心源、容庚、高鸿缙、高明诸先生，还是走许慎的老路子，对"豐"字的形体没有给以正确的解析。容庚先生《金文编》"豐"字下说："与豊（豊）为一字，豆之丰满者所以为豊也。汉隶豊豐二字皆作豊。"高鸿缙《散盘集释》更是说："（像）依豆而画笾编为笾之形也。……至汉分化为豊与豐。"高明先生《古文字类编》，也是基于同样的认识，将豊、豐二字归并在了一起②。

再到后来，谷衍奎先生编的《汉字源流字典》收录了"丰"字甲骨文之"豐"形体，金文之"豐"形体，并分析其结构说："甲骨文像祭器'豆'里盛满两串玉形，表示丰满之意。金文大同。"仍然将此字中的"豐"分割来看，以为字从"豆"作。但是，从豐字早期的形态看，其甲骨文写作"豐"、"豐"等形，下部所从并不是"豆"，而是从"壴"构作的，前面有关章节已经分析过，"壴"与"豆"字有明显区别，是"鼓"字的初文。

近贤林沄先生目光如炬，在《古文字研究》第十二辑中发表了《豐

---

①　李海霞：《汉语动物命名考释》，巴蜀书社 2005 年版，第 244 页。
②　参见高明《古文字类编》，中华书局 1980 年版，第 327 页。

豐辨》一文，对两字从豆还是从豈进行了详尽的分析，实有振聋发聩之效。他说："从羘者，谓击鼓之声蓬蓬然，乃以丰为声符。可能因鼓声之宏大充盈故引申而有大、满等义，且因从丰得声，后遂代丰而为表示茂盛之义专用字。"① 从林氏的分析和生活的实际情况可知，"豐"本来是指音调高音量大的击鼓之声。

"丰"字，会同话读为"hōng"。汉语音本义原理认为，"hong"的音本义为"高的"、"大的"，正与林沄先生之解说契合。

又如"冤"字。《说文·兔部》："冤，屈也。从兔，从冖。兔在冖下不得走，益屈折也。"许慎认为字从"兔"作，析形不确。如按许氏所讲，则"冤"字所对应的音、义与形体间的联系缺乏理据与逻辑性。

谷衍奎《汉字源流字典》冤字下说："篆文从兔，从冖（蒙覆），会兔被蒙覆屈缩不得舒展之意。""本义为屈缩不得舒展。"②

顾建平《汉字图解字典》分析"冤"字为："会意字。从冖、从兔，表示兔子被蒙罩住，屈而难伸，本义是屈缩，引申为冤屈。"③

我们认为，"冤"字从"兔"作缺乏充分理由。早期古人选择构字部件时，有两个特别注意的地方，一是常见性；二是特异性。所谓"常见性"，就是强调所选取的构字部件为众人经常看到的事物，要做到让人一看便知，绝不迂回曲折；所谓"特异性"，就是强调构字部件的组合尽可能凸显出特异的一面，做到让人一看便领会到造字者的用心与想表达的含义。举一个简单的例子，"尾"字在甲骨文中写作"屖"形，描画出一个屁股后吊着长长尾巴的人的形象。从常见性来说，"尾"所描画的人是一种常见的佩戴尾饰的奴隶，所以甲骨文时期的人们一看便知；从特异性来说，人是不长尾巴的，此字突出其尾巴的形象，人们也就领会到造字者的用心与想要表达的含义了。相反，如果造字者想要通过狗、象、虎、蛇等动物来准确表现出"尾巴"的意义，那几乎是十分困难的。

基于以上的认识，我们认为"冤"字从"兔"构作缺乏常见性，字形与音义脱节，让人体会不出它形音义结合的逻辑性。从造字心理分析，画一个"兔"在"冖"下不得屈伸来表达"冤"义，不如画一只老虎在

---

① 林沄：《豐豐辨》，载《古文字研究》第十二辑，中华书局1985年版。
② 谷衍奎：《汉字源流字典》，华夏出版社2003年版，第605页。
③ 顾建平：《汉字图解字典》，东方出版中心2008年版，第947页。

一下不得屈伸来得更显眼更震撼人心（计按："冤"字的音形义分析详见第一章）。

对于这一问题，刘钊先生发幽阐微，在其所著《古文字构形学》中做了精彩的分析："那么冤字所从之'兔'能否是'免'字之讹呢？我们认为这种可能性极大。一是因为《说文》说解'冤'字从兔的道理极为牵强；二是在汉代文字中，冤字似乎皆从免作，而从没有明确的带短尾形的兔字。在汉晋的碑文中，冤字也大都从免作，如校官碑冤字作'冤'，夏承碑作'冤'。""冤字既然本从免作，则其构形便极好解释，冤字应该是'从宀免声'的形声字。古音免在明纽元部，冤在影纽元部，韵部相同……《集韵》谓'食兔与食冤同'，可证冤、免音通。"①

有趣的是，頫（俯）字有一个异体写作"俛"，其实本应该写作"俛"，刘钊先生认为："按俛今作俯，篆体或从人从兔，并非后人所改，最初就应该从兔。"② 分析可见，"兔"与"免"字在古文字中很容易产生讹混现象，这是文字发展到篆隶阶段因形体太相近而导致的。

再如"奔"字。《说文·夭部》："奔，走也。从夭，贲省声。"许氏依据讹变之篆体进行分析，自然难免存在失误。高明《古文字类编》收录"奔"字之金文作"𠓥"（周早期盂鼎）、"𡵀"（周晚期克鼎）诸形③，很明显，其下部所以从为三"止"或三"屮"（计按：屮是止字讹混），而不是"卉"，更不是"贲"。"止"在汉字构形中表示与"足"的行动相关，"奔"字从三"止"，加强了行动急速的意象，上部"夭"本来就是"走"（小跑）字，两相结合，快速跑动之意象就更加明显了。后来，字体为什么变为了"奔"呢？高明在《中国古文字通论》一书中对此解释说："例如奔字，《盂鼎》中写作'𠓥'，从三'止'；《效卣》则误从三'屮'写作'𡵀'。后来正确的字则被遗忘，错误的字反而得到流传，这是一种误会。"

高明先生所说的这种"误会"，在汉字中虽然不是个别现象，但瑕不掩瑜，汉字形体的演变过程，总体上是依循"规范化"和"简化"两个文字自身的规律进行的。少部分汉字产生形体讹变，属于所有文字发展过

---

① 刘钊：《古文字构形学》，福建人民出版社 2006 年版，第 217—218 页。
② 同上书，第 218 页。
③ 参见高明《古文字类编》，中华书局 1980 年版，第 30 页。

程中普遍存在的共同问题，我们的文字学家完全有能力有智慧妥善解决这一问题。

当然，少数古文字在形体演变的过程中，形体虽然出现了讹变，但是，讹变后的形体反而比以前的更容易让现代人识读，这种有趣的现象，也是值得文字学家们引起重视和研究的。比如"琴"字的演变就属于这种情况。"琴"字古文写作"🝣"形，"上像琴形，下为金声"①。小篆写作"琴"，隶定楷化后写作"珡"。王继洪先生说："其实再据'琴'的古文字形，我们应该认为，两个'王'中间的竖划，应该是琴弦的象形，而三横应为琴的徽，因为在中国传统的概念中，'三'表示多数，古文'琴'上部的字形更像是琴徽和琴弦。而小篆'琴'中，交叉于琴弦、琴徽的'𝅘'，当为琴的共鸣箱，即为许慎所言的'洞越（笔者按：清段玉裁注：洞，当作迵，迵者，通达也，越为琴瑟底之迵孔者，琴腹中空而为二孔，通达也）'。"② 从王继洪先生的论述可知，"琴"字的古文属于形声字，小篆则属于象形字，而现在的楷书形体"琴"，又属于从"今"得声的形声结构的文字了。但是，仔细分析"琴"字的形体演变过程，就能够发现形声结构的"琴"，实际是从它的小篆隶定后的形体"珡"字讹变而来的。

汉语音本义原理认为，"qin"音的音本义主要是强调"轻柔的"、"贴近的"特点。"琴"字读作"qín"，从"琴"字的古文形体以及音义结合的原理来看，"琴"字的音义是符合这种乐器的实际应用情况的。

如"侵"字，小篆写作"𠑽"形，而甲骨文写作"𤘡"、"𤜵"、"𤙈"、"𤙃"等形，字本来是从"𠬝"、"𠬢"或从"𡳾"、"𡳽"构作。"𠬝"隶定楷化为"又"字，为右手之形，在构形中表示手部的行为动作；"𠬢"即扫帚之形，隶定楷化为"帚"，即是帚字的初文。孙海波氏认为："此字从又从帚，即㝲字。《说文》有侵无㝲，侵下云：'渐进也，从人又持帚，会意，若埽（扫）之进，又，手也。'按从又帚，若埽之进之意已明，加人则赘，是侵下当出古文㝲，而侵非初体也决矣。"③

---

① 谷衍奎：《汉字源流字典》，华夏出版社 2003 年版，第 674 页。

② 王继洪：《汉字文化学概论》，学林出版社 2006 年版，第 12—13 页。

③ 孙海波：《卜辞文字小记》，转引自于省吾主编《甲骨文字诂林》第四册，中华书局 1996 年版，第 3028—3029 页。

孙氏分析大体正确，事实上，甲骨文"🧹"即是现在"清扫"的"清"的本字，意思是手持扫帚贴近器物或地面轻柔地清扫。许慎《说文》"渐进也"的说解，与"侵"字的本义不太吻合。至于其异体字🧹，刘兴隆氏解释说："象持帚打牛形，即后世之侵。"① 刘氏释此字为"侵"至确，但"象持帚打牛形"的说解则有误。左民安氏指出："甲骨文🧹左边是个'牛'（如牛头的形状，两角上弯），右边的上部是一把'帚'（笤帚），右下部是一只手，这是手持笤帚给牛扫土的意思，牛头上的三个小点儿是表示扫下来的尘土。可见这是个会意字。金文🧹的右上部是面朝右的一个人（以'人'代'牛'），左下部是一只手持帚，给那个人扫臀部扫腿，'帚'下的左右两点儿，也代表扫下来的尘土。""'侵'的本义是打扫。因为打扫有'渐进'的意思，所以'侵'字就有'渐进'之义，如'侵晨'就是渐近早晨。"② 左氏析形释义十分正确，左氏的分析可证，其实，甲骨文的"🧹"，就是指人们用帚贴近牛身进行清扫的意思。现在常说"侵略"，就是古人用"侵"和"略"两个动作打比方而得来的（计按：略，在会同话里是指用宽扁的铲锄在地面快速掠过的动作，所以，铲锄在会同话里又叫略锄），主要强调的是对土地、财物等的掳掠行为，和抗日战争时期常讲的"扫荡"意义非常相近。

又如"钦"字，金文写作"🔔"形，字从"金"、从"欠"（或"伙"）构作。"欠"字在甲骨文里写作"🙋"形，像一人张开大口之状。从生活的实际情况可知，人在无意识状况下张开大口的样子，一般会在两种情况下发生，一是精神疲倦打哈欠；二是因为羡慕而会自然地张口流涎。羡字古体写作"羨"，异体写作"伙"，其构形的理据即源于此。从"钦"字的音义来看，其所从的"欠"，实际当读为"伙"，与欣赏的"欣"构形原理相近。许慎《说文·欠部》："钦，欠也。"此处的"欠"，很可能就是"伙"字的讹误。《尔雅·释诂下》："钦，敬也。"《汉语大字典》："钦，敬佩；仰慕。"两家所释符合"钦"的音、形反映出来的内在含义。谷衍奎氏说："钦，会意兼形声字。金文和篆文从欠（张口欣

---

① 刘兴隆：《新编甲骨文字典》（增订版），国际文化出版公司 2005 年版，第 489 页。
② 左民安：《细说汉字——1000 个汉字的起源与演变》，九州出版社 2005 年版，第 33 页。

慕），从金（表示乐钟），会闻乐钟而欣慕之意。"① 谷氏的形体分析较为正确，基本上能够反映"钦"字制作的实际。我们认为，"金"在这个形体中的构形功能，既有提示音读的作用，又有表示"贴近"意义的作用，这一构造的原理，和琴字古文形体"鑿"从"金"构作是相同的。汉代桓谭《新论·琴道》记载："昔神农氏始削桐为琴，绳丝为弦。"可见琴的材质主要是木制作而并不是金制作的，所以琴字的异体字又从"木"构作写为"桼"。当然，"金"字中的"金"又与"鑿"中提示声义的"金"也有一点差异，应该还代表了金制的祭祀礼器，因为，在商周时期，"金"是指青铜等金属而言的，用青铜制作的鼎彝等祭祀礼器，俗语又称作"吉金"。分析可知，"金"字正是描画了一个人因为内心对金制祭祀神器仰慕而张着大口轻柔贴近亲吻它的图像。"敬佩"的意义就是从人的这一行为引申出来的，这与现代人通过亲吻他人的脚尖表示仰慕敬佩的心情大体是一样的。

现在再回头谈一谈"琴"字。《诗·周南·关雎》："窈窕淑女，琴瑟友之。"琴与瑟是中国古代主要的两种乐器，历来被誉为"圣人治世之音，君子修养之物"，"自西周春秋时期一些重大的祭祀场合，就要用琴与其他乐器在一起伴奏《诗经》中'颂'这类歌曲。男女青年的恋爱和婚姻也离不开琴瑟"，"琴，中华文明之象征，是中国最古老、深邃、空灵、最具生命力的艺术形式之一"。② 琴瑟在古代既然如此受到人们的重视，那么，它们的命名理据到底是什么呢？

许慎《说文·琴部》："琴，禁也。神农所作。"许氏以传统声训里叠韵相训的方法，将琴字解释为"禁也"，这种训释来自于秦汉时期琴声可以修身养性的说法，与"琴"得名的实际不相符。东汉蔡邕《琴操》："昔伏羲氏作琴，所以御邪僻，防心淫，以修身理性，反（返）其天真也。"可见当时的确很流行这种说法。然而，在人们日常生活中具有"御邪僻，防心淫"的禁止限制作用的事物，还有诸如下棋养花等。退一步说，就局限在乐器的功用上，古人常说"乐以教和"，可见不是只有"琴"具有"禁也"的功能。班固《白虎通·礼乐》："瑟，嗇也，闲也，所以惩忿窒欲，正人之德也。"瑟既然能够"惩忿窒欲，正人之德"，自

---

① 谷衍奎：《汉字源流字典》，华夏出版社 2003 年版，第 462 页。
② 王继洪：《汉字文化学概论》，学林出版社 2006 年版，第 11 页。

然一样具有禁止、限制的功能和作用，为何"瑟"又不叫做"qín"呢？分析可证，许慎"琴，禁也"的训释不足为据。

事实上，"瑟"是一种需要藏匿在幕后演奏的乐器（详见前面相关的分析），因而包含了"阴性"（在内，看不见）的特征；而"琴"是一种贴近听众（当着听众的面）演奏、声音轻柔的乐器，因而包含了"阳性"（在外，看得见）的特征。正因为如此，古人便常常用"琴瑟"来表现男（阳性）女（阴性）间的情感，成语"琴瑟不调"，就是用来比喻夫妻情感不和的。

第四节　传统汉字结构理论："六书说"、"三书说"

上一节，我们侧重分析了汉字在形体演变方面的一些情况，对汉字形体演变的原因、源流、实质、问题以及文字学家在这一领域研究的概况作了简单介绍。这一节，我们将对研究汉字形体结构的理论，尤其是在汉字学里影响巨大的传统"六书说"，以及20世纪一些文字学家提倡的"三书说"进行一个简要评析。

一　"六书说"理论

（一）"六书说"概述

"六书说"，是古人研究汉字结构规律时总结出来的一套理论。现在一般人较熟悉的所谓"六书"，是东汉著名文字学家许慎（字叔重）在《说文解字·叙》中介绍的六种构字方式，即"指事"、"象形"、"会意"、"形声"、"转注"和"假借"。

"六书"的说法，最早见于《周礼·地官·保氏》，书中记载："一曰五礼，二曰六乐，三曰五射，四曰五驭，五曰六书，六曰九数。"书中虽然介绍了"六书"这一名称，但并没有交代清楚"六书"具体所指的内容。后来，汉代的郑众注《周礼》时，将"六书"定义为："象形、会意、转注、处事、假借、谐声也。"但与郑众同时代的经学家、史学家班固关于"六书"的说法却略有不同，他在《汉书·艺文志》里写道："古者，八岁入小学，故周官保氏掌养国子，教之六书，谓象形、象事、象意、象声、转注、假借，造字之本也。"稍后不久，比他们小二十几岁的许慎，又给"六书"拟定了略有差异的名称，并用实例为证作了简要说明，许氏在《说文解字·叙》中说："周礼八岁入小学，保氏教国子，先以六书。一曰指事，指事者，视而可识，察而见意，上、下是也。二曰象形，象形者，画成其物，随体诘诎（通'屈'），日、月是也。三曰形声，形声者，以事为名，取譬相成，江、河是也。四曰会意，会意者，比类合谊（'义'），以见指才为（'麾'、'挥'），武、信是也。五曰转注，转注者，建类一首，同意相受，考、老是也。六曰假借，假借者，本无其字，依声托事，令、长是也。"因为《说文》对后世的巨大影响，后来的文字学者基本沿承了许氏对"六书"所定的名称。这从清代经学大师戴震（字东原）的看法可以得到证明，戴氏在《六书论·序》说："今考经史所载，汉时之言六书也，说歧而三：一见《周礼》郑司农解，一见班孟坚《艺文志》，其一则叔重《说文解字叙》颇能详言之。班、郑两家虽可以广异闻，而纲领之正，宜从许氏。"

事实上，班固、郑众、许慎三家的说法实同出一源。据唐兰先生考证，其一，班固《汉书·艺文志》是根据西汉刘向之子、古文学创始人刘歆的《七略》编著的；其二，郑众的父亲郑兴是刘歆的弟子；其三，许慎与刘歆也有很深的渊源，许慎的老师是贾逵，而贾逵的父亲贾微同样是刘歆的学生。也就是说，班固、郑众、许慎三家的说法都和刘歆有极大的关系。

为方便辨析，我们将三家所定的"六书"名称以许慎"六书说"的名称顺序列表如下。

表 3—1   许慎、班固、郑众的"六书"

许慎	指事	象形	形声	会意	转注	假借
班固	象事	象形	象声	象意	转注	假借
郑众	处事	象形	谐声	会意	转注	假借

比较上表知道，三家之说法名异而实同。

（二）"六书说"的意义和缺陷

"六书"，是汉代的一些学者通过探究汉字形体结构规律而总结出来的理论，是中国文字发展史上一次划时代的创见。它大体上概括了汉字造字结构的状况，"对文字学的发展是有巨大功绩"①。

关于"六书说"的意义，汉代的班固认为它是"造字之本"，即是古人造字时必须依据的根本法则。时至今日，"六书说"仍然获得了广大专家学者的充分肯定，如宋均芬先生就曾经给予了极高的评价："六书理论是从总体上把握汉字的造字结构，以简驭繁，以便认识和掌握汉字，更好的运用它。后人虽然作了许多尝试，力图更科学地将汉字造字结构分类，但到目前为止，还没有完全超越六书说者。因此，六书说仍是我们分析汉字造字结构的利器。"②

但是，"六书本来只是后人对于文字的性质和结构的一种归纳的解释，并不是造字以前预定的条例"③，班固将"六书"理论看作"造字之本"，班氏的这一认识是不确切的。我们认为，"六书"理论虽然在汉字发展史上作出过很大的贡献，但现在看来，它的束缚力与缺乏操作性也越来越表现出负面的效应，严重阻碍了人们对汉字进行系统科学的深入的研究。20 世纪 40 年代末，著名文字学家唐兰先生在所著《中国文字学》一书中专立"六书说批判"一节，成为文字学研究领域正面、公开系统批判传统"六书"理论的第一人。唐氏在《中国文字学》质疑说："六书说能给我们带来什么？第一，它从来就没有明确的界说，各人有各人的说法。其次，每个文字如用六书来分类，常常不能断定它应属于哪一类。"高明先生认为："一个具有指导意义的理论，首先要正确、简要，便于掌握。"④ 粗略看起来，"六书"理论是简要的，是方便掌握与操作的，因而也似乎是正确的，以至于自东汉以来，众多文字学家将它奉为圭臬。但是，"由于许慎的说明过于简单抽象，致使每个条例之间的界限都不很清楚；而且《说文》本身对某些字体结构的解释，又不完全符合六书实际；因此，自宋代以来，学者们对六书条例的理解，也各抒己见，颇多分歧"⑤。裘锡圭先生对于"六书"理论的缺陷，也已很深刻地意识到了："汉代在文字学发展史上毕竟属于早期阶段，汉代学者对汉字构造的研究不可能十全十美。而且为了要凑'六'这个数，他们在给汉字的构造分

① 裘锡圭：《文字学概要》，商务印书馆 1988 年版，第 98 页。
② 宋均芬：《汉语文字学》，北京大学出版社 2005 年版，第 531 页。
③ 陈梦家：《中国文字学》，中华书局 2006 年版，第 95 页。
④ 高明：《中国古文字学通论》，北京大学出版社 1996 年版，第 45 页。
⑤ 同上书，第 46 页。

类的时候，显然很难完全从实际出发。因此六书说的问题也是相当多的。""但是'六书说'在建立起权威之后，就逐渐变成束缚文字学发展的桎梏了。"① 诚如裘氏所讲，汉代学者的"六书"理论的确存在着凑数的严重问题，对此，赵诚先生对"六书"名称的由来与问题作了非常有理据的探讨，赵氏说："古人尚六，至少从商周以来，一直到汉初均是如此，所以产生了一大批与六有关的分类、制度与术语，包括政治、军事、经济、文化各个方面。"② 接下来，他举了六气、六合、六极、六府、六欲、六德、六乡、六宫、六军、六大（计按：即太字，含大宰、大宗、大史、大祝、大士、大卜等六类）、六典、六经、六义、六律、六亲、六梦、六疾、六谷、六畜、三十六郡（六六）等例子来佐证，通过有理有据的分析之后，赵氏最后结论说："如六经、六谷之说也相当勉强，所以到了后来相继被五经、五谷所代替。把汉字分为六类而创立的六书之说，大概也形成于这一时期。不可避免地会在一定程度上受着当时尚六思潮的影响，为了凑足六类而强分为六类而称之为六书。这就是为什么经过两千年来无数学者的多方研究始终未能把六书完全讲清楚、没有把六书之间的界限划分明确的根本原因。甲骨文老考同字当然无转注也是事实。"③ 赵氏进而将"六书"的缺陷总结为两方面：一是象形、指事、会意三书之间的界限不易区别；二是转注一说，本来就不是关于汉字构造的一种方式④。

　　"六书说"的缺陷是由于时代的局限性造成的。具体地说，是两汉时期的文字学者对于汉字的性质没有一个科学的认识。前面我们已经说过，汉字与拼音文字一样，在本质上是表音的，音与义的结合最为紧密，这符合语言发展的普遍规律。汉字是记录汉语语音的，但它与现在世界其他流通的文字比较而言，汉字又具有以形表意（也可以说以形表义）的独特特征，概括来说，以汉字性质分类的话，汉字本质上是意音文字。然而，由于古人对这一点认识不够，所以才有了所谓"会意"，有了所谓"假借"（即许慎所说"本无其字，依声托事"的同音替代字），有了所谓"转注"的说法。归根结底，"六书"说其实是一种形体结构与用字方法

① 裘锡圭：《文字学概要》，商务印书馆1988年版，第98、103页。
② 赵诚：《甲骨文文字学纲要》，中华书局2005年版，第140页。
③ 同上书，第141页。
④ 同上书，第140—143页。

相混合的学说。

（三）文字学家对"六书说"的研究概述

在唐兰先生以前，几乎所有的文字学家都囿于"六书"理论的樊篱当中。裘锡圭氏指出：特别是"在崇经媚古的封建时代里，研究文字学的人都把六书奉为不可违离的指针。尽管他们对象形、指事等六书的理解往往各不相同，却没有一个人敢跳出六书的圈子去进行研究。好像汉字天生注定非分成象形、指事等六类不可"①。

首先进入这个樊篱之中的是南唐的徐锴（世称小徐，其兄徐铉称大徐）。如他就在所著《说文系传》中阐发"六书三耦说"，徐氏写道："大凡六书之中，象形、指事相类，象形实而指事虚；形声、会意相类，形声实而会意虚；转注则形声之别，然立字始类于形声，而训释之义与假借为对。假借则一字数用，如行（茎）、行（杏）、行（杭）、行（沆）；转注则一义数文，借如老者直训老耳，分注则为耆、为耋（dié）、为耄、为寿焉。凡六书为三耦也。"随后，北宋的郑樵撰《六书略》五卷，首次以六书为纲统编全部汉字，并对六书本身进行了系统全面的探究。他开辟了所谓的"六书学"，是中国文字史上"第一个撇开《说文》系统，专用六书来研究一切文字"（唐兰语）的人，是"许慎以后，唯一值得在文字学史上推举的人"②（唐兰语）。

元代的戴侗撰《六书故》三十三卷，专用六书阐释字义，将对"六书"理论的研究推向了一个高峰。他在书中阐述说："书有六义焉。何谓指事？指事之实以立文，一二上下之类是也。何谓象形？象物之形以立文，日月山水之类是也。书之兴也，始于指事、象形，二者之谓文。事不可悉指也，事不可殚象也，故会意、转注、谐声因文而生焉。何谓会意？合文以见意，两人为从，三人为众，两火为炎，三火为焱，此类是也。何谓转注？因文而转注之，侧山为阜，反人为匕，此类是也。何谓谐声？从一而谐，以白声为百；从晶而谐，以生声为星；从甘而谐，以匕声为旨；从又而谐，以卜声为支，此类是也。三者之谓字。字者，孳也，言文之所生也。文一索而生子，子再索而生孙，至于三索、四索，而书之制作备矣。所谓假借者本无正文，假借以为用，若博之为博奕，尔之为尔汝，辞

---

① 裘锡圭：《文字学概要》，商务印书馆 1988 年版，第 103 页。
② 唐兰：《中国文字学》，上海古籍出版社 1979 年版，第 22 页。

助是也。"

此后，元代杨桓撰《六书统》二十卷、《六书溯源》十二卷，明代赵撝谦撰《六书本义》十二卷，魏校著《六书精蕴》六卷，吴元满著《六书正义》十二卷、《六书总要》五卷，赵宦光著《说文长笺》一百卷，《六书长笺》七卷，都深受戴侗学说的极大影响。

发展到清代，文字学以及"六书"理论的研究更是达到了前所未有的高度。戴震撰《六书论》三卷，戴氏在《自序》中认为："六书也者，文字之纲领，而治经之津涉也。载籍极博，统之不外文字；文字虽广，统之不外六书。"并又在《答江慎修先生论小学书》中提出了"四体二用"之说，戴氏说："大致造字之始，无所凭依。宇宙间事与形两大端而已，指其事之实曰指事，一二上下是也；象其形之大体曰象形，日月水火是也。文字既立，则声寄于字，而字有可调之声；意寄于字，而字有可通之意；是又文字之两大端也。因而博衍之，取乎声谐曰谐声；声不谐而会合其意曰会意。四者，字之体止此矣。由是之于用，数字共一用者，如初、哉、首、基之皆为始，卬、吾、台、予皆为我，其义转相为注曰转注；一字具数用者，依于义以引申，依于声而旁寄，假此以施于彼曰假借。所以用文字者，斯其两大端也。"戴氏明确指出转注、假借为"所以用文字者"，即我们前面讲的用字方法，可谓真知灼见。

江声著《六书说》，对"六书"理论也多有发挥。江氏说："盖六书之中，象形、会意、形声三者是其正，指事、转注、假借三者是其贰……指系统于形，转注统于意，假借统于声。"又说："指事之说曰'视而可识，察而见意'，则指事者指其事也，盖依形而制字为象形，因字而生形为指事。""转注之说曰'同意相受'，则转注者转其意也。盖令两字以成一谊者为会意，取一意以概数字者为转注。即如考、老之字，老属会意也，立老字以为部首，所谓建类一首，考与老同意，故受老字而从老省。考字之外，如耆、耋、寿、耇之类，凡与老同意者，皆从老而属，是取一字之意以概数字，所谓同意相受。由此推之，则《说文解字》一书，凡分五百四十部，其分部即建类也；其始一终亥，五百四十部之首即所谓一首也。下云'凡某之属皆从某'，即同意相受也。此皆转注之说也。""假借之说曰'依声托事'，则假借者循声而借也。盖谐声者定厥所从而后配以声，声在字后者也；假借则取彼成字而即仍其声，声在字先者也。"江氏因为没有见过甲骨文字，所以对有些文字的分析说解存在错误的认识，但其中的一些观点还是可取的。

其余如段玉裁、王筠、朱骏声诸氏，也都囿于"六书"之说，虽多有发明，但大多仍是拘于对"六书"体例的不同理解而已，此不再赘述。

另外，近人章太炎（炳麟）在《说文》研究方面也颇多创获，他是许氏学说在清末民国时期的代表人物之一。章太炎著有《新方言》、《文始》、《小学答问》，上探语源，下明流变，为语言文字学作出了一定贡献。他写了《转注假借字》一文，对"六书"理论中争议颇大的"转注"与"假借"阐发了自己的看法。文中说："余以为转注，悉为造字之则，凡称同训者，在后人亦得名转注，非六书之转注也。同声通用者，在后人虽通号假借，非六书之假借也。夫字者，孳乳而浸多，字之未造，语言先之矣。以文字代语言，各循其声，方语有殊，名义一也。其音若双声相转，叠韵相迤，则为更制的字，此所谓转注也。"

二　"三书说"理论

（一）唐兰"三书说"的提出

20 世纪 30 年代中期，唐兰先生撰写了《古文字学导论》一书。唐兰从长久的古文字研究心得以及古文字形体构造的现实出发，他毅然放弃了传统的"六书"理论，提出了一个关于汉字构造的新的系统——"三书说"。唐兰根据汉字的形体构成不同方式将汉字分为了三大类：一是象形文字；二是象意文字；三是形声文字。十几年后，他又出版了《中国文字学》一书，书中对其首倡的"三书说"进行了较详细的说解。唐兰阐述说："象形文字画出了一个物件，或一些惯用的记号，叫人一见就能认识这是什么。画出一只虎的形象，就是'虎'字，象的形状，就是'象'字……象意文字是图画文字的主要部分……不过象意文字不能一见就明了，而是要人去想的。"经过上述分析之后，唐兰十分自信地予以结论："象形、象意、形声，叫做三书，足以范围一切中国文字，不归于形，必归于意，不归于意，必归于声。形意声是文字的三方面，我们用三书来分类，就不容许再有混淆不清的地方。"①

唐兰"三书说"提出后，也受到了一些语言文字学家的质疑、批评。比如，裘锡圭氏就批评说："他（指唐兰）的三书说却没有多少价值。"

① 唐兰：《中国文字学》，上海古籍出版社 1979 年版，第 75—78 页。

认为唐氏"三书说"存在以下问题:"1. 把三书跟文字的形意声三方面相比附。""2. 没有给非图画文字类型的表意字留下位置。""3. 象形、象意的意义不大。""4. 把假借字排除在汉字基本类型之外。"① 我们认为,汉字都是属于表意字范畴,只不过有的是通过直接描摹出事物本来形体来表意,有的是通过描绘出事件或事物的主要状况来表意,而有的是通过形声相结合的方式来表意而已,另外,假借字从本质上来说是一种用字法,确切说,应该属于汉字的比喻用法。分析可见,裘锡圭对唐兰"三书说"的批判,仍未十分得当。

赵诚先生对唐兰的"三书说"也提出了质疑,他说:"唐兰把汉字的构成分为三类,即象形文字、象意文字、形声文字,这样的划分,严格讲来并不科学。最大的问题有二:一,象形和象意的区分,和六书说中象形、指事、会意的区分一样,其界限不易明确,如甲骨文的允字写作✁,像人鞠躬低头双手向后下垂之形,以表示恭敬、诚信的样子,这个字就是既象形又象意。又如甲骨文的'克'字写作✁,或写作✁。从✁像人微曲身体以手拊膝有所承负之形,从✁或✁像肩上所负之物,会有所负之意。这个字也是即象形又象意。二,前面我们已经充分进行过论证,本无其字的假借是造字之法,而甲骨文数量最多的就是这些假借字。三书说把假借排除在外,显然不合理。"② 我们认为,赵诚氏列举的甲骨文"✁"、"✁"两字,应该是对人的某些特殊行为的描绘,不是对人体本来面貌的直接描摹,应该属于象事字,而不应该划入象形字范畴。如"✁"字,描绘了一侧身站立之人张着大口咳嗽或吐痰的状况,表示将郁结在人体内的痰、气或卡在喉管的鱼刺等物吐出的意思,本来应该是现在所讲的"咳嗽"的"咳"(计按:咳字古只读作 hái,是"孩"的异体字,用来表示小孩子咳咳的笑声)之初文本字。另外,甲骨文中有一字写作"✁"形,金文演变为"✁"、"✁"等形,姚孝遂氏指出:"另一形体作✁或✁,下部所从之✁,乃先书✁,后加✁而成,不得谓为象人躬身拊膝之形,实已经苟简,当为小篆'肩'字之所本,盖为指事字。《说文》以✁为'从肉象形',或体作✁。孔广居《说文疑疑》、徐灏《说文解字注笺》并

---

① 裘锡圭:《文字学概要》,商务印书馆 1988 年版,第 104—106 页。
② 赵诚:《甲骨文字学纲要》,中华书局 2005 年版,第 143 页。

谓'♪'象肩与臂形是也。又谓'ɔ'或'ヨ'象肩上低洼处则误。'ɔ'乃指其肩之所在，犹肘之作'ﻝ'也。卜辞克字作ϟ形看，其下所从之'♪'即肩字之初形，与户（计按：户字小篆写作尸）易混，小篆复从肉，实已演化为形声字。"① 姚氏对甲骨文"ϟ"的形体分析十分正确，但将"ϟ"字当作"克"字，则有不妥。我们的观点是，甲骨文"ϟ"下部所从为"♪"，上部所从为"凵"，于省吾氏释为"甾"，读作"载"②，后姚孝遂氏从之③。两形组合，即动词"肩"字的初文，在甲骨卜辞里表示"肩负"的意思；而甲骨文"ϟ"，下部所从为一侧身站立的人形，上部所从的"凵"，像一物从口中吐出之状，与表示肩负义的"ϟ"，构形原理是完全不同的，"凵"是"克"字的初文，也即是今天"咳嗽"之"咳"的本字。左民安氏曾经指出："《说文》：'克，肩也。象屋下刻木之形。'此说不妥。许慎是就小篆的形体而加以臆测。其实，'克'字的本义应为'胜'。"④ 左氏虽然也不能确解"克"字的形体内涵，但对许氏的批驳无疑是正确的。"克"的本义应该是指将体内的痰、鱼刺等物吐出的行为，"胜"是它的引申义。

（二）陈梦家的"三书说"

正因为上述的一些原因，陈梦家先生在1956年出版的《殷墟卜辞综述》书里，陈氏对唐兰氏的"三书说"最先提出了公开批评。同时推出了新的"三书说"。他将象形、象意合并为象形，并认为假借字必须列为汉字的基本类型之一。基于这种认识，陈氏把古代汉字的构造分为了象形字、形声字、假借字三大类型。

陈氏的这一新的学说，得到大多数文字学家的"基本认同"。赵诚氏说："这样的区分，显然要合理得多，但也某些不足之处。"⑤ 裘锡圭氏说："我们认为陈氏的三书说基本上是合理的，只是象形应该改为表意

① 于省吾主编：《甲骨文字诂林》第一册，中华书局1996年版，第729—730页"姚孝遂按语"。
② 同上书，第703页。
③ 同上书，第706页"姚孝遂按语"。
④ 左民安：《细说汉字——1000个汉字的起源与演变》，九州出版社2005年版，第40—41页。
⑤ 赵诚：《甲骨文字学纲要》，中华书局2005年版，第143页。

（指用意符造字）。这样才能使汉字里所有的表意字在三书说里都有它们的位置。"① 这种学说的不足之处，赵诚先生认为有以下两点：①采用传统术语叫作象形字名实不符，又因为其内容上有所不同，易引起误会；②假借字的叫法，与文字的本质——以音表意相违背，无异于同意古人那不科学的观点而自己在理论上陷入困境②。

其他文字学家的有关观点：

1. 高明先生："总观汉字的形体结构，象形、会意、形声三种方法足以概括。六书中的指事，无非为象形之分支，乃一本小变，无须另立一类；转注、假借都为用字方法。"③

2. 裘锡圭先生："三书说把汉字分成表意字、假借字和形声字三类。表意字使用意符，也可以称为符字。假借字使用音符，也可以称为表音字或音符字。形声字同时使用意符和音符，也可以称为半表意半表音字或意符音符字。这样分类，眉目清楚，合乎逻辑，比六书说要好得多。"④

3. 赵诚先生："从理论和实用两个方面考虑，结合甲骨文字的实际，可以把甲骨文字构成的类型分为三种，即形义字、音义字、形声字。"⑤

4. 黄晋书先生："综观殷甲骨文的组合态势，形体与资质经历着'形象'→'形意'→'形声'这一交替递进的发展进程，也就是由'依物给形'→'合文定声'→'从形依声'这样的'三书'造字所传承拓展的。这也是商周金文、秦汉小篆的发展进程的先兆，此后，汉隶、魏楷绝大多已是形声字；所以说汉字链的古今乃是习俗从众、势所必然的'三书'造字。"⑥

三　我们的观点

文字的形体结构是文字外在的表现形式。汉字与其他仍通行的文字相比较，其独有的特征，就是能够做到通过字的形体来表现出造字者想要表

---

① 裘锡圭：《文字学概要》，商务印书馆 1988 年版，第 106 页。
② 参见赵诚《甲骨文字学纲要》，中华书局 2005 年版，第 143—144 页。
③ 高明：《中国古文字学通论》，北京大学出版社 1996 年版，第 57 页。
④ 裘锡圭：《文字学概要》，商务印书馆 1988 年版，第 107 页。
⑤ 赵诚：《甲骨文字学纲要》，中华书局 2005 年版，第 144 页。
⑥ 黄晋书：《汉字·字原篇》，学林出版社 2006 年版，第 26—27 页。

达的意义，也就是大家常说的"以形表义"。因此，如果要想探讨汉字形体结构的内在规律，我们不仅要看其外部的特征，而且绝对不能抛开它的性质单就其形体去探究汉字结构的内在规律。

前面我们已多次强调过，汉字就性质而言，是属于意音文字这个类型。文字本质上是通过表音来表义的，不同的文字，可以采取不同的形体结构来记录的语言，并表现出这些"音节"所要表达的意义。只不过是，单就文字形体结构而言，有的是通过不能看出任何意义的拼音字母的外在符号形式来实现这一目的，有的是通过能够体会出大体意义的有象形特点的符号形式来实现这一目的。中国的汉字，就属于后一种情况。从这一点来看，任何一个汉字都是可以"会意"的文字。

由此推之，我们就可以排除所谓"会意"、"假借"（即许慎所言："依声托事"的借用字）这两种所谓的造字方法。因为汉字都可会意，所以就不用独列"会意字"类型；因为汉字都是表音表义的，所以，"假借字"（记音字）只能算是一种用字的方法，而不能算作是一种揭示汉字形体构造的类型。

如"我"字，甲骨文写作""形，由""和""组成。""即"戈"字的初文，在构字中表示安装有长柄把的兵器，""表示多个（计按："三"字在古汉语中大多表示多个的意思）齿状的尖锋。两形组合，由此可体会出有多个利齿的长柄兵器之含义。左民安氏认为："现在的'我'字是第一人称代词。可是它的原始义却是一种像锯齿似的锋利兵器，原是一个象形字。甲骨文的上部朝左部分是三锋戈，中间是一条长柄。"[1] 左氏的解释比较接近"我"字形义结合的实际情况，但是不能确知"我"字在古代到底所指何物。林沄先生经过深入的对比研究后，明确指出："就字形而言，字无法认为是取象于刀锯或架锯，而应该是一种刃部有齿的斧钺形器。这只要把甲骨文戍、戚、我三字字形互相对比，便可一目了然。……由此可见，郭沫若说''是'我字之母型'是很正确的，但是不应理解为锯形，而是一种特殊的钺。"[2] 林氏的分析正确地反映了"我"字的形与义，得到了姚孝遂氏的大力肯定，姚氏说："张

① 左民安：《细说汉字——1000个汉字的起源与演变》，九州出版社2005年版，第282页。
② 林沄：《说戚、我》，载《古文字研究》第十七辑，中华书局1989年版。

政烺、林沄相继于‘我’字之本形深入探讨，其说皆是。”① 我们推理，在殷商甲骨文时代，“我”是一种专门用来守卫商王或王后的刃部有齿的斧钺兵器，其一，“钺”本来就是王权的象征，其二，钺的刃部做成锋利的齿状，使仅仅是王权象征物的“钺”又具有了实际的防卫杀伤功能。

“我”在会同话里读为“é”，与“娥”、“俄”、“饿”、“鹅”、“蛾”、“咢”、“鳄”、“颚”、“厄”等字都属于同一音系。《说文》（大徐本）：“我，施身自谓也。或说：我，顷顿也。从戈、从手。手，或说古垂字，一曰古杀字。五可切。”而《说文·人部》的“俄”字为“五何切”，《说文·马部》的“騀”字为“五可切”，可证“我”字在中古时代仍然属于“e”一音系。汉语音本义原理认为，“e”音的音本义要求主要强调“静止的”特点。

如“我”字，最初是指王室卫士手里的齿状斧钺兵器，卫士站岗放哨时，卫士的身体和兵器“我”都静止不动，所以得名为“é”（计按：卫士的姿势很可能叫作“義”，“義”字古音与“我”同）。《说文》：“我，顷顿也。”“顷”即是今天说的倾听的“倾”之本字，表示偏着头想或听的意思，而“顿”是垂头之意，可见许氏所讲的“顷顿也”应该是“顷也、顿也”的省误。在会同话里，偏头不动听（或想）呆了的样子，被称作“è”，如：“他已经听 è 嘎了”；垂头不动默不作声的样子，也被称作“è”，如：“他身体出了么果（什么）问题吧，怎么恁地 è 呢？”在会同，还把呆钝的表现形容为“è sōng（㧐）”，把龟缩在家较长时间不外出称作“è 在屋里”。这些会同话中的“è”，实际就是“我”字的重读，正属于“我”的比喻用法，这个意义的“我”，后来又写为了“俄”，《说文·人部》：“俄，顷也。从人，我声。”许氏所释可证，在“顷”这个意义上，“我”与“俄”音义相同。正因为如此，人们又常常通过比喻的手法，用“顷刻”（偏头的时间）、“顿时”（低头的时间）、“俄尔”（偏头的时间）来形容时间的短暂，这与今天大家习惯讲的“瞬间”（转眼间）、“眨眼间”、“弹指间”、“挥手间”等形容时间短暂的语词同属此理。

又如“娥”字，甲骨文写作“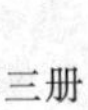”、“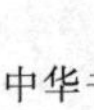”等形，字从“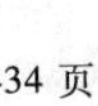”（我）、

① 参见于省吾主编《甲骨文字诂林》第三册，中华书局 1996 年版，第 2434 页“姚孝遂按语”。

从""（女）构造，属于形声兼象事结构的字，表示有兵器"我"守护着的女子或文静不好动的女人。姚孝遂氏指出："娥为卜辞祭祀之对象……是'娥'具有极大之权威。"① 姚氏的分析可证我们的推理不是臆测之词。西汉扬雄《方言》第一："秦晋间凡好而轻者谓之娥。"《方言》第二又说："秦晋间美貌谓之娥。"华学诚先生汇证："《列子·杨朱篇》：'乡有处子之娥姣者。'重言之曰'娥娥'。"② 古语说："静若处子。"处子的最显著特征就是文静不好动，"娥"的音义恰好与安静处子的特征相吻合。杨树达氏说："女之美好者谓之娥。"③ 所释仍不能完全切合"娥"的真正内涵。

又如"蛾"字，《尔雅》："蛾罗，蚕蛾也。"杨树达氏说："蚕化飞虫谓之蛾。"④ 笔者在小学、初中阶段曾经多次喂养家蚕，对家蚕蛾的特性比较了解。家蚕蛾全身覆盖着一层黄白色的毛，有两对小小的翅膀，但不能飞行，口器也严重退化，不能进食。而野生的蚕蛾白天则静止不动，"一般在夜间飞行⑤"。正因为人们常见的蚕蛾大多是定止不动的状态，所以得名为"é"。

图 3—17　鸟媒

又如"囮"字，甲骨文写作""形，刘兴隆氏说："象隹在口中，隹为禽类泛形、泛称。……即囮字初文。"⑥ 许慎《说文·口部》："囮，译也。从口、化。率鸟者系生鸟以来之，名曰囮，

---

① 参见于省吾主编《甲骨文字诂林》第三册，中华书局 1996 年版，第 2435 页姚孝遂按语。

② 华学诚：《扬雄〈方言〉校释汇证》（上册），中华书局 2006 年版，第 13 页。

③ 杨树达：《积微居小学述林全篇》（下册），上海古籍出版社 2007 年版，第 515 页。

④ 同上书，第 512 页。

⑤ 冯德培、谈家桢、王鸣岐主编：《简明生物学词典》，上海辞书出版社 1983 年版，第 1500 页。

⑥ 刘兴隆：《新编甲骨文字典》（增订版），国际文化出版公司 2005 年版，第 369 页。

读为讹。"通俗地说，"罿"即是今天大家所熟悉的鸟媒（见图3—17），也就是系在罗网里引诱别的雄鸟进入网中的起媒介作用的鸟。捕鸟者预先将驯化好了的雄鸟（计按：因为雄鸟好鸣好斗）系在罗网中，使它大体处于一种不能随意移动的定止状态，因此，人们也便将它称为了"è"。

再如"讹"，繁体写作"譌"，形体的意思是"人为的语言"，人为的东西都不是自然的本真的，所以，"譌"被用来指不本真的语言（也就是欺骗性的语言）。《说文·言部》："譌，譌言也。"许氏所释正是这个意思。但是，从语言发生学的角度来看，我们认为"讹"源自"罿"，与"吪"应该属于一字异体现象（计按：古文字中，从"言"与从"口"功能相近，大多可以互换），而"吪"极有可能是由"罿"字中的"口"与"化"位置变化而得来的新字。在会同话中，"讹"的意思是指用欺骗性的语言引诱他人上当，而这正好是"罿"的动词用法，如："这几日他们几个都到讹我竭赌博。"

再如"鳄"字，字从"鱼"、从"咢"构作。从"鱼"，字义和鱼有关；从"咢"得声，字义与大口、静止等特点相关。鳄字《说文》写作"𧍛"，字从"虫"构作，《说文·虫部》："𧍛，似蜥蜴，长一丈，水潜，吞人即浮，出日南。"鳄鱼最善于长时间静静地潜伏定止在水中，与"è"的音本义要求正好切合，因而得名为"è"。李海霞先生说："鳄：犹咢、谔、锷，言辞尖锐或剑的前端。鳄鱼尖嘴尖牙，一口可以咬断人腿。"[1]谷衍奎先生指出："（咢）是'噩'的简体，俗作咢，侧重表示惊愕。""《说文·吅部》：'咢，譁讼也。从吅，屰声。'析形不确，所释为引申义。本义当为众口喧哭。"[2]根据汉字构形学规律以及"咢"字在会同话中运用情况，我们认为，"咢"是因惊恐而吓得张着大口呆呆的样子，李海霞先生的说解不确切。鳄鱼因为有一张巨大的口，而且常常处于静止潜伏的状态，所以后世便以"鱼"、"咢"相组合重新构造出了一个"鳄"字。

再如"鹗"字，字从"咢"从"鸟"构作（计按：《说文》写作"𪆂"，释为"鸷鸟"）。从"鸟"，字义与鸟相关；从"咢"得声，字义与大口、静止等"è"音节所要求的特点有关。鹗即俗语讲的鱼鹰，会同

---

① 李海霞：《汉语动物命名考释》，巴蜀书社2005年版，第330页。
② 谷衍奎：《汉字源流字典》，华夏出版社2003年版，第456页。

话也称作"鹗鹰"。李时珍《本草纲目·禽部》："鹗，（又名）鱼鹰、雕鸡、睢鸠、王睢、沸波、下窟乌。时珍曰：鹗状可愕，故谓之鹗。其视睢健，故谓之睢。能入穴取食，故谓之下窟乌。翱翔水上，扇鱼令出，故曰沸波。……鹗，雕类也，似鹰而土黄色，深目，好峙。"[1] 李时珍氏不懂汉语音义同源规律，认为"鹗"的得名是由于它的状貌令人惊愕，纯属臆测之辞。事实上，"鹗"的得名，是由于它"好峙"的生活习性。《龙龛手鉴·山部》："峙，住也。"《后汉书·郑太传》："若恃众怙（hù）力，将各棋峙。"李贤注："峙，止也。"顾野王《玉篇·山部》："峙，峻峙。"峻峙，即是高高地站立不动的意思，顾氏的说解十分正确。《汉语大字典》："峙，屹立；耸立。住；停止。"由于鹗经常是高高站立在水域旁边的枯树或电线杆顶端窥伺鱼的活动（见图 3—18），因此，在人们的心目中，鹗的生活习性就凸显出了长时间处于静止状态的特点，古人于是将它命名为"é"。另外，鹗的嘴弯曲有力，形状又大，所以造字者便用"咢"字来进行构造，"咢"不仅能够凸显其大大的嘴巴，又能赋予它"静止"的音本义，这与"鳄"的构造原理如出一辙。

图 3—18　鸟鹗

　　通过以上分析可知，"我"最初是指静止站立的王室卫士手里的齿状斧钺，会同话里读作"é"，正符合上古汉语音义同源的规律。那么，"我"字后来为什么又被借去表示第一人称呢？我们推测，这应该是

---

① 转引自李海霞《汉语动物命名考释》，巴蜀书社 2005 年版，第 220—221 页。

"颚"字同音通假的结果。因为，当人用手指着自己的"颚"说"我"，或用手指着自己的"眼"说"俺"（计按："眼"在会同话中读音与"俺"同），正好与用手指着 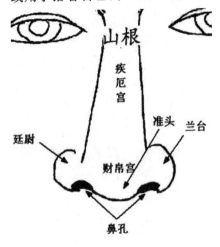（自，鼻子的形状，见图3—19）说"zi（自）"是一样的原理。

图3—19 鼻子的形状

蒋善国先生曾说："例如'我'字是一种兵器，原象一种兵器，但究竟是什么兵器，人们早已不知道了，只用它代表第一身的代名词。因此，汉字的'后起义'，即假借、引申义等，是有现实意义的，是重要的，也就是说造字的本义，不如用字的假借、引申义等的意义有实用价值。"①我们认为，从结构类型来看，"我"是象形结构的字，后来用"我"来表示第一人称，应纳入用字法的假借范畴去考虑。赵诚先生即认为"𢦏（我）"属于"本无其字的假借"②。"我"是一种齿状的斧钺，"颚"是"颌"的俗称，包含上颚与下颚，"颚"字异体写作"齶"，从"齿"、从"咢"构作，即是指长着牙齿的颚骨，可见两者在形状方面是有相似性的。但是，如果没有弄清楚"我"和"颚"的造字本义，我们就不可能体会得到两字所指对象的形象相似性以及内在的音义联系，这样一来，对古汉语里的"同音通假"现象也就不可能有深入的认识。

这里还需要补充说明一点，以前的文字学家大多认为字的假借用法只是纯粹的"借音"或"借声"，所借字与假借意义没有内在的联系，就好比我们现在常说的"拉郎配"。如戴侗就在《六书古文》里明确表示："所谓假借者，义无所因，特借其声，然后谓之假借。"裘锡圭氏甚至认为："'我'字在较早的古文里写作𢦏，象一种锯或刃形近锯的武器。它本来所表示的词，一定就是这种锯或武器的名称。由于第一人称代词（我）跟那个词同音或音近，古人就假借'我'字来记录它。可是在相当

---

① 蒋善国：《汉字学》，上海教育出版社1987年版，第96页。
② 参见赵诚《甲骨文字学纲要》，中华书局2005年版，第111页。

早的时候，'我'字本来所代表的词就已经废弃不用了。因此作为你我之'我'所用的字符来看，'我'已经丧失表音作用，变成了一个硬性规定的记号，作为一个文字来看，你我之'我'已经从假借字变成了记号字。"① 如果一定要说两者之间有着有机的联系，但"被借字跟借它来表示的词在意义上有联系的现象，应该有很多是无意中造成的"②。裘氏没有理解"我"字被用于第一人称的奥秘，分析自然不太切合汉语的实际。而高明先生关于假借字的认识则比较趋于理性，他说："由于人类社会不断发展，语言词汇也必然随着社会发展而日益丰富，如果仅仅依靠象形、会意两种表意字体，难以适应汉语发展的要求，因而不得不采用变通办法，利用现有同音字代替使用，这就是许慎所说'本无其字，依声托事'。'假借'虽属'六书'之一，亦和'转注'一样，并非为造字之法，而是用字的方法。早在商代的甲骨文中，假借字既已普遍使用，如前文所讲，东南西北及二十二个干支字等，都是经常见的假借字。……从整个词义来讲，可以表达一完整概念，但字与字只是作为音节使用，需用字和假借字之间必须读音相同，彼此的意义可以无任何关系。"③ 高氏的阐述虽然有较多的闪光之处，但我们并不赞同他所讲的"彼此的意义可以无任何关系"这一观点。从前面对"我"字本义、假借义的分析可知，古人在运用字的假借用法时，是一定会遵循汉语音义同源规律并考虑它们之间的内在的有机联系的。

　　现在，让我们再回到"六书"说、"三书"说等有关汉字结构理论的讨论上来。我们认为，根据中国早期汉字（甲骨文、金文）的实际情况，将汉字的结构类型划分为"象形字"、"象事字"、"形声字"三种，应该更具实际的操作性。传统文字学中所讲的"转注"、"假借"，都不是造字方法，而应归入用字法范畴。

　　我们所谓之"象形字"，是指早期汉字中直接描绘一个事物外部形状或显著特征的文字，它描绘的对象大多是动物、植物以及自然界、人体中存在的其他具象的事物，如"木"、"日"、"水"、"手"、"目"、"山"、"臼"。我们所谓之"象事字"，是指描绘事物的某一局部、某一个动作或其

---

① 裘锡圭：《文字学概要》，商务印书馆 1988 年版，第 15 页。
② 同上书，第 190 页。
③ 高明：《中国古文字学通论》，北京大学出版社 1996 年版，第 56 页。

他现象的文字，如"恋（春）"、"多"（授、受）、"上（上）"、"一（下）"、"栏"（楷）、"亡（亡）"、"鄉（鄉）"、"监（监）"、"盥（盥）"、"雨（雨）"，等等。而"形声字"大家都很熟悉，不再举例赘述。

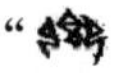

为更方便理解，我们将上述内容画了一个简单的示意图：

$$
汉字采取的构形手段 \begin{cases} 象事 \\ 象形 \\ 形声 \end{cases} 目的——记音会意
$$

图 3—20   汉字构形的手段、目的

第五节   字原与原生字、派生字

一   字原的定义

从汉代以来，对于汉字形体的研究，前贤大多注重于形体结构构成的方式和规律等方面，但到了 20 世纪中叶，一些文字学家开始对独体象形字、合体象事字在构字中的属性、意义及类别等内容表现出了极大的探索兴趣。

关于这些汉字在构字中的名称问题，文字学家意见分歧较大，还没完全达成统一的认识。如裘锡圭、赵诚、宋均芬、洪成玉几位先生就将其称为"字符"[1]，高明、黄德宽、陈秉新、黄晋书、李敏生等先生就将其称为"字原"（或"字源"）[2]，王宁、刘钊先生将其称为"构件"[3]，苏新春、李程等先生则将其称为"字根"[4]；章太炎《文始》则将其称为"语根"。

我们认为，上述专家、学者对汉字结构中这些"零部件"的叫法虽然名称各异、定义有别，但所指大体上为一事。"字符"也罢，"字根"

---

[1] 参见裘锡圭《文字学概要》，赵诚《甲骨文字学纲要》，宋均芬《汉语文字学》，洪承玉《古今字》。

[2] 参见高明《中国古文字学通论》，黄德宽《汉语文字学史》，黄晋书《汉字·字原篇》，李敏生《汉语哲学初探》。

[3] 参见王宁《汉字构形学讲座》，刘钊《古文字构形学》。

[4] 参见苏新春《汉字文化引论》，李程《汉字字源与字根》。

也罢，其实质仍是指构成汉字的具有约定性的表意表音的最小形体单位。

　　裘锡圭先生指出，作为记录语言的符号——文字，跟文字本身所使用的符号是不同层次的东西，并阐述说："各种字符，大体上可以归纳成三大类，即意符、音符和记号。跟文字所代表的词在意义上有联系的字符是意符，在语音上有联系的是音符，在语音和意义上都没有联系的是记号。"① 赵诚先生则将字符分为形符与声符两大类。其中形符包含了象形性形符、示意性形符、类别性形符、关系性形符、文饰性形符五种类别；而声符是特指在形声字、假借字里提出语音、记录语音的形符②。高明先生则认为："所谓'字原'是指构成汉字形体最基本的偏旁，主要是一些独体象形字和少数复体会意字。"③ 黄晋书先生继承和发展了郑樵、戴侗文字有子、母的理论，将字原分为母系字原与子系字原，并在《卷首语》介绍说："《汉字·字原篇》这部字原学尝试之作，借鉴训诂学和语音学的丰硕成果，综合多学科之见，摆脱陈见窠臼，擘肌分理，纳流以讨源，终于寻获母系类别义涵字原 200 字，子系形意声韵字原 960 字，各是古老独特的两大文字基因，这才导致表意汉字转化为形声表述；这两类 1160 个母体字足以周延组合古今汉字，乃至任由后世借助母系类别形符和子系形意声符，多态势交替组合生息不已的汉字。这就破解了困扰古今的字原之谜。"④ 这里需要指出的是，文字学家们所讲的"字原（源）"，与传统语言学所谓的"字源"是有着质的区别的。著名语言学家陆宗达氏和王宁氏，即将"字源"当作"词源"的异名，认为"同源字是同源词的表现形式"，"同源字之间的本质联系是音近义通"⑤。

　　苏新春先生检讨了"字根"、"字原"的定义与研究概况。关于汉字"字根"的定义，过去有两种观点，一种认为《说文解字》中的 540 个部首字为"字根"、"字原"；一种认为汉字中所有的"象形字"即是所谓的"字根"。苏氏则以为："从狭义来说，汉字的'字根'就是指象形字，从广义说则是指《说文》的 540 个部首字。前者是从汉字的产生过程来说的，后者则是着重在汉字的组合能力。"接着又给出结论：汉字字根的

---

①　裘锡圭：《文字学概要》，商务印书馆 1988 年版，第 10—11 页。

②　参见赵诚《甲骨文字学纲要》，中华书局 2005 年版，第 157—187 页。

③　高明：《古文字的形旁及其形体演变》，载《古文字研究》第四辑，中华书局 1980 年版。

④　黄晋书：《汉字·字原篇》，学林出版社 2006 年版。

⑤　陆宗达、王宁：《浅谈传统字源学》，载《中国语文》1984 年第 5 期。

最主要特征就是它的象形性。在取物为象上具有两个明显特点：一是"近取诸身，远取诸物"；一是取其特征，以象征性手法反映所要表达的客观事物最主要的形象特征①。

仔细分析上举几种主流的观点可知，文字学家对"字原（源）"的定义是不太统一的。裘锡圭、赵诚侧重于每个汉字的最小组成部件及其性质，黄晋书先生继承了前人的研究成果，着眼于汉字形声字众多这一实际情况，依据字原在构字时所起的不同作用与功能而将其一分为二，分为了母系字原与子系字原，很有现实的操作意义与价值。苏新春先生则着眼于《说文》中的 540 个部首及所有象形字，侧重从文字发生学的角度去考察字原，可备一说，但对系统地研究与学习汉字，没有太大的现实意义。

就拿"牸"字来说，裘锡圭氏、赵诚氏将"牛"字视为形符，"字"字视为声符；黄晋书先生则将"牛"视为母系字原，"字"视为子系字原（字由"子"衍生而来）；而苏新春先生则仅仅将"牛"视为"字原"、"字根"。这就是三家分歧之所在。那么，三家中哪一种观点最有现实的意义和价值呢？让我们先分析一下"牸"字再来下结论。

"牸"，《辞海》（1990 年版）解释说："zì，牝，本指母牛，也泛指雌的牲畜。"从造字方法而言，"牸"字是后起的形声字。对于"牸"字中"牛"这一构字部件，一家定为"形符"，一家定为"母系字原"，一家定为"字根"，三家都给予了同样的重视。而对于所从的"字"这一结构部件，裘、赵二氏视为声符，黄晋书先生视为"子系字原"，苏新春先生的"字根"说则对此置之不理。其实，"牸"字所从的"字"既提示了此字的读音，又限定了"牸"的意义，才是这个字的最关键之所在，因此，只有正确理解了"字"字的形音义，才能正确地理解"牸"字所要表达的意义。《辞海》"字"下解释说："zì，①文字；②用文字写成的凭据、字条或短柬；③字音；④表字；⑤取表字；⑥怀孕；⑦养育；⑧爱；⑨'计算机字'的简称。"《辞海》所释虽然不误，但本末倒置，割裂了汉字的形体与意义之间、本义与比喻义、假借义、引申义之间的内在联系，从而使汉字字义的延伸、发展轨迹变得无章可循。这样的做法是极为不妥的。

那么，"字"的形体该如何去分析呢？它最初的本义又是什么呢？

---

① 参见苏新春主编《汉字文化引论》，广西教育出版社 1996 年版，第 129—133 页。

"字"的金文形体写作""、""、""等，由"宀"与"子"两部分组成，属于形声兼象事结构的字。"宀"像房屋之形，"子"为襁褓中的婴儿之状貌，屋中有婴儿，由此可以体会出"育婴室"之意，继而引申出"哺育"、"生育"的意义。许慎《说文·子部》"字"下："字，乳也。从子在宀下；子亦声。""乳"即是用乳汁哺育婴儿，许氏所释为引申义，不是本义。今人顾建平《汉字图解字典》："字，会意字。从宀（房子），从子（婴儿），子（zǐ）兼表声，表示在屋内生孩子。本义是生子。假借指文字。"顾建平先生的分析基本承沿了许慎的观点，不十分确切。

图 3—21　襁褓中的婴儿

　　在会同方言中，凡是念"zi"音的字，基本都与"短的"、"淡黑的（暗的）"之特点有关。如"子"、"自"、"渍"、"滓"、"缁"、"訾"、"咨"等即属于这种情况。"子"字甲骨文写作"𡿨"、"𡨄"、"𡑷"等形，重点描摹了头、双手和被襁褓包裹成"丨"状的身体（见图 3—21），襁褓中的婴儿身材短小、皮肤大多透着灰黑色（浅紫色），所以得名为"zǐ"。"自"字甲骨文写作"𦣻"、"𦣠"等形，像牛、狗等动物的鼻子之形，而这些动物的鼻子大多是又短又黑的，所以得名为"zì"。甲骨文"𤢪"就从"自"、从"犬"构作，隶定楷化为"臭"，是"嗅"字的初文、本字，可见"自"（鼻子）大多与牛、狗的关系较为密切。"自"字又可以引申出"开始于……"的意义，如"自一九六八年算起"中的"自"字就包含了这一引申义。"自"字为什么能够引申出这样的意义呢？因为狗、牛等动物出生的时候，一般都是鼻子在最前面露出于母体之外，而人出生则是"元"（圆圆的头）最先露出，所以"自"（鼻）、"元"都可以引申出"开始的"、"最先的"意义。另外，"渍"是指将水和需要浸泡的东西倒入一个封闭空间（暗处），进行短期腌渍的行为（计按：长时间腌渍则叫作沤）；"滓"是指沉淀在水底的短小灰黑色物体；"缁"是指短时间中就可以浸染而成的黑色布；"菑"是指刚刚用火烧去草的新田，这种新田覆盖着一层黑色的草灰，又只通过短期的整治，正好符合"zi"的音本义要求；"髭"是男人上嘴唇又短又黑的胡须；"訾"是指暗地里在背后说人的闲言碎语；"咨"是指暗中向别人进行短时间的询问请教等。从以上分析可以推论，"字"应该就是我们会同话里所讲的"暗房"——女人坐月子的卧室，因为在这一个月里（短期）此房基本处于封闭不见光的状态，所以得名为"字"。继而又可以引申出"哺育"的意义。

"牸"是指有哺育功能的母牛，裘锡圭氏、赵诚氏虽然将"牸"所从的"字"视为音符，但他们不去仔细审察"字"字的形义关系以及形声字构造的原理，因此对正确理解"牸"字的音形义结合的原理没什么大的帮助。黄晋书先生虽不了解汉语音本义原理，但他将"字"看作是"子"衍生出来的子系字原，所以能够从形体上探求到"字"字一定与婴儿有内在的关联，从而可以达到正确理解"牸"字的目的。通过分析可知，源自郑樵、戴侗的"母系、子系字原"学说，比较具有现实的操作价值，也比较切合汉字形体组合的实际情况。

概而言之，我们比较赞同黄晋书先生的观点。我们认为，字原也可以叫做"原生字"，即包含了所有的独体象形字和由两个以上独体象形字组成的象事字。换言之，"字原"是指包含了所有具有挈乳功能的象形字、象事字在内的"原生字"；而形声字是属于由母系字原（也可叫一级字原）和子系字原（也可叫二级字原）化育而出的"挈乳字"，或者说是"派生字"。其中，独体象形字属于母系字原，合体象事字属于子系字原。

如"安"字，其中的"宀"与"女"属于母系字原。但由"安"字又可挈乳出"按"、"鞍"、"案"、"氨"等形声字，由此也可以推知，由"宀"与"女"组合而成的象事字"安"属于子系字原。

二　字原学研究简史

关于汉字"字原"的探索研究，由来已久。许慎《说文解字》，即可视为字原学研究之发轫。许氏在《说文·叙》中说："仓颉之初作书，盖依类象形，故谓之文，其后形声相益，即谓之字。字者，言孳乳而浸多也。"此即是说"文"是"字"的源，其实也就是郑樵、戴侗、黄晋书所说的"母系字原"。"其建首也，立一为端，方以类聚，物以群分。同条牵属，共理相绩。杂而不越，据形系联。引而申之，以究万原。"此即说"部首"在字体结构中能够起到类别性的作用。

到了唐代，一些文字学者开始根据《说文》部首来研究汉字字原，正式开启了"字原"的研究。如李腾著《说文字原》一卷，今已佚失。林罕撰有《字原偏旁小说》三卷，自序云："篆文取李阳冰，隶书取开元文字，于偏旁五百四十一字，随字训释，使学者简而易从。"而后世学者认为，该书"撷取《说文》部首，随文训释，所收或有讹误，或有增删。虽名字原，其实算不得字原研究。"① 高明先生更是直截了当地评价这本书说："此书缺点甚多。"②

南宋时期，郑樵另辟蹊径，突破了过去就《说文》部首研究字原的陈旧框框，著《六书略》一书，首倡文字"子母论"，从多层次去考察汉字结构的内在规律。郑氏说："臣旧作《象类书》，总三百三十母，为形之主；八百七十子，为声之主。合千二百文，而成无穷之字。许氏作《说文》，定五百四十类为字之母。然母能生而子不能生。今《说文》误以子为母者二百十类。"后来元代程端礼《程氏家塾读书分年日程》卷三对此也进行了记述，程氏说："夹漈（计按，郑樵居夹漈山，人称夹漈先生）作《象类书》，总三百三十母，为形之主，八百七十子，为声之主。合千二百文，而成无穷之字。故去许氏二百十，而取其三百三十也。"郑氏"文字子母论"较前人确有很大的进步，虽个别地方略显含混，自相矛盾，但瑕不掩瑜，研究的方向及理论的框架是比较正确的。

元代戴侗《六书故》又在郑樵《六书略》的基础上更进了一步。"他按照文字形体来源，分部479，而别为9类，以234部为母，以245部为字，较郑樵更为精密。"③

清代学者研究字原者甚众，其中直接研究偏旁部首的学者以蒋和、王筠、吴玉等氏为主要代表。蒋和著有《说文字原集注》、《说文字源表》及《表说》，蒋氏书"分天地人，以一为天，从一所生之部首类之；以二为地，从二所生之部首类之；从人所生之部首，隶于人；天干地支字不属

① 黄德宽、陈秉新：《汉语文学学史》，安徽教育出版社1990年版，第159页。
② 高明：《中国古文字学通论》，北京大学出版社1996年版，第11页。
③ 黄德宽、陈秉新：《汉语文字学史》，安徽教育出版社1990年版，第160页。

于天、地、人，则别为类聚。"著名学者王筠对其评价颇高，将《说文字原表》略作校正，附录于他的名著《说文句读》之后。王氏在后记中评价说："右蒋仲和所为表，诸家说部首者，皆不及也。间有未惬意者，更易之。其所为说，多不本于许君，余亦间用之。其可通以许说者，不复用也。又改之以谱牒世系之法，使人易于寻求。"另外，吴玉搢之《六书叙考》也在《说文》偏旁部首的功能作用方面做了一些有益的探索。蒋、王、吴三家的著述，主要是把《说文》部首与汉字字原混为一谈，但是《说文》的部首是经秦朝李斯等人整理过的秦篆，这些部首既非全为独体之文，亦非独体字的全部，更非独体初文，而且同早期字体（甲骨文、金文时期的形体）已有很大距离。因而他们的研究"虽较前人有所进步，但终无甚大成就"，并最终"趋向了失败"①。

近代以来，汉字字原学的研究进入了一个较为矛盾的时期。

首先是章太炎先生。他于 1913 年撰《文始》，以小篆 510 个"初文"为语根，分列 475 条。凡是音同义近之字，称之为孳乳，共得 5000 余字。章氏试图通过"初文"与"孳乳字"之间形成的谱系，总结出文字繁衍的内在规律，从而探求语源，归纳出同源词的谱系。但由于章氏对于"语源"与"字原"的认识存在着较大的模糊性，因而不能很好地总结出文字繁衍的内在规律。也许正由于这一原因，章氏的《文始》问世以后便经常受到文字学家的批驳。杨树达氏就曾批评说："余意吾人欲明文字之语源，必先取前人成说之可信者汇集之，其有不足，则精思以补其缺，庶得为之，不当强相牵附，如章君《文始》之所为也。"②

后来沈兼士氏对此进行了比章太炎更加有益的探索。"沈兼士首先提出'字族'这个概念。1934 年他在北大讲'文字学概论'课，提出两个新概念，一个是'文字画'，他认为文字是从'文字画'演变而来的；一个是'字族'，认为汉字因孳生变化而形成一个一个的'族'。沈先生研究字族，首先从研究某个字的字形、字义开始，然后从文字的孳生变化中探讨这一字族的孳生字。……令人读后，对这一字族的每一个都能清晰地了解其来源和字义、字形、字音变化的线索。"③陈寅恪先生因此赞誉沈

① 高明：《中国古文字学通论》，北京大学出版社 1996 年版，第 11 页。
② 杨树达：《积微居小学述林全编》（上册），上海古籍出版社 2007 年版，第 21—22 页。
③ 刘又辛：《刘又辛语言学论文集》，商务印书馆 2005 年版，第 265—266 页。

氏"凡解释一字即是作一部文化史"①。

　　继而是王力先生。1978 年，王氏在《中国语文》第 1 期上发表《同源字论》一文，后又于 1982 年出版发行《同源字典》。这部字典按古韵分别 29 部，每一韵部取"同源字"两两比对，交叉互释，共收入所谓"同源字"约 3500 来字。但对其源流的判断，王氏在自序中坦诚地说："同源字的研究，其实就是语源的研究。这部书之所以不叫《语源字典》，而叫做《同源字典》，只是因为有时候某两个字，哪个是源，哪个是流，很难断定。例如'麸''膚（肤）'二字同源，'麸'是麦皮，'膚'是人的皮肤，二字同源，到底先有麦皮的'麸'，后有皮肤的'膚'呢，还是相反，很难断定。依文字出现的先后，似应先有'膚'，后有'麸'；但上古书籍有限，也许有了'麸'字，没写在书上，又也许最初有'麸'这个词，只是没为麦皮造字，我们不能由此引出结论，以为先有'膚'，后有'麸'。但是在多数情况下，源流还是可以断定的。例如'背''北'二字同源，一定是先有'背'，后有'北'，因为人类自从有了语言，就会指称背脊，至于辨认方向，则是有了文化以后的事了。（有人认为，篆文ⱷ，就是指二人相背）所以我说，同源字的研究，其实就是语源的研究。"② 从王氏的论述可以看出，王氏对语源、字原的认识也是相当模糊的。我们认为，语源与字原是汉语文字学的两个不同的系统，语源的侧重点是"口语"，是"声音"，属于语言学研究的范畴；而字原的侧重点是"形体"，研究的是汉字形义结合、形体组合的内在规律，属于文字学研究的范畴。由此可以窥知，王氏所谓的"语源"研究，其实是将"语源"与"字原"混为一谈的研究。根据我们的理论体系去判断，"麸"与"肤"是属于"音本义"讨论的范畴，是语源相同的字，不存在谁先谁后的问题；而"北"与"背"既有"语源"的关系，但更多的是属于"字原"与"孳乳字"（或称"派生字"）的关系。其实，"北"在甲骨文里写作"ⱷ"，取两人背对之状，是"背"字的初文、本字，后因"北"用来借指房屋背对的方向——北方（计按：中国的住房建筑一般是坐北朝南），故又造出形声字"背"。"背"字小篆写作"ⱷ"形，下部所从的"ⱷ"即现今之"肉"字，两形组合，即是通过形声的结构

　　① 《沈兼士学术论文集》，中华书局 1986 年版，第 202 页。
　　② 王力：《同源字典·序》，商务印书馆 1982 年版。

来表意，"脊背"之含义似乎比它的初文"北"更加明显了。通俗地说，"㇏"与"膚"是"语源"相同的字，但不是"字原"与"孳乳字"的关系，也不是拥有共同"字原"的关系；而"北"与"背"是有着相同"语源"，也有着"字原"与"孳乳字"的关系。据此看来，王氏花费整整四年时间，三易其稿的所谓《同源字典》，是一部一会儿以"语源"为标准，一会儿又以"字原"为标准去探究汉语语源的研究著作。

时至今日，北师大的王宁先生、复旦大学的刘钊先生、香港的安子介先生、肇庆学院的黄晋书先生等名家大儒，在汉字形体学、汉字字原学的研究中取得了可喜的成果。形体的研究包含着字原的探索，字原的研究又进一步深化了汉字形体结构内在规律的探索。

三　原生字与派生字

"原生字"之说似乎未见于过去的语言文字学著作。我们所谓的"原生字"是指不属于形声字范畴的所有的象形字、象事字，实际上就包含了汉语文字学概念中具有孳乳作用的"字原"。从文字发生学的角度考虑，称之"原生字"较妥当；从文字形体学的角度考虑，称之为"字原"又好像更为确切。但是，其中似乎仍存在着可探讨的空间，从狭义上来说，"字原"仅仅指汉文字当中具有孳乳（再生）作用的原生字，但据常见的资料分析，并不是所有的原生字都具有孳乳的功能；而从广义上来看，似乎所有的原生字又都可视为字原，历史上汉字的字量曾高达 5.56 万个字以上，从形声字占绝大多数这一角度去考虑，很可能所有的原生字都产生过"派生字"（孳乳字）。

如黄晋书先生《汉字·字原篇》一书就举过这样的例子：

且说常用的"送"字，见于金文。《说文》："送，遣也。从辵，𦍒省。"徐锴系传："𦍒，即送也。"此字形源未详，若是仅以单字看待，唯有从辵（辶）这一类别字原归属；可是，有没有从送的同源字呢？引二则相关的注释——

《汉语大字典·辵部》："送 sòng①遣去；送亲。②陪送；送行……"

《汉语大字典·食部》："餸 sòng 方言，主食以外的菜肴。"

粤语方言确有"买餸"一语，意为买菜。可见，"餸"，从食物类属形旁、又依送声，且取陪送之义，意指陪伴主食的菜肴。这可是从食、送声的形声字。

"送"，显然具备形意、声韵的组合潜能，也已组合这一字原脉络——送 sòng、餸 sòng（甲）。

可以确认，"送"是子系字原，"餸"则是出自这一形意、声韵的同源字。不然的话，错代了"送"字，那么，"餸"的形意、声韵从何而来？又如何归属？

这又可见，任一字原母体的寻获，唯有从整体汉字着眼，依凭义书的训诂学成就，始可厘清每一字原脉络，否则，一字之误，牵一发而动全身，就理不清脉络交织的谱系汉字，难免误判万千汉字纷繁"无序"了[①]。

据上引资料知，为了稳妥起见，所以说，把所有的"原生字"都看作具有孳乳再生功能的"字原"较为得当。从现有的实际情况来看，"字原"与"原生字"重合的成分很大，少数合体象事字、独体象形字虽然从一般情况考察没有繁衍孳乳过后代，但这也仅仅是从一般情况考察出来的结果，还不能下一个绝对的否定的结论。

杨树达氏曾经明确指出："综上所述，知所谓后起字者，当分为两事：一曰加旁字，二曰形声字是也。加旁字复可分为形旁（即义旁）、声旁二项焉。"[②]杨氏所谓"后起字者"，就是我们所讲的"派生字"，也即是过去常说的"孳乳字"。它们是由原生字通过形声组合这一造字方法重新构造而产生的，是属于与"文"（象形字、象事字）相对应的真正意义上的"字"。"文"主要注重对事物状貌的描摹，通过描摹出来的"象"让读者体会出"声与义"；而"字"注重于"形"与"声"，通过"声"的提示来体会出与"形"相联系的字的含义。"文"的意义与前面阐述的语词的"音本义"直接相关，而"字"的意义，有些与语词的"音本义"直接相关，有些又与"子系字原"（也就是形声字中的"声符"）的比喻义密切相关。说得更通俗一些，我们所说的"象形字"、"象事字"，其形体的意义是与"音本义"直接产生连系的；而"形声字"（即我们所

① 黄晋书：《汉字·字原篇》，学林出版社 2006 年版，第 179 页。
② 杨树达：《积微居小学述林全编》，上海古籍出版社 2007 年版，第 309 页。

说的"孳乳字"、"派生字")的含义，则是与其中表面上起"声符"作用的字原的意义发生直接联系的，一般与这一所谓"声符"的内在含义表现为相关性或相似性。

如以"观"字为例，其繁体字形写作"觀"，属于左声右形结构的形声字。左边所从的"雚"字甲骨文写作"𦫳"、"𦫳"、"𦫳"等形，金文写作"𦫳"、"𦫳"等形，刘兴隆氏分析说："象头有毛角之鸱类猛禽，即猫头鹰。所从之叩是声符，从叩或不从叩一字无别。《说文》分为萑、雚两字，从卜辞例句分析，实一字也。"① 刘氏所释大体符合甲骨文"𦫳"、"𦫳"字的形体实际，比较正确。左民安先生则认为："这是'雚（guàn 贯）'字。甲骨文𦫳的上部是两只下垂的耳朵，耳朵下是一对大眼睛，下部是一只鸟（隹），显然是猫头鹰一类的猛禽的形象。爪子锋利，双目有神，便于夜间觅食，这就是'雚鸟'，后世写为'鹳'。""'雚鸟'最突出的特点是眼睛大而明，所以'雚'字也可以引申为'看'。为了能表示出'看'的意思来，又在右边加上个表意的'见'字，这就产生了'觀'字，后来被简化为'观'。从此以后，'观'行而'觀'废了。"②我们认为，"𦫳"与"𦫳"早期应该是不同的两个字，"𦫳"隶定楷化

图 3—22 猫头鹰

为"萑"，即猫头鹰（见图3—22），当读作"guàn"；而"𦫳"属于形声构造的字，所从的"叩"，在上古时代音义与"讙"或"喧"都可相通，因此可以推断"𦫳"当即是"鹳"字的初文，当读为"huàn"，即会同话所称的"白鹳"（计按：因其静待鱼出作守株状，会同人称之"俄卵鹳"）。但随着汉字的不断

---

① 刘兴隆：《新编甲骨文字典》（增订版），国际文化出版公司2005年版，第226页。
② 左民安：《细说汉字——1000个汉字的源流与演变》，九州出版社2005年版，第480页。

发展，"雚"逐渐将"萑"字归并在了一起，于是也就包含了"guàn"、"huàn"两个读音。宋代罗愿《尔雅翼·释鸟三》介绍说："（鹳）似鸿而大，长颈赤喙，白身，黑尾翅。别名黑尻、皂君、负釜、背灶。皆以尾翅黑为名也。木上作巢，卵如三升杯，泥其巢一旁为池。含水满之，蓄鱼其中，稍稍以哺其子。……性好飞旋，古者有鹅鹳之阵，今江淮谓群鹳旋飞为鹳井。"罗氏所释正是以鱼虾为主食的水鸟白鹳。"觀"字右边所从的"见"，在甲骨文中写为"𥃲"形。从甲骨文的形体分析，"𦣻"是一只睁开着的大眼睛，"�"为一跽坐的人形，由此可以表现出"跽坐着看"的意思。由"觀"字的形体构造可知，"雚"不仅起到了"声符"的作用，而且还限定了"觀"字的意义。"觀"字形体表现出来的含义即"像雚（猫头鹰）一样圆睁着眼睛察看"，"觀"字表现出来的意义，即与起声符作用的字原"雚"有直接的相关性和相似性。然而，甲骨文中有一字写作"𥄎"形，孙海波氏认为"从见从廿，疑亦眉字"[1]。姚孝遂氏说："孙海波旧疑眉字，增订版《文编》已放弃旧说。𥄎字与眉之作𥄗者有别。"[2] 事实上，𥄎字从"廿"从"見"构作，即是"觀"字的初文、本字，也属于从"𥃲"省得声的形声字。过去，甲骨文字学家都将"𠂭"解释为"羌"字，这并不符合汉字构形学的原理，完全错误。此字也当读为"guàn"，即指古代文献中常常提到的方国"串（guàn）方"（甲骨卜辞中也写为莞方）之人。《诗·大雅·皇矣》："帝迁明德，串夷载路。"叶春林先生译为："上帝降福有德人，西夷失败便逃亡。"[3] 这正好和殷商卜辞中的"𠂭"人所处的地望相一致。

"观"字的意义为什么是指"圆睁着眼睛察看"呢？这还可以从汉语音本义原理来得到验证。汉语音本义原理认为，凡"guan"音之语词，基本都包含着"近于圆的"特点。这一语源意义，在会同话里仍然有着很好的保留，时至今日，会同话依旧习惯将形状"圆的"称作为"guán的"或"guán轳辘的"。

如"冊"字，甲骨文写作"𠕁"、"𠕋"等形，郭沫若氏说："就从

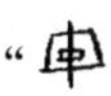

---

① 于省吾主编：《甲骨文字诂林》，中华书局 1996 年版，第 615 页。

② 同上。

③ 叶春林校译：《诗经》，崇文书局 2007 年版，第 197 页。

圆点作者以观之（计按：干字金文写作），余谓古干字乃圆盾之象形也。盾下有蹲，盾上之Ｖ形乃羽饰也。""案毌实古干字，特字早废，许因贯字从此作，故以贯穿义解之耳。今知毌实是干。许书毌部之贯字，云'从毌贝'者，当云'从贝毌声。'""要之，干卤均盾之象形文，其制自殷代以来所旧有，殷制作方形，上下两端均有出，面有文饰。周人圆之，干上以析羽为饰，以下出为蹲。卤以字形而言，上端似亦有饰，下则无蹲，《左氏襄十年传》：'门者狄虎弥建大车之轮而蒙之以甲以为橹。'以车轮为橹，其圆可知也。"① 从郭氏的论述可知，干戈的"干"，流血漂卤的"卤（橹）"都是指古代的圆形盾牌，毌与干又是一字分化，可证毌最早的确是指近似圆形的盾牌。明代大儒王夫之曾说："毌，古玩切，音与'冠'同，义与'贯'通。夏曰'母（毌）追'，取笄穿冕之象。"② 王船山认为"毌"字读如"冠（guān）"，十分正确，但以为毌的形体是"取笄穿冕之象"则误。在会同话里，"口干"仍然说为"口毌（guān）"，由此可窥知"干"字在上古时代的确与"毌"字有着千丝万缕的联系。

如"贯"字，小篆写作""、""等形，前者描摹了双手持绳线将贝（古代货币）串联在一起的状貌，属于象事结构的字，后者则从"毌"从"贝"构作，属于形声结构的字。古人将一千个钱币用绳线串联成为一个整体，恰好形成了一个近似圆环的形状，这就叫"贯"。《史记·伍子胥列传》："伍胥贯弓执矢向使者。"司马贞索隐："贯，谓张满弓。"将弓用力张开，正好近似圆形，这与"贯"的本义非常切合。当然，由于"贯"是指用绳子串联好了的一千个钱币，因此，根据名动相因的原理，"贯"又可以引申出动词"贯串"、"贯穿"、"贯通"的意义。后来，由于在商业交易的过程中，"贯"这一钱币数量单位又是人们最常见常用的，因此"贯"字又可以引申出"常"、"习以为常"的意义。如"籍贯"的"贯"就是指人的常居地（《汉书·元帝纪》颜师古注引应劭说："旧贯者，常居也"）；"习贯"（后来写作"惯"）的"贯"就是指"习以为常"的意思。

又如"雚（萑）"字，甲骨文写作""、""、""等形，金

---

① 郭沫若：《金文丛考·释干卤》，转引自于省吾《甲骨文字诂林》，中华书局1996年版，第2326、2329、2331页。

② 王夫之：《船山全书》第九卷《说文广义》，岳麓书社1989年版，第109—110页。

文写作"🦉"、"🦉"等形，后隶定楷化为"萑（萑）"。上部所从的"艹"，实际是"卝"的讹变，"卝"后世读作"guàn"，其实是从甲骨文"🦉"截取上部而造出的新字，指猫头鹰头上两个长得像角的东西，后来也用于形容儿童头上束成两角形状的头发。但"萑"的得名，并不与这"卝"有关，而是源自它常常圆睁的眼睛或又大又圆的"面盘"。《简明生物学词典》介绍这一猛禽说："鸮，亦称'猫头鹰'。鸟纲，鸱鸮科各种类的通称。喙和爪都弯曲呈钩状，锐利，嘴基具蜡膜。两眼不似他鸟之着生在头部两侧，而位于正前方；眼的四周羽毛呈放射状，形成所谓'面盘'。"① 鸮的异体字写作"枭"，由于它这种近似圆状的面盘或圆圆的眼睛，所以又被称作"毂辘鹰"②，而"毂辘"即现在通常讲的车轮子，正是一种圆状物。

从"萑"构作的几个形声字，如"罐"、"瓘"、"矔"、"爟"等，它们的含义基本上都和"萑"（猫头鹰）的形体状貌或行为习性密切相关。"罐"是一种口沿近于圆形，形体近似"萑"的陶制器具，这与"爵"（计按：古代的一种盛酒器，会同话读音同"雀"）的形状像麻雀而得名为"què"是一个道理。"瓘"，《说文·玉部》："瓘，玉也。"而《说文》解释为"玉也"的字就有十多个，可见这种解释是很不确切的。《左传·昭公十七年》："若我用瓘斝、玉瓒，郑必不火。"杜预注："瓘，珪也。"王引之《经义述闻》："瓘斝与玉瓒对文，则瓘乃玉石之名。"杜、王二氏也未能对"瓘"确切解释。李时珍《本草纲目·金石部》："北方有瓘子玉，雪白有气眼，乃药烧成者，不可不辨。"瓘有近于猫头鹰那样的圆形气眼，所以得名为"guàn"。"矔"，《说文·目部》："益州谓瞋目曰矔。"瞋目，即极力将两只眼睛张开，和圆睁双眼完全是一回事。"爟"，《说文·火部》："爟，举火曰爟。"《广雅·释器》："爟，炬也。"王念孙疏证："炬者，举火之名。"可见"爟"即是用手举起燃烧的火炬，古代的这种火炬，顶端呈圆球状，所以也被命名为"guàn"。

再如"关"字，"关"字金文写作"閈"、"閗"、"閹"等形，描摹

① 冯德培等编：《简明生物学词典》，上海辞书出版社1983年版，第1108页。
② 参见李时珍《本草纲目·禽部》，李海霞：《汉语动物命名考释》，巴蜀书社2005年版，第195页。

了将木杆垂直插入门上圆孔使门扇关闭之状貌，属于象事兼形声结构的字；小篆写作"𨵿"，隶定楷化后写作为"關"，字从"門（门）"、从"𢆶"，属于形声结构的字。那么，"关"到底是什么意义呢？许慎《说文·门部》："关，以木横持门户也。""𨶙"（yuè）字下又说："关下牡也。"可见"关"本来是指安装在门扇上的一种装置，后来根据汉语名动相因的原理，才引申出动词"关闭"的意义。段玉裁《说文解字注》说："关者横物，即今之门闩，关下牡者，谓以直木上贯关，下插地，是与关有牝牡之别。"①"牡"在上古时代指牛等动物的雄性生殖器，在此比喻用来关门的笔直的圆木，这一直木古代又叫做"楗"；"牝"在上古是指牛等动物的雌性生殖器，在此比喻供圆木插入的近于圆形的孔——门闩中的圆孔，这一装置因为有着近于圆形的孔，所以被称为"关"，金文"𨵿"、"𨶙"两字中的圆点和圆环，正是指"关"这种装置。"关"与"楗"是主管门扇开闭的两个最主要物件，所以人们又通过比喻的手法，将最主要的事物称作"关楗（键）"。另外，"闩"与"关"为一物，因此，当它当作动词讲的时候，"闩"也同样是"关闭"的意思。

再如"官"字，甲骨文写作"𠈌"、"𠈌"等形，金文写作"𠈌"、"𠈌"等形，字从"冂"（宀）、从"𠂤"构作，完全沿承了甲骨文的形体。许慎《说文·宀部》："宀，交覆深屋也。象形。"谷衍奎先生说："宀，象形字。甲骨文像茅草覆顶的半地下棚屋形。"②从以上分析可知，"冂"是上古时代最为常见的半地穴棚屋之形。罗振玉氏说："（𠂤）即古文师（师）字，金文与此同。"③后王襄、吴其昌、饶宗颐等文字学家都从罗氏的这一观点，罗氏之说至确无疑。金祥恒氏认为："𠂤本为小阜，何以有师旅之意？盖上古之世，都邑必宾附丘陵以筑。……𠂤本小阜与丘陵同，古代帝王宅丘陵以配天，居师卫以镇众，王者所居，军旅所守，故军旅以可曰𠂤，于是字遂含有师旅之义，凡从𠂤得声受意之字，遂亦引申其众意。"④姚孝遂、肖丁两位先生同样认为："卜辞'𠂤'即'师'，谓

---

① 段玉裁：《说文解字注》，上海古籍出版社 1981 年版，第 590 页。
② 谷衍奎：《汉字源流字典》，华夏出版社 2003 年版，第 33 页。
③ 转引自于省吾《甲骨文字诂林》，中华书局 1996 年版，第 3037 页。
④ 同上。

军旅。"① 刘钊先生则更是明确指出："卜辞'𠂤'同后世之虎贲在性质上比较接近。典籍虎贲又作虎奔。《国语·鲁语下》：'天子有虎贲，习武训也。'《周礼·夏官·虎贲氏》谓'掌先后王而趋以卒伍，军旅会同亦如之。舍则守王闲，王在国则守王宫，国有大故则守王门，大丧亦如之。'贾公彦疏曰：'大故谓兵灾，大丧谓王丧，二者皆是非常之难，须警备，故云要在门也。'卜辞'𠂤'的职掌与《周礼》所载虎贲氏的职掌基本相合。"② 通过分析可知，"𠂤"即"师（师）"字的初文、最初是指专门负责帝王安全保卫工作的警卫部队。两形组合在一起，属于象事结构，用来表示帝王警卫人员居住的营房。徐灏《说文解字注笺》说："《汉书·贾谊传》曰'及太子少长则入于学，学者所学之官也。'颜师古注'官谓官舍。'此官之本义。《周礼·司常》云'官府各象其事，州里各象其名，家各象其号。'《曲礼》曰'在官言官，在库言库，在朝言朝。'此以官府于库朝家及州里对言，则官为官舍益明矣。从宀在𠂤上象其高于阛阓（huán huì）也，因之在官之人谓之官，许以官吏事君为本义非。"赵诚氏说："宫，从宀从𠂤，构形不明，即馆之初文。甲骨文用作名词，为馆舍之义，用作动词，为馆于舍之义，用现代汉语来说近似于住宾馆。"③ 姚孝遂氏同样认为："今按官者馆之古文也。以宀覆𠂤，正合馆舍之义。食部'馆，舍也，从食官声。'此乃后出字，古字止（只）作官。"④ 概而言之，官是馆的初文、本字，是一种古代房舍的名称。根据汉字构形学的原理，"官（馆）"最初其实是指环绕在帝王宫殿周围的侍卫营房，因为这些营房呈圆环之状，所以得名为"guǎn"，住在这些营房里的人因之被称作为"guān"。

"官"字所包含的圆环的特点，还可以从一些从"官"构作的形声字得到进一步验证。如"逭"字，西汉扬雄《方言》卷十二："逭，转也。"卷十三又说："逭，周也。"晋代郭璞注："谓周转也。"周转，即是作圆周转动。如"管"字，《诗·周颂·有瞽》："箫管备举。"郑玄笺：

---

① 姚孝遂、肖丁：《小屯南地甲骨考释》，中华书局1985年版，第94页。

② 刘钊：《卜辞所见殷代的军事活动》，载《古文字研究》第十六辑，中华书局1989年版，第72页。

③ 赵诚：《甲骨文简明词典》，中华书局1988年版，第336—337页。

④ 于省吾：《甲骨文字诂林》，中华书局1996年版，第3052页"姚孝遂按语"。

"管如笛，并而吹之。"李海霞先生说："鹳：犹贯、管、逭、环，环形。"① 可见"管"也具有圆环的特点。又如"輨"字，《说文·车部》："輨，车端锴也。"钱绎《方言疏证》："輨之言管也。以铁为管，约毂外两端，以金冒之曰輨。"《汉语大字典》："輨，guǎn；包裹在车毂上的金属套，截管状圆环形，或作六角形。"可见"輨"同样具有圆环的特点。

再如"鳏"字，金文写作"𩺰"、"𩹏"等形，字从"𩵋（鱼）"从"𥃆"构作。从鱼，可知其意义与"鱼"相关；读为"guān"，可知这一事物一定具有"近于圆环的"之特点。《诗·齐风·敝笱》："其鱼鲂鳏。"许慎《说文·鱼部》："鳏，鱼也。"所释为本义，但极不确切；刘熙《释名·释亲属》："无妻曰鳏。"所释为引申义，非本义。《汉语大字典》："鳏，guān；鱼名。即鳡鱼。"李海霞先生说："鳏鱼横切面浑圆。……本组与元部的冠、棺（上部圆穹形）、管（笛子）相通，均圆义。"②《简明生物学词典》介绍说："鳡，亦称'黄钻'、'竿鱼'……体延长，亚圆筒形，长达1米余，重达百余斤。青黄色。吻尖长，口大，颌呈喙状。眼小。性凶猛，肉食性，捕食各种鱼类，为淡水养殖业的害鱼之一。"③ 分析可见，"鳏"得名"guān"，正是由于它浑圆的体形特点所决定的。那么，"鳏"为何在后来被用于表示没有妻子的单身男人了呢？这属于"鳏"的比喻用法，是因为人们熟悉了"鳏"的独特习性后，通过运用比喻的手法而产生出来的比喻义。李时珍《本草纲目·鳞部》："鳡鱼、鳏鱼、黄颊鱼……健而难取，吞陷同类……其性独行，故曰鳏。……大者三四十斤，啖鱼最毒，池中有此，不能蓄鱼。"④ 我们认为，因为鳏鱼有健壮难取、吞陷同类、啖鱼最毒的习性，当人们在养鱼的池塘中捕捞时，最后通常会出现捕获一条大鳏鱼的情况，所以，人们便通过比喻的手法，用"鳏"来形容没有妻子的独身男人（计按：没有丈夫的女子虽然也是独身，但男人的形体比女子健壮勇猛，与鳏的特点更吻合）。

再如"莞"字，许慎《说文·艸部》："莞，艸（草）也，可以作席。"而蒲字下又说："蒲，水艸也，可以作席。"像这种类型的解说，

① 李海霞：《汉语动物命名考释》，巴蜀书社2005年版，第255页。
② 同上书，第398页。
③ 冯德培等主编：《简明生物学词典》，上海辞书出版社1983年版，第1719页。
④ 李时珍：《本草纲目》，吉林摄影出版社2002年版，第651页。

《说文》中有很多类似的例子，这就是传统训诂学忽视了汉语音本义（语源义）所导致的结果。段玉裁《说文解字注》分析说："莞之言管也。凡茎中空者曰管。莞盖即今之席子草，细茎，圆而中空，郑谓之'小蒲'，实非蒲也，《广雅》谓之'葱蒲'。"孙雍长先生认为："段（玉裁）氏推求'莞'的语源是'管'，大凡茎中空者曰'管'，所以'莞'是指细茎、圆而中空的席子草，《广雅》称之为'葱蒲'，即用'葱'突出了它'茎中空'的特点。'蒲'之言伏也，言匍伏柔纫也。莞草茎中空，性坚，所以织成的席子不能折叠，只能顺着织席的纬线卷成筒状，今笔者故乡祁阳一带的莞草席即是如此。"① 从以上的分析可知，"莞"的得名，也正是由它具有"圆"（或莞草席具有"筒状"）的特点所决定的。

最后，让我们一起来分析一下"冠"字。"冠"字小篆写作"冠"形，许慎《说文·冖部》："冠，絭（juàn）也，所以絭发，弁冕之总名也。从冖，从元，元亦声。冠有法制，从寸。"李林先生发挥许氏之观点，分析说："从字形上看，冠从'冖'，'冖'像以巾盖物（《说文》：'从一下垂'）；从'元'，'元'即首；以巾盖头，即冠的功能。字还从'寸'，《说文解字》而部说：'诸法度字从寸'，即从'寸'的字都与法度有关。'冠'字本身就是中国封建社会等级制度的一个缩影，因为只有贵族才可以戴冠，所以冠是一种身份的象征。"② 但是，我们认为，许氏、李氏的解说不太切近事情的实际，不符合汉语语词发生学的规律。王筠《说文句读》说："窃疑冖冃盖同字，古人作之，有繁省耳。虽音有上去之别，古无此别也。"朱骏声《说文通训定声》认为："冃，今字作帽。"高鸿缙氏《中国字例》更是指出："按：冖、冃、冃、冒、帽，五形一字。"③ 从王氏、朱氏、高氏的论述可知，小篆"冠"上部所从之"冖"，不过就是汉代以后才开始采取形声结构而创造的"帽"字，也即古代俗语里所讲的"头衣"、"元服"。既然如此，可见"冠"仅仅是头衣（帽子）中的一种独特的形制。

班固《白虎通·冠绋篇》："所以有冠者何？冠者，卷也，所以卷持

---

① 孙雍长：《训诂原理》，高等教育出版社 2009 年版，第 172 页。

② 李林：《汉字与服饰》，载何九盈等主编《中国汉字文化大观》，北京大学出版社 1995 年版，第 266 页。

③ 转引自《汉语大字典》，四川辞书出版社、崇文书局 2010 年版，第 332 页。

其发者也。"刘熙《释名·释首饰》:"冠,贯也,所以贯韬发也。"王宁氏说"'冠'由'贯'派生……这时,源词的词义与派生词的核义素在内容上是一致的,只是前者为义项,后者为义素,处于不同的结构层次。"①那么,"冠"命名果真如上引三家所说的那样么?我们认为,"冠"的名称大体来源于两个方面,其一,甲骨文中有一字写作"□"、"□"、"□"等形,王襄氏将此字释作"羌",王氏说:"□,古羌字,国名。"② 王氏对甲骨文形体构造的内在原理缺乏精深的研究,所释大误。叶玉森氏认为:"予曩(以前)疑卜辞之'□方'、'□方'与'□'(计按:此即观字初文)为一国。……森于旧说仍未敢自信,谛察'□'、'□'与冃同形,即帽之初文。冒为准初文。其上之'□'、'□'为帽饰,犹'□'(子)上之'□'亦帽饰也。……疑即蒙字。"③ 叶氏这种做学问的态度让我们钦佩不已,论述也不乏真知灼见,但"疑即蒙字"又误。丁山氏通过深入研究后指出:"莞,甲骨文作□(《林》二·一四·一三)象人头带'□'形,当是冠字初文。盖□下从□,象帽子;其上象今平剧武将冠上所插的雉鸡翎。……武人戴查雉尾的华冠,由甲骨文□字看,当是由殷商时代流传下来的。……莞、贯、串声韵俱近,卜辞所见的莞方,可能即《诗·大雅·皇矣》所谓'串夷载路'的串夷。其地应与宗周接壤,或在渭汭附近。"④ 丁氏阐述有理有据,所释极为正确,此说可从。因为雉鸡勇猛好斗,宁死也不屈服,上古时代的成年男人,于是将它的"翎"(长长的尾羽)安装到了帽子上,以表示自己如勇猛不怕死的雉鸡一样。这种帽子的形制,最初其实是模拟长着两个角状物的以威猛著称的"□"(雚,猫头鹰)而制造的,因为它不仅美观,关键又能凸显男人的勇猛性格,可见,"冠"的得名仍然与"□"密切相关。这种习俗经过漫长的演变发展,于是逐渐变成了男子步入以勇猛为主要特征的成年男人的区分标志。《礼记·曲礼上》:"男子二十,冠而字。"这就是说,上古时代的男子到了 20 岁时要举行所谓的成

① 王宁:《训诂学原理》,中国国际广播出版社 1996 年版,第 151 页。
② 转引自于省吾《甲骨文字诂林》,中华书局 1996 年版,第 78 页。
③ 同上。
④ 丁山:《商周史料考证》,中华书局 1988 年版,第 95—96 页。

人礼，可见这种习俗的渊源至少可以追溯到殷商甲骨文时期。其二，后世的"冠"主要包括了冠圈、冠梁和缨三个部分组成。"冠梁是一根不宽的带子，系在冠圈上，从前到后覆在头顶；缨是冠圈两旁的丝绳，'缨'字从糸，婴声，糸是材料，婴有缠绕义。缨绕在下巴下面打结，以防冠脱落。……冠还有一个必不可少的附件'笄'，也叫'簪'，是用来把冠固定在头发上的细长签子。"① 从这一介绍可知，冠圈之上一定会有专门供簪子贯穿进入的两个小圆孔。门上有圆孔的横木枋叫"关"，专供用来闩门的长直的木棍（古代叫楗）贯穿插入，这种形制的帽子被称作"冠"，正好与"关"的得名有一致之处，这是冠的形制特点所决定的。

当然，许慎《说文》对"冠"字的说解并不是一无是处。"冠有法制，从寸"，许氏的这一观点，是建立在封建制度中的"冠礼"之上的，与小篆"冠"字形体所想要表达的意思比较符合。用现在的话说，冠就是一种特殊的"礼帽"。对于封建礼制中的所谓"冠礼"，刘志基先生曾经明确指出："先民礼法的核心，在于确立、维护阶级等级制度，作为礼法象征物的冠的佩戴，自然要受这一原则的严格制约。"② 但从汉语语词发生学的原理来看，"冠"的得名并不是来源于封建礼法制度中的冠礼。

综上所述，可证"观"字在甲骨文写作为"觀"，它的最原始意义是"圆睁着眼睛察看"。这既符合汉语音本义原理，又符合汉字构形学的规律。小篆"觀"从"雚"从"见"构作，其"圆睁着眼睛察看"的意义，就和表面上起"声符"作用的"雚"（猫头鹰）有着紧密的相似性关系。

第六节　形训与汉字形本义原理

一　形训

（一）形训的定义

什么是"形训"呢？顾名思义，形训，就是依据字的构形进行训释。

---

① 李林：《汉字与服饰》，载何九盈等主编《中国汉字文化大观》，北京大学出版社1995年版，第266—267页。

② 刘志基：《汉字文化综论》，广西教育出版社1996年版，第21页。

《简明语言学辞典》认为："用分析汉字的字形去阐明字义的方法叫形训。"此书强调的是阐明字义。《简明语文知识辞典》则认为："形训，指从分析字的形体结构来解释词义的释词方法。"此书强调的是解释词义。而《中国大百科全书·语言文字分卷》则处于两可之间，既认为"形训是就字本身的结构说明所表现的词义的"，又认为形训是一种"根据汉字的形体结构解说字义的训诂方式"。

关于形训的定义，很多语言文字学者也进行了有益的探索，高明先生认为，形训"是指定义寓于字形之中，视之即能认识，不待它求"。"凡是通过字形分析而说明字义者，均为形训。"并指出："凡是意义寓于形体的汉字，字体越古老，本义越明显。"① 另外，在 20 世纪 60 年代，高亨先生也曾有过类似的陈述："形训者，就字形以释字义也。吾国文字，以形表义，造字者因义以立形，说字者按形以释义。按形以释义，即是形训。故形训者，乃言其字之本义也。"② 陆宗达先生则认为形训就是"以形说义"，陆氏说："所谓'以形说义'，是指通过字形的分析来了解字所记录的词的本义，即体现在造字意图中的基本词义。"③ 而赵振铎先生又认为："以形索义又称形训，它是通过分析汉字的形体结构去了解字、词的意义。这是根据汉字的特点而建立起来的训诂方法。"④

那么，形训解释的到底是字义，还是词义？形训的具体内涵又是怎么一回事呢？

对于这些问题，王宁先生进行了比较全面的探讨。王氏认为，"形训反映汉语与汉字的特殊关系——汉字是构意文字，早期汉字是根据汉语的词义来构形的。惟其如此，分析汉字形体才能达到解释意义的目的。形训不是一个普遍方式，而是仅仅与汉字、汉语有关的训释方式"，"形训是一种专门表述汉字本义的训释。本义原是'许学'（《说文》学）的专门术语，它指的是与字形直接相关的意义。形训来源于《说文》，《说文》是以释本义为总的条例的"，"实义必须是在言语作品中确曾使用过的意义，所以它是词义，作为词的记录符号的字，自己本身没有声音和意义，它的音义完全是由词上转移来的，从这个意义上来说，词义也就是字义。

---

① 高明：《中国古文字学通论》，北京大学出版社 1996 年版，第 211 页。
② 高亨：《文字形义学概论》，齐鲁书社 1981 年版，第 283 页。
③ 陆宗达：《训诂简论》，北京出版社 2002 年版，第 119 页。
④ 赵振铎：《训诂学纲要》，陕西人民出版社 1987 年版，第 68 页。

至于造意，它既然属于构形意图，自然应为文字所有，只能说是字意，不是词义"，"经过以上分析可以明确：形训如果没有造意部分，就失去了它的特点而成了义训。所以，典型的形训，还应该是字训。而本义则必须加以区分：本义的造意是文字（形）范畴的概念，从中概括出的实义，则是语言范畴的概念"，通过比较全面的分析之后，王宁给形训下一定义："与字形相贴切的意义训释叫形训。形训表明依义造字的意图，一般是说明本义的。"①

我们基本赞同王宁先生的上述看法，即认为所谓形训，就是通过分析汉字的形体结构来解释其内在含义的一种训诂方法，它与音训、义训等一起，并属于传统训诂学的重要内容，简而言之，形训就是"因形求义"、"以形索义"或"以形说义"。

杨树达氏在清华大学讲授《文字形义学》时曾说："人类先有事物在心，欲名此事物，必赋之以声音，即语言是也。语言不能久存，又不能行远，于是更进而赋语言以形态，文字由此生焉。文字之要素三，曰形，曰音，曰义，而其次第，则先有义后有音，有音而后有形。文字之作，始则因人而赋形，继则即形而表义，故本始之字形，其于义也，必相密合。此确定不移之理也。"② 后又在《积微居小学述林·释对篇》中指出："夫字之受形，必有其故。不得其故，则义与形不相比附。"③ 在《积微居小学述林·释艸篇》中又进一步阐述："夫文字之成，形与义未有不密合无间者。若形与义不相密合，必其说有可疑者也。盖形当矣而义不与之合，则说义有失也；义是矣而形不与之合，则说形有误也。"④ 从汉字发生学的规律看，杨氏的论述是十分正确的。在汉字萌芽时期，华夏先民"远取诸物，近取诸身"，力图通过这些描画性很强的"图画文字"形象直观地反映出想要表述的意思。当发展到甲骨文之际，尽管"图画文字"蜕变为真正意义的"文字符号"，但其象形、象事的程度仍然非常之高，仍然能够让当时的人们做到"视而可识，察而见义"。通俗而言，也就是说汉字在创造之初，是依据汉语语词的意义来构形的，因此，其语义能够在字形上反映出来，语义和字形之间存在着直接的、不可分割的有机联系。

① 王宁：《训诂学原理》，中国国际广播出版社 1996 年版，第 101—104 页。
② 杨树达：《文字形义学》，上海古籍出版社 2007 年版，第 8 页。
③ 杨树达：《积微居小学述林全编》，上海古籍出版社 2007 年版，第 86 页。
④ 同上书，第 134—135 页。

在前面谈及汉字性质的章节里，我们已经论及过汉字具有独特的"意音文字"的特点，"意音文字"就是所谓既能表意又能表音的文字，也就是文字学家们讲的"形义相一"的文字（计按，因为世界上所有的文字都具有表音的性质，在此将表音独立出来，即得出"形义相一"）。汉字为什么能做到"形义相一"呢？对于这一点，郭芹纳先生在其所著《训诂学》中有非常深刻的分析，他说："汉字是记录汉语符号，是形、音、义三者的统一体。早期的汉字在形义关系上具有一定的统一性，换言之，早期的汉字之所以多是根据意义来绘形的，正是为了力求达到汉字的形体与其意义的统一，是应合人们的识读要求的。"① "由此可以推知，从识字的心理需求出发，人们希望作为记录汉语符号的汉字具有明晰性、直观性的特点，即具有以表意为其功能的独特之处，使人们能够见形而知义。既然早期的汉字多是遵照'形义相一'的要求而据义给形的，我们自然便可以通过对其形体结构的分析来'察而见义'，求得该字的本义。"②

形训的重要性是由汉字本身的特点所决定的，著名古文字学家裘锡圭氏对此有着深刻的认识，裘氏说："表意字字形在词义研究中的重要性，主要在于它们能够帮助我们确定字的本义。字的本义就是造字时准备让它表示的意义，通常也就是作为造字对象的词在当时的常用意义。确定本义，对于正确理解字义的发展变化，即作为造字对象的词的意义在后来的演变和派生新词等现象，有很大帮助。"③

（二）形训源流概说

陆宗达氏指出："古代书面语言是用汉字记录的，汉字是我们通向古汉语的一个枢纽。最早的汉字是通过字义来绘形的，所以相当一部分字的字形和字义有关联，这就确定了分析字形对了解字义的重要作用。"④ 王宁先生说："如果可以说传统'小学'是汉语文字学的最早发端，那么，在'小学'领域里，训诂学是领先的。'小学'面对的是古代书面文献，属目治语言，研究的中心不能不首先是汉字。早期汉字因义构形的笔意还大量保留，因而，古代'小学'家最为敏感的是由汉字字形反映出来的

---

① 郭芹纳：《训诂学》，高等教育出版社 2005 年版，第 30 页。
② 同上书，第 31 页。
③ 裘锡圭：《文字学概要》，商务印书馆 1988 年版，第 142 页。
④ 陆宗达：《训诂简论》，北京出版社 2002 年版，第 118 页。

词义。"① 正是由于陆氏、王氏所论述的这一原因，形训便因此成为训诂学最早提出的一个重要方法。

在先秦时代的文献中即有简单的形训实例，例如：《左传·宣公十二年》："夫文，止戈为武。"又《宣公十五年》："天反时为灾，地反物为妖，民反德为乱，乱则妖生，故文反正为乏。"《昭公元年》："于文皿虫为蛊，谷之飞亦为蛊。"《韩非子·五蠹篇》："古者仓颉之作书也，自环者谓之厶（计按，即私字），背厶谓之公。"这些都是对汉字的形体结构及造字意图所做的分析。"武"字从止从戈，止戈为武，意思是停止干戈才是真正意义的武，这反映了当时的反战思想，是楚庄王为了证明自己尚德不尚武的主张而作的曲解之辞；"乏"字小篆写作"？"形，"正"字小篆写作"？"形，可见"？"字恰好是由"？"左右反转书写而成的，晋伯宗为了劝说晋侯去征伐狄人，特意用"乏"字的形体结构去说明狄人必然灭亡的理由，这当然也只是一种附会之辞；"蛊"字从虫从皿，皿中有虫，犹如腹中有虫为害；"公"字从八从厶（私），八表示背离，私与公是两个对立的概念，所以韩非子说"背私为公"，然而事实并不是这样，"厶"是现在大家所熟悉的"私"字的本字，金文写作"？"形，像细丝从蚕茧抽出之状（宋金兰先生认为像胎儿之形②，可参），很可能即是"丝"字的初文，而"公"字甲骨文写作"？"、"？"等形，姚孝遂氏说："字从'八'从'口'或'〇'与金文'公'字形体同……当为同字。"③"公"字金文写作"？"、"？"等形，下部所从像一圆形的铜饼或大口瓮（朱芳圃语）④，与"？"完全不是一物。虽然上述解说十分幼稚甚至出现了错误，但都可以归入到传统形训的体例之中。

到了汉代，以形训为主流的训诂学得到蓬勃发展，一些经学家在解释经文之时，也经常采用形训的方法，通过析字形来解释字的本来意义。例如《周礼·大司徒》："知仁圣义忠和。"汉代郑玄即注为："忠，言以中心。"

---

① 王宁：《训诂学原理》，中国国际广播出版社 1996 年版，第 15 页。
② 宋金兰：《训诂学新论》，首都师范大学出版社 2001 年版，第 263 页。
③ 语见于省吾《甲骨文字诂林》，中华书局 1996 年版，第 3360 页"姚孝遂按语"。
④ 参见左民安《细说汉字——1000 个汉字的起源与演变》，九州出版社 2005 年版，第 45 页。

宋金兰先生说:"基于汉字产生以来世世代代的人们说解字形字义的这种深厚积淀,终于在东汉时孕育出了《说文解字》这部集古代形训之大成的经典之作,《说文》中的形义说解成为古往今来举世公认的形训典范。"① 许慎所著《说文解字》是第一部以形训为主,兼及音训、义训的训诂学重要典籍。该书"以形为纲,因形为训",在于阐明文字的本义,阐述"字形之本始,字音、字义之所以然",它以指事、象形、形声、会意、转注、假借之所谓"六书"理论为经,说明了很多字的形体结构及字义字音的由来,被唐代封演誉为"字学之宗"②。例如,《虫部》蜀字下说:"葵中蚕也。从虫,上目象蜀头形,中象其身蜎蜎。"蜀,甲骨文作"☒"、"☒"、"☒"等形,这些形体主要描摹了虫的身体和眼睛,基本如许氏所释。《隶部》隶(dài)字下说:"及也。从又,从尾省。又持尾者,从后及之也。""隶"字甲骨文作"☒"、"☒"等形,字从"☒"从"☒"构作,"☒"即今天的"又"字,象人伸开的右手之形,在构字中表示手部的行为;而"☒"则象动物的尾巴之形,两形组合,属于象事结构的字,象人用手抓住动物尾巴之状貌。刘兴隆《新编甲骨文字典》解释此字说:"从手持毛,卜辞来、及之义。"③谷衍奎《汉字源流字典》隶字下:"会意字。甲骨文从又(手)持一兽形,会手捕获一兽加以整治之意。金文稍简,只剩兽尾。"④刘、谷二氏的分析,是依据"隶"字早期的形体作出来的,基本符合"隶"字的造意,可证许氏对"隶"字的解说不误。"隶"即"逮"字之初文,形体中的"☒"即是甲骨文"☒"中的"☒","☒"即是甲骨文"☒"中的"☒",基本上承沿了甲骨文、金文的形体(计按:现在读作"lì"的隶字,其实应写为"隸",因为"隶"字加了动符变作了"逮",后世便将空闲下来的"隶"字作为了"隸"的简化字)。又如《爨(cuàn)部》爨字下:"爨,齐谓之炊爨。☒象持甑,冂为灶口,廾推林内(纳)火。"爨字小篆写作"☒"形,字正是由"☒"、"冂"、"林"、"廾"、"火"等部件构成,

---

① 宋金兰:《训诂学新论》,首都师范大学出版社 2001 年版,第 256 页。
② 《封氏见闻记·文字》:"《说文》至今为字学之宗。"
③ 刘兴隆:《新编甲骨文字典》,国际文化出版公司 2005 年版,第 943 页。
④ 谷衍奎:《汉字源流字典》,华夏出版社 2003 年版,第 408 页。

有锅，有灶，有手，有柴火。两手将锅子端放在灶上，两手往灶孔里添柴火，整个字形描绘出了一幅烧火做饭的场面，属于象事结构的字，许氏对此字形体的分析十分正确。再如《宀部》寒字下："䨲，冻也。从人在宀下，以茻荐覆之，下有仌（冰）。""寒"字金文写作"圛"形，字从"宀"、从"人"、从"茻"、从"仌"构作，屋外冰天雪地，屋内人蜷缩在柔和的干草当中，整个字形描绘出了一幅形象的冬寒图景，凸显了寒冷的天气状况，许氏对字形的分析也是十分正确的。许慎氏在长期的形训实践中概括出了一个形训的理论框架，从而奠定了传统训诂学中形训的理论基础，对于《说文》这部以形训为主的经典著作，陆宗达氏曾经给予了高度的评价，陆氏在《训诂简论》中说："东汉许慎的《说文解字》，是我国语言学史上第一部分析字形、说解字义、辨识声读的专书，也是世界上第一部有自己体系的、合乎科学精神、具有独创的民族风格的字典。"①

唐宋时期，一些著名的学者也常常运用形训的方法来释读字义，但是他们大多没有能够正确理解汉字形体组合的基本原理，因而解说字形字义就显得有些幼稚甚至牵强附会。例如，唐代陆德明《经典释文》之《周易·讼卦》："讼，争也；言之于公也。"《诗经·小雅·皇皇者华》："载驰载驱，周爰咨询。"毛传："亲戚之谋为询。兼此五者，虽有中和，当自谓无所及成于六德也。"唐代孔颖达疏："于文，中心为忠，人言为信，是忠信、中和事理相类。"宋代朱熹也曾说："中心为忠，如心为恕。"宋代王安石著《字说》一书，更是乐此而不疲，如水之皮曰波，土之皮曰坡，石之皮曰破之类的解说，这些解说纯属拆字游戏，与汉字构形的规律完全不搭界，难怪被大学士苏东坡当作茶余饭后的笑料狠狠地奚落了一番。

清代乾嘉时期，文字学家人才辈出，训诂学进入了一个前所未有的鼎盛阶段，形训这一训诂方法也得到了空前的发展。清代训诂学家"继承了汉学求实的传统，能够实事求是地从事训诂的研究。他们既反对'望文虚造而违义'，也反对'墨守成规而鲜会通'。也就是说，既不盲从旧说，也不妄立新义。他们强调'日新'，主张'会通'，总是埋头苦干，收集许多材料，做了许多考证"②。加上他们一般都具有一定的历史发展

---

① 陆宗达：《训诂简论》，北京出版社 2002 年版，第 118 页。
② 周大璞：《训诂学初稿》，黄孝德等修订，武汉大学出版社 2002 年版，第 412 页。

观点，因此在据字形来考释字义方面取得了巨大的成就。其中段玉裁的《说文解字注》、王念孙的《广雅疏证》、王筠的《说文释例》、桂馥的《说文义证》等就是这一领域的巅峰之作。

清代金石学的复兴、成熟，极大促进了文字学家对汉字形体演变的理性认识。商周钟鼎铭文属于汉字的早期形态，字体古老，形与义的结合基本"密合无间"（杨树达语），最有利于学者通过分析这些金文的形体结构去探求其本来的形体意义。孙星衍氏指出："经文生于文字，文字本于六书，六书当求之篆籀古文，始知《仓颉》、《尔雅》之本质，于是博稽钟鼎款识及汉人小学之书，而九经三史之疑，可得而解。"[①] 孙氏认为考释文字"当求之篆籀古文"，即依据早期汉字的形体去解析字的真实含义，这一认识无疑是非常正确的。而这一时期在金文形体考释领域取得较大成果的著作，有吴式芬《攈古录金文》，吴大澂《愙斋集古录》，方濬益《缀遗斋彝器款识考释》，刘心源《奇觚室古金文述》，孙诒让《古籀拾遗》、《古籀余论》、《名原》等。在这些学者当中，朴学大师孙诒让氏可谓卓有成绩，颇多创造发明，他的学术研究甚至对后世甲骨文的研究也产生了深远的影响，以至于金文学家容庚先生给予了孙氏这样的评价："窃谓治古文字之学，譬如积薪，后来居上。嘉道之间，阮（元）、陈（庆镛）、龚（自珍）、庄（述祖）皮傅经传，鲁莽灭裂，晦塞已极。吴氏大澂明于形体，乃奏廓清。然而训诂假借，犹不若孙氏之精熟通达，所得独多。"[②]

1899 年，金石学家王懿荣首先发现甲骨文，安阳小屯村遂迅速进入了文字专家们的视野。王氏也因此被学界誉为"甲骨文之父"。但真正开始对甲骨文进行形体考释工作的，乃清末大儒孙诒让。甲骨文的发现与考释，为形训创造了一个空前有利的条件，为汉字构形学的建立奠定了最坚实的基础，从而开启了清末民初以后的训诂复兴时期。自孙氏开始，罗振玉、王国维、王襄、叶玉森、商承祚、余永梁、郭沫若、孙海波、朱芳圃、董作宾、唐兰、吴其昌、于省吾、李孝定、杨树达、胡厚宣、饶宗颐、李圃、朱芳圃、姚孝遂、李学勤、裘锡圭、王宇信等大家辈出，在汉

---

① 孙星衍：《问字堂集》卷四之《答袁简斋前辈书》。
② 孙诒让：《古籀余论》（戴家祥校点容庚校刻本），华东师范大学出版社 1988 年版，第 198 页。

字早期形体考释方面创造了前所未有的辉煌，取得了巨大的成就。甲骨文字学的创立、发展，宣告了以小篆为研究对象的传统形训的终结，给形训这种独特的汉字训释方式输入了新的血液，开启了现代形训的新纪元。

（三）传统形训的局限性

古代汉字（含甲骨文、金文）是通过线条性很强的图画形象来表现汉语语词所指对象的意义的，因此，从这种文字形式演变而来的小篆，有很多的形体仍然能够表示和说明汉语语词的词义。刘钊先生指出："汉字从甲骨文发展到小篆隶楷，中间虽然经历过许多字形上的变化，但就总体来说，汉字还只是一个系统，是一个延续不断、联系紧密的系统。……我们今天之所以能基本通读甲骨文，大体上认识甲骨文，就是因为甲骨文发展到今天的文字，在构形上是保持相对稳定的，其间的字形联系是连绵不断的。"[1] 这正是传统形训得以产生和发展的根本原因。一些文字学家认为，形训是一种探求文字本义的训诂方式，与其他训诂方式相比，虽然"形训这种释义手段具有其独特的丰富性和生动性，有助于人们从字的整体形象上简洁明快地把握词语的意义，使抽象、僵硬的词义变得具体、鲜活起来，从而缩短人们理解和掌握词义的认识过程"[2]。但是，从传统形训的萌芽、发展，直到现代训诂学建立以前的漫长时期，传统形训的局限与不足也是显而易见的。

在许慎以后的 1800 多年中，随着对汉语汉字研究不断深入和向前发展，一些文字学家业已认识到了传统形训有很大的局限性，传统形训因此也受到了很多语言文字学家的批判。如王力先生在《新训诂学》一文中就如此批评道："旧训诂学的弊病，最大的一点乃是崇古。小学本是经学的附庸，最初的目的是在乎明经，后来范围较大，也不过限于'明古'。先秦的字义，差不多成为小学家唯一的对象。甚至现代方言的研究，也不过是为上古字义找一些证明而已。"又如刘钊先生所说："虽然许慎的宗旨是为了探寻'本形本义'，但是由于时代的局限，文字到了小篆不可能再呈现最初或较早的面貌，许慎也无条件看到古文字资料，所以《说文》对许多字的分析说解，今天看来都是错误的。……从字形上说，《说文》依据的是久经讹变的'小篆'，以此来探'形之本源'，窥'字之原始'，

---

① 刘钊：《古文字构形学》，福建人民出版社 2006 年版，第 229—230 页。
② 宋金兰：《训诂学新论》，首都师范大学出版社 2001 年版，第 255 页。

其解释自然会错误百出。从今天对古文字掌握的程度看，毫不夸张地说，凡是古文字中有的而《说文》对其形体进行过解说的字，十之八九是有问题的。从字形比较角度来说，许多汉隶的材料倒是比'小篆'更为'近古'。那么我们怎么能只据《说文》对小篆的解释进行研究，而不顾更真实准确的古文字呢？事实已经表明，围绕《说文》进行的所有研究，如果不利用先秦古文字的资料和成果，都将是毫无前途的。那种不利用、不研究古文字，而手捧一部《说文》便进行随意'形训'的做法，是丝毫不足取的。"① "《说文》解释字形也大都是解释其形体所像，并非是指'本义'所言，而后人往往在这一点上产生误解。这种误以本形为本义的错误一定程度地影响着训诂学界，使得一些所谓'形训'的研究远远不合古人造字之旨。"② 传统形训虽然是以探求文字的本形本义为宗旨，但是，它依据的是产生了讹变的小篆形体立说，又完全将汉语音义同源规律置于不顾，这怎么能够训释出汉字的本形本义和它所包含的内在特点呢？基于这一认识，我们认为传统形训的局限性主要表现在如下几个方面：

1. 传统形训是建立在小篆形体分析之上的，以多有讹变的小篆字形为依据与基础，基础不牢靠，因此说解字形也多有舛误，不能切合造字的本意

众所周知，汉字是一种有着几千年悠久发展史的既能表音又能表意的文字。它从图画文字萌芽，后发展到甲骨文、金文，再发展到小篆，然后又经过隶变、楷变，再发展到现在的简化楷书字。这一形体发展演变的过程是相当漫长的。

杨端志先生指出："形训所求之义是字的本义，也就是造字之初的意义，那么，进行形训的对象必须是造字之初的本形。"③ 宋金兰先生同样认为："形训所以要以古文字形作为自己的研究对象，是因为古文字形具有较明显的象形、表意特征，能够体现原始的构形意图，字形和字义具有同构性，故遵循古文字形可以追溯其历史的源头。而隶变之后的汉字已趋于符号化，字形和字义不尽吻合，甚至严重脱节。"④ 通过深入的比较分析，宋金兰先生得出结论："总之，训诂学的形训必须以古文字形作为立

① 刘钊：《古文字构形学》，福建人民出版社2006年版，第226—227页。
② 同上书，第234页。
③ 杨端志：《训诂学》（上册），山东文艺出版社1986年版，第134页。
④ 宋金兰：《训诂学新论》，首都师范大学出版社2001年版，第257页。

论的依据，对字形的分析、解释必须严格从古文字形的原始结构出发，而不能按照隶变后的隶、楷字形的笔画、结构来分析字形、字义。"① 我们赞同杨、宋两位先生的观点，情况正如他们所讲的那样，传统形训是以许慎《说文解字》所列的小篆字形为探求文字本义的依据和基础的。而小篆兴起的时代与甲骨文时代相距已很遥远，有些字形已经完全脱离了它们早期的模样，因为同化、异化等规律的作用，一些形体甚至产生了讹变。显而易见，以一个发生了错误变化的字形为基础，是探究不出该字正确的本义来的。

如"皇"字，许慎《说文·王部》解释说："皇，大也。从自，自，始也，始皇者，三皇大君也。自，读若鼻，今俗以始生子为鼻子。"许氏依据讹变后的"皇"字形体立说，认为"皇"字上部从"自（鼻）"，下部从"王"而构作，所以说解牵强附会，不知所云。事实上，"皇"字金文写作"𝕏"、"𝕏"、"𝕏"等形，戴家祥氏认为："按许说大误，皇字未见于卜辞，传世金文作𝕏𝕏，或作𝕏𝕏，上半𝕏𝕏象烈日高射形，盖日之繁缛文，未尝见其作自者。下半从王或从土，土，亦火也，非土地字。许氏盖本嬴政改制、李斯同文之后，俗儒曲说之谬，而不自知其谬。今以形声求之，皇即煌之初文。""皇之本字为王，王本从火，皇为王之加旁字，从日与从火同义，故皇王字通。《周书·洪范》'曰皇极之敷言。'《史记·宋微子世家》作'王极之傅言。'《小雅·渐渐之石》：'不皇朝矣。'郑笺：'皇，王也。'《仪礼·聘礼》'宾入门皇。'郑玄注：'古文皇皆作王。'……是皇王古本一字之证。""由是而知皇之本字为王，其后形声相益则为皇为煌为旺为暀，皆一字之滋生而寝多也。朱芳圃谓皇字下半部作'𝕏'即镫（灯）之初文，上半部作'𝕏'若'𝕏'，象灯光参差上出之形。徐中舒谓其象王着冠冕形，皆主观臆说，不可轻信。"② 在会同话里，"皇"字的确读如"王"，如"白日皇天"中的"皇"字，如会同风俗里用来化解小儿关煞的咒语"天皇皇，地皇皇，我家有个哭王王，过路先生念一句，一觉睏到大天光"中的"皇"字，音读都与"王"相同。由此可知，戴氏的关于"皇"字的论述不仅符合汉字构形学

①　宋金兰：《训诂学新论》，首都师范大学出版社 2001 年版，第 258 页。

②　戴家祥：《金文大字典》（中），学林出版社 1999 年版，第 2845—2846 页。

的原理，而且也能够从古代汉语音义同源的规律得到论证。

又如"至"字，《说文·至部》："至，鸟飞从高下至地也。从一，一犹地也。象形。""至"字小篆写作"𦥑"形，乍一看的确有点像一只张开翅膀的鸟头向下飞到地面的状况，许氏因为没有条件接触到"至"字甲骨文、金文的形体，故而才有这种不符合汉字构形学原理的臆说之辞。"至"字甲骨文写作"𡊪"、"𡊪"等形，金文写作"𡊪"、"𡊪"等形，字由"𡊪"和"一"组合而成。"𡊪"是甲骨文"𡊪"（像箭矢之形，即矢字的初文）的倒置之形，"一"表示地面，两形组合，属于象事结构的构字方式，表示箭矢在终点之处停止下来的意思。裘锡圭氏曾经指出："至，表示箭射到一个地方。"① 刘兴隆氏同样认为："𡊪象倒矢，一象地平，矢落地上，以示至义。"② 裘、刘二氏符合汉字构形学的原理，所释正确。我们认为"一"表示矢射出后的终极处，不单是地面，还可指其他物体。

再如"曾"字，《说文·八部》解释说："曾，词之舒也。从八，从曰，'𠯑'声。"许氏对"曾"字形体的分析完全建立在讹变的小篆"曾"之上，析形释义都十分谬误。"曾"字甲骨文写作"𤯍"、"𤯍"等形，金文写作"𤯍"、"𤯍"等形。林义光《文源》以为是"赠"字的初文，从口、从八田，是以田地财物分赠给人的会意字③，杨树达氏则认为"曾"字从曰、从"𤯍"、从八，"𤯍"亦声，是会意兼形声字，是"口气上出穿'𤯍'（窗）而散越"之意④。林、杨二氏虽然接触到了"曾"字金文的形体，但所释也属于主观臆测之辞，并未能切合"𤯍"所表达出来的真实含义。对于甲骨文"𤯍"，徐中舒氏指出："田本应为圆形作𤰔，象釜鬲之箅，八象蒸汽之逸出，故𤯍象蒸熟食物之具，即甑之初文。"⑤ 刘又辛氏从徐氏之说，指出"用甑的形制和甲骨文字形相对照，可证朱（芳圃）、徐（中舒）的考释。至于金文下面所加的𠙴或𠃊，

---

① 裘锡圭：《文字学概论》，商务印书馆 1988 年版，第 127 页。
② 刘兴隆：《新编甲骨文字典》（增订版），国际文化出版公司 2005 年版，第 779 页。
③ 参见林义光《文源》一〇·一九。
④ 参见刘又辛《刘又辛学术论文集》，商务印书馆 2005 年版，第 331 页。
⑤ 徐中舒：《甲骨文字典》，四川辞书出版社 1989 年版，第 68 页。

则是甄的下部，后来小篆讹成'曰'字，就变得不易认识了。"①

　　针对汉字形体演变的问题，一些文字学家提出了"笔意"与"笔势"的概念。所谓"笔意"，是指能够体现原始造字意图的字形，即我们讲的早期汉字字形（甲骨文、金文）；所谓"笔势"，是指经过演变而脱离了原始造字意图的字形，即含小篆在内的失去原始直观性的字形。这些属于"笔势"范畴的字形，其中有相当部分的形体已经产生了讹变。对此，郭芹纳先生在《训诂学》一书中明确指出："因形求义的'形'，应指笔意，而要分析笔意，则必须借助古文字。"② 郭先生的这一见解无疑是十分精当的。

　　2. 以传统"六书说"为研究方法，方法欠科学、严密

　　"六书说"的问题如前所述，此不再赘述。秦汉时期的文字学家开始以"六书说"来研究所有汉字的形体结构，其筚路蓝缕之功，确应名垂千古。但他们将"构字法"（如象形、形声）、"用字法"（假借）与"释字法"（转注）混为一谈，以至于从汉代以来汉语文字学的研究，步履维艰，进步相当缓慢。

　　传统"六书说"是一种混合了"构字法"、"用字法"、"释字法"的文字理论。用它来分析汉字的形体构造原理，往往会感到无所适从，势必会出现"浑水摸鱼"的情况。如"考"、"老"二字，许慎以"六书"中的"转注"来予以阐释。《说文·老部》"老"字下云："老，考也，七十曰老。从人、毛、匕。言须发变白也。凡老之属皆从老。"又"考"字下说："考，老也，从老省，丂声。"而《说文解字·叙》又说："五曰转注。转注者，建类一首，同意相受。'考'、'老'是也。"许氏在正文中以"考"释"老"，以"老"释"考"，可见在许慎看来，"考"、"老"二字意义相同。许氏所谓之"转注"，其实就是一种辗转互释字义的方法。

　　甲骨文"老"字写作" "、" "、" "、" "、" "、" "等形，金文写作" "（春秋夆叔匜）、" "（春秋季良父壶）、" "（战国中山王壶）诸形，刘兴隆先生解释此字说："象老者弯腰拄杖之形。

---

　　① 刘又辛：《刘又辛学术论文集》，商务印书馆2005年版，第332页。

　　② 郭芹纳：《训诂学》，高等教育出版社2005年版，第50页。

典籍考、老通用。""卜辞作老之本义，长者、老辈、衰老也。"① 谷衍奎先生指出："甲骨文像长发老人扶杖之形。金文变为毛发，手杖讹作匕。"② 左民安氏持同样观点，左氏说："甲骨文 𦒍 好像是一个弯腰驼背的老汉，头发很长，面部向左，手持拐杖。"③ 而甲骨文中"考"字写作"𦒍"之形，金文写作"𦒎"（沈子簋）、"𦒎"（颂鼎）、"𦒎"（考母壶）等形，李乐毅先生分析："字形像一个头上有几根稀疏头发、脊背稍驼的老人，再加上声符'丂'（音 kǎo）构成。特指已去世的父亲。"④《新编甲骨文字典》解释说："《说文》老、考同义，金文老字无 丨（杖），考字所从之杖多为 丅 。"⑤ 姚孝遂氏明确指出："考老古同字。象老者倚杖形。《说文》'老'以为'从人毛匕，言须发变白'，非是。"⑥ 从汉字构形学的原理来看，甲骨文中的"𦒍"字本属于象事字，后小篆讹变为"𦒎"形，许氏依据"老"字讹变了的小篆形进行分析，从而将"老"字下部所从的"匕"（实际应为手杖之形）当成了"化"字，使"老"字的形体结构变为"六书说"中的会意，故而得出"须发变白"的臆说之辞；而金文中的"考"字所从的"丅"即丂（kǎo，qiāo）的初文，在构字中有提示音读的作用，明显属于形声结构的字。从以上分析可知，许氏所谓的"转注"，事实上只是两字之间的辗转训释，绝不是什么造字的方法。

从汉语音本义的原理来看，在古汉语中，语词"kao"和"qiao"似乎为同一语源所分化，两者之间存在着千丝万缕的联系。如"尻"读作"kāo"，其所指即动物的后"窍"（qiào）；如"敲"字普通话读作"qiāo"，而它在会同话里却读为"kǎo"，《庄子·天地篇》："故金石有声，不考不鸣。"这个"考"字"其实是'敲'的假借字，因'考'与'敲'读音相近"⑦；又如"丂"字读作"kǎo"，许慎《说文》："又以为

① 刘兴隆：《新编甲骨文字典》（增订版），国际文化出版公司 2005 年版，第 523 页。
② 谷衍奎：《汉字源流字典》，华夏出版社 2003 年版，第 160 页。
③ 左民安：《细说汉字——1000 个汉字的起源与演变》，九州出版社 2005 年版，第 456 页。
④ 李乐毅：《汉字演变五百例》（修订本），北京语言大学出版社 1992 年版，第 182 页。
⑤ 刘兴隆：《新编甲骨文字典》（增订版），国际文化出版公司 2005 年版，第 524 页。
⑥ 于省吾主编：《甲骨文字诂林》第一册，中华书局 1996 年版，第 77 页。
⑦ 左民安：《细说汉字——1000 个汉字的起源与演变》，九州出版社 2005 年版，第 457 页。

巧字。"尹黎云先生认为："丂就是巧的初文。"① 从这些分析可以推论，
"考"字很可能在上古时代也有"qiāo"一音读，在会同方言里，驼背之
状就称作"qiāo"，这正好与像驼背老人形象的"羙"字相吻合。驼背的
形象在老年人中最为常见，所以古人用"考"来表示老年人。

汉语音本义原理认为，"qiāo"音之语词大多包含有"高起"、"弯
曲"的特点。驼背又俗称"罗锅背"，即是说背部好像倒扣着一口锅子之
状，换一个角度来说，驼背就是弯腰隆背的形象，背部隆起，符合
"qiāo"音之语词应该包含的"高起"的特点，由此可见，会同话将
"羙"读作"qiāo"，大多就是这一上古读音的遗留。另外，如"翘"
字，《说文·羽部》解释为："尾长毛也。"《急就篇》颜师古注："鸡翘，
鸡尾之曲垂也。"鸡尾长毛高起后弯曲下垂（见图3—23），正是"翘"

字的所要表述的真实内涵，颜师
古氏说解至确无疑。会同有歇后
语云："驼子的屁股——翘
（俏）货。"会同人把奇货可居
或倚仗本事的行为叫"起翘"。
《广雅·释诂一》："翘，举也。"
《广韵·笑韵》："翘，尾起也。"
《文选·潘岳〈射雉赋〉》李周
翰注："翘，举也，言扬举其斑
彩之尾。"《广雅》等三家所释
正是它的比喻义。又如"蹺"
字，顾野王《玉篇·足部》：

图3—23　鸡

"蹺，举足也。"《集韵·宵韵》："蹺，举趾谓之蹺。"《汉语大字典》：
"蹺，举（足），抬（腿）；泛指往上抬的动作。"又如"峭"字，《广
韵·笑韵》："陗，山峻，亦作峭。"那么什么样的山又被称作"峻"呢？
《说文·山部》："峻，高也。"《小尔雅·广诂》也说："峻，高也。"
《书·五子之歌》："峻宇雕墙。"孔传："峻，高大。"分析可见，"峭"
仍然是指向上高起的弯曲山峰。又如"桥"字，《说文·木部》："桥，水
梁也。"在先秦典籍当中，我们现在习惯上讲的"桥"都被称作为"梁"，

① 尹黎云：《汉字字源系统研究》，中国人民大学出版社1998年版，第220页。

而"桥"是今天所讲的"乔木"（高起的树木）的意思，称梁为桥，则是汉代以后的事。《诗·郑风·山有扶苏》："山有桥松，隰有游龙。"陆德明释文："桥，本亦作乔。王云：'高也。'"此处之"桥"正是指高起弯曲的树木。后来，因为随着建筑工艺水平的不断提高，古人开始在水中建起石墩或木架，将原本浮在水面的梁（今天叫浮桥）高高托起，于是，"梁"因为具有了"高起"、"弯曲"的特点，所以被叫作"桥"了。而《说文·夭部》"乔"字下说得更明白："乔，高而曲也。从夭，从高省。《诗》曰：'南有乔木。'"再如"谯"字，《汉语大字典》卷七："谯，城门上的望楼。"《庄子·徐无鬼》："君亦必无盛鹤列于丽谯之间，无徒骥于锱坛之宫。"郭象注："丽谯，高楼也。"《史记·陈涉世家》："攻陈，陈守令皆不在，独守丞与战谯门中。"颜师古注："谯门，谓门上为高楼以望远者耳。楼一名谯。"这个意义的"谯"，文献典籍中也写作为"樵"。

上述分析可证明，汉语语词是遵循汉语音义同源之规律的，而作为记录汉语的视觉符号——汉字，必须通过可以意会的尽量简洁的线条符号来表现所记录语词的内在含义。因此，汉字自然也会就严格地遵循汉语音义同源的规律。许慎《说文》以考、老辗转相训，只能说明转注是一种训释字义的比较特殊的方式，而不能证明它是一种构字方法。通过分析汉字形体来寻求汉字的真实意义，只有建立在正确的理论系统上，才有可能得到最接近真实情况的答案。

近人唐兰氏、陈梦家氏、裘锡圭氏发表了各自的"三书说"（见前面有关章节），而一些文字学家（如郭芹纳等）又坚持所谓的"四书说"，即象形、指事、会意、形声这四种构字法。我们在前面讲过，古人并不是先确定了构字之方法，然后再依据这些构字法去创造汉字的。我们认为，古人创造汉字基本上经历了两个阶段，先是通过描绘具体事物和抽象事件来表意，然后再通过形声相益的手法来表意，形声字在甲骨文里有少量的出现，可见在殷商甲骨文晚期，汉字的创造已经开始进入了第二阶段。正因为认识到了这一点，我们才提出了"象形"、"象事"、"形声"之新的"三书说"。

3. 传统形训对"合体字"的结构方式未能予以应有的重视和研究，因此在运用形训时缺乏逻辑的推理判定

凡是接触过汉字构形学基础理论的人，应该都会了解到"合体字"

这一概念。所谓“合体字”，就是指由两个以上具有音义的独体母系字原构成的文字，它包括我们所讲的“象事字”和“形声字”两大类。形声字“构件”之间的逻辑关系是单一的，而象事字“构件”之间的逻辑关系则表现出多样性。大体包括以下几种方式：

（1）主谓关系。如“睡”、“啟”（启）、“取”等字。

①主动式。“睡”由“目”、“垂”两个字原（构件）组成，其中没有一个构件起到明显的提示读音的作用，由此可知，“睡”不属于形声字，而属于象事字。结合汉字形本义原理考虑，“睡”字可以表述为：眼皮下垂。许慎《说文·目部》：“睡，坐眠也。”纪德裕氏说：“睡觉的‘睡’在古文中是打瞌睡的意思，不同于床上睡觉。”[①] 可见睡字的本义原是指“人坐着打瞌睡。”坐着睡觉，眼皮自然呈下垂之状。在古代早期文献中的“睡”字，用的大多就是这一意义。如《韩非子·右经》：“王曰：诺。俄而王已睡矣。”王一边和人说话，一边两眼一合睡着了，自然是坐着打瞌睡；又《外储说左上》：“昭王读法十余篇而睡卧矣。”《战国策·秦策》：“读书欲睡，引锥自刺其股。”读书时昏昏而睡，当然也只是打瞌睡眯一阵子；《左传·宣公二年》：“坐而假寐。”杜预注：“不解衣而睡。”杜氏所注符合睡字的本来含义。

②被动式。开启的“启”字繁体写作“啟”，由“启”和“攵”两部分组成。“啟”甲骨文写作“”、“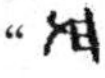”、“”等形，字从“”（户）、从“”构作，像以手将封闭的户打开之状，而“”另外又添加了一个表示“口子”意义的“口”字，将户打开的意思更加明确；金文写作“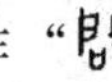”形，甲骨文中的“”变成了手持木棍的“”（作为偏旁部首时写作为攵），基本承沿了甲骨文“”的样子。“”乃半边门之形，小篆写为了“”形，即今天“户”字之初文，“”本像右手之形，是今天大家所熟悉的“又”、“右”字的初文，在构字中一般表示手部的行为或动作，“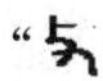”隶定为“攴”（pū），为手持木棍击打之意，在构字中表示手持棍状物击打其他事物的行为，从字形分析可知，“”字很可能更接近早期的“绘画文字”，表示用棍棒将户撑开的意思，明显属于象事结构的字。对于“啟”字的本义，一些古文字学家曾经进行过探

① 纪德裕：《汉字拾趣》，复旦大学出版社 2002 年版，第 389 页。

讨分析，如王国维氏说："'𦘒'字从又持户，义当为启。"① 李孝定氏认为"啟之本义当训开，故引申得有晴意，云开而日见也。"② 商承祚氏以为："𦘒或从日作𣇩，或从月作𦜔。王静安（王国维字静安）先生谓即启字。……案𦘒当开启之本字，以手启户为初意，或增口作𣃚，或省又作𠂔。"③ 白玉峥氏又以为："𦘒字于甲骨文中，固为霁之初文，而啟字则别又有义也。考《后汉书·岑彭传》章怀太子注曰：'凡军在前曰啟。'"④ 先头部队俗语称为开路先锋，正好是负责开启前进行军路线的任务，所以可称为"啟"。于省吾氏则说："𦘒字象以手开户，孳乳为启。……是𦘒或啟本有开义，故引申为晴。"⑤ 而许慎《说文·口部》启字下说："启，开也，从户、从口。"《说文·攴部》啟下又解释说："啟，教也。从攴、启声。《论语》曰：'不愤不啟'"。许氏没有条件见到"启"与"啟"字的早期形体，不知道两字其实只是繁简不同的一字异体关系，因而也不能正确理解"啟"字的结构和构形意图。对于"启"（含啟）字本义的寻求，我们认为必须从两方面去探究才能找到正确的答案，一是必须从汉语音义同源规律去寻找它的语源义；二是必须正确分析啟字的形体，弄清其早期形体的真实内涵与造字意图。

汉语音本义原理认为，"qi"这一音系的语词基本都包含了"不完全分开"（或"打开"）的意思。

如"弃"字，甲骨文写作"𠩺"形，金文写作"�"形，小篆写作"𠦻"形，基本都是从"𠫓"（计按：子之初文，金文、小篆形体中的"𠫓"是头部朝下的倒置之状）、从"𠀠"（计按：其、箕的初文，像竹编的簸箕之形）、从"𠬞"（计按：廾字的初文，表示双手捧物或举物的行为）构作，描绘了一幅双手捧着装有新生婴儿的簸箕丢弃的画面。甲骨文"𠩺"形体中还有三个小点，表示黏附在婴儿身体上的产妇的羊水，新生婴儿的意味更加明显。上古时代有将第一胎婴儿丢弃在外让别人抱养

---

① 纪德裕：《汉字拾趣》，复旦大学出版社 2002 年版，第 2078 页。
② 同上书，第 2079 页。
③ 转引自于省吾主编《甲骨文字诂林》，中华书局 1996 年版，第 2078 页。
④ 白玉峥：《契文举例校读》，载《中国文字》第八卷第三十四册，第 3770—3771 页。
⑤ 于省吾：《甲骨文字释林》，中华书局 1979 年版，第 287—290 页。

的风俗，"𢁾"字就准确地反映了这一历史实际。从这一习俗的实质来看，"弃"其实就是让新生婴儿和生母分开。

又如"气"字，甲骨文写作"三"形，金文写作"三"、"𠃏"等形，小篆写作"𠄡"，其形体演变的脉络可谓一脉相承、清晰明了。于省吾氏指出："甲骨文之三即今之气字，俗作乞。"[1] 刘兴隆氏解释说："（三）象漂浮之气体，卜辞中假借作乞、迄、讫。"[2] 甲骨文"三"上一横表示天，下一横表示地，中间的一小横即是指将天地分开的"气"，可见"三"应该属于象事结构的字。许慎《说文》："气，云气也。象形。"许氏释义比较正确，分析结构则误。

又如"妻"字，金文写作"𡜌"、"𡞟"等形，《说文》古文写作"𡟰"形，小篆写作"𡜍"形，此字形体前后的变化较大。金文"𡜌"字上部所从为"𠈃"（计按：其，古代专门用于丢弃垃圾的器具，今天写作为"箕"）的省变，下部所从则为有着两个大乳房的女子之形，两形组合，属于形声结构，表示将成熟的女子嫁给他人，其实质就是表现为成熟女子与父母等家人不完全地分开。在会同话里，"妻"基本上都用作动词，读为"qì"，如："你女妻了人家么？""把你女妻给我做媳妇好了。"而小篆"𡜍"是从金文"𡞟"变化而来的，上部像以手为女子整理分开长发之状，这很可能与古代嫁女的某种理发习俗相关。一些文字学家常常将这一构形与古代的抢婚习俗附会在一起，应该和造字者的意图是不相符合的。《诗·郑风·有女同车序》："太子忽尝有功于齐，齐侯请妻之。"陆德明释文："以女适人曰妻。"《论语·公冶长》："以其子妻之。"邢昺疏："纳女于人曰妻。"可见在先秦文献当中，"妻"字大多用为动词，与"嫁"的意义相同。

再如"乞"字，左民安氏说："在甲骨文、金文中，'乞'与'气'同字。"[3]《集韵·未韵》："乞，与也。"《正字通·乙部》："乞，凡与人物亦曰乞。"王念孙《广雅疏证》："乞丐为求而又为与，贷为借而又为

---

① 于省吾：《甲骨文字释林·释气》，中华书局 1979 年版，第 81 页。
② 刘兴隆：《新编甲骨文字典》（增订版），国际文化出版公司 2005 年版，第 27 页。
③ 左民安：《细说汉字——1000 个汉字的起源与演变》，九州出版社 2005 年版，第 217 页。

与，禀为受而又为与，义有相反而实相因者，皆此类也。"① 《汉语大字典》："乞，给予。"可见，"乞"字最初是指将自己的财物分开一些给予他人的行为，后来，根据汉语施受相因的原理，求他人给予财物的行为也被叫做了"乞"，这与"受"、"授"古为一字的道理是一样的。

再如"讫"字，《说文·言部》："讫，止也。从言，乞声。"讫字为何有"终止"的含义呢？它的形体和意义又是怎样结合的？许氏未能予以阐明揭示。我们认为，"讫"字从"言"、从"气（乞）"构作，其形体表现的本义应该与语言有关，根据汉字构形学的原理考察，"讫"即是指用在两句话之间起分开隔离作用的语气词，像"焉"、"尔"、"耳"、"哉"等之类，因为这种语气词的位置处于句子的末尾，表示一句话的终止，所以可以引申出"完毕"、"终止"的意义。

再如"企"字，甲骨文写作"⦚"、"⦛"等形，姚孝遂氏指出："卜辞企字正象举足而竦身之形，字或作跂。"② 许慎《说文解字》："企，举踵也。从人止。"止即趾的初文本字，人踮起两脚（足掌与地面正好呈不完全分开的状态）笔直站立的姿态就称作"企"。邹晓丽先生说："故或以为字形是人踮起脚直立之形，这是一种渴求得到某种东西的姿态，故'企求'、'企望'等从'企'得义。'企业'即站立起来的事业。"③

再如"吃饭"的"吃"字，《说文新附》写作"噢"，普通话读为"chī"，而会同话则读作"qī"，从汉字构形学的原理以及古代文献资料来看，会同话的读音古老而准确。首先，从构形学的原理来看，两字属于形声兼象事结构的字，表示张开口吃或喝食物饮料的意思，"吃"字从"乞"得声，"噢"字则从"契"得声，而"乞"与"契"都读为"qi"一音系。其次，古代文献里有用"乞"假借为"吃"的用例，《清平山堂话本·五戒禅师私红莲记》："清一打一看时，乞了一惊。"《汉语大字典》卷一："用同'吃'。"④ 可见此处的"乞"与"吃"应该是同音通假现象，"吃"字的读音当与"乞"相同或相近。再次，上下口皮分开为"吃"，上下眼皮分开则为"眣"，在会同话里，"眣"读为"qi"，意思就是睁开眼看的意思。笔者的外婆唐氏为会同县炮团侗族苗族乡梨子寨村

① 王念孙：《广雅疏证》，江苏古籍出版社2000年版，第98页。
② 于省吾主编：《甲骨文字诂林》，中华书局1996年版，第32页"姚孝遂按语"。
③ 邹晓丽：《基础汉字形义释源》（修订本），中华书局2007年版，第1—2页。
④ 《汉语大字典》第一卷，四川辞书出版社、崇文书局2010年版，第58页。

人，就常常说"眨一眼"之类的话语。

另外，"歧"是指因为分开而出现的岔道；"沏"最先是指波浪冲击使两岸分开阻断的情况①；"契"是指分开为两半并刻画着暗记的木制契约；"齐"字甲骨文写作"〳〴〵"形，金文写作"〡〢"形，小篆写作"齊"形，繁体讹变为了"齊"，是指禾穗与苞分散开来的状况；"畦"是指被土埂分割开来的一块块土地；"砌"是指由一块块不完全分开的石板铺成的阶梯。

通过以上同源词的比较分析，可以推论甲骨文中的"𨳊"、"𨳈"、"𨳋"三字，都是将门户不完全打开的意思，属于一字异体的现象。"𨳋"字中所加的"口"，是表明将门户打开一个口子，一些甲骨文学者认为这是刻写者添加上去的修饰符号（古文字学里又称之为"羡符"），在构字中不产生意义功能的作用，这种认识我们不敢苟同。而"𨳈"字又应是"𨳋"省去"𠄌"的一种简略写法，与"𨳊"其实也是一字异体。

与"𨳊"字构形相类，"取"字由"耳"和"又"（右手）两部分组成，甲骨文写作"𦥑"、"𦥑"、"𦥑"等形，刘兴隆先生指出："（𦥑）象手执耳之形，示割取战俘耳朵之义。古取战死、战败者的左耳，作为记功之凭证，此为取之本义。"②刘先生所释十分精当。从形体分析知，"取"字不是形声字，而应属于象事字，"取"字可以通俗地表述为：左边的耳朵被人割取掉了。上古时代，古人的确有割取兽或敌人的左耳作为记功凭证的习俗。对此，刘志基先生也曾有过论述："取，甲骨文写作𦥑，表示以手取耳。'取'字本指'捕取'（《说文》），为什么要以'耳'、'又'会意呢？因为古代田猎获兽或战争杀敌，一般需要割下左耳作为计功的凭证。'取'字之形正是此种古代特有文化现象的描摹，因此我们可以通过它观察到这种文化现象。"③

（2）动宾关系。如采、执、为等。

如"采"字，由"𤓪"（手从上部采摘之形）和"木"两个字原构

---

① 参见顾建平《汉字图解字典》，东方出版中心 2008 年版，第 744 页。
② 刘兴隆：《新编甲骨字文典》（增订本），国际文化出版公司 2005 年版，第 160 页。
③ 刘志基：《汉字文化综论》，广西教育出版社 1996 年版，第 218 页。

成。甲骨文写作"🌳"、"🌳"等形,金文写作"🌳"、"🌳"等形,表示采摘果实或叶子的意思,两个构件之间形成了动宾结构的关系。许慎《说文》解释说:"采,捋取也。从木、从爪。"许氏析形正确,但释义不甚精当。从"采"字的形体与读音之间的关系可知,"采"属于象事字,应遵守象事字的音形义结合规律,即象事字的意义,一般都能直接反映该语词"音本义"所揭示的事物内在特点,都能直接体现这一形体所描绘的"形本义"。汉语音本义原理认为,"cai"的音本义包含着"通过挑选而获取"的信息。由此可见,许氏所释之"捋取"义不确切。如再结合汉字构形学的规则来考虑,我们可将"采"字的含义表述为:用手选取树上最好的果实或叶子。简而言之,"采"字形体所体现的本义为"用手选取",而不是许氏所谓之"捋取"。众所周知,"采"字所施受的对象大多为果实、桑叶、茶叶等,果实熟而不烂的,人们才愿意吃,桑叶青嫩的,蚕虫才吃得好,茶叶新嫩的,味道才更芳香醇厚,而要想获取这些东西,是需要通过细心挑选才能做到的。

又如"执"字,甲骨文写作"🌳"、"🌳"、"🌳"、"🌳"诸形,金文作"🌳"、"🌳"等形,隶定楷化后写作"執",后又简化为"执",刘兴隆氏指出:"象一人戴有手梏之形。"[1] 谷衍奎先生也认为:"甲骨文从卩(跪人),从㚔(手铐),㚔亦兼表声。是一个跪着的人双手戴铐之状,会捕捉罪人之意。"[2] 仔细观察甲骨文、金文中"執"字的形体,可知"執"字由"🌳"与"🌳"组合而成,"🌳"是一种原始的木制手梏,隶定为"㚔";"🌳"为一跪着伸出双手之人形,后世一般隶定为"卩","執"字所从的"丸"实际是"卩"形体讹变后的结果。通过以上分析,我们可以知道"執"字描摹了一个人双手被戴上木梏的形状(类似今天戴上手铐之形),具有很强的图画文字的色彩,凸显了早期汉字的生动传神。从形体结构的方式看,"执"不是形声字,而属于象事字。汉语音本义原理认为,"zhi"音的音本义主要包含了"黏附"和"定止"的特点,结合"汉语音本义"、"汉字形本义"的原理,我们认为,"执"字的本义用语言应该表述为:用桎梏黏着、定止住犯人双手的行为。"🌳"是桎

---

① 刘兴隆:《新编甲骨文字典》(增订本),国际文化出版公司 2005 年版,第 680 页。
② 谷衍奎:《汉字源流字典》,华夏出版社 2003 年版,第 176 页。

梏之形，本是名词，在此用为动词，即将桎梏给人戴上的意思；"⚘（丸）"，实应隶定为"乩"，在这一构形中是表示伸出双手跪着的犯人形象。两形组合，表现为动宾结构的关系。许慎《说文·幸部》："执，捕罪人也。从乩，从幸，幸亦声。"许氏释义析形都比较正确。

　　再看"为"字，甲骨文写作"⚘"形，金文写作"⚘"形，小篆写作"⚘"形，隶定楷化后写作"爲"，其形体演变的脉络十分清晰。从甲骨文"为"字的形体可知，"为"实际由"⚘"和"⚘"字两部分组成，"⚘"是象形字，是将"⚘"竖立起来的线条化图形，重点描摹了大象长而弯曲的鼻子、高大的身躯和短短的尾巴，"⚘"是手爪之形，在构字中表示手部的动作，两形组合，成为了动宾结构的象事字，表示人们用手段役使大象。而金文"⚘"中的"⚘"，则主要描摹了大象的鼻子、耳朵和尾巴，肥大的身躯却用弯曲的线条来表示了。依据汉语音本义和汉字构形学的原理，可以将"为"字形体本义用语言表述为：人们用手役使大象参加劳动或表演的高难度行为。许慎《说文·爪部》"为"字下说："为，母猴也，其为禽好爪，爪，母猴象也；下腹为母猴形。"许氏依据小篆形体进行分析，自然会作出如此荒谬、如此牵强附会的说解。罗振玉氏说："案为字古金文及石鼓文并从⚘，从爪，从象，绝不见母猴之状。卜辞作手牵象形，知金文及石鼓文从⚘者乃⚘之变形，非训覆手之爪字也。意古者役象以助劳，其事或尚在服牛乘马以前。"[①] 姚孝遂氏指出："甲骨文为字从手牵象，故有作为之义，乃会意字。许慎以为象猕猴形，盖小篆形体讹变，非其初朔，以致误解。"[②] 姜亮夫先生认为："若照甲骨文加手成动词之例，则六畜可加手，虎兕可加手，乃至工之为攻、功，都未尝不可表作为。为什么要用个'象'呢？其实古初以服象为事（传说从舜起始），这是以'象'耕的绘画（舜耕历山传说即使用象）。服象是耕地，是农作中最重要最艰难的事。"[③] 姜氏对"为"字的历史文化信息的分析，大抵是正确的，但驯服大象的工作，应该是古人心目中感到最为高难、最为迂曲（因为需要不断反复）的事情，"为"字才得名

---

① 转引自于省吾主编《甲骨文字诂林》，中华书局1996年版，第1607页。
② 同上书，第1610页。
③ 姜亮夫：《汉文字结构的基本精神》，载《浙江学刊》1961年第1期。

"wéi"，这是与汉语音本义的原理相符合的。甲骨文"为"字中的" 🐾 "本为手爪的形状，在构字中表示"以手役使、驯服"之意；" 🐘 "为长鼻子大象，其长鼻之特征十分显著，许氏因时代的局限，古文字资料占有有限，不能看到"为"字的早期形态，故作此牵强解析，实在是情有可原的。

（3）并列关系。如"林"、"聶（聂）"、"災（灾）"等。

①同类并列。"林"字由两个"木"组合而成，"聶"字由三个"耳"组合而成，都属同类并列的组合关系。因为"林"字大家较为熟悉，所以这里仅向大家介绍一下"聶"字的相关知识。

"聶"字，从现有的古文字资料看，最早见于湖北《睡虎地秦简》，写作"聶"形。许慎《说文·耳部》聶下曰："附耳私小语也。从三耳。"徐锴《说文系传》曰："一耳就二耳也。""就"为靠近的意思，徐氏说解不尽确切。林义光《文源·卷六》分析此字说："象众耳有所附之形。"段玉裁氏《说文解字注》："《口部》：'昌，聶语也。'以口就耳则为昌。已二耳在旁，彼一耳居间则为聶。"马叙伦氏《说文解字六书疏证》卷二十三说："聶从三耳，只可谓私听，不得小语之义也。伦谓聶为职之初文耳。杀敌所获之耳不止一也，故以三耳会意。"谷衍奎《汉字源流字典》"聶"字下："会意字。篆文从三耳聚合，会附耳小声说话之意。隶变后楷书写作聶。如今简化作聂。……本义为附耳小声说话。"① 对于聶字的造字原由，谷衍奎氏在《汉字源流字典》"昌"字下有过简要的交代，他说："'昌'后来作了偏旁，耳语之义，便另造了会意字'聶'（聂）和形声字'嘁'来表示。"② 看上引学者的观点可知，除马叙伦氏持不同看法外，其余基本上是一致的。因"聶"字后世多用于姓氏之名称，故又加"口"造了一个"囁"（嗫）字来表示"附耳小声说话"的意思。现在文学作品里常见的"嗫嚅"一词，即源于此。

"聶"为何读作"niè"（会同话为 nié）？它的形体为何能够有"附耳小声说话"的意义？它与"昌"字又有何渊源？这些问题，就必须运用"汉语音本义原理"和"汉字形本义原理"进行分析。

汉语音本义原理认为，"nie"音之字基本是指具有"附着在旁的"、

---

① 谷衍奎：《汉语源流字典》，华夏出版社 2003 年版，第 530 页。

② 同上书，第 455 页。

"小的"特点之事物或行为。如"臬"字，甲骨文写作"🌱"、"🌿"等形，上部所从为鼻子之义的"🌿"（自），"'自'是人头面的中心部位，故用以表示用木头做的人头靶子的中心"①；下部所从为"🌿"（木），两形组合，属于象事字，表示附着在木杆上部的木制人头靶子，即上古先民用来练习射箭的箭靶子。《说文·木部》："臬，射准的也。从木，从自。"许氏所释十分准确，后世的相面术将鼻头称作"准头"，即源于此。如"蘖"字，《说文·木部》："蘖，伐木余也。"《汉语大字典》："蘖，树木被砍或倒下后再生出来的枝芽。"树木被砍伐之后，再生的细小枝芽基本都是附着在遗存树干的四周，与"nie"的音本义要求完全吻合。又如"孽"字，《说文·子部》："孽，庶子也。从子，辥声。"嫡子是正妻所生的孩子，庶子是妾滕所生之子，即今天所谓的"二奶"、"小三"所生的孩子。从中国古代宗族伦理的观点看，庶子其实就是指附着在嫡系周围的旁系。段玉裁氏《说文解字注》："凡木萌旁出皆曰蘖，人之支子曰孽，其义略同，故古或通用。……何注《公羊》曰：'庶孽，众贱子。'"② 而今天大家所熟悉的"妖孽"的"孽"，其字本当写作"蟹"，从"辥"、从"虫"构作，《说文·虫部》："衣服歌谣草木之怪谓之祅（妖），禽兽虫蝗之怪谓之蟹。"朱骏声《说文通训定声·泰部》："孽，假借为蟹。"禽兽虫蝗之怪，主要是指它们对于树草庄稼大面积的毁坏行为而言的，虫蝗一般都是附着在植物枝叶上的，所以可以称作"蟹"。再如"蹑"字，普通话读作"niè"，会同话读作"nié"，《说文·足部》："蹑，蹈也。"蹈就是践踏的意思，许氏所释不十分确切。会同话有"蹑着他的脚印追起达（kè）"一说，这句话里的"蹑"字，就有踩在旁边、附近之意，也即"附着在旁边"的意思。《说文·足部》："蹴，蹑也。"按今天通常的说法，蹴就是用脚踢物体侧面之意，与踩踏在物体旁边、附近之意的"蹑"字意思也正好相近。通过前面的这些分析可证，"聶"读为"niè"，就是抓住了两人窃窃私语时，其中一个人的嘴巴正好附着在另一人耳朵近旁的特点来确定其音读的。

再从字形来分析，"聶"由三个耳朵组成，那么，什么情形下会出现只看到三个耳朵的情况呢？我们认为，从正常的情况看，一种是马叙伦氏

---

① 谷衍奎：《汉语源流字典》，华夏出版社 2003 年版，第 569 页。
② 段玉裁：《说文解字注》，上海古籍出版社 1981 年版，第 743 页。

提到过的古代战争割耳计功的现象会出现，另一种是一个人的嘴巴紧贴着另一个人的一只耳朵说话时会出现（因为在旁人看来，此时只能见到两个人的三只耳朵）。结合汉语音本义原理来推定，第二种情况才最符合"聶"字的形音义所要表述的实际内涵，马叙伦氏"谓聶为聝的初文"的观点实属臆说。

②异类并列。"災"字，现写作"灾"。上部的"巛"中，指水所造成的灾；下部的"火"，指因火造成的灾。災，籀文（大篆）写作災，上部所从的"災"，即象"巛"（川，河道）因堵塞不通（"一"横断河道）而造成的水灾。今天的"灾"字，是由甲骨文时期的"災"、"災"、"災"、"災"、"災"等合并而成的，包含了几种灾情，简介如下：

一是水灾：甲骨文用来表示水灾的字有"災"（zāi）、"災"几种形体。"災"是象事字，指水流因河道堵塞流通不畅而致的灾，如今天的"洪灾"；"災"由"災"与"災"组成，"災"是"災"之省写，象河川之形，"災"即"才"（会同话读 zái）字，可知"災"属形声字，主要是指河水暴涨冲击或泛滥而致的灾害。

二是火灾：甲骨文中表示火灾的字有"災"、"災"等形体。"災"由"災"（才）与"災"（火）两部分组成，属形声字，在甲骨文时期，大多是指被火烧伤的灾害，后来隶定作烖，与《说文解字》中之古文"烖"属于同一构形；而"災"由"災"（宀）与"災"（火）两个字原构成，属象事字，特指房屋失火被烧之灾，与《说文》中之篆文"灾"属于同一构形。

三是器物伤害及兵灾：甲骨文里表示兵器灾害的字有"災"、"災"、"災"等形体。我们认为，这些字体中的"災"、"災"应该都是"災"漏刻了上部"一"的结果，"災"由"一"与"災"两部分组成，"一"表示大地，"災"是植物发芽的形象，"災"字即表示植物初生、刚刚冒出地面之意。后世常用的"刚才"一语，就是用的"才"字之本义。分析可知，"災"字由"災"与"災"两个字原构成，"災"像兵器戈之形状（见图3—24），即后世的"戈"字，可见"災"属于形声结构的字，特指因兵器等物体伤害身体或战争冲突而导致的血光之灾。

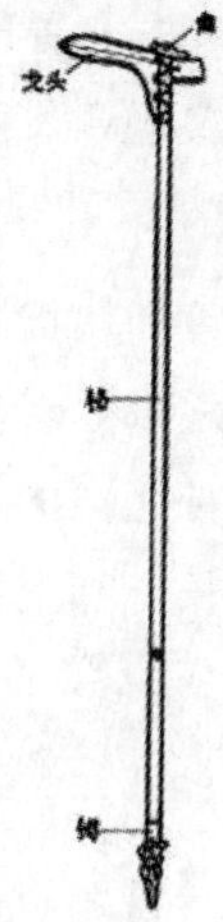

后来，随着汉语与汉字的进一步发展，后世逐渐地以"灾"（灾）、"灾"两字来泛指以上所有的灾害，从汉字构形学的理论分析，"灾"属于异类并列关系的象事字，"灾"字的情况要复杂一些，因"水"指水灾，又提示声读，因而可以归入到形声兼象事结构的范畴。而"灾"字，则属于主谓关系（被动式）的象事字。

（4）偏正关系。如"斿"字、"斩"字等。

"斿"字甲骨文写作"斿"形，最早读作"liú"，是"旒"、"游"、"游"几字的初文，由"㫃"和"子"两个字原组成，属于象事字，即"㫃"的"子"之意思。

图 3—24 戈

"㫃"读为 yǎn，甲骨文写作"㫃"、"㫃"等形，金文写作"㫃"（㫃爵）、"㫃"（休盘）等形，左民安先生对此分析说："甲骨文㫃中直立部分是一条旗杆，其右边弯曲而下垂一笔是表示飘动的旗帜。㫃是金文的形体，与甲骨文的形体基本相似。"[1]"旗杆上端三叉形的部分是个装饰品（相当于后世在旗杆的顶端所装的枪尖），连着旗杆向右下弯的一条折线表示飘起来的旗帜……"[2]后来，"㫃"字的古文写作"㫃"，小篆演变为"㫃"，隶书定作"㫃"，可见"㫃"字的形体是从它的古文㫃讹变而来的结果，甲骨文"㫃"和金文"㫃"本来都是独体象形字。《说文·㫃部》："㫃，旗帜之游，㫃蹇之貌。从中曲而下，垂㫃，相出入也。古人名㫃字子游。凡㫃之属皆从㫃。㫃古文㫃字，象形，及象旌旗之游。"旌旗之游（liú），即旌旗上下垂的长长飘带或饰物（见图 3—25）。《说文·㫃部》游字下说："游，旌旗之旒也，从㫃，汓声。遊，古文游。"《说文·㫃部》旒（liú）字下又说："旒，旌旗之旒也。从㫃，攸声。"从许氏的这些解说可知道，旌旗的飘带即称作"斿"（liú），后世以形声构字法写作为"旒"、"游"或"游"，但又可称作"㫃"。从汉语

---

① 左民安：《细说汉字——1000 个汉字的起源与演变》，九州出版社 2005 年版，第 440 页。
② 同上书，第 443 页。

音本义原理看，旌旗的长长飘带的确是应该被称作"liú"的。因为根据汉语音义同源的规律可知，"liu"的音本义主要包括了"弯曲下垂的"、"长的"两个特点，如"斿"、"绺"、"流"、"留"、"溜"、"霤"、"柳"等即属此例。如"斿"字，梁朝顾野王《玉篇·扩部》说："斿，旌旗之末垂者。或作游。"《汉语大字典》："斿，liú；古代旌旗末端直幅、飘带之类的下垂饰物。后作'旒'。"① 旌旗之旒处于旌旗的末端，形制细长，加上又呈现下垂的状貌，所以得名为"liú"。如"绺"字，《说文·系部》："绺，纬十缕

图3—25   旌旗之游

为绺。从糸，咎声。读若柳。"许氏说解乃引申义，非本义。《汉语大字典》："绺，liǔ；弯曲下垂。"聚在一起的头发、胡须、丝线等线状物形状长，又弯曲下垂，所以也叫作"绺"。又如"流"字，许慎《说文·林部》："流，水行也。从林、'㐬'。"王筠《说文句读》："谓水之自行也。"俗语说："水往低处流。"水流大多弯弯曲曲，并也呈现出下垂的状貌，自然也就被称作"liú"。再如"卯"字，上古时期有"mǎo"、"liǔ"两种读音，读作"liǔ"时，即"劉"（简化后写作"刘"）字的初文，《广雅·释器》："刘，刀也。"尹黎云先生指出："（卯）甲骨文作卯，非'象开门之形'（计按：此为许慎《说文》的解说），而是像两把月形刀并植之形。镇江市马迹山遗址出土的文物有石刀十余件，均呈半月形。其刃或在弧面，或在直面。良渚出土的石刀也是半月形（见图3—26所示）。可见卯就是劉的初文。卜辞中，卯除了用为干支字，均为用牲之名，足证卯的本义就是刀，引申又有杀义、止义，孳乳为劉、留。瘤训'肿'，则因肿状如同月形刀的弧面，故而可从卯得音义。卯字本应作'𠃌'，只是为了匀称，才取二刀并植之形。"② 我们推

① 《汉语大字典》第二版，四川辞书出版社、崇文书局2010年版，第2332页。
② 尹黎云：《汉字字源系统研究》，中国人民大学出版社1998年版，第396—397页。

测，刀刃弯曲下垂的长刃半月形刀具读作"liǔ"，刀刃笔直的短刃半月形刀具则读作"mǎo"。再如"留"字，金文写作"🐛"、"🐛"等形，《说文·田部》："留，止也。从田，丣声。"戴家祥《金文大字典》收录有"留"字，但并没有对此字的形义进行探索与分析①。谷衍

图3—26　石刀

奎先生说："留，会意字。金文从卯（剖割），意谓田间收割遗留。""凡从留取义的字皆与遗留等义有关。"②顾建平先生则认为："留，会意字。从田（农田），从卯（早晨），表示自早晨起便留在田中耕作。本义为不离开原地点。"③我们认为，谷氏、顾氏两家的分析都不符合汉语音本义原理和汉字构形学的原理，属于臆说之辞。"留"字从"丣"（liú，一种刀刃在弧面的半月形刀具，刀刃弯曲下垂，甲骨文中常用作一种杀牲的方法）、从"田"构作，属于形声兼象事结构，极有可能表示高高挂起并下垂到地面的网状物。因为"田"字是对网状井田的象形描摹，在甲骨文中写作"田"、"畕"、"田"等形，在构字中可以表示网状事物，如"明"字的甲骨文形体也有从"田"构作成"🌙"的。刘兴隆氏即指出此字所从的田"非田地之田，乃窗牖形"④。

图3—27　捕鸟兽的网具

在会同话里，垂挂在两棵树之间用来捕捉鸟兽的网具称作"liú"（见图

---

① 参见戴家祥《金文大字典》，学林出版社1999年版，第3380页。

② 谷衍奎：《汉语源流字典》，华夏出版社2003年版，第579页。

③ 顾建平：《汉字图解字典》，东方出版中心2008年版，第1073页。

④ 刘兴隆：《新编甲骨文字典》（增订本），国际文化出版公司2005年版，第910页。

3—27)。笔者在少年时期曾多次参与打猎，并亲自“放 liú（计按，即架设网具）”捕获过野羊，因此对于这一网具的名称十分熟悉而又相当困惑。这几年，通过对汉语汉字的深入研究，发现“留”很可能就是指这种网具，其异体即《集韵》所收的“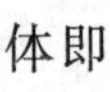”字。因为“留”这一网具能够使向前快速行进的鸟兽停滞下来，所以可以引申出“留滞”（“留止”）的意义。再如“溜”字，字从“水”从“留”，属于形声兼象事结构的字，表示“水或其他液体向下流。”[①] 再如“霤”字，字从“雨”、从“留”构作，也属于形声兼象事结构的字，顾野王《玉篇·雨部》：“霤，雨屋水流下。”《文选·束皙〈补亡诗·华黍〉》李善注：“凡水下流曰霤。”《汉语大字典》：“霤，liù；屋檐的流水。”再如“柳”字，甲骨文写作“”、“”等形，金文写作“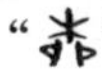”、“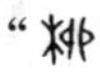”等形，字从“木”、从“丣”构作，也属于形声兼象事结构的字，许慎《说文·木部》：“柳，小杨也。”段玉裁注：“杨之细茎小叶者曰柳。”许、段二氏说解虽然正确，可惜未能揭示出柳树得名的语源意义。李时珍《本草纲目·木部·柳》：“杨枝硬而扬起，故谓之杨；柳枝弱而垂流，故谓之柳。”[②] 李时珍虽然对于汉语文字学并不精通，但这一说解却至确无疑，完全符合汉语音义同源规律和自然的实际情形，可谓真知灼见。

通过上述分析可知，甲骨文“”属于偏正组合的象事字，最初是指旌旗的“旒”，是“旒”的初文、本字。后来，由于出现了年轻人执小旗周游列国拜师求学的社会现象（计按：有些类似于今天执小旗游走宣传修补漏屋的工作人员形象）。因此，“斿”字又多了一个“yóu”的音，加“辶”旁写作了“遊”。《孟子·尽心上》：“故观于海者难为水，遊于圣人之门者难为言。”此处的“遊”字即用了它最初的意义——游历求学。

现在再来谈一谈“斩”字。“斩”字小篆写作“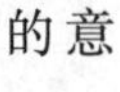”形，字从“车”、从“斤”构作，属于象事字，最初应该表示一种像车轮一样靠人力牵引可以转动的刀具。组合在一起的两个形体——“车”、“斤”，即形成了偏正结构的关系。许慎《说文·车部》：“斩，截也。从车从斤，斩，

① 《汉语大字典》第二版，四川辞书出版社、崇文书局 2010 年版，第 1826 页。

② 转引自《汉语大字典》第二版，四川辞书出版社、崇文书局 2010 年版，第 1271—1272 页。

法车裂也。"段玉裁注曰："此说从车之意，盖古用车裂，后人乃法车裂之意而用鈇钺，故字亦从车，斤者，鈇钺之类也。"① 许氏、段氏没有能正确理解"斩"字形体组合的原理，释义析形不确切。刘熙《释名·释丧制》："斫头曰斩，斫腰曰腰斩。斩，暂也，暂加兵即断也。"刘氏之《释名》大多采取所谓声训的方法，此处以"暂"来解释"斩"，完全属于附会牵强之臆说。林义光《文源》："按：车裂不谓之斩。斩，伐木也。《考工记·轮人》：'斩三材。'从斤从车，谓斩木为车。"林氏也未晓"斩"字的音形义结合的内涵，解说大误。

那么，"斩"字的形义到底是怎样的呢？清人沈家本撰《历代刑法考》一书，对"斩"这一刑罚进行了深入详细的考证，沈氏说："《周礼·秋官·掌戮》：'掌斩杀贼谍。'注：'斩以鈇钺，若今要（计按：即腰之初文、本字）斩也。杀以刀刃，若今之弃市也。'按：此分斩、杀为二事，郑盖据汉法言之，以今况古也。……《鲁语》臧文仲言：'刑五：大刑用兵甲，其次用斧钺，中刑用刀锯，其次用钻笮，薄刑用鞭扑。'《周礼》疏引'斧钺'，注：'谓犯要斩者。''刀锯'，注：'刀以劓（yì）之，锯以笮之。'如是，刀中容弃市。韦昭注：'割劓用刀，断截用锯。'……是大刑之死刑但用斧钺，不得有他刑也，是据文仲之言大辟只有一项也。《条狼氏》之誓众曰杀、曰车轘，而不曰斩，车轘当为军中之刑。韦昭《鲁语》注：'斧钺，军器也。'《书》曰'后至者斩'，《条狼氏》之杀，即谓斩刑。《尔雅》：'斩，杀也。'斩。杀二字，义相转注，不可区为二也。"② 沈氏在《刑法分考三·要斩》下又论述说："按：古者斩人大多是腰斩，故往往以要领并言。……《项籍传》：'孰与身伏斧质。'注师古曰：'质谓鑕也。古者斩人，加于鑕上而斫之也。'《公羊传》之'鑕'即質（质）也。鈇有二解，《仓颉篇》：'鈇，椹也，质也，铁斧也。'《后汉书·李固传》：'河内赵承等数十人亦要鈇鑕诣阙通诉。'注：'《字林》曰：鈇鑕，椹也。'《固传》又言：'固弟子汝南郭亮，乃左提章钺，右秉鈇鑕，诣阙上书，乞收固尸。'是亦以鈇鑕为椹。段若膺云：'古多训鈇为椹质。说《仓颉》者，谓椹质为鈇，以古诗斩刍之质谓之稿砧隐语。夫字言之说，《仓颉》者是也。'《后汉·献帝纪》：'加鈇

---

① 段玉裁：《说文解字注》，上海古籍出版社 1981 年版，第 730 页。
② 沈家本：《历代刑法考》（一），中华书局 1985 年版，第 129—130 页。

钺',注引《仓颉篇》'鈇,斧也',此夺去'椹质也钺'四字,为俗误所本,此一解也。《说文》:'鈇,莝斫刀也。'《一切经音义》引《说文》有谓'莝刀也'一句,《后汉书·献帝纪》注引《说文》作'莝刀也'。《列子·说符》注'鈇,钺也',《泥犁经音义》引《仓颉》曰:'鈇亦横斧也。'《汉书·戾太子传》'不顾鈇钺之诛',注师古曰'鈇所以斫人,如今莝刃也'。王菉友云:'刀之用在切,鈇之用在斫。鈇,今谓之铡。铡床,古谓之椹质,又谓之稿砧。'此一解也。愚谓二解实一义也,今之铡刀,刀与床相连,疑古亦如是。合言之曰鈇质,或亦谓之椹,分言之则刀为鈇,床为椹为质,鈇亦谓之横斧,言其形也。"① 椹、鍖、砧为一字异体,即今天大家熟悉的切菜用的砧板。因为砧板材质的不同,古人才造出了这三个意义相同而形体相异的字。从沈家本氏的论述可知,"斩"不过就是"铡"的别名而已,根据汉语名动相因的规律,"铡"即指铡刀,也可以用为动词——用铡刀切;同理,"斩"的意义和用法也与"铡"一样。《汉语大字典》:"铡,一种装着枢纽可以扳转的刀具。即莝草刀。古谓之鈇,今谓之铡。也用作刑具。"② 这种刀具装着可以转动的枢纽,又需要靠人力牵引,所以,古人便从"车"构造出"斩"字。人们在铡草的时候,铡刀快速地一上一下开开闭闭,与人眼眨动的情形很类似,因为"斩"即是"铡"的别名,所以在古文献中"斩"也可读作"铡",用为"眨"。如《西游记》第四十九回:"提起篮儿,但见那篮里亮灼灼一尾金鱼,还斩眼动鳞。"《汉语大字典》解释此处的"斩"字说:"用同'眨'。眼睛一睁一闭。"另外,汉语音本义原理认为,"zhan"音的音本义主要强调"高的"、"异类黏附"的特点。如"占"字,甲骨文写作"占",上部所从为"卜"(计按:卜字有纵线、横线,为龟甲灼烧裂纹的象形描摹),下部所从为"口",表示占卜者用"口"解释出龟甲灼纹所包含的吉凶含义,属于象事结构的字。许慎《说文》:"卜,灼剥龟也,象灸龟之形;一曰象龟兆之纵横也。"许氏对"卜"字的解说基本正确。左民安先生也曾简单介绍过"卜"字的形义关系,左氏说:"上古人,特别是殷商之时,凡是年成的丰歉、战事的胜负、天气的阴晴等必先占卜。所谓占卜,即把乌龟的甲刮光,再进行钻凿,并放在火上烤,这样在龟甲

---

① 沈家本:《历代刑法考》(一),中华书局1985年版,第115—116页。
② 《汉语大字典》第二版,四川辞书出版社、崇文书局2010年版,第4555页。

上就会出现或横或纵的裂纹，根据这种裂纹再来分析是凶还是吉。甲骨文卜就是龟甲上裂纹的形象（有纵有横）。"① 《周礼·大卜》注说："问龟曰卜。"可见左氏对"卜"字的形义分析与历史的实际相符，至确无疑。由此可知，"占"字的实际意义，不过就是指殷商"贞人"（计按：专门负责占卜的人）将对事物吉凶的判断和龟甲上纵横不一的龟兆正确附合在一起的高难行为而已，这恰好与"zhan"的音本义要求相符，所以得名为"zhān"。又如"戰（战）"字，金文写作"戰"形，字从"单"、从"戈"构作，"单"字甲骨文写作"单"、"单"等形，它的本义在古代是指一种捕捉工具，在此字中也起到表声的作用，而"戈"是一种兵器，在构字中突出了作战的意义，两形组合在一起，属于形声兼象事结构的字。《说文·戈部》："战，斗也。从戈，单声。"战斗的"斗"字甲骨文写作"斗"、"斗"等形，小篆写作"斗"，隶定楷化后写作"鬥"，像两人伸手打斗之状，而"战"字最初主要是指异族间发生的高危战事，危险和血腥的程度远远超过了"鬥（斗）"，并且有"异类黏附"（计按：两族交战，有黏附之象）的特点，许氏析形释义比较正确。再如"詹"字，小篆写作"詹"形，字从"厂"、从"八"、从"言"构作，属于象事结构的字，普通话读作"zhān"，会同话读作"zhán"。《说文·八部》："詹，多言也。从言，从八，从厂。"徐铉注："厂，高也；八，分也，多故可分也。"段玉裁注："此当作厂声，浅人所改也……厂与檐同字同音。詹，厂声。"② 在会同话里，"詹"的运用频率非常之高，它的大概意思是不切实际地夸奖别人，即用语言给别人戴高帽子，如"你有詹我"、"他最爱詹人"之类中的"詹"，用的就是这个意思。《诗·鲁颂·閟宫》："泰山巖巖，鲁邦所詹。"朱熹集传："詹，与瞻同。"而瞻即是向高处看的意思，可知"詹"的确包含了"高"的特点。不切实际地夸奖他人，其实就是将他人的名声、地位往高处黏附，与"zhan"的音本义要求刚好吻合，所以得名为"詹"。从汉字形义学的原理来看，"詹"的形体构造也恰好与会同话中"詹"的意义相合，可见许氏《说文》的释义是不太确切的。而铡刀是一种将刀片黏附在槌质之上并且能够高高抬起

---

① 左民安：《细说汉字——1000 个汉字的起源与演变》，九州出版社 2005 年版，第 72 页。

② 段玉裁：《说文解字注》，上海古籍出版社 1981 年版，第 49 页。

的刀具，所以也可以命名为"zhan"，以上的分析可证，"斩"的确是
"铡"这种刀具的另一名称。

4. 传统形训对字原的构形功能不予以应有的重视，因此在通过形体
来探求字义时就捉襟见肘，缺乏逻辑标准，容易掺杂较多臆想成分。

高明先生曾经指出："所谓字源，应当指那些构成汉字形体的基本形
旁，主要是一些独体象形字和少数会意字。"① 高氏所讲的"字源"，一些
文字学家也常常写为"字原"，我们基本赞同高氏的这一观点，并认同黄
晋书先生"母系字原"、"子系字原"的说法，主张将高氏所讲的"一些
独体象形字"称为"母系字原"或"一级字原"，将"少数的会意字"
称为"子系字原"或"二级字原"。现在汉字中的形声字所占比例在
80%左右，象事字（主要包含了唐兰、高明先生所称的会意字）在汉字
中也占有相当的比例，它们都属于合体字（也叫复体字），都是由母系字
原或子系字原组合而成的。如甲骨文中的"�"（降）、"𣥠"（涉）、
"𢪒"（武）、"𤰔"（韦、韦）、"𢌿"（進，简化为进）等字，它们的构
件中多次出现了"𦥑"、"𣥚"、"𣥠"、"𤰔"、"𢌿"等形体近似的字
原，"𦥑"现在隶定作"夊"，"𣥠"现在隶定作"屮"，"𣥚"、"𤰔"
现在隶定作"止"或"辵（辶）"，"𣥠"隶定作"少"，"𤰔"隶定作
"土"。虽然这些字现在形体各异，但在上古时期，它们都表示足部的行
动，形体中的缺口所朝的方向，即表示足部运动的朝向。"𣥚"和"𣥠"
中的缺口朝上，表足部向上或向前行走；"𦥑"的缺口朝下，则表示向下
或向后的运动；"𤰔"的缺口向左，则表示向左原地环绕的运动，"𢌿"
则表示向右原地环绕的运动。另外，甲骨文字中如果出现两只相同的足部
运动之形体，如"𣥠"，则表示众多人的行动。再有需要引起重点注意一
点的就是，这些来自于人体双足的象形的字原，不仅仅只用于表示人的行
动，从甲骨文的实际情况来看，它们还常常被用于表述其他事物的运动，
在充当构字部件时，它们都是表示动态的字原符号。黄伟嘉、敖群两位先
生说："'夊'（甲骨文𦥑）是'止'字（甲骨文𣥚）的反写，'止'和
'夊'都像脚的形状，有'夊'旁的字大都跟腿脚有关系。""'止'（甲骨

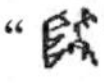

---

① 高明：《中国古文字通论》，北京大学出版社1996年版，第57页。

文 ）是脚的形状，有'止'旁的字大都跟脚或走路有关系。"① 我们认为，黄、敖二氏的这些观点与汉字中形旁的实际构造功能不尽相符，是不确切的。如果我们在训释汉字的时候，对这些字原的构形功能缺乏应有的重视和理解，就会在形训过程中无所适从，甚至闹出笑话。

如" "字，字从" "（戈）、从" "（止）构作，隶定楷化后写作"武"。" "像足趾之形，是"趾"字的初文，属于表示动态功能的构字部件，即表示人们用兵器"戈"向前击打与敌交战的意思，决不可解释为"止戈为武"。

汉语音本义原理认为，"wu"音的语词都包含了"交会（交错）"的特点。

例如："巫"字甲骨文写作" "形，郭沫若、唐兰等据《诅楚文》将此字释作"巫"，后李孝定、饶宗颐、屈万里等人从之，姚孝遂更是明确指出："田当释巫，毫无疑义。"② 那么，" "的形义是怎样结合在一起的呢？李孝定曾说："惟巫字何以作田亦殊难索解，疑象当时巫者所用道具之形。"③ 刘兴隆《新编甲骨文字典》也收录有这一形体，但未对它的构形原理予以分析④。从" "的形体构造来看，" "其实就是由两个" "交错在一块而形成的，构形本身就突出了"交错"的含义。尹黎云先生认为："（巫）一作田，使二工交错。凡加放烧制坯件时，均是交错码放……故巫又有交错义，与互音义相通，语出一源。《左传·僖十七年》'雍巫'，孔颖达疏：'字易牙。'名巫字牙，牙有交错义，如磐互又作磐牙，可证巫也有交错义。"⑤ 因为在上古人的观念里，那些专门从事卜筮祭祀的巫，可以与神鬼进行交会沟通，正好具备了"交会"的功能和特点，因而被称作了"wū"。许慎《说文》："巫，祝也。女能事无形，以舞降神者也。象人两袖舞形，与工同意。古者巫咸初作巫。"许氏"所录非初形，故说义亦不可据也。"⑥

---

① 黄伟嘉、敖群编：《汉字部首例解》，商务印书馆 2008 年版，第 58、59 页。
② 于省吾主编：《甲骨文字诂林》，中华书局 1996 年版，第 2923 页"姚孝遂按语"。
③ 李孝定：《甲骨文字集释》，"中研院"历史语言研究所 1965 年版，第 1597 页。
④ 参见刘兴隆《新编甲骨文字典》（增订版），国际文化出版公司 2005 年版，第 271 页。
⑤ 尹黎云：《汉字字源系统研究》，中国人民大学出版社 1998 年版，第 125 页。
⑥ 于省吾：《论俗书每合于古文》，载《中国语文研究》第 5 期，第 16 页。

又如"舞"字，甲骨文写作"𡙕"形，金文写作"𣥏"形，隶定楷化后写作"無"，裘锡圭说："'無'与'舞'本为一字。字形表示人持牛尾一类东西跳舞（《吕氏春秋·古乐》：'昔葛天氏之乐，三人操牛尾，投足以歌八阕'）。"① 谷衍奎氏也认为："（𡙕）象人手持舞具举手投足舞蹈之形"②，可见"無（无）"其实是"舞"的初文、本字。王宁先生曾说："例如，跳舞的动作叫'舞'，以舞祝神的人叫'巫'，舞蹈的步伐叫'武'……'舞''巫''武'的词义都与跳舞有关，声音又一脉相承，它们的音义都可追溯到同一根词上去，自然显示音近义通关系。"③ 王氏对于汉语音义同源的规律缺乏深刻的认识，因而这些分析不完全符合汉语语词音义关系的实际情况。姚孝遂、肖丁二氏指出："'舞'为祈雨之祭，《周礼·司巫》：'若国大旱则帅巫而舞雩。'《尔雅·释训》：'舞，号雩也。'郭璞注云：'雩之祭，舞者吁嗟而请雨。'邢昺疏引孙炎云：'雩之祭有舞有号。'卜辞'舞'字即象有所持而舞之形，舞蹈是雩祭祈雨时的一种主要形式。《公羊》桓公五年传：'大雩者何？旱祭也。'何休注：'使童女各八人舞而呼雩，故谓之雩。'"④ 少男少女各八人交错在一起手舞足蹈（计按：男女交会，象征天地相交之意），并不时发出"呜—呜"的呼号，这就是上古时代求雨的一种特别的祭祀仪式。在会同方言里，至今仍然习惯将男女之间不太正当的交往行为称作"舞扯（wù chà）"，如："他和那个发廊妹舞扯在一起了。"

又如"午"字，甲骨文写作"𠂤"形，金文写作"𠂤"、"𠂤"等形，尹黎云先生说："甲骨文𠂤，象棒杵之形。《说文·六上·木部》：'杵，舂杵也。'午就是杵的初文。"⑤ 邹晓丽先生认为："朱骏声：午，杵也。罗振玉：马策（马鞭）之形。郭沫若：索形，而御从之。今人多同意'午'是'杵臼'之'杵'的说法。"⑥ 杵的上端为"×"形把手，方便两人抬起放下时用力，而"×"具有纵横交错的特点，所以"杵"可以称作"午"。顾野王《玉篇·午部》："午，交也。"《仪礼·大射》：

---

① 裘锡圭：《文字学概要》，商务印书馆 1988 年版，第 123 页。
② 谷衍奎：《汉字源流字典》，华夏出版社 2003 年版，第 44 页。
③ 王宁：《训诂学原理》，中国国际广播出版社 1996 年版，第 129 页。
④ 转引自于省吾主编《甲骨文字诂林》，中华书局 1996 年版，第 257 页。
⑤ 尹黎云：《汉字字源系统研究》，中国人民大学出版社 1998 年版，第 402 页。
⑥ 邹晓丽：《基础汉字形义释源》（修订本），中华书局 2007 年版，第 229 页。

"若丹若墨，度尺而午。"郑玄注："一纵一横曰午，谓画物也。"《汉语大字典》："午，纵横相交。"阴历的五月阴气与阳气相交，所以被称作"五月"或"午月"；白天十二点左右也是阴阳二气相交的时辰，所以被称作"午时"。

再如"勿"字，甲骨文写作"𠃌"形，金文写作"𠁣""𠁣"等形，描摹了黏附在"𠃌"（刀）上的杂色铜锈斑点之状，赵诚说："勿，构形不明。甲骨文用来指称物色，即后代所谓的云气之色，则为借音字。从这种意义上说，勿即物色之物的初文。古代占候，多望云气。《周礼·保章氏》：'以五云之物，辨吉凶水旱降丰荒之祲象。'郑注：'物，色也，视日旁云气之色。'"①"勿"是指青铜刀具上的几种色彩交杂而成的铜锈斑点，所以包含了"色"的意思，锈蚀的刀具一般不再使用了，所以又可以引申出"不用"、"不要"的意义。

再如"物"字，甲骨文写作"𤘬"、"𤘬"、"𤘣"等形，小篆写作"𤘬"、"物"等形，字从"牛"、从"勿"构作，属于运用比喻手法造出的形声结构的汉字，即是指像铜锈斑点那样的，由几种毛色交杂在一起的牛。王国维氏《释物》："古者谓杂帛为物，盖由'物'本杂色牛之名，后推之以名杂帛。"《汉语大字典》："按：'物'之本义为杂色毛牛。"②

再如"芜"字，小篆写作"蕪"形，隶定楷化后写作"蕪"，《说文·艸部》："芜，秽也。从艸，无声。"《小尔雅·广言》："芜，草也。"《楚辞·招魂》王逸注："不治曰芜，多草曰秽。"《汉语大字典》："芜，田地荒废；丛生的草；繁杂。"③ 分析可知，芜与秽意义相同，其实都是指田地因为荒废而杂草交错丛生的状态。

再如"寤"字，许慎《说文》解释说："寤，寐觉而有言曰寤（计按：据段注改）。一曰昼见而夜梦也。"事实上，"寤"字不过是指一种由睡觉的姿势和清醒的意识交杂为一体的休息状态，也即是俗语所讲的躺着休息。

现在再回到"武"字的讨论。"武"字所从的"戈"是商代军队使用的最主要的格斗兵器，在构字中常常表示杀伐、战争的意义。通过以上

---

① 赵诚：《甲骨文简明词典》，中华书局 1988 年版，第 188 页。
② 《汉语大字典》第二版，四川辞书出版社、崇文书局 2010 年版，第 2117 页。
③ 同上书，第 3509 页。

分析可证，"武"字主要是指战争双方交会作战的状况。另外，在甲骨文里还有很多与"🔱"（武）构字方式相同的文字。有的属于象事字，与"🔱"的构字原理相似；但有的属于形声字，与"🔱"的构字原理就有区别。下面略举几例作简要分析：

如"前"字，甲骨文写作"🚢"形，字从"止"、从"凵"构作。"凵"字后世隶定为"凡"，叶玉森、杨树达认为即帆字之初文，像挂在船上的风帆之形①。可见"🚢"属于象事结构的文字，表示挂起风帆后前进的意思。金文开始讹变为"🚢"、"🚢"等形；小篆写作"歬"形，字变成了从"止"、从"舟"构作，即表示船只向前运动，已经与甲骨文的构形意图不太吻合了。"歬"（前）读作"qián"，如按某些学者将"武"字训释为"止戈为武"那样，将"歬"训释为"止舟为前"则一定是令人笑掉大牙的事。

古人为什么要用"止"和"凵"组合表示前进的意思？为什么又将"🚢"读为"qián"呢？我们认为，"🚢"字的创造，是我们的先祖从长期的渔猎生活实践和水上运输中总结出来的结果，并且也很好地证明了汉语音义同源规律的实际存在。《周易·系辞下》说："神农氏没，黄帝、尧、舜氏作……刳木为舟、剡木为楫；舟楫之利，以济不通，致远以利天下，盖取诸涣。"②"刳木为舟"，即将大原木用湿泥涂在表面，其中留下适当的面积不予涂泥，后将此处用火烧炙使其碳化，再用不太锋利的石刀刮削凿刻，如此多次反复，独木舟就制成了。记载可证，至迟在尧舜的时代，我们的先祖已经发明制造出了独木舟，可见中国水上运输的历史非常悠久。据湖南洪江高庙遗址发掘出来的器物图案显示，距今7800多年的高庙人，已经掌握了帆船航行的技术。到了商代时期，水上运输较以前更是有了长足的进步，人们已经能够很好地运用风帆的动力来推进船只的航行了，"🚢"字就是在这一历史背景下被古人创制出来的。一方面，当人们扬帆航行时，船只的运动方向基本都是向前运行；另一方面，当人们利用风帆的推动力航行的时候，人们不需要花费太多的力气就能达到让船只前进的目的。

---

① 参见杨树达《积微居小学述林全编》（上册），上海古籍出版社2007年版，第142页。
② 《全本周易》，北京出版社2006年版，第354页。

汉语音本义原理认为，"qian"的音本义包含了"不足的（少量的）"的特点。于是，古人便将这种只需花费少量人力就能让舟船前进的运行方式命名为"qián"。

又如"进"字，甲骨文写作"🐦"，上部所从的"🐦"，是从"🐦"这一形体简化而来的，为禽鸟的象形描摹，后世隶定楷化后写作"隹"(zhuī)，"是雏的象形……引申泛指鸟类"[1]，下部即为表示动态的字原符号"🐦"，两形组合隶定作"进"，属于象事字，意思是飞禽向前或向上飞行。《说文·辵部》："进，登也。"《汉语大字典》："进，向上移动。"分析可见，"进"字的最初含义应当是指飞禽向上飞行的意思。《书·君陈》："进厥良，以率其或不良。"《周礼·夏官·大司马》："进贤兴功，以作邦国。"这些文献中的"进"字都包含有提升之意，就是从它的本义引申出来的意义。邹晓丽氏认为："（進乃）追赶飞禽之形，造字之初义当与'逐'同。"[2]"进"字在上古文献中没有用作"追赶"、"追逐"意义的实例，此释应该与"🐦"字的构形意图不相符合。

图 3—28　卜辞中的狩猎场面

又如"逐"字，甲骨文写作"🐖"、"🐖"、"🐖"等形。"🐖"是甲骨文的简写形体，上部所从为"🐖"，像有着圆肚短尾的大猪之形状，是"豕"和"猪"的初文；下部所从的"🐖"或"🐖"，是表示动态的字原符号。"🐖"是"猪"的初文，在上古时代，它本来就应该有

---

① 尹黎云：《汉字字源系统研究》，中国人民大学出版社 1998 年版，第 375 页。

② 邹晓丽：《基础汉字形义释源》（修订本），中华书局 2007 年版，第 82 页。

"zhū"一读音。分析可见，两形组合在一起，便构成了形声结构的文字。家猪不好动，人们常常将它们聚集在一起进行圈养，于是，古人便通过名动相因的手法，把驱赶动物聚集到一个固定地方的行为也叫做了"逐"。其繁体写作"𧲸"形，上面所从为两个"𧰧"，表示猪群的意味更加明显了。后来，金文增加了另一个动符"彳"写作"𧗐"形，基本承沿了甲骨文的形体。

姚孝遂指出："'逐'在卜辞乃指某种具体的狩猎手段而言，根据大量有关辞例的观察，应该是围猎之一种形式。《缀》一七六有刻辞云：'其逐鹿，自西、东、北，亡𢦏（计按：即无灾）？自东、西、北逐鹿，亡𢦏？'这种'逐'的方式，显然是一种围猎的方式。围猎一般的情况都是三面包围，将野兽从其隐藏的森林中逐出，然后加以捕获。"[1] 根据有关书籍介绍，原始人群在进行捕猎时，常常会通过三面包围的驱赶方式，将猎物追赶到预先选定好的陷阱或悬崖等区域。姚孝遂氏作为著名的甲骨文大家，他的这一解说完全符合上古先民渔猎生活的实际。汉语音本义原理认为，"zhu"音的音本义，主要包含了"聚集""定止"的特点。"逐"字读作"zhú"，就是表示将鹿群、羊群、猪群等动物驱赶聚拢到一个限定区域的行为，这与"zhu"的音本义要求恰好完全吻合。后来，随着词义的发展，人们便将所有跟随在其他事物后面进行驱赶的行为，都称作"逐"。其他如"猪""主""注""著""竹""祝""煮""潴"等这一音系的文字，无不包含了"聚集"和"定止"的特点，由于篇幅所限，这些同源词将放到后面"与植物相关的字原"——"竹"一节详论。

另外，古文字中还有一个从"豚"（计按：小猪，会同话读作 dūn，如胖墩，其实就该写作胖豚）构作的"遯"（计按：即遁字）字，也属于形声结构的文字，读作"dùn"，表示"逃跑"、"逃遁"的意思。杨树达曾说："《说文》两篇下《辵部》云：'遯，逃也。'从辵，豚声。按，豚为小豕，性善逃。……《辵部》又云：'遁，逃也。'按，遯与遁声义并同，遁字从盾者，盾与豚古音同也。"[2] "遯"从"豚"得声，"逐"从"豕"（猪）得声，两个字的构形原理完全一样，它们的意义，也是从

---

① 姚孝遂：《甲骨刻辞狩猎考》，载《古文字研究》第六期，中华书局 1981 年版，第42—43页。

② 杨树达：《积微居小学述林全篇》，上海古籍出版社 2007 年版，第 39 页。

"豚"（小猪）和"豕"（大猪）的不同习性发展而来的。如果不根据生活的实际情况去分析甲骨文的形义组合原理，我们就可以将前面分析过的"武"字说成是"追逐武器"，将"進"（进）说成是"追逐飞鸟"（如邹晓丽所释），将"前"说成是"在舟（计按：其实是帆）前牵拉"等，这种明显脱离生活实际的解析，自然是站不住脚的。

5. 传统形训没有能够结合"汉语音本义原理"对汉字的形体含义进行考释，所以未能认识到弄清训释字所指对象的特点，而这才是打开汉字密码的金钥匙。

前面有关章节已经介绍过，汉语音义同源规律，是上古时期最基本的汉语言规律。汉语音本义原理只注重命名对象的声音、形状、状态、位置以及其功能作用等方面的特点。在以单音节命名的上古汉语时代，一个音只强调该事物最为独特显明的某一个或两个方面的特点。一个事物因为有几个鲜明的特点而可以拥有几个不同的音节名称，但是，这一个音节可以属于是表达声音、形状之特点的，也可以属于是描写状态、位置方面之特点的，还可以属于是表述功能、作用方面之特点的。总而言之，语词的音本义就是揭示语源的，是揭示事物得名的内在规律的。因此，汉语词义的精确性，可以通过汉语音本义原理的推阐来获取。

根据孙雍长先生介绍，华夏先民给事物命名的"义类"现象大体包括了如下几种情况：

（1）据客观物体的外形状貌之特征来命名；

（2）据客观物体的颜色文采或声音之特征来命名；

（3）据客观事物的时空次第之特征来命名；

（4）据客观事物的制作方法之特征来命名；

（5）据客观事物的动作行为之特征来命名；

（6）据事物的手段方式之特征来命名；

（7）据事物的质性品德之特征来命名；

（8）据事物的功能用途之特征来命名。[①]

汉字是记录汉语语词的视觉性符号，字义的解释不仅需要切合形体构造的原理，而且更需要精确地突显出字形所指语词对象的主要特点。传统形训对字义的理解和训释，"在很大程度上不是从确定的证据中推导出确

---

① 参见孙雍长《训诂原理》，高等教育出版社 2009 年版，第 243—246 页。

定结论的线性认识过程，而是模糊性和精确性彼此对立、相互交织、相互转化的螺旋性上升的认识过程"。① 因此，要想彻底摆脱形训中普遍存在着的模糊性和不确定性，就必须要结合汉语音义同源的规律（也即汉语音本义原理）来进行考察。

如"益"字，甲骨文写作"𤮍"、"𤮏"等形，金文写作"𤯝"、"𤯞"等形，字从"八"（计按：像垂直的地穴之形）、从"𥃠"（计按：像皿中盛有水之形，监字本义为在盛水的皿上照看面容之意，甲骨文写作 𣂈 形，金文写作 𥃟 形，𥃠 中的小点即表示盛装的水）构作，属于象事结构的字，描摹了一个放置在地穴下盛着水的瓮缸之形。当汉字演变到篆文的时候，"𤯝"形讹变为"𥁊"、"𥁐"形，字变成了从"𣲎"（水）、从"𧆊"（皿）构作，后隶定楷化为"益"，这基本上已经脱离了益字甲骨文、金文时期的形态②。

许慎《说文·皿部》："益，饶也。从水、皿。皿，益之意也。"许氏的说解是建立在小篆"𥁐"之上的，不足为信。清末孙诒让《名原》卷下："𤯝、𤯟、𤯞，古文益，盖从水半见。凡水在皿中，平视不可见，至𦥑（jū，舀取）挹极满乃微现于上，正是饶益之意。古文形义相兼，义例至精。"孙氏将 𤯝 字上部所从的"𥂩"分析为"从水半见"，极为牵强附会，与汉字构形学的原理完全不符合。清人王筠《说文释例》卷四："益之水在皿上，则增益之意，即兼有氾溢之意。溢似后来分别文。"③ 李孝定《甲骨文字集释》："益用为饶益、增益之义既久，而本义转晦，遂别制溢字……此字当以氾溢为本义。"④《汉语大字典》："益，水漫出器皿。后作溢。"⑤ 方睿益氏指出："古只以益为溢，后世始有溢字。"⑥ 裘锡圭认为："𥁐，溢的初文，字形表示水从器皿里漫出来。"⑦ 刘兴隆也

---

① 宋金兰：《训诂学新论》，首都师范大学出版社 2001 年版，第 291 页。

② 参见高明《古文字类编》，中华书局 1980 年版，第 315 页。

③ 王筠：《说文释例》，武汉市古籍书店 1983 年影印本，第 146 页。

④ 转引自《汉语大字典》，四川辞书出版社、崇文书局 2010 年版，第 2742 页。

⑤ 同上书。

⑥ 转引自刘志基主编《古文字考释提要总览》第二册，上海人民出版社 2010 年版，第 724 页。

⑦ 裘锡圭：《文字学概要》，商务印书馆 1988 年版，第 127 页。

说："（益）本为溢的本字，引申为增益、利益用字。"① 可见"益"本来
是"溢"的初文、本字。那么，"益"为何读作"yì"？它为什么最初是
指水溢漫出器皿之义呢？

汉语音本义原理认为，"yi"音的语词基本都包含有"单一"或"同
一（统一）"的特点。如："邑"字，甲骨文写作"𠭯"，"口"表示范
围，"𠂤"表示跪坐不动的人，"邑"表示同一氏族统一生活在一起的
聚落。

"疫"字，许慎《说文·疒部》："疫，民皆疾也。"许氏训释不确
切。《黄帝内经·素问·刺法论》说"五疫之至，皆相染易，无问大小，
病状相似"。"无问大小，病状相似"，也就是说不管年龄大小，大家一起
同时患上了同一症状的病。

"殪"字，《诗·小雅·吉日》："发彼小豝，殪此大兕。"毛传：
"殪，一发而死。"孔颖达疏："《释诂》云：'殪，死也。'发矢射之即
殪，是一发而死也。"由此可知，"殪"其实就是今天大家所讲的"一击
毙命"。

"易"字，"易"是"蜴"之本字，古代指会变色的蜥蜴。蜴，即指
可以将皮肤颜色变成和所处环境颜色相同一的动物。

"姨"字，上古之世男孩头上留有两束头发，俗称"总角"，因形状
像丫杈，所以男孩在古代被称为"伢"，丫、伢为同一音系之字。因头发
有二束，所以男孩又被称为"儿"，二、儿为同一音系之字；而女孩子的
头发只留有一束，所以女孩子就因为这种发式被称为"姨"，一、姨即为
同一音系之字。《礼记》说："剪发为鬌，男角女羁。"前人注释认为：角
者，即"夹囟两旁当角处，留发不剪"；羁者，即"留其顶上，纵横各
一，相交通达"。沈从文先生对此作了通俗的解释，沈氏解释说："原注
意译成现代语言，似可作剪发，男的顶门两旁留一小撮，把发梳理之后，
结成小丫角，女的顶正中留一小撮，编成小辫（俗名'一抓椒'、'冲天
炮'），以示区别。"②《礼记》、沈从文氏之说可证，我们对"儿"、"伢"、
"姨"三字语源的推理是正确的。

"意"字，字从"音"从"心"构作，在古文字中，音字小篆写作

① 刘兴隆：《新编甲骨文字典》（增订版），国际文化出版公司 2005 年版，第 291 页。
② 沈从文：《中国古代服饰研究》，世纪出版集团、上海书店出版社 2005 年版，第 68 页。

"喑"，言字金文写作"喑"，从字形可知，言与音乃一字分化的关系。会同俗语说："吃鱼 tìng（此词在会同话中是将舌尖挺出品尝食物的意思）刺，讲话听音。"汉语的音义关系是十分紧密的，音节不同，音本义就不同，音调不同，所指的具体对象也就自然会产生变化，由此可知，"意"字即指音节所对应的语词所包含的意思与心里的想法完全同一。

"乂"（计按：也写作"刈"）字，甲骨文写作"乂"形。许慎《说文·乀部》："乂，芟草也。刈，乂或从刀。"许氏所释不是乂字的本义。谷衍奎氏说："乂，象形字。甲骨文像原始的剪除杂草的剪刀形。"尹黎云先生同样认为："乂，甲骨文作乂……是芟草工具的象形。这是剪刀的雏形。"[1] 众所周知，剪刀是由两把刀刃合在一起而形成的新整体，具有"统一"的特点，因此得名为"yì"。

《论语·八佾》中的"佾"（计按：普通话读 yì，会同话读作 yì）字，是指多个人站成同一条直线的行列。

"译"字，是指将两种或多种语言所表达的意思转换成同一语言的行为。

"抑"字，甲骨文写作"抑"形，上部从"抑"，表示手向下压迫之状，下部从"抑"，表示跪坐之人，可知"抑"属于象事字，像一人用手将另一人的头部向下按压之形，表示用强制力量迫使他人的思想、行动与自己的思想、意愿相同一的行为。

基于上述的分析，我们认为过去文字学家对于"益"的形义解说有误，那些说解既不符合汉字构形学的基本原理，也不符合汉语音义同源的基本规律和要求。我们推测，"益"的构形很可能源自于古代中原地区"渗漏灌溉"这一常见而特殊的方式，像将盛水的大瓮缸浅埋于地穴之状。北魏贾思勰《齐民要术》卷二"种瓜第十四"一节记载："氾胜之（著名农学专家）区种瓜：一亩为二十四科。区方圆三尺，深五寸。一科用一石（dàn）粪。粪与土合和，令相半。以三斗瓦瓮埋着科中央，令瓮口上与地平。盛水瓮中，令满。种瓜，瓮四面各一子。以瓦盖瓮口。水或减，辄（zhé，就）增，常令水满。"缪启愉、缪桂龙先生注释说："这是用来灌溉的。用的是渗漏灌溉法，水通过瓮壁慢慢渗漏出来，瓮四面的瓜

---

① 尹黎云：《汉字字源系统研究》，中国人民大学出版社 1998 年版，第 214 页。

蔓可以得到适量水分的供给，而且不致或多或少，又可避免地面灌溉的流失和蒸发，节约水量，还能在一定程度上保持水温。"① "盛水瓮中，令满"、"常令满"，所以"益"字可以引申出"满"、"饶"的意义；"水或减"，瓮中的水从瓮壁渗漏出来，所以"益"字又包含着"溢出"之义；这种灌溉方法有利于干旱、寒冷地区的农作物生长，能使农作物的产量增加，所以又能够引申出"利益"、"利好"、"增加"、"增益"的意义。其次，从汉字构形学的原理来看，"益"字与甲骨文"劵"（豙）字构形原理相似，两字上部所从都是表意功能相同的"八"。刘兴隆说："（劵）为豙字之初文；后世又假通作遂、队、坠。"② 尹黎云先生说："甲骨文劵，非'从八，豙声'，而是在豙上增两斜画，象陷阱之口，这是豙落陷阱的形象。"③ 从刘氏、尹氏的论述可知，"益"和"劵"字上部所从的"八"，的确具有表示地穴或陷阱类事物的功能，由此可以推论，金文"益"之形体，正好与《齐民要术》里介绍的"渗漏灌溉"的情况相符合。另外，从汉语音本义原理来看，"以三斗瓦瓮埋着科中央，令瓮口上与地平"，即是说瓮口与它周围的地面处于同一个平面之上，这一埋放的方式因而具有了"同一"的特点，所以得名为"yì"。在上古汉语里，有一个与"益"有着密切关系的常见文字——"瘞"，即读作"yì"。许慎《说文·土部》："瘞，幽埋也。"顾野王《玉篇·土部》："瘞，藏也。"《诗·大雅·云汉》："上下奠瘞，靡神不宗。"唐代陆德明《经典释文》："瘞，埋也。""埋"在古代是指将东西放在坑里用土简单地盖上，许氏等三家所释瘞字的含义都比较确切。"瘞"字从"疾"（qiè）、从"土"构作，属于象事结构的字。上部所从的"疾"字，《说文·疒部》释作"病息也"，徐锴《说文系传》："疾，病小息也。"王筠《说文句读》："然则小息即少气之谓也。"可见"疾"字就是指病人气息极其微弱的状态，由此可推，从"疾"从"土"构作的"瘞"字，不过就是一种用少量的泥土掩盖铺平的一种埋藏方式而已。掩盖铺平，正好与周围的地面处于了同一平面，所以，"瘞"字得名为"yì"，这也正好可以为"益"的音形义

①　缪启愉、缪桂龙：《齐民要术译注》，上海古籍出版社 2009 年版，第 136 页。
②　刘兴隆：《新编甲骨文字典》（增订版），国际文化出版公司 2005 年版，第 43 页。
③　尹黎云：《汉字字源系统研究》，中国人民大学出版社 1998 年版，第 343 页。

结合原理做一个侧证。

接下来，让我们来考察一下"幼"字的音形义结合关系。"幼"字甲骨文写作"ᵇ"形，刘兴隆先生解释这一形体为："象臂有一根短丝线，示幼小无力之义。"① 宋均芬引王延林《常用古文字字典》说："象手臂上挂根小丝线，以示手力之小。"② 甲骨文中手臂之形一般呈"ᵉ"（此即厷、肱的初文）形，手掌和臂弯处大多为弯曲之状，而农具"力"字写作"ᵈ"之形，下部的一横为直画，可见刘氏、王氏等所释不得当。许慎《说文·幺部》："幼，少也。从幺，从力。"许氏所释也不确切。谷衍奎《汉字源流字典》："幼，会意字。甲骨文从幺（细小），从力，表示力量弱小。"③ 所释也与幼字的构形意图不相符合。李程先生说："幼，由'幺'和'力'构成。'幺'字有小孩的含义，整个字的意思是需要特别用力照看的小孩，由此产生幼儿、幼小的含义。"④ 所释多为臆测之辞，与幼字的形义结合原理相去更远了。那么，"幼"字的形义到底是怎样的呢？邹晓丽先生曾经进行过探索研究，邹氏说："古耕地在前面拉耒者多

图3—29　耕种图

为幼者，后扶耒者须年长有力者，幼字形象以绳系于耒上之形。"⑤ 邹晓丽与王宁同为陆宗达、俞敏先生的弟子，她对"幼"字的训释，实在是很有见地的。"ᵇ"由"ᵈ"与"ᵇ"两个字原组成，在甲骨文时期，"ᵈ"是翻土农具之一，在作为构字字原时，可与"耒"通用，不当为"手臂"之形。徐中舒先生《耒耜考》一文即指出力象耒形⑥，后来李孝定先生从其说⑦；裘锡圭先

① 刘兴隆：《新编甲骨文字典》（增订版），国际文化出版公司2005年版，第241页。
② 宋均芬：《汉语文字学》，北京大学出版社2005年版，第311页。
③ 谷衍奎：《汉字源流字典》，华夏出版社2003年版，第156页。
④ 李程：《汉字字源与字根》，东方出版中心2008年版，第193页。
⑤ 邹晓丽：《基础汉字形义释源》（修订本），中华书局2007年版，第114页。
⑥ 参见《历史语言研究所集刊》第二本，1930年，第14页。
⑦ 李孝定：《甲骨文编集释》，"中研院"历史语言研究所1965年版，第4049页。

生曾经对"耒"、"∫"（力）两种农具作了深入的考察研究，他说："从形制上看，力，耜、耒为一系，由木棒式原始农具发展而来，耒则应由树杈做的原始农具发展而来。""晚近治农业史的同志，多以为力是由原始农业中挖掘植物或点种用的尖头木棒发展而成的一种发土工具，字形里的短画象踏脚的横木。这应该是可信的。"① 从中国农业史的实际发展情况来看，裘氏的见解至确无疑。如"罗"（男）即从此构作。而"δ"实为"糸"之初文，在参与构字时，可代表绳索之象。两形组合为"牛"，即是描摹出了用绳索在引导拉动农具"∫"耕地的形象。这正是"幼"字读为"yòu"的关键原因。因为在前面拉绳索的人多为青少年，所以，古人才用"幼"来代指这一特殊的年龄阶段。在殷商时期，人们用"∫"耕地，基本都是靠人力牵拉导引的；用牛、马协助拉动"∫"耕种土地，还是很久以后的事，兹引两份资料以为佐证：

佐证一："农业产生以后，便出现了一系列的农具，这首先是'耒'。'耒'是最早的翻土农具，是用一根弯曲的树杈做成，三簇木叉向下前方，相当于后世的犁铧，上端有一长一短两节横棒，较长者便于用双手把扶，中间一短的横木便于系绳牵拉，其象形为'∫'。'耒'字也成为意首和音素字元用于组字。农具还有比'耒'更简单的'力'，它和'弹力'的'力'形象相近，不过这里是农具的'力'。农具'力'是一根一端有弯的木棒，接近尖锐一端有一横棒或一横叉，便于用脚踏在上面用力下踩，做农田中的松土、挖土工作，其象形为'∫'。以后和弹力的'扔'字、筋力的'扔'字合并为一字，其形为'扔'，即成为现在的'力'字，只做力气、力量的'力'用，不再用做农具'力'和筋力之用。"② 牟作武先生对于农具"耒"、"力"的解说虽然不十分正确，但他关于古代农耕系绳牵拉耒以耕地的看法还是接近历史实际的。

佐证二："'犁'作为耕地工具由'耜'发展而来。人们在使用耜时，将足踏在耜下部的小横木上，靠踩压的力量翻土。犁是耜的放大，将一尖头木套在一曲木析顶端，靠推拉的力量翻土。开始时犁是木质或石质的，

---

① 裘锡圭：《甲骨文中所见的商代农业》，载《全国商史学术讨论会论文集》，1985 年，第 198—244 页。

② 牟作武：《中国古文字的起源》，上海人民出版社 2000 年版，第 156 页。

它靠人力牵拉，而且这种工具也不称作犁，而是泛称耒耜。""但是用牲畜农耕拉犁，在殷商甲骨文中还没有明显的记录。而在春秋战国时期肯定已用牲畜耕种了。《国语·晋语九》：'宗庙之牺，为畎亩之勤。'所谓'宗庙之牺'就是指牛、马等牲畜。'畎亩之勤'则是指农耕之事。由于牛马力量、速度的差异，渐渐有了分工，马主要用于运输，牛用于耕地。"① 从中国农耕产生、发展的历史实际来看，"犁"最早用人力牵拉，到春秋前后才逐渐改为用牲畜牵拉，王若江先生的论述十分正确。

汉语音本义原理认为，"you"音的语词主要包含了"导引（牵引）"、"小（或少）"的特点。举例如下：

"诱"字，它在《说文》中的本字写作"羑"，古文写作"羑"。许慎《说文·厶部》："羑，相訹呼也。从厶，从羑。诱，从言、秀。羑，古文。"顾野王《玉篇·言部》："诱，引也，相劝动也。"《论语·子罕》："夫子循循然善诱人。"《史记·越王勾践世家》："夫吴大宰嚭贪，可诱以利。""诱"由"言"与"秀"组成，属偏正结构的象事字，有"美好语言"之意，本义是指"用少量的语言引导他人达到预设目标。"《史记》"可诱以利"，此处即用了"诱"的比喻义，是指诱导他人达到预设目标的手段。

"羑"字（计按："羑"与"诱"实为一字异体），许慎《说文·羊部》："羑，进善也。从羊，久声。文王拘羑里，在汤阴。"段玉裁《说文解字注》羑字下说："进当作道，道善，导之以善也。《顾命》'诞受羑若。'马曰：'羑，道也。'"可见羑本来就是指引导之义，许氏释义不太确切，而段氏所释十分精当。古人认为"羊"善而又能给人们带来祥瑞，所以義、羲、祥、善等字都从羊构作。羑，实际就是指引导人向善而采取的程度较小的惩戒措施。周文王被商纣囚于"羑里"，即有让文王检讨自身而向善，勿有不臣之心的用意。

"又"字，甲骨文写作"ㄐ"，《说文·又部》说："又，手也，象形。三指者，手之列多略不过三也。"杨树达指出："又象右手。"② 左民安氏分析说："甲骨文ㄐ就像一只右手：向左上方和左下方伸展的笔画表

---

①　王若江：《汉字与农业》，载何九盈等主编《中国汉字文化大观》，北京大学出版社 1995年版，第 338 页。

②　杨树达：《积微居小学述林全编》，上海古籍出版社 2007 年版，第 43 页。

示指头，向右下方伸展的一长笔表示手臂。""'又'字的本义就是'右手'。"① 大家知道，在左右手的分工和使用方面，绝大部分的人习惯使用右手，右手一般处于主导、先发的位置，而左手一般处于辅佐、从属的位置。可见人们在使用四肢中体形较小的双手的时候，右手是在发挥着导引的作用和功能的，"又"（右手）既具备了"导引"的特点，同时又具备了"小"（计按：人的上肢形体比下肢小）的特点，所以被命名为"yòu"。

"尤"字，甲骨文写作"⧗"形，其形体是由"⟩"的上部增添了一根横线"一"而构成的。《说文·乙部》："尤，异也。从乙，又声。"徐灏《说文解字注笺》："尤，过也。从乙，草木出土也。物过盛则异于常，是曰尤。"林义光《文源》："又象手形，乙抽也，尤异之物从手中抽出也。""尤"字的小篆写作"⿱"形，许氏等三家根据讹变了的小篆形体立说，认为"⿱"是由"⟩"（又）和"乀"构造而成的，自然与甲骨文"⧗"字的构形意图不相符合，析形释义都不确切。丁山认为："⧗皆象手欲上伸而碍于一，犹巛之从一壅川。"② 周策纵先生说："自一九二八年胡光炜与丁山二氏释⧗为尤，已成定论。然解说不一，似尚未得其初义。……今按⧗字以一横画截断手指，可视为'七''又'连文，又亦声。象手切伤之意。"③ 于省吾又认为："尤者的造字本义，系于⟩字上部附加一个横划或斜划，作为指事字的标志，以别于又，而仍因又字以为声。"④ 丁山等上述三家，虽然依据"尤"字的甲骨文形体进行解析，但也未能切中"尤"字形义结合的实质。我们认为，甲骨文"⧗"属于形声兼象事结构的字，"⟩"字上部增添一横划，表示在正常的手指上生出的一个小手指，即通常所讲的"六手指"。手具有引导的功能，因此，生在正常手指上的小手指，便同时具备了"引导"和"小"的特点，所以得名为"尤"。左民安指出："⧗是甲骨文，在一只右手的手指上有一点，意思是生了一个肉瘤，即'疣'……《说文》：'尤，异也。'这是

① 左民安：《细说汉字——1000 个汉字的起源与演变》，九州出版社 2005 年版，第 48 页。
② 丁山：《殷契亡尤说》，载《甲骨文字诂林》，中华书局 1996 年版，第 3433 页。
③ 周策纵：《说"尤"与蚩尤》，载《甲骨文字诂林》，中华书局 1996 年版，第 3434 页。
④ 于省吾主编：《甲骨文字诂林》，中华书局 1996 年版，第 3435 页。

说，'尤'字的本义为'特异'、'不正常'。此说近是。'尤'实为'疣'字的初文。"① 人的第六指即是所谓的"疣"，左氏的说解可谓很有见地。因为生有这种手指的人极其稀少，所以"尤"字可以引申出"突出"、"特别"、"异常"的含义；因为生出第六指是不正常的，是一种病态，所以"尤"字又能够引申出"过错"的含义。根据这些分析可推，甲骨文"𠬝"，的确是用绳索在引导拉动农具"𠃌"耕地的形象。

通过对"益"和"幼"两字的音形义结合关系分析，大家应该可以感知到汉语的逻辑性与汉字的形象性。我们只要能够掌握并运用好汉语音本义原理和汉字形本义原理，学习汉语、汉字就找到了一条捷径，就完全能够在汉语言文字研究领域登堂入室，体味到汉语、汉字的无穷乐趣。对汉字的形体训释，只有与汉语音本义原理相结合，才会在训释汉字的实践中很好地领会、把握和诠释所释字的真正本义。

二　汉字形本义原理

（一）汉字形本义的定义

我们所讲的汉字形本义，既包含了汉语音本义（计按：也可以称作语源义）揭示的事物特点，又包含了汉字形体所对应的具体事物的最原始意义。

譬如说，"邮"字繁体写作"郵"，许慎《说文·邑部》："郵，境上行书舍。从邑、垂。垂，边也。"许氏的这一解释虽然正确，但因为没有明确"you"的音本义所反映的事物特点，即不能归入我们所说的汉字形本义范畴。前面已经介绍过，"you"音之语词基本都包含有"导引"和"小的"两个特点。如前面分析过的"又"、"尤"、"诱（羑）"、"幼"、"由"（计按：会同话里的"由头"即"线头"之意，可见"由"就是指穿过针眼的线头子）等字，就符合"you"之音本义所规定的两个特点。具体而言，《说文》所解释的"郵（邮）"，读作"yóu"，即属于"you"一音系的语词，它应该就包含着"you"之音本义所规定的特点。"境上行书舍"，用现在的话讲，就是城边负责传送分发书信的小馆舍——驿站，即今天大家熟悉的"邮局"。张揖《广雅·释诂四》："邮，驿也。"

---

① 左民安：《细说汉字——1000 个汉字的起源与演变》，九州出版社 2005 年版，第 252—253 页。

《孟子·公孙丑上》："德之流行，速于置邮而传命。"孙奭疏："邮，驿名。"古代的驿站（邮局），专门负责传送分发书信，对于不会自己走动的书信来说，驿站（邮局）就是"导引"着书信到达正确地址的一种小的官方机构，所以它也可以被称作"yóu"。许氏《说文》在释义时没有突显"邮"字包含的特点，因此，"境上行书舍"这一解说不属于"邮"字的形本义。

又如"夷"字，金文写作""形，字明显是从""（计按：矢，像箭矢之形）、从""（像系缚物体的绳索之形）构作，属于象事字，表示一种用绳索系缚着的单一的箭矢，即后世所谓的"弋射"的"弋"（计按：《说文》写作"隿"，读作 yì，其实就是"夷"字的同声通假）——又名为"矰"，《诗·郑风·女曰鸡鸣》："弋凫与雁。"孔颖达疏："弋谓以绳系矢而射也。"《史记·留侯世家》："鸿鹄高飞，一举千里。……虽有矰缴，尚安所施？"《索隐》："矰，一弦，可以仰高射，故云矰也。"孙诒让氏《周礼正义》说："《说文·矢部》云：'矰，隿射矢也。'又《糸部》云：'缴，生丝缕也。'《淮南子·说山训》高注云：'矰，弋射短矢。缴，大纶。'是缴者所结于矢之缕，其矢则谓之矰也。《文选·贾谊〈弔屈原文〉》李注引如淳云：'曾，高高上飞意也。'矰曾声同。结缴于矢，使之升高以射飞鸟，故其矢谓之矰，声义相贯也。"[①]从上引文献资料看，弋字本来是指竖立在地面上的木橛，《诗·女曰鸡鸣》以"弋"来指系绳的矰矢，可知"弋"字的确是"夷"的通假。左民安氏指出："是金文的形体，一枝长箭上系着一条绳子，像猎取飞鸟的射具矰缴（zēng zhuó）的样子。"[②]尹黎云先生也认为："《周礼·夏官·司矢》有八矢，其中之一就是矰矢，郑玄注：'结缴于矢谓之矰。'可见夷就是这种矰矢，其作用在于射杀飞鸟，故夷有杀义。"[③]后来，"夷"字小篆讹变写作""形，隶定楷化为"夷"，成为了从"大"、从"弓"构造的字。许慎《说文·大部》："夷，平也。从大、从弓。"许氏所释为"夷"的引申义，不是本义，更不能归入到汉字形本义的范畴；而析形以夷字的小篆形体为据，则大误。那么，从汉语音本义原理和

① 孙诒让：《周礼正义》第十册，中华书局 1996 年版，第 2561 页。
② 左民安：《细说汉字——1000 个汉字的起源与演变》，九州出版社 2005 年版，第 389 页。
③ 尹黎云：《汉字字源系统研究》，中国人民大学出版社 1998 年版，第 199 页。

汉字构形学的规律来考察，"夷"字的形本义应该如何定位呢？我们认为，"夷"，即是指一种尾部系缚着绳线并能够反复使用的"单一"的箭矢。

又如"移"字，小篆写作"𥝦"，《说文·禾部》："移，禾相倚移也。从禾，多声。"谷衍奎认为："移，会意兼形声字。篆文从禾，从多，会众禾在风中婀娜摆动之意。多也兼表声。隶变后楷书写作移。当是'旖旎'的急声合音字。""本义为禾谷柔弱婀娜摆动的样子。'倚移'即'旖旎'。"① 我们认为，"移"字应该是从"禾"、从"迻"省声的字。"迻"属于象事字，表示众多人员或物体同一（或统一）的行动，《说文·辵部》："迻，迁徙也。从辵，多声。"可见"迻"字即现在所讲的"迁移"、"搬移"之"移"的本字。《楚辞·刘向〈九叹·远游〉》："悲余性之不可改兮，屡惩艾而不迻。"方以智《物理小识·饮食类·茶》："种以多子，稍长即迻。"古代文献中表示"移动"的"移"，大多写作"迻"，即表示很多人或物同一的行动，因为具有"同一"的特点，所以被命名为"yí"。由此可推，"移"字从"迻"省声，就是表示众多的禾随风左右统一摆动的状态。许氏对"迻"、"移"两字意义的解释，基本上是正确的，但许氏对"迻"、"移"两字的音义结合原理不能正确理解，所释也未能揭示出两字包含的"同一（统一）"的音本义特点，可见"五经无双许叔重"撰写的《说文》，其实也存在着许多的缺陷和不足。

再如"置"字，小篆写作"𦋺"形，字从"网"（网）、从"直"（直）构作，属于形声结构的字。字从"网"，此字的意义必定与"网"相关；字从"直"得声，读作"zhí"，那么，它的含义里就一定包含"zhi"音音本义所要求的两个特点——"定止的"、"黏附的"。扬雄《方言》卷七："燕之外郊朝鲜洌水之间凡言置立者谓之树植。"《广雅·释诂四》："置，立也。"《周礼·考工记·庐人》："凡试庐事，置而摇之，以视其蜎（yuàn）也。"贾公彦疏："置而摇之，谓树之于地上，以手摇之。"尹黎云先生说："置从网，从直得音义，其本义当为网植。《吕氏春秋·孟冬记·异用》：'汤见祝网者置四面。'此'置'正是网置，渔户织网，多在室外，网大，必竖四根直木撑网。猎户捕猎也是如此。这四根直

---

① 谷衍奎：《汉字源流字典》，华夏出版社 2003 年版，第 641 页。

木便是置。动静引申（计按：即常说的汉语名动相因规律），设立直木也可称置，再引申便可泛指设置一切物品器械。"尹氏关于"置"字的分析十分正确，"置"与"植"音义相通，不过就是指定止竖立于地面、并能够让大网黏附着的直木而已。

许慎《说文·网部》："置，赦也。从网、直。""网"在构字中有表示法网的功能（计按：如从网构造的"罪"字就属于这种情况），将罪犯流放到某一个偏远之地，并让他（她）长期生活在那个地方，其中就包含了使罪犯"定止"、"黏附"在该地的含义。分析可见，许氏的解释不确切，也不是"置"字的最初意义。

（二）汉字形本义原理的操作

第一步，理清形体演变脉络，溯本求源，找到所释字的早期形态。

清人黄承吉说："盖古人制字之源，声义本相衔而具备。"① 正如黄氏所言，古人在造字之初，字形的取舍、构建，是与这一语词的声、义密切相关的，尤其是象形字、象事字这些原生字的创造，其字形与声义无不和谐密合。至于后起之形声字，因为它属于原生字派生出来的，中间多了一个环节，所以从表面看来，它与对应语词的声义关系有时就显得好像不那么完全贴切了。但无论如何，其形与声义之间，仍然呈现出相似性或相关性。由此可见，汉字的形体与声义的关系是何等紧密。我们认为，对于汉字而言，只有正确的形体结构，才能够体现出该字正确的声读和造字初义，而讹变了的汉字形体，是不可能做到这一点的。

近人高亨先生，著《文字形义学概论》一书，对汉字的形义关系即有着比较精辟的阐述，高氏说："由殷至秦，此一千余年，其文字有繁简之异，有反正之异，有因果之异，有存废之异，而结构之方法无二。按其形皆可知其义，形义为一也。"② "按其形，则可知其义"，可见汉字的早期形态与造字意图的关系确实是互为表里的，这对于以汉字形体为依据的形训来说，的确至关重要。汉代许慎《说文解字》大多据小篆立说，其中有很多小篆形体与汉字的早期形态——甲骨文、金文相去已远，这是在汉字演变过程中因书写方法等原因影响而产生形体讹变的结果，所以，许氏《说文》中对于文字的析形与释义，有相当一部分是发生了偏差甚至

① 黄生撰，黄承吉按语之：《字诂义符合按》，中华书局1984年版，第83页。
② 高亨：《文字形义学概论》，山东人民出版社1963年版，第31页。

错误的。

如《说文·幺部》幺字下之解释："**δ**，小也。象子初生之形，凡幺之属皆从幺。"许氏析形就完全错误，释义也不确切。宋育仁《说文部首笺正》说："幺象子初生之形，亦从到（倒）子两手卷曲向上之形。下象首，上出象足，中象两手，而画为卷曲向上，不见手形。"宋氏不识"**δ**"字的形体，说解局限于许氏《说文》的范畴当中，附会牵强，不足为据。"**δ**"，实为糸之初文，像一束丝形。朱骏声《说文通训定声》："此字当从半糸。糸者丝之半；幺者糸之半。细小幽隐之谊（义）。"朱氏的解说就比许氏的《说文》进步了很多。章太炎《文始》解释说："案幺之为小，犹 **δ** 之为细丝，古文绝字作 **ⅷ**，其中象丝，正作四幺，幺盖象束丝，而引申为子初生。"章氏的这一论述至确无疑。

又如《说文·**88**部》幽字下："**幽**，隐也。从山中**88**，**88**亦声。"许氏对"幽"字的形体分析也是完全不对的。幽字甲骨文作"**ⅷ**"，"**ⅷ**"等形，字从"**88**"、从"**ⅷ**"（**ⅲ**）构作；甲骨文"**88**"为后世"兹"的初文，在甲骨文、金文中，"**88**皆象丝二束之形"，"**88**字皆用为此字之'兹'。"①甲骨文"**ⅷ**""**ⅲ**"是"火"字，与甲骨文"山"字的形体"**ⅷ**"非常容易混淆。罗振玉指出："古金文幽字皆从火从**88**，**88**与此同。隐不可见者，得火而显。"②孙海波氏《甲骨文编》也说："（**ⅷ**）从**88**从火。古文火、山二字形近故，《说文》误以为从山。"③姚孝遂氏也持相同看法，姚氏说："甲骨文幽字从火从**88**，不从山，古文字山火形近易混。"④

那么，古人为何要用"**88**"和"火"组合来制造出"幽"字呢？这一形体又体现了怎样的造字意图呢？

"**ⅷ**"（幽）字由构字部件"**88**"和"火"构成，从甲骨文"**ⅷ**"的形体来看，两个构字部件的位置一上一下，属于偏正关系的象事字。幽

---

① 徐复、宋文民：《说文五百四十部首正解》，江苏古籍出版社 2003 年版，第 98 页。
② 转引自于省吾主编《甲骨文字诂林》，中华书局 1996 年版，第 3196 页。
③ 同上书，第 3197 页。
④ 转引自于省吾主编《甲骨文字诂林》，中华书局 1996 年版，第 3197 页。

字形体表现出来的意义，实际应该是指具有导引孳生功能的小火——火种。在远古时代，人们生活环境与条件极其艰苦，他们钻木取火，火对远古人类来说，可以算得上是生死攸关。所以，人们特别看重火种，给火赋予了很多特别的意义，并且也以火为对象创造了大量的汉字（计按：甲骨文中就有150个左右），甚至因为火对于人类的作用，在华夏古老传说中的"三皇五帝"中的远古"三皇"里，就有"火神"的重要位置。《尚书大义》之"三皇"，第一即为燧人氏，后面才是伏羲氏、神农氏。燧人氏为中华民族取火、用火的始祖，被奉为"三皇之首"，故位列第一；而神农氏常与炎帝并称，古代文献里也有许多关于"神农炎帝以火德王"的记载，神农在南方也多被尊为"火神"。《风俗通义》又有伏羲、祝融、神农为"三皇"的说法，其中的祝融也正是以"火神"传名于世。据《山海经》记载，祝融的居所是南方的尽头，是他传下火种，教人类使用火的方法，所以也被后世尊为"火神"。到春秋战国时期，"祝融"逐步演化为火正之官的名号，时至今日，在日常用语里，"祝融"一词还被常常当作火的代名词。这些古老的传说，可以证明"火"留给我们中华民族的记忆是多么深刻。在殷商时期的甲骨文里，远古部落长者专门负责管理"火种"的记忆，就有着直接的反映。比如"童叟无欺"的"叟"字，小篆写为"叜"，由"宀"（屋形）、"火"、"又"（手形）三个构字部件组成。《说文·又部》叟下解释说："叜，老也。从又，从灾。阙。𡨋，籀文从寸。𠵹，叜或从人。"许氏释义近是，析形则大误。叟字甲骨文作"𤔲"、"𤕪"或"𤕫"等形，字从"冂"（宀）、从"屮"（火）、从"父"（或"父"，父字初文），属于象事字，表示在家里照看火的老年家长——"父"。许慎《说文》所列"叜"（叟）之古文为"𠵹"，加了人字偏旁，"老人"之义更为显明，由此可见，"叟"字的本义即指在家照看火种的老人。罗振玉《增订殷墟书契考释》说："从又持炬火在宀下。父与叜何以皆从又持炬，古谊（义）今不可知矣。"罗氏不结合古人的生活习俗进行考察，故有此疑。商承祚先生《甲骨文字研究》释"𤕪"："年老之人，谨于烛火，故使之司炬烛，遂引申而为老人之通称矣。"商氏已经窥见了甲骨文"𤕪"字的奥秘。后来吴洪清先生发表了《芝罘国铜器铭文补释》一文，"叟"字形义结合原理才得以大白于天下，吴先生说文中说："（𤔲）实为从宀、从火、从父的会意字。屋内之火即火塘，或谓灶。灶与老人缘不可分。《周礼·夏官》之祭爨（cuàn），疏云：'祭爨，祭老妇也。'足见古人以老妇（嫂）为灶火的发明人。灶火对于先民生计至关重要，取火与保存火种尤属不易。火塘管理者当为少外出，有经验，有资格的老年家长。今于苗瑶兄弟民族所见，凡家庭会议，重要礼仪如成丁礼等皆由老年长者在火塘间主持进行；火塘间也由老人居住。一则为礼仪所必需；二则火塘间温暖宜居。上古人们当也如此。🐆字构形由此而得。"① 从上述的情况可知，"火种"对于古人的生计是何等重要。

　　"幽"读为"yōu"音，正是源自于火种的"引火"、"细小"的特点。引火，即由火种导引而生火。有过农村生活经历的人都知道，"火种"大多以掩埋于火塘中的火炭的形式来保存，会同方言俗称为"火子"。我们推测，正因为"幽"（火种）具备的引火功能及细小的特点，所以用来做火种的"幽"也被称为"火子"（计按：斿字甲骨文写作"🧍"形，即取旗之子的意思）。"幽"（火子）掩埋于火塘之中，故而可以引申出"隐"义；"幽"是无火焰的火炭，故又引申出"幽暗"义；"幽"后来大多变为了灰黑色，所以又有"黑色"的比喻义，甲骨文卜辞里常见"幽牛"一语，姚孝遂、肖丁所著《小屯南地甲骨考释》即解释说："'幽牛'，即黑色之牛。"②

　　通过以上的论述，我们懂得了字形在词义研究中的重要性。这一重要性，"主要在于它们能够帮助我们确定字的本义。字的本义就是造字时准备让它表示的意义，通常也就是作为造字对象的词在当时的常用意义。确定本义，对于正确理解字义的发展变化，即作为造字对象的词的意义在后来的演变和派生新词等现象，有很大帮助。"③ "如果我们想要达到确定字的本义的目的，一定要以时代较早的没有讹变的字形作为研究的根据，不然就无法得到正确的结论"。④

　　第二步，认真分析、确定文字的结构方式（即象形、象事、形声），并理清它与汉语音本义之间的对应关系。

---

① 转引自李圃主编《古文字诂林》第三册，上海教育出版社 2001 年版，第 396—397 页。
② 姚孝遂、肖丁：《小屯南地甲骨考释》，中华书局 1985 年版，第 48 页。
③ 裘锡圭：《文字学概要》，商务印书馆 1988 年版，第 142 页。
④ 同上书，第 145 页。

　　找准了训释文字的早期形体，接下来便要分析其结构方式属于"三书"中的哪一种情况。在传统训诂学中，关于文字结构的"六书"理论，其实仅仅停留在所谓的造字法这一孤立的范畴之内。譬如说，虽然有一些文字学者对王安石提出的"右文说"与音义的联系做了一些研究探索，但认识仍然不够全面，并且有较多模糊的地方。清人黄承吉就写过一篇《字义起于右旁之声说》的文章，他在文中写道："六书之中，谐声（计按，也就是今天所讲的形声）之字为多。谐声之字，其右旁之声必兼有义，而义皆起于声，凡字之以某为声者，皆原起于右旁之声义以制字，是为诸字所起之纲。其在左之偏旁部分（或偏旁在下、在上之类皆同），则即由纲之声义而分为某事某物之目。纲同而目异，目异而纲实同。""纲为母而目为子，凡制字所以然之原义，未有不起于纲者。古者事物未若后世之繁，且于各事各物未尝一一制字，要以凡字皆起于声，任举一字，闻其声即已通知其义，是以古书凡同声之字，但举其右旁之纲之声，不必拘于左旁之目之迹，而皆可通用。并有不必举其右旁为声之本字，而任举其同声之字，即可用为同义声。盖凡字之同声者，皆为同义。声在是，则义在是，是以义起于声。"① 黄氏对"谐声字"（形声字）的见解是有一定深度的，但其认识也不够全面。事实上，象形字、象事字的声义关系是十分紧密的，而形声字的声义关系则有着自身的独特性。

　　我们认为，从文字结构方式与汉语音本义原理的对应关系来看，大体包括如下几种情况：

　　（1）属于象形字，则其"形本义"与汉语音本义高度统一，即常说的"音义相一"。象形字的形体所对应的事物，几乎完全包含了汉语音本义所揭示的事物的特点（包括性质、形状、习性、位置、功能等方面）。

　　（2）属于象事字，则其"形本义"也与汉语音本义高度统一。象事字形体所对应的事物、现象、动作等，也都包含了汉语音本义所揭示的这一音读的内在特点。

　　（3）属于形声字，则其音与义的关系大多表现为两个方面：一是"相似性"，仍属于"音义相一"这种情况；二是"相关性"，即通常所谓的"形旁"所对应的事物一定与其"声旁"所对应的事物或音读相关联。

---

　　① 黄生：《字诂义府合按》，中华书局1984年版，第75页。

　　下面试举几个实例予以说明：

　　如"月"字，甲骨文写作"☽"、"☾"、"𝕯"等形，"象半月形"[①]；金文写作"𝕯"、"〰"等形，基本承沿了甲骨文的形体。许慎《说文·月部》："月，阙（计按：义同缺）也，大（计按：读作太）阴之精，象形。凡月之属皆从月。"高亨《文字形义学概论》："许氏以阙释月者，言月之光盈则必阙，此声训也。"[②] 汉代刘熙《释名》说："月、缺也。满则缺也。"班固《白虎通义·日月》："月之为言阙也，有满有阙也。"段玉裁《说文解字注》："月、阙叠韵。"上引诸家的解释，以为"月"得名为"yuè"，主要是因为它的形状大多时候具有"缺"的特征，而且与"缺（quē）"属于叠韵的关系。这一认识非常错误，完全背离了汉语音义同源的规律，属于臆测之辞。

　　"月"，会同方言读作"yuē"，与普通话的读音仍然属于同一音系。从文字的结构方式看，属于象形字，其意义与读音应该完全符合汉语"音义同源"之原则。"月"与"阙"（缺）虽然韵部相同，但并不同音，以阙释月，不能纳入到严格意义上的声训范畴。按照汉语音义同源的规律，如果"月"的得名真的源自于它的形体残缺，则文字未产生之前，古人为何不直接就将"月"叫做"quē"或"què"？事实上，月不能叫作"quē"，因为月也有盈满的时候，不是永远都呈现着"残缺"的形状。古人造字，力求用最简单的笔画来形象地再现所要描述的事物，月圆之时与日的形象一致，为了予以区别，古人便抓住了月亮在大部分时间里呈现出的残缺形象特点，造出了一个"☽"（含"☾"、"𝕯"等形）形状的字，与甲骨文"⊖"（日）进行了明确的区分。许慎、刘熙、班固皆局限于传统的声训方法强为立说，实在是没有能够掌握汉语音义结合的奥秘之缘故。汉语音本义原理认为，"yue"音的语词包含了"超出同类的"、"有约束力的"两个特点。天有日月星辰、时有昼夜晨夕，艳阳出于昼而光华普照，星月现于夜而浪漫轻柔。星光点点，众星捧月，与微弱星光相比，月的光辉的确显得那么超然于众，因此，"月"具有了"超出同类"的特点（计按：因为"日"基本上是单独出现的，因此不能将星月看作同类）；另外，华夏先民通过长期的观察和生活体会，很早就认识

①　刘兴隆：《新编甲骨文字典》（增订版），国际文化出版公司 2005 年版，第 398 页。
②　高亨：《文字形义学概论》，山东人民出版社 1963 年版，第 108 页。

到"月"对于地球万物有着显著的"约束力"，如
《黄帝内经·上古天真论》记载："女子七岁，肾气
盛，齿更发长；二七（计按：即 14 岁）而天癸（计
按：指月经）至，任脉通，太冲脉盛，月事以时下，
故有子。""月事以时下，故有子"，记述了女子的月
经周期按月而行，就是指女性月经的周期大多数与
月的节律同步，即行经期较多集中于朔月期前后，
排卵期较多靠近望月期，不仅如此，古人还发现月
球控制着其他动植物的生物周期，比如鸡蛋孵化的
时间平均为 21 天，鸭蛋孵化的时间平均为 28 天，都
是一个月相周期，因此，"月"又具有了"约束"地
球万物生物周期的特点。古人基于这一认识，所以
将它命名为"yuè"（或 yuē）。

图 3—30　斧钺

　　在古汉语里，"yue"这一音系的语词，基本都
具有上述的两个特点。如甲骨文里有一字写作"⊄"
形（见图 3—30），"象刃部呈弧形的长柄大斧"[①]，
"为戊、钺之初文"[②]，读作"yuè"。《说文·戊部》：
"戊，大斧也。从戈，乚声。《司马法》曰：'夏执玄
戊，殷执白戊，周左杖黄戊，右秉白髦'。"大斧就是斧斤类兵器中最大
的斧，形体超常，因而具有了"超出同类"的特点；另外，正是由于
"戊"远远超于同类的体形和霸气，上古时期，就顺理成章地被"王"所
专用，成为了王权的标志，因而又被赋予了强大的"约束力"，故得名为
"yuè"。清末吴大澂氏《说文古籀补》说："今所传古戊，或作月形，或
作半月形。此象半月形。"认为戊的得名源自于它的形状像月亮之形，这
很可能属于一种巧合了。

　　从以上的分析可知，象形字"月"得名为"yuè"，完全是由汉语
"音义同源"之规律所决定的。这符合前面讲的第一种情况。

　　又如"男"字，甲骨文写作"𤰜"、"𤰜"、"𤰜"诸形，金文写作

　　①　孙景涛：《汉字与军事》，载何九盈等主编《中国汉字文化大观》，北京大学出版社 1995
年版，第 229 页。
　　②　刘兴隆：《新编甲骨文字典》（增订版），国际文化出版公司 2005 年版，第 863 页。

"𤰔"（矢方彝）、"𤰔"（齐侯敦）等形。许慎《说文·男部》："男，丈夫也。从田，从力，言男用力于田也。凡男之属皆从男。"男字从"田"、从"力"两个字原构作，属于象事字，由此可以体会出"使用'力'（翻土农具）耕田"的意思。古人创造此字的初始意图，就是用它来表示用力（翻土农具）耕田的人，这和前面解释过的"幼"字的构造原理是相同的。刘志基氏指出："男，以'田'、'力'会意。'力'字甲骨文作'𠃌'，即耒的形象描摹，故'男'字构形本来表示的似乎只是农耕之事，而这种字形取象与字义所指人的性别之一的联系似乎也是不容易被今人所接受的。因为在今日农业生产中，男子固然是一种重要力量，但女子却是名副其实的'半边天'，因而农耕绝不是男子的专利。但原始农业的情况并非如此，由于农耕对体力的特殊要求以及其他种种原因，使得男子成为农业生产的主要承担者，而女子基本不介入这一领域。而这种情况，实际正通过'男'字形义联系折射出来。"① 正如刘志基先生所论述的那样，古人在给一些难以描述的对象造字时，基本都会抓住其独特的功能或用途来表现和折射出它的形象。前面已经分析过，"力"像农具耒之形状，是古代的一种翻土工具；而"田"的得名由来已久，它源自于远古渔猎时代"焚林而田"（计按，语见《韩非子》，田猎的田，今天一般写作了"畋"）的捕猎方式。《春秋·桓公七年传》："焚咸丘。"杜预注："焚，火田也。"《说文·犬部》："狩，火田也。"后来，人们在这片焚烧过的地方上刀耕火种，获取粮食，根据汉语语义演变的因果原理，作为一种捕猎方式来讲的"田"，便又产生出了"耕地"的意义。后世的"田"字即有"田猎"之义，又有"耕地"之义，就源于这个原因。尹黎云先生说："古代氏族部落打猎是集体出动，围攻野兽。故田与陈音义相通。陈就是布阵。围攻的方法就是焚烧山林，驱赶野兽集中一起，再进行猎取。经过火田的土地，又用来播种谷物。故田字尽管象农田之形，本身已包含田猎的意义。可以说，田的本义就是田猎和农田。"② 许慎《说文·田部》："田，陈也。树谷曰田。象四口；十，阡陌之制也。"顾野王《玉篇·田部》："田，土也，地也。"桂馥《说文解字义证》引《声训》："陈列种谷之地。"上引各家释义近是，但都未能揭示出"田"字字义的源流演变

---

①　刘志基：《汉字文化综论》，广西教育出版社 1996 年版，第 215 页。

②　尹黎云：《汉字字源系统研究》，中国人民大学出版社 1998 年版，第 278 页。

关系。更有甚者，有些学者还将汉字构形学的基本原理和规律置之不顾，完全凭空杜撰，胡乱地解说"田"字的形义关系，如清代褚人获《坚瓠集》就说："民以食为天，故田如四口相仍；君王非田，则禄米无资，故田以二王为象；户口非田，则生养不遂，故田以十口为文；山川非田，则秀气不贯，故旷野错综，如四山之环抱，平畴绵亘，似二川之纵横。"①褚氏的释说牵强附会，直如痴人说梦，可博一笑也。总而言之，古人将"田"与农具"力"组合在一起，构成了象事结构的文字，它的音义结合，完全应该遵循汉语音义同源的规律——也就是古人讲的"音义相一"规律。

"男"字，普通话读nán，而在会同方言里则读如"lān"。汉语音本义原理认为，"lan"音的音本义包含了"粗大"、"强劲"的特点。上古时代，"男"最初实际是指能够进行耕作的成年男子，因为生理和心理

图3—31　栅栏

的差异，与体形娇小而柔弱的女子相比较而言，男人则显得体形粗壮、力量强劲一些，这和"lan"音本义所规定的特点完全相符。又如"阑"字，金文写作"▨"、"▨"等形，前一形体从"◗"（夕）、从"▨"（门）、从"▨"（计按：▨字从"▨"、从"▨"，表示平直展开的木栅栏）构作，属于象事结构的字，表示在夜晚时候（夕）安放在大门前以防猛兽侵扰的木栅栏，其实就是"栏（栏）"字的初文、本字，《说文门部》："阑，门遮也。"段玉裁注："谓门之遮蔽也。俗谓栊槛为阑。"《汉语大字典》卷七："阑，lán；门前栅栏。"栅栏一般是用坚实的粗大木棍制作而成的（见图3—31），因此，在人们的眼中，这种东西便具有了"粗大"、"强韧"的特点，所以得名为了"lán"。又如"蘭"（兰）字，从"艹"、从"阑"构作，读作"lán"；在宋代以前，"蘭"（兰）是指菊科的泽兰，泽兰为"多年生草本植物，高1—2米。叶对生，有柄，叶片卵圆形或披针形，边缘有粗齿……茎、叶含芳香油，可作调香原料，用

① 语见褚人获《坚瓠集》第十集卷之二，广陵出版社。

作皂用香精。"①《易经·系辞上》："二人同心，其利断金；同心之言，其臭如兰。"分析可知，"蘭"（兰）正是由于叶子具有栅栏似的"粗齿"，香气又"浓烈强劲"而得名的。又如"览"字，小篆写作"𥄕"形，许慎《说文·见部》："览，观也。"许氏的这一解说，仍然又犯了释义不确切的老毛病，事实上，"览"是特指"睁大眼睛长时间地观看"。杜甫《望岳》有"会当凌绝顶，一览众山小"的诗句，句中的"览"用的就是这一意义。再如"缆"字，字从"糸"、从"览"构作，属于形声结构的字，读作"lǎn"；《集韵·阚韵》："缆，维舟絚。"《文选·谢灵运〈邻里相送方山〉》："解缆及流潮，怀旧不能发。"李善注："缆，维船索也。"从"缆"的早期用途来看，它大多用来拴船，是一种形体粗壮、韧性强大的绳子。再如"澜"字，字从"氵（水）"、从"阑"构作，读作"lán"，属于形声结构的字，表示形状像栅栏一般粗大强劲的水波；《说文·水部》："澜，大波为澜。从水，阑声。"《孟子·尽心上》："观水有术，必观其澜。"赵岐注："澜，水中大波也。"《正字通·水部》："澜与涣、沦、涟，音别义通。盖游波之旁薄者为澜。"旁薄，通常也写作"旁魄"、"磅礴"，王先谦《庄子集解》引郝懿行说："'旁魄'即'旁薄'，皆谓大也。"《辞海》："旁薄，广大无边貌。"分析可知，"澜"，实际是指形状粗大，并且有强劲冲击力的巨大波浪。

诸如此类，例不胜举。由"男"字的音义结合关系可知，合体（复体）象事字的意义，也是严格遵循着汉语音义同源规律的。再如下面两例：

如"枪"字，繁体字写作"槍"，从"木"、从"倉（仓）"构作，许慎《说文·木部》："枪，歫（柜）也。从木，仓声。一曰，枪欀也。"段玉裁《说文解字注》说："按，枪有相迎斗争之意。《通俗文》曰：'剡木伤盗曰枪。'今俗作鎗。""欀，各本从木襄，误，今正。《庄子·在宥》'伧囊'，崔譔（撰）作戗囊，云戗囊犹抢欀。晋灼注《汉书》曰：'抢攘，乱貌也。'"②许氏、段氏对"枪"字的解释皆不明白晓畅，实际都是没有熟谙汉语音本义的缘故所导致的。

首先，从"枪"字的形体来看，它由"木"、"仓"两个字原组合而

---

① 冯德培等主编：《简明生物学词典》，上海辞书出版社 1983 年版，第 846 页。
② 段玉裁：《说文解字注》，上海古籍出版社 1981 年版，第 256 页。

成，许氏认为此字从"仓"得声，属于形声结构的字。"仓"字甲骨文写作"仓"形，"△"像圆形的屋顶或表示集聚的功能意义；"户"即"户"字，像单扇门的形状；"凵"为盛放食物的器具或半地穴之形状。三者组合，最初应该是指一种简陋的、主要用于暂时保管刚收割之粮草的场所。"仓"读为"cāng"，即有"藏"的意思，但又包含了"暂时"、"快速"的特点。左民安先生《汉字例话》："'仓'的本义是藏粮食的地方。"① 左氏所释符合汉语音义同源的规律，十分正确。

其次，从"枪"字的读音来看，汉语音本义原理认为，"qiang"音之词都包含有"快速冲击、撞击或刺击"之特点。我们认为，从"仓"构作而读"qiang"声的汉字，如"戗"、"呛"、"跄"等很可能都是从"抢省声"之形声字。"抢"字虽未见于《说文解字》，但去抢夺他人的粮仓，的确是靠快速撞破仓门而获得粮食的，可见"抢"字的象事意味十分明确。《广韵·阳韵》："抢，突也。"谷衍奎《汉字源流字典》："抢，本义为迅速碰撞。"②《战国策·魏策四》："布衣之怒，亦免冠徒跣以头抢地尔。""以头抢地"，即用额头快速撞击地面。另外，"玱"是指两块玉快速撞击而发出的清脆之声；"呛"是指气味、液体等物"快速冲击鼻腔、气管"的现象；"跄"指走路不稳，快速地左冲右撞的状况；"枪"从"木"构作，是上古时期古人将竹木之一端削尖制作而成的，是一种用于向前快速刺击的兵器。明代王夫之《说文广义》说："枪，七羊切。距也，今俗呼矛曰枪；矛以距人于远，自当作'枪'，从金者非。"③王氏囿于许说，释义近是，但也不能够揭示出"枪"字的音义结合理据，分析有误。事实上，"枪"得"qiāng"声，实际就是因为它所具有的快速撞击的功能特点而得到的。在会同方言里，蜂尾部的尖刺被叫做"枪子"，蜂刺伤人，在会同话里即被称为"枪"（计按，这是古汉语名动相因原理决定的，其含义就是快速刺击的意思）；说话令他人心里刺痛，会同话也称之为"枪"（计按，台湾叫做"呛声"）。这些都仍然很好地保存了它的本来意义。《汉书·司马迁传》："见狱吏则头枪地。""枪地"，即是《战国策·魏策四》所讲的"抢地"，也是指用额头快速撞击地面。

---

① 左民安：《汉字例话》，中国青年出版社 1984 年版，第 127 页。
② 谷衍奎：《汉字源流字典》，华夏出版社 2003 年版，第 263 页。
③ 王夫之：《船山全书》（第九册），《说文广义》，岳麓书社 1989 年版，第 155 页。

从此例分析可知，形声字的字义与汉语音本义之间，仍然遵循着汉语"音义相一"的原则，而其形体的组合，可以将通常所讲的形声两个构字部件所表达的意义表述为"相似性"。

接下来，再说一说"苍"字，字从"艹"（草），从"倉"，读为"cāng"。《说文·艹部》："苍，草色也。从艹，仓声。"许氏释义近是，但不确切。徐锴《说文解字系传》释苍为"草覆也"，然而无文献用例之佐证，很可能是徐氏的臆测之辞。据现在见到的古文献资料，"苍"字在先秦时期已经出现，《汗简》写作"𦫳"、《古陶文字徵》收有"𦭾"、"𦯈"等形，仓山楚简作"𦸜"形。众所周知，许慎所讲的"草色"其实是一个非常宽泛的、不确切的概念。草之颜色是随着其生长的过程而会产生一些变化的，从嫩绿到碧绿，由碧绿到翠绿，由翠绿而青苍，由青苍而最后枯黄。那么，"苍"到底是指哪一种草的颜色呢？《庄子·逍遥游》："天之苍苍，其正色耶？"后又说："背负青天而莫之夭阏者，而后乃今将图南。"可知在庄子的心目中，苍天即青天，苍色即青色。《广雅·释器》："苍，青也。"《素问·阴阳象大论》在论及肝脏时说："在天为风，在地为木，在体为筋，在色为苍。"注曰："薄青色，"对于人体而言，"微青微黄，皮色老润，乃苍正色"。《诗经·王风·黍离》："悠悠苍天。"毛传："远视之苍苍然，则称苍天。"《吕氏春秋·离俗》："自投于苍领之渊"，注："苍领或作青令。"《尔雅·释天》："春为苍天，夏为昊天，秋为旻天，冬为上天。"从上引资料可证，苍色即青色，用今天的话来说，即是介于绿色和蓝色之间的那种颜色。

那么，"苍"为何被用来指代青色呢？其音形义结合的理据何在？马叙伦《说文解字六书疏证卷二》苍字下："伦按草色非本义。"马氏的怀疑由来有自。我们认为，"苍"读为"cāng"，其义一定与"cāng"之音本义相关联；"苍"字从"仓"得音，从汉字形本义的原理看，其义又至少与"仓"字有关联。"草"与"仓"的相关性大体表现在两个方面：一是盖仓库的草，徐锴《说文传》将苍字解释为"草覆也"，可能即是指此而言；二是储藏到仓库的草，以备牲畜之用。《周礼·地官》载有牧人、充人、囿人、草人、仓人、廪人等职能官职，分工极为细致。从仓、廪虽都属于收藏谷物，但在早期又各有侧重的实际情况看，"仓"在殷商时期应该是一种简陋的，主要用于暂时保管刚收割之粮草的场所；而

"廪"则是一种安全性能好，用于长期保存谷、米的场所。这一区别，在后世的日常用语中仍有体现。如"仓猝"，强调时间短暂，"仓皇"强调逃亡时的草率（即只做简单的准备），"伧夫"，强调人的粗野、鄙陋。它们的意义都由"仓"的简陋外形或暂时收藏之功能比喻引申而来。基于这一分析，我们推测，"仓"即有在秋季时收藏牧草，以助牲畜度过漫漫寒冬的功能。另外，喂养的"喂"字，在先秦时期本写作"萎"，就是用收藏的枯草"喂养"牲畜之义，可见古人早就有储藏牧草喂养牲畜的习惯了。

通过上述推理，从古人造"苍"字的意图看，我们认为，"苍"字的本义应该是指能够收割入仓储藏的草。入仓之草以备冬用，则收割时间必在秋季。秋季之草，形体壮硕达到巅峰，故苍字又可以引申出"盛大"之义；其颜色早已褪去了春的嫩绿、夏的翠绿，变成了暗青色，故苍字又可以引申出"青色"之义；从生长周期分析，秋草也如美人迟暮，消亡之日也逐渐临近，故苍字又可以引申出"苍老"义。以此对照古代文献，无不妥帖切合之处。从此例分析可知，形声字字义与汉语音本义的对应关系，是符合音义同源规律的，其形体组合所表达的意义又体现出了"相关性"的一面。

段玉裁指出："圣人之制字，有义而后有音，有音而后有形。学者之考字，因形以得其音，因音以得其义。"① 训诂大师王念孙认为："窃以训诂之旨，在于声音，故有声同字异，声近义同。虽或类聚群分，实亦同条共贯。譬如振裘必提其领，举网必挈其纲。"② 段、王二氏所论近是，明确揭示出了汉语音义同源的内在规律，汉字的形体构造与汉语的音义关系大体即如此说。王力先生在《中国语言学史》里写道："文字本来只是语言的代用品。文字如果脱离了有声语言的关系，那么就失去了文字的性质。但是古代的文字学家们并不懂得这个道理，仿佛文字是直接表示概念的；同一个概念必须有固定的写法。……这种重形不重音的观点，控制着一千七百年的中国文字学（从许慎时代到段玉裁、王念孙的时代）。直到段玉裁、王念孙才冲破了这个藩篱。"尽管段、王二氏为历史时代所局限，但王力先生对他们的赞许仍不为过。"治经莫大于得义，得义莫大于

① 见段玉裁《广雅疏证序》。
② 见王念孙《广雅疏证自序》。

得音。"由此可知，对于汉字的形训必须紧扣"汉语音本义"原理，才能求得汉字的确切本义。

第四步，掌握字原的构字功能及象征意义，结合考察古代的社会制度、人们生活、宗教习俗等众多文化领域，从而正确地领会造字意图与含义。

关于汉字字原的含义，前面章节已有所论述，此不赘言。字原虽然与许慎的"偏旁部首说"有很多类似的地方，但字原不完全是所谓的偏旁部首，大部分字原在构字过程中特别活跃。其功能与象征意义，只要经常理解、掌握，就会让我们在探求形本义的时候，有种驾轻就熟、游刃有余之感。因此，我们将另立一章，单独讲析部分常见字原的构字功能及其象征意义。

在刘志基先生《汉字文化综论》成书以前，因为对汉字与社会制度、生活、习俗等文化系统关系的研究，得不到语言文字学家应有的重视，从而也反过来影响了汉语言文字研究的深入发展。大家知道，汉字与拼音文字、音节文字有所不同，它不仅记录了汉语言的音读，同时又是人们将社会制度、生活、习俗等文化系统进行再创造后浓缩为可视符号的结果。汉字是华夏先民依据本身富于逻辑的语音系统创造的可表意的符号系统，它从高度逼真的"图画文字"开始萌芽，它是当时的制度、生活、习俗等文化信息在人们头脑中的反映，因而两者之间血肉相连，息息相关。如果没有对上古时代的社会状况、人民生活习俗等有较深入的了解，要想破译汉字的内在信息就无异于缘木求鱼，是不可能领会到其音形义关系的神奇韵味的。

如"饭"字，普通话读"fàn"，会同话读"fán"，两者读音虽然在音调上有些差异，但仍属于"fan"音音系的语词。饭字的金文形体写作"𩜿"（公孙𥂖壶），小篆写作"𩜱"，都是从"食"、从"反"构作而成的。许慎《说文·食部》："饭，食也。从食，反声。"许氏释义过于宽泛，极不确切，未得汉语音义之精微妙旨。段玉裁《说文解字注》："然则云食也者，谓食之也。此饭之本义也。引申之所食为饭。今人于本义读上声，于引申之义读去声，古无是分别也。《礼记音义》云：'依字书食旁作𠂇，扶万反，谓所食也；食旁作反，符晚反，谓食之也。二字不同，今则混之，故随俗而音此字。'陆语殊误，古只有饭字。"① 看段氏注可知，段氏将"饭"的本义定为动词"食"，继而推论被"食"的东西也叫做"饭"。段氏注解发挥许说，颇多疏漏，也无可取之处。戴家祥说："金文仅见春秋晚期器公孙窖壶，结构与小篆同。金文饭常写作饎，从食𠬝声。𠬝、反均为唇音，古饎或与饭同意，为古今字。"② 戴氏认为饭、饎为古今字，这一释析已接近其最初的意义。饎，许慎《说文·食部》："饎或从贲。"也就是说，饎其实就是大家较熟悉的"馈"字。《尔雅·释言》："馈，馏饪也。"孙炎注："蒸之曰馈，均之曰馏。"从上引文献资料可知，饭即是馈，就是今天所讲的甑蒸米食。

甑蒸之米食，为何被古人取名为"饭"呢？这就是因为上古汉语必须遵循音义同源规律的缘故。汉语音本义原理认为，凡念"fan"音的语词，都包含有"相反"的特点。如：

泛滥的"泛"字，《说文解字》写作"氾"，字从"氵（水）"、从"㔾"构作，"㔾"像人向后反身之形状，可知"氾"属于形声兼象事结构的文字，最初是指因河道堵塞而造成的洪水向上游倒灌的现象，即洪水作反向的流动。《孟子·滕文公下》："当尧之时，水逆行，泛滥中国。"水逆行，即洪水倒灌，这才是"氾"字所要描述的真实情况。

"凡"字，甲骨文写作"𠙵"形，像悬挂于船桅的风帆之形，即是"帆"的初文、本字。"帆"得名为"fān"，关键是由它在悬挂或下放时体现出的特点所决定的，因为向上挂起风帆，就需要向下用力拉系缚着风帆的粗大绳子，而下放风帆，则需要松开绳子并使其向上退缩，这一过程，正好包含了"相反"的特点（计按：旗幡的幡，得名原理与帆相同）。

"翻"字，小篆写作"𩙧"、"𦏵"等形，字从"番"、从"羽"（或从"飞"）构作，这一形体不见于甲骨文、金文，属于后起的形声字。徐铉《说文新附·羽部》："翻，飞也。从羽，番声。或从飞。"徐氏释义近是，但未能揭示出其音义结合的内在原理。大家知道，鸟展翅飞行不掉下的原因，主要是得利于空气的反作用力，即翅膀下压时所获得的空气向上

① 段玉裁：《说文解字注》，上海古籍出版社1981年版，第220页。
② 戴家祥：《金文大字典》，学林出版社1999年版，第5266页。

的作用力。这正与古人常说的"泛舟"的"泛"（计按：也写作汎）字音义结合的原理相一致。

再如"贩"字，从"贝"、从"反"构作，属于形声结构的饭得名为字，表示通过具有"相反"特点的买卖行为来获取财富的贸易方式。顾野王《玉篇·贝部》："贩，贱买贵卖。"低价买进，高价卖出，买进卖出行为相反，这就是"贩"字得名的真实原因，顾氏释义十分正确。《说文·贝部》："贩，买贱卖贵者。从贝，反声。"根据汉语名动相因的原理，古人又将从事这一买卖行为的生意人称作为了"贩"或"贩子"，许氏所释也是正确的。

图 3—32　甑

饭得名为"fàn"（计按：会同话读作 fán），也是因为这一熟食也包含了"相反"的特点，只要熟悉甑蒸米食的人都知道，它与鼎罐锅子煮物完全不同，是依靠反转下沉的热气流变成熟食的，火虽然处在下方，但谷米却从上往下熟，方向"相反"，所以得名为"饭"。古代的甑（见图 3—32）中间有一个隔离层，隔离层上分布有很多供热气上升的空隙，热气通过空隙上升到顶端后，遇到盖子的阻挡反转向下，继而逐渐将食物蒸熟。通过分析，可知"饭"的得名，实际是因为蒸饭所表现的独特之性使然，并非如段氏注解。许、段二君不解"饭"字音义结合的原因，正是不了解汉语音本义原理，不借鉴百姓生活常识来考虑相关字义的缘故。在古代文献中，"饭"也常常用为动词，即"吃饭"之意，这是上古汉语名动相因的原理造成的，名词用为动词，动词变为名词，在上古汉语中是一个普遍的语言现象。《礼记·曲礼上》："毋抟饭"。汉代刘向《列女传》："父时为将，身所奉饭者以十数。"两例皆指饭食，为名词；《论语·述而》："饭疏食饮水，曲肱而枕之，乐亦在其中矣。"《孟子·尽心下》："饭糗茹草。"辛弃疾《京口北固亭怀古》："廉颇老矣，尚能饭否？"此皆名词用为动词之例。此例可证，日常生活的常识早已被古人融合到汉字的一笔一画中了。

又如"冠"字，小篆写作"冠"形，由"冖"、"元"、"寸"三个部分构成。《说文》："冖，覆也。""冖"与"冃"、"冒"、"帽"其实是一字之异体，当为"帽"的初文；"元"字甲骨文写作"兀"、"兀"等形，从"儿（人）"，从"二（上）"，"表示人体的上部，即脑袋。"① 金文写作"兀"（兀作父戊卣）等形，正是对人头部的形象描摹，可见"元"字的本义即是指圆咕噜的人头；《说文》"射"字下说："寸，法度也。""寺"字下也说："廷，有法度者也，从寸。""冠"字下又说："冠又法制，从寸。""寸"字小篆写作"寸"形，"寸"为人手之形，"一"为指示符号，两形组合，表示手腕下一寸的位置，即我们中医最重视的诊脉之处，由于诊脉必须掌握寸口之标准，所以"寸"字充当构字部件时常常表示"法度"的意义。分析可知，小篆"冠"属于象事字，即表示一种需要遵循法度的帽子。

《礼记·曲礼上》："男子二十，冠而字。"《释名·释首饰》："二十成人，士冠。"《仪礼·士冠礼》贾公彦疏："古者重冠。重冠，故行之庙。"可知在周、秦时期，男子戴冠，其实是一种成年人才被允许的行为，古人所讲的冠礼，即今天大家通常讲的成年礼。刘志基先生说："先民礼法的核心，在于确立、维护阶级等级制度，作为礼法象征物的冠的佩戴，自然要受这一原则的严格制约。""由此而观'冠'字，或许可以理解其中为什么会有一个表示'法度'的'寸'字。"② 然而，"冠"得名为"guān"，与周秦时期礼法制度的确立并无任何联系，它的得名，其实同样符合汉语音义同源的规律，主要是因为殷商及以前之先民男人帽子上插两根鹬羽为饰物的习俗而得的。殷商甲骨文中有一字写作"冠"、"冠"等形，后世隶定楷化为"莞"，此即"冠"的初文、本字。其上部所从的"屮"，其实应当隶定为"屮"（guān）。"冠"字小篆写作"冠"形，许慎《说文·冖部》："冠，絭（juàn）也，所以絭发，弁冕之总名也。从冖，从元，元亦声。冠有法制，从寸。"李林先生发挥许氏之观点，分析说："从字形上看，冠从'冖'，'冖'像以巾盖物（《说

---

① 刘志基：《汉字文化综论》，广西教育出版社1996年版，第18页。

② 同上书，第21—22页。

文》：'从一下垂'）；从'元'，'元'即首；以巾盖头，即冠的功能。字还从'寸'，《说文解字》而部说：'诸法度字从寸'，即从'寸'的字都与法度有关。'冠'字本身就是中国封建社会等级制度的一个缩影，因为只有贵族才可以戴冠，所以冠是一种身份的象征。"① 但是，我们认为，许氏、李氏的解说不太切近语言发生的实际，不符合汉语语词发生学的规律。王筠《说文句读》说："窃疑冖冃盖同字，古人作之，有繁省耳。虽音有上去之别，古无此别也。"朱骏声《说文通训定声》认为："冃，今字作帽。"高鸿缙氏《中国字例》更是指出："按：冖、冃、冃、冒、帽，五形一字。"② 从王氏、朱氏、高氏的论述可知，小篆"冠"上部所从之"冖"，不过就是汉代以后才开始采取形声结构而创造的"帽"字，也即古代俗语里所讲的"头衣"、"元服"。既然如此，可见"冠"仅仅是头衣（帽子）中的一种独特的形制。班固《白虎通·冠绋篇》："所以有冠者何？冠者，絭也，所以絭持其发者也。"刘熙《释名·释首饰》："冠，贯也，所以贯韬发也。"王宁氏说"'冠'由'贯'派生……这时，源词的词义与派生词的核义素在内容上是一致的，只是前者为义项，后者为义素，处于不同的结构层次。"③ 那么，"冠"命名果真如上引三家所说的那样么？我们认为，"冠"的名称源自于古人模拟"雚"（guàn）鸟头型的一种习俗。甲骨文中有一字写作"𦫵"、"𦫵"、"𦫵"等形，王襄氏将此字释作"羌"，王氏说："𦫵，古羌字，国名。"④ 王氏对甲骨文形体构造的内在原理缺乏精深的研究，所释大误。叶玉森氏认为："予曏（以前）疑卜辞之'𦫵方'、'𦫵方'与'𦫵'（计按：此即观字初文）为一国。……森于旧说仍未敢自信，谛察'冂'、'冖'与冃同形，即帽之初文。冒为准初文。其上之'𠂉'、'冖'为帽饰，犹'𡥀'（子）上之'巛'亦帽饰也。……疑即蒙字。"⑤ 叶氏这种做学问的态度让我们钦佩不已，论述也不乏真知灼见，但"疑即蒙字"之观点亦误。丁山氏通过深

---

① 李林：《汉字与服饰》，载何九盈等主编《中国汉字文化大观》，北京大学出版社1995年版，第266页。
② 转引自《汉语大字典》，四川辞书出版社、崇文书局2010年版，第332页。
③ 王宁：《训诂学原理》，中国国际广播出版社1996年版，第151页。
④ 转引自于省吾《甲骨文字诂林》，中华书局1996年版，第78页。
⑤ 同上。

人研究后指出："莞，甲骨文作 ⚘（《林》二·一四·一三）象人头带'⚘'形，当是冠字初文。盖 ⚘ 下从 ⚘，象帽子；其上象今平剧武将冠上所插的雉鸡翎。……武人戴插雉尾的华冠，由甲骨文 ⚘ 字看，当是由殷商时代流传下来的。……莞、贯、串声韵俱近，卜辞所见的莞方，可能即《诗·大雅·皇矣》所谓'串夷载路'的串夷。其地应与宗周接壤，或在渭汭附近。"① 丁氏阐述有理有据，所释极为正确，此说可从。因为雉鸡勇猛好斗，宁死也不屈服，上古时代的成年男人，于是将它的"翎"（长长的尾羽）安装到了帽子上，以表示自己如勇猛不怕死的雉鸡一样。《古禽经》说："鹖冠，武士服之，像其勇也。"应劭《汉官仪》记载："虎贲，冠插鹖尾。鹖，鸷鸟中之果劲者也。每所攫撮，应爪摧碎。尾上党所贡。"这种帽子的形制（见图3—33），最初其实是模拟长着两个角状物的以威猛著称的"⚘"（雚，猫头鹰）而制造的，因为它不仅美观，关键又能突显男人的勇猛性格，可见，"冠"的得名仍然与"⚘"密切相关。这种习俗经过漫长的演变发展，逐渐变成了男子步入以勇猛为主要特征的成年男人的区分标志。《礼记·曲礼上》："男子二十，冠而字。"这就是说，上古时代的男子到了20岁时要举行所谓的成人礼，可见这种习俗的渊源至少可以追溯到殷商甲骨文时期。

当然，许慎《说文》对"冠"字的说解并不是一无是处。"冠有法制，从寸"，许氏的这一观点，是建立在封建制度中的"冠礼"之上的，与小篆"冠"字形体所想要表达的意思比较符合。用现在的话

图3—33 各式帽子

说，冠就是一种特殊的"礼帽"。对于封建礼制中的所谓"冠礼"，刘志基先生曾经明确指出："先民礼法的核心，在于确立、维护阶级等级制

---

① 丁山：《商周史料考证》，中华书局1988年版，第95—96页。

度，作为礼法象征物的冠的佩戴，自然要受这一原则的严格制约。"① 但从汉语语词发生学的原理来看，"冠"的得名并不是来源于封建礼法制度中的冠礼，而是源自远古时期人们模仿瞿鸟头部形状的一种帽饰习俗。

---

① 刘志基：《汉字文化综论》，广西教育出版社 1996 年版，第 21 页。

第四章　常见字原的功能象征意义

　　字原，有的又称之为字根、字符，是汉字中具有孳生功能的，具有音义相一特点的早期象形文字或象事文字。字原中的象形文字，我们又称之为一级字原或母系字原；字原中的象事字，我们又称其为二级字原或子系字原。

　　字原与象事字、形声字关系紧密。不了解字原的功能与象征意义，就不可能很好地破译象事字、形声字所包含的最初的真实本义。汉语注重描述事物或现象在形状、功能、用途、质地等方面凸显出来的特点，作为汉语的附属产品——汉字，自然也就会受到这一核心原则的制约，着重于通过绘画式的线条，去刻画事物或现象留在人们头脑中的最重要、最能体现该特点的形象。

　　这一章，我们重点向大家推介一些常见的字原，并对其在构字中的功能及象征意义作简略的分析。

第一节　与"足"有关的字原

　　俗话说，"千里之行，始于足下"。我们就先从与"足"相关的字原谈起。

一　止

　　止，甲骨文写作"𝼝"、"𝼞"等形，小篆作"止"形，即由甲骨文中的"𝼝"演变而来。"𝼝"表右脚，"𝼞"表左脚。在甲骨文里，表示向前方或向上方行动。虽然这两个字原是以人足为对象描绘的简笔画，但在表示行动这一象征意义时，不局限于只用于人类。《说文·止部》："止，下基也。象草木出有址，故以止为足。凡止之属皆从止。"许氏以讹变后的小篆形体为据强为解说，意无可取。

最先对许氏的这一解释提出质疑的是清代的徐灏。他结合钟鼎铭文（金文）止字的形体，考释说："凡从止之字，其义皆为足趾，许以为'象艸木出有阯'，殆非也。考阮氏《钟鼎款识》父丁卣（yǒu）有足迹，文作止，正象足趾之形。"[①]后王筠《说文释例》也说："止者，趾之古文也，与'又'部下所云'手之列多，略不过三'意同。上象足指，下象足跟，右上作丿者，足长掌而指短，然不能画其掌于下，故曲一笔以见意，谓足指上于是耳。"王氏释义正确，但析形时发挥过了头，将"屮"字右边的"丿"视为足掌，是不正确的，"丿"实为足胫之象形。

后来，第一个结合甲骨文来批判许说之误的是经学大师孙诒让。他在所著的《名原》中指出："综考金文甲文，疑古文屮为趾，本象足迹而有三指，犹《说文》彐字，注云'手之列多略不过三'是也。金文足迹则实绘其形，甲文为屮则粗具匡郭（计按，即廓字）。"止本象足趾之形，但在作为字原参与构字时，仅表示人或物向前或向上的运动。

在楷化后的汉字构件里，甲骨文中的"屮"、"屮"形体，变为了止（如"此"左边所从，此字甲骨文作形；步上部所从，步字甲骨文作形），少（步下部所从），止（先上部所从，先字甲骨文写作形），辶（逐字所从，逐字甲骨文作形），疋（楚字所从，楚字甲骨文作形）。夊（走字下部所从，走字甲骨文作形、金文作形），䒑（前字上部所从，前字甲骨文作形）等形体。

二　之

之，甲骨文作"屮"或"屮"形，小篆作"屮"形，实也为甲骨文"屮"形体讹变的结果。许慎《说文·之部》："屮，出也。象艸过屮，枝茎益大，有所之。一者，地也。凡之之属皆从之。"许氏释形大误。

---

① 徐灏：《说文解字注笺》第二止字下。

　　"之"字甲骨文形体由"⟋"（或⟋）与"一"两部分组成，属象事字。"一"表示目的地，"屮"表示足部。"屮"与"一"合在一起，表示足趾最终停止的地方，所以在甲骨卜辞中，常被用为指示代词。如"之子"、"之日"、"之夕"，就是"这子"、"这日"、"这夕"之意。甲骨文"至"作"⟓"形，与"之"的构形有异曲同工之妙，实可视为一字的异体。"⟓"，实际即"箭枝最终停止的地方"。

　　后世文献中，"之"又常常被用为动词，人们一般认为有"往"、"去"之义。但根据甲骨文的实际看，此"之"字当是"到某地停止"的意思。之某地，即止于某地。"往"、"去"是后人在这个用法中引申出来的意义，表义不确切。

　　三　夂（suī）

　　夂，甲骨文作"⟓"、"⟓"等形，表示足部向下、向后的运动。实为"屮"、"屮"的倒写形体。《说文》中收有两个夂形字原，其中一个篆文写作"⟓"形，如夏、复、夌、愛等字下部所从即"夂"字原。《说文·夂部》："夂，行迟曳夂夂也，象人两胫有所躧也。凡夂之属皆从夂。"许氏此释也误；另一个篆文写作"夂"形，如夆、夅、夋等字。《说文·夂部》说："从后至也。象人两胫后有致之者。凡夂之属皆从夂。读若黹（zhǐ）。"许说又误。《说文》中的"夂"、"夂"实为一字，都是从甲骨文"⟓"形体演变而来的，在构字时，表示向下、向后方向的运动。但如果"⟓"与"⟓"同时出现，则"⟓"隶变为"ヰ（kuà）"，与"⟓"形之隶变形体相同。如降（甲骨文作⟓形）下部所从即属此例。

　　四　走

　　走，商代甲骨文作⟓形[1]，至周初金文作"⟓"、"⟓"等形，隶变后，统一写作"走"。走字的本义为"快跑"。这一用法，仍然保存在会同方言之中，如："行都有行得稳就想走。"《说文·走部》："走，趋也，

────────────

　　① 刘兴隆：《新编甲骨文字典》（增订版），国际文化出版公司 2006 年版，第 71 页。

从夭止，夭者屈也，凡走之属皆从走。"走字上部所从之"土"，实为甲骨文"大"形体讹变而来。刘兴隆先生谓"象人跑时两臂前后摆动之形。"李孝定先生《甲骨文集释》也说："契文（计按，即契刻之文字，指甲骨文）夭象走时两臂摆动之形。"[1] 赵诚先生《甲骨文简明词典》释义更详细，他说："大，走。象人急走或奔跑时，两臂前后甩动之形，其本义相当于现在的跑。甲骨文来表示急行、快走，似仍用其本义，如'大出大'（丙四〇三）。卜辞也用作急驰之义，则为跑义之引申，如'会十为孚'（令亚走马——命令亚策马快跑）（甲二八一〇）。"[2] 前引诸释皆为得当。

从走之字，都与快速运动之义相关。如赴，即奔赴前往；趙，本指日夜兼程快速前进；起，本指迅速起身；赶，本指兽类竖起尾巴快跑；趋，也有奔赴快行之义；趖（suō），在会同方言里，指用屁股坐于地面向下或向前急速滑。鉴于此，普通话可以考虑接受会同方言里至今仍很活跃的"走"的读音和用法。

五　辵（辶）

小篆之辵字，楷变后写为"辶"，是由甲骨文中的"彳"（延）形体变化而来的，"辵"上部的"彡"即"彳"的演变结果，下部的"止"即"屮"形的演变结果。在甲骨文里，"屮"常用于表示人以外之事物的行动，篆变后也常写作"辵"。如简体字"进"，繁体写为"進"形，小篆写为"進"形，甲骨文写为"刀"形，其形体演变的脉络十分清楚。只不过"进"属于形声字，"進"属于象事字而已。

许慎《说文·辵部》："辵，乍行乍止也，从彳止，凡辵之属皆从辵，读若《春秋传》曰：辵阶而走。"段玉裁注曰："读若二字衍，春秋传者，《公羊》宣二年文，今《公羊》作躇，何休注是：躇，犹超遽，不暇以次。"《广雅》释辵："辵，奔也。"辵，宋代徐铉引孙愐作"丑略切"，普通话读为"chuò"。然而其实际的音读与意义，因暂时还没有在会同方言中找到其对应的口语，我们尚未给以精当的解读。虽然如此，但有一点

① "中研院"历史语言研究所：《甲骨文集释》，第 3219 页。
② 赵诚：《甲骨文简明词典》，中华书局 1988 年版，第 345 页。

是很确定的，"辵"（辶）在构字中，也表示与足部的行动有关。

六　彳

彳，即通常所谓的"双人旁"。甲骨文作"彳"形，与行、辵、又等通用不分，表行动，以"行"（行）省写半个部分象事会意，普通话读为"chí"。许慎《说文·彳部》云："彳，小步也。象人胫三属相连也。凡彳之属皆从彳。"段玉裁注："三属者，上为股，中为胫，下为足也。单举胫者，举中以该上下也。胫动而股与足随之。"许、段析形实误。

马叙伦引杨桓曰："彳，道之隘而半于行者，象半行之形。"又说："彳音徹纽，盖附会辵字为之耳。'象人胫三属三连也，'亦为校者改之。"[1] 马氏对彳字的形与音提出了自己看法、见解，是很可取的。彳字的用例，文献中仅见"彳亍"一词，也作"踟躇"、"踟蹰"、"踟跦"，音 chíchú，指徘徊不前的样子；其实也可写作"踟踱"，踱音 chú，徘徊不前貌。可"chíchú"实为一记音之词。古文献中还有"踯躅（zhízhú）"一词，也作"蹢躅"，指徘徊不前的样子，与"彳亍"其实仍为一词。我们的意见是，"彳亍"应该读为"zhízhú"，很可能来自于人们对"蜘蛛"生活习性观察的认识。罗振玉早在《增订殷墟书契考释》中指出，行字，"许书作 �，则形义全不可见。于是许君乃释行为人之步趋，谓其字从彳从亍，失弥甚矣。古从行之字，或省其右作彳，或省其左作亍，许君误认为二字者，盖由字形传写失其初状使然矣。"

汉语是一种运用比喻义最为突出的语言，用熟悉的事物来解说晦涩又难以表述的现象，是汉语的一大法宝。像口语中"他太油了"中的"油"，"他太牛了"中的"牛"，都属于这种用例。中华民族很善于运用比喻的方法，运用众所周知浅显明白的事物、现象去说明未知的事物、现象，这是最简便最有效最高明的表达技巧。甲骨文中不见"彳"、"亍"单独的字形，颇疑"彳"、"亍"的出现，是为了快速方便书写"踟跦"一词而臆造出来的，彳与亍是"行"字分解的结果，含意当为"行不成了"，正与徘徊不前之义切合。这一推测，记于此，留待大家考证。

作为字原的"彳"，与行走、行动、道路相关，实际上应是"行"字

---

① 马叙伦：《说文解字六书疏证》卷四，上海书店出版社 1985 年版。

的省写。林义光《文源》也说："从彳之字，皆以行为义，彳实即行省，不为字。"罗氏、林氏之说至确。

殷商甲骨卜辞里常见"不⚹⚹"之卜兆术语，大多横向刻写，与竖刻之卜辞不相属。中间的"⚹"字，有时简写为"⚹"，有时繁体作"⚹⚹"（前编八·四·三），这为一字之简繁。孙诒让《契文余例》释为"不绍黾"。于省吾《殷契骈枝》释为"不午黾"。郭沫若《殷契余论》释为"不馒黾"。胡光炜《甲骨文例》释为"不鼄鼁"，读为"不踟蹰"。董作宾初释为"不罗龟"，后在《甲骨文断代研究例》中又改从胡光炜之说，谓"⚹当为丝，丝鼁即作丝之鼁"，仍读为"不踟蹰"。陈邦福《殷契辩疑》释之为"不咕鼁"，读为"不骺殊"。唐兰《天壤阁甲骨文存考释》释此三字为"不才黾"，并说："然则读为诏黾、罗龟、踟蹰、骺殊等之不能通，无待言矣。"后李孝定《甲骨文集释》又直斥孙诒让、胡光炜、郭沫若、唐之非，认为当释"不咕鼁"。另外，李亚农《殷契摭佚续编考释》释"⚹"为"许"，释"⚹⚹"为"蛛"，认为这三个字，即"不许朱"之意；饶宗颐《卜辞又证》则释"不⚹⚹"为"不⚹黾"，应读为"不再命"。对于这三个字的训读，古文字学界可谓是众说纷纭、莫衷一是。

我们认为，"不⚹⚹"当释为"不织蛛"，即"不蜘蛛"，读为"不zhízhú"，即今世之"不踟蹰"。甲骨文"⚹"像丝线被"▽"（辛类之尖形物，用于纺织鱼网等）牵引之状，编织之意很是明显。殷商卜辞较早时期，古人造字分类严格，如前面讲过的"灾"字，水灾为"⚹⚹"、"⚹⚹"，火灾为"⚹"，伤灾为"⚹"，几乎不相混乱，皆可证明此说不误。甲骨文里有一"⚹"，金文写作"⚹"形，后来隶定作"黹"，即今世"针织"之"织"字的初文，专指刺绣缝黹而言。《说文·黹部》曰："黹，会缕所紩衣。"徐锴《说文系传》："紩，刺绣也；黹，刺纹也。"段玉裁《说文解字注》："以针贯缕紩衣曰黹。俗俗云针黹，是此字。"所释皆至为正确。甲骨文"⚹"像刺绣的云雷纹状，云雷纹是早期麻布帛衣常见的装饰纹，以其为字，会让人立即联想到与它紧密相关的"黹"。而"⚹"则为编织丝网的工具及动作，也会让人意会到和此相关的"织"字。"不⚹⚹"，意思就是强调赶快行动，落实卜辞的内容，不要如蜘蛛那样整天固守网中傻等机会。

七 行（háng）

行字，甲骨文中已出现，写作"𣥕"、"𣥕"、"𣥕"等形，金文作"𣥕"（行父辛觯）、"𣥕"（虢季子白盘）等形，许慎《说文·行部》："人之步趋也。从彳、从亍。凡行之属皆从行。"析形释义皆不得当。林义光《文源卷六》："《说文》云，'行，人之步趋也。从彳，从亍。'按彳亍字形义不可据。行本义当为行列，从八（转注）。八，分也。𣥕象人分为行列相背形。古作𣥕。"林氏批评之说是正确的，但自己却又走入了另一个误区。"𣥕"罗振玉《增订殷墟书契考释》释为"象四达之衢，人所行也。"所释较许氏正确多了。四达之衢，用现在通俗的说法，即四岔路、十字路，甲骨、金文中的"𣥕"，与之极为相似。《尔雅·释宫》："行，道也。"道即是通常说的路；《诗·小雅·小弁》："行有死人，当或墐之。"即说路上有死人；《吕氏春秋》"桃李之垂于行者，莫之摇动也；锥刀之遗于道者，莫之举也。"行与道对举，行即道也、路也，如今世所谓之"银行"，即取"金银钱财的通道"之义。然而仔细考证起来，行字在殷商时期也并非如罗振玉氏所讲的"四达之衢"，它其实是指处于建筑之间的"巷子"，"𣥕"是人们从高处俯视所见到的平面示意图。"行"实为"巷"之初文，在会同方言里，巷仍读"hāng"，与"行"之古音完全一致。而后世用于表示行动、行走的"行"（xing），甲骨文写作"𣥕"形，"亍"为人之象形，"人"于"行"（hāng）中，示行走之意。后世将殷商时期的"𣥕"、"𣥕"二字合为一字，并给了它两个音读，与我们祖先造字的初义是有些不尽符合了。

行（巷）是夹在建筑物之间的通道，所以从"行"之字多与道路有关；行（巷）因受建筑物的制约一般呈直线之状，所以又有了行列之义；行（巷）是人们进出的必走之路，所以从行之字又多与行（𣥕）走、行动相关联。此足见古人造字用字之奇妙。

第二节 与"手"有关的字原

一 又

又，普通话念 yòu，会同话念 yóu。甲骨文作"⺈"、"ㄨ"等形，本象右手之形，为"右"字的初文，后凡手及手的动作皆可用此表示。金文"又"也作"⺈"之形，与甲骨文没什么区别，小篆"又"字作"⺈"，仍与甲骨文、金文之形相类。从绝大多数人使用双手的习惯来看，右手一般处于先导主动的地位，常常起到导引的作用，所以古人将右手称为"yòu"；左手在甲骨文中写为"⺇"形，在活动中一般处于从属被动的地位，很少动作，起辅佐右手的作用，故称之为"zuǒ"。

现代汉字中作为字原（或可说偏旁）出现的"又"、"夂"，大多是从甲骨文"⺈"（右手）、"⺇"（左手）演变而来的，表示和手部动作相关。如"友"，甲骨文作"卅"、"从"等形，"从两只右手，表示二人互相帮助。古代兄弟之间称'友于'之'友'是本义，朋友的'友'是引申义。"① 如"啟"（启），甲骨文作"𠷎"、"啓"、"𢼄"、"𢻲"等形，像手打开户之形。如"祭"，甲骨文作"𥛾"、"𥙅"、"𥘲"等形，刘兴隆先生《新编甲骨文字典》（增订本）说："祭象以手持肉置于牌位前，示祭天拜神敬祖之义，其旁小点为血滴。"② 又如"事"字下部所从之"ヨ"也为"又"字，"事"甲骨文写作"𠁬"形，与吏来源同一形体，甲骨文象以"⺈"（手）持"屮"物之形。诸如此类，不繁举例。

许慎《说文·又部》："⺈，手也，象形。三指者，手之列多，略不过三也。凡又之属皆从又。"段玉裁注曰："此即今之右字。三歧象三指。"所释正确。在殷商甲骨卜辞中，"又"字多用如今世之"佑"字，即从"又"的本义引申而来。

二 手（扌）

手，金文作 ⺳（师簋簋）、"⺳"（谏簋），小篆作"屮"，象手人申

---

① 邹晓丽：《基础汉字形义释源》（修订本），中华书局 2007 年版，第 58 页。
② 《新编甲骨文字典》（增订本），国际文化出版公司 2006 年版，第 13 页。

指形。手，读如"收"、"缩"（会同方言读如 shóu），古代即指可以自由弯曲向内收缩的手指，后词义扩大，泛指整个手臂了。许慎《说文·手部》："Ψ，拳也。象形。凡手之属皆从手。"许氏所释正确。"拳也"，就是说可以握成拳的东西，这当然非手指莫属了。

手在作为偏旁时，楷化后多写为"扌"，即通常说的"提手旁"。从手的汉字，大多与手的构造或握持、拍打动作相关。如"把"、"握"、"推"、"抠"、"拉"、"扶"等。但也有一些特殊情况，现代汉字中个别从"扌"制作的字，是因为甲骨文、金文篆变时发生了形体讹变的结果。如"折"字。"折"甲骨文写作"𣂪"、"𣂤"等形，"𠃌"即斧斤，"𣎳"即"屮"（木）断为两截之形，合而成为象事字，可会出"用斧斤从中砍断树木类的东西"之意。在篆变的早期，"𣎳"（断木之形）变为"𤾸"形，后上下相连变为"𣂤"，便与手字的小篆形态"Ψ"混同为一了。

《说文》中"手"旁字共收 266 个，占总数的 2.8%。在《说文》各部首（字原）中排于第四位，仅次于水部（氵）、草部（艹）和木部类的字数。但在和人体相关的部首（字原）里，"手"（扌）部字名列第一，这也从另一个侧面反映出了人类进化，即手脚分离后双手获得解放后的重要意义。

三 攴（pū）

攴，甲骨文写作"𣪊"、"𣀷"等形，像手持枝条、小棍类物体扬起以击打之状。在楷化后的汉字中，多写为"攵"（俗称反文旁，与"又"意义相同），如"牧"字，甲骨文作"𤘥"形，即属此例；也写为"攴"，如"寇"字，甲骨文作"𡧛"，即属此例。《说文·攴部》："攴，小击也。从又，卜声。凡攴之属皆从攴。"许氏此释甚为精当。

攴，单独使用时写为"扑"，段玉裁《说文解字注》曰："攴，经典隶变作扑。凡《尚书》、《三礼》鞭扑字皆作扑。又变为'手'，卜声不改，盖汉石经之体。此手部无扑之原也。"段氏厘清了攴与扑的源流关系，十分正确。徐灏《说文解字注笺》："疑本象手有所执持之形，故凡举手作事之义皆从之，因用为扑击字耳。"徐氏所释点明了"攴"的形义关系及字原功能，对于我们正确理解从攴（或攵）作的汉字含义，也有相当重要的作用。

四 殳（shū）

殳，小篆写为"{殳}"，上从"𠃊"（shū），下从"彐"（手）。首先，让我们探讨一下"𠃊"字。《说文·𠃊（shu）部》："鸟之短羽飞𠃊𠃊也。象形。凡𠃊之属皆从𠃊。读若殊。"徐铉引孙愐《唐韵》："市朱切"按今音即读如"shū"。长肢之鸟飞行缓慢，短羽之鸟飞行疾速，此"𠃊"字，实际是模拟短肢鸟起飞时发出的"shū"的声音。现在会同人描述𠃊短翅鸟快速飞行之状时，仍经常说这样的话："鸟（diáo）仔𠃊（shū）地飞嘎过碣（kè）"。后世"𠃊"字消失，多用"倏"来代替，"倏忽"、"倏地"多用来形容快速之状。在古代，"倏"本指人们激励猎犬快速进攻时嘴巴发出的"shushu"之声。会同方言里有"倏狗"一词，即用了"倏"的本义，而"听别个倏"则为比喻义了，意为像狗一样听人唆使。"倏"从"攸"从"犬"，"攸"读 yōu，有引导之义，形与义、音相当切合。

接下来，再回到"殳"字。许慎《说文·殳部》："殳，以杸殊人也。《礼》：'殳以积竹，八觚，长丈二尺，建于兵车，旅贲以先驱。'从又、几声。凡殳之属皆从殳。"徐铉引孙愐《唐韵》："市朱切。"今音也读如"shū"。从引语可知，许氏读殳为"shū"，是把它当成了形声字，认为是从"𠃊"而得音的。从古文字资料来看，许氏关于殳字音读的说法应该是不正确的。

在甲骨文里，殳字写作"{殳}"、"{殳}"、"{殳}"形，金文中写为"彐"形。刘兴隆先生说："（殳）象以单手或双手执锤之形。释殳，殳为古代兵器，后世多用作偏旁。如殿、毁、觳等。"刘氏之解说大体应该是正确的。关于殳字的音、义问题，文字学界多有争论，兹引数例，供大家参考。

　　《诗·卫风·伯兮》："伯也执殳，为王前驱。"毛传："殳，长丈二而无刃。"

　　徐锴《说文系传》："断绝分析为殊，积竹谓削去白，取其青处合为之，取其有力也。"

刘熙《释名》：“殳，殊也。有所撞挃于车上使殊离也。”

段玉裁《说文注》：“殳、殊同音，故谓之殳，犹以近穷远谓之弓也。”

饶炯《说文部首订》：“殳义本动字，即殊离之意。后因名其杖亦曰殳也。”

林义光《文源》：“按古作，作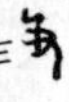，象手持殳形，亦象手有所持以治物，故从殳之字，与又、攴同意。”

马叙伦《说文六书疏证》：“殳为杸之初文。出亦借度为杸，度为打之初文。”

周法高等《金文诂林》：“殳为杸之本字。杸之为器柄曲头尖。甲骨文偏旁殳或作，盖锤物之器也。”

李孝定《金文诂林读后记》：“甲骨文殳作，为有刃刺兵。”

从上述观点分析，“殳”到底为何物，其最初的音义到底是何状况，看来一时难以定论。如甲骨文中有“”字，隶定为“”，文字学家则大多认为此字所从之“”为柶匕之类器物，则又为“殳”字的音义释读更添一份迷茫了。

基于现在所看到的从“殳”作之字的实际情况，我们认为“殳”上部所从的来源主要有三个方面，一是指安装了短柄把的有刃器物；二是指短柄把的锤状物；三是指勺子类器物。“”加“”后，与“又”、“攴”的意义相近，但在力度或改变的结果上，似乎要深重一些。另外，甲骨文中一些从“”作的汉字，后世也变成为从“攵”作，与部分“攴”字偏旁楷变后写为“攵”完全一样。

总而言之，从“殳”之字，与从又、从攴之象征意义非常近似。

五　丮（丮）

丮，普通话念 jí，会同话念 jǐ。其小篆形体写为“”，《说文·丮部》曰：“持也，象手有所丮据也。凡丮之属皆从丮。读若戟（jǐ）。”许氏此释比较正确。

丮甲骨文作“”、“”、“”等形，像一人张开双手将合到一起握持之状。此字在普通话里已经消失不用了，但在会同方言里，仍然是一个应用极其广泛的词语。如："釚（jǐ）着他的手不要放"，"他呀，钱哆釚得出水"（计按，说别人小气，钱握得过紧，说人太看重钱的意思），"我恨不得釚死你"（指双手掐其脖子使死亡），"肮（会同话读 àng 蠢的意思）人无药医，打屁着手釚"等。

　　罗振玉释"𰼁"说："象两手执事形。古金文与此同。篆文作𰼁，误。"[1] 林义光《文源》："象人伸两手持物形。"罗、林二氏所释不误。因为没能看到"釚"字的早期形态，一些文字学大家据篆解说，乃不免疏失。如段玉裁《说文解字注》："持，握也。外象人拳握形。"朱骏声《说文能训定声》："按从手，乙，所据也。指事。"段氏将"𰼁"外部所从之"乙"释为拳握之形，朱氏则将其释为"所据也"，即手里握持的东西，都大错特错了。"乙"实由甲骨文"𰼁"中"𛰕"（人体躯干形）演变而来，"𡴖"（手）则由甲骨文中的双手之形演变而来，此浅显明白之极。

　　釚作为构字字原（常说的偏旁）时，隶变、楷变后写为"丸"或"釚"，与早期形体已有了较大差距。如孰、执（执）、艺（艺）等所以之"丸"即是"釚"的变体。另外，现在大家所熟悉的"巩"字，右边所从之"凡"，其实也是由"釚"省变而来的，巩，小篆形体写为"鞏"，从"釚"之形非常明显。在会同方言里，"釚"字强调众多手指交会一起用力迫压物体，使其不能松动之意，与许慎之说较切合，更与甲骨文"𰼁"形表现出来的含义完全相符。根据音本义原理，"jǐ"音包含了"交会"、"迫压"之特征，"釚"为手指交会在一起用力迫压之义，正与"jǐ"音的音本义要求完全符合。

　　另外，譬如"基"字，甲骨文写作"𰼁"形，金文写作"𰼁"形，小篆写作"𰼁"形，楷化后写为"基"，完全承袭了甲骨文时期的构造原理，其形体演变的脉络十分清晰。"基"字从"其"、从"土"构作，"其"字甲骨文写作"𰼁"，像用竹篾纵横交会、迫压而成的箕畚之状，是"箕"的初文、本字，会同话读作"jǐ"，可知"基"字属于形声结构的文字。《尔雅·释诂第一》："基，始也。"《说文·土部》："基，墙始

---

① 罗振玉：《增订殷墟书契考释》（中），第 63 页。

也。从土，其声。"《汉字源流字典》："基，本义为墙脚，墙的根基。"①
据徐伯安先生介绍，在黄河流域中下游一带，"距今大约七千年到一万年
间出现了一种只有屋顶没有墙体的浅穴建筑。尔后，又大约经过了两三千
年，在原始氏族社会后期到殷商时代，出现了地面建筑和夯土台上的建
筑，一种既有屋顶又有墙身和基座的'土台建筑'。"② 可见在远古时代，
建屋造房最开始需要夯实房屋的基座，所以，"基"字可以引申出"开
始"的含义，《尔雅》所释为基字的引申义；"基"字最初指的是整个房
屋的基座，随着建筑业的不断发展，当出现了以土石构建墙壁后，才又出
现了墙之基脚的含义，许慎、谷衍奎所释为基字的后起义。撇开这些不
说，三家都未能够讲清楚"基"字声义结合的原理。"基"字为什么叫做
"jī"呢？简而言之，房屋的基座，是人们聚集（有交会义）大量黏土、
用力迫压夯打而形成的。

　　再如"继"字，其金文写作"𢇍"形，小篆写作"繼"形。"88"
像丝束之状，"𢇍"形中的横线表示断开之意，可见"继"字属于象事
字，表示在绳线将要完结的地方又接续上丝线的意思。搓过绳索的人都知
道，绳线的结合部位，是由多束丝线交会在一起形成的，并需用力迫压使
它们相互紧紧纠缠才不致松散分离。"继"读为"jì"，正是由于它具有了
"jì"音音本义要求的"交会"、"迫压"（挤压）的特点。

　　再如稽查的"稽"字，它为何读为"jī"音？它的形体组合情况是怎
么一回事？这些问题，以前的文字学家没有能够予以清楚地解答。

　　许慎《说文解字》："稽，留止也，从禾从尤旨声。"《说文·禾部》
又说："禾，木之曲头，止不能上也。"许氏依据稽字小篆形体立说，开启
了错误分析稽字音形义的先河。后来，徐锴《说文系传》承沿许氏旧说：
"尤者异也，有所异处，必稽考之，考之即迟留也。"孔广居《说文疑疑》
说解更是迂曲离奇："尤，色之美者也，旨，食之美者也，美食美色，皆
足以留滞人，此三体会意也。"林义光《文源》则较前人有所进步："按
尤者从手中引物之象，稽之义犹手持物有引之者，不令取，故从尤。"谷
衍奎先生认为："稽，会意兼形声字。稽本当作禾，从禾（木曲头），从

---

① 谷衍奎：《汉字源流字典》，华夏出版社 2003 年版，第 615 页。
② 徐伯安：《汉字与建筑》，载何九盈等编《中国汉字文化大观》，北京大学出版社 1995 年
版，第 305—306 页。

尤（赘疣），表示树木不正经向上长而长出弯曲多余的树杈，会留止之意。篆文另加旨声。隶变后楷书写作稽，曲头木误为'朩'。"① 谷氏说解怪诞，比前人更甚。刘钊先生指出："（稽）本来从朩从又，是个会意字，也就是说，从朩从又的'秜'应该是'稽'字的初文。后来在初文上加了'旨'声，变成了形声字'稽'，所从之'又'有讹混成与其形音皆近的'尤'。""至于从朩从又会什么意，如何会意，则目前尚无理想的解释。"② 刘钊先生工于古文字构形研究，对"稽"字的形体演变之源流说解比较透彻。我们认为，"朩"和"朩"都是"禾"字，上出弯曲的为禾穗，禾字甲骨文有"朩"、"朩"等形，禾穗向左、向右弯曲无别。按刘钊先生所讲，"稽"字的早期形体从"朩"从"又"构作，应当属于我们所讲的象事字，即表示用手获取禾穗的意思。在远古时代，人们收获大量稻穗的时候，基本上都得用石刀或蚌镰之类的工具去收割。而只有在获取少量禾穗作为留存的种子时，才会先用几个手指去挤压谷实，看谷实是否饱满。于是古人便根据这种习惯，创造了"秜"字。贾思勰《齐民要术·收种第二》载："选好穗纯色者，劁刈高悬之。至春治取，别种，以拟明年种子。"《新农业》（1984 年第 16 期）登载了付玉先生《穗选谷种》一文，文中介绍说："谷子田间穗选要在开镰前进行，选种时，先按照品种的特征特性找出几个标准谷穗。确定标准谷穗主要看株高、叶色、穗型、穗长、穗色。"由此可知，"稽"字的原始意义，应该是指在选取谷种时用手指去挤压禾穗谷粒是否饱满的行为，也就是说，"稽"字的得名主要是源于"扎"（计按：据刘钊先生考证，西周金文中已经发现有从"扎"构作的"稽"字③）。这一行为是在检查谷粒饱满的程度，所以可以引申出"检查"的意义；选取的谷种需要留存到第二年播种的时候，因而又可以引申出"留存"、"留止"的意义。

《尚书·舜典》："禹拜稽首，让于稷、契暨皋陶。"孔安国传："稽首，首至地。"《现代汉语词典》："稽首，qǐshǒu；古时的一种礼节，跪下，拱手至地，头也至地。"《汉字源流字典》："稽，又读 qǐ，引申用于

---

① 谷衍奎：《汉字源流字典》，华夏出版社 2003 年版，第 814 页。
② 刘钊：《古文字构形学》，福建人民出版社 2006 年版，第 209—210 页。
③ 同上书，第 210 页。

稽首，古代一种叩头至地停留一下的大礼。"① 《汉语大字典》卷五：
"稽，jī，停留；延迟。""稽，qǐ，稽首：古时一种跪拜礼，叩头至地。
一说两手拱至地，头至首，不触及地。"《周礼·春官·大祝》："辨九拜：
一曰稽首，二曰顿首，三曰空首，四曰振动，五曰吉拜，六曰凶拜，七曰
奇拜，八曰褒拜，九曰肃拜。"郑玄注："稽首，头拜至地。"贾公彦疏：
"其稽，稽留之字，头至地多时，则为稽首也。"如贾公彦所释正确，则
稽首之"稽"，应当读作稽留之"稽"，即读为"jī"。那么，稽首之
"稽"到底该读作什么音？"稽首"的真实含义又是什么？对此，许威汉
先生曾进行了一番考证。许氏说："稽首是归（计按，当为旧字之误）时
所行的跪拜礼。原有二解：一是行跪拜礼时，头至地；二是行跪拜礼时，
两手拱至地，头至手，不触及地。这两种解释的共同点都是叩头，只是方
式略有不同而已。既然如此，那么'稽'直接解释成为'叩'行不行呢？
'稽首'与'顿首'又有无不同？其实'稽'有留的意思，'稽首'指头
在地上停留一会儿时间。贾公彦说：'其稽，稽留之字；头至地多时，则
为稽首也。'而拜时头手触地，触地后即起叫'顿首'。可见'稽首'与
'顿首'不同，关键在'留'与'不留'上。"② 贾公彦、许威汉二氏的
解说十分正确，与生活的实际相符合，可知"稽首"其实当如会同话一
样读作"jīshǒu"，因为只有如此，才能保证汉语语词音形义的有机结合。
《现代汉语词典》《汉语大字典》等权威辞书，由于不能掌握和运用汉语
音本义原理，故而出现了这种人云亦云的低级错误。

　　再如"亟"字，甲骨文写作"𠄏"、"𠄌"等形③，金文加"口"和
"攴"写作"𠧟"（毛公鼎）形，小篆中"攴"讹变成了"又"，写为
了"亟"。于省吾氏认为："𠄏，古極（计按：现在简化写作'极'）
字。……𠄏字中从人，而上下有二横画，上極于顶，下極于踵，而極字
之本义昭然可睹矣。"④ 黄易青先生说："甲骨文𠄏，是亟的初文。象人
在狭窄的空间（林义光《文源》曰：'二象隘'）。造意以人在狭隘空间

---

① 谷衍奎：《汉字源流字典》，华夏出版社 2003 年版，第 814 页。
② 许威汉：《训诂学导论》（修订版），北京大学出版社 2003 年版，第 282 页。
③ 参见于省吾《甲骨文字释林》，中华书局 1979 年版，第 94 页。
④ 同上。

来表示空间的窄迫。空间窄迫与时间紧迫义相通，故文献多表示时间紧。"① 我们认为，金文"𰯛"其实是甲骨文"𠄎"的一种繁体构形，更能真实、形象地反映"亟"字的构形意图。"𠄎"表示一个被限制了人身自由的人；"攴"在充当构字部件时，常常表示手拿棍棒进行扑打的意思；而"口"字在这里是表示讯问的含义。三个形体组合为"𰯛"，属于象事结构的文字，形象地描摹了一幅上古时代的"刑讯图"，表示一种需要运用刑讯手段迫压，并限制人身自由的刑拘方式——羁押。今天所谓"羁押"的"羁"，本是指用皮革制作的纵横交会、紧压在马首上的马络头，而作羁押犯人的"羁"，很可能就是"亟"。在上古时代，侦破等刑侦手段相对落后，为了防止嫌疑犯窜供、逃逸，因而需要快速捉拿到案进行羁押审讯，所以，"亟"（羁押）就可以引申出"紧迫"、"紧急"的含义。用汉语音本义原理来诠释，"亟"字，即是指聚集（有交会义）众多刑讯手段迫压嫌犯坦白的刑拘方式。

再如"殛"（jí）字，《尔雅·释言》解释此字说："殛，诛也。"《说文·歺部》："殛，殊也。从歺，亟声。《虞书》曰：'殛鲧于羽山。'"段玉裁注："殛本殊杀之名……《尧典》'殛鲧'，则为極（极）之假借，非殊杀也。"三家对"殛"字的训释，皆误。段玉裁氏认为《尧典》"殛鲧"的"殛"不是诛杀之义，则十分正确。我们认为，"殛"字从"歺"、从"亟"构作，因为"歺"在充当构字部件时，大多提示与人的尸骨意义相关联，可见"殛"其实即"亟"的后起分化字，其本字就当是"亟"。

《尚书·尧典》记载："流共工于幽州，放驩兜于崇山，窜三苗于三危，殛鲧于羽山。"孔安国传："殛、窜、放、流皆诛也。异其文，述作之体。"孔颖达疏："流者移其居若水流然，罪之正名，故先言之；放者使之自活；窜者投弃之名；殛者诛责之称，俱是流徙。"传说共工、驩兜、三苗、鲧等，是上古尧舜时代四个氏族部落首领（计按："共工"一词，会同话读作"gǒng gáng"，至今仍然被用来形容肆意妄为、不守规矩的人物，可见会同话里的确保存了很多上古时代的信息密码），由于他们经常作乱（鲧是因为治水无功），因而被迁出原居地，流放到其他地方。

---

① 黄易青：《上古汉语同源词意义系统研究》，商务印书馆 2007 年版，第 303 页。

王筠《说文句读》认为："《左传》曰：'流四凶族'，《尚书》'流'、'放'、'窜'、'殛'同意。变词以成文尔。"从以上引文献资料可知，孔、王等氏并不认为"殛"是诛杀的含义。那么，到底如何分辨"流"、"放"、"窜"、"殛"这几种上古的刑罚方式呢？

我们认为，在《尚书》时代，"流"、"放"、"窜"、"殛"四种刑罚方式应该是有所区别的，并不像孔安国、王筠认为的那样，只是转换不同语词来表达相同意思的一种文章体例。《历代刑法考》引《释例》说："放者，受罪黜免，宥之以远也。"①《历代刑法考》又引马融的观点说："流者，流行无城郭常居。"②《史记·殷本纪》记载："帝太甲既立三年，不明，暴虐，不遵汤法，乱德，于是伊尹放之于桐宫。"放之于桐宫，就是将犯错的殷商帝王太甲远放到桐宫居住反省。从汉字构形学的原理来看，"放"字从"方"从"攴"构作，属于形声兼象事结构的文字，即是将人驱赶到偏远的"方国"之意。由此可见，《史记·殷本纪》的记载以及《历代刑法考》援引《释例》的观点，都是有所根据的。结合汉语音本义的原理分析，我们推测，"流"是一种将人移徙偏远地区，并使其居无定所的刑罚；"放"则是一种将人迁移到偏远方国，并允许在该地区定居的刑罚。至于"殛"字的含义，则要结合大禹治水的传说综合分析。大家知道，鲧是大禹的父亲，因为治水无功而被治罪的，舜帝于是便将鲧"殛"（羁押）在羽山这个地方，要他的儿子大禹继续治水、以功赎罪。

"爪"在构字中的象征意义，日本学者高田忠周氏曾有论及。他在《古籀篇》中说："爪，象有所持也。金文爪部与手又𠬶爪部皆通用。"高田氏之论至确。

六　爪

爪，甲骨文作"𠬹"、"𠥇"、"𠂒"、"𠂊"等形，表示手指张开向下的动作。《说文·爪部》："爪，丮也。覆手曰爪。象形。凡爪之属皆从爪。"段玉裁《说文注》曰："丮，持也。仰手曰掌，履手曰爪。今人以为𤓰甲字，非是。"林义光《文源》说："按爪即俗抓字，今多用为𤓰甲字。"𤓰甲，即手指、脚趾之甲。抓，在甲骨文作为构字字原时，即指

① 沈家本：《历代刑法考》，中华书局1985年版，第263页。
② 同上书，第268页。

"用手抓物状。"①

《说文·爪部》仅收录"孚"、"爲"（为）两个从爪作的字。其实，汉字中以"爪"为构字原的，还有一些被收入到别的部中。如"采"、""（穗）、"觅"、"爭"、""（称）、"受"、"奚"、"爱"、"舀"、"捋"等。

然而，虽然甲骨文中的"爪"都是处于合体字的上部之位置，但这是由于甲骨刻辞自上而下竖刻的因素影响所导致的。如虎字写为""、象字写为""，犬字写为""，它们的头部都朝上，即同此理。所以，我们认为，爪字的象征意义实际应表现为两方面：一是表示手指从上向下抓物的动作，如"采"；二是表示在事物前面拖曳的动作，如"爲"（为）、"爱"。

七 寸

寸，暂未在甲骨文中发现对应之形体，金文作""形，小篆作""形，与金文之形体相类。许慎《说文·寸部》说："，十分也。人手却（计按，即退之义）一寸动脉，谓之寸口。从又，从一。凡寸之属皆从寸。"徐锴《说文系传》："一者，记手腕下一寸，此指事也。"段玉裁《说文解字注》："却，犹退也。距手十分动脉之处，谓之寸口。故字从又一，会意也。"许、段所谓之寸口，即中医学中所指手腕之下用于把脉诊病的部位（计按，为方便找穴位，中医以患者中指中间一节长度为"一寸"）。""为合体象事字，""即手之象形，"一"指示医生按脉之部位（这也足见中医之古老）。

甲骨文尚未发现"寸"字对应的形体，金文虽已出现，但考察隶变后从"寸"作的几个汉字，它们在甲骨文、金文时期其实大多都是从""（右手）、""（左手）或""（双手）而造的。如"寺"，金文作""、""等形②；"專"（专），甲骨文作""、""、""诸形，金文作""、""等形；"寻"，甲骨文作""形，本指双臂张开的长度；"得"，甲骨文作""形，像手得到贝（财物）之

---

① 高明：《中国古文字学通论》，此就学出版社 1996 年版，第 71 页。
② 参见戴家祥《金文大字典》。

状；"尊"，甲骨文写作"𢍰"、"𢍲"等形；"射"，甲骨文写作"𰀄"、"𰀁"、"𰀂"、"𰀃"等形，"𰀂"从"弓"从"又"，隶定作"𨖪"，刘兴隆先生释此字："从又持弓，《说文》所无，与石鼓文之射同。《正字通》释𨖪：'射本字'。"[1]金文射字作"𰀅"形，也从"又"无疑。

了解到这些情况，我们知道了作为构字偏旁的"寸"，其实也是与手部动作相关的一个字原，甲骨文中，从"寸"之字下部本从"𰀆"、"𰀇"或"𰀈"而作。篆变之后成为"𰀉"，原因可能有三个。第一，是"𰀆"之形体产生了讹变；第二，是史官为了字体的美观而特意添加了饰符"一"；第三，因为"寸"有法度之义，而这些构字中特指的手部动作也是需要讲规矩与法度的，所以人们有意将从"又"变为从"寸"。但到底哪一个推测更接近当时的实际情况，现在是不得而知了。

八　𠬞（gǒng）

𠬞，甲骨文写为"𰀊"，小篆写为"𰀋"，像双手上抬会合之形，即"拱"字之初文。

𠬞，许慎《说文》曰："𠬞，竦手也。从𠂒（左手），从又（右手）。凡𠬞之属皆从𠬞，扬雄说，𠬞从两手。"段玉裁《说文解字注》："竦，敬也。此字谓竦其两手以有所奉也。"王筠《说文释例》："𰀋，盖即手部'拱'之古文也。𰀋下云'竦手也'"，玄应《一切经音义》卷二引作"拱手也"，即以重文为说解，后人不知而改之。徐灏《说文段注笺》：𰀋共古今字，共拱亦古今字。前引诸家所释，皆为得当。《尔雅》"拱，执也。""𰀋"即为双手托物于掌中，或双手上抬一起握持某物之状。

甲骨文发现之后，文字学家也相继对甲骨文之"𰀊"形体进行了考释，罗振玉释此字即后世汉字中的"廾"构件。如"弄"、"奉"（𰀌实为廾竖写的变体）、"戒"等字中的"廾"、"𰀌"，即属此种情况。后叶玉森《殷墟书契前编集释》从罗氏之说，吴其昌《殷墟书契解诂》更是明确指出："𠬞正象左右两手相合之形，两手相合，故可以执也。"杨树达《积微居甲文说》认为"𠬞"为"登"之省文，有徵字之义，似有未安。

[1]《新编甲骨文字典》（增订本），国际文化出版公司2006年版，第875页。

事实上，在今天所见到的楷体汉字里，很多字在甲骨文时期是从"𠂇𠂇"而造的。但在汉字经过两次大的形体演变后，以现在的眼光看来，从"𠂇𠂇"演变而来的一些形体已经是面目全非了。如"舆"、"具"、"兵"、"共"下部所从之"八"；"奂"、"关"字下部所从之"大"；"承"、"丞"字两边所从之"八"等。

九　𦥑（jú）

"𦥑"也是左右两手相合之象，读"jú"。"𦥑"即从甲骨文中的"𦥑"形体演变而来，"𦥑"是下垂之左手，"𦥑"是下垂之右手，与向上的"𠂇𠂇"正好相反，表示双手向下相合执物之象。实为后世"匊"、"掬"之初文。

《说文·𦥑部》曰："𦥑，叉手也。从𦥑、𦥑。凡𦥑之属皆从𦥑。"段玉裁注曰："此云叉手者，谓手指正相向也。从𦥑、𦥑，此亦从屮、又而变之也。"邵瑛《群经正字》说："此与手部之'掬'、勹部之'匊'为古今字，经典无用之者，惟陆德明《释文》偶一采及。《礼记·礼运》郑玄注：'才不饮，手掬之也。'"释文："掬，本亦作𦥑。"段、邵二氏所论至确。

现在的简体字中，很少看到有从"𦥑"造的字了，像"舆"、"臾"、"腴"等字体中所从的"𦥑"即为难得一见之遗存。"舆"字，其实是由"𦥑"、"八"（𠂇𠂇）、"车"三部分构成的，"𦥑"、"𠂇𠂇"表示众多的人手，"车"表示车厢类物体，合在一起，就是指需要众多人手扛抬着前进的车厢类物体之象——即今天所讲的轿子。所以，"舆"又可以引申出众多（舆论即大众之论）、车厢等意义。西周以后的文献中，常见"舆图"（地图）、"堪舆"（即相地之风水学）等将"舆"当成"地"来用的词语，这又是怎么一回事呢？把"舆"（大车箱）和"地"联系起来的，其实源于《易·说卦》："坤为地，为大舆"一语。易经八卦中的"乾"象征天，"坤"象征大地，大地有载物之德，与舆能载人载物恰有共通的特点，所以，古人又将地称作舆，将地图称为舆图，将舆当成地的一个代名词了。

和"𦥑"相关的常见汉字，还有兴（繁体写为興），与（與）、要

（篆文作🖐，双手叉腰之象，为腰的本字）、晨（篆文作🖐，辰为割草农具，古代农夫多在早晨持辰割草）、农（篆文作🖐）等在小篆中直接从"ㅌㅌ"的字体。另外，因为"ㅌㅌ"是"匊"的初文，所以我们也可以将"匊"视为"ㅌㅌ"，将从"匊"作的汉字如"菊"、"掬"等视为从"ㅌㅌ"，菊开花的时候，其花瓣与两手相对，手指弯曲的形象很相像，故而称之为"菊"。

第三节　与"人"形有关的字原

一　人（含其变体"儿"、"儿"、"尸"等）

人，甲骨文写为"🖐"、"🖐"、"🖐"等形，金文作"🖐"、"🖐"等形，小篆作"🖐"形，实为一人侧面而立之形象。"🖐"为人之躯体，左边的"丿"像手臂，简单明了，极其形似。

汉语音本义原理认为"ren"音的音本义主要强调"熟的"、"坚韧的"两个特点。俗话说："长大成人"，在古人的观念里，"人"是指身体发育成熟了的意志坚韧的人。因此，女子十五岁、男子二十岁之时，即要隆重地举行成人礼。

许慎《说文·人部》："🖐，天地之性最贵者也。此籀文，象臂胫之形。凡人之属从人。"许氏释义，析形仍有疏失。前面说过，"🖐"中的"🖐"部分是指人的躯干，而并非仅仅指代胫（小腿）。段玉裁注："性，古文以为生字。《左传》：'正德利用厚生。'《国语》作'厚性'是也。从以从（即纵）生，贵于横生，故象其上辟下胫。"段氏发挥过了头，以为"天地最贵者"是因为人是直立行走的动物，实际并非完全如此。徐灏《说文段注笺》质朴归真，纠正了许、段之疏失，说："大，象人正视之形；🖐，象侧立之形。侧立，故见其一臂一胫。造字之初，因物象形，本无奥义，后世穿凿求之，而支离曼衍之说繁矣。此即古文初造之形，非籀也。"

"人"字在作为构字字原时，形体也因为所处的位置而略有变化。在字体的左边，则常写作"亻"（即俗说的单人旁），如"仁""仿"即属此例。在字体的上部，则常写为"人"，如"企"；有的也写为"尸"，如"居住"之"居"，小篆写为"居"形，"尸"为人字，即属此例。在字体的下部，则常写作"儿"形，如"兒"字，甲骨文作"𤕩"；"先"，甲骨文作"𡕪"；"见"字，甲骨文作"𤓺（𤓺）"；"兒"（貌）字，小篆作"𤕩"，即属此例。有的也写为"几"，如"禿"字即属此例。

概而言之，从"人"作的字，大多与人体、人的姿势或人的习性功能相关。

二　勹

勹，俗读作"bāo"，小篆写作"𠂤"形，《说文·勹部》："勹，裹也。象人曲形而有所包裹。"段玉裁注："今字包行而勹废也。包裹，当作勹。"徐灏《说文段注笺》亦从之："勹从人曲之，盖怀中包裹之意。引申为屈曲之义，又为环帀义。"徐复、宋文明先生著《说文五百四十部首正解》也沿承前说，认为"勹，包本字"。[①] 诸说皆误。

包，《说文》释之为："象人怀妊，巳居中象子未成形。"邹晓丽先生引徐中舒氏《甲骨文字典》："勹，'是包之初文'。""勹、包形近义同，许慎强为之二。"[②] 可见包与勹并非一字，"勹"内部空虚无一物，从形体来看，也完全没有包裹之义。

甲骨文有字作"𠂢"，像人跪在地上双手着地之状。于省吾先生释其为"伏"字的初文，认为此即《说文》中的"勹"字。于省吾说道："许氏据小篆之形为说，语意含混，似是而非。自来说文学家（计按：指专攻《说文》的学者）也均不得其解。甲骨文从勹的字常见，……𠂢与𠂢象人侧面俯伏之形，即伏字的初文。"[③] 于氏之说至确。匍匐二字从"勹"作，皆为伏地爬行之意，可证于说不误。

勹，当读为 fu，为伏字之初文，表示身体弯曲下伏之象。当"勹"位于字体下部时，变形为"几"，如"凫"字即属此例；当"勹"字位于右部时，变形为"卜"，如"卧"（甲骨文作"𠂢"形）字即属此例。

---

①　《说文五百四十部首正解》，江苏古籍出版社 2003 年版，第 280 页。
②　邹晓丽：《基础汉字形义释源》（修订本），中华书局 2007 年版，第 3 页。
③　于省吾：《甲骨文字诂林》，中华书局 1996 年版，第 87 页。

三　大

大，甲骨文作"大"、"大"等形，高明说："大字原是人体的正面，象形。"[1]普通话读 dà，南方话大多读 dái 或 tài，会同方言读为 dái。许慎《说文》云："大，天大，地大，人亦大，故大象人形。"解说十分牵强，不近常理。徐铉引《唐韵》："徒盖切。"与南方方言音读相合。徐灏《说文段注笺》："大象正视，大像侧立。"容庚先生《金文编》："大像人正立之形，大、大为一字，《说文》分二部，金文只作大。"诸家释形近是，但没有兼顾形与义的内在联系。

从形体而言，"大"字双脚直立，两臂舒展没有弯曲，与甲骨文中的"大"（子）、"大"（子，特指处于襁褓中的小孩）、"大"（卩，人跪坐之形）、"大"（伏，人伏于地之形）等不相类。甲骨文中相似之字形，线条是否弯曲，是区别字体含义的重要细节。如"母"字，甲骨文作"母"形，上部的"一"象笄形，中间的两点为乳房之象，形体揭示了成为"母"的两个重要因素，一是身体发育成熟；二是达到了成婚的年龄（古人女子 15 岁行笄礼，即成人礼，开始用笄来约束发型）。甲骨文里又有一个"每"字，文字学家隶定为"每"字，非常正确。"母"与"每"二字乍一看几乎一样，但细心人会发现，两字上部的笄形不同了，母上部为"一"，每上部的为"∧∧"，将笄形有意弯曲，暗示这种女性是结婚后又被男人"休"了的对象，即今所谓的不孕不育之女性。《说文·女部》"姆"字下曰："女师也。从女，每声。读若母同。"段玉裁《说文解字注》说："士昏礼注曰：姆，妇人五十无子，出而不复嫁，能以妇道教人者。"我们认为，"每"当为"姆"之初文，此可为一证。"每"不能生育繁衍，故有单独义；"每"空有女性的躯壳，但不具备女性生育之功能，古人认为这是神祇所害的缘故，故有"晦气"义，甲骨卜辞里常见"王其每"之语，即用此义。在会同方言里，"每"表示晦气时仍读如"mêi"，后世用"霉"代替，纯属画蛇添足之举。

通过以上的比较，可知"大"本义应指四肢有力、舒展自如的大人，

---

① 高明：《中国古文字通论》，北京大学出版社 1996 年版，第 62 页。

而并非如诸家所释之"正面人形"。从"大"之字如"奎"、"奄"、"奕"、"奘"、"奢"等，"大"独立于上或下部，一目了然，较容易分别。但也有个别从大或是由大变形而来的汉字，可能会引起误解误释，如"夷"字，从"大"、从"弓"；"亦"字，甲骨文本字为"夻"，即今之"腋"的初文，"夻"讹变为了"夼"形，这些都属于较特殊的情况。

从"每"之字，多与不顺、迷惑不清之含义相关，此源于古人对无生育功能之女性的认识。

四　女

女，甲骨文作"𡥀"、"𡥀"等形，像人屈膝敛手之状；金文作"𡥀"（者尊）、"𡥀"（辅伯鼎）、"𡥀"（句鑺）等形，与甲骨文相承；小篆作"𡥀"形，将甲骨文中跪坐的"𡥀"人形变为站立的"𡥀"人形，又将甲骨文中女字中环抱胸前的双手之一臂拉长向下，变"𡥀"为"𡥀"，形体其实没有发生很大的变化。

许慎《说文·女部》："𡥀，妇人也。象形，王育说。凡女之属皆从女。"段玉裁注曰："男，丈夫也；女，妇人也。立文相对。浑言之，女亦妇人；析言之，适人（即嫁人）乃言妇人也。不得其居六书何等，而惟王育说是'象形'也，盖象其掩（计按，即掩字）敛自守之状。"王筠《说文释例》："女字下半似'𡥀'，或取'在人下，故诘屈'之意，而上半究不能知也。"王氏之说与形相异，当为误解。林义光《文源》跳出《说文》之窠臼，始能揭其隐奥，林氏曰："按古作𡥀，象头、身、胫及两臂之形。身夭娇，两手交，此女子态。"后李孝定氏据甲骨文立说，结合古人生活之习俗，发幽阐微，确有佛家当头棒喝之功效。他在《甲骨文字集释》中说道："许（即许慎）以象形解女字，治《说文》者颇多异说。段氏谓象掩敛自守之状。王筠《释便》谓下半似𡥀或取在人下故诘屈之意而上半究不能知。孔氏（计按，即清人孔广居）《疑疑》（计按，即《说文疑疑》）谓古作𡥀象侧立颖首敛手屈膝形柔顺事人之象也。大抵均凭想象。夫男女之别于形体上殊难表示，故就男女工作上之差异以为区别。女盖象踞而两手有所操作之形，女红（gōng）之事多在室内也。男则以力田会意。男耕女织各有专司，故制字于以见意也。"

在甲骨卜辞中，"𡥀"又用同如"母"，有可能是忘刻象征乳房之两点造成的，此不赘言。

从女之字，多为母系氏族遗存，与女性相关。

五　卪

卪，小篆写作"卪"形，俗读"jié"，传统文字学家大多以之为"節"（节）的本字。许慎《说文·卪部》："卪，瑞信也。守国者用玉卪（计按，即卪字），守都鄙者用角卪，使山邦者用虎卪，土邦者用人卪，泽邦者用龙卪，门关者用符卪，货贿者用玺卪，道路用旌卪。象相合之形。凡卪之属皆从卪。"徐锴《说文系传》曰："今皆作節字。卪象半分之形，守国者其卪半在内，半在外。"段玉裁《说文注》亦说："瑞者，以玉为信也。《周礼·典瑞》注曰：'瑞，节信也。典瑞，若今之符玺郎。'"饶炯《说文部首订》承沿前说："节为瑞信，本一物而作为两段，执一留一，各取为信以制事者，篆象卪相合一面之形。"上引诸说大误。孙海波《甲骨文编》指出："卪，象人踞跪之形，古人、尸、卪为一字。《说文》训符节，非是。"[1] 高明先生更是直斥其非，他说："此字本作人之坐相，许谓符节之节字，不确，尤言象相合之形，则与字形相距甚远，实属附会词。"[2] 孙氏、高氏对"卪"的见解是正确无疑的（计按，孙氏认为人、尸、卪为一字，实误）。

其实清代的小学家已有人早就怀疑许慎、徐锴的解说了。徐灏《说文段注笺》就提出："窃疑此字乃象骨节之形，引申义为节制，故令、印等字从之耳。"后吴大澂《说文古籀补》发扬徐灏之说，书中写道："篆当作卪，下象人股胫形，所谓卑躬折带也。初文当为骨卪、筋卪字，引申为符卪。"徐、吴二氏抛开《说文》的桎梏，离卪字的真义更是越来越近了。

甲骨文里有一"卪"字，罗振玉最早将此字与"卪"联系起来，可谓卓识。罗氏《殷墟书契考释》释此字说："卪亦人字，象踞形（计按，即跪坐之形），命、令等字从之。许书之卪，今来作卪，乃由卪而之为。"同时代的王襄也认为此"即古卪字"[3]。罗、王二氏弄清了《说文》中"卪"字的源头，离卪字的真义更近了一步。

---

① 《甲骨文编》石印本，第 374 页。
② 高明：《中国古文字学通论》，北京大学出版社 1996 年版，第 63 页。
③ 见《簠室殷契类纂》。

"ᇫ"字实为古人最常见的跪坐之姿势，叫作"跽"。"ᇫ"当为初文，"跽"为后起之形声字。《说文·足部》："跽，长跪也。"用现在的话说，跽，就是跪坐，即双膝着地，臀部坐在双足小腿或跟部的姿势。现在的韩国人、日本人在家闲居或用餐时的坐姿，即如殷商古人之"ᇫ"。因此，"ᇫ"实当读如"jí"。近人屈万里氏《小屯殷墟文字甲编考释》说："疑此当跽字之初文，隶定之当作卩。《说文》以为'瑞信'者，盖后起之义也。"屈说当可从。

"ᇫ"（卩）实为古人闲居时常用的跪坐之姿势。双膝着于席上，双手放在膝上，屁股下坐于小腿或足跟上，身躯挺直，古人称之为"跽"，也即许慎所说的"长跪"。从"长跪"之语反推，可知古人所说的"跪"，其实是指双手放于地上（或席），双膝着地（或席），臀部抬起，身躯弯曲的一种跪拜之姿势。由此可知，凡从"卩"作的字，实际应与跪坐之人（闲居时的状况）相关。如"令"，甲骨文写作"ᕑ"了，上从"∧"（口之变体，或以为∧ jí 字），下从"跽坐"之人；如"卿"，甲骨文写作"ᤠ"，描绘了两个人相向跪坐于盛有食物的器皿边之状；又如"即"，甲骨文作"ᤠ"，描绘了一个人跪坐于食器旁边之形，皆属此例。

六　欠（旡、先）

欠，小篆作"ᚾ"，上从"彡"，下从"𠂉"（人），为甲骨文、金文讹变后的形体。许慎《说文·欠部》："ᚾ，张口气悟也。象气从上出之形。凡欠之属皆从欠。"徐锴《说文系传》曰："人欠𠧪也，悟解也。气臃滞欠𠧪而解也。彡，气形。"段玉裁《说文注》："悟，觉也。引申为解散之意。口部'嚏'下曰：'悟，解气也。'《曲礼》'君子欠伸'，正义曰：'志倦则欠，体瘦则伸。'欠𠧪，古有此语，今俗曰呵欠。又欠者，气不足也，故引申为欠少字。"王筠《说文释例》说："≋，即反气字，下半明是人也。人之欠伸，大抵相连，叩首张口而气解焉，气不循其常，故反之以见意也。"[1] 上引许、徐、段、王诸说，释义近是，而析形则以

---

[1] 《说文五百四十部首正解》，第260页。

讹变之小篆为据，实误。

孔广居《说文疑疑》则据早期古代碑刻等文字中"欠"字形体提出新看法，他说："大徐（计按，即指徐铉，其弟徐锴世称'小徐'）《说文·叙》谓李斯作 ，石鼓文偏旁作 ，绎山碑偏旁作 ，《说文》' '字偏旁作 。盖 者欲睡而呵气也， 象以人侧立而向左， 亦侧向左，是张口呵气之象也。 者当食而气屰也， 反侧而向右，是气屰闭口之意也。"孔氏以"欠"字的早期形体为据立说，明白了" "（欠）字上部本从"口"作，而非从"彡"（气）作，这无疑是正确的。但他对" "（旡）的说解则仍有很大的商讨空间。

欠，甲骨文作" "或" "之形。人跪坐，口大开，口张开之方向与人体所朝之方向完全一致。这就是"欠"与"旡"的根本区别。"旡"甲骨文作" "，口张开之方向与人体面对的方向相反，区别是显而易见的。如不去注意造字者的良苦用心，即使治甲骨文的专家学者，亦难免不出现疏漏。罗振玉《殷墟书契考释》："按石鼓文既字从 ，与卜辞同。许书之古文作 ，乃由传写之讹。卜辞又有 字，不知为旡字之反书，抑是许书之欠字矣。"可见罗氏对甲骨文中欠、旡字的认识是模糊不清的。李孝定《甲骨文字集释》也说："古文反正无别。欠之与旡皆为人之生理现象，其别在于口咽之间，字形上殊难区别，而卜辞此字义不明，实难确知为何字也。"李氏也未能注意到"欠"、"旡"二字的显著差异。张秉权《小屯殷墟文字丙偏考释》持同样观点，张氏明确表示：" ，是欠字，也是旡字。在《说文》中，旡是欠的反书，这两个字是有分别的，但在卜辞中，则正书和反书并没有什么分别。我们只要看到饗字可作' '或' '，就可以知道' '字的正书与反书，是一样的了。"[1]" "字实际是" "（既）字的繁构，对此，姚孝遂先生明确指出："从' '与从' '有别，字当释'既'，不得释'鄉'（即饗字）。"[2]姚氏的观点是十分正确的。张秉权疏忽了甲骨文繁简异体的现象，又不察" "与" "的明显区别，故有此误。

我们认为，甲骨文中的 、 是欠字初文的不同写法，为哈欠之欠

① 《小屯殷墟文字丙编考释》，历史语言研究所，第 62 页。
② 于省吾主编，姚孝遂按语：《甲骨文字诂林》，中华书局 1996 年版，第 381 页"按语"。

的本字。甲骨文欠字的形体刻画了一个跪坐之人精神不振张口打哈欠的形象，生动传神，简洁明了。从汉语音本义原理来看，"qiàn"音之词皆有"欠缺不足"之意，"欠"之得名为"qiàn"，正因为张口哈欠是由于人体精神不足所致。

但要注意的是，现在从"欠"作的汉字，字原（有的叫偏旁）"欠"大体来源于甲骨文的三个形体。一是 🔆（欠的本字），张口哈气之形，如"歉"字；二是 🔆（涎之本字，人流口水，表喜欢羡慕），在构字时常省去表示口水的，如"歆"、"钦"等；三是 🔆，张口大声喊叫，歌唱或呕吐、吮吸之状，在构字时表大声欢呼、歌唱或呕吐、吮吸等象征意义，如"欢"、"饮"、"欧"（呕吐之本字）等。

另外，还要注意甲骨文中与" 🔆 "（欠）容易相混的" 🔆 "（或作 🔆 ）字，" 🔆 （ 🔆 ）"，现在隶定作"旡"，"⌐"像张口之形，"人"是跪坐形人的变体，与甲骨文中的" 🔆 "仍很相近。旡，读 jì，既、悢（亮）等从之。从文字发展规律来看，我们推测"旡"当为"既"的省略写法，与吃饱或后悔义相关。《说文·旡部》："饮食气苃不得息曰旡（许以为旡之本字）。从反欠。凡旡之属皆从旡，𣧑古文旡。"苃即逆字，许氏以饮食逆不得息释旡，近是。以"𣧑"为旡字之古文，则大误，𣧑应为欠字。我们认为，甲骨文中" 🔆 "字口与人朝向相反，有深意在焉。很可能是指人因为吃得过多而呕吐或打饱嗝之状况。在会同方言里，凡因喝酒、喝茶过多而又想呕吐的现象，仍称之为"旡"（既），可为此佐证。

然后，还要注意《说文》中有一部首作"先"，上冲破出头，与"旡"字仍有细微之区别。许慎《说文·先部》曰："🔆，首笄也。从人，匕象簪形。凡先之属皆从先，簪俗先从竹、从朁。"许氏此释正确。先，甲骨文作"🔆"、"🔆"等形，下部从" 🔆 "（女），上部之"⸗"、"🔆"即簪子在头部之形。刘兴隆先生释此字为先的初文[1]，十分正确。先，即"簪"之本字。从先之字，多与簪形状特点、象征意义有关联。

欠、旡、先字在甲骨文中形体区别明显，来源也各有所本，弄清了它们的功能与象征意义，更有利于我们正确理解与这些字原相关汉字的本义。如《说文解字》心部收一"炁"字，此实为现在所谓"爱情"、"爱

---

① 《新编甲骨文字典》（增订本），国际文化出版公司 2006 年版，第 548 页。

好"之"爱"的本字。"爱"繁体作"愛"，下部从"夂"，与足部之行动相关，《说文》爱字下曰："行貌"，即慢慢走动之意。许氏此释至确，符合音本义原理。在会同方言里，仍常用此义，读作"ái"。如"他又爱（ái）在后面了。"即说他走路或行动缓慢，落在后面了。由此可见，会同话实在不愧于"上古汉语活化石"之称号。"愛"字上从"先"，在此表示一个插了簪子的女孩（参看前面先字的甲骨文形体），即说明此女已满15岁，行了笄礼，可以成婚生子了。下部从"心"，说明男子心中装着一个已成年的少女，这种难以表述的情感，却被中华先民巧妙简明地用符号给表达了出来。"ái"在音本义里有"隐性与变化缓慢"之意。爱，是指因为行走缓慢而看不见之象；岩（i），常隐于土壤且形状变化极其缓慢；癌，是指一种长期缓慢形成难于发现的肿瘤；艾，燃烧非常缓慢且看不见明火；矮人，生长速度缓慢且在人群中难以看到；愛，是指一种隐藏于内心的长久也不消退（计按，即产生、消退速度缓慢）的对异性的情感。由此可以看到，我们的祖先真是太伟大了！古人造的汉字真是太奇妙了！

七　子

子，小篆写作 𝔓，《说文》收古文作 𝔜，收籀文作 𝔛。本像小孩之形，现在多指儿子。

从隶变后的汉字之实际情况看，作为干支纪时的"子"（如子夜）和作为字原的"子"来源是不同的。子夜的"子"来源于甲骨文中的"𣬛"。"川"像小孩头发；"⊠"即指小孩头顶未合缝的地方，现在写作"囟"（普通话读 xìn，会同话读 xǐn），会同俗语称之为脑门囟；"儿"像弯曲无力的双脚。"𣬛"在甲骨文中又简写为"𣬛"、"𣬛"、"𣬛"、"𣬛"等形，头发、囟门、双脚之形尚隐约可见。而作为字原的"子"则来源于"𝔜"、"𝔜"等形，"○"、"▢"像小孩之头形；"∪"、"ノ"像双手；"丿"为用襁褓将婴儿躯干、双脚包裹而成的形象。在甲骨卜辞中用为"巳"，"巳"字普通话读 sì，会同话读 zǐ，正如"𝔜"的音读相同，可推在殷商时期，"巳"（𝔜）实际就读如"子"。在会同方言中，子夜之"子"读"zī"，巳时之"巳"读"zǐ"，仍能较清楚地予以区别。唐兰先生指出："👹与𐎡，都是小孩子的形状，不过👹已是能行走的小孩子，而子（计按，即指𐎡）还是手抱的罢了。"① 唐氏的看法应是与事实相符的。

许慎《说文解字》第十四"子"下："𐎡，十一月阳气动，万物滋，人以为称。象形。凡子之属皆从子。𐎗古文字，从〣，象发也。𐎘籀文子，囟有发，臂胫在吐也。"许氏以阴阳学说的观点解说，与甲骨文的实际不符。后来易学家通过观察自然万物，发现农历的十一月（计按，也就是阳历的12月样子，阳历12月22日左右太阳直射点自南回归线北移）太阳高度角从最低值开始加长，"阳气动"，如女性之受精孕子，所以将此月叫做子月。这其实是"子"的比喻用法，非其本义，虽然阴阳学说体现了华夏先民善于观察和归类联系的超级能力，反映了我们祖先"天人合一"之思想，但许氏以此来对"子"进行说解，实是本末倒置、附会牵强的做法。

段玉裁《说文解字注》曰："子者，滋也。言万物滋于下也。《律历志》曰：'孳萌于子。'象形，象物滋之形，亦象人首与手足之形也。籀文子，在几上，木部曰：'床者，安身之几坐也。'"段氏说解仍属模糊两可之间，不敢断言。

徐灏《说文解字注笺》曰："此篆明象人，且有古文'从〣象发'可证，断无物形借为人形之理。人生而戴发，故古文𐎗象发，孺子囟不合，故籀文从囟也。籀文下从儿，即奇字人。"徐氏之说比段氏前进了一大步。

林又光《文源》："按古作'𐎡'，作'𐎣'，象头身臂及足并之形。儿在襁褓中，故足并。又作'𐎘'，'囟'象脑，上有发，人象身胫，火象两手。"林氏析形通俗明白，十分正确。然未能进一步区分"𐎣""𐎘"之细微区别，是其不足。

今世之"子"来源有二，"巳"古也当读如"子"。在早期的造字实践中，古人又将"𐎣"倒写为"𠫓"，表示生育之象征意义，小孩出生

时一般头先出，古代女子生育时常以蹲踞之方式，所以有"古"之造形。"古"，现在隶定作"厷"，如"育"（□）字上部即属此例。这是"子"字原的一种特殊情况。凡从"子"（子）、"古"（厷）之字，皆与小孩、养育等母子关系有关联。

如"游"（遊）字，甲骨文作"□"，从"□"，即"从"字，表旗帜，"子"，即子字。组合会意，隶定作"斿"，成为偏正关系的合体字，表"旗帜的子"，即旗流。旗流，也写作旗旒，也单称旒。《诗·商颂·长发》："为下国缀旒。"郑玄注："旒，旌旗之垂者也。"实际就是指缀附在旗面尾部的几根长长飘带。但今世所谓的"游玩"、"游泳"之"游"（遊），本应是甲骨文中的"□"字，隶定作"辵"，后世写作"辻"。"□"上部从"子"，下部从"止"，组合表示与小孩的行走有关。婴儿不能自己独立行走，需要父母大人的引导，所以用"□"象征大人在小孩身后扶着他行走，构思很是巧妙。这就是一幅生动感人、充满欢声笑语的"母亲引儿学步图。"刘兴隆先生释此字说："从子，从止，《说文》所无。疑为《集韵》辻字。同遊。"分析应该是可信的。到了春秋时期，一些年轻人常常肩扛小旗在各地游历求学，因此，世人根据这一独特的社会现象，将本来读如"流"字的"游"，读为"you"一音系。

八　身

身，小篆写作"□"形，"□"为一腹部隆起之人形，"丿"为金文时期添加的饰笔，以增加上下的平衡与整体的和谐。甲骨文写作"□"、"□"、"□"、"□"诸形，与小篆去掉饰笔后的"□"几乎完全一样。

甲骨文中还有与此形体很相似的一个字，写作"□"、"□"等形，"□"强调腹中有"子"，"□"强调女子腹部之隆起，当释为"孕"字。身与孕在甲骨文中的形体虽很相似，但仍划然有别。

《古史考》载："太古之初……山居则食鸟兽，衣其羽皮，饮血茹毛。"我们认为，在遥远的旧石器时代，华夏先民已经学会用兽皮制衣御寒了。人们甚至在大块的兽皮中间划割出一个让头可以穿过的口子，一件简单的衣服就制作完成了。从颈部到两胯之间的躯体部分，恰好被这种简单的兽皮衣服所覆盖，这正是古人所讲的"身"。《论语·乡党》："必有寝衣，长一身有半。"一身，即指从颈至两胯间，今所谓上半身①。相对于头和四肢而言，从颈部到两胯间的躯体部分，形状粗大，正好又隐匿在原始的兽皮衣服之中，这与"shen"一音系的音本义要求刚刚吻合，古人于是便将它称为"身"。

而"🜁"（孕）则专指女子有妊娠之象而言的，不能用于男子。从甲骨卜辞的实际看，殷商时期的"🜂"字，仍不见用于妇女有孕之占卜。高明先生认为："身字形旁甲骨文写作'🜃'，如'🜄'（存八三三）所从，当隶定作'瘏'。此字又写作'🜅'（乙四五二九），乃从孕。从而可见，身孕古本同字。《诗经·大雅·大明》：'大任有身'。毛传：'身，重也'；郑笺：'重谓怀孕也'。更可说明身孕二字的关系。大徐本《说文》云：'身，躳（躬）也，象人之身，从人从厂声'；段注《说文》谓：'从人申省声'，二者解释不同而皆未达本义。身本孕字，象形，后来引申为身体之身。"② 高氏对许、段的批评是正确的，但认为"身本孕字"，似有未安。姚孝遂先生指出："'疾身'之占累见，而从未有指妇而言者，其非指孕娠甚明。卜辞'有身'之字为孕，孕作🜁或🜆，从未见'疾孕'之例。'身'与'孕'不得混同。"③ 姚氏所释切合甲骨卜辞之实际情况，可从。

胡小石《说文部首》："金文'身'作🜇（叔向父敦），为人怀孕状。从而引申为身体之义。"徐复、宋文民《说文部首正解》："诸家谓身为女怀孕，是也。……从人而隆其腹，以示有孕之形。本义为妊娠，或作腹内有子表，则其义尤显。引伸之，小腹亦称身。"④ 谷衍奎《汉字源流字典》同样认为："（身）象形字。甲骨文像一个大肚子怀孕的人形。金文大同。篆文文字化。隶变后楷书写作身。……本义当为身孕。"⑤

邹晓丽认为："（身）象妇女有妊之形，今天尚称有身孕的妇女为'有身'；或以为大腹便便的男子的侧形，即有身份的贵族。我以为后说为确……卜辞'癸酉卜争贞，王腹（按：当为身字）不安天延'，'王'为男子，故知'身'主要作有身份的贵族讲，下面的"月""（按，即反

---

① 参见黄金贵《古代文化词义集类辨考》，上海教育出版社1995年版，第477页。
② 高明：《古体汉字义近形旁通用例》，《中国语文研究》第4辑，第28页。
③ 见于省吾主编《甲骨文字诂林》，中华书局1996年版，第37页按语。
④ 徐复、宋文民：《说文五百四十部首正解》，江苏古籍出版社2003年版，第242页。
⑤ 谷衍奎：《汉字源流字典》第285页，华夏出版社2003年版。

写的身字）的说解更证明了这一点。'身'当妇女'有身'当后起义。"
又说："'月'字形是'身之反'，即贵族的（方向）身份已经反过来向周
称臣了。……所以，'月'在周初，字形是'身之反'；读音为归依的
'依'，字义是'归'（归顺），正是这一历史现象在文字中的反映。"[1] 邹
先生治甲骨金文、治《说文》皆用力甚勤，深得其师陆宗达氏、俞敏氏
的赞赏。此释虽另辟蹊径，观点新颖，但与汉语音义同源规律不相符合。

　　几家将身孕混同为一，不利于正确理解从"身"作的相关汉字。前
面我们说过，身与孕不是同字，身用于指孕，在殷商时期未见用例。

　　汉语音本义原理认为，"shen"音一系语词的语源义包含了"大的"、
"隐匿的"两个要素。也就是说，只要上古先民心目中具有上述两个特点
的事物、现象或行为，都可以归入到"shen"这一音系。身指从颈部到
两胯之间的躯体部分，凡从身之字，绝大部分与人身躯体相关联。

　　但是，也有因"弓"讹变为"身"为形旁的汉字，如"射"，就是
其中的一个特例。射，小篆写为"𨥦"，从"身"从"寸"；又有篆体作
"𨥤"，从"身"从"矢"，隶定为躲，与"射"字为异体字。《说文·矢
部》下曰："躲，弓弩发于身而中于远也。从矢，从身。𨥦，篆文躲从寸，
寸，法度也，亦手也。"段玉裁注曰："𨥦者小篆，则躲者古文。此亦上部
之例也。……射必依法度。故从寸，寸同又，射必用手，故从寸。"许说
大误，段氏没有能结合金文资料去考释，所以也未能发现"射"是一个
形体讹变了的错字。据说，最先对这个错字怀疑的人是"一代女皇"武
则天。她认为"射"字从"身"从"寸"，身仅有寸高，应该是"矮"
的本字；而"矮"从"矢"从"委"，矢为箭，委有抛意，应该是"射"
的本字。后人虽以此作为茶余饭后的笑谈，但又有多少人认真去思考过这
一问题呢？

　　射，在甲骨文里作"𡶶"、"𠂆"等形，金文作"𢦏"、"𢦔"、
"𢦓"等形。字实从弓、从矢作，有的还增加了表手部动作的"彐"
（手），象事意味十分浓厚。后因"弓"（弓）与"身"（身）形近而误，
致使篆变后讹变为"𨥦（射）"这样的面貌。也难怪一代女皇武则天会提
出那样的疑问了。为了汉语言文字的有利发展，射，最好能回归它的本来

---

① 邹晓丽：《基础汉字形义释源》，中华书局 2007 年版，第 12—13 页。

的面目，隶定为𢦏或弒。

在会同方言里，"射"读如"矢"。如投掷小块石头砸人，用会同话表述，就说为"跟他 shî 一岩（âi）头。"此中之"shî"，实就为"射"字的本音，因矢（shī）在远古时代，最先就是从投掷开始的。后发明了弓箭，但这一用弓将矢（箭）远远抛射出去的行为，仍称为"shi"。甲骨文另有一"^𢎮"之字，从"𢎬"（弓），从"○"（表用于弹射的小石块，即俗说的"子弹"、"弹丸"），隶定为"弹"字，"弹"，即现今人称呼为弹丸的"弹"，"弹"因"○"得音，可知"𢎮"也应由"个"（矢）得音。因我们才疏学浅，在所谓音韵学又是门外汉，此一说仅供参考。

第四节　与人体"头部"有关的字原

一　页

页，徐铉引孙愐《唐韵》曰："胡结切"，即当读 xié。普通话读为 yè，实际是用了"葉"（叶）的音读和比喻义；书的纸张像一片片树葉（叶），所以，古人便用葉来表示纸张。页本义为人之头，小篆作𩠐形，隶定作頁，特意突出人体形态之特征，用以表示头颅，当为首字之初文，实应读如首（shǒu）。

许慎《说文·页部》："𩠐，头也。从百，从儿。古文𦣻（jī）首如此。凡頁之属皆从頁。頁者，𦣻首字也。"徐锴《说文系传》："頁古文以为首字。"段玉裁《说文注》曰："小篆百，古文作𦣻，古文作𥄉，今隶则百用古文，𦣻用稽字，而百、𥄉、𦣻皆不行矣。字本与稽同音，康礼切。"徐灝《说文段注笺》则不赞同段氏之说，曰："许意云'古文𦣻首如此'者，意谓頁从𢎬，屈曲象人跽拜形，古文𦣻首用之耳，非谓頁即𦣻字也。《系传》曰'页古文以为首字'，其说为优。戴氏侗亦曰：'《说文》页训头，以为古　首之首。'"朱骏声《说文通训定声》也直斥段氏之非，朱氏说："按此古文　字，从人，象形。言凡𦣻首之首，作此页也。段氏订頁为𦣻字，大误。"徐、朱二氏的看法是正确的。

甲骨文有字作"𦣻"形，有时省作"𦣻"，古文字学家隶定为"頁"。李孝定《甲骨文字集释》解释说："古文页百首当为一字，页象头及身，百但象头，首象头及其上发，小异耳，此并发头身三者皆象之。"① 姚孝遂先生也明确指出："𦣻正象人并突出其头首之形。徐灏《注笺》云：'古今书传未尝有用頁字者，凡頭（头）、颐、颠、顶、颡、额之类俱从页，页之为首明甚。灏（计按，徐灏）谓《系传》恖字从頁声，尤其明证。鼎臣（计按，即指徐铉）为胡结切所误，故于心部恖下声字耳。頁与首、百本一字，因各有所属，分而为三。'页音胡结切，王念孙、王筠、朱骏声皆曾致疑，疑之是也。"② 由此可知，东汉许慎《说文》将頁、百、首强分为三，这是误会的源头，唐代孙愐《唐韵》给一个从不单独使用的"页"字安了"胡结切"之音读，这是误会的升级，今世语言学家将一个只作形旁使用的"页"重新激活，让他替"葉"行道，终于张冠李戴，又给"汉语难学"罗织了一个新的铁证。汉字需要改革，但最好要正本清源，尽量不要去破坏其逻辑性才好。"页"字作一个非常重要的构字字原（形旁），我们却要将其用于替代一个毫不相干的"葉"（叶）字，硬生生地把它与从"页"（头首）的字割裂开来，我们认为这样的做法、这样的文字改革，是很不利于汉语汉字的健康发展的。

"页"与"首"实为一字，从页的汉字，都与人体头部相关联。如"顿"字，《说文·页部》释曰："顿，下首也。从页，屯声。"段玉裁注曰："《周礼·大祝》九㧻（计按，拜）："一曰䭫（稽）首，二曰顿首，三曰空首。"三者分别划然，不当顿䭫二字皆训之曰下首，明矣。郑曰："稽首，拜头至地也。顿首，拜头叩地也。空手，拜头至手，所谓拜手也。""又曰：头至手者，拱手而头至于手，头与手俱齐心不至地，故曰空首。若稽首、顿首则拱手皆下至地，头亦皆至地。而稽首尚稽迟，顿首尚急剧。顿首主于以颡（额头）叩触，故谓之稽颡，或谓之颡。"通俗地说，稽首就是下跪后双手与额头都着于地并停留一段时间再起来；顿首则是下跪后双手撑地，并用额头连续短促地使力叩击地面。"顿"，本义是指用额头叩地，即与人体头部相关。

---

①　转引自于省吾编《甲骨文字诂林》，中华书局1996年版，第1012页。
②　同上。

二 面

面，小篆写作▢，普通话读 miàn，会同话读如 mián。许慎《说文·面部》曰："▢，颜前也。从百（计按，即首字），象人面形。凡面之属皆从面。"段玉裁注："颜者，两眉之间也。颜前者，谓自此而前则为目、为鼻、为目下，为颊之间，乃正鄉（计按，即向字）人者。故与背为反对之称。象人面形，谓▢也，左象面。"徐灏《说文段注笺》："▢象人面，其右缺，盖以别于口（计按，即围字）字。"王筠《说文句读》："百统全头而言，以▢包百外，所以区别其前半以为面也。"面字小篆之形已讹变，许氏以小篆立说，大误。后段、徐、王诸氏从其说，皆误。

甲骨文有一字作"▢"之形。从"▢"，表一个不规则的轮廓；从"▢"，表示眼睛。李孝定、姚孝遂释为"面"字，可从。李孝定说："栔文（计按，即契文，指甲骨文）从目，外象面部匡廓之形，盖面部五官中最引人注意者莫过于目，故面字从之也。篆文从百，则从口无义可说，乃从目之讹，余说是也。《后·下》十五·五辞言'伐面'为方国之名。"[1] 李氏释为"面字"是对的，但析形似有未安。果如李氏所说，面部眼睛为最引人注意者，则推而广之，头部又何尝不是？头部为一个较独立的整体，用▢表示头，则于理也为顺畅。对于特指的事物，古人是不会去造出这种两可之间的字的。后谷衍奎《汉语源流字典》、邹晓丽《基础汉字形义释源》皆从李氏之说，认为甲骨文面字像人脸之形，外为脸的轮廓，脸中最引人注意的为"目"，故面字从目。[2] 可见谷氏、邹氏对此字之音义也未作深思。马叙伦《说文解字六书疏证》更是以为："甲文有▢字，伦谓象正面形，中▢乃鼻也。首面一字。"马氏以▢为鼻，鼻居正中，认为面当以鼻为代表而造，正是李孝定氏以"目"为脸上之最引人注意者的有力反证。但马氏以"▢"（目）为鼻，以▢为首之异体，则义无可取，显然是错误的。

面，为何读"miàn"？俗语里人们为什么又将脸称作"面盘子"？不结合汉语音本义原理，不结合上古先民之生活习俗，不考察上古习俗在方

---

① 李孝定：《甲骨文字集释》，"中研院"历史语言研究所 1956 年版，第 2815 页。

② 见《汉语源流字典》，华夏出版社 2003 年版，第 438 页；《基础汉字形义释源》，中华书局 2007 年版，第 38 页。

言里的遗存，则"面"之本义，就无法得到确切之解释。

　　从汉语音本义原理看，"mian"音之词一般有"不完全覆盖或不完全包裹"之意。如"免"，刘钊先生认为，金文 𢗎（便）中的所从的"冂"，"即'免'字，亦即冕字初文。"①《说文·冃部》："𩎉，大夫以上冠也，邃延、垂鎏、紞纩。从冃，免声。古者黄帝初作冕，𦥑，冕或从系。"冕，上从冃，即帽之初文；下从免，"免"金文作"宀"（免殷）形②，即像人戴冠冕之形，本义就指戴在头上的铜制帽子。即后世所谓之"胄"、"兜鍪"，为武官所专用。免，覆盖于人之头部，但在人之眼部、口部露有缺口，为不完全覆盖之象，所以就叫作"miàn"。又如"丏"，会同话读如"mian"，《说文·丏部》曰："丏，不见也。象雍蔽之形。"林义光《文源》："古作𠀬，象人头上有物蔽之形。"孔广居《说文疑疑》："古作丏，象人蔽面形。"徐灏《说文段注笺》："从丏之字，眄，目偏合也；宀，冥合也，皆与雍蔽义近。其字形未详。"可见"丏"仍有局部覆盖眼睛之意。再如"宀"，徐铉引《唐韵》作"武延切"，读"mian"，甲骨文写作"𠆢"之形，《说文·宀部》："交覆深屋也。象形。"许氏所释确切。刘兴隆先生认为："象建筑简单之屋形，犹如后世之茅庐。"③"宀"与"亼"（即庐之初文）区别明显，刘氏所释似有可商。于省吾先生认为"宀"实为"宅"之初文，"宀"为名词，"宅"为动词。他说："总之，甲骨文的宀字，乃宅舍之宅的初文，而宅字则作居住的动词用。两者并不混同。《说文》即不知宀为宅之初文，《唐韵》又以为'武延切'，自系汉代以来相传的讹音。……据前文的辩解，初文'宀'与宅之用法迥然不同。后世则宅行而宀字只习见于文字的偏旁中，并且音读也误。两千年来沿讹袭谬，不知其非。"④ 于氏《释宀》一文论述充分，辨析清楚，所释较为可信。在会同方言里，手工制作牛皮鼓一事，常被说为"mián 鼓"，即用两块牛皮蒙覆在鼓身的两端，因有"不完全包裹"的过程之象，所以此一制作手法就被称为"mian"。这个"mian"，可能写为"勉"，也可能写为"帀"（有相当之意，《说文》缺音形分析），也有可

---

①　刘钊：《古文字构形学》，福建人民出版社 2006 年版。
②　参见高明《古文字类编》，中华书局 1980 年版，第 26 页。
③　刘兴隆：《新编甲骨文字典》（增订本），国际文化出版公司 2005 年版，第 436 页。
④　于省吾：《甲骨文释林》，中华书局 2009 年版，第 337 页。

能写为"鞴",尚不得而知,有待进一步考证。

图 4—1　面具（1）

图 4—2　面具（2）

　　由以上分析可推,"面"也应有"不完全覆盖或不完全包裹"之义。原始社会时期,人们有黥面文身的习惯。牟作武先生说:"古人类文身的目的有一种初级的自然崇拜审美意识。他们在大自然中看到龙蛇的花纹、昆虫美丽的花纹,这些花纹不仅有装饰效果,同时具有一种威慑色彩和保护作用。另外还有图腾崇拜和神秘的宗教倾向。"他又说:"文身和黥面都是原始人身纹装饰的手段。原始人的黥面是在脸上做花纹,有的用刀割,有的用火烧,有的用针刺。这种可怕的美容手段,现代人是无法理解的,古'面'字本身就带有黥面的痕迹。"①牟氏的说法大抵是正确的。我们认为对于纹饰而言,"面"与"文"(甲骨文作介形)是有关联的,"面"为整个脸上涂抹色彩,"文"则侧重表示绘于躯体上的花纹,二者各有侧重。但从语言发生学来看,"面"最早可能来自于龟壳做的用于覆盖人脸的面具。将龟壳上人眼所对的部位凿穿两个洞,露出眼睛,这个形状即应为甲骨文" "(面)字所本。龟壳与盘子相似,所以俗语又叫"面盘子"。后人根据因果原理,便又将和面具有同样的功能的脸部色彩涂抹称为"面"。当整个脸部(眼睛除外,所以有"不完全覆盖"之象)涂抹色彩的习俗消失后,这一称呼却一直被延续了下来,其发展演变的脉络是有迹可寻的。

　　据复旦大学古文字学家刘钊先生考证,"面"与"颜"所指实为一事。他说:"《说文》:'颜,眉目之间也。'又'面,颜前也。'按面颜之

———————

① 牟作武:《中国古文字的起源》,上海人民出版社 2000 年版,第 50—55 页。

不同，为后人所分。从古文字看，面、颜应为一字之分化孳乳。甲骨文有字作'〔图〕'，旧释面，但金文面字作'〔图〕'，与甲骨文'〔图〕'构形不同。从形体上看，释甲骨文'〔图〕'为'面'大有问题。金文颜字作'〔图〕'（九年卫鼎），以往分析此形者都认为字从首从彦，其实是错误的。按'〔图〕'字应分析为从'面'从'彦'，'〔图〕'乃'面'字，'〔图〕'即'彦'字初文。从古文字看，〔图〕字最早就作'〔图〕'，从'彡'是战国时期加上的'饰笔'。'〔图〕'即颜字，即在'〔图〕'（面）字上又追加'彦'声而作。"刘钊先生在古文字构形学方面颇有建树，所释是较为可信的。金文中的"〔图〕"（面）字从"〔图〕"、从"〔图〕"（目），"〔图〕"象征涂抹在脸上的色彩纹饰，正反映了上古时代人们以色彩涂抹脸部的习俗。金文"〔图〕"由"〔图〕"（彦）与"〔图〕"（面）组成，而"〔图〕"从"父"（文）"厂"（yàn）声，本就指丰富众多之文饰（现在写作纹饰），加"面"，则特指与"面"相关的面具或文饰了。由此可知，"颜"与"面"确为一事，"颜"后世从"页"（首），指头部文饰之意义仍然明显，与从"面"构作意图一样。现在人们常说"颜面尽失"，颜、面皆指上古时代覆盖于脸部的面具或文饰，面具、文饰有震慑人心的作用（计按，南方傩戏所戴的各式面具即这种习俗民俗文化之遗存）。失去了颜面，也就是说失去了可以震慑住他人的尊严。"颜"之所以读为"yan"一音系，是从"长时间掩盖"在脸部的色彩而命名的；"面"之所以读为"mian"一音系，则是从它"不完全覆盖"的特点去考虑的。由此推知，颜与面同，本来也就含有色彩的意思，"颜气"，即面部之气色。许慎释"颜"为"眉目之间也"，即指眉毛与眼睛之间的部分，大误。段玉裁修正许说，释"颜"为"两眉之间"，即今天所谓之印堂，亦误。

　　"面"与古人戴面具和在脸部文饰的习俗有关。"面"与"颜"为一字之分化孳乳。从"面"作的字，多与面部之象征意义相关。

　　如"缅怀"之"缅"字。《说文·系部》："缅，微丝也。从糸，面声。"段玉裁注曰："缅之引申为凡绵邈之称。《谷梁·庄三年传》曰：'改葬之礼缌，举下，缅也。'"顾野王《玉篇》"缅"下有重文（异体字）作"〔图〕"，桂馥《说文义证》曰："《广雅》：〔图〕，微也。"马叙伦《说文解字六书疏证》："伦按疑〔图〕为正篆，缅为重文，今失正篆。六朝《字林》盛行，故缅行而废矣。"顾氏、马氏以"缅"为细微之丝，而觉得形体与字义不尽相符，故而以为"纩"字当是"緬"之正篆，"丏"，有看不见之义，看不见的"糸"当然也就是细微之丝了。粗略一看，这种想法似乎也说得过去。但《谷梁传·庄公三年》："改葬之礼緦，举下緬也。"注曰："緬，藐远也。"《国语·楚语上》也有"緬然引领南望"之句，緬，在此也当释为邈，遥远之义，可证以"纩"代"緬"之说仍有不安。

我们认为，"緬"应该也属于原始丝织技术之术语。与"绵"为同源异体字。《急就篇》："绛缇絓紬丝絮绵"，郑玄注："溃茧擘之，精者为绵，粗者为絮。今则谓新者为绵，故者为絮。"绵即是絮，郑氏强为分别，实误。出于篇章结构的考虑，緬与绵、绵与絮的内涵及关系，留到以后详论。

三　见

见，小篆写作"睍"形，上从"目"，下从"尺"（人），隶定作"見"。《说文·见部》："睍，视也，从儿，从目。凡之属皆从见。"许氏以小篆形体立说，释义不确切。

段玉裁《说文解字注》说："析言之，有视而不见者，听而不闻者；浑言之，则视与见、闻与听一也。从目人，用目之人也，会意。"王筠《说文句读》："目儿，谓看人也。目是动字。"段氏、王氏谓"见"为看人之意，释义近是，较许说为优。

于鬯（chàng）《说文识墨》云："案（同按语之按）见之从儿，不过取别于目字耳。见之义从目已足，但不可以目为见也。以为见亦人事之所有，因加儿字于下，以别于目字也。"饶炯《说文部首订》："篆'从儿从目'者，缘其事为人，其用在目，而直指其义之所在以制字。"于氏、饶氏仍囿于许君之说，析形不可据。

近人林义光《文源》："按象人睅然张目形，古作罒。"睅然张目之说，较切近古人造字之心理，而以"罒"为"见"之古文，则大误。古人造字，多用突出某个特定部位来提示构字重点意图之所在，使别人一看便知。如"聅"（计按，上部为耳形，突出人的耳朵，为"闻"字初文）、"聨"（计按，有一口在耳边，为"聽"字之初文），"屟"（计按，突出人下部的"㞢"，即指古代以"尾"为饰之人，为"尾"字之初文）

等，皆同此理，不烦多举。

甲骨文中有"⬚"、"⬚"两字，旧多释为"见"，不得当。我们认为，"⬚"字上从"目"，下从一个站立的人，表示边走边看的意思，当为"视"字的初文；"⬚"字上部同样从"目"，但下部所从为"⬚"（踞坐之人），当为"见"字的初文，表示坐着监督他人劳动的行为，即今天所讲的"监督"之"监"的本字。现在常用的"见证"一词，仍保留了"见"字这一最原始的意义。

汉语音本义原理认为，"jian"音的音本义，主要包含了"固定"、"小的"两个特点。

如"建"字，甲骨文写作"⬚"形，金文写作"⬚"、"⬚"（春秋蔡侯）形，属象事结构的文字。《说文·廴部》："建，立朝律也。"段玉裁《说文解字注》："今谓凡竖立曰建，许云'立朝律'，此必古义今未考出。"《周礼·天官·大宰》："大宰之职，掌建邦之六典。"孙诒让《周礼正义》："经例言建者，并谓修立其政法之书，颁而行之。"孙斌来先生说："所谓'立朝律'，就是在简册上书写朝中的法令条文。"[1] 我们认为，前引诸家都未能结合汉字形义学的原理予以分析，故而说解空洞无所应对。

对于此字的形体及构形意图，前贤多有探究。林义光《文源》："（⬚）从又持⬚在庭中，有所竖立之形。"刘兴隆氏曾说："象一人持木柱类树立于⬚内，示建立之义。"[2] 与前引诸家的训释相比，两家所释比较切近"建"字的构形意图，但与生活的实际仍相距遥远。那么，"建"字的真实含义到底是怎样的呢？这还得从和它最为紧密的"封"字说起。

近几年来，有一本名叫《"封建"考论》的书籍在学术界引起了较大反响。作者冯天瑜先生花费了二十来年的时间完成了这一部巨著，其用功之勤、费心之苦让人唏嘘赞叹。该书对"封建"一词作了比较全面的探究考论，有很多令人称道的论述，但是，冯先生认为封建一词的本义是"封土建国，封爵建藩"，解释仍未确切明白。"封"字金文写作"⬚"、"⬚"等形，"⬚"字由"⬚"（丰）、"⬚"（土）、"⬚"（又）三个构

---

① 孙斌来：《何尊铭文补释》，载《松辽学刊》1984 年第 2 期。

② 见《新编甲骨文字典》（增订本），国际文化出版公司 2005 年版，第 103 页。

字部件组成，属于形声兼象事结构的文字，表示用手将土堆成高达几尺的小山峰之状；"墼"字将"⺕"换成了伸出双手的"⺕"，表示人双手劳作，构形意图完全一样。《周礼·地官·封人》："掌设王之社壝，为畿封而树之。"郑玄注："畿上有封，若今时界矣。"孙诒让正义："封，起土界也。崔（豹）氏《古今注》云：'封疆划界者，封土为台，以表识疆境也。划界者，于两封之间又为壝埒，以划分界域也。'"① 《急就篇》颜师古注："封，谓聚土以为田之分界也。"土台高起堆成小小的山峰形状，所以，古人便将这一堆土成峰的行为叫作"封"，孙诒让等氏的解说非常正确。

　　"建"字金文写作"⿳"形，像一只手拿着"朩"（计按，此为朩字的一半，表示小树苗）在土坎处栽培之状，属于象事结构的文字。这个"建"字，即指"封而树之"的第二个步骤——在封土堆上种植小树。《周礼·地官·大司徒》："制其畿方千里而封树之。"郑玄注："树，树木，沟上所以表，助阻固也。"尚志儒先生指出："可见，古代田界作'封'的程序应是先在确定了作'封'的地段上挖沟起土，同时筑'封'与'堳埒'，成为'封土'，此即作'封'的第一步。'封土'作好后，再在其上栽种树木，此即'封树'，为第二步。所以，古代田界的'封'，应由封土和树木两个实体组成。只有'封土'、'封树'两个程序完成，作'封'的过程方告结束。此即典籍所谓'封而树之'之本意。'封土'上所以要栽上树木，为'助阻固也'，即增加'封土'的牢固，不致被雨水长期冲刷而消失。"② 事实上，尚志儒先生介绍的"封树"，即是"建"字的真实内涵。用汉语音本义原理表述，"建"，即指在封土上栽种小树，从而使封土固定不消散的行为。正因为如此，"建"字才可以引申出"树立"的意义，继而又产生出"建树"、"建立"等双音节词汇。

　　如"检"字，《说文·木部》："检，书署也。"徐锴《说文系传》检下注曰："书函之盖也。三刻其上，绳缄之，然后填以泥，题书其上而印之也。"段玉裁《说文解字注》："书署，谓表署书函也。"王筠《说文句读》："以木为函，复题署函上以禁闭之也。"朱骏声《说文通训定声》："藏之而标题之曰检。"《周礼·地官·司市》注曰："玺节印章，如今斗

---

①　孙诒让：《周礼正义》，中华书局 1987 年版，第 890 页。

②　尚志儒：《秦封宗邑瓦书的几个问题》，载《文博》1986 年第 6 期。

检土封。又玉检，以玉为检也。"通俗而言之，检，就是指粘贴在书函上的封条。这种小的封条，可以让书函的封口变得更加安全稳固，所以被称作"jiǎn"。

又如"俭"字，《说文·人部》："俭，约也。从人，金声。"段玉裁《说文解字注》："约者，缠束也；俭者，不敢放侈之意。"《礼记·乐记》"恭俭而好礼者，宜歌《小雅》。"孔颖达疏："俭，谓以约自处。"《广雅·释诂三》："俭，少也。"少与小义相通，分析可知，俭就是指人们将自己的花费开销固定限制在小数量之内的行为。

由此可证，"见"其实是指一种监督力度较小、坐着不动专司看管他人劳动的行为，即应为监视、监工之"监"的本字。"监"字在会同话里读为"gàn"。其甲骨文写作"𥄂"形，金文写作"𥁕"形。"𠃜"（皿）为铜镜或盛水的器皿，"𥄗"（𥄗）表示人正在观察"𠃜"中本人的容貌形象。可知甲骨文、金文中的"监"字，即今天常说的"照镜子"之义，这个意义的"监"字，后世写为"鉴"。

另外，甲骨文"𥄗"与"𥁕"的异同，也已引起了一些古文字学家的思考。"见"读为 jiàn，但又是"现"（xiàn）的初文；而"视"字是没有"xiàn"这个音读的。姚孝遂先生指出："唐兰以《菁》（十·九）之𥄗为'艮'，谓'见字或析书之，则为𥄗'，'见为前视，艮为后顾'，戴侗《六书故》即以艮为'已云而顾'，乃唐说所本。其说支离，与卜辞不合，不可据。""卜辞'𥄗'与'𥁕'形体有别，用法亦殊。'𥁕'可用作'献'，'𥄗'则不能，但其余则可通用。卜辞二者似已出现合并之趋势，今姑并列。"[①] 姚氏的见解是独到而正确的。但"见"与"视"的区别在甲骨文时期较为明显，"见"侧重于"监视"；"视"侧重于"巡察、巡视"，二者似不可通用。在作为构字部件时，"𥄗"（视）、"𥁕"（见）两个形体的象征意义与功能基本相同，后世皆隶定作"见"。从"见"作的汉字，大多与眼睛的功能构造或监视、观察之眼部行为相关。

汉字在篆变的过程中，作为形旁部首的"见"，也有个别讹变成了"页"的，学习者需加以注意。如"顯"（显），左从"㬎"，表示日光下

---

① 于省吾编：《甲骨文字诂林》，中华书局 1996 年版，第 609 页"按语"。

的蚕丝；右从"页"，表人首。许慎《说文·页部》顯字下："顯，头明饰也。从页，㬎声。"徐铉等曰："㬎，古以为顯字，故从㬎声。"许氏认为字从"頁"（同首），所以强释为"头明饰也"，大误。《书·泰誓》："天有显道，厥类惟彰。"传曰："言无有明道，其义类惟明。又达也。"《尔雅·释诂四》："显，光也。又见（现）也。"顾野王《玉篇》："明也，覵也，著也。"从文献资料看，"显"为"突出、明白、显明"之意，从无"头明饰"之义。可证"顯"的形体存在有问题。

甲骨文中有字作"㬎"，上从"日"，下从"见"（计按，可看作"现"字），马叙伦《说文解字六书疏证》说："叶玉森以为顯字之初文。伦谓若然。"[1] 顯，金文作"䚔"（盂鼎）、"䚖"（康鼎）、"䚔"（克鼎）诸形，明显从"㬎"从"见"作，描绘出一幅"人在日光下看丝线"的图画。蚕丝雪白，在日光下熠熠生辉，当然很是明显。可知"䚔"为合体象事字，表意生动又确切。

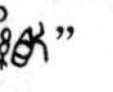

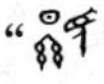

"见"来自于甲骨文的"�"。本应为后世监视之"监"的本字，表示坐着监视他人劳动之象。今世用于鉴赏的"鉴"，其本字实际为甲骨文中的"监"。甲骨文中的"�"（视）与"�"（见）为不相同的两个字。用法不能混同。作为形旁的"见"来源于甲骨文中的"�"和"�"两个形体，表示监视、观察等眼部的行为及相关之意义。

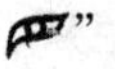

四　目、臣

目，甲骨文作"㑀"、"㑀"等形，周金文作"㑀"（父癸爵），战国文字作"㑀"、"㑀"等形[2]。"㑀"像眼睛之形，中间之"〇"即瞳孔，古人多称之为瞳仁，也写作瞳人，即瞳中之仁。果仁为果实之可食部分，就是果实的最核心（一般都处于最内部）部分，由此可知，华夏先民早就知道瞳孔是眼睛的最核心部分了。

《说文·目部》："目，人眼。象形，重童子（计按，即瞳子）也。凡目之属皆从目。㗊古文目。"许氏说解不十分正确。徐灏《说文解字注

笺》说："考阮氏《钟鼎款识》，目父癸爵作 ，小篆从古文变耳。篆本横体，因合于偏旁而易横为直。"胡小石《说文古文考》说："卜辞凡从目字或作 ，与臣混。金文诸从目字，作 ，象目童（瞳字）之形。此作 ，乃由 讹变。"徐氏、胡氏据金文、甲骨文立说，简析"目"字形体的演变情况，大体是较正确的。然胡氏认为甲骨文卜辞中"目字或作 ，与臣混"，则似有未安。因为在甲骨卜辞中，"臣"与"目"的区别还是有规律可循的。臣，甲骨文一般写作" "，郭沫若氏说像竖目之形，不确切。其实应该是人体侧面眼睛的描绘之象，从侧面看他人之眼，眼球外凸，瞳子（"臣"中间的"○"）突出于最前面，即"臣"字表意之所在。"臣"在甲骨文里是一种官职，是商王的近臣（如著名的伊尹），并非郭沫若氏所说的奴隶身份。在议事时，"臣"一般对称排列于商王的前方两侧，从商王的位置看，一般只能看到臣子侧面之形象。"位"在甲骨文中写作" "，与"立"同源，此实应为"王"站于较高处的形象描述，现在常说的"位子"、"官位"仍然折射了上古社会君臣议事时位置的微妙关系。从汉语音本义原理看，"chén"音有"对称相等"的特点，"wei"音有"高而弯曲"之特点，都与"臣"、"位"字的内在含义相当切合。甲骨卜辞里，"臣"字实际上是"目"（平视之形）字的一种变形，所以才会出现胡小石氏"臣、目"相混的误解。

那么，有什么好的方法能够让我们正确区分甲骨文中的" "与" "呢？我们通过对众多甲骨文资料的深入分析，认为从如下两方面入手便可以很好的解决。一是单独出现的" "为目，" "为臣，二者泾渭分明，不得相混。二是合体字中，" "与" "都表示眼睛，" "表示正面平视看到的他人眼睛形象，从而也就可以用来表示正常状态的眼睛之行为；" "则表示从侧面看到的他人眼睛之形象，同时也用来表示特殊的眼睛之行为，如极力张开、侧视或单眼瞄准等。作为构字形旁（字原或字根）的" "一般仍然隶定作"臣"，但也有少数隶定作"目"。

如"相"字，甲骨文写作" "、" "等形，" "即从"臣"作，表示木工眯着眼打量木板或木棍曲直之状况，所以"相"有仔细观看之义。木工"相"木都是取直舍曲，"相"中之材料标准相同，所以"相"又引申有等同、相同之义。

又如"卧"字，甲骨文写作"𦣝"等形，本来表示人俯卧而眠之状，"卧"在会同话里读"ò"，与喔、讹几个字的会同话读音一样，与"错误"之义紧密相关。大家知道，睡眠姿势一般包括仰面眠、右侧眠、左侧眠、俯身眠四种。俯身眠即古人说的"卧"，为最不利于身体的睡眠姿势。在会同民俗里，小孩以青蛙（蛤蟆）爬伏之状而"俯卧"，即谓"走蛤蟆胎"，是大凶的睡眠姿势，当然是"错误"的睡眠姿势，若大人责骂后仍不能改变，则认定有邪鬼作怪，必须请巫师施行法术"烧胎"。

再如"望"字，甲骨文写作"𦣟"等形，表示人站于高处圆瞪双眼极目远望之象。上举几例都属于这一情况。关于"臣"与"目"的问题，著名文字学家姚孝遂先生指出："甲骨文臣字象竖目形，与金文同。但竖目形何以为臣，实难索解。甲骨文'见'字横其目，'𦣟'（计按，即望字）字则竖其目，区别极严。叶玉森谓'臣'字亦有作横目形者，乃误读卜辞所致。卜辞'臣'为职官名，无一例外。从未见以臣为奴隶者，不得以周以后臣之身份为奴隶，以论断卜辞'臣'之身份必为奴隶。郭沫若谓'人首俯则目竖，所以象屈服之形者，殆以此也。'此亦牵傅许慎之说解，不可据。"姚氏在甲骨学方面造诣很深，虽不解"臣"字形体构造之由来，但对"臣"、"目"的形体认识及相关意见是很中肯的，其说可从。

"目"与合体字中的"臣"（侧视之目形）都与眼睛的功能、构造等意义相关。所以说，从目或从臣作的汉字，几乎都与眼睛有直接或间接的关系。作为字原的"臣"，在现在的简化字中，当处于字体上部位置时，大多被简写为"𡈼"，如"监"、"坚"、"紧"、"贤"等字中的"𡈼"即由"臣"（侧视之目形）简化而来的。当处于字体其他位置时，则大多不被简化，仍保留了原来的样子，如"卧"、"臧"等中所从之"臣"即属此例。

"目"在会同方言中读如"mó"，与"末"、"穆"、"莫"、"墓"、"摸"、"默"等字的会同方言读音相近，声母相同，韵母一样，仅声调上有一些差别。汉语音本义原理认为，古汉语中"mo"音之词，都包含有

"细微到难以觉察"的特点。如：

"末"字，甲骨文写作"🌲"形，金文写作"朮"①，小篆写作
"末"。许慎《说文解字》："末，木上曰末，一在其上。"高鸿缙先生
《中国字例》："取木梢为意，故就木而指明其梢为末。"戴家祥先生《金
文大字典》："一为指事符号，金文或做点，指在木梢，故为'木上'。"
木梢，即指树梢，也就是树枝中最细微的"梢子"，与杆、枝相比，梢是
极其细微难以看清楚的。

"穆"字，普通话读 mù，会同话读 mò。甲骨文写作"🌾"、"🌾"
等形，字体中的"🌾"为禾字，"🌾"为长着芒（也可以叫作颖）的谷
物颗粒，整个字形重点强调了芒。芒、颖、穆是对同一事物的不同叫法，
都是指谷物顶部那些又尖又细又难以看清的直硬毛状物。"针尖对麦芒"、
"脱颖而出"等成语中的芒、颖就是指这个小东西。后来，甲骨文"🌾"
在金文中被写作"🌾"，形体中加了花纹状的"彡"，字义表示为"细如
麦芒的花纹"。故而又可以引申为"美"义。《尔雅·释诂》释穆为美，
即基于此。

"mu"含有养育之义，如母、牧等；"mo"含有细微之义，谷物之
芒颖细微之极，所以当读为"mo"音，可见，会同话的读音是正确的。

又如"摸"字，小篆写作"🖐"，上从"回"，下从"又"（手），
《说文·又部》说："🖐，入水有所取也，从又在回下，回，古文回，
回，渊水也。读若沫。"远古渔猎时代，古人经常下水摸取鱼、蚌等为食
物充饥，因为怕吓走隐藏于被石头底或草丝中的鱼儿，所以动作极其细微
小心，动物难以察觉。

"默"字，《说文·犬部》说："默，犬暂逐人也。从犬，黑声。读
若墨。"许氏所谓之"犬暂逐人也"，即是说狗悄无声响地从人身后追
逐攻击人。会同俗语说"叫狗有咬人，咬人狗有叫"，就是从这一现象
总结出来的。许慎对默字的释义是可信的，但析形却可能有误。"黑"
字甲骨文写作"🧍"，金文写作"🧍"，我们推测，此字应为人的背面
之形象。

"目"，汉代刘熙《释名·释形体》："目，默也。默而内识也。"刘

---

①　参见戴家祥《金文大字典》（卷中）。

熙是最早系统地通过所谓"音训"来解释字义的学者，可知在刘熙的时代，"目"与"默"同音。但刘氏没有真正掌握古汉语音本义原理，认为"音近义同"即"同音字"就是"同义字"，虽在释训中偶尔触碰到汉语音本义原理的内涵，但总体而言，刘氏所采取的"音训"操作方法，是毫无可取的。"目"，就是黑眼珠（医学上称虹膜）中的细小瞳孔，大多在 2.5 ~ 4 毫米左右，可谓极其细微，因为又隐藏在黑色背景之中，所以也有难于察觉的特点。"默"强调狗的悄无声息（声音细微）难以让人察觉。"目"强调形状细微难以让人察觉，虽然具有相同的音本义，但"目"不是"默"。这就是音本义和形本义的区别所在，过去的训诂学家们不懂汉语音本义原理和汉字形本义原理，所以"音同义近"也就几乎成了一种"假说"，经常遭遇到批判者的致命一击。

早期汉字中，从"目"和从"臣"作的汉字，其本义都与眼部的功能或构造等意义有直接或间接的关系。

五   耳

耳字，甲骨文作"Ϩ"、"ϫ"、"ϧ"等形，金文作"ϱ"（商亚耳簋）、"Ϩ"（周中耳卣）等形，战国玺印、陶文作"Ϩ"、"Ϩ"等形，小篆作"ϧ"形，隶定作耳[1]。

许慎《说文·耳部》："主听也，象形。凡耳之属皆从耳。"徐灏《说文解字注笺》："古篆作Ϩ，象耳轮廓窍之形。借为语词。"许、徐二氏的训释正确，但未能揭露"耳"字音本义的内涵。《素问·阴阳应象大论》："在窍为耳。"王冰注曰："耳，所以司听五音。"徐复、宋文民著《说文五百四十部首正解》说："Ϩ，象耳形，且突出耳中有窍。"[2] 所释仍然侧重耳朵的形状或功能，未达汉语音本义原理。

在会同方言里，耳、日、而、二、儿、热皆读如"ǹ"。"ǹ"音的音本义，主要是指"处在两个不连接的相背位置且完全类似的事物、现象"。这句话强调了两个要点，一是处于两个相背的位置，因为相背，所以处于这个位置的事物或现象具有不相连接的特点；二是完全类似，也就

---

① 参见高明《古文字类》编，中华书局 1980 年版，第 134 页。
② 《说文五百四十部首正解》，江苏古籍出版社 2003 年版，第 351 页。

是相同。如：

"耳"，处于脑部左右相背的位置，数量有两个，轮廓完全类似，所以被称为"ri"（而手、脚、角中间有连接，眼处的位置也不是相背的，因此不符合"ri"的音本义要求）。

"日"，日与月不同，月是从升起到落下，颜色几乎没有什么变化，而日却不同，它在早晨、黄昏时（相背的两个位置）形状不变，颜色鲜红，符合"ri"的音本义原理，所以也被称为"ri"。

"而"，甲骨文写作"𦥑"等形，《说文》而字下："而，颊毛也，象毛之形。"《考工记·梓人》："深其爪，出其目，作其鳞之而。"戴震补注："颊侧上出者曰之，下垂者曰而，须鬣属也。"许氏、戴氏的解释至确。"而"，通俗而言，就是面颊两旁靠近耳朵部位处生的下垂的胡子，后来又写成了"髵"。因为这个部位的胡子生长的时间比口周围的胡子还要缓慢，又被称之为"髵"。"而"与"髵"实际是指同一个事物。段玉裁《说文解字注》："其象形，则首画象其鼻端，次象人中，次象口上之鬐，次象承浆之颐下者，盖而为口上口下之总名，分之则口上为髭，口下为须。须本颐下之专称，鬐与承浆与颊髵皆得称须，是以而之训曰须也。"段氏以小篆"而"为据，充分发挥想象力，释说大误。刘兴隆先生："象颔下有须形。"① 解释也未得当。承培元《说文引经证例》："须而同为颐颊之毛，今皆借为迟缓。"释义仍显含混其辞，不得要领。

"儿"，甲骨文写作"𦥯"形，隶变作"兒"，许慎《说文解字》"兒"字下曰："孺子也。从儿，象小儿头囟未合。"许氏释义正确，析形大误。"𦥯"（儿）字上部之"𦥯"，实为孩童头部的两束头发之状，古时称之为"总角"。《诗·齐风·甫田》："婉兮娈兮，总角丱兮；未几见兮，突而弁兮。"郑玄笺："总角，聚两髦也。"孔颖达疏："总角聚两髦，言总聚其髦以为两角也。"古代八九岁至十三四岁的少年，一般都将头发分作左右两半，在头顶各扎成一个结，形如两个"羊角"，故称为"总角"。后世文人也就常常用儿童的这一最突出的装扮来借指"儿童"时期。如陶渊明《荣木》诗序所写："总角闻道，白首无成。"即以"总

---

① 《新编甲骨文字典》（增订版），国际文化出版公司 2007 年版，第 597 页。

角"借指儿童时期。

从"耳"作的汉字，其本义都与耳朵的功能或构造等意义紧密相关，如大家熟悉的"取"字，甲骨文写作"🄐"，从"🄑"（耳）、从"🄒"（手）作，表示以手获取人或动物的左耳。《说文·又部》："取，捕取也。从又，从耳。《周礼》：'获者取左耳。'《司马法》曰：'载献聝。'聝者，耳也。"《说文·耳部》："聝，军战断耳也。《春秋传》曰：'以为俘聝。'"段玉裁注："《大雅》：'攸聝或安'。传曰：'献其左耳曰聝。'《鲁颂》：'在泮献聝。'笺云：'聝所格者之左耳。'"许氏解释符合"取"字的初义，段玉裁引《毛传》《郑笺》的训释也进一步论证了许氏的正确性。在上古时代，部族与部族间的冲突战争是经常发生的，殷商卜辞中就有"🄓千人"、"🄔伐二千六百五十六人"这样的血腥记载，可知杀戮的残酷。《孟子·离娄上》："争地以战，杀人盈野；争城以战，杀人盈城。"其文字间透露出的血雨腥风更是令人不寒而栗。因为大量的杀戮，割取被杀死者的耳朵（轻便易携带）来证明杀敌数量便成了最简便最可具操作性的办法。甲骨文中的"🄐"字反映的正是这个残酷的历史真实。聝是聝异体字，"聝"字由金文中的"🄕"隶变而来，与"🄐"实指一事，只是"聝"强调用"戈"割取的动作，"取"强调用手收取的动作而已。《左传·僖公二十二年》记载："且今之勍者，皆吾敌也，虽及胡耇，获则取之，何有于二毛？"敌方中年迈的士兵，抓到后也要杀死割下耳朵，可证"杀敌取耳"确是上古战争中最常用的用以记录自己战功的有效手段。

六　口

口，甲骨文写作"🄖"、"🄗"、"🄘"等形，小篆作"🄙"形，隶定作口。《说文·口部》说："口，人所以言、食也。象形。凡口之属皆从口。"段玉裁注曰："言语、饮食者，口之两大耑（计按，即端字）。舌下亦曰：'口所以言、别味也。'"许氏、段氏皆以人类之口为对象，以其功能、形状为释说内容的。如仅以独体字"口"而言，解释是正确的。甲骨卜辞就有"疾口"之占，疾口，就是说口部出现疾患了。可证甲骨文中的"口"字，最初的确是以人类之口为陈述和描绘对象的。

但甲骨文中的字原"口"，并不完全与人口相对应。根据我们的考察，大体与以下三方面有关。一是指人类之口，表示与人口之功能、象征意义有关；二是指一切有口子形状的裂口；三是作为小方国范围符号或修饰性符号出现。

　　如"甘"字，甲骨文写作"⊟"，"⊟"中含有"一"（计按，笔意代指常含于口的甜味之物），与人类之口的功能相关；如"曰"甲骨文写作"⊟"，"⊟"的外部（或说上部）有"一"，"一"表示从口中吐出的有声语言；如"名"，甲骨文写作"𝕝"，"𝕝"（夕）表示晚上，"𝕝"表示晚上相互看不清时张口自报名字，以便让对方知道自己是谁。此都属于第一种情况。

　　如"召"字，甲骨文作"𝕝"、"𝕝"、"𝕝"等形，很明显，"𝕝"是后两个形体的简体。许慎《说文解字》召下曰："召，𝕝（计按，即呼）也。"郭沫若《殷契粹编》说"𝕝是𝕝之省，后世写作召。"李孝定《金文诂林读后记》："𝕝（大盂鼎）为召之本字。其义为置酒招宾，古文从酉从口，所以置酒，从𝕝、𝕝以取之，省为从口、刀声。招为召之偏旁累增字，从手义复。"徐中舒先生《甲骨文字典》释𝕝曰："上为匕栖之匕，匕下从口或从酉（酉为酒尊之形），最下所以荐尊，𝕝为双手。从手持匕挹取酒醴，表示主宾相见，相互绍介，侑于尊俎之间，当为绍介之绍初文。后简化为𝕝，即小篆所本。"从郭氏、李氏、徐氏所释可知，"召"字的初文应是"𝕝"或"𝕝"，看召字初文形体，很明显地描述了双手捧着酒樽"酉"放置到荐器"𝕝"（或"𝕝"）上的情状，上部又加"𝕝"得声，属于象事兼形声结构的字。饶宗颐先生《殷代贞卜人物通考》指出，𝕝，"读为招，亦作祒。'招'、'祝'可通，招福也。""祝"是上古时代的一种祭祀方式，"祒"也是上古时代的一种祭祀方式。上古祭祀种类繁多，其名称与祭祀的内容或祭祀所采取的方式直接相关，如前面说过的"祼"（guàn）祭，实就是以香酒灌注神主牌位或地上命名的。另外，如沉牛之祭，就写作"𝕝"，"𝕝"是河流与水的描绘，"𝕝"则是牛的象形；求子之祭，就写作"𝕝"（祀字，会同话读zǐ），"𝕝"就是"示"，表示与神主有关，"𝕝"则是"子"在胚胎中的形象。由此可见，"召"实际就是一种放置酒尊打开坛口、召唤神灵赐予福佑的祭祀方式。召，本指打开酒坛的封盖口子，所以可引申为"开口"招呼义；打开酒坛是让神主品尝新酿的香酒甘醴，所以也可引申出"招待"义；招待神主目的是招致福佑和下一次丰收，所以又可引申出"招致"、"延续"（此义写为"绍"字）之义。可证"召"字所从之口，当为酒坛之封口，此属于第二种情况。属于这种情况的常见字还有"各"、"出"（㞢）等，在此不多分析。

再如"周"字，甲骨文写作"田"形，金文写作"田"、"周"等形，小篆写作"周"形，讹变为从"用"（用），后隶定为"周"。许慎《说文解字》周下曰："周，密也。从用从口。"许氏释义近是，析形据小篆立说，则大误。林义光《文原》："田象周匝形，口象物形。省作田。讹从用。"方濬益《缀遗斋彝器款识考释卷四》："周之为字，本取象于关中之地形四围周密、河山四塞之固也。从口则并崤函之险而象之。"郭沫若《两周金文辞大系图录考释·免簋》："（田）即周字。"周法高等主编之《金文诂林》："周为农业社会，故行字象田中有种植物以表之。纵横者，阡陌之象也。其两端或伸出作田，所从非田字也。画字从之，亦取界画之义也。加口者，孳生字也。"诸家对"周"的形义训释争议颇大，"田"到底象何种事物？这很可能需要到周族的发祥地实地考察后才会有所发现。但金文的"周"字即甲骨文中的"田"字，这一点诸家确无异议。由此可知，"口"是作为小方国范围符号或修饰性符号出现的，与人口功能无关。此属于第三种情况。

另外，需要特别注意的是甲骨文中的"囗"（wei）字，后世写作"围"。"囗"属于独体象形字，表示高高的城墙或很深的壕沟，"围"属于后起形声字。前面说过，汉语音本义原理认为，凡"wei"音之字，必定与"高的"、"弯曲"的意义相关联。如"威"字，古代特指相对于儿媳妇而言的"婆婆"，"三十年媳妇熬成婆"，可见婆婆"位高权重"。如"萎"字，古代指将在秋季储存的草料悬于牛、羊、马圈中较高处，让牛、羊、马自己取食，如此喂养的根本原因，就是为了避免牛、羊、马践踏而造成的浪费；悬草料于"高处"喂养牲畜，就叫"萎"，后世将此字转写为"喂"。又如"熨"字，会同话读 wèi 或 yù，普通话读 yùn。"熨"字初文即是"尉"字。小篆写为"尉"，许慎《说文·火部》尉字下说："从上案下也。从尽，又持火，以尸𢪡缯也。"徐铉等按曰："今俗别作熨，非是。"唐汉先生在梁冬主持的《国学堂》谈到"尉"与"熨"，读"尉"为 wèi，读"熨"为 yùn，解说模棱两可，可知唐氏对这两个字并不十分了解。许慎所谓"从上案下也。"案即同按字，将火或高温之物置布缯之上方，使之驯服，有"高位作用"的特点，故得名"wèi"，如将火放在物体之下方，则就是"薰"、"焙"或"炙"了。"yu"有"集聚"之义，"yun"有"包含于中"之义，从"尉"包含火炭之象而言，是可以得"yùn"之名称，但从尉的根本目的而言，是为了集聚热量使皱褶之缯得以驯化平服，读"yu"也为安妥。会同方言中，至今仍常用"尉（yu）帖"一词，如"尽快把这件事弄个尉帖"，即此义用例之明证。

又再以"正"字作简要分析。"正"，甲骨文写作"🔲"、"🔲"等形，有时也作"🔲"形，所从之"口"即"围"之初文，在此特指高高的城墙。"🔲"、"🔲"指众人的足部行动。合体象事，可会出登上敌方城头使之被征服的意义来。后世在战争中，将己方之军旗插到了敌方阵地最高处或敌方城墙之上，往往是战斗取得胜利的显著标志，这种习俗其实就是从"🔲"（正）字演变而来的。汉语音本义原理认为，上古汉语读"zheng"（会同话读为 den）音的词，都与登高之义相关，如"登"（会同话读为 den）、"拯"（将人从低处往上拉，甲骨文写作"🔲"，象事意味明显）、"蒸"（利用上冲之气使食物变熟）等，不繁举例。从反面来说，甲骨文中有一字作"🔲"、"🔲"等形，隶字作"韋"，简化为"韦"字，实际就是防衞（卫）之卫的初文。"口"为城墙，"止"表示向左或原地不动，合体会意表示人们站于城墙之上与登城之敌作战，防守保卫自己的城池，象事意味仍然十分明显。

口字在甲骨文里写作"🔲"形，在构字中，有三个象征意义：一是表示与人类之口的功能相关；二是表示与物体的"裂口"相关，三是表示与小方国范围或修饰性符号相关。"囗"读 wei，是"围"的初文，表示高高的城墙或壕沟，与"🔲"有明显区别。另外，从这一小节的分析可证，要想正确破译汉字的密码，必须要懂得汉语音本义原理与汉字形本义原理，并且只有将二者完善地结合在一起，融会贯通，才会在汉语汉字的教与学中，彻底抛开"难识、难学、难记"的帽子，做到"易识、易学、易记"。

七　舌、言、音

甲骨文有字写作"凷"、"凷"、"凷"等形，余永梁先生释定为舌[1]，后于省吾氏、饶宗颐氏、姚孝遂氏皆从之。"凷"等释为舌，十分得当。甲骨文"彡"即后世之"饮"字，右边所以之"列"为一人伸舌之状，"凷"即"列"上部所从之形体，可证"凷"等，释为舌，了无疑虑。

言（含音字），甲骨文写作"凸"、"舌"、"舌"等形，从"一"、从"凷"（舌），"一"位于"凷"之上方，表示自舌尖发出来的抽象的东西，属合体象事字。在甲骨文时期，言与音为一字，据于省吾先生考证，"言与音初本同名，后世以用有各当，遂分化为二。"周代古文字言与音之互作常见，先秦典籍亦有言音通用者，如："《墨子·非乐上》之'黄言孔章'，即'簧音孔章'。《吕览·顺说》之'而（读如）言之与响'，即'如音之与响'。……甲骨文之'言之业广'（《掇》三三五）、'业广言'（《后》下一〇·三）二言字应读作音。音其业广与业广音，指喉音之临时嘶哑言之。旧读如言字，失之。"[2]后言与音分化为二，言字小篆作"言"，从"二"从"舌"（舌）；音字小篆作"音"，从"言"（言），中下部口中含"一"，仍可体味得出两个字紧密的内在关系。

言，普通话读作"yán"，会同方言读作"yân"，和普通话的读音相近。汉语音本义原理认为，"yan"音的音本义包含有"覆盖（遮障）"、"长的"之特点，如檐、堰、厌、艳（计按，古代指上身肥胖而长）、炎、烟、淹、盐、颜等"yan"音系的汉字即属此例。

如"檐"字。檐即是我们常说的屋檐，会同话俗称"滴水"。因为形体很长，又起到遮蔽（覆盖）檩子的作用，使屋檐齐整美观，因而具有了"yan"音的音本义规定的"长的"、"遮障（覆盖）"之特点，与艳、甗、炎、烟、咽、盐、燕（燕子是候鸟，要长途迁徙，栖息檐下）等属

---

①　参见余永梁《殷虚文字续考》、《国学论丛》第一卷。
②　于省吾：《甲骨文字释林·释言》，中华书局 2009 年版，第 87—88 页。

于同一音系，所以得名为"檐"（yán）。

又如"堰"字。大家都知道四川有一个著名的"都江堰"，但是，它为何得名为"堰"（yàn）呢？相信很多读者是说不清其中的缘由的。黄金贵氏认为："塘，大堤，可用于池、江、湖、陂、海。堰，横截江河、抬高水位以蓄水的较低长堤。坝，横截江河短而高、上设分流闸的大堰，起于中古。"① 黄氏所释未能切中其得名的要旨。陆宗达氏曾经指出："堰是障蔽的意思，即阻水堤，见《集韵》。《说文》不录此字，或即匽字的后出。都江堰之所以取名为堰，盖由于岷江水流过急，故以堰障蔽洪流，疏为支流，缓和水势，灌溉农田，实亦变化江流成为干渠支渠的方法。"② 陆氏的讲解对了一半。事实上，阻水堤因为形体直长，又具有遮障流水的功能，所以才得名为"堰"。

再如"颜"字。颜字金文写作"𩑍"形，字从"彦"、从"𦣻"（首）构作。许慎《说文解字》说："颜，眉目之间也。从页，彦声。"谷衍奎先生从许氏之说："颜，形声字。本义为两眉之间，俗称印堂。"③ 许慎此说既不符合汉字构形学的原理，也不符合汉语音义同源的规律，大误。我们认为，颜字的金文形体"𩑍"与面字小篆"圙"的构造原理有一定的相似性，二者都从"𦣻"构作。"圙"属于象事结构的字，是指古人进行傩戏祭祀时戴在"𦣻"上的龟壳状面具，而"颜"字不过是指长时间涂抹在面具或脸盘子上的颜料而已。古人常说：颜面尽失。颜即是面，面即是颜，也就是我们俗语所讲的"面子"。

那么，"言"字为何读音为"yán"呢？

《诗经·大雅·公刘》："于时言言，于时语语。"毛传："直言曰言，论难曰语。"《礼记·杂记》："三年之丧，言而不语，对而不问。"郑玄注："言，言己事也，为人说为语。"孔颖达疏："谓大夫、士言而后事行者，故得言己事，不得为人语说也。"王宁先生认为："以上几例，足以说明在先秦汉语里，'言'与'语'的区别非常明显：'言'是主动说话，'语'是对话、回答问题。"分析可见，《礼记·杂记》中的"言而不语"，就是指自说自话、不与他人谈论的意思。为什么自说自话可以取

---

① 黄金贵：《古汉语同义词辩释论》，上海古籍出版社 2002 年版，第 97 页。
② 陆宗达：《说文解字通论》，北京出版社 1981 年版，第 164 页。
③ 谷衍奎：《汉字源流字典》，华夏出版社 2003 年版，第 820 页。

名为"言"？这和我们先祖喜欢深入观察社会现象的习惯密切相关。大家知道，在多人聚集的场合中，某个人长时间占着话语权，不允许他人自由发表言论，这不正好与"堰"、"檐"等事物一样，具有了"障蔽"、"长的"的特点么？

图4—3 戈

音，读作"yīn"，是从言字中分化出来的孳乳字。所以，早期从"音"构作的文字，应该看成从言构作。如"戠"字，后加言旁写为"識"，简化为"识"。从字的形体看，"戠"属于偏正结构的象事字，本来指工匠们刻于兵器（戈）上用来区别制作者的文字或记号（如图4—3所示）。文字、记号当然不属于音而属于言的范畴，可知"戠"字中的"音"，实际应该写作"言"字。

"戠"（识）字有一音读为zhì，也和"zhi"的音本义要求密切相关。前面多次论述过"zhi"音字的语源义，基本都包含有"黏附的"、"定止的"两个特点。

如"至"字，甲骨文写作"𡳿"形，金文写作"𡳿"形，字由倒置的"矢"和"一"构作，"一"表示地面，表示箭矢射出后所达到的地方，属于象事结构的文字。分析可知，"至"字，即是指箭矢射出后"黏附"、"定止"的终点之意。终点，就是箭矢飞行距离的终极之点，因而"至"字又可以引申出"极点"的含义。

如"矢"字，会同话又读作zhī。古人所谓的"箭矢"，会同话现在仍然叫作"箭矢（zhī）子"。矢字甲骨文写作"𢎨"形，金文写作"𢎨"形，上部像三角状的尖锐箭镞，下部是箭杆和尾羽，正是对箭矢的象形描摹。在瞄准物体进行射击时，人们需要将箭矢短时间地"黏附"、"定止"在弓弦、弓臂之上，由于这种射击行为，古人最初认识到了它在使用过程中显示出来的"黏附"与"定止"的特点，所以将它命名为"矢（zhī）"。从"矢"构作的形声字，基本都属于"zhi"一音系，如"雉"、"智"、"秩"（计按，秩字所从的"失"，其实就是"矢"的讹变）等，可证"矢"字的古音大多读为"zhī"。

又如"雉"（zhì）字，甲骨文写作"𢎺"、"𢎹"等形，小篆写作"𱁱"、"𱁲"等形，字从"矢"、从"隹"（鸟）构作，属于形声兼象事结构的汉字，表示像矢（zhī）一样短距离笔直飞行的鸟类，即今天所讲的野鸡。谷衍奎氏认为："雉，会意兼形声字。甲骨文从隹（鸟）、从矢，会用箭射取野鸡之意。"[1] 古人用箭矢射取鸟类，不仅仅限于野鸡的，谷氏的说解纯属臆测之词。李时珍《本草纲目·禽类》："雉，宗奭曰：'雉若飞矢，一往而坠，故字从矢。'"阮宫保《研经室集》："义从音生也，字从音义造也。……雉，野鸡也。其飞行平直而去，每如矢矣，故古人名鸟之音与矢相近，且造一从隹从矢之字曰雉。"[2] 这一解释十分正确。

又如"直"字，甲骨文写作"𠃜"形，金文写作"𣥂"形，小篆写作"𥄂"形，属于象事结构的文字，描摹了眼睛对着黏附悬垂在墙边的直线观察的情状。悬垂的细长直线黏附着墙体定止不晃动了，即是"直"字所要表达的内涵（计按，现在的建筑工人仍然还在使用这一原始的科学技术）。细长的直线黏附着墙体静止不动，这便包含了"黏附"、"定止"的特点，所以古人便把这一现象命名为"zhí"。

再如"制"字，金文写作"𣂕"形，小篆写作"𣂨"、"𣂩"等形，属于象事结构的文字。左边所从，是树木被去掉枝叶的形状，右边所从之"刂"，就是今天的"刀"字。两形组合，表示用刀具去掉树木枝叶的意思——即今天会同话里所讲的"打枝"。这应该是古人对于园艺工匠师傅修剪树枝活动的描摹。让黏附在树干周围的枝条处于定止的状态，即是"制"字所要表达的最初含义。

再如"脂"字，《说文解字》："戴角者为脂，无角者为膏。"可见脂字在古代是专指牛羊等角类动物的油脂而言的。著名古文字学家杨树达氏，曾经在《释埴》一文中论述过："戠声与其同音之字多含黏着之义。《土部》云：'埴，黏土也。从土，直声。'《释名·释地》云：'土黄而细密曰埴。埴，腻也，黏昵如脂之腻也。'"[3] 王宁先生也曾指出："其实，从膏、脂的意义看，它们的区别主要在凝结度。牛羊油凝结后成板块状，

① 谷衍奎：《汉字源流字典》，华夏出版社 2003 年版，第 760 页。
② 转引自臧克和《中国文字与儒学思想》，广西教育出版社 1996 年版，第 123—124 页。
③ 杨树达：《积微居小学述林全编》，上海古籍出版社 2007 年版，第 15 页。

称脂；猪油、鸡油凝结后成糊状，称膏。"① 王氏的说解符合生活的实际情况，至确无疑。油脂凝固后，不仅具有很强的黏性，而且可以长时间保持一种定止的形状，所以，古人也将它命名为"zhī"。而大家所熟知的"纸"的得名，又与"脂"密切相关。

再如"织"字，其繁体写作"織"，字从"糸"、从"戠"构作，属于形声兼象事结构的文字。从"糸"，表示此字的含义与丝线有关；从"戠"，表示它的含义具有"黏附"和"定止"的特点。《说文·糸部》："織，作布帛之总名也。从糸，戠声。"许氏释义虽然正确，但这完全脱离了汉语音本义原理和汉字形本义原理，说解失去理据。杨树达氏指出："织谓使丝之经纬相着也。"相着，即相互黏着之义，杨氏的解析十分精妙。经线纬线相互黏着不松动，因而具有了"zhi"音音本义强调的"黏附"和"定止"的特点，于是，古人便将这一纺织行为叫作"织"。

再如"桎梏"的"桎"字，其甲骨文形体写作"𡠥"，像戴在犯人两只手上的桎梏之状。"执"字的本义是用桎梏钳制住犯人双手的意思，甲骨文写作"𡴎"、"𡴌"等形，属于象事结构的文字，左边所从是"𡠥"，右边是一个双手向前直伸的跪坐之人形，其构形的意图十分明白晓畅。而"桎梏"这一刑具，是用来"黏附"在犯人四肢上的，并具有钳制"定止"犯人肢体的功能，所以也被命名为"zhì"。

通过以上分析我们可以推知，"戠"字之所以得了"zhi"的音读，也正是因为这些黏附在器物上的记号或文字，具有能够使制作人、监工等信息长期固定（定止）的功能而得名的。

言与音是一字分化的结果，从言构作的汉字，都与语言文字相关联，而从音的汉字，有的与语言文字有关，有的又与声音相关，需要在训释的时候细心辨别。

八 齿

齿，甲骨文写作"𠚛"、"𠚕"、"𠚌"、"𡂨"、"𠚉"等形，金文战国中山玉壶作"𦥔"。甲骨文为从口的合体象事字，金文为加动符"止"的象事兼形声结构的字。刘兴隆先生说："𠚛（甲骨文齿字）象张

---

① 王宁：《训诂学原理》，中国国际广播出版社 1996 年版，第 313 页。

口见齿之形，原本象形字，后世变为从止、从齒的形声字。"① 张口见齿，应为合体象事字，"□"为口形，口中的"♨"、"⚏"才为齿的象形。《说文·齿部》："齒，口齗（计按，同龈）骨也。象口齿之形。止声。凡齿之属皆从齒，齿古文齒字。"甲骨文"齒"不从"止"构作，战国时期的金文才增加"止"作为提示声读的作用，许氏以为齒字从"止"为声符，此说可从。

汉语音本义原理认为，"chi"音的音本义主要强调"大的"、"缓的"的特点。如：

"斥"，是指大声而语速迟缓地骂人。

"痴"，实际是指粗心而反应迟缓的那种人（计按，粗有大义）。

"弛"，是指弓在解开弓弦后变得长大而松缓到的状态。

"驰"，是指马做大跨步缓慢奔跑的姿势。

类似的例子还有很多，此不赘述。从普遍的情况看，人的牙齿一般是一岁左右才会生长出来，硬度和咬合力又都很大，这与"chi"音音本义所要求的两个特点刚好吻合，所以，齿才获得了"chi"的名称。

李孝定先生说："契文（计按，即甲骨文）作上出诸形，商（计按，指商承祚氏）释齿至确。字作齒、或作齒正象口齿之形，小篆更增止以为声符，则为形声字矣。篆作齒，实从口犯切之凵（计按，即坎字初文），—（计按，指齒字中间的—）齿间隙也，此盖以象上列齿之ꟽ位于—上故云然耳。实则篆当作齒乃合，今篆作齒形偶误耳。"② 李氏分析齒字之形体变化十分确切，然"小篆更增止以为声符"之说仍承沿许氏，实有未安也。

另外，对齿的同义词"牙"也要有所了解。许慎《说文·牙部》："㡰，牡齿也。象上下相错之形。凡牙之属皆从牙，㩰古文牙。"段玉裁《说文注》："流言之皆称齿称牙，析言之则前当唇者称齿，后在辅车者称牙。牙较大于齿，非有牝牡也。"徐灏笺曰："口齿骨齐平者谓之齿，左右锐者谓之牙。"徐复、宋文民说："甲骨文有齿字，无牙字，盖其初牙、齿不分。金文十三年㾕壶牙字作㇗，师克盨作㿟。古鉨（计按，玺字异

---

① 刘兴隆：《新编甲骨文字典》（增订本），国际文化出版公司 2007 年版，第 107 页。

② 《甲骨文字集释》，"中研院"历史语言研究所 1965 年版，第 624 页。

体）齿字作![字形]，而牙字作![字形]，盖齿居前，张口即见，牙居后近颊处，故象居齿内会意。自齿从止声，发自齿音，故取金文之象上下交错之形为![字形]，古谓牙音。"① 看诸家关于牙、齿的解释，可知古代人眼中的"牙"和"齿"，实际上并不完全是同一码事。

牙，普通话念 yá，会同方言念 á，与压、丫、砑、牙、鸭等字音读相近，只是在音调上略有区别。根据汉语音本义原理，会同方言中的"a"音字，都与"压迫致使不舒展"的含义相关。如："压"字，繁体写作壓，上部为厭（厌），描绘了一狗大口啃吃肉块的情形，侧重于强调狗主人物质财富的丰盛（计按，上古时代人们生活艰辛，物质资源匮乏，只有上层贵族才会用肉块喂食家养之狗）；下部从土，合体象事会意，描绘了狗用前爪将肉块压于地面啃咬的形态，侧重于强调狗习惯用前爪压住骨头，大的肉块进食的动作，用前爪压住食物进食是狗的习性，是人们非常熟悉的，所以，古人便根据狗的这一进食习性造出了"壓"（压）字。

"丫"，丫字是一个象形字，是古人利用开杈的树枝制造的简易捕猎工具。会同俗语称之为"丫杈"。这一工具的最大特点是利用杈口压住动物的颈部使之不能动弹。根据语言发生学的因果原理，这一工具也就有了"压"（a）的音读。

"砑"字，会同方言读如"à"，古代是指专用于碾压皮羊、布帛、纸等物体的一种工具——俗又称"砑石"。砑读去声，声调加重暗示碾压的力度也大大地加重了。在现在的会同方言里，"砑"字运用仍然极其活跃，比如同："车里人多太砑了"，"我的手被铁门砑了一下"（计按，砑即为挤压之意）等。由此分析，齿是指人与动物口中所有的牙齿而言的，而牙则是指专门用于咀嚼挤压较硬食物的少部分牙齿而言的。就我们人类来说，专用于咀嚼挤压较硬食物的牙齿，即位于口角后的磨牙才真正是古汉语中的"牙"。因为，它们的功用主要是用来"压碎"食物的，所以也就有了"压"的音读。

根据上面的探讨，可以知道许慎、徐灏二氏对"牙"字的解说是不确切的，而段玉裁氏、徐复先生、宋文民先生的解说则与汉语音本义原理暗合，无疑是十分正确的。因为"牙"是"齿"中最粗大状硕的，所以犬、虎、象等动物中最粗大的那几颗（根）齿，一般也就被习惯地称为

---

① 徐复、宋文民：《说文五百四十部首正解》，江苏古籍出版社 2003 年版，第 32 页。

"牙"。如"犬牙交错"、"虎牙"、"象牙"等熟语，是专指它们中的几颗（根）粗大的齿而言的。

齿是就所有的牙齿而言，而牙则是特指齿中用于咀嚼磨压的磨牙而言。从齿之字，都与齿的构造、功能及其象征意义相关。而从牙作的字，则多与磨合、粗大等牙的象征意义相关，如"犐"，指人口中的"虎牙"，如"雅"，会同话念 wā，即乌鸦，会同话俗称"老鸦（wā）"，其喙特别粗大有力，所以也从"牙"作。念 wā，是从乌鸦的叫声模拟而来的。

九　囟

囟，普通话念 xìn，会同话念 xīn，也读 xì，如在家中排位最末，则多称为老囟（xì）。篆文写作⊗形，来源于甲骨文🦴（子）所从的"⊠"。许慎《说文·囟部》："囟，头会脑盖也。象形。"许氏释义正确。囟，即指婴儿头顶么未合缝处的囟门。会同俗语称之为"脑门囟"。"顖"、"顋"都是后起之形声字。

《礼记·内则》郑玄注："夹囟曰角。"孔颖达疏："囟是首脑之上缝"。段玉裁《说文注》曰："《内则正义》引此云：'囟，其字象小儿脑不合也。'按儿部'儿'下亦云：'从儿，上象小儿头囟未合也。'考梦英书偏旁石刻作囟，宋刻书本皆作囟，今人楷字讹囟，又改篆体作⊗，所谓象小儿脑不合者，不可见矣。"而王筠则对段氏之说提出了修正，他在《说文释例》中说："此字当平看，乃全体象形。后不兼颅，前不兼额，左右不兼日月角。吾尝验之小儿，囟上尖而左右及下皆圆。故绎山碑象其轮廓而为囟也，其中则象筋膜连缀之。""⊗段氏作囟，吾衍据绎山碑作囟。吾衍以头囟未合，时为气所鼓荡，故以隆走者象之，说较段氏似为近情。"后饶炯《说文部首订》从王氏之说，曰："小儿脑不合者，谓脑中之陷处也，自有×象之。由今小儿腔形观之，上锐下阔，与王筠篆作囟形正合。"王氏为了此字而亲自找婴儿去验证，这种做学问的精神态度很值得我辈仿效，其解说因而比段氏更为可信。

甲骨文中有一字作"⊕"形，在西周甲骨卜辞中习见，如"⊕亡咎"、"⊕亡眚"、"⊕不妥王"、"⊕不大追"、"⊕御于永冬（佟）"等卜辞中的"⊕"字即是。李学勤先生指出，此字"应释为'囟'，读为'思'或

'斯'","西周卜辞的'◈'（斯）字应训为'其'，也是义为'庶几'的命令副词。"① 姚孝遂先生认为："《说文》训◈为'鬼头'，训◈为'头会脑盖处'，区分为'田'、'囟'二字。实则古乃同字。'囟'字本义为'头脑'，引申为'首领'"。"卜辞或以'囟'为'西'，则为音假。"② 从李氏、姚氏的论述可知，囟字在甲骨文时期即已出现，"◈"由"◊"与"十"组成，"◈"像菱形之囟门，为合体象事字，许慎以之为象形，不确切。囟门，指婴儿出生时头顶没骨质的"天窗"，有前囟门和后囟门之分。因后囟门在小孩出生时已接近闭合，一般难以察觉，所以我们常说的"脑门囟"或"囟门"是特指小孩的前囟门而言的。前囟门是婴儿两侧额骨与两侧顶么之间的菱形间隙，出生时斜径一般在 2.5 厘米左右，与甲骨文"◈"很是相似（如图 4—4）。脑门囟在未完全闭合之时，手感极其娇嫩柔软，还有像心脏似的搏动，与"xīn"的音本义正相符合，所以可称之为"xīn"；囟门形状细小，是额骨与顶么间的菱形间隙，又与"xì"的音本义相切合，所以又称之为"xì"。小孩囟门一般都在一岁到一岁半之间完全骨化闭合，菱形间隙消失，很可能是基于这个情况，"囟"字的"xì"音也便未能普及，渐渐被"xīn"音所专称了。

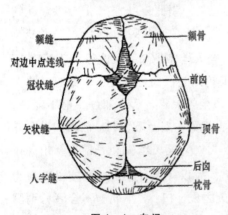

图 4—4 囟门

囟字在作为构字字原（偏旁部首）时，隶变后有些字中的形体讹化为"田"，如"思"、"细"即属于此种情况。"思"、"细"中的"田"，实是"囟"字。"细"之"xì"音，以"囟"（计按，会同话有 xì 音）来表音表义，实际上属于形声字之例。

囟，即医学上所称的"囟门"属象事字。在会同方言里，囟有"xīn"、"xì"两个音读。在作为构字字原时，有些汉字中本来所从的"囟"讹变为"田"。为了汉语汉字的健康发展，我们可以考虑将这些讹

图中标注：额缝、额骨、对边中点连线、前囟、冠状缝、矢状缝、顶骨、后囟、人字缝、枕骨

① 李学勤：《论西周甲骨》一文，《人文杂志》1986 年第 1 期，转引自李圃主编《古文字诂林》第八册，上海教育出版社 2003 年版，第 929—930 页。
② 于省吾主编：《甲骨文字诂林》第二册，中华书局 1996 年版，第 1035 页。

变了的形体恢复其本来的面目。

以上四节所举部分与人体相关的字原，正是古人所谓"近取诸身"（计按，即从人身的形态特点获取造字的意象）的结果。

第五节　与植物相关的字原

一　木

木，甲骨文写作"Ψ"等形，金文作"木"（周早父丁爵）、"木"（周中罝鼎）等形，为象形字，树枝、树干、树根皆可见。

《说文解字》木部曰："木，冒也，冒地而生，东方之行，从屮，下象其根。"许氏结合声训、五行学说解释字义，不得真解，实误；说"木"字从"屮"而作，"屮"在甲骨、金文时期为"草"的象形描绘，可知对"木"字的析形也不确切。清人王筠《说文释例》对此字的分析极为独到，他说："《说文解字》木下云从屮，非也。必从其义，乃可云从。屮与木之上半形相似耳，以木从艸（计按，即今天的'草'字），于义何居？木固全体象形字也。｜象干，上扬者枝叶，下注者根株，只统言象形可矣，分疏则谬。"王氏对许慎的批判是符合汉字"木"之实际情况的，十分正确。

木字在充当汉字字原时，表示与树木（木本植物）相关的象征意义，如"本"、"末"、"朱"、"果"、"休"等字即从"木"字而作，"本"指树林的根部，"末"指树的梢部，"朱"指树干中间的红心，"果"指树木枝头的果实，"休"指人在树荫下乘凉歇息，可见，从木构作的汉字，都与树木有紧密的关联。

木，普通话读"mù"，会同话读"mú"，仅声调有些差异。在会同话中，木与牧、母、模等字为同一音系，而"墓"、"慕"、"穆"、"目"等在普通话中读"mu"的字，会同话大多读如"mo"。音本义原理认为，"mo"的音本义为"细微而看不到的"，"mu"的音本义则为"可长久繁育的"，二者划然有别，毫不相干。

如"墓"字，《说文·土部》墓下云："丘也。从土、莫声。"段玉裁注曰："丘谓之虚，故曰丘墓，亦曰虚墓。《檀弓》曰：'虚莫之间，未施哀于民而民哀'是也。《周礼》有冢人，有墓大夫。郑曰：'冢，封土为丘垅，象冢而为之；墓，冢茔之地，孝子所思慕之处。'然则丘自其高言，墓自其平言。浑言之则曰丘墓也。墓之言规模也。《方言》：'凡葬而无坟谓之墓。'所以墓谓之墲。"段氏又在"坟"字下注："析言之则墓为平处，坟为高处。故《檀弓》孔子曰：古者墓而不坟。"由此可知，墓与坟虽然都是葬死者之所，但形制是有区别的。坟是土堆高起之形，墓是安葬死者后不起高的土堆之形。葬后地面上只有较细微的隆起，与平地相近，难以觉察和看到，所以古人称之为墓。

从上述分析可以看出，会同话的汉字读音很古老，最接近于上古汉语时期被"汉语音本义原理"制约着的语音。

"Ψ"是一个全体象形字，象木本植物之形。从《说文》所收字数看，"木"旁字共有 421 个，约占总数的 4.7%，名列第三位，仅次于"水"（氵）部、"艸"（艹）部的字数。这不仅反映了华夏先民善于观察自然的能力以及自然本身对人类的巨大影响，同时还反映了上古采集时代留给中华先民深深的记忆。

甲骨文还有一个字写作"Ψ"，像草本植物之形。从形体看，二者区别明显，但在特殊的情况下，古人为了清楚地表达象形字的含义，便有意地将"Ψ"断为了两截的"Ψ"之形，表示树木之干被截断之义。如前面分析过的"折"字，甲骨文写作"Ψ"形，左边所从之"Ψ"像被截断的树木，右边之"ケ"即斧斤之斤字。另外，小篆中还有一个"爿"（片）字，像半边木之形，《说文·片部》释其为"判木也"。此字与"木"有紧密的关系。

二　屮

屮，甲骨文写作"Ψ"，像蔓生的小草形。许慎《说文·屮部》："屮，草木初生也。象丨出形，有枝茎也。古文或以为艸（计按，即今之草字）字。读若彻。"可见，在许慎所处的东汉时代，"屮"读如"chè"。

会同方言中，普通话里的 che、zhe 两个音多读为"cha"、"zha"，如"车"，会同话就读"chá"，引水工具"水车"，在会同话里叫"大水车（chá）"；又如"遮"，会同话读为"zhá"，"蔗"会同话读为"zhà"，即属此种情况。由此类推，"屮"在会同方言里读为"chà"。汉语音本义原理认为，"cha（普通话 che）"音有"牵引拉动"之隐性特点。上古的"车"，是靠人力、牛羊马之力牵引移动的运输工具；"屮"，是在地面爬伏前行（计按，有牵引移动之意）的一种草本蔓生植物；"扯"，就是用手牵引物体使之移动的动作；等等。会同话里有一个常用的俗语，叫做"bèn bèn chà chà"，意思是缠绕牵扯不断。我们通过较深入地探讨研究，认为"bèn bèn chà chà"很可能就应写为"贲贲屮屮"。在甲骨文时期，"贲"字写作"🌿"形，独立学者唐汉先生认为"🌿"即是"贲"的本字，是"攀扶而上的藤蔓植物"。[①] 唐先生见解可备一说。从汉语音本义原理推知，"屮"是趴在地上匍匐而衍的蔓生草，"贲"是依附于大树的木本藤蔓植物，二者所指界限明显。"贲贲屮屮"有时也说成"贲屮"，如："这个女人又和他贲屮在一起了。"此为比喻用法，即是说此女像"贲"和"屮"一样与某男缠绕牵扯在了一起，有了不正当的男女关系。从此例可知，会同方言的确不愧有"上古汉语活化石"之称号，因为在众多的口语中，仍然保留了甲骨文时期文字的最原始的意义。

屮，后来衍生出了艸（草）、芔（卉）、茻（莽）等字，在甲骨文、金文时期，在作为构字字原时，表示与蔓生草本植物相关的关系，如"毒"（𦸂）、"熏"（🔶）、"屯"（🔶）、"芬"（🔶）等字即从此作。

三　艸

"屮"衍生出"艸"字，与"木"衍生出"林"字同理。"艸"即今之"草"字，在作为构字字原时，隶定作"𦬇"，简化为"艹"（草字头）。

许慎《说文·艸部》："艸，百𦬼（计按，卉）也。从二屮，凡艸之属皆从艸。"徐锴《说文系传》："艸，总名也。艸丛生，故从二屮。"段玉裁《说文解字注》："卉下曰：'艸之总名也。'是谓转注。俗以草为艸，乃别以皁为草。"章太炎《文始》："古文但作屮，孳乳为茇，艸薪也。在本部亦孳乳为樵，散木也。"所释皆不得当，因为诸氏皆不懂上古汉语音本义原理之故也。

草（艸），普通话念"cǎo"，会同话念"câo"，仅音调有细微差异。汉语音本义原理认为，"cao"音有"众多、纷乱"之义。草与木比，即

① 唐汉：《中国汉字学批判》上册，东方出版社 2005 年版，第 136 页。

有众多而纷乱之象，所以古人名其为"cao"。又如：

"嘈"，本指动物争食时众多而纷乱的声音。

"吵"（会同话念 cáo），指众多而纷乱无序的争论（计按，有序叫论，无序叫吵。而吵字源于炒菜的炒）。

"糙"，指碾得不精细，夹杂了众多谷壳的一种加工得很差的米（计按，即有众多、纷乱之象）。

"躁"（会同话念 cào，同懆），指内心思虑众多、纷乱无序的一种心情。

"噪"（会同话念 cáo），指树上众多而纷乱的鸟鸣声。

可证"草"之得名为"cao"由来有自，正是百草呈现出的众多纷乱之象所导致的。

以《说文》所收字数来看，"艸"（艹）旁字共有 445 个字，占总字数的 4.8％。排名位列第二，仅次于"水"旁的字数。这些字不仅从一个侧面印证了上古"神农尝百草"的传说，而且还充分反映了我们的祖先观察自然、认识自然并将认识科学归类的杰出能力。根据孔刃非先生考证，这些字"定义了 95 种不同的以草个字为名的草本植物，43 种单字名药草，18 种草字名香草，4 种染料植物，还有各式各样的生活用具。"①从这一材料看，可知古人在医学、手工艺业、种植业等领域取得了较高的成就。

从"艸"作的字，都与草本植物的功能等意义相关。

四　禾

禾，甲骨文写作"𣎳"、"𣎴"等形，金文𣇻鼎作"𣏟"，郏公劎钟作"𣏏"形。许慎《说文·禾部》曰："禾，嘉谷也。二月始生，八月而孰（计按，即熟字），得时之中，故谓之禾。禾，木也，木王而生，金王而死。从木，从𠂹（计按，即垂字）省。𠂹象其穗。凡禾之属皆从禾。"段玉裁注曰："下从木，上笔𠂹者象其穗，是为从木而象其穗。"许、段二氏说解有误，多有不确之处。甲骨文中的"𣎳"实为全体象形字，上部之斜出下垂者象禾穗，下部似"木"字者为禾之茎、叶、根，

---

① 孔刃非：《汉字全息学》，华艺出版社 2005 年版，第 289 页。

许、段以为从木，将象形字当成了合体会意字，大误。

罗振玉氏说："（禾）上象穗与叶，下象茎与根。许君云从木从𥝱省，误以象形为会意矣。"[①] 商承祚氏完全承沿罗氏观点，他在所著《殷虚文字》中引罗氏之说道："上象穗与叶，下象茎与根。许君云'从木从𥝱省'，误以象形为会意矣。"

章太炎《文始》云："案此合体象形，禾，象𥝱穗，非必从𥝱省也。"徐复、宋文民《说文五百四十部首正解》从章氏之说，认为"此为正解"，并说："甲骨文甲一九一作𥝱，人二九八三作𥝱，皆合体象形。"[②] 我们认为，禾为整体（或说独体）象形字。因为章氏不认同甲骨文，故有以"禾"字为合体象形之误识。

禾，读为hé。谷衍奎编《汉字源流字典》"禾"下说："象形字。"甲骨文像一棵茎叶根俱全而成熟的禾谷垂穗形。汉语音本义原理认为，"he"音有"对等协调"之义。如：

"呵"（又写为哈），本指冬季时人们双手交合，用嘴对它们呵气而使双手的温度与体温对等协调的行为。

"盉"，是指一种专用于调和两种以上分量对等食物味道的器具。

"龢"，本指乐曲当中的"调"，而"调"是应该与歌词表达的内容、情绪对等协调的。

"何"，古代本指一种用肩担负物体的动作，因肩为支点，则前后（或左右）两头物体的重量必须对等协调。

禾，其之所以得名为"hé"，同样也是基于农耕时代的古人对"禾"这一内在意义的认识。《管子·小问》："天下得之则安，不得则危，故命之曰禾。"尹知章注曰："人以谷为命，禾以其和调人之性命。"尹氏以"和调"之义释"禾"得名之因由，所释较真实地反映原始部落农耕时代的实际情况。

在甲骨文时期，"禾"指所有的结穗的草本植物。在作为构字字原时，表示与粮食作物相关的象征意义。另外要引起注意的是，小篆中有一个"𥝱"字，隶定作"朱"，与"禾"字上部有细微区别，后世一般也

---

① 转引自于省吾主编《甲骨文字诂林》第二册，中华书局1996年版，第1417页。
② 徐复、宋文民：《说文五百四十部首正解》，江苏古籍出版社2003年版，第206页。

写成"禾"。"秝"字读 jī，《说文解字》说："禾，木之曲头止不能上也。"大家熟悉的"稽"字，许氏认为即从此字而作。然而，从"稽"字的早期形体来看，所从之"秝"，其实仍然是"禾"字。

五　朩

朩，读 pìn，不是"木"字。邹晓丽先生认为甲骨文中的"朩"即"朩"字①。并说："'朩'、'林'、'麻'同源。'朩'指麻的皮。"见解十分正确。"麻"字下所从不是"林"字，而是两个"朩"字，也就是说麻字中的"林"并不是双木结构。宋丹丹、赵本山二位"广字一个木念床，两个木念炕"的笑话是小品艺术创造，当然不能较真了。

许慎《说文·朩部》说："朩，分枲茎皮也。从屮，八，象枲之皮茎也。凡朩之属皆从朩。读若髌。"枲，本指雄性的麻，普通话读 xǐ，显得非常生僻，已几乎没怎么运用了；会同话也读 xǐ，运用频率仍然很高，如"麻枲"一词，经常运用来表示粗劣、不好、次等的意义，这大多是与丝织品比较的结果。譬如"他这个人太麻枲了"，是说"他"能力、为人差；"我今日吃酒吃得有些麻枲了"，此话则是讲"我"酒喝多了，行为言语多有粗俗之处。"朩"字从"屮"从"八"，"屮"象征草本植物，"八"表示从"屮"中分离出来的皮，属于合体象事字。合体会意，即表示从草本植物中分离出来的一种"皮"。段玉裁《说文解字注》说："（朩）谓分擘枲茎之皮也。从屮，象枲茎，两旁者，其皮分离之象也。"段氏析形明白晓畅，非常正确。

汉语音本义原理认为，"pìn"音之字都具有"多个平等之个体组成"的特点（也可以说是"平等的众多个体"）。如：

"嫔"，上古时代本指王宫中服侍君王的女性，王后只有一个，嫔却有多个，她们的地位比后（或夫人）低很多，但嫔与嫔之间地位平等。《汉书·王莽传上》："收复绝属，存亡续废，得比肩首，复为人者，嫔然成行。"颜师古注："嫔然，多貌也。"其实，"嫔然"就是一种打比方的说法，即"像嫔一样多"。又如"姘"，《现代汉语词典》释曰："姘，非夫妻关系发生性行为。"释义不太得当。"姘"来源于"嫔"，"姘"最初

_____

①　参见邹晓丽《基础汉字形义释源》（修订本），中华书局 2007 年版，第 117 页。

本指与男主人发生了性关系的婢女。《说文·女部》："姘,汉律,齐人予妻婢奸曰姘。"段玉裁注曰:"礼,士有妾,庶人不得有妾,故平等之民与妻婢私合,名之曰姘。"说白了,帝王妻子以外的有性关系的女子叫"嫔",庶人(平民老百姓)妻子以外的有性关系的女子叫做"姘",其实是一码事。现在所谓的小三、(女性)情人皆可称为"姘"(计按,当然也可以叫做"嫔")。

"拼",古代本指君王身边的男性随护、随从,他们同样具有"众多与平等"的特点。其实"拼"与"嫔"也有很深的渊源,"嫔"指服侍君王的女性(计按,当然也包括给予性的满足),"拼"指服侍候君王的男性(计按,主要是给予安全的保障)。

"颦",本指双眉紧凑拧在一起,眉毛众多,拧成一条线,两眉成平等之象,所以得以称为"pin"。

"牝",一般词典多解释为雌性的鸟兽,《现代汉语词典》也持此说。我们认为,这个解释也是不确切的。"牝"由"牛"(计按,甲骨文也可从"羊"、"豕"等)和"匕"组成,上古时代,"匕"指女性生殖器,所以"牝"(计按,包括"𦚲"、"𦝫"等)仅指生有类似人类女性生殖器的哺乳动物而言。女性生殖器左右两边大阴唇对称平等,左右两边小阴唇也对称平等,具有"多个与平等"的特点,所以也得了"pin"的名称。古文献中有"牝鸡司晨"的说话,飞禽以"牝"而言,从汉字发生学来看,严格说来也是不正确的。因为雌性飞禽的生殖器并不具有匕的"多个、平等"的特点。当然,我们可以着眼于动物社会性特点与人类社会性特点相似的探讨,从另一方面来分析"牝"的得名原因,如狼群、狮群、野牛群、猴群、鸡群等,它们的群体中有王有后,与人类社会相似;雄性王不仅拥有"后",同时也拥有与其他众多雌性(像人类社会的"嫔"、"姘")交配的优先权力,与人类社会也相似。但事实是,这不符合汉字发生学的原理。如果硬要从动物社会性特点和人类社会性特点相似性这一层面出发造字,则雌性的鸟兽可以名为"𪃾"(含"𪁘"、"𪃢"等)。此时,"𪃾"可以统鸟兽而言之。

"朩"得名为"pin",是与"治麻"技术密切相关的。中国麻纺织历史悠久。1958 年,浙江吴兴钱山漾新石器时代遗址出土了几块苎麻布。1997 年冬,浙江余姚河姆渡新石器时代遗址出土了苘麻的双股麻线,同时出土的还有纺专和织机零件。这些考古发现证明，中国早在距今5000年的上古时代就已有了较成熟的麻纺织技术了。治麻一般包括沤麻、析麻（剥麻）、刮麻、晒麻、收藏几个流程。《诗经·陈风·东门之池》"东门之池，可以沤麻。"说的就是第一个流程，这个流程的目的是脱胶。析麻也叫做剥麻，属治麻第二道程序，就是将浸泡在池中的麻稭捞出来，用双手平等用力剥离麻纤维。一般来说，我们只要经过几次实际操作后，大多能够做到将麻纤维从麻稭根部一直完整地剥离至尾部。因剥离时麻纤维一般呈现为几绺长长的形状，双手用力又得平等，所以用这一动作获得麻纤维便被称之为"pin"。

"朩"与"木"在甲骨文里区别明显。"朩"表示麻纤维，即从麻稭剥离开来的韧性很强的植物皮。楷化后，"朩"与"木"混同，如"麻"、"枲"字所从的"木"，实际是"朩"的讹变结果。从"朩"作的字，与麻这一作物相关。

六　朩（市）

朩，小篆作朩形，念pó（《汉语大字典》）或pò。在作为构字字原时，朩字楷变为"市"，与表示腰裙的"市"（fu）完全混同为一。沛、肺、狒等字所从的"市"，即"市"（pó）字。

许慎《说文·朩部》曰："朩，艸（草）木盛朩朩然。象形，八声。凡朩之属皆从朩。读若辈。"段玉裁注："朩者，枝叶茂盛，因风舒散之皃（计按，即貌字）。象形，谓中也。不曰从中而曰象形者，艸木方盛，不得云从中也。"许氏、段氏说"朩"是象形，大误。朩，实际由"中"和"八"组成，"中"念chè，表示草本之藤蔓；"八"表示分散分开。合体会意，表示出藤蔓四处蔓然，生长茂盛的意义。可知"朩"不是象形字，而应该属于象事字（计按，即通常所说的会意字）。

汉语音本义原理认为，"po"音是用来表示"不正的形态、事物或有不正常行为的事物"。如：

"颇"，表示头不正，即头偏了。《说文·页部》："颇，头偏也。"《术·洪范》："无偏无颇，遵王之义。"孔安国《尚书传》曰："颇，不正"。《广雅·释诂二》："颇，邪也。"邪也是不正之义。

"坡"，古代也写作"陂"，《说文·土部》："坡，阪也。"《汉语大字典》释坡为："地势倾斜的地方。"地势倾斜，即地势不正，即地势偏斜了。

"泼"，《集韵·末韵》："泼，弃水也。"没有讲清弃水的动作形态。《字汇·水部》："泼，浇泼。注曰浇，散曰泼。兑曰弃水。"此释不确切。《玉篇·水部》："泼，水漏也。"水是如何漏泄的？《玉篇》也没交代。《汉语大字典》释泼为："东西从倾斜或翻倒的容器里泻出。"释义十分正确。

"癹"，此字读 pō，《说文·癶部》释曰"癹，以足蹋夷艸。从癶，从殳。《春秋传》曰：'癹夷蕴崇之。'"此字后多写作"蹳"，《广韵·末韵》字下："蹳，蹋草声。"《类篇·足部》："蹳，以足蹋夷草。"《汉语大字典》释蹳为"用足蹭平草。"以上所释皆不确切。"癹"其实是水稻种植过程中的一种常见手段。当稻子基本成熟时，农人一般都要将靠近田埂的稻株用足踩斜，使其向内斜伏。这样做的目的有两个，一是方便行人路过田埂，同时也防止了行人、牲畜无意破坏田埂附近的禾穗；二是方便收割。这一现象至今仍在会同的农业生产中有很好的保留。

"狋"，此字《汉语大字典》读 bó，会同方言读"pó"。《说文·犬部》："狋，过弗取也。从犬，市声。读若孛。"苗夔《说文系传校勘记》："《玉篇》云'犬过'，《广韵》作'拂取'。皆误。疑当作'犬过拂戾也'五字。过，甚也。"承培元引经证例："狋，犬弗戾也。弗戾，芦（计按，即逆字）而不顺也。"《汉语大字典》释狋："犬暴戾不顺。"其实，狋，就是指那些一反温顺常态的狗。狗是人类最早驯化的一种家养动物，以对主子忠实温顺著称。那些变得暴戾不顺的狗，在古人的眼中，就属于一种不正常的狗了。会同方言中形容那些暴戾爱咬人的狗就用"狋"。如："你家那条狗何子（为何）恁地（这样）狋啊。"我们认为，这个意义的"狋"后来就用"泼"来替代了。泼辣、泼妇的"泼"字，本应该写作"狋"。

"袡"字，念 pō。《广雅·释器》："袡，衣袂也。"《玉篇·衣部》："袡，衣袂也。"衣袂就是衣袖。为何衣袖被命名为"pō"？原因就是，衣袖为上衣斜出的部分。"斜出"也就是偏出，也就是不正。

现在汉字构字字原中的"市"一是由"氺"（pō）楷变而来的；二是由"市"（fu）楷变而来的。"市"本义应该是指向四周蔓延生长的草本植物。因它不像其他植物一样直立（正）生长，即有"不正"之象，所以也被命名为"pō"；又因它身上长有具缠绕功能的钩须，钩须与其他植物缠绕牵连，所以这种植物又被命名为"chè"；又因这种草本植物与其他草本植物相比，有严密覆盖爬行速度迟缓的特点，所以又被叫作"màn"（蔓）。

七　齐

齐，繁体写作"齊"，甲骨文写作" 🔶 "，金文写作" 🔶 "（师𣪘篹）、" 🔶 "（齐卣）、" 🔶 "（素命镈）等形，小篆写作" 🔶 "形。

《说文·齐部》："🔶，禾麦吐穗上平也。象形。"徐锴《说文系传》曰："生而齐者莫若禾麦。二，地也。两旁在低处也。"段玉裁注曰："从二者，象地有高下也。禾麦随地之高下为高下，似不齐而实齐，参差其上者，盖明其不齐而齐也。引申为凡齐等之义。古亦假为脐字。"徐灏《说文段注笺》："禾麦在地，弥望皆平，物之至齐者也，故造字取焉。阮氏《钟鼎款识》齐禼作🔶，乃最初之象形文。小篆参差，取势可观耳。从二，象地。"上引诸氏虽皆从小篆形体立说，释义析形仍较为得当。其实，晚期金文中的齐字就已经有下部从"二"作的了，如春秋陈曼匜"齐"字作🔶形，战国侯午𣪘"齐"字作🔶形。这些字下部所从的" ＝ "，上下两横距离平整，长度几乎一致。我们认为，" ＝ "大多表示整齐或上部（甲骨文中上字作" ◡ "）的意思，将"二"视为地，似有未安。

齐字，甲骨文作" 🔶 "形，不从"二"。刘兴隆先生认为："（齐）象禾麦吐穗，高低相同，含平齐之义。"[①]《汉语大字典》齐字下按语也说："甲骨文、早期金文'齐'象禾麦之穗，不从二。一说'齐'即'齍'、'穧'的初文。"由此可见，结合甲骨文与早期金文来看，"齐"像禾麦之穗这个观点是得到了学者普遍认同的。但是，"齐"为什么有"齐等"、"齐整"的意义呢？学者们的看法是否就完全正确呢？这还得结合汉语音本义来解答。

齐，普通话读 qí，会同话读 jí。汉语音本义原理认为，"qi"音有

---

① 《新编甲骨字典》（增订版），国际文化出版公司 2005 年版，第 411 页。

"不完全分离"之义，"jǐ"音包含"交会迫压"的特点。二音所强调的事物特点划然有别，如

"弃"，甲骨文写作"<ruby>𢍉<rt></rt></ruby>"，从"早"（子），从"丩"（箕之初文）、从"㚈"（表示双手的动作），为合体象事字。表示用竹箕类器物盛放着小儿"抛弃"于野外。"弃"最早是一种习俗，上古时代，先民看到第一胎（长子、长女）容易导致母子生命灾难，便认为这与管生育的神祇有关。于是就有了"吃食长子"的习俗。后来，随着社会的发展进步，吃食长子这一显得有些残忍的风俗便逐渐退出了历史舞台，取而代之的就是"丢弃长子"习俗。丢于野外，让他人抱养，这种行为就叫作"弃"。历史上著名的农神后稷，因为是长子而被弃了，名字就叫"弃"。《史记·周本纪》记载："后稷名弃，其母有邰氏女曰姜原，姜原为帝喾元妃。姜原出野，见巨人迹，心忻然说（悦），欲践之。践之而身动如孕者，居期而生子。以为不祥，弃之隘巷，马牛过者皆辟不践，徙置之林中，适会山林多人，迁之而弃渠水冰上，飞鸟以其翼覆荐之，姜原以为神，遂收养长之。""弃"其实是一种将长子（长女）送他人养育的行为，有"不完全分离"之意，所以被称为"qì"。

"妻"，普通话有"qī"、"qì"两读。"qī"为名词，表妻子；"qì"为动词，表示将女儿嫁给他人。会同方言经常用后一含义。如："你的女妻（qì）嘎人家了么?"妻（qì），就是将女儿从家中分离出去嫁给他人的行为。因为虽是分离，但以后仍经常来往，也有"不完全分离"之意，所以也被称为"qì"。而妻（qì）出去的女子也就被称为人之妻（qī），仍与"不完全分离"之本义相关联。

再如"企"，甲骨文写作"<ruby>𠱸<rt></rt></ruby>"、"<ruby>㐱<rt></rt></ruby>"等形。"亻"为侧视的人形，"𡳿"为脚趾。《说文·人部》："企，举踵也。"林义光《文源》："人下有足跡，象举踵形。"举踵，就是踮起脚跟。通俗地说，企，本义就是踮起脚站立着远望的姿势。踮脚站立，足掌与地面的接触也是呈现"不完全分离"的状态，所以也被称为"qì"（会同方言读 qì）。踮脚远望，是因为看不到，所以引申出"期望"的意思。"企业"，就是高高站立着有所期望的事业。

那么，"齐"的最初本义是否与"不完全分离"相关呢?

齐，来源于农业生产。在会同方言里，读为 jǐ，它表示水稻全部抽穗

完毕，每根稻穗的谷粒黏附叠压在一块的状态。"全部抽穗"包含"交会聚集"之意；"黏附叠压"包含"迫压"之意。所以我们认为，会同方言的"jì"音更符合"齐"字要表达的内在含义。陆宗达氏指出："今医生处方每服药叫'一剂'，古医书作'齐'。……所以齐在这里指制定多少药物和每味药的数量的总和。《周礼·天官》之'酒齐'、'酱齐'、'醢（hǎi，音海）齐'、'饮齐'也是指制造饮食的品物和数量，是配药与配置食物同名。"① 前引可以佐证，"齐"既然能够同音通假为"剂"，可知在上古时代，"齐"的确是属于"jì"一音系的语词。

如"乩"，甲骨文写作"⿰"，会同话读"jì"。《说文·乩部》："乩，持也。象手有所乩据也。"段玉裁注："持，握也。"乩字在普通话里很少看到有运用的例子，但在会同方言中仍十分活跃。乩，在会同话中表示用五指或十指（单手或双手）紧紧握住物体的动作。五指或十指聚拢，有"聚集交会"之意，紧紧握住，则需要众多手指用力"迫压"才能实现，这与"jì"的音本义要求完全相符，如会同话中的"乩亢（jiáng）亢（脖颈）"，就是普通话的"掐脖子"之意。

又如"既"，甲骨文写作"⿰"形，左边的"⿰"是盛食器具，右边的"⿰"是一个张口向身后的跽坐之人，表示吃饱了。在会同方言里，既，常常用于表示大量的酒水交会聚集在肚子里所造成的迫压状态，这与"jì"的音本义也完全吻合。

再如"藉"，甲骨文写作"⿰"等形，隶定作"耤"。郭沫若先生《甲骨文字研究》释"耤"说："象人持耒耕而操作之形。"《说文·耒部》耤下："耤，帝耤千畞也。古者使民如借，故谓之耤。从耒，昔声。"许氏以小篆形体解说，析形有误，释义也有未安。《汉书·文帝纪》："其开藉田，腾亲率耕。"颜师古注："应劭曰：'古者天子耕藉田千畞，为天下先。藉者，帝王典藉之常也。'韦昭曰：'藉，借也。借民力以治之，以奉宗庙，且以劝率天下，使务农也。'"唐代颜师古氏引应劭、韦昭的观点，也未能明确"藉"为何得名为"jì"的缘由。《汉语大字典》将"藉"释为"古代天子亲耕之田"，也未确切。其实，用现在的话来说，藉就是耕种固定专属于天子的大量良田。但天子只是在开春时象征性地使

---

① 陆宗达：《说文解字通论》，北京出版社 1981 年版，第 192 页。

用一下耒耜，然后由负责专门管理这些田的人员组织农夫去种植，收割后，上交粮食于天子"以奉宗庙"。正因为"耤"是聚集、迫压民力去耕种王田，所以也被命名为"ji"。

再如"矶"，繁体写作"磯"。《说文新附》："矶，大石激水也。"说解不尽确切。《广雅·释水》："矶，碛也。"训诂大师王念孙氏《广雅疏证》曰："石在水中谓之矶、碛。"那么，矶（碛）到底是指什么状况呢？上古时代没有桥，人们大多将大块的石头铺于浅水处，在涉水时便踩着石块走到对岸。这些使江河两岸交会连接在一起并任人踩踏迫压的石块，古人就叫作"矶（碛）"。这些石块因起到连接"两"岸的作用，所以又叫作"梁"（计按，在梁上磨刀可使刀发亮，亮、梁音义相关）；这些石块呈现让人们依附和运动的特点，所以也叫"砅"（计按，古代也写作厉）。一种事物，数个名称，是与古人的生活与多角度观察事物的习惯密切关联的。另外，前引《汉语大字典》，按语认为，"齐"很可能是"穧"的初文，"穧"念 ji，根据古汉语音近通假的规律，就是抛开音本义原理。我们推测，上古时代"齐"读"ji"音的可能性也大大高于读"qi"音的可能性。

"齐"字在上古时代表示稻麦抽穗齐整的一种状态，可见，其象征意义与粮食作用抽穗的状态紧密相关。

八　竹

图4—5　竹林（1）　　　　　　图4—6竹林（2）

竹，甲骨文写作"𐎀"、"𐎀"、"𐎀"等形，金文作"林"、"𐎀"

等形。刘兴隆先生说："象竹形。或释屮，形义与卜辞不符。"[①] 对于甲骨文中的"𣎴"字，叶玉森也指出："予疑即竹之象形。古文篆作竹，分为二个。卜辞象二小枝相连，上有个叶形。"[②] 叶氏之释可从。后郭沫若、李孝定、李学勤、裘锡圭皆释此字为"竹"，姚孝遂先生更是明确表示："叶玉森以𣎴为'竹之象形'是对的。字在卜辞为人名及地名。"[③]

竹作为一种禾本科常绿植物，与一般的草木相比，在形态和生长习性上有着极其显明的区别。丛生竹明显具有聚集、定止的生长习性，而散生竹也往往呈现出在固定区域大面积集中生长的特性。这些都无疑会给我们的祖先留下很深的印象。另外，竹树也是古人最早运用于生活器具、音乐器具制作的主要树种之一，与上古人类的生活有着十分密切的联系。从《说文解字》所收的字数来说，部首"竹"字下共收144字，比"肉"部、"土"部、"玉"部、"衣"部、"火"部等与古人类日常生活息息相关的部类所收的字数都要高。由此也可以发现，竹对上古人类的生活是何其重要。"宁可食无肉，不可居无竹"，后世文人雅士更是将竹树人格化，将它演绎成了人们精神乐园中的不朽精灵。

描摹整棵竹树的形态不符合早期汉字的造字原则。汉字的创造，一要注重形象生动，让人们能够"视而可知，察而见意"；二要注重简洁明了，以便人们书写刻画。正是基于这两个造字的原则，古人便选择了"𣎴"这一竹树特有的枝叶形象，以点代面，以事物个别突出的特征来代替整个事物的写意手法，创造出了生动形象的"竹"字。

那么，"竹"字为何又被古人取名为"zhú"呢？

前面章节已经讲解过，我们的汉字，是在汉语言产生几万年甚至更漫长的时期之后才出现的。也就是说，对"竹"这一植物，华夏先民早就将它称呼为"zhú"，并且已经在口语中使用有数千或数万年的历史了。这个名称的确定，是人们通过对这一植物的外形特点长期观察和认识的结果。

汉语音本义原理认为，"zhu"音的音本义，主要是强调"聚集"、"定止"的特点。

---

① 刘兴隆：《新编甲骨文字典》（增订本），国际文化出版公司2005年版，第265页。
② 于省吾编：《甲骨文诂林》，中华书局1996年版，第3127页。
③ 同上书，第3130页"按语"。

如"主"字，小篆写作"坐"形，从"、"、从"坣"构作，"、"像灯盏上部燃烧的光点，"坣"像用来盛油的灯盏，可见它属于象形文字。《说文解字》说："坐，镫中火主也。从坣，象形。从、，、亦声。"《说文解字》"、"字下又说："有所绝止，、而识（zhì）之。"绝止，就是分开停止的意思。可知许慎解释的

图4—7 灯盏

"、"，不应读作"zhù"，而应读作"dòu"，表示用于标明句子短暂停顿的注记符号，即今天所谓的标点符号——逗号。分析可证，许慎关于"主"字的释义是正确的，但析形有误。

段玉裁《说文解字注》："今之灯盏是也。上为碗，盛膏而燃火，是为主。……主、炷古今字。"王筠《说文释例》："（坐）象火炷，坣象镫（灯）盏，土象镫檠。"朱骏声《说文通训定声》也说："坣象镫，、象火炎上。"林义光《文源》说："坣象镫形，、象火形。"段、王、朱、林等氏都从所见到的油灯实物出发，析形十分准确。换作今天的话说，"坣"就是用来盛油和灯草的灯盏之形，"、"就是灯草燃烧时的光点。

《正字通·火部》："炷，火炷，烬所著者。"李海霞先生指出："主、注、帚，丛聚或聚，……主，灯碗中的纱线束燃火的部分。"[1] "主"是"炷"（含后起的"烛"）字的初文、本字，最初是指聚集在油灯上一个固定点燃烧的火焰。即俗语所讲的灯芯。

许氏等文字学家不懂汉语音本义原理，所以不能将"主"字的音义结合原理揭示出来。灯芯是油灯的核心所在，所以，又可以引申出"主要"、"重要"的意义。

《说文·宀部》："宝，宗庙宝祐。"《谷梁传·文公二年》："为僖公主。"注曰："主，盖神之所凭依。"何琳仪先生指出："古文字以往未发现'主'字。自中山王器出土后，一些学者识出大鼎、方壶'宝'和圆壶

---

① 李海霞：《汉语动物命名考释》，巴蜀书社2005年版，第117页。

'宝'都是'主'字。其根据是三体石经'主'作'𤔔'形。"① "典籍中'主'为神主，即神灵之位。"② 从汉语音本义的原理看，"宝"就是指集中停放在宗庙内的神主牌位（有聚集、定止的特点）。其实也即是去世了的邦国君主神位。后来，随着词义的发展，"春秋时卿大夫家臣称卿大夫为主或君"③。因为家臣属于卿大夫私人所有，如此一来，通假为"宝"的"主"字，又可以引申出"君主"、"所有者"（如债主）等意义。

如"柱"字，普通话读作"zhù"，会同方言读作"zhú"，两者属于同一个音系。"柱"字从"木"、从"主"构作，属于形声兼象事结构的文字。字从"木"，表示它的意义与"木"相关；字从"主"得声，说明它所指的对象具有"聚集"、"定止"的特点。

《说文·木部》说："柱，楹也。从木，主声。"段玉裁注："柱之言主也，屋之主也。"《汉语大字典》释注说："①支撑屋宇的直立构件，即屋柱。②泛指柱子或柱状物。"许氏和《汉语大字典》所释比较正确。段氏从传统声训的方法入手训释，表面看似乎有道理，但并未能够切合汉语发生的基本规律。因为，"主要"是"主"的引申义，而不是本义。

那么，房屋的柱子为什么被称为"柱"呢？这可以从它本身的特点得到正确的答案。

《易·系辞》："上古穴居而野处，后世圣人易之以宫室，上栋下宇，以蔽风雨。"《韩非子·五蠹》："有圣人作，构木为巢以避群害，而民悦之。"有巢氏构木为巢的传说，可以证明我们的祖先用木材搭建住房的历史已经十分悠久了。《太平御览》卷七十八引《始学篇》："上古皆穴处，有圣人出，教之巢居，今南方巢居，北方穴处，古之遗迹也。"徐伯安先生说："考古学家在西安半坡村发掘出来的原始人建筑遗址，……这类建筑的形式和做法一般是在方形（或圆形）平面的浅穴四周斜植一圈密布的小柱子（或斜梁），作为支撑屋顶的构建。浅穴近入口处有一火炕，火炕后边有一根或几根支持屋顶的立柱。"④ 我国很多的考古资料可以证明，

---

① 何琳仪：《河南温县东周盟誓遗址一号坎发掘简报》，《文物》1983年第3期。
② 何琳仪：《古玺杂释再续》，载李圃编《古文字诂林》第五册，上海教育出版社2002年版，第253页。
③ 何琳仪：《河南温县东周盟誓遗址一号坎发掘简报》，《文物》1983年第3期。
④ 徐伯安：《汉字与建筑》，载何九盈等主编《中国汉字文化大观》，北京大学出版社1995年版，第304页。

在距今七八千年以前，古人就懂得运用立柱的形式来建造房屋。

图4—8　原始人建筑遗址

　　分析可知，柱，就是指建造房屋时定止不动的、密集分布的竖立木杆。《山海经·大荒东经》："上有扶木，柱三百里，其叶如芥。"郭璞注："柱，犹高起也。"高起，即高高矗立之意。在房屋的所有构件中，木柱在人们的视觉里正好呈现出高高竖立的形态，此处的"柱"字，运用的是"柱"的比喻义。《集韵·语韵》："柱，支也。"《汉语大字典》："柱，支撑，拄持。"大家知道，木柱是一种起支撑屋顶作用的构件，因而可以引申出"支撑"的意义。

　　又如"潴"字，字从"水"、从"猪"构作，属于形声结构的文字。字从"水"，表示它的意义与"水"相关；字从"猪"得声，说明它的意义一定包含了"聚集"、"定止"的特点。《周礼·地官·稻人》："稻人掌稼下地，以潴畜水。"郑玄注："谓堰潴者，畜流水之陂也。"畜水，现在一般写作"蓄水"，即蓄积、聚集水流之义。《说文新附》："潴，水所亭也。从水，猪声。"亭即停字的通假，水所停，就是指水定止聚集的地方。《集韵·鱼韵》："潴，水所停曰潴。"《汉语大字典》："潴，①水停聚的地方。②蓄积；水停聚。"两家所释都十分正确。

　　再如"祝"字，甲骨文写作"𥘅"、"𥛀"等形，金文写作"𥘅"、"𥛀"等形，隶定楷化后写作"祝"，基本承沿了甲骨文、金文的形体组合。字从"示"，表示其意义与祭祀神主等事有关；字从"𠙵"，像一个向上张口说话的跪坐之人形，说明是在跪拜说话的意思。两形组合，属于象事结构的文字，描摹了一幅在神主面前祭祀祷告的生动图画。

　　《说文·示部》："祝，祭主赞词者。"《楚辞·招魂》："工祝招君，背性先些。"王逸注："男巫曰祝。"《礼记·曾子问》："祫祭于祖，则祝迎四庙之主。"郑玄注:"祝,接神者也。"《汉语大字典》:"后世称庙中司香火者为祝。"上引诸家所释,不是"祝"字的本义,而是古汉语名词动词相互依存的结果。我们认为,结合汉语音本义原理,以及"祝"字在今天的实际运用情况,"祝"字在最初应该属于动词性质,是将祷告人的众多意愿通过神主聚集定止到被祷告对象身上的行为。而后,人们根据名动相因的原理,把经常司职这种祷告行为的巫师也叫作"祝"。

林义光《文源》:"象人形,口哆于上,以表祝之意。"郭沫若曾说:"祝象跪而有所祷告。"① 陈初生先生也认为:"'祝'字甲骨文作䘵、🔣,象人跪于示前祷告之形。"② 姚孝遂氏明确指出:"祝象人跪祷之形。许慎据小篆立说,不可据。"③ 分析可知,"祝"的初义就是祝告、祷告,即是把祷告者的很多意愿(好的或不好的)通过神主定止到被祷告对象的行为。玄应《一切经音义》卷六:"祝,诅也。今皆作咒。"现在的辞书基本上都把"咒"注音为"zhòu",其实是完全错误的。我们认为,咒是从祝字分化出来的一字异体,就当读作"zhù"。现在,"祝"被用来表示祷告美好的意愿,而"咒"字则被用来表示祷告恶毒的意愿。

再如"注"字,小篆写作"🔣"形,字从"水"、从"主"构作,此字不见于甲骨文、金文,属于后起的形声字。字从"水",说明它的意义与水相关;字从"主"得声,表示它所指的事物、现象或行为一定包含了"聚集"、"定止"的特点。《说文·水部》:"注,灌也。"许氏未能揭示出这一行为最主要的特点,释义不确切。从生活的实际情况可知,"注",就是指将液体聚集在一个固定的点上流入到另一个物体内的行为,如"注射",即将液体聚集在一个定止的点上射入另一个物体之内;如"注意",即将所有的意念聚集在一个定止的事物上。《周礼·天官·兽人》:"及弊田,令禽注于虞中。"贾公彦疏:"注,犹聚也。"《汉语大字典》:"注:聚集;集中于……"两家所释十分正确。

再如"著"字,读作"zhù",实际是从"箸"讹变分化出来的异体字。"著",《魏王基残碑》写作"著";箸,《老子甲后三三四》写作

---

① 郭沫若:《甲骨文字研究·释祖妣》,载《甲骨文字诂林》,中华书局1996年版,第346页。

② 陈初生等:《商周古文字读本》,图书出版社2007年版,第291页。

③ 于省吾编,姚孝遂按语:《甲骨文字诂林》,中华书局1996年版,第349页。

"箸"，《尹宙碑》写作"著"。
从形体可知，著、箸实为一字。
著字上部的草字头"艹"，是从箸
字上部的竹字头"𥫗"讹变而来
的。黄侃《说文笺识》箸字下：
"著衣之著当作褚，著作之著当作
书或署。著即此之隶变。"[1] 黄氏
认为著字是从箸隶变而来的，十
分正确。《国语·晋语四》："其章
大矣。"注："章，箸也。"《吕氏

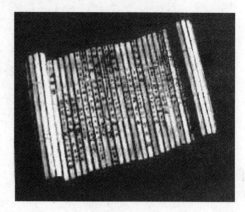

图4—9　箸

春秋·知度》："而尧舜之所以章也。"注："章，著明也。"可知著、箸在
古文献中多通用无碍，实为一字。

接下来，让我们一起探讨"箸"字。

《说文·竹部》："箸，饭攲（jī）也。"王筠《说文句读》："攲，持
去也。《通俗文》：'以箸取物曰攲。'"《玉篇·竹部》："箸，𡣴也，饭具
也。"用现在的话说，箸就是吃饭用的"筷子"。

但事件并非如此简单。箸得名为"zhù"，我们估计有两个来源。一
是来源于一双用绳线连接着的长长的竹筷，这种工具主要用于煮饭时搅拌
米饭，搅拌完后便挂到柱子上，这一习俗仍在会同农村有保留；二是来源
于夏商时期的简册制作的术语。《说文·竹部》篇字下说："篇，书也。"
段玉裁注曰："书，箸也，箸于简牍者也，亦谓之篇。古曰篇，汉人亦曰
卷。"朱骏声《说文通训定声》："篇，谓书于简册可编者也。""篇"也
即用来书写文字的简册。那么，由此可推，竹简可以叫简，叫册（策），
叫篇，叫卷，叫书，叫箸等名称。"卷"的得名，源自于简册可以卷成圆
柱状的行为；"篇"的得名，源于用绳线将一片片竹简连接编排在一起的
动作；而"箸"的得名，则源于用绳线将一片片竹简聚集固定在一起的
行为。

另外，在这里来谈一谈"属"字的音义问题。

古文献中，"属"字大多用于表示"连接"的意义。《现代汉语词

典》《辞海》《汉语大字典》等权威字书辞书，都将这一意义的"属"字注音为"zhǔ"，而我们会同话则读作"zhuó"，两者不属于同一音系。那么，到底哪一个读音才是正确的呢？

"属"，《说文》小篆写作"屬"形，楷化后写作"屬"。上部所从是"尾"字，下部所从是"蜀"字，两形组合，属于象事结构的文字。《说文·尾部》："属，连也。从尾，蜀声。"徐锴《说文系传》曰："属，相连续，若尾之在体，故从尾是也。"徐灏《说文段注笺》也说："属之言续也。"三家释义。虽然许、徐等氏在文字训释方面都取得了巨大成就，但是他们都未能正确分析"屬"字的音形义组合原理。

我们认为，首先，应该深入体会"屬"字的构形意图。此字上部所从是"尾"字，"尾"字甲骨文写作"尿"，像一人身后拖着长长的尾巴之状，表示它所指的对象和"尾"密切相关；下部所从是"蜀"字，"蜀"甲骨文写作"罗"形，像一条身体蜷曲的大眼睛虫子，金文写作"罗"形，增加了一个"虫"（虫字的甲骨文）构件，构形意图没有大的演变。两形组合在一起，即表示生在人体尾部处像大眼睛虫子的东西——男性生殖器。杨树达氏曾指出："按《尾部》诸文，屈训无尾，尿训人小便，皆关尾义。属训为连，义泛不切，殆非制字之朔义也。考《广雅·释亲》及《玉篇》、《广韵》皆有脉字，《广雅》训臀，《玉篇》训尻，《广韵》训尾下窍。窃疑属盖之脉初文。"① 杨氏火眼如炬，认为"连接"不是属字最初的本义，这一推测非常正确，但疑"属"即"脉"字的初文则误。杨氏进一步考证说："《蜀志》十二《周群传》云：'先主与刘璋会涪，时张裕为璋从事，侍坐。其人饶须，先生嘲之曰：昔吾居涿县，特多毛姓，东西南北皆诸毛也。涿令称曰：诸毛绕涿居乎？裕即答曰："昔有作上党潞长，迁为涿令。涿令者去官还家，时人与书，欲署潞则失涿，欲署涿则失潞，乃署曰：潞涿君。"先主无须，故裕以此及之，先主常衔其不逊。'按涿与毃属同音，故先主与张裕以此互相嘲谑。知汉魏之际，属为阴窍，乃通俗常言也。"② 杨氏在此引用《蜀志》记载的一个"荤段子"——先主刘备和刘璋部下张裕互相拿脸上胡须戏谑的故事。张

---

① 杨树达：《积微居小学金石论丛》，上海古籍出版社 2008 年版，第 49—50 页。
② 同上书，第 50 页。

裕是一个络腮胡，刘备就拿男性生殖器四周长毛的形貌比方张裕的头；刘备脸上无毛，张裕则用还未长毛的男性生殖器取笑刘备。"涿"读为"zhuō"，与"属"字的会同话音读正好相近，因而，两人才可以通过谐音手法来取笑戏谑对方。

在会同方言里，男性生殖器叫做"卵属（zhuó）"，这一名称其实可以追溯到殷商甲骨文时期。甲骨文里有一字写作"🐖"形，猪体下面的阴茎直挺，后世隶定为"豕"，我们推测就是"属"字的初文。古文献中一些从"豕"构作的字即与男性生殖器密切相关，如"椓"字，《书·吕刑》："杀戮无辜，爰始淫为劓、刵、椓、黥。"孔颖达疏："椓阴，即宫刑也。"《集韵·觉韵》："斀，《说文》：'去阴之刑也。'或作椓。"《汉语大字典》："椓，古代各区男性生殖器的酷刑，即宫刑。"由此可知，"豕"字应该是"豚"和"属"的初文，本义指雄性生殖器，"豚"和"属"是一字异体现象。在交配的时候，生殖器好像连接在雄性与雌性身体之间，于是，属字可以引申出"连接"的意义。"属"音变为"zhǔ"，很可能是受"著"（着）字音读的影响。"著"有连接的引申义，而"着"又是从"著"字分化出来的，古代文人在运用这些字的时候，音义慢慢混淆了。

另外，如"朱"字甲骨文写作"🌟"形，金文写作"朱"形，是"株"字的初文、本字，属于象事结构的文字，是指聚集成片、定止不动的树干；如"铸"字，金文写作"鑄"形，属于形声兼象事结构的文字，像双手端着坩埚将融化的大量铁水聚集到模范中定止成型的行为；如"贮"字，则是将金钱财货等物聚集存放到仓库，并长时间不挪动的行为等，不一而足，此不赘述。

竹被命名为"zhǔ"，主要是因为它的生长习性所决定的。也含有"聚拢、定止"的含义。从"竹"为构字字原（偏旁）的字，大多与竹的形态、功能、用途等象征意义有关。但在隶变的过程中，小篆的"竹"字头，个别的讹变成了"艸"（草）字头。如上面分析的"著"字即属此例。

第六节　与动物相关的字原

一　犬

犬，甲骨文写作"〈字〉"、"〈字〉"、"〈字〉"、"〈字〉"等形，金文写作"〈字〉"（商子自卣）、"〈字〉"（周中员鼎）等形。战国侯马盟书（一·五五）写作"〈字〉"形，小篆写作"〈字〉"形①。属全体象形字。豕（猪的早期名称），甲骨文写作"〈字〉"、"〈字〉"、"〈字〉"等形，尾巴下垂，与犬字尾部上卷有明显区别。古文字大师王国维指出："腹瘦尾拳（计按，同卷字）者为犬，腹肥尾垂者为豕。"见解十分正确。

许慎《说文·犬部》："犬，狗之有悬蹄者也。象形。孔子曰：'视犬之字，如画狗也。'凡犬之属皆从犬。"徐锴《说文系传》："蹄足趾高，象犬之长体垂身也。"段玉裁《说文解字注》说："有悬蹄谓之犬，叩气吠谓之狗，皆于音得义。观孔子言，犬即狗矣，浑言之也。"王筠《说文释例》："犬有头、耳、足而无尾者，犬尾，行则盘曲而负于尻，蹲则下垂而附于股，字象蹲踞形也。"诸家所解都以释形为侧重，未解"犬"得名的神奇内涵。这当然又是许、徐、段王诸氏不懂音本义原理的缘故所致。

汉语音本义原理认为，凡上古汉语里发"quan"音的字，其内在意义都与"整体纯一"、"整体如一"相关。quan 音在上古汉语里就表示"整体如一（纯一）的事物、现象或手段"。

犬，为什么得音为"quǎn"？为了证明我们的推理，前不久特意向小儿梓舟提出了一个这样的问题："在你经常见到的动物中，哪一种动物对主人的情感是始终如一的？"他立即毫不犹豫地作了回答："是狗。"对家畜家禽略微熟悉的人都知道，猪、羊、牛可以随意地改换多个主人，鸡、鸭、鹅也可以频繁地更换主人。但狗就很难做到。狗一旦认定了一个主子（或家），它便几乎会对待主子始终如一，真正做到"从一而终"。正因为如此，狗便有了"忠诚"的象征意义。会同话中有一句"狗识千里路，狗记千年屎"的俗语，它的意思就是：狗离开家很远了，仍然记得回家

---

① 参见高明编《古文字类编》，中华书局1980年版，第197页。

的路，它最终还会走回主子的家中；一些事物过去很久了，它还能记得。狗是古人类最早驯化用来家养的动物之一，无论南方北方的人都会对之有根深蒂固的感情，而南方人极少用马，所以很少用马来打比方的，而喜欢以狗入俗语。因此，"狗识千里路"当然比"老马识途"更切合早期古人类的生活实际，也更切合我们南方古文明（长江古文明）的实际情况。

接下来，让我们一起来探讨一下其他"quɑn"音字的情况：

"全"字，小篆写作"全"、"仝"形，上部从"人"，下部从"工"、"王"，实际是"丰"（玉）字，像用绳线穿着的玉片或玉饰器物。《说文·人部》："全，完也。从入、从工。全，篆文全从玉。纯玉曰全。"《周礼·冬官·考工记》玉人："天子用全，上公用龙，侯用瓒，伯用将。"郑司农（计按，即郑众）云："全，纯色也；龙当为尨，尨谓杂色。"郑玄（世称后郑）说："（全），纯玉也。"孙诒让《周礼正义》疏："郑司农云'全，纯色也'者，《士昏礼》注云：'纯，全也。'是纯全互训。纯色谓玉色粹一，不尨駮也。"又说："'玄（即郑玄）谓全，纯玉也'者，谓不参以石也。此破郑司农纯色之说。"从上引文献资料看，郑众认为"全"是颜色纯一的玉，郑玄认为"全"是质地纯一的玉，而小学大师孙诒让则从郑玄之说，也认为"全"是质地纯一的玉。不管如何，"全"都有"整体纯一"的意思。整体纯一，所以可引申出"都"、"全部"、"完全"等含义。

"泉"字，在会同方言中，泉既有"quán"一音读，也有"qián"一音读。"quán"音强调水质纯一，"qián"音强调水量不足，两个音都与"泉"（地下流出的纯净水）的特点相符合。泉水，即是纯净可以饮用的水。水质纯净如一，故可以得名为"quán"。

"圈"字，从"囗"（围）从"卷"。许慎《说文·囗部》："圈，养畜之闲地。从囗，卷声。"许氏此释乃"juàn"音的形本义。然而，当"圈"字读为"quān"时，它的最初的意义又是什么呢？谷衍奎编《汉字源字典》认为："篆文从囗（围绕）从卷，会从周遭围起来之意。""本义当为从周遭围起来。"顾建平著《汉字图解字典》认为圈的本义是"环形"，两家所释近是，但未达要旨。《集韵·元韵》："圈，屈木也。"《礼记·玉藻》："母没而杯圈不能饮焉，口泽之气存焉尔。"郑玄注："圈，屈木所为，谓卮匜之属。"卮念 zhī，是古代的一种具有限制警示作用的盛酒器。当这种酒器盛满了酒时，则会自动倾倒，而空后又会仰面立定。匜念 yí，是一种古代盥器，形如瓢，有足或圈足，并有流和錾，是专门用于倒水的。"圈，屈木所为。"其本意是说，圈，是用火燥或其他的方法，将一整根的长木棍（竹棍）弯曲成的环形的东西。圈，强调的仍是"整体如一"，如《周礼·冬官·考工记》轮人一节，就介绍了古代车工制作环形车轮的大体方法。轮人挑选好合适的木后，通过火燥使其弯曲成弧形，此即《周易·系辞》中的"揉木为犁"中的"揉"。根据孙诒让的考证，他认为车轮外部的大圈是用三根"燥"好的木连接而成的。孙氏《周礼正义卷七十五》轮人疏："此必非一木所能揉，其不便建辐，更无论矣。惟子尹谓屈两木为之，亦无确证。窃疑当是合三木为之，据车人，在车云'渠三木可者三'，柏车云'其渠二木柯者三，'说渠并以三合分纪度，他工无此文例，是必非苟为诡异，盖牙木通制实是合三成规，无论大车、小车，咸用此法。"孙氏所说的"牙木"，就是现在所说的车轮的"轮圈"。孙氏《正义》又引清朝著名学者阮元之说："辋非一木，其曲须揉，其合抱之处，必有牡齿以相交固，为其象牙，故谓之牙。"这个"牙"现在通行的写法是"枒"，其实只是车轮圆形外框的一个名称而已。车轮圆形外框因为又是通过火燥曲而成的，又叫"輮"；因其网罗周轮之外，所以又叫"辋"。刘熙《释名·释车》："辋，冈（计按，即网字）也，罗周轮之外也。"但遍考古代文献，车轮圆形的外框却从没有"圈"的名称。其根本的原因就是因为古代车轮的外框是用三根燥曲的木合抱而成的。它并不具备"quan"音的音本义"整体纯一"的要求。但发展到现在，因为轮圈是用钢板制作，整体纯一，符合了这个音所要求的特点，所以就被叫作"轮圈"、"钢圈"了。那么，圈的真正形本义，应该定为"材质纯一的木棍燥成的环形物"。

从已知的考古材料看，中国发现的最早的家犬化石，距今已有七千多年的历史了。狗嗅觉特别发达，是狩猎的好帮手；狗绝对"忠诚"，从一而终绝不背叛主子，又是人们看家护院的好卫士。犬和古人类的生活联系十分紧密。

从《说文·犬部》所收的字数看，以"犬"（犭）为偏旁的汉字就达83个之多。这些字中，并不包括如"笑"（古文写作笶）、"哭"、"厌"、"器"、"献"等包含了"犬"的字在内。可见犬对人们生活的影响之大。

根据《说文》所收字的实际情况分析，从"犭"或"犬"的文字，大多与狗的功能、形态及犬科动物有密切关联。但是，也有"猴"、"狙"、"猪"（计按，本来写作豬）等少量与"犬"没有什么实际关联的汉字。这一问题，只要经过先行清理排除，就可以得到很好解决，不会对学字、用字造成困扰。

二　牛

牛，甲骨文写作"𝑌"、"𝑌"、"𝑌"、"𝑌"等形，金文写作"𝑌"（商牛鼎）、"𝑌"（周中舀鼎）等形，战国侯马盟书写作"𝑌"形，小篆形体写作"半"[1]。

许慎《说文·牛部》："牛，大牲也，牛，件也。件，事理也。象角头三，封、尾之形。"徐锴《说文系传》："件若言物一件二件，件大则可分也。封，高起也。"段玉裁《说文解字注》："上三岐者，象两角与头为三也。封者，谓中画象封也。封者，肩甲坟起之处。字亦作犎。尾者，谓直画下垂像尾也。羊、豕、马、象皆像其四足，牛略之者，可思而得也。"王筠《说文释例》："牛之为字也，亦象自后视之之形。自后视之，先见其尾，再见其足，再见其领与角。牛行一首，故见领与角三封也。牛体大，为人两目所不能摄，故止见其后足也。"上引许、徐、段、王诸氏都以牛字之小篆形体立说，颇多臆测，大误。

看商代牛鼎上的牛字可知，牛实为牛之头部的形象描摹。因为出于满足书写方便快捷的需要，便线条化写成了"𝑌"形。中间"丨"线表示面部，上部大大的"∪"为牛角（应为水牛角），下部小小的"∪"或"∨"表示两个耳朵。古人简单几笔，就写意形象地描摹出了水牛头部的模样。刘兴隆《新编甲骨文字典》牛字下："象牛头形，以牛头代牛，与羊头代羊义同。"[2] 刘氏析形不误。

大家知道，南方地区家养的牛包括水牛和黄牛两种。水牛和黄牛在形体和叫声上也有很大的区别。按照殷商时期人们的观念和造字习惯，"牛"只应该特指其中的一种，不可能兼而代之，如和鹿类有关的字，就有"鹿"、"麟"（计按，即长颈鹿）、"麋"、"麑"、"麀"、"麝"（计按，即有麝香的獐）、"麃"等种类。以此反推，古人一定会为和他们日常生

---

① 参见高明《古文字类编》，中华书局 1980 年版，第 187 页。

② 《新编甲骨文字典》（增订本），国际文化出版公司 2007 年版，第 46 页。

活有密切关系的水牛、黄牛各造一字。我们认为，甲骨文中的"❤"强调了角的硕大，"牛"的音读是"niú"，那么可以推论"牛"在殷商时期则特指水牛。

在农村生活的人都有印象，水牛的叫声短促，近似于"niu"，黄牛的叫声缓长，近似于"enmou——"。从汉语发生学的拟音规律看，牛仍然应该特指水牛而言。那么，特指黄牛的字在古代是否有过呢？它的形体又是怎样的呢？

甲骨文有一字作"❤"，隶定为"牟"。甲骨卜辞用例如下：

1. ❤三❤❤❤❤［燎三牢（计按，同牢字）卯黄牟］（《甲骨文合集》一四三一三）；

2. ……❤❤……［幽牟］（《甲骨文合集》一八二七五）；

3. ❤❤❤❤❤❤［令鸣氏多方牟］（《英国所藏甲骨集》五二八）。

第1例卜辞中的燎、卯都是古人祭祀的方法或名称。"牢"在古代特指专用于祭祀的圈养的羊。"卯"有杀义。卜辞的意见是：用三只牢进行燎祭，用一条黄牟进行卯祭。"黄牟"明显是指"黄色的牟"，可知"牟"一定是名词，是牛的一种。

图4—10　牛

第2例卜辞残阙，"幽"有黑色这一意义，现在写作"黝"。"幽牟"即黑色的牟。和牛打过交道的人都清楚，水牛中是没有黑色毛的，而黄牛中毛为黑色的牛则比比皆是。

第3例卜辞中的"❤"，隶定为"氏"，有进献的意思。"多方"是一个方国名。全辞是说：命令一个名字叫"鸣"的人向王进献多方国的牟。此辞中的"牟"也是名词，是特指一种与"❤"（水牛）不同的"ψ"。

牟，上从口，下从牛，属于象事结构的文字。水牛不善鸣，而黄牛却比水牛要善于鸣叫，因而造字者有意强调了"牟"与"牛"的重大区别是在"口"这一功能上。"牟"念为"mōu"，即表示一种会"哞哞"叫的牛。马叙伦氏曾说："凡牛羊犬马皆因其鸣声而名之，《牛部》：'牟，牛鸣也。'则古读牛当如牟。《史记·律书》：'牛者，冒也。'《周书》：'周祝解牛与茅协。'皆足证古读如牟。"[①] 马氏认为"古读牛如牟"，不确切。在殷商时期，"牛"指水牛而言，而"牟"则特指善鸣的黄牛。那么黄牛在什么时候会发出"哞哞"的叫声呢？据我们多年放牛的经验，黄牛一般在这两种情况下才会发出"哞哞"的叫声：一是黄牯（公黄牛）骚动求偶的时候；二是母牛与小牛分散了的时候。正因为如此，"牟"才会引申出"谋取"、"求索"的意义。

许慎《说文·牛部》："牟，牛鸣也。象其声气从口出。"段玉裁从许之说。《现代汉语词典》："牟，mōu，牟取。"两家所释皆非初义。

于省吾主编，姚孝遂按语的《甲骨文字诂林》将"ψ"收录于"ψ"字下，视为"牛"的异体字，较许慎是有了进步。但他们没有立足于社会生活层面去予以比较、分析，又置"ψ"可隶定为"牟"，念"mōu"的语言发展实际不顾，则是《甲骨文诂林》表现出来的不足之处。

"牛"字在甲骨文时代特指"水牛"而言，"牟"字则特指黄牛而言。在作为构字字原时，"牛"字则兼指二者。从"牛"作的字，大多与牛的形态、功能、用途等意义相关。

"牛"得音为"niú"，是古人对水牛叫声的模拟；"牟"得音为"mōu"，是古人对黄牛叫声的模拟。章太炎《国故论衡·语言缘起说》曰："何以言'马'？'马'者，'武'也（古音'马''武'同在鱼部）；何以言'牛'？'牛'者，'事'也（古音'牛''事'同在之部）？何以言'羊'，'羊'者，'祥'也；何以言'狗'？'狗'者，'叩'也……"章氏认为"牛"的得音，是因为古音"牛"、"事"同在之部，这显然是不能为大众所接受的。汉语言语词的音义与古人的生活血肉相连，章氏虽

---

① 　马叙伦：《说文解字六书疏证》卷三，转引于李圃主编《古文字诂林》第一册，上海教育出版社 1999 年版，第 685 页。

满腹经纶、学富五车，但一旦脱离了实际生活去考察语源，仍然不能够找到正确的答案。

近人郭绍虞氏对于"牛"的得名也做了一个较深的探讨，郭氏写了一篇《牛训理解》的文章，文中说："《说文》：'牛，事也，理也。'段注曰：'事也者，谓能事其事也，牛任耕。理也者，谓其文理可分析也。庖丁解牛，依乎天理，批大郤，道大窾。牛事理三字同在古音第一部。此与［羊，祥也］［马，怒也，武也］一例。'魏世珍君谓：'段氏引庖丁解牛事太穿凿，庄生以前已有牛字，训牛为理，决非本于《庄子》。'案此说极是，……盖古人于服牛而审其文理，则又就于牛特有之角之德言之也。其后由'事''理'之音稍为转变，遂成为表实之语，而称之曰'牛'，及造文字则依类象形之故，利于表实而不利于表德，故其字只象牛之形，而于其特殊之角，则亦明著之以与他兽别。汉人去古来远，犹得从声训以窥义。故许慎以音近之事理二字释牛字，此正是保存古谊，并非表德语，为后起而据以附会也。"① 我们认为，许慎《说文》"牛，事也，理也"的训释，与"牛"的得名无任何关系。郭氏拘于传统的声训学说，所释也免不了附会牵强之嫌。当然，对许慎《说文》"牛"字训释的理解，不仅仅只有章氏、郭氏有误，一直以来，都是语言文字学界感到头痛的问题。

由于先秦时期，文献的传授方式主要以"耳治"（口耳相传）为主。因此我们认为，许氏"牛，事也，理也"的训释很可能是"牛，事也，力也"的讹误。"事也"，当与古代"歃血为盟"时盟主"执牛耳"的习俗相关，并非如段玉裁氏"事也者，谓参事其事也，牛任耕"之训释（因为狗可狩猎、看家护院、牧牛羊）。《周礼·夏官·戎右》："盟，则以玉敦辟盟，遂役之。赞牛耳桃茢。"郑司农云："赞牛耳，《春秋传》所谓执牛耳者。"郑玄注曰："谓尸盟者割牛耳取血，助为之，及血在敦中，以桃茢拂之，又助之也。耳者盛以珠盘，尸盟者执之，桃鬼所畏也；茢，苕帚，所以扫不祥。""事"字甲骨文写作"🀇"、"🀈"等形，所从之"丫"是"🀉"的省写，为旄，即牛尾做的旗子，"日"为盛牛耳的器皿之形，"🀊"和"🀋"为尸盟者（盟主）的手。此字描摹的正是"执

---

① 郭绍虞：《照隅室语言文字论集》之《牛训理解》一文，上海古籍出版社 1985 年版。

牛耳"这一场景。在会同方言里，"做头领"、"做大官"或"做主"（坐第一把交椅），往往被说成"拿事"，"不能做主"则被说成"不拿事"，正和盟主（首领）"执牛耳"（拿着"事"）切合。至于"力也"，应该指牛是一种力气很大的动物，此不详论。

　　另外，牛因为体形较大，猪、羊、狗、马等人们熟知的家养哺乳动物，体形无法与其相比，再加上牛的犟脾气，于是，牛在人们的眼中就有了"最大、最倔"的含义。如"牛气冲天"，"你真牛"等。另外，古文献中还有"气冲斗牛"的句子，大家要引起注意，这里的"牛"可不是我们喂养的牛了，牛和斗指牵牛星和北斗星，泛指天空。牛宿与我们常说的牛郎星是有区别的。牵牛又称牛宿，即西方天文学里的"摩羯座"，有星六颗，其中两颗特别明亮，是北方玄武七宿的第二宿。因其星群组合如牛角，故得名为"牛"①。

三　虎

　　虎，甲骨文写作"𤟭"、"𤠁"、"𤟿"、"𣢤"、"𤢃"等形，前两个形体着重强调了老虎的大口、斑纹、利爪，第三、第四个强调大口和利爪，后一个仅强调了大口，属象形字。金文写作"𤡯"（周早期吴方彝）、"𤡫"（周中期师虎簋）、"𤡮"（周晚期师酉簋）等形。这些形体着重强调了老虎的大口和利爪，省写了斑纹，仍为象形字。小篆写作"虎"，上部的"虍"即甲骨、金文中虎字头部的变体，下部所从之"儿"，实为一爬伏之人形，当即"伏"与"匐"字之初文。小篆之"虎"字属于形声字。这与我们大家熟悉的"凫"字属于同一体例。"凫"繁体为"鳬"，金文写作"𨿳"（周中期再簋）、"𨿲"（周晚期仲凫父簋），下部所从之"儿"也即"伏"、"匐"字之初文。

　　许慎《说文·虎部》："虎，山兽之君。从虍。虎足象人足，象形。凡虎之属皆从虎。"许氏以小篆形体立说，不知上部的"虍"实就是金文

---

　　①　北方玄武七宿，由西向东接续斗宿的是牛宿，它是位于摩羯座（Capricornus）内的星宿，它的位置在银河东边、南与黄道相接、左邻女宿、右接斗宿，它也是玄武的蛇身。牛宿古称"牵牛"，由6星组成，形状成两个相连的三角形仿如牵牛鼻的绳子；但在汉代的《古诗十九首》中的"迢迢牵牛星，皎皎河汉女"记载，牵牛已是指河鼓三星了。牛宿是古中国最早的冬至点，故《易传》有"日月五星起于牵牛"的记载。

中""头部之省写，更不知下部所从"几"为"伏"与"匐"字之初文，在此起提示声音的作用，所以才有了"虎足象人足，象形"的错误分析。从小篆虎字的形体可知，虎实为形声字。

段玉裁《说文解字注》："儿部曰：'孔子曰：在人下，故诘曲'，谓人之股脚也。虎之股脚似人，故其字上虍下儿，虎谓其文，儿谓其足也。"段氏作为一代经学大师，在古文字学方面成绩斐然，但此释较许氏舛谬尤甚。段氏以为"虎"字上部之"虍"为虎纹，下部之"几"为儿字，大误。

王筠《说文释例》："虎本全体象形，虍字省之，仍象虎文（即纹字）。"王氏以"虎"为全体象形字，把虎头之形象当作虎纹，亦误。

徐灏《说文解字注笺》："戴氏侗曰：'虍生于虎，虎不应反从虍。'灏谓人足之义亦可疑。虎足固不象人足，亦不似几之字形，与鸟足似

图4—11　虎

之类，不可相提并论。此必后人有所窜乱。"徐氏对许、段二人的观点提出了质疑，很可贵。只是他没有能对虎字下部所从之"几"提出正确的见解，甚觉可惜。

饶炯《说文部首订》："说解当云'山兽之君也，象踞形'，与兔下说'象踞，后其尾形'同例。但兔从侧面视之，虎从正面视之。"饶氏也发现了许、段等人的错误，但他囿于《说文》之藩篱中，没有勇气跳出来，故而导致了他从一个错误走向了另一个错误。

《说文》还收有一"虍"字，《汉语大字典》读为"hū"，释为"虎

皮上的斑纹。"仍依从《说文》"虍,虎文也"之错误。其实,"虍"与"虎"实为一字,但"虍"字后世无单独使用的情况,仅在构字时作为独立的字原(偏旁部首)使用。

对于"虍"、"虎"两个形体的认识,清人孔广居《说文疑疑》早就提出了"虍"是"虎"字省写的观点。后来,清末时期的国学大师孙诒让在他所著的《名原》中更是提出了很有见地的看法。他说:"虍当为虎头,犹互为豕首,别为一字。盖象其侈口形,下则象腹背足尾形,皆不为人足。此与许书篆文古文咸不同。虽较之原形,已有省变,然相去犹不甚远也。"孙氏的正确认识,是建立在对金文中"虎"字的分析与了解之上的。由此可见,早期汉字(甲骨文、金文)对于正确理解汉字的构形意图功能与初义是何等重要。

再后来,胡小石也在《说文古文考》中说:"虎在商周古文,本象形作🐅(毛公鼎),形长不利书,故省之作🐾,非与虎为二字。许君误为立部耳。虍训虎文,尤不足信。"胡光炜先生学问渊博,为近代著名国学大师。其见解无疑也是十分正确的,可谓不易之论。

1986年,著名古文字学家徐中舒在《古文字研究》第十五辑里发表了《怎样研究中国古代文字》一文。文中认为甲骨文中的"🐾"即是"虍"字,徐氏说:"《说文》'虍,虎文也'。此字原形作🐾,非虎文,乃虎皮或兽皮。古人在屋顶上端蒙以虎皮或兽皮以避风寒。盧(计按,即卢、炉的初文本字)、膚(计按,即今天皮肤之肤字)等字即从此而来,盧,上面象屋顶蒙以兽皮,下面是火炉食具;膚字引申为皮肤。如果不从这种意义去探求,这两个字就讲不通。"徐氏思虑太深,过犹未及也。

盧,现在简化为"卢",最初实际是火炉的"炉"之本字。因为炉是用来烧火烧炭的,使用一阵后变成了黑色,所以后起的从"盧"构作的形声字,大多与黑色有关。如"矑"(眹),即黑色的瞳子;"壚"(垆),即黑色的土;"驢"(驴),即黑毛的马类动物;"獹",即黑色的狗;"櫨"(栌),即黑色的橘子。这些形声字的"盧",起提示意义的作用,即"像黑色的炉"。再比如说,我们黄色人种的头发因为是黑色的,所以我们祖先把头也叫作"颅"。按理说,长满金色毛发的白色人种的头,是不能称为"颅"的。"盧"字上部从"虍",甲骨文写作"🐾",像老虎的血盆大口，提示这个器物的口很大；中间从"⊕"，正如"曾"（计按，即曾、甑字的初文本字）字中间所从的"⊕"构形功能一样，表示分隔在中间的算子类物件，会同话俗称"炉桥"；下部从"皿"，表示它是一种可以盛放东西的器物。这种器皿在会同俗称"炉子"，以前的农村人家专用于架设火锅或烧炭火取暖，故又加"火"旁写成"爐"（简体作"炉"）。它不仅有敞开的大口，而且炭火燃烧十分快速，这与"lu"音的音本义所要求的特点相吻合，所以得名为"lú"。徐中舒氏由于不能正确地去认识"盧"字几个组合构件，自然便会生发出疑惑，因而也就会作出一些不合理的推测和分析了。

至于"膚"字，《说文解字》肉部本定作"臚"，臚字《汉语大字典》读为"lú"，从汉字的组合方式看，其实就属于形声字。王念孙《广雅疏证》"膚"字下："《说文》膚，籀文臚字。《晋语》：'风德臚言于市。'韦昭注云：'臚，传也。'"从王氏的疏证看，臚（简体作胪）有传递之义。此应当是臚字本义的引申。根据汉字形声字的构字规律，我们推测，臚字的本义应该是指人体皮肤表面的那一层薄皮。因为它一经日光曝晒就会变黑，所以才有了"臚"的名称。皮肤变黑后会脱掉生出新皮肤，进而可以引申出"传递"之义。

我们推测，可能正是由于上述的原因，人们发现"臚"并非是一成不变的黑色，渐渐领悟到这层表皮在皮层表面的简易组织，正如谷粒、麦粒的表皮一样。于是，lu 音也慢慢地被 fu 音所代替。谷粒壳叫"稃"（fū），麦粒壳叫"麸"（fū），人体的外壳（最外层的表皮）叫"肤"（膚的简化字），道理完全相同。

虍、虎实为一字，虍是虎的省体。但虍、虎在作为构字字原时，则各有侧重。从虍作的字，大多与老虎的口部功能及象征意义相关，强调口形的巨大；从虎作的字，则大多与老虎的特质、形态及功能相关。"虎"得音为"hu"，是古人模拟老虎低沉的吼声而得来的。

膚字最先应该读为 lú 音。用"肤"代表"膚"，为人体表皮找到了一个最切合的字体，可以称得上简化字中难得一见的闪光点。

四 鱼

鱼，甲骨文写作"魚"、"魚"、"魚"、"魚"等形，相当于鱼的简笔画；金文作"𩵋"（周早期伯鱼卣），"𩵋"（周晚期毛公鼎）、"𩵋"（春秋鯀冶妊鼎）等形，第一个形体强调了形似，第二、第三个形体突出了鱼的鳍和大大的尾巴，尾部的形体变得与"火"字近似；小篆写作"𩵋"形，明显是从春秋鯀冶妊鼎中的"𩵋"承传而来的；小篆"𩵋"隶定作"魚"，尾部变成了"灬"，与"火"字底"灬"混为一体。

　　鱼不会鸣叫，古人不能像给鸡、鸭、牛、虎命名那样拟声而定。那么，鱼得名为"yú"，又是根据什么来确定的呢？答案非常简单，古人是模仿鱼嘴一张一翕的动作而得到的。当我们将嘴巴前突缩成圆圆的鱼嘴状时，只要一送气发声，便会发出"yu"的声音。这就是"鱼"得名为"yu"的真正原因。

　　大家知道，在原始社会农耕时代以前，中华民族还经历了一个漫长的渔猎时代。从传说来看，"三皇"中的伏羲、女娲时期，我们祖先正处于这一原始的渔猎时代。伏羲也写作"宓羲"，字中含犬含羊，含必（必为柲之初文），主要包含了狩猎的信息；伏羲也叫做包牺（羲）、庖牺（羲），这个名称仍然透露出了以牛等动物充庖（厨房）为食的中华民族原始记忆。伏羲风姓，古有"风从

图4—12　骨制鱼镖

虎"之说，老虎是亚洲独特的物种，是山林之王，古人以虎为图腾，也反映了渔猎时代华夏先民已有"弱肉强食"观念及认识。女娲之娲，一些古文字学家认为即"蜗"字，著名民族学家杨堃先生于1986年发表《女娲考》一文，认为"娲"来源于古人对"蛙"的图腾崇拜。无论是蜗或蛙，仍都透露出渔猎文明的信息。从考古发现看，在众多的新石器早期遗址中发现了大量的骨制、石制渔猎工具，如分布在黄河流域距今5000～7000年的仰韶文化，不仅发掘出捕鱼用的骨制鱼镖（见图4—12所示），而且还发掘出了绘有鱼纹的彩色陶器。如分布在长江流域距今

5500～8000 年的河姆渡文化，也发现了大量的渔猎工具，其中还包括了带有倒钩的骨制鱼镖。由此可以了解到，我们祖先对鱼的习性、特点、形态是何等熟悉。虽然，鱼不会像鸡、鸭、牛等一样发出叫声，让人们可以通过拟声来给它命名，但是，聪明的华夏先民却通过模拟鱼嘴的形态、动作为它确定了"yu"的音。

汉语音本义原理认为，"yu"音的词都与"大的"、"（不完全）聚积的"两个意义紧密相关。如：

"竽"，是一种由众多小管不完全聚集组合成的大的管乐器（管乐器一般是细长的）。

"芋"，是一种有众多芋头子分散聚集在肥大块根周围的植物。

"吁"，是指两只手掌聚合在口前后发出的大声地呼喊。

"俞"，古代是指由两到三个空间聚集组成的大型独木舟。

"玉"，甲骨文写作"⧣"、"⧣"、"丰"等形，"Ψ"、"Ψ"、"丨"表示贯穿玉片的绳线。那么，玉最初指由众多玉片聚集串穿起来的硬度巨大的首饰。

"淤"，是指水底大量聚积在一起的厚厚泥沙。

"盂"，古代是指一种大容积的可聚集存放食物的器物。

"豫"，古代是指形体巨大又喜欢群聚生活的大象。

"浴"，现在很多人知道"沐浴"是洗澡的意思。但在古代，"沐"是专指洗头发，属于小洗；"浴"是将大量的热水聚集在澡盆子里，人泡在水里擦洗身体，属于大洗。

另外，让我们来谈一谈"雩"（yú）字。《现代汉语词典》解释说："雩，古代一种求雨的祭礼。"这一说解虽然正确，但是，美中不足，它未能讲清楚"雩"得名的真正原因。王力先生认为："'雨'是雨水，'雩'是求雨，二字同源。"[①] 上古时代，求雨的祭祀方式有很多种（计按，雩字甲骨文时期就已经出现，是一种焚烧人牲的祭祀方式，传说商汤之世遭遇了"七年之旱"，商汤就想将自己焚烧祭天以求甘雨），王氏弄不清汉语语源的音义结合原理和汉字的形义结合原理，以为"雩"的得名是由于"求雨"，大误。这里摘录一段蒋礼鸿先生对"雩"字语源的精彩考证，供大家参考：

---

① 王力：《同源字典》，商务印书馆 1982 年版，第 146 页。

按《说文》："雩，夏祭乐于赤帝，以祈甘雨也。从'雨'，'亏'（按古'于'字）声。'雩'或从'羽'，雩，舞羽也。"《礼记·月令》："大雩帝，用盛乐，乃命百县雩祀百辟卿士有益于民者，以祈谷实。"注："雩，吁嗟求雨之祭也。"段氏注《说文》"雩"曰："以祈甘雨，故字从'雨'。以于嗟而求，故字从'亏'。"《说文》："吁，惊也。从'口'，'亏'声。"王筠《说文句读》："'于'乃古字，'吁'则累增字也。《诗》'于嗟麟兮'之类是本文，非借字。……"王念孙《释大》："舞号谓之雩。《尔雅·释训》：'舞号，雩也。'郭注：'雩之祭，舞者吁嗟而请雨。'《周礼·女巫》：'旱暵则舞雩，凡邦之大灾，歌哭而请。'《礼记·祭法》：'雩宗，祭水旱也。'郑注：'雩之言吁嗟也。'孔疏引《春秋考异邮》云：'雩，吁嗟哭泣。'"据上面所引，则"雩"的语源似应为"亏"，也就是吁嗟呼喊的"吁"。[①]

综上所述，我们推测"yu"音的音本义，就来自华夏先祖长期以来对水中的动物"鱼"的观测结果。其一，"鱼"喜欢同类生活在一起，当古人"涸泽而渔"时，它们一般都以"鱼群"的形式出现在人们眼前，故而具备了"聚积"的特点；其二，从甲骨文、金文的鱼字形体"𩵋"、"𩵋"来看，鱼是指水中有鳍的鱼类而言的，像鳅、鳝、蝦（虾）等在古人眼中不称为"鱼"，因此，从长江流域、黄河流域以及海洋水生动物的实际情况看，很多鱼类喜欢大量聚集在一起以逃避猎食者，其数量十分巨大，因此又具备了"大的"的特点。

《说文·鱼部》收录了 103 个以鱼为偏旁的字。其数量远远超过了"禾"部、"犬"部、"牛"部、"羊"部等与人类生活也很密切相关的部首字数数量。其中，还并不包括用于捕鱼的器具字在内（竹部、网部收录了这些字）。据此，我们可以窥见古人与鱼的密切关系。

从"鱼"作的字，大多与鱼的形态、特性、功能、种类等意义相关。现今简体"鱼"字下部的"一"，隶书中写为"灬"，小篆中写为"火"，实际是甲骨文、金文中鱼尾之形的讹变。

---

① 蒋礼鸿：《"雩"的语源记疑》，《中国语文》1983 年第 6 期。

五　马

马，甲骨文写作"🐎"、"🐎"、"🐎"等形，主要强调了长脸、脖颈上的长鬃、善走的脚以及长长的身躯、尾巴；金文写作"🐎"（周早盂鼎）、"🐎"（周中舀鼎）、"🐎"（周中虢季子白盘）等形，后两个形体将鬃毛与头部合在了一起；春秋战国时期，《石鼓车工》写作"🐎"形，明显是从周中期《虢季子白盘》中的"🐎"形体渐变而来的，《侯马盟书》写作"🐎"形，则与周中期《舀鼎》中的"🐎"形一脉相承；小篆写作"馬"，隶定作"馬"，上部为鬃毛与头部混合之形，下部的"灬"是脚与尾巴的混合之形。"马"字从甲骨文、金文发展到小篆、隶书、楷书，演变脉络十分清楚：🐎—🐎—馬—馬—馬。

马得名为"ma"，是从马的嘶鸣之声来考虑的，这与其他动物的命名规律相似。鹿发出"lu－lu－lu"的叫声，大象发出"xiang——"的叫声，这在《动物世界》《人与自然》等电视栏目得到验证。马的嘶鸣近似于"me－he－he－he－"之声，"me"与"ma"声近。在会同方言里，"e"与"a"经常相混，如"车"读成了近似"chā"的音，"蛇"读成了近似"shá"的音，即属此种情况。

据学者研究，原产于中国中原、内蒙古这片古老大地的马种，名叫"普尔热瓦斯基氏野马"，简称为"普氏野马"（见图4—13）。这种马个

图4—13　马

头不高，鬃毛竖立，尾毛多而长，正与甲骨文中"马"字的形象特点一致。中国是世界上驯马、养马最早的国家之一，上古时期，我们祖先驯化畜养的马，就是"普氏野马"。

虽然中国有着悠久的驯马养马历史，但是在会同方言里很少有与马相关的词语。其中的缘故，很可能与早期长江文明、黄河文明的

差异有关系。根据我们的调查，会同话中与马相关的常用词语仅"马角"、"马面婆"二例。"马角"一词，即欺骗者、说谎者之意。马本没有长角，而以"马角"来命名那些爱说谎话的人，不仅风趣生动，而且韵味无穷。"马面婆"，是用来形容那些发怒时脸拉得老长的人的。马面，即马的脸部，马脸特别长，人生气时脸往下一拉，也显得比平常长很多，二者很是神似。人们是用夸张、比喻的手法，抓住人生气、发怒时的局部特征，非常形象，也透露出奚落的意味与语言的智慧。会同方言中的这种特殊现象，有待进行进一步发掘和研究。

许慎《说文·马部》："马，怒也，武也。象马头髦、尾、四足之形。"许氏析形正确。"怒也"，其实是讲人们在日常生活中多用"马面"、"马脸"来比喻发怒之人；"武也"，其实是指上古时期"马"多用于战争（车战），而很少用来进行祭祀、运输和提供肉食品。许氏利用春秋笔法，微言大义，后人不解，故生出许多臆说。如任德山、任犀然先生《汉字博物馆》一书，就将此译为"马，昂首怒目，是勇武的动物"。[①]

段玉裁《说文解字注》："马，怒也，武也。以叠韵为训。《释名》曰：'大司马，马，武也，大揔（计按，即总字）武事也。'古、籀文皆以彡象髦。"段氏因袭刘熙《释名》马主武事的说法，可谓得之。

孔广居《说文疑疑》说："案钟鼎作🐎，从古文目，象马首，从彡象鬛，目亦声。小篆作馬，从小篆目，从彡，以彡与目之三画相连，遂与钟鼎文迥异。"孔氏对马字的形体及演变之分析是正确的。但他以为"马"得声为"mǎ"，是因为从"目"的缘故，则大误。

章太炎《新方言·释言》："今荆州谓面含怒色为马起脸。"章氏所说的"马起脸"，即与会同方言中的"马面婆"同理。这也正是许慎释"马"为"怒"的依据所在。由此也可以证明，从方言入手去破译汉语汉字的内在规律及所谓密码，确是研究上古汉语的必由之路。

马，是我们祖先最早驯化、畜养的动物之一。它四肢强健，善于奔跑，被称为"六畜"之首。我们祖先驯化的"普氏野马"，个体不高。至20世纪50年代，原生的"普氏野马"在我国境内已经灭绝。

在上古时期，马因为强健善跑，而多被用于战争，所以"马"与"武"产生了紧密的联系。古代叫"司马"的官职，一般都是武职。《左

---

① 任德山、任犀然：《汉字博物馆》，商务印书馆2007年版，第279页。

传·成公十三年》："国亡大事，在祀与戎"（战事）的重要性，用于战争的马也就有了重要的地位，所以才有了"六畜之首"的称号。

从《说文·马部》所收录的 115 个字来看，这些从"马"作的字，大多与马的形态、种类、功能、用途等意义相关。

如"驭"字。甲骨文写作"𦥯"、"𦥯"等形体，从"马"从"攴"或从"又"。可领会出以手持鞭赶马之意，属象事字。然而，"驭"为何有了"yù"的音读呢？它与"骑"又有什么本质的区别呢？

"驭"与"骑"是两个不同的方式。《说文·马部》："骑，跨马也。"是将身体跨在马背上，双手持缰绳而驱驰。像我们熟悉的骞、骗等字，即源起于上马的动作。

《说文·马部》："骞，上马也。从马，莫声。"许氏解释近是。"骞"字从"莫"从"马"，"莫"是"暮"的初文，在会同话中，都读为"mò"。前面已经分析过，"mo"音之词都与"细微、难于察觉"的意义相关，所以，"骞"也与这个音本义相符。骞，强调的正是上马人要动作细微，不要让马察觉得到。而要做到这样的效果，必须动作快捷迅速，所以"骞"又引申出了"突然"、"迅速"的意义。

图 4—14　马车

"驭"，《说文·彳部》："御，使马也。𦥯，古文御。"许氏将"御"和"驭"视为古今字，但甲骨文御字作"𦥯"等形，故不确切。《书·五子之歌》："予临兆氏，懔乎若朽索之驭六马。"《荀子·王霸》："王良，造父者，善服驭者也。"《周礼·地官·保氏》："一曰五礼，二曰六乐，三曰五射，四曰五驭，五曰六书，六曰九数，乃教之六仪。"《周礼·天官·太宰》也说："以八柄诏王驭群臣。"郑玄注："凡言驭者，所以驱之。"可见，驭即驾驭的意思。《广雅·释言》："驭，驾也。"王念孙《广雅疏证》没有作出解释，可知王氏对"驭"字也没有特别深入的理解。要想弄清"驭"的音义关系，必须从上古马车的形制去考察。古代的车主要有单辀和双辕两类，从车的起源发展看，双辕车早于单辀，牛拉车早于马拉车，且最早用于运输的是牛车而不是马车。单辀车方便牵引，利于转变方向，后来便慢慢取代了双辕车。单辀马车一般有二马、三马和四马几种形制（见图4—14），因而具备了"yu"音音本义"聚积的"、"大的"的要求，所以，驾驶这种依靠多匹马牵引车前进的方式便叫做"驭"（yù）。

六　虫、蚰、蟲

现在的"虫"字，实际是从繁体"蟲"字简化而来，普通话念"chóng"，会同话念"dóng"。

在许慎《说文解字》一书中，收录有"虫"、"蚰"、"蟲"三字。《说文》中的"虫"，读作huǐ，即"虺"字之初文，是一种蝮蛇的名称；"蚰"，《说文》解释说："蟲之总名也。从二虫。凡蚰之属皆从蚰，读若昆。"如果依许氏之说，则"蚰"即"昆虫"之"昆"的本字。"蟲"《说文》解释为："有足谓之蟲，无足谓之豸（zhì）。从三虫。"段玉裁注曰："蟲者，蠕动之总名。从三虫。人三为众，虫三为蟲，蟲犹众也。"依段氏的分析，蟲与众为"声义相近"。

然而，证之于甲骨文、金文，《说文》对上面三个字的解释是值得商榷的。

"虫"（huǐ）甲骨文作"Ɂ"、"Ɂ"、"Ɂ"等形，金文作"Ɂ"（商甲虫爵）、"Ɂ"（周中虫舀鼎）等表，像蛇之头、身、尾形，实际即后世的"它"（蛇）字。罗振玉《殷墟书契考释》指出："又案，它与虫殆为一字，后人误析为二，又并二字为蛇，尤重复无理。许君于虫部外别立它部，不免沿其误矣。"① 罗氏着眼于甲骨文训的形体立说，分析正确。后来，商承祚、李孝定从其说，李孝定氏语气较罗氏更为确切，他认为："古虫它同字，均像蛇形。"②

"它"字，小篆作"Ɂ"形，"也"字小篆作"Ɂ"形，故而二字

---

① 转引自于省吾主编《甲骨文字诂林》第二册，中华书局1996年版，第1782页。

② 李孝定：《甲骨文字集释》，第3909页，转引自于省吾主编《甲骨文字诂林》第二册，中华书局1996年版，第1783页。

也多有混同，以致一些古文字学家将“它”与“也”视同一字。容庚先生《金文编》说：“它与也为一字，形状相似误析为二，后人别构音读……盖不知也即它也。”[①] 高明先生也持此说，他认为：“虫它也三字同源，……虫即古它字，东周以后，它又作也。”[②] 但是，对于“它”与“也”的形体混同。一此古文字学家却保留了清醒的认识。郭沫若指出：“也与它（即蛇）古亦有别，因古音相同，世多混为一字，谓也它一字则非也。”[③] 后黄德宽先生写了一篇《说也》的文章，对“也”与“它”二字详加考辨，他说：“春秋到秦汉之际也与它之字形分别明显，各成发展系列……二者相混大概是隶变之后才发生的。”郭、黄二人的看法，大抵与文字的实际情况较为切近。

“它（蛇）”，会同话读为“shá”。汉语音本义原理认为，凡“sha”音的象形字、象事字，都符合“小的”、“具有神奇力量的”两个要素。“sha”音的形声字则必定与其所谓声旁的意义相关；而“也”字，会同话读为“yá”。前面说过，普通话中的“e”，会同话大多读为“a”，如“车”、“扯”等，会同话读作“cha”一音系；“爷”、“野”等，会同话读作“ya”一音系，其中的变化大多是有规律可循的。《说文·乙部》：“也，女阴也。象形。乜秦刻石也字。”许氏的这一解说，后世文字学家对其论说不一。

段玉裁力挺许氏，《说文解字注》曰：“此篆女阴是本义。假借为语词，本无可疑者，而浅人妄疑之。许在当时必有所受之，不容少见多怪之心测之也。”段氏言语极尽揶揄之能事，很是给力。王筠《说文释例》则对此说提出了质疑，他说：“女阴之说，他无所见，姑置无论。凡在某部，必从其义。乙（yi）者，流也，流者，器之嘴也，于女阴无涉。……反复求之，无一是处，谓是许君原文，吾不信也。”王氏分析字形字义大多与生活实际相结合，故颇多卓识。然而，对他“也”字的见解则似有未安。

此后，持不同意见的更是层出不穷，林义光《文源》卷二认为：“也为女阴，无所据，当为首施之施本字。”郭沫若也说：“（也）字乃古文匜

---

① 容庚：《金文编》，中华书局1985年版，第876页。

② 高明：《古文字类编》，中华书局1980年版，第210页。

③ 郭沫若：《两周金文辞大系图和考释》。

（计按，yí，古代盥洗时倒水的器皿），象匜之平视形，《说文》以为'象女阴'，非也。"① 黄生《字诂义析》"也"字下；"也字小篆作�，《说文》训'女人阴也'。初疑其诞，谛思之字从⌒，从倒⌒，盖指生人所从出之穴耳。女阴为也，自是古今语异，又为借义所夺，故后人遂迷其本训。"黄承吉按："古圣人凡制一字，必有事物迹象之可傍依，然后能制，若虚字语助，则无凭空造，是以凡从来相承之语助，多系假用实际，而不能特造虚字。……如也为女阴，乃是在下翕合之象，所以用为辞句中下翕合之虚字。"② 对于这些争论，马叙伦先生做了较深入的分析，他说："伦按孔广居、朱骏声、王玉树、吴锦章亦主古匜字之说，于乽则谓男女之阴当是尾字，女阴当是物名，动物而有角尾者。而陶方琦、吴善述、吴楚、林义光别立一说，皆不合六书大齐，牵合缴绕，无资取例。独惠栋、段玉裁以为必有所受。夫因物制名，本无顾忌，妄分尊亵，小儒之见。苟无其字，许不得增，如有其字，许不得弃。脽（计按，shuí，屁股）可制名，也（计按，女阴）亦何妨？……上古社会崇拜生殖器，故有造为模型者。"③ 马氏认为"因物制名，本无顾忌"，故而推论古人是不会因为"尊亵"的拘束，而去舍弃男女生殖器、肛门、屁股等的造字。见解甚是。

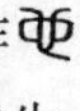

"也"字原始意义的用话，在会同方言里仍有保留。如男女交合，会同话称为"做也（yá）事"；如低级淫秽的语言，会同话称为"也（yá）话"。另外，"施"字早期本写为"�"，从"∧"（入的初文），从"也"（女性生殖器），造字原理与"肏"（cāo，北方骂人的话）相同。在会同话里，"施"的本义即指与女性交配。如会同俗语中骂娘的话"我施嘎某某娘的�（bǎi，女性生殖器）"，即属此例。从这些例证可知，许慎所处的时代，"也"的确是指"女阴"而言的。明代著名学者王夫之《说文广义》"也"字条下说："也字本释女阴也，今不复用。"可知发展到王夫之的时代，王氏已不能从文献和他熟悉的方言中找到"也"字"女阴"本义的运用实例了④。根据以上分析我们认为"它"与"也"当

---

① 郭沫若：《两周金文辞图录考释·沈子》。

② 黄生撰：《字诂义符合按》，黄承吉合按，中华书局1984年版，第35页。

③ 马叙伦：《说文解字六书疏证》（卷二十四），转引自李圃主编《古文字诂林》第九册，上海教育出版社2004年版，第923页。

④ 王夫之：《船山全书》第九册《说文广义》，岳麓书社1989年版，第62页。

为两个意义完全不同的字，但小篆以后，两者因形近而致经常讹混。

"蚰"（kūn）甲骨文写作"🐛"、"🐛"、"🐛"等形。段玉裁《说文注》曰："二虫为蚰，三虫为蟲。蚰之言昆也，蟲之言众也。"而徐灏《说文段注笺》说："古言昆蟲者谓众蟲耳，后人以蚰字当之，非也。"戴仲达（计按，即戴侗，宋元时期著名文字学家，著有《六书故》）谓"'虫与蚰皆蟲之省'，良然。"饶炯《说文部首订》也认为："虫、蚰、蟲一字重文，缘借虫以名微细动物，后人遂以二虫之蚰为蟲总名，三虫之蟲为蠕物有足谓之蟲。例以屮、艸、茻分为数字相同。"徐复、宋文民先生因袭此说，他们同样认为："（蚰）从二虫，会众虫之义，是为蟲之本字。"① 然而，根据甲骨文时期的造字原理推论，虫与蚰不应为一字，虽然所指有相通的地方，但必定各有侧重，这就像"人"、"从"、"众"三字的关系一样。徐灏氏认为屮、艸、茻为一字分化，也误。屮（chè）指蔓生的草本植物，芔（卉，huì）指细小微弱的草，茻（máng）指深而密的草，艸（草）则是指所有的草本植物而言。

甲骨文中有一字作"🐛"或"🐛"形，上部从三虫，下部从土，隶定作"壴"字。王襄以为"古蟲字"②，叶玉森氏认为"蚕"字③，此字是否即小篆中的"蟲"字，我们也没有确切的证据予以论证，姑且录于此处，暂且存疑。

从文字发生学来看，虫（huí）、蚰（kūn）、蟲（普通话 chóng，会同话 dóng）三字在上古时期应该各有所指。但随着语言、文字的不断发展，这三个字在后世便逐渐混同，其构字的功能和意义也渐趋统一。

许慎《说文解字》虫部共收录有 153 个字，蚰部收录有 25 个字，蟲部收录有 6 个字，共计 164 个字。从这些字的形本义分析，其涵盖了动物的很多种类。试简析，略列如下：

第一类，神兽类。"蛟"、"虹"、"螭"、"螣"等。

第二类，毛发类。"螺"（猿的异体）、"蚼"（犬类）、蛅（长尾

---

① 徐复、宋文民：《说文五百四十部首正解》，江苏古籍出版社 2003 年版，第 375 页。

② 王襄：《簠室殷契类纂》（正编第十三），第 58 页。

③ 李孝定：《甲骨文字集锦释》，第 4009 页，"中研院"历史语言研究所编，又见于省吾主编《甲骨文字诂林》第二册，中华书局 1996 年版，第 1794 页。

猿）等。

　　第三类，爬行类。"蝮"、"蛇"、"蜥蜴"等。

　　第四类，甲壳类。"虾"、"蚌"、"蜃"、"蟹"等。

　　第五类，羽肢类。"蜻蜓"、"蝙蝠"、"蝴蝶"、"蝉"等。

　　第六类，寄生类。"螨"、"虱"等。

　　从以上例子可知，汉字中从"虫"（含"蚰"、"蟲"）作的字，实际覆盖面非常广，表现出一个复杂的生物世界。为什么会出现如此分类错乱的现象，这有待我们大家作更深入的研究。

七　隹、鸟

　　隹，《汉语大字典》音 zhuī。甲骨文写作"𦫀"、"𦫀"、"𦫀"等形，像鸟的形状，属象形字；金文写作"𦫀"（𤭬鼎）、"𦫀"（成甫鼎）等形；小篆作"𦫀"形。到了隶书、楷书，形体讹变为"隹"与"佳"。

　　鸟，普通话音 niǎo，会同方言音 diāo。甲骨文写作"𦫀"、"𦫀"等形，第一字和第三字全体象形，像鸟有喙、头、羽、尾、足之形，第二字画一只鸟在木上，则为象事字；金文写作"𦫀"形（子作弄鸟），小篆写作"𦫀"形，隶定作"鳥"形。

　　《说文·鸟部》："鸟，长尾禽总名也。象形，鸟之足似匕，从匕。"《说文·隹部》："隹，鸟之短尾总名也。象形。"许氏虽以小篆形体立说，但仍能看出此为鸟之形状，正确。然而，他释"隹"为短尾鸟总名，"鸟"为长尾禽总名，姑且存疑。段玉裁注曰："短尾名隹，别于长尾名鸟，云总名者，取数多也。"段氏从许君之说，没有进行有意义的探讨；王筠《说文句读》对此略有发明，王氏说："谓凡短尾者，通名为隹，非从隹之字皆短尾鸟也。"

　　后来，饶炯《说文部首订》提出了不同的看法，饶氏认为："夫隹与鸟同为禽之总名，非有短尾长尾之别，但动、静、形、画、势或屏耳。故从鸟之字，其禽有短尾，从隹之字，其禽有长尾。且部属诸字，从隹者而重文亦从鸟。"

　　甲骨学大家商承祚氏通过深入地对比分析，他在所著《殷虚文字类编》中指出："卜辞中隹与鸟不分，故隹字多作鸟形，许书隹部诸字，亦多云'籀文从鸟'。盖隹、鸟古本一字，笔画有繁简耳。许以隹为短尾禽之总名，鸟为长尾禽之总名，然鸟尾长者莫如雉与鸡，而并从佳，尾之短者莫如鹤、鹭、凫、鸿，而均从鸟，可知强分之未得矣。"①

近人邹晓丽先生对"鸟"和"佳"的相互关系又提出了一个新的观点。她说："从字形上看，'鸟'与'佳'的区别不在长尾、短尾，而是有翼无翼。康殷以为从'佳'的鸟多不善鸣，故疑为不鸣鸟之总名。康说不当，因为'雞'（鸡）从'佳'而以善鸣著称。"②

因为"佳"字在会同方言中还没有找到正确的对应语词及运用实例，我们认为，虽然在甲骨文时期，二字所指很可能有所区别，但鉴于《说文》所收"佳"部、"鸟"部字常可互换的实际情况，所以我们还是谨慎地支持商承祚氏的观点，暂且将"鸟"、"佳"视如一字之分化。

如甲骨文中有一字作"𩾃"、"𩿗"等形，从"�"（户），从"𩾌"，隶定作"𩾋"或"雇"，读为"hù"。《说文》曰："雇，九雇，农桑候鸟，扈民不婬者也。从佳，户声。春雇鳻盾，夏雇窃玄，秋雇窃蓝，冬雇窃黄，棘雇窃丹，行雇唶唶，宵雇啧啧，桑雇窃脂，老雇鹖也。𪇗，雇或从雩。𪆛，籀文雇从鸟。"此可证从"鸟"与从"佳"多可互换。

在许慎的时代，"雇"仍读为"hù"。按照许氏的解释，"雇"本指一种农桑候鸟，得名为"hù"的原因，是因为它能"扈（hù，有保护禁止之意）民不婬者也。"后世"雇"分化为两音，一音为"hù"，通常写作"𪆛"或"扈"；一音为"gù"，即现大家熟悉的"雇请"之"雇"。《现代汉语词典》（1985 年版）"雇"字条下仅收录"gù"音，不是很严谨。对于"𪆛"、"扈"、"雇"几个字的纠葛，明代学者王夫之有所论述，兹录如后，供大家参考。他说："雇，本'桑雇'之'雇'，籀文作'𪆛'。《春秋传》'𪆛'字从'鸟'，《尔雅》'雇'从'佳'，唯《诗·桑扈》从'邑'，传写讹也。扈，国名。俗书乃以'雇'为赁傭之名，读如'顾'（顾）。律有雇工人，俗字也。'顾工'自当作'顾'，言顾视可否而赁傭之。"③王氏认为"雇工"为"顾工"之俗误，故且存疑。

从汉语音本义原理来看，凡"hu"音的字，都包含"禁止和保护"

---

① 转引自徐复、宋文民《说文五百四十部首正解》，江苏古籍出版社 2003 年版，第 88 页。
② 邹晓丽：《基础汉字形义释源》（修订本），中华书局 2007 年版，第 166—167 页。
③ 王夫之：《船山全书》第九册《说文广义》，岳麓书社 1989 年版，第 65 页。

的特点。我们推测，"hu"音音本义的获得，是与上古时代先民对老虎的图腾崇拜密不可分的。"虎"威猛，"虎"又让人极其畏惧。古人不仅在狩猎、战争中蒙虎皮以迷惑吓唬猎物和敌人，把它当成保护神，而且慢慢将其视为权力的象征，衍生出了禁止的含义。

事实上，"保护"与"禁止"表面上看似矛盾，但常常又是相辅相成、融为一体的，有"保护"就一定会有"禁止"，"禁止"是为了更好地"保护"。譬如：

"护"，我们对自己的小孩子的保护，很多方面就是建立在对小孩子行为的限制、禁止之上的。

"雇"字从"户"，提示"禁止与保护"之义，从"隹"，提示与鸟相关，属象事字。"扈民不婬者也"，即说此种鸟能够通过提醒农时节气，使人们紧随农时而不懈怠。说白了，"雇"就是一种如"布谷鸟"类的预报农时的候鸟。它让古人知道顺应农时，获取丰收，有保护的作用；时将人们从农闲时节里"叫"了出来，使人们不再懈怠（计按，即许慎所说的"婬"），又有了"禁止"、"限制"的含义，所以被命名为"hu"。

"户"字，甲骨文写作"𢇛"形，古代就是指进入私人住宅的小门。它具有禁止寒风、野兽与外人进入，保护室内温暖、安全和主人隐私的作用，所以被称为"hù"（会同话读"hū"）。

又如"扈"和"簄"字，簄从竹，从扈，读为 hù，是一种竹制的渔具。古文献里起初借用"扈"字代替，后又加"竹"字头写作"簄"。清人黄生《义府》曰："扈（计按，字书加竹作簄），渔具，盖编竹以禁鱼者。汉质帝（计按，刘缵）目梁冀为跋扈将军，取譬于此。以鱼之彊（计按，同强字）有力者，能跋出扈外也。以禁鱼使不得过，故有正义。《左传》昭公十七年，'九扈氏为九农正，扈名无淫'是也。天子从驾谓之扈从，亦取呵止之义。"[①] 可见，扈、簄得音为"hu"，都因为它们具有"禁止"、"限制"之义。

再如"帍"字，从"户"，从"巾"，读为"hù"。《方言》（卷四）："帍裱谓之被（计按，同披字）巾。"郭璞注："帍裱，妇人领巾也。"帍，即现在的披巾、围巾之类。它具有保护脖颈，禁止寒风吹袭的作用，既有保护之义，也有禁止之义，所以被称为"hù"。裱，古指衣的交领，

---

①　黄生、黄承吉：《字诂义府合按》，中华书局 1984 年版，第 181 页。

《释名·释衣服》："襟，禁也，交于前所以禁御风寒也。"襟与帍的得名，有异曲同工之妙。

图4—15   私人住宅

再如"互"字，《现代汉语词典》释："hù，互相。"所释为引申义，非本义。许慎《说文·竹部》："𥬗，可以收绳也。从竹，象形。中象从手所推握也。互，𥬗或省。"互，本是𥬗的初文，小篆写作"互"形，是一种用来绞绳的器具。段玉裁注曰："收当作纠，声之误也。纠，绞也。今绞绳者尚有此器。……《周礼》'牛牲之互。'注云：悬肉格也。"段氏以"互"为绞绳之器，至确。其引《周礼》"牛牲之互"的"互"，不是绞绳器，仅是一个借音字。有此类似当今农贸市场中屠夫所用的"案子"（如图4—15所示，将古代的"互"与斫肉的碪板合在一起的器物）。绞绳之器起限制固定绳索的作用，符合汉语音本义原理对于"hu"音的要求，所以得名为"hù"；挂肉的"互"也是起保护和限制的作用，所以仍得名为"hù"；古代还有一种用来拦阻人马通行的木架，俗名"马行"，类似于当今公司或小区大门的电动栅栏的功能，因为起保护和禁止的作用，也叫作"柜"。古代文献多借"互"来表示，如《周礼·秋官·修闾氏》："修闾氏掌比国中宿互樆者。"郑玄注引郑司农云："互，谓竹马，所以障互，禁止人也。"这些材料证明，古代叫作"互"的几种器具，其得名的根本原因，就是因为这些器具是起保护、限制、禁止之作用的。

又如"乎"字，《说文·丂部》曰："乎，语之馀也。从丂，象声上越扬之形也。"许氏释义正确，但析形完全错误。段玉裁《说文解字注》说："乎馀叠韵，意不尽，故言乎以永之。班史（计按，即指班固所著《汉书》）多假虖为乎。……（首笔）象声气上升越扬之状。"段氏以为"乎"、"馀"二字韵部相同而才能用"馀"训释"乎"字，这就是传统声训（音训）错误的具体体现。古代训诂家多以为用同声母或同韵母的字来训释字义即所谓声训，大谬。段氏又认为"乎"字之第一笔"丿"象声气上升越扬之状，更是附会牵强、完全错误的分析。班固以"虖"假用为"乎"，也属于错用之例。其实，对"乎"、"呼"、"謼"、"虖"、"嘑"字的正确关系和渊源，后世文字学家几乎没有谁给予过准确的解释，不只段氏如此。"乎"金文写作"𠂉"、"𠀁"等形，上部"一"表示限制或禁止；下部之"屮"等表示气流、声音之升扬外出，可知"𠀁"（乎）为象事字，可体会出话语或气流被禁止之意，所以被用于句末充当语气词。"虖"、"嘑"、"謼"、"𧦧"、"呼"实一字异体，最早的形体当为"𣥻"、"𣥂"，后简作"屮"、"𣥜"等形，属形声字。上部之"虍"为虎之头部，强调了老虎的血盆大口；下部之"屮"表示声音、气流之升扬外泄。意即像老虎一样张开大口叫喊，有很强的命令和禁止的意味。

《说文解字》鸟部共收录有 116 个字，隹部共收录有 39 个字，二者合计为 155 字，在动物类字中为数最多，约占总数的 1.6％。这反映了上古人类渔猎时代的生活侧面，是我们的祖先积极观察自然、善于观察自然的结果。

以隹、鸟为字原构造的汉字，大多与鸟禽的种类、形态、功能及其他相关意义有紧密的联系。

"海阔凭鱼跃，天高任鸟飞。"我们的祖先在自然相处的过程中，不仅从动、植物的身上获取了食物及生存的智慧，而且还正确地认识到了大自然对一切生物的约束与决定之作用。自然是不能被征服和战胜的，在人与自然相互关系中，我们只有认识自然、爱护自然、顺应自然才是唯一正确的生存之道。

八　鹿

鹿，甲骨文作"[字形]"、"[字形]"、"[字形]"等形体，侧重强调了多叉的鹿角、大而突起的眼、短而上竖的尾巴以及细长的脚蹄，属全体象形字；金文写作"[字形]"（周早期貉子卣）、"[字形]"（周中期命殷）等形，与甲骨文大体相似；春秋石鼓文写作"[字形]"形，形体规整协调，只是上部的双角产生讹变，有些变得近似"[字形]"和"[字形]"（反止）了；小篆写作"[字形]"，上部的双角简省为"山"形，大而突起的眼讹变为"[字形]"形；后又隶定为"鹿"，鹿角、眼与身躯讹变为"[字形]"，脚蹄之形讹变为"比"。虽然鹿字隶书的形体与甲骨文、金文中时期鹿字的形体差异很大，但是其演变的轨迹是相当清楚的。它们之间的关系，仍属于一脉相承。众所周知，只有雄鹿才会长出巨大的有众多分叉的双角，从甲骨文"[字形]"和自然实际来看，在上古时代，"[字形]"（鹿）其实仅仅是指雄鹿而言的。母鹿无角且体型较小，在上古时代被称为"麀"（yōu）。

李海霞先生说："鹿，犹角（读鹿）……鹿有发达的角。"[①] 我们认为，李先生关于"鹿"得名原由的说解是不正确的。鹿的叫声就近似于"lù"。其声短促有力，大多是起警报、呼唤的作用。鸣叫时常常是三四声持续相连接，然后经短暂停顿，又接着连续几声鸣叫。鹿得名为"lù"，就是古人模拟其叫声的结果。

《说文·鹿部》曰："鹿，兽也。象头角四足之形。鸟、鹿足相似，从比。"许氏以小篆形体为根据进行解说，不确切。甲骨、金文中，鹿字侧重强调了鹿角、鹿眼，鹿尾和鹿脚，小篆、隶书鹿字下部的"比"，就是甲骨文中四只鹿脚的形体讹变。徐灏《说文段注笺》说："凡兽足或作[字形]，其形近比，或作[字形]，其形近勿，皆相似而非其义。若从此穿凿，自以为得，去之远矣。"徐氏的见解是正确的，他对许氏、段氏错误认识的批评，确实一语中的、非常中肯。这种做学术的精神，堪为我辈后学之楷模。

接下来，我们来探讨一下"lu"音的语源义。在远古渔猎时代，我们的先祖在长期的渔猎生活之中，对常见动物的形体特点、生活习性有了比

---

①　李海霞：《汉语动物命名考释》，巴蜀书社 2005 年版，第 108 页。

较透彻的了解。汉语语词的音本义的总结与概括，就是得益于人们对这些动物行为、习性等的深刻认识和了解。因为有虎、豹、狼等猎食动物的大量存在，野生鹿为了躲避这些猎食动物的袭击，所以便养成了群聚、警觉以及快速来回奔跑的生活习性。它们的这些习性，一是方便发现猎食动物存在后，能迅速得到报警鹿提供的警报；二是可以在遇到捕食者袭击的情况下通过快速的奔跑脱离危险；三是凭借大量群聚来干扰猎食动物的视线并达到群体掩护的目的。可见，动物的生存智慧，其实一点儿也不亚于我们人类。我们认为，鹿的鸣叫声，很可能就是"lu"音语系词族的最早源头。鹿喜欢大量群聚，又有飞快的奔跑速度，所以，我们的祖先便将它发出的"lu－lu"叫声，和它的大量群聚与快速奔跑的习性对应起来。于是，"lu"的音本义，就被定为"快速的"、"大的"的含义。

如"庐"字。刘兴隆先生说："∧、∩、∩均像简易之庐形，借音做数字之六。"① 刘氏认为"∩"是"庐"字的初文、本字，十分正确。而向下直伸拇指、食指而弯曲中间三指表示数字"六"的手势，正与"∩"的形状一样，所以，古人便借用"∩"来表示数字"六"，刘氏以为是借音使然，恐有欠妥。在原始聚落形成的时期，简易草庐的侧视之形状正和"∩"形状相同，它既具有能够快速搭建的特点，又具有很大的空间，所以被古人命名为"庐"。

又如"麓"字。甲骨文写作"𣏟"、"𤲬"等形，为形声兼象事字。《说文·林部》曰："麓，守山林吏也。从林，鹿声。一曰林属于山为麓。《春秋传》曰：'沙麓崩。'"段玉裁注："《左传》：'山林之木，衡鹿守之。'杜（计按，即杜预）曰：'衡鹿，官名也。'按鹿者，麓之假借字。天子曰林衡，诸侯曰衡麓，皆守山林吏也。"守山林吏即现今常说的护林员，许氏所释"守山林吏也"为后起义，不是麓字的本义，"林属于山为麓"，才是正解。从文字发生学的原理看，"麓"应是指林木像鹿群一样大量密集、并且生长快速的地方。众所周知，由于海拔高度和雨水冲刷的原因（计按，因为雨水冲刷，肥沃的土壤大多被冲到山脚平地处淤积），因此此处最适合高大树木密集生长。"林属于山"的"属"字念作 zhǔ，为连接之义，"林属于山"，即指平地之林与山交接的地带。《诗·大雅·

---

① 刘兴隆：《新编甲骨文字典》（增订版），国际文化出版公司 2005 年版，第 948 页。

旱麓》："瞻彼旱麓，榛楛济济。"毛传曰："麓，山足出。"山足即俗说的山脚，此释至确。在林区生活过的人都知道，只有山脚平地的树木大量密集又生长迅速，与"麓"字所要表达的音本义完全吻合。

又如"路"字。《说文·足部》："路，道也。从足，从各。"臣铉（计按，即徐铉，世称大徐）等曰："言道路各有适也。"许氏所释没有讲清楚"路"的特点，不太确切。大徐分析路字从各，是"言道路各有适也"，更是附会牵强，完全误解了"路"之形体及结合的原理。《现代汉语词典》"路"字下："lù，道路。"所释从许氏之说，仍没有领会路字得名为"lù"的原由。丁骕先生《读契记》一文说："今之路，于契文当成 𧾷，殆契文'正'、'各'二字之合，乃双行线，故互为倒文，合为一路。"[1] 丁先生对"路"字的形体分析十分正确。由此可推知，在上古时代，"路"本来是指一种有着双行线似的大道。按汉语音本义原理的说法，路即是路面很大、能够让众多马车快速行进的道路，与蹊、径等人行的小道有很大的区别。所以，路本身就有"大"的意义。戴家祥氏《金文大字典》路字下说："郭沫若曰：'路当解为路寝路東（计按，应为車字）之路，大也'。窃意古人言路犹后人言御，凡王者所用之物皆得冠以路字，路筭（计按，即算字）谓御用之大筭也。"[2]《广雅·释天》："轩辕谓之路寝。"王念孙疏证曰："《淮南子·天文训》云：'轩辕者，帝妃之舍也。'《庄十三年公羊传》云：'路寝者何？正寝也。'"说通俗些，路寝即王者之寝宫。王为权力至大之人，所以，"路"仍为"大"之义。

再如"卢"字。它的繁体写作"盧"，由三个构件组成。上部从"虍"，甲骨文写作"𠂹"，像老虎的血盆大口，提示这个器物的口很大；中间从"⊕"，正如"曾"（计按，即曾、甑字的初文本字）字中间所从的"⊕"构形功能一样，表示分隔在中间的算子类物件，会同话俗称"炉桥"；下部从"皿"，表示它是一种可以盛放东西的器物。这种器皿在会同俗称"炉子"，以前的农村人家专用于架设火锅或烧炭火取暖，故又加"火"旁写作"爐"（简体作"炉"）。它不仅有敞开的大口，而且炭火燃烧十分快速，所以得名为"lú"。以后"炉"又因为有用铜铁等制作的，故又加"金"旁写作"鑪"。其实都与"盧"为一物，属一字异体

---

① 丁骕：《读契记》，《中国文字》1985 年第 10 期。
② 戴家祥：《金文大字典》下册，学林出版社 1999 年版，第 4495 页。

之关系。《说文·皿部》："盧，饭器也，从皿、𧇄声。"许慎不知此字构形的原理，故将火器之盧当成了饭器之𧇄字。《后汉书·五行志》："（光和）四年，魏郡男子张博送铁盧诣太宫。"《正字通·皿部》："盧，盛火器。或作鑪、爐。"徐灏《说文解字注笺》曰："盧，即古鑪字。……盧为火所熏，色黑，因谓黑为盧。"于省吾氏《殷契骈枝续编》："（甲骨文）为鑪之象形初文。上象器身，下象欸足……加虍为声符，乃由象形孳乳为形声。"郭沫若《新郑古器之一二考核》："盧，余谓此乃古人然（即燃之本字）炭之鑪也。鑪字其后起者也（今人作爐，又其后起）。"郭氏在《殷周青铜器铭文研究》中也说："许书之释盧为饭器者，盖假借之义。"徐氏、郭氏所释甚是，于省吾氏释"𩰊"为"鑪"之初至确，但认为上部所从之"𦥑"（虍）为声符，则误。此字实际上部所从为"𩰊"形，像火炉的敞口和中间起分隔作用的"炉桥"之状，下部所从之"𣍹"象欸（计按，在此为"款"的异体字，读 kuǎn，有"空"之意）足。由此可知，甲骨文时期的"盧"（炉）与过去会同农家日常所用的火炉子是何等类似。依照汉语音本义原理分析，总之一句话，"卢"（炉的本字），就是指一种有大的敞口，并且能让炭火快速燃烧的器具。这与"lu"音的音本义要求同样相当吻合。

再如"录"字。甲骨文写作"𣂴"、"𣂷"等形，对于此字的构形原理，古文字学家至今仍然没有给出合理的解释。许慎《说文解字》："录，刻木录录也。象形。"许氏依据小篆形体立说，说解较空乏，让人非常费解。王筠《说文释例》："按上象其交互之文，下象其纷披之文，要之，不定为何物，不得为象形也。"王氏研究古文字，一向喜欢与生活实际相结合，因为找不到实物为佐证，所以不愿妄下结论。谷衍奎先生说："录，象形字。甲骨文像用钻钻木取火之形。上边是钻，下边是眼，小点象征碎屑或火星。……本义为钻木取火。"[1] 谷氏分析细致入微，但又没有文献记载或民俗方言的佐证，因而显得十分牵强。李孝定氏认为："窃疑此为井鹿盧之初字，上象桔槔，下象汲水器，小点象滴水形。今字作辘，与轳字连文。"[2] 我们认为，"录"字虽然与"辘"字属于同一音系

---

① 谷衍奎：《汉字源流字典》，华夏出版社 2003 年版，第 408—409 页。

② 李孝定：《甲骨文字集锦释》，第 2034 页，"中研院"历史语言研究所编，又见于省吾主编《甲骨文字诂林》第四册，中华书局 1996 年版，第 2927 页。

的语词，但二者所指的具体对象是有区别的。

　　"录"字在甲骨文时期已经出现，从""的形体来看，此字属于象事字无疑。我们通过仔细地对比研究，认为它就是我们会同话里所讲的用于打捞鱼儿的"罧袋"或打捞浮萍的"篓勺"（如图4—16所示），其中用网线制作的写为"罧"，用细竹篾编制的则写为"篓"。《现代汉语词典》："罧，小鱼网。""篓，竹篾编成的盛零碎东西的器具，较小而深。"所释没有能够抓住两种器具的得名原由。"录"字中的"〇"像"罧袋"或"篓勺"之形，"—"是表示环环形圈或形旋转之符号，"∵"表示细小的水滴之形。综合而言，"录"这一形体，就表示用于水里打捞的网袋类器具。

图4—16　打捞

这种器具有大量密集的网眼，是用于水里的最快速的打捞工具，所以古人将它命名为"lù"。"录"是用于水里打捞所需的东西的，因而可以引申出"选取"、"获取"的含义。现在我们常讲的"录取"、"录用"，其实就包含了"选取"的意思；而形声字"禄"，即古人讲的"俸禄"，就表示"获取的薪酬"之意。

　　那么，"记录"的"录"又是怎么回事呢？我们认为，许慎《说文》所讲的"刻木录录也"的"录"字，其实就是"金石可镂"的"镂"字。"镂"的本义是将物体雕刻穿透，即是许慎所说的"刻木录录"，因为两字读音极其近似，许氏故而将"录"字误解为"镂"。

　　再如"怒"字。普通话读作"nù"，会同话读作"lù"，与"录"、"鹿"、"炉"等字属于同一音系。喜、怒、忧、思、恐是人类表现出来的最基本的情绪，那么，"怒"字的命名原理是怎样的呢？《素问·举痛论》指出："百病生于气也。怒则气上，喜则气缓，恐则气下……悲则气消……思则气结。"怒是个人的意志和活动遭受到挫折或目的不能达到时，表现出来的以紧张情绪为主的一种情志活动，我们的祖先称其为"怒志"。人体发怒时，魂魄主导的模式反应会调集大量的气血急速向上，从而出现血压上升、呼吸急促、心跳加快等状况。大量的气血急速向上，心跳急剧加快，正好具备了"lu"音音本义要求的"大的"、"快速"的特点，所以，这一情志活动可以得名为"lū"或"lù"。顾祖禹《读史方舆纪要·云南六·永昌府》："潞（lù）江，在府南百里，旧名怒江。……两岸陡绝。"《汉语大字典》三卷："潞，江名，即怒江。"怒江源起于青藏高原，流经横断山区时，由于地势急剧下降和水量大增，江水湍急、奔腾而下，所以得名为"潞"。"潞"字读为"lù"，可以佐证"怒"也应读为"lù"。

鹿，甲骨、金文时期是全体象形字，隶定作"鹿"。虽然已经与甲骨文中鹿字的形体"𤫊"相去甚远，但仍依稀可以看出它们之间的相承关系。

从《说文》收录的字数看，"鹿"部共收录有26个字，"麤"（cū，后世多假为"粗"义）部仅收录了"麤"与"𪋻"（计按，后多省写为塵，再简化为"尘"）两字。这些以"鹿"为字原构造的字，大多与鹿的种类、形态、生活习性、功能等意义相关。

如"麤"字。甲骨文写作"𤎩"（前八·一〇·一）形，以两鹿表示鹿群。

《说文·麤部》："麤，行超远也。从三鹿。"段玉裁注曰："鹿善惊跃，……三鹿齐跳，行超远之意。"张揖《广雅·释诂一》："麤，大也。"王念孙疏证说："麤，仓胡反；粗，在户反。二字义同而音异，故《广雅》以麤粗并列，《管子》、《晏子》、《淮南子》、《春秋繁露》、《汉书》、《论衡》诸书皆以麤粗连文，后人乱之久矣。"陈彭年等《广韵·模韵》："麤，《字统》云：'警防也。鹿之性相背而食，虑人兽之害也，故从三鹿。'"顾野王《玉篇·麤部》："麤，不精也，疏也。"从上引资料可知，各家对此字的释析可谓异说纷纭，没有很好地统一。许氏以为此字之本义是"行超远也"，即说鹿行走距离超长，此为一说。段氏释行为跃，另起一说；张揖《广雅》与顾野王《玉篇》义可相因，二者又可视为一说；陈彭年等编修的《广韵》引《字统》之说，以"麤"为"警防"之义，此又为一说。

根据汉语音本义原理，我们认为上古的"cu"音语词，大多有"聚积、促迫"之义。以此要之，则段氏之说当为误识。如"簇"、"族"（会同话念 cù）、"凑"（会同话读为 cù）、"醋"、"促"、"蹙"等无不如此。

从文字发生学的规律来看，用三个独体象形字累叠而成的汉字，大多都有聚积的含义。如"森"、"淼"、"磊"、"垚"、"犇"、"焱"等。另外，根据汉字形本义原理，"麤"字也当与鹿群喜欢群体生活的习性密切相关。那么，鹿群在什么情况下才会出现互相"促迫、挤压"的现象呢？以笔者看《动物世界》、《奇趣大自然》等节目所见到的情况来说，鹿群只有在迁徙、跑动的时候才出现这一情况。由此可推论，"麤"的形本义（常说的本义），应是指鹿群的跑动迁徙之状。许慎释为"行走远也"较为正确。《广雅》、《玉篇》所释为引申义（鹿群数量大），与"麤"的本义相同。《广韵》引《字统》之说，则纯属猜测臆想，当然也就没有文献、方言用例予以佐证了。

第七节　与自然相关的字原

一　山

山，甲骨文写作"ᗯ"、"ᗯ"、"ᗯ"等形，像群峰连绵并立之状；金文写作"ᗰ"（商父戊尊）、"ᗰ"（商毓丁卣）、"山"（周晚期克鼎）等形，内部填实，甲骨文因为是镌刻的缘故，所以中间虚空，两者其实是相因袭的。

山，普通话读 shān，与"闪"、"善"等声母、韵母相同，属同一音系；会同方言读"sān"，与"散"、"三"等声母、韵母相同，属同一音系。

许慎《说文·山部》："山，宣也。宣气散生万物。有石而高，象形。"段玉裁注曰："宣气六字，依《庄子》释文订为'谓能宣散气、生万物也'九字。"徐锴《说文解字系传》曰："山出云雨，所以宣地气。象山峰竝起之形。"饶炯《说文部首订》云："此篆形画远视三峰，而中峰下空者，义取山泽通气，即说解之所谓'宣'也。"许氏、段氏、徐氏皆以宣散地气解析山字，正确。因在常人眼中，清晨山中云雾缭绕，正像地中之气吐出宣散。山峰有"散发"的功能，所以叫"san"。这符合古汉语名动相因的原理。饶炯氏认为"中峰下空者，义取山泽通气"，是想得有些过头了，正中了那句"过犹不及"的老话，此说不可取。

图4—17 车盖   图4—18 会同泡茶

从汉语言发生学的规律分析，会同话读山为"san"是对的。汉语音本义原理认为，上古汉语中"san"音的语词，都与"分散、散发"的意义相关联。如：

"山"字，即指可以散发云雾地气的处所或事物。

"伞"字，《说文》中写为"繖"。后世文献也写作"㦃"。"繖"从"糸"从"散"，属形声字，意谓可以散开的由丝织物做的器物；"㦃"从"巾"从"散"，也是形声字，意谓可以散开的由布帛制成的器物。繁体也写作"傘"形，属象形字。《说文·糸部新附》："繖，盖也。从糸，散声。"盖即车盖（如图4—17所示），和现今人们用的"伞"的构造、功能大体是一样的。现今的"雨伞"、"遮阴伞"都是从古时的这种车盖发展而来的。按汉语音本义、汉字形本义的原理，"繖"（伞），就是指插在车上用于遮挡阳光和雨的，可以收拢和散开的器具。因伞面为丝绸或布帛，所以从"糸"或"巾"。

"饊"字，《说文·食部》："饊，熬稻粻也。从食，散声。"段玉裁注曰："熬，乾煎也；稻，稌也，稌者今之稬（计按，即糯字）米，米之黏者，鬻（计按，同'煮'字）稬米为张皇（计按，即《说文》之'餭'）。张皇者肥美之意也。即又乾煎之，若今煎粎饭然，是曰饊。"《急就篇》："枣杏瓜棣饊饴餳。"颜师古注曰："饊之言散也，熬稻米饭使发散也。古谓之张皇，亦目其开张而大也。"可见，饊是一种把糯米饭通过乾（即"干"）熬后发散变大的食物，会同美食"泡茶"与此类似

（如图 4—18 所示）。因其具有了"发散"的特点，所以也被称为
"san"。后来，"徹"又用来指一种用糯粉和面扭成环形的油炸食品，即
俗语所称的"徹子"。

　　"糤"（sàn）字，金文写作"糤"（车父簋）形，左边所从不是两
个"木"，而是两个"朮"字。像破麻之状，麻字下部所从的"林"，与
此相同，是为在"枾"讹变成了"林"的结果。《说文·枾部》："糤，
分离也。从支，从枾，枾，分糤之意。"徐锴《说文系传》："此分散
字，象麻之分散也。"《玉篇·枾部》："糤，分离也，放也。亦作散。"
事实上，在"糤"、"散"造字之初，二者所指是有区别的。"糤"指将
剥好的麻进一步分散分细的治麻环节。"散"字本写为"斠"，上部从
"糤"，下部从"月"（肉），属形声字，指分散的杂肉。现在两字合并，
一律写作"散"。

　　"讪"字，普通话读"shàn"，会同话读"sān"。讪字从"言"从
"山"，为形声字，意即散发心中怨气、怒气的语言。在古人眼中，山具
有散发地气的特点，"讪"字运用打比方的手法，将人在背后毁谤别人的
话语称为"讪"，正是古人体会到山散发云气和人散发怨气、怒气特征相
似，具有相通相同之处。《说文·言部》："讪，谤也。从言，从山声。"
《玉篇·言部》："讪，毁语也。"许慎、顾野王二氏所释近似。根据汉语
音本义原理及汉字形本义原理，讪的准确含义，应释为："人们为了散发
心中对某人某物或某群体的怨气、怒气而说出的毁谤语言。"

　　那么，"shan"的音本义又是怎样的呢？汉语音本义原理认为，在上
古汉语中，凡"shan"音的语词，都包含"长的"、"厚的"的特点。

　　如"闪"字，普通话读 shǎn，会同话读 shân，仅音调略有差异。
《说文·门部》："闪，闚（计按，与"窥"字相似）头门中也。从人在
门中。"用现在通俗的话讲，就是从门中窥视、偷看之意，许氏所释纯属
臆测。元代著名文字学家戴侗《六书故·工事一》："闪，人在门中，闪
忽乍现也。"乍现，即突然快速地出现，戴氏仍跟从许氏之说，并误。朱
骏声《说文通训定声》："闪是忽有忽无，故字从门中人也。经传多以掩
为之。"[①] 朱氏对闪字形义结合的理解仍然囿于许说，但他发现了古代文

---

　　① 朱骏声：《说文通训定声》，中华书局 1984 年影印本，第 131 页。

献之中"闪"字常常借"掩"字替代的现象，功不可没。掩字所从的"奄"，金文写作"🜲"、"🜳"等形，上部所从的"🜴"，即表示闪电的"申"字。在会同，天上的"闪电"也叫做"火闪"，或简称为"闪"。当"闪电"划破黑暗的天空时，会同话即把这一现象称为"打闪"、"打火闪"。闪电之闪，本应写作"申"。"申"字甲骨文写为"🜵"、"🜶"等形，金文写作"🜷"（商宰㮰角）、"🜸"（周早期矢方彝）等形，像雷电伸展之状，战国印讹变写作"🜹"、"🜺"等形，小篆讹为"申"形①。后来，由于在一些方言区里"申"与"闪"的读音相近，所以，古人便常常借"闪"字来表示雷电的"申"。汉代司马相如《大人赋》："惯例缺之倒景兮，涉丰隆之滂濞。"服虔注曰："列缺，天闪也。"天闪即天上的闪电，因其具有划破黑暗天空的功能，古人便又称其为"列缺"。宋代孙穆《鸡林类事》："方言：电曰闪。"

尹黎云先生说："其实闪与掩音义相通，语出一源。闪在门下增一人，非'窥头门中'，而是象门下有人守护之形。'阉'下云：'竖也。宫中奄阍闭门者。'闪就是阉的异体。故闪有掩蔽义。闪训遾，训若有若无，均是奄的借字。"② 我们认为，"掩"、"阉"是"奄"字后起形声字，"阉"与"闪"是由于一字两音分化的结果，而"奄"是"阉"和"闪"的本字。《说文通训定声》载："《周礼序官·酒人》'奄十人。'注：'精气闭藏者，今谓之宦人。'……奄官无阳施，犹妇人也。"③ 中国古代有用阉割掉睾丸和阳具的男子看守王室后宫的制度。男子被割掉生殖器，精气被长期闭藏，这种人便具备了"yan"音音本义所要求的特点，所以被命名为"奄"，他们是用来看守后宫大门的，便又加"门"写成了"阉"；阉人由于精气长期闭藏，雄性激素分泌很少，与大多数正常男性相比，他们的性情在被阉割后的漫长岁月里都显得非常敦厚，这又具备了"shan"音音本义所要求的"长的"、"厚的"的特点，因而也可以被称作"闪"，这与"骟"的命名原理完全是相同的。

又如"善"字，其金文写作"🜻"、"🜼"等形，小篆写作"譱"、"🜽"等形，楷化后繁体写作"譱"，基本承袭了金文时期的形体组合。

---

① 参看高明《古文字类编》，中华书局 1980 年版，第 428 页。
② 尹黎云：《汉字字源系统研究》，中国人民大学出版社 1998 年版，第 266 页。
③ 朱骏声：《说文通训定声》，中华书局 1984 年影印本，第 131 页。

杨树达氏曾说："《周礼·天官》有膳夫职，而金文善夫鼎作善，不作膳，以善为膳，与此铭文正同也。或曰：善字从羊，乃膳之初文，从肉作膳者，乃后起加形旁字，凡会意字加形旁，必犯重复，此加肉旁，与从羊义复，说亦通。"① 徐中舒氏同样认为："善即膳食之膳之初文，盖殷人以羊为美味，故善有吉美之义。"② 尹黎云先生也说："《礼记·玉藻》：'膳于君。'郑玄注：'膳，美食也。'蕭就是膳的初文。蕭为美食，引申则为凡美之称。今作善。"③ 王宁先生指出："翻开古代的药经与食经，可以进一步明了羊主给膳的原因。羊肉味甘而大热，性属火，食后可以补中益气，安心止惊，开胃健力。"④ 我们赞同"善"是"膳"字初文、本字的观点。羊肉气味浓厚，入口后味道隽永绵长，所以得名为"shàn"。继而通过类比的手段，人性格敦厚也可称为"善"，而"美好"之义，不过是它的引申意义而已。

再如"羶"（shān）字，其异体写为"膻"或"羴"。"羶"与"膻"属于形声结构的文字，表示羊身上散发出来的浓厚持久的气味；"羴"属于象事结构的文字，表示众多羊聚集在一起时所散发出来的浓厚持久的气味。只要到过羊圈附近的朋友都知道，羊身上散发出的羶腥气味，不仅特别浓厚，而且还能保留非常长的时间。正因为如此，所以才得名为"shān"。

再如"苫"字，字从"艹"从、"占"构作，读为"shān"。

《说文·部》："苫，盖也。从艹，占声。"盖也，即指用草编成的覆盖物，许氏所释近似。现在砖瓦厂用来覆盖砖瓦坯子以防雨淋的草苫子，就是许君所说的"苫"。因其形体狭长，编织的草又比较厚，所以也得名为"shān"。《左传·襄公十四年》："乃祖吾离被（同披）苫盖、蒙荆棘，以来归我先君"。被苫盖，即披着草苫子。元代《农桑辑要·卷二》："每日至晚，即便载麦上场堆积，用苫徽覆，以防雨作。"可知覆在麦垛子上起防雨作用的"苫"，与砖瓦厂覆在坯子上的"苫"功用一致。

再如"扇"字，字从"户"、从"羽"构作，其义与"户"相关，

① 杨树达：《积微居金文说卷一·取它人鼎跋》。
② 徐中舒：《甲骨文字典》卷三，转引自李圃主编《古文字诂林》第三册，上海教育出版社2001年版，第131页。
③ 尹黎云：《汉字字源系统研究》，中国人民大学出版社1998年版，第346页。
④ 王宁：《训诂学原理》，中国国际广播出版社1996年版，第291页。

属于象事结构的文字。现在我们大家所熟悉的"风扇"之"扇",过去叫做"箑",后借门户义的"扇"代替,属于用字法之范畴。《说文·户部》:"扇,扉也。从户,从翅省。""扉"字下又说:"扉,户扇也。从户,非声。"扇就是扉,扉就是扇,一物而二名。许氏用转注的训释方法释析了扇和扉的含义,虽解释正确,但总有些让人生出"丈二和尚摸不着头脑"的感觉。许氏《说文》中这种绕圈子的训释并不少见,给后世学人造成了较多困惑,是其不足。《广雅·释宫》:"扇,扉也。"王念孙疏证:"《尔雅》:'阖谓之扉。'《说文》'扉,户扇也'《玉藻》云:'阖门左扉,门扇有左右,故谓之扉。扉之言棐也,夹辅之名也。'……《说文》:'扇,扉也。'《月令》'乃修阖扇。'郑注云:'用木曰阖,用竹苇曰扇。'"王念孙氏不愧为一代训诂大师,他旁征博引,一语中的,道出了扇的真正含义。扇与苫得名的原理相同,苫是用草编成的长厚的覆盖物,扇是用苇草等编成的长厚的大门,它们之所以得名为"shan",其实都是因为这些编成物具有"长的、厚的"的特点而已。

　　另外,譬如"衫"字,普通话读作"shān",而会同话读作"sān",两者属于不同的音系。　"衫"字从"衤(衣旁)"、从"彡"构作,属于形声兼象事结构的文字。"彡"字甲骨文写作"丷"、"三"等形,是表示声音、气味、色彩散发传播的符号,意义与"散"字相近,就当读如"散"。如

图4—19　草苫子

甲骨文"彭"(计按,即彭字,表示散发出来的嘭嘭的击鼓声)、"肜"(计按,即肜字,表示散发出来的红彤彤的色彩)、"彰"(计按,读作lāng,表示酒的气味散发)等字均从此构作。分析可知,"衫"应该就是一种能够及时散发人体热气的衣服。刘熙《释名·释衣服》:"衫,芟也;芟末无袖端也。"毕沅疏证:"盖短袖无祛之衣。"王先谦补:"叶德炯曰:

'衫亦名偏襌。《方言四》：偏襌谓之襌襦。郭注：即衫也。'① 《正字通·衣部》："古者，短襦为衫。"《汉语大字典》："衫，短袖的单衣。"短袖的单衣是一种能够及时散发身体热气的衣服，最适于炎热的夏季穿着，所以，晋代辞赋家束皙《近游赋》就曾写道："设系襦以御冬，胁汗衫以当热。"衫正因为具有"散发"热气的功效，所以得名为"sān"。

又譬如"删"字，普通话读作"shān"，会同话读作"suān"，两者读音区别更大，完全不是一个音系的语词了。汉语音本义原理认为，"suan"音的音本义，主要强调了"微小"与"清理"两个特点。如"酸"在古代是指用于清除食物腥味的调味品。最初的酸取之于杨梅，传说是商王武丁作的《尚书·说命》记载："若作和羹，尔惟盐梅。"杨梅子含有丰富的果酸，可以很好地清除动物的腥臭异味，是中国先民最早的调味品之一。据考古发现介绍，新石器早期人们已经知道利用梅酸做调味品了，河南新郑裴李岗遗址就曾出土了梅核；安阳出土的商代铜鼎，也曾发现有盛满已经炭化的梅核者。又如"筭"，许慎《说文解字》："筭，长六寸，所以计历数者。""筭"又称为"算筹"，根据文献记载和考古发现，古代的算筹实际上就是一根根同样长短和粗细的小棍子，大多用竹片制作。一般 270 来根为一束，随身携带，需要计数时便取出来摆弄。由于"算筹"形体细小，又具有清理数量的功能，所以便得名为"suàn"。又如"蒜"字，王宁先生介绍说："而蒜是多瓣的，形同聚在一起的算筹，因此，从'祘'得声，由此可见古人对蒜的特点的观察。"② 从王氏的说解可知，"蒜"不过是运用比喻手法创造的形声字。"涮"字会同话也读为"suàn"，如普通话中的"漱口"，会同话就叫做"涮口"。"涮口"即是用少量的水清除口腔异物的行为，可见会同话的语词是非常符合汉语音本义原理的。

"山"字的甲骨文、金文形体与"火"字的甲骨文（ﾊｼﾊ、ﾊﾊｼ）形体较相近，但山字下部方直，火字下部圆转，区别仍是很明显的。这需要引起古文字爱好者的注意。

《说文》收录从"山"作的汉字，共有 60 来个。从"山"造作的字，大多与山的形态、高低等意义有关。

---

① 王先谦：《释名疏证补》，中华书局 2008 年版，第 172 页。
② 王宁：《训诂学原理》，中国国际广播出版社 1996 年版，第 305 页。

二　水

與水，甲骨文写作 ⿻ 等形，金文写作"⿰"（周早期沈子殷）、
"⿰"（周中期同殷）等形，春秋石鼓写作"⿰"形，战国望山楚简写
作"⿰"形，小篆写作"川"，其中的"∫"像弯曲的水流，其两旁的小
点像水滴。后隶定作"水"形，形体变化不大，其演变脉络清楚。

水，普通话读"shuǐ"，会同话读"xǔ"，差异较大，两者完全不属
于相同的音系。汉语音本义原理认为，凡读"xu"音之语词，基本都包
含了"大的"、"空的"两个特点。上面分析过，"水"为水流之象，在
我们生活的地球上，它不仅面积广大，而且无色无味（有虚空之象），这
恰好与"xu"音音本义强调的特点相符合，所以被命名为"xǔ"。

《说文·水部》："水，准也。北方之行。象众水并流，中有微阳之气
也。"准乃平物之器具。许氏释水为准，仅以其某一用途来解释水得名的
缘由，这与实际情况不切合。刘熙《释名》："水，准也。准，平物也。
天下莫平于水，帮匠人建国必水也。"仍以"平"来解析"水"的得名原
因，并误。许氏又说"北方之行"、"中有微阳之气"，是以五行演说、阴
阳演说来附会，皆与"水"的得名实际原因不相符合。"北方之行"，即
北方所属的五行。五行学说认为，中国的东方属木，南方属火，西方属
金，北方属水，中部属土。五行的明文，最早见于《尚书·洪范》，但学
者一般认为，五行学的产生时代大多在春秋战国时期，有的甚至指出是
"亚圣"孟子所创。班固《白虎通义》也说："水，太阴也。"可见，许
慎、班固的时代，水字的内涵已经被五行学说、阴阳学说深深地影响了。
这也正说明，汉语言文字在发展过程中会不断受到时代信息的作用，并会
将这些信息融入语言文字之中。如果我们不正本清源，不对汉语言文字中
的这一现象进行深入研究，就一定会给人们学习汉语、汉字造成巨大的
困扰。

李孝定氏《甲骨文集释》："契文（甲骨文）同，但象水流之形。"
徐复、宋文民先生也认为："∫象水流动之形，其旁之点象水滴，故其本
义为水流，引申为凡水之称。《易》坎卦作☵。《说卦》云：'坎'者，

水也。正北方之卦也，劳卦也，万物之所归也。当为汉阴阳家说所本。"①
两家仅从形体入手，视"〤"为水流之义，但从甲骨文时期的河流名称
来看，很多河流都是有着自己专属的名称的，如"河"就是今天所讲的
黄河，"江"就是今天所讲的长江，可知两家所释仍不太确切。林义光
《文源》："按古作〤，乁象水潴（计按，指水停聚的地方），乁象水流，
皆凡水之称，非指众川并流也。"林义光氏破许慎之误，可谓卓识。

上引林义光氏认为"水"即指流水的观点，还可以用汉字形体学的
理论为其进行佐证。罗振玉氏《殷墟书契前编》四·一三·二有一字写
作〤形，孙海波氏《甲骨文编》释曰："象畔岸而水在中流之形。"姚孝
遂先生指出："契文〤、〤、〤诸形，释'川'可从。"②姚氏释"〤"
为"川"至确。"〤"形仍为水字之异构，画"〤"表示水流较大，姚
氏将此字释为"川"，则误。后刘兴隆先生也从姚氏之观点，他说："〤
合集二一六六一、〤合集三三三五七、〤屯二一六一，象较宽大之水流。
释川，卜辞中川、水无大别，在边旁中，通用无别。"③刘兴隆氏释"〤"
为川，说"卜辞中川、水无大别"亦不确切。我们认为，川与水在甲骨
文时期意义不尽相同，"川"字泛指流动的江河，而"水"则泛指所有液
态的水。成语"川流不息"中的"川"，用的即是川字的本义。川读为
"chuān"，即是指"〤"（计按：表水流）在"〤"（计按：像两岸之
形）中穿行而过。此恰好可以反证"〤"中间的"〤"的确为流动
的水。

前面已经讲解过，会同方言中"xu"音的语词，都包含"大的"、
"空的"的特点，现略举几例以证之。

如"诩"（xǔ）字，《说文·言部》："诩，大言也。"《汉书·扬雄传
上》："上泰奢，丽诔诩。"颜师古注："诩，大也。"诔，即是现在所讲
"夸夸其谈"的意思；诩，就是大话、空话的意思。《汉语大字典》卷七：
"诩，夸耀，说大话。"大话，即话的内容超出的实际，因而具有了"大"
的特征；空话，即指话语空洞无物，没有包含实际内容，因而具有"空"
的特征。所以，古人便把这种话语叫做"诩"，异体字写作"訏"。

---

① 徐复、宋文民：《说文五百四十部首正解》，江苏古籍出版社 2003 年版，第 330 页。

② 于省吾主编，姚孝遂按语：《甲骨文诂林》第二册，中华书局 1996 年版，第 1270 页。

③ 刘兴隆：《新编甲骨文字典》增订版，国际出版公司 2005 年版，第 747 页。

又如"徐"字，字从"彳"（chì）、从"余"构作，属于象事结构的字。"彳"在构字中大多表示行走之功能，而"余"字包含了"大"的意义，两形组合，即表示大步缓慢地行走之义。《说文·彳部》："徐，安行也。"《广雅·释诂四》："徐，迟也。"安行，就是指安闲地行走，也就是我们今天所讲的"散步"。心中无事，所以安闲，因而具有了"空虚"的特征；大步缓行，所以也包含了"大"的特征。

再如"虚"字，小篆写作"𧆞"、"𧆡"等形，字从"虍"、从"丘"构作，属于象事结构的文字。"虍"字甲骨文写作"𧆜"形，像有着血盆大口的老虎头之形状，在构字中大多表示敞口或虎头的功能；"丘"字甲骨文写作"𠀉"形，金文写作"𠚕"形，像四周高而中间略微低陷的小山丘之形。《尔雅·释丘》："水潦所止，泥丘。"郭璞注："顶上污下也。"① 段玉裁《说文解字注》："《孔子世家》：'叔梁纥与颜氏女祷于尼丘，得孔子，生而首上圩顶，故因名曰丘，字仲尼。'"②《孔子世家》的"圩"（xū），就是"墟"的异体字，而"墟"又是"虚"的后起形声字，可见"虚"、"墟"、"圩"乃一字之异体。《楚辞·九章·哀郢》："曾不知夏之为丘兮。"王逸注："丘，墟也。"《广雅·释诂三》："丘，空也。"从这些文献资料可以看出，丘，因为山上中间低陷而具有空缺之象，因而可以引申出"空"的意思。进而可以推知，"虚"即大丘，就是指有巨大敞口的低陷之处，即今天所讲的"盆地"。《管子·心术上》："天曰虚。"由于"虚"字有"大"和"空"两个特点，于是，古人又将天空称作"虚"、"太虚"。

再如"序"字，小篆写作"𢊃"、"𢊕"等形，字从"予"、从"广"（或"阝"）构作。"广"在古代读作"yǎn"（计按：现在读作 guǎng 的"广"字，其实是"廣"的简化字），它的甲骨文形体写为"厂"。《说文解字》："广，因厂为屋，象对刺高屋之形。"高屋，即高大的房屋，许氏所释比较正确。谷衍奎先生说："广，象形字。甲骨文像厂（山崖）下有屋形，本义指借助山崖建造的没有前墙的敞屋，犹如现在的牲口棚，如今的廊庑、披间、厅堂即其遗制。"③ 谷氏的这一解释通俗明白，至确无疑。

① 周祖谟：《尔雅校笺》，云南人民出版社 2004 年版，第 95 页。
② 段玉裁：《说文解字注》，上海古籍出版社 1981 年版，第 387 页。
③ 谷衍奎：《汉字源流字典》，华夏出版社 2003 年版，第 31 页。

而"予"为杼字的初文、本字，即中间开有较大孔眼用来牵引纬线的梭子。"广"在构字中具有表示敞口房屋的功能，所以，与"予"字组合成"序"，就是表示内部有很大空间、三面无墙遮蔽的高大棚子类房屋。三面无墙遮蔽，像今天的走廊一样，有"空"的特点；房屋形体高大，与长廊又有区别，具有"大"的特点，因此得名为"xù"。

《说文·广部》："序，东西墙也。"《现代汉语词典》："序，古代由地方举办的学校。"那么，"序"字的形本义和引申义之间，又是通过怎样的纽带联系起来的呢？

我们认为，"序"的本义就是指三门面无墙遮蔽、形体高大的棚子类房屋。在殷商时期，由于这类房屋经常被用作学生练习射箭的场所，因而"序"成为了"学校"的别名。《周礼·地官·州长》："春秋以礼会民，而射于州序。"《孟子·滕文公上》："夏曰校，殷曰序，周曰庠。学则三代共之，皆所以明人伦也。"注："校，教也；序，射也；庠，养也。"王念孙《广雅疏证·卷一上》："引之云：'……而序之名独取义于习射，何也？庠序学校，皆为教学而设。养老习射，偶一行之。不得专命名之义。……射、绎，古字通。《尔雅》云：演绎，陈也。《周语》云：无射，所以宣布哲人之令德，示民轨仪也。则射者，陈列而宣示之，所谓谨庠序之教，申之以孝弟之义也。此序训为射之说也。"① 王引之乃王念孙之子，家学渊源极其深厚，但是，他的这些训释，似乎发挥过了头，远离了汉语汉字发生的实际情况。后来，由于在王公贵族的封闭的大型建筑里，正屋左右两旁的厢房起初也只有背靠的东墙或西墙，所以，厢房也被称作"序"。我们推测，《说文解字》"序，东西墙也"的解说，很可能应该是"东西厢"的讹误。

水，会同话读为"xǔ"，得名于水面积巨大、无色无味的特点。《说文》水部共收录有 465 个字，占总数的 5%，居《说文》540 个部首统领字数之首位。可见，"水"在我们祖先的心中占有何等重要的地位。

水是生命之源，是生命之本。没有水，就不会有生命的形态；没有河流，就不会有长江文明、黄河文明的产生和发展。华夏先祖"逐水而居"，造出了那么多从"水"的字，给予了"水"如此多的关注，其实也反证了我们祖先善于观察自然并进行正确思维的高超能力。

---

① 王念孙：《广雅疏证》，江苏古籍出版社 2000 年版，第 16、17 页。

以水为字原造出的文字，基本上都与水的形态、作用、特质等意义相关。以前，一些文字学家认为从"水"的河流名称文字，仅起到地名标识作用，和水的形态、特质没有什么实质性的内存联系。而我们认为，这个看法其实是有着很大的探讨空间的，还有待大家进行深入的研究。

三　土

土，甲骨文写作"𡉚"、"𡉚"、"Ω"、"⊥"等形，刘兴隆认为："象地上有土块形，其旁之小点为土粒。"① 金文写作"⊥"（周期盂鼎）、"⊥"（周中期曶壶）、"⊥"（周晚期散盘）等形，与甲骨文之"⊥"之形极为相近。战国印文写作"⊥"形，后又将竖线上的圆点拉长写作"土"形，此即小篆、隶、楷"土"字所本。

关于"土"字的形体分析与最初的含义，文字学家争论很大。

第一种观点认为，"土"即是土地、泥土之土。这种观点以许慎等为代表。他们虽然在对"土"字的形体分析方面略有差异，但对其含义的认识是较为一致的，持此观点的学者主要有如下几家：

许慎《说文解字》："土，地之吐生万物者也。二象地之上、地之中，丨，物出形也。"许氏以小篆为据，析形错误，不可从。

班固《白虎通义·五行》："土主吐含万物，土之为言吐也。"

刘熙《释名·释地》："土，吐也。能吐生万物也。"《尚书·禹贡》郑玄注："能吐生万物者曰土。"《礼记·郊特牲》王隶注："土者，五行之主也。能吐生百谷者也。"诸家皆以传统声训学之观点释土，将土视为地之异名。

段玉裁《说文解字注》："地之上，谓平土面者也。'土'二横当齐长，'士'字则上十下一，上横直之长相等，而下横不可随意。今俗以下长为土字，绝无此理。丨，物出形也，此所谓'引布上行读若囟'也。合二字象形为会意。"段氏从许君之说，也误。

徐灏《说文解字注笺》："土疑从十从一。一，地也，从十，纵横度之。许说'十'曰：'一为东西，丨为南北。'盖度地谓之土，因谓地为土矣。"徐灏在许、段的基础上略有发挥，并提出"土"得名的原因大多是因为"度地"的缘故。但因为这一观点是建立在错误形体的分析之上

---

① 刘兴隆：《新编甲骨文字典》增订版，国际文化出版公司 2005 年版，第 900 页。

的，我们认为也不可从。

林义光《文源》："按古作⊥，作⊥，一象地，▎象物吐生形，土生物者也。"林氏也从汉代经学家"声训"之学说，以"吐"释"土"，了无新意。王襄《古文流变臆说》："疑象土块形，一为地，加ヽ、∵、∴诸形，象尘土飞扬，土之后起繁文，小篆之二，许说象地之上、地之中，意土之上横画乃由▎之中点所衍成。许说地之上之说，未合于⊥诸字形。"

高鸿缙《中国字例》："甲骨文土字，殆象土块形，一则地之通象也。土本地之初文。"高氏以"土"为"地"之初文，姑且存疑。

徐复、宋文民《说文五百四十部首正解》："按，土发吐万物为义。……皆象吐生物之形，迄西周末，土始作二横一直形。"[1]

第二种观点认为，甲骨文、金文中的"土"字是男性生殖器的象形。持此观点者即是古文字学界大师级人物——郭沫若先生。

郭氏说："土、且、士实为牡器之象形……士字卜辞未见，从士之字如吉，写作吉形（《后》上·一九·四）之外，多作⊥、⊥、⊥、⊥诸形，此由形而言与土、且、士实无二致。"又说："余谓士、且、王、土同系牡器象形，在初意本尊严并无丝毫猥亵之义，入后文物渐进，则字涉于嫌，遂多方变形以为文饰。"[2] 郭氏认为"土"与"且"（甲骨文作"且"形）、"士"等同为牡器（雄性生殖器）之象形描摹。但结合"土"字甲骨文形体的实际来看，郭氏的这一观点是站不住脚的。"土"字，甲骨文里不仅有"⊥"、"⊥"、"⊥"几种写法，甚至还有将几个小点放在下面，写作"⊥"形的。金祥恒先生指出："今甲骨文⊥，从土从小，⊥乃甲骨文土字……土或于○旁加小点作⊥、⊥者，孙海波《甲骨文编》云：'象扬尘之形。'而⊥将小点移于一下……'北⊥'即'北土'，'北土'为甲骨文恒语。"[3] 可见，郭氏释"土"为牡器与甲骨文中"土"字的形体不相符合。

李孝定氏《甲骨文字集释》更是直斥郭氏之说，书中认为："《说文》

---

[1] 徐复、宋文民：《说文五百四十部首正解》，江苏出版社 2003 年版，第 38 页。

[2] 郭沫若：《甲骨文字研究·释祖妣》，转引自于省吾主编《甲骨文字诂林》第二册，中华书局 1996 年版，第 1182 页。

[3] 金祥恒：《释⊥》，《中国文字》第 5 卷，第 1931 页，转引自于省吾主编《甲骨文字诂林》第二册，中华书局 1996 年版，第 1187—1188 页。

'土，地之吐生万物者也。二象地之上、地之中，丨，物出形也。'契文作⚬，'⚬'象土块形，'一'地也。郭氏以为象牡器说非。"① 李氏破郭君之说，允为卓识。

第三种观点认为，"土"是"社"的初文，"社"为土地之主，即我们今天所讲的"社神"、"社公"，俗语称之为"土地公公"。此观点的发明者为王国维氏（但后来又放弃了此说）、孙海波、陈梦家、李孝定、于省吾、戴家祥、刘兴隆等诸位先生从此说。

王国维《殷礼徵文·外祭》："按⚬即⚫，今隶土字，卜辞叚（计按，同假）为社字。《诗·大雅》：'乃立冢土'，传云：'冢土，大社也。'《商颂》：'宅殷土茫茫'，《史记·三代世表》引作'殷社茫茫'。《公羊传》僖公二十一年'诸侯祭土'，何注：'土谓社也。'是古国以土为社矣。"后来，王氏在《戬寿堂所藏殷墟文字考释》中又否认了自己的这一看法，他说："曩以卜辞中殷之先公有季有王亥有王恒，又自上甲至于祖癸无一不见于卜辞，则此土当为相土，而非社矣。"

孙海波《甲骨文编》："⚬，《粹》一七。象筑土成阜，社之初文。"又说："⚬又作⚬，其中加点者，象尘之形。"②

陈家梦《殷墟卜辞综述》："武丁卜辞'土'作⚬或⚬，象土块之形。后世之社于地上立圜丘象之。《封禅书》齐制'二曰地主，祀泰山梁父，……地贵阳，癸之必于泽中圜丘之。'"③

李孝定《甲骨文字集释》："王氏（计按，即王国维氏）谓土为相土，其言㞢、⚬者则当读为邦社其说并是。"④

于省吾《甲骨文字诂林》："以上所引第十五、第十六两条，都是以土为社，社与方同时并祭。"⑤

戴家祥《金文大字典》："马叙伦说⚫象地上有堆，实堆之初文（《读金器刻辞》，第192页）。孙海波说'⚬为社之初文，象筑土成阜'（《甲骨文编》卷十三引金璋氏所藏甲骨六一一）最有说服力。卜辞'ᠵ（计

---

① 转引自于省吾编《甲骨文字诂林》第二册，中华书局1996年版，第1187页。
② 同上书，第1185页。
③ 同上书，第1186页。
④ 同上书，第1184页。
⑤ 同上书，第1188页。

按，此字释为勿）求年于𢆶、△'静安（计按，即王国维，字静安）先生谓即癸法之国社，汉人讳邦，改为国社，古当称邦社也（《殷礼徵文·外祭》）。然而字形作从田𢆶声，似释封，《说文》籀文封作𡐦，从土𢆶声。《尔雅·释音》：'土，田也。'从土与从田义同。《公羊传·哀公四年》：'社者，封也。'何劭公解沽：'封土为社。封土者，社也。'卜辞'𤫫大邑于唐△'，𤫫当读作，'唐土'即'汤土'。"①

刘兴隆《新编甲骨文字典》："卜辞用土为社。"②

上引诸家之说可证，在甲骨文时代，"土"即为"社"字。古人封土为"社"，祭祀土地神主，既有对土地感恩报功的目的，也有对土地敬畏的缘故。《礼记·郊特性》："社祭土而主阴气也……社所以神地之道也。"《礼逅》："祀帝于郊，所以定天位；社于国，所以列地利。"《国语·鲁语上》："土发为社，助时也。"《白虎通·社稷篇》："王者所以有社稷者何？为天下求福报功。人非土不立，故封土为社。"我们知道，上古时代的先民有浓厚的自然崇拜意识，他们祭天、祭地、祭山、祭江河。用现代人的眼光来看，他们的这些做法很是愚昧可笑，毫无可取之处。然而，当我们发现，人类所有要征服自然的"才智"其实是愚蠢无比、聪明反被聪明误之后，才知道保留一份古人那种对自然的敬畏之心，才是真正的大智慧。

从汉字形体学理论看，甲骨文中的"𡉙"上部所从方形"◊"，即古人用于祭地神的环形圆丘。因为契刻的原因，甲骨文一般都将圆形的笔画刻为方形的线条，如：天，金文为"𢁅"，甲骨文则写作"𡗕"；日，金文为"⊙"（商代舟余尊），甲骨文大写如"▱"、"▢"之形；吕，金文写如"𠣍"（周早期貉子卣），甲骨文则写为"吕"、"吕"等形；韦（韋），金文有"𣄰"形，甲骨文则作"𣄰"、"𣄰"等形。回过头来看"𡉙"，其下部之"一"表示地面，"◊"旁边的小点应该表示用来构筑环丘的细小土块。孙海波氏以其为"扬尘之形"，不符合汉字发生学和汉字构形学的因果相关原理，实误。彭裕商先生则认为这些小点是祭祀时的血滴之形，他说："卜辞作'𡉙''𡉙'诸形者，则象以血衈社之形，

①　戴家祥：《金文大字典》上册，学林出版社1999年版，第1595—1596页。
②　刘兴隆：《新编甲骨文字典》增订版，国际文化出版公司2005年版，第19页。

丶'即象血滴。于此益可见 ☒ 为祭祀土地的神主之象而并非一般的所谓
土块。而前人有谓 ☒ 上小点为尘粒者（如孙海波《甲骨文编》），据此，
知其不确。"① 彭先生对孙氏的批驳是正确的。但他认为"丶'即象血
滴"，看似很有道理，然与汉字发生学和汉字构形学因果相关原理不符。

也就是说，"丶'"与"☒"没有因果关系，并误。此字的构形手法，
在甲骨文中的"祭"、"敝"、"病"、"雨"等字里有很好的印证。甲骨文
"祭"有以下等形："☒"（J00359）、"☒"（J00360）、"☒"（J00378）
等，刘隆兴释曰："多象以手持肉置于牌位前，示祭天拜神敬祖之义；其
旁为血滴。"② "☒"之类构件表示肉块，刘氏释小点为血滴，符合汉字
构形学因果相关原理，至确。"敝"的甲骨文写作"☒"（拾六·一一）、
"☒"等形，字从"巾"、从"攵"（手持针状），也或繁构加四个小点，
表示"巾"上破裂处，意为已经破裂而需要缝补，故有破败、破裂之意。
此四小点则不能释为水、酒醴、血液之小滴。甲骨文"疾"写作"☒"、
"☒"等形，从"爿"（象床形），从"人"（人），从四小点"丷冫"，像
一个人躺在床上大汗淋漓或大出血之状，可会意出人体患重病。此小四点
像人汗滴或血滴之形，皆与汉字构形学之因果相关原理切合。甲骨文
"雨"写作"☒"、"☒"等形。叶玉森说："疑 ☒ 为雨初文，象雨零
形。'☒'、'☒'为准初文，增从'一'象天，'丨'状之小直线，或
平行或参差上下两层或三层，当同状一物。"③

再者，甲骨文中有一字写作"☒"形，也或加点作"☒"、"☒"、
"☒"等形，隶定作"☒"。郭沫若曰："☒字从☒从土，当即圣（计按：
后世写为垩，简体作垦）字。"④ 陈家梦说："☒（计按：即指圣字）象
壅土之形。"⑤ 后于省吾氏也从郭氏之说，曰："郭沫若院长释☒为圣，并

<hr/>

① 彭裕商：《卜辞中的土、河、岳》，《古文字研究论文集》，《四川大学学报》第 10 辑，
第 195—196 页。

② 刘隆兴：《新编甲骨文字典》增订版。

③ 转引自于省吾编《甲骨文字诂林》第二册，中华书局 1996 年版，第 1152 页。

④ 郭沫若：《殷契粹编考释》，及于省吾编《甲骨文字诂林》第二册，中华书局 1996 年版，
第 1152 页。

⑤ 陈家梦：《卜辞综述》，第 538 页；于省吾编《甲骨文字诂林》第二册，中华书局 1996
年版，第 1193 页。

谓‘经田当即筑场圃之事’（《粹考》，第 158 页）。按以上诸家之说，唯有释经为圣是对的。”又曰：“则圣、经与圣为会意字，乃垦字的初文，垦为后起的通假字，垦为常用的俗体字，这是没有疑问的。”由此可知，甲骨文“🝢”、“🝢”、“🝢”，即为用小土堆积为环形社神祭祀场所之象，而并非手捧血滴祭社神之描摹。此可反证彭裕商先生以“🝢”中的小点为血滴的观点，是值得商榷的。

那么，“土”为何在甲骨文里用“社”（计按：会同话读 shá，与砂、畲、舍、蛇为同一音系）？后来为何又分化出了“tu”音呢？

我们认为，古人对“社神”（土地公）的祭祀，大约与农耕文明兴起后人们对土地高度依赖以及长久以来对地质灾害的恐惧心理有着密切的关系。对于“社神”的产生，戴家祥先生阐述说：“人类社会从狩猎经济发展到农牧经济，意识到土壤对于人类生存的命运，有着不可思议的主宰力量，因而产生了一种幼稚的可笑的敬畏心理，一系列的祈求活动，便接连而来，这在宗教学上叫作自然崇拜。”[1] 正是因为原始社会发展到农耕文明以后，古人对土地的依赖性不断增强，我们的祖先对土地的认识便在原来敬畏心理的基础上，更是增加了一种报恩与感激之情。于是，“社神”便产生了。王慎先生说得好：“原始的土地崇拜发展为封土为社或筑土为社主，经历了一个漫长的历史阶段。从上揭甲骨文土字构形，可以窥见中期盘庚迁殷以后，人们在祭地时垒一个土堆作为祭祀的对象，或者规定一个地方作为礼拜的场所，久而久之，这个土堆和礼拜场所，遂变成了土地神存在的象征或神体，社神就这样产生了。”[2] 会同人对“社神”至今充满着高度的敬畏，甚至连一些俗语也可见一斑，如某人特别不能惹，则说他“是个社神”。这正是受农耕文明的深刻影响，因为会同山区山多田少，许多农户粮食不能自给，必须通过刀耕火种粮食作物以补充粮食不足，所以直至 20 世纪末，会同仍然保留着刀耕火种粟类庄稼的生产习俗。

“土”在甲骨文时期读为“社”，得名的原因，我们推测来源于刀耕火种农业时期的农业文明。从古代农业文明发轫之实际看，刀耕火种的旱地农业必定早于平整土地为水田的灌溉农业。传说中的农神“柱”，就是在旱地上种谷物的先祖，传说反映了旱地农业的早期信息。在会同方言

---

① 戴家祥：《金文大辞典》上册，学林出版社 1999 年版，第 1596 页。
② 王慎行：《殷周社祭考》，《中国历史研究》1988 年第 3 期。

里，种植粟、豆、蔬菜的旱地被称为"畲"（计按：会同话读 shā，普通话读 shē，也写作畬），俗称"熟田"；种植水稻的土地被称作"田"。"畲"与"田"是有明显区别的。《尔雅·释地》："田一岁曰菑（zī），二岁曰新田，三岁曰畲。"《现代汉语词典》、《汉语大字典》等辞书，都认为"畲"有"shē"、"yú"两个音读。然而，在释义中两音所对应的义项又几乎完全相同。《汉语大字典》认为："畲"就是用刀耕火种的方法开垦出的田地。这个观点无疑是正确的。《周易·无妄》六二："不耕获，不菑畲，则利有攸往。"《广韵·麻韵》释"畲"曰："畲，烧榛种田。"《农政全书·田制·田制篇》："耕畲元不用牛犁，短镵长鑱（计按：chán，掘土的铁制长柄工具）皆佃器。"宋代范成大《劳畲耕诗序》："畲田，峡中刀耕火种之地也。春初斫山，众木尽蹶。至当种时，伺有雨候，则前一夕火之，藉其灰以粪。"这些文献所言之"畲"，正与我们会同人所讲的种植粟、豆、蔬菜的旱地之"畲"完全一样。原始农业的耕作方法就是所谓"刀耕火种"、"象耕鸟耘"，其实就是"畲"。

"土"与"田"在构字中又可互换，可见二者之间有着等同关系。这与会同话把旱地称为"畲"而把水地称为"田"的习惯相训切合。如"畡"字，《国语·郑语》："王者居九畡之田。"《集韵·咍韵》："畡，《说文》：兼畡，八极地也。或从田。"如"當"（当）字，《说文·田部》："當，田相值也。"小篆写作"當"，而鄂君车节作"𡨄"形，下部明显从"⚲"，即"土"字。如此等等，限于篇幅，不多列举。

据以上分析我们推论，甲骨文中的"⚲"（土）即读为"畲"，实际也就是"畲"的初文、本字。"畲"是旱田，是田的最早期形态。当灌溉农业出现以后，"畲"（即"土"）与"田"各指一物。可见，古人祭祀物"社神"就是祭祀"畲神"，也即后世文献中所称呼的"田主"、"田神"。许慎《说文》"土，地之吐生万物者也。"许氏以"吐"释"土"，是着眼于"土"的功能而言的。其音"tu"，当是在"土"后起分化字"社"、"畲"出现以后，才产生读音分化的结果。

土，甲骨文时期读如"社"，即后世"畲（畬）"字的初文、本字。在卜辞中用如"社"，实际就是指"畲神"——远古时代的田神。

甲骨文中的"𤱿"、"𤲞"、"𤳆"等当隶定为"圣"，读为 kěn，即后世的"垦"字。"圣"属象事字，象人用双手在"畲田"上致力耕治之状；垦本来写作"墾"或"𡎛"，当属形声字。段玉裁《说文解字注》

曰："人之囓（计按，普通话读 niè，会同话读 nià，用力啃咬之意）曰龈
（计按，即啃字），豕之囓曰狠（计按，也当为啃）。"汉语音本义原理认
为，凡"ken"音的语词，都有"尽心尽力、执着"之义。《说文·土
部》："圣，汝颖之间谓致力于地曰圣。"又曰："垦，耕也。"许氏，不知
"圣"、"垦"实为一字之孳乳，强分为二，大误。但他释"圣"为"致
力于地"，又释"垦"为"耕也"，基本上解释出了其真义，与甲骨文
"𡉉"字形所表达的意义切合。换成现在的话来说，"垦"（圣）就是
"执着地致力于畬田的耕耘。"此与"ken"的音本义要求完全吻合。因为
畬只有通过执着地致力耕耘，其土壤才会由板结变得松软而适于播种
谷物。

从汉字形体学来看，后起的"墾"字上部所从之"狠"即专指猪狗
等动物的啃咬。"墾"为形声字，结构上形成"啃咬畬田使土块变细碎"
的关系，与甲骨文中的"𡉉"（圣 kěn）字有异曲同工之妙。简而言之，
现在通常说的"开垦"，"开"应该是指除草木烧灰的环节，"垦"应该
是指用锄锸等翻土工具一点点将烧有草木灰的土地挖掘、捣碎其土块的环
节（计按：其艰难与啃咬骨头上的肉非常相似）。此字恰好反证了"𝞡"
就是"畬"的初文、本字。

"土"在甲骨文时代读为"畬"，随着语言、文字的向前发展，"土"
的"shɑ（或 she）"音为后起的"畬（畬）"所专有了，自己则专指分
化后的"tu"音之语词。

《说文解字》中所录以"土"为偏旁的汉字共 131 个。但因为"土"
在早期专指旱田之"畬"，所以从"田"作的字大多也可以从"土"作。
这样看来，从"土"作的汉字之数量，也就不只 131 个了。从"土"作
的汉字，其意义不仅表现了土的质地及地形地貌特征，而且还表现了土地
与农业文明，与制陶业、建筑业、铸造业，与音乐（如乐器埙）等方面
的关系。

土是人类生产生活必须依赖的物质基础，是人类生存必不可少的重要
物资之一。我们要爱护每一寸土地，要学会合理科学地使用每一寸土地。

四 石

石，甲骨文写作"𝌆"、"𝌆"、"𝌆"、"𝌆"、"𝌆"、"𝌆"等

形，"ᒋ"、"ᒣ"像页岩类崖壁，属象形字；"凵"像裂缝，则"㕕"、"ᑕ"、"屵"、"凸"属象事字。过去，一些文字学家将其中的"凵"视为没有实在意义和构字功能的修饰符号（计按：文字学界所谓之"羡符"），这一认识应该还不能成为定论。金文写作"㕕"（周早期已侯貉子毁）、"ᐱ"（春秋钟伯鼎）等形。战国侯马盟书写作"ᐱ"形，战国契斋写作"ᐱ"形，小篆写作"ᐱ"形与甲骨文、金文石字形体一脉相承。

刘兴隆先生《新编甲骨文字典》说："'ᒋ'（屯二一一八）、'ᒣ'（屯一八四六）、'ᑕ'（合集二二一〇五）、'凸'（合集三一七四），象山崖下有石块形。ᒣ ᒋ为省文。卜辞厂亦用作'祏'。"① 刘氏"象山崖下有石块形"之说有误。其实，"厂"像山崖，ᒋ中的"/"像页岩间的裂纹。ᒋ即像页岩之形。ᑕ乃增加了意符"凵"的象事字，再次着重强调了页岩间的裂口，指意更加明显。如依刘氏之说，"（ᑕ）象山崖下有石块形"，则ᒋ为山崖，凵为石块，这不符合汉字形体学的规则。退一步而言，如刘氏之说正确，则ᒋ当为"崖"之初文，在甲骨文中就不应该用为"石"。分析可知，刘先生对"石"字的形体解析是不确切的。

许慎《说文·厂部》："石，山石也。在厂之下，〇象形。"许氏不解小篆"ᐱ"下所从之"口"为何意，认为当是圆骨碌的石头，便强行将"凵"改为了"〇"，其用心良苦虽可体味，但已完全失去了古人造出的"ᑕ"字的意味了。刘熙《释名·释山》："山体曰石，石，格也。坚捍格也。"刘氏是经学大师郑玄的弟子，他将石训为"山体"，训为"格也"，此说正与山中"页岩"之功能形状符合，可谓得之。饶炯《说文部首订》："（石）上有厂以为意，下有以口象形，而人见之者，莫不知其字为山石也。"饶氏从许君之说，纯属臆想，并误。

李孝定《甲骨文字集释》曰："《说文》'石，山石也，在厂之下，口象形。'契文皆从凵，古文偏旁凵、口每无别，此字从凵，无义，书者任意为之耳。"② 李氏亦不解甲骨文"ᑕ"字从"凵"的用意，又走

---

① 刘兴隆：《新编甲骨文字典》增订版，国际文化出版公司2005年版，第587页。
② 李孝定：《甲骨文字集释》，1965年版，第2959页，转引自于省吾主编《甲骨文字诂林》第三册，中华书局1996年版，第2194页。

回到了许慎的老路上。其实，甲骨文"ㅂ"与"ㅂ"在很多情况下是有明显区别的。

姚孝遂先生说："Բ、Ꝺ均当释石，ᄀ象石之形，或增ㅂ为饰作ꝺ。《说文》：'石，山石也，在厂之下，ㅂ象形'。金甲文皆从ㅂ，《峄山碑》亦从ㅂ。许书盖以从ㅂ不可解，故改为从ㅂ，以象石形说之。孔广居《说文疑疑》谓'石从厂口声'亦属臆断。"[1] 姚氏以"ㅂ"为饰符的观点仍误，不可从。

左安民先生认为："甲骨文'ꝺ'字，左边像三角旗的部分是山崖，右下角的'ㅂ'形部分代表石块。""石字的本义是'石头'。"[2] 任德山、任犀然同样认为："'石'字是个象形字。甲骨文的左边像岩角，右下角的'ㅂ'形像石块，金文的岩角省为'厂'。"任氏又说："'石'字的本义，就是石头。"[3] 两家沿袭旧说，并认为"石"的本义即"石头"，亦误。"石"和"石头"不完全是一回事，"石"当指有规则的板块状页岩，"石头"指零碎的小块岩石。这正如会同话称"米"和"米头子"一样。在会同俗语中，"米头子"即专指"细碎的米"。杜牧《山行》"远上寒山石径斜"诗句中的"石径"，指的就是用石板块铺成的小路，而并非是由圆骨碌的"小石头"铺设而成的。

从汉语音本义原理来看，我们认为，凡"shi"音的上古汉语语词，都包含了"讲规则的、有规律的"的特点。

如"世"字，金文写作"ꝩ"（周早期吴方彝）、"ꝩ"（周中期师遽簋）、"ꝺ"（周中期"世孙子"师遽方彝）、"ꝩ"等形。对于"世"字金文中的形体，各家解说众说纷纭。

许慎《说文·卅部》："世，三十年为一世。从卅而曳长之，亦取其声也。"段玉裁注："《论语》：'如有王者，必世而后仁。'孔（计按，此指孔安国）曰：'三十年曰世也。'按父子相继曰世，其引申之义也。……末笔曳长，即为十二篇之乙，从反厂。亦是抴引之义。世合卅、乙会意，亦取乙声为声。"许、段二氏皆以世字小篆之形体"ꝩ"立说，释义近是，析形则有未安。

---

① 于省吾主编：《甲骨文字诂林》第三册，中华书局1996年版，第2195页"按语"。
② 左安民：《细说汉字》，九州出版社2005年版，第395页。
③ 任德山、任犀然：《汉字博物馆》，商务印书馆2007年版，第119页。

　　张揖《广雅·释言》："枼（计按，简体写作叶），世也。"王念孙疏
证曰："《商颂·长发篇》：'昔在中枼。'毛传云：'枼，世也。'"

　　吴大澂《说文古籀补》："从十从止。十止为世。彝器有象两足形
者，即世世之义。"①

　　刘心源《奇觚室吉金文述》："世从　，古文字十也。"②

　　林义光《文源》："三十引长非三十年之义。古作　，当为枼之古文，
象茎及枼之形。草木之枼重累百叠，故引申为世代之世。"③

　　李孝定《金文诂林读后记》："张氏谓'世'或即枼之本字，亦有佳
致，枼字契文作'　'，与作'　'之圆点在直画中者不同，然则'世'
字古文恐仍以说为古十并犹愈也。周氏精通音理，谓世卅相通之说，未必
可信。枼世有关则无可疑；其说固是，然枼世音义相通，亦不能证其必为
一字，且三十年为一世之说，自古已然，三十年何以为'世'，未必与
'卅'之音读无关，许君去古未远，其言必非无故，余不谙古音，姑且议
之如此，以俟高明。"④

　　戴家祥《金文大字典》（上册）说："（计按，指金文　）都用作
世。歺，《说文》四篇云：'列骨之残也。'含有残留之意，世加歺旁，盖
加强世系延续的意义。……世之别体有作袏，此加示旁，以加强世系之
义。"《金文大字典》（中册）"枼"字下又说："从世的古文字形态看，
都是树叶象形，世或为枼之初文。《诗·商颂·长发》：'昔在中枼。'毛
传：'枼，世也。'《文选·吴都赋》：'虽枼百叠，而富疆相继。'李善
注：'枼，犹世也。'《淮南子·修务训》：'称誉枼语。'注：'枼，世
也。'由此可证，世、枼、枼古本一字。金文枼亦均作世用。许慎训枼
为'楄也'显非本义。"⑤

　　我们认为，金文中的"　"、"　"、"　"、"　"、"　"等形体，
皆为"世"字的不同形体。但现在通行的"世"字，仍应以"　"为正
源。这和前面讲过的"灾"字的不同形体同理。"　"、"　"强调水灾，

　　①　转引自李圃主编《古文字诂林》第三册，上海教育出版社2000年版，第710页。
　　②　同上。
　　③　同上。
　　④　同上书，第711页。
　　⑤　戴家祥：《金文大字典》，学林出版社1999年版，第2201页。

"灾"、"裁"强调火灾，"𢦏"（𢦏）强调被武器刀具伤害之灾，等等；"世"字的金文不同形体所强调的也各有侧重。"🜉"，从"╋"（即"十"字），从"⊍"（止），属形声字，表示"到十年而止"为泛指的一世。商周时期已经有十进制，古人认为这是有规则、有规律的。"🜉"很可能为"世"的最早形体，也与 shi 的音本义原理相符合。"🜊"从"⫼"（卅，三十），从"⊍"，表示"到三十年而止"。对于"🜉"、"🜊"字上部所从之"╋"、"⫼"的形体来源，林成滔先生《字里乾坤》有较好的论述。他说："正如原始文字可以采用筹策记数符号和一些卦画符号作为构字符号一样，也可以采用结绳符号作为构字符号。比较明显的是代表'十'和代表十的倍数的文字，都像结绳的形象。在商周金文中，'十'写作'╋'，'廿'（计按，读 niàn）写作🜃，'卅'（计按，读 sà）写作🜄，'卌'（计按，读 xì）写作🜅，像若干打结的绳（另一端系在一起）。甲骨文分别写作❙、∨、⊍、⫼，有绳无结，这只是为了契刻方便而省了笔画而已。从这几个数字，我们可以推测一些原始的记数法。原始人没有抽象的概念，也无法抽象地计数，只能把具体要数的物品加以点数。如果遇到没有办法用物体点数时，只依赖手指帮助点数，假如两手的十个指头都点数了一遍而要数的事物还没有数完，为了避免记忆失误，就往往采取旋转一根草茎或在绳子打一个结的办法代表十之数，由此便形成十进制，'十'及其倍数的代表字也由此形成。""间接取形于结绳的汉字有'世'字，金文作⊍，篆文作世，是由'卅'略加变形构成的。《说文》：'世，三十年为一世。'经传旧注也屡见类似的说法，因此造字取形于'卅'。"[①] 原始社会，由于多种因素的影响，人类的寿命一般仅有 30 年左右。古人造出"⊍"字表示人一生的时间即所谓"一世"，的确是与那个时代的实际情况相契合的。人活三十年的样子就会去世，也是古人发现的人类寿命规律，这与"shi"的音本义原理也吻合，所以也叫做"shi"。"🜕"字从"歹"（表示人的尸骨）、从"止"，属象事字；"🜖"，"◫"（计按，是古代的席，即竹、苇等编织的席子，也有文字学家说是"百"字），从"止"，也属象事字。前一字表示"人变为尸骨"，表示"人死为一世"之意；后一字表示"人被席子包裹埋葬而终止生

---

①　林成滔：《字里乾坤》，中国档案出版社 2004 年版，第 24—25 页。

命"，也为"人死为一世"之意。古人已经理解每个人都会死去，一般人的寿命大约在 30 年。这就是"世"字要表达的意思。因为，这个人类寿命所拥有的"时间"是古人通过长期观察得到的，比较有规律，所以古人将它读为"shì"。

汉语音本义原理认为，"shi"音的音本义主要是指"符合规则或规律的行为、事物"。如姓氏的"氏"，表示符合血缘关系或图腾崇拜规则的部落；"诗"表示一种符合音韵规律的语言；"尸"，最先表示言行举止符合规则的人，在上古时代，他们大多就是祭祀活动的主事，经常被用来代替所祭祀的祖先。如现在人们常说的"宁为鸡首，不为凤尾"或"宁为鸡口，勿为牛后"，其实都是对古语"宁为鸡尸，无为牛从"的错误理解而导致的结果。"鸡尸"，即统管鸡群主事——鸡的头领；"牛从"，即跟从在母牛身后的小牛。由此可见，正确理解汉语汉字的真实含义是多么重要；"史"，甲骨文写作"𡱑"，上古之世"巫史不分"，所以"史"最早表示掌握祭祀、历法等规则的人，后来随着历史的发展，便用于表示遵循规则去记录史实的官员了；"食"，表示人们每天符合规则的正常饮食（计按，古人一天两餐，早餐称为"饔"或"大食"，晚餐称为"飧"、"饷"或"小食"）；"屎"，与尿相比较而言，它是一种排泄时间较有规律的排泄物；"矢"甲骨文写作"𦥑"形，上端是三角状的锋利箭头，中间是笔直的箭杆，下端是结有雕翎的箭尾，"𦥑"很显然就是对箭矢的形状描摹，箭矢的运行路线是有规则的抛物线，所以也可以得名为"shǐ"（计按：矢字会同话有 zhī 一音读）；而"失"字是从"矢"分化出来的，《尔雅·释诂》说："矢，弛也。"郭璞注："放也，谓弓张而矢弛。"由此可知，"失和矢形音义完全相通，古文不仅同字，而且同词。矢是用弓弩射出去的，一射便不再复返，故引申矢有'纵'义。"① 说得更明白一些，"失"其实仅仅只是"矢"字的一个引申义项而已。

"石"字表示较为有规则的板块状"页岩"。石，甲骨文写作"𠀋"、"𠃌"等形，金文作"𥏡"形，"厂"像山崖之形，"／"和"𠙶"表山崖上的规则裂纹。在作为构字的原件时，"石"字有时省用"厂"形。

《说文·石部》收录有 49 个字，《说文·厂部》收录有 27 个字，共

① 尹黎云：《汉字字源系统研究》，中国人民大学出版社 1998 年版，第 198 页。

计有 76 个。从"石"和"厂"构作的文字，大多与石的形态、功能、用途、性质等意义相关。

另外，《说文·广部》中的字，有些实际是从"厂"构作的，"厂"与"广"常常因形近而混讹。这些字，仍当视为从"石"构造的字，其意义也与石有关。这其中就有"廉"、"底"、"庶"等字。

如"廉"字。许慎《说文·广部》曰："廉，仄也。从广，兼声。"而厂部仄下又说："仄，侧倾也。从人在厂下。厃籀文从夨（侧），夨亦声。"许氏此释令后世的很多文字学家摸不着头脑。"廉"本有"清廉"之义，怎么又和"仄"（侧倾）搭上关系了呢？段玉裁不得其解，便注曰："此与廣（广）对文，谓偪（计按，同逼）仄也。"朱骏声《说文通训定声》又说："堂之侧边曰廉。故从广。"《汉语大字典》更是根据段玉裁氏之说解释"廉"的本义为"狭窄"。其实，上引诸说都不符合汉语音本义原理与汉字构形学的原理，释说皆不确切。

从字的形体看，"廉"字小篆写作"廉"形，字从"厂"从"兼"构作，属于象事字，表示用来收割禾谷的石制刀片，即镰刀的"镰"之初文、本字，上部所从之"广"实际是"厂"（计按：石字的减省）之混讹。所以，"廉"字本是指经过锤打而成的扁平、有棱角的石块，即考古学界所称的石镰，后来才引申出"棱角"、"侧边"等意义。张揖《广雅·释言》："廉，柧棱也。"王念孙疏证："郑注《乡饮酒礼》云：'侧边曰廉'。《说文》：'柧，棱也。'《众经音义卷十八》引《通俗文》云：'木四方曰棱，八棱曰柧，字通作觚。'"[①]《礼记·聘礼》："廉而栗，义也。"孔颖达疏："廉，棱也；栗，伤也。言玉体虽有棱而不伤割于物；人有义者亦能割断而不伤物，故云义也。"清人毛奇龄《吴文学暨烈妇戴氏合葬墓志铭》："（戴氏）乃密坏玻璃乳饼，吞其廉，断肠；呕碧血数升，死。"上引资料可证，古代文献里的这些"廉"皆指有棱角的物体。棱角都处于物体的边缘部位，故又引申为"侧边"。后来，"廉"分化出"磏"字，"廉"是专指通过人工锤打修治成的有灰白色锋利棱角的扁薄石块；"磏"则专指修治铁制工具，并使其边棱变锋利的磨石，其实不过就是"廉"字的使动用法而已。西汉扬雄《方言》卷九："凡箭……其广长而薄镰者谓之錍。"《方言》所讲的"薄镰"，会同话又说为"廉薄"

---

① 王念孙：《广雅疏证》卷五上，江苏古籍出版社 2000 年版，第 136 页。

（计按：会同话形容东西扁薄，至今仍然用"廉薄地"一词来表述，读作"liān pào di"）；刘熙《释名·释用器》："镰，廉也，体廉薄也。"刘氏虽然不知道"廉"、"镰"二字的源流关系，但是对其命名缘由的解说还是比较正确的。分析可知，"廉"的得名，即是由"lian"的音本义——"灰白而扁薄"的特点所决定的。

如"脸"，会同话读作"lián"，属于"lian"一音系的语词。《集韵·琰韵》："脸，颊也。"《韵会》："脸，目下颊上也。"王力《汉语史稿》："'脸'是面上搽胭脂的地方，……大约在六世纪以后，才有'脸'字出现。"[①] 上引三家对于"脸"所处部位的解说是正确的，但是因为没有掌握汉语音义同源的规律，没有能够结合语言发生的实际去解释其得名的内在原因，因而不能够揭示"脸"字的音义内涵。事实上，"脸"的命名源自古代妇女在面颊上涂抹白色铅粉的美容习惯，面颊皮肉很薄，涂抹上灰白色的铅粉后，这一部位因而正好具备了"lian"音音本义所强调的"灰白而扁薄"的特点，所以得名为"脸"。《广雅·释器》："铅矿谓之链。"王念孙疏证："链，通作连。" "链"会同话读作"lián"，属于"lian"一音系的语词，铅矿灰白色，"古代妇女用铅粉傅面使白"，[②] 根据因果原理，涂抹脸的铅粉所以也俗称为"lián"。另外，"簾"（计按：帘是因材质改变为布后而另造的字）是由扁薄的灰白色竹片缀连而成的，王宁先生说："簾以竹为之，帘以布为之，都取其薄而得名。"[③] 王氏说解十分正确；"练"本来是指由楝木灰汁或蚌壳灰水（俗称石灰水）除去麻的胶垢而得到的白色薄带状熟麻，根据名动相因的原理，人们也将这一治麻的过程称作"练"，练习、简练、历练中的"练"，即是源自于华夏先祖这一先进的治麻工艺；"鲢"是一种常见的鱼类，李时珍《本草纲目·鳞部》介绍说："鲢鱼，……状如鳙而头小，形扁，细鳞，肥腹，其色最白。"形扁、色白，与"lian"音的音本义要求完全吻合，故而得名为"鲢"。

清人黄生《义府》卷上说："今人通作贪廉之廉，其解殊误。然贪廉二字亦有说，廉非对贪而言，乃对庸而言也。盖山石之有稜（计按，同

---

①　王力：《汉语史稿》，中华书局 1980 年版，第 645 页。

②　李海霞：《汉语动物命名考释》，巴蜀书社 2005 年版，第 413 页。

③　王宁：《训诂学原理》，中国国际广播出版社 1996 年版，第 211 页。

棱）角者谓之廉，故人之风采凝峻者以此为目。《孟子》云：'顽夫廉。'石无棱角者谓之顽石，二字正是相反也。《注》云：'顽者，无知觉；廉者，有分辨。'是又牵察义为训矣。"① 黄氏博引旁征，证"山石之有棱角者谓之廉"，至确。但黄氏以为"廉"是相对于"庸"而言的，则大误。我们认为，"廉洁"、"贪廉"中的"廉"字，就是指财物"微薄"、为人"清白"的意思，这与"廉"字的音本义恰好吻合。

从以上的论述可以进一步明白：汉语音本义原理与汉字形本义原理对于汉语、汉字的学习是何等重要。

五　日

日，甲骨文写作"⊟"、"⊜"、"⊞"、"⊙"等形；金文写作"⊖"（商舟余尊）、"⊖"（周中期舀鼎）等形；战国印写作"⊟"、"⊡"等形；小篆写作"日"形。从这些形体可知，自甲骨文、金文一直到小篆，"日"字的形体演变的脉络是十分清晰的。"日"本来是圆满形，金文写作"⊖"形，属象形字。但甲骨文因是用刀刻写的缘故，为了方便刀锋的转动、刻写，所以将圆形的"⊖"刻写成了方形的"⊟"。

许慎《说文·日部》："日，实也，太阳之精不亏。从口、一，象形。凡日之属皆从日。Ω古文，象形。"段玉裁《说文注》："日，实以叠韵为训。《月令》正文引《春秋元命包》云：'日之为言实也。'《释名》曰：'日，实也，光明盛实也。'口象其轮廓，一象其中不亏。古文象形，盖象中有鸟。"徐灏《说文段注笺》："泰西戴进贤《七政图》：'日中有小黑点数十，横画如带，以远镜（计按：望远镜）目验实然，日字中画象之，古人造字之精如此。'相传日中有鸟者，以黑点如群鸟飞身。古文或作Ω，盖后人从~象鸟也。此字全体象形，小篆由古文变为方体，析而言之则曰'从口、一'。"许氏、段氏、徐氏以小篆日及古文Ω立说，并附会太阳中有"三足乌鸦"的神话，说解虽符合古人对"日"字的认识，但与"日"得名的实际情况不尽切合。

罗振玉氏《殷墟书契考释》："案日体正圆，卜释中诸形或为多角形，或正方者，非日象如此，由刀笔能为方不能为圆故也。"罗氏从甲骨文书

---

①　黄生撰、黄承吉：《字诂义府合按》，中华书局1984年版，第126页。

写的材料、习惯入手，分析了甲骨文中日字多方形的原因，十分正确。后商承祚氏（《殷墟文字类编》）、王襄氏（《古文流变臆说》）、李孝定氏（《甲骨文字集释》）等皆从此说。对于"▢"中间的横画"一"与"▣"中的竖画"丨"，王襄氏以为："·为光之聚点，一与丨；其变形，许书古文，日作☉，～亦一之变，为日中有乌之说所从出。"李孝字氏则认为："（日）中有点画，所以别于▫（丁）也。"并对徐灏之说进行了批评："先哲未有远镜，焉知日中有此黑子，徐说未免附会也。"①

　　对于这些争论，姚孝遂先生指出："《说文》：'日，实也，太阳之精不亏。从口一，象形。'王筠《说文句读》谓：'从口一三字衍文。日字全体象形，若从口一，则会意也。又言象形，是骑墙也。且口一亦不成意，岂可以小篆揉圆为方，拗曲为直而迁就其说乎？'王筠之辩是对的。徐锴《李传袪妄》引李阳冰云：'古人正直象形，其中一点象乌，非口一，盖篆籀方其外，引其点尔。'日中有乌之说，始见于《淮南子》、《抱朴子》及诸纬书，初文日中之点或横不得象'乌'。朱骏声《说文通训定声》、徐灏《说文解字注笺》以为象日中之黑点，当亦无此种可能，不得以近世之科学知识以推考古人造字之源。"② 姚氏博览群书，辩证诸说之言非常中肯，惜其也未明言"日"字中的"点"或"横画"到底代表何物。然而，结合古埃及日神为"鹰"，古希腊太阳神化身、美洲玛雅人日神皆为"乌鸦"的实际情况分析，我们认为，我们祖先将太阳与乌相结合的时代也应该非常久远。2001 年，在四川成都金沙遗址出土了轰动全球的"太阳神鸟金饰"，金饰为四鸟绕日之形，属商代晚期器物（如图 4—20 所示）。《山海经·大荒东经》记载："帝俊生商鸿，帝鸿生白民，白民销姓，黍食，使四鸟。""帝

图 4—20　四鸟绕日

---

① 以上参见于省吾主编《甲骨文字之诂林》第二册，中华书局 1996 年版，第 1089—1090 页。

② 于省吾主编：《甲骨文字诂林》第二册，中华书局 1996 年版，第 1095 页"按语"。

俊生黑齿，姜姓，黍食，使四鸟。""商俊妻娥皇，生此三身之国，姚生姓，黍食，使四鸟。"这与金沙遗址出土的"太阳神鸟金饰"正相符合。帝俊就是我们大家较熟悉的帝喾（gù）。王国维认为"帝俊"是商代商祖中地位最显赫者，何新也认为"帝俊"是商人的祖先，而史传商代始祖"契"即为帝喾次妃简狄吞玄鸟（计按：即燕子）蛋而生的。可见，"日"中之横画代表神鸟的观点是站得住脚的。

那么，"日"为什么又被称为rì（会同话读rí）呢？

前面章节我们说过，耳、二、饵等普通话读为"er"音的字，在会同方言里，都读为"ri"音，与"日"字属同一音系。汉语音本义原理认为，上古汉语中发"ri"音的语词，都有相反或相对的"两个"物体组成的事物之含义。如"耳"，即是由两个处于相反位置的耳朵组成的事物统称；如"而"，即指处于两颊处的长长的胡须；如"輀"，古代专指用于装运棺椁的车，这种车有四轮，因而平稳，此四轮车即是由"两辆车"合成的；又如"饵"，《周礼·天官·冢宰下》："羞笾之实，糗饵，粉餈（计按，今写为糍）。"郑玄注："合蒸曰饵，饼之曰餈。"贾公彦疏："'合蒸曰饵，饼之曰餈'者，谓粉（计按：即粉碎之意）稻米黍米合以为饵，饵即不饼，明饼之曰餈。今之餈糕皆解之，名出于此。"[1] 可知，"饵"其实也是将食物和毒物合在一起而制成的。如民间所谓的"三步倒"之类的饵料即属于此类情况。独立学者唐汉先生说："饵，从食耳声，本义为耳朵状，揪到锅里的面片，其中的'耳'未经转注分离，直接由象形而来，乃是一个偏旁扩大化的声义字。"[2] 唐先生虽然和笔者一样是半路出家的汉字研究学者，但仍有很多创见。然而，因为唐氏不懂汉语音本义原理，所以才出现了对"饵"字的错误理解。

"日"被称为"ri"，原因主要是由于古人每天在早晚（计按：相对的两个时段，日又皆为红色）两次祭祀太阳神的缘故。一天两次进行祭祀，根据古汉语因果相关的原理，所以"日"也便有了"二"（会同话读rí）的名称。

中国社会科学院研究员宋镇豪先生，曾发表《甲骨文"出日""入日"考》一文，对商人祭祀太阳神的活动有过论述。文中说："一九三七

---

① 《周礼注疏》上册，上海古籍出版社2010年版，第182页。
② 唐汉：《中国汉字学批判》下册，东方出版社2006年版，第284页。

年郭沫先生说为'殷人于日盖明夕礼拜之'。一九四四年胡厚宣先生认为，殷人有祭日之礼，且于日之出入朝夕祭之。一九五一年董作宾先生也说，殷代'有日神，于日出日入时祭祀'。""综上所述，甲骨文中'出日'、'入日'的祭祀是殷代的太阳祭祀方式，它是中国古代社会所特有的产物，这一宗教祭祀反映出殷人辨识太阳运行规律和理解自然现象的努力。"① 宋先生长期浸淫于夏商史的研究，他的观点是可信的。我们认为，商人每天祭日两次的祭礼应该不是商代时才发明的，其历史当然更为久远。上古之世，我们祖先因为长期每天早晚祭太阳两次，故而将祭祀的对象"日"也命名为了"ri"。

汉代的许慎、班固、刘熙等氏皆以"日，实也"来解释"日"得名的因由，大误。果核充实不称为"ri"，岩石充实不称为"ri"，可见古代的所谓"声训"局限极大。近人杨树达先生说："日实以音近为训，谓之声训。声训不唯音近，义亦必相关。日与实古韵同在屑部，是音相近也。日充实不亏，是日有实义也。声训或又谓之语源训，测溯其源于造字之初。盖谓未有日名以前，欲定其名，以其物有充实之性，故以实字相近之音之日名之，是实为日字之语源也。二说归趋虽一，而所从言之途经略殊。要之，吾先民严密之精神，于此等处，表示有余矣。"② 杨氏学识渊博，被陈寅恪誉为"当今文字训诂之学，公为第一人"，然而，杨氏囿于《说文》及传统"声训学"的藩篱之中，不理解"日"得名的真正原因，并误。

"日"字，甲骨文写作"⊟"、"⊜"等形，外部的方框代表太阳圆圆的轮廓，内部的点或直线大多与"三足乌"的传说有关。圆变为了方，是因为商代甲骨是用刀笔刻写出来的。在古代，日又有"羲和"、"金乌"、"三足乌"、"赤轮"等别名。日被称为"太阳"，起于汉代阴阳家，汉代刘熙《释名·释采帛》："赤，赫也。太阳之色也。"后遂变为"日"的另一个称呼。但在会同方言里，人们仍然使用"日头"之名，如"出日头了"（即普通话的"出太阳了"），如"日头大得很"（即普通话的所谓"艳阳天"、"阳光充足"之意）。此又可从另个侧面证明，会同话的确

---

① 宋镇豪：《甲骨文"出日""入日"考》，《出土文献研究》，文物出版社1985年版，第33—40页。

② 杨树达：《中国文字学概要》，湖南人民出版社2010年版，第10页。

不愧于"上古汉语活化石"之称号。

"日"得名为"ri",主要是因为上古时代我们的先祖每天两次祭拜"太阳神"(朝夕又皆为相同的红色)的习俗。从汉字形本义看,"日"字的形本义就是现在所谓的"太阳"(阳气最大的物体)。后来引申出"白天"[计按:白天,会同话称为"日的",即指有日头(太阳)的时间]等与"日"密切相关的意义,也是符合汉语因果关系原理的。

《说文·日部》共收入 70 个汉字。这些从"日"作的汉字,大多与太阳的形态、功能等特点、意义相关。

六　月(夕、肉)

月,普通话读为"yuè",会同方言有两个音读,即为"yué"(会同城镇附近)和"nié"(广坪、炮团、青朗等乡镇)。月字,甲骨文写作"ᗪ"(一期)、"D"(二期)、"ᗪ"(三期)、"ᗞ"(五期)、"ᗪ"(先周)等形;金文写作"ᗪ"(周早期盂鼎)等形;战国侯马盟写作"ᗄ"、长沙帛书写作"ᗄ"、小篆写作"ᗄ"。其形体演变的脉络也很清楚。

"夕"字甲骨文写作"ᗴ"(一期)、"ᗪ"(二期)、"ᗪ"(四期)、"ᗴ"(五期)等形,与甲骨文"月"字一期、二期、三期的形体基本相同。在现实生活中,"月"与"夕"(傍晚)也有密切关系,所以古人就以弯月来表示月亮,也用它来表示傍晚。"夕"字金文写作"D"(周早期盂鼎)、"D"(周晚期克盨)、"D"(周晚期毛公鼎)等形,与金文中的"月"字有着明显的区别。小篆写作"ᗄ",楷化后写作"夕"。对于甲骨文"月"、"夕"混同的现象,徐复、宋文民两位先生指出:"月又为夜之象征,故卜辞假(jiǎ)月为夕,早期以加点之ᗪ为夕,而以ᗪ为月。晚期始以ᗪ为月,以ᗪ为夕。金文承甲骨文晚期之形,以中有一点为月,中无点为夕,如月字颂鼎作ᗪ,夕字毛公鼎作ᗪ。皆其证也。"[①]

"肉"字甲骨文写作"ᗪ",与"月"、"夕"的甲骨文形体区别明显。金文写作"ᗄ"(周早期臣辰卣"豚"字所从)、"ᗄ"(周晚期番生

段"能"字所从)、"👁" (战国铸客鼎"胆"字所从)等形;小篆作
"👁",与月字小篆形体几乎混同;楷化后写为"肉",但作为构字偏旁
时,仍写作"月",个别的写作为"夕"形(计按:如"多"字即是从
"肉"构作)。现在汉字中从"月"作的字,除明、盟等十来字之外,实
际几乎都是从"肉"构作的。

许慎《说文·月部》:"月,阙(计按,同缺字)出。太阴之精,象
形。"班固《白虎通·日月》:"月之为言阙也,有满有阙也。"刘熙《释
名·释吞》:"月,缺也。满则缺也。"汉代的经学家们皆用"缺"(que)
释"月"(yue),认为两字韵母相同,而"月"的得名正是因为它大多
时候形体残缺的原因,这一联系纯属附会牵强,并误。

王筠《说文句读》:"外象上下弦形,内象地影即《灵宪》所谓兔蛤
也。"王氏对月字的形体分析正确。古人认为月中的阴影是玉兔蟾蜍,这
与古人以为日中有"三足乌"神话传说一样,渊源都非常久远。古人造
字时会融入群体意识,如"虹"甲骨文即作"👁",像两条龙(或蛇)
合在一起之状(计按:上古之人认为"虹"是一种两端长着头的神怪),
即属于此种情况。因而,我们认为,"日"中的横直线代表"三足乌"、
"月"中的直线来表玉兔或蟾蜍的观点是可信的。

下面,再来讨论一下"月"的音读问题。

汉语音本义原理认为,上古时代,"yue"音的语词大多有"超出同
类"的含义,而"nie"音的语词大多包含"柔弱、细小"的意义。普通
话读为"yuè",与"月明星稀"、"众星拱月"的景象相符合,人们仰望
星空,看到月亮的形体和光亮远远超越出了同类光体星星,因而"月"
可以得名为"yuè"。但是,天空上因为又有光芒万丈的"日"的存在,
我们推测,这个音读可能不是"月"字最早的音读。《诗经·王风·君子
于役》:"君子于役,不日不月。曷其有佸?鸡栖于桀。""桀"读为
"jiē",是高高的木桩。如"月"字以会同话读为"niē",韵部完全相同,
读起来朗朗上口,特别谐韵。正由于白昼与月夜的巨大反差,与日光相
比,月亮光线便显得"细微而柔和"了,这恰好又与"nie"的音本义要
求完全切合。而"nie"音之字的确都包含"细小、柔弱"的意义,这可
以得到类比论证。

如"聶",现在简化写作"聂"。《说文·耳部》:"聶,附身私小语
也。"一个人靠近另一个人的耳朵说话,外人当然只看到三只耳朵,此属

象字。"附耳私小语也",即是指用"细小柔弱"的声音交流。现在因为"聂"字多用为姓,此一意义的字便写成了"嗫"。

如"蹑"字。《说文·足部》:"蹑,蹈也。"蹈字下又说:"蹈,践也。"践字下又说:"践,履也。"《说文·履部》又曰:"履,足所依也。"而足部蹴字下也说:"蹴,蹑也。"如按许氏这些训释,想去找出这些字的含义,那实在是有些像进了迷魂阵的感觉,怎么还能够弄清它们的真实面目呢?从汉音字本义原理可知,"蹑"是指脚用"细小柔弱"的力量踩踏。《史记·淮阴侯列传》:"张良、陈平蹑汉王足,因附耳语。"古时或上下级君臣间非常注重行为的礼义规范,可想见,张良、陈平走路步伐是十分轻盈的。《三国志·魏志·邓艾传》:"(姜维)引退还,欣(计按,指杨欣)等追蹑于强川口。"在后暗暗追踪之人,其步子必定轻柔细小难以让人觉察。李白《古风五十九首》:"素手把芙蓉,虚步蹑太清。"李白言"虚步",其力量的细小、轻柔也是可以想见的。正因为"蹑"是指用"细小、柔弱"的力量踩踏,所以古代织布机上用脚踩的两只踏板也被称为了"蹑"。现代轻手轻脚的行动也便被称呼为"蹑手蹑脚"。由此可证,汉语音本义原理的作用、意义是何等重要。

又如"蘖"字。许慎《说文》写作"櫱",木部櫱下曰:"櫱,木馀也。从木,献声。《商书》曰:若颠木之有由櫱。"《集韵·薛韵》:"蘖,木馀也。或作櫱。"《汉语大字典》释此字说:"niè,树木被砍或倒下后再生出来的枝芽。"新长的枝芽有"细小、柔嫩"的特点,正与"nie"的音本义要求符合。宋代王观圆《学林》卷八:"茶之佳品,芽蘖细微,不可多得。"清代黄燮清《十一月朔月大雪》有诗句:"松柏无空枝,芽麦断萌蘖。"可证"蘖"确是指所有植物细小、柔嫩的新枝芽。《汉语大字典》释蘖为"树木被砍或倒下后再生出来的枝芽",并不完全确切。

再如"臬"字。上部从"自","自"字甲骨文写为"𦣹",在古代指"鼻";下部从"木",可知此字又与"木"相关。《说文·木部》:"臬,射准的(计按,音dì)也。"王筠《说文释例》:"臬以木为之,故从木;射者之鼻,与臬相直,则可以命中,故从自。自,鼻也。"用现在的俗话说,臬就是所谓的"箭靶子"。但王氏认为"射者之鼻,与臬相直,则可以命中,故从自。"王氏不知"汉语音本义原理",所以训释并不能切中"臬"字含义之要领。

甲骨文中一字写作"🌿"①，商承祚氏释为"臬"十分正确②。那么，"臬"到底是怎样的一种形状呢？它为什么被称为"niè"呢？

温少峰、袁庭栋两位先生对此有较深入的研究，他们在《殷墟卜辞研究》之《科学技术篇》中说："臬，甲骨文写作🌿。《说文》训：'臬，射准的也。'即树立木竿以为箭靶，字从木从自（自为鼻之初文）会意。古人树八尺之木为箭靶，其高略于人之鼻等（即'以身为度'之意），其'的'（靶心）又如人面部中心之鼻，故臬字从木从自而出'射准的'义。古代文化简朴，一器多用，故直立的木竿箭靶同时又用为测影之器，即'表'。"温、袁二氏认为"其'的'（靶心）又如人面部中心之鼻，故臬字从木从自而出'射准的'义。"③ 这一认识是正确的，但仍未十分切近"臬"字的真实含义。

《周礼·地官·大司徒》："三曰六艺：礼、乐、射、御、书、数。"郑玄注："射，五射之法。"《周礼·地官·保氏》又说："乃教之六艺，一曰五礼，二曰六乐，三曰五射，四曰五驭，五曰六书，六曰九数。"郑玄注："郑司农（计按：即郑众）云：'五射，白矢，参连，剡注，襄尺、井仪也。'贾公彦疏："云'白矢'者，矢在侯而贯侯过，见其镞白；云'参连'者，前放一矢，后三矢连续而去也；云'剡注'者，谓羽头高镞低而去，剡剡然（计按，即向下射击之状貌）；云'襄尺'者，臣与君射，不与君并立，襄（计按：即让字）君一尺而退（计按：即站于君身后一尺之处）；云'井仪'者，四矢贯侯，如井之容仪也。"这一认识是正确的。但仍未十分切近"臬"字的真实含义。《礼记·燕义》："春合诸学，秋合诸射，以考其艺而进退之。"郑玄注："射，射宫也。"孔颖达疏："择士习射之宫也。"从这些文献资料可知，上古之世，由于受渔猎生活及部族战争的影响，人们相当重视射箭技术的培养。故而有多种习射的靶子和习射的专门场所。其中习射的靶子，就有所谓"臬"、"埻"、"侯"等名称。《说文·土部》："埻，射臬也。读若准。""《广韵·准韵》："埻，射的。《周礼》或作準。"埻字从土，字义与土有关。本指习射场中用以张设射靶的小土墙。这大多是用于射击比赛的。《说文·矢

---

① 《前》五·一三·六，参见《甲骨文编》形。

② 商承祚：《甲骨文字研究下编》，转引自李圃主编《古文字诂林》第五册，上海教育出版社 2002 年版，第 936 页。

③ 转引自李圃主编《古文诂林》第五册，上海教育出版社 2002 年版，第 937 页。

部》："侯，春飨所射侯也。从人，从厂，象张布，矢在其下。天子射熊、虎、豹，服猛也。堵侯射熊、豕、虎。大夫射麋，惑也。士射鹿、豕，为田除害也。其祝曰：'毋若不宁侯，不朝于王所，故伉而射汝也。'㑄，古文侯。"徐灏《说文解字注笺》："侯制以布为之，其中设鹄，以革为之，所射之的也……大射则张皮于侯以为饰。"《仪礼·乡射礼》："乃张侯下纲。"郑玄注："侯，谓所射布也。"《周礼·考工记·梓人》："梓人为侯，广与崇方，参分其广，而鹄居一焉。"

从以上分析可知，"埻"是固定的用于张设射靶的小土墙，"侯"是固定的用于张设靶的木架，这些"箭靶"都有固定、质量大或笨重的特点，与"臬"有明显区别。"臬"是由一根下部尖削（可以插入松软土地）、长约五尺左右的小木柱和一个小射靶组成的箭靶。"臬"上部的"自"是指附着在木块顶部的鼻形靶，下部的"木"是指可以随意插入土地或拔出的长木柱。可见，"臬"的确属于象字。相对于"埻"、"侯"而言，这种箭靶有着"细小、轻柔"的特点，所以得名为"niè"。《周记·考工记·轮人》："直以指牙，牙得，则无槷而固。"郑玄注："槷读如涅。"《周记·考工记·匠人》又说："置槷以懸（计按，今写作悬），眂（计按，即视字）以景（计按，即影字）。"郑玄注："槷，古文臬假借字。于所平之地中央，树八尺（计按，古代的计量单位，相当于今天五尺左右）之臬，以縣正之，眂之以其景，将以正四方也。"贾公彦疏："槷，亦谓柱也。"于省吾氏《甲骨文字释林·释㴸》："集韵又谓'臬或作槷，臬与槷古通用。'"① 而"槷"字在甲骨文中即写作"[illegible]"形，左边从"木"从"土"，右边从"[illegible]"（一人伸出双手），属象事字，可会出一人双手持木（木柱或小树）插入（或种植）到土地中之意义，象事意味十分明显。由这些文献资料可证，"臬"（槷）的确是一种可以随意插入土地或拔出的轻便简易的细小箭靶。

综上所述，月读为"yuè"或"nié"，都有其音义发生的缘由和基础，符合汉语言产生的有关规律。但我们认为，月读"nié"音可能更接近于上古时代汉语产生的实际。当然，这有待于进一步的论证。

因为形体讹混的原因，"月"与表示肉的字原（计按：俗称偏旁、字首、字根）"月"，在隶变、楷变后完全共用了一个形体——月。如何解

① 转引于李圃主编《古文字诂林》第五册，上海教育出版社2002年版，第937页。

决这一实际存在的问题？如何用最小的代价区分合体字中的月亮之"月"和肉旁之"月"？我们认为，这可以从规定偏旁所处的位置予以解决。大家知道，"肉旁月"基本都放置在字体的左边或下部的位置，如"肠、肌、肺、胃、肩、有"等字；而月亮之"月"作偏旁时，一般放置在字体的右边位置，如"期"、"朔"、"明"、"阴"等字。"明朗"的"朗"字在小篆中写为"𦣞"，"月"旁本在字体的左边，但隶变以后，人们便将"月"旁从左移到了右，成为了大家现在熟悉的"朗"。这就是一个移换位置的成功范例。

《说文·月部》有一个"朓"字，许慎解释为："晦而月见西方谓之朓。从月，兆声。"徐铉依孙愐《唐韵》定其音为"土了切"，换成今天的音读形式，则读为"tiǎo"。《说文·肉部》也有个"胱"字，许慎解释为："祭也。从肉，兆声。"徐铉定其音为"土了切"，与月部中的"朓"字音读完全一样。这样，本不应该拥有相同形体的两个字，都阴差阳错地共有了一副面孔。这不能不说是称得上汉字之一大遗憾。如让"肉旁月"仍保留"胱"之原形，而将月部的"朓"写为"𣎺"，向"明"、"朔"等月部字的形体看齐，则可以很好地解决这一个问题。这是使汉字更加规范化的必由之路。

"𦣞"转变为今天的"朗"字，已经人为地创造了成功的先例。为了汉语汉字的健康发展和推广，我们认为，《说文·月部》中的"朏"（计按，金文就写作"𦥑"，月在右边）、"朓"、"朒"、"朦"、"胧"五字，国家文字改革委员会等相关部门完全可以考虑将"月"旁右移，使相关汉字更加规范、好理解。

七　雨

雨，甲骨文写作"𩅞"（一期，《粹》七三〇）、"𩅞"（三期，《粹》七八二）、"𩅞"（五期、《后》上二〇·一）、"𩅞"（五期，《前》二·三五·三）等形，上部之"一"或"二"像天幕，下部之"𠅃"、"𠅃"或"𠅃"等像雨线、雨点之状；金文写作"𩅞"（商代亚止雨鼎）、"𩅞"（商代子雨鼎）、"𩅞"（周早期子雨卣）等形；春秋石鼓文写作"𩅞"形，小篆写作"𩅞"形，楷变后写作"雨"形，其形体演变前后承袭较为明显①。

《说文·雨部》曰："雨，水从云下也。一象天，冂象云，水零其间也。凡雨之属皆从雨。霝古文。"许氏以小篆形体立说，释义正确。但说"冂象云，水零其间也。"则大误。

段玉裁《说文解字注》："引申之，凡自上而下者称雨。沝者，水字也。"段氏从许君"水零其间"的错误之形体分析观点，以为小篆之"雨"字是从"冖"从"沝"（水）而作，也误。

徐灏《说文解字注笺》说："从水，指事，冂象天，从一者后所加也。"徐氏仍然照着许、段二氏的老路子去分析，并误。

叶玉森氏指出："按契文雨字，别构孔繁。疑⫶⫶为初文，象雨零形。⫶⫶为准初文，增从一象天，丨状之小直线，或平列或参差上下两层或三层，当同状一物，厥后上半渐变为冂冖，又变为冖雨禸，复讹变而为禸，与篆文近。郭君乃认上一画为天，而以冂为云，误矣。"②叶氏对"雨"字形体的演变分析非常透彻，后得到了姚孝遂先生的大力肯定。姚氏明确地说："叶玉森释'雨'之形体是对的。"③

对于许慎之误析"雨"字，于省吾氏作了较深入的批判。他说："按许氏的解说，是就已讹的小篆而曲加附会。……《说文》谓一象天，已失去了根据。《说文》又谓冂象云，则水零其间系指沝形而言之。可是，甲骨文的云字本作云，则冂无由象云形。甲骨文的水字作沝，中间无作直线划者，则⫶⫶形无由说成水零其间。从以上的分析，可以看出，《说文》对雨字的解释，支离破碎，无一是处。但是，甲骨文的雨字为什么上部作冂？我们只要注意到第一期初期𠂤组大字卜辞，常见的雨字均作⫶⫶，就可以一目了然。一象天，⫶⫶象雨滴纷纷下降形，宛然如绘。后来⫶⫶字上列三点深变为与横画相连接成冂形。"④于氏结合雨、云、水等字的甲骨文形体，逐一对许慎《说文》中关于"雨"的形体分析进行了批驳，论据可靠，论证充分，此说可从。此也可证"甲骨文"、"金文"对于探求汉字本源的重要性。

---

① 高明：《古文字类编》，中华书局1980年版，第483页。
② 于省吾主编：《甲骨文字诂林》第三册，中华书局1996年版，第1153页。
③ 于省吾主编：《甲骨文字诂林》第二册，中华书局1996年版，第1154页"按语"。
④ 于省吾：《甲骨文字释林·释雨》，中华书局1993年版，第118—119页。

　　通过以上探讨，我们已经对"雨"字的形体结构及其演变，有了一个清晰的认识。然而，我们的祖先为何将"雨"命名为"yú"呢？接下来，让我们一起探讨一下"雨"得名的音义结合缘由。

　　在前面的有关章节，我们已经简单分析过，古汉语里的"yu"音语词，大体都具有"大的"和"不完全聚合的"两个特点。只要具备了这两点要求，就可以得名为"yu"。众所周知，海的形体巨大，但海水却聚集为一个完完全全的整体，不具备"不完全聚集"的特点。正是由于这一原因，所以不能将它归入到"yu"音音系来命名。

　　如"玉"字，甲骨文写作"羊"（一期，《乙》七八〇八）、"羊"（一期，《乙》七七九九）等形。"丫"、"个"像用来串穿玉片、玉饰的绳线；"三"、"彡"即像众多玉片之形。金文写作"王"（周早期乙亥殷）、"王"（毛公鼎）、"玉"（战国鱼鼎匕）等形，像绳线的"丨"规整且不露头，但仍可看出与甲骨文"羊"的源流关系。臧克和先生说："考古发掘发见（现），远在石器时代，即有大量石器作为随葬品。此类石制品，间有玉质，大率质朴无纹饰，象征寓于实用之中。但后来由环状石轮石斧演化而为玉璧、玉环、玉璜等，则已明显失去了直接生产的实用意义，而渗入到玉制品中的象征内涵趋浓。大抵玉之视石，硬度大，因而具有功用。"[1] 由此可知，"玉"字读为"yù"，本指硬度最大的、用绳线串穿聚集在一起的玉制饰品，它因为具备了"大的"、"（不完全）聚集"的特点，所以被命名为"yù"。后来，继而引申为指专门用于制作这类饰品的材料——玉石了。也许正因为上述特点的缘故，它在中华民族的心里也才拥有了崇高的地位，"黄金有价玉无价"，玉不仅是王权号召力的象征，而且也成了坚贞、纯洁等人类品格的象征。

　　又如"豫"字，字从"予"、从"象"构作，属于形声兼象事结构的文字。《说文·象部》："豫，象之大者。贾侍中说，不害于物。"段玉裁注曰："此豫之本义，故其字从象也。"从许氏、段氏的解释看，"豫"的真实含义，二人也并没有真正了解。大象，本来就有巨大的形体，因此，"豫"就不可能再用来去特指什么"象之大者"了。

　　那么，它具体指何种大象？为什么会有"yù"的名称？许、段诸氏都未得其解。徐中舒氏说："《禹贡》豫州之豫，为象、邑二字之合文。

　　①　臧克和：《中国文字与儒学思想》，广西教育出版社 1996 年版，第 240 页。

《说文》豫从予声，从予乃从邑之讹。予为晚出之字，不见于甲骨、铜器及较古之书籍。"① "邑"字甲骨文写作"𗊩"，金文写作"𗊩"（师酉敦）、"𗊩"（齐侯壶）、"𗊩"（𠤳鼎）等形，后在两足布币中又变为"𗊩"、"𗊩"、"𗊩"等形，的确与"予"字形体相似，徐氏谓豫字"从予乃从邑之讹"，实为来源有自。

　　何琳仪氏则认为："在早期古文字中并未发现有'予'字，战国秦国文字才出现'𗊩'形，六国文字'予'尚作'𗊩'形（《玺汇》三四五七）。凡此可证，'予'本作'𗊩'形（'予'疑即'吕'的分化，留待后考）。其本演变顺序如下：

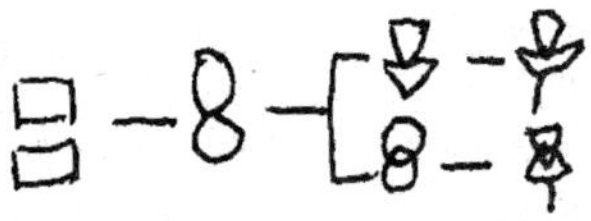

$$
\text{吕} \;-\; \text{8} \;-\; \left[\begin{array}{c} \text{�} \;-\; \text{予} \\ \text{8} \;-\; \text{�} \end{array} \right]
$$

　　表'�'或作'�'，与甲骨文'�'或作'�'属同类现象；'�'、'�'或作'�'、'�'，与战国文字'�'或作'�'（陈立匊镈）属同类现象。"② 何氏追根溯源，详细论证了"予"源自于"吕"。从汉字形体学原理分析，"吕"大体表示两座城邑互相依附的亲密关系。据此而言，从"吕"分化出来的"予"，和城邑的"邑"虽各有侧重，但仍拥有一个共同点，那就是，二者都是人类群体聚族而居的地方。弄清了这一点，那我们自然可以推论出，"豫"其实是专指被驯化后生活在人类身边的血缘组合较松散的大象群体。后来，这个驯养了大象群的部落居住之地，也被称为"豫"。《文雅·释地》："河南曰豫州"，其得名的因由即如前述。驯养的大象称为"豫"，就如同驯养的豨（野猪）称为"豕"，驯养的雉称为"鸡"一样，古人往往是一物一名或一物数名，但几乎没有多物共用一名的现象。驯养与野生，在古人眼中，是有明显区分界线的，现代人常常是在名称之前加一"野"字（如野象、野鸡、野猪

----

① 见徐中舒《殷人吸象及象之南迁》，转引自李圃主编《古文字诂林》第八册，上海教育出版社 2003 年版，第 448 页。

② 何琳仪：《古玺杂识续》，《古文字研究》第 19 辑，中华书局 1992 年版。

等），就给予区分，但在单音节词占主流的上古汉语时代，驯养的象和野生的象是各有一名的。

正因为"豫"是指驯养的大象，而驯养之象性情温驯、行动舒缓安详，所以引申出"安乐、快乐"之义。驯养大象必须从幼象开始驯化，所以"豫"本身又包含了"预先"、"早做准备"等意义。此义后常写为"预"。预其实是从"豫"讹变而来的。驯养大象耗时长久，并需要多次反复相同之动作，所以"豫"又可引申出"反反复复"（即犹豫之义）的含义。"犹豫"在古文献中也写作"遊豫"，如《孟子·梁惠王下》"夏谚曰：吾王不遊，吾何以休？吾王不豫，吾何以助？一遊一豫，为诸侯度。"汉代赵歧注曰："豫亦遊也，遊亦豫也。"遊在甲骨文中也写作"𤘝"，像大人训练小孩走步之状，此正与训练大象有关的"豫"可归一类。"犹豫"强调人们内心做决定时的反反复复，"遊豫"强调天子巡游下属方国的反反复复，它们所描述的事物的特点是完全一样的。后世直接将"犹豫"释作"迟疑"，便与其语源又拉开了更大距离。

又如"舆"字，其甲骨文写作"𦥑"形，小篆写作"輿"、"𦥭"等形，字从"車（车）"、从"舁（yú）"构作，属于形声兼象事结构的文字。《说文解字》："舁，共举也。""舁"字甲骨文写作"𦥑"，即由"𦥑"和"𠀎"组成，其实就是四只手，在作为构字部件时表示众多人手一起抬举之意。由此可见，"舆"字的本义，就是表示需要用众多人手共同扛抬着前进的一种车——即今人抬的轿子。《史记·夏本纪》："陆行乘车，水行乘船，泥行乘橇，山行乘檋。"我们认为，"檋"字不过就是"輂"字加形旁"木"而构造的形声字，"輂"字从"共"、从"车"构作，表示需要众多人手一起抬举的一种车具，和"舆"字的构形原理同理，其实就当是"舆"字。杨润陆先生说："舆轿作为一种独特的乘载工具，起源于夏代。""夏代舆轿的形制已无从考证，根据地下发掘，我们所能看到的最早的舆轿实物属于春秋战国时期。它由底座、边框、立柱、栏杆、顶盖、轿杆和抬杠等部分构成。底座呈纵向的长方形，顶盖四面起坡，轿身是木制骨架，上施帷幔。"[1] 可证"舆"的发明已经有非常悠久的历史了。

---

① 杨润陆：《汉字与交通》，语见何九盈等主编《中国汉字文化大观》，北京大学出版社1995年版，第328页。

《说文解字》："舆，车舆也。从车，舁声。"段玉裁注："车舆谓车之舆也。……舆为人所居，可独得车名也。"许慎、段玉裁二氏，将"舆"字的比喻义"车厢"当做了本义，可谓本末倒置了。古代的车具，去掉车轮、车轴及牵拉的辕辀之后，剩下的车厢正和今天叫做轿子的"舆"形制相似，故而也得了"舆"的别名。刘熙《释名·释车》："舆，举也。"轿子是需要人手抬举着前进的，但其得名的原因不是"举"，而是"舁"，刘氏所释，是"舆"字名词活用为动词的一种用法，实际就该写为"舁"。《广雅·释诂三》："舆，多也。"《国语·晋语三》："惠公入而背外内之赂，舆人诵之。"韦昭注："舆，众也。"今天我们所讲的"舆论"，也就是"大众的言论"之意，追根究源，作为众多意义来讲的"舆"，其实也应该写为"舁"。这到底是怎么回事呢？因为，"舁"读为 yú，就是指大量人手聚集在一块抬举东西的行为，所以，"舁"字可以引申出"众多"的意思。我们认为，"舆"得名为"yú"，正是由于这种代步的车具，是需要众人来"舁"（抬举）的。这与"雩"的得名原因是由于"吁"完全一样。

又如简体字"与"，其小篆写为"𦥑"，楷化后写作"與"，简化时，去掉主要的构字部件"舁"字，只留下了"与"。《说文解字》："與，党與也。"《汉书·燕刺王刘旦传》："群臣连與成朋。"颜师古注："與，谓党與也。"党與，今天常常被写为"党羽"，就是指大量经常聚集在一起的关系亲近的朋友。

又如"宇"字，字从"宀"、从"于"构作，属于形声兼象事结构的文字。字从"宀"，表示它的意义与房屋类形制有关；字从"于"，则表示它的意义一定包含了"大的"、"不完全聚集"的特点。《说文·宀部》："宇，屋边也。从宀，于声。"许氏释义与析形都是正确的，可惜没有去揭示其音义结合的内在原理。《汉字源流字典》："宇，本义为房檐。"① 房檐，即许氏所讲的屋边，解释正确。《三苍》说："上下四方谓之宇，古往今来谓之宙。"《庄子·庚桑楚》又云："有实而无乎处者，宇也；有长而无本剽者，宙也。"本就是树木的根本，剽通假于"標（标）"，指树木的末端，本剽就是本标，即指树木开始和结束之处。这句话的意思是，虽然有实际存在的边际但又无定处可求的空间是宇，虽然有

---

① 谷衍奎：《汉字源流字典》，华夏出版社 2003 年版，第 225 页。

不断增长的长度但又无始无终的时间是宙。庄子所说的"宇宙",都是宇、宙的比喻引申意义。王宁先生指出:"屋边也就是屋檐,它伸出地基与墙围的外沿,覆盖房屋建筑的最大面积,所以古人用它来比喻无限的空间。"① 分析可知,"宇"由很多块檐板聚集而成,又是房屋建筑中覆盖面积最大的,这正好具备了"yu"音音本义要求的"大的"、"聚集"的特点,所以,古人也将它命名为"宇"。

再如"语"字,其金文形体写作"𧥴",小篆写作"𧨾",字从"言"、从"吾"构作,属于形声兼象事结构的文字。从"言",说明此字的含义与语言、言论的意义相关;从"吾",说明此字的含义与"交会、聚集"和"大的"意义相关。两形组合,表示大量人员聚集在一块说话讨论的意思。《说文·言部》:"语,论也","论,议也","议,语也",许氏此释近是。《诗经·大雅·公刘》:"于时言言,于时语语。"毛传:"直言曰言,论难曰语。"《礼记·杂记》:"三年之丧,言而不语,对而不问。"郑玄注:"言,言己事也,为人说为语。"王宁先生认为:"以上几例,足以说明在先秦汉语里,'言'与'语'的区别非常明显:'言'是主动说话,'语'是对话、回答问题。"② 《说文》收录了多个表示共同讨论的语词,许氏以"议"、"论"、"语"等字辗转解释,其实并不十分确切。我们认为,"议"是对大家围绕共同关心的问题对话讨论而得出一致看法的情况而言的,它强调的是"同一"、"一致";"论"是指十分有条理的说话,强调的重点是说话的"条理性";而"语"字是指大量人员聚集在一块讨论的情况而言的,它侧重于强调对话人数数量的"大"和"聚集"的场面。

再如"虞"字,其金文形体写作"𧆞",小篆写作"虞"形。金文"𧆞"左边所从为"𧆧",此形上部是血盆大口的老虎头,下部是一个侧立的人形,整体即表示一个有着老虎头的人。可见"𧆞"字实际是由一个有着虎头之人形和"口"组合而成的。从生活的实际情况看,现实中不可能有长着老虎头的人存在。而将头部化妆为老虎头或头戴虎头面具的情况,却是实际存在和为大家所熟悉的。王力《同源字典》:"在虞乐的

---

① 王宁:《训诂学原理》,中国国际广播出版社 1996 年版,第 153 页。
② 同上书,第 236 页。

意义上，'虞'、'娱'实同一词。"① 王氏认为"虞"、"娱"二字在欢乐的意义上同为一词，当然是正确的，但王氏并不明白"虞"字的构形原理和音义结合的真实内涵。许威汉先生指出："'虞'的本义化妆舞，也就是头戴虎头假面具进行舞蹈，后来娱乐就称'虞'。"② 许氏依据虞字的形体立说，符合汉字的构形原理和生活的实际。从汉语音本义原理来看，汉语语词的发生是有着内在的音义结合规律的。经常聚集在一起玩耍活动的大量人群是"與"，大量人群聚集在一起讨论是"语"，大量人群聚集在一起抬举东西是"舁"，大量人群聚集在一起哭号嗟吁求雨的祭祀是"雩"，大量人群聚集在一起举行化装舞会是"虞"，大量人群被聚集关押的地方是"狱"（计按：过去一般写为"圉"、"圄"，现在，三字可以视为一字异体现象）等，其中的确存在着音与义的内在联系。

正因为虞字的原始意义是指"大量人群聚集在一起举行化装舞会"，所以，虞字才可以引申出"欢乐"、"友好"的意义；化妆掩盖了真实的面目，继而又可以引申出"欺诈"（如尔虞我诈）、"猜测"的意义；化妆面目狰狞恐怖，因而又可以引申出"惊吓"、"忧虑"的意义。

由于篇幅所限，其他的"yu"音字以后再找时间详细论述。

在商代人的眼中，"雨"是"天帝"掌管着的，甲骨卜辞就经常出现"帝令雨"之类的语句。人们继而以为"雨"来自于"天河之水"，来自天帝的使者雷公电母。在科学还不发达的古代，古人的这些认识是无可厚非的。基于这些认识，古人便创立了很多与"雨"有关的祭祀方式。如"雩"、"尞"、"炆"等字。

雨是天河之水，在古人的眼里，降雨时铺天盖地，覆盖面积十分巨大，因而有"大"的特点；雨又通常是以集中的形式出现，因而又有"聚集"的特点。这正与"yu"的音本义要求完全契合。

《说文·雨部》共收有46个汉字。这些从"雨"造作的文字，一般都与降水的形态、原因等意义相关。

八　火

火，甲骨文写作"㞢"（一期《后》下九·一）、"㞢"（一期《甲》

① 王力：《同源字典》，商务印书馆1982年版，第121页。
② 许威汉：《训诂学导论》，北京大学出版社2003年版，第146页。

一〇七四）、"⚶"（二期《明藏》五九九）、"⚶"（四期《甲》二三一六）等形，刘兴隆《新编甲骨文字典》说："象火焰上升之形。卜辞 ⚶（火）、⚶（山）易混，区别是：火字下圆，山字下直。"[1] 金文写作"⚶"（周早期麦鼎"赤"字所从）、"火"（周中期颂鼎"赤"字所从）、"⚶"（周中期召尊"炎"字所从）等形。战国时期写作"⚶"形，小篆写作"火"形，其形体演变脉络十分清楚。

《说文·火部》："火，燬（计按：毁的异体字）也，南方之行，炎而上。象形。"许氏以与"火"声部相同的"燬"字来解释火，认为它具有毁坏万物的功能。虽然所释运用了传统声训的方法，乍一看似乎有些道理，但是，这与"火"字的音义结合原理是毫不相干的。刘熙《释名·释天》："火，化也，消化物也，亦言毁也，物入中皆毁坏也。"刘熙即从许氏之说。"南方之行"，是说火相对于中国这片土地来讲，属于南方之五行。此点附会了秦汉时期盛行的五行学说；"炎而上"，是说火具有光明、灼热、向上的特点，此则是侧重于火的照明、散热功能及火焰向上的形态特点而言的。总体来说，刘熙、许慎二氏的解释，都未弄清楚"火"字的语源义。

人类与火打交道的历史非常悠久。就中国而言，考古学家从北京周口店猿人所用石器初步推测，中国猿人大约在五十万年以前就已经学会使用火了。从事物发生的规律来看，人类早期所使用的火，基本上都是由火山喷发、雷电、磷燃烧等自然因素引发的山火。山火燃烧时风助火势，发出"huo – huo – huo"的巨大声响，华夏先祖于是模拟这种声音，将"火"命名为"huo"。火虽然可以破坏万物，但是，火又可以为人们带来光明、温暖，可以帮助人类驱赶猛兽，还可以为人类烹饪饮食。正因为对火的使用，先民才开始真正脱离了"茹毛饮血"的野蛮原始的生活，才开始逐渐步入了文明时代。这样看来，怎么能够用"毁坏"来诠释"火"的真实含义呢？

由于原始人群对"火"的巨大依赖，聪明的华夏先民便发明了人工取火的方法，《尸子》："燧人上观星辰，下察五木以为火。"燧人氏就是中华民族传说中钻木取火技术的发明者。在中国"三皇五帝"的传说中，

---

[1]　刘兴隆：《新编甲骨文字典》（增订版），国际文化出版公司 2002 年版，第 637 页。

炎帝神农氏以火德王天下，被后世尊奉为"灶神"；祝融氏掌火正之职，被后世尊为"火神"；燧人氏也因发明了人工取火的方法，班固《白虎通义》便据民间传说将其列为"三皇"之一，与华夏始祖伏羲、神农并称为"三皇"。从这些传说来看，可见"火"对于华夏先民的文明进程是何等重要，中华民族的远古史，其实就是一部"火的文明史"。

汉语音本义原理认为，古汉语中隶属于"huo"音的语词，基本上都包含"迅速的"、"大的"两个特点。大家知道，只有快速燃烧的大火才会发出"huo－huo－huo"的巨大声响，所以，古人便将呼呼燃烧的大火叫作"火"，而将用来做火种的微火称为"幽"（计按：幽字所从的"山"，其实是"火"字的讹误，分析见有关章节）。接下来，让我们来共同探讨一下与"火"同一音系汉字的音形义结合规律。

如"霍"字，读为"huò"。甲骨文写作"𩇕"（乙七七四六）、"𩁰"等形①，上部从"⻗"（雨）、下部从"隹"（隹或鸟）。该字描摹了大雨将至前夕，众多飞鸟（如大家熟悉燕子）成群聚集、疾速俯冲上下翻飞的情形，属于象事结构的文字。疾速俯冲上下翻飞，即表现了"迅速"之特点；数量众多，即具有了"大"的特点。这与"huo"的音本义要求完全吻合。

《说文解字》："靃，飞声也。雨而双飞者其声靃然。"许氏以小篆形体立说，错误地理解了从"雨"的象征意义，另外，他又不知"隹"字在充当构字部件时可以表示众多飞鸟的功能，生硬地将"隹"解释为"双飞者"，故而不能领会"霍"字的真实含义。梁朝顾野王《玉篇·雨部》："霍，鸟飞急疾儿（貌）也，挥霍也。"唐慧琳《一切经音义》卷十七引《考声》："霍，猝急也。"顾野王氏、慧琳法师对"霍"字的训释较为准确，可谓理解了"霍"字的语源意义。汉代枚乘《七发》："涊（计按，niǎn，汗出貌）然汗出，霍然病已。"霍然，就是疾速、迅速的意思。《七发》此句即说：大汗刚出完，病就迅速痊愈了。今天，会同话形容某人或某动物疾速跑了，仍然讲作"霍嘎地走了"（计按："走"字在会同方言里是跑的意思）。

如"祸"字，其甲骨文写作"⿴"形。陈梦家氏曾说："⿴，象卜骨上有卜兆形。"演变为咼。咼本作咼，口乃后加。過（过）、禍（祸）

---

① 参见于省吾主编《甲骨文诂林》第二册，中华书局1996年版，第1714页。

实凸之孳乳字。① 郭沫若《殷契粹编》也释"𠮷"为"凸"，读为"𩇓"（祸的异体字）。后来，台湾严一萍先生也指出："凸为祸之初文。"② 由此可证，"祸"这一语词在商代就已发广泛运用了。

《说文·示部》："祸，害也。神不福也。从示，咼声。"许氏释义近是，但并未说清楚"祸"的确切含义与音义结合的特点。明代梅膺祚《字汇·示部》："祸，殃也，害也，灾也。"梅氏从许说，也没有讲明白"祸"的真实含义。《广雅·释言》："殃，祸也。"清代训诂学大师王念孙《广雅疏证》此条下居然未著一字。戴家祥氏《金文大字典》祸字下："按许慎所释可从。《说文·二篇》'咼，口戾不正也。从口冎声。''口戾不正'即祸害所象。从示，乃祸害来自神的惩罚。《论衡·黑害》'来不由我，故谓之祸'。即此之谓。"③ 戴氏深得其师王国维之真传，在古文字学，尤其是金文方面造诣颇深，成绩斐然，被后世尊为"金文研究第一人"。然而此释也未尽善。他说："从示，乃祸害来自神的惩罚。"而《说文·示部》"祟"下亦曰："祟，神祸也。"其实祟与祸各有侧重，在甲骨卜辞中，它们也的确是有较明显的区别的。

从汉语音本义原理可知，"祸"字包含的特点，应该是"迅速、突然"和"大的"。众所周知，"祸"字在语言的实际运用里，人们主要用它指"突然降的巨大灾害"。《史记·司马相如列传》记载："祸因多藏于隐微而发于人之所忽者也。"司马迁氏所讲，实质上就是强调了祸的"突然、疾速"之特点。正因为如此，所以，人们常常习惯于用"飞来横祸"、"祸从天降"来描述它的迅速、突然。

又如"活"字，其小篆形体写作"𣴬"形，从"水"、从"昏"构作，许慎认为是属于形声结构的文字。《说文·水部》："活，水流声。从水，昏声。"许氏释"活"为水流声，近是。我们认为，"活"字的得名，的确与激流发出的"huo－huo－huo"的巨大声响有关，但其所指应该为急速奔流并发出"huo－huo"声响的巨大水流。所以，"活"字本身才可以包含"动"的意义。如活水，指流动的水；活人，指心脏在跳动的人。

---

　　① 陈梦家：《释凸》，《考古学社社刊》1936 年 12 月；转引自潘玉坤主编《古文字考释提要总览》第一册，上海人民出版社 2008 年版，第 49 页。

　　② 严一萍：《楚缯书新考》，《中国文字》第 26 册，台北艺文印书馆 1967 年版。

　　③ 戴家祥：《金文大字典》（中册），学林出版社 1999 年版，第 3140 页。

　　再如"豁"字，字从"谷"字构作，说明它的意义与山谷有关（计按：今天所谓之稻谷，古代只写作"穀"）；字从"害"（计按：《广雅》："害，割也。"《说文解字注》："《尚书》多假借割为害，古二字音同也。"可知害为割字的初文、本字）字构作，表示它的意义与"割裂"、"分开"的意义有关；而音读作"huò"，则说明它所指的对象一定包含了"急速"和"大的"两个特点。那么，我们可以推知，"豁"字，其实就是指空间迅速向两旁分开的巨大山谷——也即空间突然变大的山谷。《六书故·地理三》："豁，谷敞也。"敞，就是开敞、宽敞之义，此释对了一半。顾野王《玉篇·谷部》："豁，大度量也。"豁字本是指空间巨大的山谷，"大度量"不过是其比喻引申的意义而已。唐慧琳《一切经音义》卷十三引《字书》："豁，大也。"《汉语大字典》："豁，形容很快，一下子。"两家所释各强调了"豁"字包含的特点，合并起来才能让人明白它的真实情况。

　　再如"货"字，其小篆形体写作"貨"，字从"化"、从"贝"构作，属于象事结构的文字。字从"化"，表示它的意义包含了变化、交换之意；字从"贝"，说明它的意义与货币钱财相关；音读为"huò"，表示它所指的对象包含了"迅速"、"大的"两个特点。《说文·贝部》："货，财也。"段玉裁注引《广韵》："货者，化也。变化反易之物，故字从化。"反是贩字的通假，"反易"，即贩卖交易，货币是用于买卖交易的一种特殊商品，段氏所引《广韵》的训释，十分正确。

　　《周礼·秋官·职金》："掌受士之金罚，货罚，入于司兵。"郑玄注："货，泉币也。"现在所讲的"钱币"，古代曾有过"贝"、"钱"、"布"、"货"、"泉"等名称，所以，郑玄的注释并没有揭示出"货"字音义结合的规律。《易·系辞下》："日中为市，致天下之民，聚天下之货，交易而退，各得其所。"天下之货，即天下的货物商品，此处的货字，则由特殊的等价商品——钱币，词义扩大而泛指一切商品了。崔枢华先生曾在《汉字与贸易》一文中指出："'货'表示'财'的意义首先是指货币，因为货币在交易过程中具有万能商品、可以随意变化的特点。以后随着词义的发展，'货'又有了泛指一般财物以及'买'、'卖'等意义。"① 崔

---

① 崔枢华：《汉字与贸易》，语见何九盈等主编《中国汉字文化大观》，北京大学出版社1995年版，第362页。

枢华先生关于"货"字词义源流的探究，是符合历史实际的。但是，这一训释也未能揭示"货"字得名的真实缘由。

前面多次阐述过，汉语是一种大量运用比喻手法的语言。我们认为，古人将钱币称为"货"，称为"泉"，仍然是一种比喻手法的运用。《礼记·檀弓》郑玄注："古者谓钱曰泉。"《国语·周语》："景王二十一年将铸大钱。"韦昭注："古曰泉，后转曰钱。"崔枢华先生说："由于'钱'、'泉'二字古同音，而'泉'有流布广远等特点，于是周人渐以'泉'代'钱'。"① 钱币像泉水一样永不枯竭、流布广远，故而周人以"泉"代"钱"。那么，数量极其巨大的钱币在广大民众中间快速流通，不是与迅速奔流的"活"很相像么？既然二者如此相似，古人就可以依据这一理据制造出特指钱币的"货"字。《诗经》中没有"货"字，而在《论语》里只是偶尔出现过几次，可见"货"字的出现时间是比较晚的，这也与汉字发生学的规律不相违背。

现在，让我们再回到字原"火"字的讨论上来。火在我们人类文明进程中起到了至关重要的作用。它是人类由野蛮时代进入文明时代的重要标志。从发现火到自觉地使用火，从发明取火方式到熟练地运用火的各项功能，火也一直伴随着华夏文明共同前进。火与文明的密切关系，我们的祖先其实早就看到了一些端倪了。《易经·地火明夷》象辞曰："明（计按：即指离卦火）入地中，明夷。内文明而外柔顺，以蒙大难，文王以之。"火主文明之象，离卦（☲）火处于坤卦（☷）地之下，所以有"内文明而外柔顺"之象。

《说文·火部》共收录了 112 个汉字。然后再加上炎部、焱部、炙部、赤部以及黑部中部分与火有关的字，《说文》中以"火"为构字字原的字，大体超过了 160 来个。这些从"火"作的字，基本都与火的形态、功能、用途等意义相关。它们不仅涉及饮食（吃），还涉及建筑（住）、冶炼、制陶（用）、丝织（穿）、医疗卫生等生活的各个方面。这些文字，生动地记录了火伴随着华夏先祖，一步一步创造出伟大的中华文明的光辉历程。

《礼记·礼运篇》记载："夫礼之初，始于饮食。""礼"是中华文明

---

① 崔枢华：《汉字与贸易》，语见何九盈等主编《中国汉字文化大观》，北京大学出版社1995 年版，第 359 页。

的主要组成部分，"始于饮食"，即是说礼起始于人类用火烧食物。古人创造了多个用火烧制食物的文字，如"炙"、"庶"、"炮"、"燔"等。

"炙"字上部从"月（肉）、下部从"火"，属于象事结构的文字，读作"zhì"，描摹了远古人类将肉放置在火上烧烤的情形。这是最原始的烧制熟食的方法。从此，我们的祖先告别了"茹毛饮血"的野蛮生活方式。汉语音本义原理认为，"zhi"音的音本义主要强调的是"黏附"、"定止"的特点，用长木棍、竹签等东西穿插着肉块放置在火焰处烧烤，即包含了黏附火焰和定止烧烤的含义。可见"炙"字的音形义结合，是非常符合汉语音本义原理和汉字形本义原理的。

"庶"字上部从"广"，实际为"石"（石）形的讹变。"庶"甲骨文写作"㽵"（珠九十九）、"㽣"（周甲·一五三）等形，金文写作"㽱"（大簋)"、"㽲"（卫番）、"㽴"（毛公鼎）等形，明显从"石"、从"火"构作。于省吾氏《甲骨文字释林》指出："甲骨文'庶'字是从火石、石亦声的会意兼形声字，也是'煮'之本字。……'庶'之本义乃以火燃石而煮，是根据古人实际生活而象意依声以造字的。"于氏对"庶"字形体的分析十分正确，但于氏说"庶"的本义乃"以火燃石而煮"则不确切。"庶"读"shù"，最先是指将食物放置在烧红的众多小石块上烤熟的方法，据《金鹰纪实》有关电视节目介绍，现在生活在太平洋小岛上的原始部落仍然在运用这个方法烤制熟食。后来，随着简单陶器的出现，人们又发明了将烧红的石块投注到盛水器皿中制作熟食的方法，人们便把这种方法称为"zhǔ"，后世另造出了一个"煮"字，而庶则变为与熟食之"熟"同音。

"炮"字从"火"、从"包"构作，属于象事兼形声结构的文字。《礼记·内则》曰："炮者，以涂烧之为名也。""涂烧"就是涂上泥烧，其具体操作的方法是"把带毛的兽畜包上泥，外面用火烧，烤熟后。把泥剥下来把毛也带下来。这就是《礼记》注所说的'裹烧之'。"[1]

接下来，让我们再谈谈"焚"、"燥"、"熨"几个字。

"焚"字，其甲骨文写作"㷔"、"㷂"或"㷃"等形。上部从"林"、"木"或"艸"，下部从"火"，属象事字，描摹了以火烧草木之

---

[1]　何九盈、胡双宝、张猛主编：《中国汉字文化大观》，北京大学出版社 1995 年版，第 287 页。

状。许慎《说文·火部》："焚，烧田也。从火、楙，楙亦声。"许氏释义正确，而析形大误。用火焚烧草木，最先是一种田猎的方式。但后来，古人发现焚烧过地方野草长得更茂盛，便开始用这种方法进行了所谓的"刀耕火种"，开荒造田。焚，不仅见证了渔猎文明的兴盛，而且开启了最原始的农耕文明。

"煣"字，从"火"、从"柔"构作，属于象事兼形声结构的文字，本来是指用火烘烤木条使之变柔，然后将其弯曲或伸直的方法。现在手工编织竹箩、竹凉席、竹篓，篾匠仍沿用这一古老的技术。《说文·火部》："煣，屈申木也。"许氏释义正确。煣也写作为"揉"，如《周易·系辞下》："包牺氏没，神农氏作；斫木为耜，揉木为耒，耒耨之利，以教天下。"发明了"煣"，人们制作了耒耜，促进了农耕文明的进一步发展；发明了"煣"，人们制作了很多竹制用品，谱写了手工业文明的新篇章；发明了"煣"，人们制作了圆圆的车轮，开启了运输业崭新的模式。

"熨"字，其本字其实是"尉"字，《说文》小篆写作"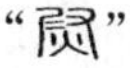"，从"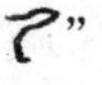"（俯卧的人形），从"二"（即"上"字），从""（手），从"火"，描摹了巫医将烘热的手掌放在病人身上按压、抚摩的情形，属象事字。《说文·火部》："尉，从上案（同按）下也。从𡰥、又，持火以尉申缯也。"邵瑛《群经正字》："今俗又加火作熨。"许氏不解"尉"字形体组合的真实意义，析形也不正确。熨烫布帛织物使其平整，是"尉"的后起引申义。许氏本末倒置，将引申义释作了本义，大误。《韩非子·喻老》："疾在腠理，烫熨之所及也。"《史记·扁鹊仓公列传》："治病不以汤液醴洒，镵（计按，chán，锐利）石挢引，案杌毒熨。"司马贞索隐："毒熨，谓毒病之处以药物熨帖也。"《灵枢经·寿夭刚柔篇》也记载："刺大人者，以药熨之。"上引文献之"熨"与"尉"实为一字，即是指通过药物热敷来驱除体内寒气、疏通经络的治疗方法。这种治疗方法，就来自于原始的用手掌热敷按压的"巫医之术"。刘英说："熨，与灸法相类似，或者说更为古老的医疗手段是熨法。这是将温热的媒介体或加热的药物，直接或间接地贴放于肌肤表面以达到治疗目的的方法。与灸疗的不同之处在于：熨法施用部位常在胸腹周围，有时直敷患处，而不像灸法那样有明确固定的穴位。熨法的操作要领也较灸法简单得多，从医学

的发展历史来看，实在不妨把熨法看作初期灸的遗留。"① 刘英先生对
"熨"的解说基本上是正确的，但刘先生"从医学的发展历史来看，实在
不妨把熨法看作初期灸法的遗留"的观点，我们不敢苟同。因为这不符
合事物发展由简易趋向繁难的普遍规律，也应该与原始中医文化的发展实
际不符。此例可证中华古人类对"火"的利用，开拓了中华医药文明新
的领域。

　　火，虽然伴随着我们的祖先迎来了文明的曙光，虽然伴随着中华文明
一步一步走向了辉煌的今天，但作为一个用来交流的语词，它仍然坚守着
本来的职责。结合汉语音本义原理和汉字形本义原理来看，在汉语发生之
初，火其实仅仅是指具有疾速燃烧、火势巨大的"火"。后来便用于泛指
看得到光亮、感受得到灼热的有形之火。在汉语词义的发展中，其意义常
常与火的特点、功能紧密相连。

　　其一，如日常生活方面。自"火"被利用于取暖、烧食物后，火的
意义便可以引申为"火伴"（现在写为伙伴）、"餐食"。在会同方言里，
生活在一起的分开后，叫"散火（伙）"、"分火"。其实就是指分开用火
烹制食物，分开生活了；反之，原来不在一起生活的人，合在一处烧火做
饭，共同生活了，则称之为"合火（伙）"、"罺（tā）火"。而这些一起
烧火做饭、共同生活的人则被称为"火（伙）伴"、"𦤀（普通话读 zhuī，
会同话读 duī）火"。《新唐书·百官志一》："凡工匠，以州县为团，五人
为火，五火置长一人。"《新唐书·兵志》："五十人为队，队有正；十人
为火，火有长。"说白了，所谓"五人为火"、"十人为火"就是以烧火做
饭、共同生活的人数为编制组织的。在现在的日常用语中，仍然常常听到
"他们是一火（伙）的"之类的话，即来源于此。因为食物与火密切相
关，所以，人们习惯将烧制的食物称为"火食"。如有集体餐饮活动，人
们便喜欢问一句："今夜火食怎样？"后来，"火"又被用于"火食"的
简称，会同话"开火了"，也就是普通话的"开餐了"之意，"差火"就
是生活很差的意思。

　　其二，如军事方面。自"四大发明"之一的"火药"被用于枪炮弹
药等火器。"开火"，是指开始使用武器弹药，同时也意味着战争开始了；

　　① 刘英：《汉字与医疗》，何九盈等主编《中国汉字文化大观》，北京大学出版社 1995 年
版，第 304 页。

"停火"，是指停止使用弹药武器，同时也意味着战争结束了。

其三，突出它的疾速特点。汉语音本义原理认为，古汉语中的"huo"音语词，都具有"疾速"、"突然"的特点，当然"火"字也不能例外。《庄子·天地》："彼且乘人无天，方且本身而异形，方且尊知而火驰。"成玄英疏："驰骤本逐，其速如火矣。"此"火"就含有"疾速"之义。现在仍运用十分活跃的"火速"、"十万火急"、"火急火燎"等词语，其渊源可谓十分久远了。

第八节　与器物、建筑相关的字原

一　皿

皿，甲骨文写作"Y"（五·三·七）、"Y"（《甲编》二四七三）、"Y"（《合集》一〇九六）或"Y"等形，属象形字，读"mǐn"。刘兴隆先生说："（Y）象饮食之器，后为器皿通称。"① 金文大多作"Y"（周早期孟鼎"孟"所从之皿）形。小篆写作"皿"形，是由甲骨文、金文"Y"等形中两边象器皿耳朵状的"八"下移变形而来的。后楷定为"皿"，则是小篆形体的进一步讹变。

许慎《说文·皿部》："皿，饭食之用器也。象形，与豆同意。凡皿之属皆从皿。读若猛。"段玉裁注曰："上象能容，中象其体，下象其底也，与豆略同而少异。"根据考古发掘的大量生活用器皿的形体来看，许氏、段氏的解释是比较符合实物的情形的，可从。徐灏《说文解字注笺》说："左右垂不相连属者，用笔然尔，非别有物附于其旁也。"徐氏据小篆形体"皿"强为立说，不知是"Y"形的讹变，实误。

徐复、宋文民二位先生指出："皿为饭食用器，指盆盎之属，广而庳。甲骨文《前》五·三七作Y，《续》六·二六·三作Y，上口奢圆，下底平。甲骨文《甲》二四七三作Y，《乙》七二八八作Y，《燕》七九八作Y，Y象口侈内盛物，盆盎大而能容物，故Y又象其外有耳，其形作Y及金文皿方彝作Y，亦象外有耳。"② 徐、宋两位先生对甲骨文、金

---

① 刘兴隆：《新编甲骨文字典》（增订版），国际文化出版公司2005年版，第289页。

② 徐复、宋文民：《说文五百四十部首正解》，江苏古籍出版社2003年版，第136页。

文中"皿"字形体的分析至确无疑。此也可证徐灏《说文解字注笺》之说纯属臆测之辞。

关于"皿"字的上古音读，学者也有不同的看法。

许慎认为"读若猛"（《说文·皿部》皿字下）。《左传·昭公元年》："于文皿虫为蛊。"陆德明释文引《字林》曰："皿，音猛。"陆氏即从许说。后《颜氏家训·音辞》也从之："《说文》读皿为猛。"明末顾炎武《唐正韵》卷九则认为："皿，古音武养反。古今音异。""武养反"即读如"mǎng"音。清代经学大师段玉裁《说文解字注》皿下："古孟、猛皆读如芒，皿在十部。今音武永切。"段氏"读如芒"，正与顾氏之观点相合。与段氏同时期的音韵学家钱大昕又说："皿，武永切；猛，莫杏切，同韵而异切。"综合考察诸家观点以及"孟"、"猛"现在的音读实际，我们推测，上古之世，"皿"与"孟"、"盟"即读为"meng"一音系。汉语音本义原理认为，古汉语中，"meng"音的语词，大多都具有"不完全覆盖"的特点。

如"冡（蒙）"字，小篆写为"𩇔"、"𩇔"等形。𩇔，上部从"冃"，下部从"豕"，《汉语大字典》读为"méng"。《说文·冃部》："𩇔，覆也。"段玉裁注曰："凡蒙覆，童蒙之字，今皆作蒙，依古当作冡。蒙行而冡废矣。"许氏、段氏以小篆形体立说，所释近是。冡字上部所从之"冃"，《汉语大字典》注意"mào"。《说文·冃部》："冃，重覆也。"王筠《说文句读》："冂又加一，故曰重也。窃疑冂冃（计按：mào，帽字之初文）盖同字，古人作之，有繁省耳。虽音有上去之别，古无此别也。"《说文·冃部》："冃，小儿、蛮夷头衣也。从冂，二其饰也。"顾野王《玉篇·冃部》："冃，小儿、蛮夷头衣也。或作帽。"朱骏声《说文通训定声》也说："冃，今字作帽。"所谓有"帽"，古代实际是指蒙覆、包裹着头部的布帛。中国西南地区的一些少数民族头部所蒙覆布帛或长帕就是这种装饰的遗留。

冡，上部从"冃"，下部从"豕"，段玉裁《说文解字注》"从冃豕会意。"胡厚宣氏指出："冡字从冃豕会意，无论说是蒙豕以帽，或帽子上以豕为装饰都不近情理。所以，林义光说'冃豕非义'。""今以甲骨卜辞冡字证之，知其字当从冃从虎。古文虎字作𧆞，豕作𢑑，字形相似，容易相混。《说文》冡字从豕疑当从虎字之误。……甲骨卜辞称作战的勇士，蒙着虎皮，伪装以向敌人进犯为冡，即蒙，这和古代文献所称蒙皐比，蒙虎皮，载虎皮，包虎皮，以虎皮表兵众，以虎皮佩剑刀，身穿虎皮衣袴的说法，是完全符合的。”“蒙者冒也。乃勇士出征，披虎皮伪装，以冒犯敌人之义。盖古代作战，以虎皮表军众，以虎皮包兵甲，战士战马也都蒙以虎皮。……以虎皮伪装，谓之为蒙。如战士战马，凡是披虎皮伪装，以出征作战，都以蒙字称之。就是方相氏伪装，蒙熊皮谓之蒙，蒙玄衣朱裳，谓之蒙，蒙其头戴面具，亦谓之蒙。猎手蒙鹖冠鹖尾，亦谓之蒙。而前驱蒙着虎皮的皮轩车，则谓之冒，冒蒙也，也即是蒙。这便是古文献蒙字，也就是甲骨卜辞中蒙字的真实意义。”① 冡，就是冡（蒙）的初文，属象事字，即指用虎皮做的一种特殊的伪装服饰。胡氏的考据无疑是十分正确的。

这种用于伪装的服饰具有“覆罩不完全”的特点，所以被称为“méng”。

如“蒙”字。上部从“艸”（草字头）、下部从“冡”，属形声字，其意本来是指像“冡”一样的草。后世多用“蒙”代替了“冡”字的含义。《说文·艸部》：“蒙，女王也。从艸，冡声。”清人钱大昕《十驾斋养新银·王女》：“《释草》‘蒙，王女。’注：‘蒙即唐也，女萝别名。’案：女萝之大者谓之王女。”女萝即菟丝草。《汉语大字典》释蒙字：“一年生缠绕寄生草本。茎很细，呈丝状，黄白色，随处生有吸盘，附着在豆科、菊科等植物上的菟丝草。”因为相对于豆科等被其缠绕的植物而言，菟丝草的缠绕呈现出不完全覆罩的特点，所以又被称为“méng”。《诗·庸风·君子偕老》：“蒙彼绉絺，是绁袢也。”《方言》卷十二：“蒙，覆也。”可见，覆罩同样是“蒙”具备的最

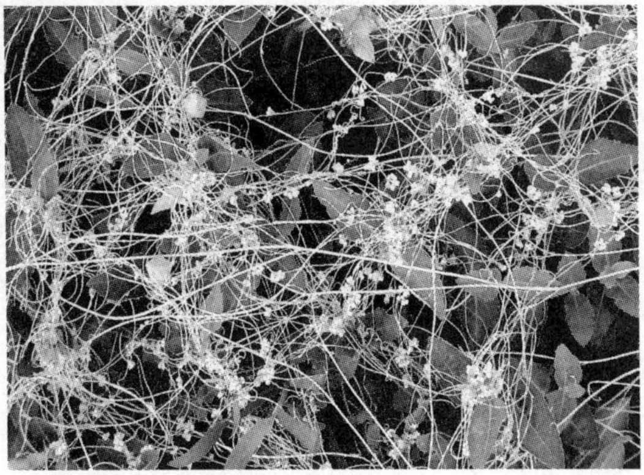

图 4—21　茎

① 胡厚宣：《甲骨文[illegible]字说》，转引自李圃《古文字诂林》卷七，上海教育出版社 2002 年版，第 94—95 页。

大特点。

又如"孟"字。普通话读"mèng",会同话读"mēng"。金文写作"𡉚"（商代父乙孟瓢）、"𦳾"（周代孟簋）、"𦳼"（春秋都公鼎）等形。很明显，此字是上部从"子"，下部从"皿"而作。《说文·子部》："孟，长也。从子，四声。𣎴，古文孟。"许氏此释为"孟"的引申义，而非本义。许氏将"𣎴"当作"孟"字的古文，然而他前面又将"𣎴"当作了"保"字的古文，一体二用，这很可能是许氏的疏误。从汉字形体学的原理看，"𣎴"字从"𡥀"（子），从"八"，很可能应是"保"字的古文形体。《书·康诰》："孟侯。"孔传："孟，长也。"《左传·隐公元年》："惠公元妃孟子。"孔颖达疏："孟、仲、叔、季，兄弟姊妹长幼之别字也。孟、伯俱长也。"顾野王《玉篇·子部》："孟，子也，始也。"用现代的话来说，"孟"在古代就是指第一胎所生的子女。因为是第一胎，所以可以引申出"开始"之义。

第一个孩子被称为"meng"，是有着很遥远的时代文化背景及历史、宗教气息的。在遥远的上古时代，"孟"其实是指用浴盆覆罩并使之死亡的第一胎孩子。在会同方言里，仍保留着这一远古时代特殊习俗的信息。比方说，当母亲对孩子的行为极其气愤的时候，母亲便常会骂出一句："死崽呦，生下你的时候该拿脚盆覆嘎你的呦。"所以，会同话又说："哪怕变狗都有变头胞胎（第一胎）。"在古代，"孟"与"弃"有着极深的渊源，"孟"是将第一个孩子，即文献中称的"首子"用大盆覆罩使其窒息而死；"弃"（甲骨文写作"𢍌"）是指用竹箕盛着刚出生的"首子"放到户外让他人抱养。从事物发生学的规律去看，"孟"这一习俗，可能早于"弃"这一习俗。

关于上古时代处理"首子"的习俗，学者多有论述。马叙伦氏释"弃"字时说："《后汉书·元后传》：'羌胡杀首子以荡肠正世。'《韩非》十过二柄并言：'易牙蒸其首子以进桓公。'盖齐为姜姓，本羌俗也。可证，载子以箕，明弃之也。盖上古杂婚，生子属母。及制为嫁娶，乃重父系，而乱交之俗，未尽去也。疑首子非己生，故弃首子。今江西某县以呼阿大为丑，阿大，俗呼首子也。杭县首子生弥月，母携之归甯，母家以新箕覆袄，迎子置其中，反之灶之灰仓中，少时而出之。此盖古遗俗。其意即谓此弃子耳，然则弃为以时空关系而特制之字。"① 高鸿缙氏《中国字例》也说："古有弃婴之恶习。"田倩君先生《说弃》认为："彦堂师（计按，即董作宾）说：'前一弃（计按：指 𓀈）字是将生下来的孩子，被他父或别人用棍子打死，以两手捧着簸箕除出去。后一个弃（计按：指 𓂃）字，是被打死的孩子身上还带着衣胞里的血浆，放在盛垃圾的簸箕里，两手捧着送出去的样子'（口授）。以上两个弃字象形兼会意，是当时造字者清楚地描绘出殷代社会弃婴的风俗。"② 李孝定也说："古代传说中常有弃婴之记载，故制弃字象之。"③ 苏宝荣先生通过对古代弃婴习俗深入的探究，指出"这也需从古代文化背景上去考察。《孙子·汤问》：'越之东有辄木之国，其长子生，则鲜（林预注《左传》云：人不以寿死曰鲜，谓少也）而食之，谓之宜弟。'这种记载，正是反映了父系氏族社会形成过程中，在婚姻关系尚处混乱的情况下，为了保证家族财产继承权而形成的婚后遗弃长子的风俗。"④ 这些论述可证，在远古时代，我们的先祖因为一些特殊的原因，如保证家族纯种、财产继承或祭祀生育之神等，曾经经历过一个漫长的将"长子"（首子）弄死吃掉或抛弃不要的时期。从文献记载看，《韩非》"易牙蒸其首子以进桓公"正是这一奇异习俗的孑遗。

　　甲骨文中有一字写作"𓂃"形，《甲骨文字诂林》第一册第544页收录有此字，隶字为 㚔。姚孝遂按语说："字不可识，其义不祥。"以形体而言，此字明显从"𠔉"（子）、从"八"（表分离）、从"𓎢"（皿）、从"𦥑"（双手之形）造作，属象事字，即描摹了双手持盆或瓮类之器皿，将刚出生的"首子"覆罩而亡的情形。这应该就是"孟"字的初文，它就像一幅素描，生动、形象地反映了上古时代我们的先祖以皿覆罩第一胎小孩的奇异习俗。

---

① 马叙伦：《说文解疏证卷八》，转引自李圃主编《古文字诂林》第四册，上海教育出版社2002年版，第281页。

② 田倩君：《说弃》，《中国文字》1964年9月，第13册，转引自李圃主编《古文字诂林》第四册，上海教育出版社2002年版，第281页。

③ 李孝定：《甲骨文字集释》第四，转引自李圃主编《古文字诂林》第四册，上海教育出版社2002年版，第282页。

④ 苏宝荣：《文字学掇英——兼论文字的动态考释方法》，《河北师范大学学报》1993年第2期。

再如"盟"字。甲骨文写作"🩸"、"🔆"、"🩸"、"🩸"等形,金文写作"🩸"(周早期盟弘卣)、"🩸"(周早期鲁侯爵)、"🩸"(周中期师望鼎)等形,有着明显的传承关系,小篆写作"盟"或"盟"与甲骨文、金文中的形体几乎也没有什么大的变化。

对于"盟"(盟)上部所从"囧"的音读和意义,文字学家主要有如下几种认识。

一是认为"囧"(囧)像窗牖之形。读为 guāng,或 jióng,或 jiǒng。

许慎《说文·囧部》:"囧,窗牖丽廔开明。象形。凡囧之属皆从囧。读若犷。贾待中说,读与明同。"段玉裁《说文注》:"象形,谓象窗牖玲珑形。"许氏、段氏谓"囧"像窗牖玲珑、丽廔之形,正确。此字甲骨文多写作🩸或🩸形,外部之"○"像窗牖的轮廓,中间的"🩸"或"🩸"像窗横玲珑、丽廔之状,属于象形字。林义光《文原》注:"象窗牖中有交文之形",至确无疑。许氏认为此字读同"犷"或读同"明",徐铉依唐代孙愐《唐韵》,认为此字读"俱永切",换成今读,即读为"jiǒng"。"光"、"明"、"囧"都有明亮的含义,我们认为,如单从这一点去考虑,三个音读都有其存在的理由。

后世的一些文字学家,结合商代甲骨文中"囧"字的形体去考证,也多从许氏、段氏之说。李孝定氏认为:"许意盖谓囧象窗牖丽廔开明之形,然则囧固窗牖之象形字也。窗篆作囱,与囧形近。读若犷,与囱之音韵亦不相远,疑犷乃窗牖一义之音读,贾待中读明则以窗义引申之得有丽廔开明一义,谓其音义皆与明同也。"[①] 后姚孝遂氏指出:"段玉裁谓'囧'字象'窗牖玲珑形'是对的。王筠《释例》疑'囧'、'目'同字殊误;又疑'囧'、'明'同字,亦非。"[②] 李氏、姚氏作为甲骨文字学著名专家,颇多创建卓识,他们的这一观点无疑是正确的。《古陶文字徵》收录囧字一形体作"囧",正像窗牖玲珑之形,可证许、段、林、李、姚之说不误。

二是认为"囧"属于仓廪一类建筑物。屈万里氏《殷墟文字甲编考释》说:"辞云;'已巳贞王米囧其登于且(计按:且即祖字初文)乙。'

---

① 李孝定:《甲骨文字集释》,第 2271 页,转引自李圃主编《古文字诂林》第六册,第 3412 页。

② 于省吾主编:《甲骨文字诂林》第四册,上海教育出版社 2002 年版,第 3413 页"姚孝遂按语"。

米即米谷之米，囧当仓廪一类之物，于此则作动词。用米囧意谓新米已入仓廪也。故下文言登于且乙。登于且乙乃荐新之祭也。"① 后李孝定氏又从其说，李氏《甲骨文字集释第七》曰："卜辞囧为地名，且多与米字同，见屈（计按，即屈万里氏）说，当是。许书靣下云：回象屋形中有户牖。以囧为仓廪（靣），盖即其意。"② 然此说与"囧"字形体所揭示的意义不尽相符，实误。姚孝遂氏直斥其非，姚氏说："屈万里氏以囧为仓廪一类之物，于《甲》九〇三作动词用，其说非是。《甲》九〇三'王米于囧其叒（登）于祖乙，王其叒南囧米重乙亥'。谓以'囧'地之米进祭于先祖。卜辞地名得加方位字，如'南北'、'东北'，或言'在𣏾东北'（《乙》三二一三），'囧'与仓廪无涉。"③ 姚氏对屈氏的批驳是正确的，可从。

三是认为"囧"是一种名叫"方明"的祭器。复旦大学吕静先生认为，"盟"字上部所从之"囧"，是一种名叫方明的祭器。这个观点见于吕静先生所著《春秋时期盟誓研究——神灵崇拜下的社会秩序再构建》一书中。吕先生根据《仪礼·觐礼》关于祭器"方明"的记载，以及宋代聂崇义《新定三礼图》中一个"方明"的示意图推论出此一结论，他说："笔者发现后世所传'方明'的器形与甲骨文、铜器铭文中的'⊖'形极为类似，因此可以推测古代方明之说，不全是空穴来风。"④ 然而，《三礼图》大多是受隋、唐定制的影响，它"对于古代器物制度，多出于附会，以意作古，有的且极其荒谬，错误相沿达千年，难于纠正"。⑤ 吕静先生这一推论有一定的证据做支撑，可备一说。

四是认为"囧"是火的图像，是太阳的图像。上海博物馆前馆长马承源先生，通过对西周早期《鸟形圆涡纹鼎》的"圆涡纹"作一卷体鸟形状的考证，结合考察《天问》"羿焉日，鸟焉解羽"、《淮南子·精神

---

① 见屈万里《殷墟文字甲编考释》903 版，转引自李圃主编《古文字诂林》第六册，上海教育出版社 2002 年版，第 514 页。

② 李孝定：《甲骨文字集释第七》，转引自李圃主编《古文字诂林》第六册，上海教育出版社 2002 年版，第 514 页。

③ 同上书，第 3413 页"按语"。

④ 吕静：《春秋时期盟誓研究——神灵崇拜下的社会秩序再构建》，上海古籍出版社 2007 年版，第 57 页。

⑤ 沈从文：《中国古代服饰研究》，世纪出版集团、上海书店出版社 2005 年版，第 29 页。

篇》"日中有踆乌"的传说，以及汉代画像石、画像砖等中日乌合一之形，马氏认为："日中有乌的传说至早可以提早到西周早期。反过来，它是'圆涡纹'为太阳图像的有力佐证。并指出，根据'圆涡纹'和囧字的研究，确定了两者形象和含义上的联系，从而肯定了所谓'圆涡纹'乃是火的图像、太阳的图像。"① 马氏博古通今，论证较充分，但此说又难于较好地解释甲骨文"𓎺"、"𓎼"中"◯"、"▢"与火、太阳的联系。太阳在甲骨文中作"▢"、"⊖"等形，从不写作"◯"、"▢"形。

通过以上分析，我们知道了"盟"字甲骨文、金文所从的"◯"、"▢"、"⊙"、"⊖"等形体，像为室内提供光亮的窗牖。严格地说，"⊙"在殷商及其以前的时期，大多上指天窗而言的。天窗是屋顶上的窗，其唯一的功用就是负责摄入充足的光线，给室内提供光明。由此可知，甲骨文"𓎺"属于象事字，意指将盛有酒或血的杯类器物喝干后象天窗一样向下作倒覆之状，即会同话俗说的"亮杯"。"亮杯"其实就是亮出心思，将喝干后的杯子亮给众人看，就如同将自己的心亮给众人看，这样做的唯一目的，就是向众人表明自己言行一致、表里如一。人们在喝酒时，会同人常常会说"感情深，一口盟"的话，此仍然保留了"盟"字的原始意义。

许慎《说文·囧部》："盟，《周礼》曰：'国有疑则盟。'诸侯再相与会，十二岁一盟。北面诏天之司慎司命，盟，杀牲歃血，朱盘玉敦，以立牛耳。从囧，从血。盟篆文从明，盟古文从明。"因为盟字的形体从甲骨文、金文到小篆没有产生讹变，所以，许氏虽以小篆之形体立说，其说解仍然与"盟"字所反映的实际情况较接近，但许氏不知盟字甲骨文、金文形体所从"⊙"的构字功能，又不知"meng"的音本义原理，故而不能确解"盟"字的真实含义。

那么，"皿"字现在为何又读为"mǐn"音呢？因为这一音节的音义结合原理还在进一步研究当中，这里就不进行分析论证了。

在秦汉以前，"皿"多是指侈口的饭食用器，如碗（古写作盌）、盆、盘等。因为这些器物在清洗之后，为防止被灰尘烟垢污染，一般都要口部

---

① 马承源：《中国青铜器研究》，上海古籍出版社 2002 年版，第 416、418 页。

朝下覆罩放置，所以在上古汉语中被称为"meng"，读若"猛"。这一覆罩放置碗盘用器的习俗，在我们会同农村人家里仍然一直沿用。

许慎《说文·皿部》收录有 25 个汉字。如：孟、盌（碗）、盛、齊、盍、盧（卢）、盬、盂、盉、盆、盦、盨、盞、盜、醢、盃、益、盈、盡（尽）、盅、盒、昷（温）、盤、盪、（钵）等。另外，还有一些从皿作的字没有收入皿部。如"盐、盅、监、盗、盆、盖、盉、盏、盨、篮、盬、榼（计按：读如海，酒榼）、盉、盌（计按：读如雅，一种大酒杯，即雅量之雅的本字）"等。这些从皿构造的字，大多与环形侈口的器物相关。

二 车

车，甲骨文写作""、"<br>"、"<br>"、"<br>"等形，大多是对商代车辆的简单描画（如图 4—22 所示），属象形字。其中"
"的"
"，是对车辕（"丨"）、车衡（"⌐"），车轭（车衡上用于扼住两匹马的"从"）的描摹，"<br>"则是对

图 4—22 商代车辆

车辆主体部分车厢、车轴两个车轮的描摹；而"
"则主要描画了两个车轮，以及伞形车盖（个），"<br>"外部与车轴（"一"像车轴）垂直相交的短竖线"丨"是车辖，即车轴两端扣住軎（wèi）的铜键，起约束住车轮的作用；"<br>"则更加简化，仅描摹了车轴、车轮、车辖。金文写作"
"（商代车觚）、"<br>"（商代车卣）、"<br>"（周早期盂鼎）、"<br>"（周晚期铸公匜）等形。这些字同甲骨文一样，复杂形体主要描摹了车轭、车衡、车辕、车厢、车轮、车轴、车辖等商周车辆的最显明部件；而简单形体则重点描绘了车辆特有的车轴、车轮、车辖三个部件。春

秋石鼓文写作"車"形，战国鄂君启节符写作"軎"表，望山楚简写作"車"形，已经与小篆"車"几乎一样了。

许慎《说文·车部》说："车，舆轮之总名。夏后时奚仲所造，象形。"段玉裁注曰："谓象两轮一轴一舆之形，此篆横视之乃得。"王筠《说文句读》："篆之中央，其舆（计按，即现今说的车厢）也。两——，其轮也，丨则属乎轮之轴也。"许、段、王诸氏以小篆形体立说，认为"車"字中间的"曰"是车舆，两端的"二"表示车轮，大误。从甲骨文、金文中车字的众多形体来看，金文中的"軎"字，其实是由甲骨文的"軎"字简省而来的。"軎"字很明显是对车轮、车轴、车辖的描摹，后省去一轮形，发展简化为"車"。由此可知，"車"中的"田"是车轮，"丨"是车轴，车轴两端的"一"是车键（即辖）。许慎《说文》收录有车字籀文形体"轐"，此字其实是从金文"軎"（商车卣）发展而来的，属于战车特殊构形。王国维说："古者戈建于车上，故画车形，乃并画所建之戈，《说文》车之籀文作轐，即从此字出。"王氏说解十分正确。徐复、宋文民两位先生认为："金文师克盨盖作軷、盂鼎作軷，皆象车上建戈，为《说文》籀文所本。"① 此实误。这两个形体右边的"羊"形，"——"为车辕（计按：也叫车辀），"羊"为车衡与车轭，不为车上建戈之象。

车，普通话读 chē，会同话读如 chā，在会同方言中，普通话中的 zhe、che、she 三个音，大多读为 zha、cha、sha，而普通话的 zha、cha、sha 三音，会同话又读如 za、ca、sa。带有整体性音读转变的现象，这一现象有待进一步探讨研究。基于这个原因，在分析会同话中 zha、cha、sha 三个音节的音本义时，我们出于对汉语整体性和有利未来发展的考虑，仍然按普通话中的 zhe、che、she 为标准去分析。

在前面的有关章节里，我们已经讲过，音本义原理认为，凡"che（即会同话 cha）"音之字大多有"牵引离开（原处）"的特点。如：

"屮"（chè）字，《说文·屮部》曰："屮，草木初生也。象丨出形，有枝茎也，古文或以为艸（草）字，读若彻。"在会同方言里，屮是指长有须钩，并凭借须钩缠住他物牵引离开（原处）的蔓生的草本植物。

---

① 徐复、宋文民：《说文五百四十部首正解》，江苏古籍出版社 2003 年版，第 399 页。

"扯"字，《正字通·手部》："扯，俗撦字。"清代赵翼《陔馀丛考》卷四十三："俗云以手牵物曰扯，然经书无此字。《宋史·杜纮传》：'伴夏国使入见，夏使欲有所陈乞，纮连扯之乃不敢言。'扯字始见于此。"《玉篇·手部》："撦，开也。"开也，实际就是通过力量牵引使物体离开原处之意。元代王实甫《西厢记》第三本第三折："（旦云）：撦到夫人那里去。"此句话里的"撦"（扯）字，即用手拉着（牵引）夫人离开原地的意思。我们认为，"撦"（扯）字其实是从"徹"字分化出来的异体字。徹，甲骨文写作"ᅀᅎ"，左边从"ᄝ"，即"鬲"，殷商时代一种常用的炊器；右边从"ᅧ"，即"爪"字，像手指爪甲之形。罗振玉氏《增订殷墟书契考释》："此从鬲从又，象手抓鬲之形，盖食毕而徹（计按：现在写为撤）去之。许书之徹从支，殆从又之讹矣。卒食之徹，乃本义。训通者，借义也。"《左传·宣公十二年》："诸侯相见，军卫不徹，警也。"杜预注："徹，去也。"去，会同话读 kè，有"离开"之义。徹，从汉字形本义原理看，就是用手将餐饮完毕后的炊器、饭器搬离原地之意，此也与"che"的音本义"牵引使离开（原处）"的意义完全符合。物体离开了原处，原地便空无一物，所以可以引申出"空"、"通"之义。许慎《说文》徹字下："徹，通也。"所释乃徹字的引申义，非本义。

通过以上分析可知，"车"读为"chē"，其实因为古人眼里的车，正是依靠人力、牛马等畜力牵引而脱离原有位置的缘故。刘熙《释名·释车》："车，古者曰车，声如居，言行所以居人也。今曰车声近舍（计按，车、舍韵母相同，故有音近之说）。车，舍也，行者所处若居舍也。"毕沅疏证曰："《礼·曾子问》：'天子以德为车。'注：'车，或作居。'《释草》：'望乘居。'释文：'居，本作车。'《庄子·徐无鬼》：'若乘日之车。'释文：'元嘉本作居。'此皆车音如居之证。"又说："《说文》舒字舍声，余字舍省声，则舍字古今不同，舍之古音重读则如庶，轻读则如舒。《诗·何人斯》第五章，舍车车、目于叶（计按：此读 xié，即韵相协之意），是明证也，故车声近舍。"刘熙、毕沅二氏以"车"、"舍"声近相训，此即传统声训学所谓"音近义通"。我们认为，传统声训学的这一观点和词义训释方法，其实是一种附会牵强的学说，有严重的主观色彩，与上古汉语音义起源的原理是不相符合的。这种训释的方法也曾一度受到学者们的批评，如沈兼士氏就一针见血地对此予以批驳过："（《释名》）声训之法任取一字之音，傅会说明一音近字之义，则事有出于偶合，而理难期于必然，此其法之有未尽善者。"①

从事物发生、发展的规律来看，车最先应该是简易的双辕、双轮、平板式靠牛或人牵引的运送重物的工具。《尚书·尧典》说："车服人庸"，可见车的发明在中国有着悠久的历史。《太平御览》曰："黄帝造车，故号轩辕氏。"轩在上古是指一种前高后低的车，辕即指用于牵拉的双辕。轩辕，其实即早期简易的车的式样。从这一点分析，早期的车是由人力、牛力牵拉，用于拖载重物的运输工具，而不应是"上可居人"的。由此也可推理，车的"chē"音，一定远远早于"jū"音。任德山、任犀然二先生认为："'车'字汉以前不读 chē，而读 jū，《释名》口语'车'之所以读 jū，是因为车上可居人。"② 此论不符合事物发生发展从简易繁的规律，因此，也就不会与汉语音义结合的规律相切合。

《说文·车部》共收录有 99 个汉字。这些从车造作的字，大多与车的功能、形制、构件等意义相关。当然，我们从这些文字还能窥测到，自黄帝轩辕氏造车的传说到许慎写作《说文》的时代，我们祖先制作车辆的工艺是如何渐次提高，并日臻完美的。虽然随着时代的不断变迁，现在的车辆在形制、构件上已与古车有了较大差异，但是，车的功能、原理及主要部件，依然承沿着先人的智慧，并没有大的变动。

三 戈

戈，甲骨文写作"ᚷ"、"ᚵ"、"ᚴ"、"ᚶ"等形，其中的"ᚷ"、"ᚸ"、"ᚺ"、"ᚻ"是戈长柄的描摹，柄下端的"ᚼ"、"一"是平底青铜套，古代称其为"镦"。柄上部的"ᚽ"表示枝杈，古人选取戈柄之时，有的特意保留一段丫杈，这样做的目的，可以防戈头脱落。"ᚾ"、"一"才是戈的简略绘图。1959 年，中国社会科学院徐旭先生率队在河南偃师二里头发现了"夏文化遗址"，其中出土了铜鼎、铜戈、铜铃、铜斝、铜爵、铜锥、铜凿、铜箭头、铜鱼钓等多件青铜制品。这充分证明，青铜制作的戈在夏代就已经出现，后经商代周代，春秋战国，到秦代时戈的制作已经达到了相当高的工艺水平（如图 4—23 所示）。金文写作"ᚿ"（商父丁毁）、"ᛀ"（周早期宅毁）等形，战国信阳简写作"ᛁ"形，小篆

---

① 沈兼士：《右文说在训诂学上之沿革及其推阐》。

② 任德山、任犀然：《汉字博物馆》，商务印书馆 2007 年版，第 319 页。

写作"ᚎ"形，已经与现今的楷书戈字没什么大的区别了。

戈，读音为"gē"。汉语音本义原理认为，"ge"音音本义基本上都包含"分隔、厚大"的特点，最早来源于华夏先民对成年雄鸡"咯—咯—咯"这一打鸣声的认识和总结。在乡下生活过的人都知道，小鸡鸣叫时发出短促的"ji—ji—ji"的声音，母鸡产

图4—23　戈与打鸣的雄鸡

蛋时发出急促的"咯咯哒"的声音，而雄鸡打鸣时发出嘹亮且有拖长音的"咯—咯—咯—"之音。鸡，繁体写作"雞"，字从"奚"、从"佳"构作。"奚"字，甲骨文写作"ᚎ"、"ᚎ"等形，在古代是指为伺候贵族日常起居生活的小女奴；而"佳"字甲骨文写作"ᚎ"、"ᚎ"、"ᚎ"等形，像飞禽之形状。二形结合成为新的象事兼形声结构的文字，在古代仅特指"唧唧"叫的小鸡而言的。譬如英语里小鸡名叫"chicken"，与成年公鸡"cock"、成年母鸡"hen"也是刻意地区分开来的，在这一点而言，汉语与英语可谓是殊途同归了。在会同方言里，成年鸡被称为"gè"或"gègè"，即源于成年鸡鸣叫之声。如会同乡下人呼引鸡群喂食仍高呼"咯仔—咯仔"，就运用了"同声相应，同气相求"的原理，"咯仔"，也即有"鸡仔"之义（计按：会同话中仔与崽声义相同，缀附于词后，有亲昵之情，如广东话称刘德华为"华仔"类似）；如会同话"今夜有咯咯噢"，即是说"今夜有鸡肉吃"，"今夜要杀一个咯咯"，即是说"今夜要杀一只成年鸡"。对于小鸡而言，成年雄鸡之打鸣声，具有分隔白天黑夜的作用，所以，古人便将"ge"的音本义归纳为"分隔、厚大"。

然而，戈为什么被称为"gē"呢？

这得从"戈头"的形制说起。戈得名为"gē"，即源于戈头的形状。戈头一般由援、内（音nà）、胡、阑几个部分组成。"援"是戈的长条形锋刃部分；"内"即"纳"字，有纳入之意，供纳入戈柄之用，是戈尾部横向伸出的部分，呈榫头之状；"胡"是指由"援"向下转折延长的弧形部分；"内"和"援"中间的突起部分叫做"阑"。"内"与"胡"上有孔眼，称之为"穿"，供穿系捆扎戈头的皮条之用。商代的戈大多没有

"胡",被称为"无胡戈"。其实,戈属于"戟"(jǐ)的一个变种,俗称"平头戟";因为它的形状正像一只引颈高鸣的大公鸡(如图4—23所示),而古人称大雄鸡为"咯",所以这种像大雄鸡的兵器也被称为"gē"。意思就是说,戈,就是像大公鸡似的一种戟。清人毕沅《释名疏证补·释兵器第二十三》戈字条下:"郑注《周礼叙官·司戈盾》云:'戈,今时句(即勾字)子戟'。又注《考工记·冶氏》云:'戈,今句子戟也。或谓之鸡鸣,或谓之拥颈。'"鸡鸣即雄鸡打鸣,戈"或谓鸡鸣",可证戈得名为"gē",确实与打鸣的雄鸡密切相关。

"戈"作为青铜时期最重要的一种冷兵器,它不仅适用于步兵作战,且更适用于车兵作战。时至今日,它虽然功成身退,早已从人们的视线中消失,但作为中国传统文化的重要组成部分,仍然在我们这个民族的文化传承中打下了深刻的烙印。"枕戈待旦",生动地描绘出了战士们毫不松懈、等待杀敌的急切心情;"金戈铁马",不仅高度概括地交代出古代战争中最主要的装备,而且还将军旅、兵马的威武雄壮表现得淋漓尽致;而"同室操戈",更是将兄弟骨肉相残的无奈与沉痛表露无遗了。

"ge"源于鸡的打鸣声,因为成年鸡打鸣时声音饱满雄浑,又起到了将黑夜白昼分隔开来的提示作用,故而古人就"分隔、厚大"的特点赋予了"ge"这一音节。

图4—24　鬲

如"鬲"字,有"gē"、"lì"两种音读。过去常将作为炊具的"鬲"读为"lì",作为姓氏、州县之名的"鬲"读"gé",这是不确切的。鬲是鼎的一种(如图4—24所示),足部中空则叫作鬲,反之就叫做鼎。《周礼·考工记·陶人》:"鬲实五觳(计按:hú,古代贮酒器),厚半寸,唇寸。"孙诒让《周礼正义》:"鬲形制与鼎同,但以空足为异,故许君(计按:许慎)云:'鼎属'。其用主于烹饪,与釜、鍑同，故《方言》又以为鍑之别名。"宋代沈括《梦溪补笔谈》卷二："古鼎中有三足皆空，中可容物者，所谓鬲也"其实，鬲读lì，主要着眼于炊具鬲的附着、整治（食物）的功能；读 gé，则着眼于炊具鬲三足分隔、厚大的特点。鬲（gé）因为有三足，在上古时代曾被用来表示第三人称，相当于现在的"他"、"她"或"它"。这一用法在会同方言里仍然有很好的保留。会同话至今仍称第三人称为"鬲"（gé），称第三方为"鬲个"，"鬲古"。会同方言中有著名的"三古"——"鬲古、这古、恁的古。""鬲古"即是其中之一，可表示远指，也可表示第三方。湖南长沙话中所谓的"咯"，其"咯"字也应写为"鬲"，如长沙话"咯咂味"，即与会同话的"鬲古味道"意义相当。

如"槅"字，《周礼·考工记·本人》："辙广六寸，鬲长六尺。"孙诒让氏《周礼正义》："鬲即槅之借字。《释名·释车》云：'槅，枙也，所以扼牛颈也。'清段玉裁《说文解字注》：'槅，《考工记》作鬲。大郑云：'鬲谓辕端压牛领者。'大车者，郑云：'平地任载之车也。'通曰輗，大车之輗曰槅。"《汉语大字典》第八卷也直释"槅"为大车輗。由此可见，鬲是輗的一种，是一种厚大的輗。

又如"隔"字，许慎《说文·阜部》："隔，障也。"许氏不知汉语音本义原理，所以不能确切地讲清楚"隔"的含义。大家知道，在实际生活中，起"障阻"之作用的事物是很多的。如墙、垣、堤坝、土壁、屏风、城郭、藩篱等，都是可以起到障蔽之功效的。那么，"隔"到底是指什么呢？许氏不能确指。梁朝顾野王《玉篇·阜部》："隔，塞也。"顾氏也未能弄清"隔"字的真正内涵。"隔"字从"阝"从"鬲"，属于形声字。"阝"即"阜"字，《尔雅》："大陆曰阜。"《说文·阜部》："阜，大陆，山无石者，象形。"刘熙《释名·释山第三》："土山曰阜。阜，厚也，言厚也。"可见，从"阜"之字多有厚大之义。根据汉语音本义原理及汉字形本义原理，可推知"隔"字应指一切起分隔作用的厚大土墙、土堤或山坡。

再如"袼"字，本义是指用碎布或旧布衬纸裱成的厚布片，会同话俗称"布袼子"，这种厚厚的布片多用于制作布鞋鞋底。因为这种厚布片涂满了糨糊，干硬之后具有一定的分隔水的作用，所以也被古人叫做"gē"。

再如"革"字，许慎《说文·革部》："革，兽皮治去其毛，革更之，象古文革之形。革，古文革，从三十，三十年为一世，而道更也。臼声。"许氏释义是比较正确的，但对字形的分析则完全错误，一无是处。革字，《鄂君车节》写作"𩵋"，《三体石经·多士》写作"𩵋"，与《说文》古文革字相同。此字明显由"Ｙ"、"一"、"臼"三部分组成。"Ｙ"，上部为动物之头，下部"丨"像动物的身躯之形。"一"象搁在尸体下的长棍。而"臼"显然是双手之形。林义光《文源》说："从卅（三十）非革之义，廿十亦不为卅，古作革，Ｙ象兽角足尾之形。……臼象手治之。"林氏对革字形体的分析比许氏进步很多，然而仍不清楚"Ｙ"中的"一"之真实含义，略显不足。

《诗·召南·羔羊》："羔羊之革，素丝无缄。"《毛传》："革犹皮也。"《汉书·郑崇传》："每见曳革履，上笑曰：'我识郑尚书履声。'"颜师古注："熟曰韦，生曰革。"《正字通·革部》："革，人与兽皆曰革。"（计按：此是说人和兽的皮肤都称作革）《管子·水地》："脾生隔，肺生骨，肾生脑，肝生革，心生肉，五肉已具。"尹知章注："革，皮肤也。"上引各家所释，多为革字的引申义，非革字之本义。从革字的形体看，字从"臼"（双手）、"一"（长木棍）、从"Ｙ"（四足动物之尸体），实指一种为四足动物脱毛的原始方式方法。这一方法至今仍然保留在会同百姓的生活当中。其操作方法大体分为三个步骤：第一步，在杀死的家畜任一后肢近蹄处，用刀割开一道宽两厘米左右的口子，然后用一根直挺的杂木棍或铁棍（俗称挺子）插入此处，沿皮肤下多次穿插，以造成气流通往全身的通道；第二步，用开水适度地浸泡家畜尸体，并由一人用嘴巴贴着口子向尸体皮层内吹气，使尸体迅速鼓胀；第三步，将尸体抬离开水，并用扁担或长木棍将尸体搁于屠盆之上，使尸体与开水分隔开，然后，用手抓住扁薄的竹片、刀具等物，在变得饱满厚大的动物尸体上用力剐蹭，将毛从皮肤里快速分离出来（如图4—25所示，农家宰猪脱毛）。很明显，这一方法的关键点有两点：一是将动物尸体变得饱满厚大；二是适时地用长棍将尸体与开水分隔开来，而这两个要点恰好正满足了古汉语"ge"的音本义之要求。"杀猪"会同方言即称为"革猪"，由此可知，革，在古代本是指一种为中型四足动物（猪羊之类）快速脱毛的特殊方法。后来，动词和名词相因，又引申指使用此方法去毛了的动物皮革。宋代黄庭坚《八音歌赠晁尧民》诗写道："革急耐韦缓，只在揉化间。"正是这种脱毛方法的生动写照。这种脱毛了的皮虽经开水短暂烫过，但仍属于生皮，这也正好与颜师古"熟曰韦，生曰革"之说法相印证。

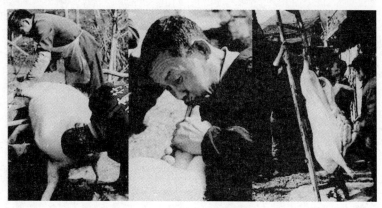

图 4—25　农家宰猪脱毛

　　限于篇幅的原因，其他常见"ge"音之字，将放在以后进行全面分析。

　　戈得名为"gē"，是因为它的形状很像一只引吭高鸣的雄鸡。雄鸡在古代俗语里称为"咯"（gè，拟音），所以戈得了"gē"之名。东汉许慎《说文·戈部》："戈，平头戟也。从弋，一横之，象形。凡戈之属皆从戈。"许氏释戈为"平头戟也"，正确。但以为戈字从"弋"从"一"，则大误。

　　《周礼·考工记·冶氏》："戈广二寸，内（nà）倍之，胡三之，援四之。"郑玄注："戈，今句孑戟也，或谓之鸡鸣，或谓之拥颈。内（纳）谓胡以内，接木柲者也，长四寸。胡六寸，援八寸。"郑玄作为东汉时期的经学大师，博闻广识，遍注群经，此注十分正确。雄鸡打鸣声为"咯"，打鸣的雄鸡也称为"咯"，通过比喻手法，像打鸣雄鸡的平头戟故而也被称为了"gē"，可见"戈"字的确源于"咯"之音义。唐人贾公彦疏曰："云'或谓之鸡鸣者'，以其胡似鸡鸣故也。"戈实为整体像鸡鸣之状，贾氏所释较为确切。

　　西汉扬雄《方言》："戟，楚谓之釨（jié）。凡戟而无刃，秦晋之间谓之釨，或谓之镵。吴扬之间谓之戈。东齐秦晋之间谓其大者曰镘胡，其曲者谓之钩釪锼胡。"晋郭景纯（计按，即郭璞）注："即今鸡鸣，勾子戟也。"郭璞作为一代训诂学大家，仍从郑玄之说，可证我们对"戈"的名原推阐不是虚妄之论。

近人罗振玉氏《增订殷墟书契考释》："戈全为象形。｜象木必，一象戈，非从弋也。古金文或作弋，形已失矣。许君于象形诸字多云从某者，因字形失而误会也。"罗氏虽然对戈得名的缘由没有去探析，但是，作为著名的甲骨文学者，他对戈字的形体把握无疑是非常正确的。许慎由于历史的局限性，没有能见到甲骨文中"戈"字的形体，故而出现了错误的分析。

徐复、宋文民著《说文五百四十部首正解》："商代戈卣（yǒu，酒器）作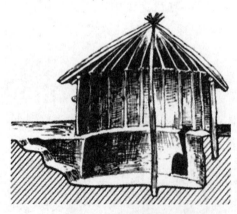，象戈之形，中竖为戈秘，秘中横画为戈头，戈上端斜出之短为秘冒，秘下端为铜鐏（计按，也作镦）。戈卣之戈字，戈形毕具。"①徐、宋二氏对戈的分析十分详尽明确。

许慎《说文·戈部》共收录从戈之字 26 个，这些从"戈"作的字，一般都与兵器、战争的意义相关。其中，并不包括國（国之繁体）、裁、栽、識（识的繁体）字以"戈"为构件的字。《左传·成公十三年》记载："国之大事，在祀与戎，祀有执膰，戎有受脤，神之大节也。"可见在先秦时期，兵戎之事对于国家而言地位是何其重要。

四　宀、穴

图4—26　圆锥形屋顶

宀，俗称宝盖头。甲骨文写作"∧"、"∧"等形。上部的"∧"，像覆盖在居住浅穴上的圆锥形屋顶或左右两翼交覆的人字屋顶（如图4—26所示）。下部的"∧"像住穴中的土壁或住穴基址四周的矮土墙。宀金文写作"∧"，小篆写作"冖"，今楷书写作"宀"。实为家宅之"宅"的初文。徐铉引《唐韵》说"宀，

---

①　徐复、宋文民：《说文五百四十部首正解》，江苏古籍出版社 2003 年版，第 359 页。

武延切。"换成今音读为"mián"，此实与古代的"冕"（计按：冕的本义是覆盖头部的头巾，现在写作"冕"）字读音相混，大误。

宀即"宅"字，读为 zhái。汉语音本义原理认为，"zhai"音之字义一般包含了"简单"、"小的"两个特点。从考古学家在西安半坡村发掘出来的原始人建筑遗址来看，这类建筑的形式，一般是在圆表或方形平面的浅穴四周斜置一圈密布的小柱子，这些斜梁最后交汇集中于一根直立于浅穴正中的大柱子（计按：此柱古代又称为极）之上部，作为支承屋顶的构件。后在上部覆以草或树的枝叶，即成了人们防晒避寒的"宅"了。这种建筑因为形体小，构造极其简单，所以被古人命名为"zhái"。刘兴隆先生说："（宀）象建筑简单之屋形，犹如后世之茅庐。"① 此语正好为我们的推论做了佐证。

如"斋"字。繁体写作"齋"，从"齊"（齐），从"示"。"齐"字甲骨文写作"𐤀"，为禾穗之形；"示"字甲骨文写作"丅"，像祭祀时供放祭品的台子之形。许慎《说文·示部》："齋，戒洁也。从示，齊省声。"段玉裁注："斋戒或析言，如七日戒，三日斋是，此以戒训斋者，统言则不别也。"许、段二氏所释"斋"字之义近是，但不确切，让人难以明晓它的真实内涵。《论语·述而篇》："子之所慎：斋、战、疾。"斋，在古代特指"古人在祭祀或举行其他典礼前不饮酒，不茹荤，沐浴别居，清心寡欲，以示虔敬"的行为②。以汉语音本义原理表述，斋实际就是指人们在短小的时段里，饮食起居极其简单的一种生活状态与行为。后来，因为斋戒时要"沐浴别居"，即移居到一间专供斋戒的简陋的小房屋里，根据因果关系的原理，这间简陋屋便简称为"斋"。《国语·周语上》："王即斋宫，百官御事，各即其斋三日。"这一记载真实地反映了古人进行斋戒的生活实际。

又如"寨"字。字从"宀"、从"𦫳"、从"木"。根据"寒"字金文"𡨦"的构形分析，"𦫳"实际由四个"𡳽"变化而来的。"𡳽"即草秆（同秆字），四个"𡳽"，即指由众多草秆编扎成的围栏或篱笆类物体。由此可推知，"寨"，实际是指由小木棒编扎围绕而成的简单小栏圈（juàn）。顾野王的《玉篇·木部》："寨，羊宿处。"《广韵·夬韵》：

① 刘兴隆：《新编甲骨文字典》增订版，国际文化出版公司 2005 年版，第 436 页。
② 《汉语大字典》"斋"字下。

"寨，羊栖宿处。"羊宿处即今所谓羊栏、羊圈。羊比牛、猪细小力弱，所以"寨"可以用小木棒简单编扎而成。换言之，"宅"，指人类居住的简单小屋；"寨"，指羊群栖宿的简单小围栏。后来"寨"字又借为"柴"（也作砦）。《广韵·夬韵》："山居以木栅。"又："柴，篱落也。或作寨、砦。"《玉篇·木部》又说："寨，军宿处。"其实，古代军人所谓"安营扎寨"的寨，本应写作"柴"或"砦"。此字从"止"从"匕"（人字之变体），指人止息之义。从"木"，指以木棒编护栅栏；从"石"（砦）指人群（军队）栖宿之处。因为这几种由防护栅栏构成的供人或动物的栖宿之所，同样具有"简单"和"小"之特点，所以被命名为"zhài"。

再如"债"字。在古代，"贷"与"债"是有区别的。"贷"读为 dài（会同方言读为 dâi），有"大"的特点，贷指大的利息而言；而"债"则偏重于指小额的利息而言的。我们通常所说的"高利贷"，一般不能换言为"高利债"，即是因为受到这一原因的限制和影响。债本字即"责"，甲骨文写作"責"（乙八八九五）、"責"（乙五五四五），金文写作"責"（夨甲盘）、"責"（秦公簋）。上部所从之"朿"即针刺之刺字。在会同话中，刺为棘之别名，刺为细小之物，所以"责"（债）有小利息（贝指钱财）之义。《正字通·贝部》："责，逋财也。俗作债。"逋（bū）财即欠负财物，可证"债"的确是"责"的后起字。

现在，再回头谈一谈"宀"字的有关问题。

许慎《说文·宀部》："宀，交覆深屋也。象形。"许氏释宀为"交覆深屋"正确，"宅"字下又释："宅，所讬（按，寄托）也。"可知许氏不晓"宀"即"宅"字之初文。

段玉裁《说文解字注》释宀："古者屋四注，东西与南北，皆交覆也。有堂有室，是为深屋。象两下之形，亦象四注之形。"段氏也不知宀即宅字，强为注解，颇为不类。

王筠《说文释例》："宀当作冖，乃一极两宇两墙之形也。"王氏于文字学颇多独到见解，虽然由于历史的局限，王氏未能见到殷商甲骨文字，但他对"宀"字的形体分析，却似心有灵犀，居然能与几千年前的殷商文字相切合。

饶炯《说文部首订》："古者屋因〔计按：与广（yán）实为一字，指山崖。高鸿缙《中国字例》以厂与岸为一字，不确切。《汉语大字典》

读厂为 hǎn，也不可据] 为之，与厂对刺仅覆一面，其形固浅，后世构为重屋，则交覆两面，而左右有翼，其形甚深，篆文正象深屋中脊与正面线，及西翼交覆之形，故曰：'交覆深屋也'。"饶氏也弄不清楚宀与宅同字，他对深屋的理解诠释与段玉裁氏相因循，不符合原始社会时期"宅"的实际构造情形。

杨树达《文字形义学形篇》"宀"字下按语："金文宀字偏旁作宀，于形为肖，篆文失其真形。"① 杨树达先生在古文字学、历史学成就很大，曾被陈寅恪赞誉为"今日赤县神州训诂学第一人"。惜杨氏于此字并无深入研究。

近人于省吾先生在古文字学方面造诣极高，尤其在甲骨文字学上，更是成绩斐然，颇多创见。于省吾氏通过对甲骨文"宀"（宀）与"宅"（宅）的深入探究，最终考证了"宀"即"宅"字的初文。他说："总之，甲骨文的宀字，乃宅舍之初文，而宅字则作为居住的动词用。两者并不混同。《说文》即不知宀为宅之初文，《唐韵》又以为'武延切'自系汉代以来相传的讹音。"② 于省吾先生的这一观点，确然为不易之论。后姚孝遂先生、邹晓丽先生皆从于氏之说③，都认为"宀"即"宅"之初文。

宝盖头"宀"即"宅"字之初文，当读为 zhái。从"宀"构作的汉字，其形本义基本上都与房屋相关。如简体字"写"繁体作"寫"，所从实为"宀"，基本义为"将东西从一屋移到另一房屋"，仍然与房屋密切关联。后来誊抄文字之行为与此很类似，所以，被引申出了"誊写"、"抄写"的意义。

《说文·宀部》共收录有 73 个从宀构作的字。另外，加上如"癌"、"寐"等实际也从宀构作的汉字，《说文》中从宀构作的字，共有 80 来个。

汉字中还有一个与"宀"相关的"穴"字。在作为文字构件时，人们通常称之为"穴宝盖"。此字于甲骨文中作为部首已经出现，没有发现

---

① 杨树达：《文字形义学》，上海古籍出版社 2007 年影印版，第 39 页。

② 于省吾主编：《甲骨文字诂林》第三册，中华书局 1996 年版，第 1983 页，以及于省吾《甲骨文字诂林·释宀》，第 337 页。

③ 《甲骨文字诂林》，第 1984 页"姚氏按语"，以及《基础汉字形义释源》修订本，中华书局 2007 年版，第 127 页。

单字使用的情况，单字使用在金文中才开始出现。

　　穴，金文写作 ⌂ 象土穴或岩洞之形，属于象形字。穴字的本义即是"洞穴"。朱骏声《说文通训定声》："象嵌空之形，非八字。"林义光《文源》也说："穴、八不同音。像穴形。"

　　《易经·系辞》："上古穴居而野处。后世圣人易之以宫室；上栋下宇，以待风雨，盖取诸大壮。"《墨子·辞过》："古之民未知为宫室时，就陵阜而居穴而处。"《玉篇·穴部》："穴，孔穴也。"《广韵·屑韵》："穴，窟也。"可知穴的本义确为孔穴、洞穴。战国宋玉《风赋》："枳（计按，同枝字，指细枝）句（计按，即勾字，指曲枝）来巢，空穴来风。"《文选》李善注引司马彪曰："门户孔空，风善从之。"细枝曲桠常会招来鸟的垒巢栖息，孔空洞穴常会引来风的侵袭流连。空穴即孔穴，穴仍然为洞穴之义。

图4—27　半地穴式住所

　　《诗经·大雅·县绵》："古公亶父，陶复陶穴，未有家室。"郑玄笺："凿地曰穴。"随着社会的发展进步，上古先民从天然之洞穴走出来后，便开始掘地为穴，建造人工的地穴式（如今之陕北窑洞）、半地穴式住所（如图4—27所示，"半坡村半地穴式住所"）。许慎《说文·穴部》："穴，土室也。"许氏这一解释即指此而言，并非"穴"字最初的含义。

任德山、任犀然在《汉字博物馆》写道："在黄河流域新石器时代仰韶文化的遗存中，我们看到很多有趣的小村落，村落里的房屋都是半地穴式的，苇草屋顶直接坐落在地面上，上面留有烟道，内部有一根木柱支撑着它，人们就住在地穴里，三米深，直径四五米。"这就是我们祖先最早的建筑。[①] 作者亲临遗址现场，这一描绘，应该与我们祖先掘穴而居的生活实际基本相符合。

《说文·穴部》共收录有 51 个汉字。凡由"穴"字为构件而组成的汉字，它们的含义大都与土室、洞穴有关。如"窗"、"窨"、"空"、"窝"、"突"、"究"等字，都属于这种情况。

如"突"字，甲骨文写作""（拾五·七），从"穴"，从"犬"。《说文·穴部》："突，犬从穴中暂出也。从犬在穴中。"徐锴《说文系传》："犬匿于穴中伺人，人不意之，突然而出也。"狗从地穴（住所）中快速外窜，即"突"字形体的内涵，属于象事结构的文字。

"突"字读为"tū"。汉语音本义原理认为，凡"tu"音之汉字，都含表"快速外吐"的特点。突即指犬（狗）从穴中快速向外窜出之状，此正像人将口水从口里迅速外吐的情况，所以被命名为"tu"。"突"有快疾迅速的特点，所以便引申出了"突然"的意义。《易经·离卦》九四爻辞："突如其来如。"孔颖达疏："突然而至，忽然而来。"这正是后世成语"突如其来"之所出。突然、忽然都有快速之义，正是从"突"的本义引申而来的。

《汉书·霍光传》："臣闻客有过主人者，见其灶直突，傍有积薪，客谓主人，更为曲突，远徙其薪，不者且有火患。主人嘿（计按，此处为默字）然不应。俄而家果失火，邻里共救之，幸而得息。于是杀牛置酒，谢其邻人，灼烂者在于上行，余各以功次坐，而不录言曲突者。人谓主人曰：乡（计按：通'向'，曾经之义）使听客之言，不费牛酒，终亡（无）火患。今论功而请宾人，曲突徙薪亡恩泽，焦头烂额为上客耶'主人乃寤而请之。"成语"曲突徙薪"即出于此处。此处之"突"，其实是"埃"（烟囱）字的假借，烟囱可以快速向外吐发烟气，所以也被称为"tū"，写作"埃"。《广雅·释宫》："寵谓之灶，其窗谓之埃。"清代训诂学大师王念孙氏《广雅疏证》："埃，通作突。"《韩非子·喻老》："千

① 任德山、任犀然：《汉字博物馆》，商务印书馆 2007 年版，第 123 页。

丈之隄（堤）以蝼蚁之穴溃，百尺之室以突隙之烟焚。"千里之堤溃于蚁穴，百尽之室，焚于埃隙。此"突"即是"埃"字，指灶的烟囱。

五　弓

弓，甲骨文写作"𢎛"（后下四〇·四）、"𢎛"（甲二五〇一）、"𢎛"（前五八·三）等形；金文写作"𢎛"（商代父癸觯）、"𢎛"（周中期趞曹鼎）、"𢎛"（周中期白盘虢季子）等形；春秋石鼓文写作"𢎛"之形；小篆写作"弓"形；今楷书写作"弓"。其中，"𢎛"的左边为弓背，右边为弓弦。"𢎛"则只有弓背，没有弓弦，像弓解掉了弓弦之形状。任德山、任犀然曾谈及古代弓的制作情况："从商代开始起，中国人

图4—28　弓

的弓就发展成为复合弓，我们在甲骨文和金文当中看到了'弓'字，是依据双曲反弯复合象形而来的。复合弓的弓体由多种木材和竹材多层叠合而成，内、外两侧分别黏附动物的角片和筋，弹力强大，经久耐用。弓的制作在选材、工序上要求非常严格，一张弓的制成通常需要花费两到三年的时间。"①（如图4—28所示）

邹晓丽先生说："古人用弓，平时松弦，战时紧弦，故甲文中'弓'有两个形体。"②

许慎《说文·弓部》："弓，以近穷远。象形。古者挥作弓。"意思就是说，弓是一种可以从近射及远处的武器，这种武器是古时候一位名叫挥的人发明制作的。许氏解释了弓的功能及发明者，并以弓、穷叠韵为声训，阐明弓为什么被命名为"gōng"的原因。当然，许氏不明白汉语音本义原理的奥妙，他是无法去破解弓得名为"gōng"的真正缘由的。此也可见"传统声训法"之虚安荒诞。

汉语音本义原理认为，"gong"音的音本义，主要包含"环状聚合

_____

① 任德山、任犀然：《汉字博物馆》，商务印书馆2007年版，第326页。
② 邹晓丽：《基础汉字形义释源》（修订本），中华书局2007年版，第105页。

的"、"高的"两个特点。

弓之所以被命名为"gōng"，其根本原因，正是由于古人眼中的弓，在其形制和使用的功能上具备了这两个显明的特点。众所周知，人们在使用弓箭的时候，需要用弓弦将它的两端连接聚合为一体，与其他兵器相比，它又具备了向上攻击距离最高的特点。也就是说，弓，即是一种由弦线将两端连接聚合为一体的、具有向上射击距离最高的半圆状武器。这无疑与"gong"的音本义要求完全切合。后来，随着词义的引申发展，人们便根据它的形状，通过比喻手法引申出了"弯曲"等意义。

刘熙《释名·释兵器》："弓，穹也，张之穹隆然也。"清人叶德炯引曰："《老子》'天之道其犹张弓乎?'"《尔雅》："'春为苍天。'《正义》李巡注云：'古时人质（计按，即质朴之义），仰视天形，穹隆而高，其色苍苍然，故曰穹苍。'"刘氏以弓、穹叠韵为声训去解释弓得名之根源，直如痴人说梦；叶氏疏证更是迂腐曲解，与弓的得名缘由八竿子也打不到一处。王念孙《广雅疏证》引刘熙《释名》之说解，但也未有任何发挥。朱骏声《说文通训定声》："弓，兵也，所以发矢。"朱氏虽然从弓的功用角度去给予阐释，却也不能弄清楚弓得名的实际原因。

又如"工"字，甲骨文写作""（粹一三七）、"工"（粹一二七一）之形，后者之"工"是由""省写所致。甲骨文中出现的独体字，一般都属于象形字。那么，""到底是哪一种工具的象形描绘呢？历来众说纷纭，没有定论。

第一种观点认为，甲骨文中的"工"字像玉珏之形。持此说者以孙海波为代表。孙氏认为："诸工字，旧皆释壬，今审确是工字，象玉连之形。惟玉之德，可以祀神，故曰工册。知工象玉连形者，古者贝与玉皆以一贯五枚，二贯为一珏（计按：即珏字，读为 jué）……巫字卜辞作，象巫在神幄，两手奉玉以祀神，是知工即玉也。引申之治玉之人曰工。"[①]

第二种观点认为，甲骨文中的"工"字像斧形，持此说者以吴其昌为代表。吴氏认为："（工）皆象斧形，故知工字最初之凤义为伐木斧之遗形也。以斧伐木是人类原始之工作，故工之本义为斧，而引申之第一义则衍为工作。《周礼·天宫》序宫玉府贾疏云'工谓作工'是其证也。以

---

① 孙海波：《卜辞文字小记》，转引自于省吾编《甲骨文字诂林》第四册，中华书局1996年版，第2909页。

斧伐木是功役也，故工义又衍而为功。"① 刘兴隆《新编甲骨文字典》：
"（工）象斧类工具形。"② 刘先生从吴氏之说。

　　然而，这两种观点却遭受到了甲骨文字学家李孝定的批驳与否定。李
氏说："吴氏谓工之夙义为斧恐未必，然以时代言之，契文（计按，即甲
骨文）之作 **工**、**舌** 应早于吴氏所举金文诸器之作 **工** 者，则金文之 **工** 乃由
舌 所讹变，非本象斧形也。至于训功乃由工作一义所引申，用为攻则同
声通假耳。孙氏谓象玉连之形，以玉作'**丰**'工作'**工**'观之，其说似
可信。惟工亦作 **舌**，如谓象玉之连，则何以一作'**一**'，而一作
'**口**'？"③ 纵观甲骨卜辞，工字在武丁时代即甲骨文早期中一般写作 **舌** 之
形，后来，到了祖庚、祖甲时期"**舌**"才省写成了"**工**"。依据此一实
际情况，李氏对孙、吴二氏的批驳的确是十分正确的。

　　第三种观点认为 **工** 像巧饰或曲尺（计按：即古代的矩）之形。持此
说者以许慎、章太炎、杨树达、李孝定、高鸿缙、尹黎云等为代表。

　　许慎《说文·工部》："工，巧饰也，象人有规矩也。与巫同意。"许
氏以小篆工字之形体立说，并根据规矩之矩（曲尺）小篆作"**巨**"形的
情况，推测"**工**"为"象人有规矩也"，表面一看似乎很有道理。然小
篆之形实由甲骨文"**舌**"省变而来，许氏没见过甲骨文，这一推测自然
也就不符合"**舌**"字产生的真实缘由了。

　　章太炎《文始》："工有规矩之义，规矩皆与工双声。"章氏虽作为一
代国学大师，但他奉《说文解字》为金科玉律，过于迷信古籍，一直对
甲骨文持否定批判态度，所以未能走出许氏《说文》之误区。

　　杨树达《积微居小学述林·释工》："工盖器物之名也。知者：《工
部》巨下云：'规巨也，从工，象手持之。'"后进一步明确："以字形考
之，工象曲尺之形，盖工即曲尺也。……盖工与巨义本相同，以造文之次
第论，初有工文，双声转注，后复有巨。制字者以巨工同物。故即就工字
之形为巨字，后人习用巨字，致曲尺之义为巨所独据，工字之初义不
明。"④ 杨氏不明甲骨文"**舌**"为"**工**"字最原始之形体，故有如此

---

　　① 吴其昌：《金文名象疏证·兵器篇》，转引自于省吾主编《甲骨文字诂林》第四册，中
华书局 1996 年版，第 2909—2910 页。

　　② 刘兴隆：《新编甲骨文字典》（增订版），国际文化出版公司 2005 年版，第 269 页。

　　③ 李孝定：《甲骨文字集释》，"中研院"历史语言研究所 1965 年版，第 1594 页。

　　④ 杨树达：《积微居小学述林全编》，上海古籍出版社 2007 年版，第 91 页。

说解。

李孝定《甲骨文字集释》："工非象玉之连，疑工乃象矩形，规矩为工具，故其义引申为工作，为事功，为工巧，为能事。"[①] 李氏说工非"玉之连"是对的，但他认为工为矩（曲尺），亦误。

高鸿缙《中国字例二篇》："工与𢀳（计按：即巨字）为一字，工象矩形，为最初文。自借为百工之工，乃加画人形以持之作𢀳。[②]"高氏承袭前人旧说，并误。

尹黎云先生认为："（工）甲骨文作 工、�，非'象人有规矩'，而是矩的象形。可见工与巨古文当同字异词，用为象形，表示矩义，工就是巨的初文；人赖矩可取巧，故用为指事，可表示'巧饰'义，这就是工。"[③]

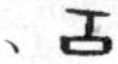

对于上述观点，姚孝遂先生明确指出："此字形体来源，迄无定论。孙海波谓象玉表，吴其昌谓象斧形，诸家皆已辩其误。《说文》以为'巨'字即规矩之象，乃据篆文形体立说，验之于商周古文字皆不合。"[④] 姚氏的这一看法是中肯的。

第四种观点认为，"工"像夯土用的杵或石夯之形。持此说者以何金松、刘恒、刘新民等为代表。我们认为，"�"确为石夯之象形。

何金松认为："甲骨文工字有两种形体：武丁时期，上面一短横画，中间一竖画，下面是一个方框形；祖甲祖庚以后，与现在形本相同。甲骨文工字象筑墙杵，本义是工程。"[⑤] 何先生说"甲骨文工字象筑墙杵"，此说近是。但认为"其本义是工程"则不确。

刘恒认为："甲骨文工字，早期作 �，后期作 工。�象夯筑之夯，口为夯所为之石形，上端则象连石夯之把。"[⑥] 刘恒先生对"工"字早期之"�"形分析十分到位，确不可易。

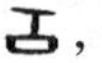

刘新民认为："甲骨文中的 � 确实是从一种建筑工具取象，但它不是

①　转引自刘志基主编《古文字考释提要总览》第二册，上海人民出版社 2010 年版，第 595 页。

②　同上书，第 599 页。

③　尹黎云：《汉字字源系统研究》，中国人民大学出版社 1998 年版，第 191 页。

④　于省吾：《甲骨文字诂林》第四册，中华书局 2005 年版，第 2918 页"姚孝遂按语"。

⑤　何金松：《汉字形义考源》，《华中师范大学学报》1994 年第 4 期。

⑥　刘恒：《殷契偶札》，《于省吾教授百年诞辰纪念文集》，1996 年版。

版筑时夯土用的夯杵，而是另外一种建筑工具——夯打泥土，打制土方墩（坯）的石杵。因为，一是版筑时夯土用的夯杵不是这种形状；二是在商朝时虽然有了夯土技术，但是版筑技术在商朝后期才走向成熟，早期主要是把土堆积起来，用木杵或石杵进行夯打，虽然版筑技术起源于夯土技术，但它与传统的夯土技术还是有区别的。"又说："糊基杵（计按，石夯在陕西洋县北部秦岭山区的方言名称）下边是一块圆形的石头，上边是一根'丁'字形木把。打制土坯时，把土倒在长方体木框里，用石杵用力上下夯打，打平后把木框取掉，打好的长方形土块就是土坯，土坯晒干后就可以用来垒砌土坯墙。糊基杵除了打制土坯外，还可以用来夯打泥土、平整场地。打制土坯的石杵其实是一种简单的石器，早期夯打用的石杵和现在仍然使用的打制土坯的石杵，基本形状应该是相同的。"① 刘新民先生虽然写此文时年仅 30 岁，但考证详细，论证充分，进一步佐证了刘恒先生"工"乃石夯的观点。

1992 年，考古学家对湖北江陵"鸡公山遗址"（属旧石器时代遗址）发掘时，发现了房屋的夯土基址。1977 年，在距今七千年左右的河南新郑县"裴李岗遗址"中，也曾发现过夯土的基地。1998 年冬，考古学家在湖南澧县"城头山遗址"（属新石器时代遗址）的发掘中，更是完整地揭露出一座面积达 250 平方米、由黄土夯筑的大溪文化祭坛。这些夯土遗址的发现，充分证明了中华先民运用石杵夯筑、平整土地的真实可靠。

"工"之所以被命名为"gōng"，用汉语音本义原理表述，就因为它是一种需要多人呈圆环状聚合在一起使用，并高高地抛起以实现夯打土地的劳动工具。此正与"gong"的音本义要求相切合。

又如"觥"（gōng）字。"觥"原本写作"觵"，《说文·角部》："觵，兕牛角可以饮者也。从角，黄声。其状觵觵，故谓之觵。觥，俗觵从光。"许氏解义正确，但他说"其状觵觵，故谓之觵"，则迂曲难懂，不知所云。

觥，是古代的一种饮酒器。最早的觥是用牛角制作的，所以"觥"字从角而构作。徐中舒《甲骨文字典》卷四："（𗫦）象牛角杯之形，当

---

① 刘新民：《"工"字源新考》，《中国文字研究》2007 年第 2 辑，大象出版社 2007 年版，第 138—139 页。

图4—29　觥、觚、觯

为觥之初文。"古代先民多以兽角制作饮酒之器。根据形制或功能之不同，便分别命之以不同的名称。如"觚"（gū）、"觯"（zhì）、"觞"（shāng）等（如图4—29所示，觥、觚、觯）。到后来，这些酒器也多采用陶、玉、木、铜等来制作。

王国维先生在《说觥》一文写道："古者盥水盛于盘，洗匜惟于沃盥时一用之，无需有盖，而乙类皆有之，此三证也。然则既非匜矣，果何物乎？曰：所谓兕觥者是也。……《诗疏》引《五经异义述》、毛说并《礼图》，皆云觥大七升，是于饮器中为最大。今乙类匜（yí）比受五升若六升之斝尤大，其为觥无疑。斝者，假也；觥者，光也，充也，廓也，皆大之意。"[1] 王国维氏作为中国近代"最纯粹"的学者和国学大师，在甲骨文学和史学研究中创立了"二重证据法"，因而被郭沫若先生推崇为"新史学开山"；又因为在文史哲领域的巨大成就，更被学界誉为"中国近三百年来学术的结束人，最近八十年来学术的开创者"。可见，王氏所谓觥"是于饮器中为最大"且有盖子的说法确不可易。我们认为，作为能装七升的大型饮酒器，古人为了防止酒水外溢，所以制造出了这种盖子与器体能够聚合为一体的容量最高的特殊圆形饮酒器。所以，古人也将它称为"gōng"。

又如"共"字，金文写作"𢆶"、"𢍅"、"𢍉"、"𢍄"等形，小篆讹变为了"𦥔"形[2]。从"共"字的金文早期形体来看，它主要是由"○"与"𠬞"两个构字部件组成的，属于形声兼象事结构的文字。"○"，像圆形的玉器之状；"𠬞"字"皆象左右手相合上竦之形"，[3] 现

① 王国维：《观堂集林》之《说觥》，转引自李圃主编《古文字诂林》第四册，上海教育出版社2001年版，第617页。

② 参见于省吾主编《甲骨文字诂林》，第943页；戴家祥《金文大字典》，第2303页。

③ 徐复、宋文民：《说文五百四十部首正解》，江苏古籍出版社2003年版，第49页。

在写作"廾"，读作"gōng"，许慎《说文·廾部》："廾，竦手也。"王筠《说文句读》："廾，盖即手部拱之古文也。"可见廾字就是拱手的"拱"字之初文。两形组合，表示双手呈环状聚合、共同将某一环状礼器高高举起之意。

《说文·共部》："共，同也。从廿，从廾。"许氏释义较为正确，但据讹变的小篆形体去分析字形，则大误。段玉裁《说文注》："廿，二十并也，二十人共竦手，是为同也。《周礼》、《尚书》供给、供奉字皆借共字为之。"段氏没有见过"共"字的甲骨文、金文形体，仍据小篆分析字形，附会牵强，纯属臆测。

容庚《金文编》释"共"字说："两手奉器，象供奉之状。"戴家祥氏曾说："按共奉者为何，诸说纷纭。郭沫若谓'共者，拱璧也'，朱芳圃谓'共象两手奉食形'，方睿益、吴大澂皆谓'奉尊形'，求同存异，共乃象两手奉器形。至于何器，不必深究，乃泛指而已。""按《集韵》：'三钟珙拱同字，训大璧也'，《左传·襄公二十八年》：'与我其拱璧。'孔颖达曰：'拱谓合两手也，此璧两手拱抱之，故为大璧。'"① 我们认为，郭沫若先生关于"共"字的分析较为正确。金文"𢪋"字所从的"○"，应该是一种某些原始部族中最高级别的圆环形礼器，它是神权、王权和宗教权力的象征。这种礼器呈圆环形，象征至高无上的太阳神，上面大都刻有部族的图腾凤鸟或龙。

甲骨文有一字写作"龏"形②，其形体即由"𢀚"和"𦥑"组成，属于形声兼象事结构的文字，现在楷化写作"龏"。内蒙古红山文化遗址出土的玉猪龙礼器，即是甲骨文"𢀚"所描摹的形象。双手环状聚合向上拱抱着礼器玉猪龙，正是"龏"字所要表达的含义。我们认为，甲骨文"龏"，应该是"共"字最早期的形体，发展到金文时期，人们为了刻写的简便，于是干脆将这种环状礼器简略为"○"。《说文·共部》："龏，给也。从共，龙声。"《说文·人部》："供，设也。从人，共声。一曰供给。"《说文五百四十部首正解》："（龏）与人部'供'音义同。"③ 由此可见，龏、共二字都属于形声兼象事结构的文字，音义完

① 戴家祥：《金文大字典》，学林出版社 1999 年版，第 2304—2305 页。
② 参见于省吾主编《甲骨文字诂林》，中华书局 1996 年版，第 1762 页。
③ 徐复、宋文民：《说文五百四十部首正解》，江苏古籍出版社 2003 年版，第 50 页。

全相同，最初应该表示双手呈环状聚合、供奉部族最高礼器的意思（计按，如对某人要给予最高的礼遇，会同话则表述为"将他当菩萨一样供着"，这个供字，即运用了"共"字最初的本义）。"龚"字形体最古老，"共"是"龚"字的金文简化形体，而"供"则是"共"的后起形声字。

再如"宫"字，其甲骨文写作"𠇋"、"𠈓"等形，金文写作"𠈓"、"𠈓"等形，楷化后写作"宫"，完全承袭了甲骨文时期的形体构造。字从"宀"、从"吕"构作，属于象事结构的文字。从"宀"，表示其所指对象与房屋相关；从"吕"，表示这种房屋的天窗很多（计按：此从"向"字甲骨文写作"𠇋"形可推）；读音为"gōng"，说明这种建筑具有"环状聚合"、"最高"的特点。

《说文·宫部》："宫，室也。从宀，躳（躬）省声。"从"宫"字的甲骨文形体来看，宫字并非从"躳省声"，许氏释义正确，但析形则误。徐灏《说文解字注笺》："钟鼎文宫字屡见，皆从二口，不从吕。……疑象室有窗牖之形。"徐氏根据金文形体立说，分析正确，颇具卓识。徐复、宋文民先生指出："据半坡圆形房屋遗址复原，其房屋乃在圆形基础上建立围墙，墙之上部覆以圆锥形屋顶，又于墙中部开门，门与屋顶斜面之气窗空呈𠈓形，此种形制房屋，屋顶似穹窿，墙壁又似环形围绕，故名为宫。"[1] 徐伯安先生说："'𠈓'可以看成在一个大屋顶下罩着两个（或两个以上）室内空间的房子。所谓'宫，穹也；屋见于垣上穹隆然也'（《释名》）。同'高'一样，'宫'也是一种专供统治阶级使用的十分讲究的高大建筑物。""《尔雅》指出：'宫谓之室，室谓之宫'，宫与室在古人的概念里是'同实而两名'的建筑类型。这或许是我们的先人总把宫室连用的缘故。不过，'宫'是从建筑体量大小角度的造字；'室'是从建筑使用情况角度的造字。"[2] 徐复、徐伯安等人对古代建筑"宫"的介绍十分正确。事实上，"宫"最初就是指由两个以上房间呈圆环状聚合而成的、形体最高的建筑。后来，随着词义的发展引申，"宫"便被用

---

[1]　同上书，第 219 页。
[2]　徐伯安：《汉字与建筑》，载何九盈等编《中国汉字文化大观》，北京大学出版社 1995 年版，第 306 页。

于特指最高统治者——国君所居住的高大建筑群。

古代声乐有一个"五音"学说，即大家较为熟悉的"宫、商、角、徵、羽"五个音阶，相当于今天所讲的 1（do）、2（re）、3（mi）、5（sol）、6（la）。那么，"1（do）"为何被古人称作了"宫"呢？这正与它在五个音阶的位置密切相关。《国语·周语下》："夫宫，音之主也，第以及羽。"这句话的意思就是说，宫是五个音阶的君主，从宫开始，依次为商、角、徵、羽。《礼记·乐记》记载："宫为君，商为臣，角为民，徵为事，羽为物。"宋代张炎《词源·五音相生》论述说："宫属土，君之象……宫，中也，居中央，畅四方，唱施始生，为四声之纲。"分析可知，由于"1（do）"这一音阶处于五音的首要位置，与古代都城里处于中央最重要位置的君主之宫很类似，于是，古人便通过类比的手法，将这个音阶取名为"宫"。

弓是一种由弦线将两端连接聚合为一体的、射击距离最高的半环状兵器。弓得名为"gong"，正是因为它最明显地包含了"gong"音本义所要求的"环状聚合"、"最高"的特点。后来，人们看到弓背都呈现弧形之曲线形状，因而又引申出了"弯曲"之义。但从汉语言学的严格角度分析，这其实仍属于汉字的用字法之范畴，即"像弓一样的形状"。前面已多次谈及过，古汉语的最大特点，就是无时无刻不在运用着比喻这一手法。唐代段成式《酉阳杂俎》："舞袖弓腰浑忘却，蛾眉空带九秋霜。"句中的"弓腰"描写了古代舞女的弯腰之状，即属于弓的比喻用法。

许慎《说文解字》一书收录从弓之字 30 来个。凡从"弓"之字，其意义基本上与弓的形状、功能等的特点有关。

如"疆"字，此字从"弓"从"土"从"畺"，《说文》把它当作"畺"的异体字收录于"畺"字之下。《说文·畕部》："畺，界也。从畕。三，其界画也。疆，畺或从彊、土。"疆即特指田地的分界。我们认为，畺、彊、疆实为一字的不同形体。彊、疆二字是畺的后起会意字。从字的构形功能看，畺，着重于田与田分界线的描绘，而彊与疆，则侧重于用划分田界的重要工具"步弓"来会意。王若江先生说："金文'疆'字写作'畺'、'彊'，前一字形表示三条线隔开了二田，后一字形表示以丈量土地的工具——弓（计按：即指步弓）划分田界，形体不同，但都表示了田界的意思。在古代文献中常用'彊'表示强弱之强，于是人们又为'彊'加了一个土字旁，写作'疆'表示田界和引申义边界。"[1] 对于这三个字的关系，王先生阐释得十分清楚明了。

明代王夫之《说文广义》卷一："彊，有力也，与弱相对。其从虫、从弘之'强'，乃虫名，本训云'蚚也'。今以'强'为'彊'，相沿从省耳。……至于疆域之'疆'，俗或作疆，则尤为大谬。"王船山作为一代鸿儒，虽在文字学上也颇有发明创见，但对于"彊"、"疆"之间的关系，却丝毫也没有弄明白。很显然，他没有能走出许慎《说文》"彊，弓有力也。从弓、畺声"的误区。《左传·襄公二十四年》"遴启彊"，《楚语》又作"遴启疆"；《诗经》"万寿无疆"，《白石神君颂》作"万寿无畺"；《释名·释言语》："彊，畺也。"从上引古文献资料看，畺、彊、疆实为一字之异体。

步弓，是古人发明的一种丈量田地的弓形工具。并非那种可以射杀猎物、敌人的兵器——弓。仅仅因为其形状似弓，所以便被称作"步弓"（如图4—35所示）。"步弓"，即可步行的弓。人们在使用这一器具时，一手抓住步弓中间的短直杆，然后转动着前进，这正像在步行一样，因此得名"步弓"。《现代汉语词典》弓字下："丈量地亩的器具，用木头制成，形状略象弓两端的距离是五尺。也叫步弓。"可见，彊（疆）字从弓构作，的确是与形状类似弓的步弓相关。

六 酉

酉，甲骨文写作"𢍺"（合集一九五五七）、"𢍺"（合集二四四〇九）、"𠀠"（英二四四三）等形，像酒尊之形状。金文写作"𢍺"（商代父辛爵）、"𠀠"（周代舀鼎）、"𠀠"（周代师酉簋）等形，与甲骨文中的酉字相比，形体并无多大差异。小篆写作"酉"，楷书写作"酉"，其形体演变之脉络，十分明了清晰。

朱骏声《说文通训定声·孚部第六》酉字下："酉即酒字，象酿器形，中有实。"刘心源《奇觚室吉金文述》："酉，古文酒字，象酒器形。"林义光《文源》卷二："按古酒字皆作酉，酉本义即为酒，象酿器形，酒所容也。"吴其昌《殷墟书契解诂》："'酒'者，与'酉'为一字，'酉'象酒尊之形，'酒'则兼象尊外有醪沥之形也。"章太炎《文始》："酉自

---

① 载何九盈等主编《中国汉字文化大观》，北京大学出版社1995年版，第339页。

为酒之初文，形象酒尊。"郭沫若《甲骨文研究·释干支》："要之古十二辰第十位之酉字，实象瓶尊之形，古金文及卜辞每多假以为酒字，许之释就，盖以转注法以牵就其八月之义（许释十二辰均用此法），酉纵为就，自当后起。"李孝定《甲骨文字集释》："古文酉实酒尊之形，上象其颈及口缘（非提梁），下象其腹有花纹之形。古文 丣 乃卯之古文，郭说是也。许书酉酒并训就，犹存二者之密切关系。古文酉下云云，乃就十二辰配十二月为说，乃说其借义。古文每多假酉为酒，酉本酒器，且声亦相近也。"上引诸家之说可从。在甲骨文、金文时期，酉即酒之初文本字。后因酉多用于十二地支以纪年月日时，古文在酉旁增"水"再造出"酒"字。

《睡虎地秦墓竹简·秦律·田律》："百姓居田舍者毋取酤（酤）酉。"句中之"酤酉"，即所谓买或卖酒。《马王堆汉墓帛书·春秋事语》："悬钟而长饮酉。""饮酉"即饮酒。这些都是"酉"即"酒"字之铁证。

图4—30　小酒尊

酉在后世读"yóu"而不读"酒"，是因为它常被借为"卣"（yǒu）字所致。许慎《说文》无"卣"字，故而可知，　"酉"借为"卣"字，已经有很长的历史了。

卣，甲骨文写作"　"（乙七八三五），金文孟鼎写作"　"，毛公鼎写作"　"，是上古时代一种有提梁的小酒尊（如图4—30所示）。王国维《释由》以为古文字"卣"即像盛鬯（计按，音 chàng，上古专用于祭祀的香酒）之形。《尔雅·释器》："卣，器也。"郭璞注："盛酒尊。"明代郎瑛《七修类稿·天地类·支干》："郑樵，大儒也，解支干之名以为是皆假借……酉，卣也。"酉、卣同为酒尊之形，后世因长期相混而假借。《汉语大字典》释卣说："古代专门用以盛放祭祀用的香酒'秬鬯'的青铜酒器。器形一般为椭圆口，深腹，卷足，有盖和提梁，卣腹或圆或椭或方，也有作圆筒形、鸱鸮形甚至虎吃人形的。主要盛行于殷商和西周。卣器形较小，故可以安设提梁以方便人们自由提携。"

汉语音本义原理认为，凡古汉语中"you"音之汉字，其意义大多都惧有"较小的"以及"引导的"这两个特点。《书·洛诰》："以秬（计按：音 jù，黑黍，一秠二米）鬯二卣。"《尚书·文侯之命》："用赉尔秬鬯一卣。"孔传："卣，中尊也。""中尊"即中型之酒尊，中型之物不小不大，有"较小"之义。吴其昌说："卣者，有提梁之壶属，所以盛鬯者也。"① 赵诚也认为："ⴷ，卣。象盛鬯酒之卣器之上半部，似与卣器为同类，本为象形字。"② 由此可知，卣是专门用来盛鬯的器物。鬯，是一种芳香无比的酒，以黑黍与郁金香草酿造而成。此字在甲骨文中多次出现，写作"ⵊ"（甲六五七）、"ⵏ"（甲一一三九）、"ⵏ"（前四·五四·四）等形状。金文写作"ⵏ"（盂卣）、"ⵏ"（师兑簋）、"ⵏ"（叔卣）等形。《周礼·春官·鬯人》："掌共秬鬯而饰之。"许慎《说文解字》："鬯，秬酿郁草（计按，即郁金香草），芬芳攸服，以降神也。"班固《白虎通义·考黜篇》："鬯者，以百草之香郁金合而酿之成为鬯。"朱骏声《说文通训定声》壮部第十八："按，酿黑黍为酒曰鬯，筑芳草以煮曰鬱（计按：简体写作郁），以鬱合鬯曰鬱鬯。因之草曰鬱金，亦曰鬯草。鬱者，草香蕴积；鬯者，酒香条畅也。"徐灏《说文解字注笺》："盖以百草之香者，和秬黍之酒，取条畅之义，命之曰鬯。遂以鬯名其酒，而造字象其器。"近人高鸿缙《中国字例·二篇》认为："古者以黄色之香草筑于秬黍之酒中，微火煮之，不使出气。俟其冷而饮之，则酒芬芳而人舒畅，古遂名其酒曰鬯，而多用以灌神。名其草曰郁金草。王者并常以鬯赐臣僚，曰赐秬鬯几卣。卣，中尊也，有提梁。是以鬯字古原象形，象器中有郁筑香草于酒中之形。"③ 可见，鬯酒让人舒畅，故得名为"chàng"。古人以卣盛鬯进行祭祀。想凭借酒的芳香将神鬼从天界或冥间引诱下来，所以也就具备了"引导"的特点。依据汉语音本义原理可推，卣之所以得名为"yǒu"，是因为它是一种专门盛香酒来导引神鬼降临的较小器具。这与"you"音本义所要求的特点十分切合。

① 吴其昌：《殷墟书契解诂》，台北艺文印书馆1960年版，第334页。
② 赵诚：《甲骨文简明词典》，中华书局1988年版，第67页。
③ 李圃主编：《古文字诂林》第五册，上海教育出版社2002年版，第303页。

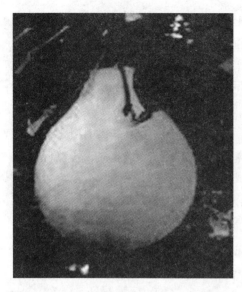

图 4—31　柚子

又如"柚"字。许慎《说文·木部》:"柚,条也。似橙而酢(计按:此处读为 cù,同醋,酸义)。从木,由声。《夏书》曰:'厥包橘柚'。"许氏说解虽正确,但未能揭开"柚"得名为"yòu"的奥秘。《说文·木部》又说:"条,小枝也。"那么"柚,条也"是什么意思?《书·禹贡》:"厥篚织贝,厥包橘柚锡(赐)贡。"孔传:"小曰橘,大曰柚。"柚是一种似橙的果实,经传绝无用于"小枝条"之义。然而,许慎为何这样解释呢?

我们推测,这大多是由于听音记字错误所致。因为秦朝秦始皇焚书,以致到了汉代,儒生师徒之间治经大多只能靠口耳相传,即学界所谓的"耳治",师傅口授,弟子耳听而记之于简帛粗纸,所以经常会出现同音字相错讹的现象。《尔雅·释木》:"柚,条也。"此当为许氏所本。《尔雅》一书非一人一时所作,大约是在春秋至秦汉之间编纂汇集而成的。因此,我们有理由推理《尔雅》一书在传承中自然会出现"耳治记字"之误。我们认为,"柚,条也",当是"柚,卣也"之误记。卣,经传多读为 tiáo。《说文》有"卣"而无"卤"字,卣实际上就是卤字之讹变。罗振玉《增订殷墟考释·释卣》:"《说文》无卤字。玉案其字当作卣或籀为⬧攸脩。《说文》卣字,像草木实下垂卣卣然,中从土象果实坏文,传缮讹作⬥。"① 罗振玉作为"甲骨四堂"之首,说卣即卤字之讹体可信。王国维《古礼器略说·说卣》:"《说文解字》:'⬧,气行貌。从卣,乃声。读若攸。'又'卣,草木实垂卣卣然也。象形,读若调。'经典中'中尊'之字借⬧字为之,其于隶也为卣。然古文多借⬧字。"② 罗、王二氏之说可证,卣,确实是卤字形体之讹变。卣本当读 yǒu,但讹变之后

①　转引自于省吾主编《甲骨文字诂林》第三册,中华书局 1996 年版,第 1841 页。
②　转引自李圃主编《古文字诂林》第五册,上海教育出版社 2002 年版,第 27 页。

却被读成了"tiáo"。这一讹变之音的产生背景，看来一时是难以考证了。"柚，卣也"，即是说柚子的形状与卣这种器物之形非常相像（如图4—31所示）。李时珍《本草纲目·果部二》："时珍曰，柚色油然，其状如卣，故名。"李氏广闻博识，可以为我们的推理添一铁证。柚子虽然本身不具备"you"之音本义要求的两个特点，但是它的命名符合汉语的因果与类比之规律。"柚"为卣形果实，"躬"为弓状之身形，"匜"（yí）为蜴状之盥器，"匪"为非（鸟翅展开形）状之筐，运用比喻法命名的规则，我们的祖先早就运用得十分娴熟了。

朱骏声《说文通训定声》孚部第六："按，《尔雅·释木》：'柚，条也。'条，非条枚之条，亦非条梅之条，即楸。柚条之条即柚，方音不同，另其字耳。字亦作樕（cù），《广雅·释木》：'柚，樕也。'《史记·司马相如传》：'黄柑橙樕。'集解：橘属。"王念孙《广雅疏证》卷十上：'字亦作欘。'《中山经云》：'甲荆山多橘欘。'郭注云：'欘似橘而大也，皮厚味酸。'《卸览》引《风土记》云：'柚，大橘，赤黄而酢（cù）也。'《汉书·司马相如传》'黄柑橙樕。'张氏注云：'樕，小橘也（计按，可能与今之金钱橘相类似），出武陵。'是柚大而樕小，不得以柚为樕也。"朱骏声氏不解"条"即"卣"之音借字，强行以樕来释条，不可从。王念孙氏作为一代训诂学大师，论述《广雅》所谓"柚，樕也"有误，其论证分析是正确的，惜其不知汉语音本义原理之奥秘也。

另外，前面曾分析过，"幽"字甲骨文写作"𢆶"形，下部所从之"𤆍"，即甲骨文"火"字，可见此字是从"丝（yōu）"、从"火"构作，属于形声兼象事结构的文字，古代本指用草木灰掩埋着的引火之火种。火种一般分量较小，所以引申出"幽微"之义；火种被掩埋而变得灰暗，所以又可以引申出"幽暗"之义。"幽"即较小，又具有引火之功能，因此古人将它命名为"yōu"。

"幼"字从"糸"从"力"（犁字之初文），古代专指在犁前用绳子牵引犁铧前进的小青年。这一年龄阶段之少年，因年龄较小，又常在农耕中担任牵引犁铧的工作，所以得名为"yòu"。

"右"字甲骨文作"ㄋ"，像右手之形。上肢较下肢小，而且在中国传统习俗中，常以左为尊右为卑，卑也有"较小"之义。除左撇子外，大多数人的右手在劳动中处于主导地位，与左手相比较而言，右手的主导作用是极其明显的。正因为这两点，右所以也得名为"yòu"。

"育"，会同话读为 yòu。育字甲骨文写作"𥁞"，刘兴隆说："象妇女产子之形，为毓、育之初文。"① 从甲骨文的形体看，育字的最早意义应当是指运用较小的力量将小孩子从产道中导引出来的行为。后来，因为导引小孩向善的教育行为也称为"yòu"，因为两种行为特点的相似性，所以，古人便将这一意义同时赋予给了"育"字。许慎《说文解字》："育，养子使作善也。"所释正是育字的后起引申之义。

"羑"，读为 yǒu。字从"羊"从"久"。许慎《说文·羊部》："羑，进善也，从羊，久声。文王拘羑里，在汤阴。"许氏所释近是。《尚书·康王之诰》："惟周文武，诞受羑若，古恤西土。"陆德明释文引马融曰："羑，道也。"《玉篇·羊部》："羑，道也，进也，善也。今作诱。"王筠《说文句读》："进谓奖进之，道谓导引之，文异而义同。"上引材料证明，羑的一个最显明的特点就是"导引"。朱骏声《说文通训定声》颐部第五："《史记·殷本记》'纣囚西伯羑里'，《风俗通》：'殷曰羑里。'言不害人，若于闾里。"古代以二十五家为闾（lǚ），闾里即乡里。羑里，用现在的话来说，就是"引导人变好的处所"。"言不害人，若于闾里。"可见这种关押犹如现今的"软禁"、"拘禁"，对犯人的惩罚极其轻微。基于上述分析，可以证明古代所谓的"羑"，其实是一种引导犯人变好的轻微惩罚手段，即今天所谓的"软禁"。

"酉"是酒之初文，本当读为 jiǔ。后世将它读为"yǒu"，是因为被借用为"卣"字的缘故。"jiu"音之字多有"长"义，所以，《史记·律书》说："酉（jiǔ）者，万物之老也。"酉即是长久，历时长久因而苍老。

《说文·酉部》共收 67 个字，其中有 8 个属于重文。因为"酉"即酒字，像酒尊之形状。所以，从"酉"构作的汉字，基本上都与酒或酒器的意义有关。

酒文化是中国传统文化的重要内容之一。《说文解字》说："古者仪狄作酒醪，禹尝之而美，遂疏仪狄。杜康作秫酒。"可见酒的发明，历史极为悠久。我们祖先用酒祭天地神灵，用酒祭列祖列宗，也用酒娱己娱人。人们借酒祈福（福甲骨文写作𣅀，即盛满酒的酒器），饮酒而酣畅，以酒为醫（简体作医）药，酒的精气神，早已经融进了华夏民族的灵魂之中。

---

① 刘兴隆：《新编甲骨文字典》（增订版），国际文化出版公司 2005 年版，第 981 页。

七　衣

衣，甲骨文写作"仌"（英一二九四）、"✦"（一七九六）、"仌"（前一·三〇·四）等形状；金文写作"仌"（周早期灭亡殷）、"仓"（周中期公布鼎）、"仌"（周晚期𢊤盘）等形状；《江陵楚简》写作"仌"，《睡虎地秦简》写作"仌"；《说文》小篆写作"仒"；今天楷书写作"衣"之形。衣字上部之"亠"

图4—32　辛店时期彩陶所绘人着服装

即由"人"、"人"变化而来，下部左边的"亻"，即由甲骨文"仌"左下边的"人"变化而来，下部右边的"乀"即由甲骨文"仌"右下角的"丿"变化而来。其演变脉络十分清晰。《说文·衣部》："衣，依也。上曰衣，下曰裳。象覆二人之形。"衣绝无覆罩二人之理，许氏析形大误。（如图4—32所示）

徐灏《说文解字注笺》："古钟鼎文多作仌，与小篆同体。上为曲领，左右象袂（mèi，衣袖），中象交衽，此象形文明白无疑者。"林义光《文源》："制字之始，盖作仹（计按，林氏未依据甲骨文字形体立说，盖推测之辞也），象领、襟、袖之形，变作仌，又作仌。"罗振玉《殷虚书契考释》："《说文解字》：'衣，象覆二人之形。'按，衣无覆二人之理。段先生（计按，即段玉裁）谓'覆二人则贵贱皆覆。'其言亦迂回不可通。此盖象襟衽左右掩覆之形。"刘兴隆也说："象古装上衣形，领、襟、袖可见。"[1] 前引诸家之说，都以衣字金文或甲骨文之形体为依据，析形正确。甲骨文中的衣为独体象形字，其描绘的对象，即是殷商时期最常见的襟衽左右相掩覆的衣服形状。

中国服饰文化源远流长，衣服的创始大抵是何情况？

战国史官所撰《吕氏春秋》一书曾记载："伯余、黄帝初作衣。"西

---

① 刘兴隆：《新编甲骨文字典》（增订版），国际文化出版公司2005年版，第516页。

汉刘安所编《淮南子》一书也说:"伯余之初作衣也,緂麻索缕,手经指挂,其成犹网罗。后世为之机杼胜複,以便其用,而民得掩形御寒。"文献所载,大抵比较真实地反映了传说中的黄帝时期,"曾有一个手编织物做衣服的阶段","今天的考古发掘如西安半坡、浙江河姆渡、钱山漾、江苏草鞋山等新石器时代遗址,出土遗物已经证实,在五六千年前已有种种天然材料编织品和手编织物被广泛应用,同时也出现了原始纺织手工业。上述传说,最早可能就是在此种物质条件下产生出来的。""其实,历史发展到能够生产出专供做服装的材料——纺织品时,以兽皮为基本材料的原始服饰可能早已自成规模,有的甚至定型化,而面临的新问题,就是说如何来运用人工生产的新材料——纺织物去加工新形制的服饰。这个阶段和所谓'初作衣'之时,相距已有几千、几万年之久。"① 沈从文先生晚年致力于中国古代服饰的研究,他结合考古出土的地下文物,并根据事物发生、发展的一般规律进行推理,因此,这一观点应该是比较符合历史实际情况的。《礼记·礼运篇》:"食鸟兽之肉,饮其血,茹其毛,未有麻丝,衣其羽皮。"《绎史》引《古史考》记载:"太古之初,人吮露精,食草木实,穴居野处。山居则食鸟兽,衣其羽皮,饮血茹毛;近水则食鱼鳖螺蛤,未有火化。"班固《白虎通义》也有类似记载:"民人但知其母,不知其父。……饥即求食,饱即弃余,茹毛饮血,而衣皮韦。"由此可见,以兽皮为基本材料的原始服装,至迟在旧古器时期之母系时代已经产生。这一时期与"伯余初作衣"之时,相距恐怕至少在万年以上。而与殷商之世"襟衽左右掩覆"的衣服,距离当然也就更为遥远了。

关于"衣"得名为"yī"的原因,应该就与中国古代服饰在形制上的变迁有密切关系。

汉语音本义原理认为,凡"yi"音之字,基本上都包含了"同一"或"统一"之含义。根据汉语发生的规律,衣得名为"yī",应该就是在上衣形制上具有上述某个特点后才产生的。关于原始社会新、旧石器时代衣服方面的确切资料,因为年代久远的关系,至今也未能在考古发掘中见到。1979 年,在辽宁喀左东山嘴红山文化遗址中,曾发现一块陶塑残片,沈从文先生推测,此残片"似有可能为所塑衣饰的某一局部,且表现出

---

① 沈从文:《中国古代服饰研究》,世纪出版集团、上海书店出版社 2005 年版,第 1—2 页。

高度写实性和质感。"他继而推论："从其两侧内收及结束情形推测，它所塑造的也许是由皮革制成系于腰际的装束，即蔽前覆后的市（fú）、韨（计按：读 fú，此字与市实为一字异体，沈氏未了解其中情况，故分为两字），抑或所谓'赤髀横裙'一类的衣饰，究属何物实难肯定。"① "服"在古代本是一种盛放箭矢的器物，现在所谓的"衣服"，其实当写作"衣市（韨）"。衣与市（韨）是两种形制不完全相同的上衣。市的异体字韨从"韦"，韦是可以随意弯曲的兽皮（后世多指熟牛皮），可以佐证这种形制的衣服早期确是用兽皮制作的，到后来出现了麻枲类编织物，故而又造出一个从"巾"构作的"市"字。市是一种"蔽前覆后"形制的服饰，即是由遮蔽在人身体前后的两大块兽皮或编织物构成，其形制大体与今天的简易救生衣类似，当人们穿着这种服装时，一般还需要在腰部束上一根长长的腰带。市在后世又俗称为"韦当"、"两当（裲裆）"。刘熙《释名·释衣服》："裲裆，其一当胸，其一当背也。"清人毕沅《释名疏证》引皮锡瑞之说："《仪礼·乡射礼》'韦当'注：'直心背之衣曰当'，以丹韦为之。'聂氏引《旧图》：'榰（计按：箭矢器具，音义同服字，为一字异体）长二尺有足，置韦当于背，韦当长二尺，广一尺，置榰之背上，以藉前。据此则裲裆字古作两当。'"② 王先谦《释名疏证补》："案，即唐宋时之半背，今俗谓之背心，当背当心，亦两当之义也。"③ 两当实际就是两挡，一块兽皮或布遮挡在胸前，一块遮挡在后背，所以俗语将这种服饰称呼为"裲裆"。我们认为，裲裆即古代的市（韨）。而衣的形制与市不同，它是将制作市的两块布或兽皮缝合成了同一体，由此可知，衣是在市的基础上发展起来的一种服饰，所以俗语常常把"衣市"（今天写作衣服）连在一起称呼。沈从文先生《中国古代服饰研究》曾介绍过"衣"的早期形制，他说："这种服装，在新石器时代出现纺织物以后，可能是规范化了的、普遍流行的一种衣服，而且在社会进程滞缓的民族中一直沿用未变。这是用两幅较窄的布对折拼缝的，上部中间留口出首，两侧留口出臂（如图4—33所示）。它无领无袖，缝纫简便，着后束腰，便于劳作（那种齐地不宜劳动的衣服，可能只有不劳而获的统治阶级出现

① 沈从文：《中国古代服饰研究》，世纪出版集团、上海书店出版社 2005 年版，第 17 页。
② 王先谦：《释名疏证补》，中华书局 2008 年版，第 172 页。
③ 同上。

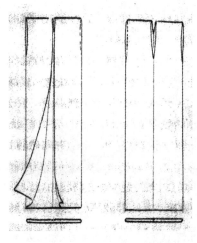

图4—33　"衣"的早期形制

以后才能产生）。这种服装对纺织品的使用，可以说是非常充分而无丝毫浪费的，在原始社会物力维艰时代，这是一种最理想的服制。其名称应叫'贯头衣'。"① 随着社会的向前发展，有袖子、襟衽的各式上衣也不断涌现出来，我们的祖先创造出了灿烂的中国服饰文化。

对于"衣"的得名原因，古代文字学家也作了较多的探讨，他们依据传统"声训"之法解说"衣"字得名的由来，错误是显而易见的。许慎《说文·衣部》："衣，依也。上曰衣，下曰裳。"班固《白虎通·衣裳》："衣者隐也，裳者障也。所以隐形自障蔽也。"刘熙《释名·释衣服》："凡服，上曰衣，衣，依也。人所衣以蔽寒暑也。"汉代许、班、刘三家所释，即所谓采用了"声训"之法。衣、依同声为训，衣、隐双声为训，裳障叠韵为训，牵强附会，毫不可取。

到了清代，虽然文字学得到了空前发展，但众多文字学家对于"衣"字的音义结合原理依然没有能解释清楚。段玉裁《说文解字注》释衣："衣，依叠韵为训，依者，倚也。衣者，人所倚以蔽体也。"王筠《说文句读·衣部》："人无羽毛鳞介，以衣为所依也。"朱骏声《说文通训定声》："衣，所以蔽体也。……上象首弁（biàn），中象两袖，下象衣垂之形。"王念孙《广雅疏证》："《白虎通义》云：'衣者，隐也；裳者，障也，所以隐形自障蔽也。'"清代诸家仍然在走汉代许氏、班氏、刘氏的老路子，无所创建，释说皆误。

汉语音本义原理认为，凡"yī"音之字义，都应该具有"同一"或"统一"的特点。

如"易"字，《三体石经》写作"🐛"，许慎《说文》小篆写作"易"，贵州荔波发现的水书《连山易》写作"🦎"，皆像蜥蜴之形状，当是"蜴"的初文、本字。许慎《说文·易部》："易，蜥易、蝘蜓、

———————————

① 沈从文：《中国古代服饰研究》，世纪出版集团、上海书店出版社2005年版，第18—20页。

守宫也。"扬雄《方言》第八："守宫，秦、晋、西夏谓之守宫，或谓之蜥易。"段玉裁《说文解字注》："易本蜥易，语言假借而难易出焉。象形，上象首，下象四足，尾甚微，故不象。"杨树达先生也认为："易，蜥易，蝘蜓，守宫也。象形。"① 蜥蜴在古代文献资料中一般都写作"蜥易"，后来因为"易"字多用为引申出来的"简易"、"变易"之义，故加虫旁写成了"蜥蜴"。徐复、宋文民先生说："蜥易能变色，取变易义。亦称守宫。"② 李海霞先生也说："蜥蜴，即析易，尾会离析，色会变易。"③ 由此可知，蜴即俗语所称的"变色龙"，它可以通过变换皮肤的颜色来适应它所处的环境，从而使天敌与猎物都看不到它，这正是蜴得名为"yì"的原因。易（蜴）者，皮肤之颜色能与所处环境的颜色相同一也。

唐汉先生对"易"进行过探讨，他说："《易经》的'易'通常被释作蜥蜴的象形（郭沫若依据无出处的《德鼎》铭文将其释作'酒水倾倒'）。殊不知，'易'字原来是一个会意字：在鸟的飞行侧影上添加三撇，以'彡'表示翅膀的用力煽动，乃是鸟儿起飞离去时的图形。引申后，又指水禽候鸟可在水中游，天上飞，地上走的行为变换。'易'在《易经》中的哲学意义为'变易、简易'和'不易'。"④ 唐汉先生常以鲁迅"浪费别人的时间无异于谋财害命"为诫，在文字学的研究上是下了一番苦功的。但唐先生不识汉语音本义原理，因而也就将汉字音形义结合的一般规则抛弃一边于不顾，所以才会产生出如此的奇谈怪论。《易》的核心思想是什么呢？《易》是一本告诫人们要像蜥蜴那样通过变化来适应环境、适应自然规律的书，它的核心思想，就是让人们学会通过切实可行的变化来保全自己、发展自己。

又如"抑"字。甲骨文写作" "、" "、" "等形，字由一只手和一个跪坐的人形组成，刘兴隆先生说："象以手抑人而使之跽，本为压抑这抑，后世用作印玺之印，更造从手之抑作为压抑之专字。印、抑乃同源之字也。"⑤ 刘先生对此字形体的说解十分正确。那么，"抑"字为什么

---

① 杨树达：《文字形义学》，上海古籍出版社 2007 年版，第 34 页。
② 徐复、宋文民：《说文五百四十部首正解》，江苏古籍出版社 2003 年版，第 298 页。
③ 李海霞：《汉语动物命名考释》，四川出版集团、巴蜀书社 2005 年版，第 313 页。
④ 唐汉：《中国汉字学批判》（上册），东方出版社 2006 年版，第 105 页。
⑤ 刘兴隆：《新编甲骨文字典》（增订版），国际文化出版公司 2005 年版，第 572 页。

得名为"yì"呢？"𢺳"上部的"爪"（手爪）表示高压的行为，下部的"𡔷"表示一个人的屈服，从此字的构形意图可知，"抑"字，其实就是指迫使他人和自己的思想、认识或观点相统一的行为。

又如"疫"字。许慎《说文·疒部》："疫，民皆疾也。从疒，役省声。"吕忱《字林》："病流行民皆疾曰疫。"《汉语大字典》："疫，yì。流行的急性传染病的通称。"几家所释虽然正确，但皆未简明晓畅。《黄帝内经·素问·刺法论》说："五疫之至，皆相染易，无问大小，病状相似。"这个解释是十分正确的。用汉语音本义原理表述，"疫"，其实就是指一种让广大民众同时患上同一病症的传染性疾病。刘熙《释名·释天》："疫，役也，言有鬼行疫也。"徐锴《说文系传》："鬼神在其间，若皆应役然也。"杨树达《释疫》："按，刘徐（计按：即指刘熙、徐锴）之说不经，不足辩矣。今谓役之为言易也。易者，延也。……延易即今语之传染也。病以延易而民皆疾，故谓之疫也。""制文者早知其缘于延染，吾先民文治之卓，此可见一斑矣。"[①] 杨氏对刘熙、徐锴二氏的批驳是非常正确的。然而，杨氏自己对疫字的解说也过于迂曲，疫与易虽同音，二者音本义也完全相同，但疫绝不源于杨氏所讲的"延易"，杨氏之说并误。古代确有一种侧重"延易"之义的疾病，被称作"疰"，有的古代文献也写为"注"字。《广雅·释诂一》："疰，病也。"王念孙疏证："疰者，《周官·疡医》：'注，读如注病之注。'《释名》：'注，病，一人死，一人复得，气相灌注也。'注与疰通。"如按杨树达氏之说，疰与疫就应当是相同的疾病了，然而疰自为疰，疫自为疫，可证杨氏对疫的解说的确是站不住脚的。

再如"艺"字。艺字繁体写作"藝"，《说文》小篆写作"𓎛"。隶定作"埶"。"埶"字从"坴"、从"土"、从"丸"构作，"坴"为"木"字之讹变，"丸"为"乩"（jǐ）字之讹变。"埶"字甲骨文写作"𡎸"形，此字左上部的"𡳿"即"木"字，左下部的"𡉉"即"土"字；右边的"𠬞"像一人伸出双手去握持某物之状，篆文写成了"𡉉"形，"屮"即两手之形，"乚"为人，隶定作"乩（jǐ）"，意义为握持。会同话中"乩"字运用的频率仍然十分高，如"乩着我的手"、"乩着她的辫子"、"把钱都乩出嘎水"等。弄清楚了"艺"字的初文之形体，便

---

① 杨树达：《积微居小学述林·释疫》，转引自李圃主编《古文字诂林》第七册，上海教育出版社 2002 年版，第 65—66 页。

知道这是一个象事结构的文字，可以体会出"人持树苗种植在土中"的含义。树木本是自然生存的，人工培育树种是社会发展到一定阶段的产物，一般是成片培植某一种植物。去过"园艺场"的人们都知道，为了保证花草树木的纯粹性，一个区域基本上只会培育同一品种的树苗，这就是"艺"字得名的根本原因。培育树苗需要懂得气候节令、土壤性质，树种特性等知识，懂得"艺"的人，自然也就是很有才能的人，所以又引申出了"才能"的含义。

再如"佾"（yì，会同话读作yí）字。《论语·八佾》："八佾舞于庭。"《说文新附·人部》："佾，舞行列也。"《白虎通义·礼乐》："八佾者何谓也？佾者，列也。以八人为行列，八八六十四人也。"蔡邕《月令章句》："天子八佾，诸侯六佾，大夫四佾。佾，列也，每佾八人。"各家所释十分正确。在会同方言中，佾，就是专指整齐如一的行列，也就是说，佾的初义即是指很多人站成同一条直线的队列。

再如"邑"字，甲骨文写作"𝀌"、"𝀍"等形体，字从"囗"（围的初文）、"𝀪"（跪坐之人形），属于象事结构的文字，表示人们统一住在一个有围沟或围墙等限定的范围之中。刘熙《释名·释州国》："邑，人所聚会之称也。"罗振玉《殷墟书契考释》："邑为人所居，故从囗从人。"[①] 叶玉森氏说："按卜辞邑作𝀌、𝀍，从囗象疆域，从𝀪、𝀫象人跪形，乃人之变体，即指人民，有土有人，斯成一邑。"[②] 陈梦家氏指出："邑是聚族而居之处。"[③] 俞伟超先生说："在商代，作为人们聚居地的居住区域名称，只有'邑'字。……所以，卜辞中的'邑'，既可以指当时的那种早期城市，也可以指很小的村落。"[④] 林沄先生对"邑"字的渊源更是有着深刻的认识，他认为："邑字的原始字形，是在象邑形的囗的旁边附加了一个跪坐的人形𝀪，意在强调邑是住人的地方。《释名》解释说：'邑，人聚会之称也。'看来是对的。属公元前五千年纪的半坡、姜寨等农业村落已有壕沟、围栅之类的防卫设施；到公元前三千年纪中叶已

---

① 罗振玉：《殷墟书契考释》中卷，东方学会编印1914年版，第7页。

② 叶玉森：《殷契钩沉》，转引自于省吾主编《甲骨文字诂林》第一册，中华书局1996年版，第343页。

③ 陈梦家：《殷墟卜辞综述》，中华书局1988年版，第322页。

④ 见俞伟超《中国古代公社组织的考察》，转引自于省吾主编《甲骨文字诂林》第一册，中华书局1996年版，第343页。

经有淮阳平粮台那样城墙厚逾十米的居住地。造字时用口象邑形，可能就是把当时居民点各种形式的防卫措施概括抽象的结果。但是邑这一概念的核心是人口的聚居。"① 分析上引诸家的观点可知，邑实际就是指同一族人统一聚居在一起的城市或村落。

衣的得名源自于古人将有两块兽皮或布的市（韨）缝合为同一体的形制。衣字在作为偏旁部首时，一般写成了"衤"、"衣"和"衣"三种形式。"衤"常位于合体字（象事字、形声字）的左边，与其他构件组合成左右结构的新汉字，如"襟"、"袄"、"衽"等字；而"衣"则常位于合体字的外边，与其他构件组合成内外结构的新汉字，如"哀"、"裹"、"裏"（简体写作"里"）、"襄"（简体写作"怀"）等；另外，还有"裔"、"裘"等少数上下结构的汉字。

《说文·衣部》共收录了116个从"衣"构作的汉字，其中重文有11个。后《说文新附》又收录了"衫"等3个字。凡从"衣"之字，其含义基本都与衣服的形制、功能等意义有关。

八 食

图4—34 簋和豆

食，常见的普通话读音为"shí"，而会同话读作"shǐ"与"shì"两音。甲骨文写作"食"（甲一二八九）、"食"（乙三五）、"食"（佚四四三）等形；金文写作"食"［周早期 （计按：疑为封字）共簋］、

---

① 林沄：《关于中国早期国家形式的几个问题》，《吉林大学社会科学学报》1986年第6期。

"▢"（周晚期仲义▢簋）等形；《说文》小篆写作"▢"形，明显是受到金文"▢"的影响，表示盛食器底盘的"Δ"、"O"或"ℓ"讹变为"ヒ"形。甲骨文、金文的食字，主要由"△"和"▢"组成。"△"即"凵"（口）字的倒写，表示从上向下的口的行为，古人为了与表示帽子的"▢"区分开，便特意刻写为"△"形；"▢"即"簋"或"豆"字，簋与豆是古代的一种常见的盛食之器（如图4—34所示）。"▢"字有时在口字下添几个小点，表示吃食时从口边遗落下的食物屑末。可见，"▢"属于象事结构的文字，像以口吃簋中食物之形状。刘兴隆先生说："▢象豆有食物，△象盖。"① 刘先生说"▢"象豆有食物是对的，但把"△"当成器物的盖子，则有误。许慎《说文·食部》："食，一米也。从皀，△声。或说：△皀也。凡食之属皆从食。"段玉裁注："一米，当作△米，△，集也，集众米而成食也。引申之，人用供口腹亦谓之食。皀者，谷之馨香也。其字从△皀，故其义曰'△米'，此于形得义之例。"皀，孙愐《唐韵》读"皮及切"，即"bī"之音。《颜氏家训·勉学》说"皀"字训释为"粒"，为谷粒、豆粒之别称。然而从食字甲骨文、金文的形体来看，许氏、段氏之说可谓大误，一无是处。由此也可见，一切脱离汉字真实形体的训释，几乎都不能正确把握所释字的本来含义。

林义光《文源卷六》："吴王姬鼎食字作▢，从倒口皀上。皀，荐熟物器也，象食之形。"林义光氏能知"△"为倒口之形，"皀"为荐熟物之器，堪称卓识。商承祚《甲骨文字研究》："（▢）象器中有黍稷，可食者也。黍稷宜温，故上施盖。"商氏以"△"为器物之盖，不确。我们认为，"食"字得名为"shī"，起码不会迟于原始采集渔猎之时代，何物可为食，何物不可为食？古人当早就了然于胸了。古人不可能以盛食具"有盖则为食，无盖则不为食"作为判断是否为食物之标准。释"△"为器具之盖，当为臆测之辞也。戴家祥先生说："（食）金文作▢，卜辞（计按，即指甲骨卜辞）作▢。细究其表，许说亦未当。思训食之字皆从皀。先儒均以谷之馨香释之，今以金文卜辞证之，皀殆为古人盛饭器日用饔飧之具也。字本象形，故即、饔、食等偏旁从之。许君训谷

---

① 刘兴隆：《新编甲骨文字典》（增订版），国际文化出版公司2005年版，第301页。

之馨香。象嘉谷在裹中之形，匕所以极之或说'皀，一粒。'与即、饗、食诸字谊（义）皆不合。凡人之就食之字，如必取谷之馨香以造字，于六书毫不所取。如依'或说皀为一粒'，则飧食之飧象宾主相向就食（计按：飧字甲骨文写作 𩙿，象两人相向就食，故戴氏有此说），而仅谷之一粒，于事物之情更不可通。故皀为簋之初文，食则 ▲ 象器盖，下象簋之初文。"① 戴家祥氏在古文字学领域获得了很大成就，造诣很深。他对食字的训释大部分是正确的，然训" ▲ "为器具之盖，也误。姚孝遂先生说："许慎关于食字之说解，于形于义均不可通，实则与'飤'（饲）本同字，六谷之饭，凡可食者谓之食，引申为饮食之义。卜辞食字象有食物在器，上有盖之形。林义光《文源》以为金文食字'从 ▲ （倒口）在皀上'，其说非是。"② 姚孝遂氏即以"食"与"饲"同字，即是说"食"为吃义，则可推" ▲ "当为口字倒写。然而他又批驳林义光"从 ▲ （倒口）在皀上"之说，前后矛盾，不足为据。甲骨文中从" ▲ "构作的字有"𠁥"（令、命之初文）、" ▲ "（今字之初文）、"合"、"龠"（论字之初文）等，"𠁥"为象事结构的文字，即是以口号令人服从之义；" ▲ "（计按：从" ▲ "从"一"，像将一根手指直竖在口的中间，表示不许出声之意，实际是"噤"的初文）。裘锡圭先生说："（▲）大概是倒写从'口'的'曰'字而成，应该是当闭口讲的'吟'（噤）字初文。吟为表示今字本义的分化字。"③ 裘氏见解极是。"合"（合）从上下两口，像男女接吻时两口上下相合之状。所以合有"会合"、"交合"之意义。如以" ▲ "为盖子，则"合"字为以盖封口上，像今人戴口罩之形，按此去训释理解，不就会闹出大的笑话吗？"龠"字从" ▲ "、"册"，"册"像以皮条绳线口编扎竹简（ⅠⅠⅠ）之形，即"册"字之初文。二形会意，即是说口之言语要像典册的编排一样有条不紊，这就是"龠"（论，简体作论）的真正内涵。许慎《说文·言部》："论，议也。从言、仑声。"《说文· ▲ 部》："仑，思也。"释释皆未确切。考"lun"声之字，都包含了条理的特点，"论"是有条理的

---

① 戴家祥：《金文大字典》卷下，学林出版社 1999 年版，第 527 页。
② 于省吾主编：《甲骨文字诂林》第四册，中华书局 1996 年版，第 2759 页"姚孝遂按语"。
③ 裘锡圭：《说字小记》，《北京师范学院学报》1988 年第 2 期。

语言，"倫"（伦）是有条理的血缘辈分关系。此也可证"侖"字上部之"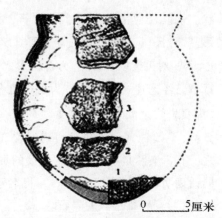"，确实为倒口之形。

基于上述分析，我们认为"食"字上部所从即倒口之形，多表示自上向下的口部之动作。释"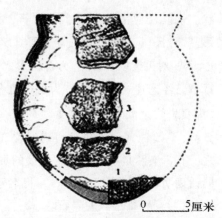"为盖子之说法，纯属臆测之言语。

弄清楚了食字的构形及其大体含义，接下来，让我们再一起来探讨一下食字的音本义内涵。

汉语音本义原理认为，凡是"shi"音之汉字，大多具有"规则"、"规范"的特点。中华饮食文化有着悠久的历史和丰富的内涵。饮，侧重于酒、茶而言；食，侧重于烹饪而言。"民以食为天"，中华民族从茹毛饮血之时代过渡、进入到熟食的阶段，也正是我们的祖先从野蛮走向文明的过程。燧人氏钻木取火，伏羲氏织网渔猎，这些上古的传说沉淀着我们中华民族对遥远年代的点滴

图4—35　陶器实物

记忆。考古发现证明，距今18000年前的山顶洞人已经掌握了人工取火的技术，距今8000多年的江西省万年县仙人洞新石器遗址、广西桂林甑皮岩新石器遗址中，也已发现了可用于烹饪的陶器实物（如图4—35所示）。这就是说，至少在距今8000年左右，我们的祖先就已经开始真正步入了"食文化"的殿堂了。

《周礼·天官·亨（烹）人》："亨人，掌共鼎镬（huò）以给水火齐（jì，同剂字）。职（计按：主管之义）外、内饔（yǒng）之爨（cuàn，灶）亨煮，辨膳羞之物。"郑玄注："镬，所以煮肉及鱼、腊之器。即执（计按：熟之本字），乃胹（zhēng，盛入）于鼎。齐，多少之量。"孙诒让《周礼正义》："诒让案：王举牢鼎九，当有七镬，牛、羊、豕、鱼、腊、鲜鱼、鲜腊也。肠胃与牛羊同镬，肤与豕同镬，其胹之则异鼎耳。……又案：牢鼎以盛牲体，皆既执乃胹。《内则》八珍炮豚及牂云'钜镬汤以小鼎芗脯于其中'。彼小鼎置于镬中以煮肉，则不待既熟乃胹，此官咸掌之也。或烂或执，此用火多少之量也。"根据这些记载可推知，古人制作食物是有一套严格规则的。如何用火用水，其量当依据不同的对

象及烹制方法而各有一定之规。《论语·乡党》："失饪不食。"此可窥见古人对食的严格区分标准及态度。概而言之，古人观念中的"食"，即是指严格按照烹饪规则来制作的食物。继而根据名动相因的规则，吃"食"的行为也叫做"食"（普通话读 sì）。

又如"石"字，石字甲骨文写作"Γ"（屯二一一八）、"∇"（英一八四六）、"ρ"（合集二二一〇五）、"$\sqsubset$"（合集三四一七四）等形状。许慎《说文·石部》："石，山石也。在厂（yǎn）之下，口，象形。"许氏以"$\sqcup$"为石块之形，大误。刘兴隆也说："象山岩下有石块形。"[①] 刘氏也以"$\sqcup$"为石块形，承沿许氏的观点，并误。我们在前面章节已经论述过，"厂"为石崖之象形，"Γ"则为有规则裂纹的石崖（即页岩）之象形。甲骨文"ρ"字，为"Γ"增加了"$\sqcup$"形体的繁构，"$\sqcup$"表示裂口，强调裂纹、裂口的意图更加明白显著。一言以蔽之，石，实际是特指有规则裂纹的页岩而言的。在会同话里，"岩"（会同话读 yái），指所有的岩石，得名于岩石变化迟缓的特点；而"岩头"、"石头"则特指小块的岩石。

又如"寺"字，文字学家普遍认为，"寺"字金文写作"寺"形，小篆写作"寺"形。"$\sqcup$"即甲骨文中的"$\sqcup$"，而"$\sqcup$"是趾、趾及之字的初文，在作为构字部件时，多表示行动的意义；"γ"即"又"、"右"字之初文，即右手，在作为构字部件时，多表示手的功能、动作之意义。金文"寺"属象事结构的文字，表示手的行动，当为"持"字之初文。林义光《文源》："（寺）从又从之，本义为持。手之所元为持也。之亦声。郑公牼钟'分器是持'，石鼓'秀弓持射'，持皆作寺。"[②] 林氏释"寺"为"持"至确。李孝定赞同林氏这一观点，他在《〈金文诂林〉读后记》中说："许书寺训廷当由'持'意引申。寺，古文持字，林说是也。从又，之声。廷为治事之所，治事与持意近。"[③] 李氏以为"持"与许慎《说文》释"廷"的"寺"（shì）字密切关系，很有见地。我们认为，"寺"字的确是从"持"分化而来的。读"shì"的"寺"字是专指

---

① 刘兴隆：《新编甲骨文字典》（增订版），国际文化出版公司 2005 年版，第 587 页。

② 转引自潘玉坤主编《古文字考释提要总览》第一册，上海人民出版社 2008 年版，第 917 页。

③ 同上。

小篆"𡨄"而言的。也就是说，金文"𡨄"为"持"，小篆"𡨄"为"寺"。以形体而言，寺字从"𡳳"、从"寸"，"𡳳"表行动，"寸"强调法度。"𡨄"字从"又"从"一"，表示距离人手腕一指宽的地方。人们发现距手腕一寸处的位置可以探知人的脉相病症，这一特殊位置，也便被古人称为了"寸"，即中医所谓"寸口"之所在。戴家祥氏曾说："《周礼》注云'脉之大侯，要在阳明寸口'，《难经·一难》曰：'寸'口者，脉之大会，手太阴之脉动也。"[1] 古人度量长短大都以人体为法，如"寸"、"尺"、"咫"、"寻"、"步"、"仞"等都源于这一习惯。《诗·小雅·巧言》："他人有心，予忖度之。"陆德明经典释文："忖，本又作寸。寸者，以手指度量也。"古人因为用"寸"为度量物体长短标准之一，所以在创制文字时，从"寸"构作的文字，基本上都与法度、规则意义相关。一句话，"寺"属于象事结构的文字，即行动符合于规则之义。顾炎武《日知录》卷二十八："寺，三代以上言寺者，皆奄竖之名。"奄竖指被割去阴茎、睾丸的男人，即后世所谓的"宦官"。这些人专门负责帝王及后宫人员的生活起居，他们经过专门的严格训练，行为举止非常合乎规范。这个意义的"寺"，后世又加人旁写作了"侍"。《日知录》卷二十八又说："寺，自秦以宦者任外廷之职，而官舍通谓之寺。"王念孙《广雅疏证》也说："（寺）皆谓官舍也。"此义之寺，即源于"侍人"担任外廷之职。这与古人把吃斋时起居之房屋称为"斋"是同一道理。再后来，在汉明帝之时，有西域僧人用白马驮经来到中原，"明帝处之鸿胪寺，后造白马寺居之。"因而遂将僧人所住之院落也称为了"寺"。依汉字造字之例，实当写为"𡨄"。但话又说回来，佛门为清静之所，僧众之行为确也极其讲究规则规章，这恰好与"寺"的要求倒是不谋而合了。

又如"屎"字。甲骨文写作"𡲢"（合集五一六四）、"𡲢"（合集九五七九）等形，李孝定释此字为"屎"，并说："（屎）字正象人遗屎形。……从丶若小，乃象所遗屎形，非小若小也。"[2] 刘兴隆释为"屎"或"粪"，皆可通。但从此字的构形原理来看，释作"屎"更为贴切。刘兴隆说："象人拉屎之形，为屎之初文。或释作粪，于义何通。"[3] 屎字

---

① 戴家祥：《金文大字典》卷上，学林出版社 1999 年版，第 827 页。
② 李孝定：《甲骨文字集释》，转引自《汉语大字典》第 2 册，第 1044 页。
③ 刘兴隆：《新编甲骨文字典》（增订版），国际文化出版公司 2005 年版，第 527 页。

《说文》写作"菡"，《说文·艸部》："菡，粪也。从艸，冒省。"《广韵·旨韵》："菡，《说文》曰'粪也。'本亦作矢，俗作屎。"《广韵》所谓"俗作屎"，哪知此字在甲骨文里就已经出现了。屎字得名为"shī"，也是因为人们拉屎与随意撒尿不同，其排泄的时间较有规律性，处所也大多固定，具有规则、规范之特点。

其一，《黄帝内经》发现人体之经脉共包含有十二个经脉，其内容为手三阳经，手三阴经，足三阳经，足三阴经。而这种现象恰好又与一年四季十二个月，一日四时（鸡鸣—平旦—日中—黄昏、合夜）十二个时辰完全相对应。如《素问·命匮真言论》篇说："平旦至日中，天之阳，阳中之阳也。日中于黄昏，天之阳，阳中之阴也。合夜至鸡鸣，天之阴，阴中之阴也。鸡鸣至平旦，天之阴，阴中之阳也。"《灵枢·顺气一日分四时》篇也说："以一日分为四时，朝则为春，日中为夏，日入为秋，夜半为冬。"也就是说，鸡鸣到平旦这一段时间对应春，平旦到日中这一段对应是夏，日中到黄昏这一段对应秋，黄昏到鸡鸣这一段对应冬。古人继而依据五行学说和脏腑理论，发现卯时（上午5：00—7：00）这个时辰恰好与大肠经相对应。此时大肠蠕动功能特别强大，人们也自然会在这一时段排放大便。于是，古人便将这一在排泄时间上比较具有规则性的排泄之物命名为了"屎（shī）。"

其二，人体另一主要排泄物——尿的命名可以侧证这个推定。尿得名为"niào"（会同话读 niáo），与鸟字音本义完全相同。前面已经论述过，"niao"之音本义，主要包含了"自由、随意"的特点。如"鸟"是一种行动自由的动物，是自由的象征，所以至今人们仍常用"像鸟一样自由"来打比方；"袅"，《说文》写作褭，从"衣"从"马"。《说主·衣部》："褭，以组带马也。"以组带马，就是用细长的飘带妆饰马匹。骏马飞奔，飘带随风自由飞舞，所以这种妆饰马的组带也被命名为"niǎo"。《古今韵会举要》："褭，《说文》：'以组带马也。或作袅'。"唐元稹《春馀遣兴》："簾开斜照人，树袅游丝上。"微风时不时吹开薄的竹簾，一抹落日余晖悄悄地照入温馨小屋；窗前的小树，在微风里自由摇曳，那游丝般细长的枝条，撩拨起我心里那难舍的离愁。诗境很美，真是怎一个"袅"字了得。大家都知道，与排大便相比，排尿在时间上没有规律可循，自由、随意性特别突出。正因为如此，古人就将大便命名为 shí，小便命名为了 niǎo（普通话读 niào）。

　　另外，如"诗"是指规则整齐的语言；"史"是指不以帝王旨意为转移，专按史官行为规则记述真实历史的人（计按：相当于当今的"书记员"）；"氏"是指古氏按母系或父系血统为规则组成的部落；"师"是特指行动必须听从旗幡、金鼓号令规则的作战群体（计按：后世所谓部队的"番号"，实际应写作"幡号"）；"时"是指太阳年复一年极其规则的运行状况。诸如此类，不可胜数。

　　食作为名词"食物"讲时，读为"shí"；作为动词"吃食物"讲时，应当按会同话读为"shì"。这与古代"衣"作名词"衣服"讲读"yī"，作动词"穿衣"讲读"yì"，"雨"作名词"雨水"讲读"yǔ"，作动词"下雨"讲读"yù"是一回事。普通话将当动词"吃食"讲的"食"读为 sì，应该是和作"饲喂"讲的"饲"（古代又写作"飤"）混同所致。

　　《说文·食部》共收录从"食"构造的汉字 62 个，其中重文 18 个。后《说文新附》又收录了"餻"、"馂"两个从"食"构作的字。凡从"食"构作的文字，其意义大多与食物、食器等内容相关。

　　孔子在《礼记》中说："饮食男女，人之大欲存焉。"《孟子·告子篇》："告子曰：'食色，性也。'"吃食充饥，源于人之本性；精烹细炙，凸显文明光辉。中华饮食文化，虽然散发着深厚浓郁的历史的芳香，但更期待着我们将传统饮食文化发扬光大，并把它推向世界的每一个角落。

第五章　汉语音本义、汉字形本义实例集解

第一节　会同话"ɑ"音字实例析

音本义分析：我们现在所谓的会同话中的"ɑ"音，实际略带鼻音。如用国际音标来标注，则当写为"[ŋ]ɑ"。但因为有些"[ŋ]ɑ"音字中的前鼻音有时并不明显，就如汉语拼音中的"ɑ"音发一样，所以，为了更有利于操作，便统一按"ɑ"音进行分析。如"鸭婆"（鸭子的会同方言名称）中的"鸭"，在会同有些人读为"ɑ́"，有些人又带前鼻音读为"ŋɑ́"（音近如"ɑ́"）。普通话中的很多"yɑ"音之字，在会同话里大多读"ɑ"。"ɑ"的音本义，包含有"贴近、压迫"的特点。

一　阿（垭）

音读分析：

"阿"字普通话有"ē"、"ā"两种主要音读，《汉语大字典》认为读"ē"时，主要为弯曲义，读"ā"时，主要用在姓名称谓之前作名词词头。会同话基本只有"ā"一个音，但可以因为强调色彩而读成"à"。这一问题，我们在前面已经论述过，上古汉语音调的变重，主要是为了区分名物对象或加强喜爱、反感、害怕等语气的需要而产生的。

我们认为，"阿"的弯曲义是从其本身的形状特点引申出来的。"阿"为两座山贴近而形成的"凹"字形状之处，山体因为凹陷而自然会呈现弯曲之状，实在不必再标注一个"ē"音。汉语音本义原理认为，"e"音之字主要强调"大口"和"不动"两个特点。这与"阿"字侧重于表述两山贴近之势不相符。另外，作为名词词头加于姓名之前，则属于用字法范畴。"阿"有"贴近"、"亲近"的特点，所以把"阿"字加在别人名字之前，就更好地表达出两人之间心贴着心的亲近之情。宋人赵彦卫

《云麓漫钞》卷十："古人多言阿字，如汉武阿娇金屋。晋尤甚，阿戎、阿连等语极多，唐人号武后为阿武婆，妇人无名，以姓加阿字。"汉武帝金屋藏娇，阿娇为长公主之女，自然有姓，武则天千古一帝，掌生杀予夺之权，本来就有武姓。赵彦卫氏不识"阿"字能够表达亲密情感的奥秘，说解无创意，不足为据。

形体分析：阿，金文写作"阿"（战国·阿武戈）、"墅"（平阿左戈）等形体；小篆写作"阿"形，楷化后写作为"阿"。而现在常用于表达山间垭口的"垭"，实际就是"阿"的异体字。从形体来看，楷书阿字主要由"阝"和"可"构成。偏旁"阝"即"阜"（fù）字，甲骨文写为"阝"、"阝"、"阝"、"阝"等形，金文写作"阝"形。《说文·阜部》："阜，大陆，山无石者。"《尔雅·释地》："大陆曰阜。"邢昺疏引李巡曰："土地高大名曰阜。"刘熙《释名·释山》："土山曰阜。"可知阜即是高大的土山。另一构字部件"可"字，林义光《文源》卷十："当为诃之古文，大言而怒也。古通何。"戴家祥《金文大字典》卷上："疑为歌之初文，表示人的叹声。"刘钊《郭店楚校释》："可读为呵，意为呵责。"[1] 我们认为，"可"为"呵"之初文，人对远外大声"吆喝（计按：实际当写为"吆呵"）"之时，一般会将两手掌交合于口之前，形成一个狭小空间，以利于声音产生共鸣而传播得更远。"呵"读 hè，有交合之特点。基于上述分析，我们认为，"阿"当属象事结构的文字。其本义当是指两山峰之间的狭小凹陷之处。这个地方山势迫压，为两座山峰之间极为贴近之所在，所以被命名为"α"。在会同方言中，因为这个地方实际也是山脉凹陷形成的，所以称此处为"凹阿"，或写为"坳垭"，读作"ào ǎ"；又因此处和两栋房屋中间的狭长"里弄"（或叫弄堂、巷弄）很相像，所以，会同话又称其为"山阿（ηǎ）弄"。另外，会同话还有"你阿（ηǎ）着他去玩"等说法，这些话里的"阿"字，都含有"贴近"、"倚傍"的意思。可见，会同话的确不愧"上古汉语活化石"之名称。

主流观点及点评：

1. 许慎《说文·阜部》："阿，大陵也。一曰曲阜也。从阜，可声。"《尔雅·释山》："大陵曰阿。"《诗·卫风·考盘》："考盘在阿，硕人之

---

① 转引自刘志基主编《古文字考释提要总览》第二册，上海人民出版社 2010 年版，第 635 页。

芏。"毛传曰："曲陵曰阿。"段玉裁《说文解字注·阜部》："阿，引申之，凡曲处皆得称阿。"

点评：从阿字的音本义、形本义看，阿不当释为"大陵"。大陵即俗说的大土山，阿字此义在后世文献及方言里不能找到确切的对应，不可信。释阿为"曲阜"，不是阿的最初本义，当是引申义。山体凹陷，形成两山夹迫之形，山势便自然呈现出起伏与弯曲。许、段二氏未得"阿"字之真义。

在会同话里，"阿"即指两山贴近迫压之处的山体凹陷之缺口。其形状狭长，含有贴近、迫压之特点。因此，可以加在姓、名或称谓之前，用来表达比较亲近的情感。《现代汉语方言大词典》（第二卷）第 1951 页："用在单音节的姓、名、排行、称谓语素等之前构成称谓，有些带有随便、亲切的色彩：阿王、阿红、阿公、阿妹……"又说"用在亲属称谓前，略表亲昵。"第 1958 页又说："阿崩（广州话），①缺唇、豁唇的人；②缺门牙的人。"口缺、牙缺与山缺之形类似，由此可证，阿字的本义在南方地区的方言里仍有很好地保留。

2. 顾野王《玉篇·阜部》："阿，水岸也。"《穆天子传》卷一："天子饮于河之阿。"郭璞注："阿，水岸崖也。"

点评：水与陆贴近、迫压之处可以称为"ā"。但从汉字形义学的观点看，这应当是通假的用法。考虑到普通话里的"ya"在会同话里大多读如"a"的情况，我们推测，"阿"可能就是"涯"字的通假。

3.《广雅·释诂三》："阿，近也。"《左传·昭公二十年》："寡君命下臣朝曰：'阿下执事。'臣不敢贰。"杜预注："阿，比也。"《汉书·贾山传》："（秦）又为阿旁之殿，殿高数十仞，东西五里，南北千步。"颜师古注："房字或作旁，说云始皇作此殿，未有名，以其去咸阳近，且号阿旁。阿，近也。"

点评：以上所释正确。在会同话里，"比"（会同话读如 bià）也是贴近之义。"比"、"近"，其实就是通过"阿"字的比喻用法——像"阿"一样贴近而引申出来的。

《诗·商颂·长发》："实维阿衡，实左右商王。"郑玄笺："阿，倚；衡，平也。"倚为倚傍，仍含有贴近的特点。如会同话"他的成绩在录取线上阿（[ŋ] ǎ）上阿（[ŋ] ǎ）下地"，也就是说那个人的考试成绩在录取线的附近，即贴近录取线之意。

4. 刘熙《释名·释丘》："偏高曰阿丘。阿，何也，如人儋何（计按，即担荷）物，一边偏高也。"

点评：刘氏曾在《释名·序》中说："夫名之于实，各有义类，百姓日称而又不知其所以之意，故撰天地、四时、邦国、都鄙、车服、丧纪，下及民庶应用之器，论述指归，谓之'释名'。"然而遍观全书，刘氏以传统声训之法训释事物得名之缘由，大多为臆测之辞，与汉语语词音义结合的原理（古人命名的规则）相去甚远。此条释阿为"何"（计按，即担荷的"荷"字之初文），附会牵强，不值一驳。

5.《汉语大字典》："垭，yà，方言。两山之间狭窄的地方。"方平权《坳字源流考》补记："地名又有'垭'之一字（字形或作'㘴'），见于湖北四川等地。今年九月，我游神农架，其上有风景垭，是两峰间的谷口，为湖北、重庆、陕西三省交汇处，海拔高 2998 米。考'垭'当即'坳'之方言变体。从意义来看，坳、垭指称的同一对象。……从语音上看，坳，于教切，垭，乌故切，均影母字，今读均去声，韵母虽有'效'、'莫'之别，但同属阴声韵（据《集韵》）。可见，'垭''坳'的所指是相同的。"[①]

点评：垭，会同话读"â"、"［ŋ］à"两音。读［ŋ］à 时，表示两山之间极其狭窄；读 ā 时，表示两山之间比较狭窄，与"阿"字的音义完全相同。垭与桠构形原理相同，都来源于"丫"（会同话读â），属于后起形声字，表示呈现"V"形的树枝或山貌。两根木枝相夹，即是"丫"（桠），两山相夹，即是"阿"（垭），完全符合汉语发生学的规律。两山之间形成的"ΔΔ"状地貌，在会同话里又被称做"凹"（ào，音义与坳同），因此，会同话又常常将此处合称为"凹（ào）阿（垭）"。

方平权先生从所谓音韵学的角度去揣测"垭"字的源流，大误，不符合汉语发展的基本规律。

音本义、形本义概括：

阿（垭），是指两山贴近处的狭小缺口。

《汉语大字典》卷一："垭，yà。方言，两山之间狭小的地方。"垭，会同话读 à 或 ā，实际是"阿"的后起之异体字。会同话有"把口阿开"

---

①　方平权：《汉语词义探索》，岳麓书社 2006 年版，第 235—236 页。

之语，把口阿开，即将口张开成阿一样的小缺口。如："他阿起个老虫口。"人阿口，本张开得不大，但像老虎开口就不正常了，意即要价太高。此正是"阿"字本义的比喻用法。

二　牙

音读分析：

牙，普通话读"yá"，会同话读为略带前鼻音的"［ŋ］á"。

牙得名为"á"，主要是因为牙齿具有上下贴近的特点，以及迫压食物使其变碎烂的功能。

形体分析：

牙，金文写作"⻆"（春秋敖毁）、"⻆"［春秋鲁邍（yuān）父毁］等形，像两个"匕"面对面紧贴着挤压在一起之状。但"⻆"到底像何物之形？前人莫衷一是。如朱芳圃《殷周金文释丛》卷中就说："牙象两物互相钩搭之形。可用于弩机，可用于车轮。"① 朱氏解释不甚确切。金文"⻆"属于左右之结构，如变为上下结构，就可以写作"⻄"形，中间两点像食物碎屑，则知"⻄"是上下两牙齿的省写之形状，表示上下牙齿贴近迫压使食物变碎变烂之意。牙字，战国楚简写作"⻘"，战国印"地山"写作"⻙"，《说文》古文写作"⻅"，都由"牙"与"臼"构成，属形声兼象事结构的文字，"牙齿"之义更为显明。

甲骨文有"齿"而无"牙"字。齿字写作"⻘"、"⻘"、"⻘"等形，都像口中牙齿之形。徐复、宋文民先生认为："甲骨文有齿字，无牙字，盖其初牙、齿不分。"② 徐、宋二位先生的这一推测，应该符合上古汉语历史的实际情况。

主流观点及点评：

1. 许慎《说文·牙部》："牙，牡齿也。象上下相错之形。"段玉裁《说文解字注》："统言之皆称齿称牙，析言之则前当唇者称齿，后在辅车者称牙。牙较大于齿，非有牝牡也。"徐灏《说文解字注笺》（计按，也称《说文段注笺》）："口，断骨齐平者谓之齿，左右锐者谓之牙，故曰牡

---

① 朱芳圃：《殷周金文释丛》，中华书局1962年版。

② 徐复、宋文民：《说文五百四十部首正解》，江苏古籍出版社2003年版，第32页；左民安：《细说汉字》，九州出版社2003年版，第367页。

齿，亦谓之虎牙。"《左传·隐公五年》孔颖达疏："颔上大齿谓之牙。"《六书故·人四》："口有齿有牙。齿当唇，牙当车。齿相直也，牙相入也。"王筠《说文释例》："在颐内谓之牙。"丁福保《说文诂林》："慧琳《一切经音义》卷三十五注引《说文》'壮齿也。'盖古本如是。"左民安《细说汉字》："《说文》：'牙，牡齿也。''牡'有'壮'、'大'义，所以'牙'的本义就是'大齿'，指'槽牙'。"

点评：牡齿、壮齿都是大齿的意思。许、段、王、徐、左诸家都从牙齿形体的大小入手进行判别，所以，许氏、段氏、王氏、左氏等将"牙"定义为"后槽牙"，而徐灏氏则将"牙"字义为人口中又长又大的"虎牙"。两说都不符合"牙"得名"á"的实际缘由，并误。其实，所有的齿都可称牙，所有的牙都可称齿。古人因为从不同的音义结合角度着眼命名，所以才有牙与齿的不同的名称。

汉语音本义原理认为，"chi"音之字基本上都具有"大的"和"缓的"两个特点。如"赤"，本来是指燃烧缓慢、热量很大的火，因为这种火大都是红色的，所以才用它表示红色（属于赤字的比喻用法）；"侈"，本来是指大腹便便、行动舒缓的贵族，后来仍用它表示"大"和"缓"之义，考古资料中常有"侈口器形"一语，"侈口"即是"大口"之意；"迟"，繁体作"遲"，犀牛形体庞大、行动迟缓，所以，"遲"来是指犀牛走路迟缓的状态；"痴"，繁体写作"癡"，此字所从之"疑"字，在甲骨文里写为"𤕝"形，像一人张着大口、拄着拐杖的样子。痴呆之人反应迟缓，并常常不自觉地张着大口，流着口水。

许慎《说文·齿部》："龀（chèn），毁齿也。男八月生齿，八岁而龀；女七月生齿，七岁而龀。"段玉裁注："郑注《周礼》曰：'人生齿而体备。男八月、女七月而生齿。'"人生牙齿而躯体才算长完备，可见"齿"是人体中生长最迟缓的。牙齿生长迟缓，又有很大的咬合力，所以被称为"chǐ"。如按许氏所说，牙为大槽牙（学名白齿），齿为小门牙，则"赤"、"叱"、"侈"、"痴"等字的得名，就无所依据了。

2.《周礼·秋官·冥人》："若得其兽，则献其皮、革、齿、须、备。"贾公彦疏："齿，即牙也。"《广韵·牙韵》："牙，牙齿。"戴家祥《金文大字典》卷中："牙象局部形，𢁫象全体形，古文牙字加𢁫旁，与十二篇𦣝或作颐，籀作𦣻，九篇勿作𣃍例同，都是在表示局部意义的字上添加表示此局部所属整体的偏旁。"①

点评：牙即是齿。甲骨文中无牙、齿之分，""可读为牙，也可读为齿。后来，因为命名着眼点不同，""于是分化为二。金文齿字，加"止"写作""（中山王𩕣壶）；牙字，加""写作""（《说文》古文），或即省写为""。这一分化，当出现在周代，戴家祥先生将""视为牙齿局部之形状，将""（计按，即字之变）看作牙齿全体形状，这一认识是正确的。但他对牙齿局部与整体的关系区分，还有值得商榷的地方。

3. 刘熙《释名·释形体》："齿，始也，少长之别始于此也，以齿食多者长也，食少者幼也。牙，楂牙也，随形言之也。"清人王先谦《释名疏证补》："先谦曰：案《说文》'牙'下云：'象上下相错之形。''𪘶'（jǔ）下云：'齸齿也。''齸'下云：'齿不相值也。'此楂即𪘶之误字，楂是似梨而酢之果。楂牙二字义不相属，𪘶牙则状其相错之形，故云'随形言之也。'𪘶俗变为龃，《汉书·东方朔传》：'龃者，齿不正也。'张晏注：龃音楂梨之楂。'益可证此文音形讹变之由。"

点评：刘熙《释名》训释字义的由来，虽偶有闪光之处，但大多数纯属附会臆测之语。此条以"齿"、"始"叠韵进行所谓声训，即属此例。刘氏、王氏以为"牙象上下相错之形"而得名，与许氏《说文》相同，略有可取。牙，确有上下贴近的特点，又具有迫压食物使这碎烂的功能，故而得名为"á"。

王先谦氏释"楂"字为"龃"字之讹误，分析环环相扣，有理有据，十分精彩，姑录于前供大家欣赏。

音本义、形本义概括：

牙，指动物口中上下贴近，并用来压碎食物的骨质物体。

三　桠（枒、丫）

音读分析：

桠（枒、丫），普通话读"yā"，会同话读如"ǎ"。本是指分杈木枝制作的捕捉动物的工具。后来，树枝分叉的地方也被称为"桠"。

---

① 戴家祥：《金文大字典》卷中，学林出版社 1999 年版，第 2745 页。

桠的两个分叉呈现贴近的形态，又因为具备压迫动物颈部，并使之不能攻击人的用途，所以得名为"ā"。现在，会同话仍然称呼压在耕牛颈部的物件为"牛桠"（如图 5—1 所示），此即古语之遗存。

形体分析：

桠字从"木"、从"亚"构作，在金文中还没有找到确切对应的形体，《说文》写作"枒"，属后起形声字。俗体一般写作"丫"。

图 5—1　牛桠

我们推测，甲骨文中的"丫"字与"單"字并不是一个字。"單"释为"单"字，至确无疑。但"丫"字像树丫之形，可能即丫、枒、桠的初文。原始人狩猎，最先是用石块投掷、木棒击打动物致伤致死，后来发展到用粗大的树桠按压动物的颈部，使之不能动弹，从而又达到不被猎物利牙咬伤的目的。现在，乡下仍有人用小桠杈去捕捉毒蛇，就是古人这一捕捉动物方法的孑遗。

主流观点及点评：

1. 顾野王《玉篇·木部》："桠，木桠杈。"《正字通·丨部》："凡物叉分者皆曰丫。"《集韵·麻韵》："桠，江东谓树岐（计按，同歧）为杈桠。"《广韵》："丫，象物开之形。"《汉语大字典》："大丫杈，树枝分叉的地方。"《现代汉语词典》："丫，上端分叉的东西：枝丫。"《辞海》"丫，象树枝的分叉。"又："桠、枒，树木或物体的分叉。"

点评：诸家所释都是引申义，非最初本义。丫，此一形体虽然未见于金文、小篆，王力认为"这是中古所造的字"[1]。但我们推测，丫字在甲骨文中早就已经被创造了。甲骨文"丫"，很可能是用于按压动物颈部的丫杈。甲骨文另有一字写作"單"或"單"之形，像人手持丫杈之行为。香港国学大师饶宗颐先生说："（單），单父二字合文，为地名。《元和郡县志》：'今宋单父县，古鲁邑也。'《汉书·地理志》属山阳郡，《路史·国名记》：'舜师单卷所居，故号单父；周成王封少子臻于此，为单

---

① 王力：《同源字典》，商务印书馆 1982 年版，第 121 页。

子国。'今果见于卜辞。"[1] 对此，姚孝遂先生指出："按：字从'单'，从'又'，隶可作'[illegible]'。非'单父'合文。"饶氏不识甲骨文"[illegible]"（父）与"[illegible]"（左手之形）的区别，故有"单父"二字合文之训释。姚氏对此的批驳是正确的。姚氏隶定此字为"单又"，也有未妥，虽然后世有从手构作的"掸"字，但与"[illegible]"形体所表达的意义并不切合。我们认为，"[illegible]"字当是"押"或"压"字的初文。压字繁体作"壓"，取自犬常以前脚压住"月"（古肉字）啮咬而食的形状，形体虽不同，表义都一样。如这一推理成立，则此字也可以反证"[illegible]"即为丫字之初文。

2. 许慎《说文・木部》："枒，木也。从木、牙声。一曰车网会也。"段玉裁注："草木状作[illegible]。其木叶在颠，略似棕树，而实大如瓠，系在颠，若挂物。"朱骏声《说文通训定声》："《方言》：'江东谓桠杈。'《鲁灵光殿赋》：'枝撑枒杈而斜据。'字亦作桠。"

点评：许氏"枒，木也"之训释过于宽泛，如按此解释之规则，则木本植物皆可解释为"木也"。许氏《说文》这种不以事物特点去训释、区分字义的例子较多，这即是《说文》其中的一个不足之处。段氏为许氏"木也"之训所迷惑，故将其释为"[illegible]"。"[illegible]"即"椰"字之异体，释"枒"为"椰子树"，在文献中找不到证例，段氏之说也不可取。朱骏声氏根据《文选・鲁灵光赋》"枝撑枒杈而斜据"，以及《方言》"江东谓桠杈"两个文献资料推断"枒"即"桠"之异体字，正确。

音本义、形本义概括：

丫，最初是指一种因两枝贴近形成杈口的、用来按压动物的木制工具。

图 5—2　战国玉人和河南邓县画像砖

---

① 饶宗颐：《殷代贞卜人物通考》，香港大学出版社 1959 年版，第 869 页。

　　后世所谓的"丫环"，就源于古代侍女头部丫杈状及环形状头发样式。头部丫状的头发样式，在汉代以前是专用于未成年男孩的。因为头上的丫状发式如动物竖起的角一般，所以被称为"总角"。总角，即"纵向直上的角"。安阳殷墟妇女墓出土的两面玉人（如图5—2所示），洛阳西郊出土的战国雕玉小孩，头部即梳成丫状的"总角"之形。

图5—3　北齐仕女画　　　　图5—4　唐代永泰公主墓前壁画

　　但到了魏晋南北朝时期，冲破世俗束缚之风兴起，为"表示不受世俗礼教约束，大人也有梳双丫髻的"。"到了唐代，成年女子一般多梳双丫双鬟（huán），已少有在背后垂发辫的。婢女称'丫环'，即头上丫角和双环并称，是一种新的发展。"① 河南邓县南朝画像砖中的侍从、北齐《校书图》中的侍女和唐代永泰公主墓前壁画中的仕女都体现了这一状况。

四　伢

音读分析：

普通话读为yá，会同话读为略带前鼻音的"［ŋ］á"。

―――――――――

　　① 沈从文：《中国古代服饰研究》，上海书店出版社、世纪出版集团2005年版，第69—70页。

形体分析：

伢，字从"人"、从"牙"，该字不见于《说文》，属后起的形声字。

主流观点及点评：

《辞海》："伢，yá，方言。小孩儿。"《汉语大字典》："伢，方言。小孩子。"《现代汉语词典》："伢，方言。小孩儿。"

　　点评：三家所释不确切。伢，即会同话、长沙话中的"伢仔"、"伢子"，用于专指未成年的男孩。上引三家辞书释"伢"为"小孩"，所释不妥。

　　"伢"的得名，实来自于"丫"。汉代以前，未成年的男孩子头上梳有两个羊角似的发式称为"总角"，呈现出"丫杈"之形状。于是，人们便以这种特殊的"丫"状发式，来称呼这些未成年男孩，即后世所谓的"伢仔"、"伢子"。根据语言发生学的规律，"伢仔"、"伢子"实际当写为"丫仔"、"丫子"。这是一种借代的修辞运用。在现代汉语里，人们仍然运用这一手法，常常借用人体中某个最显著之特征来代替某一个或某一个群体。如常用"黄头发"、"蓝眼睛"、"高鼻子"代指白色人种；用"三角眼"代指那些眼睛呈现三角形的人；用"鹰嘴鼻"代替鼻子准头弯曲如鹰的人等。《现代汉语方言大词典》卷二："伢子，长沙话，①男孩儿；②男青年。"所释正确。"伢仔"指未成年男孩，还有会同话、娄底话等南方方言也是这么称呼。《中国近代反帝反封建历史歌谣选·三迎太平军》："九岁伢子放爆竹，白发公公忙敬酒。"燃放爆竹的伢子，当是调皮活泼的男孩无疑。

　　《诗·卫风·氓》："总角之宴，言笑晏晏。"孔颖达疏："以无笄，直结其发，聚为两角。"顾野王《玉篇·角部》："角，男女未及冠、笄，为总角。"《礼心·内则》："三月之末，择日，剪发为鬌（计按：会同话读duó），男角女羁。"郑玄注："夹囟为角。"囟，普通话读 xìn，会同话读 xǐn，即常说的脑门囟。"夹囟为角"，即以脑门囟为中心，左右两边各留有一小撮头发，扎成两个小角之形。那么，什么又是所谓的"羁"呢？郑玄注："留其顶上，纵横各一，相交通达。"沈从文对此解释说："原注意译成现代语言，似可作剪发，男的顶门两旁留一小撮，把发梳理之后，结成小丫角。女的顶正中留一小撮，编成小辫（俗名'一抓椒'）、'冲天炮'，以示区别。到稍长大，发不再铰剪，男的总成椎髻，加上冠巾，如《释名》说的'土冠，庶人巾'。女的发辫后垂，或结成不同形式，劙以双笄，表示成人。从近年出土文物看来，这样解释和实际情形相去不远。"① 由此可知，上古时代男孩，头发梳成两个小丫角，女孩头发梳成"一抓椒"、"冲天炮"之形式，是约定俗成的一种风俗习惯。古时男孩称为"丫仔（伢仔）"，其意即是"梳理成丫状发式之小孩"的意思。

甲骨文中有一字写作"

"，其金文形体写作"

"，像一人头上的发式梳有两角之形，后世隶定作"兒"，简体写作"儿"，会同话读为"rí"。汉语音本义原理认为，"ri"音的音本义，主要是强调"二"的意思，男孩头上发式呈两个角状物之形，所以也可称为"rí"。

甲骨文中有一字写作"

"（合集二四二四六）之形，字从"丫"从"大"（正面之人形）构作，像人头上梳有"丫"形发式之状。我们推测，此可能即是现在所谓"伢"字的初文。

音本义、形本义概括：

伢，属形声字，应该是指头上梳有丫状发式的小男孩。

《礼记》："男角女羁。"上古时代，男孩梳有丫状发式，所以得名为"伢子"；丫状发式有对称的两个角，所以又被称为"儿"，"二"与"儿"音义关系密切。那么，女孩子的"羁"又是怎样的情况呢？郑玄说："（羁者），留其顶上，纵横各一，相交通达。"纵向横向之头发相交合为一丛，有"合二为一"之象，汉语音本义原理认为，"yi"音的音本义主要强调"同一"、"统一"的特点，女孩发式捆为一束，成"丨"字形直立向上，所以，古代未成年女孩又被称为"姨"。从汉语语源学的角度来说，"儿"是指头上梳有两个角状发束的小孩，"姨"是指头上梳有一个角状发束的小孩。

五　压

音读分析：

压，普通话读"yā"；会同话则根据语言环境的不同，分为"á"、"à"两种音读，虽然两个音的意义完全一样，但情感、语气的色彩有所差别。"压"字，强调的仍然是贴近迫压的特点。

---

① 沈从文：《中国古代服饰研究》，世纪出版集团、上海书店出版社 2005 年版，第 68 页。

形体分析：

压，繁体写作"壓"。这一形体在篆书时期才出现，因而可以推知，"壓"是战国后期才创制的形声字。

在金文时期，"压"字写作"𤕫"（毛公鼎）、"𦝫"（齐叔夷镈）等形，从"口"（口）、从"月"（肉）、从"犬"（犬）构作。"𤕫"属于象事结构的文字，像狗将肉块按压在前肢之下进食的形状。此字《说文》小篆写作"厭"，即后世"压"、"厌"篆文时期的形体。楷化写为"厭"，简体作"厌"。而"压字"则是从厭字分化出来的壓的简体。

主流观点及点评：

许慎《说文·厂部》："厭，筞也。从厂，猒声。一曰合也。"段玉裁《说文注·竹部》曰："'筞，迫也。'此义今人字作壓，乃古今字之殊。"徐灏《说文段注笺》："又从厭加土为覆壓字。"许慎《说文·土部》又说："壓，坏也。一曰塞补。从土，厭声。"《广韵·狎韵》："壓，筞也。"

点评：筞，普通话读"zé"，有"压榨"之义；会同话读如"zhà"，与炸、诈、榨、扎等音义同源。"zha"音之音本义，具有"将事物内部所藏之物迫压出来"的特点。因为"a"音同样有迫压之含义，可用"榨"、"筞"训释"压"。

许氏将"厭"、"壓"分为两个字，是他不清楚汉字形体意义所致。段玉裁氏明白"厭"与"壓"是古今字的关系，可谓卓识。

殷商时期，甲骨文字大约为5000个。随着历史向前发展，人们为了区分表达对象材质或性质的不同，便大量创制形声结构的所谓派生字、分化字。这样做的结果，虽然好像表达得更清楚更有针对性了，但大量的新字却又给学习者带来了沉重的负担。

厭字加"土"，表示以土填压浅坑、鼠穴等。这一行为至今仍常见于会同农村。由于老鼠挖洞、母鸡打灰塘等因素影响，宅中的坪地就常常会出现不规则浅坑，于是，屋主便不得不找来黏性很强的泥土，先看浅坑的大小，一次性将适量的泥土倒入浅坑，然后用木杵等工具不断大力打压，使地面平整。许慎《说文》："壓，一曰塞补也。"所释正与这种行为相符合。

厭字加"手"，写作"擪"或"𢸁"，表示以手贴近迫压的行为。朱骏声《说文通训定声·谦部》："厭，假借为'擪'。"《荀子·解蔽》：

"厭目而视者，视一以为两。"杨倞注："厭，指按也。"指按，即是用手指按压。《文选·潘岳〈笙赋〉》："设官分羽，经徽列商，世之反谥，厭焉乃扬。"李善注："厭，犹捻也。亦作揞，谓指揞也。"此字当即后来的"押"字。《正字通·手部》："押，与壓通。"

我们认为，压主要是指贴近迫压的行为，追根溯源，甲骨文中的"丫"字，很可能是"压"、"押"两字的最初写法。"丫"像将分叉的两枝整齐截去后的丫杈之形，最初用于猎捕凶猛的动物；"丫"则像手持丫杈去按压动物的行为。这种形声兼象事结构的文字，在甲骨文中经常看到。刘钊先生说："古文字的另一个孳乳分化途径，就是在一些基本形体上增加'动符'。古文字中的'又'、'攴'、'止'、'辵'等字就属于这种'动符'。在一些基本形体上所加的动符在一般情况下并不会意，即并不确指何义，而只表示这一基本形体所代表的语言中的词具有动态义项这一点。"刘先生提到的"攴"字读为 pū，甲骨文写作"攴"，字从"卜"（卜）、从"又"构作，即后世之"扑"字。从文字形义学的规律看，"丫"与"攴"属于同一种构字之类型。

压字的"贴近迫压"之义在古代文献中有很多体现。《左传·昭公二十六年》："齐师围成，成人伐齐师饮马于淄者，曰：将以压众。"杜预注："以压众心，不欲使知己降也。"《左传·成公十六年》："甲午晦，楚晨压晋军而陈。"压晋军而陈，即是贴近晋军布阵，呈现迫压之态势。《史记·高祖本纪》："秦始皇帝曰'东南有天子气'，于是以东游以压之。"司马贞索隐引《广雅》："压，镇也。"《国语·鲁语下》："夫栋折而榱崩，吾惧压焉。"唐代李贺《雁门太守行》："黑云压城城欲摧，甲光向日金鳞开。"这些句子中的"压"字，以"贴近迫压"训释，无不贴切吻合。

音本义、形本义概括：

压，表示贴近迫压的行为、动作。

六　鸭

音读分析：

鸭，普通话读为"yā"，会同话读为"á"。鸭的得名，来自于对母鸭鸣声"嘎—嘎—嘎"（或说"呷—呷—呷"）的模拟。

形体分析：

　　鸭，小篆写作"𪁉"形，字从"甲"、从"鸟"，属后起形声字。金文中不见从"甲"构作的鸭字。甲骨文也未能确认与"鸭"字相对应的形体。唐汉先生说甲骨文中有一"𪀝"字，即是今天的鸭字①，此说似有未妥。其一，"甲"字在甲骨文中都写为"✛"形，像龟甲十字纹路之形，从未见过有将"𤓷"释为"甲"的说法。其二，甲骨文中是否真有此字，因唐汉先生未标注此字出处，所以我们也无法给出判断。

　　我们推测，"ɑ"的音本义源头，很可能就来源于人们捕捉鸭子的举动。喂养过鸡、鸭、鹅的人都知道，抓鸡一般得用网兜出其不意地贴近覆罩，"擒"字甲骨文写作"𩁶"或"𤔔"，"𢆉"为网兜，即描绘了这一抓鸡的场面；鹅不怕人且行动缓慢，颈部又很长，很容易捉拿；但鸭子胆小怕人，行动虽然比鸡迟缓，但徒手擒拿仍很难捉到，所以，我们多以长长的竹竿、木棍先去压住鸭子的脖子再行捕捉。《尔雅·释鸟》："舒凫，鹜。"晋代郭璞注："鸭也。"邢昺疏引李善注："野曰凫，家曰鹜。"《左传·襄公二十八年》："公膳日双鸡，饔人窃更之以鹜。"孔颖达疏引舍人曰："凫，野名也；鹜，家名也。"《说文新附》："鸭，鹜也。俗谓之鸭。从鸟，甲声。"鹜，《辞海》读为 wù，《汉语大字典》读 wù、mù 两音。我们认为，根据汉语发生学规律，古人最开始给动物命名的时候，大多是模拟它的鸣叫声来命名的，如"鸡"、"鹅"、"虎"等。既然如此，在秦汉以前的上古汉语时期，人们当然会根据鸭的鸣叫声为它命名为"ɑ"（普通话 yā）。原本《说文》有"鹜"而无鸭字，这不能不让人十分费解。过去，将"鹜"读 wù 或 mù，是将它看作形声字所致（敄有 wù 和 mù 两音）。事实上，将"鹜"看成象事字则更贴近生活的实际，"矛"为长木棍，"攵"表示手的动手，鹜字形体构造的含义即是：用长木杆驱赶或按压住的"鸟"。汉字中还有一个"骜"字，实际是手持长矛驱马冲向敌阵的意思（如图5—5所示），所以引申出了"迅速"、"追求"之义，如成语"好高骜远"即用了这一意义。我们推测，"鹜"字读为"wù"，很可能是因为与"骜"的形体相近而产生混同的结果。基于这些分析，我们认为"鹜"正好描绘人们持长棍赶鸭（或捕捉）的生活场景，很可能就是"鸭"字的早期写法。分析可见，鸭的音义结合与"贴近迫压"存在着密切的关联。

---

　　① 唐汉：《汉字密码》上册，陕西师范大学出版社 2009 年版，第 69 页。

由于古人对鸭子的习性的认识，于是就通过比喻手法，产生了用"鸭"来骂男人的习俗，常将那些受老婆欺压、在老婆面前做缩头乌龟的男人称做"鸭"。现在称"男妓"为"鸭子"，其实仍含有被女人欺压之义，是古代用做骂人的"鸭"的发展。陆澹安《小说词语汇释》："鸭，鸭黄儿。宋朝时候，浙江讳鸭。

图5—5　手持长矛驱马冲向敌阵

骂人'鸭子'等于骂人'乌龟'，所以'鸭黄儿'就等于'王八蛋'。"[1]《水浒传》第二十五回："武大道：'含鸟猢狲，倒骂得我好！我的老婆又不偷汉子，我如何是鸭？'"句中之"鸭"即属这种用例。

主流观点及点评：

1.《说文新附》："鸭，鹜也。俗谓之鸭。"《尔雅·释鸟》："舒凫，鹜。"邢昺疏引李善注："野曰凫，家曰鹜。"《汉语大字典》释鸭："鸟类的一科。嘴扁脚矮，趾间有蹼，善游泳。又分家鸭、野鸭两种。通常指家鸭。又称鹜。"

点评：鹜即大家熟悉的鸭子。但从民俗与汉语方言来看，似乎从来没有将鸭子称为"wù"或"mù"的。许慎原本《说文》无"鸭"字，我们怀疑"鹜"即是"鸭"的早期象事字。

汉语音本义原理认为，"wu"音之字大多与"相对交会"之义相关。如"午"，甲骨文写作"ᛉ"，本象用刀相对交错切割出的"ᛞ"纹路的省略，现代厨师切腰花就是运用这种方法。《仪礼·大射》："若丹若墨，度尺而午。"郑玄注："一纵一横曰午，谓画物也。"顾野王《玉篇》："午，交也。"《汉语大字典》："午，纵横相交。"中午、午夜，正是阴、阳两气相对交会之时，所以也被冠之以"午"字。又如"连"，字从

① 转引自《汉语大字典》卷八，四川出版集团、四川辞书出版社、湖北长江出版集团、崇文书局2010年版，第4926页。

"辵"，表示两个人面对面（相对）交会的行动。"会晤"古代也写作"会连"、"相连"，"忤逆"古代就写作"连逆"。两个人或两方会面是面对着面的，不顺从父母的意见，就是和父母对着干的意思。又如"庑"，《现代汉语词典》："正房对面和两侧的房子"。看北京四合院的基本布局可知，正房对面的房子，是与正房面对面的，像两人会晤之形，东西厢房在正房的两侧，也呈现相对之态势。又如"芜"，《现代汉语词典》："草长得多而乱。"草多而乱，实际就是草与草的叶子相对交会在一起的状态。又如"武"，甲骨文写作"𢁾"等形，从"戈"、从"止"，表示动武的意思。动武，其实即两人或两方拿武器相对交错在一块的状态。现在俗语仍称"打架"为"动武"或"交手"，正与此同理。再如前面提到过的"骛"（wù）字，《文选·班固〈答宾戏〉》："战国横骛。"李善注："东西交驰谓之骛。"两军骑兵持矛向对方敌阵冲去，即叫作"东西交驰"。一东一西，方向相对；交，即交会在一起。

鉴于这一分析，我们认为"骛"属于象事字，在上古汉语中，本来就不读"wù"而读"ā"。后人以形声字视之，所以才产生出了 wù 和 mù 的音读。

2. 黄侃《说文笺识》："（鸭），侃云：'鹝之后出字。今案当作乙或呷之后出字，《埤雅》'鸭鸣呷呷'，又或为骛之变。"黄焯案语："鹝字始见《玉篇》，云鹝鹑也。乙，乌辖切，鸭即乙之俗。说文呷，吸呷也。凫之得名，以其头之扁平似蒲（《礼记·明堂位》'周以蒲勺'。注：'蒲，合蒲如凫头也。'是凫蒲音同。称凫者，亦其头如蒲之扁平耳）鸭之得名，当以其鸣之呷呷，或以善于吸呷之故。"①

点评：黄侃先生对"鸭"字的产生作出了几种推测，其中，认为鸭为"乙"或"呷"的后起字，可备一说。《说文·乙部》："乙，玄鸟也。齐鲁谓之乙，取其鸣自呼。"《诗·商颂·玄鸟》："天命玄鸟，降而生商。"《史记·殷本纪》："殷契母曰简狄，有娀之女，为帝喾妃。三人行浴，见玄鸟堕其卵，简狄取吞之，因孕生契。"这就是后世所谓"玄鸟生商"的由来。《礼记·明堂月令》："玄鸟至之日，祠于高禖以请子。"在殷商之世，商代之人崇拜玄鸟，并以其为"请子之鸟"祭祀、敬拜。王筠《说文释例》："上古名为乙，中古名为燕。燕字详密，乙字约略似鸟

---

① 黄侃：《说文笺识》，中华书局 2006 年版，第 248 页。

形耳。"乙字头小尾巴细长,确与燕子侧视之形极为相像。甲骨文已有燕字,写作"㙓"形,剪刀状的尾巴特别明显。由此我们推测,"乙"当为燕字之后起俗体字。

黄焯先生"鸭之得名,当以其鸣之呷呷"的说法是正确的。但说"凫之得名,以其头扁平似蒲"、"称凫者,亦言其头如蒲之扁平"的观点,则似有不妥。在会同方言里,凫是指一种人工杂交而成的体形很大的鸭子,俗称"凫鸭",也叫做"靠鸭"。李善"野曰凫,家曰鹜"之说似也有未安。《禽经》:"鸭鸣呷呷。"清代李元《蠕范·物生》:"鸭,鹜也,鸭鸥也,舒凫也,家凫也……短颈扁嘴,其鸣呷呷,自呼其名。性舒缓,不能飞翔。雄者绿首而瘤,雌者驳首而鸣。"上引文献可证,鸭之得名,确实是古人模拟母鸭的鸣声而来的。黄焯"或以善于吸呷之故"的推测,则不正确。"呷"作吸呷的动作讲,应当来自古人对"鸭"吃食习惯的观察后,根据名动相因的规则而创造出来的语词。呷,即是像鸭子一样吃食。

音本义、形本义概括:

鸭,是指一种发出"呷呷呷"的鸣叫声,并需要用棍棒贴近迫压捕捉的家禽。

七　芽

音读分析:

芽,普通话读作"yá",会同话读作略带前鼻音的"[η]ǎ"。

形体分析:芽,小篆写作"芽",从"艸"(草)、从"㓦"(牙),楷书写作"芽"。"芽"字不见于甲骨文、金文,属后起形声字。

主流观点及点评:

1. 许慎《说文·部》:"芽,萌芽也。"段玉裁《说文解字注》:"按,此本作'芽,萌也'后人倒之。……古多以牙为芽。"

点评:段玉裁氏"古多以牙为芽"之说至确。种子发芽,树叶、花朵冒芽,古代多以牙字为之。因为,植物刚刚长出的芽,和小孩刚生出的牙有很大的相似性。一形状类似,二都是从物体内部向外生发。换一句话说,芽,实际就是植物刚刚萌生出来的牙状之物。萌芽、发芽,其实即应该写作萌牙、发牙。大家知道,有一种害虫叫作蚜(yá)虫。蚜字从"虫"从"牙",即取虫子吃食植物的嫩芽之意。《汉语大字典》卷五:

"（蚜虫）生活在植物的嫩茎和嫩叶上，吸食汁液，害处极大。"可证，后在牙字上加草字头"艹"，不过是多此一举而已。这与前面所讲的厌字加土作壓，加手作擪是一码事。如以此类推，伤口愈合时多长出来的"肉芽"，则应该将草字头换为肉字旁。这不是多此一举么？

2.《广雅·释诂一》："芽，始也。"《广雅·释草》："芽，蘖也。"

点评：植物发芽，预示着新的生命开始出现、发生。这属于芽字的比喻义。我们的祖先最注重，也最善于观察事物，他们常常通过细致的观察去发现各种事物的差异，并通过思考这些差异的内在联系，发现它们逻辑上的共同意义。

如"元"，甲骨文写作"�"，强调人的头部之象，小孩出生时大多头部先从产道冒出来，所以后来也引申出"始"义；又如"自"、"鼻"，两字实为一字之分化，甲骨文字写作"凶"，像哺乳动物之鼻子形状。哺乳动物出生时鼻子最先从产道里冒出来，所以，"自"、"鼻"也都引申出了"始"义。"自……到……"，意思就是"始于……止于……"，"鼻祖"即"始祖"、"创始人"之意。又如"原"，甲骨文写作"𤔔"，像泉水从洞穴中流出之形，河流的源头大多为地下水冒出后形成的，这里即是河流开始之处，所以，原（源）也引申出"始"义。今天所讲的"原本"一字，即就是比喻事物最开始时候的状态。再如"根"、"本"、"朔"（农历每月初一、初二没有月亮的状态）、"初"、"才"（草露出地面）、"创"、"蘖"、"开"（起床后打开大门）、"起"等，都可引申出"始"义。另外，又如表示起始意义的"滥觞"一词，《荀子·子道》："昔者江出于岷山，其始出也，其源可以滥觞。"觞是古代的一种饮酒器具，可见"滥觞"的字面意思就是"浮起盛酒的杯子"之意，但因"滥觞"在句中与"源"关系紧密，后世之文人居然文绉绉地用它去比喻事物的起源。

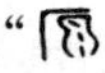

音本义、形本义概括：

芽，指植物刚刚生长出来的牙状物。这属于牙字的比喻用法。

八　砑

音读分析：

砑，普通话读 yà，会同话读 [ŋ]ǎ 和 [ŋ]à 两个音，我们都归到 a 一音系。在古汉语里，砑字表示用光滑的石头贴近布帛、纸张等物来回碾压，以达到使物体表面光亮的行为。推而广之，一切类似这种行为的动用，都被称作"矷"。读"〔ŋ〕ǎ"表示用力较轻微轻缓，读"〔ŋ〕à"则表示用力巨大。如会同话常说的"矷（〔ŋ〕ǎ）痒"，即表示将瘙痒处贴近另一物体来回磨蹭迫压；会同话"到他家矷（〔ŋ〕ǎ）了一餐饭"，意思和普通话的"到他家蹭了一餐饭"相同；会同话"手被矷（〔ŋ〕à）了一下"，即是说手被它物贴近重重地挤压了一下之意；会同话"公交车里矷（〔ŋ〕à）得很"，就与普通话"公交车里很拥挤"意思一样。可见，矷的得名，仍源于"贴近、迫压"。

主流观点及点评：

1.《广韵·祃韵》："矷，碾矷。"《集韵·祃韵》："矷，碾也。"明代李实《蜀语》："碾物使光曰矷。"

点评：矷，其音义的源头，最先应该源于一物贴压在另一物的表面来回磨蹭的动作。后来，随着纺织技术的产生、发展，人们发现了用光滑的石头贴近、磨压布帛，可使布帛变得光亮美观，于是便以此为着眼点，创制了"矷"字。上述各家所释，即指此种行为而言。

2.《玉篇·石部》："矷，光石也。"《汉语大字典》："光滑貌。"

点评："名动相因"是上古汉语的一个重要现象。但到了中古以后，随着双音节词的不断增多，名动相因的现象便迅速减少了。矷，本来是指用光石贴在布帛上来回碾压的动作，《玉篇·石部》："矷，光石也。"所释不确切，《汉语大字典》："光滑貌。"所释为比喻义，不为初义。

音本义、形本义概括：

矷，指用光石贴近布帛、纸张等物的表面来回碾压的动作。

"a"音之字，其意义大多与"贴近、迫压"的特点相关。后起的"a"音之形声字，有的属于其母字的比喻用法，如"芽"；有的则纯粹是一个记音的符号字，如"伢"，只能算是"丫"（犽、桠）字的记音字。根据甲骨文中"癶"字的形体以及汉字创造的规则，字书所谓的男孩义的"伢"字，最合理的写法当写作"彳丫"。

普通话中一些读"ya"音的字，会同话并不读为"a"音。如"亚"、"哑"等两者读音相同，而"鸦"字，很可能就是会同话中的"wā"，乌鸦，会同话称为"黑老wā"。李海霞《汉语动物命名考释》："鸦，拟其哇哇的鸣声。""老鸦、老鸹、老娃……鸹，拟其鸣声，娃同。……《红楼梦》第五十七回：'天下老鸹一般黑。'今重庆俗名老娃。"① 可见，鸦既然源于它哇哇的鸣声，应当读如 wā。"老娃"与"老鸦"之音读应完全一样。

第二节 会同话"ɑi"音字实例分析

音本义分析：

我们所谓会同话中的"ɑi"音字，其实际的读音也带有前鼻音。如借用国际音标来标注，当写为"〔ŋ〕ɑi"。因为会同话中的"〔ŋ〕ɑi"即是普通话中的"ɑi"，为了方便大家阅读，仍以汉语拼音方案的"ɑi"音标注和分析。"ɑi"的音本义，源于人们为了缓解内心痛苦而将胸中郁积之气吐出的叹气声"欸"（唉）。"ɑi"的音本义重点强调出现、行动或变化迟缓的特点。

一 矮

音读分析：

矮，普通话读"ǎi"，会同话读为略带前鼻音的"ái"。

形体分析：

矮，字从"矢"、从"委"。矢，甲骨文写作"↑"，即会同话讲的"箭枝子"；委，甲骨文写作"🌿"表示像成熟禾麦的女人。"矮"字小篆写作"矮"，不见从"矢"从"委"作的甲骨文、金文之形体，属于后起的象事字。

唐汉先生介绍："箭，矢也，搭在弓上发射的武器。古代多用竹制，杆长80—100厘米，装上骨制、石制或金属尖头，箭杆末梢附有羽毛，以稳定前进方向。"② 可见，"矢"、"委"组合在一起，这一形体所表现的意思是：人虽然已长大成熟，但身材短小如箭枝。

听说一代女皇武则天，曾对"矮"与"射"两字发表过高论："射"字由"身"和"寸"构形，身仅寸长，才是真正的"矮"；而"矮"由"矢"、"委"构形，"委"有"抛"、"托"之义，以手抛（托）矢，才

---

① 李海霞：《汉语动物命名考释》，四川出版集团、巴蜀书社2005年版，第260—261页。
② 唐汉：《汉字密码》上卷，陕西师范大学出版社2009年版，第192页。

是真正的"射"。虽然这很可能是古代酸腐文人拿女皇开涮捏造的笑话，但这的确又从一个侧面反映出了"讹变汉字"产生的危害。其实，"射"字在甲骨文中写作"𝄐"，"𝄐"为弓，"𝄐"为"矢"，像箭在弦上之形，应当隶定为"弦"，属于象事结构的文字；后来，金文"射"字加"又"（右手之形）写作"𝄐"等形，像右手持箭矢搭在弓弦之上，象事意味更加明显；小篆"射"字写作"𝄐"，隶定作"躲"，左边所从之"身"字，是因为甲骨文、金文"𝄐"（弓）与"𝄐"（身）形体相近而讹变所致；再后来，可能因为金文"𝄐"（射）的影响，人们又将"矢"转换为了"寸"（计按，寸在构字中，有表示手部的规范动作之功能），于是就写成了今天大家所熟知"射"。弄清了"射"字形体的来龙去脉，可知"射"字其实当写作"弦"或"躲"形。

另外，"矮"字俗体写作"䙴"，"䙴"即"不长"，属后世创造的纯粹会意之字，与"歪"、"孬"、"尖"等字的构造同理。《龙龛手镜·不部》："䙴，矮的俗字。"《字汇补·长部》："䙴，音矮。《篇韵》短也。"

宋代范成大《桂海虞衡志·杂志》："䙴，音矮。不长也。"

主流观点及点评：

1.《说文新附·矢部》："矮，短人也。"《广韵·蟹韵》："矮，短貌。"

点评：短，是"矮"呈现给人们视觉上的、竖立的一种形态。在汉语言的形象思维中，长短是针对视觉上的平直状态而言的，高矮是针对视觉上的竖立状态而言的。事实上，长短与高矮有着逻辑的内在联系。长的竖起来即是高，矮的平放地上就是短。但抽象概念的事物，如"时间"，则可用长短来描述，不能用高矮来表达。

《说文新附》"短人也"的训释，是以其形本义为依归的；《广韵》"短貌"的训释，则是以"矮"字所适用的广泛对象为侧重点，如人们常说的"矮树"、"矮墙"、"矮山"等就属于这一用例。但无论如何，"矮"最先应是着重于描述动、植物向上生长相对迟缓的特点。"短"与"低"，仅仅是生长相对迟缓所造成的视觉上的结果。

2.《现代汉语词典》："矮，（级别、地位）低。"《辞海》、《汉语大字典》也都有类似解释。

点评：汉语音本义原理认为，"di"音之字大多具有"小的"、"在下的”两个特点。相对于“高”而言，“矮”正好处于“在下”的位置，所以，“矮”与“低”在意义上有相通的地方。

音本义、形本义概括：

矮，是指因生长相对迟缓而导致的短身材之人。

二　爱（忞、愛）、薆、藹

音读分析：

爱（忞），普通话读为“ài”，会同话读为略带前鼻音的“［ŋ］ài”爱、“薆”，普通话读为“ài”，会同话读为略带前鼻音的“［ŋ］”；“藹”，普通话读为“ǎi”，会同话读为略带前鼻音的“［ŋ］ǎi”。

形体分析：

现在我们大家所熟悉的“爱”字，其实包含了古代的两个字。一个是“忞”，此字即现在所谓“爱情”、“仁爱”之爱的本字；另一个是“愛”，此字在会同话里读为“［ŋ］ǎi”，表示行动迟缓的意义。

在这里，我们侧重分析一下“忞”字，即所谓“爱情”的“爱”之本字。

“忞”字，金文写作“壱”（战国中山王园壶）、“寁”（战国中山王方壶）等形，字从“旡”、从“廿”（心）构作，属于象事结构的文字。“旡”像人头上有两簪之形，所以簪字即从“旡”构作。《说文》小篆写作“寁”，字仍从“旡”、从“廿”构形。《礼记·内则》：“女子十有五年而笄。”《礼记·曲礼上》：“（男子）二十曰弱，冠。”在古代，女子十五岁行成人礼，结发上簪子，称为“笄礼”或“及笄”；男子二十行成人礼，戴冠帽并用簪贯穿固定，称“冠礼”或“弱冠”。由此可知，“忞”字体现在字面上的意思是：行过成年礼的男女心中才会产生的一种情感。相对人类其他的情感而言，成年男女间的这种特殊情感，在时间上来说，是产生得很迟缓的了。

主流观点及点评：

1. 许慎《说文·心部》：“忞，惠也。”顾野王《玉篇·心部》：“忞，今作愛。”朱珔《假借义证》：“今惠忞字皆借爱字为之而忞废，即愛之本义亦废矣。”段玉裁《说文解字注》：“《心部》曰：‘忞，惠也。’今字假爱为忞而忞废矣。愛，行貌也，故从夂。”

　　点评：许、段、朱诸氏都以"🔲"为"情爱"、"仁爱"、"惠爱"之本字，至确。"夫"字甲骨文写作"夫"，此字上部之短横"一"即像簪子之形，"大"为成年男人之形状，后世写作"大"，簪子横贯男子之头部发髻，表示男子已经行了冠礼，属于可以婚配的成年人了；"妇"字甲骨文写作"🔲"形，此字从"女"、从"帚"构造，其构形意义尚不十分明确。我们认为，甲骨文中的"🔲"字，像女子头上横插竹笄之形，也当是"妇"字之异体，根据甲骨文构形的一般规律，"🔲"或是专指已行成人笄礼但尚未婚配之女子，"🔲"或是专指已经嫁人成家的女子而言的。"夫"与"父"，"🔲"与"妇"，其间当有这种微妙的关系。"夫"为未婚之成年男子，"父"为已婚之成年男人，这一推理应当与甲骨文的实际情形相差不远。基于这一分析，我们推定，金文"🔲"（🔲）字上部的"🔲"，实际是从"夫"、"🔲"字变化来的，"🔲"是女子头上两根簪子"🔲"形的讹变，"🔲"则为"人"字的变形。许、段诸氏虽不识"🔲"形体的内涵，但能将"🔲"字训释为"惠"，仍属难能可贵了。"惠"有仁慈、仁爱这义，与表示男女间情爱的"🔲"字有相通的地方。

　　"🔲"（爱），最早本来仅指成年男女的情爱，但随着汉语口语的简单化，"🔲"的适用范围就开始不断增大，以至于所有包含着特别喜欢的情感都可以用"🔲"来表述。这正如"饭"字的词义发展一样，"饭"在最初本来仅仅指甑蒸之饭食，但到后来，鼎罐锅釜等器所煮熟的饭食都可称之为"饭"。

　　2.《广雅·释诂四》："爱，仁也。"《玉篇·反部》："爱，仁爱也。'"《左传·昭公二十年》："及子产卒，仲尼闻之，出涕曰：'古之遗爱也。'"王引之《经义述闻》："家大人曰：'爱即仁也，谓子产之仁爱有古人之遗风……'《史记·郑世家》集解引贾逵注曰：'爱，惠也。'惠亦仁也。"

　　点评：《广雅》、《玉篇》以及王引之氏对"愛"字的训释，是在经典文献假借"愛"为"🔲"以后才产生的。"愛"字，《睡虎地秦简》写作"🔲"，《说文》小篆写作"🔲"，字形都从"🔲"、从"夂"构作。"夂"字即甲骨文中的"🔲"，是"🔲"（趾）的反向书写形体，在作为构字部件的时候，"🔲"多表示"向下走"、"后退"或"迟缓"的意义。从"愛"字的形体看，"愛"属于形声字，表示足部的行动迟缓，此字在会同话中读"ái"。

许慎《说文·夂部》:"愛,行貌。从夂,㤅声。"人行走之貌多种多样,如"走"、"奔"、"跛"、"赴"、"骄"、"跃"、"踏"、"踽"、"踉"、"跄"等。古人针对人行走时表现出来的不同状态及内在特点,创制了多个关于"行貌"的文字。许氏释"愛"为"行貌"固然不错,但他不能明确指出"愛"字表现的状态、特点,是其不足。

贾思勰《齐民要术》卷五记载过一种"爱蚕"的孵化之法,书中引《永嘉记》说:"爱蚕者,故蚖蚕种也。蚖珍三月既绩,出蛾取卵,七八日便剖卵蚕生,多养之,是为蚖蚕。欲作'爱'者,取蚖珍之卵,藏内罂中,随器大小,亦可十纸,盖覆器口,安硎(kēng)泉、冷水中,使冷气折其出势。得三七日,然后剖生,养之,谓之'爱珍',亦呼'爱子'。绩成茧,出蛾生卵,卵七日,又剖成蚕,多养之,此则'爱蚕'也。"① 缪启愉、缪桂右先生译注:"爱蚕,原来是蚖珍种的第三代。蚖珍三月结茧之后,出蛾,产卵,过七八天,卵便破开出了蚁蚕,要多养,这叫作蚖蚕。要想作爱蚕的,将蚖珍的卵藏在罂子里,看罂子的大小,也可以放进十张蚕种纸,把罂口盖好,放到坑谷冷泉或冷水中去,让冷气遏阻蚖珍卵的发育孵化。这样,可以人工低温滞育二十一天,然后才孵化出蚁,要少养一些,这叫作'爱珍',也叫'爱子'。爱珍结茧之后,出蛾,产卵,卵自然休眠七天,又破卵出蚁,这蚁要多养,就是'爱蚕'了。"② 贾氏所谓"使冷气折其出势",就是用冷气使蚕卵孵的时间推迟、延缓。缪启愉、缪桂龙两位先生称其为"遏阻"、"滞育",完全正确。由此可知,"愛"的初义的确是指"行动迟缓"。

《诗·邶风·静女》:"静女其姝,俟我于城隅,爱而不见,搔首踟蹰。"过去训诂学家大多以"爱"为"薆"的假借字,解释作"隐藏"。如叶春林先生《诗经》校译:"姑娘温柔又漂亮,约我城上角楼里。故意藏身不露面,我来回找她抓头皮。"③ 我们认为,训"爱"为"隐藏",完全与诗意不切合。"爱",表示行动特别迟缓。如会同话"你爱死啊!"就是骂你迟迟未见行动或走得慢;会同话"冇晓得他又爱起在哪的。"就

---

① 缪启愉、缪桂龙:《齐民要术译注》,上海古籍出版社 2009 年版,第 281 页。
② 同上书,第 283 页。
③ 叶春林校译:《诗经》,崇文书局 2007 年版,第 29 页。

是说"不知道他在什么地方暂时迟缓了前进的步伐。"可见"爱"的最原始意义仍然活跃于会同方言之中。《静女》中的"爱而不见（xiàn，现）"，其实是说她姗姗来迟，约定时间过了很久也还没出现在"我"的眼前。所以，"我"在焦急等待中坐立不安，来回走动，抓头搔脑。但如果将"爱"释为"隐藏"，以女孩故意考验或玩家家般的心态去考量，似乎不符合热恋中的男女之正常心态。再说，《静女》后来交代女孩到来后，"贻（赠送）我彤管"，又"自牧归（通馈，馈赠）荑"，送给诗中男子那么美好情意浓厚的定情信物，将女孩迟到的原因和盘托了出来：原来是准备定情信物去了。诗篇先抑后扬，构思巧妙，布局完美，将男子对女孩的喜爱表达得更加淋漓尽致。《说文·人部》："僾，仿佛也。从人，爱声。诗曰；'僾而不见。'"僾其实是"爱"的异体字，加人旁，则专指人行动迟缓。许氏将"爱"、"僾"强分为二字，又将《诗经·静女》"爱而不见"之"爱"字训释为"仿佛"，大误。

对于"㤅"、"愛"二字混为一体的问题，明代王夫之曾进行了正本清源的探讨。他在《说文广义》卷一中说："'惠㤅'之㤅，本但作㤅。加'夊'作'愛'者，本训行貌。今相沿以'愛'为'亲㤅'字，盖工书者欲其茂美增之。自钟、王以其巧易天下，而六书之义荡然，习久而难革矣。"王氏对"㤅"、"愛"二字混同情况的认识，是十分正确的。

下面再讲一讲"薆"和"蔼"字。

扬雄《方言》卷六："掩、翳，薆也。"郭璞注："谓蔽薆也。"《尔雅·释言》："薆，隐也。"郭璞注："谓隐蔽。"《广雅·释诂一》："翳，爱也。"王念孙疏证："爱与薆通。"《集韵·代韵》："薆，草木盛貌。"薆，字从"艸"（草字）、从"爱"构作，属于形声兼象事结构的文字，字面的意思是让人行走迟缓的草。草是柔弱之物，本来很难缓阻人的前进步伐，但长势茂盛之草却可以做到这一点。茂盛之草又密又高，可以藏物于内，继而又引申出隐蔽之义。

在古文献中，"薆"又常常被写为"蔼"。《楚辞·宋玉〈九辩〉》："离芳蔼之方壮兮，余萎约而悲愁。"洪兴祖补注："蔼，繁茂也。"《集·曷韵》："蔼，茂盛貌。"《古今韵会举要·贿韵》："蔼，草木丛杂。"《尔雅·释训》："蔼蔼、济济，止也。"草木繁盛丛杂，水流聚集盛大，皆可"缓止"人的行动。可证"薆"、"蔼"实际属于一字异体。可能是因为"蔼"字有"言"这个构字部件的缘故，人们便将它用来表示速度迟缓的话语了。心理学认为，说话迅疾，心中多有怨恨恼怒；说话和缓，心中多藏平和友善。所以"蔼"字就引申出"和蔼"、"美好"、"和善"之义，但一般都是指说话而言的。"蔼"被借去专用表"和蔼"的意义后，薆与蔼就产生了分化，意义也各有侧重了。

许慎《说文·言部》："蔼，臣尽力之美。从言，葛声。诗曰：'蔼蔼王多吉士。'"朱骏声《说文通训定声》："蔼，薆也。从艸，谒声。"徐灏《说文解字注笺》："'尽力'非蔼之本义。《广雅》曰：'蔼蔼，盛也。'"许氏不解蔼字之音形义的内在联系，所释大误。朱骏声氏，徐灏氏，他们懂得蔼字有繁盛之意，但未能解其所以然，更不懂得"蔼"字为什么被用于去形容和善亲切之人的说话之原因，这正是众多古代文字学家的历史局限所在。

音本义、形本义概括：

愙（爱），是指人一生的情感中出现时间相对迟缓而难以消减的男女之情。

愛（爱），是指人或动物相对迟缓的行动状态。

薆，是指让人行走变得相对迟缓的丛杂之草。

蔼，是指相对迟缓的说话速度。

三 岩、癌

音读分析：

岩，普通话读为"yán"；会同话读为略带前鼻音的"［ŋ］âi"。

癌，普通话读 ái，会同话也读为"［ŋ］âi"，只是会同话略带前鼻音而已。

我们发现，某些音系的普通话与会同话的读音虽然存在着一些差异，但会同话读音的演变是有着一些规律可依循的，那就是：呈现出部分同音系的文字共同音转的现象。如"眼"、"严"、"腌"、"晏"等字，会同话皆读为"an"一音系。如会同话"把门关严（án）实"、"老腌（àn）菜"（一种用蔬菜腌制的酸菜）等。另外，"掞"（yán）与"按"（àn），"焉"（yān）与"安"，"安"与"宴"（yàn）等之间，在上古汉语中其实就存在着可以互相转换的例证，可见"an"与"yan"两音，在古代即可能由于方言差异的影响或音本义出现交集而导致音读转换。如，《说文·门部》："宴，安也。"《释名·释言语》："安，晏也。晏然和善，无动惧也。"《说文·人部》："侒，宴也。"段玉裁注："侒与安音义同。"《汉书·吴王濞传》："安得不事？"颜师古注："安，焉也。"《论语·为政》"人，焉瘦哉？"皇甫谧疏："焉，安也。"《广雅·释诂一》："安，焉也。"上引文献资料，可以证明普通话中的很多"yan"音字，与一些"an"音字其实即可合为一字。但是，"yan"音与"ai"音之间却没有读音可以转换的佐证资料。

基于上述分析，我们推测，会同话读"〔ŋ〕âi"的"岩"是指《说文》中的"嵒"和"碞"字。"岩"字在普通话里读为"yán"，其实只是《说文》中"嵒"字的音读（计按，如前述，许多普通话读 yan 的音会同话大多读为 an 一音系）。而"嵒"（yán）字与南方话常说的"岸"（án 字），应该是可互相转换的字或一字之异体。

形体分析：

《现代汉语词典》、《辞海》、《汉语大字典》等字书词典，都将《说文》中的"嵒"、"嵒"视为一字，简化写作"岩"。我们认为这是不太正确的。由于受"五胡乱华"等原因的影响，北方方言受到外族文化的干扰后，在音读方面产生了一些转变。这种转变，因而促使长期生活在中国政治、文化、经济中心的中原文人，重新创造出一些新的"形声字"。"嵒"字可能就是在这种背景下产生的。

"嵒"字《说文》小篆写作"嵒"形，字从"山"、从"嚴"（简体写作严）构作。这一形体，在甲骨文、金文之中未曾出现过，明显属于后起的形声字。

"嵒"字《说文》小篆写作"嵒"形，字从三"口"、从"山"构作。高明先生认为，这一形体早在殷商甲骨文中就已经出现，写作"𡉻"（前七·七·二）、"𡉻"（簠地三〇）等形状[1]。但事情并非如此简单。"山"字，甲骨文通常写作"⛰"、"⛰"等形，裘锡圭先生说："在甲骨文里'山'字从来不写作'凵'，而这个字的下部都以作'凵'为常，并且在武丁、祖庚时代的甲骨文里，'山'（多见于偏旁）通常写作'⛰'，不但作'凵'的'山'尚未出现，就是作'山'的'山'

---

① 高明：《古文字类编》，中华书局 1980 年版，第 128 页。

也很少见。所以，见于这一时代骨面刻辞的' 🗿'字绝不可能是从'山'的。"① 裘氏的见解无疑是正确的。由此可见，《说文》中的"嵒"、"碞"，也当是后起的象事结构的文字。小篆时期出现的"嵒"字，象山中有众多巨大洞口之状，可体会出"有着众多洞穴的岩山"之意。《说文》收录的"碞"字，将"山"改为"石"，使这一意味更加明显。大家知道，天然的洞穴只会在岩质构造的山中才会出现，土阜丘陵是不可能产生天然的洞穴的。古人造字之智慧，由此可见一斑。

前面讲过，小篆时期出现的"巖"和"岸"字，很可能是因为中原地区语音受到外族文化干扰后所形成的一字异体现象。"巖"字下部所从之"嚴"（严），金文写作"𠮷"、"𠮷"、"𠮷"等形，此字构形由"𠮷"和"𠮷"（计按：即敢字初文）组成。𠮷，一人有三口，说明此人话很多（计按：即会同话的"嘴巴多"，能说会道之义。会同话有语云："生三张嘴巴也讲冇你赢"，意即再能说会道也讲不过你），即后世"侃"字之初文，普通话读为"kǎn"，会同话读作"kuán"；𠮷，字从"口"从"𠮷"构作，"𠮷"像两手争物之状，隶定作"爭"，刘兴隆先生说："（爭）象两手争夺一绳索形。"② 可知"𠮷"属形声兼象事结构的文字，为以口争辩相互冒犯（即俗说的"打嘴巴子仗"）之义。

汉语音本义原理认为，"kan"音的音本义包含有"不足的"和"限制的"两个特点，如"戡"、"砍"、"看"、"坎"等字的语源义就都包含这一特点。如"戡"字，字从"甚"、从"戈"构作，是指以武力限制叛乱一方并使其势力变得不足的行为；如"看"字，从"手"、从"目"，形体组合描摹了手搭凉棚（即将手掌侧放在眼睛之上）看远方的图景，这就是用手掌限制眼睛的视野并使视野变小（即视野不足）的一种观望行为；如"坎"字，从"土"、从"欠"，欠字有不足之意，两形组合，是指限制了人自由行动的深度不足的低洼或高度不足的土坎；再如"槛"，就是俗语讲的"门槛"，古人又将门槛称为"门限"，可知门槛的作用就在于限制门扇自由晃动，门槛较低矮，明显高度不足，故而也可以称作"kǎn"。

---

① 裘锡圭：《说"嵒"、"巖"》，《中华文史论丛》增刊《语言文字研究专辑》，转引于李圃主编《古文字诂林》第二册，上海教育出版社 2000 年版，第 618 页。

② 刘兴隆：《新编甲骨文字典》（增订版），国际文化出版公司 2005 年版，第 247 页。

　　而"侃"字会同话读作"kuán"，和"戡"、"看"、"坎"、"槛"等字不属于同一音系。汉语音本义原理认为，"kuan"音的音本义，主要包含了"空的"、"大的"两个特点，如古文献里的"款足"，即是指器物中间空虚的大足。会同话将"侃"读为"kuán"，是专门用来指说大话、空话的行为，有这种说话习惯的人，会同话即称呼其为"侃匠"。

　　前面有关章节曾经论述过，"yan"音的音本义，主要强调"长的"、"障蔽"的两个特点，由此我们可以推定，"嚴"字的形体含义是：长期通过严厉的言语去障蔽他人言行、思想的行为，也就是将他人的言论、思想覆盖（障蔽）到自己允许的范围之下。这正是严厉之人在人际交往中体现出来的最显明的特质。"严父慈母"，是父系氏族后的家庭普遍表现出来的一种家庭现象，所以后世又用"严"来代指父亲，用"慈"去代表母亲。

　　"嚴"字从"敢"（gán）得声，会同话读为"án"。岸字下部的"厈"，金文写作"厃"（折觥）、"厃"（趩卣），《说文》籀文写作"厈"，字也从"干"（gān、gàn）得声读 ān 或 àn，其就是"岸"字之初文，而岸字，会同话也读为"án"。由此可推，"嚴"字与"岸"字很可能就是同一个字。

　　对于"喦"、"巖"两字的关系问题，刘又辛先生也曾进行过一番探究，他说："按：林义光《文源》以为喦、嚴（严）为一字之异体，象山岩形。后'嚴'借用为严字，又出'巖'字异体。《说文》品部有'喦'字，训多言，当为另一字，因隶变而误与山部'喦'同形。若从文字演化观点看，《说文》所解不妥。盖许慎所见商周文字不多，当时又处于文字大变化时期，故解说或有不足，不足怪也。"[①] 刘氏作为当代知名古文字学家，说释颇有创见。但他对林义光氏以"嚴（严）字象山岩形"的错误观点，也未能有正确、清晰的认识。由此可知，对汉字进行正确的形体分析，以及全面发现、了解汉字形义结合的规律是何其重要。

　　现在，再简单地说一说"癌"。"癌"字从"疒"（病字偏旁）、从"喦"（ái，会同话"岩"字的小篆形体），南北方言大多读此字为"[ŋ] âi"，属于形声兼象事结构的文字。我们知道，癌是指一种恶性肿瘤，这种肿瘤质地硬如岩石，药物对它的疗效又是微乎其微，极其迟缓的。这正

---

　　① 刘又辛：《刘又辛语言论文集》，商务印书馆 2005 年版，第 149 页。

与"ái"的音本义完全切合，所以也得了"ái"的名称。

主流观点及点评：

1. 许慎《说文·山部》："巖（简体写为"岩"），岸也。"段玉裁《说文解字注》："各本作岸也。今依《太平御览》所引正。《厂部》曰：'厓者，山边也。厓亦谓之巖'。"《说文·山部》："嵒（岩），山巖也。从山、品，读若吟。"《说文·石部》又说："碞，崭嵒（岩）。从石、品。《周书》曰：'畏于民碞'，读与巖同。"王筠《说文释例》卷七："又嵒下云：'山巖也，读若吟。'然则厰、嵓、嵒三字音义并同，乃《广韵》五咸切，与巖同音。巖下云：'岸也'，又石部碞下云'暂（即崭字）嵒也。'以嵒说碞，是二字同也。"《史记·高祖本纪》："高祖即自疑，亡匿，隐于芒、砀山泽岩石之间。"《汉语大字典》注："岩石，构成地壳的石头。"

点评：由于"an"的音本义还没有得到很好的破译，所以，这里就不能依据汉语音本义原理对"巖"、"岸"、"嵒"、"碞"几字之间的关系给予辩证解析。但从汉字形义学的角度看，"巖"与"岸"当为一字异体关系，是现在所谓"伟岸"之"岸"的本字；"嵒"与"碞"当为一字异体关系，是现在所谓"岩石"之"岩"的本字。

因为历史的局限性，许慎未能见到汉字早期的形态——甲骨文、金文，所以，他对文字的训释，大多是建立在小篆形体之上的，而很多小篆之文字，在形体上已经产生了讹变，与甲骨文、金文的形体存在着较大的差异。错误的形体分析，当然不可能得出正确的字义训释。由于这方面的原因，许氏对"巖"、"岸"、"嵒"、"碞"几个字的关系及解释，自然就显得十分模糊混乱了。

嵒、碞二字即岩石之岩的本字。岩，普通话读为 yán，应该是因为受到"巖"字音义影响的缘故；而会同话读为"ái"，即是着眼于岩石形状稳定、变化缓慢的特点。以前，我们常常用"海枯石烂"来形容男女间的爱情，石头风化非常缓慢，难以破烂，当然符合人们希望爱情天长地久的心理。由此看来，岩读为"ái"音，更切合古汉语音义结合的规则。

2. 顾野王《玉篇·山部》："巖，峰也。"《广韵·衔韵》："巖，险也。"

点评：巖（岩），普通话读yán，但在口语与近现代文献当中，从没有将"岩"用为山峰的例证。我们推测，此字当为"巘"字之假借。"巘"，《辞海》、《汉语大字典》读为"yǎn"，二字在北方方言里读音近似。《玉篇·山部》："巘，《尔雅》曰：'重巘，陙。'谓山形如累两甗貌。"《广韵·阮韵》："巘，山形如甗。"《广韵·狝韵》："巘，山峰。"山形上部大而下部小，

图5—6 甗

与古代的蒸食之器——甗（yǎn）（如图5—6所示）的形状很是类似，所以这种形状的山也被叫作巘。《集韵·元韵》："巘，山形似甗。"解释浅显明白。"巖"与"巘"音同而义混，"巖"与"嵒（岩）"又被混同为一字，这可能就是北方语言所谓"巖"既有"山"义又有"岩石"义的原因所在。其相混淆的大体轨迹如下：

巖与岸为一字异体→巖字音从"án"（会同话音）变为"yán"→巖与巘音近相混→巘为石质甗形山峰→巖有"岸"义、"岩石"义、"山峰"义、"险峻"义。

汉语音本义原理认为，"yan"音的音本义包含"障蔽的"和"长的"两个特点。如"烟"字，《说文·火部》："烟，煱也。"许氏解释未得要领。"烟"，其实即指可以障蔽视线的长条形云雾状火气。如"炎"字，《说文·炎部》："炎，火光上也。"事实上，"炎"、"焰"、"焱"当为一字异体，即指障蔽在柴薪上面的长形火舌。又如"剡"字，《易·系辞下》："剡木为楫。"《说文·刀部》："剡，锐利也。"许氏所释较为正确。"剡"字从"炎"、从"刀"构作，属于形声兼象事结构的文字，表示将原木砍削成又尖又长的火焰状的手段。又如"筵"字，《周礼》："度堂以筵。"《说文·竹部》："筵，竹席也。"许氏所释未得其要。"筵"，在古代其实是指用来障蔽中堂地面的长竹席。唐汉先生说："筵这种竹

席，因取材方便，纺织简单，故长度可达一丈，几乎铺满整个房间，乃是古代上自王公、下自（计按，当写为至）百姓居家的必备物品。"① 大家熟悉的"筵席"一词，是指"筵"与"席"两种竹席，顺着堂的宽窄之势编织的长长竹席，叫做"筵"，而铺在筵上面的细小竹簟才称作"席"。再如"衍"，从"行"从"水"构作，表示水流覆盖（有障蔽义）着河道向前行进很长的流程。《说文·水部》："衍，水朝宗于海也。"水流沿长长的河道奔流千里进入大海，正是"衍"字要表达的含义。再如古代蒸食之器"甗"，实为一种加长形的鬲，下部盛水，中间用有十字形通气孔隙的铜片隔开，上部再加釜类器物用于盛放食物，与"甑"同实而异名，实属一物。刘熙《释名·释山》："甗，甑也，甑一孔者。"刘氏以甑释甗，正确；但认为"甗"是只有一个通气孔的甑，则错误。《玉篇·山部》："巘，谓山形如累两甑貌。"《广韵·阮韵》："巘，山形如甑。"《集韵·元韵》："巘，山形似甗。"上引文献说"巘"为甑状或甗状的山，由此可知，"甑"与"甗"形体完全一样。一物而两名，这是由于古人命名的角度不同而造成的。将釜类器具加增到鬲上，于是造出一个"甑"字；将釜类器具覆盖（障蔽）在鬲上，于是又造出了一个"甗"字。甗的形体上大下小，所以，古人通过类比手法，又将和甗形状类似的山峰称为"巘"。

音本义、形本义概括：

岩（ái），是指一种变化相对迟缓的构造地壳的物体。

癌，是指一种疗效相对迟缓的像岩一样硬的肿瘤。

四　艾（娭、皑）

音读分析：

艾，普通话读"ài"、"yì"两音，会同话读略带前鼻音的"〔ŋ〕âi"音。

我们认为，读作"yì"的艾字，与乂、刈音同义同，是"乂"字的后起形声字，古代专指收割禾草的剪刀类器具；而艾（ái 或 ài）字，其实是从金文"𣏾"字讹变而来的。

形体分析：

----

① 唐汉：《汉字密码》上册，陕西师范大学出版社 2009 年版，第 193 页。

艾（yì）字，《说文》小篆写作"艾"之形，字从"艸"、从"乂"（yì）构作。此形体未见于甲骨文、金文，属于"乂"的后起形声字，其实只能读 yì。

乂，甲骨文写作"乂"（前一·四四·七）、"乂"（后一·二二·一）等形，金文写作"乂"（毛公鼎）形。许慎《说文解字》："乂，芟草也。从丿从乀相交。刈，乂或从刀。"郭沫若说："（乂）案此字当即刈字，亦即是乂。《管子·小匡》：'挟其枪刈耨镈'，盖本薙草之器。乂即象薙形，屮屮象柄端有耳以容手。乂之引申有治理、保养、扶植诸义，……盖乂之为器，可以用以薙除草卉，亦可用以薙除虫害也。"① 马叙伦先生也持类似看法："徐锴曰：'象刈草之刀形。'纽树玉曰：'《韵会》作从丿、乀相交。'沙木曰：'乂之形相交似剪。'伦按当训田器也，象形。《管子·小匡》：'挟其枪刈耨镈'，是乂为田器之证。今犹有此器，正象形。刈后起字，故象形。"郭、马诸氏所释十分正确。前面已经讲过，"yì"音之字有"同一"、"统一"之义，剪刀是由两块刀片聚合成一体的新型的刀具，有"统一"之象，所以叫做"乂"（yì）。后来，又因为这种刀与平直的燕尾很相似，燕尾称薙，所以又称"薙刀"。薙刀在后来又被以形声造字法换写成"剪刀"，其实有画蛇添足之嫌了。

读"ài"（会同话［ŋ］ài）的"艾"字源自于金文"艾"，"艾"字以两个"艾"合在一起构形会意，"艾"像艾条点燃现出小火点之状。徐同柏《从古堂款识学》："从两火烧薙之象，本草艾字。"② 林义光《文源》卷一："艾"，古艾字，象艾二本之形。"③ 徐、林二氏所释至确。

艾草是菊科多年生草本植物，俗称"白艾"、"艾蒿"、"艾蓬"、"家艾"、"灸草"，学名 Artemisia argyi。《辞海》："秋季开花，头状花序小而多，排成狭长的总状花丛。""叶羽状分裂，背面被白色状毛。"《中国植物图鉴》介绍："茎高一米许。叶互生，羽状分裂，背面密生白毛，有香气。夏秋之交，茎梢生着多数小头状花，排列成穗状，花冠均系筒状，色

---

① 郭沫若：《金文丛考》之《毛公鼎之年代》，转引自李圃主编《古文字诂林》第九册，上海教育出版社 2004 年版，第 909 页。

② 转引自潘玉坤主编《古文字考释提要总览》第一册，上海人民出版社 2008 年版，第 133 页。

③ 同上。

淡褐。""春日采取嫩叶可拌入粉团中,供食用。老叶可制艾绒,供针灸用;或制艾绳,燃点以驱蚊蝇。"① 针、灸都属于中国最古老的医术,即是用针砭刺按和用艾条绒点火灸抵人体穴位治病之术。中国医药文化起源很早,《史记·三皇本纪》曾记载:神农尝百草,一日而遇七十毒,始有医药。可见,我们的祖先在远古时代就学会了用百草之功效治疗人体的病痛了。百草特点各异,有的适于内服,有的适于外敷,有的则适于烫熨、火灸。中医里的"艾灸"之法就属于运用草药治疗的方法之一。明李时珍《本草纲目》第六卷火部记载:"凡灸艾火者,宜用阳燧火珠承日,取太阳真火。其次则钻槐取火,为良。若急卒难备,即用真麻油灯,或蜡烛火,以艾茎烧点于炷,滋润灸疮,至愈不痛也。"刘英《汉字与医疗》也说:"灸疗即不像针疗那样刺割,又不像导引按摩那样漫漶,而是抵近肌肤表面的某一穴位点灼烧,以求对人的经络穴位产生某种刺激,从而调理气血阴阳,疏通经脉,使人康复。""灸疗的施用器具主要是艾条。"② 金文中的"灹"字,正像艾条燃烧时的细小火点之状。

《诗经·王风·采葛》:"彼采艾兮,一月不见,如三岁兮。"可证"艾草"早就进入到了我们祖先的日常生活了。《孟子·离娄篇》:"今之欲王者,犹七年之病,求三年之艾也。"贾思勰《齐民要术》卷十蒿字条:"《神仙服食经》曰:七禽方,十一月采旁勃。旁勃,白蒿也。白兔食之,寿八百年。"白蒿即艾草之一种。李时珍《本草纲目》:"(艾叶能)灸百病。"《本草备要》:"艾叶苦平,生温熟热,纯阳之性,能回垂绝之阳,通十二经,走三阳,……艾火能透诸经而治百病。"《神灸经纶》:"取艾之辛香作炷,能通十二经,入三阳,理气血,治百病,效如反掌。"《扁鹊心书》说:"人于无病时,常灸关元、气海、命门、中脘,虽未得长生,亦可保百余年寿矣。"因为艾草的特殊功效,所以,艾草又被称为"长寿之草"。艾草得名为"ái"(会同话 [ŋ] âi),就是取自它能使人的寿命得到相对延缓的神奇功能。

主流观点及点评:

1. 《说文·艸部》:"艾,冰台也。从艸,乂声。"《尔雅·释草》:

---

① 贾祖璋、贾祖册:《中国植物图鉴》,开明书店 1946 年再版,第 16 页。

② 何九盈、胡双定、张猛主编:《中国汉字文化大观》,北京大学出版社 1995 年版,第 303 页。

"艾，冰台。"郭璞注："今艾蒿。"段玉裁《说文解字注》："张华《博物志》云：'削冰令圆，举以向日，以艾于后承其影，则得火。'"朱骏声《说文通训定声》泰部第十三引用更完善："《博物志》云：'削冰令圆，举以向日，干艾于后，承其景（计按，即影字）则得火，故曰冰台'。"

点评：冰台，即用冰块制作的凸透镜，其作用和古代的铜制阳燧一样，专门用于获取太阳之"真火"。真火就是现在所谓的"圣火"。古人认为，用太阳真火点燃的艾条功效比用其他的火显著，所以常用此法。铜制阳燧贵重难找，老百姓便用冰块制作冰台来取太阳的"真火"。后来，因为"冰台"和"艾条"这一内在的紧密关系，艾所以有了"冰台"的别名。可见，许氏等人知道艾条的用途，但不识艾得名为"ɑi"的奥秘。

许慎认为艾草的"艾"字"从艸、乂声"，这是依据已经讹变了的小篆形体所作的分析，更是大误。

2. 西汉扬雄《方言》卷六："艾，老也，东齐鲁卫之间，凡尊老谓之叟，或谓之艾。"《礼记·曲礼上》："五十曰艾，服官政。"郑玄注："艾，老也。"《小尔雅·广诂》："艾，大也。"

点评：在方言里，艾的确有"大"、有"老"之义。艾字的"大"、"老"之义，属于古汉语中最常见的"比喻用法"。汉语是一种最经常、最善于运用比喻修辞的语言。在人们的口语交际中，常常会通过打比方来将事物的特点表现得更通俗易懂，如前面章节分析过的"伢"（丫状头发的男孩）、"姨"（一把头发的女孩）等，就属于这种情况。

艾叶背面密集分布着灰白色的毛状物，因而人们便常以艾色来打比方。老人头发苍白，正如同艾色，人们便就称呼老人为"艾"了。湘方言中的长沙话至今有"娭毑"（āi jiě）的称呼，来源非常古老。"娭毑"，本来应该写作"艾毑"，后世文人不懂其中的嬗变，故又多此一举。老人是年岁很大的人，所以"艾"又引申出了"大"的意义。

在会同方言里，一般不单独称"伢"、"姨"、"艾"（娭）。它们的前或后往往缀附有"仔"、"阿"、"姐"（毑）等字，如此一来，便与"伢"、"姨"、"艾（娭）"构成了偏正结构的亲近词语。"伢仔"，即"丫式发型的仔"；"阿姨"，即"（亲近的）丨式发型女孩"；"艾姐（毑）"，即"艾白色头发的姐（毑）"。

3.《小尔雅·广言》："艾，尽，止也。"

点评：《诗·小雅·庭燎》："夜未艾，庭燎晰晰。"因夜空还未出现苍白，所以，大庭中燃烧的燎炬才闪闪发亮。"艾"，仍然是"苍白色"的意思，此本属于比喻用法。成语"方兴未艾"即源自于此处。后世训诂学家将"艾"训为"尽"、"止"，纯属臆想之辞。古时"夜尽"多以"鸡鸣"为标准，不以天空光不光亮为标准。古代文人以"滥觞"来比喻事物起源的做法，与此有些类似，也应该属于误用误训的"反面教材"。《荀子·子道篇》："昔者江出于岷山，其始出也，其源可以滥觞。""觞"是盛满酒的酒器，滥有浮起、泛起之义。孔子这句话，重点是描述发源于岷山的江水源头之水流状态，说它的水不是很小，刚好可以将盛满酒的觞浮在水面。"滥觞"与"起源"本来完全不搭边，但后世文人故弄玄虚，断章取义，玩弄那文绉绉的文字游戏，于是铸成此错。换句话说，如果孔老夫子说："其源可以没膝"，源头之水刚好没过人的膝盖之处，则"没膝"也就会被那些文人用来比喻事物的起源了。可见，一切脱离了文字实际的训释和运用，将给汉语的发展带来极大的伤害。

4.《说文·白部》："皑，霜雪之白也。从白、岂声。"段玉裁《说文解字注》："辞赋家多用皑皑字。"《广雅·释器》："皑，白也。"李时珍《本草纲目》五卷水部"冬霜"："许慎《说文》云：'早霜曰〓，白霜曰皑。'"

点评："皑"字繁体写作"皚"，不见于金文、甲骨文，明显属于辞赋家自造的形声字。段氏的见解是正确的。汉代卓文君《白头吟》："皑如山上雪，皎若云间月。"王念孙《广雅疏证》卷八上："枚乘《七发》云：'白刃砲砲兮。'又云：'浩浩澄澄，如素车白马帷盖之张。'刘歆《遂初赋》云：'漂积雪之皑皑兮。'并字异而义同。"从这些资料可知，汉以前的辞赋家们创造了"皑"、"砲"、"氿"等字，也并不应该专指"霜雪之白"而言的。

其实，这些辞赋家创造的读"ái"的这几个字，都应该写为"艾"（会同话读［ŋ］ái）。皑、砲、澄（氿）都是"艾"的记音后起字，论理完全应当取消。《荀子·正论》："世俗之为说者曰：'治古无肉刑，而有象刑。墨黥、搔婴，其艾毕，菲对屦，杀赭衣而不纯。'"杨倞注："艾，苍白色。"《礼记·曲礼上》："五十曰艾，服官政。"孔颖达疏："发苍白色如艾也。"霜雪之白与艾叶白色的绒毛实为一类之颜色，可知，"皑"，的确是秦汉时期辞赋家凭空创出的"艾"的替代字。郭沫若《楚霸王自杀》："连日的大雪把乌江浦附近的江岸化成了一片皑白。"郭氏不解

"艾"与"皑"的替代关系，所以也去运用这个不伦不类的字。俗语所讲的"白皑皑"，实当写为"白艾艾"。

形本义、音本本义概括：

艾，是指一种可以相对延缓人寿命的白色叶背的草本植物。

五　隘、嗌

音读分析：

隘，普通话读"ài"，会同话读为略带前鼻音的"[ŋ]ài"。

形体分析：

隘，战国楚帛书写为"𨸏"形，字从"阜"、从"𣥈"；《说文》小篆写作"𨺀"形，字从两个相对的"阜"和"𣥈"构作。"𣥈"从楚帛书中的"𣥈"变化而来，从"𠂤"与从"𦣞"构作的功能相近，都表示与山有关，"𦣞"则更强调两山相夹的形状。

"𣥈"即《说文·口部》"嗌"字的籀文形体，有咽喉因食物下咽迟缓而形成短暂窒塞之义。西汉扬雄《方言》第六："嗌，噎也。……秦晋或曰嗌。"许慎《说文·口部》："嗌，咽也。从口，益声。籀文嗌，上象口，下象颈，脉理也。"噎字下又说："噎，饭窒也。"段玉裁《说文解字注》："嗌者，抳也。抳要之处也。……（𣥈）此象形字，与亢略同。"分析可知，籀文"𣥈"实为哺乳动物颈部及咽喉之象形，此处形状狭小，扼守最关键的进食通道，这正好与自然界中两山相夹形成的狭窄通道或山的出口十分相像。由此可见，"𨸏"、"𨺀"属于形声兼象事结构的文字。

"𣥈"后来隶定作"益"，字形产生很大讹变，并与金文"𠵈"的隶定形体"益"完全混同，所以出现了今天的"隘"字形体。早期的形声象事字"𨺀"，就变成了只有"形"没有"声"的状况了。错误演变的隶定字体，真是害人不浅。

主流观点及点评：

1. 许慎《说文·𦣞部》："𨺀，陋也。从𦣞，𣥈声。𣥈，籀嗌字。隘，籀文𨺀，从阜，益。"《广雅·释诂》："隘，陿（计按：即狭字）也。"《诗·大雅·生民》："诞寘之隘巷，牛羊腓字（计按，养育之义）之。"孔颖达疏："置之于狭隘巷中。"

点评：三家对隘字的解释基本正确。隘，在古代本来指两山相夹而形成的咽喉似的狭小通道。隘得名为"ài"，重点仍然是在于它能缓止人的行动。许氏、孔氏只以"陋"、"狭"之义相训释，不确切。凡称为"隘"之处，通道必定险要狭小难以通行。

2.《左传·僖公二十二年》："勍（计按，义同劲）敌之人，隘而不列，天赞我也。"杜预注："言楚在险隘，不得陈列。"《汉语大字典》："隘，狭隘，险要处。"

点评："隘而不列"，即说那个地方险要而狭窄，不好排兵布阵。杜预以"险隘"相训，比较正确。

音本义、形本义概括：

隘，是指两山之间让人进行迟缓的狭小危险通道。

嗌，是指食物受阻而形成的下咽迟缓之状态。

六　哀

音读分析：

哀，普通话读"āi"，会同话读略前鼻音的"［ŋ］âi"。

形体分析：

哀，金文写作"$\widehat{\omega}$"（沈子它簋）、"$\widehat{\omega}$"（禹鼎）、"$\widehat{\omega}$"（哀成弔鼎）等形，字从"口"、从"衣"构作，《睡虎地秦简》哀字写作"$\widehat{\mathcal{R}}$"形，仍从"口"从"衣"组成；《汗简》则写为"$\widehat{\mathcal{R}}$"，下部似为两个伏在地上的人的形状，《古孝经》写作"$\widehat{\mathcal{R}}$"，与《汗简》中哀字之形体相近。

许慎《说文》将"哀"字收入口部，说明此字与口的意义相关，如吞吐、声音、喊叫等。"哀"字形体是以衣将口包裹之形状，为象事结构的文字，有口被障蔽、声音被缓阻之含义。综合分析，哀字的初义，应当是指抽泣、哽咽般的哭声或叫喊，这种声音的最大特点，就是因气息被嗌（ài）住而变得相对迟缓。压抑悲伤或极度悲伤之人的哭泣抽噎之声，基本上都属于这种状况。更有甚者，有的人哭泣时还会出现噎气而致昏厥的现象。李白诗《长干行》："五月不可触，猿声天上哀。"所用即是哀的本义。

《黄帝内经·厥病第二十四》："厥头痛，头脉痛，心悲，善泣。"《忧恚无言第六十九》又记载"黄帝问于少师曰：'人之卒（计按，cù，同猝）然忧恚，而言无音者，何道之塞？何气不行，使音不彰？愿闻其方。'少师答曰：'咽喉者，水谷之道也。喉咙者，气之所以上下者也。会厌者，音声之户也。口唇者，音声之扇也。吞者，音声之机也。悬雍垂者，音声之关也。……是故厌小而薄，则发气疾，其开阖利，其出气易；其厌大而厚，则开阖难，其气出迟，故重言（计按：指说话断断续续、相对迟缓）也。人卒然无音者，寒气客于厌，则厌不能发，发不能下，至其开合不致，故无音。'"可见，早在几千年之前，我们的祖先就早已注意到，人的发声快慢疾缓与人的情感变化有密切的联系。不仅如此，并且还从它形成的机理进行了深入的解析，这不能不说是华夏先祖伟大智慧之一端。心悲则善泣，忧恚则重言、无音，这就是古人对"哀"字的正确诠释。

主流观点及点评：

1. 许慎《说文·口部》："哀，闵也。从口，衣声。"顾野王《玉篇·口部》："哀，哀伤也。"段玉裁《说文解字注》："闵，弔（计按，diào，今写作吊）者在门也，引申之凡哀皆曰闵。"朱骏声《说文通训定声》第十二："《周礼·大宗伯》：'以凶礼哀邦国之忧。'注：'救患分灾。'《孟子》：'舍正路而不由，哀哉。'注：'伤也。'《穆天子传》：'天子作诗三章以哀民。'注：'犹愍（计按，同悯字）也。'"

点评：许氏等所释是"哀"的引申义，而非初义。哀，本来是指一种因过度悲痛而出现的气息迟缓的哭泣、抽噎之声。由悲痛而生出哀声，因哀声是人们可以明确感知的一种特殊声音现象，所以人们便借助"哀"来表示悲痛。

古人说："爱之深，痛之切。"爱与痛是因果关联的。得到爱，看到自己爱的人幸福，自己一定内心欣喜；但失去爱，或看到自己爱的人遭受磨难苦痛，自己一定更感悲哀。所以，哀与爱怜、怜悯连在了一起。人类的各种情感，虽然是一种隐性的、难以描述的心理现象，但是，聪明的华夏先祖根据事物普遍联系的法则，借助那些看得到、听得见或摸得着的事物，轻而易举地将那些复杂抽象的情感浅显地表现出来。如"喜"字，甲骨文写作"𠺫"之形状，上部所从"壴"，即古代著名的"建鼓"。口不自觉地模拟出"咚咚"的建鼓之声，心中自然是有欢喜之事。如"乐"字，繁体写作"樂"，甲骨文写作"𣓈"，木版上安装有丝弦，像琴瑟之类的乐器。"快乐（lè）"、"愉悦（yuè）"都与此字的读音（樂有lè、 yuè 两音）密切相关。

2. 刘熙《释名·释言语》："哀，爱也，爱乃思念之也。"《淮南子·说林》："鸟飞返乡，兔走归窟，狐死首邱，寒将翔水，各哀其所生。"高诱注："哀，犹爱也。"王念孙《广雅疏证》："哀与爱声义相近，故忟、怜既训为爱，而又训为哀。"孙雍长《训诂原理》："爱、哀：欢喜谓之'爱'，痛失所爱谓之'哀'"①

点评："哀"与"爱"两个字的内在联系，前面已经讲清楚了，此不赘言。然而，刘熙《释名》是一本以"论叙指归"②为宗旨的字义训释著作，但却如此"声训"哀字的由来，显得和他追求的宗旨相距十分遥远了。

音本义、形本义概括：

哀，本来是指一种由于气息噎阻而产生的迟缓断续的哭泣号啕声。

七　欸（唉）

音读分析：

欸，普通话读作"āi"；会同话读为"ái"或"ài"。

形体分析：

图 5—7　矰矢

欸，《说文》小篆写作"𣢦"，隶定为"欸"，字从"矣"、从"欠"构作。矣字上部所从之"𠬝"，像长长绳线尾部打着环形圈套之形，《周礼·夏官·司弓矢》："矰矢，茀矢，用诸弋射。"《淮南子·说山训》："好弋者先具缴与矰。"缴是拴绑在矰矢尾部的长绳线，"𣢦"字上部的"𠬝"正是"缴"的象形；矣字下部所从之"夨"，即甲骨文中的"↑"字，像箭矢之形状，会同话俗称"箭矢（枝）子"。"厶"与"矢"组合在一起，属于象事结构的文字，与"夷"

---

① 孙雍长：《训诂原理》，高等教育出版社 2009 年版，第 150 页。
② 参见刘熙《释名·序言》。

为一字异体，像古代专用于射鸟的“矰矢”（如图5—7所示，矰矢射鸟图）。

矰矢由一根细长的绳子和矢组成，绳末端打一圈套系在箭矢尾部，即称为“矣”。《诗·郑风·女曰鸡鸣》：“将翱将翔，弋（yì）凫与雁。”弋字本指固定在地上的直立木柱，后常被假借代指“矣”——矰矢，此处即是，其实它就是“矣”字的假借。后世称为“矰矢”的“矣”（即《诗经》中的弋），发射出去后需要收回来才又可以进行下次的发射，这与人说话时气息的释放与吸纳行为很类似，所以，先秦时期的文人便常常借它来表示一句话完成后的语气助词，而其“矰矢”的本义，便常常借那个本指小木桩的“弋”字来代替了。

明代王夫之的《说文广义》（卷二），曾对“矣”字进行过探讨，他说：“矣，为语助词，与‘知’意近；从矢，疾急之意。矣者，已然之词，犹今方言之称‘了’，急词也。从已，有已止之意，止此而无所待、无所余矣。借用为叹美之词，如‘皇矣’、‘美矣’之类；或为叹愧之辞，如‘死矣盆成括’之类，决其已然也。”① 从王氏对“矣”字的分析看，船山先生即不知“矣”字构形之由来，更不知“矣”字用为句末语助词的背后故事了。古人说：“大道至简。”真正的学问其实就在人类自己的身边，它不仅能够提示事物内在的奥秘，更能够为人所用，并为每一个人创造出无穷的精神财富。

欠字甲骨文写作“”、“”等形，像一跪坐之人张口大喊或长舒气息打哈欠之状。欠字作为构字部件之时，多表示“大声喊叫”、“精神不振”、“张口吃物”等意义。许慎《说文·欠部》：“欠，张口气悟也。象气从人上出之形。”许氏以欠字篆文“”为据，所以有此训释。

裘锡圭先生指出：“‘欠’的本义是张口舒气（欠伸之‘欠’即用此义）。字形在人形上端加竖立起来的‘口’，以表示张口的意思。很多从‘欠’的字，如‘吹’、‘饮’、‘歎’（叹）、‘歌’等，字义都跟张口有关。”②

根据以上分析可知，“欸”字当属于象事结构的文字。其一，读“āi”音时，表示人们张嘴吐气像矰矢射出那样缓慢的、细长的情况，即

① 王夫之：《船山令书》第九册《说文广义》卷二，岳麓书社1989年版，第168—169页。
② 裘锡圭：《文字学概要》，商务印书馆1988年版，第131页。

通常讲的"长叹一口气",可知"欸"字是指可以迟缓内心痛苦或烦闷的叹气之声;当它读为"ài"音时,表示从嘴里发出的喊声具有像矰矢那样可以飞鸟拖曳住的功能,即是指用于缓阻他人行动的大声呵斥之声。

主流观点及点评:

1. 许慎《说文·欠部》:"欸,訾也。从欠,矣声。"顾野王《玉篇·欠部》:"欸,訾也。"段玉裁《说文解字注》:"訾者,訾之字误。訾者,思称意也。訾者,诃也。"《集韵·悟韵》:"欸,怒声。"《字汇·欠部》:"欸,今人暴见事不然者必出声曰欸。"《汉语大字典》:"欸 āi,大声呵斥。"

点评:许、顾、段等氏释欸为"訾",义近是。《字汇》释"今人暴见事不然者必出声曰欸",十分正确,突然看到别人做事不对头,一般人大多会高喊一声"ài"予以缓止其不当行为。《汉语大字典》"大声呵斥"之训释当然不错,但它将此义之读音标为"āi",与事实读音不符。

2. 《楚辞·九章·涉江》:"乘鄂渚而反顾兮,欸秋冬之绪风。"王逸注:"欸,叹也。"《玉篇·欠部》:"欸,叹也。"《法言·渊骞》:"始皇方猎六国,而(王)翦牙欸。"李轨注:"欸者,绝语叹声。"《史记·项羽本纪》:"亚父受玉斗,置之地,拔剑撞而破之曰:'唉,竖子不足为谋。'"司马贞索隐:"唉,叹恨发声之词。"王念孙《广雅疏证》卷一下:"诶、唉并与欸同"《辞海》:"唉,āi,表示失望无可奈何的感叹声。"

点评:欸字从"矣"(计按:矰矢表迟缓或拖曳的功能)、从欠(计按:开口舒气之状)构作,会同话读为"ái",正是对人们失望的、悲伤的叹气声音的模拟,现在一般写作"唉"。

《黄帝内经·胀论第三十五》对胸闷气胀等多种胀病的病因、病机、诊断和治疗,进行了深入的论述。卷六记载:"岐伯曰:夫心胀者,烦心短气,卧不安。……三焦胀者,气满于皮肤中,轻轻然而不坚。胆胀者,胁下痛胀,口中苦,善太息。""太息",就是现在所讲的"大声叹气",人在心烦气闷之时,胸上似压有千斤巨石,郁闷至极。由于人类本身具有的自我救治机制,处于这一状态中的人们,便会时不时地发出一声长长叹息:"欸(唉)——"。长叹一声后,人们的压力、痛苦便也得到了相对的缓止。

从以上分析可知,欸(唉)是指失望、郁闷或悲伤的叹气之声,而前面讲过的"哀",则是指极度悲痛的哭泣、号啕,从汉字形义学的原则看，二者虽有音本义的内在联系，但外在的表现形式却是有严格区分的。"唉（欸）"与"叹"相类，"哀"与"号"可通，但"哀"与"叹"完全不能并称，"一声哀叹"，实实在在地应该写成"一声唉（欸）叹"。

音本义、形本义概括：

唉（欸）（ài），是指用于缓止他人正在进行的行为的大声呵斥。

唉（欸）（ái 或 āi），是指用于缓止自身压力、痛苦的叹息。

八 礙（碍）

音读分析：

碍，普通话读为"ài"，会同话读为略带前鼻音的"［ŋ］âi"。

形体分析：

碍，繁体作"礙"，《说文》小篆写作"𥖤"，这一形体在甲骨文、金文中未出现过，其初文也尚不能确指。

礙字所从之"疑"，甲骨文写作"𥻡"，我们曾经怀疑此字是表示行动缓慢的"𢖽"字的初文。"𥻡"像一人拄拐杖之状，"卜"为"彳"（行）字的一半，作为字体构件时表与行动、道路等相关的意义。郭沫若氏说："𥻡字是古疑字，象人持杖出行而仰望天色。"[1] 姚孝遂先生也说："（𥻡）当用为'疑'"。[2] 左民安先生《细说汉字》则认为："甲骨文弜是正面站着的一个人，面部转向左，张开嘴也，像左顾右盼的样子。这就是'疑'的初造字。"[3] 左氏所录甲骨文"弜"有误，实当写作"𥻡"，为人拄杖之形状，此字罗振玉、叶玉森、于省吾等氏已释为"疑"字初文。"𥻡"其实就是"𥻡"字加动符"卜"旁的繁构。

疑，普通话读"yí"，会同话读"ní"。碍字繁体从"疑"、从"石"构作，我们尚未能弄清楚此字组合的真正意图，或许是指用于阻碍人行进的障碍物吧。但无论如何，碍字有"ài"（会同话读作［ŋ］âi）之音读，则一定与迟缓之义相关。

主流观点及点评：

许慎《说文·石部》："礙，止也。从石，疑声。"段玉裁注："（礙），

---

① 郭沫若：《卜辞通纂》，上海群联书店 1933 年版，第 39 页。

② 于省吾主编：《甲骨文字诂林》第三册，中华书局 1996 年版，第 2283 页"姚氏按语"。

③ 左民安：《细说汉字》，九州出版社 2005 年版，第 35 页。

《列子·黄帝篇》作硋。"《一切经音义》四引通俗文:"限至曰礙。"《淮南子·缪称》: "洞同覆载而无所不礙。"注: "礙,挂也。"《辞海》(1990年版):"碍,ài阻挡,限止;妨碍;遮蔽。"《汉语大字典》(第五卷):"碍,ài,①阻止;②限制;③牵挂;④障碍;⑤妨碍、妨害;⑥遮蔽、遮挡。"

点评:《说文》释为"止",《辞海》释作"限止",《汉语大字典》释作"阻止"、"限制",都不确切。汉语音本义原理认为,"ài"音音本义的核心内涵是"迟缓"。或本身受其他因素影响而致变化、行动迟缓;或主动设置困难、障碍,使另一方变化、行动出现迟缓的状态。但"迟缓"不是"停止",不是"限止",更不是"制止"。两者不仅在意义上有区别,而且在表现形式上也界限分明。如"他阻碍了我的行动",就与"他阻止了我的行动"不是一码事。前一句强调的是"我的行动被他影响而变得迟缓",后一句强调的是"我的行动被他影响而终止了。"可见,许氏《说文》、《辞海》、《汉语大字典》的训释的确没有抓住"碍"字的特点和真实内涵。其他如"牵挂"、"遮蔽"两种释义,也有未妥。俗语说:"无挂无碍。"其本来意思是"没有牵挂着我身心的东西约束我,没有阻碍着手脚行动的东西羁绊我",其义实与"无拘无束"相近。如将这个"碍"字简单地训释为"牵挂",不可取。宋代辛弃疾《满江红·敲碎离愁》中有"芳草不迷行客路,垂杨只碍离人目"之句,《汉语大字典》将句中的"碍"字训释为"遮蔽、遮挡",诗意尽失,十分不妥。大家可以到垂柳树下,也试着来一次古人"折柳赠客"的游戏,那依依柳叶能将我们的目光遮蔽住么?其实词人的意思是:依依垂柳在微风中飘忽,时不时地阻碍送别人的目光。"遮蔽"是使眼睛看不见,"阻碍"仅仅是让视线受到干扰,两种情况是完全不相同的。

音本义、形本义概括:

碍,泛指一切使某人某物的行动迟缓下来的因素。

九 礙、騃、懝、呆

音读分析:

礙,普通话读"ài",会同话读为"ái"(名词)和"ài"(动词)。此字在普通话里很少使用,但在会同俗语中仍然十分活跃。如会同话:"他讲得那么起酿(计按:起酿,会同方言词语,义同起劲一词),你冇可以譺（ài）着他点？"意思就是说："你怎么不提高说话的声音去阻碍、干扰他的说话？"

駚，字同现在通行的"呆"字，普通话读"dāi"，会同话读"［ŋ］âi"与"dāi"两个音。《汉语大字典》："駚，dāi（旧读ái）。"可见，"駚"字的读音与会同话完全一样。如"呆板"的"呆"字，会同话读作"［ŋ］âi"；"痴呆"的"呆"，会同话则读"dāi"。

懝，《辞海》（1990 年版）注音为"ài"，释为"恐惧"，大误。《汉语大字典》："懝，ài。痴呆；惶恐；中止。"释懝为"痴呆"正确。释懝为"惶恐"、"中止"，则仍承沿《说文解字》、《龙龛手鉴》之误。《说文》无"呆"字，此取"呆板"之"呆"的本字。

形体分析：

譺，不见于甲骨文和金文，其最早形体即《说文》小篆"譺"，字从"言"、从"疑"构作，说明此字与言语、说话相关。

駚，从"马"从"矣"构作，义与马相关，读作"ái"，应指马缓慢行走的样子。《广韵·止韵》："駚，趋行貌。"《汉语大字典》："駚，sì，急走貌。"训释当有误。《文选·张衡〈西京赋〉》："众鸟翩翻，群兽駈駚。"李善注："薛君《韩诗章句》曰：'趋曰駈，行曰駚。'"李善引薛君之说十分正确。

懝字《说文》小篆写作"懝"，字从"心"、从"疑"构作。从汉字形义学的角度看，此字本来是指人的心智（思维、情感等）反应迟缓，即患有今天常说的"头脑痴呆"之症。许慎《说文·心部》："懝，駚也。从心从疑，疑亦声。"许氏以"駚"字分别训释了"譺"、"懝"两字，可见许氏是在着重强调駚字的"迟缓"之义。根据这一分析可知，"懝"即后世"呆板"之"呆"的本字。会同话"他瞅见一条大蛇，吓得懝懝的"一类的句子就常用到此字。

"呆"字不见于《说文》，一些文字学家认为"呆"字是从"保"字省变而来，如《汉语大字典》、谷衍奎《汉字源流字典》就持这一说法。谷衍奎先生说："《说文》所谓的'㑴省'，实际即'呆'，是省去了手，只留下臂的变形。""呆，是由'保'独立出来的分化字，变读作 dāi。"①但保字小篆作"保"形，古文作"呆"形，甲骨文作"𤽍"（一人背小

---

① 谷衍奎：《汉字源流字典》，华夏出版社 2003 年版，第 470 页。

孩之状）、"𠈉"等形，金文作"𡥀"（商代父丁殷）、"𡲢"（周早期盂鼎）等形，与"木"字甲骨文作"𣎳"形、金文作"朩"形、小篆"𣏟"形区别很明显。我们认为"杲"字为"呆"字之母字的看法是不稳妥的。"呆"为"𤯷"的后起象事俗字，"口"为头脑之形（𠙹，子字从之），"朩"即"木"字，两相结合，就是俗语所讲的"木脑壳"、"榆木脑袋"之意。

主流观点及点评：

1. 许慎《说文·言部》："讝，騃也。"徐锴《说文系传》："言多讝也。"段玉裁《说文注》："騃，马行仡仡也。此騃之本义也。《方言》：'痴，騃也。'騃，吾骇反。此騃之别义也。"《汉语大字典》："讝，ài。说话不流畅。"

点评：各家所释正确。前面刚分析过，"騃"字同今天的"呆"字，表示"行动迟缓，头脑痴呆"的意思。许氏以騃训讝，意思为说话迟缓痴呆之义。即我们今天所讲的"结巴"、"口吃"。过去，字书多认为此字只有"ài"一个读音。王力《同源字典》："《说文》：'讝，騃也。'徐锴曰：'言多讝也。'《广韵》五介切，古音当如'癌'。"王氏也认为此字当读"ài"。而这个意义的"讝"字，会同话读作"ái"，一般用于模拟结巴子的说话，时常"讝—讝"连言，从不单用。如："他又结结讝讝地对我讲……"。结结讝讝，其实就是对口吃之人说话时"jiē……jiē"、"ái……ái"这一语言习惯的模拟记音。一些文学作品常用"期期讝讝"，当然也可以写作"结结哎哎"之类，但不宜用"哎"直接替换"讝"字。

2. 《广雅·释诂四》："讝，调也。"王念孙《广雅疏证》："《众经音义》卷十二引《仓颉篇》云：'讝，欺也。'"又引《通俗文》"'大调曰讝。'"《汉语大字典》："嘲弄、欺哄。"

点评："欺"义之讝，会同话读为"ài"。意思是通过提高嗓门高调说话将另一方欺吓住，并达到使其行为迟缓下来的目的。

欺，在古代多用为欺压，欺负之义，较少用于"哄骗"的意思。根据此字在会同方言的用法，其含义仍然与"ai"的音本义十分切合。

3. 扬雄《方言》第十二："癡（痴），騃也。"钱绎《方言笺疏》："《说文》：'佁，癡貌，读若騃。'《玉篇》：'痱，癡疾也。本作獃。'

'騃'、'佁'、'疾'、'獃'，声义并同。"

许慎《说文·马部》："騃，马行仡仡也。"《说文·心部》："懝，騃也。"《说文·人部》"佁，疾也，从人，台声，读若騃。"段玉裁注："懝騃，即《方言》之癡騃。……癡者，迟钝之意。"

刘熙《释名·释长幼》："騃者，言必弃之，不复得也，不相量事者之称也。"唐代玄应《一切经音义》卷六引《仓颉篇》："騃，无知之貌也。"《广雅·释诂》："騃，痴也。"《集韵·海韵》："騃，童昏也。"《汉书·息夫躬传》："外有直项之名，内实騃不晓事。"颜师古注："騃，愚也。"《汉语大字典》："騃，同'呆'，愚。"

点评：从汉字音形义结合的规律来看，騃，最初应该是指马匹行动迟缓的样子而言的；懝、癡、疾应该是指人的心智反应迟钝而言的，属于一字异体现象。上引文献所释"騃"、"懝"、"疾"、"癡"、"佁"、"獃"等字，其实就是今天大家熟悉的"呆"字。从今天"呆"字的应用情况来看，它的含义正与上引文献所解释的"懝"等字完全符合，实际就是指"头脑反应迟钝的状貌。"

音本义、形本义概括：

謋謋（ái），指说话结巴、迟缓的状况。

謋（ài），指用高调门的语言使他人行动缓止下来的手段。

騃，指马行走迟缓的样子。

懝（呆），指头脑反应迟缓的状况。

十　霭、嗳、暧

读音分析：

霭，普通话读作"ǎi"；会同话读作"[ŋ]âi"，略带前鼻音。嗳、暧两字，普通话读"ài"，前者会同话读为略带鼻音的"[ŋ]âi"，后者读为略带前鼻音的"[ŋ]âi"，三字的读音都属于"ai"一音系。

形体分析：

霭，收录于徐铉《说文新附》之中，这一形体不见于甲骨文、金文，属于后起形声字。嗳、暧不见于《说文》，最早收录于《广韵》一书当中，当属于和"霭"有关的后起形声字。我们认为，"霭"与"嗳"为一字异体，"暧"则侧重于描述云雾使日光变得昏暗的状况。

主流观点及点评：

1.《说文新附·雨部》:"靄,云貌。从雨,蔼省声。"《玉篇·雨部》:"靄,云状。"《文选·陆机〈挽歌诗三首〉》之三:"倾云结流靄。"李善注引《文字集略》:"靄,云雨状也。"《集韵·曷韵》:"靄,云雾貌。"《古今韵会举要》:"靄,氛也。"(计按:氛即像云雾似的烟气)《辞海》:"靄,ǎi。①云气;②气象上把轻雾也称为'靄'。"

点评:靄,字从"雨"构作,可知此字字义与云雾或雨雪相关。从汉语语词实际应用的情况来看,人们其实只是将长时间覆罩在低空的浓雾称为"靄"。靄得名为"ǎi",关键就是它具有消退、散开极其迟缓的特点。上引各家将靄训释为"云状的雾",非常正确。但是,诸家所释都未能揭示靄字音义结合的真实内涵。

2. 慧琳《一切经音义》卷三十二:"靉靆者,香烟气重貌。"卷六十引《考声》:"靉靆,云盛貌。"《集韵·海韵》:"靉,云盛貌。"《字汇·隶部》:"靆,云覆日为靉靆。"

点评:上引文献所讲的"靉靆",《汉语大字典》读为"ài dài",而会同话则读为"[ŋ] âi dāi"。两者读音差异不大,可以属于传统意义上的"音近义通"、"音同义近"现象。汉语音本义原理认为,"ai"音强调"迟缓"的特点,"dai"音强调"稳定不动"的特点,二者意义略微相近。这也是"呆"即有"ai"音,又有"dai"音的内在原因。靉与靆,是人们从不同的音义结合角度审视以后,而对雾靄取的不同的名称。其实靉就是雾靄,靉当是靄的后起异体字。

3.《广韵·代韵》:"曃,日不明"。《文选·谢庄〈宋孝武宣贵妃诔〉》:"庭树惊兮中帷响,金釭曃兮玉坐寒。"李善注:"曃,不明也。"谢灵运《会吟行》:"潈池溉粳稻,轻云曃松妃。"黄节注:"曃,阉昧貌也。"《韩非子·主道》:"是故明君之行赏也,曃乎于时雨,百姓利其泽。"《汉语大字典》注解:"曃,云貌。"清代陆粲《游白云山记》:"望城中越秀山,林木靉靆。"《汉语大字典》为"靉"作注:"阴晴不明貌。"

点评:"靉"为"云雾之貌","曃"也有"云貌"之义;"曃"释为"不明",而"靉"也有"阴晴不明"之义。可知两者其实是一回事。"靉"字从"云",强调的是事物的性质、形状;"曃"字从"日",强调的是这一事物的功能和在光亮度方面的特点。可见,两字都源于"靄"字,为了便利于汉语的推广,我们其实可以废除掉"靄"、"曃"二字,而留下"叆"字。"暧昧"就写作"叆昧","雾霭"就写作"雾叆"。

音本义、形本义概括：

霭（叆），是指一种消退、散开迟缓，又具有阻缓日光照射功能的浓雾。

暧，是指雾霭长时间阻缓了日光照射后的阴暗不明状态。

十一 毐

读音分析：

毐，属于汉字中非常生僻的一个字，古文献中仅见用于"嫪毐"（人名）一词。普通话读作"ǎi"，会同话读作"ài"，两者区别不大。在会同话里，"嫪毐"一词多用于奚落、嘲弄他人，如会同俗语中即常常用"嫪毐姐"（会同话读 láo［ŋ］ài jiá）一语骂好色之人。后讹写为"老爱家"，但"家"字在会同土话中读"gā"，实与"láo ài jiá"不符合。嫪，有"过分喜爱"之义，"嫪毐"即是"过分贪淫"之意，实际是上古时代骂人"好淫"之语。

形体分析：

毐，《说文》小篆写作"毐"形，上部从"士"，下部从"毋"，属于象事结构的文字。"士"字在甲骨文、金文中常用于指男性生殖器，甲骨文写作"⊥"形，正像阳具上挺之状；"毋"字其实与"母"同字，其音也是从"母"字化出来的，在构字中提示与女性奸淫之事相关的意义。从此字的形体组合看，毐字的初文，应当就是指男女间的性行为而言的。我们推测，它很可能就是现在所谓"性爱"的"爱"的本字。

古人对于男女身体的差异及发育进程有着很科学的认识。《黄帝内经·素问·上古天真论》记载："女子七岁，肾气盛，齿更发长；二七而天癸至，任脉通，太冲脉盛，月事以时下，故有子；三七，肾气平均，故真牙生而长极；四七，筋骨坚，发长极，身体盛壮；五七，阳明脉衰，面始焦，发如堕；六七，三阳脉衰于上，面皆焦，发始白；七七，任脉虚，太冲脉衰少，天癸竭，地道不通，故形坏而无子也。丈夫八岁，肾气实，发长齿更；二八，肾气盛，天癸至，精气溢写（计按：字同泻），阴阳和，故能有子；三八，肾气平均，筋骨劲强，故真牙生而长极；四八，筋内隆盛，肌肉满壮；五八，肾气衰，发堕齿槁；六八，阳气衰竭于上，面焦，发鬓颁（计按：字同斑）白；七八，肝气衰，筋不能动；八八，天癸竭，精少，肾气衰，形体皆极，则齿发去。"古人发现，七年是女子身体发育变化大体遵循的一个时间数；八年，则是男子身体发育变化大体遵循的一个时间数。女子（二七）十四岁左右天癸（月经）开始定期出现，至（七七）四十九岁左右而天癸干竭；男子（二八）十六岁左右"天癸"（精水）出现溢泻的状况，至（八八）六十四岁左右天癸干竭，这就是我们祖先经长期观察总结出来的男女发育的大体时间规律。这一规律的发现，无疑是极具智慧的科学思维的结果。由此可知，我们的祖先对于男女"性"的认识是很科学很成熟的。那么，男、女何时开始"性事"才最符合天地之道呢？《黄帝内经》认为女子"三七，肾气平均，故真牙生而长极"、"男子，三八，肾气平均，筋骨劲强，故真牙生而长极"，女子二十一岁，男子二十四岁，这才是男女开始交配的最佳年龄。

《礼记·本命》："中男三十而娶，女二十而嫁，合于中节。"《尚书大传》："孔子曰：男三十而娶，女二十而嫁。"《周礼·地官·媒氏》："令男三十而娶，女二十而嫁。"贾公彦疏引《内则》说："三十而有室，始理男事。女子十五笄，二十而嫁，有故，二十三而嫁。"随着男权社会的深入发展，男性的地位与责任在家庭中越来越重要，女子嫁鸡随鸡、嫁狗随狗，但她的成婚年龄，仍然需要遵循"三七，肾气平均"这一规则，但男性因为肩负整个家庭，甚至家族兴衰的责任，则必须"三十而立"，因而脱离了"（男子）三八，肾气平均，筋内劲强"就可以成婚的自然之道了。

从上述分析可知，古人对"怼"（男女间的情爱）、"毒"（男女间的性爱）的认识是很深刻的，他们所采取的态度也很理性，很符合自然之道。就是在几千年以后的今天，仍然不乏现代人借鉴的意义。一句话，"毒"是指男女间应当等到（有迟缓之义）身体发育成熟后才能进行交配的行为。

主流观点及点评：

许慎《说文·母部》："毒，人无行也。从士，从毋。贾侍中说：秦始皇母与嫪毒淫，坐诛，故世骂淫曰嫪毒。读若娭。"段玉裁《说文解字注》："毒，士之无行者，各本作人无行也。今依颜氏《五行志》注所引正。士之无行者，故其字从士毋。古多假毋为有无字。毋即无。娄之训空也，亦从毋会意。毒之本义如此，非为嫪毒造此字也。"

点评：首先，我们还是详细讲一讲"毒"字的形体构造及其造字的意图。

"毒"字上部所从之"士"，甲骨文写作"⚐"、"⟨⟩"等形，后省写作"⊥"形。刘兴隆《新编甲骨文字典》指出："⊥即⚐（㓤，骟割也）字所从之⊥，为⚐、⚐（剭，去阴之形）字所从之⚐。释士，势也，为雄性标志。"[1] 刘兴隆先生的观点无疑是十分正确的。他的这一训释，一些古文字学家也早就提出来过。郭沫若氏说："土、且、士，实同为牡器之象形。"[2] 屈万里氏认为："按⊥当是士字，亦即故书习见作男阳解之势字。士人之士初义殆为男性之人。"[3] 李孝定氏也持相同观点："郭、马谓士象牡器，是也。……契文畜父之字皆从士，士亦声，例得通假也。至小篆变作士者，垂直长画增一横画，为古文衍变通例，固不如郭氏言增之横画以为文饰也。"[4] 我们认为，"士"的音义来源于"矢"，因为，直挺的雄性生殖器，和箭矢的形状相类似，所以，古人便通过比喻手法，将雄性生殖器称为"士"。在会同话里，"士"字仍然可以当做动词来用，即表示用雄性生殖器交配的意思，如"他这个狗士的"等语即属于这种情况。分析可见，诸家释"士"为男性生殖器，确不可易。许慎《说文·士部》："士，事也。数始于一，终于十，从一从十。孔子曰：'推十合一为士。'"孔子、许氏之说解纯属附会之辞，不可从。

"毒"字下部所从之"毋"，甲骨文写作"⚐"、"⚐"等形，金文写作"⚐"、"⚐"等形，像有乳房之妇女形象，实与"母"同字。我们认为，毋字古音当读如"mó"，即是现在用作否定词的"莫"的前身。毋字后世读为"wú"，很可能是受甲骨文中的否定词"勿"（wù）字音读的影响所致。刘兴隆《新编甲骨文字典》说："母亦用作毋。"[5] 郭沫

---

① 刘兴隆：《新编甲内文字典》（增订版），国际文化出版公司 2005 年版，第 973 页。

② 郭沫若：《甲骨文字研究·释祖妣》，转引自潘玉坤主编《古文字考释提要总览》，上海人民出版社 2008 年版，第 99 页。

③ 屈万里：《殷墟文字甲编考释》3507 片释文，转引自李圃主编《古文字诂林》第一册，上海教育出版社 1999 年版，第 316 页。

④ 李孝定：《甲骨文集释》卷一，转引自李圃主编《古文字诂林》第一册，上海教育出版社 1999 年版，第 317—318 页。

⑤ 刘兴隆：《新编甲骨文字典》（增订版），转引自李圃主编《古文字诂林》第一册，上海教育出版社 1999 年版，第 806 页。

若氏指出：　"母字读为毋，古本一字，后乃分化。"① 母，会同话读"mó"，与否定词"莫"音同，可证毋应当读"mó"，而不读为"wú"。李孝定氏《甲骨文字集释》第十二："契文假母为毋。"② 邹晓丽先生也说："'毋'与'母'（母，甲文 𤬃，是指抚育过孩子的妇女，故字形从'女'且有二乳）同源。……考'毋'字之来源，则是因母亲对孩子最有权威（特别是母系社会），故'母'被借为禁止词。后来字形改写成'毋'。《说文》的说解荒谬。"③ 上引诸说可证，母与毋实为一字，在甲骨文中表示成年女性。在构字中，母（毋）大多表示与生育、哺育、性爱等成年女性功能相关的意义。许慎《说文·毋部》："毋，止之也。从女，有奸之者。"成年女性可以经常有"性事"，即许氏"有奸之者"背后隐藏的潜台词。因为在古代经学家的眼中，"性事"即指奸淫之事，许氏训解正确。邹晓丽批驳许氏"说解荒谬"，实有未妥。

分析可知，古人所造的"毒"字，即指成年男女之间的交配行为而言。陆宗达氏曾对此作过精辟的分析，他说："毒从毋，而毋之本义为'从女有奸者'，'读若娓'；娓下云：'戏也。'此指淫戏。然则由女子为主曰娓，由男子为主则曰毒，二字本一语之变。许慎的说法是对的。他引贾逵说是为了进一步证明'人无行'的说解。"④ 陆氏所讲的"淫戏"即男女之间的交媾行为，可证我们对"毒"字的结构分析及形体意义的定位不误。许氏对"毒"字的训释虽隐晦难懂，迂曲难解，但训释总体来说是正确的。

段玉裁氏不知"毋"字在构字中的功能作用，以为从"毋"就如同从"无"，"无"就是没有，就是空无；并以"娄"字举例说证，可谓荒诞不经。

"娄"字繁体写作"婁"，小篆写作"𡢍"，《说文·女部》："婁，空也。从母、中、女，空之意也。"婁字上部所从之"毋"，是从小篆"虍"（母、毋）变形而来，即许氏所讲的"母"字。婁字取两个成熟女性上下叠加的形式，中间以"口"（计按：不是中字，是上部毋字直画延伸过口

---

① 郭沫若：《殷契粹编考释》，转引自李圃主编《古文字诂林》第九册，上海教育出版社2004年版，第93页。

② 转引自李圃主编《古文字诂林》第九册，上海教育出版社2004年版，第904页。

③ 邹晓丽：《基础汉字形义释源》（修订本），中华书局2007年版，第28页。

④ 陆宗达：《说文解字通论》，北京出版社1981年版，第20页。

字所致）字代指女性生殖器，为后起象事结构的文字，表示两个成熟女性相交合是不会带来子息之结果的。许氏释义正确，但析形有误。陆宗达先生说："可以理解娄字从毋从女，是就女性这方面说的。娄字还从中，中是内，指内心。所以娄字从字形反映的意义本是女性春情发动的意思。至于许慎娄字训空（古空孔同语），则是指女子的生殖器官。"①《左传·定公十四年》："既定尔娄猪，盍（计按，hé，同何字）归吾艾豭（公猪）。"杜预注："娄猪，求子猪。"娄猪就是正处于发情期的母猪，可证陆氏的说解基本上是正确的。娄字从"毋"构作，仍与成熟女性性交欲望有关，从而也可以由另一个侧面证实我们对毐字含义的推理。

音本义、形本义概括：

毐，是指只能缓迟到男女身体发育成熟后，才可以进行的交配行为。

十二　挨、捱

读音分析：

挨字，普通话读"āi"和"ái"两音；会同话读为略带前鼻音的"[ŋ]âi"。

捱字不见于《说文》，实际是为了表示挨字被动受击打和拖延两个意义而创造的后起形声字，只当读"ái"。为了利于汉语的发展，其实可以废除"捱"字。

形体分析：

挨，《说文》小篆写作"�"形，"𢽳"像手有五指之形，"𥄑"字像系有长长绳线的矰矢，属于象事结构的文字。字从"扌"构造，表示它的意义大多与手部的功能有关；从"矣"构作，表示它的意义具有矰矢般的缓阻或拖曳的特点。从"挨"字的实际应用看，"挨"，就是指用手敲背缓解肌肉酸痛或胸闷等症状的手段。

主流观点及点评：

1. 许慎《说文·手部》："挨，击背也。从手，矣声。"段玉裁《说文注》："《列子》：'挡拯挨抌'，张注曰：'乌骇反，椎也。'"顾野王《玉篇·手部》："挨，椎也。"《广雅·释诂》："挨，击也。"王念孙疏证："挨者，《说文》：'挨，击背也。'《列子》：'挡拯挨抌。'《释文》

---

① 陆宗达：《说文解字通论》，北京出版社 1981 年版，第 108 页。

云：'挨，椎也。'"《广韵·骇韵》："挨，打也。"《汉语大字典》："挨（ài）从后椎击、打。"马叙伦《说文解字六书疏证》卷二十三："击背也非本义。……盖借为排。"

点评：击背，即是用适度力量击打人体背部。众所周知，人们击打背部，主要的目的是使郁闷、肌肉酸痛等得到缓解。许氏、《汉语大字典》对"挨"字的解释近是。但是，各家都未能正确认识到"挨"字音、形、义结合的原理，没有揭示这一动作所包含的真实目的。

2.《正字通·手部》："挨，今俗凡物相近谓之挨。"清代钱大昕《十驾斋养新录·说文本字俗借为它用》："挨，又借为比附义。"

点评：相近、比附都是靠近的意思。"挨"字的"靠近"之义，是从敲背时前后两人比较贴近的实际情况引申出来的。

3. 清人钱大昕《十驾斋养新录·说文本字俗借为它用》："挨，今借为忍痛义。"《汉语大字典》："挨，ái。遭受，忍受；勉强支持；拖延；滞留；磨。"《汉语大字典》："捱，ái。熬，遭受；勉强支撑；拖延；磨。"

点评：前面讲过，挨字的"ái"音，是立足于被敲背者能够缓解痛苦、郁闷的角度而获得的，所以，挨字主要是表示承受打击。同时，因为"挨"——敲背这一行为，是需要长时间反复进行才能够取得缓解被敲者的痛苦、郁闷，所以，表示被动受敲打的"挨"，就引申出了"遭受"、"拖延"等意义。

音本义、形本义概括：

挨（捱），就是指用手敲背缓解肌肉酸痛或胸闷等症状的手段。

十三　埃

读音分析：

埃，普通话读"āi"，会同话读为略带前鼻音的"［ŋ］âi"。

形体分析：

埃，《说文》小篆写作"𡎴"形，字从"土"、从"矣"构作，意义当与"土"、"迟缓"之意义相关。此形体不见于甲骨文、金文，属于后起形声字。我们认为，"埃"字的音义源自于雾霭的"霭"（靉）。云雾状的"霭"和漫天飘飞的扬尘非常相似，于是，古人又通过比喻手法的运用，将这种扬尘称作"［ŋ］âi"，并造出了一个象事结构的汉字"埃"。

主流观点及点评：

许慎《说文·土部》："埃，尘也。从土，矣声。"玄应《一切经音义》卷十七引《通俗文》："灰尘曰埃，埃亦尘也。"《后汉书·郑玄传》："自秦焚六经，圣文埃灭。"李贤注："埃，尘也。"马叙伦《说文解字六书疏证》卷二十六："玄应《一切经音义》引《仓颉》：'埃谓风扬尘也。'"①

点评："尘"一般是指腾空而起的烟雾状细小土灰，各家所释正确。

《庄子·逍遥游》："野马也，尘埃也，生物之以息相吹也。"那么，《庄子》这句话的尘埃是不是指飞扬的尘土呢？首先，让我们弄清楚句中"野马"的真实含义。晋代司马彪注解说："天地间气，如野马之驰。"唐代成玄英《庄子注》："青春之时，阳气发动，遥望薮泽之中，犹如奔马，故谓之野马也。"两位儒学大家认为"野马"是比喻天地薮泽中自由飘动的云气，大误，这是望文生义的结果。其实，此处的"马"字，是表示灰尘的"塺"字的通假。　"塺"字普通话读作"méi"，会同话读作"mā"或"mà"，如现在会同话里常讲的"塺泥（读如 mā niá）"、"塺（mà）糊子"等即是。事实上，普通话里的"马虎"、"马马虎虎"，都当写作"塺糊"、"塺塺糊糊"。会同话的"塺糊"，是指因灰尘飘飞或沾染而出现的灰暗、污浊现象，与《庄子》这句话所描写的环境情况相吻合。许威汉先生指出："《庄子》是用'野马'和'尘埃'的重复说法来加强对污浊环境的描写。这一实例说明训诂学离不开音韵学，训诂学要联系词的语音形式（音同音近）来训释词义。"②许威汉先生的看法无疑是十分正确的。分析可知，《庄子》这句话里的"野马"，就是指野性十足、自由漂浮的尘埃，文中"野马"、"尘埃"异文复指，由此可以进一步推知，尘埃是指飞扬的烟雾状细小土灰。

《左传·成公十六年》："甚嚣，且尘上矣。"这就是成语"甚嚣尘上"的出处。嚣，读 xiāo，从四"口"，从"页"（计按：繁体作頁，强调人的头部，从"页"的字意义多与头部有关），属于象事结构的文字，表示人多喧哗吵闹。这一成语描绘战争爆发前夕车队里人声喧扰、尘土飞扬的情景。此例也可佐证，扬起之土灰才能算得上真正意义的"尘"。而

---

① 转引自李圃主编《古文字诂林》第十册，上海教育出版社 2004 年版，第 284 页。

② 许威汉：《训诂学导论》（修订版），北京大学出版社 2003 年版，第 13 页。

扬尘弥漫，天地间灰蒙蒙一片，这正与古人经常看到的"霭"十分相似，所以，"尘"也可以称为"霭"，写作"埃"了。

音本义、形本义概括：

埃，本义是指像消散十分缓慢的雾霭一样的扬尘。

图 5—8　北方雾霾天气

第三节　会同话"ao"音字实例分析

音本义分析：

普通话的"ao"音，会同话读为略带前鼻音的"ao"，用国际音标标注则为"［ŋ］ao"，为了方便，在此仍以"ao"音标注分析。

"ao"的音本义，大概是来源于对人们吆喝声的认识。我们的祖先经过漫长的渔猎文明时期，当他们游走山林之际，相互间基本上需要凭借又高又长的吆喝声告诉另一方自己所处的位置。这种特殊的吆喝声，即被模拟为"嗷——"。继而华夏先祖便从这一特殊的吆喝声中归纳出了"ao"的音本义——"较高的"、"较长的"。

《诗·小雅·鸿雁》："鸿雁于飞，哀鸣嗷嗷。"嗷嗷，就是形容鸿雁悲鸣时候那种又高又长的凄婉叫声。

"ao"的音本义，包含"较高、较长"两个特点。

一　敖、傲、遨

读音分析：

敖、傲、遨三个字，普通话分别读为"áo"、"ào"、"áo"；会同话读为略带前鼻音的"［ŋ］ǎo"、"［ŋ］ào 或［ŋ］ǎo"、"［ŋ］ǎo"。如会同话"他这个人傲得很"，会同土话即读为"［ŋ］ǎo"，不读为"［ŋ］

ào";"把脑壳傲头起"则读为"[ŋ] ào",不读为"[ŋ] ǎo"。傲、遨两个形体不见于甲骨文、金文，是后起形声字，是为了适应甲骨文"𥄂"和"敖"字的原始意义而特意创造的。

形体分析：

敖，《说文》小篆写作"𢾄"，许慎分析为"从出、从放"，析形大误。"出"字许慎《说文》小篆写作"𡳆"，与"𢾄"左上部所从的"出"差异明显，也可证"出"不是"出"字。敖字金文写作"𢾄"（㚖伯簋）、"𢾄"（㚖敖簋）、"𢾄"（兮熬壶熬字所从）等形，字由"𢾄"和"攴"（计按：攴字，充当构字部件时，现在一般写作为攵）两部分组成。而"𢾄"正像人头部有"𡳆"状帽饰之形，属象形字。"𢾄"在甲骨文中已经出现，一般省写作"𢾄"、"𢾄"、"𢾄"、"𢾄"等形，甲骨文"𢾄"（𢾄即后世嗷字之初文）字所从的"𢾄"，则是其最初的繁构形体。刘钊先生《古文字构形学》曾对甲骨文"𢾄"字作过深入分析，他指出："（𢾄）皆从屮从人，应该就是'敖'字的初文，字可隶定作'𢾄'。"① 刘钊先生释"𢾄"字为"敖"字初文，比较正确，但以为"从屮从人"，则有可商。甲骨文中有一字作"𢾄"形，《甲骨文字诂林》第二册第1461页收录有此字，孙海波、陈初生等释此字为蠢，大误，此即敖字之初文。

"𢾄"字最初是指一个头戴"𡳆"形帽饰的部族。殷商时期，甲骨文中关于其他部族名称的文字，无不是以该族最显著的服饰特点、图腾标志或特长等来构造文字的。《通志·氏族略四》："敖氏，颛帝师太敖之后。宋敖颖士登进士第。望出谯国。"《通志·氏族略三》："谯氏，曹夫食采于谯，因氏焉。……望出巴西谯国。"敖有"高"义，而谯（qiáo）有"高起"之义，可见二者的确有着很神秘的关系。"巴西谯国"，即"大巴山以西（今四川、云南一带）的谯国"。谯国，古称"僬侥国"，《国语·鲁语下》："僬侥氏长三尺，短之至也。"韦照注："僬侥，西南蛮之别称。"《列子·汤问》记载："从中州以东四十万里，得僬侥国，人长一尺五寸。"《后汉书·孝明帝纪》："西南夷哀牢、儋耳、僬侥、盘木、白狼、动黏诸种，前后慕义贡献。"许慎《说文·人部》："侥，南方有僬侥，人长三尺，短之极。"分析上引文献资料，可知"敖"这一部族其实

---

① 刘钊：《古文字构形学》，福建人民出版社 2006 年版，第 251 页。

就是后世所称的西南僬侥人。敖人因为自材短小，所以特别喜欢戴上高高的"峑"形帽子，以使自己看起来高大伟岸一些。

图5—9　高冠盛装乐舞滇人鎏金铜像

沈从文先生《中国古代服饰研究》一书，曾介绍过云南晋宁石寨山出土的"高冠盛装乐舞滇人鎏金铜像"（如图5—9所示），这正与甲骨文"峑"所描摹的部族非常相像。他说："我国西南住的苗、瑶、黎、彝等古民族，多长于歌舞。西汉时的滇人，即商、周时的古僰（bó）人（亦即濮人）所在地。""上图四舞人，系铜质鎏金饰件，作同式盛装，高冠上缀花球，垂二有花纹长帔于背后，穿齐腰短裙，衣左衽。胸前着一圆形珮饰。"① 我们认为，沈氏所介绍的"高冠乐舞滇人"，应该就是殷商时期的"敖"（僬侥国人）这个部族的后裔。他们不仅所处的地望一致，头帽非常相似，而且在名称上也有深刻的内在联系。譙读 qiào 时，本是指高而尖细的骂人之声，现在多写作"诮"；读作"qiáo"时，则多用为"譙国"、"譙门"。《史记·陈涉世家》："攻陈，陈守令皆不在，独守孙子丞与战譙门中。"颜师古注："譙门，谓门上为高楼以望远者耳。楼一名譙。"可见"譙"，仍然强调"高"的特点。譙国即僬侥国，僬侥人身材短小，怎么会用有"高"之特点的"譙"去称呼呢？就是因为这一部族最喜欢戴上高高的"峑"形帽子举行歌舞。会同话里有"你冇跟我戴高帽子"之类的句子，意为："你不要拔高我而虚伪地奉承我。"另外，僰读 bó，前已讲过，"bo"的音本义，强调"从低变高"的特点，如波、博、簸、勃等都是如此，僬侥人身材本来低矮，但一戴上高冠，人就"从低变高"了，这正好也与"敖"、"譙"有相通的地方，只不过是各自强调的侧重点略有一点差别而

　　① 沈从文：《中国古代服饰研究》，世纪出版集团、上海书店出版社 2005 年版，第132—133页。

已。再者，许慎《说文·攴部》："敖，出游也。"敖有外出不定居之义，顾野王《玉篇·人部》："屏之远方曰僰，僰之言偪也。"《汉语大字典》释说："（僰是）逐放到边远的少数民族地区。"此正好也与《说文》"敖"的解释相近。

通过以上分析，我们认为刘钊先生推定"竹"（含竿、片等）为"敖"字初文的观点是确不可易的。"竿"得名为"áo"，根本原因就在于"竿"状头帽在商代被称为"áo"。"竿"应当就是沈从文先生介绍的"高冠上缀花球，垂二有花纹长帔于背后"的高帽子。其形状高挺，又有长帔，所以，这种特殊的帽子得名为"áo"，戴这种形制帽子的部族也被称为"竹"（敖的初文）。于省吾先生说："中国古文字中的某些象形字和会意字，往往形象地反映了古代社会生活的实际情况，文字本身也是珍贵的史料。"[1] 于氏的这一观点是很有见地的。正像于氏所讲的那样，"竿"字就反映了僬侥人独特的高冠服饰文化。《诗·卫风·硕人》："硕人敖敖。"汉毛亨传："敖敖，长貌。"李海霞先生说："敖敖，身材高大。"[2]"敖"的高大义，即源于"敖人"戴高冠的习俗。

估计在殷商早期，敖人这个氏族生活在今天的河南省荥阳市西北一带，后来才被殷商部落从此地驱赶到了大巴山以西的四川、云南一带。《诗·小雅·车攻》："搏兽于敖。"郑玄笺："敖，郑地。今近荥阳。"《左传·宣公二十年》："晋师在敖、鄗之间。"杜预注："敖、鄗二山，在荥阳县西北。"甲骨文中有作"竹"形的字，而此字的金文形体，却到了周晚期的"茶伯簋"才出现，可知是"竿"人被商族驱赶走了以后，这一地区的名称才被写作"敖"。

傲，《说文》小篆写作"傲"，此一形体不见于甲骨文、金文，属后起形声字。"竿"本指戴高冠的敖氏部族，后世"敖"字加人旁，就是用来专指人的高傲、倨傲。高傲之人头部多上扬，即会同俗语说的"脑壳望起天上的人"，而头部高高上扬，也符合"áo"的音本义，所以特意造此字专指这一举动。会同话仍常说"把脑壳傲头起"的话，此"傲"字即是高高扬起之义。

遨，《玉篇·辵部》："遨，遨游也。"《广韵·豪韵》："敖，游也。

---

①　于省吾：《甲骨文字释林》作者序言，中华书局1979年版。
②　李海霞：《汉语动物命名考释》；巴蜀书社2005年版，第46页。

《说文》作敖，或作遨。"《诗·邶风·柏舟》："微我无酒，以敖以游。"
陆德明经典释文："敖，本亦作遨。"从汉字形义学的规则看，"敖"字从
"羊"、从"与"构作，构形表现的意义，就是将"羊"人驱赶流放（偏
远山区）之意。我们推测，这一意义应该不会早于殷商时期，大多是
"羊"氏部族被商族或周族驱赶变得居无定所后，"敖"字才产生出了
"出游"的意义。由此可知，敖，就是遨游的遨的本字，后世从事文字工
作的人，因为它的"出游"之义，才想当然地给它加上了表示行走功能
的构字部件"辵"字。但从文字构造的观点来看，"遨"字完全属于
"敖"的后起形声字。

主流观点及点评：

1. 许慎《说文·放部》："敖，出游也。从出，从放。"段玉裁《说文
解字注》："从放，取放浪之意。"《说文·出部》又说："敖，游也。"徐锴
曰："敖犹翱翔。"《诗·小雅·鹿鸣》："我有旨酒，嘉宾式燕以敖。"毛
传："敖，游也。"朱骏声《说文通训定声》："敖，俗字作遨。"谷衍奎
《汉字源流字典》："敖，会意字。金文从攴（手持棒），从人，从出，会手
持防身器物仗剑出游之意。篆文变为从放，从出，成了放浪出游了。"①

点评：敖字的形体及构形意图，前面已经作了较详细的分析和推定。
从金文"𢾺"的构形看，其初文就是将"羊"（áo）人驱赶流放之意。
"羊"人部族早先生活在"敖"地（今河南荥阳县西北一带），后因被商
人驱赶流放到大巴山以西的四川、云南一带繁衍生息，即后世所称"僬
侥国"、"谯国"。许氏不知"敖"字的形体来源，误以为是"从出、从
放"，但释义近是。段玉裁氏也以为敖字从"放"构作，并附会以"取放
浪之意"，纯属想当然的说法，不可取。

谷衍奎先生因不知"敖"字形体演变之源流，对金文"敖"的形体
认识也很未的当，其"仗剑出游"之说，则更近似李白时代文人佩剑以
游天下的风气了，此说并误，不足为据。

2. 许慎《说文·人部》："傲，倨也。"《尔雅·释言》："敖，傲也。"
《广雅·释言》"敖，妄也。"王念孙疏证："亦作傲。"《吕氏春秋·士
客》："傲小物而志属于大。"高诱注："傲，轻（计按，轻视之义）也。"
《礼记·曲礼上》："敖不可长，欲不可从（计按，即纵字）。"陆德明释

---

① 见谷衍奎编《汉字源流字典》，华夏出版社 2003 年版，第 523 页。

文："敖，慢（计按，即轻视，轻慢、怠慢之义）也。"孔颖达疏："敖者，矜慢在心之名。"

点评：从汉字形义学的规则来说，表示高傲意义的这个"ɑo"音字，不能写为"敖"，只能写作"傲"或"慠"。古文献中以"敖"为"傲"的用例，属于同音通假的范畴。从汉字构形原理看，"傲"字其实应当写为"俏"才更为合适。

㝮（áo，青）人本来矮短，但喜好戴高挺的冠帽以使身材看起来高大一些，这一心理与高傲之人的心理有类似的一面；另外，高傲之人心高、眼界高，看不起周围与他（她）身份地位相当或比他（她）低的同类，昂首挺胸，不愿放低身段，这也与"ɑo"的音本义所要求的特点相符合。所以，古人便将这一心态和行为都称为"ào"，写作"傲"。从汉字发生学的规律来看，"傲"当是"㝮"字的比喻义用法，即像"㝮"人一样的心态和行为。汉语应用的核心就是比喻法，后世所造的成语"夜郎自大"，就与此有异曲同工之妙。

3.《尔雅·释诂上》："敖，戏谑也。"郭璞注："谓调戏也。"《广雅·释诂三》："敖，戏也。"《史记·天官书》："箕为敖客，曰口舌。"司马贞《索隐》引宋均曰："敖，调弄也。箕以簸扬，调弄象也。"

点评：四家所释都为引申义，非本义。从《史记·天官书》及司马贞《索隐》的内容看，"敖"字实为"傲"的通假。箕在会同方言里称为"簸箕"（计按：箕星宿因为形状像簸箕而得名），簸，普通话读"bǒ"、"bò"两音，会同话只读"bò"一音。汉语音本义原理认为，"bo"音的音本义强调"从低变高"的特点，这正与"傲"强调"高的"、"长的"特点，有一个重合之处。可证《史记·天官书》所讲的"敖客"，其实就应该写为"傲客"。前面讲过的"㝮"（áo）人，即后世的"僰"（bó）人，《史记·天官书》的"敖（ào）客"，即通常所说的"簸（bò）箕"，它们的音义结合原理是相当一致的。

古代文献中表示狂妄、调戏意义的"敖"（ào）字，事实上都应该写为"傲"、"慠"或"㝮"，清代训诂大师王念孙《广雅疏证》："敖，妄也，亦作傲。"王力《同源字典》："《说文》：'傲，倨也。'段注：'古多假敖为傲'。字又作'慠'。"[1] 用通俗些的话来说，"傲"就是指抬高自

---

[1] 王力：《同源字典》，商务印书馆1982年版，第207页。

己看低他人的心态、行为。正因为古人对"傲"字的这一认识，所以他
们又创造出了一个"嶅"（ào）字，上部为"夐"（页，人形），下部为
"川"（计按：像高跷形，会同话俗称"高脚马"），像一个人踩到高跷上
使自己变高之形状。看低他人即通常说的"轻视"、"轻慢"，而轻慢他人
的心态、行为，是要通过眼神、神态、语言或动作来做具体的表现的。以
语言表现轻慢就是"謷"，以手脚表现轻慢就是"戏"。高傲与轻慢仅仅
是一个问题的两个方面。《管子·四称》："诛其良臣，敖其妇女。"此
"敖"即是"高傲地对待"（也就是"轻慢"）之义。《汉语大字典》将其
释为"戏谑"、"调弄"，是属于舍弃本义而取引申义的做法，不利于汉语
汉字的发展、传播。

4.《诗·小雅·车攻》："搏兽于敖。"郑玄笺："敖，郑地。今近荥
阳。"《汉语大字典》："敖，áo。古地名。故地在今河南省荥阳市西北。"

点评：只要涉猎过中国商周文化史的人，就大约知道中国古代地名命
名的基本规则。古地名的得名，一般和当地氏族名号、当地位置或地形的
显著特点、当地著名的物产、当地著名手工业等重要因素有直接关系。如
《诗经·邶风》之"邶"，为古国名，其得名原因是该地地处"自河内朝
歌以北也。"[1] 郑玄《诗谱·邶、鄘、卫谱》："自纣城（计按：即朝歌）
西北谓之邶。"此名即源于其地理位置的显著特点。如山东定陶，古称
"陶"，其得名原因是因为该地陶丘的地形垒叠的两个陶盂。《后汉书·
明帝纪》："陶丘之北渐就壤坟，故荐嘉玉洁牲，以礼河神。"李贤注引孙
炎曰："形如累两盅也。"此名即源于其地形的显著特点。又如《诗经·
豳风》之"豳"字，后也写作为"邠"。后世不识"豳"字由来，读为
"bīn"音，大误。此字与"幽"构形类似，"山"字实为"灬"（火）字
之讹变，"豳"字从二"豕"从"火"，像以火焚山捕杀野猪的行为，当
读为"fén"（焚）。徐中舒先生说："豳"，从二豕从山，山乃火形之讹。
金文豳作𤏳（趞鼎），正像持杖焚林驱捕野猪之形。豳是原始的会意字，
邠从邑分声则是后起的形声字，又与汾通。……据此音之，古代邠地所在
就应包括汾水流域在内，汾水也就是邠地之水，"古代黄土高原，野猪出
没，焚林而畋，视野广阔，过去经学家只以泾水上游一隅之地作为邠的老

---

① 《说文》邶字释语。

家，数典忘祖，是不够全面的。"① 徐氏所论堪称卓识，此名即与当地盛产野猪，人们经常焚林而畋相关。当然，以氏族名号为地望命名也为最重要的规则之一。"敖"就是因为当地长期为"羑"人的居住地而得名的。就像今天的"宋家团"、"杨家湾"、"张家冲"等一样。在甲骨卜辞里，作为地名的"敖"仍然只写作"羑"、"��"（计按：被绳索捆绑，说明羑人地位低下）、"��"等形。如：

（1）丙辰卜，才奠贞：今日王步于��，亡（计按：同无字）灾。②

（2）丙子卜，勿��（计按：同灾字，表武力伤害）��。③

上两例卜辞中的"��"、"��"，即后世所谓的地名"敖"。

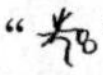

清人孙星衍《尚书今古文注疏·书序》："'仲丁迁于嚣（áo）。'注：'《史》迁嚣作隞。'疏：'《诗·车攻》笺云：敖，郑地，今近荥阳。'"朱骏声《说文通训定声·小部》："《书·仲丁序》：仲丁迁于嚣。按，即《左宣十二年传》敖鄗之敖。"甲骨文"��"被后世变化写作"嚣"，即"嚣"、"嗷"等字的初文。甲骨文"��"，于省吾、姚孝遂隶定作"嗷"，说"卜辞为地名"。④ 此实际就是《尚书》"仲丁迁嚣"的嚣字。从这些文献资料可知，我们的祖先在创制文字时，可以依据不同的构形意图创造出表示同一个意义的多个异体字。

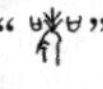

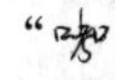

音本义、形本义概括：

羑（敖的初文），是指戴着高挺、有长帔的冠帽之氏族。该族最初的定居地也被称为"敖"（河南荥阳西北一带）。

傲，是指长期自视甚高而小看他人的心态及行为。

敖（遨），是指羑人被驱离故土居无定所的流浪状态。

二　嗷

读音分析：

嗷，普通话读"áo"，会同话读为略带前鼻音的"[ŋ] áo"，二者读

---

① 徐中舒：《周原甲骨初论》，转引自李圃主编《古文字诂林》第六册，上海教育出版社2003年版，第268—269页。

② 《甲骨文合集36772》。

③ 《甲骨文合集7017》。

④ 于省吾主编：《甲骨文字诂林》第一册，中华书局1996年版，第747页。

音基本一致。

形体分析：

甲骨文中有一字写作"𦥑"，字从两口，从"敖"（计按：也是敖字的初文，为一拄拐的敖人之形），当为"嗷"、"嚣"的初文。嗷，《说文》小篆写作"嗷"，字从"口"、从"敖"，属于后起形声字；"𦥑"这一形体后世演变为"𧲲"（计按：页为人首之形），后又加两口写作为"嚣"。嚣字有"áo"、"xiáo"两音，"áo"音分化出"嗷"，"xiáo"音分化出了"唬"和"哮"。

在古代，人们常将喜欢群居啼鸣的猿称为"嚣"（áo）。《山海经·西山经》记载："（瀚次之山）有兽焉，其状如禺而长臂，善投，其名曰嚣。"清代李元《蠕范·物寿》："猿也，嚣也，野寅也，臂童也，山公也，袁公也……似猴而大，长臂通肩，性静而仁慈。好食果实，居多林木，能跃数丈，着地即泄死。行多有群，其鸣似啼，每鸣必三声。"长臂猿好群居，经常发出"áo—áo—áo"的啼鸣声，所以得名为"嚣"。这一习性自古至今也没什么变化，李白"两岸猿声啼不住"，诗中透出隐隐约约的一份沧桑无奈，也许就包含了李白对"世俗喧哗之声的感受和不屑"。

"嗷"字从"口"，意义与口的形状、功能或声音等有关，读为"áo"音，表示这种呼叫声具有较高较长的特点。

主流观点及点评：

许慎《说文·口部》："嗷，众口愁也。从口，敖声。《诗》曰：'哀鸣嗷嗷'"。陆德明经典释文："嗸，本又作嗷，声也。"《荀子·疆国》："百姓喧嗷。"杨倞注："嗷，喧噪也。……谓叫呼之声嗷嗷然。"马叙伦《说文解字六书疏证》卷三："嗷亦嚣之声同幽类转注字。"[1]《集韵·豪韵》："嚣，詻也。"《篇海类编·口部》："嚣，众言貌。"

点评：陆德明释嗷为"声也"，杨倞释嗷为"喧噪"，为"叫呼之声"，义近是。《说文》、《集韵》、《类编》释"嗷"（嚣同）为"众口愁"、"众口言"，此不确切。

李海霞先生认为："本组（计按，指"敖"的同音字）与高、豪、号

---

① 转引自李圃编《古文字诂林》第二册，上海教育出版社 2000 年版，第 124 页。

（大哭）很近。"① 李先生所见已经很接近汉语音本义的原理了。"ao"音强调"高"、"长"的特点，"hao"音强调"大"的特点，二者虽然各有侧重，但仍然可以相通。音调的"高"，即近于俗话说的"声音大"，所以嗷与嗥（嚎）、號（号）等字的意义的确是"很近"（李海霞语）的。《说文·口部》："嗥，咆也。"又："號，呼也。"朱骏声《说文通训定声·小部》第七："號，呼也。从号从虎。按，从虒省，号声。高声而號为叫。……《尔雅·释诂二》：'號，鸣也。'《长笛赋》：'铮鐄嘈嚆。'注：'嚆，大呼也。'"《庄子·庚桑楚》："儿子终日嗥而嗌不嗄（计按：《汉语大字典》音 shà，会同话读 hā，与'下'、'夏'同音，声音沙哑之义）。"陆德明释文："嗥，户羔反。本又作號，音同。"王力《同源字典》："（嗥）字又通號。"② 可知嗥、號、嚆实为一字异体，都有"大声"的特点，确与"嗷"的"高声"之特点相通。《左传·襄公十四年》："赋我南鄙之田，狐狸所居，豺狼所嗥。"狼嗥，后世俗写为"狼嚎"，狼的叫声高而悠长，所以被称为"嗥"（嚎）。可见，"嗥"的"大"之特点，正好与"嗷"的"高"、"长"之特点可以相通对应，李海霞先生认为"与高、豪、号（大哭）很近"的观点，是基本符合汉语音本义原理的。

　　基于上述分析，我们认为，"嗷"（嚣，áo）的初义就是指"较高较长"的呼叫之声。

　　对于"敖"、"嗷"、"傲"几个字，唐汉先生也曾做过有趣的解释。他说："'敖'（𣪊）的构形源自手持棍杖追打一个人。初文增添'人'旁，经由转注写作'傲'，表示'敖'的挺立不动、任由敲打义。初文增添'辶'旁，经由转注写作'邀'（计按，当为遨字之误），表示'敖'的逃窜义。初文增添'口'旁，经由转注写作'嗷'，表示'敖'的嚎叫义。"③ 唐汉先生作为一个自学成材的文字学者，被某些报刊称为"挑战许慎、郭沫若的小人物"（语见唐汉《中国汉字学批判》扉页摘引）。通览唐先生所著《中国汉字学批判》、《汉字密码》两部大著，确也看到一些让人眼前一亮的发明创见。但唐先生对"敖"等相关字的解说，与

---

① 李海霞：《汉语动物命名孝释》，巴蜀书社 2005 年版，第 46 页。
② 王力：《同源字典》，商务印书馆 1982 年版，第 228 页。
③ 唐汉：《中国汉字学批判》，东方出版社 2006 年版，第 249 页。

汉语、汉字发生学的内在规律显然不相符合，他的这一批判是应当被质疑的。

音本义、形本义概括：

嗷，是指人或其他动物"较高较长"的呼叫声。

三 獒

读音分析：

獒，普通话读为"áo"，会同话读为略带前鼻音的"[ŋ] áo"，两者读音基本一致。

图5—10 獒

形体分析：

獒，《说文》小篆写作"獒"，从"敖"、从"犬"。此形体不见于甲骨文、金文，属于后起形声字。字从"犬"作，表示意义与"狗"相关；字读"敖"声，说明它的意义与"较高"、"较长"之特点相关。

通过上面的简单分析可知，獒，当是指一种身材"较高较长"的狗。

主流观点及点评：

许慎《说文·犬部》："獒，犬如人心可使者。从犬，敖声。《春秋传》曰：'公嗾（计按：shù，唆使狗的声音）夫獒。'"段玉裁《说文解字注》将"如人心"改为"知人心"，并引《尔雅》说："犬高四尺曰獒。"《左传·宣公二年》："公嗾夫獒焉。"杜预注："獒，猛犬也。"《史记·晋世家》："（赵）盾既去，灵公伏士未会，先纵啮狗名敖。"裴骃集解引何休曰："犬四尺曰敖。"（见图5—10）

点评：獒是一种身材又高又大的犬，极为凶猛，对主人特别忠心。《尚书·旅獒》："西旅献獒。"孔传："西戎远国贡大狗。"我们推测，今天大家所熟知的"藏獒"，很有可能就和《左传》、《史记》记载的晋灵公所养之獒为一类。

我国古代的度量衡历朝历代都不太统一。就以西汉时期的一尺而言，

折合成今天的长度单位，大概相当于 23 厘米多一点点。"犬高四尺曰
獒。"则獒的身高就在 90 厘米上下，这一高度，就是拿来与高大的狼狗
相比较，也一定是有过之而无不及。由此可见，许慎说獒为"如人心可
使者"、杜预说獒为"猛犬"，训释是比较符合獒的特性的，但未得獒字
"名原"的真义。

《尔雅·释畜》："狗四尺为獒。"吴荣爵、吴畏注译："獒，高大凶猛
的狗。"① 根据以上文献记载可知，獒，身高体长，是得名为"áo"的根
本原因；忠诚凶猛，仅仅是獒内在的特性而已。

音本义、形本义概括：

獒，是指一种身较高、体较长的狗。

四 骜

读音分析：

骜，普通话读"áo"，会同话读为略带前鼻音的"[ŋ] áo"，两者读
音基本相同。

形体分析：

骜，石鼓文写作"𩢲"形，《说文》小篆写作"𩦸"形，字从
"马"、从"敖"，本该隶定
作"𩧌"。"骜"字从
"马"，表示其意义当与
"马"相关；字读"敖"
声，则说明其意义一定与
"较高"、"较长"的特点
相关。

通过上述分析可知，
"骜"应当是指一种身材又
高又长的马。

《尚书·旅獒》曾记
载："西旅献獒。"其实与

图 5—11 蒙古野马

---

① 吴荣爵、吴畏：《尔雅全译》，贵州人民出版社 2000 年版，第 776 页。

"葵"一样，"骜"也是从西域（含今天中亚地区）一带引进而来的。据史学家研究，西汉汉武帝时期多次对匈奴的战争，其中一个很重要的原因，就是为了从西域地区获取身材高大的良种马——骜（亦称骏）。在上古时代的中原、内蒙古地区，生存着一种现在被叫作"普尔热瓦斯基氏"的野马（即蒙古野马，如图5—12所示）。据唐汉先生介绍，"这种野马个头不高，长着一颗大脑袋，鬃和耳朵立着，短腿，有着长长尾毛的尾巴向下垂着。专家们认为，正是这种野马，在新石器时代，被亚洲的土著居民，也就是我们的祖先们驯养成功，成为中国的'六畜之一'。"① 正因为有了这种本地常见的短腿矮马作为参照，所以古人便将来自西域的"高头大马"称为"骜"，称为"骏"。骜、骏善于奔腾，有"日驰千里"的美誉，因此俗语又称之为"千里马"。《庄子·秋水》："骐骥骅骝，一日而驰千里。"《吕氏春秋·察今》："良马期乎千里，不期乎骥骜。"高诱注："骜，千里马名。"《穆天子传》："天子之骏华骝。"郭璞注云："今名马骠赤者为枣骝。骝，马赤也。"李海霞先生则认为："骝，犹浏、𤁡，形容迅疾。骅骝良马，疾跑如飞。"② 上引文献资料可证，奔跑如飞的骜、骏，早就在上古时代便天马行空般来到了中原大地。

图5—12　野马

主流观点及评点：

1. 许慎《说文·马部》："𩥑，骏马。以壬申日死，乘马忌之。从马、敖声。"段玉裁《说文注》："谓骏马之名也。"钮树玉校录："𩥑，《玉篇》作骜。"《广韵·号韵》："骜，马名。"《集韵·号韵》："𩥑，《说文》：'骏马。'通作骜。"《吕氏春秋·察今》："良马期乎千里，不期乎骥骜。"高诱注："骜，千里马名。"《广雅·释诂一》："𩥑，大也。"

---

① 唐汉：《汉字密码》，陕西师范大学出版社2009年版，第46页。
② 李海霞：《汉语动物命名考释》，巴蜀书社2005年版，第99页。

点评：从许氏《说文》对"骜"字的训释，可知"骜"与"骏"的关系密不可分，"骜"即俗话说的"骏马"。《说文·马部》："骏，马之良材者。"马之良材，主要是侧重于马的良好身体素质和健壮而言的。《广雅·释诂一》："骜，大也。"大也，即是说骜是一种高头大马，释义正确。

《尔雅·释诂上》："骏，大也，长也。"邢昺疏："骏者，长大也。"《诗·大雅·文》："浩浩昊天，不骏其德。"毛亨传："骏，长也。"《汉语大字典》"骏，大，高大；长；挺拔；"由此可见，骏马之骏，是从这种马身材粗大颀长的特点来命名的。骜即骏马，可证骜的身材有高大硕长的特点。

2.《集韵·号韵》："骜，骄傲，马怒。通作骜。"《正字通·马部》"骜，马骄不驯也。"《汉书·匈奴传上》："甚骜天道，非约也。"颜师古注："骜与傲同。"王念孙《广雅疏证》："骜与敖通，亦作傲。"

点评：今天所谓的"骄傲"，最妥帖的写法应是"骄骜"或"骄骜"。

《说文·马部》："骄，马高六尺为骄。一曰野马。"《类篇·马部》："骄，马壮貌。"《玉篇·马部》："骄，逸也。"《国语·周语中》："师轻而骄，轻则寡谋，骄则无礼。"韦昭注："骄谓士卒不肃也。"马高六尺为骄，汉代的六尺换算成今天通用的长度单位，即在一米四以下，马高一米四，真可谓是"娇小"的马了。这恰好与中原、内蒙古的原产矮脚马——蒙古野马的身高惊人地相似。可证许慎《说文》"马高六尺为骄。一曰野马"之训释确不可易。汉语音本义原理认为，古汉语中的"jiao"音字，一般都具有"小的"特点，与来自西域的高头大马"骜"、"骏"相比，原产中原、内蒙古草原的矮脚野马正好具有了"jiao"音所要求的特点，所以被我们的祖先命名为"骄"。野马来去自由，不服人的管束，给人以放纵、随意的感觉。于是，人们便运用比喻的方法，将那些放纵随意的人也比喻为"骄"。这就像今天骂蠢笨的人为"猪"、"驴"，骂天黑后仍不回家的人为"夜猫仔"是同一个道理。骄傲的"骄"其实没有"傲"义，主要是强调不服管束、放纵随意的含义的，后世文人因多见"骄骜（傲）"连言之语，遂又为"骄"字衍生出了"傲慢"之义，这是不符合汉语发生学的早期规则的。

"骜"来自西域，身高近两米，健壮迅猛，是最适用于古代战车、骑兵作战的马种。由于这种高头大马性情暴烈、刚勇，很难驯服，我们的祖先便常常通过阉割、杂交等手段，使它们性情尽量变得不像以前那样暴烈。而"骜"的这种暴烈刚勇、难以驯服的个性，正好与生活中的那些不知天高地厚的狂妄之徒有相似之处，于是，人们又运用比喻的手法，用"骜"来形容这一类狂妄的人。所以，"骄骜"的"骜"字，仍然是属于一种比喻义的运用。《正字通·马部》："骜，马骄不驯也。"所释正是骜的比喻之义。

音本义、形本义概括：

骜，是指一种从西域引进的身材较高、体势较长的马。

五 熬

读音分析：

熬，普通话读"āo"、"áo"，会同话读为带前鼻音的"［ŋ］āo"、"［ŋ］áo"。二者的读音也是极为近似。

形体分析：

熬，金文写作"𤏁"（兮熬壶）形，《说文》小篆写作"𤑖"形，字明显从"敖"、从"火"构成，属于形声结构的文字。字从"火"构作，表示它的意义当与火的形状、功能或用途等有关；读为"敖"声，则知此字的意义应当具有"较高"和"较长"这两个特点。

主流观点及点评：

1. 扬雄《方言》卷七："熬，火乾（干）也。凡以火乾五谷之类，自山而东，齐、楚以往，谓之熬。"许慎《说文·火部》："熬，乾煎也。从火，敖声。"《周礼·地官·舍人》："丧纪，共饭米，熬谷。"孙诒让《周礼正义》卷三十一："郑《丧大记》注云：'谓火熬其谷使香，欲使蚍蜉闻其香气，食谷不侵尸也。'"[①]《辞海》（1990年版）："熬，áo，又读āo，煎干或煮烂。"《汉语大字典》："熬，文火慢煮或煎干。"并又在"䴢"字下解释说："熬，久煎。"

点评：上引各家所释与"熬"这种烹饪用火方法的特点都比较切近。西汉扬雄《方言》"熬，火干也"之说法，比许慎"熬，干煎也"的说法更正确，许氏"干煎也"的说法很可能是"煎干也"之讹误。

---

① 孙诒让：《周礼正义》，中华书局1987年版，第1232页。

接下来，让我们分析一下"熬"被称为"áo"的内在原因。

首先，看用火的温度高低。根据对汉语中有关温度词语的考察，我们认为，华夏祖先对温度高低的判断是以人体的温度为标准的，这与我们祖先以和人体有关的长度去衡量高与长的距离如出一辙。如"寸"是两指宽样子的长度，"尺"是拇指与中指尽力张开的长度，"仞"是一个正常的成年人的高度，"步"是两脚张开的长度，"寻"是两手臂横向张开的长度等，都属于"近取诸身"的范例。与此相似，古代中国人将温度大体分为了五个层次。高温是"洏（ér）"、"烫"、"热"、"烈"，前两者侧重用于表述水的温度，后两者则侧重用于表述火与日的温度，这类温度是一种让人体不能适应且难以承受的；较高温是"渜"（nuǎn，水温）、"煗"（nuǎn，火温）、"晅"（简体写作暖，日光温和）以及"温"（源于温泉的温度，古文写作昷）、煴（wěn，火温），这一温度是人体基本能适应和接受的；中间层次的温度是"洝"（会同话读 [ŋ] án，水温）、"晏"（会同话读 [ŋ] àn，日温、火温），这一温度基本上与人体温度相接近，是让人体是舒适的温度，会同话有"洝洝合适"的俗语，意思就是"刚好合适"、"恰好合适"的意思，这一俗语侧面印证了"洝"字的内在含义；较低温是"冷"、"凊"（会同话读 qìng，会同常用俗语词），这一温度低于人体温度，但人体基本还能适应和接受；最低温是"寒"、"冻"，这一温度的水可以使手冻麻木，并变得有些僵硬，是人体不能适应和接受的。《汉语大字典》说"熬"是用文火煮或煎，非常正确。"文火"是与"烈火"相对而言的，也可写成"温火"，恰好即属于古人"较高温度"范围之内。

其次，看用火的时间长短。

王宁先生曾对汉字与烹饪饮食文化的关系进行过深入的探讨。她说："火干就是用火来去掉粮食的水分，同时把它弄熟。""煎在周秦时代，是用水煮粮食然后收汤使它成干饭。段玉裁说：'凡有汁而干谓之煎。''熬'与'煎'同义，只是方言差异。'熬'也可写作'䴯'，可见是熟粮食的。"[①] 虽然王宁先生没有明讲熬在用火时间上的要求、特点，但从其字里行间，我们能看出"煎"、"熬"的用火时间应该是较长的。《汉语

---

① 王宁：《汉字与烹食文化》，收录于何九盈等主编《中国汉字文化大观》，北京大学出版社 1995 年版，第 288 页。

大字典》："熬，文火慢煮或煎干。""熬，久煎。"（此释见"鏖"字之下）"慢"，所用时间必然较长；"久"，也是长时间的意思，可证"熬"这种烹饪方式用时的确是较长的。

"熬"得名为"áo"（āo），正是因为这一烹饪方式具有"较高温"和"较长时间"的特点。在众多的烹饪方式中，熬是一种费时久，且极其耗费人的精力的烹饪方式。

2.《辞海》（1990年版）："熬，忍受，勉力支持。"《汉语大字典》："熬，忍耐，勉力支持。"

点评：两家所释不妥，与"熬"的本义不能很好切合，如此训释，不利于汉语汉字的推广传播，不可取。如"熬夜"，即有"用精力将时间一点一点熬尽"之意。前面讲过，因为"熬"所需要的时间与特殊的火候，所以，古人便常用"熬"来打比方，去形容与此有相似性的方式和行为。从语言文字学的角度，这仍然属于比喻的运用。

音本义、形本义概括：

熬，是一种花费较长时间，并用较高温度的火去烹饪食物的方式。

六 鏖（爁）、鐕

读音分析：

鏖，普通话读"áo"，会同话读略带前鼻音的"[ŋ] áo"。爁，普通话读"āo"，会同话读略带前鼻音的"[ŋ] ào"。如"把薯（或柿子）爁熟"，会同话读为"ào"，属于常用语。

形体分析：

鏖，《说文》写作"鐕"，此形体不见于甲骨文、金文，属于后起的形声字。字所从之"麀"，实际是"爁"的省写。鐕字从"金"，说明此字的意义与金属有关；从"爁"的省写，说明其意义与"爁"密切相关。

爁，会同话读"[ŋ] ào"，是指一种将食物埋于火炕灰中、仓库谷堆中，并通过长时间的温热作用使食物变熟的方式。这一方式来源相当古老，应该起源于原始社会的采集时代。那时，当古人碰到还未熟好的猕猴桃、柿子等果实，一般都会把它们采摘回家，并通过"爁"的方式使它们变熟。这种古老的方式，至今仍在会同乡村农户人家有所保留。爁字右边所从的"麀"，读为"yōu"，是指体型比雄鹿小很多的母鹿。母鹿不仅体形较小，性情也比雄鹿温驯很多，因此，可以推知"爁"字属于象事结构的文字，其形体意义就包含"像母鹿那样特性温驯的小火"的含义。《广雅·释诂四》："爅，温（wěn）也。"王念孙疏证："《齐民要术·作鳢鱼脯法》云：'草裹泥封，塘灰中爅之。'"《广韵·豪韵》："爅，埋物灰中令熟。"《汉语大字典》："爅，把食物埋在灰火中煨熟。"各家所释都是实际的操作方法，未得汉语音本义原理之奥妙。

鏖得名于"爅"与"熬"。《广雅·释器》："鏖，釜也。"王念孙疏证："爊谓之爅，故温器也谓之鏖矣。"用器物爅熟食物，此又正与前面介绍的"熬"是同一码子事，所以在古代的文献里，"熬"也可以写作"爅"（计按："鏖"也可以写成"鏖"）。因为两者都是用"温火"（较高温度）、都得花费"较长时间"使食物慢慢变熟，这在没有文字以前的上古时代，我们的祖先却统一用一个"ao"音来表述（当然可能在声调上有所区别）。

通过以上分析可知，鏖是鏖的后起省变字体，现在仅仅用于"鏖战"一词。

主流观点及点评：

1. 许慎《说文·金部》："鏖，温器也。一曰金器。从金，麀声。"《广雅·释器》："鏖，釜也。"《龙龛手鉴·金部》："鏖，温器也，亦铜盆也。"《广韵·豪韵》："鏖同鏖"。

点评：此处"温"当读为"wěn"，属动词，即"爅"字。"温器"，即是用来爅煮食物的器皿。今天会同话仍有"爅猪脚"、"爅烂起"之语。章炳麟氏《新方言·释器》："今直隶（计按，河北一带）谓温肉为鏖肉，淮南谓煮菜为鏖菜。"句中之"温"也即"爅"（wěn）字。

许氏释鏖为"温器也"，正确，但分析形体则误。鏖，不是"麀"声，而应是"爅省声"。许氏不解汉语音本义原理，又不去领会古汉语语词发生学中因果关系的规则，故有此误。清代训诂大师王念孙《广雅疏证》："爊谓之爅，故温器也谓之鏖矣。"解释十分正确。

2.《汉书·霍去病传》："合短兵，鏖皋兰下。"唐人颜师古注："鏖，谓苦击而多杀也。""鏖，今俗谓打击之甚者曰鏖。"《字汇·金部》："鏖，尽死杀人曰鏖，俗曰鏖战。"叶德辉《说文读若考》："鏖为鏖兵之鏖本字。"《汉语大字典》："鏖；苦战；激战。后作鏖。"

点评：首先明确一点，今天所谓的"鏖战"，仍然属于"鏖"的比喻用法。辞书所说的"苦战"、"尽死杀人"，是从其比喻义中引申出来的意义。

严格说来，汉代人所讲的"鏖"（䥝），其实就是专用于"熬"这一烹饪方式的器皿。所以，《广雅·释器》才有"鏖，釜也"这一说法。在古代，釜是一种大口容量多的烹煮食器，有些类似于今天学校食堂里的大饭锅，最适于古代军队、府院、大家族使用。成语"破釜沉舟"中的釜，即是古代军队用的大饭锅。使用鏖器时，一般先要将适量水与食物和在一起，然后盖上盖子，用温火慢慢将水分熬干。这种烹饪的方式，与两军交战时长时间混战在一起，并有其中一方被杀尽的情况十分相像，所以人们便将这种情况的战斗称为"鏖战"。称为"鏖战"，必须符合两个情况，一是双方长时间混杂在一起战斗（如水和食物一起熬一样）；二是其中一方的兵力消耗殆尽（像水被熬干一样）。由此可知，《汉语大字典》将鏖战释为"苦战"、"激战"，这是不太确切的。

音本义、形本义概括：

熝，是一种用较长时间通过较高温度的作用使果实类食物变熟的方式。

鏖，是一种专用于以较高温度的火（文火）去慢慢（较长时间）烹饪食物的器皿。

七　奥

读音分析：

奥，普通话读"ào"，会同话读为略带前鼻音的"［ŋ］ào"。

形体分析：

奥，《说文·宀部》小篆写作"𡩋"，字从"宀"（宀，mián，俗称宝盖头）、从"釆"、从"𠬞"（计按：双手拱举状，在构字中有表尊敬的功能）；《汉印文字徵》写作"𡩋"形，"釆"讹变为"米"，像双手状的"𠬞"讹变为了"廾"；《范式碑》写作"奥"形，宝盖头"宀"缩小居于字体的上部去了；今天的楷体写作"奥"形，下部之"廾"讹变为"大"字之形状。与此类似的，还有"奂"、"樊"等字，这些字下部所从的"大"，都是由双手拱举状的"𠬞"讹变而来的。

接下来，让我们先弄清楚"釆"字的意义。

釆（bàn），甲骨文写作"釆"、"釆"、"米"、"釆"等形；金文写作“[illegible]”（盉作父乙卣）、“[illegible]”（釆卣）等形；后隶定作“釆”。与“米”字甲骨文“[illegible]”之形，以及“釆”字甲骨文作“[illegible]”之形有明显区别。那么，“[illegible]”这一形体到底要向人们传达怎样的含义呢？

许慎《说文·釆部》：“釆，辨别也，象兽指爪分别也。凡釆之属皆从釆，读若辨。”但《说文·𠬞部》𢍎字下又说：“𢍎，抟饭也。从𠬞，釆声。釆，古文辦字。”[①] 徐锴《说文系传》：“釆，象五指，其下八分之也。”段玉裁《说文解字注》：“仓颉见鸟兽蹄迒（计按：háng，兽迹）之迹，知文理之可相别异也，遂造书契。字取兽指爪分别之形。”徐灏《说文段注笺》：“釆象兽指爪，中四点，其体，[illegible]，其分理也。直画微屈，以别以米粟字耳。”王筠《说文释例》：“釆、番盖一字也。釆下云‘象兽指爪分别也’；番下云‘兽足谓之番’，足以明之。宷（计按，即审之本字）之重文作審，亦可证。釆字当以兽爪为正义，辨别为引申义，以其象形知之。”林义光《文源》卷一：“番实与釆一字。”杨树达说：“釆番一字，一有掌，一无掌耳。许分为二字，非也。釆[illegible]番[illegible]，皆象形。”[②] 戴家祥《金文大字典》：“按番字从釆，像兽足分别之形，从田为兽足所践处也。”[③] 徐复、宋文民也认为：“王筠谓釆、番同字之说，甚是……《说文》番之古文作蹯，《尔雅·释兽》：‘貍、狐、貒、貈丑，其足蹯。’陆德明释文：‘蹯，古文作[illegible]。’是[illegible]（计按：即釆字）、番、蹯古本一字之说可信。”[④] 刘钊也指出：“釆番本一字，番从田乃后起孳乳。学者多谓釆为番之省，实乃本末倒置。”[⑤] 前引诸家之说可证，“釆”像张开足掌之形。

许慎《说文·𠬞部》𢍎字下说：“釆，古文辦（今简体作“办”，会同话读为‘bân’）。”则知“釆”实际应当读为“bán”。古文献中所讲的脚番，就是会同话所讲的“脚板”。章炳麟《新方言·释形体》：“《说文》兽足谓之番，从釆，田象其掌，称以言人，今谓脚掌曰脚番，读如板。”我们认为，从汉语音形义结合的规律来看，“釆”、“番”二字虽然

---

① 见徐铉按定本。
② 杨树达：《文字形义学》，上海古籍出版社 2007 年版，第 112 页。
③ 戴家祥：《金文大字典》（中），学林出版社，第 3387 页。
④ 徐复、宋文氏：《说文五百四十部首正解》，江苏古籍出版社 2003 年版，第 15 页。
⑤ 刘钊：《甲骨文字考释》，《古文字研究》第十九辑，中华书局 1992 年版。

关系密切，但并不是古今字的关系，也就是说："釆"与"番"并不是同一个字。"釆"像牛羊等张开后的足掌（含人的手掌，俗语即有"打手板"之说）之形状，读"bán"；而"番"为象事结构的文字，像印在地面上的足迹之形状。

汉语音本义原理认为，"ban"音的音本义，主要包含了"平等分开"的特点。如"半"，小篆写作"半"，即是将牛的所有权平等地分为两半之意；如"班"，本义是将"玉"平分为两半，一半自己留存，另一半送给别人作为信物；又如"颁"，"頁"强调了人的头部，读"bān"音时为象事字，意思是将人的头部从中间平等划分为两个区域；又如"斑"，意思是黑白两种颜色将毛发平半分开了；又如"辨"，古读 bán 或 bàn，段玉裁《说文解字注》："辨，辨从刀，俗作辨。……古辨别，干辨（办）无二义，亦无二形二音也。""辛"在构字中有表示罪罚责任的功能，可以推知"辨"的本义，实际是指刑事判决时，主事者将罪责平分给两个犯同等罪的人。《荀子·富国》："为之出死断亡而愉者，无它故焉，忠信调和均辨之至也。"王念孙《读书杂志》："辨读为平，平、辨古字通。……忠与信、调与和、均与辨皆同义。"王氏以"辨"为"平"字之假借，大可不必如此推理。其实"辨"（古读"bán"或"bàn"），本就具有公平、平等之含义，王氏不识"辨"字的音本义奥秘，强行将"辨"读为"平"，虽释义正确，然而这一做法极不妥当，对文字训诂之学有百害而无一益。通过以上分析可知，"釆"字的确当读为"bán"。许慎《说文·釆部》："釆，辨别也。"其实应是"釆，辨（bàn 或 bán）也，别也"之讹误。"釆"，即是足掌或手掌平平摊开的形状，后世所谓的"脚板"、"手板"，实际就应该写作"脚釆"、"手釆"。《说文解字》解释为"捊饭也"之"奍"（juàn）字，就包含有时而将双手手掌平直伸开相对捊转，时而弯曲作拱状挤压之意。

弄清楚了"奥"字所从"米"（釆字之讹变形体）、"廾"的含义，现在再回过头来分析"奥"的含义与得名"ào"的原因。

奥字从"宀"，可知此字的含义与房屋有关，字所从之"奍"，在此表示将双手手掌伸开揖拜和双手抱拳打拱之意，即俗话讲的打拱作揖。宋代陆游《老学庵笔记》说："古所谓揖，但举手而已。"双手向上举起，正是"奍"这一形体的含义。"宀"与"奍"组合在一起，属象事结构的文字，表示"房屋内用于打拱作揖的处所"之意。《仪礼·士丧礼》：

"乃奠烛，升自阼阶，祝执巾席从，设于奥，东面。"郑玄注："室之西南隅谓之奥。"《字汇·廾部》："古者东南隅开门，东北隅为穴，入西北隅为堂，西南隅为奥。"邹晓丽先生指出："古时西南隅为祭时放神主或尊长居坐处，故深秘不易窥见。"[1] 奥室为神主和尊长居坐之处，正是时常需要向神主揖拜，对老人打拱的地方。《论语·八佾（yì）》："王孙贾问曰：'与其媚于奥，宁媚于灶，何谓也？'子曰：'不然，获罪于天，无所祷也。'""媚于奥"，即是讨好供奉在奥室的神主；"媚于灶"，即是讨好灶神（计按：现在俗称灶王爷或灶王菩萨）。《韩非子·说林下》："卫将军文子见曾子，曾子不起而延于坐席，正身于奥。"王先慎集解："谓藏室之尊处也。"《辽史·国语解·帝纪》记载："凡纳后，即族中选尊者一人当奥而坐，以主其礼，谓之奥姑。送后者拜而致敬，故云拜奥礼。"由此可知，奥室为神主和尊长者所居的习俗，的确是有着非常悠久的历史了。

　　那么，奥室为何被命名为"ào"呢？这还得从古人房屋的一般结构和特点讲起。

　　古代民居一般分为四个部分（如图 5—13 所示），分别为窔（yào）、宧（yí）、堂、奥（也叫室）。窔为一栋房屋的入口处，位于东南隅，因为能从门缝透进少许耀眼的光线，所以被称作"yào"；从窔向里走就是

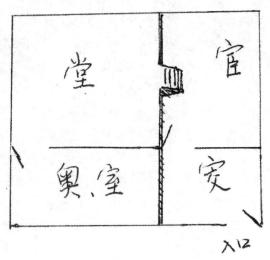

图 5—13　推测的右民居平面图

"宧"，宧位于房屋的东北隅，即是现在所谓的"厨房"，食物是滋养生命的，因而制作食物的"宧"引申出"养"义，此处为全家人统一共处之所，所以被称为"yí"（yi 的音本义为同一、统一）；从宧登上几级阼阶，就进入到了"堂"，堂屋是主人待客歇息、就寝之处，因为地基比宧要

──────────

① 邹晓丽：《基本汉字形义释源》（修订本），中华书局 2007 年版，第 129 页。

高，所以，有"殿堂"、"高堂"一说，又因这个房间顶上开有天窗，光线特别充足，房内特别光亮，所以又有"亮堂堂"、"明堂"之说；从堂穿过一小门，就进入到了"奥"（或称"室"），此处为供奉神主进行祭祀之所在，人的行为举止必须讲规则（shi 的音本义），所以可以叫"室"，成语"登堂入室"① 就与此有关。"室"因为地势与堂一样，比交、宦要高一些，又加上从入口处算起，进入"室"的行径距离也较长，所以才被称为"奥"（ào，既长又高），成语"得窥堂奥"、"经堂入奥"② 就与此密切相关。《仪礼·士丧礼》："乃奠烛，升自阼阶，祝执巾席从，设于奥。"文献记载可证，古人持烛执巾席往奥室，要经历一个"升自阼阶"的过程，可见奥与堂的地基比宦的地基要高。

主流观点及点评：

1. 许慎《说文·宀部》："奥，宛也，室之西南隅。"段玉裁《说文解字注》："宛，奥双声。宛者，委曲也。室之西南隅，宛然深藏，室之尊处也。"《尔雅·释宫》："东西墙谓之序，西南隅谓之奥。"吴荣爵、吴畏注译："奥，室内西南角落，古代祭祀神主或尊长居坐之处。"③

点评：玄应《一切经音义》六引："奥，究也。"慧琳《一切经音义》七以及三十一引："奥，究也。室之西南隅。"《诗·小雅·常棣》："宜尔室家，乐尔妻帑。是究是图，亶其然乎。"毛传："究，深也。"徐锴《说文解字系传》："宛系究之笔误。"奥室位于民居中的最内头，与入口处距离深远，所以，奥室在古代也有"深屋"之称。《说文》、《尔雅》等家，释"奥"为居室的西南隅，确不可易。但是，诸家未能讲清奥得名为"ào"的最根本原因，是其不足。

2. 刘熙《释名·释宫室》；"室中西南隅曰奥，不见户明，所在秘奥也。"顾野王《玉篇·宀部》："奥，谓室中隐奥之处。"《文选·张协〈七命〉》："绝景乎大荒之遐阻，吞响乎幽山之穷奥。"李善注："奥，隐处也。"《国语·周语中》："民无悬耜，野无奥草。"韦昭注："奥，深也。"《汉语大字典》："奥，泛指室内深处；幽深的地方；深；奥妙，精深。"

---

① 出自《论语》。
② 出自《楚辞·招魂》。
③ 吴荣爵、吴畏：《尔雅全译》，贵族人民出版社 2000 年版，第 390 页。

点评："隐奥"、"深奥"、"奥秘"等以"奥"组构的词，其实也都是"奥"的比喻义。意思是"像奥室那样弯曲隐秘"、"像奥室那样深长"。前面已经分析过，奥室距离房屋入口处距离较长，处在民居的最内头，因为是专门供奉神主的地方，所以基本是不对外人开放的。室内部布置的情形，一般来说，外人无从知道。《论语·先进篇》："由（仲由）也升堂矣，未入于室也。"这就是成语"登堂入室"的由来。室字从"宀"从"至"，"至"字甲骨文写作"𝌆"，属象事结构的文字，"𝌆"是一支箭矢之形，"一"表示停止之处，形体包含的意思即是"尽头"、"终点"、"终极"。我们现在所讲的"至高无上"、"制高点"，仍然用的是至字最初的意义。由此可知，"室"也是象事结构的文字，表示处于最尽头最终点的房间，这正好也即是"奥"所处的位置。孔子运用堂室来打比方，说仲由的学识，好像已经登上阼阶进入了堂（古人待客、寝息的地方），但仍未能进入"奥室"（神主所在之处，房子的最深处）。孔子话里的意思实际就是，仲由的学识仅仅才达到了一个较高的层次，还未能进入最高最精深的境界。

刘熙《释名》用牵强附会的"传统声训法"解释"奥"得名的缘由，以为是"不见户明，所在秘奥"的原因所致，大误。这不仅是一种本末倒置的推理，而且可以称得上痴人说梦了。

奥与审（初文写作宷，即奥字上部所从）、窨（shēn）、深关系十分密切，很可能为一字所分化。审读为"shěn"，小篆写作"𡧚"，字面意思是对神主进行揖拜的房间。汉语音本义原理认为，"shen"有"长的"和"隐藏"两个特点，奥室正好又有这两个特点，所以古人也把此处称为"深屋"、"深室"、"深奥"，这个"深"字，实际就是"宷"（审）。"窨"字小篆写作"𡫳"，其下部所从之"𤓽"，实际是"米"的讹变。深字金文写作"𡪁"（中山王壶）形，《睡虎地秦简》四七·三八简写作"𡫮"形，很明显是从"水"（𣲙、氵）、从"𡩊"作，"𡩊"正当隶定作"窯"字。从古人造字的目的看，"宷"（审）指房屋之纵深处，"窨"（计按：实际当作窯）指洞穴纵深处，"深"指水的垂直深处。现在常用的"审视"、"审查"、"审察"，其真实含义当为"长时间静心地观看"、"长时间静心核查"、"长时间静心察看"；俗话中的"审一审"，是"审查"、"审核"的省略讲法。

音本义、形本义概括：

奥，是指古代民居中地基较高、进入路程较长的那一间房。

为了从正反两方面给读者加深对"奥"的印象，这里便破例地在"音本义、形本义概括"一节再多说几句。李程先生写了一本有"当代新说文解字"之称的书，书名叫《汉字字源与字根》，李程先生在书中说："奥，ào。篆文'奥'字由'宀'、'釆'和双手形构成。'釆'字表示野兽踪迹，整个字的意思是双手拿着在房子里发现的有野兽踪迹的东西让人们看。室内是不应有野兽踪迹的，在室内发现野兽踪迹让人难以解释，由此产生不容易理解的含义。引申表示含义深。"① 看了李程先生这一令人发笑的解释，我们不禁想问一句："老鼠属不属于走兽类动物呢？"如此分析汉字形义的结合关系，怪不得有人嚷嚷要"废除汉字"了。我们通过对甲骨文、金文的研究发现，可以说绝大多数的原创汉字，它们的形义组合几乎称得上是天衣无缝的，它们的组合的规律、原理，既要结合大众熟知的原则，也要尽量符合唯一性的原则。汉字构造的逻辑性、科学性，是不容玷污的。

八　坳，凹

读音分析：

坳，普通话读"ào"，会同话读作略带前鼻音的"[η] ào"；凹，普通话读"āo"与"wā"，会同话则只有"[η] ào"一音读，并基本上当作"坳"字使用。

形体分析：

坳，原本《说文》未见此字，一直到宋代徐铉整理《说文解字》一书时，才将释作"地不平也"之义的"坳"字收录在《说文新附》当中。

方平权先生认为，"要之，'坳'的多种看似对立的解释与它的文字源流有关：'坳'源出于'凹'，'凹'即地之低陷处。它可指平地，也可指山间。作为山间的地形'凹'，即指一个马鞍形山坡的鞍点。""虽然'凹'在文献中出现得较迟（据钱大昕《说文新补新附考证》引释玄应《众经音义》云，'凹凸字出葛洪字苑'），但可以料想，'凹'当是一个

---

① 李程：《汉语字源与字根》，东方出版中心 2008 年版，第 448 页。

'古象形字'（语出《康熙字典》）。'凹'是一种形状，它多指一种地形，这种地形特点是两边高，中间低。"① 方平权先生以"坳"起源于"凹"字的推理，应该是符合文字发生学的规律的，此说可从。如此说来，凹字之最早形体大概近似于"ΔΔ"形，正像马鞍形山坡之状。根据"坳"（凹）字在会同方言里的实际应用情况，我们的这一推理也是有着确切依据的。如《会同县地名录》就有大量关于"坳"的记载，在此仅举几例："岩坳，村前有一岩山坳得名。""大坳上，因村居又高又大的山坳之上得名。""庙坳，因该村位于坳上的一座古庙旁得名。""苦力坳，村处山坳，要费很大气力才能登上得名。"② 坳字的含义，在会同话中确是指较高的马鞍形鞍点处。因为这种马鞍形的山凹，又很像"丫（桠）杈"之状，所以会同话也常常将此处称呼为"坳丫（垭）"。丫（垭），即是两山贴近迫压而形成的"丫"（会同话读 ǎ）状形山貌。"坳"这一形体最早出现在《庄子》一书，但读为"yǒu"，意思大概是"用油漆涂地。"《庄子·逍遥游》："覆杯水于坳堂之上，则芥为之舟。"清代郑珍《说文新附考·坳》说："《庄子》'覆杯水于坳堂上'，始见此字。《释文》引司马云：'坳，涂地令平。'知司马彪以为《尔雅》'地谓之黝'黝字。""盖黝，本黑色，以黑涂地亦曰黝。而字俗作坳，故黑色即亦用坳。《宋书》刘胡本名坳胡，以其面黑似胡，故以为名，是也。"郑氏所论极是。基于这一原因，我们认为现在常

图 5—14　山坳

用的山坳之"坳"字应予以废除，仍写为古象形字"凹"，这样更有利于汉字的推广、发展。

　　主流观点及点评：

---

　　① 方平权：《汉语词义探索》，岳麓书社 2006 年版，第 231、235 页。
　　② 《会同县地名录》，会同县人民政府编，1983 年 7 月，第 23、42、43、86 页。

1. 徐铉《说文新附·土部》："坳，地不平也。"《集韵·爻韵》："坳，地宎（wā，今多写为洼）下也。"《广韵·肴韵》："坳，地不平也。"《辞海》（1990 年版）："坳，ào，又读 āo，洼下的地方。"《汉语大字典》："坳，ào 又读 āo，低凹的地方。"王力等编《古汉语常用字字典》："坳，ào，低凹的地方。"

点评：从汉字构形学的规则看，上引诸家所释之"坳"字，都当写作"宎"或"洼"，读"wā"。"坳"字被释为"地不平"、"低凹（wā）的地方"，其实是一个巨大的误会。《庄子·逍遥游》"覆杯水于坳堂之上"一句中的"坳堂"，也可写作"黝堂"，坳字读为"yǒu"，本意是用黑漆将堂上的地面涂抹光亮平整。堂为古代民居中待客、主人寝息之所在，有的人家以筵席铺在地上（如今天的地毯、木地板之类）、有的人家则以油漆将地面涂抹平整（与今天的水泥地面类似），因"明堂"事关面子问题，所以每家每户对"堂"的地面都呵护备至，怎么会出现凹陷下去的情况呢？清人郑珍《说文新附考》说得好："至支遁以'堂有坳埴形'解《庄子》，乃转为地不平。"支遁又叫支道林，为东晋时著名僧人、佛教学者，与王羲之交游甚好。后为《庄子·逍遥游》作注解，虽然多有见解独到之处，但将"坳"错误地释为"地不平"之义，却给后世正确认识"凹"与"坳"字的关系带来了极大的麻烦。为了更有利于汉语汉字的推广发展，我们其实可以做一做正本清源的工作，并通过行政的手段，规范坳、凹、洼各字的读音和用法，从而避免由于少数人导致的对汉字的不规范读法和解释造成更大的麻烦。

2.《现代汉语方言大词典》第三卷："坳，连绵的山岭中间较低处，多为通道经过的地方。""坳，两山相连凹下去的地方。""位于两山相连凹陷处的'坳'，地势总要比山脚高出许多。山区和丘陵地区的道路总要经过许多这样的坳，从山脚到坳上叫'上坳'，反之则叫'下坳'，'坳'引申出'高坡'的意思是合乎情理的。"①

点评：此"坳"字实际应当写作"凹"。作为山坳讲的"坳"字，在古文献中大多又写为"圸"。如清代顾祖禹《读史方舆纪要·江西五·袁州府》就有这样的记载："龙门山在（万载）县北九十里，群峰环耸，盘踞如龙，中有圸路，状如龙门。"句中的"圸"字，即大家所熟悉的山

---

① 李荣主编：《现代汉语方言大词典》第三卷，江苏教育出版社 2002 年版，第 2091 页。

坳之"坳"。从以上摘录的关于"坳"字的解释来看，《现代汉语方言大词典》对此字的训释十分正确，只可惜未能结合汉语音本义原理使训释显得更通畅明白。

前面已经分析过，"ao"的音本义有"较高"、"较长"两个特点。"凹"（坳）得名为"ào"，与"ao"的音本义要求十分切合。古人将山顶称为"巅"，此字读"diān"，含有"最高"的特点。如要翻越一座山，想从山脚经过山巅再下到山的背面，人们便会经过最高点、走最长的线路才能实现；但如果从山的鞍部（即山坳处）通过，人们便只是经过了较高点，走较长的线路就能实现。"坳"（ào）对于山脚而言，是较高处（巅为最高处），对于翻越的路线而言，是较长线路经过之处，因此，这一地方得名为"ào"。

3.《汉语大字典》：　"坳，山曲岸限的地方。凡转角处也名为'坳'。"

点评：山坳恰好是上山转向下山的转折之点，因而"坳"可以引申出山曲岸限、转角处的含义，但归根结底，这些意义仍然属于"凹"（坳）字的比喻用法。

音本义、形本义概括：

凹（坳，ào），是指翻越山岭时需要经过的路线较长、地势较高的鞍部位置。

九　澳（隩）

读音分析：

澳，《辞海》、《汉语大字典》读为"ào"和"yù"，会同话只读为略带前鼻音的"［η］ào"。

《辞海》（1990 年版）："奥，（二）yù，通'澳'、'隩'。水边深曲的地方。《诗·淇奥》：'瞻彼淇奥'"从这一注释可知，奥、澳、隩三字读为"yù"音时，义为"水边深曲的地方。"而《辞海》澳字下又说："澳，（二）yù，同'隩'。水边弯曲的地面。《礼记·大学》'瞻彼淇澳'。《诗·卫风·淇奥》作'奥'。"但在隩字却又说："隩，yù，又读ào。水涯深曲处。"转完一圈，《辞海》又将释作"水涯深曲处"之义的"隩"、"澳"、"奥"三字又读"ào"了，实在有些玩魔术的味道。

经通盘考虑，我们认为，奥、澳、隩三字只当读为"ào"，澳、隩为后起形声字。

形体分析：

澳，《说文·水部》小篆写作"澳"，字从"水"、"从"奥"，属后起形声字，其形体所要表现的意思是："水边像奥室那样弯曲深长隐秘的地方。"隩字从"阜"、从"奥"故作，也为后起形声字，其形体包含的意思是："岸边像奥室那样深长隐秘的地方。"二者其实所指相同，都是指江河、湖海边向内凹陷可以停泊舟船的地方。只不过是澳字侧重于强调水边，而隩字则侧重于强调岸边而已。

从汉字音形义结合的原理看，"澳"、"隩"从"奥"得音，以"奥室深长隐秘的特点"得义，事实上，这只是一种比喻手法的运用而已，字只当读为"ào"。

主流观点及点评：

1. 许慎《说文·水部》："澳，隈（wēi），厓也。其内曰澳，其外曰隈。从水，奥声。"《礼记·大学》："《诗》云：瞻彼淇澳，绿竹猗猗。"郑玄注："澳，隈崖也。"《申鉴·时事》："若乱之坠于澳也，则可信者解矣。"黄省曾注："澳，厓内近水之处。"《汉语大字典》："澳，ào，江海边凹进可以停船处。"

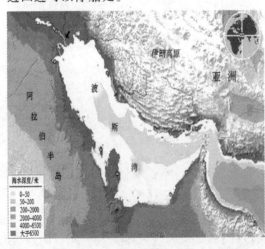

图 5—15　波斯湾

点评：澳（隩）只当读作"ào"，它是为了适应"奥"的比喻用法而创造的新的形声字，意思是指水边像奥室那样弯曲深长隐秘的地方。这里所讲的"深长"，是纵向深度、纵向长度的含义。由此可见，诸家对"澳"字的训释是比较正确的。

古人所谓的"澳"（隩），实际就是指今天大家所讲的海湾、河湾。海（河）岸线出现向陆地凹陷现象，就会形成"湾"，也即古人所讲的"澳"。"湾"侧重于海（河）岸线的弯曲，"澳"侧重于水湾的深长隐秘（奥室的特点），二者所指实为一个事物。闻名于世的"波斯湾"（见 5—15 所示），其实就是阿拉伯海的海岸线向大陆内部凹陷弯曲形成的，如果套用中国古人的说法，又可称其为"波斯澳"。

大家熟知的"澳门"，就是源于"澳"字的形本义。澳门古称濠镜澳、香山澳，是海岸线向大陆内部凹陷形成的天然海湾（如图 5—16 所示）。它主要包括澳门半岛、凼仔岛和路环岛三大部分，海湾内风平浪静，很适合船舶的停泊。

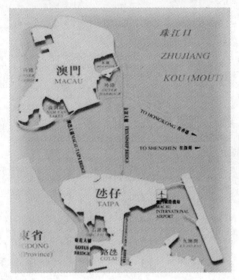

图 5—16　澳门

2.《广韵·号韵》："澳，澳深。"《集韵·号韵》："澳，深也。"

点评：两字所释"澳，深也"义近是。此处的"深"字，是指水向内延伸到海（或河）湾的深度而言的。这其实还是"奥"字的比喻引申之义。

深长隐秘是古民居奥室的显著特点，从《诗·卫风·淇奥》以"奥"为"澳"的用例来看，澳、隩的确是为了适应"奥"的这一比喻义而创造的后起形声字。

李程《汉字字源与字根》："澳，ào 由'水'与'奥'构成，'奥'字表示室内有野兽踪迹，整个字意思是水边有野兽踪迹的地方。这样的地方就不是海滩，不是河滩，而是水边有山环抱的地方，由此产生港湾的含义。"① 李程先生的臆想完全不符合汉字形义结合的一般规律，对"奥"字的认识也十分不正确，故而产生出这样不合常理的推论。大家试想，棕熊、野狗类肉食动物，是不是经常会到海边滩涂寻找被海浪推上岸的水生物尸体呢？答案无疑是肯定的。由此可见，不依据汉语音本义原理、汉字形本义原理去探析汉字的形和义，是会制造出黑色幽默来的。

音本义、形本义概括：

澳（隩），是指水边向内陆凹陷形成的像古代奥室那样深远隐秘的海

---

① 李程：《汉字字源与字根》，东方出版中心 2008 年版，第 448 页。

（或河）湾。

十　袄

读音分析：

图 5—17　袄

袄，普通话读"ǎo"，会同话读作略带前鼻音的"［ŋ］ǎo"。二者读音也相近。

形体分析：

袄，繁体为"襖"，宋代徐铉《说文新附》收录有此字，属后起的形声字。

袄字从"衤"（衣字旁）、从"奥"构作，字从"衤"，可知此字的含义与服饰相关；字从"奥"得声，则知此种服饰应该具有"较长"、"较厚（高）"的特点。"奥室"深长隐秘，室内温和，适于尊长者居住，所以，也可推知这种服饰有保温御寒的功能。

主流观点及点评：

1. 徐铉《说文新附·衣部》："襖，裘属。从衣，奥声。"《玉篇·衣部》"襖，袍襖也。"《集韵·晧韵》："襖，袍也。"《资治通鉴·齐东昏侯永元元年》："见车上妇人犹戴帽，著小襖。"胡三省注："襖，袷（会同话读 gā）衣也。"《辞海》（1990 年版）："袄，ǎo。有衬里的上衣。"《汉语大字典》："袄，ǎo。①皮衫之类的御寒衣服；②有衬里的上衣。按：今称衣长者为袍，短者为袄。"《正字通·衣部》："襖，俗作袄。"

点评：各家所释近是，但仍未十分确切。"裘"是用兽皮制作的较厚实的衣服（如图 5—17）；"袄"，是一种比袍短，比一般上衣长的服饰，即如《汉语大字典》所说"今称衣长者为袍，短者为袄"；"袷衣"，是一种中间夹有絮状物的双层衣，也有些类似《辞海》、《汉语大字典》中"有衬里的上衣"（双层衣），又厚又长的衣服适用于保温御寒，故又有《汉语大字典》"御寒衣服"之称。

袄之所以被命名为"ǎo"，根本原因就是由"袄"这种衣服的形制特点所决定的。

首先，看袄的长度。许慎《说文·衣部》："袍，襺也。"《诗·秦风·无衣》："岂曰无衣，与子同袍。"毛传："袍，襺也。"襺是指一种像蚕茧一样包裹身体的衣服，这从侧面可证袍是一种形制很长的衣。刘熙《释名·释衣服》："袍，丈夫著（计按，穿着之义），下至跗（计按，脚后跟）者也。袍者，苞也，苞内衣也。"袍长至脚后跟，的确可称其为"长袍"了。《汉语大字典》："袍，有夹层，中著棉絮的长衣。"并在"褭"（计按，实际袍之异体字）下又说："旧时男子穿的一种外衣，下长及脚背。《字汇补·衣部》：'褭，长襦也。'"由此可见，袍应当是古代服饰中形制最长的衣了。而《玉篇·衣部》："袄，袍袄也"，《集韵·晧韵》："袄，袍也"，可证袄是一种类似袍的服饰。袍的长度达到脚后跟，那么，袄究竟有多长呢？沈从文先生在介绍古代服饰"袴褶（xí，骑服）"时，曾谈到过袄的长度。他说："袴褶基本式样，必包括大、小袖子长可齐膝的衫或袄，膝部加缚的大小口袴。而于上身衫子内（或外）加罩两当（计按：字也作裲裆，一种类似现今有多根系带的救生衣形制）。"[①] 从沈氏的介绍可以推测，袄的长度是达到双膝的部位，这与大众经常穿的短及臀部的上衣相比，恰好属于一个"较长"的范畴。袍最长，袄较长，而一般的上衣则称短衣，三种形制之长度划然有别。

其次，再看袄的厚度。徐铉《说文新附·衣部》："袄，裘属。"裘是动物毛皮制作的衣服，这自然比单层布帛制作的衣服要厚很多。袄属于裘类服饰，当然也比较厚实了。《资治通鉴》胡三省注："袄，袷衣也。"袷衣现在也常写作"夹衣"，两层布帛相夹，中间平铺着少量丝絮、棉絮类东西，与单衣相比而言，的确也比较厚实。《辞海》、《汉语大字典》"袄，有衬里的上衣"单衣内再缝上一层柔软的"里子布"（衬里），仍然比单衣要厚一些。白居易《自咏》诗："老遣宽裁袄，寒教厚絮衣。"衣服加厚就可以保温御寒，所以较厚的"袄"、"袍"同时被当作御寒的衣服了。由此可见，无论哪一种形制的"袄"，与单衣相比，的确比较厚，即其里外层差距较高。另外，在汉语里，厚与高是可以相通的。土厚则山高，"厚"与"高"必可相通；酒厚则度数高，现在常说的高度酒、低度酒，汉语也可以用"厚酒"、"薄酒"来表述，"厚"与"高"义仍

---

① 沈从文：《中国古代服饰研究》，上海书店出版社 2005 年版，第 220 页。

可相通。也就是说，"较厚"一词，在古人的意识里的确与"较高"是相通的。

综合以上分析我们可以知道，袄不过就是一种形体较长、厚度较高的服饰名称而已。在古代多种多样的服饰之中，和"袄"关系较为密切的服饰有"袍"、"複"、"衫"几种。"袍"是长度最长的有夹层较厚衣服，"複"是长度最短的（与一般上衣长度相同）双层衣服，而"衫"则是与"袄"长度相似的无袖、单层衣服①。这些服饰的名称，可以从另一个侧面佐证我们分析的正确性。

2. 顾建平《汉字图解字典》："袄，ǎo，形声字。衣（衤）表意，篆书形体像中式的上衣；奥（ào）表声，奥有幽深义，表示襖是有衬里或夹层的上衣。简体字声旁为夭（yāo），夭有壅塞义，袄的面料和夹里之间大多塞有棉花或皮毛等御寒物。本义是有衬里的上衣。"②

点评：顾建平先生此释不符合汉字发生学的规律及"袄"的实际情况。其一，有衬里或夹层的上衣有"複"、"袄"、"袍"三种。《释名·释衣服》："有里（计按，即俗说的里布、里子布）曰複，无里曰禅。"《说文·衣部》："複，重衣也。"《汉语大字典》："袍，páo。有夹层，中著棉絮的长衣。"由此可证顾建平先生"奥有幽深义，表示襖是有衬里或夹层的上衣"之说站不住脚。袄虽然是有衬里或夹层，但这仅仅是袄得名为"ǎo"的一个因素。其二，袄为后起的简写俗体字，"夭"也并没有壅塞义之一说，顾先生为了附会"袄的面料和夹层之间大多塞有棉花或皮毛等御寒物"的实际情况，强行解释、推阐，极为不妥。

3. 李程《汉字字源与字根》："繁体'袄'字由'衣'和'奥'构成。'奥'字表示野兽踪迹，整个字的意思是衣服里面有野兽踪迹。它指衣服里有动物的皮毛，由此产生皮袄的含义。引申表示有衬里的衣服。'夭'是'吞'的省写，'吞'字转声表音，它是形声字。"③

点评：李程先生对"袄"字的源流及含义的分析，完全脱离了汉字音、形、义结合的基本规则，不值一驳。李程先生对中国古代服饰的形制及命名规则的认识还未登堂入室，当然不可能窥其堂奥了。

---

① 以上说法见于《汉语大字典》、《中国古代服饰研究》、《释名·释衣服》等。
② 顾建平：《汉字图解字典》，中国出版集团、东方出版中心 2008 年版，第 763 页。
③ 李程：《汉字字源与字根》，东方出版中心 2008 年版，第 448 页。

我们在前面已经多次强调过，汉语是一种很有逻辑规律的语言，汉字也是一种富于逻辑性的表声表意文字，汉语和汉字，完全称得上是一种高智慧的语言文字。因此，学习汉语汉字是有规律可依循，有章法可操作的。如果凭空臆测，牵强附会地去分析，就会害人害己，更会对汉语汉字的科学推广、发展造成极大的危害。

音本义、形本义概括：

袄，是指一种长度较长（按，到达膝盖左右）、厚度较高（双层、夹层）的上衣。

十一 懊

读音分析：

懊，普通话读"ào"，会同话读略带前鼻音的"[ŋ] ào"。二者读音相近。

形体分析：

懊字不见于许慎的《说文解字》，也暂未发现此字在甲骨文、金文中的形体，因此，懊应当属于后起的形声字。

懊字从"忄"（心旁），它的意义应该与心字所象征的心态、心意、心思或心情等有关；字又从"奥"得声，则此字的含义就会包含"较高"、"较长"两个特点。

《素问遗篇·本病论》："热生于内，气痹于外，足胫痠（计按，现在写作酸）疼，反生心悸懊热，暴烦而复厥。"《汉语大字典》注解："懊，烦乱。"《黄帝内经·灵枢·热病》："热病先身涩，烦而热，烦悗（mèn，同闷字），唇嗌干。"又说："热病数惊，瘛疭（chìzòng，抽风病）而狂。"心悸是一种因惊热而导致的心跳加快之病，"热病数惊"，可见，惊悸之病也起于体内心火之热。《素问遗篇》"反生心悸懊热"，应该是对心悸、心懊、心热三个层次的归纳，心悸是一种体温不太高的心火之热症，心热是一种体温高、让人狂躁昏厥的内热症，由此则可推知，心懊应属于一种体温较高的心火热症。《汉语大字典》将这个懊字解释为"烦乱"，比较正确。中医认为，心属火，午火对应心脏，所以民间又有"午心火"、"午心不定"的说法。人们根据心火温度的高低、持续时间的长短，将心火的变化与不同的情志表现对应起来。《素问·六节藏象论》说："心者，生之本，神之变也。"《灵枢·邪客》曰："心者，五脏六腑之大

主，精神之所舍也。"可知心具有主宰神志、精神之功能，所以心火变化
与人的精神情志息息相关。俗语里有"发火"、"上火"、"唇干舌燥"等
说法，其内在的含义实际都与心火有直接的关联。当心火略微增高时，人
的心跳加速，胸闷心烦，容易产生悔恨、烦恼的情志；当心火温度变得更
高时，人的肺（属金，火克金）、肝（属木，火泄木）部位受伤，人极易
发火生怒，忧郁悲愁烦躁；当心火达到人体难以承受的高温状态时，人便
会出现极度烦躁、胡言乱语以至癫狂的现象。结合中医学的观点来考察，
我们认为，"懊"字，其实是指内心在较长时间里处于较高温度时表现出
来的一种烦恼情志。

主流观点及点评：

1. 顾野王《玉篇心部》："懊，悔也。"陈彭年《广韵·号韵》："懊，
懊恨。"丁度《集韵·晧韵》："懊，恨也。"《辞海》（1990 年版）："懊，
烦恼，悔恨。"《汉语大字典》："懊，悔恨，烦乱。"

点评：几家所释正确。懊悔、懊恨、悔恨，都是过于自责导致的胸闷
心烦之心理状态。烦恼与心火温度的上升互为表里，所以，古人便将这种
维持较长时间，较高温度的心火所产生的烦恼称为"懊"。

2. 顾建平《汉字图解字典》："懊，形声字。忄（心）表意，其古文
字形体像心脏，表示心中懊悔；奥（ào）表声，奥有幽深之意，表示悔
恨产生于心灵深处。本义是烦恼，悔恨。"①

点评：顾建平先生释懊为"烦恼、悔恨"，正确。但他"奥表声，奥
有幽深之意，表示悔恨产生于心灵深处"的说法乃牵强附会之说，不可
从。如按顾先生所说，产生于内心深处的"爱恋"、"悲哀"、"欢喜"则
都可以称为"懊"。古人为何将内心烦恼的心理状态称为"懊"？这是在
古人对心火和情志的密切关系有了深刻认识后才产生的。

3. 李程《汉字字源与字根》："懊，由'心'和'奥'构成。'奥'
字表示室内发现野兽踪迹，整个字的意思是心里为室内有野兽踪迹这件事
感到不安，由此产生烦恼的含义。"②

点评：李程先生释"懊"为"烦恼"是正确的。但"室内发现野兽
踪迹"而致内心不安的解说，可谓荒诞不经。由于篇幅所限，在此就不

---

① 顾建平：《汉字图解字典》，中国出版集团、东方出版中心 2008 年版，第 678 页。
② 李程：《汉字字源与字根》，东方出版中心 2008 年版，第 448 页。

浪费笔墨予以驳斥了。

音本义、形本义概括：

懊，是指人在较长时间段里，因心火维持较高温度而产生出来的烦恼情绪。

十二　翱

读音分析：

翱，普通话读"áo"，会同话读为略带前鼻音的"［η］ɑo"。二者读音相近。

形体分析：

翱，《说文》小篆写作"翶"，字从"皋"、从"羽"，此形体不见于甲骨文、金文，属于象事结构的文字。字从"羽"，则可知道这个字的意义与鸟的羽翅相关联；从"皋"（gāo），则知此字的意义具有"高"的特点。《礼记·明堂位》："天子皋门。"郑玄注："皋之言高也。"《荀子·大略》："孔子曰：'望其圹，皋如也。'"王先谦集解引郝懿行曰："皋，犹高也。"《楚辞·涉江》："步余马兮山皋，邸余车兮方林。"山皋，即是山间高地之意。

"皋"字为何能够与"高"相通呢？要想弄清楚这个问题，仍然需要从它的形体分析入手。

许慎《说文解字》收有一个"臯"字，《广韵》："古老切"，《汉语大字典》为其注音"gǎo"。对于这个字的含义，过去众说纷纭，未有能够确切解释清楚其音形义结合内在关系的。许慎《说文·大部》："臯，大白，泽也。从大从白，古文以为泽字。"许氏依据小篆之形体立说，大误。段玉裁《说文注》："臯，以大白会意，则训之曰大白也。"段氏盲从许氏之说，并误。王筠《说文句读》："大白者，以形解义，此句言其色；泽也者，光润也，此句言其光芒也。通两句言之，只是白而有光耳。"王氏附会臆测，无所发明，亦误。《汉语大字典》："臯，gǎo，大白。"承沿旧说，因循守旧，仍误。

刘钊先生曾对"臯"、"皋"、"翠"三字之间的关系进行过较深入的考证，他指出："其实以往的分析一直没有抓住要害，缺乏科学的文字符号观上的认识，而实际情况是'翠'、'皋'、'臯'三字本来就是一个字，是后来才从一个形体中分化出来的，这种分化在汉代以后才逐渐产生，所以在汉代及汉以前的文字资料中，这三个字并无区别，因此在音义上自然也就有着许多联系，而从后世看来，因不知其本为一字，便会对其音义上的联系和混同难以理解。"① 刘钊先生说"皋"、"臬"为一字，至确。"睪"读为"yì"，从它的实际音读和运用来看，刘氏以为"睪"与"皋"、"臬"乃一字分化，似有未安。"睪"下部所从之"幸"，甲骨文写作""、""等形，本像桎梏之状，即今天所谓有之手铐，是"梏"的本字②。我们认为，"梏"从"告"得声，"睪"从"幸"（梏）得声（计按：刘钊先生认为"幸"字最初就有"梏"的读音，《汉语大字典》注音为 gāo），读音自然与"皋"、"臬"相近。古代文献中"睪"与"皋"、"臬"通用的情况，乃属于同音通假，并非一字异体之现象。

图 5—18　桔槔

《说文·夲部》又说："皋，气皋白之进也。从夲、从白。《礼》：'祝曰皋，登歌曰奏，故皋奏皆从夲。《周礼》曰：'诏来鼓皋舞。'皋，告之也。"许氏不清楚"皋"字形的组合内涵，但又因为受文献资料的限制，所以才会如此前言不搭后语般进行解说。皋是臬的后起字，臬字上部所从之"白"实为"日"字之讹变，下部所从之"大"，即站立之人形，两个部件组合在一起，表示人对着太阳神大声祷告之义，实为"祷告"之"告"的本字。《礼》曰："祝曰皋"，许氏又说："皋，告之也。"可证"臬"（皋）的确是祝告、祷告的意思。"祝"字甲骨文写作""、""、""等形，像一人张着大口跪坐祈祷之状。甲骨文中有一字写作""，有时省作""，字从"日"（太阳神），从

---

①　刘钊：《古文字构形学》，福建人民出版社 2006 年版，第 184 页。

②　同上书，第 185 页。

"℣"或"ㅂ"，于省吾《甲骨文字诂林》第二册第 1110 页、第 1111 页以"不可识"之字收录，其实这就是"臬"字的初文。"臬"，在古代是指一种巫祝对太阳神的高声祷告的祭祀仪式（如图 5—19）。因此，后世从皋（臬）构作的字，其意义必定与"高"的意义密切关联。如"嗥"，高声嚎叫；如"槔"，是指在井上将水高高吊起的一种机械装置（如图 5—18）；如"稾"，是指一种高秸秆的禾。

唐汉先生《汉字密码》对"皋"字如此破译："皋，gāo。这是一个会意字。原本表公畜爬跨在母畜背上，正在配种的意思。金文的'皋'（计按，唐先生写作𢍰形，不知出于何处）字，上部为公畜生殖器的象形，下部为公畜的臀部，中间的一竖表示进入。古文的'皋'（计按，唐先生写作𢍰形，未知所本）字发生讹变，生殖器前端变为一个'目'形，公畜的臀部形

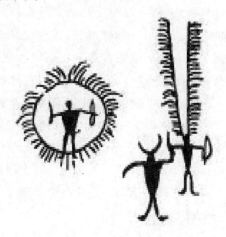

图 5—19　中国云南沧源岩画

象荡然无存，只是表示进入的一竖旁边增添两点。小篆又将母畜生殖器讹变为'白'，楷书据此写作'皋'。""'皋'的本义为家畜配种和动物的交配。由于公畜爬跨到母畜身上，要比原先高出一大截，因而引申为高处之义……由皋后造的'嗥'字，仍保留了雄性家畜的意象。"① 唐汉先生以不知出处，甚至可能是自己臆造的皋字之金文、古文形体立说，大胆推演，随意发挥，似乎是有些过头了。做学问是允许"大胆假设"的，但假设之后必须"小心求证"才可获得内心的安宁。我们认为唐先生此说毫无可取之处。

弄清楚了"翱"字形体所包含的内在意义，并结合它的读音考虑，大家可以推知，翱的最初意义，大体是指鸟儿在高空作较长时间飞行的状貌。

---

① 唐汉：《汉字密码》（上册），陕西师范大学出版社 2009 年版，第 115—116 页。

主流观点及点评：

1. 许慎《说文·羽部》："翱，翱翔也。"《汉书·王褒传》："恩从祥凤翱，德与和气游。"颜师古注："翱，翔也。"《辞海》（1990 年版）："翱，翱翔，鸟回旋飞翔。"《汉语大字典》："翱，鸟在空中回旋飞翔。"王力等编《古汉语常用字字典》："翱，翱翔，展开翅膀回旋地飞。"

点评：各家所释皆不确切。《诗·郑风·女曰鸡鸣》："将翱将翔，弋凫与雁。"诗中"翱"与"翔"对举，说明翱、翔在古人的认识里，仍然是不尽相同的。"翱"侧重强调的是较长的飞行时间与较高的飞行高度；而"翔"则着重强调鸟儿在高空展开双翅盘旋飞行的状态。当然，鸟在高空长时间盘旋，既可称翔，也可称翱。但如果鸟的双翅在上下翻飞，则可称翱，不可称翔，可见二者是有着细微区别的。

2.《淮南子·览冥》："还至其曾逝万仞之上，翱翔四海之外。"高诱注："翼一上一下曰翱，不摇曰翔。"《淮南子·俶真》："虽欲翱翔，其势焉得。"高诱注："鸟之高飞，翼上下曰翱，直刺不动曰翔。"《鹖冠子·天权》："高飞曰翱，而翼不动曰翔。"《汉语大字典》："翱，鸟高飞，翼一上一下之貌。"

点评：鸟在高空盘旋飞行时，一般都是舒展双翼，不做上下拍打的动作，从这一点而言，高诱、陆佃对"翔"字的解释是非常正确的。《庄子·逍遥游》："抟扶摇羊角而上者九万里。"成玄英疏："旋风曲戾，犹如羊角。"古代中原地区的绵羊之角回旋盘曲，所以旋风又称为"羊角风"，简称"羊角"。"翔"字从"羊"构作，"羊"既起提示读音的作用，又起表示回旋盘曲含义的作用，高、陆二氏所释不误。翱的确是鸟高飞的状态，但鸟在高飞时可以上下振动翅膀飞行，也可以舒展双翅作滑翔、盘旋飞行，高氏强行区别，以为"翼一上一下曰翱，不动曰翔，"则稍有未妥。

3. 刘熙《释名·释言语》："翱，敖也，言遨游也。"王先谦《释名疏证补》："《淮南子·览冥训》高注：'翼一下一下曰翱。'此翱、敖叠韵为训。《说文》：'敖，出游也。'"《广雅·释训》："翱翔，浮游也。"王念孙疏证："《齐风·载驱》传云：'翱翔犹彷佯也。'翔字古读若羊，翱翔双声也。《载驱》云：'齐子翱翔'、'齐子遨敖'，翱翔遨敖，皆一声之转。故《释名》云：'翱，敖也，言数游也，翔，佯也，言仿佯也。'"

点评：传统声训、声转之学说，我们认为是存在很多严重缺陷的。上古汉语音义结合的规则，有着鲜明的规律性、逻辑性，而作为记录这种科学语言的汉字，也仍然表现了很强的逻辑性。刘熙《释名》所阐发的声训学说，很多地方是与汉语音义结合规律完全不搭边的。传统声训之学，虽然在一定程度上促进了汉语汉字学的研究与发展，但其危害却更为剧烈，甚至于要将汉语汉字推入到一个万劫不复的境地。而清儒所谓的音转之学，乾嘉以降蔚然成风，一声之转，则字字可以相转相释，但却与汉语的本来面目越隔越远了。我们的祖先崇尚大道至简，他们所创造的伟大语言系统，其实与自然规律、与生活实际本来是有着紧密的结合，但伪说泛滥、异端纷纭，将本来很科学的语言系统差点搅成了一锅粥，想来不禁扼腕长叹。

音本义、形本义概括：

翱，是指鸟在较高的上空作较长时间飞行的状态。

十三　螯

读音分析：

螯，普通话读"áo"，会同话读为略带前鼻音的"[ŋ] áo"。二者读音基本相同。

形体分析：

螯字不见于许慎《说文》，也还未发现此字在甲骨文、金文中相对应的形体，螯字从"虫"、"敖"声，属于后起的形声字。螯字从"虫"构作，可知此字与虫、豸（zhì）类动物有关；字从"敖"得声，这一事物必定具有"较高"、"较长"两个特点。

主流观点及点评：

顾野王《玉篇·虫部》："螯，蟹螯。"《字汇·虫部》："螯，蟹大足。"《荀子·劝学》："蟹六跪而二螯，非蛇蟮之穴无可寄托者，用心躁也。"杨倞注："螯，蟹首上如钺者。"《汉语大字典》："螯，螃蟹等节肢动物的变形的第一对脚，形状像钳子，能开合，用来取食或自卫。"

点评：各家所释正确。但未能运用汉语音本义原理进行训释，故而使"螯"得名为"áo"的缘由不为大众所了解，汉语的规律性当然难以窥见一斑半点了。

螯，是螃蟹等节肢动物第一对变形大脚。这对脚形体长大，常常向上高高抬起，与其他几只脚相比，正好具有"较高"、"较长"的特点，所以得名为"áo"。

音本义、形本义概括:

螯,是指螃蟹等节肢动物中形体较长、经常高举的那对大脚。

十四　媪

读音分析:

媪,普通话读为"ǎo",会同话中还没有发现此字运用的实例,因而不能标注读音。

形体分析:

媪,许慎《说文》小篆写作"𤔡"形,字从"女"、从"畕"构作;1973 年长沙马王堆出土帛书《战国纵横家书》一九三写作"𤔡",此字右边之"𤔡",上部为"日",下部似乎是一个突出了眼部的下跪人形。如果这一推测成立,则"𤔡"字与从甲骨文"𤔡"(上为日,下为张口之人)字讹变而来的"臮"(gāo)字,构形原理应该相同,都是表示对太阳神的祭祀。

媪字从"女",其字义当与女性相关;字读为"ǎo"(《说文》认为读若"奥"),其所指的事物也应当与"较高"、"较长"的特点有关。

主流观点及点评:

许慎《说文·女部》:"媪,女老称也。从女,畕声。读若奥。"《史记·高祖本纪》:"母曰刘媪。"裴骃集解:"文颖曰:'幽州及汉中皆谓老妪为媪。'孟康曰:'长老尊称也。'"《广雅·释亲》:"媪,母也。"王念孙疏证:"媪为母之异名。"玄炳麟《新方言·释亲属》:"山西平阳呼祖母曰媪。"《正字通·女部》:"媪,地神曰媪。"《汉书·礼乐志二》:"媪神蕃釐后土富媪。"张晏曰:"媪,老母称也。坤为母,故称媪。"

点评:上引各家释媪为"年长女性"、"母亲"、"祖母"、"地神",虽然看起来各持己见,但其实是很统一的。这需要结合中华传统文化的源头和核心——"易学文化"来进行简单阐述。

《易经》认为,乾为天,天象征阳性事物,对应刚健、老父、高堂(西北方)等;坤为地,地象征阴性事物,对应柔弱、老母、奥室(西南方)等。《易经》强调"天人合一"思想,因而在吃、住、行等日常生活的方方面面,都追求与自然规律尽可能地相切合。前面已经介绍过古代规范的民居情况,它一般包括窔(入口处的小房间,位于东南方)、宦(厨

房，位于东北方）、高堂（主人待客歇息处，位于西北方）、奥室（祭拜
神主之处，尊长者所居，位于西南方）四个部分。"高堂"上面开有一个
用来采光的天窗，表示和天合一，因而又用来代表父亲。古人结婚时要举
行"拜天地、拜高堂"、"夫妻对拜"的仪式，其中的"拜高堂"就是拜
父母双亲，以代表父亲的"高堂"来统称父母，这是与古人"男尊女卑"
的思想相符合的。现在长沙话称妻子为"堂客"，仍可以窥见古代男主人
位于堂室的信息。"奥室"位于西南方，为地神所在之处，地对应老母，
所以地神、老母、年长女性又统一在一起了。"媪"源自于"奥"，如从
"女"从"奥"构作，则音形义的结合更与实际相符。《礼记·礼器》：
"奥者，老妇之祭也。"郑玄注："老妇，先炊者也。"《礼记》所讲的
"奥祭"，即是对地母神（《汉书·礼东志二》称媪神）的祭祀。由此可
知，"媪"最先是指奥室的地神，因为地又对应老母，所以"媪"又可以
指代年长的女性。

从父系氏族社会开始，男性在社会和家庭中逐渐占据了主导的地位。
到西周礼乐制度空前发展之后，家庭中男大女小（男三十而娶，女二十
而嫁）、男尊女卑的模式基本确定了下来。因此，母亲被称呼为"媪"也
碰巧符合了生活的实际情况。母亲年龄较长（比父亲小）、地位较高（比
父亲低），正好满足了"ao"的音本义要求。

音本义、形本义概括：

媪，最初是指奥室的地神。后来借指家庭中年纪较长地位较高的
女性。

第四节　会同话"ban"音字实例分析

音本义分析：

"ban"音的来源，至今仍未能得以很好的破解。然而，它的音本义已
经被破译，那就是"对等分开又互为一体的"，汉语音本义原理认为，凡
"ban"音之字，基本上都是指对等分开又互为一体的手段、事物或现象。

一　半

读音分析：

半，普通话读"bàn"，会同话也读"bàn"。二者读音完全相同。

形体分析：

半，金文写作"半"（秦公簋）形，字明显从"八"、"牛"构作；《古币文编》收录有"半"、"半"等形；《睡虎地秦简》写作"半"、"半"等形，下部的"牛"已逐渐讹变为"キ"；许慎《说文》小篆写作"半"形，字仍从"八"、从"牛"，不误。"八"有分开的含义，可知"半"属于象事结构的文字，意思是将牛的所有权（计按：应该不是肉体，农村杀猪有从中破开的习俗，俗称"开边"，而杀牛从未有此现象）分开为两份，两方各拥有一半。1981年分田到户后，会同农村两户共同拥有一头牛的现象仍然很普遍。"牛"的所有权，虽然被对等分开为两部分，但二者其实又有"互为一体"的特点。因为活生生的牛是不可能用刀破为两半去耕地耙田的，这正与"ban"的音本义要求完全切合。俗语又说："郎（计按：即女婿）为半边之子。""半子"之说由来已久，其内在含义实际就是两亲家各拥有郎（子）一半的"所有权"，这与"半"字的初义可以互相佐证。

马叙伦氏从音韵学的角度分析"半"字从"牛"的原因，他说："半从八，牛声。凡牛羊犬马皆因其鸣声而名之，《牛部》：'牟，牛鸣也。'则古读牛当如牟。《史记·律书》：'牛者，冒也。'《周书》：'周祝解牛与茅协。'皆足证古读如牟。后以同鼻音次浊音转入疑纽耳，牟音明纽，是半可从牛得声。"[1] 我们在前面章节里已分析过，"牛"在上古专指水牛，是从水牛的鸣声得名的；"牟"在上古专指黄牛，是从黄牛的鸣叫声得名的。马氏未谙这一区别，故而辗转注释，强行说解，看得人都头昏脑涨了。在学者们所谓的"古音韵学"方面，我们的确完完全全是一个外行，但我们认为，汉语是华夏先祖创造的，我们天天说汉语，日日用汉语，这应该算得上是离我们最近的一门学问了。然而，试翻几页一些明清经学家们音韵学方面的著作看看，他们以《诗经》、《楚辞》之语音为依据，背离语言学的大道，钻牛角尖，挖老鼠洞，硬是将一门大家应该最容易弄懂的学问"搞得玄而又玄，神乎其神"，几乎变成了另一种玄学，这不能不说是一种学术的悲哀。对于这个问题，清代训诂大家王念孙氏眼光如炬，看得非常明了。他说："窃以为训诂之旨，本于声音。故有声同字

---

[1] 马叙伦：《说文解字六书疏证》（卷三），转引于李圃主编《古文字诂林》第一册，上海教育出版社1999年版，第685页。

异，声近义同，虽或类聚群分，实亦同条共贯，譬如振裘必提其领，举网必挈其纲，故曰'本立而道生，知天下之至啧而不可乱也。'此之不瘝，则有字别为音，音别为义，或望文虚造而违古义，或墨守成训而尟（计按：同鲜字，少的意思）会通，易简之理既失，而大道多歧矣。"① 王氏对"或望文虚造而违古义，或墨守成规而尟会通"的批判，是十分中肯和正确的。

主流观点及点评：

1. 许慎《说文·半部》："半，物中分也。从八，从牛。牛为物大，可以分也。"段玉裁《说文解字注》："牛为物大，可以分也。故取牛会意。"《辞海》："半，二分之一。"《汉语大字典》："半，二分之一。"

点评：三家所释近是。许氏"物中分也"，即是说将物体从正中分开，物从正中分开，也就是"对等分开"；《辞海》、《汉语大字典》释"半"为"二分之一"，仍然也包含了将物体"对等分开"之意。然而，这仅仅是"ban"音音本义的其中一个方面。"ban"音不仅强调"对等分开"的特点，同时也强调"同为一体"的特点。举个例子说，如将一段原木从正中破开为两半，其中的一半可以称为"版"（板），也可以称为"片"。木字小篆写作"朩"形，将"朩"从中破为两半，则"朩"就分成了"川"之形，所以"片"（半边木）还属于一个象事结构的文字。"片"指分割后的单独一方，而"版"则强调对等分开的两片而言，上古汉语的规范性由此可见一斑。

许氏不知"半"字从"牛"构作的内在含义，所以生出"牛为物大，可以分也"的怪论，段氏承沿许氏之误，穿凿附会，可搏一笑也。物小不可分乎？

2.《广雅·释诂四》："剖、辟、片、胖，半也。"王念孙疏证："皆一声之转也。剖者，《左传·襄公十四年》：'与女剖分而食之。'杜预注云：'中分为剖。'片、胖、半声并相近。《说文》：'片，判木也。'……《丧服传》云：'夫妻，胖合也。'《周官·媒氏》：'掌万民之判。'郑注云：'判，半也。主合其半成夫妇也。'"

点评：《广雅·释诂》以"半"字训释"剖"、"辟"、"片"、"胖"诸字，主要是侧重于"半"的"对等分开"之义。这种训释的方法即训

①　王念孙：《广雅疏证》，江苏古籍出版社 2000 年版，第 1 页"序言"。

诂学所谓的"直训",其实是一种背离汉语发生学规律,置事物内在特点于不顾的做法。但在汉语音本义原理没有被发现和确立以前,古代文字学家便只能采取这种直训方式,通过近义词去解释另一字(词)的意义。由于历史的局限性,这一方式虽然缺陷较多,使汉语词义的界限变得越来越模糊,但它的历史功绩是不能抹杀的。

王念孙氏作为一代训诂大家,但他的这一"疏证"却丝毫抓不到要害,旁征博引,而又前后矛盾,训释未能得其要旨。

其一,《广雅》所谓的"胖",实际是许慎《说文》释"半体肉也"的"胖"字。此字以前读"pàn",是将肉体一分为二的意思,因而可以用"半"字来进行直训。而王念孙氏所引《丧服传》"夫妻,胖合也"之"胖",当读为"bǎn"或"bán",即是"版"或"伴"字之通假。顾野王《玉篇·人部》:"伴,侣也。"《广韵·缓韵》:"伴,依也。"《字汇·人部》:"伴,依也,陪也。"段玉裁《说文解字注》说:"《夫部》'㚘'下曰:'读若伴侣之伴。'知汉时非无伴侣之语,许(许慎)于俗语不之取耳。"《汉语大字典》考证说:"按,甲骨文、金文'伴'作二人并立形,篆文作'㚘'。《说文》:'㚘,并行也。读若伴侣之伴。'《经典释文》:'胖,大也。'胖、伴以音同通假。"我们认为,王氏引用"胖合也"来阐释他所谓有一音之转的观点,是将"胖"与"版"或"伴"混为一谈了。

其二,关于《周礼·地官·媒氏》"掌万民之判"的"判"字,郑玄释说大误,王念孙氏从郑氏之说,足证他也不清楚这个字的实在含义。此"判"字,当读为"bǎn",其实是"版"字的通假。玄应《一切经音义》说:"判,古文又作胖。"《集韵·二十九换韵》说:"胖,半也。《字林》胖合,合其半以成夫妻也。"而"胖",即是古代记载户籍情况的"版"之异体字。《周礼·地官·媒氏》记载:"媒氏,掌万民之判。凡男女,自成名以上,皆书年月日名焉。令男三十而娶,女二十而嫁。"唐代贾公彦《周礼注疏》:"此经论媒氏之官。合男女,必先知男女年几,故万民之男女,自三月父名以后,皆书年月日及名,以送与媒氏。媒氏言得之,以勘男三十、女二十,配成夫妇也。"① 媒氏之官即相当于现在民政局婚姻登记处的人员,他们掌握着所辖地区各家男女户籍——"版"的

---

① 贾公彦:《周礼注疏》上卷,上海古籍出版社 2010 年版,第 509 页。

情况，负责管理男女婚姻登记甚至对"非法夫妻"进行处罚。《周礼·地官·媒氏》对此也有记载："凡娶判妻入子者，皆书之；中春之月，令会男女，于是时也，奔者不禁；若无故而不用令者罚之。"《周礼·夏官·司士》："司士，掌群臣之版，以治其政令。"郑玄注："故书版为班。郑司农云：'班，书或为版。版，名籍。'""掌群臣之班"与"掌万民之判"，二者句式及包含的意思也都极为近似。孙诒让《周礼正义》卷五十九《司士》："云'故书版为班，郑司农云，班，书或为版'者，徐养原云：'《腊人》膴胖，郑大夫读胖为判，杜子春读胖为版。《说文·反部》：'版，判也。'《仪礼·士虞礼记》'明日以其班祔'，今文班为胖。是班、版、胖、判，古字互相通用。"[1] 上引文献资料都可佐证，所谓媒氏"掌万民之判"，"判"字实为"版"之通假或讹变。我们推测古代登记男女出生情况的薄木版，有可能是"一式两份"，私人与官方各执一半，用时可以合在一起进行验证，所以被称为"版"。将版放到一起验证，很可能就是《丧服传》所讲的"胖（版）合"。

3.《辞海》（1990 年版）："半，犹言'中'。"《汉语大字典》："半，在……中间。"

点评：将物体对等分开，其分割线或分割点必定处于这个物体的中线或中间点上。二家所释，属于"半"的引申义。《庄子·大宗师》："夫藏舟于壑，藏山于泽，谓之固矣。然而夜半有力者负之而走，昧者不知也。"夜半，即现在常说的"半夜时分"，"午夜时分"，也就是夜的中间时段。此正属于"半"字引申义的用例。

音本义、形本义概括：

半，指两个对等分开的而又同为一体的其中任何一个部分。

二　伴（槑）

读音分析：

伴，普通话读作"bàn"，会同话读为"bǎn"，两者读音基本相同。

形体分析：

伙伴之"伴"，甲骨文写作"槑"，像两"夫"（成年男子）结伴而行之状；许慎《说文》小篆写作"槑"形，明显是从甲骨文"槑"变

---

① 孙诒让：《周礼正义》，中华书局 1987 年版，第 2457 页。

化而来的；后隶定写作"𣐪"，属于象事结构的文字。两个成年男子结伴而行，其中一方即是另一方的"伴"。两人共同结为一个小群体（即俗语所说的"同伙"、"同伴"、"一伙的"），但又是对等分开的（即不是上级与下级、大人与小孩的关系），所以都可以称呼对方为"伴"（𣐪）。

在上古时代，"伙"、"伴"是两个不完全相同的概念。"伙"也可以写作"火"，最初是指临时凑合在一起搭火共餐的群体，而"伴"（𣐪）却仅仅指两个凑合在一起的其中任何一人。"伙"可以是两个人，但也可以是三个或更多，"伴"（𣐪）则只能限于两人。但发展了今天，"伴"的词义已经扩大化了。

现在用作伙伴的"伴"字，从"人"、从"半"，属于形声字。许慎《说文·人部》："伴，大貌。"看来，许氏是将"伴"字当作肥胖的"胖"来对待的。但许氏又在"𤈦"字下说："𤈦，并行也。读若伴侣之伴。"此处"伴侣"连言，可知，许氏对"胖"、"伴"的关系，本来也就是含混不清。然而，考虑到这两个字在古代文献及现代生活的实际应用情况，我们认为，将"伴"当作"𤈦"的后起形声字，无疑是十分恰当和可行的。

主流观点及点评：

1. 许慎《说文·𣐪部》："𤈦，并行也。读若伴侣之伴。"顾野王《玉篇·人部》："伴，侣也。"《楚辞·九章·惜诵》："众骇遽以离心兮，又何以为此伴也？"王逸注："伴，侣也。"又《楚辞·九章·悲回风》："伴张弛之信期。"王逸注："伴，俱（计按，一起之义）也。"《字汇·人部》："伴，依也，陪也。"《汉语大字典》："伴，伴侣；陪同，依随。"

点评：各家释义比较正确。但这种通过近义词"直训"的方式，其最大的缺陷，就是模糊了词与词的意义界限。在过去，因为广大文字研究者普遍采取了这一简单粗糙的训释方法，以至于快将汉语简易之大道，打入十八层地狱。

就拿和人际关系有关的一些单人旁汉字举例说明一下吧。

如"伍"字，字从"人"、从"五"。古代是指以五家为整体的户籍管理单位，与现在所讲的"生产队"、"村民小组"相类似。生产队长、小组组长，以前被称为"甲长"，但在最早即被称作"伍长"。当战争爆发时，五家也各派一个壮年男丁组合成最小的作战单位"伍"，这就是今天将部队称为"队伍"的缘由。刘熙《释名·释州国》:"五家为伍,以五为名也。"《左传·襄公三十年》:"田有封洫,庐井有伍。"杜预注:"使五家相保。"《周礼·夏官·诸子》:"合其卒伍。"郑玄注:"军法百人为卒,五人为伍。"这些文献中的"伍"字,都是运用了"伍"的最初意义。

如"仇"字,字从"人"、从"九",读作"qiú"或"chóu"。"九"甲骨文写作"ㄓ",像手肘(俗称手拐子)之形。俗语说:"手拐子往外拐",人的两个手拐呈相对之状,但又结成了一对,"仇"属于象事结构的文字,像示二者虽然同类,但却又不能很好地贴合在一块。段玉裁《说文解字注》:"《左传》曰:'嘉偶曰妃,怨偶曰仇。'仇与逑古通用。《辵部》:'怨匹曰逑。'即怨偶曰仇也。仇为怨匹,也为嘉偶。"段氏对"仇"字的分析非常到位。以现在的俗话说:"仇"就是夫妻间称的"死冤家"。不是冤家不聚头,中间的爱与恨,的确不是外人能体味清楚的。吵吵闹闹,分分合合,双方都离不开对方,但又不可能很好地贴合到一处,这就是"仇"字最早的意思。《诗·国风·关雎》:"窈窕淑女,君子好逑。"此"逑"即"仇"字之通假,过去训诂家大多简单地解释为"好配偶"、"好伴侣",实未得诗意诗味。

又如"从"字,甲骨文写作"ㄘㄘ"、"ㄔㄔ"等形,以两个朝向相同的侧视之人形构作,属象事结构的文字,像一人跟随在另一人身后行走之状。金文写作"ㄔㄏ"(天作从尊)、"ㄋㄔ"(从鼎)等形,构形仍承沿甲骨文之形状,没产生什么变化;《说文》小篆写作"ㄇㄇ",隶定作"从",演变脉络清晰明了。许慎《说文·从部》:"从,相听也。"相听,即是相听从之义,此实际是"从"字的引申之义;徐灏《说文解字注笺》:"从、聋古今字,相听犹相聋。从,二人相随,即从行之义。"《汉语大字典》:"从二人,本义为相随。"从,会同话读为"zóng",普通话读作"cóng",其本义当为今天所讲的"随从"之义。"赫"(伴)强调二人对等的关系,"从"强调二人主从的关系,意义是完全不一样的。

又如现在还偶尔使用的"伉俪"二字。《左传·成公十一年》:"已不能庇其伉俪而亡之。"杜预注:"伉,敌也。"孔颖达疏:"伉者,相当之言,故为敌也。伉俪者,言是相匹敌之匹偶。"《文选·祢衡〈鹦鹉赋〉》:"痛母子之永隔,哀伉俪之生离。"李周翰注:"伉俪,夫妇也。"许慎《说文·人部》:"伉,人名。"许氏不识"伉"字的含义,只有老老实实应付式地交代一下。朱骏声《说文通训定声·壮部》："此字本训当为匹偶之谊。"朱氏稍略窥其一斑。其实，"伉俪"二字各有所指，"伉"指丈夫而言，"俪"指妻子而言，这与大家熟知的"凤凰"、"鸳鸯"也是各有所指同一个道理。前人不识汉语音本义原理的奥秘，自然解释不清，便只能含糊其辞了。汉语音本义原理认为，"kang"音之字强调"向上"、"在上"的特点；"li"音之字强调"附属"的特点，二者义界十分清晰。如"炕"，本是指将物体放置于火上烘烤，后来，北方将设在火灶之上的床也称为炕；如"抗"（扛），本是指将双手或两肩向上抬起的动作，《礼记·乐记》："歌者上如抗，下如队（坠）。"孔颖达疏："上如抗者，言歌声上响，感动人意，使之如似抗举也。"《辞海》（1990 年版）为此注解："抗，举起。"如"康"，即"糠"字的初文，本来是指簸扬舂好的谷米时向上飘扬的谷壳；又如"亢"，即高亢之"吭"的初文，本来是指头向上微抬起之人，健康之人精力充沛，昂首挺胸，这其实也是健康的"康"的本字。在古代家庭关系和夫妻性爱体位当中，丈夫都是处于在上的一方，而妻子总是处于附属于下面的一方，所以丈夫为"伉"，妻子为"俪"。

在这里也顺带谈一下与"抗"字有关的一个成语——分庭抗礼。《庄子·渔父篇》："夫万乘之主，千乘之君，见夫子未尝不分庭伉礼。""抗礼"写作"伉礼"。成玄英疏："伉，对也。"《史记·货殖列传》："（子贡）所至，国君无不分庭与之抗礼。"《庄子》中的"分庭伉礼"，实与《史记》"分庭与之抗礼"所指为一事。一直以来，训诂家们无不将"抗礼"解释为"对等之礼"，极为不妥帖。在先秦时期，君主与觐见的公、侯、伯、子、男，以及其他士大夫阶层的人之间，双方都有着比较严格的礼仪规范的。就拿君主来说吧，《周礼·秋官·司仪》的有关记载就可以作为参考。《司仪》记载："诏王仪，南乡（计按：同'向'字）见诸侯，土揖庶姓，时揖异姓，天揖同姓。"郑玄注曰："庶姓，无亲者也。土揖，推手小下之也。异姓，昏姻也。时揖，平推手也。……天揖，推手小举之。"孙诒让《周礼正义》卷七十二："江永云：'古人之揖，如今人之拱手而推之，高则为天揖，平则为时揖，低则为土揖也。推手为揖，引手为撎，又谓之压。'黄以周云'拱手小下曰土揖，土揖下衡也。'案：江、黄说是也。"《大戴礼记·朝事篇》也有类似记载："天子南乡见诸侯，土揖庶姓，时揖异姓，天揖同姓，所以别亲疏外内也。"从上引资料可知，君主之揖分三等，即也包含了区别对方地位尊卑的意思。《春秋传》说："名位不同，礼亦异数。"《庄子》、《史记》所讲的"分庭抗礼"，实际就是讲君主从堂上走下大庭，与地位尊贵的来客施行"天揖"，也是双手抱拳向上抬起之礼。"分庭抗礼"本来是君主对尊贵客人的一种极高礼遇，迂腐文人不识庐山真面目，胡乱解说，以致几千年来没有一个解对、用对的。

上引许氏等家的观点，我们仅点评为"比较正确"，就是基于他们没有能够弄清楚"伴"字所强调的音本义特点这一原因而说的。

2. 李程《汉字字源与字根》："伴，由'人'和'半'构成。'半'字有在中间的含义，整个字的意思是在人中间，由此产生同伴，伙伴的含义。引申表示陪着。"①

点评："半"字的分析见前面。"中间"、"正中"等义，是"半"字在特定词语组中引申出的，不是"半"的本义。李程先生这种分析汉字形义结合的方法，是不符合汉字构形的基本规律的，不可盲从。

音本义、形本义概括：

伴（秡），是指两个同为一个整体，但又处于对等关系的其中任何一个人。"陪伴"、"陪同"，都是它的本义中引申出来的意义。

三　班（ ）

读音分析：

班，普通话读"bān"，会同话也读为"bān"。二者读音相同。

形体分析：班字，金文写作" "（班簋）、" "（邾公孙班镈）等形，字从两"玉"（计按：" "为"玉"字，不是"王"字，见第四章分析），从"刀"构作，属于象事结构的文字，表示用刀将玉分割成对等的两半。《说文》小篆写作" "，隶定作"班"，形体基本上保留着它在金文中的样子。

中国的玉文化有着悠久的历史。中国迄今发现最早的玉制品，是内蒙古赤峰市兴隆洼文化遗址出土的玉玦（jué）、玉璧，距今已有 8200 年之久；2005 年年初，河北易县北福地遗址出土了用于祭祀的玉玦和玉匕，距今也有 7000 年左右时间。由此可证，在原始社会新石器时代之前，华

① 李程：《汉字字源与字根》，东方出版中心 2008 年版，第 313 页。

夏先祖已经开始制作和运用玉器了。进入新石器时代，红山文化、良渚文化、大汶口文化、龙山文化，更是将玉器的制作工艺及崇高地位，推向了一个前所未有的高度。红山文化的玉猪龙，良渚文化的玉琮，就是其中最为杰出的代表。

俗语说："黄金有价玉无价。"我们的先祖崇尚玉、珍爱玉，他们认为玉不仅高贵美观，而且蕴涵了中华道德文化的精髓，是中华道德文化的象征和代表。《诗·秦风·小戎》："言念君子，温其如玉。""厌厌良人，秩秩德音。"可见《诗经》的时代，人们已经把玉当作温良谦恭的象征了。《礼记·聘义》记载了孔子谈论玉之品德的言论，孔子说："夫昔者，君子比德于玉焉：温润而泽，仁也；缜密以粟，智也；廉而不刿，义也；重之如坠，礼也；叩其声清越以长，其终之出然，乐也；瑕不掩瑜，瑜不掩瑕，忠也；孚尹旁达，信也；圭璋特达，德也。"在孔圣人的心里，玉很自然地成为了礼义仁智信的代表。《书·舜典》："乃日观四岳群牧，班瑞于群后。"以玉当作信物早已萌芽，从西周以后，更是蔚然风行于世了。王国维氏说："玉之大者，车渠之大以为宗器，圭璧之属以为瑞信。"[1]"班"字便是在这一历史背景下产生出来的。人们将器形相同的圭璧类玉器一套分为两个，然后各执一块作为信物，这就是"班"字所要表达的意义。

主流观点及点评：

1. 许慎《说文·珏部》："班，分瑞玉，从珏，从刀。"《尔雅·释言》："班，赋也。"郭璞注："谓布与。"《集韵·删韵》："班，别也。"《广雅·释诂三》："班，布也。"《正字通·天部》："班，凡骄气与人亦曰班。"段玉裁《说文解字注》："班，分瑞玉。从珏刀。会意，刀所以分也。"《汉语大字典》："班，分瑞玉。瑞玉是古代玉质的信物，中分为二，各执其一为信。"

点评：许氏《说文》释说正确，《汉语大字典》对此字的解说，则十分明白晓畅。其他诸家所释近是，"赋予"、"布与（颁给）"、"分别"，都是从"班"的本义引申出来的意义。

许氏《说文》分析字形大多以小篆形体为据，故多错谬。然而对

---

① 王国维：《观堂集林》第二册之《释珏朋》，转引自李圃主编《古文字诂林》第一册，上海教育出版社1999年版，第303页。

"班"字形体的认识则是十分正确的，真是难能可贵了。瑞玉，当为器形相同的圭璧类玉器，一般是成双成对的，大多适用于君臣、夫妻、情侣、友人之间。《汉书·司马相如传》："析圭而爵。"如淳注曰："析，中分也。白藏天子，青在诸侯也。"这是史书中有关各执瑞玉为信的确切记载之一，瑞玉一分为二，就是用来表达"身虽异处"，但"永世合力同心"的作用。今天大家熟悉的"情侣表"、"情侣衫"等物品，其实就是这一习俗的遗留及发展。

《尔雅·释言》："班，赋也。"郭璞注："谓布与也。"《广雅·释诂三》："班，布也。"天子将众多的瑞玉颁赐给群后（计按，古代邦国君王称后），就是所谓"赋予"、"布与"、"布施"的意思。这一意义，是从君王这一独有的行为引申出来的，假如高层贵族之间将瑞玉一分为二作为信物，就不能叫作"赋"、"布"、"布与"。班字的这一引申义，现在用"颁"来代替，"颁奖"、"颁布"、"颁给"等现代词语，本来应该写作"班奖"、"班布"、"班给"。此也可以证明，天子及贵族阶层对语言和文字的影响力是不容忽视的。"班"字强调的本是"平等"、"对等"的关系，但天子与群后，这种关系实际为"上下隶属"的关系。

2. 扬雄《方言》卷三："班，列也。"《礼记·曲礼上》："班朝治军，涖官行法，非礼威严不行。"郑玄注："班，次也。"孔颖达疏："次，谓司士正朝仪之位次也。"《广雅·释言》："班，次序也。"《尔雅·广诂》："班，次也。"《左传·文公六年》："赵孟曰：'辰嬴贱，班在九人，其子何震之有？'"杜预注："班，位也。"《文选·张衡〈东京赋〉》："然后百辟乃入，司仪辨等，尊卑以班。"李善注引薛综曰："班，位次也，谓尊卑等差也。"《汉语大字典》："班，次第，位次；序次，排列等级。"

点评：上引诸家对"班"字的解释，可以归纳为两个方面的意思：一是"序列"、"行列"；二是"等级"、"位次"。虽然"序列"、"行列"一般都包含着"等级"、"位次"（如按高矮位次排成行列、序列），"等级"和"位次"也一定会合成"序列"和"行列"，但是"序列"、"行列"与"等级"、"位次"所强调的侧重点是不同的，因而二者也并不能按同一个概念去对待。郑玄、杜预、薛综等氏将这两个不同的概念混为一谈，都是不太确切和完善的。

首先，谈一谈"班"字的"等级"、"位次"的问题。

《周礼·春官·大宗伯》："以玉作六器，以礼天地四方。"又说："以玉作六瑞，以等邦国，王执镇圭，公执桓圭，侯执信圭，伯执躬圭，子执谷璧，男执蒲璧。以六禽作六挚，以等诸臣……"从《周礼·大宗伯》的解说看，六瑞即分六等，周天子根据邦国地位之尊卑，将其分为"王"、"公"、"侯"、"伯"、"子"、"男"六个等级，并依据其所属之等级，"班（颁）与"相应的"镇圭"、"桓圭"、"信圭"、"躬圭"、"谷璧"、"蒲璧"。而一般的"诸臣"，是没有与天子分瑞玉各执一半为信资格的，只能接受天子"以六禽作六挚，以等诸臣"。六瑞虽为六等，但每一等每一款却仍然是"一式两份"，天子留下其中的一块，而将另一块颁赋邦国。从周天子给邦国颁赋六瑞以为信物之事可知，六瑞虽有尊卑之等级，但在天子将不同等级的瑞玉一分为二，班（颁）给邦国时，"班"这一行为并无尊卑等级可言，它强调的重点仍然是将同一体的圭璧类瑞玉对等分开，各执一块。由此可知，瑞虽分六等，但对于天子与邦国双方而言，"班"是没有"等级"和"位次"的。将"班"释义为"等级"、"位次"之说，不足为据。

其次，谈一谈"班"的"序列"、"行列"问题。

从汉字发生学及汉字音形义结合的规律看，"班"本来是指将成双成对的圭璧瑞玉对等分开，然后各执一块作为信物的一种行为。从这一行为中，可以引申出"颁给"、"分开"、"平等"等意义，但是，无论如何也引申不出"序列"、"行列"之义来的。"班"字的"序列"、"行列"之义，其实是因为"班"字通假"䇷"（bān）字所导致。"䇷"字从"八"从"美"（计按：僕字初文，现在简写作仆），构形原理与"半"（半）完全相同，表示臣仆对等分开为两列相向站立（或静坐）于君王的座位前面。从"臣"的音义与构形可推理，这种议事方式，起源绝不会晚于商代中期。汉语音本义原理认为，"chen"音的音本义主要强调"相对"、"平等"的特点，臣僚面对面、站成平等的两列，所以，行列中的人员可以称呼为"臣"。"臣"字在商代武丁时期的甲骨中就已经出现，可证这一推理是站得住脚的。古代"臣"、"僕"所指对象相同，"䇷"字之义，则必定是将臣仆对等分为两个部分之意义。《说文·美部》："䇷，赋事也。"《周礼·地官·大司徒》："乃分地职，奠地守，而颁职事焉，以为地法，而待政令。"郑玄注："颁职事者，分命使各为其所职之事。"此"颁"即是"䇷"字，赋事，颁职事，就是指君王为分列两旁的臣仆安排事务。《孟子·公孙丑上》："伯夷、伊尹与孔子，若是班乎?"公孙丑的意思是说伯夷、伊尹不是能够与孔子在天子朝廷上站在同列的。赵岐为此注解说:"班,齐等之貌。"赵氏虽然不知道班是"䑽"字的通假,但释义正确。宋代沈括《梦溪笔谈·故事一》记载:"唐制,两省供奉官东西对立,谓之蛾眉班。"负责供奉的官员分成两列东西相对站立(计按:天子坐北朝南,所以臣僚则站成东西两列),这种形式就是"䑽"字的含义。后世文人不识"䑽"字,便常常用同音的"班"字来通假了。今天所讲的"上班"、"班次"、"班辈(家族辈分)"中的"班",其实都是"䑽"字的通假。由此可知,"班"字的"序列"、"行列"之义,是因为通假"䑽"字所得到的。

3. 左民安《细说汉字》:"'班'字的本义就是'分玉',如《说文》:'班,分瑞玉。'就是说:把一块美玉分成两半就叫'班'。后来又引申为'分发',如:'班瑞于群后。'(《尚书·舜典》)大意是:'把(作为凭证的)玉分发给诸侯。'由'分发'之义又能引申为'颁布',如《后汉书·崔骃传》:'强起班春。'也就是说:勉强起来颁布春天的政令。由'颁布'之义又可引申为'布置'或'排列',如'班位于天下'即'排位于天下'的意思。现在所说的'班级'中的'班'也正是从'排列'之义引申出来的。"①

点评:左民安先生长期从事古汉语的研究与教育,在文字学、训诂学领域取得了较大的成就。陆宗达氏评价说:"民安研究古汉语,尤于文字训诂见其功力,且能博综典籍,究其奥义。"② 能够获得陆宗达氏如此推崇,足见左先生文字训诂之功力的确非同凡响。《细说汉字》(计按,由左民安《汉字例话》、《汉字例话续编》合成)本着普及汉字知识的宗旨,因此,语言浅显,说解通俗,文笔生动,"使本来非常专业枯燥的文字学知识为众多读者所接受"。③

然而,我们觉得,左民安先生对"班"字字义的源流解释并不十分恰当。其一,"班"的本义不能解说为"分玉"。如按左先生所讲,古人为何不将这一行为直接称为"分"、"切"、"析"、"判"?左氏"分玉"之说,混淆了汉字的义界。其二,"排列"、"序列"并不是"班"字的

① 见左民安《细说汉字》,九州出版社2005年版,第399页。
② 陆宗达语,见《细说汉字》序一。
③ 李学勤语,见《细说汉字》序二。

引申义,而是它通假"<ruby>簭</ruby>"字所致。本义与比喻义,本义与引申义之间,是一种水到渠成的很自然的关系,不可能是辗转和迂曲的。古代所讲的"一班(簭)",也就是通常所讲的"一列"、"一排",可见"班(簭)"本身就包含了"排"、"列"的含义。"同班同学",即序列、等级一样的学习者;"上班",就是由古代官员的"站簭",以及清代官员排成两列上朝的制度演化而来。

4. 李程《汉字字源与字根》:"班,金文、籀文和篆文'班'字由两个'玉'和'刀'构成。意思是把玉用刀分作几部分,由此产生相同和分开的含义。从相同的含义中引申出由相同的人构成的组织,再引申表示排列、时间段落等。从分开的含义中引申出调动和调回的含义。"[①]

点评:第一,李程先生对"班"字的形体分析是正确的;第二,说"班"字的意思是"把玉用刀分作几部分",此说不确切,古代的"班",只是将形制相同、颜色有别的两块圭璧分为两处,天子与邦国各执其一为信;第三,说"由此产生相同和分开的含义",解说比较正确;第四,"从相同的含义中引申出由相同的人构成的组织,再引申表示排列、时间段落"之说有误,这个意义是"班"通假"簭"所致;第五,"从分开的含义中引申出调动和调回的含义。"此说也误,文献中"班师回朝"的"班"也是通假字,本来应该写作"般",李先生不知道老祖宗用错了字,所以如此一再"引申"。

音本义、形本义概括:

班,本来是指天子与诸侯国将形制同一的瑞玉对等分开,并各执一半为信的行为。这个意义现在用"颁给"的"颁"代替。

簭,本来是指在同一朝廷的臣僚对等分开,在君王面前站成两个行列的形式。这个字现在用"班"来代替。

四　颁

读音分析:

"颁",在许慎《说文》的时代就有"fén"与"bān"两音。

"颁"读"fén",属形声字,表示大头的意思。

"颁"读"bān",为今天大家所熟知的读音,属后起象事结构的文

---

① 李程:《汉字字源与字根》,东方出版中心 2008 年版,第 97 页。

字，原先本用于表示头部左右两半之义，现在用于通假班赐瑞玉的"班"字，意义引申为颁给、颁予、分发。这一意义的"颁"（班），会同话也读为"bān"。

形体分析：

颁，《说文》小篆写作"頒"，字从"分"、从"页"（突出人头部的形体），本来属于形声字，当读为"fén"，表示大头之意。《诗·小雅·鱼藻》："鱼在在藻，有颁其首。"毛传："颁，大首貌。"《广韵·文韵》："颁，鱼大首。"现在，用"颁"（fén）来表示"大头"之义的用法，在汉语中已几乎消失。

当然，"颁"也是可以当作象事结构的文字看的，这应该与古人将头发平分为二的习惯有关，因此，"颁"就有了"bān"这个音。但是，"颁"字的这个意义后来为"鬓"（并列之义）所代替，它也就失去了存在的价值了。然而戏剧性的事不久又降临它的头上，古代文人用简单易认的"班"字去顶替了那个难写难识的"絭"字后，它又咸鱼翻身，迅速坐到了"班"原来的位置。汉语本是很科学的，汉字也本是很逻辑的，那些老爱写错别字的文人，却给子孙后代带来了如此的困扰。但这不是汉语汉字本身的问题，而是不懂汉语汉字真谛的文人用字错误所致。不过令人庆幸的是，汉字的音形义组合是有规律可依循的，随着时代的变化发展，我们可以将"颁"字形体表现的含义，转变为将两个同类礼物中的一个分给朋友作信物的行为。这样，虽然与它的初义不切合，但对汉语汉字的发展还是较有利的。

主流观点及点评：

1. 许慎《说文·页部》："颁，大头也。从页，分声。《诗》曰'有颁其首。'"马叙伦《说文解字六书疏证》卷十七："钮树玉曰：'《诗·鳞》释文，大首貌。《说文》同。'桂馥曰；'《类篇》引作大首貌。'"

点评：颁，fén，意义就是"大头"、"大首"、"头大"之义。许氏释义、析形皆正确。汉语音本义原理认为，"fen"音的音本义，主要强调了"大"这个特点。如"坟"字，扬雄《方言》卷一："坟，地大也，青幽之间，凡土高大者谓之坟。"《诗·周南·汝坟》："遵彼汝坟，伐其条枚。"毛传："坟，大防也。"大防，即高大的堤防。《礼记·檀弓上》："古也墓而不坟。"郑玄注："土之高者曰坟。"段玉裁《说文解字注》："析言之则墓为平处，坟为高处。"林成滔《字里乾坤》："最初的土葬是比较简单的，只是挖个坑穴，上面并不堆土，这叫墓。后来墓上堆起了土，叫坟。"① 可见，坟本是指高大的封土堆或堤防。如"粪"字，繁体写作"糞"，甲骨文写作"𥸠"，它的形体基本都是以"𠬞"（双手抬举之状，共字下部也为双手之形）、"𠙻"（箕字初文）、"ꞏꞏꞏ"（表示路上的牛马粪便）组成，属于象事结构的文字，表示地面上可以用箕去撮取的牛马粪便，粪便像堆在平地上的土堆（坟）之状，所以也有"大"之特点，所以俗语称粪为"大便"。又如"纷"字，许慎《说文·系部》："纷，马尾韬也。"许氏释说不确切，其实纷源于马尾，马尾部毛长浓密而大，古称作"纷"，所以"纷"字有多、乱的引申义。《文选·扬雄〈羽猎赋〉》："青云为纷，红蜺为缳（huán，绳环）。"李善注引韦昭曰："纷，旗旒也。"旗旒也简称"旒"、"游"，即附在旗面侧边的又长又多的飘带。西汉扬子云以纷喻旒，足证纷即指马尾尾部胀大之处的长毛。因篇幅原因，此不再赘述。

2. 许慎《说文·页部》："颁，一曰鬓也。"《洪武正韵·删韵》："颁，额两旁曰颁。"《汉语大字典》："颁，bān。鬓。"

点评：颁读"bān"时，本义当指将头部之发从中心分为两半之形，许氏等释其为"鬓"，义近是。这一读音的源起及音义结合原理，前面已经作了分析，可参阅。

3.《辞海》（1990 年版）："颁，bān。颁布；颁发赏赐。"《汉语大字典》："颁，bān，通'班'。赏赐；公布；次第。"

点评：《辞海》所释，乃是颁字因通假"班"字而引申出来的意义，但作为一本大众熟知的、权威性很强的语言文字工具书，不交代清楚意义的由来，这种做法是不负责的。与《辞海》相比，《汉语大字典》的释说就显得稳当而妥帖。但"次第"之义是"箕"字的引申义，不是"班"字的引申义，请参阅前面的有关内容。

4. 李程《汉字字源与字根》："颁，bān。由'分'和'页'构成。'页'字表示有感觉的人，整个字的意思是人把任务分配下去，由此产生放下的含义。"②

点评：李程先生在此又一次"想当然"地解说汉字形义结合的缘由，

---

① 林城滔：《字里乾坤》，中国档案出版社 2004 年版，第 261 页。

② 李程：《汉字字源与字根》，东方出版中心 2008 年版，第 470 页。

大误。李先生这本号称"当代说文解字"的工具类书籍，解说汉字形义的方式的确也让人感觉太"当代"了，太背离了汉语汉字的规律，极不可取。

音本义、形本义概括：

颁（fén），是指动物又圆又大的头颅。

颁（bān），是指将同一头部的毛发从中心对等分开后的任何一半。

颁，通假为"班"，本是指天子将同一形制的瑞玉对等分开，并各执一半为信物的行为。后来引申出"赏赐"、"颁发"、"颁布"的含义。

五　版、板

读音分析：

版，普通话读为"bǎn"，会同话读为"bán"。二者读音基本相同。

板是版的异体字，音义与版相同，在古代，板与版完全通用无分别，其实可以废除"板"字。

形体分析：

版，《说文》小篆写作"版"，《睡虎地秦简》写作"版"，楷化后写作"版"，字从"片"、从"反"构作，属于形声兼象事结构的文字。

"片"字小篆写作"片"形，甲骨文写作"片"、"片"等形，取半"木"会意，即小篆之木，被分割为"片"与"片"两个部分，属于象事结构的文字。许慎《说文》："片，判木也。从半木。"解说至确。孙海波《甲骨文编》："按：古文一字可以反正互写，片、爿当是一字。"① 片、爿确是一字异体现象，在甲骨文时代，二字作为构字的部件时，功能完全一样，都表示床板之形，用来提示与床有关的意义。到了小篆时代，两种形体的功能开始分化，"爿"仍然承沿了以前的象征意义，"片"则表示一般意义的木板。

版字从"片"，表明此字的意义与木板有关，音读为"bǎn"，表示版字所指的对象具有"同一体"、"对等分开"的特点。

《汉语大字典》说："版，木板。也指将木头分割成薄片。后作'板'。"版就是大家所常讲的"木板"、"板子"，它得名为"版"，主要是由原始工匠用楔子分割木材的规则所决定的。根据事物发生学的规律，

---

① 孙海波：《甲骨文编》，中华书局1965年版，第303页。

最早的成形的 "版"，应该是将成段的短木从中一分为二所得的。在还没有出现锯子的原始时代，古人只能是借助石制的斤斧与楔子将木一分为二。中国传统文化认为："万物贵乎得中"，破木其实也是这个道理，只要有过借助斧头、楔子破开原木经历的人就知道，只有将开口之处位于中心线上，才有可能得到较完整的木板。其实何止破木是如此，破竹、破石块无不都是这样，汉语与生活的联系真是太紧密了。殷商甲骨文里已经出现了一个反映这一生活情形的字，那就是 "协"（今天写作 "协"）字。"协" 字上部所从之 "力"，代表三个尖尖的石制或木制的楔子，下部所从之 "口"，即表示裂口之形。过去，一些古文字学家将它理解为多人耕田之意，但字义与形体完全不相符，说不可从。唐汉先生说它是石楔破木之形，非常符合生活的实际。他说："协（協、协），甲骨文的 '协' 字，上半部是三个表示裂木石楔的 '力'，下半部是表示原木上裂口的 '口'。两形会意，表示将石楔（力）一个接一个按顺序楔入，原木自会解为木板。"[①] 唐汉先生解字虽然时有发挥过了头的现象，但的确也不乏闪光之处，比一些脱离生活实际、只知道死读书读死书的文字研究者来说，唐汉先生是有很多可爱之处的。唐先生此释至确无疑。时至今日，在会同很多的农户家里，这种原始的破开原木的方式，依然没有什么大的变化。由此可推知，"版" 字虽然是小篆时代才出现的新的字体，但裂木为两半（版）的行为已在原始社会的石器时就已产生了，人们把 "片"（半木之状）称为 "bǎn"，是符合汉语言发生的规律的。随着金属锯的发明，人们可以凭借锋利平薄的锯片将原木分割成多块平整的 "版"（木板），尽管这已经偏离了 "ban" 音 "对等分开" 的要求，但这个名称却一直延续了下来，古人并不因为后来的变化而刻意去进行改正。

"版" 是从 "片" 分化出来的字，"板" 现在多用于专指平整的版状物，但弄清了 "版" 的源流后，我们知道 "板" 字实在没有存在的必要了。

主流观点及点评：

1. 许慎《说文·片部》："版，判也。从片，反声。"段玉裁《说文解字注》："版，片也。旧作 '判也'，浅人所致，今正。凡施于宫室器用者皆曰版。今字作板。"王筠《说文句读》："谓判之而为版也。"《辞

---

① 唐汉：《中国汉字学批判》（上册），东方出版社 2006 年版，第 86 页。

海》：“版，①亦作‘板’。筑墙用的夹板。②古时书写作的木片。③名册或户籍。④手版，即朝笏。⑤印刷用的底版。引申为书籍印刷一次之称。”《汉语大字典》释义与《辞海》基本相同。

　　点评：版，最初是指将原木从中间平等分开后所得到的两块较平整的材料。后来泛指一切扁平的块状物，如“石版（板）”、“脚版（板）”、“手版（板）”等。许、段、王三家所释近是。

　　《辞海》所释第②③④⑤条，都是汉语的因果律决定的。古时候小孩习字的物件，以及早期政府机关的户籍名册等，在书写纸没有发明以前，基本上是用木片、竹片来制作的。古代臣子上朝拿在手上的“笏”（如图5—20所示），也是用狭长的象牙板玉板或竹片来制作的，主要用来记录君命及旨令。上面还可以简要地写

图5—20　笏

上所要奏报给君王的事件，以防忘记，“笏”其实就是“勿”，因它能起到让人勿忘汇报事项的功能，所以称“笏”（计按，主要为竹片制作，才加了个竹字头）；因它又是玉板或竹板制作的，所以又可称“手版”、“朝版”。至于印刷所讲的“底版”，这就与中国古代的“雕版印刷术”有关了，隋朝时期，科举制度确立，读书人大量增多，佛教空前兴盛，佛教典籍大量翻译、传播得到快速发展，这样，社会对书籍的需求量迅猛增加，“雕版印刷术”便应运而生了。明代著名学者胡应麟曾在《少室山房笔丛》一书中说：“雕本（计按，即指雕版印刷制作的书本）肇（zhào 开始）自隋时，行于唐世，扩于五代，精于宋人。”胡氏对雕版印刷术的发展历史的论述，精简而正确。所谓“雕版印刷”，就是先将文字、画面雕刻在用质地细密的枣木、梨木等制作的木版上，然后用一把专门醮墨的刷子在雕版上涂好墨，接着把纸覆盖于雕版上，又用另一把干净的刷子均匀地刷过纸面，一次印刷就宣告完成。这些雕刻着文字、图画的木质版，就是今天大家所讲的“底版”。

　　2. 李程《汉字字源与字根》：“版，由‘片’和‘反’组成。‘片’字有模板的含义，其旁加‘反’是为了与‘片’字的其他含义区别开，

专门表示模板的含义。'反'字有耕种井田的含义，整个字的意思还可理解为把耕种井田的人的姓名写在木板上，由此产生户籍的含义。整个字还可理解为刻有字形相反文字的木板，由此产生雕版的含义。引申表示印刷、底版等。"①

点评：李程先生如此的"解文说字"，已经完全脱离了汉字形义结合的基本规律和词义扩展规则，纯属臆测，不足为据。如果按李先生所讲，雕版是因为上面刻有"相反"的文字才叫"版"，那么，试问小孩练习写字的木版，政府机关写有出生等信息的户籍版，以及绘制有山川等信息的木版图，怎么又被称为"版"呢？看来李先生实在是难以自圆其说的。

3. 王力等编著《古汉语常用字字典》："板，bǎn。①木板。②诏板。③笏板，官吏上朝时所持的手板。④板结，给成板块。"又："版，bǎn。①筑土墙用的夹板。②古时写字用的木片。③名册和户籍。④古代大臣上朝拿着的手板。"②

点评：王力等将"板"与"版"分别列出，分开解释，模糊了两字之间"一字异体"的关系，做法极为不妥。"版（板）"字的音形义结合的原理，以及两字的源流关系，前面已经作了比较详细的分析，此处不再浪费笔墨。

音本义、形本义概括：

版（板），最初是指将同一体的原木（或竹）从中心对等分开后所获得的两块材料。后来泛指所有的版（板）状物。

六　办

读音分析：

办，普通话读"bàn"，会同话读"ban"。二者读音区别不大。

形体分析：

办，繁体写作"辦"，这一形体收录在徐铉《说文新附》当中。在秦汉及以前之时期，"辨"即用为"辦"（办）字。《周礼·考工记·序官》："或审曲面执，以饬五材，以辨民器。"郑玄注："辨，犹具也（计按，即备办、具办之义）。"辨，金文写作"辡"（辨簋）、"辡"（辨簋）

---

① 李程：《汉字字源与字根》，东方出版中心 2008 年版，第 243 页。
② 王力等编：《古汉语常用字字典》第 4 版，商务印书馆 2007 年版，第 9—10 页。

等形；《睡虎地秦简》写作"辬"形，《说文·刀部》小篆写作"辡"形，隶定作"辬"或"辨"，字从两"辛"、从"刀"构作，属于象事结构的文字，表示将棍棒之类的柴薪从中间分为两段之意。

那么，金文"辬"字所从"辛"（辛）字的含义是怎样的呢？

甲骨文、金文中有一字写作"辛"、"辛"、"辛"、"辛"（禹敦唯六月既生霸辛已之"辛"）等形，后世隶定作"辛"，读为"xīn"；甲骨文中又有一字写作"辛"、"辛"、"辛"等形，后世隶字作"辛"，读为"qiān"，是一种有尖利刀口的刑具。"辛"字在会同话里仍然多有运用，如"我手上辛了一根刺。"鱼和植物的刺很尖，刺入皮肤后，就像被刑具"辛"辛进了肉里一样（前一个"辛"为名词，后一个"辛"为动词，古汉语名动相因规律非常显著）。许慎《说文·辛部》："辛，罪也。从干、二。二，古文上字。凡辛之属皆从辛。读若愆，张林说。"《说文·辛部》："辛，秋时万物成而熟。金刚味辛，辛痛即泣出。从一，从辛。辛，罪也。辛承庚，象人股。"许氏释"辛"为"罪也"，还有些靠谱，而对"辛"字的解说，则完全如痴人说梦，大误。对于这两个字，后世文字学家仍然有较多的模糊认识，弄不清楚两字之间的关系，到底是一字异体，还是截然有别。从甲骨文、金文的形体看，"辛"字下部都呈弯曲之状，而"辛"字却从没有这种类似的形体，两字在甲骨文、金文时期判然有别，绝不是同一个字。"辛"像尖利弯曲的刑刀之形，古名又称作"剞劂"，学界已成定论。而"辛"所像何物，则是众说纷纭，大多文字学家已经习惯将"辛"、"辛"视作一字之异体。

清代朱骏声《说文通训定声》："辛，大罪也，从羊上会意。干上为辛，罪之小者；芉上为辛，罪之大者。"辛字小篆写作"辛"形，上部所从的"二"，即甲骨文、金文中的"上"字。朱氏依据讹变了的小篆字形立说，析形大误；又根本不清楚"辛"、"辛"两字形体之源流，强为解说，将两字混为一谈，并误。林义光《文源》："按祖己父辛器，聿贝父辛器，妣辛器皆作辛，是辛与辛同字。"后戴家祥氏从其说。[1] 胡小石《说文部首》："辛、辛二字无别，卜辞作辛为辛、辛，金文作辛（父辛敦），然亦有辛（𤉡鼎）者，惟作辛者为后出。最早乃从上、从倒大之

---

① 戴家祥：《金文大字典》下册，学林出版社1999年版，第4547页。

形。殷末周初，金文始在字上加一点，后再蜕为一划。"郭沫若的《甲骨文字研究·释干支》："据余所见，⼽、辛、⾠实为一字。……象古之剞劂，即刻镂之曲刀形，因亦用于剢凿罪人或俘虏之额。故借施黥之刑具剞劂表现罪愆之义。"郭氏解析"⼽"字的形体与意义至确无疑，但他又将此字和天干中的"辛"字混同为一字，可证郭氏对"辛"的形体意义也并不明了。詹鄞鑫先生也说："甲骨文中的⼽或⾈是辛字，已属无疑。甲骨文作偏旁的⼽字，比⾈少一横画，即《说文》的辛字。许慎把辛辛分为二字。实际上，在古文字里，它们是没有区别。"① 徐复、宋文民先生《说文五百四十部首正解》："辛、辛一字，皆有罪义。……剞劂者，曲刀也，乃施黥之刑具，其形殆如今圆凿而锋其末，刀身作六十度之弧形。金文串父敦作⼽，父辛爵作⾈（加一乃示上下意），即其正面圆形，作⼽，⾈者则从断之侧面，知此则知辛、辛何以为一字之故。"② 林义光、胡小石、郭沫若、詹鄞鑫、徐复、宋文民诸氏，视"辛"、"辛"为一字，皆误。

我们认为"⼽"、"⾈"都是"辛"字，"▽"像新生的蓓蕾、叶芽之状，"⼂"像草或树的细枝，而金文"⾈"（萬簋）下部明显从"⽊"构作，"⾈"属有事象事结构的文字，意思就是冒着嫩芽的"木"，构形意图十分明显。"辛"、"辛"不为一字，一些文字学家也早有察觉。王国维氏说："余谓十干之辛自为一字，其字古文作⼽作⾈，或作辛。训罪之辛又自为一字，其字古作⾈作⼽作⾈。"此二字之分，不在横画之多寡，而在纵画之曲直。……⼽字当从《说文》嗙字读，读如'蘗'，即天作孽之孽本字。"姚孝遂先生指出："王国维论'辛'、'辛'之别，其说是对的。《说文》'辛'、'辛'两部所属诸字，实多相混，与古文字形体不符。不得据此讹变之形体以证'辛'、'辛'同字。……郭沫若以'辛'、'辛'、'⼽'同字，均象剞劂之形，溯其原始，或当如此。然无确证，且卜辞已区分显然，只能存参。"③ 王、姚二氏将"辛"、"辛"二字区别开来是正

---

① 詹鄞鑫：《释辛及与辛有关的几个字》，《中国语文》1983 年第 5 期。

② 徐复、宋文民：《说文五百四十部首正解》，江苏古籍出版社 2003 年版，第 420—421 页。

③ 于省吾主编：《甲骨文字诂林》第三册，中华书局 1996 年版，第 2500—2501 页"姚孝遂按语"。

确的，但可惜未能明确指出"辛"字所像为何物。

可喜的是，1986 年《河南大学学报》第二期刊登了夏渌、于进海先生有关"辛"字形体分析的文章，他们分析说："'辛'代表植物的新生枝条，其上部的▽形与古字'不'、'帝'等字上部同（计按，'不'字甲骨文写作''、　'帝'写甲骨文写作''），是萼丕、花蒂之属，……代表植物的新生萌芽。""古代农民在房前屋后或所属的山丘种植烧柴林，多年砍伐枝条，保留树干树本，砍伐下来作柴火的新枝就叫'薪'。古文字'新'（）从斤（斧斤）砍'亲'（辛），就是柴火、炊薪字的初文，引申假借为新旧的'新'以后，再加草头作'薪'，代表'新'的本义。'辛'、'亲'、'新'、'薪'音义是有内在联系的。""'辛'可能代表草木新枝新草，可以代表柴棍的'薪'，当然也可以代表责罪鞭笞的工具榎楚、荆条之类。"① 夏、于两位先生对"辛"字的解析深入浅出，符合历史的生活实际与汉语发生学的原理，无疑是真知灼见，十分正确的。《礼记·月令》："其日庚辛。"注曰："辛之言新也。"《史记·律书》："辛者，言万物之辛生也，故曰辛。"《释名·释天》："辛，新也。物初新者皆收成也。"许慎《说文》："新，取木也。"即砍剡树木新生的枝条为柴薪，可证"辛"正是新生的"新"之本字，是指树木新生的枝条。

"辦"字中间从"刀"，意思就是将棍棒、枝条类柴薪从中间分为两段，以准备用于烧火做饭，操办炊事。这一道程序，会同话称之为"办柴火"，"办柴火"是为厨房烧火煮饭做准备的，所以，"办"（辦）字就引申出了"准备"、"操办"等意义。

主流观点及点评：

1. 许慎《说文·辡部》："辦，判也。从刀，辡声。"徐铉《说文新附》："辦，致力也。从力，辡声。"段玉裁《说文解字》："辦，辦从刀，俗作辨。……古辦别，干辦（办）无二义，亦无二形二音也。"钮树玉《说文新附考》："辦即辦之俗体。"《字汇》："从力与从刀者不同，刀取判别之义……力取致力之义。"

点评：辦（办）与辨古为一字，许、段、钮三氏的解说是较正确的。

---

① 夏渌、于进海：《释"对"及一组与农业有关的字》，《河南大学学报》1986 年第 2 期；又见于李圃主编《古文字诂林》第十册，上海教育出版社 2004 年版，第 1030 页。

辦字其实是从辨字讹变而来，因中间所从之"刀"与"力"字形近而误所致。《说文新附》、《字彙》将"辦"与"辨"强行分为二字，不足为据。

辨字分化出"bàn"与"biàn"两音，很可能与"辩"字有一定关系。许慎《说文·辡部》："辡（biàn），罪人相与讼也。从二辛。"饶炯《说文部首订》："辡，即争辩本字，谓罪人互讼，争论屈直，各自疏解其事，故从二辛见义。盖辡为罪人自辡其非。"经传无所谓"辡"字，"辩"当训释为"罪人相与讼也"，许氏《说文》可能在传抄中出现了错讹，饶炯氏不识其非，将"辡"当作"辩"的本字，那是本末颠倒了。许慎《说文》辨下又说："辨，别也。"辩字下又说："辩，治也。"《荀子·议兵》："城郭不辨，沟池不抇。"杨倞注："辨，治也。"可见辩与辨在先秦时用法就已经相混了，许氏对辩、辡二字的解说也明显有误。马叙伦氏《说文解字六书疏证》卷二十八讨论了这一问题，马氏说："伦按辩当训讼也。《易·讼卦》：'虽有小言，其辩明也。'《礼记·曲礼》：'分争辩讼。'可证也。今讼之训，讹入辞下，罪人相与讼一句，又讹入辡下，皆传写之所致也。"[1] 马氏的推理足证其在文字上的造诣颇高，观点可从。争辩才可以区分谁是谁非，谁对谁错；争辩能让隐藏在暗处的事情真象越来越明晰，从这一点上来说，今天所谓的"辨别"、"辨析"、"辨识"，其实都可以写为"辩别"、"辩析"、"辩识"。辨、辦（办）、辩三字的关系，应当进一步厘清，从而做到正本清源，使它们回归到本来的位置上去。

2. 顾野王《玉篇·刀部》："辦，具也。"《周礼·考记·序官》："或审曲执，以饬五材，以辨民器。"郑玄注："辦，具也。"《辞海》（1990年版）："办（辦）。①治理；处理。②置备；采购。③创设；兴办。④做成；具备。"《汉语大字典》："办。①治理；办理。②创设；兴办。③处罚；惩治。④准备；备办。⑤存；具有。⑥办公室的简称。"

点评：《玉篇》"具也"的"具"，就是置办、备办的意思，这与"办"字的本义是有着紧密联系的。"办"，本是指用刀将砍伐好了的柴薪再断为两截的行为。这是一道对柴薪进一步加工处理的程序，如此加工后，以便将其整齐堆放在一处，以备后用，这就是"办"字最初包含的真实意义。可见，"处理"、"置办"、"备办"等意义是能够从古人这一

---

[1]　转引自李圃主编《古文字诂林》第十册，上海教育出版社 2004 年版，第 1048 页。

行为中直接引申出来的。

辦是由辦字讹变来的，现在简体写作"办"，与古人造字的原理还是比较相符的（如简写为"𠂔"更好）。"办"字从"八"、从"力"，正与"半"、"𥬚"字从"八"构作的原理一样，可以从中看出"对等分开"的意义。但当然，如果与它的本字"辦"相比，其构形的逻辑性还是远远不能相比拟的。

音本义、形本义概括：

办（辦），本来是指将柴薪对等分开为两段，以备后用的行为。从而引申出"处理"、"置办"、"备办"等意义。

七 绊

读音分析：

绊，普通话读为"bàn"，会同话也读为"bàn"，二者读音相同。

形体分析：

绊，《诅楚文》写作"𮦵"形，《说文》小篆写作"䋊"形，字从"糸"、从"半"构作，属于后起的形声字。字从"糸"，可知此字与丝线之物有关，从"半"得声，可知这一事物有"对等分开"和"同为一体"的特点。

主流观点点评：

1. 许慎《说文·糸部》："绊，马絷也。"段玉裁《说文解字注》："绊，《小雅》'絷之维之'，传曰：'絷，绊，维，系也。'《周颂》曰：'言授之絷，以絷其马'。《笺》云：'絷，绊也。'按：絷谓绳。因此绳亦谓之絷。"《汉语大字典》："绊，御马的绳索。"

点评：三家所释都正确。絷读为"zhí"，此形体不见于甲骨文、金文，是一个后起的形声字。上部从"执"，表示拘执不动的意思，下部从"系"，表示意义与丝线有关，整个字的形体意思为：用于拘执（某物）使其不能移动的绳索。絷，《说文》本来写作"𡕒"，小篆写作"𥾝"形，像马的四足被环形绳索"〇"束缚限制之状，表示可以限制马匹走动的绳索，属于象事结构的文字。许氏《说文·马部》："𡕒，绊马也。"解释正确，但不甚明了。《汉语大字典》将"绊"解释为御马的绳索，即俗语讲的"缰绳"，则十分通俗易懂。

古代对驾马的缰绳有几种称呼。一是"缰"，这个名称强调绳子的

"强劲"、"粗长";二是"緤"(xiè),这个名称强调左右缰绳的"协作"功能;三是"鞘"(字同约,《礼记·少仪》:"牛则执纼,马则执鞘"),这个名称强调缰绳的"约束"功能;四是"絷"(𩢕),这个名称强调缰绳"拘执使止"的功能;五是"辔"(pèi),古代马车最少为两匹马四根缰,但大多是四马八缰的形制,由此可知,这是从驾马缰绳的"众多"、"合作"的特点取名的;六是"绊",这个名称则是从单匹马的环状缰绳"对等分开"于左右的形制得来的。由此也可佐证,汉语命名是有内在规律的。六个名称虽音形各异,强调的特点不同,但所指又实为一事,这又正好反映了中华民族看问题时的多面性与统一性,可见华夏先人是很善于思索和总结的。

2.《正字通·系部》:"绊,《增韵》:'系足曰绊,络首曰羁。'"《资治通鉴·魏元帝景元三年》:"今绊姜维于沓中,使不得东顾。"胡三省注:"绊,系足曰绊。"《辞海》(1990年版):"绊,拘系马脚。"《诗·周颂·有客》:"'言援之絷,以絷其马'郑玄笺:'絷,绊也。'引申为牵制或约束。"王力等编《古汉语常用字字典》:"绊,①拴系马足的绳索。②约束,牵制。"[①]《汉语大字典》:"絷,zhì,拘系马脚。《广韵·缉韵》:'絷,系马。'《诗·小雅·白驹》:'絷之维之,以永今朝。'毛传:'絷,绊,维,系也。'"又在绊字下说:"绊,①御马的绳索。②用绳子把马系住。"

点评:上述几家所释大误。究其原因,主要因为受"絷"字的另一形体"𩢕"的影响所致。"𩢕"字从"马"、从"◯"(表示绳索)附着在马的四足之处,致使众多文字学家认为此字是"用绳索将马足捆绑住"之义,这其实是这些文字学家脱离生活实际的结果。古人为什么要用绳索去捆绑住马脚?吃饱了撑的?我们要知道,古人造字必须遵循最常见、最易接受、最有独特之处几个原则,他们不可能去用罕见的事情来造字的。徐灏《说文解字注笺》说:"绊马不必专在足,作篆但就其字势于足上著之。段(段玉裁)依《韵会》补'足'字,非是。'韩厥执絷'即执其缰辔,非绊足之谓也。因之又为羁緤之称。"徐氏可谓卓识。《辞海》、《汉语大字典》不细致深入地去考察汉字形义之真实内涵,盲从古人,所以才会出现这种疏失。

3. 李程《汉字字源与字根》:"绊,由'系'和'半'字构成。

---

① 王力等编著:《古汉语常用字字典》,商务印书馆2007年版,第10页。

'半'字有中间的含义。整个字的意思是绳子在人的两脚中间，由此产生腿被东西挡住的含义。"①

点评：李先生"解文说字"，可谓是天马行空、自由来去，丝毫不受汉字形音义结合的内在规律的制约。我们不知道怎样点评才适合，此处只能"无语"了。

4. 顾野王《玉篇·系部》："绊，羁绊也。"《辞海》（1990年版）："绊，②走路时因脚被阻碍而倾倒。"《汉语大字典》："绊，③羁绊；拴束。④走路时被别的东西挡住或缠住。"

点评：羁，读 jī，是束缚在马头部的皮条，俗称"马络头"，"羁"与"绊"关系密切，所以人们经常将"羁绊"、"羁绁"连言。"羁"具有束缚马头的功能，而"绊"可以牵制马的行动，故而"羁绊"可以引申出束缚、牵制的意思，这仍然属于汉语最常见的比喻运用法。人走路时双脚被东西牵制而不能向前继续行走，和马在行走时被主人牵

图5—21　马匹

动"绊"使其停下的状貌很类似，因此也可以用"绊"来描述这种状况。但这一意义还是从驾马"绊"的"拘执使止"的功能、现象引申出来的。

音本义、形本义概括：

绊，是指用于控制单一马匹行动的、呈对等分开于马匹身体两旁的环形缰绳（如图5—21所示）。后引申出"牵绊"之义。

八　盘、般、搬

读音分析：

盘，普通话读作"pán"，会同话读作"bán"。一个读为送气音，另一个读为不送气，区别明显。

般，《辞海》标注有"bān"、"pán"等音，会同话读作"bān"。在

①　李程：《汉字字源与字根》，东方出版中心2008年版，第313页。

普通话里，"bān"音，多用于"一般"等词；"pán"音，则用于"般（盘）桓"等词。

搬，普通话读"bān"，会同话读如"bān"。

从商代甲骨文运用的情况看，表示器皿的"盘"与"般"（搬的初文），都当读为"ban"这一系统的音。高鸿缙氏《中国字例·二篇》说："甲文作 ㅂ 者，为盘之象形文，象其上有圈框，下有圈足。作 ㅐ 者，罗振玉曰：'象形，旁有耳以便手持也。'其作 㕠（计按，即般字）者，为搬之初字，从攴与从 ㇗ 同，形声字、动词。许训般旋者，其引借意也，般旋字之字形当有止或辵等偏旁（计按，古文字从'止'、'辵'表示足部的行动，详见前面章节的分析），今只从攴，故知般旋非其本意。后变作擎，作搬，另详形声篇。盘庚之号，为身后之称，曰庚者，以忌日为庙号也。与太甲之甲、祖乙之乙同。庚上有搬者，谓其搬迁于殷也，本应书写为 㕠庚，亦书为 ㅂ 庚者，用字之通假也。"① 盘庚迁都的故事，大家都是比较熟悉的。盘庚，即当写作"般庚"或"搬庚"，是因为他将部族都城搬迁到了殷地而得到的名字，高氏说解十分正确。由此可确证，在殷商甲骨文的时代，盘与般读音完全相同，都当读为"ban"一音系，盘为名词，用盘去搬物即是"般"，变为动词。上古汉语名动相因的现象俯拾皆是，虽然音调会产生变化，但所属音系却绝不变更。"盘"、"般"在会同话中属于同一音系，其语音的古老，从此处又可以窥见一斑了。

图 5—22　木版

般字的另一读音"pán"，是因为甲骨文中的两个字形体相近而讹混到了一起导致的。甲骨文中有一个写作"㕠"（后下二七·一三）形的字，从" ㅂ "（舟的初文，像舟船形）、从" ㇗ "（手持木棍或短桨之形），象人持短桨泛舟之状貌，也隶定作"般"字。金文时期写作"㕠"（兮甲盘）、"㕠"（䢅伯

----

① 高鸿缙：《中国字例·二篇》，转引自李圃主编《古文字诂林》第五册，上海教育出版社 2002 年版，第 909 页。

盘）等形，《说文》小篆写作"殻"形，于是逐渐与"舭"（搬）字混同为了一字。许慎《说文·舟部》："般，辟也。象舟之旋。"许氏解说正确，后世所谓的"盘旋"，实即应写作"般（pán）旋"。"盘"，只当按会同话读为"bán"，盘得名为"bán"，根本原因是最早的盘子就是用大块的木版制作的（如图5—22所示），会同农户家里至今仍然保留了这种形制比较原始的器具，俗称为"茶盘"、"端盘"。

形体分析：

盘，甲骨文写作"舡"、"𣎆"等形，像由木版制作的长方形器皿，属象形字，更有写作"𣍨"形的，像手持匕柶类勺形器从"舡"中舀取食物到口里之状，属象事结构的文字，表示这是个可以盛食物的版（板）状物；金文时期，因"舭"（搬）与"舡"（般旋的般字）相讹混，所以盘字多写作"盤"等形，上部从"般"，下部从"皿"，变成了形声的结构，比甲骨文中的"舡"字形繁复了很多；后来，因为器具质地的不同，又创造了一个"槃"字专指木制的盘，创造了一个"鎜"字专指青铜制作的盘，其实仍然应当读为"bán"（计按，因为最初就是用版制作的）。

现在的"盤"（盘）字是一个错误的形体，上部的"般"，是因"舭"字与"舡"字相混而讹变得来的，简省为"舟"，则更为荒谬。为了汉语汉字的长远利益考虑，我们建议对这样的字要坚决进行修订。

"般"是搬字的初文，搬是后起的形声字。般（bān），甲骨文写作"舭"，表示用"舡"去盛好食物运送的意思，因此有"搬运"、"搬动"、"搬迁"之义。每个盘子只能盛放同类的果品、菜或粮食等食物，因此，"般"字又可以引申出同类、同等的意义。这与同类人站成一个序列的"癸"（后来写作班），也有"同类"、"同等"之义同理。盘子形制扁平而浅，可盛放食物的空间很少，这与专用于祭祀的鼎、彝等盛食器具不同，大多是群众日常生活所常用的盛食器，专用于盛放一般性的食物或祭品，如《周礼》郑玄注所讲的"牲血"之类，因而，"般"字就可以引申出"一般"、"平常"的含义了。

主流观点及点评：

1. 许慎《说文·木部》："槃（计按，今简体作盘），承槃也。从木，般声。鎜，古文，从金。盤，籀文，从皿。"段玉裁《说文解字注》："承槃者，承水器也。……古之盥（guàn）手者，以匜（yí）沃水，以槃承之，古曰承槃。……槃引申之义为凡承受者之称。"《辞海》（1990 年版）："盘，pán。①一种敞口而扁浅的盛器。②古代盥器。"《汉语大字典》："盘，pán，承盘；盘子。"王力等编《古汉语常用字字典》："盘，pán，《说文》作'槃'。①盘子。可用来盛放食，也可用来放水。"①

点评：盘，甲骨文写作"ꑭ"。其音形义的来源是很古老的，最初应该是指原始社会时期古人用较宽的木板制作的简易盛食之器具，它的产生应该早于陶器。所以，盘子的最大特点是扁而浅，这就是木板盘的显著特征。许氏、段氏所讲的承盘，已经是奴隶主贵族产生以后才有的事了，释说不确切。《周礼·天官·玉府》："若合诸侯，则共珠盘、玉敦。"郑玄注："古者以盘盛血，以敦盛食。"可见盘子不只是像许氏、段氏所讲的作承水之用途。

李孝定氏《金文诂林读后记》（第六卷）："盘字甲骨文作ꑭ，即承盘之象形字，字取俯视，非侧视，高鸿缙氏说字形稍误。"并又在其大著《甲骨文字集释·第六》解释："承盘今犹有之，作长方形，与ꑭ字形似。湘人谓之'端盘'（常德土语），即此物也。"② 李氏所讲的"端盘"，也即会同俗语所称的"茶盘"。盘最早必定用于盛食物，以后随着社会的进步发展，盘形之器的用途变得越来越广泛，有的可以长期置于物体下面以承托物体，如现在的用于盛放奇石的"底盘"；有的可以用于盛接洗手污水，如许慎、段玉裁所讲的"承盘"；有的可以用于盛放祭牲之血，如《周礼》所讲的"珠盘"等。但无论做什么用途，无论用什么材质制作，它最初用"版"制作而形成的"扁平而浅"的器形特点却始终没有改变。"ꑭ"（盘），它的音义源于"版"，其实就是用"版"（板）制成的盛食的器具。

2.《辞海》（1990 年版）："盘，pán。⑥反复查究。如盘查；盘问。⑦回旋；游乐。如：盘游；盘桓。⑧通'番'。回绕，屈曲。"《汉语大字典》："盘，pán。③通'般'。旋转，盘绕；盘桓，徘徊；快乐，游乐。"王力等编《古汉语常用字字典》："盘，pán。②乐。《尚书·无逸》：'文

---

① 王力等编，蒋孝愚等增订：《古汉语常用字字典》，商务印书馆 2007 年版，第 284 页。
② 转引自李圃主编《古文字诂林》第五册，上海教育出版社 2002 年版，第 909 页。

环敢盘于游田'。③回绕，弯曲。这个意义又写作'蟠'。④徘徊，逗留。"[①]徐中舒《甲骨文字典》卷八："𦥑象高圈足盘，上象其盘，下象其圈足。制盘时须转陶坯成形，故般有盘旋之意。"

点评：从上引四家的解释看，《汉语大字典》注明"盘"通假为"般"的做法最为恰当。《辞海》、《古汉语常用字字典》两家不作说明，是因为可能不知道"盤"（盘）字读音在金文时期已被"𣪊"（般，pán）混同影响了。甲骨文中的"𦥑"（盘的初文）字，是一种木版制作的盛食器具，它无论如何也是引申不出"游乐"、"回绕"、"盘旋"、"徘徊"意义来的。甲骨文中的"𣪊"，像手持短桨划船之貌，短桨划船，在古代很可能是指近距离在水上来回游乐之事（计按，长篙撑船则为远行），所以，"般"（pán）字的含义就是指在水上徘徊游乐。许慎《说文·舟部》："般，辟也，象舟之旋。"《尔雅·释诂上》："般，乐也。"二家所释就非常切合这一情况。杨树达氏《积微居甲文说·释沜》："沜（pán）为般之初字，字从水从舟，据形课义，沜当为浮舟水上行乐之称。"[②]杨氏之说也足以为我们的推理进行旁证。我们认为，古文献中借"盘"为"般"，主要是因为北方地区的语音，已将"盘"读为"pán"后产生的"同音通假"现象。清代朱骏声已识古文献中"盘"通假为"般"，他在《说文通训定声·乾部》说："槃（盘），假借为般。"王力、蒋绍愚等氏古汉语功底极其深厚，但因脱离了古汉语音义结合的原理，故而训释会出现瑕疵。至于甲骨文字大家徐中舒氏的解说，由于违背了汉语发生学的规律，也不可取。如按徐氏之说，则每种陶器都应有旋转之义了。

3. 顾野王《玉篇·舟部》："般，运也。"高鸿缙《中国字例》："其作𦩍者，为搬之初字。……庚上着搬者，谓其搬迁于殷也。"[③]马叙伦《说文解字六书疏证》卷十六："般为搬之初文。"[④]《汉语大字典》："般，bān。搬运。"

点评：读作"bān"的般字，甲骨文写作"𦩍"等形，字从"𦥑"

---

① 王力等原编，蒋绍愚等增订：《古汉语常用字字典》，商务印书馆 2007 年版，第 284 页。

② 转引自李圃主编《古文字诂林》第七册，上海教育出版社 2002 年版，第 715 页。

③ 转引自李圃主编《古文字诂林》第七册，上海教育出版社 2002 年版，第 909 页。

④ 同上书，第 715 页。

（盘字的初文）、从"与"（表手部的行为）构作，实际就是后世"搬"字的初文。从这个字的形体看，它的最初意义是指将盛好了食物的盘子送去给进食之人，并因此产生了"搬送"、"搬运"、"搬迁"的意义。上引四家对于"般"（bān）字的解释，都是十分正确的。用木盘盛好食物送到酒桌上的习俗，在会同农村、酒店都还有很好的保留（如图5—23所示）。

图5—23　用茶盘搬运菜肴

"般"（pán）与"般"（bān搬）的相混，在金文时期就有出现，如何解决好两字的形体问题，看来是很需要智慧的。

4. 顾建平《汉字图解字典》："般，bān。会意字。甲骨文左边是舟（小船），右边是手拿着篙（竹竿），意思是撑船搬运。本义是搬运，此义现在写作搬。用篙撑船可行使船调头或盘旋，般的这层意思后写作盘。假借指样、种。"①

点评：顾建平先生对"般"字的释义基本是正确的，但对"般"字的形体组合与字义间的关系分析则大误。搬运之"般"，甲骨文从"凵"（盘子形状）构作；般旋之"般"，甲骨文从"舟"（舟船之形）构作，二者虽然形状相近，但是仍然有明显之区别。

5. 李程《汉字字源与字根》："般，bān。由'舟'和'殳'构成。'殳'字表示手拿工具，整个字的意思是手持工具造船。在陆地造船要到水中使用，由此产生搬动的含义。所有的船都是在陆地上造，在水中用，由此产生同样、普遍和样子的含义。"②

点评：李程先生对般字形体的分析，以及般字形义相合的推理，基本上都是错误的，无一可取。

音本义、形本义概括：

盘（bán），是指一种用木版制作的扁平而浅的盛食器具。

般（bān，搬），是指用木盘盛好食物进行运送的行为。

---

① 顾建平：《汉字图解字典》，东方出版中心2008年版，第1174页。

② 李程：《汉字字源与字根》，东方出版中心2008年版，第109页。

九　斑

读音分析：

斑，普通话读作"bān"，会同话读为"bān"。二者读音相近。

形体分析：

斑，《说文》小篆写作"辬"形，字从"辡"、从"文"构作，此形体不见于甲骨文、金文，属于后起的形声兼象事结构的文字。"辡"音义近似于"版"，表示将一根截断成两根等长的柴薪（分析参见"办"字一节）；"文"表示花纹、纹路。

顾野王《玉篇·文部》："辬，《说文》曰'驳文也。'亦作斑。"徐锴《说文系传》："辬，今作斑。"段玉裁《说文解字注》也说："辬之字多或体，斑者，辬之俗，今乃斑行而辬废矣。"斑是辬的俗体字，但形与义的结合却比辬字更为形象贴切。《汉书·司马相如传》："析圭而爵。"如淳曰："析，中分也。白藏天子，青在诸侯也。"周代的天子在分封诸侯之时，都会颁赐瑞玉给诸侯以为信物，瑞玉就是俗所谓的"圭"、"璧"，大多由青、白两种颜色的玉制作而成。"斑"字从"珏"、从"文"构作，正好可以体会出两种颜色对等分开的花纹之义，音形义的结合真可谓浑然天成了。

在古代文献中，斑纹的斑字，有时又被写成了"班"、"颁"、"般"、"辬"、"彪"等形体，"班"、"颁"、"般"是同音通假现象，实际就是现在所讲的写了"错别字"，而"辬"、"彪"是文人新造的异体字。

主流观点及点评：

1.《文选·司马相如〈上林赋〉》："被班文。"李善注曰："班文，虎豹之皮也。"班字通假于斑。《孟子·梁惠王上》："颁白者不负戴于道路矣。"注："颁者，斑也。头半白曰颁，斑斑然者也。"段玉裁《说文解字注》"辬，头黑白（各）半曰颁，亦辬之假借字。"

点评：人或动物的皮毛之上由黑白、黑黄或其他两种颜色对等分布而成的图案，都可以称为"斑"。段玉裁氏说头黑白各半曰斑，是非常正确的。虎豹之皮毛大多由黑黄两种颜色比较均匀（对等）地组成，所以也可以称为"斑纹"。另外，非洲斑马的纹线，则更是可以形象地给"斑"字作一个完美的注脚。

2. 许慎《说文·文部》："辬，驳文也。从文，辡声。"《广雅·释诂

图 5—24　斑马

三》："辩，文也。"《辞海》："斑，bān。①颜色驳杂不纯，亦指杂色的花纹或斑点。②头发花白。"《汉语大字典》："斑，bān。①同辩。杂色花纹或斑点。②灿烂多彩貌。"谷衍奎《汉字源流字典》："斑，会意兼形声字。篆文本作辬，从文，从辡（两相交），会色彩驳杂之意。辡也兼表声。隶变后楷书写作辬。俗改为斑（从文从珏，珏亦声），成了玉上花花点点的驳纹了。……本义为杂色花纹。"① 王力等编《古汉语常用字字典》："斑，杂色的花纹或斑点。"②

点评：各家所释皆不确切，未能抓住"斑"字最主要的特点。斑，是指两种颜色近于对等地均匀分布在动植物皮毛之上，如"黑白各半"、"黑黄各半"、"红黑各半"等。两种颜色错杂分布在一块，所以呈驳杂不纯、色彩斑斓之象，可见，"驳文"、"灿烂多彩（计按，即是色彩斑斓的意思）"都是斑字的比喻引申之义。

3. 李程《汉字字源与字根》："斑，篆文'斑'（计按，应当写为辬）字由两个'辛'和'文'构成，'辛'字表示罪犯，'文'字表示文身，整个字的意思是在罪犯脸上刺字，由此产生斑驳的含义。现在的字形用'玉'代替'辛'，意思是玉中间有像文身图案的东西，由此产生中间有杂色的含义。"③

点评：李程先生对"辬"、"斑"的形义结合原理分析，一无是处，大误。"辡"字不是指罪人，"辛"是树木新生的小枝，不是用于罪人刺墨的"丫"（qiān，辛），二者划然有别。如"童"、"妾"字上部所从之

① 谷衍奎：《汉字源流字典》，华夏出版社 2003 年版，第 674 页。
② 王力等编，蒋绍愚等增订：《古汉语常用字字典》，商务印书馆 2007 年版，第 19 页。
③ 李程：《汉字字源与字根》，东方出版中心 2008 年版，第 454—455 页。

"立"，即为"辛"字的省写。二字本表示（像新生小树枝那样）年龄不大的男孩、女孩。过去文字学家将"辛"、"𡴩"错误地认为是一字，所以产生了"童"、"妾"是罪人身份的谬论。李程先生看来也是受了这一观点的影响，因而误解了"辩"字的形与义。

4. 顾建平《汉字图解字典》："斑，会意字。篆书从文，表示杂色、花纹；从𨐫，𨐫本指罪人相讼，表示斑是不同色相杂；𨐫（biào）兼表声。隶、楷书从双玉。从文，表示玉有斑纹。本义是颜色驳杂不纯。"①

点评：顾建平先生所释，与李程先生对"斑"字的分析相似，析形大误，不足为据。前文多次强调过，早期汉字的形义结合是按照一定的原理完成的，不弄清楚构字部件的形体意义与构造功能，要想破解出汉字真实的意义，一睹庐山真面目，就犹如去攀登李白诗中的蜀道了。

音本义、形本义概括：

斑（辩），是指动植物皮毛上由两种颜色对等分布而形成的图案。

十　扮

读音分析：

扮，普通话读为"bàn"，会同话读音相同。许慎《说文》时代读"扮"为"fěn"，此音现在已经消失，所以，《说文》"扮，握也"的训释，不纳入"bàn"音的讨论范围。

形体分析：

扮，《说文》小篆写作"𢫫"形，字从"手"、从"分"，《说文》时代读作"fěn"，意思是双手手指相对握住物体之义。此音义已基本消失。宋代陈彭年等编修的《广韵·裥韵》说："扮，打扮。"并读为"晡幻切"，换成今读即写作"bàn"。由此可知，至迟在宋代，"扮"字已读为"bàn"，并被用于"打扮"、"装扮"的词义。"扮"字从"手"，意义仍然与手部的动作、行为有关；读作"bàn"，其行为应当具有"对等分开"的特点。

在先秦时代，关于人们仪表打扮的字，一般只包括"装"、"妆"、"饰"等字。"装"侧重于衣服的穿着打扮，"妆"侧重于脸部的修饰打扮；而"饰"则侧重于通过头冠、首饰及其他佩戴物件来打扮。我们推

---

① 顾建平：《汉字图解字典》，东方出版中心 2008 年版，第 1053 页。

测，装扮的"扮"字，很可能是由古代傩戏中巫人装扮成鬼神模样这一行为得来的。也就是说，扮（bàn），最初应该是指装扮成另一人（或神鬼）模样的行为。化装成另一人（或神鬼）的形象，相对于扮演者而言，扮演者与所扮演的对象即"同为一体"，又形成了"对等分开"的现象，所以得名为"bàn"。扮字的意义，至今仍然侧重于"装扮"、"扮演"，可以反证我们这一推测的正确性。曹雪芹《红楼梦》第二十二回："这个孩子扮上活像一个人，你们再瞧不出来。"扮成另一种形象，就是俗语所讲的"装扮"、"扮演"。吴敬梓《儒林外史》第四十回："（沈琼枝）扮作小老妈的模样，买通了那丫环，五更时分，从后门走了。"扮作小老妈的模样，也还是"装扮"、"扮演"。鲁迅《且介亭杂文·门外文谈》："其中有一段《武松打虎》，是甲乙两个人，一强一弱，扮着戏玩。"两个人扮着戏玩，即是装扮成武松和老虎的形象演戏，仍然还是"装扮"、"扮演"。

主流观点及点评：

1.《广韵·裯韵》："扮，打扮。"《辞海》："扮，bàn。装扮；打扮，引申为扮演。"《汉语大字典》："扮，bàn。①装束穿戴；打扮。②妆扮；扮演。"

点评：三家所释都较为正确，但未能突出"扮"字内在的特点，是其不足。扮，最初是指一个人扮演成另一人（或鬼神）形象的行为，《辞海》将"扮演"说为是引申义，实在是本末倒置了。扮字后来虽然因词义扩大，可以泛指一切修饰化妆的行为，但主要还是用于"装扮"、"扮演"别人（或神鬼）形象的行为。

2. 李程《汉字字源与字根》："扮，bàn。由'手'和'分'构成，意思是通过手的作用使一个人与原来的样子分开了。由此产生化装的含义。"①

点评：李程先生此释粗看似乎有些道理，可备一说。因为"扮"读为"bàn"是后起之意，现在又没有找到"装扮"之"扮"字在甲骨文、金文中所对应的早期形体，所以，我们也无法结合汉字形义学的规律作出切实有力的论证和评价。

音本义、形本义概括：

---

① 李程：《汉字字源与字根》，东方出版中心 2008 年版，第 314 页。

扮，是指一个人化装成另一人（或神鬼）模样时，这种即包含了"同为一体"，又包含着"对等分开"的特点的行为。

十一 拌

读音分析：

拌，普通话读为"bàn"，会同话读为"bán"。二者读音仍属同一音系。

形体分析：

拌，许慎《说文》没有收录这一形体，但司马迁《史记·龟策列传》有"镌石拌蚌"之语，西汉扬雄所著的《方言》也有"拌"字，《方言》卷十说："楚人凡挥弃物，谓之拌。"可见，在许慎时代之前就已经有拌这个字了。

《说文·攴部》有一字写作"攽"，读为"bān"，释为"分"，音义皆与会同话中的"拌"字相同，我们认为，"攽"与"拌"当为一字异体现象。

《说文》："攽，分也。"《广雅·释诂二》："攽，减也。"王念孙《广雅疏证》："攽者，分之减也。"攽字的含义都是"分开"。《吕氏春秋·古乐》："瞽叟乃拌五弦之瑟，作以为十五弦之瑟。"高诱注："拌，分。"王念孙《广雅·释诂一》："拌之言播弃也。……播与拌古声相近。《士虞礼》：'尸饭播余于筐。'古文播为半，半即古拌字，谓弃余饭于筐也。"拌字的含义也是"分开"，可证"攽"与"拌"确实应该属于一字之异体。

拌字后世多用于"搅拌"、"拌嘴"两个词语，其内在意义仍然是强调"同为一体"、"对等分开"。"搅"读作"jiǎo"，"jiao"音强调"交合"的特点，可知"搅"字是指用手将两种事物交合成为一体的动作，而"拌"则强调"对等分开"的特点，一个注重"合"，一个注重"分"，是属于目的不同的两种行为，两字组合，侧重表达"搅"的含义。古人将意义相反的两个词合在一起侧重表达其中的一个意思，这就是汉语中著名的"偏义复词"现象。如《周礼·夏官·职方氏》："周知其利害。"利与害意义相反，此处侧重于"害"。如《韩非子·解老》："所谓廉者，必生死之命也，轻恬资财也。"生与死意义相反，此处侧重于"死"。林则徐名句"苟利国家生死以，岂因祸福避趋之"，此处则侧重于

"生"。另外，"拌嘴"就是常说的"斗嘴"，双方斗嘴，其实即俗语所讲的"说生分的话"，什么叫"生分的话"呢？顾名思义，生分的话，自然就是指让二人关系疏远、内心分开的语言。

主流观点及点评：

许慎《说文·攴部》："攽，分也。从攴，分声。"《吕氏春秋·古乐》高诱注："拌，分。"王念孙《广雅疏证》："攽者，分之减之。"又："拌之言播弃也。……半即古拌字。"

点评：三家所释皆较为明确。拌，主要是指用手将同为一体的事物对等分开的行为。许氏、高氏、王氏等不识"拌"这一动作的显著特点，所以未能给予确切的解释。

2.《辞海》（1990年版）："拌，bàn。①搅和。②争吵。"又："拌，pàn。①通'判'。分开。②舍弃。"《汉语大字典》："拌，bàn。①搅和。②装扮。③争吵。"又："拌，pān。①舍弃；不顾惜。②耗费。③通'判'。分开；剖割。"

点评：从前面几个小节的分析可知，"ban"音之字无不与"对等分开"的意义有关。"ban"音本来就以"对等分开"为核心意义，所以不必将"拌"再去注上"pàn"、"pān"的读音。两家对"搅拌"这一词语中的"拌"字之意义，几乎弄不清楚，所以，才将这种偏义复词现象中的"拌"解释作"搅和"，这是极其不负责任的做法，大误。《汉语大字典》中"装扮"一义，是由"拌"通假为"扮"而得，应当注明通"扮"，至于"舍弃"、"耗费"等义，是由《方言》对"拌"字不确切的解释所导致，虽然可以说成是引申义，但实在已经失去了"拌"字的旨趣了。

3. 李程《汉字字源与字根》："拌，bàn。由'手'和'半'构成。'半'字表示不完全，整个字的意思是使成分不完全的部分通过手的动作使其完全起来，由此产生搅拌的含义。"[①]

点评：李程先生此释十分错误。"拌"字从"手"，说明它的意义与手部的动作、行为有关；字从"半"得声，表示通过手的行为使事物对等分开。李程先生不识"搅拌"一词属于偏义复词现象，承沿了《辞海》、《汉语大字典》对此字的错误认识，并附会牵强地进行解说，祸害无穷。

---

① 李程：《汉字字源与字根》，东方出版中心2008年版，第313页。

音本义、形本义概括：

拌，是指用手将事物对等分开的动作。

第五节　会同话"bi"音字实例分析

音本义分析：

汉语音本义原理认为，"bi"音的音本义，主要强调了"紧密贴近"的特点。通俗而言，凡是具有紧密贴近特点的行为、现象或从属的事物等，都可以称为"bi"。

一　匕、屁

读音分析：

匕、屁，普通话分别读为"bǐ"、"bī"，会同话分别读为"bí"、"bī"。二者读音基本相同。

形体分析：

匕字，甲骨文写作"ˤ"、"ˢ"、"ˀ"等形，对于此字的形体含义，文字学家们大多各持己见，众说纷纭。我们认为，郭沫若氏以"匕"像"匕栖"的看法较他说为长，应该是比较正确的。郭氏说："匕之古文作ˢ（妣辛簋），若人（木工鼎妣戊）即其形象也，匕之上端有枝者，乃以挂于鼎唇以防其坠。""匕乃

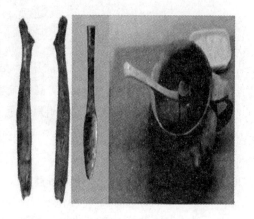

图5—25　商代骨匕、铜匕、铜栖

匕栖字之引申。盖以牝器（计按，即指雌性哺乳动物之生殖器）似匕，故以匕为妣若牝也。"[1]　匕是商周时期的贵族们常用的一种食具（如图5—25所示），从出土的文物看，鼎、鬲、甗等贵重的青铜食器中一般都配附有铜匕。段玉裁《说文解字注》："匕，即今之饭匙也。"又："盖常用器曰匕。礼器曰栖。"段氏所释不确切，匕与栖虽然都属食具，但古代

---

①　转引自于省吾主编《甲骨文字诂林》第一册，中华书局1996年版，第3页。

的匕是带有尖刃浅斗的二合一食具，主要用于切割肉片与挑取肉块，和今天西餐用具的刀的功能有些类似，而栖却是汤勺类食具，无尖刃，斗深，主要用于舀取汤、鬻类食物，二者是有明显区别的。《左传·昭公二十六年》："射之，中楯瓦，繇胸汰辅，匕入者三寸。"杜预注："匕，矢镞也。"箭矢前端尖削，形状如匕的前端，所以箭矢俗语又可称为"匕"。另外，《艺文类聚》卷六十引汉代服虔《通俗文》说："匕首，剑属，其头类匕，故曰匕首。"匕首（如图5—26所示）前端也很尖利，"其头类匕"，形状也与匕的前端很类似，故而得名为"匕首"。这些文献资料，都可旁证古代之匕有尖锐的刃口。从匕的使用情况看，"匕"的得名，应该和弓檠（计按：qíng，矫正弓弩的器具）得名为"弼"的原理一样，"弼"，因为是贴近绑缚于弓背的从属事物而被称为"bì"；"匕"，因为是贴近倒挂在鼎唇的附属事物而被称为"bǐ"。

图5—26　匕首

　　在甲骨卜辞中，"匕"字被用于表示女性及雌性哺乳动物，仍属于"借音字"的用法，即常说的"同音通假"。雌性哺乳动物的外生殖器一般都是由左右两个形状相同的阴阜组成，并呈现出"紧密贴近"的特点，所以也被称为"bǐ"，后世写作"屄"。"匕"在卜辞中即是"屄"的借音字。在商代甲骨卜辞中，"牡"指公牛，"⊥"即雄性生殖器之象形，此字后世隶定为"牡"，普通话读"mǔ"，会同话读如"máo"。在会同方言里，男孩仍然被称为"máo"，一般叫做"毛毛"、"大毛"、"二毛"等，这个"毛"字，实际就是用于"牡"字的含义。甲骨文中又有一个"牝"字，字从"牛"、从"匕"构作，义为母牛。于省吾先生说："甲骨文牝字习见，《说文》'牝，畜母也，从牛匕声。'牝为形声字，自来并无疑问。但是，牝字的初文本作匕，后来加上形符的牛字，遂成为从牛匕声的形声字。""依据上述，则甲骨文本来先有匕牛二字，后来演化为从牛匕声的牝字。"[①]　左民安先生说："卜辞中'匕'与'妣'实为一字，

———————————

①　于省吾：《甲骨文字释林·释牝》，中华书局1997年版，第330—331页。

女名。由人推及兽，如'牝'从'匕'，指雌兽。但后世本义消失。"①
分析可知，牝字从匕得声，指雌性，在上古时代就当读如"bǐ"，实际就
和今天常用为称呼已故母亲的"妣"意思相近。

屄字从"尸"（表示人形）、从"穴"（表示孔穴）构作，属于象事
结构的文字。虽然此字出现时期较晚，但我们相信，将雌性哺乳动物外生
殖器称为"bi"，在口语中应该早就产生了。《字汇·尸部》："屄，女人
阴户。"解释并不十分确切，其实，"屄"，应当指所有雌性哺乳动物的外
生殖器。

主流观点及点评：

1. 许慎《说文·匕部》："匕，相一比叙也。从反人。匕，亦所以用
比取饭。一名柶。"段玉裁《说文解字注》："比者，密也；叙者，次弟
（计按，今天写作次第）也。"又："匕即今之饭匙也。……按《礼经》
匕有二：匕饭匕黍稷之匕盖小，《经》不多见；其所以别出牲体之匕，十
七篇中类见，丧用桑为之，祭用棘为之，又有名'挑'、名'疏'之别，
盖大于饭匙，其形制略如匙，故亦名匕，郑所云'有浅斗，状如饭橾'
者也。"徐灏《说文解字注笺》："匕，比，古今字。匕，相与比叙也，
比，密也，密即比叙之义。凡比例、比次、比校、皆比叙也。"王筠《说
文句读》"比叙者，比校而次叙之也"。

点评：许氏对"匕"的解释分为两个层次，一是"比叙"，所谓比
叙，即段、徐、王三氏所讲的"比而次序之"，用现在的话讲，就是将事
物一个挨紧一个地排好顺序；二是取饭匙，今天的饭匙前端很薄，可用于
铲取锅巴，大多就是从古代匕的尖锐刃口演变而来，且仍然有浅斗，与古
代的匕相同。从许氏的解释看，匕的"比叙"之义，应该视作"比"字
的通假，因为"匕"字是不可能引申出这一意义的。

在殷商青铜器的时代，"匕"是一种鼎、甗类尊贵祭器的附属食具，
常倒置于其沿口边，与鼎、甗之体紧密贴附，故而得了"bǐ"的名称。甲
骨文中"匕"、"比"二字都已出现，用法各有侧重，很少互相通用，可
见在商代负责契刻卜辞的官员的认识里，两者是有较大的区别。徐灏氏以
"匕"、"比"为古今字的观点，显而易见是不正确的。

作为食具意义的"匕"，后世又加木字旁写作"枇"或"朼"。《礼

---

① 左民安：《细说汉字》，九州出版社 2005 年版，第 13—14 页。

记·杂记上》："枇以桑，长三尺，或曰五尺。"郑玄注："枇，所以载牲体者，此谓丧祭也，吉祭用棘。"丧桑同音，丧祭用桑制作，吉棘同音，吉祭用棘制作。古人通过谐音来表达特殊意义的做法，至今仍多有遗留。如刻画上蝙蝠求"福"，摆上枣、花生、桂圆等果物求"早生贵子"的彩头等，都是这一习俗的遗存发展。《集韵·旨韵》："枇，所以载牲体，通作匕。"《汉语大字典》第三卷："枇，bǐ。同'匕'。大木匙。古祭祀用以挑起鼎中的牲置于俎上；或用以盛出甑甗中的饭食。"可见，杮、枇都是匕的后起形声字。现在所谓"枇杷"的枇，普通话读作"pí"，会同话读为"bí"，《简明生物学词典》一书介绍说："叶革质，长椭圆形，……性喜温暖湿润，宜于荫处生长。原产于我国湖北西部与四川东部一带，以福建、浙江、江苏等地栽培最盛。"[1]"枇杷"原产于湖北四川一带，属于中国的原生树种，也可单独称为"枇"。我们认为，它的得名，很可能是因为其叶形与古代的"匕"形状相似所致。李时珍《本草纲目·第三十卷果部二》："宗奭（shì）曰：'其叶形似琵琶，故名。'"琵琶是一种骑在马背上弹拨的弦乐器，出现时期比较晚，其形状虽与枇杷叶相似，但大概与"枇"的得名缘由不尽相符。

2.《辞海》（1990 年版）："匕，bǐ。①勺，匙类食物的用具。②箭镞。"《汉语大字典》："匕，bǐ。①同'比'。并列，比较。②古代的一种取食的器具，长柄浅斗，形状像汤勺。③匕首。④箭头。"宋均芬先生《汉语文字学》："匕，（bǐ）：ㄟ、ㄟ——ㄟ（象栖形。栖，勺匙）。"[2]

点评：三家所释近是。古代的"匕"前端尖锐，浅斗而显扁平，"汤勺则多为圆曲深斗之状。"（如图 5—27 所示）两者的形制与用途是有明显区别的。从现在的祭祀民俗看，猪牲体一般呈大块状，鸡牲则仅掏空内脏，用小小的"匕"将牲体从鼎中转移放置到俎上，则只有依靠插取才稳妥可靠，圆曲状的从汤勺是完成不了这一项工作的。

《辞海》将"匕"直释为"匕首"，不正确。"匕"与"匕首"完全是两种不同器具，匕首，是一种短剑，因为它的剑身很短，形状与食具"匕"的前半部（即"首"）很像，故而被称作"匕首"，匕首者，匕

① 冯德培、谈家桢、王鸣岐主编：《简明生物学词典》，上海辞书出版社 1983 年版，第 737 页。

② 宋均芬：《汉语文字学》，北京大学出版社 2005 年版，第 278 页。

之首也。

　　另外，《辞海》将"匕"直释为"箭头"，也不确切。此"匕"字当是"畁"（bī）字的同音通假。畁，甲骨文写作"🔸"、"🔸"、"🔸"等形，突出了扁平尖锐的箭头，这种箭镞因形状与食具"匕"很相似，所以被称为"bī"。裘锡圭先生指出："从字形上看'畁'字所象的矢镞是扁平而长阔的一种，这种矢镞古代叫作'匕'。《左传·昭公二十六年》：'齐子渊捷泄声子，射之，中楯瓦。繇胸达腋，匕入者三

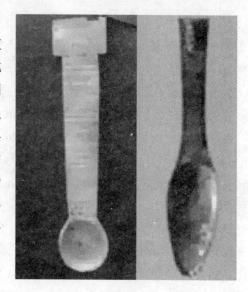

图 5—27　古代玉勺、铜匕

寸。'《正义》：'今人犹谓箭镞薄而长阔者为匕。'……当矢镞讲的'匕'字应该就是'畁'的假借字。"① 裘氏的论证十分正确。甲骨文的"🔸"等字，后世写成了"錍"、"鎞"、"鈚"、"釩"等形声结构的字体，《辞海》读为"pī"，又误。

　　3. 左民安《细说汉字》："甲骨文 🔸 是面朝右而侧立的人形。《说文》认为'从反人'，这是对的。🔸 是金文的写法，仍像人形。🔸 是小篆的形体，颇像'比'字的一半，也是人形。""有人认为'匕'字像'匕首'之形，不妥。因为从甲、金文字看，'匕'字根本不像'匕首'，而颇肖人形，其本义为'人'。卜辞中'匕'与'妣'实为一字，女名。由人推及兽，如'牝'从'匕'，指雌兽。但后世本义消失。《说文》认为'匕亦所以用比取饭'。这是许慎根据小篆的形体及其通行词义而判定'匕'的本义是汤匙（小勺子）。"②

　　点评：左氏所释大误。"匕"用为"妣"，是因为匕、尻通假的原因。如依左氏的观点，那么"匕（食具）—匕首—箭矢"三者之间的内在联

　　① 裘锡圭：《畁字补释》，北京大学中文系主编《语言学论丛》第六辑，商务印书馆 1980 年版。

　　② 左民安：《细说汉字》，九州出版社 2005 年版，第 13—14 页。

系该怎样去分析呢?

4. 唐汉《中国汉字学批判》:"𠤎(匕),在母畜尾巴的线条式勾勒上,即斜竖的上部增添指示符号,标示母畜生殖器所在。同时,以尾巴的遮蔽功能,揭示母畜只在发情时期才与公畜交配(此字后来与源自匕勺的象形字'匕'合并为一)。"[①] 李程《汉字字源与字根》:"匕,指事字,在母畜尾巴上增添标示性符号,表示母畜生殖器的所在。后与表示匕勺的'匕'合并。'匕'与'敝'同一音系。"[②]

点评:唐汉先生发明此说,李程先生从之。从匕字的形体看,这一观点有可取之处,且与后世"屄"字所指也相符,可备一说。屄得名为"bī",是因为两块外阴阜呈紧密贴近之状,不是源于"蔽障"之意,李程先生说"匕与敝同一音系",这是正确的,但他也未能明白"敝"字的真实含义。

音本义、形本义概括:

匕,本是指一种紧密贴附在鼎、鬲等祭器外沿,尖锐并有浅斗状的食具。

屄,是指雌性哺乳动物由两块阴阜紧密贴近而形成的外生殖器。

二　比

读音分析:

比,普通话读为"bǐ",会同话读为"bǐ"和"bì-a"。二者虽然仍属同一音系,但存在着细小的区别。会同话读"bǐ"音时,侧重于强调将两个同类物体贴近着打量;读"bì"音时,则是强调使两个同类物体贴近到一块。如"天涯若比邻"中的"比",会同话读作"bì-a",应为"bì"音重读后产生演变的结果,我们仍将它归到"bì"音范围。如普通话"这个小男孩最肯亲近我。"会同话就会说成"这个伢仔最肯比(bì-a)我"。会同话称"贴对联"为"比(bì-a)对联",把"唢呐吹和声"说为"吹比比(bì-abì-a)音"。单音节词的运用是上古汉语的显著特征之一,用单音节语词"比"来表示双音节语词"亲近"、"贴附"的意义,此又可以为"会同话是上古汉语活化石"的观点添一有力佐证。

---

① 唐汉:《中国汉字学批判》(上册),东方出版社 2006 年版,第 49 页。
② 李程:《汉字字源与字根》,东方出版中心 2008 年版,第 642 页。

形体分析：

比，甲骨文写作"𠤎"、"𣎆"等形，以两个"匕"（bǐ）贴近在一起构作，属形声兼象事结构的文字；金文写作"𠤎"（比簋）、"𠤎"（谌鼎）等形，字仍从两"匕"，不是从两"人"，与甲骨文形体一致；《说文》小篆写作"𠤎"，字体已经讹变为从两"人"了，后来隶定作"比"，又回到了甲骨文的状态。

在过去，一些甲骨文字学家常常将"𠨍"（从，脚是直的）与"𠤎"、"𠤎"（比，下部是弯曲的）两字混为一谈，因而对"比"字的音形义组合原理，没有能够给以正确的认识。后来，屈万里氏、林沄氏、姚孝遂氏相继表达了中肯而又正确的看法，对文字学界的这一错误认识予以了纠正。屈万里《甲骨文"从""比"二字解》一文指出："说甲骨文者，率谓从比二字不分。《甲骨文编》于比字下说云：'比从一字。'"《殷虚书契类编》及《簠室殷契类纂》，虽分别两字，而所收之字，仍从比不分。是商孙（计按，指商承祚、孙海波二氏）诸家，亦未深辨。实则以字形言，二字虽间有相似者，然大都固较然甚明；以字义言，则犹如风马牛不相及也。……然从，从二人；比，从二匕，则固断然无疑也。"① 林沄先生更是认真比对了从武丁时期至帝辛（计按，即后世所称的纣王）时期大量有"比"、"从"二字的卜辞，"结果发现，应该写作'比'字的，有一例写错了半个字（《乙》六七三三），有两例写得不够正确（《乙》七七四一）、（《前》六·五一·七）；应该写作'从'字的，有一例误写为'比'（《乙》七三〇八）。这种只占总数百分之一的例外，显然只能视为当时契刻者的疏误，无法据之以否定'从'、'比'有别的结论。"② 后姚孝遂氏从屈、林之说，姚氏明确指出："甲骨文'从'与'比'，区分其严。《说文》'反从为比'之说不可据。'从'与'比'之分不在其反与正，而在于从'人'与从'匕'之别。屈万里、林沄已详加论证。凡以为古反'从'为'比'之说，皆由于对形体区分不明所致。"③ 屈、林、姚三氏对"从"、"比"两字的区分，无疑是确不可

---

① 转引自于省吾编《甲骨文字诂林》第一册，中华书局 1996 年版，第 129—130 页。

② 林沄：《甲骨文中的商代方国联盟》，《古文字研究》第六辑，中华书局 1984 年版。

③ 于省吾主编，姚孝遂按语：《甲骨文字诂林》第一册，中华书局 1996 年版，第 138 页"姚氏按语"。

易的。

前文已经说过，"匕"在构字中被借来指女性和雌性哺乳动物，故"牝"字从"匕"来构作。只要细心看过《动物世界》、《人与自然》等节目观众都知道，雄性动物成年后，因好斗而多独处，雌性动物成年后却仍能和睦地聚集在一块生活。我们的祖先聪明地观察到了这个带普遍性的现象，因而将两个"匕"（即妣、牝）并列一处，表示出两个雌性哺乳动物能够同类"紧密贴近"地一起相处之意。

比，最初表示雌性动物之间可以相互紧密贴近的行为。后来，随着比喻手法的运用，又可用于泛指两个同类物体之间相互贴近的现象和行为。

主流观点和点评：

1. 许慎《说文·比部》："比，密也。二人为从，反从为比。"顾野王《玉篇·比部》："比，近也，亲也。"《书·伊训》："远耆德，比顽童。"孔传："耆年有德疏远之，童稚顽嚚（yín，愚玩）亲比之。"《论语·里仁》："君子之于天下也，无适也，无莫也，义与之比。"邢昺疏："比，亲也。"《辞海》（1990年版）："bǐ，旧读bì。①并列；紧靠。如：鳞次栉比。②亲近。③勾结。如：朋比为奸。④近来。"《汉语大字典》："比，bǐ，旧读bì。亲，亲近。②密。③合，亲合。"王力等编《古汉语常用字字典》："比，bǐ。①并列，挨着。②副词，接连地。③勾结。④及，等到。《三国志·蜀书·先主传》：'比到当阳，众十余万。'以上①—④四项意义旧读bì。"①

点评：上引各家所释近是。《辞海》、《汉语大字典》、《古汉语常用字字典》标出"比"字这个意义古时的读音，至确，由此又可以知道，会同话的读音是多么古老和正确。

比字，过去主要是强调同类"紧密贴近"的现象和行为。许氏释"密"，密即亲密之义，与"紧密贴近"义相近；顾氏释"近也亲也"。其实也就是"紧密贴近"；孔安国氏以"疏远"与"亲比"对举，更知"比"就是"紧密贴近"之义；《辞海》所释四个义项，①②之义即为"贴近"，比较符合，第③项释为"勾结"，大误，"朋比为奸"中的"朋比"和"狼狈为奸"中的"狼狈"一样，由两个名词性词语"朋"、"比"组合而成，"比"是指那些因志趣相同而关系很亲近的人，第④项

---

① 王力等主编，蒋绍愚等增订：《古汉语常用字字典》，商务印书馆2007年版，第16页。

释为"近来"，其实就是指与今天最贴近的一段时间，不必辗转相释；《古汉语常用字字典》第②个义项"接连地"，实际仍是"一个贴近一个地"、"一个挨着一个地"的意思，第③④两个义项解释并误（计按："勾结"义分析见前），《三国志》"比到当阳"中的"比"，意义仍然是"贴近"、"靠近"，全句的意思是"靠近（贴近）当阳"而非"等到了当阳"。

训诂之学绝不能脱离汉语汉字的基本规律，解释汉字，一定要将这个字所包含的显明特点讲清楚，这样才有利于大众学习汉语汉字，有利于大众感知汉字的魅力。就拿"比（bǐ）喻"一词来讲吧，对它的含义，大家是心里明白，却又很难用准确的语言来给以解释清楚。《辞海》解释说："比喻，亦作'譬喻'。修辞学上辞格之一。思想的对象同另外的事物有了类似点，就用另外的事物来比拟思想的对象，叫比喻。"一般人看过这一解释后，大多还不能弄明白"比喻"是怎么一回事。比，就是将同类事物贴近到一块打量之意；喻，就是明白清楚之义。比喻，事实上是指人们在讲解某一陌生事物时，将另一个大家熟悉的有同类特点的事物，拿来放到一处比拟，然后使大家对前一事物明白清楚的方法。简言之，比喻即指将两种具有同类特点的事物贴近比拟，使受众清楚明白的方法。

《周易·比卦第八》象辞说："比，辅也。"象辞又说："地上有水，比。"李一忻教授解释："比，辅也，释比之义，比者相亲辅也。""地上有水，水比于地，不容有间。"①"水比（bì）于地，不容有间"，就是说水与地二者完全贴近在一块，没有丝毫的间隙，李氏虽然长于哲学之领域，然而从这些训释看，却能抓住比字的核心意义，一点儿也不逊于我们的古文字专家和训诂学家。

2. 《尔雅·释诂下》："比，俌（辅）也。"《周易·比卦》象辞："比，辅也。"孔颖达疏："比者，人来相辅助也。"《诗·唐风·杕（dì）杜》："嗟行之人，胡不比焉？"郑玄笺："比，辅也。"《国语·齐语》："桓公召而与之语，訾相其质，足以比成其事。"韦昭注："比，辅也。"

点评：天子、诸侯，有人贴近在你的身旁、左右，这是下级对上级的辅助；远行之人劳累了，相互贴近搀扶而行，这是等级平等的朋友式帮助；天寒地冻，相互贴近依偎御寒，这是亲人间的温情互助；一方有难，

---

① 李一忻：《周易入门》，九州出版社2003年版，第60—61页。

八方比附，这是强者对弱者的援助。可见，"比"字的辅助之义，还是从一个事物贴近于另一事物的意义中引申出来的。现在，专用于表达"辅助"意义的"bì"音字，一般都写作成"弼"字。"弼"字甲骨文写作"𢏱"形，像两张弓贴附在一起之状，是古代的一种矫正弓弩的器具，后世称为"檠"。《仪礼·既夕礼》："有柲（计按，bì，此处通假为弼）。"郑玄注曰："柲，弓檠，弛则缚之于弓里，备损伤，以竹为之。"当弓弩放置不使用的时候，人们为了防止弓弩弹力下降射程变差，就常常将弓弦解掉，然后用两块竹片制作的"弼"绑缚在弓里对其进行矫正。弓檠绑在弓里时，二者呈现紧密贴附之状态，所以，弓檠古称为"bì"。"弼"对弓背有辅助矫正的作用，因而"弼"的辅助意义比"比"字更为明显，大众也更容易明白接受。王国维氏说："𢏱之本义为弓檠，引申之为辅为重，又引申之则为强。"[1] 王氏对"𢏱"（弼）字的解说至确。

3. 左民安《细说汉字》："你看甲骨文'𢏱𢏱'就是面朝右并站着的两个人。上部是头，中部是身子，下部弯曲者是腿，其右为向下伸展的手臂。这两个人紧紧地挨在一起。这就是'比'字的本义。金文'𢎺'和小篆'𠤎𠤎'都是两个人靠在一块儿的形象（面部都朝右）。'比'是楷书的写法，由于隶变的关系，左右的两部分根本看不出是两个人的形象了。""'比'字的本义是靠近、并列或挨着。也只有互相挨得很近才有比较的可能，所以这就产生了'比较'之意。……由'靠近'之义又能引申为'勾结'，如成语'朋比为奸'。由'比较'又引申力（计按：当是'为'字之误）'比喻'，这是古代赋诗作文的一种常用的修辞手法。"[2]

点评：左氏在古文字方面用力甚勤，功底深厚，但此释不是很确切，对"比"字的形体认识也是受了许慎的影响，因而他对此字的形体分析也就完全错误了。"比"从"匕"而得音，从两"匕"而会意，其音形义的结合，是很符合汉字构形学的规律的。

邹晓丽氏也认为："卜辞中'从'、'比'同字。后来二者在词义与语法作用上出现区别，'从'像二人同向外走，故有一人跟随一人，即随从的意思。""卜辞中'比'用为'妣'。后'比'有二人同向内走以示亲

---

① 王国维：《观堂集林》六卷，中华书局 1959 年版，第 13 页。
② 左民安：《细说汉字》，九州出版社 2005 年版，第 19—20 页。

近之意，如'比周'就有结党营私的意思。"① 邹氏与左氏一样犯了类似的认识方面的错误。"比"字在甲骨卜辞中很少用为"妣"，甲骨文"妣"多写作"ᒼ"等形。

宋均芬氏同样认为"比"、"从"为一字，他说："比，孙海波《甲骨文编》：'卜辞比、从同字。'"② 宋氏赞同孙海波氏的观点，也是未能仔细审察甲骨文比、从二字的区别所致。

刘兴隆氏对"比"字的认识也与左氏相类似，他说："（𦥑）象二人并肩，示亲密无间之义。比、从二字有别：比字昂首手上举作𦥑状，从字首不昂手向下垂作ⱱ或⫶，左右无别。亦可从辞义中区别之。"③ 刘氏此说并误，考察其致误的原因，关键是对"匕"字甲骨文的形体意义认识不够。

4. 李程《汉字字源与字根》："比，甲骨文和金文'比'字是两个人在一起侧身睡觉的象形，由此产生兄弟们的含义，靠近、挨着的含义。父母常对兄弟们进行比较、对比的含义。父母常让兄弟们之间互相学习，由此产生比方、模拟的含义。篆文和现在的字形是其字符规范化的形式。籀文字形是两个人在一起仰身睡觉的象形，造字原理相同。"④

点评：李程先生对"比"字形体的分析也完全错误了，对于这一认识，屈万里氏、林沄氏、姚孝遂氏，早已指出其误，此不赘言。

音本义、形本义概括：

比（bǐ），古代是指两个具有共同性的事物紧密贴近在一起的行为。

比（bǐ），是指将两个具有共同性的事物紧密贴近在一起进行打量、对比的行为。

三　闭（閟）

读音分析：

闭，普通话、会同话都读为"bì"。两者读音完全相同。

形体分析：

---

① 邹晓丽：《基础汉字形义释源》（修订本），中华书局 2007 年版，第 11 页。
② 宋均芬：《汉语文字学》，北京大学出版社 2005 年版，第 320 页。
③ 刘兴隆：《新编甲骨文字典》（增订版），国际文化出版公司 2005 年版，第 507 页。
④ 李程：《汉字字源与字根》，东方出版中心 2008 年版，第 40 页。

闭字，金文写作"⿵门十"（豆闭簋）、"⿵门十"（子禾子釜）等形，字从"門"、从"十"构作，《睡虎地秦简》写作"⿵門十"（二○·九七）形，与金文构形相同；《说文》小篆写作"閇"，字形变为从"門"、从"才"构作；后隶定写作"閉"，简化作"闭"，形体变成了从"门"、从"才"构造了。

闭字从"门"，表示意义必定与门相关；内部所从之"才"，是从金文的"十"演变而来的。要想弄清楚闭字的真实含义，不仅要依据闭字的音义结合原理，而且关键还要把握好"十"、"才"的形体意义。

《礼记·月令》："修楗闭，慎管籥（计按，yuè，此字今天写作钥）。"楗、闭、管、钥，在这里都是指和门有关的器具。楗、闭位于门内，即今天的门栓之类；管、钥位于门外，即今天所谓的钥锁之类。可见，闭最早是指一种关门的器具，属名词，很可能读平声，读如"bī"。后来由于汉语名动相因的原理，"闭"读为去声的"bì"，词性也随之变为了动词。那么，作为器具的闭到底是指什么事物呢？

《礼记·月令》郑玄注："楗，牡；闭，牝也。"孔颖达疏："凡锁器入者谓之牡，受者谓之牝。"牡最先是由于雄性动物的"⊥"形生殖器得名，因此可知，《礼记》时代的楗（计按，现在多写作键），是一种平直而又类似牡器用途的木制品，用于插入"闭"中，即现在俗称的"闩子"。当然，这种"楗"，是从早期用来在背后撑顶门的长木棍逐渐演化而来的。而"闭"即是紧密贴附在门上让闩子插入的器具，一般都是成对竖向并列地钉牢于门板上，与雌性哺乳动物的生殖器非常相似（如图）。马叙伦氏《说文解字六书疏证》卷二十三指出："伦以为楗即扃（jiōng），故郑玄以为楗牡。闭即或在两边或在上下有孔以内（计按：音nà，纳入之义）楗者，故郑以为闭牝也。"[1] 马叙伦氏的阐述与现在农户大门楗闭的形制很符合。

"⿵门十"字从"門"、从"十"构作，属于象事结构的文字。"門"像相对的两块门扇之形，而"十"，则是对横向的门闩"一"插入了竖向的门闭"丨"中的描摹。其形体所要表现的意思是：由两块可以紧密贴附的凿孔木块组成的、用来纳入门闩的器具。

---

① 转引自李圃主编《说文解字诂林》第九册，上海教育出版社 2004 年版，第 552 页。

閟是动词"闭"的后起形声字，现在已经基本不用这一形体了。高鸿缙《中国字例·二篇》："闭后衍作閟。《说文》：'閟，闭门也，从门，必声。'音义皆同，构造变为形声。"高氏的说解是正确的。

图5—28 门闩、闭

综上所述，名词性的"闭"，本来是指由两块可以紧密贴附的凿孔木块组成的、用来插门闩的器具。这一意义已经基本消失了。而动词性的"闭"，则是指通过楗闭的作用，将两块门扇紧密贴近在一起的行为和现象。

主流观点及点评：

1. 许慎《说文·门部》："闭，闭门也。从门，才所以距门也。"又："閟，闭门也，从门，必声。《春秋传》曰：'閟门与之言。'"段玉裁《说文解字注》："玉裁按，才不成字。云所以距门，依许全书之例，当云才象所以距门之形乃合。而无象形之云，则当是合二字会意。考王逸少（计按，即王羲之，字逸少）书《黄庭经》三用闭字，即今闭也，而中从午，盖许书本作从门午，午所以距门。春字下曰：'午，杵省也'。然则此午也是杵省，距门用直木如杵然，转写失真，乃昧其本始矣。"

点评：许氏将闭、閟分开列出训释，不恰当，因两个字实际是一字异体之关系。许氏释"闭"为"闭门也"，正确，但未能明白其音形义的结合关系。闭字中的"才"是由"十"、"才"讹变而来的，许氏不识，以为字从"才"构造大误。《汉语大字典》："按：门中的不是'才'字，而是像用来关门的键之形。"说解虽不是十分准确，但比许氏进步多了。

晋朝王羲之距青铜时代已经久远，他将"闭"字写作"闭"形，中间从"午"构作，不能够证明早期的闭字即是从"午"，段氏据此立说，似有失偏颇。但段氏所讲以直木距门的方式，是符合原始社会生活的实际情况的，用来表示"闭"的口语，也许早就产生了，如"闭眼"、"闭口"之类，现在所能确切认知最早的"闭"字，仍只有周代中期豆闭簋上的"閟"字。

2. 《辞海》（1990年版）："闭，bì。①关门。引申为关闭、堵塞。

②结束，停止。如：闭幕；闭会。③门闩的孔。④通'柲'。正弓器。⑤古时指立秋、立冬为闭，意即开始闭藏的节气。"《汉语大字典》："闭，bì。①关门。②闩门的孔。也指锁筒（或锁套）。③壅塞不通。④防守。⑤停止；结束。⑥掩蔽。⑦掩藏。⑧古代指立秋、立冬。⑨病名，指小便不通。⑩古代建除家定日的吉凶，把闭当作'丑'的代号。⑪通'柲'。护弓器。"

点评：《辞海》所释的五个义项，都包括在《汉语大字典》所释的义项之中，因而仅按《汉语大字典》所释的顺序逐一点评，以便让大家弄清楚"闭"字各个义项的内在关系。

①"关门"。这是动词性"闭"字的本义。释义虽然正确，但没有凸显"bì"的音本义特点，不利于让人真正掌握"闭"字的内在含义与用法。如"闭眼"，是指将上下眼睑紧密贴近在一起的行为，这与将左右两扇门紧密贴近在一起的行为完全类似，所以可称其为"闭眼"，但不能说是"关眼"。又如"闭嘴"，是指将上下嘴唇紧密贴近在一起的行为，与"闭眼"、"闭门"组合的原理相同，也不能说成是"关嘴"。"关"强调将直棍、闩子类物体"贯入"（计按，关、贯属一音系）孔中，而"闭"字则强调将两块门扇"紧密贴近"，二者虽然结果一样，但行为特征的侧重点不同。

②"闩门的孔"。此释不确切。名词性的"闭"，实际是指紧密贴附在门板上有孔的两块厚实木块，不是指闩门的孔。这个"闭"与女性生殖器的"屄"属于同一音系，但屄的得名并不是因为有孔穴。如果依从这一观点，那么肛门也可称为"屄"，但这显然是与实际不相符合的。二家所释，是受了《礼记·月令》郑玄"注"及孔颖达"疏"的影响。

③"壅塞不通"。门是房子的出入口，两扇门紧密贴近在一起，这个出入口自然被堵塞不通了，这是引申义。

④"防守"。《国语·晋语二》："释其闭修，而轻于行道。"韦昭注："闭，守也。"门关闭后自然具有防守的功能，《国语》句中的"闭"字，实际是一种比喻用法。"释其闭修"，意思就是说："好像一个人把他家关闭着的门打开了，把时常记在心里的警诫放下了。"以本义训释，文从字顺，更为晓畅明白，这一义项应该去掉。

⑤"停止；结束"。此释是由"闭幕"、"闭经"等词语引申出来的意义，如以原义训释，事实上更为明白。就拿"闭幕"一词来说，"开

幕"、"闭幕"之语，大多源自于古代的戏剧表演，将幕布拉开，表示唱戏正式开始，将幕布闭合上，表示戏已唱完结束了。后世的"闭会"也是由此改造而来的，一般而言，现在大家仍然习惯讲"大会胜利闭幕"，不去讲"大会胜利闭会"。可见，闭字本身并没有"停止"、"结束"的意思，这一义项也应该去掉。

⑥"掩蔽"、⑦"掩藏"。《广韵·霁韵》："闭，掩闭。"慧琳《一切经音义》卷二十六引《考声》："闭，藏也。"大门关闭紧掩，本自就有掩闭、闭藏之象，这两个义项都是引申义。

⑧"古代指立秋、立冬"。《左传·僖公五年》："凡分、至、启、闭，必书云物。"杜预注："分，春秋分；至，冬夏至也；启，立春、立夏；闭，立秋、立冬。""分"为平分、和同，"至"为终止、极点，"启"为打开、萌动，"闭"为关闭、收藏，这里的"分"、"至"、"启"、"闭"，实际主要是古人针对气候中所讲的阴阳、寒热之候的特点而言的。春分、秋分，太阳直射在赤道一线，昼夜平分，则阴（夜）阳（昼）、寒（夜）热（昼）也有平分和同之象。隋代萧吉所著《五行大义·论六卦八风》说："春分之时，天气下降，地气上腾，天地和同。""春秋二时，震兑相临，天地气和，所以不极寒热也。"萧氏所讲正确。夏至、冬至，太阳直射点分别处于北回归线与南回归线，中国在夏至时白昼最长，黑夜最短，则阳气、高温都达到了一个极点，冬至则反之，《五行大义·论八卦八风》又说："坎主冬至大寒，……则天下大寒。""离主夏至大热，大热发长，复得天离之气，则天下大热，……冬夏二时天地气并，坎离各当其方，所以极寒热也。"立春之时，阳气开始生发，万物都因受阳气而萌动，则可称为"启"，而立夏生长更甚。立秋之日，阴气越来越盛，气温降低，万物随阳气而闭藏，所以被称为"闭"，而立冬闭藏更深。由此可知，《汉语大字典》将"闭"直接解释为"古代指立秋、立冬"，而不予以简要说明的做法是不妥帖的。

⑨"病名，指小便不通。"此释不当。《医宗金鉴·小便闭癃遗尿不禁总括诀》："膀胱热结为癃闭。……闭即尿无滴出。"《汉语大字典》据此而将"闭"释为"病名，指小便不通"，完全将"用字方法"与"字义训释"混为一谈。《医宗金鉴》这一节主要阐明了"小便闭癃"与"遗尿不禁"两种病症的症候及医治问题，《汉语大字典》弃"小便闭癃"于不顾，断章取义，将"闭"直接认为是病症的名称，这是认识不

清的结果。如按这种方法，我们还可以将"闭"解释为"病名，指月经不通"、"病名，指邪气藏闭"诸如此类的名目，甚至还可以将《医宗金鉴》这一节提到的"遗"也解释为"病名，指小便不禁"。这难道不是很可笑的解释么？

⑩ "古代建除家定日的吉凶，把闭当作'丑'的代号"。此释大误。中国古代根据"太岁"所处的位置来判断吉凶方位、时令的方法，是"五行学说"的一个分支。中国古代很早就开始运用"木星"所在星次来纪年了，所以木星又称为"岁星"。木星是太阳系中九大行星之一，它的体积和质量比其他八大行星的总和还要大，公转周期为 11.86 年。我们祖先早就观察到了这一情况，所以认为它对地球吉凶运气的影响力是最大的。因此，他们便依据"岁星"公转一周的时间，将其运行周天划分为十二分。然后，人们又设想有另一个天体循着十二辰与岁星反向运行，这一假想的天体即人们常说的"太岁"。"太岁"所处位置所对应的十二辰之方位，为太岁当临方，该地支所对应的地支流年，才是太岁当位之年。十二地支的顺序是"子"、"丑"、"寅"、"卯"、"辰"、"巳"、"午"、"未"、"申"、"酉"、"戌"、"亥"，太岁在运行时，其方位与值岁依次从"子"开始变换，直到第二个轮回开始，依此循环往复，永不停止。后来，阴阳五行家又依据太岁运行的规律，创造出用"建、除、满、平、定、执、破、危、成、收、开、闭"十二神来推理吉凶方位、时令的方法。太岁处于哪一地支当值的流年，则那一年称为"建"，依此类推，则十二支辰所当值的月令也被称为"月建"。如正月建寅，二月建卯，三月建辰，四月建巳之类。当太岁循着十二支辰运行的时候，其所在的地支即为十二神所谓的"建"，而其余十一个神煞则按顺序重新进行排列对应。简而言之，如"太岁"在"子"，"子"就是"建"，"丑"就是"除"，依次顺推，则"戌"为"开"、"亥"为"闭"；如"太岁"在寅，"寅"就是"建"，"卯"就是"除"，依次顺推，则"子"为"开"，"丑"为"闭"。十二地支都有太岁当临的时候，可见，"闭"的位置也是轮回变化的。《汉语大字典》以《淮南子·天文》："子为开，主太岁，丑为闭，主太阴"之语为据，断章取义，所以误释。

⑪ "通'柲'。护弓器。"这是古人写错字所导致，也即后世所谓"同音通假"现象。护弓器，俗称"弓檠"，实际就是甲骨文的"𢎡"（弸字初文）字。我们认为，"同音通假"之现象，就应当以错别字来对

待，这样做更有利于学习古代汉语，推广中华文化。我们的祖先是伟大的，文人们写几个错误字也在所难免，完全不必要用什么"同音通假"，去掩饰大文人写错用错汉字的现象。

音本义、形本义概括：

闭（bì），作为动词时，是指将两扇门紧密贴附在一起的行为。

四　畁、鼻

读音分析：

畁，《现代汉语词典》："畁，bì。〈书〉给，给以。"《现代汉语词典》认为"畁"字是书面上的文言词语，可见此字在普通话的书面语和口语中都已经消失了。此字会同话读为"bì"，意义为"将一个容器紧密贴近另一个容器后向下倒入的动作"。畁字在会同方言中运用仍然十分活跃，如，"你把酒畁点给我"，"你去将垃圾（垃圾，会同话读为 lásá）畁嘎吧"，等等。

形体分析：

《集韵·至韵》："畁，《说文》：'相付与之，约在阁上。'古作鼻。"畁字许慎《说文》小篆写作"鼻"，可知"畁"、"鼻"为一字异体。

畁，甲骨文写作"𤰆"（《存》六三三）、"𤰆"（《后》二·一九·三）、"𤰆"（《甲》二二五八）等形；像双手捧一器物之状，"𤰆"下部有三个小点，表示东西向下倾倒，表意更加明显；金文《师酉簋》写作"𤰆"形，《说文》小篆写作"鼻"形，与甲骨文的形体一脉相承。上部所从之"田"、"甶"等是一种用来盛酒浆的古陶器——甾（zī），下部所从为双手之形，属于象事结构的文字。双手捧着一个器物将所盛东西向下倒进另一容器，一般都需要将两个器物上下紧贴在一起，所以这一动作，被古人称作"bì"。

很多文字学家对"畁"与"鼻"（bī，扁平的箭头）两字的关系混淆不清。"鈚"、"鎞"、"鈚"都是"鼻"的后起形声字，扬雄《方言》第九："凡箭镞……其广长而薄镰谓之鈚。"《辞海》："鈚，同'鈚'，箭镞的一种。"又："鎞，通'鈚'。箭镞。"这种箭镞的形制因与尖锐扁平的食具"匕"非常相像，古人便俗称其为"鼻"。畁与鼻虽然都属同一音系，但"畁"直接源于"bì"音的音本义原理，而"鼻"则是"匕"字比喻用法的结果，间接地源于"bi"的音本义原理。所以，随着社会的发展，"𨾃"也慢慢地退出了历史的舞台。𨾃，甲骨文写作"🐦"等形，金文写作"🐦"（班簋）、"🐦"（鬲比盨）等形，与"畁"字的甲骨文、金文之形体差异巨大。唐兰先生说："在《周礼》司弓矢里的庳矢，故书（计按，旧抄本）作痹矢。🐦就是痹矢之痹的原始象形字。"[1] 唐兰氏的这一认识是切合实际的。《周礼》借"痹"、"庳"为"🐦"，与《左传·昭公二十六年》"匕人者三寸"借"匕"为"🐦"，都属于同音通假的情况，也就是现在所讲的写了错别字。"庳"、"痹"、"匕"都属于"bi"这一音系，由此也可证，《汉语大字典》将金文中的"🐦"（班簋）和"🐦"（永盂）收录在"畁"字之下，把箭矢之"𨾃"与表倾倒意义的"畁"混为一谈，《辞海》则将"🐦"的后起形声字"錍"、"鈚"、"鎞"读成"pī"，都明显不符合古汉语的实际情况。

另外，还有一些文字学家将"𢍏"（畁字异体）读作"qi"或"qú"，解释为"举起"，也不正确。许慎《说文·廾部》："𢍏，举也。从廾，由声。《春秋传》曰：'晋人或以广坠，楚人𢍏之。'黄颢说，广车陷，楚人为举之。杜林以为麒麟字。"《春秋传》中的"𢍏"，其实就可直接读为"bì"，字通假于"弼"，释为辅助。

另外，甲骨文字学者刘兴隆先生也从许氏之说，将甲骨文中的"🐦"、"🐦"隶定为"畁"，却又说："（🐦）象双手捧器物状，即《说文》𢍏字。音渠。"[2] "🐦"字下部有几个小点，表示器中之物倾倒而出之义，刘氏此释与畁字甲骨文之形体不完全符合。

主流观点及点评：

1. 许慎《说文·丌部》："畁，相付与之，约在阁上也。从丌、由声。"段玉裁《说文解字注》："《祭统》曰：'夫祭有畁煇、胞、阍者，惠下之道也。畁之为言与也，能以其余畁其下者也。'此谓上之与下，度阁而命取之。"《尔雅·释诂上》："畁，赐也。"《尔雅·释诂下》："畁，予也。"郭璞注："畁，赐与也。"顾野王《玉篇·丌部》："畁，相付也，与也。"《诗·鄘风·干旄》："彼姝者子，何以畁之。"朱熹注；"畁，与也。"《辞海》（1990年版）："畁，bì。给予，付与。"《汉语大字典》：

---

①　唐兰：《永盂铭文解释》，《文物》1972年第1期。

②　刘兴隆：《新编甲骨文字典》（增订版），国际文化出版公司2005年版，第132—133页。

"畁，bì。①赐，赐与。②给予；付与。③付托；委任。"

点评：各家所释都比较正确。"与"、"予"，在此都是给予、赐予、付与的意思，这些都是"畁"字的引申义，不是本义。畁字的本义，当是将一个器物的东西贴近倒入另一器中的行为。因为这一动作包含了由"上"倒入"下"的特点，所以在古代多被运用为上级对下级的赐予之义。段玉裁氏"此谓上之与（yù，给予）下"的解说，是十分到位的。

王力等编著的《古汉语常用字字典》将"畁"直释为"给予"，可见他们也未能确解"畁"字音形义相结合的基本原理。

2. 唐汉《汉字密码》："畁，bì，《说文》释为：'畁，相付与之，约在阁上也。从丌、由声。'实际上，甲骨文的'畁'字，是一枝响箭，即通常所说的'鸣镝'。古代社会，军队的指挥发出带响声的'畁'，以作目标指示，弓箭手们便跟随响声一齐把箭射向目标。金文和小篆的'畁'字，从甲骨文演变而来，楷书写作'畁'，已完全失去了象形的韵味。""'畁'是一个象形字，本义为指示目标的鸣镝。引申为一般意义上的'传递、给予'。……'畁'有'相通'之义，因此，'鼻'字用'畁'作转注偏旁。'痹'也以'畁'为造字构件，表示不通畅，中医指由风、寒、湿等引起的肢体麻木不仁，即'痹则不通也。'"①

点评：唐汉先生此释，也是弄不清楚"畁"、"鼻"二字源流的关系。"畁"源于甲骨文中的"𤰃"字，作为箭镞意义的"鼻"，则源于甲骨文中的"𢍌"字，二者虽然属于同一音系，但意义所指完全是不同的。

唐汉先生说"𢍌"是军队将领用来指挥的"鸣镝"，似乎也不确切。《左传·昭公二十六年》："射之，中楯瓦，繇胸汏舟，匕入者三寸。"裘锡圭认为"当矢镞讲的'匕'字应该就是'鼻'的假借字。"② 扬雄《方言》第九："其广长而薄镰谓之鉟（计按：箭矢鼻字的后起形声字）。"华学诚汇证："'鉟'、'钯'为箭头之名，乃指'广长而薄镰'者，孙诒让《札迻》卷二：'鉟与钯广长而薄，则即古薄匕之镞也。'是也。"③ 可见，甲骨文中的"𢍌"，是因为其形状似食具薄匕而得名。《史记·匈奴列传》："冒顿乃作为鸣镝。"冒顿读作"mòdú"，是秦汉时期匈奴的"单

---

① 见唐汉《汉字密码》（下册），陕西师范大学出版社 2009 年版，第 542 页。
② 裘锡圭：《畁字补释》，北京大学中文系主编《语言学论丛》第六辑，商务印书馆 1980 年版。
③ 华学诚：《扬雄方言校释汇证》（上册），中华书局 2006 年版，第 613 页。

于"，秦二世元年（公元 209）将父亲头曼杀死后自立，可知唐汉先生所谓的"鸣镝"，与殷商时期的"𢀖"完全不是一码子事。

音本义、形本义概括：

异，本来是指将一个容器紧密贴近在另一容器上部向下倒东西的动作。后来引申指上级对下级的赐予之行为。

𢀖，是一种形制与食器"匕"很类似的广长薄镰的箭头。

五　鼻

读音分析：

鼻，普通话读为"bí"，会同话读为"bī"，二者读音相近。

形体分析：

鼻字，甲骨文写作"𪉖"、"𪉗"、"𪉘"等形，隶定作"自"，许慎《说文·自部》："自，鼻也。象鼻形。"《说文·王部》皇字下又说："自，读若鼻。"《正字通·鼻部》："鼻，《说文》本作自，象鼻形。小篆因借所专，谐畀声作鼻。"甲骨文中的"鼻"字，乃是对鼻子形状的描摹，属于象形字。

李瑾先生对"自"与"鼻"的语音、形体源流进行过深入的探讨，他说："上古汉语，'自'字系复辅音声母〔bdzi〕，后来在元音后退同化作用下分化为〔bi-dzi〕两个音节，前者用为'鼻'〔bi〕，后者为自身代词及前置词〔dzi〕，为便专任分工各司其职，故增加𢀖（畀）以为声符而形成新字𪊩（鼻）；声符𢀖象'痹矢'之形，其锋镝广长而薄镰，篆书讹变为'畀'，其下所从之丌，乃痹矢尾部之形变，此种形变之转折时代约在东汉开国以后，许氏《说文解字》著书之前。许君'引气自畀'之解析，盖据讹体立说，将形声结构说为会意字，虽不无谬误，然此乃受时代之局限，难以为怪也。"[1] 李瑾先生所论"自"与"鼻"的语音关系，可备一说。

我们认为，甲骨文中的"𪉖"（自），本身就可能有"bí"、"zí"两种读音，读"bí"时，专指人体之鼻子，读"zí"（会同话读音）时，则专指牛、狗等动物的鼻子。汉语音本义原理认为，"zi"音的音本义包含有"黑暗"和"短小"的特点。如"子"字，刚出生的小孩躯体短小皮

---

[1]　李瑾：《释自——论"自"与"鼻"之音关系及其语音发展》，《华夏考古》1994 第 1 期，转引于李圃《古文字诂林》第四册，上海教育出版社 2001 年版，第 21 页。

肤红中带浅黑，所以称为"zǐ"；如"髭"，唇上的胡须短小而黑，所以称"zī"；如"缁（zī），本是指一种黑色的缯；如"菑（zī），是指因短期（一年）耕种后变成浅黑色的土地；如"訾"（zǐ），是指暗地里讲别人的闲言碎语（碎有短小义）；又如"辎"（zī），是指一种有帷盖（车厢安装上帷盖，则车厢中变成了暗室一样）的小型车子；如"咨"（zī），本义是指在暗中向人打探询问小道消息的行为；又如"第"（zǐ），是指一种垫在床上的短小竹席，竹席因人体汗液浸渍等影响，一段时间后也会变成皮肤似的红黑色；再如"磁"（会同话读作 zí），是指一种可以黏附在铁器上的碎小黑色石块状物体；再如"字"，本来是指产妇在暗室里坐月子（短时间）养育小孩的行为。从这些分析可推测，"自"读为"zí"时，应当即是指狗、牛等动物又短又黑的鼻子。狗、牛等动物出生时，又短又黑的鼻子最先从产道里冒出来，"自"字于是可以引申出"开始"、"开端"的意义，"自"字的这一引申义，恰好又可以反证"自"最初是特指狗、牛等动物的鼻子而言的。如"自……至……"，实际就是"开始于……停止于……"之意。后来，由于"自"字的功能产生分化，所以又重新构造了一个从"自"、"畀"声（计按，其实应当写作"畀"，是一种宽长薄镞的箭矢）的形声兼象事结构的文字。人的鼻子上尖而下宽，与古代的"畀"的形状也有些类似（见图5—29），可知从"畀"字构作，具有表音、表意的双重功能。宋均芬先生说："臭，由犬由自会意。自，古鼻字。"[①] 宋氏认为"自"就是"古鼻字"，可证"鼻"字确实是从"自"字中分化出来的。

图5—29　骨箭镞、青铜簇与鼻子

---

① 宋均芬：《汉语文字学》，北京大学出版社 2005 年版，第 303 页。

鼻字从"自",表示其意义与鼻子有关,如"臭"、"息"等字所从的构字部件"自",即同属此种情况。从"畀"得音,读为"bí",表示它的形状和古代的一种箭矢——"畀"非常相像,即是像畀一样的凶之意。这明显是一种由于比喻手法的运用而获得的音和义。

主流观点及点评:

1. 许慎《说文·鼻部》:"鼻,引气自畀也。从自、畀。"段玉裁《说文解字注》:"自,鼻也。象鼻形。此以鼻训自,而又曰象鼻形。《王部》曰:'自读若鼻。'今俗以作始生子为鼻子是,然则许谓自与鼻义同音同,而用自为鼻者绝少也。"《正字通·鼻部》:"鼻,肺之窍所以引气司臭也。"《素问·阴阳应象大论》:"在窍为鼻。"王冰注:"鼻,所以司嗅呼吸。"

点评:许氏以小篆形体立说,释说不确切。段玉裁氏对"自"与"鼻"两字关系的认识,十分正确,"自"实际就是"鼻"字的初文。《正字通》以及《素问》王冰之注解,都是从鼻子的功能入手训释,虽然清楚明了,但却未能切合"鼻"的音本义特点。

2.《辞海》(1990年版):"鼻,bí。①呼吸兼嗅觉的器官。②器物上凸出以供把握的部分。如:剑鼻,印鼻。③创始;开端。"《汉语大字典》:"鼻,bí。①人和动物蹑手蹑脚兼嗅觉的器官。②器物的隆起或突出部分。③器物上带孔的部分。④壶嘴;勺的口部。⑤猎人穿兽鼻。⑥创始;开端。"

点评:鼻是呼吸兼嗅觉的器官,释说正确。但这一解释是本着鼻子的功能来定位的。而古人将这个器官命名为"bí"的最根本原因,则是以它的形状特点作为参考的依据。两家均未能觉察到这一点。

"器物的隆起或突出部分",这一解释不够确切。古人将玺印上部隆起的部分称为"纽"(计按,后来也写作"钮",这是为铜印等金属玺印而造的字),又俗称为"印鼻"或"鼻钮"。这个称呼,事实上与古人将牛鼻穿通以便牵引的行为直接相关。俗语说"不要让别人牵着鼻子走",正是人们将这个现象通过比喻手法的运用实例。玺印上的"钮"有小孔,穿上绶带后方便于携带和使用,所以"纽"字从"糸"构作,这种现象与用绳索系住牛鼻子非常相似,因而人们根据类推的原理,将"纽"又称为"鼻"。针鼻、剑鼻、秤鼻等名称,都属这种情况。

"器物上带孔的部分"，这个解释也不确切。针眼用来穿线并牵引，与用绳索穿牛鼻以牵引相似，所以针眼又俗称为"针鼻"。可见，汉语词语的产生，是有着内在的规律的。

"壶嘴，勺子的口部"，这个意义其实是"鼻"的比喻义。"壶嘴"、"勺子的口部"，是壶、勺子所盛液体类东西流出来的唯一通道，这一特点，正好与专供气息出入的鼻孔相似，因而人们也将它们形象地称为"鼻"。

"创始，开端"，这属于"鼻"的引申义。狗、牛、羊等动物的幼崽出生时，最先从产道露出来的是它们的鼻子，所以，鼻字就有了"最先"、"创始"、"开端"的意义。古代将长子称为"鼻子"，将创始人称为"鼻祖"，用的就是这一引申义。

3. 李程《汉字字源与字根》："甲骨文'自'字是鼻子的象形，上边的一笔强调它是突出的东西。本义是鼻子。人们说自己的时候常指自己的鼻子，由此产生自己的含义。自己的事当然要有自己办，由此产生当然的含义。计算时间和距离常从自己算起，由此又产生从的引申义。""其下面加'畀'是为了与'自'字的其他含义区别开，专门表示鼻子的含义。之所以加'畀'而不加其他字，是因为'畀'字有一个东西分作几部分的含义，它揭示出鼻子内部由两部分构成的特点。"①

点评：李程先生分析汉字的形体及意义的由来，常常给人以天马行空般的感觉。此释仍属于这种情况。"自"字的当然、自然之义，其实是人们对鼻子呼吸特点的认识中引申来的，一呼一吸，呼吸交错，这种现象是固定而自自然然的，呈现出很强的规则性，而规则性的东西，基本上都是以常态展现在世人眼前的。常态的事物即包含了"当然"、"自然"的意义。从汉语词语的结构分析，"自然"，即为"像自（鼻子）的呼吸一样"之义。另外，如词语"自如"、"自若"，其实"自如"就是"如自"，如鼻子的呼吸一样，"自若"就是"若自"，"若"和"如"都是"像……一样"的意思，构词原理和"自然"相同。李先生将"自"直释为"从"，也不正确（计按：《辞海》也犯了这个错误）。"自"与"鼻"都可以引申出"开始"的意义，如"自八十年代以来"，这句话的真实含义当为："从八十年代开始到现在"。可见"自"字的引申义，应

---

① 李程：《汉字字源与字根》，东方出版中心2008年版，第20—21页。

该是"从……开始",而不能直接说成为"从"。至于李先生分析"鼻"字从"畀"构作的原因,读者一笑了之可也。

音本义、形本义概括:

鼻,从其得名的实际情况看,应该表述为:形状像𐀀一样的人类的嗅觉器官。如本着简便易记得原则,也可以表述为:指有两个紧密贴近的呼吸气孔的呼吸嗅觉器官。

六　毕

读音分析:

毕,普通话读为"bì",会同话读为"bí"。二者读音基本上是相同的。

形体分析:

毕字,商代甲骨文写作"𐀀"、"𐀀"等形,"𐀀"像长柄丫杈,"×"像绑缚在丫杈间的网状物,属于象形字。其中的"𐀀"字则加了提示读音的"匕",属于形声结构的文字了。从事物发生、发展的规律来看,殷商时代的这种捕猎工具,应当是从原始社会早期的捕猎工具——丫杈演变而来的。在周原发现的甲骨卜辞中,毕字有写作"𐀀"形状的,下部所从之"𐀀"表示长柄丫杈,上部所从之"田",表示此物为田猎工具,这一构形属于象事结构,而丫杈之状则更为显著。

到了金文时代,毕字写作为"𐀀"(史酡簋)、"𐀀"(段簋)、"𐀀"(召卣)等形,字体基本上仍因循甲骨文"𐀀"的形体,只是表示缚有网状物的丫杈之形产生了细微的变化。《说文》小篆写作"𐀀"形,几乎与《段簋》中的"𐀀"形体相等同。楷化后写作"畢"形,从"田"、从"𢆉"构作,下部的"𢆉",是从甲骨文中的"𐀀"形体讹变而来的。《仪礼·特牲礼》:"宋人执毕。"郑注:毕状如叉,盖为形似毕星,故名焉。"郑玄氏之注解对了一半,"毕"的形状如用树枝做的丫杈,这是对的。而他以为"毕"这种工具的得名,是因为其形状和二十八宿的毕星相似所致,则完全是本末倒置了。毕星的得名,正是因为它的形状像工具"毕"。《礼记·杂记》:"毕用桑,长三尺,刊(计按,义同砍)其柄与末。"孔颖达疏:"用桑者,亦谓丧祭也。吉时亦用棘,末谓毕叉,末头亦刊削之也。"孔氏的说解十分正确。丁鼎先生《三礼图》校释也认为:"毕:叉取牲体之具,状如叉。丧祭之毕,以桑木制成;吉祭之毕,以棘木制成。"① 先秦时期用来叉取牲体的"毕",其形制正如原始社会捕猎工具"毕"一样,所以承沿了这一名称。

《尚书·洪范》:"庶民惟星,星有好(hào)风,星有好雨。日月之行,则有冬有夏,月之从星,则以风雨。"孔安国传:"箕星好风,毕星好雨。"成语"箕风毕雨",本来是华夏先祖经长期观察后总结出来的气候占卜口诀用语,有很大的实际操作价值。关于这一成语的大体含义,竺可桢先生阐述说:"箕星好风,毕星好雨的道理,乃我国古代初秋月望时,月在毕,春分月望时,月在箕,而春月多风,秋初多雨之故。"竺先生进一步推理:"按毕之赤经现时为四时二十三分,故小雪月望在毕,六千余年前,处暑月望在毕矣。"② 毕星属于西方七宿之一,因形状像捕猎的工具毕而得名。《尚书》的这一记载,也可侧证"毕"是一种叉形的工具。而从竺可桢氏的阐述可知,我们的祖先早在六千多年前,就已经掌握了根据"月望在毕"的经验去推测会有大的降水出现。根据汉语音义结合的原理,捕猎工具"毕"的产生时代,自然也就更加久远了。

从"毕"字的形体演变轨迹看,甲骨文中的"𤰖"属于形声字,"𤰖"则属于象事结构的文字,金文"𤰖"、小篆"畢"也属于象事结构的文字,现在的简体"毕"则可以归入到形声范畴了。"𤰖"字从"田",可知这是一种田猎工具,从"𢆶"(含𤰖),可知这种工具是一种丫杈形状,有的并且绑缚上了网状物。音读为"bi",则可推定它主要是用于贴近逼压猎物。丁山氏说:"实则𤰖即毕之初文,象'形小而柄长'的捕鸟兽之网,以此网掩捕鸟盖者,皆谓之毕。"③ 丁氏以"𤰖"为"毕"字初文,解说与生活实际相符合。"以此网掩捕鸟兽者,皆谓之毕"。所谓"掩捕",即是用毕网贴近地面来捕捉猎物,这与早期运用粗糙的丫杈,将猎物逼压贴近地面的动作仍然有相似之处。

主流观点及点评:

1. 许慎《说文·芈部》:"畢,田网也。象毕形,微也。或曰由声。"段玉裁《说文解字注》:"谓田猎之网也。必云田者,以其字从田也。《小雅》毛传曰:'毕所以掩兔也。'《月令》注曰:'网小而柄长谓之毕。'按《鸳鸯传》云:'毕掩而罗之。'然则不独掩兔,亦可掩鸟,皆以上覆

---

① 丁鼎:《聂崇义〈新定三礼图〉校释》,清华大学出版社 2006 年版,第 408 页。

② 竺可桢:《二十八宿起源之时代与地点》,载《竺可桢文集》,科学出版社 1979 年版。

③ 丁山:《甲骨文所见氏族及其制变》,科学出版社 1956 年版,第 82 页。

下也。毕星主弋猎，故曰毕。亦曰罕车，许于率下曰：'捕鸟毕也。'此非别一毕，亦是掩物之网。"

　　点评：许氏根据秦汉时期捕猎工具"毕"的形制来解说，应该与当时的实际情况相符合，但他认为从"由声"的观点，则不确切。

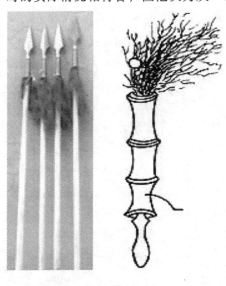

图5—30　红缨枪与突火枪

任何事物都会有一个产生、发展、最后消亡的过程，事物在发展过程中，虽然会在外部形态、功能用途等方面，可能与其产生的初期有较大差异，但它最核心的内在特点，却基本上是稳定不变的。如"枪"就属于这一情况。中国早期的枪是一种将木棍两头削尖的兵器，朱骏声《说文通训定声》说："距人之械也。《仓颉篇》谓木两头锐者也。《通俗文》：'剡木伤盗曰枪。'"可证早期的枪的确是剡木而制造的。在前面的章节中，我们已经介绍过枪得名为"qiāng"的原理，其最核心的特点，就是因为它主要是用来"快速撞击"敌人的。到了青铜时代，人们制作了金属的尖头安装在木棍前端，即后世所谓之"红缨枪"（如图5—30所示）。它虽然在形制、结构上和早期的木制枪有了较大差异，但"快速撞击"的特点却仍没有变化。到了13世纪中期，中国发明了一种"突火枪"（如图5—30所示），它是一切火器的鼻祖，其"快速撞击"的特点比以前的两任"枪"更加显著。所以，虽然它的形制产生了根本性的变化，但仍然被人们称为"枪"。

　　"毕"，从初期的木制丫杈发展到秦汉时期有罩网的形制，它的形态虽然产生了很大变化，但它将猎物逼压紧贴在地面的特点，却始终如一。在过去，一些古文字学家置汉语的大道法则于不顾，却乐于纠缠在器物形制差异的辩论中，这无疑是一种舍本逐末的研究方法了。

　　段玉裁氏对"毕"的功用、形制的解说，是很正确的。但其"毕星主弋猎，故曰毕"的观点有误，对于这一问题，前面已经进行了简要的分析，此处从略。

　　2.《辞海》："毕，bì。①古时田猎用的长柄网。也指用长柄网捕取禽兽。②二十八宿之一，以形状象毕网而得名。③网罗无遗之意。引申为尽、全。④结束。如：礼毕；毕业。⑤通'筚'。编竹，即编简。引申为简札。"

点评：《辞海》所释基本上抓住了"毕"字的本义和常见的引申义，此释可从。为了方便读者了解，下面逐一进行简评。

第①"古时田猎用的长柄网。"从殷商甲骨文"𤰝"、"𤰞"的形体看，当时的"毕"，有的已经绑缚了网状物，但从周原甲骨文"𤰟"的形体来看，"毕"不过就是一种丫杈形制的简易捕猎工具，这一形体，很可能与殷商卜辞中的"𤟎"（狩猎之狩字初文）字所从的"丫"有极其密切的关系。这种捕猎工具最显明的特点，就是用于迫压、覆罩猎物。

第②"二十八宿之一，以形状象毕网而得名。"《辞海》此释十分正确。毕星属于西方白兔七宿之一，共由八颗小星组成，因八颗星分布的形状，很象捕猎工具"毕"，所以也被称为"毕"。成语"箕风毕雨"中的"毕"，就是指毕星而言的。

第③"网罗无遗之意，引申为尽、全。"这一意义源自于毕网捕鸟所凸显出来的特点。毕网是一种掩物之网，这种特殊的"毕网"，甲骨文写作"𦉥"（《前》八·七·三），上部为"网"，下部为"鄙"字的初文"畐"，属于一种形声结构的文字。此即段玉裁所讲的"罕车"，俗又称作"覆车"，后世也称其为"弶（jiàng）网"或"绠网"。人们装设好这种捕鸟装置后，在网所覆盖的区域里撒下诱鸟之饵，待鸟群达到一定数量，放下毕网，一般都会将鸟全部捕获，所以可以引申出"都"、"全"的含义。

第④"结束。"许慎《说文·攴部》："敿，尽也。""敿"字甲骨文写作"𤰩"、"𤰨"等形，在"𤰞"下部加了一个表示手部行为的"又"，表示人们手持毕网捕捉猎物的行为。我们推测，毕网这种田猎工具，大多是用于捕捉落入陷阱中的猛兽的，当使用这一工具时，意味着田猎行动胜利结束了，所以，"敿"字可以引申出"尽"、"完"、"结束"的意义。后来，人们又将这一引申义归入到名词"毕"之下。

第⑤"通'筚'。编竹，即编简。"在没有发明纸张以前，我们祖先大多是将文字写在"简册"上的（如图5—31所示）。竹片小而平直，所以称"简"；竹片与竹片之间有"圻"（会同话读 cé），所以称"册"；编好的简册可以卷起来，所以又称"卷"（juàn）；简册是用韧性极强的绳

图 5—31　简册

索连在一起的，所以又称"箸"（著）；竹片与竹片距离极其贴近，所以又称为"笮"。汉语根据事物的特点来命名的规律，由此可见一斑。汉语之大道，别无它也。

音本义、形本义概括：

毕，在商周以后，是指一种用于贴近、逼压猎物的田猎工具。现在，此字最常用的意义，是从"毕"（bì，用毕网捕猎）字引申出来的"全部"、"尽"、"完成"、"结束"等含义。

七　鄙

读音分析：

鄙，普通话读作"bǐ"，会同话读音与此相同。

形体分析：

鄙，甲骨文写作""、""等形，字从"囗"、从""。"囗"是"围"字的初文，有表范围、区域的作用；""表示一种覆盖禾、麦堆的建筑物，""像禾堆、麦堆，""是禾、麦堆上的简易建筑物。此字后来隶定作"㐭"，即后世"廪"（lǐn）字的初文。陈梦家氏指出："㐭作，象露天的谷堆之形。今天的北方农人在麦场上，作一圆形的低土台，上堆麦秆麦谷，顶上作一亭盖形，涂以泥土，谓之'花篮子。'与此相似。㐭是积谷所在之处，即后世仓廪之廪。"[1] 裘锡圭氏同样认为："'㐭'是仓廪之'廪'的初文（甲骨文作，疑本象有苫盖的谷物堆），先加'禾'为'稟'（今作禀），又加'广'为'廪'（今作廪……）"[2] 由此可知，㐭、稟、廪为一字异体之关系，"㐭"侧重于象形描摹，"稟"加禾，表示此与粮食有关，而"廪"加"广"，则强调了此字与房屋相关。总而言之，""属于象事结构的文字，隶定作"啚"，表示建有众多"廪"（小粮仓）的地区。小型的粮仓一般都远离

---

① 陈梦家：《殷墟卜辞综述》，中华书局 1988 年版，第 536 页。
② 裘锡圭：《文字学概要》，商务印书馆 1988 年版，第 155 页。

君王生活的大都邑，处于偏远边界，主要负责供应卿大夫、王公子弟的粮食；大型粮仓"囷"（qūn）则位于大都邑附近，负责供应君王的粮食，这在商周时期，是有明显区别的。

　　鄙字小篆形体写作"鄙"，字加"邑"旁构作，强调了它是人的居住之区域，属后起形声字。徐灏《说文解字注笺》："啚古鄙字，《左氏》庄公二十六年传：'群公子皆鄙。'杜注：'鄙，边邑也。'此即啚之本义。"商承祚先生《殷墟文字类编》说："（啚）即都鄙之本字。《说文解字》以为啚啬字，而以鄙为都鄙字。考古金文都鄙字亦不从邑，从邑者后所增也。"徐、商二氏所论极是，鄙字的初文就是"啚"，字从"囗"、从"靣"构作，在商周时代，这种构造形态是很快就能让人看出其包含的意思的。

　　鄙读为"bǐ"，其含义应该具有"紧密贴近"的特点。结合前两段所讲的内容分析，我们可以推知，鄙，不过就是指商、周王国与外族（如犬戎、西羌、东夷等）接壤交界的人类聚居地区。接壤交界之处，即是两国边界线紧密贴近之处，可见，鄙得名为"bǐ"，与汉语音本义原理完全切合。"鄙"之所在，多容易遭受外族入侵。这种情况，在商代卜辞中就有记载，如："土方征我东鄙，戋二邑"（《甲骨文合集》六〇五七），"邛方侵我西鄙"（《甲骨文合集》六〇五七）等。就是到了春秋时期，这种类似的记载仍多见于史书，如《春秋》僖公二十六年："齐人侵我西鄙"，"齐伐我北鄙"；文公二十四年："邾人伐我南鄙"；襄公八年："莒人伐我东鄙"。"鄙"，就是因为它处于国与国紧密贴近之地而得名，相对于其中的任何一方而言，它却又属于边界地区。《左传·庄公二十八年》："使太子居典沃，重耳居蒲城，夷吾居屈。群公子皆鄙。"杜预注："鄙，边上邑。"杨伯峻先生注："皆鄙者，皆居于边鄙也。"从鄙字的具体含义来说，杜、杨二氏之注都是正确的。

　　主流观点及点评：

　　1. 许慎《说文·邑部》："鄙，五酂为鄙。从邑，啚声。"段玉裁《说文解字注》："见《遂人》，五百家也。又《周礼》都鄙：王子弟公卿大夫采地。其界曰都。鄙，所居也。按《大司徒》以邦国、都鄙对言，郑注以邦之所居曰国、都之所居曰鄙对言。《春秋传》鄙字多训为边者，盖《周礼》都鄙距国五百里，在王畿之边，故鄙可语为边。又引申为轻薄之称。而鄙夫字古作啚。《聚目》云：'俗儒啚夫玩其所习，'可证也。今则鄙行而啚废矣。"

点评：《周礼·地官·遂人》："五家为邻，五邻为里，四里为酇，五酇为鄙。"酇读为"zàn"，与"邻"、"里"、"鄙"同为周代地方性社会组织，有些类似于今天所讲的村民小组、村、乡镇等地方基层组织。"四里为酇"，可知周代所谓的一"酇"有100家，"五酇为鄙"，可知一"鄙"有500家。然而，周代的地方性社会组织名称，基本上是借用其他有具体指向的文字来代替，与字的本义虽然有内在的联系，但终究不是本义所指对象本身。许氏以此立言，解释自然就抓不住关键了。许氏之说不可从。

段氏对鄙字的本义、引申义进行了一般性探讨，但因为他被许氏的观点所局限，所以，也不可能有确切的认识及创见发明。另外，段氏对"啚"、"鄙"古今字的关系认识不够，但这是时代条件局限所导致，能提出"鄙行而啚废矣"的看法，已经算得上难能可贵了。

下面再谈一谈成语"天下兴亡，匹夫有责"。这个成语源自于明末清初著名学者顾炎武所著的《日知录·正始》，顾氏在文中说："保天下者，匹夫之贱，与有责焉耳矣。"卑贱粗野之人为何被顾炎武称作"匹夫"呢？其实，这是儒学大家顾炎武写了错别字的缘故。"匹"字在会同话里读作"bǐ"，与"鄙"属于同一音系，本来是指折叠的布匹，与"卑贱粗野"丝毫沾不上边。"匹夫"事实上是"鄙夫"之误。住在边鄙山区的男人，因为缺少文化思想的教化，因而显得格外粗野和轻薄。由此可知，不理会汉字音形义结合的原理，就算他博览群书、学富五车，也避免不了写错字用错字。

2. 刘兴隆《新编甲骨文字典》："（圖），从'囗'、从ᐩ（靣），囗是人之聚居之地，与ᐩ、ᐩ（郭）所从之'囗'义同，ᐩ（靣、廪）是谷堆，即后世之廪，也可释作粮仓。啚之本义是有人有廪之所在。"[1]

点评：刘兴隆先生对鄙字初文形体及含义的分析基本正确。"囗"即围城，围栏，围绕之"围"字的初文，在构造汉字的功能当中，它一般都表示一个具有限制作用的区域、范围，并不一定是刘氏所讲"是人之聚居之地。"如甲骨文"圂"，字从"囗"、从"豕"（猪），"囗"内有"豕"，隶定作"圂"。此字一读为"hùn"，表猪圈、厕所，现在会同农村仍是厕所、猪圈在一处；一读为"huàn"，音义同"豢"。又如甲骨文"圉"，内部之"幸"像一人戴上手铐之状，即后世的"執"（执）字，

---

[1]　刘兴隆：《新编甲骨文字典》（增订版），国际文化出版公司2005年版，第322—323页。

可知"囻"为象事结构的文字，即今天所谓监狱的"圈"（圙）字的初文。再如甲骨文"囻"，"ᚢ"像一只鸟的形状，笼中有鸟，即"囮"（é）和"囻"（yóu）字的初文，古代是指捕鸟人用来诱捕同类鸟的活鸟，俗称"鸟媒"。分析可知，刘氏对"口"字的解说不够确切。

3. 《辞海》（1990 年版）："鄙，bǐ。①周代地方组织单位之一。②小邑。③郊野之处。④质朴。⑤庸俗；鄙陋。⑥轻视。⑦自谦之词。"

点评：《辞海》所释各个义项，都是比较正确的，但不足之处，一是没有突显汉语音本义的特点；二是没有讲清引申义、比喻义的源流，从而使汉语音本义的特点变得更加虚无缥缈了。

①"周代地方组织单位之一。"此释承沿了《周礼》、许慎《说文》的观点。鄙，在周代作为一个地方性社会组织单位的名称，本是从商代对边界聚居地区的称呼借用而来的。在殷商时期，"鄙"，是指聚居在与外族势力范围紧密贴近地区的本氏族小聚落。这种聚落人员较少，所以到了周代以后，被周王朝借用来指京畿以外的地方性社会组织名称。其内在联系有两个方面：一是都是指京畿以外的边远地区之聚落；二是都是指人员较少的聚落（聚落就是社会性的组织）。

②小邑。这一义项，应该就是直接源于商代"鄙"字所指的对象——边界地区的小聚落。聚落，上古时代称为"邑"，甲骨文写作"邑"，上部从"口"，表示有限制功能的区域、范围，下部从"ᚢ"，是跪坐的人形，属于象事结构的文字，表示人们统一聚居到一块的某个区域。小聚落称为"小邑"，大聚落称为"大邑"，如商王朝就自称为"大邑商"。

③"郊野之处。"在殷商时期，"鄙"即边界附近的本氏族小聚落，它距离王所居住的京畿相对比较遥远，交通也很不方便。《说文·邑部》："距国百里为郊。""国"为君王所居，即通常说的"国都"、"王都"，距离王都百里左右，即周代所称的"郊"。《周礼·地官·遂人》："遂人掌邦之野。"郑玄注："郊外曰野。此谓甸、稍、县、都。"《吕氏春秋·尊师篇》："子张鲁之鄙家也，颜涿聚梁父之大盗也，学于孔子。"彭铎拾补："高注：'鄙，小也。'铎按鄙，野也。《左传·昭公二十年》：'耕于鄙。'本书《首时篇》、《史记·吴世家》、《伍子胥传》并作'耕于野'，鄙与野同也。"① 由此可知，先秦时代的"郊野"，即是指距离王都百里以

---

① 彭铎：《〈吕氏春秋〉拾补》，《中国历史文献研究集刊》第一集，岳麓书社 1980 年版，第 68 页。

外的边远地区。而这正与殷商时期"鄙"所处的地方比较一致。可见，这一意义是从"鄙"的本义引申出来的。

④ "质朴"。此释实为"鄙"字的引申义。《庄子·胠箧》："焚符破玺，而民朴鄙。"句中提到的"符"、"玺"，是古代朝廷、君王下达命令时的凭证信物。它们与使节所持的"节"、周代天子赐给诸侯、邦国的"瑞玉"以及更早时期的"契"等一样，都是具有信物凭证之功能的。"符"最早是虎形的，有竹制、铜制、玉制多种，其形制也是一分为二，有关两方各执其一，两半符能合在一起，即可为信。后世所讲的"符合"一词即出于此。"玺"是"印章"的别名，秦代以前一般人用的印章即可以称为"印"，也可以称为"玺"，秦始皇称帝以后，则"玺"为皇帝印章的专称了。以"印玺"为信物凭证的做法，至今仍然广泛使用，如单位、个人的印章，至今还是"盖印有效"、具有信物凭证的功能。庄子主张"绝圣弃智"的观点，认为所谓的"圣智礼法"，其实就是统治阶级用来约束平民百姓的无形枷锁，已经完全沦丧为统治阶级维护其特权、利益的工具了。因而在庄子的眼中，"符"、"玺"成了"圣智礼法"，也可按后世的说法称为"文明"的象征物。所以庄子在《胠箧篇》中又说："圣人不死，大盗（计按，庄子以此指统治阶级）不止。……为之符玺以信之，则并与符玺而窃之；为之仁义以矫之，则并与仁义而窃之。"了解了《庄子·胠箧篇》的写作意图，方可正确理解"而民朴鄙"的确切含义。朴，是指倒在地上尚未被工人染指过的树木；鄙，在此其实是"鄙夫"、"鄙人"的简称，是指那些生活在荒郊野外未受任何"圣智礼法"污染过的乡野之人，即现在城里人所蔑称的"乡巴佬"、"乡下人"。分析可知，庄子是用"朴"、"鄙"来打比方的，"质朴"是"朴鄙"的比喻引申义。

⑤ "庸俗；鄙陋。"此义也源自于对"鄙夫"、"鄙人"的认识和看法。在过去统治阶级、儒家文人的眼中，"鄙地之人"（简称"鄙人"）是缺乏文明、礼法的教化教养的，因而显得懵懂无知，见识浅陋，庸俗不堪。

⑥ "轻视。"《书·大诰》："反鄙我周邦。"孔安国传："反鄙易我周家。"孔颖达疏："反鄙薄轻易我周家。"孔传、孔疏皆未确切。《书·大诰》中的"周邦"，即大家熟悉的周文王、周武王的部族，当时是隶属于商纣王的一个邦国，所以称"周邦"。此句"鄙我周邦"中的"鄙"，属于古汉语词的意动用法，即"以……为鄙（人）"之义。换成今天的说法，就是"把……当乡巴佬看"。

⑦ "自谦之词。"此义源自于人们把自己称呼为"鄙人"、"鄙夫"

的语言习俗，其实就和我们今天说"我是乡下人，没什么见识"、"我是农村来的，没见过什么场面"的用意是一样的。

与《辞海》类似，过去很多解释文字意义的字典、词典，解释字义时对引申义、比喻义的源流不进行任何说明，这样做，无疑是将汉语音本义、汉字形本义引申的内在联系线一刀两断，其危害是不言而喻的。

音本义、形本义概括：

鄙，是指聚居在与外族势力范围紧密贴近地区的本氏族小聚落。

八　秕（粃）

读音分析：

秕，普通话读为"bǐ"，会同说读为"bì"。两者读音基本相同。

形体分析：

秕，《说文》小篆写作"秕"，字从"禾"、从"比"，此形体不见于甲骨文、金文，属于后起形声字。其俗体或从"米"构造写作"粃"。

秕字从"禾"，其义一定与粮食作物有关；从"比"得声，其所指事物肯定包含了"紧密贴近"的特点。《左传·定公十年》："若其不具，用秕稗也。"杜预注："秕，谷不成者。"《农政全书·农事》："盖麦花夜吐，雨多花损，故麦粒浮秕也。"谷不成，则谷粒内部空虚，两面的谷壳（麦稃）可以紧密贴近，所以得名为"bǐ"。《农政全书》之说解，揭示了秕谷形成的原因，与"秕"字的音义结合原理无关涉。

主流观点：

1. 许慎《说文·禾部》："秕，不成粟也。从禾，比声。"顾野王《玉篇·禾部》："秕，谷不成也。"段玉裁《说文解字注》："不成粟之字从禾，恶米之字从米，而皆比声，此其别也。"章炳麟《新方言·释植物》："今谓不成粟者为秕谷。俗字作癟。"

点评：四家都不懂汉语音本义原理，但所释近是。事实上，在会同方言里，谷、粟、豆荚、麦等不成者都被称"秕壳"，不独粟是这样的。段氏不知"粃"是"秕"的俗体字，强行区别，不可取。章氏所讲的"癟"，意义与"秕"相同，普通话读成"biě"，会同话读为 bì，如"这球漏嘎气，叶癟癟（bìbì）的。"

2.《汉语大字典》："秕，bǐ。①癟谷；谷中空或不饱满。②坏；恶。"《辞海》："秕，bǐ。①中空或不饱满的谷粒。②坏，不良。③败坏。

④通‘纰’。"

点评：两家所释"秕"字的本义、引申义，都是正确的，然而，两家也未能明晓秕字音本义的特点，是其不足。未成的秕壳，从质量的角度而言，当然是坏的、不好的、差的，可见秕字的"坏"、"不良"之义其实是它的引申义。《后汉书·安帝纪赞》："秕我王度。"秕字在此作动词用，即《辞海》所释的"败坏"之义，此注当归入引申义的范畴。但无论如何，字的引申义，是与它的本义有密切联系的。

音本义、形本义概括：

秕，是指谷麦中那种两面稃壳紧密贴附在一起的谷粒等物。

九　逼（含畐、偪）

读音分析：

逼，普通话"bī"，会同话读为"bi-e"。两者读音相近。

形体分析：

逼，许慎《说文》无此字，到宋代徐铉《说文新附》才将此字收录。逼迫、逼近的逼字，古代多写作"畐"或"偪"。段玉裁《说文解字注·畐部》："畐、偪与塞义同，畐、偪正俗字也。《释言》曰'逼，迫也。'本又作偪。二皆畐之俗字。"段氏对于畐、偪、逼三字关系的辨析是比较正确的。

图5—32　细颈瓶

畐，《汉语大字典》标注有："fú"、"bì"两音。甲骨文写作"🔯"（《前》四·二三·八）、"🔯"（《粹》三九三）、"🔯"（《甲》三〇二七）等形，字从"🔯"、从"🔯"（象细颈瓶的形状，如图5—32所示，酉字初文）、从"𠆢"构作，位于瓶颈中间位置的"𠆢"，表示瓶塞类物体，属于象事结构的文字。读"bì"时，义与"闭"相同，即用瓶塞封闭住瓶颈，使瓶中的酒、水类液体不外泄。由此可知，畐

(bì)，就是将瓶塞向下压入瓶颈口，使瓶塞与瓶颈口紧密贴附的行为。所以"畐"字有压迫、迫近之含义。此当是"逼"的初文。

偪，《诅楚文》写作""，字从"人"、从"畐"（bì），《汉语大字典》注音为"bī"，属于形声兼象事结构的文字，侧重强调人的逼压行为。《左传·庄公二十三年》："晋桓、庄之族偪。"杜野注："偪迫公室。"《汉书·贾谊传》："亲者或七分地以安天下，疏者或制大权以偪天子。"颜师古注："偪，古逼字。"从这些文献资料可知，"偪"是"畐"的后起形声字，主要侧重用来表述人的逼压动作和行为。顾野王《玉篇·人部》："偪，迫也，与逼同。"顾氏的解释是正确的。

逼字从"畐"、从"辶（辵）"构作，属于"畐"的后起形声文字。前面有关章节已经阐述过，"辵"字作为一个构字部件，在甲骨文中习见，是一种强调足部行为的"动符"，所以，"逼"字多用于表述贴近逼压的行为。

主流观点及点评：

1.《尔雅·释言》："逼，迫也。"徐铉《说文新附·辵部》："逼，近也。从辵，畐声。"段玉裁《说文解字注》畐字下："许书无偪、逼字。大徐附逼于辵部，今乃知逼仄、逼迫字当作畐。偪、逼行而畐废矣。"

点评：三家所释都较正确。尤其是段玉裁氏，他能够参悟出"畐"即逼仄、逼迫的本字，可谓颇具卓识。

逼近，即贴近、迫压，与甲骨文""字形体所表现的含义也较符合。但从汉字形体与字义结合的原理看，"畐"是将瓶塞向下迫压、使其紧密贴附在瓶颈口中，"偪"是强调人为的逼压之行为，而"逼"则强调从远到近的逼近行为。

2.《辞海》："逼，bī。①逼迫；强迫。②强索。③迫近。④狭窄；局促。"《古汉语常用字字典》："逼，bī。①强迫，威胁。②接近，迫近。③狭窄。"①

点评：两家所释"逼"字的本义、引申义都比较正确。从"畐"、"偪"、"逼"三字形体演变的源流看，归根结底，"畐"是源，是初文，是最能体现三个字音本义、形本义特点的；而"偪"、"逼"是流，是后起的形声兼象事结构的文字，是"畐"字本义的分化和发展。前文已经

---

① 王力等主编，蒋绍愚等增订：《古汉语常用字字典》第四版，商务印书馆 2007 年版，第 16 页。

讲过，"畐"，是将细颈瓶的塞子迫压进入瓶口，并使它与瓶颈的壁面紧密贴近的行为，所以，这一行为的重心是"迫压"、"贴近"。"偪"、"逼"是后起的形声兼象事结构的文字，但"迫压"、"贴近"的侧重点却也依然承袭下来。两字所释的"逼迫"、"强迫"、"威胁"之义，其实都是"迫压"的行为，而"迫近"、"狭窄"、"局促"，其实都突显了"贴近"的特点。由此可知，将"逼"字释为"迫压"、"贴近"，简单明了，十分确切。

音本义、形本义概括：

逼，是指一种紧密贴近压迫的行为。

十 必、柲

读音分析：

必是柲的本字，普通话读为"bì"，会同话读作"bí"。两者读音同属于"bi"一个音系。

形体分析：

必字，甲骨文写作"𢆶"、"𢆶"、"𢆶"、"𢆶"等形，此字于省吾氏释为"必"字，后李孝定氏、姚孝遂氏从之，十分正确。从形体组合看，"𢆶"、"𢆶"、"𢆶"像一种浅斗状的器具，很可能就是食器"匕"的最早期之形体，"匕"字甲骨文写作"𠤎"、"𠤎"、"𠤎"等形，两者的确十分形似。"𢆶"尾部上的斜画"一"是一个指示符号，其所指的对象，是这个器物的柄把，则可推知其意义应该与"柄把"有密切关系。"𢆶"中的"八"，不是"八"字，而是两个平行的点或直线状符号，在此表示两块竹片的形象，这两块竹片用绳线缠绕在一起，呈现紧密贴附之状态，形成了新形制的柄把，即是"必"，属于象事结构的文字。这个意义的"必"，现在写作为"柲"，属于形声构造的文字。

于省吾氏指出："𢆶即必，当为柲之初文。必字作𢆶、𢆶、𢆶……形，金文必字休盘作𢆶，寰盘作𢆶，无叀鼎作𢆶，其递衍之迹，为由𢆶而𢆶而𢆶而𢆶。《说文》：'必，分极也。从八，弋声。'按从弋乃形之讹，弋与必声韵皆不相近。段玉裁改为从八弋，八亦声，不知古文本不从八。契文八字作八，从八之字分作少，与𢆶字所从二者有别。𢆶字本义疑为柲字之初文，《广雅·释器》：'柲，柄也。'柲无以为象，须假器物以明之。从𢆶象某种量器，米点散落，下象斜柄，从一所以示其柄之所在，盖指事字也。秘字从木，乃后起字。"① 于氏对必字形体源流递衍轨迹的分析，至确无疑。但他以为"㻬"字所从"八"像米点散落，则有未安，于氏此误，正是汉字学家们未能通晓汉字音形义结合原理的通病的表现。《汉语大字典》则认为："按：必为秘之本字，从弋，从八，八代表戈矛等的穿孔，用以固定于柄上，抽象化作必定的必，故另作秘。"《汉语大字典》将甲骨文"㻬"字所从的"八"释为器物的穿孔，虽较于氏有所进步，但也不正确。林义光氏《文源》卷十："《说文》云：'必，分极也。从八弋，弋亦声。'按坼裂也。弋古杙字，杙易分裂，故从弋八。"林氏于文字学研究较为精深，然此释从许氏《说文》这观点，析形释义皆大误也。

刘心源氏早就指出："必，秘省。《说文》：'秘，欑也。''欑，积竹杖也。'案（计按，此同按语之按字）许解殳字云：殳以积竹八觚（计按，pài，藤条、皮条之物）长丈二尺，建于兵车旅贲以先驱。是秘即殳也。积竹者如今军中矛杆聚竹为之，缚以绳，韬以帛，而油漆之，既坚且韧，胜于木柄易折也。"② 刘氏所讲的制作"秘"的方法是很正确的，戈矛之秘，是用两块较厚的青皮竹块紧密贴附在一起制作的，与"bi"的音本义完全附和，所以得名为"bì"。但刘氏以"秘"、"殳"为一物的观点则不正确。郭沫若认为："然秘自秘，殳自殳，秘以积竹为之，殳亦积竹为之，非'秘即殳'也。""是可知戈戟矛之柄皆以积竹为之，其法与殳同，然秘自秘而殳自殳也。更详言之，则殳乃无刃之竹杖，秘乃戈矛之欑，何得云'秘即殳'耶？故刘（计按，指刘心源氏）释亦未得其正解。""余谓必乃秘之本字。字乃象形，八声。丬即戈秘之象形，许书以为从八弋者，非也。"③ 郭氏对刘心源氏的批驳是正确的，然而郭氏以为必"乃象形，八声"的认识也误，甲骨文"㻬"、金文"丬"都属于象事结构的文字，"八"不是"八"，是指两块竹片，郭氏"八声"之说不正确。

从以上分析可知，必（秘）是指用两块竹片紧密贴附而成的器物柄

① 于省吾：《甲骨文字诂林》第四册，中华书局 1996 年版，第 3036 页。

② 刘心源：《奇觚室吉金文述》，转引自李圃编《古文字诂林》第一册，上海教育出版社 1999 年版，第 659 页。

③ 郭沫若：《殷周青铜器铭文研究》卷二，转引自李圃主编《古文字诂林》第五册，上海教育出版社 2002 年版，第 928 页。

把，此物多用于做铜、铁制作的食器短柄及兵器之柄，它有分隔高温、坚韧难折断等优点，在古代运用十分普遍。总而言之，"必"是"柲"的本字，"柲"是"必"的后起形声字。因为它是将两块竹片紧密贴附在一起后，"缚以绳，韬以帛，而油漆之"，两块竹片被束缚为了一个整体，所以，"必"字可以引申出"必定"、"固定"、"一定"等意义。"必"字为引申义所专用，人们便又造出"柲"字来表示它的本义。

主流观点及点评：

1. 许慎《说文·八部》："必，分极也。从八弋，弋亦声。"段玉裁《说文解字注》："极，犹准也。凡高处谓之极，立表为分判之准，故云分极。"高田忠周《古籀篇》十八："弋者橛木也，可立以为刊识，八者分也，分别境界也。必与介造意相似。然分极者，境界之最终，而外廓之极端也，譬如今府县分界立标以识之，实是必字造意也。"《汉语大字典》："必，bì。标准；标杆。"

点评：许氏以"必"字小篆形体立说，释义、析形皆误。段氏、高田忠周氏从之，强行解说，并误。《汉语大字典》将"标准"、"标杆"列为第一义项，明显是受许氏、段氏等人的观点所左右，也误。

对于许氏、段氏的错误解说，前人早有批驳。清代徐灏《说文解字注笺》说："古无谓'立表为准而名之曰必'者，此乃弓柲本字，借为语词之必然耳。弋声不谐，段用八为声是也。弓柲以两竹夹持之，从八，指事兼声耳。"弓柲即弓檠，是绑在弓里起保护作用的两块竹片，甲骨文写作"𢦏"，隶定作"弼"，因为它是紧密贴附在弓里起辅助矫正作用的，所以也被称为"bì"。此处的"柲"字正是"弼"的通假。徐氏对段玉裁氏的批判基本正确，但以为"必"为弓柲（计按，本应写为弼）之本字及以八为声的解说，并不确切。后来，郭沫若也对许氏《说文》的错误观点予以了批驳，郭氏说："余谓必乃柲之本字。字乃象形，八声。戈即戈柲之象形，许书以为从八弋者，非也。其训'必'为'分极'乃后起之义，从木作柲，乃后起之字也。"[①] 郭氏的见解基本是正确的。但他以为"（必）字乃象形，八声"的观点，也有未妥，仅从这一点而言，郭氏是抛弃了一个错误，而又走向了另一个错误。

戴家祥所著《金文大字典》，比较了刘心源、徐灏二氏对"必"字的

---

① 郭沫若：《殷周青铜器铭文研究》卷二，转引自李圃主编《古文字诂林》第五册，上海教育出版社2002年版，第928页。

解说，他认为："按《广雅·释诂》：'柲，柄也。'《左传·昭公十二年》：'君王命剥圭以为鏚柲。'杜预注：'柲，柄也。'《方言》九：'三刃枝南楚宛郢谓之匽戟，其柄自关而西谓之柲，或谓之殳。'又云：'抵柲，刺也。'郭璞注云：'皆矛戟之𨤲，所以刺物者也。'同声通假，义亦为弜（计按，弜即弼之本字）。《仪礼·既夕记》'有柲'，郑玄云：'弓檠弛则缚之弓里，备损伤，以竹为之。'《秦风·小戎》'竹闭绲滕'，闭亦弜之假字。郑云《周礼》注：'弓檠曰柲，弛则缚于弓里，备顿伤也，以竹为之。'闭，亦同柴，皆通假字。刘释至确，徐灏以假义训本义，殊误。"[1] 柲为戈戟等兵器的柄把，以积竹为之，《仪礼·既夕记》"有柲"之柲字，乃是"弜"（弼）字的通假，戴家祥氏辨析甚确，他对徐灏《说文解字注笺》"（必）乃弓柲本字"观点的批驳是非常中肯的。

2. 《辞海》："必，bì。①一定；定然。②决定；肯定。③固执。④果真；假使。"

点评：《辞海》所释①②③义项，都是"必"的引申义，不是本义。前面已经分析过，"必"是柲的本字，是指将两块竹片用绳子绑缚后，再用布帛包裹、油漆刷漆多遍而制作的器物之柄把。它具有固定、牢固、坚韧难折断的优点，所以可以引申出"一定"、"肯定"、"固执"等意义。《论语·子罕》："毋意，毋必，毋固，毋我。"毋必，即有不要像"必（柲）"那样坚韧不肯弯曲、折断之意，训诂家释此字为"坚持己见"、"固执"，是为引申之义。至于将"必"释为"果真；假使"，我们认为不妥。《史记·廉颇蔺相如列传》："王必无人，臣愿奉璧往使。"《辞海》、《汉语大字典》皆将句中的"必"释为"如果"、"假使"，这其实是一种想当然的训释。此句中的"必"，仍然应该解释为"确定"。这句话的意思是："大王确定了没有其他人愿去的话，臣愿意奉璧前往出使。"其肯定、强调的意味比用假设的语气要强很多。如现在常说的"你一定要我来的话，我就来。"其意味与"你假使要我来的话，我就来"是有很大不同的。《辞海》将"必"释为"假使"，不足为据。

3. 李程《汉字字源与字根》："必，bì。金文的（计按，'的'字当是'与'字之误）篆文'必'字由'八'和'弋'构成。'八'字有分开的含义，'弋'字表示固定帐篷的木桩，整个字的意思是固定帐篷的木

---

① 戴家祥：《金文大字典》上卷，学林出版社 1999 年版，第 730 页。

桩不能集中在一起，必须分开使用，由此产生必须、一定的含义。"①

点评：李程先生仍然依据"必"字小篆形体立说，没能走出许慎的误区。他对"必"字的本义、引申义的分析，更是臆测之辞。

音本义、形本义概括：

必，乃"柲"字的初文，本来是指将两块竹片紧密贴附在一起后，而制作成的器物柄把。现在为其引申义"一定"、"肯定"、"固定"所专用。

十一   辟、璧、碧

读音分析：

辟、璧、碧，普通话都读为"bì"，会同话都读为"bí"。两者读音基本相同，都属于"bi"音之系列。辟又读为"pì"，这是因为后世"辟"字作为了"闢"（pì）的简化所致，故这一读音不在讨论范畴。

形体分析：

辟字，甲骨文写作"𤔲"（《甲》一〇四六）、"𤔲"（《甲》三二三八）等形；金文写作"𤔲"（盂鼎）、"𤔲"（商卣）、"𤔲"（师望鼎）等形；《说文》小篆写作"𤔲"形，甲骨文中的"口"、金文中的"〇"讹变为"日"；后楷定为"辟"。因为甲骨文是契刻文字，所以不得不常常将"〇"形字体刻写为"口"形，如"⊙"（日）甲骨文多写为"日"，"子"（子）甲骨文多写为"𢀑"，就属于这种情况。由此可知，许慎《说文》小篆"𤔲"字中的"日"（口）形体，的确是从"〇"讹变而来的。

马叙伦氏《说文解字六书疏证》卷十七："伦按此璧之初文也。从〇，辟声，〇又辟之最初象形文也。"② 马氏以"辟"为古代之璧玉，观点正确。但"〇"不是"辟（璧）之最初象形文"，而是"圆"字的初文，马氏此释不确。裘锡圭先生说："'〇'跟'圆'是同一个字的初文跟后起字。'圆'字从'口''员'声。'口'在篆文里写作〇，《说文》认为象回帀（匝）之形'"。③ 裘氏的观点无疑是十分正确的。

---

① 李程：《汉字字源与字根》，东方出版中心 2008 年版，第 261 页。

② 转引自李圃主编《古文字诂林》第八册，上海教育出版社 2003 年版，第 132 页。

③ 裘锡圭：《文字学概要》，商务印书馆 1988 年版，第 111 页。

　　戴家祥氏也指出："辟乃璧之初文。金文从〇，像璧形。《说文》一篇：'璧'，瑞玉圜（yuán，同'圆'字）也。《尔雅·释器》：'肉倍好谓之璧'，注：'肉，边也；好，孔也。'金文亦有从⊙，〇中有点，为孔。后世'辟'有'法'、'诛'等意，初义泯灭，乃加'玉'为'璧'，以还原义。《史记》'宋辟公名辟兵'，《索隐》引《纪年》（按，即《竹书纪年》之省称）作'璧'。"① 戴氏所论"辟""璧"二字的关系，极为精当。由此可知，辟乃璧的初文，璧是辟的后起形声字。

　　那么，璧为何得名为"bì"呢？

　　《尔雅·释器》："肉倍好谓之璧，好倍肉谓之瑗，肉好若一谓之环。"郭璞注："肉，边；好，孔。"用现在的话说，这句话中的"好"，是指圆形器物当中的孔；"肉"是指当中有孔的圆形物的边体。《尔雅》以"肉"与"好"的宽度之比例，分别将这类中间有孔的圆形玉器称为"璧"、"瑗"(yuàn)、"环"。然而，从地下出土的玉璧来看，它们的"边"和"孔"的比例，

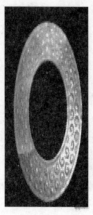

图5—33　商瑗和战璜

并不如《尔雅·释器》所讲的那样。由此看来，《尔雅》的这一观点是站不住脚的。根据裘锡圭氏"'〇'跟'圆'是同一个字的初文跟后起字"的看法，我们认为，"〇"实际上是"瑗"（圆状之玉）和"环"（瑗与环又为一字异体关系，圆状与环状有共同点）的象形描摹，而"璧"应该是"瑗"的一半。古语说："珠联璧合"，"璧合"则是相合，寓意团圆、圆满、完美，可证"璧"的确应该是成对的半圆状的东西，与独立的半圆状玉块——"璜"有相似之处，但又区别明显。"璧"是能够紧密贴附在一起组成圆状（或椭圆状）的玉块，"璜"则是单一的半圆状玉块。许慎《说文·玉部》："璜，半璧也。从玉、黄声。"半璧，即是璧的一半，可见璧是由两个"璜"状的玉块构成的。从另一方面来讲，许氏

---

　　①　戴家祥：《金文大字典》上卷，学林出版社1999年版，第1035页。

为何不讲"璜"释为"半瑷"或"半环"呢？因为"瑷"与"环"是独立的整体，如此训释，不符合语义。

另外，我们在上节"班"字下介绍过古代封建君主班瑞玉给公、侯、后、子、男的礼制。所谓"班"，即有将玉分为两半之意。根据《周礼·地官·大宗伯》的记载，周天子给公、侯、伯班圭（上尖或圆，下为长方形），给子、男班璧。当天子需要"合瑞为信"的时候，周天子就会用"瑁"（计按：即具有帽子功能的玉，可以戴在圭的上部，而天子所持的"镇圭"镇于宫中不可随意移动）戴到公、侯、伯的圭上部，看是否与顶严丝合缝，用璧的另一半去会合班给子、男的那一半璧玉，看是否能够紧密贴附、形状完整。从周天子"合瑞为信"的制度可知，璧应该是成对的半圆状玉块。由此可见，许慎以后的训诂学家、考古学家、古文字学家，对"璧"的认识，几乎没有一个是正确的。

碧字，《说文》小篆写作"碧"形，此形体未见于甲骨文、金文，属于后起象事结构的文字。此字的构造原理，以前没有任何一个文字学家能够给出合理确切的解答。段玉裁曾对此有所论及，他在《说文解字注》碧字下说："从玉、石者，似玉之石也。碧色青白，金克木之色也，故从白。云白声者，以形声会意。"碧是青绿色的，段氏以五行相克学说进行训释，以为金属白色，木属青绿色，所以碧字从"白"构造，此纯属附会牵强之解说。事实是，碧与璧有着密切关系，两字的音形义结合原理，都源自先秦时期天子颁瑞玉给公、侯、伯、子、男等邦国之君的礼制。《周礼·春官·大宗伯》："以玉作六瑞，以等邦国；王执镇圭，公执桓圭，侯执信圭，伯执躬圭，子执谷璧，男执蒲璧。"郑玄注："谷所以养人，蒲为席，所以安人。二玉盖或以谷为饰，或以蒲为琢饰。璧皆径五寸。不执圭者，未成国也。"郑玄对"璧"字"皆径五寸"的说解不正确。《汉书·司马相如传》说："析圭而爵。"如淳曰："析，中分也。白藏天子，青在诸侯也。"这里的"析圭"也包含了"析璧"而言，璧是成对的半圆形玉块，白色的一半由天子执掌，青色的一半由诸侯、邦国之君执掌，郑玄不细审古制，故有此误。"璧"字源于天子分封诸侯时，天子给子、男颁赐瑞玉"合瑞为信"的礼制，而"碧"则源于天子给公、侯、伯、子、男五爵班赐圭、璧时森严的等级制度，天子的玉属于白色，公、侯、伯、子、男五爵的圭、璧属于青绿色，所以，"碧"字用象事手法构造，其形体表现的意思是：紧密贴附着天子白色玉的那块青色的石。《说文·石部》："碧，石之青美者。从玉、石，白声。"许氏释义正确，但以为碧字从"白"得声则大误。段玉裁《说文解字注》："从玉、石者，似玉之石也。碧色青白，故从白。云白声者，以形声苞会意。"（计按，句中的苞字今写作"包"）从这些分析看，段氏对碧字形义结合的原理也弄不清楚，分析大误，碧是青绿色，不是青白色，段氏之说嫌于附会也。

主流观点及点评：

1. 许慎《说文·辟部》："辟，法也。从卩，从辛，节制其罪也；从口，用法者也。"段玉裁《说文解字注》："《小雅》'辟言不信'、《大雅》'无自立辟'，传皆曰：'辟，法也。'又《文王有声》笺、《抑》笺、《周礼·乡师》注、《戎右》注、《小司寇》注、《曲礼下》注皆同。引申之为罪也，见《释诂》。谓犯法者，则执法以罪之也。又引申之为辟除，如《周礼》阍人为之辟，《孟子》行辟人以及辟寒、辟恶之类是也。又引申之为盘辟，如《礼经》之辟，郑注逡遁是也。又引申之为一边之义，如《左传》曰阙西辟是也。"

点评：许、段两家所释都为辟字的比喻义、引申义，非本义。辟是璧的本字，后辟为引申义所专用，再加"玉"旁造出了"璧"字。

辟（璧），是天子班赐瑞玉给子、男（计按：从有关文献资料看，天子也班赐璧给公、侯、伯三爵）时，那种由一白一青半圆状玉块合成的器物。从辟字的形体组合看，"尸"旁由"ア"演变而来，像侧立之人形，在充当构字部件时，它有提示"主持"、"主事"的功能；"辛"由"ヹ"演变而来，其实应该隶定为"ヰ"（qiān），是古代的一种施刑工具，在此象征天子赋予诸侯国君的杀罚、治理权力；而"○"则表示可以组合成"瑗"（环）状的玉。由此可知，"辟"（璧）属于象事结构的文字，其形体的含义为：赋予主事杀罚治理权力，并可合成圆环状的玉块。

上古之世，玉的地位极其崇高，玉和神权、王法在很长一段时间里是合为一体的。玉可以做神器，以征召神鬼；玉可以做祭器，以礼拜天地；玉还可以作为权力、法则的象征，以号令部落徒众。黄侃、黄焯先生曾经研究过这一现象，《文字声训训诂笔记》一书说："章先生（计按：即章太炎）云：'《诗·商颂》受大球小球，受大共小共。毛传以球为玉，以共为法（计按：共字金文写作ᨆ形，像双手举圆环玉器之状），深合古训……'按《吕氏春秋》'夏之将亡，太史终古抱其图法奔商。'汤之所受大共小共，即夏太史终古所抱之图法也。《书序》：'汤罚三朡，俘厥宝玉，谊伯、仲伯作典宝。'即汤所受大球小球也。古人视玉最重，玉者所以班瑞玉于群后。……一如后世之玺印，所以别天子、诸侯之等级也。汤受法受玉，而后可以发施政令，为下国缀旒。"① 从黄氏的论述可知，上古时代，玉器有着无与伦比的崇高地位，受玉和受法即为一事。

《周礼·春官·大宗伯》："以九仪之命，正邦国之位。一命受职，再命受服，三命受位，四命受器，五命赐则，六命赐官，七命赐国，八命作牧，九命作伯。"郑玄注："郑司农云：'则者，法也。出为子男。'玄谓则，地未成国之名。王之下大夫四命，出封加一等，五命，赐之以方百里、二百里之地者，方三百里以上为成国。王莽时以二十五成为则，方五十里，合今俗说子男之地，独刘子骏等识古有此制焉。"② 孙诒让《周礼正义》卷三十四："诒让案：'《五制》'注云：'方五百里者谓之大国，方四百里、方三里者谓之次国，方二百里及方百里者谓之小国。'然则男方百里以上已得为国，故《典命》、《大行人》以子男为小国之君。"③ 《周礼》所谓"五命赐则"，其实就和天子赐璧给子、男之礼制互为表里，所以，"辟"（璧）字的"法则"与上古时代玉的崇高地位是一致的。

辟（璧）由子、男以上的诸侯国君及天子所执掌，是天子、诸侯国君的象征，因而"辟"又引申出了"国君"之义，《尔雅·释诂》："辟，君也。"《汉书·司马相如传下》："历选列辟，以迄乎秦。"颜师古注："辟，君也。"所释皆为引申之义；"辟"象征了天子赐予给邦国之君的杀罚、治理权力，因而"辟"又可以引申出"惩罚"、"治理"的意义，《左传·襄公二十五年》："先王之命，唯罪所在，各致其辟。"杜预注："辟，诛也。"诛即是诛杀、惩罚的意思；《书·金滕》："我之弗辟，我无以告我先王。"陆德明《经典释文》："辟，理也。"理就是"治理"之义。"惩罚"、"治理"就是将不好的东西排除掉，因而，"辟"也可用如今天的"排除"之义，如"辟谣"即为这一用法。"辟"本来是专指天子和邦国之君各自执掌的半边玉块，所以"辟"又有"半"、"边"之义，《左传·庄公二十一年》："郑伯享王于阙西辟，乐备。"孔颖达疏："辟，是旁侧之语也。"段玉裁《说文解字注》："（辟），又引申之为一边之义，如《左传》曰阙西辟是也。"《广雅·释诂四》："辟，半也。"

---

① 黄侃述，黄焯编撰：《文字声训训诂笔记》，上海古籍出版社 1983 年版，第 223—224 页。

② 郑玄注，贾公彦疏：《周礼注疏》，上海古籍出版社 2010 年版，第 676 页。

③ 孙诒让：《周礼正义》，中华书局 1987 年版，第 1373 页。

"边"、"半"都是从"辟"（璧）的形制引申出来的意义，这也可以反证我们前面对"辟"（璧）字的分析和推论是正确的。

2. 李程《汉字字源与字根》："辟，pì。由'尸'、'口'和'辛'构成。'尸'是坐着的人的象形，整个字的意思是口中有权发布使用刑具命令的人，由此产生君主的含义。君主的命令就是法律，由此产生法律的引申义。繁体'闢'字由'门'和'辟'构成。意思是君主打开国门向外扩张，由此产生开辟的含义。也可理解为君主开门向民众宣讲，由此产生透彻和驳斥等含义。"①

点评：李程先生没有分清现在所见"辟"字"bì"、"pì"两音的源流，也未能弄清"辟"字所从之"口"所象何形所指何物，所以，才出现了这种脱离汉字形义结合原理的幻想般的分析，大误，不可为据。黄焯先生曾经指出："小学者，中国语言文字之学也，文字兼形、音、义三者。训诂者，义之属，而依附音与形，以探究语言文字正当明确之解释，推求其正确之来源，因而得其正当明确之用法者也。""训诂以文字声音为根据，二者不可分离。……欲得一言一字之正确解释，必须注意者有三。盖学问之道，以比勘而知其确至；因推求而得其根本，于治文字、训诂，亦莫能外是。黄季刚先生（按，即黄侃先生）谓治小学之法，约有三端：一是一事必剖解精密；二是一义必反覆推求；三是一例必展能旁通。"② 黄焯先生早年受业于他的叔父黄侃氏，颇得黄氏之真传，后任武汉大学教授，"毕生研究经学、小学，兼治古文，闻见赅博，造诣很深"（李格非先生语）。黄焯先生的观点与治学态度，是值得现代的文字学家们学习、借鉴的。

3. 《汉语大字典》："碧"，bì。①青绿色的玉石。②青绿色。

点评：《汉语大字典》对"碧"字的解释是正确的。第①义项是碧字的本义，第②义项是碧字的比喻义。但是，《汉语大字典》未能正确分析"碧"字的形体构造，以及"碧"字音形义结合的原理，是其不足。

4. 邹晓丽《基础汉字形义释源》："（），一人跪着，背后有'辛'（刑具），即犯人受刑的形状。有的字形还加'口'以表示宣告此受刑者所犯罪状，亦有说加'口'为'璧'字者，备考。总之，'辟'的本义是'法'。后来分成两个字：'犀'（xī，迟也。《玉篇》：'犀'，今作

---

① 李程：《汉字字源与字根》，东方出版中心 2008 年版，第 67 页。
② 黄侃述，黄焯编撰：《文字声韵训诂笔记》，上海古籍出版社 1983 年版，第 179 页。

栖)、'辟'。"

点评：邹晓丽先生从事汉字研究与教学长达数十载，严谨治学，颇多建树，然而，此释有三误。一是甲骨文"ʒ"不是"辛"，而是"辛"（qiān，古代用于黥刑的刑具，在构字时表示责罚，过错），对两字的详细分析见前面章节；二是"辟"字甲骨文、金文形体所从之"○"不是"口"，而是表示"圆环"状的玉；三是"辟"的本义不是"法"，法则、规章、章程等义皆是辟字的引申义。

音本义、形本义概括：

辟（bì），是璧的本字，古代指两个可以紧密贴附在一起的半圆状玉块。

璧，是特指用来紧密贴附于天子白色瑞玉、作为信用凭证的青绿色瑞玉。

十二　嬖

读音分析：

嬖，普通话、会同话都读为"bì"。

形体分析：

嬖，《说文》小篆写作"嬖"，字从"辟"、从"女"，属于形声兼象事结构的文字。"辟"（璧）指两玉紧密贴合在一起。是诸侯、君主的象征，因而又有"君主"的意义，从"嬖"字的形体来看，即是指能够紧密贴近在君主身边的女人。换言之，也就是指得到了君主万般宠爱的女人。

主流观点及分析：

许慎《说文·女部》："嬖，便嬖，爱也。从女，辟声。"刘熙《释名·释亲属》："嬖，卑贱。婢妾媚以色事人得幸者也。"顾野王《玉篇·女部》："嬖，《春秋传》曰：'贱而获示幸曰嬖。'"《广韵·齐韵》："嬖，爱也。"王力等编《汉语常用字字典》："嬖，bì。宠爱。受宠的人。"①

点评：上引各家所释皆较正确。"嬖"字作名词时，是指受到君主宠幸，和君主关系紧密贴近的女人；作为动词时，即指君主对女人紧密贴近的行为。也就是通常所谓的"万般宠爱"。《史记·周本记》："幽王嬖爱

---

① 王力等主编，蒋绍愚等增订：《古汉语常用字字典》，商务印书馆 2007 年版，第 20 页。

褒姒。"周幽王为博褒姒一笑，居然作出了"烽火戏诸侯"的荒唐行径，其对褒姒的宠爱可见非同一般。

音本义、形本义概括：

嬖，作为动词时，是指君主对女人紧密贴近的行为。作为名词时，是指和君主关系紧密贴近的女人。

十三　壁、笓

读音分析：

壁，笓，普通话都读作"bì"，会同话都读作"bí"。两者为同一音系。

形体分析：

壁字，《说文》小篆写作"壁"，字从"辟"、从"土"，属于形声兼象事结构的的字。从"土"，表明壁字与泥土有关，从"辟"得声，表明壁有紧密贴附的特点。

宋代戴侗《六书故·地理一》："古者筑垣墉周宇以为宫，后世编苇竹以障楹间，涂之以泥曰壁。"用今天的话来讲，戴侗所谓的"壁"，就是指先将苇秆或竹块类东西，在楹柱之间编扎成篱笆状的"笓"（计按：会同话读 bí，这一行为被称作"攒笓"），然后用黏附力很强的泥巴紧密地贴附在笓上，这种黏附在笓上的大面积泥巴层，就是古人所称的"壁"。

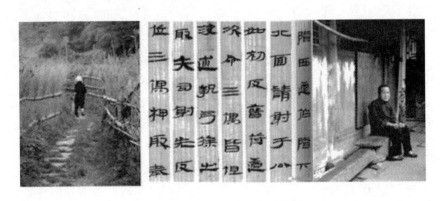

图 5—34　篱笆、简册与木板壁

俗话说："烂泥巴糊不上壁（计按：确切地说，此处壁应写为笓）。"即源于我们祖先的这一特定的建筑行为。笓涂上掺杂着麦穰或稻草的泥巴后，寒风不能侵入，有很好的保温效果，这与《诗经·豳风·七月》"穹室熏鼠，塞向墐户"所描绘的习俗是一致的。

筚字，《说文》小篆写作"<ruby>筚</ruby>"，字从"竹"、从"畢"（今简体写作
"毕"），属于形声构造的字。《汉语大字典》："筚，bì。①篱笆。②以木
头或竹编成的简陋屏蔽物。"事实上，篱笆也就是"以木头或竹编成的简
陋屏蔽物"，《汉语大字典》将一义分开为二义，不妥帖。木头或竹块一
个一个地紧密贴附，与"bi"的音本义要求完全切合，所以才被称作
"筚"。在上古时代，"简册"是竹片一片片紧密贴附而成，因而也可称作
"筚"；住房的四面是木头或竹片一块一块紧密贴附而成，因而也称为
"筚"；由木头或竹块编扎的门被称为"筚门"，车厢由木头或竹块编扎的
车被称为"筚路"（计按，路是辂的通假字，筚辂即俗称的柴车），《左
传·宣公十二年》："筚路蓝缕，以启山林。"杜预注："筚路，柴车。"孔
颖达疏："以荆竹织门谓之筚门，则筚路亦以荆竹编车，故谓筚路为柴
车。"成语"筚路蓝缕"（计按：《史记·楚世家》写成了"筚露蓝蒌"）
即源出于此，抛开所谓的"汉字通假现象"，它本来是应该写作"筚辂褴
褛"的。上引文献可证，"筚"的确是由木头或竹块一根（块）一根
（块）编扎而成，具有积少成多的特点，所以，会同话将这个编造筚的行
为称为"攒筚。"会同话的这个词语来源于古老的构木为巢的建筑形式，
从河姆渡遗址发现的干阑式建筑遗迹来看，最保守的估计，"攒筚"一语
至少已有七千来年的历史了。

主流观点及点评：

1. 许慎《说文·土部》："壁，垣也。从土，辟声。"刘熙《释名·
释宫室》："壁，辟也，所以辟御风寒也。"李诫《营造法式·壕寨制度·
墙》："墙，其名有五：一曰墙，二曰墉，三曰垣，四曰<ruby>墇</ruby>，五曰壁。"
段玉裁《说文解字注》："壁，自其直立言之。"《辞海》（1990年版）：
"壁，bì。墙壁。引申指某些物体的表层。"《汉语大字典》："壁，bì。
墙壁。"

点评：各家所释皆不确切。

垣，读为"yuán"，与"圆"、"缘"、"院"、"瑗"等属于同一音系
的词，强调弯曲环绕的特点，表示环绕四周的弯弯曲曲的围墙，也就是
说，一堵或一面墙可以称为墙，但绝不能称作"垣"。垣字小篆写作
"<ruby>垣</ruby>"，字从"<ruby>回</ruby>"，即表回旋盘曲之状。现在湖南、湖北等地，在沿江、
湖边地常围绕房屋、田地等修建的像堤坝的防水建筑物，被称为"垸"

（yuàn），垣与堄，其实字异而义相近。

"垣"强调墙的环绕弯曲之状，"壁"强调掺和着麦穰、稻草的泥巴紧密粘贴的特点，二者的差异是很大的。许氏不识古汉语音本义的原理，释解似是而非。段玉裁氏、李诚氏及《辞海》、《汉语大字典》也都未能解释壁字的真实含义。严格地说，"竿"是指木头、竹片编扎的"篱笆"或"藩落"，而"壁"是指紧密贴附在竿表层的大面积泥巴层。所以，胃壁、细胞壁中的"壁"字，其实都是指黏附于器官表层的具有保护作用的东西。

刘熙氏运用传统声训的手法，将壁与辟字的"排除"义联系起来，虽然道理上似乎能说得过去，但与"壁"字命名的事实却相距甚远，不足为据也。

古代军队安营扎寨时临时设置的藩篱叫做"竿"，后因"竿"、"壁"二字相混同，所以古代文献里多用"壁"代表军营、营垒。《六韬·于翼》："修沟堑，治壁垒，以备守御。"此即属于这一用例。

2. 李程《汉字字源与字根》："壁，bì。由'辟'和'土'构成。'辟'字表示君主，整个字的意思是由土构成的，能像君主保护民众那样保护自己的东西，它指壁垒，引申表示墙壁等。"[①]

点评：李程先生释字多凭臆想，此释也误。其误释的原因，关键就是不明白汉字音形义结合的原理，解说纯属虚构，不可从。

音本义、形本义概括：

竿，是指由木头、竹片类物体一根（片）一根（片）紧密贴附编扎而成的事物。

壁，是指将掺和着麦穰、稻草的泥巴紧密贴附在竿的表层后，风干硬化而形成的泥巴层。

十四　避

读音分析：

避，普通话读为"bì"，会同话读为"bí"。两者读音基本相近。

形体分析：

避字，《古孝经》写作"避"形，字从"辵"（chuò）、从"辟"

---

① 李程：《汉字字源与字根》，东方出版中心 2008 年版，第 67 页。

构作，《说文》小篆写作"𨗨"形，字仍从"辵"、"辟"构造。《说文·辵部》："辵，乍行乍止也。从彳，从止。""辵"，在作为汉字构造部件时，俗称为"走之旁"，是一种提示行动的符号，大多表示行走、道路等相关意义，与"彳"旁相当；"辟"是"璧"的初文、本字，是指天子颁给诸侯（邦国之君）作为"合瑞为信"凭证的信物。从构字方式来讲，"避"字属于形声兼象事结构的文字，表示诸侯国君在天子处被颁给瑞玉璧之后，随即奉璧离开的行为。"辟（璧）"本来不具有人一般的行走功能，但古人却将"辶"这一动态符号赋予了"辟"，用来表示分开的意义，这与历史的实际情况是符合的。

与"避"字这种构字原理相似的甲骨文、金文，数量较多，现略举几例如下：

如"武"字，甲骨文写作"𢦤"形，金文写作"𢓷"，字从"止"、从"戈"构作，属于象事结构的文字。"止"在充当构字部件是表示动符之功能，"戈"是古代最常见的一种兵器，在构字中提示与武器、残杀、战争相关的意义。两形组合，即表示与对方动武之意。

如"进"字，甲骨文写作"𨑒"形，金文写作"𨕖"（周中期召卣）、"𨕣"（周晚期兮甲盘）等形，字从"辵"或"止"，表示动符的功能相同；从"隹"（短尾巴鸟），则说明此字的意义与鸟相关。楷化后写作"進"，属于象事结构的文字，表示飞禽向前或向上飞的行为。

如"前"字，甲骨文写作"𣥚"、"𢍜"等形，字从"止"、从"𠙴"（计按：此即帆字之初文，像挂在船上的风帆之形）构作，属于象事结构的文字，表示挂起风帆后前进的意思。而"𢍜"则是增加了表示航道、道路之意义的"行"，是甲骨文的一种繁体字形。金文开始讹变为"𣥚"、"𣥠"等形，小篆写作"歬"形，字变成了从"止"、从"舟"构作，即表示船只向前运动，已经与甲骨文的构形意图不太吻合了。

概而言之，凡从"止"或"辵"这些动符构作的象事结构的文字，其意义一定与那个特定事物的最主要的行为特点密切相关。

从后世"避"字的运用情况来看，"避"字仍然是指将紧密贴近的双方短时间分开的行为。如"避祸"、"躲避"、"避其锋芒"等，没有一例不是属于具有这一个特点的行为。

主流观点及点评：

1. 许慎《说文·辵部》："避，回也。从辵，辟声。"段玉裁《说文解字注》："此'回'依本义训转，俗作'廻'是也。然其义实相近。"顾野王《玉篇·辵部》："避，回避也，去也。"慧琳《一切经音义》卷四十六："避，《仓颉篇》：'避，去也。'谓远离之也。"《广韵·寘韵》："避，违也。"马叙伦《说文解字六书疏证》卷四："回也，当作违也。"

点评：各家所释近是，皆非避字之本义。

通过分析"避"字的形体可知，避字，是古人依据"合瑞为信"的璧玉可以分为两半、各执其一的突出特征而创造的文字。这与進（进）、前、退（计按：退字古文字写作⿺辶⿱日夊，⿱日夊表示太阳向下运动）等字的构字原理和手法是一样的。我们多次强调过，汉语语词发生的基本规律，就是要遵循汉语音义结合的原理。而文字的产生，则是在单音节语词产生之后，人们根据语词所指事物或现象，用最熟悉、最简单的构字部件构建起来的。

2.《汉语大字典》："避，bì。①回避；躲避。②去，离开。③辞让。④避免，防止。⑤违背。"

点评：以上所释皆为引申义，非本义。事实上，"回避"、"辞让"、"避免"、"违背"都包含"离开"的意义。

《孙子兵法·虚实》："兵之形，避实而击虚。"《史记·廉颇蔺相如列传》："已而相如出，望见廉颇，相如引车避匿。"上引文献中的避字，《汉语大字典》都释为"回避、躲避"，其实就解释为"离开"，也并无不妥，反而更接近文意。

《汉书·王尊传》："又出教敕掾功曹：各自底厉（计按，今写作砥砺），助太守为治。其不中用，趣自避退，毋之妨贤。"清人顾炎武《天下郡国利病书·郊止西南夷·安南》记载："绍定三年，昭盛避位于夫陈日煚（计按，音 jiǒng，日光，义同炯）"这两处的避字，《汉语大字典》都释为"辞让"，意思是辞让职位，然而解释为"离开"，意义与今天所谓的"离职"完全相同，不必要更释为"辞让"。

《管子·霸言》："折节事强以避罪，小国之形也。"《吕氏春秋·介立》："脆弱者拜请以避死。"高诱注："避，犹免也。"《汉语大字典》从高氏之说，也将上引文献中的避字释作"避免、防止"，其实就按依循避字的本义解释作"远离"，与文意更为贴切。"避罪"即远离罪责；"避死"即远离死亡。

3. 左民安《细说汉字》："'避其锐气，击其惰归。'这个'避'字本为会意兼形声的字。𢓊是甲骨文的形体，左边为'彳'，中间为'人'，右边是一把'刑刀'，这就表示罪人逃避刑罪之意。其形体结构为'从彳从辟，辟亦声'。……《说文》：'避，回也。''避'字的本义应为'躲开'、'逃避'。"①

点评：左民安氏此释不确切，承沿了罗振玉氏、商承祚氏的错误，不可从。

4. 顾建平《汉字图解字典》："避，bì。形声字。辶（之）表意，篆书形体像路和脚，表示与行走或跑开有关；辟（bì）表声，辟通避，表示躲避。本义是躲避。"②

点评：顾建平先生是我国著名语言文字学家倪海曙氏的学生，倪氏作为"大百科全书、《辞海》、《汉语大字典》等权威性大型工具书的学术顾问或分卷主编"③，其学术功底之深厚当是非同一般了。顾建平先生受老师的影响，潜心研究汉字近四十载，其治学态度是严谨的。当然，我们这样肯定他的原因，还由于顾先生在书法、教育等方面取得的骄人成就。

但顾先生此释也未能真正弄清"避"字音、形、义结合的内在原理，从他对"避"字的图解来说，他也是在走罗振玉氏、商承祚氏、左民安氏的老路子，囿于旧说，未能突破。

音本义、形本义概括：

避，本来是指天子、诸侯将紧密贴附着的璧玉一分为二、各执其一开存放的行为。后来被用于泛指当双方紧密贴近时其中一方主动离开的行为。

十五　坒、陛、毗

读音分析：

坒、陛，普通话都读为"bì"，会同话也读为"bì"，两者读音一致。毗，普通话读为"pí"，会同话则读为"bí"，两者读音有差异。

《春秋·哀公五年》："五年，春，城毗。"杨伯峻注："毗，《公羊》作比，音同相通假，其地无考。"可知在春秋时期，毗与比属于同一音系；《说文·土部》："坒，地相次比也。"徐锴《说文系传》："若今人言

---

①　左民安：《细说汉字》，九州出版社 2005 年版，第 510 页。

②　顾建平：《汉字图解字典》，东方出版中心 2008 年版，第 452 页。

③　《汉字图解字典》顾建平先生后记。

毗田也。"可见在宋代，坒、比、毗仍声义相近。这些文献资料可证，会同话读"毗"为"bí"，与上古汉语的实际情况更为切近。

形体分析：

"坒"，金文写作"𩫖"（王作臣坒簋），此字所从之"𩫖"，即城郭之"郭"的初文，"囗"表示外城墙，"𠣪"表示城楼，则"𩫖"表示城有相对的两座城楼之状。上古城堡之墙基本上以夯土造成，所以在金文中，从"𩫖"从"土"多可以互换。但是，在表意功能上，"𩫖"有提示夯土层层贴附的意思。金文坒字从"𩫖"构作，正是强调了城墙夯土这一层层紧密贴附的特点。

"陛"，《说文》小篆写作"陛"形，字从"阝"、从"坒"，属于后起形声字。"阝"由甲骨文的"阝"和"阝"演变而来，"阝"像阶梯之状，"阝"为"山"的竖写，像土山坡，竖写的目的为了是特意与"山"（山字的初文）区分开来。"陛"字所从之"阝"，在构字中表示阶梯的意义。

"毗"字则是由"𦜶"字演变而来的。

"𦜶"即肚脐，一些哺乳动物的幼仔，在母体中时，有脐带贴附连接于"𦜶"，因而"𦜶"可以按会同话读为"bí"；出生后必须将其咬断（或剪断）去掉，包含了"pi"音音本义强调的"分开"的特点，也可以按普通话读为"pí"。但参照"避"字的读音，我们认为读"bí"为长。"𦜶"字从"囟"、"比"声，属于形声兼象事结构的文字，从古人造字的意图来看，也应该选择读"bí"为好。"囟"读"xìn"（会同话读 xǐn），本来是指幼儿脑部慢慢封闭的骨间膜质部，包括"前囟"（会同话俗称脑门）和"后囟"两部分。大家熟悉的"思"字，上部的田其实本也写作"囟"，与"𦜶"字所从之"囟"相同。肚脐眼也是慢慢封闭的，与"囟"有共同的特点，所以"𦜶"字从"囟"构作。

"毗"，字从"田"、从"比"，是"𦜶"字的后起之字，形体变化轨迹与"思"相同。异体又写作为"毘"，虽然"田"、"比"的位置有变化，但形声兼象事的构造方式仍是一样的。《诗·大雅·板》："天之方懠，无为夸毗。"朱熹注："夸，大；毗，附也。小人之于人，不以大言夸之，则以谀言毗之也。"《汉语大字典》释此字说："依附；附和。又靠近；接连。如：毗邻；毗连。""毗邻"即与"比邻"音义完全相同，由此可知，"毗"不当按普通话读作"pí"。"依附"、"附和"、"靠近"，都与"bi"之音本义"紧密贴附"一致，可证毗字的确应当读为"bi"一音系。

主流观点及点评：

图5—35　阶梯

1. 许慎《说文·土部》："坒，地相次比也。"《文选·左思〈吴都赋〉》："士女伫眙，商贾骈坒。"李善注曰："坒，相连也。"章炳麟《新方言·释言》："今人谓土相次比，物相次比，皆曰：一坒一坒。"《汉语大字典》："坒（bì）。①相连接。②同'陛'。"《正字通·土部》：'坒，同陛。'"

点评：各家所释皆较正确。从坒字的金文形体"𨺻"来看，"坒"字最早应是指古人夯打土城墙时，夯土层紧密贴附连接的形态。许氏"地相次比"之释十分正确，"相连"、"连接"皆为引申之义。

2. 许慎《说文·土部》："陛，升高阶也。从𨸏，坒声。"段玉裁《说文解字注》："自卑而可以登高者谓之陛。"蔡邕《独断》卷上："陛，阶也，所由升堂也。"《辞海》："陛，bì。帝王宫殿的台阶。"王力等篇《古汉语常用字字典》："陛，bì。台阶。特指皇宫的台阶。"[①]

点评：陛最初是指一级一级紧密贴近的土台阶，后来，因为这种当时高级气派的阶梯样式大多见于帝王之宫殿，所以常被特指帝王宫殿的台阶。顾野王《玉篇·阜部》："陛，天子阶也。"此当属后起之义。大臣因此也以"陛下"作为对天子（帝王）的尊称，汉氏蔡邕《独断》卷上说："天子必有近臣执兵陈于陛侧，以戒不虞。谓之'陛下'者，群臣与天子言，不限指斥，故呼在陛下者而告之，因卑达尊之意也。"陛字从"阝"，表阶梯，从"坒"而得声，表示这种阶梯是紧密贴近的土台阶。

---

① 王力等编，蒋绍愚等增订：《古汉语常用字字典》，商务印书馆2007年版，第18页。

这与原始穴居时期，穴壁上掏出的供上下出入的小脚窝是有显著区别的。

3. 顾建平《汉字图解字典》："陛，bì。会意字。从阜（阝），篆书形体象一道道山坡或一层层台阶，表示和山坡或台阶有关；从坒，坒指相连接，表示台阶层层相连；坒（bì）兼表声。本义是台阶，特指帝王宫殿的台阶。'陛下'是对皇帝的敬称。"①

点评：顾建平先生的训释基本是正确的。此字中的"阝"是从甲骨文"𠂤"演变而来，到小篆时期，甲骨文"𠂤"与"𨸏"混同为一，都写作"𨸏"（阜）形，后来隶定写作"阝"。"𠂤"象阶梯之形，"𨸏"则为小土山之状。顾先生由于不太清楚甲骨文"𠂤"和"𨸏"的源流关系，因此，对陛字所从之"阝"字的认识，自然就模糊不清了。

4. 许慎《说文·囟部》："𦜝，人脐也。从囟，囟取气通也。从比声。"《广韵·脂韵》："𦜝，《说文》曰：'人脐也。'今作毗。"《辞海》（1990年版）："毗，pí。①辅助。②损伤；败坏。③连接。如：毗连；毗邻。"

点评：《说文》、《广韵》所释基本正确，"毗"的本义当是指人或其他哺乳动物的肚脐。脐带紧密贴附于人或动物幼崽肚部之处，即称为"毗"，应当读如"bí"。

《辞海》所释第①③项皆为引申义，非本义；所释第②义项则不确切，不符合"毗"字的内在含义。今简略解释如下：

第①义项："辅也。"《易·比》："比，辅也。"孔颖达疏："比者，人来相辅助也。"如"坒"，徐灏《说文解字注笺》："坒"，《广雅》曰："'坒，比也。'……比有辅助义，故又训为辅为助。"《汉语大字典》："坒，bì。④辅助。"又如"弼"，《说文》："弼，辅也，重也。"《字汇·弓部》："弼，辅也，助也，正也。"又如"庇"，《国语·楚语》："夫从政者，以庇民也。"《汉语大字典》释句中之庇为"保护、保佑。""保护"、"保佑"义与"护助"、"佑助"相同，仍有"辅助"之含义。再如"裨"，《国语·晋语八》："子若能以忠信赞君，而裨诸侯之阙。"诸葛亮《出师表》："必能裨补阙漏。""阙"字与"缺"音义相同，"裨诸侯之阙"、"裨补阙漏"之裨即为"补助"之义。王力等人编著的《古汉语常用字字典》解释说："裨，bì。弥补、补助。"此释是很正确的。"毗"字

---

① 顾建平：《汉字图解字典》，东方出版中心2008年版，第710页。

的"辅助"义,源于从人对肚脐在怀孕时期的实际作用的认识。很多哺乳动物的幼崽在胎里发育生长时,是依靠"肚毗脐"(会同俗语至今仍称肚脐为"肚毗脐")输送营养的,因此,相对于动物幼崽而言,"毗"自然有辅助之意义。

第②义项:"损伤;败坏。"《辞海》此释不符合"毗"字的实际含义。《庄子·在宥》:"人大喜邪?毗于阳,大怒邪?毗于阴。阴阳并毗,四时不至,寒暑之和不成,其反伤人之形乎?"《辞海》依据《庄子·在宥》中的这些话,将"毗"字简单地解释作"损伤"、"败坏",不去理会此处"毗"字之所以如此训释的原因,这种解释字义的方式,是不太妥帖的。汉代扬雄《方言》第十三:"毗、缘,废也。"《尔雅·释诂》又说:"毗刘,暴乐也。"两家所释之"毗",皆当是"仳"字的通假。仳字《说文》小篆写作"𣲗",属于象事结构的字,不是形声结构的字,象一人从群体中离开之状,读为"pí",义为"离别"、"分别"、"分散"。许慎《说文·人部》:"仳,别也。从人,比声。"许氏释义正确,但析形大误。《庄子·在宥》:"人大喜邪?毗于阳,人大怒邪?毗于阴。"俞樾氏评议:"此毗字当读为'毗刘暴乐'之毗……喜属阳,怒属阴,故大喜则伤阳,大怒则伤阴,'毗阴毗阳',言阴阳之和也。"俞樾氏将"毗"读为"毗刘暴乐"(计按:即为"仳离剥落"四字记音)之"毗"(仳),可谓卓识。华学诚先生《扬雄〈方言〉校释汇证》说:"《诗》:'将采其刘。'毛传:'刘,爆烁而希也。'郑笺云:'将采之,则叶爆烁而疏。'《释文》:'爆,本又作暴,同,音剥。烁,本又作乐,或作落,同,音洛。'……又引舍人曰:'毗刘,爆烁之意也,木枝叶稀疏不均为爆烁。'然则'爆烁'之为言犹剥落也,亦言萚(tuò)落。""毗刘之为言犹'不留'也,亦变为'仳离'。《诗》:'有女仳离。''仳离'盖分散之义,与'披离'同。《方言》云:'披,散也。'是'披离'犹'仳离'也。……'毗刘'、'暴乐',盖古方俗之语,不论其字,唯取其声。"[1]华学诚先生旁征博引,所论极是。以上分析可证,《庄子·在宥》中的"毗"字,当读为"pí",为"仳"字的通假。仳字本义为"分别"、"分散",因而可以解释作"废",可以引申出"损伤"、"败坏"的意义。

第③义项:"连接"。毗为肚脐,幼崽在母体中的时期,即有"脐带"

---

[1]　华学诚:《扬雄〈方言〉校释汇证》,中华书局 2006 年版,第 865—866 页。

将母体与幼崽的毗相连接，所以，毗可以引申出"连接"的意义。《汉书·诸侯王表》"诸侯比境"，颜师古注："比，谓相接也。""比"与"毗"意义相同。"海内存知己，天涯若比邻。"比邻，也即与现在《现代汉语词典》、《辞海》等辞书收录的"毗邻"意义完全一样，可见"比"、"毗"两字的音义应该是相同的。

音本义、形本义概括：

坒，本来是指古代城墙的夯土上下两层紧密贴附在一起的状况。

陛，本来是指一层一层呈现紧密贴近特点的台阶。后用于特指帝王宫殿的台阶。

毗，本来是指紧密贴附着脐带的肚脐眼。

十六 敝、韠、绋

读音分析：

敝，普通话读作"bì"，会同话读 bí，两者读音相近。

形体分析：

敝字，甲骨文写作"帗"、"龇"、"帗"、"龇"等形，字从"巾"、从"又"（表示手的行为）构作，繁构则加"八"、"小"（表示巾上的灰尘），属于象事结构的文字。《说文》小篆写作"龇"，基本上承沿了"敝"字甲骨文的形体，上部所从之"）（"，则为表示灰尘小点的讹变。从形体来看，"敝"字应该是指一种需要用手经常拍打而将灰尘清理掉的"巾"（或布）。

"敝"字从"巾"，说明此字与布帛类事物相关，从"八"或"小"，表示巾上粘有灰尘，从"又"，表示它经常需要用手拍打。读为"bì"，则表示它一定具有紧密贴附的特点。许慎《说文·㡀部》："敝，帗也。一曰败衣，从攴、从㡀，㡀亦声。"许氏释敝为"帗"，十分正确，而形体分析则大误。"帗"字读为"fú"，与"韨"（计按：从"韦"表示为皮革制作）、"祓"为一字之异体。《穆天子传》卷一："天子大服冕祎，帗带。"郭璞注："帗，韠（bì）也。天子赤帗。"韠与敝音义相同，也应该为一字异体，即是指跪拜时可以铺垫贴附在地面的布块（或用皮制作），俗称为"蔽膝"，实际就是系在衣服前面的"围裙"，因为跪拜完了以后，人们常会自觉地用手拍去蔽膝上的灰尘，所以古人才根据这一经常看到的现象造出了"敝"字。

　　《急就篇》："**褌**衣蔽膝布母缚。"颜师古注："蔽膝者，于衣裳上著（计按，zhuó，附着之义）之，以蔽前也。一名韨，又曰**韠**，亦谓之襜（chān，亦通作襝）。"扬雄《方言》第四："蔽膝，江淮之间谓之袆，或谓之袚。魏宋南楚之间谓之大巾，自关东西谓之蔽膝，齐、鲁之郊谓之袡（计按：应该读为 chān。王念孙《广雅疏证》'袡、襝一字也'）。"上引文献资料可证，我国古代的这一特殊服饰，古人从不同的角度入手，给予了它不同的名称。人们跪拜时，将它紧密贴附在地面之上，所以得名为"bì"，可以写为"蔽"、"**韠**"、"绊"等形体；因为它是用带子缠绕系于腰间，与"缠"、"躔"、"蝉"等语源相同，所以又被命名为"chān"，可以写为"襜"、"襝"、"袡"等形；又因为后来这一服饰发展为前后或左右两幅，与"复"、"副"、"夫"、"妇"、"付"（双手托物予人）等为一音系，所以又被命名为"fú"，可以写为"袚"、"袯"、"市"、"绋"等形；又因为"袯"呈现围绕身体之状，与"围"、"韦"、"卫"、"帷"等字语源相同，所以又被称为"wéi"，可以写作"袆"、"帏"等形。华学诚先生认为："按，'袆'之言围也。围绕谓之'围'，古字作'囗'；所以障围谓之'帷'，或谓之'帏'；守卫谓之'卫'；蔽于膝前（按，当为前后）谓之'袆'。围、帷、帏、卫、袆，音近义通。"① 华氏之论述基本正确的。

　　关于"蔽膝"之名称，清代训诂大师王念孙有过很精彩的论证。他在《广雅疏证》里说："袯、袆一字也。《说文》作市（fú），云：'从巾，象其连带之形。'《易》作'绂'，《诗》作'芾'，《礼记》作'袯'，《左传》作'韨'，《方言》作'袯'，《易乾凿度》作'芾'，《白虎通义》作'绋'，并字异而义同。'绊'本作'**韠**'，即'蔽膝'之和声，蔽、**韠**、袯又一声之转。"王氏博览群书，在训诂学领域取得了巨大的成就，王氏的这一论证基本上是正确的（计按：王氏合声、声转之说不可取）。

　　主流观点及点评：

　　1. 许慎《说文·**市**部》："蔽，帗也。"又《说文·韦部》："帗，袯也。所以蔽前。以韦，下广二尺，上广一尺，其颈五寸。"段玉裁《说文解字注》："帗，一幅巾也。"刘熙《释名·释衣服》："袯，**韠**也。**韠**，

---

① 华学诚：《扬雄〈方言〉校释汇证》，中华书局 2006 年版，第 278 页。

蔽膝也，所以蔽膝前也。……又曰跪襜，跪时襜襜然张也。"

点评：三家所释皆较正确。"敝"与"韠"为一字异体，"敝"，侧重强调用布帛制作的蔽膝常常会粘有很多灰尘的特点，而"韠"侧重强调了用皮韦制作成的蔽膝，二者虽所指为一物，但强调的侧重点则各有不同。"敝"起初是用整块布或皮革制成的，所以段玉裁氏释为"一幅巾也"。许慎、刘熙以为"韠"字的得名源于"蔽膝前"这个观点是不正确的。试想，衣裳都有"蔽障"作用，但为何又不叫作"bì"呢？这个问题是"传统声训方法"不能回答的。"韠，所以蔽膝前也。"刘熙《释名》以蔽、韠同音相训释，表面看似乎有道理，但这种推论确实已经脱离了汉语发生学的原理了。

2. 裘锡圭《说字小记》："殷墟甲骨文有'敝'无'㡀'。敝字作 㡀、㡀、㡀等形，左旁可以省作'巾'。从甲骨文字形看，'敝'字显然象击巾之形，巾旁小点表示击巾时扬起来的灰尘。从'攴'从'巾'，击巾的意思已能表示出来，所以巾旁小点有时被省去。由此可知《说文》'敝'字的解说是有问题的，'㡀'或'败衣'不可能是'敝'的本义。"[1]

点评：裘锡圭氏是当今古文字学界泰斗式的领军人物，他析字解字释字常常有很多精到的见解，且颇多卓识创见，成绩斐然。裘氏对甲骨文"敝"字形体的深入分析，就是十分正确的。

然而，裘氏未能参悟出"敝"字音形义相结合的奥妙，因而将许慎氏正确的释义断然否决掉了，有若白珪之玷也。

古文字中和"敝"字构造原理相似的还有"牧"、"故"、"敖"、"磬"等。"牧"字甲骨文写作"㸝"、"㸧"诸形，字从"牛"、从"攴"，或繁构增加"辵"，表示行走放牛之人，《说文·攴部》："牧，养牛人也。从攴，从牛。""故"字甲骨文写作"古"、"古"等形，"♦"、"中"表示绳索上的环形套，"口"表示能够用口讲述解说，与甲骨文"聿"（书）字构造原理完全一样，金文增"攴"写作"故"（郜季殷）、"㳙"（邓公殷）等形，表示用手结绳记事。绳套系结好了的，说明事情已经发生，所以，"古"、"故"有"过去"、"古代"、"故旧"的含义。"敖"字甲骨文写作"㸰"、"㸱"等形，后来被周族赶到了大巴山

---

① 裘锡圭：《说字小记》，《北京师范学院学报》1988 年第 2 期。

以西的四川地区，所以，周代的金文便增加"攴"构作，写为"𡕬"
（𡕬伯敦）形。"磬"字甲骨文写作"𣪊"、"𣪉"等形，字从"𠧢"、从
"𣪊"构作，"𠧢"表示用绳子悬挂着的石块，"𣪊"表示手执棒槌去敲打
石块。"磬"字的构形原理，可以说与"敝"字是完全相同的。

对于"敝"字的音形义结合的原理，过去似乎还没有一个文字学家
能够予以清楚地分析，唯独裘氏而已。徐灏《说文解字注笺》："巾本完
好，无缘引申为败坏之义。从攴治之，故有败意耳。因其败而攴治也。"
如依从徐说，衣服都破败了，还有必要用棍棒去击打吗？这显然是自相矛
盾的。徐氏纯属臆说，不足为据。商承祚《甲骨文研究下编》："𣪊、
𣪉，又𣪊'败衣也。从巾，象衣敝之形。'此象以攴击巾而敝之之形。
𣪊又敝之专字，敝行而𣪊废矣。"① 商氏所论亦误，甲骨文有"敝"字而
无"𣪊"字，以攴击打巾上的灰尘，其构形原理商氏也未能明白。

3.《汉语大字典》："敝，bì。①一幅巾。②破衣。③破旧。④谦词。
如：敝姓；敝处；敝校。⑤衰敝。⑥疲困。"

点评：《汉语大字典》所释皆为引申义，非本义。

敝，俗称为"蔽膝"，本是指跪拜时系于衣服前面的一幅长巾，它的
形状与作用，和今天厨师们的围裙很相似。敝的形制确是一幅长巾，但
"一幅巾"和"敝"是不能等同的。

许氏所谓"敝，一曰败衣"，我们认为，其一，很可能是"败色之
衣"的简称；其二，因为受到秦始皇焚书坑儒的影响，传世经典大多消
失，汉代学者治经大多是靠"耳治"，也就是常说的师徒"口耳相传"。
所以，"败衣"也有可能即"拜衣"之误。刘熙《释名·释衣服》：
"（韠）又曰跪襜。""韠"（计按：我们认为与敝为一字异体）既然可称
作"跪襜"，当然也可以称为"拜衣"。但无论是"败衣"也好，"拜衣"
也罢，因为这种服饰，主要是起保护身前正式服装清洁的作用，自然首当
其冲地受到了灰尘的污染。又加上这一服饰长时间用于在地上跪拜，所
以，在人们的心目中，这种服饰就呈现出陈旧、低劣、被伤损的形象。
《汉语大字典》所释的"破旧"、"谦词"（低劣之意）、"衰敝"、"疲困"
等义项，都是从"敝"的后期形象比喻引申出来的意义。

音本义、形本义概括：

---

① 转引自李圃主编《古文字诂林》第七册，上海教育出版社 2002 年版，第 235 页。

敝，本来是指一种系在衣服前面、跪拜时用于紧密贴附在地面上的服饰。敝、鞸、绂为一字之异体，现在常用来表示"破旧"、"谦词"的意义。

十七　蔽、弊、獘（毙）

读音分析：

蔽、弊、獘（毙）三字，普通话、会同话都"bì"，两者读音完全相同。

形体分析：

蔽字，《说文》小篆写作"蔽"，字从"艸"（草字头）、从"敝"。此形体不见于甲骨文、金文，属于后起的形声兼象事结构的文字。其字面的意思是：像贴附在地面的"敝"一样的草。字从"艸"，其义一定与草相关；字从"敝"得声，其特点一定具有紧密贴附的特点。分析可知，蔽字，应该是指草皮子之类的小草。

弊，是獘字的后起讹变之字。獘字漏写犬字的一点，讹变为"獘"，因为篆文隶变之后，有些从"𠬞"、"廾"构作的文字，本应隶变为"廾"（计按，为了书写的简便，所以将两只手合到了一处），但却隶变为了"大"字。如"奂"（小篆写作 形）、"樊"（小篆写作 形）等就属于这种情况。所以，一些从"大"构作的字，又被写成了从"廾"构作。由于这一原因，"獘"字又辗转演变成了今天的"弊"字模样。段玉裁《说文解字注》："弊本因犬仆制字，假借为凡仆之称，俗又引申为利弊字，遂改其字作弊，训'困也'、'恶也'。"《汉语大字典》弊字下："按：'獘'，又作'毙'，后又写作'弊'。"两家的观点是十分正确的。

通过考察文献资料中"弊"字的应用情况，我们发现"弊"字基本上都属于"毙"（简体作"毙"）、"敝"、"蔽"三字的通假，其实完全没有存在的必要。现仅以《汉语大字典》为参考依据，将"弊"字的基本义项列举如下。

《汉语大字典》："弊，bì。①同'毙'。②停止。③竭、尽。④破旧。⑤败；衰败。⑥使……破败。⑦疲困。⑧弊病，害处。⑨坏；劣。⑩对自己的谦称。⑪讨厌；厌恶。⑫通'蔽'。⑬通'币'（简体写作"币"）。"仔细分析可知，第①②③义项即"毙"字的含义，第④—⑪都是"敝"字的引申义或比喻义。由此可证，"弊"字确实完全无存在之必要。

图5—36　狗紧密贴附在地面

獒字，《说文》小篆写作"𤞤"，字从"敝"、从"犬"构作，此形体不见于甲骨文、金文，属于后起的形声兼象事结构的文字。表示狗需散热时喜欢将全身（含头）像敝一样紧密贴附在地面的姿势（如图5—36所示）。《说文》或体作"獘"，则强调动物死后，尸体基本上都会紧密贴附在地面的状况。现在简化写作"毙"，虽然强调了紧密贴附的特点，但不如从"敝"来得生动形象和直接，并且也与汉字构形原理不切合。

主流观点及点评：

1. 许慎《说文·艸部》："蔽，蔽蔽，小草也。从艸，敝声。"段玉裁《说文解字注》："《召南》'蔽芾甘棠'，毛云：'蔽芾，小貌。'此小草貌之引申也。"《汉语大字典》："蔽，bì。小草貌。"谷衍奎《汉字源流字典》："蔽，本义指小草。由草覆盖地面，引申泛指遮盖，遮挡。由遮盖又引申指隐藏。又进而引申指蒙蔽，受蒙蔽。"①

点评：各家所释近是。蔽，属于形声兼象事字，表示像覆盖、贴附在地面的"敝"一样的草。从"敝"字的使用情况可知，这种草必须具有三个特点：一是紧密贴附于地面；二是十分浓密地覆盖着地面；三是像敝一样薄。因此，我们可以推定，蔽，即如现今足球场上使用的草皮子。谷衍奎先生所释最接近蔽字的真实意义。

中国使用草皮的历史应该非常悠久，从"蔽"字的出现时间看，最迟也不会晚于秦汉时期。这一推论，可以从以下三个方面得到印证。第一，可从会同方言词语得到印证。会同话有"草皮"、"草皮子"的说法，"皮"会同话读作"bí"，与"蔽"为同一音系，我们推测，"蔽"作为名词时读近似"bí"，用为动词后才读成了"bì"，这种名动相因的语言现象，是古汉语的显著特点之一。如"雨"（yǔ）本指降落的雨，作动词"下雨"讲时则读"yù"；如"种"（zhǒng），本指谷的种类，作动词

———————————

① 谷衍奎：《汉字源流字典》，华夏出版社2003年版，第781页。

"种植"讲时则读为"zhòng"。因此，"草皮子"，很可能就应写作"草蔽子"。第二，可从"蔽"字的引申义得到印证。"蔽"字有"遮蔽"、"蒙蔽"的含义，可见"蔽"可以用作遮盖、蒙覆物体之用。根据语言发生学的规律推测，"蔽"应该是从铺设在陷阱上面的草皮子演化来的，这一信息，事实上就留在"蒙蔽"这个词语之中。蒙蔽，本是指运用假象欺骗别人或动物的行为。蒙，甲骨文写作▨（《合集》二一七六八）、▨（《续存上》七六三）等形，字从"▨"（计按，此即帽字之初文）、从"▨"（虎字初文）构作，从构形方式看，属于象事结构的文字。刘兴隆先生说"（▨）为《说文》▨字，实乃蒙字初文。桂馥《说文义证》：'▨通作冒。'林义光《文源》：'冖、▨同字，今作帽。'段玉裁《说文解字注》：'凡蒙覆童蒙之字，今皆作蒙，依古当作▨，蒙行而▨废矣。'邵英《说文解字经正字》：'▨，今经典通作蒙字。'胡厚宣教授解得好：'古文虎字作▨，豕字作▨，字形相似，容易混淆。《说文》▨字从豕，疑为从虎字之误。'又言：'蒙者，其本义为勇士伪装，披戴虎皮。甲骨卜辞中，蒙字作▨便是这个意思。'"[1] 由此可见，"蒙"就是运用伪装出的假象欺骗他人或动物之意，今天仍有"蒙人"一语，即其明证。蒙蔽属于同类组合词组，既然蒙有"欺骗"的意味，可知"蔽"也一定包含了"欺骗"的意味。第三，还可从另一个与"蔽"字有一定关系的字——髲（bì）得到侧证。《说文·髟部》："髲，鬄也。从髟皮声。"《释名·释首饰》："髲，被（计按，会同话读为'bí'）也。髪（简体写作发）少者得以被助其髲也。鬄，鬀也，剔刑人之髮为之也。"王力《古汉语常用字字典》："髲，bì。假发。"自然的头发是从头皮层里生长出来的，不符合贴附于头皮上的特点，因而不可以称之为"bì"，而用别人的头发制作的假发套，则能紧密贴附于头皮上，因而可以称之为"bì"，这与铺设在陷阱、花园中的草皮子有相似之处。此也可以侧证"蔽"字最早应该是指草皮子。

2. 许慎《说文·犬部》："獘，顿仆也。从犬，敝声。《春秋传》曰：'与犬，犬獘。'獘，獘或从死。"段玉裁《说文解字注》："獘本因犬仆制字，假借为凡仆之称。"《尔雅·释言》："毙，踣也。"顾野王《玉篇·死部》："毙，仆也。"《左传·隐公元年》："多行不义，必自毙。"

---

① 刘兴隆：《新编甲骨文字典》（增订版），国际文化出版公司 2005 年版，第 34 页。

杨伯骏注："犹言跌跤（计按，跌跤，即古语所讲的顿仆），失败。"

点评："顿"，其本义即俗语所讲的"磕响头"；"仆"有两个基本意义，即"用头接触地面、桌面"和"向前倒下"；"踣"，《现代汉语词典》读为"bó"，义为"跌倒"。然而，通过比较深入的考证之后，我们发现，过往的语言文字学家们却大多各说各话，对"仆"、"踣"两字意义和读音的认识存在较大的差异。为了正本清源，使汉语能够进一步科学地向前发展，我们有必要在这里做一个简要的概述、分析。

首先，讨论一下"仆"字（计按：现在作为仆人讲的仆，是僕的简化字，故不在列入讨论范围）。在音读方面，《现代汉语词典》只有"pū"一种音，《辞海》、《汉语大字典》却给出了"pū"、"fù"两种音读。我们认为，根据"仆"字在古代文献中的运用情况分析，《辞海》与《汉语大字典》的注音符合"仆"字运用的实际情况。"仆"读为"pū"时（计按：会同话有时加重了语气读作 pù），是指"向前倒下"；"仆"读为"fù"时，是指用双手撑距地面，然后将头低垂并着地。《广雅·释诂四》："顿，僵也。"《广韵·阳韵》："僵，仆也。"段玉裁《说文解字注》："僵谓仰倒，如《庄子》'推而僵之。'"由此可知，《说文·犬部》："獘，顿仆也。"仆字当读为"pū"，顿仆即跌倒之意。在含义方面（fù音之义不予讨论），《广雅·释诂四》以"顿"、"僵"互训，《广韵·阳韵》又以"僵"、"仆"互训，而段氏《说文解字注》训僵为"仰倒"。那么，"仆"到底是向前倒下，还是向后倒下？此其混乱之一。《广韵·宥韵》："仆，前倒。"朱骏声《说文通训定声·需部》："仆，前覆为仆，后仰曰偃。"《汉语大字典》也说："仆，向前倾倒。"但是，《集韵·屋韵》："仆，僵也。"《尔雅·释言》："偾，僵也。"郭璞注："却偃。"邢昺疏："偾谓之僵，皆仰偃也。"这些文献中的仆、僵、偃又乱成一锅粥，那么，"仆"是向前倒下还是向后倒下？此其混乱之二。

其次，再来讨论一下"踣"字音读方面的混乱状况。《现代汉语词典》、《辞海》都注音为"bó"，而《汉语大字典》注音为"bó"与"pòu"，这两个音都源自于《广韵》。但是，《广韵·候韵》又说："仆，倒也。踣，同仆。"《集韵·候韵》也说："仆，僵也。或作踣。"段玉裁《说文解字注》同样说："踣与仆音义皆同。孙炎曰：'前覆曰仆。'"可证"踣"与"仆"为一字异体，实当读如"pū"。《周礼·秋官·掌戮》："凡杀人者，踣诸市，肆之三日。"郑玄注："踣，僵尸也。"孔颖达疏："踣者，陈尸使人见之。"陈尸使人见之，即是将尸体暴（pù）露于市，不加覆罩，让民众观看。《孔子家语·典礼·子夏问》："送而以宝玉，是犹曝尸于中原也。"曝读为"pù"，是"暴"的后起俗体字，"曝尸"也即"暴尸"。清人沈家本《历代刑法考·刑法分考三·戮尸》："《魏书·王凌传》：'朝议咸谓《春秋》之义，齐崔杼、郑归生皆加追戮，陈尸斫棺，载在方策。凌、愚罪宜如旧典。乃发凌、愚冢，剖棺，暴尸于所近市三日，烧其初绶、朝服，亲土埋之。'"[①]　"暴尸于所近市三日"，与《周礼》"踣诸市，肆之三日"当为同一事。段氏说，踣与仆音同，而暴、仆（计按：会同话读为 pù，普通话的"卧倒"，会同话即说为"仆倒"）又为同一音系。我们认为，"踣"很可能是"暴"字的通假。此又可反证"踣"字的确只当读为"pū"或"pù"。《辞海》诸家将"踣"读为"bó"，不足为据。

　　现在，让我们再回到獘（斃）字的释义上来。《说文》将"斃"视为"獘"字的或体（也就是异体字），但从汉字形义结合的原理，以及两字实际使用的情况考察，许氏的观点是值得商榷的。我们认为，"獘"字应指活着的人或动物仆倒时身体紧密贴附于地面的状态，而"斃"（毙）字则应该是指人或动物尸体紧密贴附于地面的状态。

　　音本义、形本义概括：

　　蔽，其本义应该是指紧密贴附于陷阱或其他地面上的草皮子。因而可以引申出遮盖、蒙蔽等直接相关的意义。

　　獘（弊），其本义应该是指人或动物跌倒后，身体紧密贴附于地面的状态。这一结果是跌倒所致，属于跌倒的一种状况。

　　斃（毙），其本义应该是指人或动物死后，身体紧密贴附于地面的状态。生命终止，与表示猎捕行动终止的"毕"一样，都可以直接引申出"停止"、"终止"、"尽"、"竭"、"死亡"等意义。

十八　贝、币

读音分析：

　　贝，普通话读为"bèi"，会同话读为"bì"，如普通话中的"贝壳"，会同话则通常都会说成是"蚌贝（bì）壳"或"蚌壳"。二者读音差异较大。

---

① 沈家本：《历代刑法考》一卷，中华书局 1985 年版，第 126 页。

图5—37　贝

币，普通话、会同话都读为"bì"。两者读音相同。

形体分析：

贝字，繁体写作"貝"。我们认为现在的"贝"字，是甲骨文"ᴇϽ"字和"⊖"、"↔"、"⊖"的混合体。甲骨文"ᴇϽ"，像贝壳分开之状，应该读作"bái"，徐铉校定《说文解字》贝字下注为"博盖切"，可知中古时期贝字有"bái"一读音，是古文字"昌"、"退"、"败"、"狽"（《玉篇·犬部》"布盖切"，换成今音即bài）既表音又表义的核心部件。甲骨文"⊖"、"↔"、"⊖"，在"ᴇϽ"中间由"—"或"="相连接，表示贝壳闭合之状，两扇贝壳紧密贴附在一起，完全符合"bi"的音本义要求，应该读为"bì"，成为了今天所讲的货币之币的始祖。

"昌"甲骨文写作"昌"（《前》六·四〇·五，《前》一·三五·一，《续》六·二五·八），于省吾氏说："昌当即之古文，今通作败。……段氏注、王氏《句读》、严氏《校议》，均谓贝亦声。朱氏《通训定声》亦谓贝声。按，从贝声也。"[1]于氏认为"昌"字从"贝"得声，音同"败"，是正确的。但将"昌"、"退"、"败"视为一字，则有未安。"昌"、"退"、"败"，会同话都读为"bâi"（普通话读"败"为bài），虽然读音相同，但在会同话里，"昌"与"败"所指不是一事。"昌"字从"ᴇϽ"（像分开的贝壳），说明此字所指对象的形状特点与"ᴇϽ"相似；字从"口"，表示意义与口或小孔穴相关。在会同方言中，"昌"指女性及雌性哺乳动物之生殖器，与"昌"字形体所表现的意思完全切合。父系社会以后，女性地位降低，女性生殖器便被认为是不吉利的象征。会同的民俗至今仍保留着这一信息，如店铺、厂矿开张，运输车开运和大年初一出门等，最忌讳见到的第一个人是女性。尤其是神圣的物体，是绝对不允许女性去坐的，这些习俗即父系时代信息的残留。另外，

---

① 于省吾：《甲骨文字诂林》第三册，中华书局1996年版，第1878—1879页。

在会同方言里，路面不好，就斥之为"曻路"；菜不好，就被骂为"曻菜"；话不好，则被称为"曻话"；事情不吉，则被叫做"曻事"等。于省吾氏曾经指出："曻为祸灾不利之义。降曻犹言降灾。"[1] 于氏此说正好与"曻"字在会同话中的用法相吻合，可见殷商时代的这一语词仍然在会同话中得到很好的保留，会同话不愧称为"上古汉语的活化石"。

而"退"、"败"二字的意义也有区别。马叙伦氏对此论述说："退，坏也，散走也。散走也者，书传所谓狼狈是也，朱（计按，即朱骏声）谓退即跟之或体是也。跟下曰：'步行猎跋也。'猎跋即今谓狼狈，引申之，凡战失胜者曰退，言其猎跋而行不成行伍也，此语原然也。坏也者，败字义。"[2] 从汉语音本义原理、汉字形本义原理来看，"退"即指散开奔走之状貌，"败"即指用棍棒将物体打破散开，使之毁坏之行为，二者虽然都具有"bai"音音本义强调的"散开"之特点，但所指又是有明显区别的。马氏所论至确无疑。我们的祖先造出了形象精美的汉字，但后人在运用方面不守大道规则，故而生出很多不必要的麻烦，是该整顿规范汉字的音形义及使用规则的时候了。刘兴隆先生将"曻"、"退"、"败"视为一字，这个认识有误。他说："（𣪊、𣪊）象以棒击鼎或贝，示击毁、败坏之义。曻为别体。败之古文退，从辵，败走也。"[3] 刘氏析形释义有很多精到之处，但"曻"、"退"、"败"三字不属于一字异体现象。

作为中国货币始祖的"𣎴"（含"𣎴"等），虽然也隶定为"贝"，但因其象扇贝闭合状（有些专家认为是"蚁鼻钱"的象形），当读为"bì"。从此字在金文中的形体看，一般写作"𣎴"（辛巳簋）、"𣎴"（亚盉）、"𣎴"（贝隹觚）、"𣎴"（小子射鼎）、"𣎴"（令簋）、"𣎴"（师遽簋）、"𣎴"（刺鼎）等形，都有表示闭合、附着连接状的"｜"、"—"或"＝"等符号，没有一例写作"𣎴"形的。

冯耀堂先生认为"货贝"的"贝"字与古老楚国"蚁鼻钱"关系密切，他在《文物》杂志上发表了《安徽临泉出土大批楚国铜贝》一文，

---

① 于省吾：《甲骨文字诂林》，中华书局1996年版，第1879页。

② 马叙伦：《说文解字六书疏证卷四》，转引自李圃主编《古文字诂林》第二册，上海教育出版社2000年版，第419页。

③ 刘兴隆：《新编甲骨文字典》（增订版），国际文化出版公司2005年版，第186页。

图5—38　铜贝

冯先生说："这次临泉一次发现了两千多枚'𦥑'字上有数字'一'的铜贝（如图），对解开'𦥑'字之谜有很大的帮助。其实楚国的货币形态：黄金作为主币铸成壳样（完整的'郢爰'、'卢金'等），铜币作为辅助币铸成贝壳形，近年已有人论证。现在我们综观前人和今人对'𦥑'字的释读，此字应是铜贝的货币名称，吴大澂释为'贝'字是对的，一贝就是一枚铜贝，理通义顺，过去很早就有人称楚贝为'蚁鼻钱'，但各家对其起源与含义均不得其解，最近朱活先生说：'蚁鼻钱'的'蚁鼻'，很可能就是'一贝'二字的音转。现在临泉县发现'一贝'二字铜贝，更证实了朱活先生的新解是正确的。"① 冯先生引朱活先生之说，认为"蚁鼻"即由"一贝"之音转而来，而"蚁鼻"与"一贝（bì）"，在会同话里读音非常相近，不必音转，此可反证，"贝"字在上古时代与"鼻"字属于同一音系，确实应当读如"bì"。

马昂先生曾在《货币文字考卷首》中说："货币之贝与海介之贝异同无可考。《尔雅》释贝之居陆在水有异名而皆不言货，《史记》称龟贝金钱略不言质，唯《说文》曰：'贝，海介虫也。居陆名猋，在水名蜬。象形，古者货贝而宝龟，周而有泉，至秦废贝行钱。'据此曰货贝，似即海介虫矣。说者曰：'大贝如车渠，今世者不可见，多见其小者，俗令小儿佩之，云可辟邪。其形上狭下广，背隆如龟腹，开相向，如鱼齿，多白质黄文，长不过寸。'盖介虫之外骨具文质之美乃可饰物服玩耳，如谓此为通用之货，而资财赋贡等字从之，虽古今之制或异，恐未必然也。按贝字古文作🐚，或作⊖、🐚。审其笔画是半两二字合文，半古作牛，省作

① 冯耀堂：《安徽临泉出圭大化楚国铜贝》，《文物》1985年第5期；又见于李圃主编《古文字诂林》第六册，上海教育出版社2003年版，第170—171页。

丛人；两作❙❙，或作凸凸人。秦以当半两三字范铜作❇，可证古文贝字是为金货之本义矣。……《说文·贝部》所从之字多财货之义，盖已行范金而后所孳之字，许氏混货贝宝龟、废贝行钱之说于海介虾下。若无古物古文考之，殆不可辨其是金是介矣。"①马氏对《说文》的批驳，大体上是不正确的，马氏又不识"❇"反转后，即成为"❇"形，而此就是古钱币学所称的"鬼脸钱"、"哭脸钱"或"蚁鼻钱"。这种铜贝铸成贝壳之状，贝字古读为"bì"，因而，这种货贝（币）也被简称为"贝"（音义同后起的币）。但其源头，仍是夏、商、周时期普遍使用的海介之贝（bì）。

币字，繁体写作"幣"，《说文》小篆写作"幣"。此一形体不见于甲骨文、金文，属于后起的形声兼象事字。《仪礼·士相见礼》："凡执币者不趋，容弥蹙以为仪。"胡培翚（huī）《仪礼正义》："对文则币为束帛、束锦、皮马及禽挚之属也。"《汉语大字典》："币，帛。古以束帛为祭祀或赠送宾客的礼物。"按现在的话说，幣，其实就是指将布帛对卷成闭合的蚌壳状，然后紧密束缚起来作为祭祀或赠送宾客的礼物。这时候的布帛因为呈现紧密贴附之状，所以被称为"bì"。将布帛折叠好后作为礼物赠送给宾客，这一习俗，直到20世纪80年代，在我们会同仍然有很好的保留。这种礼物，笔者小时候就曾收到过多次。另外，《说文》中还有一个"襞"字，《辞海》释襞："襞，bì。折叠衣服。""幣"与"襞"在音形义上有一定的内在联系，这也可作为我们对"幣"字解说的有力旁证。

主流观点及点评：

1.《尔雅·释鱼》："贝，居陆者猋（biāo），在水者蜬。"陆佃《埤雅·释鱼》："贝，背也。贝之字从目从八，言贝，目之所背也。先王面朝后市。"《说文·贝部》："贝，海介虫也。居陆名猋，在水名蜬。象形。古者货贝而宝龟，周而有泉，至秦废贝行钱。"段玉裁《说文解字注》："谓以其介为货也。"《小雅》："'即见君子，锡（计按，古同赐）我百朋。'笺云：'古者货贝，五贝为朋。'《周易》亦言十朋之龟，故许以贝与龟类言之。"

点评：《尔雅》所释之贝字，即大家通常所说的"贝壳"类软体动物，生物学界多称其为"介壳类动物"或"软体动物"。据《简明生物学

---

① 转引自李圃主编《古文字诂林》第六册，上海教育出版社2003年版，第168页。

词典》介绍，这类软体动物，"大多数有介壳一枚（如鲍、田螺）、两枚（如蚌、蚶）或多枚（如石鳖）"。①《大众农业辞典》在"软体动物"词条下解释说："这类动物身体柔软，通常有壳，无体节，有肉足或腕。外层皮肤从背部折皱，形成包住身体的外壳膜，并能分泌某些物质形成外壳。大多用鳃呼吸。水中或陆上都有分布，例如蚌、蜗牛、田螺等。"②众所周知，这类软体动物在觅食时会将闭合的介壳打开，但一旦受到攻击，它们便会将介壳紧密贴附在一起，处于完全闭合的状态。正是由于这一原因，人们通常看到的就是它们的介壳紧密贴附在一起的状况，于是，我们的祖先便将它们都称之为"贝"（bì）。

宋代陆佃《埤雅·释鱼》："贝，背也。贝之字从目从八，言贝，目之所背也。先王面朝后市取之。"陆佃氏以贝字的小篆形体立说，析形大误，释义也不正确。其实，贝字从甲骨文"ＥＳ"（《前》五·一〇·四）→"ＥＯ"（《甲》一六五〇）→"ＥＳ"（《甲》七七七）、"ＥＳ"（《甲》二九〇二），然后演变为金文的"ＥＳ"（效卣）、"ＥＳ"（师遽簋）→"ＥＳ"（刺鼎）、"ＥＳ"（敔弔簋）、"ＥＳ"（召伯簋）形，其演变的轨迹非常清楚。从贝字的这些形体看，两扇介壳之间都有表示连接或闭合的符号，与构成"敗"（败）字的"贝"有明显区别。陆氏臆测之辞，不足为据。《辞海·语言文字分册》说："（《埤雅》）解释名物，大抵略于形状而详于名义。除征引古书外，并探求其得名的由来。但引书不注出处，且多穿凿附会之说。"③《辞海》对陆氏《埤雅》的评价是很中肯的。李海霞先生《汉语动物命名研究》也对陆氏之说提出了质疑，李先生说："按，贝上古为帮母月部字。背，帮母职部，韵部不可相转。'从目从八'的字形，为古象形字变成小篆时的讹形。意义的解释也难通。"④此处李先生仅提出了对陆氏的怀疑，没有发表自己对"贝"字形义结合的看法。后来，他在本书第三章"造词策略·声象·语源义"中"表示两、成对的意义"条目下列出了"贝"字，并说："（贝）甲骨文作两半状，指蛤

① 冯德培、谈家桢、王鸣岐主编：《简明生物词典》，上海辞书出版社 1983 年版，第 173 页。

② 《大众农业辞典》，江苏人民出版社 1962 年版，第 420 页。

③ 《辞海·语言文字分册》，上海辞书出版社 1978 年版，第 74 页。

④ 李海霞：《汉语动物命名研究》，巴蜀书社 2002 年版，第 32 页。

类。"① 继而又在其另一大著《汉语动物命名考释》作了较详尽的介绍，他说："贝，软体动物门，螺蚌类的通称。贝：两、双之义。两岁牛叫犕 bèi，与狼'勾结'的小兽叫狈，两刃镰叫铍，两片相击的铜盘叫钹，二分之一为半，二人并行为伴。贝源于对双壳类的称呼。甲骨文'贝'画作两片张开的贝壳。"② 仔细分析李先生的这一介绍，可知李先生对贝字的语源、字义、字形的认识，也都还比较模糊，缺乏清晰性和条理性。看《简明生物词典》对"贝"的介绍可知，"贝"的确是对螺蚌类动物的通称，螺的介壳为一枚，蚌的介壳为两枚，可见，"贝"字不取李先生所谓的"两、双之义"。螺、蚌在受到攻击时，都能将介壳闭合，使自体隐藏在介壳之中，这才是"贝"（bì）得名的由来。古人造的"𐎟"、"𐎟"等形体之字，的确是依据有两扇介壳的蚌来构形的，古人如此选择的根本原因，是受汉字构形的"简单"、"易识"的规则所支配的。甲骨文中的"𐎟"，是像死后介壳自然张开之状的蚌壳，读为"bài"（会同话读作"bâi"），表示散开，坏死、毁坏的意义，从这一点来看，李海霞先生"甲骨文'贝'画作两片张开的贝壳"的观点，也是值得商榷的。

许氏《说文》所讲的"贝"，是指在夏商周时期作为货币流通的"货贝"，它是来自于南海海域的一种卵形海螺。裘锡圭氏曾经指出："𐎟本像一种海贝。古人用它做饰物和货币，所以跟财富有关的字多从'贝'。"③ 据崔枢华先生《汉字与贸易》介绍，"贝在古代曾用作货币，这是今天稍有文化常识的人们都知道的历史事实"，这种贝"本是产自南海中的一种软体动物，其壳略呈卵形，坚硬而美丽。由于交易范围的扩大，贝（实指贝壳，下同）逐渐流入中原地区。贝最初是作为装饰品而受到人们的钟爱。《说文》'赗'训为装饰品也被大量的考古发现所证实。……中国在古代确立贝为货币之前，许多农产品、畜产品、手工制品，都可能充当这'第三种商品'，但是只有贝最终成为中国最古老的货币。除了商业发展的客观需要之外，还因为贝具有能够作为货币的条件：首先它来自南海，得之不易，具有较高的价值；其次它具有体积较小、重量较轻、坚固耐用、便于计数等特点。""在中国古代以贝为唯一货币的历史是一个相当长的时期。我们知道，钱、布（计按：此'布'早期写

① 李海霞：《汉语动物命名研究》，巴蜀书社 2002 年版，第 85 页。

② 同上书，第 654 页。

③ 裘锡圭：《文字学概要》，商务印书馆 1988 年版，第 114 页。

作'鎛',金属制品)等早期金属货币出现在商末。贝开始被用作货币应该大大早于这个时期。《说文》说:'古者货贝而宝龟,周而有泉。''古者'是泛指周代以前(不含周代)的古代,而没有指明以贝为货币究竟始于什么时代。《盐铁论》称:'教与俗改,币(币)与世易,夏后以玄贝。'明确指出夏代已以贝作为货币。河南偃师二里头文化遗址(一般认为是夏文化遗址)已有贝的出土,这里出土的贝不仅有天然海贝,而且有人造的骨贝、石贝。这一考古发现也可以在一定程度上证明早在夏代贝已经成为先民们使用的货币了。贝作为货币流通,最初只有天然海贝,以后有了仿制的骨贝、石贝、铜贝等。商周以后,贝与钱布等金属货币并行,直至秦始皇统一中国后,它才退出流通,失去货币的职能。随着金属货币的出现,贝作为货币的地位逐渐下降,终于为金属货币所取代。但是自商周至战国期间所产生的某些与财物有关的字仍从'贝'而不从'金',这说明贝即货币、即钱财,这一观念早已经成为历史的沉积,变得根深蒂固。"① 崔枢华先生关于货贝之贝的历史沿革,阐述得简明而充分,这应该是与上古时代的历史实际情况比较符合的。由此可证,汉代许慎对于"贝"字的解释,其着重点就是关于货贝的介绍。在遥远的远古时代,先民对蚌类介壳动物都称呼为"贝",故而来自于南海的海介虫——海螺,也被称为"贝"。

2. 王力《汉语史稿》:"《说文》:'幣,帛也',所以从'巾'。但是布帛本身也是财货之一种(《孟子》:'事之以皮幣'注:'缯帛之货也'),'帛'本身也可以作为交易的媒介,所以后来引申为钱幣。《史记·吴王濞列传》:'乱天下幣',如淳注:'幣,钱也'。"②

点评:王力先生在古汉语研究方面取得了傲人的成绩。晚年致力于同源词的研究,虽然有所突破,但终究未能登堂入室。综观王氏此释,可知他既弄不清"贝"与"币"的源流关系,也搞不清"币"字得名为"bì"的由来。如果仅以"布帛本身也是财货之一种"来解说,论据是很苍白的。

《仪礼·聘礼》:"币美则没礼。"郑玄注:"币,人所造成,以自覆蔽。谓束帛也。"郑氏以传统声训的方法训释,以为"币"字因"蔽"而

---

① 崔枢华:《汉字与贸易》,载何九盈等编《中国汉字文化大观》,北京大学出版社1995年版,第362页。

② 王力:《汉语史稿》,中华书局1980年版,第616页。

得名，大误。崔枢华先生也从郑氏之观点，他曾在《汉字与贸易》一文中说："币的语源来自覆蔽之'蔽'，取作衣服，以蔽身体之义。'币'与'帛'词义不全相同，'币'为'束帛'。"① 崔先生未察"幣"的音义结合原理，并误。如按郑氏、崔枢华先生之观点，古人为何不将麻布以及不用于祭祀、赠物的帛称作"幣"呢？幣的得名，其实与其形制密切相关。"凡物十为一束。币帛贵整，成束时从两头对卷，所以束帛共五匹，合十卷十数，每卷一丈八尺，共十八丈。"② 两头对卷，到正中时紧密贴附在一起，正如同蚌壳闭合之状，所以才得名为"bì"。时至今天，军人叠被还在用这种方法。

3. 萧启宏《从人字说起》："幣，经文：从巾从敝，巾包钱幣。商品媒介，交换为计。币音通弊，利弊相抵。今见贝贪，巾包祸避。"注释："幣字，从敝从巾。""敝，意思是破坏。""巾，是告诉你用巾把钱包起来，免遭破坏。""幣（币），是什么呢？它是一种商品的媒介。它既不能吃，也不能穿，只能用来做商品交换中的一种计算价值，做等价交换的代用品。""这种东西的发现，给社会经济的发展带来极大的便利。但是，任何事物都是两点论，有利就有弊，所以，授音以弊，弊病的弊，以暗示，利弊相抵……"③

点评：萧启宏先生于 1978 年在五位大学教授的推荐下，调入四川师大任教。1986 年调任国家科委中国人才资源开发基金会未来人才教育工程部主任。东方出版社称赞他是"今人中对此课题（计按，指汉字起于易学符号的研究课题）长期潜心研究详加抒发者乃属第一人。《汉字启示录》系列，就是他的研究成果。"中国语言文字学界著名学者张志公先生也在此书《序》中吹嘘他"其磨砺之功，实属罕见。""《汉字启示录》系列广博精微的内容，展示了中国语文的科学研究工作，不仅对汉语汉字本身的教学和信息处理有意义，而且，对整个民族文化的继承与发展也具有积极的意义。"但是在我们看来，萧先生如此解析汉字，如此进行汉字教学，从轻处说，汉语汉字将步入万劫不复之境地；从重而言，可以说是一种犯罪。可以毫不客气地说，萧先生此书，是我看过的众多文字学著作

---

① 崔枢华：《汉字与贸易》，载何九盈等编《中国汉字文化大观》，北京大学出版社 1995 年版，第 362 页。

② 同上。

③ 萧启宏：《从人字说起》，东方出版社 1999 年版，第 189—190 页。

中最不懂汉字构造规律的书籍，完全不值得再浪费笔墨去批驳了。

音本义、形本义概括：

贝（bì），最先是指介壳可以紧密贴附闭合的螺蚌类软体动物。夏代以来，因为先民将"贝"做了流通的货币，故而长期以来用于流通的钱财也被称为"贝"。

币（幣），最初是指对卷后呈紧密贴附状态的、用于祭祀或赠送的布帛。后来，因为作为货币的"贝"退出流通、回归了本义，人们便又将"币"代替了"货贝"的"贝"。现在所谓的"货币"，最早即是指许慎《说文》所称的"货贝"。

十九　笔

读音分析：

笔，普通话读作"bǐ"，会同话读为"bí"。二者读音基本相同。

形体分析：

笔字，甲骨文写作"𦘒"、"𦘒"等形，金文写作"𦘒"（商代聿戈）、"聿"（周早期女帝卣）等形，构形仍然与甲骨文一样。后来，《说文》小篆将其一分为三，一个写作"聿"，隶定作"聿"（因说文之误，作肀），后世读作"niè"；一个写作"聿"，即"聿"字，后世读为"yù"；一个写作"筆"，即"筆"字，后简作写作"笔"，后世读为"bǐ"。然而，从文字的发展情况看，"聿"、"聿"即"筆"（笔）的初文、本字。

元代戴侗《六书故》说："书传未尝有聿字，聿又作笔，实一字耳。"清人王筠《说文释例》也说："《聿部》收'笔'字，与'其'字在《箕部》正同（计按，其字甲骨文写作 𠜱，正是箕的象形，其为箕的初文、本字），盖皆一字也。……不以笔为聿之重文者，从音辨之也。经典读其如姬、如记者多有，而聿、笔异读，故聿下云：'楚谓之聿，吴谓之不律，燕谓之弗。'笔下云：'秦谓之笔。'其词相连而及，以见其为一物，而以'谓之'别其为不同音也。"戴氏、王氏虽未能见到甲骨文，但他们仍能判断出聿、聿、笔同为一字，可证他们于古文字学方面的造诣的确很深。戴王二氏的这一观点十分正确，可从。

然而，我们认为，"聿"字在许慎《说文》的时代，其音读也应该属于"bi"这一音系，不过因方言音调的差异，或读作"bí"，或读作"bǐ"

和"bì"。如"吴谓之不律","律"字会同话读作"lǐ","不律"的合音即是"bì";如"燕谓之弗"。"弗"在上古有"bì"之音读,从形体看,"弗"字表示用绳线、藤条将"‖"束缚使紧密贴附在一起,符合汉语音本义"bì"的要求,的确可以读为"bì"。在上古文献资料中,"弗"与"弜"多有通用现象,李孝定氏说:"弓(按,此即弜字初文)之读为弗也,实则弗之初义为矫矢,弜之初义为辅弓,其事类相近,从音读适亦相同(从王氏说读如弜)。"① 李氏在他的另一本大著《金文诂林读后记》卷十二又表达了同样的观点:"卜辞多以弜为弗,是其初读必与'弗'近,始得通用,王国维氏谓即柲之本字,其说甚是。"② 李氏遂从王国维氏"弜"读"柲"(bì)的观点,则可证"弗"在上古时代确有"bì"一音读。丁山先生也说:"徐中舒先生曾告诉我弜弗古文通用。……且费、比一声之转,古文常通用,如今本《尚书》'费誓',《说文》引古文《尚书》作'㮚誓',㮚,庇俱谐比声……"③ 费从弗得声,古代又有"bì"一音,可反证"弗"的确可读作"bì"。《孟子·告子下》:"入则无法家拂士。"《广雅·释诂四》"拂,辅也。"王念孙疏证:"拂读为弜。"《越绝书》:"拂胜则社稷固,谀胜则社稷危。"原注:"拂,音弜。""拂"读为"bì",字从"弗"得声,可证"弗"在古代确实可读作"bì"。通过以上分析可知,《说文·聿部》:"聿,楚谓之聿,吴谓之不律,燕谓之弗。"许氏讲的不过是"笔"字在方言中的音调差异而已。根据许氏"楚谓之聿"的说法,聿字音读即应当近于会同话的"bí"。

现在通行的"笔"字,我们认为是简化字中最成功的一个范例。古代的"筆",其中"丨"即表示小竹简,下部的"朩"表示束缚的动物毛,而中国通用几千年的毛笔,它的形状正好是甲骨文所反映的样子。简体字"笔"从"竹"从"毛"构作,可谓神来之笔。清人罗顾所著《物原》一书写道:"虞舜造笔,以漆书于方简。"从已有的考古成果来看,罗顾之说基本上是可以信从的。据康加深先生介绍说,"西安半坡陶文中有好几种图案,如人面纹、游鱼图案、米字形纹饰,是用笔或类似的工具

① 李孝定:《甲骨文字集释第十二》,转引自李圃主编《古文字诂林》第九册,上海教育出版社2004年版,第1096页。
② 转引自李圃主编《古文字诂林》第九册,上海教育出版社2004年版,第1101页。
③ 丁山:《商周史料考证》,转引自李圃《古文字诂林》第九册,上海教育出版社2004年版,第1097页。

描绘上去的，其笔触也是清晰可见的。1959 年山东大汶口发现的陶文，有契刻和书写两种，可见当时已经使用笔了"。① 西安半坡文化是仰韶文化的一个分支类型，仰韶文化与大汶口文化，是属于新石器时代中晚期的文化类型，而这个时期，恰好就是传说中的尧舜禹时代，可证罗顾的观点是站得住脚的。

从甲骨文及发掘的地下文物看，毛笔至迟在商代中晚期就已现出了。日本高田忠周氏说："（𦘒）象手执𦘒。𦘒，不律也，此考至当。……又作小者，象毛末衔沈（计按，此处指墨汁）而干散之形。"② 康加深先生也说："甲骨文中已经有'笔（聿）'字了，即'𦘒'。它是个象形字，像一只手拿着一支将兽毛简单地绑在笔杆一端的毛笔。这种结构的毛笔在战国时期还在使用。""1954 年在长沙的战国楚墓中又发掘出一支保存完整的毛笔。笔杆是实心的竹竿，笔杆一头劈成数开，笔毛夹在其中，用细丝线缠紧，外面再涂上一层漆，笔毛是上好的兔剪毛。长约 2.5 厘米。"③ 从这些专家的介绍可知，笔，正是因为这一将动物毛紧密贴附在竹竿末端开裂处的形态而得名为"bi"的。

主流观点及点评：

1. 许慎《说文·聿部》："聿，手之挈巧也。从又持巾。"又《聿部》："聿，所以书也。楚谓之聿，吴谓之不律，燕谓之弗。从聿，一声。""笔，秦谓之笔。从聿，从竹。"

点评：元代戴侗《六书故》、清代王筠《说文释例》，早已指出《说文》所录"聿"、"聿"、"筆"（笔）实为一字，颇具卓识。后来，清末方濬益氏进一步明确指出："今观此文从手持𦘒，象作书笔豪分布之形。聿贝父辛卣作聿，与聿为一敛一舒，是为聿之古文，意古文聿聿止一字，篆文兴始分为二。而训聿为从又持巾，亦就篆文聿之一画两端下垂为解说，若古文则聿止作𦘒，安得有从巾之义乎？"④ 方氏以金文中的"𦘒"

---

① 何九盈、胡双宝、张猛主编：《中国文字文化大观》，康加深撰《汉字书写工具的演变》，北京大学出版社 1995 年版，第 37 页。

② 高田忠周：《古籀篇五七九》，转引自李圃主编《古文字诂林》第三册，上海教育出版社 2001 年版，第 50 页。

③ 康加深：《汉字书写工具的演变》，何九盈、胡双宝、张猛主编《中国文字文化大观》，北京大学出版社 1995 年版，第 37 页。

④ 方濬盖：《缀遗斋彝器款识考释》卷二十六，转引自李圃主编《古文字诂林》第三册，上海教育出版社 2001 年版，第 500 页。

形体为依据，推阐演绎，说解十分正确。

通过探讨上引文字学家的观点可知，许氏对"聿"字"从又持巾"的说解是极其错误的。对于《说文》收录的这三个字的源流关系，姚孝遂氏说得好："聿、聿、笔初形均当作 ，象手持笔形，其后以用各有当，以聿为语词，以笔为专名，许慎歧而为三，解其形体为从巾、从一，实误。"[1]

2. 左民安《细说汉字》："从笔的最初形体看也是一个会意字。甲骨文 的右上侧是一只手，其左是一枝笔形，

图5—39 毛笔

竖者为笔杆，下部的三叉形为笔头。金文 的形体同于甲骨文。小篆聿的上部是手指伸过了笔杆，表示把笔握住了，下部的笔头中间又误增了一横，毫无意义。笔是楷书的形体。因为小篆根本看不出笔形，所以又在其上部增加了一个'竹'字头（竹），变成了上形（竹）下声（聿）的形声字，但因笔画太繁，所以在简化汉字的时候简化为'笔'，由原来的形声字变成了新会意字：毛笔是同'竹'与'毛'做成的。"[2]

点评：左氏所论简要清晰，非常正确。看左氏之著作，虽偶见不足，但从中很自然地能够感受到一种浓厚的学术氛围，以及文字工作者的艰辛沉静，因为，如果在文字研究上没有花费足够的精力、心思，是写不出如此厚重的作品来的。

然而，左氏于汉语语源（或者说名原）的研究上，也未能得窥堂奥。"笔"字为何被读为"bǐ"？此是左氏所未能知道的。

音本义、形本义概括：

笔，是指一种将动物毫毛紧密贴附于小竹竿末端的书写工具。

二十 庇（含芘）

读音分析：

庇，普通话、会同话都读为"bì"。两者读音相同

---

[1] 于省吾主编：《甲骨文字诂林》第四册，中华书局1996年版，第3126页"姚氏按语"。

[2] 左民安：《细说汉字》，九州出版社2005年版，第448页。

形体分析：

庇字，《说文》小篆写作"庛"，字从"广"（计按，今天的广是廣的简化字）从"比"构作。古代的"广"字，一读为"yǎn"，与读作"yán"的"厂"实为一字，表示依山崖、半地穴建造的房屋；又读为"ān"，在构字时表示草屋，现在写作"庵"或"菴"。字从"比"得声，说明"庇"字所指的对象，应当具有"紧密贴附"的特点。

"庇"这一形体，不见于甲骨文、金文，属于后起的形声字。从"庇"的形体组合看，我们认为"庇"字所从的"广"，当读为"ān"，表示草屋；而"比"有紧密贴附之义，综合分析，庇字字面表现出来的意思应该是：将白茅、芦苇类的草紧密编排在一起后，贴附覆罩于屋架上面的行为。根据名动相因的原理，由此可知，庇作为名词讲时，即是指覆罩在屋架上面的厚厚的草层，音义都与"蔽"非常类同。不过在古人的眼里，名词性的"蔽"是覆罩在陷阱、地面上的草皮子，名词性的"庇"则是覆罩在屋架上面的草苫子而已。

图5—40　茅草屋

中国用草苫子覆盖屋顶的历史极其悠久。《韩非子·五蠹篇》说："上古之世，人民少而禽兽众，人民不胜禽兽虫蛇，……构木为巢，以避群害。"《庄子·盗跖篇》也说："古者，禽兽多而人民少，于是民皆巢居以避之。昼拾橡栗，暮栖木上，故命之曰有巢氏之民。"后来，随着社会的逐渐发展，古人类从巢居转变为穴居，到了原始社会中晚期，我们的祖先继而又从穴居发展到了用木架、茅草构建的半穴居。20世纪以来，众多的考古发现充分地证明了先民半穴居的生活状况。据许顺湛先生介绍，在距今七千多年的磁山遗址中，发现了属于人们居住的穴坑，这些穴坑（H28、H20、H38），"呈椭圆形，长径3米，宽2米左右，深约0.8米，从口部至底部有一坡道或台阶，其中遗有很多带有类似芦苇压印痕的红烧土块，掺杂在草木灰内。这些穴坑的上部当时一定建有穴棚，属于人们居址无疑。""在距今六千年到五千年前的仰韶文化时期，中原地区已基本进入地面木构建筑时代，但在一些遗址发掘中，仍然看到了很多的半穴居遗迹。""在偃师汤泉沟发现了一个形制不太大的坑穴，……穴坑底部在当时绝不是露天的，人们为了防止雨雪，口部自然要用椽木，绑扎成尖锥状的篷架，再覆盖以茅草。穴坑口部遗留的柱洞痕迹，就是当时有顶和有篷盖的见证。""在陕西户县五楼采集到一件泥质夹砂的红陶房子模型，没有窗，门开在中腰部，顶为穹庐式，似为茅草覆顶，下部为半地穴。西安附近的武功县发现了5件房屋模型，皆圆形建筑。有一件……门上为屋顶，饰以绳纹象征茅草……"① 从许顺湛先生所公布的有关情况看，用芦苇、白茅等编成草苫子覆蔽于屋顶的时代，在距今七千年的原始社会时期就已经非常普遍了。许慎《说文·广部》："庇，荫也。从广，比声。"段玉裁注："荫，草阴也。引申之凡覆庇之称。"覆庇即同覆蔽，庇与蔽音义类同，事实上，庇与蔽、荫与茵，以及庇、蔽、荫、茵、苫、盖（简体作盖）等字之间，它们的关系是极其密切的，它们所对应的事物或行为，很多是可以互相转换通用无别的。

"庇"，是指将草苫子紧密贴附于屋棚之上，这一行为呈现了紧密贴附的特点，所以，被称为"bì"；"蔽"，最初是指紧密贴附覆盖在陷阱上的草皮子，后来，名动相因，这种覆草皮子的行为，也被人们称为"bì"，在古代文献之中，蔽与庇是可相通的。

"荫"，《说文·艸部》："荫，草阴地"，"yīn"音大多有"完全包含"之义，草阴地，即是草将泥土完全包含在里面的地面，此与"蔽"又可相通；"茵"，读为"yīn"，其初文是"因"，甲骨文写作"囙"形，像"囗"中有一躺着的人形，最初应该是指用莤草等紧密编织的、用于包藏尸体的草席子，当然也就有遮蔽之义，故而与"蔽"字也可相通。俗语"绿草如茵"，描绘的就是草皮子的形象。

"苫"，读为shān，是指用草编成的草苫子、草垫子，"shan"音有"长"和"厚"的特点，可见"苫"是指又长又厚的草苫子或草垫子，草垫子与草席子有相似之处，苫与茵有时可以通用，草苫子一般用于盖屋、盖东西，所以又可与庇、蔽、盖相通用，《说文·艸部》："苫，盖也"，所释不是本义，也没有凸显"苫"的独有特点；"盖"（盖），《尔雅·释器》："白盖谓之苫。"郭璞注；"白茅苫也，今江东呼为盖。"许慎《说文·艸部》："盖，苫也。"《汉语大字典》："蓋（盖），gài。苫。本

---

① 许顺湛：《中原远古文化》，河南人民出版社1983年版，第320—324页。

指盖屋的茅苫，泛旨用白茅编指的覆盖物。"可见了，盖、苫、蔽、庇作名词讲时，所指可以为一物，作动词讲时，所指也可为一事。

《庄子·人间世》："南伯子綦（qí）游乎商之丘，见大木焉有异，结马四千乘，隐将芘其所藾。"陆德明释文："'将芘'，本亦作庇。"《集韵·至韵》："庇，《说文》：'荫也'。或作芘。"庇与芘为一字异体，可证"庇"的确与草有关，作为名词时，应当就是盖屋的草苫子。古人把将竹片木块编成的细密籓篱称为"笓"，自然也会把苇草编成的草苫子称为"芘"。

主流观点及点评：

《汉语大字典》："庇，bì。①遮蔽；遮护。②隐蔽；躲藏。③寄托；依托。④保护；保佑。⑤袒护；包容。⑥相符合。"

点评：庇读为bì，主要突显了它的动词性质，这与"雨"读为"yù"（表下雨），"苫"读为"shàn"（表用草苫子覆盖）同理。根据庇字在文献中的运用情况看，庇字的动词性的用法几乎遍布于典籍之中，《汉语大字典》所释即为"庇"字作为动词的含义与引申义，释义基本正确。

从汉字音形义结合的原理看，庇，最初是指紧密贴附在屋顶的草苫子，后来又指用编好的草苫子遮蔽于屋面上的状态。"遮蔽；遮护"基本接近于本义，其他如"隐蔽"、"寄托"、"保护"等为引申义。唐代杜甫《茅屋为秋风所破歌》："安得广厦千万间，大庇天下寒士俱欢颜。"诗中的"庇"与"广厦"前后呼应，仍然可以看出和遮蔽屋顶的草苫子意义紧密关联。

音本义、形本义概括：

庇（芘），最初的意义应该是指日紧密贴附遮蔽于屋顶的草苫子。后来，由于古汉语名动相因的原理，又被用于泛指一切类似屋顶草苫的遮蔽状态及行为。

二十一　俾（含卑）、婢

读音分析：

俾，《汉语大字典》读作"bǐ"、"bì"，读"bǐ"为名词，读"bì"为动词；婢，普通话、会同话都读为"bì"。

形体分析：

俾、婢二字，都从"卑"得声得义，在这两个字中，"卑"都属于最核心的构字部件。

卑，甲骨文写作"甲彳"（计按，甲乂，婢字初文，《宁沪》一·二三。甲乂，婢字初文，《前》二·八·三）；金文写作"甲彳"（舀鼎）、"甲彳"（散盘）等形；战国侯马盟书写作"甲"形，小篆写作"甲"形。从甲骨文、金文的形体来看，卑字基本上是从"甲"、从"彳"构作，属于象事结构的文字，表示经常手执"甲"（或甲）这种器具的人，这与史、吏甲骨文写作"史"的构形原理是一样的。我们认为，甲骨文的"甲"和金文中的"甲"，很可能是犀牛皮做的盾牌，而手持这种盾牌的武士，一般都是君王的贴身卫队。《书·牧誓序》："武王戎车三百两，虎贲三百人。"据有关专家推测，武王伐纣时兵力有四万之众，古代战车一般配备三人，车的前端还安装有长长的"殳"，进攻能力极强，主要是用于冲锋陷阵的，战车是古代军队中最精锐的作战队伍；而"虎贲三百"，应当就是用于保卫武王安全的士兵，即周武王的贴身卫队。《书·牧誓序》孔颖达疏："若虎之贲（计按，孙氏认为'贲'通假为'奔'）走逐兽，言其猛也。"清代朱骏声《说文通训定声·屯部》："贲，假借为奔。"事实上，贲，本来读为"bì"，字从"艹"，表示众多拴缚海贝的绳线，与"磬"（磬）字中的"↓"表示用绳线系缚石磬的意义是相似的；"贝"则表示用来避灾去祸的海贝（计按，其实是一种海螺，后来成为了流通的货币），在上古时期，"贝最初是作为装饰品而受到人们的钟爱。《说文》'朋'训为'颈饰也'，字从二贝，可见将贝组串起来，系在颈上，是古代一种装饰。以贝为装饰品也被大量的考古发现所证实。"[1] 贲，本义指每时每刻紧密贴附在身上的辟邪去祸之饰物，与君王贴身侍从——卑意义相通，故可通假，贲不必更读如"奔"。《周礼·夏官·虎贲氏》："虎贲氏，掌先后王而趋以卒伍。军旅、会同亦如之。舍则守王闲，王在国，则守王宫。国有大故，则守王门，大丧亦如之。"又："旅贲氏，掌执戈盾夹王车而趋，左八人，右八人，车止则持轮。"虎贲氏、旅贲氏，"掌执戈盾"，与"甲彳"构形相符；"守王闲"（计按：闲，又名楗柜，即限制通行的木栏）、"守王宫"、"车止则持（夹持之义）轮"，表示他们是紧密贴近在君王左右的侍从，这又与"bì"的音本义要求相符合。我们认为，"贲"实际就是"卑"字之通假。据清人黄本骥《历代职官表》介

---

① 崔枢华：《汉字与贸易》，何九勇、胡双宝、张猛主编《中国汉字文化大观》，北京大学出版社 2005 年版，第 359 页。

绍，从三代以来，我国一直没有御前侍卫之职官，而在周、汉、三国、晋、五代、北齐、后周等朝代，基本上都设置有类似于"虎贲郎将"名称的官职①。由此可以推论，"卑"就是紧密贴附于君王左右的"贴身侍卫"，本音应该读为"bì"或"bǐ"，徐铉据唐代孙愐之说为"卑"字注音"补移切"，换成今读，其音正属于"bi"一音系。

清末大儒孙诒让氏曾说："杨疑为卑字。……案，杨说是也。此卑字，即俾之省。"②孙氏指出卑即俾（bì）之省，观点十分正确。徐中舒氏也说："俾，金文作卑，其义皆当为使。"③徐氏从孙诒让氏之观点，卑仍读为bì。戴家祥氏对此更是详加论证，他在《金文大字典》中写道："《墙盘》'舍字于周𤪪处'，卑当读比。……按《礼记·明堂位》'卑侯于鲁'，今本《毛诗·鲁颂·閟宫》作'俾侯于鲁'。《荀子·宥坐》'卑民不迷'，杨倞注：'卑，读为俾。'俾，又通比。《礼记·乐记》'克顺克俾'，今本《毛诗·大雅·皇矣》作'克顺克比'。又《渐渐之石》'俾滂沱矣'，《论衡·变动篇》作'比滂沲矣。'卑、俾、比三字不但同部，而且同母。《说文·八篇》'比，密也'。《左传·文公十八年》'是与比周'，杜注：'比，近也。'《汉书·诸侯王表》'诸侯比境'，颜师古注：'比，谓相接也。'密也，近也，相接也，其义一也。"④卑、俾、比三字音相同，义相近，戴氏所论极是。马叙伦氏曾经认为："执事也当作执事者也，此婢字义，贱也即执事者也之引申义也。古书多借卑为婢，故训执事者也。然皆非本训。"⑤马氏以为《说文》所释卑字之义，为婢字之引申义，基本正确。但对于卑字的形体意义，马氏也未能确知。

我们认为，卑是俾的本字，本是指紧密贴近于君王左右的贴身侍卫随从，后因卑字借为婢的引申义——"低贱"，故而又加人旁写为"俾"。《尔雅·释诂下》："俾，从也。"王引之《经义述闻》："俾者，从也，犹《鲁颂》言'至于邦海，莫不率从'也。""从"本义为随从随护。后名

---

① 参阅黄本骥《历代职官表》，上海古籍出版社1980年版，第216—217页。
② 孙诒让：《古籀拾遗》卷上，转引自李圃主编《古文字诂林》第三册，上海教育出版社2001年版，第460页。
③ 徐中舒：《金文嘏辞释例》，转引自李圃主编《古文字诂林》第三册，上海教育出版社2001年版，第461页。
④ 戴家祥：《金文大字典》中卷，学林出版社1999年版，第1994页。
⑤ 马叙伦：《说文解字六书疏证》卷六，转引自李圃主编《古文字诂林》第三册，上海教育出版社2001年版，第462页。

动相因，引申为动词跟从；"俾"是卑的后起形声字，本义是指紧密贴近于君王左右的贴身侍从，二者所指在此实为一事。因而，"俾"可以引申出"随从"、"跟从"、"顺从"之义。

婢字甲骨文写作"矞"，属于形声兼象事结构的文字，即表示紧密贴近于君王左右的女性侍从。女性侍从大多服务于君王的饮食起居之生活，有时还要接受君王的所谓"临幸"，地位比较低下，所以可以引申出"低贱"的含义。"矞"从"丫"、从"女"，隶定写作"妾"。"丫"即甲骨文"丫"字的省写，"丫"隶定为辛，是新字的初文；"矞"（妾）像一个跪着的青年女子，表示地位低下。可见，"矞"（妾）是指年轻的地位低下的女孩，并不是像过去训诂学家、文字学家所释的"有罪女子"。《说文》："妾，给事之得接于君者。"义正与"婢"服伺君王的内容相切合。戴侗《六书故·人二》："今又谓婢曰妮。"《汉语大字典》："妮，婢女。又俗称少女为妮。"妮为少女，妮与昵亦语源相同，妮实际就是指与主人关系极其亲近的从事服务的女孩子。妾、婢、妮虽音不相同，义却有相通之处。

主流观点及点评：

1. 许慎《说文·𠂤部》："卑，贱也，执事也。从𠂤、甲。"徐锴《说文系传》："右重而左卑，故在甲下。"段玉裁《说文解字注》："古者尊又（计按，即右字）而卑𠂤（计按，即左字），古文从𠂤在甲下，甲象人头。补移切。"唐汉《汉字密码》："甲骨文和金文的'卑'字均上下结构，下边是一个'𠂇'，乃左手之象形；上边是一个'甲'，乃是盾牌或摇扇的象形。两形会意，表示男性战士在战场上只会躲避、缺少进攻的勇气。也表示女性手持扇子，替别人服务谄媚（即婢的初字）。小篆将金文上部的'甲'讹变为'甶'，因此，有了楷书的'卑'字。"[1]

许慎《说文·人部》："俾，益也。从人、卑声。一曰：俾，门侍人。"段玉裁《说文解字注》"俾与埤、朇、裨音义皆同，今裨行而埤朇俾皆废矣。经传之俾皆训使，无异解，盖即益义之引申。《释诂》'俾，从也'，《释言》'俾，职也'，亦皆引申之义。""一曰：'俾，门侍人。'未闻。或曰如寝门之内竖，是阍寺之属。近得阳湖庄氏述祖说：'门侍人当是鬥（斗）持人之误。'挟下曰：'俾，持也。'正用此义。按此条得此

---

① 唐汉：《汉字密码》下册，陕西师范大学出版社 2009 年版，第 472 页。

校正，可谓涣然冰释矣。"

点评：甲骨文"𤰒"（婢）、"𣍘"（婢）字所从之"卑"字，其所从之"𠂇"（右）为右手，不是左手。另外，在甲骨文形体构造中，表示手的动作、行为时，从"𠂇"（𠂇，左之本字）与从"𠂇"往往没有分别，徐锴氏、段玉裁氏尊右卑左之说，实属牵强附会，不可信从。"甲"象盾甲之形状，不为人头，段氏之说又误。唐汉先生对"卑"字的形体认识是较正确的，但他对卑字形体所表现出的意义未能正确的认识，推测似乎合理，但属于臆测之辞，不符合汉字音形义组合的规律，其说也误。从汉字音、形、义组合的规律分析，"卑"即俾字之初文，本义表示手持犀甲盾牌紧密贴近于君王左右的贴身侍从。许氏所释为引申义，不是本义。

门，繁体写作"門"，斗，繁体写作"鬥"，两字因形近而易致讹。段玉裁氏引庄述祖氏"门侍人当是鬥持人之误"的观点，可谓独具卓识。鬥持人，即擅长搏斗、夹持于君王左右之人，也就是我们今天讲的善于格斗、负责保卫的人。这些人，在古代即是君王的贴身侍卫，在现代就是总统、老板的贴身保镖。俾是"鬥持人"，所释至确。

俾是王的侍从，所以可以引申出"顺从"、"随从"之义，俾要随时听候君王的差遣、差使，所以也可以引申出"差使"、"使"的意义。

2. 许慎《说文·女部》："婢，女之卑者也，从女，从卑，卑亦声。"《周礼·秋官·司厉》："其奴，男子入于罪隶；女子于舂槁。"郑玄注："今之为奴婢，古之罪人也。"《广韵·低韵》："婢，女之下也。"《汉语大字典》："婢，bì。①古罪人的眷属没入官府称婢。②女仆。③古代妇女自称的谦辞。④妾。"

点评：许氏据婢字小篆之形体立说，释义不确切。"卑"字本指男性贴身侍从，相对于君王而言，臣、俾（卑）、妾、婢皆有低贱之义，因而，"卑"是可以引申出低贱之义的，但在甲骨文"𤰒"字之构形中，"妾"本身就有低贱的含义，所以，从古人构字的意图来说，"卑"字主要强调的是"紧密贴近"的特点。

在殷商甲骨文时代，"𤰒"（婢）本来是指伺候君王饮食起居的年轻貌美女子，她们与君王的关系很亲近，还会常常成为君王"临幸"的对象。因为要接受君王的临幸，所以被称作"妾"；因为与君王的关系很亲近，所以被称为"婢"（计按：后世又称为妮）；有的因为姿色出众而受到君王过分宠爱的，还被称为"嬖"；而与君王有正式婚姻关系的女性则称为"姒"。后来，随着社会的发展，以及汉语词义的逐渐演变，人们便将所有侍奉男、女主人日常生活的小女孩，都称作"婢"。婢的词义虽然有所扩大，但她们和主人关系紧密贴近的特点却仍然没有改变。

音本义、形本义概括：

俾（卑），本义是指手持犀甲盾牌紧密贴近于君王周围的贴身侍从。

婢，本义是指紧密贴近在君王周围、伺候君王饮食起居的年轻女仆。

二十二　裨

读音分析：

裨，在作为"裨益"讲时，普通话读为"bì"，会同话读为"bi-à"。

分析形体：

裨字，金文写作"🏺"（𣪘簋），字从"介"（古衣字）、从"𤴓"（卑字初文）构作，属于形声兼象事结构的文字。《说文》小篆写作"𧝜"，字仍从"衣"、从"卑"，承沿了裨字金文中的形体。

裨字从"衤"（衣字旁），说明此字的含义与衣物相关；从"卑"得声为"bì"，说明此字有"紧密贴附"，以及"附属"的特点。从汉字音、形、义组合的规律分析，裨，即是指将小块的布料，紧密贴附连接在大块布料上缝制衣服的行为。

主流观点及点评：

许慎《说文·衣部》："裨，接益也。从衣，卑声。"《广韵·支韵》："裨，附也，助也。"王筠《说文句读》："以接说裨者，字从衣，谓作衣者遇短材，别以布帛接之也。再以益申之者，即接之则有益于初也。"《辞海》（1990年版）："裨，bì。增添；补凑。"《汉语大字典》："裨，bì。①接续，补缀。②增加，补益。"

点评：连接、接续都与"bi"之音本义"紧密贴附（近）"有相通之处，两者相连接，当然也就会呈现出紧密贴附的特点。许氏、王氏、《汉语大字典》所释接近于本义，《辞海》所释为引申义。

裨字的本义，在会同方言里仍常有运用。如，甲说："这块横幅的布好像短嘎点。"乙答："冇要紧，裨一块布上去就是了。"裨，会同话发音略近于"bì—à"，带有一点"à"的尾音，其含义就表示将一块布紧密贴附连接到另一块布上的行为。

音本义、形本义概括：

裨，本义表示将一块小布紧密贴附连接到另一块布上的行为。

二十三　蜱、蓖

读音分析：

蜱，普通话读"bī"，会同话也读为"bī"。在会同话中，蜱因常见于家牛身上，一般被称作"牛蜱子"或"牛蜱蜪（虱）"，是特指寄附在牛身上的吸血昆虫。

《太平御览》九百五十一引《字林》："蜱，牛虫也。"说正与会同话指相符合。

图5—41　蜱子与蓖麻籽

蓖，普通话读为"bì"，会同话读为"bī"。虽音调有所差异，但仍属于同一音系。我们认为，蓖字的得名，很可能与"蜱"字有关，因为二者的形状极其相似（如图5—41所示）。

形体分析：

蜱，《说文》小篆写作"𧍷"，字从"虫"、从"𣬛"构作。"𣬛"也可写作"𣬚"，今简体写作"毗"，《说文》："𣬚，人脐也。从囟，囟取通气也，从比声。"毗，会同话读作"bí"，是指人和哺乳动物幼崽脐带脱落后，其创口干缩闭合成一块的瘢痕物。"𣬚"是婴儿身体与脐带的连接之处，具有"紧密连接"的特点，完全符合"bi"的音本义要求。蜱字从"𣬛"，就是着眼于"bi"音音本义紧密贴附的特点要求。

由此可见，我们先祖的观察是多么仔细，归类系联的能力是多么强大。清代桂馥《说文义证》引戴侗之说："（蜱），扁虫，著牛马，食其血者也。"著即附著、贴附之义，与蜱早期的生活习性相符。李时珍《本草纲目·虫部二》："时珍曰：牛虱生身上，状如蓖麻子，有白、黑两色，啮血满腹时，自坠落也。"李氏对蜱的形状、重要生活习性的论述是准确的，但李氏于汉语语源学不太精通，以为其得名是因为"状如蓖麻子"，此实属本末倒置的错误认识。

蓖，《说文》没有收录此字，在甲骨文、金文中也没有看到这一形体，可知它是一个后起的形声字。"蓖"字从不单独使用，仅用于"蓖麻"一词。蓖麻的"蓖"为何不见于甲骨文、金文？为何也不见于许慎《说文解字》？这种植物又为什么被称作"蓖麻"呢？

蓖麻，大戟科，一年或多年生草木。《简明生物词典》介绍说："种子椭圆形，种皮硬质，有光泽并具黑、白、棕色斑纹。喜高温，不耐霜，耐碱，耐酸，适应性强。原产非洲。我国栽培较广。"[1] 蓖麻原产非洲东部，后传入到印度，然后在南北朝时期传入到中国，迄今还不到 1500 年的时间。梁朝顾野王《玉篇·艸部》："𦺗，蓖麻。蓖，同𦺗。"可证蓖麻在顾野王生活的南北朝时期，已经生长在中国的土地上了。蓖麻，汉代的许慎从来没有见到过，"蓖"字在那时自然也还不会被创造出来，所以《说文》未收蓖字。

《唐本草》记载："蓖麻，此人间所种者，叶似大麻叶而甚大，其子如蜱，又是麻。"唐代慧琳《一切经音义》也有类似说法："蓖麻，《考声》云：'草树名也，其子似牛蜱虫，故以名焉。从艸，𦺗声。'"由此可知，蓖麻，是因为其子形状像蜱，其叶似大麻，所以被称为"蓖麻"。

主流观点及点评：

许慎《说文·虫部》："蜱，啮牛虫也。从虫、𦺗声。"段玉裁《说文解字注》："今人谓啮狗虫，语亦同。"桂馥《说文义证》："戴侗曰：扁虫，著牛马，食其血者也。"顾野王《玉篇·虫部》："蜱，牛虱也。"《汉语大字典》："蜱，bī。寄生在牛马鸡犬等牲畜身上的一种吸血昆虫。"

点评：各家所释皆正确。但以戴侗氏所释与蜱的语源义最为切合。著，义为"附着"、"贴附"，戴侗氏独得之。

音本义、形本义概括：

蜱，本义是指长时间紧密贴附于牛马狗等动物表皮吸血的昆虫。

蓖（麻），是指种子像蜱的草本植物。

---

① 冯德培、谈家桢、王鸣岐主编：《简明生物词典》，上海辞书出版社 1983 年版，第 1488 页。

二十四 篦、笓

读音分析：

篦，普通话读作"bì"，会同话读作"bí"。两者读音基本相同。

笓，普通话、会同话都读作"bì"。会同话俗称"甑算答"或"甑算子"。

形体分析：

篦字，许慎《说文》无，宋代徐铉《说文新附》写作"篦"，字从"竹"、从"鼻"，属于汉代以后新创的形声字。郑珍《说文新附考》说："《众经音义》凡四引《小学篇》云：篦，刷也。今眉篦、插头篦皆作此。《小学篇》，王羲之撰，是汉后字。大徐以为俗名，是也。"郑珍氏对"篦"字源流的考证，符合历史的实际，此说可从。

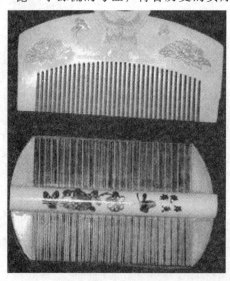

图5—42 梳子与篦子

篦字从"竹"，可知此物在两晋时期（王羲之所处的时代）一般为竹制品；字从"鼻"得声为"bì"，说明此物具有紧密贴近之特点。《汉语大字典》："篦；bì。篦子，梳理鬓发的用具。古代妇女也用以插在头上作装饰。"用现在的话来说，篦子是一种齿距极其细密的梳。然而，根据古代文献透露出的信息，篦与梳在先秦时期统称为"栉"（计按：zhì，"栉风沐雨"、"鳞次栉比"即用此义）。到汉代以后，人们根据栉齿的密度差异，又将栉分为"梳"和"比"（计按："比"字在此即指篦，后来也写作为"枇"）两种。许慎《说文·木部》："栉，梳比之总名也。"可见，篦字在汉代是用"比"来通假的。王筠《说文句读》："此谓汉时曰梳曰比者，周秦统谓之栉也。"王氏的说解很正确，与汉语的历史实际相符。

笓字，《说文》小篆写作"笓"，字从"竹"、从"畀"构作。此形体不见于甲骨文、金文，属于后起形声字。字从"竹"，说明此物在秦汉时期大多为竹制品；字从"畀"得声，说明算一定具有紧密贴附之特点。从算的实际形制看，算是类似于"笮"（竹片编扎的间隔细密的藩篱状物）、"箄"一样竹制物，竹片之间的空隙极其狭小，呈紧密贴近的特点，具有良好的隔离的作用，与"bi"的音本义要求正好相吻合。分析可知，算是一种竹片与竹片紧密贴近、起着良好隔离作用的竹编器物。

主流观点及点评：

1. 许慎《说文·竹部》："篦（jī），取虮比也。"又《说文·木部》："栉，梳比之总名也。"段玉裁注："比，读若毗。疏者为梳，密者为比。"《诗·周颂·良耜》："其崇如墉，其比如栉。"朱熹注："栉，理发器。"《广雅·释器》："枇，栉也。"《广韵·至韵》："枇，细栉。"徐铉《说文新附·竹部》："篦，导也。今俗谓之篦。"郑珍《说文新附考》："《释名》：'导，所以导鬓发使入巾帻之里也。或曰栉鬓，以事名之也。'是古止名导……今人用此物以骨为之，有齿似疏（梳）而纵长，妇女日间以理鬓发。"王力《古汉语常用字典》："篦子，一种比梳子密的梳头用具。"

点评：汉语音本义原理认为，"bi"音之字大多具有紧密贴近的特点，段玉裁氏"密者为比（计按，同枇、篦）"、《广韵·至韵》："枇，细栉"之解说，正说明了篦（比、枇）得名的根本原因，十分正确。用今天的话来说，篦，是一种齿距极其细密贴近的梳子。

2. 顾建平《汉字图解字典》："篦，形声字。竹表意，篆书形体像竹叶，表示篦用竹子做成；毕（pí）表声，毕是小笼，小笼的缝隙小，表示篦齿密缝隙小。本义是篦子。""篦子，一种齿比梳子密的梳头用具。"[1]

点评：顾先生对"篦"字的释义是非常正确的，但析形有误。"毕"即"毗"字，实际当读为"bi"一音系。在胎儿时期，毗是脐带紧密贴附连接之处，因而有"贴近"、"连接"的意义，过去文献中的"毗邻"，其实可以写作"天涯若比邻"的"比邻"。"bi"强调"贴附"、"贴近"之特点，"pi"强调"分开"的特点，如劈开、开辟即是，可见"毗邻"之"毗"不应当读作"pí"。段玉裁《说文解字注》栉下："比，读若毗。疏者为梳，密者为比。"此处的"比"通假为篦子的"篦"，段氏认为"比"（bǐ）当读若"毗"（bì），表示"篦"，段说可证"毗"（毕）字也应当读为"bi"一音系。"毕"字本来是"匕比"之异体，《集韵·脂韵》：

---

① 顾建平：《汉字图解字典》，东方出版中心 2008 年版，第 778 页。

"匄匕，或书作鼩"，可证"鼩"、"匄匕"（毗）的确属于一字异体之关系。辽代僧人释行均《龙龛手镜》说："鼩，音匄匕，小笼属也。"此"鼩"实为"箄"之假借字，当读如"bǐ"。扬雄《方言》卷十三："稗，籅（计按，jǔ，喂牛用的圆筐）也。"郭璞注："今江南亦名笼为箄。"戴震疏证："江东呼小笼为箄。"分析上引文献可知，辽代《龙龛手镜》中释为小笼的"鼩"，其实就是晋代郭璞所讲的"箄"（bǐ）。顾建平先生没有弄清"鼩"字的来龙去脉，认为"鼩"读为pí，篦字从鼩（pí）得声，"鼩是小笼，小笼的缝隙小，表示篦齿密缝隙小"，这些认识是存在着很多可以商榷的空间的。其实，"鼩"就是人或哺乳动物的肚脐。脐带脱落之后，创口处慢慢干缩闭合，并紧密贴附在一起，但是，在人们看来，此处仍然好像有极其细微的缝隙，会让邪风侵入体内（带小孩时要重点保护肚脐眼不受风寒就是此理）。所以，篦字从"鼩"构作，就是用鼩字来表示极其贴近的细微缝隙。

3. 许慎《说文·竹部》："箅，蔽也。所以蔽甑底。从竹，畀声。"顾野王《玉篇·竹部》："箅，甑箅也。"《辞海》（1990年版）："箅，蒸锅中的竹屉。"《汉语大字典》："箅，bì。蒸锅中的竹屉。后指有空隙而成起间隔作用的器具。"

点评：许氏从"箅"得名的缘由去解释，试图让大家知晓汉语语源的奥秘，这一努力是值得肯定的。但他以动词性质的"蔽"（蒙蔽）来解释"箅"的名原，不正确。从表面看，许氏"箅，蔽也，所以蔽甑底"的解说似乎很符合"箅"的使用方法，但这的确不是"箅"得名为"bì"的根本原因。传统声训法大多数似是而非的训释，给汉字训诂学带来了极大的困惑。我们认为，箅得名为"bì"，主要是因为竹片与竹片极其贴近从而形成细密的孔隙所导致的，许氏"蔽甑底"之说不符合汉语语源学的规律。

在商周青铜时代，箅也可以用铜片来制作。王宁先生曾说："甑和甗（yǎn），在新石器时代晚期已经产生，那时是陶器，以后有了青铜制品，更为精致。甑的底部有许多透蒸汽的孔格，放在鬲（lì）和鍑上（计按：鍑音义与釜相同，为一字异体），使鬲鍑中的水沸后的蒸汽通过孔格冲进甑里以熟食。鍑分上下部，中间有带孔的箅隔开，下部放水，沸而成汽，以熟上部的食物。"[1] 她又在何九盈先生等编的《中国汉字文化大观》一

---

[1]　王宁：《训诂学原理》，中国国际广播出版社1996年版，第317页。

书中谈到这一问题，"'甗'字晚出，没有发现它的象形字，大约是因为它的形体如果画出来与鼎鬲无法区分，突出不了它的特点。它用形声造字法，今读 yǎn。由'穿'而得名，因为这种器名中间是穿通的。用一个圆铜片为隔，叫作'箅'（bì）。箅上有通蒸汽的十字形或直线形的孔。箅用半环连在甗内，可以开阖。下面放水，上面放食物。"① 王氏对甗字形体的源流、甗字命名的原因分析有误外，其余解说皆为正确。王氏以上论述可证，商周时代圆铜片制作的"箅"，不是蒙蔽在甑底上，而是分隔在甑（甗）与鬲（鍑）中间，上有十字形或直线形的孔可以让蒸汽上升穿过。到了后来，随着大型的木制甑器出现以后，"箅"才从甑底之下部移到了甑底的上面，呈现出蒙蔽在上的形态。分析可知，箅得名为 bì，根本原因是因为它有呈现紧密贴近的孔隙，而并非如许氏"所以蔽甑底"之说。

早在 1921 年《燕京学报》第一期上，容庚氏也曾论及甗、箅的有关问题。容氏说："甲骨文有 𩰫 字，罗振玉先生谓：'𩰫 形如鼎，下形如鬲，是甗也。'""其状，上体似甑无底，下体款足（计按，款足即空足，足中部为空心状）如鬲，分之，则为二器，并有不可分者。有箅（计按，即箅之通假）在上下格之间，所以蔽甑底，可以开阖。有方而四足者。有上为方甑，下为方鼎，其箅即甑底，不可开阖者。"② 容氏从罗振玉之说，认为甲骨文中的"𩰫"即甗字，观点正确，又从许氏"所以蔽甑底"的观点，则误。箅既然"在上下格之间"，又可直接作为甑底，当然就不是许氏所讲的那样了。

这里再附带谈一下甗的形体演变及名称问题。甲骨文有一字写作"𩰫"（《合》四八二八）、"𩰫"（《合》六〇六三）、"𩰫"（《合》一八五六四）等形，后又加"虍"写作"𩰫"（《合》二六九五四）形，此即后世"鬲"（计按：gé，隔字所从，后与读 lì 的"鬲"混同为一）、"甗"（甗）的初文、本字，金文写作"𩰫"、"𩰫"等形。马如森先生说："甗，yàn。独体象物字，从鬲，虍标声。古蒸器，本义是甗。《说文》：'甗，鬲属，从鬲，虍声。'"③ 虍表示老虎的血盆大口之意，不表

---

① 王宁：《汉字与烹食文化》，何九盈、胡双宝、张猛主编《中国汉字文化大观》，北京大学出版社 1995 年版，第 290 页。

② 容庚：《殷周礼乐器考略》，《燕京学报》1927 年 6 月。

③ 马如森：《殷墟甲骨文实用字典》，上海大学出版社 2008 年版，第 66 页。

声。马如森先生所释大体是正确的。甂是虜的后起形声字。从"瓦"构作，表示甂是一种陶制品，此字形体演变的轨迹大体如下：

犮—鬲—虜—甂

从甂字的形体演变轨迹可知，王宁先生"'甂'字晚出，没有发现它的象形字"之说有误，不可为据。

我们认为，在商周时期，鬲（gé）、甂、甗其实就属于一物异名的现象。上体与下体之间有"算"从中分隔开，有分隔之象，所以可以命名为"鬲"（gé）；器物上大下小，上体掩覆着下体，有掩覆之形态，与"烟"、"炎"、"淹"、"艳"等语源相同，所以又被称为"甂"，甲骨文"鬲"，上部加上了"虍"，就是特意强调上部大的特点；这种蒸食器具，一般又可分为上下两体，上部蒸食的部分其实是增加在釜或鬲（╟）之上面的，有增加之象，所以又可以被称为"甗"。一物数名，这是因为古人站在不同的角度观察器物特点去考虑的结果，符合汉语音本义原理的要求。王宁先生以为"甂"得名于"穿"，这一认识是不正确的。

音本义、形本义概括：

箆，古代是指一种齿与齿紧密贴近的理发器具。汉代之前多用"比"、"枇"来通假。

算，是指一种竹片之间紧密贴近而形成细微孔隙的蒸食用器具。文献有时也用"箄"字通假。

二十五　毖（含泌）

读音分析：

毖，普通话读为"bì"，会同话读音与普通相同。

形体分析：

毖，《说文》小篆写作"毖"，字从"比"、从"必"，属于形声兼象事字。"比"，在此表示一物紧密贴近于另一物的行为或动作；"必"即秘之本字，是指安装在刀、斧、戈、戟等兵器上的，由两块竹片紧密贴附在一起的柄把（详见"必"字一节分析）。由此可推，只从现有的毖字形体来看，毖应该是指紧密贴附于兵器柄把的行为。士兵站立或行军之时，手握戈戟之秘不放松；休息睡眠之时，"枕戈以待旦"，头枕戈秘防偷袭。

这些行为，就是"怭"字字面所要表达和体现的。紧握戈柲不放松，头枕戈柲睡觉休息，其谨慎之心、不懈怠之情，已经显露无遗了。所以，怭字最核心的引申义，就是"谨慎"、就是"勤劳（不懈怠）"。事实上，"谨慎"与"勤劳（不懈怠）"意义多有相通之处，大多可以互为表里。如古代部落、军队的警戒巡逻行为，勤于巡逻，则可知此部落、军队之人必定谨慎小心；而谨慎小心的部落、军队，则一定会勤于巡逻，以防敌方侵扰袭击。记得以前有一句"牢记阶级仇，紧握手中枪"的歌词，其表达的含义正与"怭"字有些类似。

《书·毕命》"怭殷顽民，迁于洛邑。"孔颖达疏："慎彼殷之顽民，恐其或有叛逆，故迁于洛邑。"慎，即，谨慎小心之义。《诗·大雅·桑》："为谋为怭，乱况斯削。"《诗周颂·小怭》："予其惩而怭后患。"毛传："怭，慎也。"怭释为慎，可证在商周时代，"怭"字多用于表达谨慎的意思，而"谨慎"之义，正是从"怭"字的本义中直接引申出来的。现在大家熟知的成语"惩前怭后"，用的就是这一含义。

清代徐灏《说文解字注笺》："怭，又训为勤，勤亦比密之义。《大诰》曰：'无怭于恤，'言无勤于忧。勤犹频也。《召诰》曰：'怭祀于上下'；《洛诰》曰：'予冲子夙夜怭祀'，皆谓勤祀，亦言慎祀也。"徐氏所引《大诰》、《召诰》、《洛诰》都是《尚书》中的名篇，此也可证在上古时代，"怭"字也常用于表达"勤劳（不懈怠）"的含义。

主流观点及点评：

1. 许慎《说文·比部》："怭，慎也。从比，必声。《周书》曰：'无怭于卹。'"。《尔雅·释诂一》："怭，慎也。"顾野王《玉篇·比部》："怭，劳也。"《正字通·比部》："怭，谨也。"《辞海》："怭，bì。①谨慎。②劳心。③通'泌'。"《汉语大字典》："怭，bì。①谨慎；小心。②密；缜密。③勤，频；经常。④辅助。⑤告；告诫；教导。⑥犒劳；慰劳。⑦疏；远。⑧通'泌'。⑨用同'闢'。掩蔽；掩藏。"

点评：各家所释都是引申义，非本义。这里仅以《汉语大字典》为依据，逐条进行简单评论。

第①"谨慎；小心"。这一义项是古文献中"怭"字的常用意义之一，但仍属于怭字的引申义。怭字表示人们时刻将戈戟等兵器之柲不离于身的行为，"谨慎"就是直接从人们的这一行为引申出来的意义。

第②"密；缜密"。《广雅·释诂三下》："怭，比也。"王念孙疏证："怭为比密之比，《说文》'怭，慎也。'从比，必声"，引《大诰》'无怭于卹'。

又云：'比，密也'，密与慎同义，故《系辞》传云：'君子慎密而不出也'。《释言篇》云：'祕，密也'，祕与毖通。"毖、比音同义通，二者都有"紧密贴附、贴近"之义，此义项与毖的本义最为接近。王氏以"毖"、"比"、"密"、"慎"辗转相训，绕了一个大圈，其实仍然是将"毖"解释为了"慎"，训释不太妥帖。《广雅·释诂三》说："朋、党、毖、右、频，比也。""朋"，最初是指由几块作为货币的玉、贝系缚成的一串；"党"，起初是指共同拥有同一个"堂"的族人，所以古代就有"朋党"、"乡党"之语；"毖"是指人们将戈戟之秘不离于身的行为，本身就有"紧密贴近"的意义；"右"字是"佑"之本字，为佑助之义，"比"的引申义也为"辅助"，两者以引申义相通；"频"的本义是指人皱眉时，不时将左右眉毛靠近连接在一起的状态，有"贴近"之象，故而也可以用"比"相训释。《广雅》将"右"和"朋"、"党"、"毖"、"频"归为一类，做法不妥。

第③"勤；频，经常"。前面已经简要分析过，毖字可以引申出"不懈怠"的意义，"勤劳"、"频繁"、"经常"，又都是从"不懈怠"一语中引申出来的。

第④"辅助"。清人徐灏《说文解字注笺》说："毖，《广雅》曰：'毖，比也。'……比有辅助义，故又训为辅为助。"徐氏此释不确切。如依徐氏之说，则"频"也可以释为辅助（详见上面第②"密；缜密"一节），而答案是否定的，徐氏这种辗转相释的做法不可取。《汉语大字典》不加辨析便轻易采用徐氏此说，并误，不足为据。

第⑤"告；告诫；教导"。《广韵·至韵》："毖，告也。"徐灏《说文解字注笺》："毖，凡相诰诫谓之毖。"事实上，此"毖"字当为使动用法，意思即"使……谨慎小心"。告诫自己或别人的话语，虽然确有让人谨慎小心的功效，但训诂家们将毖字的内在联系生硬割裂开来训释，对汉语汉字的发展推广是很不利的。

第⑥"犒劳；慰劳"。《汉语大字典》此释，是依据孙星衍《尚书今古文注疏》的观点作出的。《尚书·洛诰》："伻（计按，béng，使）来毖殷，乃命宁予，以秬鬯二卣，曰：'明禋裸，拜手稽首休享。'予不敢宿，则禋于文武王。"孙星衍疏："言使我来劳慰殷民。"对于《尚书·洛诰篇》文义的理解，自古以来就莫衷一是，而《洛诰篇》的难读难解，却是治《尚书》之学者的共识。顾颉刚、刘起钅于两位先生，就曾在《尚书校释译论》中说："《洛诰》篇为《尚书》中最难读的文字，历代经师绞尽脑汁也很难把它真正读通……说话地点不一致，周公在洛而成王在镐，三次往来告答似均派人传语。"周公、成王往来告答是靠使者传话的，可见孙星衍氏"言使我来劳慰殷民"之观点并不确切。蒋伯潜氏也说："至于《洛诰》，则为成王、周公互相告语，不得谓之下告上或上告下之言。周公既至洛，使（动词，派）使（名词，差使）以新都之图及所卜吉兆告之成王。以下即记成王与周公彼此相告之辞。"① 使使，即"派遣差使"，此与顾颉刚、刘起釪二氏之说正合，可知孙氏之说实难成立。从所引《尚书·洛诰》的片断而言，很明显是成王派使者传话给周公，要周公"明禋"（计按：明天举行禋祭），致使周公觉都没时间睡，连夜筹办禋祭，可证孙星衍氏的释解是难以站住脚的。另外，根据《尚书》、《史记》、《逸周书》、《竹书纪年》等记载的有关内容看，周公营建洛邑始于他摄政的第五个年头，《尚书大传》记载："周公摄政，一年救乱，二年克殷，三年践奄，四年建侯卫，五年营成周，六年制礼作乐，七年致政成王。"此可为之佐证。两年之后，成周（即洛邑）建设基本完成，于是周公请成王迁都洛邑，《洛诰》就是在这个背景下产生的。而周公等（含周文王、周武王）要将都城从镐京向东搬迁到洛邑（今洛阳）的根本目的，就是为了方便监督殷商的遗民，使他们不反叛作乱。赵光贤先生说："营建洛邑，以为东都，便于控制东方各族，又迁殷贵族大家于洛邑，把他们放在周家的武力监视之下，使其不敢反抗。""对于殷民等不用严刑杀戮，而多加教育，以期改造他们为周室的顺民。"② 赵先生此说，与当时的历史实际情况是相符合的。因此，我们认为，孙星衍氏将"伻来毖殷"中的"毖"字直释为"慰劳"，也有未安。此句中的"毖"字，其实仍然是"小心防范"之意。

　　第⑦"疏；远"。顾野王《玉篇·比部》："毖，疏也。"陈彭年等编《广韵·至韵》："毖，远也。"毖读作 bì，属于"bi"一音系之字，音本义为"紧密贴近"，《玉篇》、《广韵》却又将毖解释为疏远，意义完全相反，这到底是什么原因呢？这其实也是训诂家们割裂汉字意义内在联系，随意引申训释所导致的。疏远之释源于谨慎，谨慎能使人远离祸害，因而训诂家们又将毖释为"疏"、释为"远"。但这种训诂方法，是不可取的。如依顾氏之说，我们还可以将"毖"训释为"安"（安全、安稳），训释为"胆小"等意义，如此训释，就会变得荒诞离奇了。

---

　　① 蒋伯潜：《十三经概论》，上海古籍出版社 1983 年版，第 172 页。
　　② 赵光贤：《周氏社会辨析》，人民出版社 1980 年版，第 22 页。

第⑧"通'泌'"。《汉语大字典》:"泌,bì。山溪水流貌。"泌与毖音相同,可以出现同音通假的情况。《广雅·释言》:"毖,流也。"《玉篇·比部》:"毖,泉流貌。"《诗·邶风·泉水》:"毖彼泉水,亦流于淇。"毛传:"泉水始出,毖然流也。"朱熹注:"毖,泉始出之貌。"朱骏声氏《说文通训定声》说得好:"毖假借为泌。"可见古文献中训为"泉流"的毖字,实即应当写作为"泌",严格地讲,这属于用错汉字的现象。《说文·水部》:"泌,侠流也。从水,必声。"清人张文虎《舒艺室随笔》对于泌的音义分析非常透彻,他说:"案:《玉篇》作'狭流也'。《说文》无'狭'字,盖皆'陕'(计按,读如狭,陕为狭隘之本字)之误。《阜部》:'陕,隘也。'《玉篇》云:'陕,不广也。亦作狭。'陕,谓泉水石间甚逼侧也。《上林赋》:'逼侧泌瀄(zhì)。'司马虎注:'逼侧,相近也;泌瀄,相楔也。'盖'逼侧'言其势,'泌'状其流,正与'陕流'义相发。"山间泉水在石块紧密贴近的缝隙流动,这种状态即是常说的"泌",其音与义,就是来源于石块之间紧密贴近的状貌。此字音义,其实与"滗"(bì)非常相似。王念孙《广雅疏证》:"滗之言逼,谓逼取其汁也。《玉篇》:'滗,笮去汁也。'《众经音义》卷五引《通俗文》云:'去汁曰滗。'……今俗语犹云滗米汤矣。"分析可知,"泌",好像是因为石块紧密贴近逼压将水从岩层中榨了出来而得名的;而"滗"则是用硬物紧密贴近逼压果物、甘蔗等将它的汁液压榨出来的行为,两字其实可以合二为一。现在常说的"分泌(mì)",其实就可以读"bì"。

第⑨"用同'閟'。掩蔽;掩藏"。汉字中有掩蔽、掩藏之义的"bi"音字,有"蔽"、"敝"、"庇"、"闭"等,"毖"无掩蔽之义,此也属于古文献用错文字的情况。

音本义、形本义概括:

毖,本义是指将兵器紧密贴近于身体左右、寸步不离的行为。后来引申出"谨慎"、"勤劳(不懈怠)"等意义。

二十六　臂、髀

读音分析:

臂,普通话读作"bì",会同话读作"bí"。

髀,普通话、会同话都读作"bì"。

形体分析:

臂,金文写作"𦥯"(𨜳壶)形,字从反写的"辟"、从"月

（肉）"构作；《说文》小篆写作"臂"，仍承沿了臂字金文之形体，属于形声兼象事结构的文字。字从"月（肉）"，表示意义与肉体相关；字从"辟"得声，可知它有紧密贴附的特点。辟又为"璧"的本字，前面章节已经分析过，璧是可以组合成圆形的半环状玉块，是天子赐给邦国之君作为信物的瑞玉，因而，可以象征地位较高又具有护卫王都职责的邦国之君。《左传·僖公二十四年》："封建亲戚以藩屏周。"封建亲戚为邦国之君，让他们充当周天子的保护藩屏，说的正是这个意思。人的手臂紧密贴附在身体上部两侧，像邦国之君一样有较强的力量，并具有让身体不受攻击伤害的护卫功能，所以，古人便运用比喻的手法，通过形声、象事的构字方法造出了"臂"字。

髀字，《说文》古文字写作"𨄔"形，小篆写作"髀"形，古文从"足"、从"卑"构作，小篆从"骨"、从"卑"构作，属于形声兼象事结构的文字。"𨄔"字从"足"，义当与足部相关，从"骨"，则义多与骨骼相关。髀字现在通行的意义主要有两项，一是指大腿；二是指大腿骨。我们认为，在汉代及以前之时期，很可能是𨄔专指大腿，而髀则专指大腿骨而言的。后世将𨄔、髀两字合二为一，故而髀字之本义也就包含了两个方面。这与跤、骹两字的情况，有很多类似之处。

"卑"是髀字的核心构件，它既能起到提示音义的作用，又能起到指示髀所处位置的作用。我们在前面的有关章节分析过，卑是俾字的初文，本义是指手执盾牌负责君王安全保卫的贴身侍卫，因为君主为尊为中的礼制影响，卑便被赋予了"低下"的含义。刘熙《释名·释形体》："髀，卑也，在下称也。"王先谦《释名疏证补》："叶德炯曰：'此即在后曰殿之义。'苏舆曰：'髀从卑声，故训为卑。'……段玉裁云：'当是庳之假字。'庳亦卑也。"[①]刘氏、王氏等所释近是，但仍未能完全揭示髀（𨄔）字形体组合的奥妙。分析"卑"字的音形义可知，"卑"字的音本义强调的特点是"紧密贴附"，引申义才是"低下"。据此可以推定，"𨄔"是指双足紧密贴附于身体躯干（躯干为中心，与处于保护中心的君主有类似性并起保护身躯作用）的部分，即"大腿"；"髀"是指处于身体下部，且又紧密贴附于躯干的骨骼，即"大腿骨"。

主流观点及点评：

---

① 王先谦：《释名疏补》，中华书局 2008 年版，第 76 页。

1. 许慎《说文·肉部》："臂，手上也。从肉，辟声。"刘熙《释名·释形体》："臂，裨也，在旁曰裨也。"《广雅·释亲》："肱谓之臂。"王先谦《释名疏证补》引苏舆曰："臂、裨双声，古音同在一部。《说文》：'臂，手上也。'又云：'裨，接也，益也。'《广韵》：'裨，附也，助也。'凡物相辅助者多在旁，臂在两旁，与手有相为辅助之形，故云然。《文选·为袁绍檄豫州文》注：'裨师，偏师也。'"后王氏本人又补："训裨为偏，偏亦旁也。俗以裨益之裨作裨，以偏裨之裨别造为裨字，而在旁为裨之义几晦矣。"《辞海》（1990 年版）："臂，bì。①胳膊，从肩到腕的部分。②兽虫前肢。③弓弩的柄。"

点评：各家所释皆较正确，但遗憾的是，各家都未能真正揭示出臂得名的缘由。刘熙《释名》，王先谦《释名疏证补》，试图以传统声训之法探究臂得名的内在原因，但仍然未得到确切的答案。"裨"，是指将小块的布料紧密贴附到大块布帛的行为，有贴附、助益之义；而"臂"，是指像邦国之君贴附、保卫天子一样的力量较大的胳膊，与"裨"所表达出的意思是有所区别的。因为裨有"助益"之功，而无"护卫"之效。后世所谓之"裨师"，是指紧密贴附在主力部队左右两旁的护卫部队，其实写作"俾（卑）师"更合理，文人们不了解裨和俾的联系与区别，故而写成了"裨师"，甚至将这个意义的"裨"字读作了"pí"。如依从这一说法，裨师就应该是指接续在主力部队之后的尾巴了。王先谦氏释"裨"为偏、为旁，为辅助，来附会比拟处于身体两旁的胳膊，表面看好像很在理，但事实上，其说并不符合"臂"的构形原理，如果其像王先谦氏所讲的这样，耳朵正好也在两旁的位置，我们为什么不将耳朵命名为"臂"呢？

依循刘熙《释名》训释汉字的习惯，我们可以对臂进行这样的解释："臂，辟也，在旁护卫曰辟也。"

2. 许慎《说文·骨部》："髀，股也。从骨，卑声。𨂇，古文髀。"刘熙《释名·释形体》："髀，卑也，在下称也。股，固也，为强固也"《辞海》："髀，bì。①股部；大腿骨。②古代测量日影的表。"

点评：《说文》、《辞海》释义正确。《释名》通过传统声训的方法，对髀字得名的原因进行了探究，有一定的正确性。髀（含𨂇）字的音形义组合原理，我们在"形体分析"一节已作了探讨，此不赘述。

在这里，我们尝试着探讨一下测日影的"表"被称为"髀"的原因。

天文历法之学，在中国起源非常早。《易·系辞下》称："古者包牺氏之王天下也，仰则观象于天。"《周礼·大司徒》："以土圭之法测土深（计按，深有长义），正日景（计按，景，为影的本字）以求地中。"郑玄注："土圭，所以致四时日月之景（影）也。"甚至早在殷商甲骨文中，也能找到对日食、月食等天文现象的确切记载。

仅仅拿观测日影的仪器而言，相传最早的就是伏羲（也称为庖牺、宓牺）发明的土圭，后来又有所谓臬（计按，音 niè，也写作槷）、晷（计按，音 guī，也称为日规）、土表等名称。简而言之，臬和表是指直立在地面上的标杆，属于一物异名的现象；圭是指平放地面的刻有标记的尺子；晷起初是指日、月等在圭尺上的投影，后来是指一种用长针、圆盘组成的、通过观测日影以定时刻的仪器。《周髀算经》的髀，是指测量日影的标杆。"表"（臬）为何又被称为了髀呢？这就与周代对标杆（即臬、表）的长度采取统一标准的措施有关。《周礼·考工记·匠人》："置臬以悬，视以景（影）。"郑玄注："于所平之地，中央树八尺之臬，以悬正日，视之以其景，将以正四方。"《周髀算经》上卷："周髀长八尺，夏至之日，晷（计按，此即指日之投影）一尺六寸。"这些文献资料可证，用来观测日影的标杆——表（臬），地面以上的高度在周代被固定为八尺。

而《周髀算经》的核心理论之一，就是著名的勾股定理，也被称为商高定理。"勾"有短义，在《周髀》一书中主要是指圭尺上的日影而言，"股"有"固定不变"义，在《周髀》一书中，被借用指固定为八尺高的标杆。《周髀算经》上卷说："荣方曰：'周髀者何？'陈子曰：'古时天子治周，此数望之从周，故曰周髀。髀者，表也。'"前面又说："周髀长八尺，夏至之日，晷一尺六寸。髀者，股也。正晷者，句（计按，句为勾之本字）也。"由此可见，《周髀》作者所讲的"股"就是指八尺之标杆。而从人体而言，股就是俗话讲的大腿，古代又称为"髀（骳）"，作者继而又玩了一个狸猫换太子的把戏，将一个本是借用来的"股"字，偷换为了"髀"。《晋书·天文志上》："蔡邕所谓'周髀'者，即盖天之说也。其本庖牺氏立周天历度，其所传则是周公受于殷高（计按，殷高就是商高），周人志之，故曰周髀。髀，股也；股者，表也。"此说可证，《周髀算经》的作者，的确是有意地在"髀"、"股"、"表"三者间玩了一回转盘的游戏。这种故意制造高深莫测气氛的文字游戏，应当予以批驳和摒弃。

音本义、形本义概括：

臂，是指紧密贴附于身体躯干上部，并像邦国之君一样有较强护卫功能的胳膊。

髀（髀），是指紧密贴附于身体躯干下部，并像贴身侍卫一样有较小护卫功能的大腿或大腿骨。

二十七　痹

读音分析：

痹，普通话、会同话都读为"bì"。两者读音相同。

形体分析：

痹字，古陶文写作"痹"、"痹"等形，字从"疒"、从"畀"构作；《说文》小篆写作"痹"，字仍然从"疒"、"畀"构作。此形体不见于甲骨文、金文，属于后起的形声兼象事结构的文字。痹字的异体或写作"庳"，或写作"痹"，又或写作"疕"，则都属于运用形声构造方法造出的文字，构形存在着严重的缺陷。

痹字从"疒"（病字旁），表示此字与疾病相关；字从"畀"（bì）得声，则说明这种病的病因症状应该是与"紧密贴附"的特点有关。另外，"畀"的本义是将一个容器中的东西贴近倒给另一个容器，因而可以引申出"供给"、"赋予"的含义，可知这种病又和气血营养供给出现问题有关。从"痹"的音形义组合原理，以及痹的致病机理与病症来看，痹，其实就是指一种因为经络阻闭、气血营养供给受阻而导致的疾病。

《黄帝内经·素问·痹论》："风寒湿三气杂至合而为痹也。其风气胜者为行痹（计按，俗称风痹），寒气胜者为痛痹（计按，俗称寒痹），湿气胜者为著痹（计按，俗称湿痹）。"《素问·五脏生成》："血凝于肤者为痹。"《中藏经》也认为："痹者，风寒暑湿之气，中于人脏腑之为也……五脏六腑，感于邪气，乱于真气，闭而不仁，故曰痹。"《素问·痹论》张介宾注："风寒湿三气杂至，则壅塞经络，气血不行而病为痹。"翟双庆教授主编的《中医经典百题精解丛书·内经》，对痹的致病机理分析得更浅显明白："主要原因为外在的风寒湿三气，乘隙杂合侵入人体，壅塞经络，凝滞气血，发为痹症，痛风不仁属这一范畴。""可见《内经》的痹症不是指单纯的某一种疾病，而是多种病因侵及人体引起以经络阻滞、营卫凝涩、脏腑经络气血阻闭不通为病机，以肢体关节疼痛沉重或麻木不仁，以及脏腑功能障碍气血不畅为临床特点，外伤皮肌脉筋骨，内损五脏六腑的一类疾病。"① 分析上引医学论著的观点可知，通俗地说，痹证，其实就是指经络阻闭气血不通为病机的一种病症。

那么，经络在中医学里又是怎样的概念呢？"经络是运行全身气血，联络脏腑肢节，沟通上下内外，调节体内各部分的通路。经，有路径之意。经脉是经络系统的纵行干线。络，有网络的意思。络脉是经络的分支，纵横交错，网络全身，无处不至，它将人体各部分的组织器官联系成为一个有机的整体。"② 简而言之，经络就是分布于身体内部、让气血通行的道路。古代的道路，一般都会设置有收取税赋、阻止通行的关隘，关隘之门紧密贴附到了一块，道路自然就阻闭不通了。中医学说认为，经络阻闭不通，是风寒湿三气乘隙进入人体后，在经络中壅塞造成的，这与两扇门紧密贴附在一块后形成的阻闭之象完全类似。由此可知，痹的音义源于"闭"（bì），而闭是指将两扇门紧密贴附在一起的行为或状态。

主流观点及点评：

1. 许慎《说文·疒部》；"痹，湿病也。从疒、畀声。"玄应《一切经音义》引《仓颉篇》："痹，手足不仁也。"《素问·诊要经络论》："冬刺夏分，病不愈，气上，发为诸痹。"张志聪注："痹者，闭也。"徐灏《说文解字注笺》："痹，肌肉麻木曰痹。今粤人常语也。"《汉语大字典》："痹，bì。中医指由风、寒、湿等侵蚀肌体引起的疼痛或麻木的症状。"

点评：张志聪氏所释至确，《汉语大字典》所释近是，许氏、玄应、徐灏氏所释，各执一端，都未能确切符合《内经》所讲的痹症。

我们认为，痹字音义的最核心语源是"闭"，字从"畀"构作，是指气血营养的供应因为经络阻闭而产生了疾病。这与中医学对痹症的定义和认识，是完全相符的。许氏所讲的湿病，是痹症的其中之一种，玄应、徐灏所讲的"手足不仁"、"肌肉麻木"，是痹症表现出来的主要症状，三家对痹字的训释，都存在很多不足之处。

2. 顾建平《汉字图解字典》："痹，bì。形声字。疒表意，篆书形体像病床，表示和病症有关；畀（bì）表声，畀有给予义，表示痹这种肢体麻木的病是给予肢体风、寒、湿等病因而造成的。痹是指一种肢体麻木的病。"③

---

① 翟双庆主编：《中医经典百题经解丛书·内经》，人民卫生出版社 2009 年版，第 376 页。
② 同上书，第 264 页。
③ 顾建平：《汉字图解字典》，东方出版中心 2008 年版，第 514 页；语见《易·系辞下传》。

点评：顾建平先生此释，仍然沿袭了过去训诂家们的不足和问题，这是顾先生对中医理论未去深入探究导致的。至于他分析痹字从"畀"构造的原因，也有未安，如依顾先生的逻辑，我们为什么不可以将"痹"解释为"给予肢体很好的营养而造成的"呢？顾先生此误，关键原因就是他对汉语音本义原理及汉字音形义组合原理，还没有正确清晰的认识。

音本义、形本义概括：

痹，是指风寒湿三气导致经络管道紧密贴附闭塞，气血和营养供应受阻而产生的病症。

二十八　椑

读音分析：

椑，当作为棺材讲的时候，椑读为"bì"。

形体分析：

椑字，《说文》小篆写作"椑"，字从"木"、从"卑"构作，此形体不见于甲骨文、金文，属于后起的形声兼象事结构的文字。

椑字从"木"，说明此字所指的事物与树木或木制品有关；字从"卑"得声，表示这一事物具有"紧密贴附"的特点；从"卑"构作以会意，表示这一事物还具有"低下"、"护卫"的特点（计按：卑是俾的初文，指君主的贴身侍从，分析详见前面有关章节）。丧葬制度与丧葬文化，在中国有着很悠久的历史，在远古之时代，当有人去世之后，亲人便"厚衣以薪，藏之中野，不封不树"。后来，又逐渐发展到了用土简单瘗（yì）埋尸体。汉代刘熙《释名·释丧制》："葬不如礼曰埋。埋，痗也，趋使腐朽而已。"刘氏所讲，正反映了上古先民用土直接瘗埋尸体的实际情况。当私有制出现以后，上层贵族阶层便开始了厚葬的习俗。《论语·为政》："子曰：'生，事之以礼；死，葬之以礼，祭之以礼。'"《孟子·离娄下》："养生者不足以当大事，惟送死可以当大事。"《荀子·礼论》："事死如生，事亡如存，终始一也。"在这种"事死如生，事亡如存"观念的影响下，厚葬习俗便蔚然成风，尤其是自商周始，贵族阶层用棺椁盛殓尸体埋葬的风气，更是迅速推行开来了。到了西周时代，等级森严的丧葬制度也被统治阶级逐一制订和确立，《礼记·檀弓上》："天子之棺四重。"郑玄注："诸公三重，诸侯再重，大夫一重，士不重。"棺椁的数量与去世者的地位等级有了严格的对应，基于此，古人不得不为这种特有的制度新造了几个汉字。这其中就有椁、榇（chèn）、椑等字。

"椁"，音义与郭相类似，郭是包裹着内城的外城，椁是包裹着内棺的外棺，二字的音义的确有共同之处。《周礼·地官·闾师》："不树者无椁。"郑玄注："椁，周棺也。"周棺，即环绕包围着棺，可见椁的确与外城完全类似。许慎《说文·木部》："椁，葬有木郭也。"段玉裁《说文解字注》："木郭者，以木为之，周于棺，如城之有郭也。"邵瑛《群经正义》："（郭字）今经典作椁。"前引文献资料可证，"椁"是后起的形声字，是古人通过"郭"字的比喻义来构造的文字。

榇、椑二字，在古代都特指内棺，属于一物异名的现象。榇字从"亲"（计按：此处的亲字是親的简化字，不是新的本字），表示"亲近"的含义。《左传·襄公四年》："秋，定姒薨，不殡于庙，无榇，不虞。"杜预注："榇，亲身棺。"王筠《说文句读》："榇，附身棺也……天子之棺三重，诸公三重，诸侯再重，大夫一重，士不重，其亲身一重谓之榇，亦谓之椑。"桂馥《说文义证》："《增韵》：'椑棺之谓榇。'馥案：《丧大记》：大棺八寸，属六寸，椑四寸，从外向内亲身也。"胡承珙《小雅义证》："榇字从木，从亲，故为亲身之义。"文献资料可证，榇的得名，正是由于它与尸身非常亲近的缘故。椑字从"卑"，卑是俾的初文，甲骨文、金文写作"畀"，指手持盾甲的武士，这些人主要负责君王的安全保卫工作，属于君王的贴身侍卫，因此，从"卑"构作的字一般都具有"低下"、"贴附保护"等意义。《礼记·檀弓上》："君即位而为椑，岁一漆之，藏焉。"郑玄注："椑，谓柂（yǐ）棺亲尸者，椑，坚著之言也。"陆德明释文："椑，榇尸棺。"分析可知，椑就是榇，是指形体低下、紧密贴附在尸身周围的内棺。

主流观点及点评：

《正字通·木部》："椑，亲身棺，即柂棺。"《汉语大字典》椑下："椑，bì。内棺，最里面的一层棺。"

点评：两家所释十分正确。

椑读为"bì"时，指古代天子、公侯墓室中的内棺，即最贴近尸身的棺材。在古代文献中，椑也常常用"辟"（bì）来通假。《左传·哀公二年》："若其有罪，绞缢以戮，桐棺三寸，不设属辟。"杜预注："属辟，棺之重数。""椑，步历反，注同，亲身棺也。"孔颖达正义："《礼·丧大礼》云：'君大棺八寸，属六寸，椑四寸。上大夫大棺八寸，属六寸，下大夫大棺六寸，属四寸。'是属椑为棺之重数也。《大记》之文，从外向内，大棺之内有属，属之内有椑。椑，亲身之棺。郑玄云：'椑，坚著之意也。'如记文，大夫无椑。今简子自言有罪不设椑者，郑玄云：'赵简子云不设属椑。时僭也。'"属椑，即属椑，椑、椑同音通假。但严格而言。椑为"璧"的本字，无论如何也引申不出棺材义，《左传》的作者写了错别字。

音本义、形本义概括：

椑（bì），是指形体低下，紧密贴附着尸身四周的棺材。

第六节　会同话"cai"音字实例分析

音本义分析：

汉语音本义原理认为，"cai"音之音本义，主要强调"选取"和"稀少"特点。也就是说，凡"cai"音之汉字，一般都是指选取少量（物件）的手段，或精心挑选出来的数量稀少的事物。

普通话中的某些"cai"音之字，在会同话里又还有"zai"一种音读，如"才"、"裁"等字就属于这一情况。这个问题，将在后面的实例分析中做详细解答。

一　才

读音分析：

才，普通话读作"cái"，会同话读作"câi"或"zâi"。"人才"、"才能"等词语中的"才"，会同话读作"câi"，而"刚才"、"方才"等表示时间、程度副词中的"才"，会同话又读为"zâi"。

在殷商甲骨文时代，"才"多借用为"在"，说明商代时候"才"、"在"音同或音近（计按，我们所认为的音近，是指属于同一音系而音调略有差异的现象）。刘心源氏《奇觚室吉金文述》卷二："╀即才，读为在，在原从才也。"孙诒让氏《增订契文举例》卷下："此假'才'为'在'，'才或'即在国也。"王襄《簠室殷契类纂正编》卷六："古才字与在通。"杨树达氏也说："郭沫若云：'才读为在，在殷周古文大率假才为在。'"① 高鸿缙先生对于"才"、"在"两字的源流关系，也进行了较深入的探究，他说："才为才始之本字，从种子下才生根，上才生芽之形，而以一表地之通象。故才为指事字，副词。商周借为介系词在此在彼之在，形仍为 ✦。周始加土旁为意符（言种子之芽才出土，根才入土地），作✦土，隶变作'在'，楷变作'在'，本意仍为才始，副词。……秦汉借才为才能、人才之才，而在只用为介系词，乃沿周人之习，以同音通假之故。"② 姚孝遂氏更是明确指出："（才），卜辞皆假为'在'字。'才'与'在'实本同源，'在'乃后起专用字。"③ 上引学者之说可证，在商周时期，"才"与"在"音同或音近而通假。"在"，普通话读为"zài"，会同话读为"zǎi"，的确和会同话中"刚才"、"方才"中的"才"，读音非常相近。此又可为"会同话——上古汉语活化石"的说法添一佐证。

汉语音本义原理认为，"cai"音之字，大都是指精心选取中意对象、事物的手段，或是指精心选取的让自己满意的事物，它主要强调"选取"、"少量"的特点；而"zai"音之字，则是指改变了事物长期稳定状态的现象和手段，两者的音本义，是有着显著的区别的。"才"，是指种子刚刚生根发芽的状态，这属于改变了种子长期稳定状态的现象，只当读为"zai"一音系。由此可知，会同话的语音，的确与殷商时期的语音相去不远。

后来（可能在周代），随着农业的进一步发展，人们发现种子与发芽状况、与收成状况有着密切的关系。好的种子、发芽良好，生长得壮实，会带来好的收成，于是，人们便开始对农作物的种子开始精挑细选。《周礼·地官·草人》："凡粪种，骍刚用牛，赤缇用羊，坟壤用麋，渴泽用鹿……"郑玄注："凡所以粪种者，皆谓煮取汁也。"贾公彦疏："用牛羊之类不可以肉骨，明煮汁和种也。"煮汁和种，就是用骨汁浸泡种子，可见在周秦时期，人们对种子的保育优化措施，是何等讲究与到位。贾思勰《齐民要术·收种第二》："凡五谷种子，浥郁则不生，生者亦寻死。种杂

---

① 杨树达：《卜辞术义》，转引自李圃主编《古文字诂林》第六册，上海教育出版社 2003 年版，第 34 页。

② 高鸿缙：《中国字例》（三篇），转引自李圃主编《古文字诂林》第六册，上海教育出版社 2003 年版，第 35 页。

③ 于省吾：《甲骨文字诂林》第四册，中华书局 1996 年版，第 339 页"姚氏按语"。

者，禾则早晚不均，春复减而难熟，……粟、黍、穄、粱、秫，常岁岁别（计按，别为分别义）收：选好穗纯色者，劁（qiáo）刈高悬之。"选好穗纯色者，即挑选结粒多，子实饱满、色泽纯美的穗作为来年播种的种子，可证我们的先祖，早就关注起种子基因遗传的问题了。我们推测，很可能由于这些原因，古人便将选取的良好的种子称为"才"（cái），"才"分化出"cái"、"zai"两个音，故而又造出了一个表示初始意义的"土"（在）。到了秦汉时期，"才"，就被广泛运用于表示才能、才华的意义了。

形体分析：

才字，甲骨文写作"ψ"、"ϒ"、"ϒ"、"十"等形，像种子破壳根须下伸、嫩芽刚刚钻出地面的形状，属于象事结构的文字。金文写作"ϒ"（父戊簋）、"十"（大簋）、"十"（盂鼎）等形，其中的"▼"、"▽"之形，更像种子籽粒的形状。古陶文写作"中"、"才"、"才"等形，这正是书写速度的需要促成了它的简化。《说文》小篆写作"才"，基本延续了古陶文的形体。

李孝定氏《甲骨文字集释》说："栔（计按，字同契）文'才'字变体颇多，然以作中为正象。↓在地下初出地上之形，许云'草木之初'，谓象草木之初生也。字在卜辞均假为在。金文作十（盂鼎）……均作实笔。卜辞亦有作实笔者，然以作空笔者为多，此为契文金文习见之差异也。"[1] 李氏将甲骨文"中"（才）分割为"一"、"↓"两部分，以为"一"像地面，"↓"像草木在地下初出地上形"，不确切。事实上，甲骨文、金文中的"才"字，是由"一"（表地面）、"十"或"十"两部分组成的，"十"和"十"，正像种子生根发芽之状貌。徐中舒氏《甲骨文字典》："甲骨文才之▼▽示地面以下，丨贯穿其中，示草木初生从地面以下冒出。卜辞皆用为'在'而不用其本义。"徐氏承沿许慎、李孝定之说，仍未能予以确切地解释。

对于许慎、李孝定、徐中舒等氏关于"才"字的解析，姚孝遂先生提出了不同的看法。姚氏说："自许慎以来，说解'才'字皆迂曲难通。李孝定亦承其讹误以说解甲骨文'才'字形体，不可据。'才'字无由

---

① 李孝定：《甲骨文字集释·第六》，转引自李圃主编《古文字诂林》第六册，上海教育出版社 2003 年版，第 36 页。

'像草在地下初出地上之形'。"① 姚氏虽然对许氏等人关于"才"的解析进行了批驳，但他自己也没能作出合理确切的解释。许氏、李氏、徐氏等对"才"字形义的解析确实有不当的地方，然而，他们的解析，基本上还是接近"才"字音形义组合的真实状况的。

我们认为，"才"读如"在"时，是指草木的种子改变以往的状态和面貌开始生根发芽的情形，嫩芽破土而出，露出一点点芽苞在地面之上，因而可以引申出"初始"、"刚才"的意义。金文"✦⼟"加"土"构作，强调了嫩芽刚刚钻出地面的构字意图，是"才"的后起专用字，主要用于表示"出现"、"存在"的意义。如"××人今天在长沙"，意思其实就是"××人今天出现于长沙了"，"出现"与"存在"，意义大多有相通之处。但随着种植业的发展，人们将精心采集的、发芽状况良好的种子称呼为"cái"时，古人便借用了和这个意义有密切关系的"才"字来指代它的引申义，所以，到了秦汉时期，"才"字便用于了表示"人才"、"才干"和"才华"一类的意义。

《集韵·哈韵》："才，质也。"那么，质又是指什么呢？《尔雅·释诂下》："质，成也。"《广雅·释诂四》："质，定也。"成有完成义，定有定止义，二者其实都是从事物稳定了的形体、结构、属性、成分等着眼来讲的。《礼记·礼器》："礼，释回，增美质。"郑玄注："质，犹性也。"《淮南子·说林》："石生而坚，兰生而芬，少自其质，长而愈明。"高诱注："质，性也。"性即本性、禀性，其实是一种事物稳定的属性。分析可知，作为名词来讲的"才"，大概就是指有着良好、稳定遗传属性的草木种子；"不才"，最初可能就指不能留作种子的草木果实，后来便被泛指所有能力低劣、不堪大用的人。

"才"（cái）指精心选取、采集的植物种子，这一推理还可以从"存"字得到佐证。"存"字《说文》小篆写作"𡐦"，字从"才"、从"子"，明显属于象事结构的文字，表示可以继续生育"子"的种子。种子是需要保留存放的，所以，"存"字有"保存"、"留存"的意义。选择种子要"选好穗色纯者"②，这得进行仔细的观察、检验以及咨询有经验的长者，因而"存"字可以引申出"省视"、"观察"、"问候"等意义。《尔雅·释诂下》："存，察也。"邢昺疏："存，至察也。"至察即仔

---

① 于省吾主编：《甲骨文字诂林》第四册，中华书局 1996 年版，第 3397 页"姚氏按语"。
② 《齐民要术·收种二》。

细观察。《易·乾》："知终终之，可与存义也。"孔颖达疏："既能知此终竟是终尽之时，可与保存其义。"此处的"存"字即释为"保存"、"留存"。大家知道，在上古食物极度缺乏的时代，需要人们进行仔细观察、然后又留存下来不能吃掉的东西，当然只有粮食作物的种子了。

"才"指植物的种子，这一推理还能够从"材"字得到佐证。"才"是"材"的本字，"材"是"才"的后起形声字。《诗·鲁颂·駉》："思无期，思马斯才。"毛传："才，多材也。"徐灏《说文解字注笺·才部》："才、材古今字。因才为材能所专，故又加木作材也。"徐氏关于才、材二字源流关系的解释是很正确的。可以通俗地说，才和材，其实就是一个字。《周礼·地官·委人》："掌敛野之赋敛，薪刍，凡疏材木材，凡畜聚之物。"郑玄注："凡疏（计按，此即后世之蔬字）材，草木有实者也。"贾公彦疏："疏是草之实，材是木之实。故郑并言之。"孙诒让正义："要知此疏材亦是草木有根实者。"[1]《汉语大字典》："材，果实。"各家的所释比较正确。事实上，蔬材，即指草本植物的种子（计按：如芋子、花生等子在地下，不当言果实）；木材，即指木本植物的种子，如此解释，才符合《周礼》所讲的"材"字的真正意义。

从以上分析可知，"才"读为 cái 时，的确是指用来继续繁殖的植物种子而言的。种子是从植物子实中精心选取的少量的部分，是子实中的精华，因此，"才"字可以引申出"才华"等意义。当"才"被用于"才能"、"人才"、"才干"、"才华"的意义后，作为副词"刚刚"、"刚好"意义讲的"才"，大多又用"纔"（cái，一种黑红色的布帛）来代替，这离汉语发生的真实情况越来越远了。

主流观点及点评：

1. 许慎《说文·才部》："才，草木之初也。从｜上贯一，将生枝叶。一，地也。"

点评：许氏释义析形大体上是较正确的。才，其甲骨文、金文形体像种子破壳后生根发芽的状况，可以表示"刚刚出现"的意义。在商周时代，才的读音与"在"、"哉"属于同一音系。"才"、"在"同字，"在"是"才"的后起形声字。

在甲骨文中，已有多例从"十"（才）构造的形声兼象事结构的文

---

① 孙诒让：《周礼正义》卷三十，中华书局1996年版，第1174页。

字，作为构字部件的"中"，不仅表示"zai"的音读，而且还有提示"改变原有状态"的功能。如"𕾀"，字从"𖼢"，像河川之形，从"中"，表示此字读为"zai"一音系，此即专指水灾的"灾"字；如"𓏤"，字从"�017"、从"中"，"�017"是"戈"之形状，此字专指伤灾、战祸的"灾"字；又如"𤇾"（一期，《后下》八·一八），字从"中"、从"𕾀"构作，"𕾀"像火炎之状，即"火"字初文，此字专指火伤、火烧之"灾"；又如"𠳆"（《甲》二一二一），字从"口"、从"中"，字从"口"构作，表示此字与语言或声音等有关，此即"哉"字初文。在会同方言里，"哉"字仍经常使用，大多用于发表议论语句之前面，通过惊叹以引起他人注意。如，"哉呀，那个人长得太好睐了。"太好睐，就是太好看的意思。哉字用于整个句子的最前面，改变了原来说话的语气之状态。根据这些从"中"构造的甲骨文中分析，我们有较充分的理由，可以推论甲骨文"中"字，即指草木种子刚刚开始生根发芽的状貌。

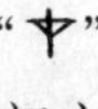

邹晓丽先生也曾论及"才"、"在"、"灾"三字的关系，她说："古'才'、'在'同字。这要从'灾'（灾）说起。""'灾'甲骨文𕾀（一期）、𕾀（五期）是水道（川）壅塞酿成水灾的意思。从'灾'的甲骨文第五期的字形看，从'川'从'中'。是水道刚有堵塞之形，即水灾刚刚（才）出现。这个'中'就是'才'字。因为最大的灾害莫过于'水'、'火'，所以'灾'上从'𕾀'（水，川也）而下从'火'。又，李孝定根据《说文》以为'才'象中（草）在地下初出现地上之形。亦可。"[1] 邹氏作为国内知名的文字学家，治学态度是很严谨的。她在撰写《基础汉字形义释源》一书之时，身体多病，条件极其艰苦，但她仍能坚持写完书稿并予以修订，这的确是值得年轻学者们学习和仿效的。然而，仔细分析邹氏的这些分析解说，可知她对甲骨文"灾"字的几种形体并未有深入的认识。"𕾀"是专指水灾而言的，属于象事结构的字，表示河川壅塞流通不畅，"𕾀"属于形声兼象事结构的字，与"𕾀"为一字异体现象，并不属于邹氏所说的"是水道刚有堵塞之形，即水灾刚刚（才）出现"的情况，邹氏此说，不符合汉字音形义结合的原理。另外，邹氏对甲骨文"中"的形体也没有正确的认识，认为"中"的音义来源于"𕾀"，则完全是本末倒置了。

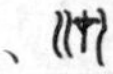

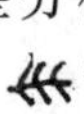

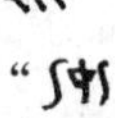

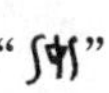

---

① 邹晓丽：《基础汉字形义释源》（修订本），中华书局 2007 年版，第 189 页。

2.《辞海》（1990 年版）："才，（一）（cái）。①才能。②通'材'。材质、本质。③通'裁'。（二）（纔）（cái）。①刚才；方才。②仅仅。"

点评：《辞海》所释，都不是"才"字的本义。

《辞海》的这一解释，存在两个认识方面的错误，这里略作评议。第一，"才"本身就有"本质"、"才质"（材质）之义，"才"是"材"的初文、本字，"材"是"才"的后起形声字。《辞海》说"才"的"本质"义，是由于通假"材"字而得到的，大误，这完全是本末倒置的解说。第二，"才"的"刚才"、"方才"之义，是从"草木初生"中直接引申出来的，这是"才"字早期的意义之一，《辞海》将此义归依于"纔"字，又误。《说文·系部》："纔，帛雀头色也。一曰微黑色如绀。纔，浅也。"通俗地说，纔，是一种黑中带有浅红色或红中带有浅黑色的布帛。这种颜色和雀头近似，所以，许慎用比喻的手法释浅红色，即"稀少"的红色，浅黑色，即"稀少"的黑色，所以，纔可以读为"cái"。古代文献借用"纔"来表达"刚才"、"仅仅"的含义，是在"才"被用于"才华"、"才能"、"才质"之后的事。

明代大儒王夫之对"才"与"裁"、"纔"、"材"三字的关系，也曾进行过研探，王氏在其所著《说文广义》卷一中说："才，本训草木之初也。木枝叶未全，初生之象，故可通为'方才'字，与'裁'通用。木初生，衣初制，皆始然无几时也。俗别作'纔'，非。若'性情才'之才，本言质之已成而可用，自当作'材'。木已成矣，而未经削治，为木工之始事，故从才。今通以才字书之，传写之省。"王氏虽然为一代大儒，博学通才，但对于"才"字的认识还是比较肤浅的，尤其是在解说"才"、"材"两字的关系方面，多有不妥之处。

音本义、形本义概括：

才（cái），是指精心选取的数量稀少的植物种子。因为留做种子的植物子实，大多都是所有子实中最优秀的精华部分，所以，又引申出了"才能"、"才华"、"才干"的意义。现在基本为引申义所专用。

才（音近于"在"），是指种子改变了原有形态，开始生根发芽的状貌。所以可以引申出"初始"、"刚才"、"方才"、"仅仅"等意义。

二 采、彩、寀

读音分析：

采，普通话读为"cǎi"，会同话读为 cāi，两者读音基本相同。彩、寀是采的后起形声字，在晋代以前，两字都写作"采"。

形体分析：

采字，甲骨文写作"🌿"、"🌱"等形，字从"爫"，像手指张开向下探取之形状；从"木"（计按：繁体从"🌿"，从生活的实际看，大多是表示药材、茶树等的叶片），属于象事结构的字，表示用手采摘树叶（如茶叶）。树叶颜色有优劣之分，树叶质地有嫩老之别，摘取时，必定需要仔细"选择"；从采摘的数量看，相对于整棵树而言，摘取的数量所占之比例又很"稀少"，这一行为的主要特点，完全符合"cǎi"的音本义要求，所以，这一行为被命名为"cǎi"。

"🌱"字所从"🌿"字，为"葉"（叶）的初文。金文写作"🌿"，表示叶片的三个"◖"，简化作"一"形。裴锡圭氏认为"🌿"即为"葉"的初文，裴氏指出："《说文》分'枼'、'葉'（叶）为二字，其实，'枼'就是'葉'的初文。树叶很难单独表示，所以'枼'字跟'果'字一样，也是把树木一起表示出来（计按，果字金文写作🌳形，果实中有小点表示核）。由于树叶一年一生，'枼'引申而有世代的意思。"[1] 李孝定氏说："契文采字或从🌿，或释果或释枼，以采字训捋取占之，则释枼是也。"[2] 白玉峥先生同样认为："峥按：字盖象以手采取木之枝叶之形，准之六书之类例，当为会意。"[3] 由此可见，"采"字最初是指采摘用来制作药物、颜料或茶的植物叶片而言的。

中国用植物叶的汁液作为丝织品颜料的历史非常悠久。《周礼·天官·染人》记载："染人，掌染丝帛。凡染，春暴练，夏纁玄，秋染夏，冬献功。掌凡染事。"《周礼·地官·掌染草》又载："掌染草，掌以春秋敛染草之物，以权量受之，以待时而颁之。"这些文献记载可证，中国很早就积累了用植物榨汁给丝织品染色的丰富经验。

纪德裕先生分析染字时说："'染'字为什么从木呢？古代没有现在这样的化工染料，古代染色大都靠自然界草木作染料。《说文》说：'染'字中的'木'，栀茜之属，事实就是这样，栀子树的果实可以作染料，茜

---

① 裴锡圭：《文字学概要》，商务印书馆 1988 年版，第 119 页。
② 李孝定：《甲骨文字集释》，"中研院"历史语言研究所 1965 年版，第 2012 页。
③ 白玉峥：《契文举例校读》，转引自于省吾主编《甲骨文字诂林》第二册，中华书局 1996 年版，第 1369 页。

草花也可以作染料。"① 王若江先生也曾介绍："丝、布的色彩主要靠浸染
而获得。染是会意字，从水从九从木。据徐铉解释：九表示浸染的次数，
九非实数，只是表示丝织品浸染要反复多次才能完成。水表示浸染，而木
则表示染料。古代的染料大部分来源于植物。《荀子·劝学》：'青取于蓝
而胜于蓝。'靛蓝是一种草，我国在很早的时候就将其作为染料。《诗·
小雅·采绿》：'终朝采蓝，不盈一襜。'蓝草是一年生草本植物，二三月
种植，六七月成熟，此时叶子为绿色，碾碎后黄色的汁液变成了蓝色。人
们开始时只是将揉碎的蓝叶和织物放在一起浸染，或将蓝草叶发酵后，用
其澄清的汁液浸泡丝帛。浸泡后，经晾晒，在空气中就还原为靛蓝。靛蓝
色是我国千百年来人们所喜爱的一种颜色。红色也是古代常用的一种颜
色，商周时期主要用茜草浸染。黄色是以荩草、地黄为染料。而颜色的深
浅主要由浸染次数决定。《尔雅·释器》：'一染谓之縓，再染谓之赪，三
染谓之纁。'这是讲染深红色的方法，浸染一次相当于浅红，专名为縓；
浸染两次为红黄色，专名为赪；浸染三次为深红色，专名纁，也叫绎
（计按：此当为绛字之误，绛，大红色）。不同的浸染次数会产生不同的
色彩，而又有固定的分类名称，说明当时的浸染技术已达相当水平，色泽
度是比较固定的。"② 从王若江先生的介绍可知，上古时代，布帛的色彩
主要是依靠植物叶子汁液的浸染获得的。"⚘"，可以指采摘植物叶子做
加工染料的行为，但根据汉语名动相因的原理，它也可以代指通过这一行
为获得的色彩艳丽的叶子汁液——"采"（后来写作彩）。

　　在甲骨文中，"采"大多当作色彩来讲。卜辞说："壬戌卜，雨，今
日小采，允大雨。"（《殷契佚存》二七六）此辞的意思是："壬戌这一天
占卜，会下雨，这一天的黄昏，果然下起了大雨。"黄昏时候一般都是彩
霞满天，所以古人形象地将这一时段称为"小采"（计按，大采指朝霞之
时），意即天上布满多种色彩的时候。又有卜辞说："之日大采雨，王不
步。"（《殷墟书契前编》一〇四三）大采雨，指早晨下起了雨；王不步是
说商王不去散步走动了。到了周秦时期，"采"仍常用于色彩之义。《诗·
曹风·蜉蝣》："蜉蝣之翼，采采衣服。"采采衣服，即色彩华丽的衣服。
《周礼·春官·典瑞》："王晋大圭，执镇圭，缫藉五采五就，以朝日。"

---

　　① 纪德裕：《汉字拾趣》（修订版），复旦大学出版社 2002 年版，第 277 页。
　　② 王若江：《汉字与手工业》，见何九盈、胡双宝、张猛主编《中国汉字文化大观》，北京
大学出版社 1995 年版，第 355 页。

郑玄注："缫有五采文，所以荐玉。"贾公彦疏："就，成也。是采色成者也。"① 五采、采色，现在写成了五彩、彩色。到了汉代，采字仍用为彩色的"彩"。《汉书·货殖列传》："文采千匹。"注曰："帛之有色者曰采。"彩帛的"采"，后世又写作"綵"，音义其实还是一样的。

　　大概到了两晋、南北朝时期，人们便在"采"字的基础上，加上了表示文饰意味的"彡"，用来专门表示色彩，这一创造成功地将"采"的动词性质意义和名词性质意义区分了开来，有利于汉字的运用和推广，特别值得肯定。当然，古人也曾在"采"字前面加上提手旁写作"採"，用"採"表示采摘，用"采"表示色采（彩）、精采（彩）。

　　甲骨文字学家姚孝遂氏，曾经对李孝定氏"采树叶"的说法予以批驳。姚氏说："李孝定以为采孚'其所取者当为较小谷粒，或较柔之树叶……若较大之果实，则无由捋取之矣。'李氏以段玉裁之说'失之于泥'，实则李氏之说尤为拘泥。如李氏之言，则取禾（计按，即穗字）之谷必以五指孚，果实则不得以五指孚，断无是理。且卜辞'采'字或从'果'，采取之义益显，非从枼。"② 我们认为，甲骨文"采"字强调的是"选取"，并不像李孝定氏所讲的专指用五指捋取，从这一点而言，姚孝遂氏对李氏的批驳是正确的。但"采"是"枼"字的初文，即后世"葉"（叶）字的初文，裘锡圭氏以"采"为"葉"字初文的观点至确无疑。分析可知，"采"是表示用手选取少量的植物叶子，李孝定氏推测"其所取者当为较小之谷粒，或较柔之树叶"，这是与"采"字的初义较为切近的。姚氏以为"采"即后世之"果"字，并以此为据来驳斥李氏的分析，似有未安。

　　主流观点及点评：

　　1. 许慎《说文·木部》："采，捋取也。从木，从爪。"段玉裁《说文解字注》："《大雅》曰：'捋采其刘，'《周南·芣苢》传曰：'采，取也。'又曰：'捋，取也。是采、捋同训也。'"徐灏《说文解字注笺》："木成华实，人所采取，故从木从爪。"

　　点评：三家所释近是。捋，普通话读"lǚ"，会同话读"luè"（与略为同一音系），其本字即"孚"，捋是孚的后起形声字。许慎《说文·手

　　① 《周礼注疏》中卷，上海古籍出版社 2010 年版，第 765—766 页。
　　② 于省吾主编：《甲骨文字诂林》第二册，中华书局 1996 年版，第 1369 页"姚氏按语"。

部》："捋，取易也。"《广韵·末韵》："捋，手捋也，取也。或作寽。"
在会同话里，"捋"是指用手指顺着物体抹过去，并将附着在物体上的东
西去掉的动作。黄侃《蕲春语》："今吾乡谓以五指持物摩上下曰捋。"所
讲正与会同话里的"捋"字之意义一致。如用手指择除芹菜、豆秸等的
叶子，采集猪草的嫩叶等，会同话即常常用"捋"字来表述。从这一行
为应用的对象可知，"捋"表现的特点是"简单"、"粗略"，与表示精心
选取的"采"是有明显区别的。所以，虽然我们认为许氏、段氏的释义
有些接近，但这一无视行为特点差异的训释方法，害处是毋庸置疑的。

我们推测，随着汉语语义和双音节语词不断发展、丰富，古人于是在
原有象事字的基础上构作了一些形声字，用于特指从原有象事字分化出来
的特定对象。如精心选取少量的植物叶子制作的染料被称为"彩"，选取
少量的植物根茎叶制作的食物则被称为"菜"，而古代供卿大夫选取财货
的小块封地则被称作"埰"（也写作寀）。又如选取植物子实用于继续繁
殖的少量种子被称为"才"，而选取可以制作器具、房屋等的少量木料则
被称为"材"，选取可以用于交易的财货谷米则被称为"财"等。

2.《汉语大字典》："采，cǎi。摘取；采择，选取；采集，搜集；开
采；取得，获取；采纳，采用。彩色；彩色的丝织品；文彩；光彩；饰，
文过其实；神色，神态；赌博时博具呈现的花色；彩头，赌注；旧指
好运。"

点评：上面所引，是我们对《汉语大字典》所释义项摘引的主要内
容。这些内容可以分为两大部分：一是与动词"选取"有关的；二是与
名词"色彩"有关的。我们认为，《汉语大字典》所释的有些义项显得繁
琐和重复了。当"采"作为动词时，其内在的意义就是"选取"，当
"采"（彩）作为名词时，其意义就是指色彩，以及用色彩当或点缀制作
的物品。"文采"（文彩）、"精采"（精彩）、"光彩"，都是"彩"的比
喻义，"神采"，其实就是指脸部的神态色彩（俗语称气色）。

音本义、形本义概括：

采，本来是指人们选取比较稀少的能够制作染料的植物叶子之行为。
后来，用于泛指选取稀有事物的一切行为，如"采矿"、"采石"、"采样
本"、"采药"等。

彩（本字写作"采"），是指通过选取得到的用来制染料的稀有植物
叶子汁液。后泛指一切像染料一样的艳丽色彩。

寀（本字也写作"采"），古代是指专供卿大夫选取财货的小块（稀

少）封地。

三　材

读音分析：

材，是才的后起形声字。普通话读为"cái"，会同话读为"câi"。

形体分析：

材字，《睡虎地秦简》写作"材"、"材"等形，字从"木"、从
"才"构作，《说文》小篆写作"材"形，其形体与《睡虎地秦简》中
"材"字的形体基本一致。这一形体不见于甲骨文、金文，属于"才"的
后起形声字。清代徐灏《说文解字注笺·才部》："才、材古今字。因才
为才能所传，故又加木作材也。"

我们在前面的"才"字一节已经分析过，"才"读为"cái"时，是
指经过精心选取的优质植物种子。因此，"才"字可以引申出"最有用
的"、"最优良的"等含义，这一意义即体现在"才能"、"才干"、"才
华"等词语当中。在上古时代，只有"才"字而无"材"字，当"才"
字被专用于表述优秀有用之人才时，因而又加"木"旁造出一个"材"
字，用来表示"才"字的"种子"之义，以及其他一切优良有用的事物。
《周礼·地官·委人》："掌敛野之赋敛，薪刍，凡疏材木材，凡畜聚之
物。"郑玄注："凡疏材，草木有实者也。"贾公彦疏："疏是草之实，材
是木之实。故郑并言之。"《周礼》句中的"疏"，即今天的"蔬"字，
"畜"即今天的"蓄"字。疏材，即草本植物的种子；木材，即木本植物
的种子，贾公彦氏不详加审察，所释不太正确。分析可知，这里的"材"
字，即用了其本字"才"的"种子"之本义。《周礼·天官·大宰》：
"五曰百工，饬化八材。"郑玄注："八材：珠曰切，象曰磋，玉曰琢，石
曰磨，木曰刻，金曰镂，革曰剥，羽曰析。"段玉裁《说文解字注·木
部》："材，引申之义，凡可见之具皆曰材。"此处的"材"字，即泛指一
切优良有用的事物。

材字从"木"、从"才"。从汉字形义学的原则来看，字从"木"，
本来表示其意义主要和"木"有关，但因为它的本字是"才"字，其加
木旁作"材"，是为了表述"才"的种子之义及"才"的引申意义，所
以，"材"字并不仅仅专指优良有用的木，而是被用于泛指一切优良有用
的事物。《史晨飨孔庙碑》："还所敛民钱材。"材即被用于指财物。

主流观点及点评：

1. 许慎《说文·木部》："材，木梃也。从木，才声。"徐锴《说文系传》："木之劲直堪入于用者。"《正字通·木部》："材，木质干也。其入于用者曰材。"《辞海》："材，cái。①木料。②原料；材料。③果实。④通'才'。资质；才能。⑤棺材的简称。⑥通'裁'。裁处，安排。"

点评：各家因为没有弄清楚"材"字的源流关系，所以，所释都不十分正确。

梃，读作"tǐng"。朱骏声《说文通训定声》："竹曰竿，草曰莛，木曰梃。"王筠《说文句读》："梃，下文'材，梃也'，《竹部》'竿，竹梃也'，但指其干，不兼枝叶而言，今犹有此语。"许慎将"材"释为木干，非本义。木干是树木中最有用的，它符合"材"的标准，可以称为"材"。但"材"的本字为"才"，其本义仍应该是植物的种子。

《辞海》所释虽然基本上包括了"材"字的主要信息，但显得比较含混，加上弄不清楚"才"、"材"两字的关系，因此作出了本末倒置的训释。作为专业性很强的辞书而言，这些错误好像有点低级了。

依照一般辞书的体例，"材"字可以这样解释："材，cái。①本字为'才'，初指选取用于做种子的植物果实。②泛指一切优良可用的事物。如木材，石材、人才。"

2. 顾建平《汉字图解字典》："材，会意字。从木，表示材是木料；从才，才有才干、有用义，表示材是有用的木料；才（cái）兼表声。本义是木料。"[①]

点评：顾建平先生也不知道"才"、"材"两个字的源流关系，所释承沿了许慎《说文》的错误。材的本义绝不能说是"木料"。

3. 王力等编，蒋绍愚等增订《古汉语常用字字典》："材，cái。①木材，木料。②通'才'。才能。③通'裁'。成，成就。"[②]

点评：王氏、蒋氏等也未清楚"才"、"材"两个字的源流关系，认为材的本义为"木材，木料"，也是囿于许氏认识的藩篱之中，并误。

我们认为，治中国文字学，必须精研甲骨文、金文，必须科学理解汉字形义结合的原理，必须以汉语音本义原理为中国文字学的指导纲领。

音本义、形本义概括：

---

① 顾建平：《汉字图解字典》，东方出版中心 2008 年版，第 809 页。
② 王力等编，蒋绍愚等增订：《古汉语常用字字典》，商务印书馆 2007 年版，第 31 页。

材，本义指选取用于做种子的少量植物果实。后来引申泛指一切优良有用的事物。

四　财

读音分析：

财，普通话读为"cái"，会同话读为"câi"。两者属于同一音系。

形体分析：

财字，《说文》小篆写作"財"，字从"贝"、从"才"构作。此形体不见于甲骨文、金文，属于后起的形声兼象事结构的文字。"贝"在夏商周时期，被长时间用做流通的货币，因而，从"贝"（会同话读 bì）构造的字，一般都与财物货币相关；"才"，是指选取做种子用的植物果实，因为它们是所有果实中最优良的，最有用的，所以，"才"字可以引申出优良有用的含义。分析可知，从汉字形义学的原理看，"财"，就是指被选取用于交易的财货谷米等物。

《周礼·天官·大宰》："以九赋敛财贿。"郑玄注："财，泉谷也。"《礼记·檀弓》郑玄注："古者谓钱曰泉。"由于钱、泉二字在商周时代同音（计按，现在的会同话中"钱"、"泉"仍然同音），而"泉"又有源源不断、流布广远的特点，于是周代逐渐用"泉"代替了"钱"字。郑玄所讲的"泉谷"，即"钱财谷米"的意思，与"财"字的形义正好吻合。孙诒让《周礼正义》："诒让案：《荀子·富国篇》杨注云：'粟米布帛曰财。'依郑前注说，则布帛为贿，此财贿并言，则财中不含布帛，对文则异也。但郑意此赋为口泉（钱），则以泉为主，其无泉者，则入谷及布帛以当泉。"[①] 从孙诒让氏的论述可知，粟米、布帛、泉（钱）都属于"财"的范畴，仍与"财"字的形义非常切合。

主流观点及点评：

1. 许慎《说文·贝部》："财，谓食谷也，货也，赂也。"《汉语大字典》："财，cái。物资和货币的总称。"

点评：各家所释都较正确。财字从"贝"、从"才"、"才"亦声，属于形声兼象事结构的文字，"贝"偏重于指货币类事物，"才"偏重于指植物果实类物资，属于并列结构的汉字。许氏"从贝，才声"的解说

---

① 孙诒让：《周礼正义》卷三，中华书局 1996 年版，第 92 页。

是不太确切的。相对而言,《玉篇》、《汉语大字典》释义最为切近"财"字形体所体现出来的含义。

2. 顾建平《汉字图解字典》:"财,cái。形声字。貝(贝)表意,古代曾用贝壳作货币;才(cái)表声,才有才干、有用义,表示钱和物资都是有用的。形旁简化。本义为财物。"①

点评:顾建平先生此释有两个不足之处。其一,从汉字构字法而言,"财"应该属于"从贝、从才,才亦声"的象事兼形声字。顾先生认为"财"是形声字,认识存在误区;其二,"才"作为构字部件,确实有提示"才干、有用"的功能,但"财"中的"才"字,仍然是直接与它的本义相关,即泛指可食用的植物果实,如谷、粟、米等。

3. 李程《汉字字源与字根》:"财,由'贝'和'才'构成。'才'字表示挡住了敌人的进攻,整个字意思是保住了贝。保住了贝,贝属于自己表示财产、金钱和物资等。"②

点评:李程先生此释,完全脱离了汉字音、形、义组合的原理,可算荒诞不经之说解。

李先生此误,关键是对甲骨文"ψ"(才)字的认识出现了偏差所致。他在分析"才"字时说:"甲骨文'才'字是阻击敌军的示意图,其中的一竖表示敌军进攻路线,一横表示自己的防线,交叉之处的图形表示被挡住的敌军。把敌军挡住了说明将士们是有才能的,由此产生才能的含义。以后字形是其变体。"③ 李先生对"才"字的解说完全是凭空臆测之辞,大误。如依李先生所释,则"ψ"中的竖线直接刺穿了自己的防线"一",那么谁才是真正有"才能"的一方呢?我们多次强调过,欲治中国文字学的学者,必须深研甲骨文、金文,必须科学理解和分析汉字形义结合的原理、规则,必须用汉语音本义原理作为指导分析汉字音形义的纲领。李程先生这种脱离汉字音形义组合原理的解说,对汉语汉字的推广、发展是有极大危害的。

音本义、形本义概括:

财,最初是指人们精心选取用于交易的财货谷米等物。现在则常常被用于专指钱财类事物。

---

① 顾建平:《汉字图解字典》,东方出版中心 2008 年版,第 895 页。
② 李程:《汉字字源与字根》,东方出版中心 2008 年版,第 226 页。
③ 李程:《汉字字源与字根》,东方出版中心 2008 年版,第 225 页。

五 菜

读音分析：

菜，普通话、会同话都读为“cài”。两者读音完全相同。

形体分析：

菜字，《说文》小篆写作“菜”，字从“艸”（草字头）、从“采”构作。此形体不见于甲骨文、金文，属于后起形声兼象事结构的文字。段玉裁《说文解字注》：“此举形声包会意，古多以采为菜。”段氏的解释非常正确。

菜字从“艸”，表示此字的字义大多和草本植物相关；字从“采”得声，则着重强调“精心选取”和“少量”的特点。自然界草本植物品种繁多，然而可食用者却较为稀少，有些甚至含有毒素，对人体危害很大，所以，今天可食用的草本植物或其果实——菜，的确是上古先民精心选取的结果。

《尔雅·释天》：“蔬不熟谓之馑。”郭璞注：“凡草菜可食者通名为蔬。”《国语·鲁语上》：“烈山氏之有天下也，其子曰柱，能殖百谷百蔬。”韦昭注：“草实曰蔬。”徐铉《说文新附》：“蔬，菜也。”《小尔雅·广物》：“菜谓之蔬。”蔬即菜之异名，两者是从不同的角度来给“可食之草实”取名的。蔬是疏的后起形声字，秦汉以前只写作为“疏”，强调的是粗疏的特点；菜是采的后起形声字，强调的是精心选取的特点。王宁先生说：“‘疏’当‘粗’讲，本来用来说明不精致，不讲究的饭食。《论语·述而》：‘饭疏食饮水。’孔注：‘疏食，菜食。’《诗经·召旻》：‘彼疏斯稗’，郑玄笺：‘疏，粗也，谓粝米也。’可见这个字先用着指粗食。在古代的食物里，菜是粗食，所以，‘疏’后来专门指菜，加草头儿以作专称。《论语》三言‘疏食’，陆德明《经典释文》都说‘疏’在另一些本子里也可写作‘蔬’。直至今天，由植物茎叶取来食用的，都称‘蔬菜’。”[①] 王氏对“蔬”字源流的解说十分正确。王氏此说可证，“蔬”，的确是侧重于强调它的粗疏的特点。

主流观点及点评：

1. 许慎《说文·艸部》：“菜，草之可食者。从艸、采声。”段玉裁

---

① 王宁：《汉字与烹食文化》，何九盈、胡双宝、张猛主编《中国汉字文化大观》，北京大学出版社 1995 年版，第 286 页。

《说文解字注》：“此举形声包会意，古多以采为菜。”《小尔雅·广物》：“菜谓之蔬。”马叙伦《说文解字六书疏证》卷二：“伦按，《尔雅》释菜谓之蔬，本书无蔬，菜即蔬也。今言蔬菜者，乃草类可食者之总名，非一草之可食者。”①

　　点评：上引各家所释都较正确。但其不足之处，就是没有能够用汉语音本义原理来揭示“菜”字得名的缘由。

　　人类在较早期的阶段，获取食物最原始的手段主要就是依靠采集。从古代文献和民族学资料可知，原始人类采集食物的对象，是以各种野果和植物的根茎为主的。《礼记·礼运篇》说：“未有火化，食草木之实。”《韩非子·五蠹》也记载：“民食果蓏（luǒ）蚌蛤。”这些记载都是对原始人类采集生活的真实反映。许顺湛先生介绍说：远古的人们在若干万年的采集活动中，取得了丰富的经验，同时，也经受了沉痛的教训。丛林中到处有野果，一望无际的原野遍地都有植物的籽粒和根茎。哪一种可以作为人们的食物，哪一种会毒害人们引起疾病和死亡，起初，人们是茫然无知的，在采集食物过程中不进行尝试是无法确定采认的对象的。但是在这种尝试选择中，中毒和死亡的人是不会少的，正如《淮南子·修务训》中说的“‘神农……尝百草之味，水泉之甘苦，令民知所避就。当此之时，一日而遇七十毒。’我们的祖先就是在这样血的教训中，渐渐地聪明起来了，把教训转化为经验，认识了可食的对象，逐步丰富了可食的品种，为子孙后代认识有益的食物不致中毒受害打下了基础。”“最初的农作物品种，基本上都是从当野生植物中选择培育出来的。”“原始社会农业生产除了播种谷物之外，仰韶时期的人们还懂得蔬菜的栽培。西安半坡村落遗址中，发现在一个小陶罐里，存放有白菜或芥菜之类的种子，这是准备下次播种蔬菜的种子，可能是主人遭到突然的事变而离开这里，蔬菜籽便在这个废墟里埋藏了六千多年。”② 从许顺湛先生的介绍可知，其一，我国培育蔬菜的历史相当悠久，至少已有六千多年了；其二，在远古时代，我们的祖先曾经用漫长的时间，对野生植物的种类、习性进行了很深入的了解和认识；其三，蔬菜是古人类精心选择的结果，先民甚至为此付出了血的代价，传说中的“神农尝百草”，是一种精心选取，“令民知所避就”，则更是这种精心选取所获得的成果的普及。概而言之，菜，就是

---

① 转引自李圃主编《古文字诂林》第一册，上海教育出版社 1999 年版，第 503 页。
② 许顺湛：《中原远古文化》，河南人民出版社 1983 年版，第 248—253 页。

古人精心选取的可食用的草本植物或其果实。

音本义、形本义概括：

菜，是指通过精心选取的可以为人类食用的草本植物或其果实。

六　踩（跴）

读音分析：

踩，普通话读为"cǎi"，会同话都读为 câ。两者读音基本相同。

形体分析：

踩字，其异体写作"跴"，许慎《说文解字》没有收录，徐铉《说文新附》也无此字，可见这是一个新造的形声兼象事结构的字。踩字从"足"，义与足部的结构或动作有关；字从"采"得声，表明它的意义应该具有"选取"的特点。

"踩"字在口语中运用极为频繁。使用率如此之高，但为何产生的时间却这样晚呢？这一问题尚待进一步详加考证。

我们认为，"踩"这一动作的命名，应该源自原始采集时代先民长期食用龟、蚌、蛤、鳝、鳅等水产动物的经历。《韩非子·五蠹》说上古之民"食果蓏蚌蛤"，《周礼·天官·鳖人》也记载："鳖人掌取互物，以时籍鱼鳖龟蜃凡狸（mái）物。春献鳖蜃，秋献龟鱼，祭祀共蠯蠃蚳，以授醢人。"蜃字甲骨文写作"𨸏"、"𠙴"等形，即后世通常所讲的"蚌蛤"。龟鳖、蚌蛤、鱼鳅、黄鳝等水产物，因为它们经常埋藏在烂泥之中，所以又被统称作"狸物"。有过抓取这些动物经历的人都知道，在不借助其他工具时，要想得到这些动物，首先就是要靠双脚在泥中踩踏、选取，当感觉到所"踩"的东西是蚌、鳖类动物后，再用手去泥中抓取。在远古时代，因为条件所限制，先民们最容易获取的水产物，大多就是泥沼中的龟鳖、蚌蛤、鱼鳅、黄鳝等，这一情况，被大量出土的贝丘遗址所证实。2004年3月，湖南洪江发现距今7800—5300年的高庙文化遗址。据湖南考古研究所研究室主任贺刚先生介绍，其显著特点是遗址的文化层由大量的螺、贝、蚌和鱼刺、兽骨堆积而成，在有些地方，其堆积厚度甚至高达7米。另外，中国早年发现的贝丘遗址，还有广东龙一村贝丘遗址，距今约5000年；辽宁大连市小珠山贝丘遗址，距今也为5000年；江西洋坪贝丘遗址，距今约4000年；江苏邳州市距山贝兵遗址，距今也有4000年左右；海南省东方市新街贝丘遗址，面积巨大，约16000平方米，文化层中会有大量的螺壳、贝壳，属于新石器时代早期的文化遗存。这些贝丘遗址的发现，足以证明《韩非子·五蠹》说上古之民"食果蓏蚌蛤"的观点不是虚妄之言。当然，我们也可以由此推论，对于上古先民这一在漫长渔猎时期的经常性的行为，应该是有一个和它相对应的词语的。这个词语，最有可能就是"踩"。

商代甲骨文中有一字写作"𣥂"（《戬》三三·九），这一形体，与"𣥂"字所从的"𣥂"应当是同一字。赵诚先生指出："伏，甲骨文写作𣥂，或写作𣥂。均象矢箭射向人之形。本义似为人受外伤。卜辞用来表示急速、赶快之义。"[1] 从赵氏的说解可知，"𣥂"其实是一个强调了人的足部行为的字体。此字足部的"𠂊"，即后世的"屮"（手）字倒置转之形。这个字在金文中写作"𣥂"（𣫚钟）、"𣥂"（蔡太师鼎）、"𣥂"（蔡侯钟）等形。文字专家认为即"蔡"字的初文。我们认为，"𣥂"字明显是一个强调了人体的脚具有手的功能的字体，在金文中又可通假为"蔡"字，此字当即后世的"踩"字初文、本字。结合上一段的分析，"踩"，最初应当就是指先民用脚的触觉在泥中"选取"蚌贝龟鳖类动物的动作。

主流观点及点评：

《辞海》（1990 年版）："踩，cǎi。践踏。"《汉语大字典》："踩，cǎi。践踏。"

点评：两家所释近是，但没有抓住"cai"音音本义所强调的内在特点。因此解说非常不确切。

查《汉语大字典》足部所录汉字可知，训释为"践踏"之义的汉字，数量就不在少数。今摘要如下，供读者朋友参阅。

①《汉语大字典》："跍，kù。踏。《篇海类编·身体类·足部》：'跍踏也。'"

②《汉语大字典》："趷，chà。踏。《玉篇·足部》：'趷，趷踏也。'《篇海类编·身体类·足部》：'趷，踏也。'"

③《汉语大字典》："趵，fēn。躐，踏。"

④《汉语大字典》："踟，zhí。踏，踩。"

---

① 越诚：《甲骨虚词探索》，《古文字研究》第十五辑，中华书局 1994 年版，第 277 页。

⑤《汉语大字典》："跋，bá。踏，踩。"

⑥《汉语大字典》："牚，chéng。踏。《广雅·释诂二》：'牚，蹋也。'王念孙疏证：'牚，以足距也。'《集韵·养韵》：'牚，蹋也。'"

⑦《汉语大字典》："跌，diē。踩，用力踏地。"

⑧《汉语大字典》："跈，niǎn。蹈。《玉篇·足部》：'跈，蹈也。'"

⑨《汉语大字典》："跚，shān。方言。踩，践踏。"

⑩《汉语大字典》："跐，cǐ。践踏。《释名·释姿容》：'跐，弭也。足践之使弭服也。'《广雅·释诂一》：'跐，履也。'《广雅·释诂二》：'跐，踏也。'"

⑪《汉语大字典》："跸，bì。踢。《集韵·霁韵》：'跸，蹴也。'"

⑫《汉语大字典》："跧，quán。踹，踢。《说文·足部》：'跧，蹴也。'段玉裁注：'蹴，蹋也。'桂馥义证：'《一切经音义》十一引作'蹋也。'蹋鞠，即蹴鞠。"

⑬《汉语大字典》："跥，duò。顿足。"又跢字下："跢，duò。以足顿地。也作'跥'。"

⑭《汉语大字典》："踙，qiú。《集韵·尤韵》：'踙，蹋也。'"

⑮《汉语大字典》："踖，jí。践踏。《释名·释姿容》：'踖，藉也，以足藉也。'《广韵·昔韵》：'踖，践也。'"

⑯《汉语大字典》："践，jiàn。踩，践踏。"

⑰《汉语大字典》："踶，tī。践踏。《玉篇·足部》：'踶，踶踏，践也。'"

⑱《汉语大字典》："踔，chuō。践踏，踩。《说文》：'踔，踶也。'徐锴系传：'踶，亦当蹋意也。'段玉裁注：'许意踔与蹈义同。'"

⑲《汉语大字典》："踏，tà。踩，践踏。唐慧琳《一切经音义》卷三十六引《广雅》：'踏，践也。'"

⑳《汉语大字典》："踩，cǎi。践踏。"

㉑《汉语大字典》："踘，jū。蹋。《玉篇》：'踘，踘蹋也。'《集韵·屋韵》：'踘，踏也。'"

㉒《汉语大字典》："踤，zú。骇踏。"

㉓《汉语大字典》："踺，jiàn。践踏。"

㉔《汉语大字典》："踀，tú。践踏。"

㉕《汉语大字典》："蹀，dié。踏脚，蹈。踩，顿足。"

㉖《汉语大字典》："蹅，chá。踏。"又："蹅，chǎ。踏，踩。"二者很可能为一字异体。

㉗《汉语大字典》："踾，bì。踏。"

㉘《汉语大字典》："趆，dì。踢。《通俗文》云：小踢谓之趆。"又蹄字下："蹄，dì。踢。……陆德明释文：'蹄，趆也。本或作趆。'"

㉙《汉语大字典》："踹，chuài。踩，践踏。"

㉚《汉语大字典》："踵，zhǒng。蹑，踩。"

㉛《汉语大字典》："蹉，cuō。踩，踏。唐慧琳《一切经音义》卷十四：'蹉，字书：蹴也。'又卷八十三：'蹉，《考声》：蹋也。'"

㉜《汉语大字典》："蹓，qiū。蹴踏。"

㉝《汉语大字典》："蹂，róu。兽足践踏地面。"

㉞《汉语大字典》："蹋，tà。同'踏'。践踏；踩。《说文·足部》：'蹋，践也。'段玉裁注：'俗作踏。'"

㉟《汉语大字典》："蹈，dǎo。践踏。《说文·足部》：'蹈，践也。'《释名·释形体》：'蹈，道也，以足践之如道路也。'《六书故·人九》：'蹈，踏也。措足为蹈。'"

㊱《汉语大字典》："蹊，xī。践踏。"

㊲《汉语大字典》："蹍，niǎn（又读 zhán）。踩，踏。"

㊳《汉语大字典》："蹅，chōng。踏。《广雅·释诂二》：'蹅，蹋也。'"

㊴《汉语大字典》："蹰，chú。践踏貌。"

㊵《汉语大字典》："蹚，táng。同'踢'。行不正貌。又踩，踏。"

㊶《汉语大字典》："蹠，zhí。践踏。"

㊷《汉语大字典》："蹶，jué。踏，踩。踢。"

㊸《汉语大字典》："蹨，niǎn。践踏。"

㊹《汉语大字典》："蹴，cù。践踏，踩，踢"

㊺《汉语大字典》："蹬，dēng。同'登'。踩，踏。《广雅·释诂一》：'蹬，履也。'王念孙疏证：'登，蹬，声相近……今人犹谓足蹴物为蹬。'"

㊻《汉语大字典》："跋，bō。同'癹'。用脚踏草。"

㊼《汉语大字典》："蠋，zhú。踏踩，顿足。"

㊽《汉语大字典》："踈，lì。践踏。"

㊾《汉语大字典》："躔，chán。践，践履。"

㊿《汉语大字典》："躐，liè。践踏。"

(51)《汉语大字典》："蹑，niè。踩，踏。"

(52)《汉语大字典》："躏，lìn。践踏，蹂躏。"

(53)《汉语大字典》："躧，xǐ。踩，踏。"

(54)《汉语大字典》："躜，cuó。同'[illegible]'。踏。《广雅·释诂二》：'躜，蹋也。'王念孙疏证：'躜者，《玉篇》与[illegible]同，云蹋声也。'"

上引五十多个训释为"践踏"义的汉字，虽然有很大一部分可能是广大读者感到陌生的，但是，不管怎么样，这起码会给大家留下一个深刻印象——汉语同义词众多繁杂难于辨析。然而，如果依据汉语音本义原理、汉字形本义原理去辨析和训释，则就会避免出现上面这种含混繁杂的情况。因为在汉语音本义原理看来，这些包含有践踏义的汉字，它们所强调特点，其实是各有侧重、有着较为明显的区别的。

就拿"践"字举例说吧。践字从"足"、从"戋"构作，属于形声兼象事结构的文字。字从"足"，表示它的意义与足部的功能、结构或行为有关；字从"戋"得声，则说明它的意义包含了"小的"、"固定"的特点。许慎《说文·足部》："践，履也。从足，戋声。"段玉裁注："履之着地曰履。"邹晓丽氏认为："至于'履'，在西周铭文中与'步'同义，有丈量土地的意思。在先秦时是动词，当'践踏'讲。如《诗·大雅·生民》：'履帝武敏歆'（踏了天帝大足趾之迹而心中迅有所动）。"①许氏所释近是，但因未能结合汉语音本义原理、汉字形本义原理去分析训释，故而没有抓住"践"这种行为的特征，没有能够让学习者一看就

---

① 邹晓丽：《基础汉字形义释源》（修订本），中华书局2007年版，第76页。

明白。

汉语音本义原理认为，"jian"音的音本义主要包含了"固定"、"小的"两个特点。如"简"字，最初是指被牛筋、绳线等固定在一起的小竹片。如"兼"字，金文写作"兼"形，像手指抓着两根小棍夹取（东西）之状，即会同话经常讲的"兼菜"（普通话称夹菜）的"兼"字，是指一种用两根小棍控制固定细小食物的动作。如"钳"字，会同话读作"jián"，是指一种将两根小铁棍固定在一起的夹取工具。如"剪"字，最初是指一种将两个小刀片固定在一起的裁剪工具。如"检"字，是指粘贴在书函外头起固定封口的封泥或封条类东西。如"见"字，甲骨文写作"见"，像一个突出了眼睛的跪坐之人形，应该是监督、监视之"监"的本字（计按：监字甲骨文写作"监"，金文写作"监"，像一人对着盛水的盆子照看面容之状，本义是照镜子），古代是指坐着看管（有固定不动之义）、监管力度小的监督行为。

从汉字形本义原理看，从"戋"构造的字大多都具有"小"的含义。宋代沈括《梦溪笔谈》卷十四就说："戋，小也，水之小曰浅，金之小曰钱，歹而小者曰残，贝小者曰贱，如此之类皆以'戋'为义也。"今人高亨在《周易·古经今注》一书中分析得更为详细，他说："从戋得声之字，多有少、小之义，誜（jiàn，巧言善辩）为小言，笺为小简，饯为小食，栈为小棚，钱为小物，醆（zhǎn，计按，现在写作盏）为小酒器，阪为小阜，帴（jiǎn）为小巾，线为细缕，贱为价少，浅为水少，俴（jiàn）亦训为浅，皆其例，则戋戋少貌，允（计按，果然、确实之义）矣。"根据上引文献资料，我们可以推论"践"字也应当具有"小的"特点。综合分析，"践"字，本义应该是指循着别人的足迹路线小心前行的行为。正因为如此，"践"字可以引申出"依循"、"遵守"等意义。《论语·先进篇》："子张问善人之道，子曰：'不践迹，亦不入于室。'"何晏集解："孔曰：'践，循也。'"现在大家熟悉的"践行"一语，即可以直译为"踩着（踏着）别人的足迹或规定的路线前行"。由此可知，过去简单的字义训释方法不仅枯燥乏味，模糊了字与字之间的意义界限，而且将一种生趣盎然、义界明显的文字，几乎快变成一种没有任何魅力和生命力的简笔画了。

通过以上分析，我们坚信，我们对"踩"字含义的推论是能够站得住脚的。

音本义、形本义概括：

踩，最初是指用脚在泥沼中有意识地选取有用食物的行为。后来，便用于泛指有意选取特定对象进行踩踏的行为。

七　睬（倸）

读音分析：

睬，普通话读为"cǎi"，会同话读为"cɑi"。两者读音基本相同。

形体分析：

睬字，许慎《说文解字》、徐铉《说文新附》皆不收录，直到《字汇补》问世以后，此字才见于字书，由此可知，它属于后世新造的形声兼象事结构的文字。

睬字从"目"，表示此字意义与眼睛有关；字从"采"得声，说明此字之字义应该具有"有意选取"的特点。其异体写作"倸"。

主流观点：

1.《字汇补·目部》："睬，俗言偢睬，填词家多用此字。"《辞海》（1990年版）："睬，cǎi。理会。"《汉语大字典·目部》："睬，cǎi。理会，答理。"

点评：《字汇补》所讲的"偢睬"，又可写为"瞅睬"、"偢倸"，有顾视、理睬的意思。三家所释都较正确。

对"睬"字的形体及意义，李程先生有过很精确的分析，他说："睬，由'目'和'采'构成。'采'字有选取的含义，整个字的意思是眼睛选取的目标，由此产生注意的含义。"[1] 李程先生对汉字的析形释义，虽然多次受到我们的质疑和批驳，但李先生此次所释，无疑是正确的。

2. 顾建平《汉字图解字典》："睬，cǎi。形声字。目表意，其古文字的形体像眼睛，表示有所关注；采（cǎi）表声，采有选取义，表示被选取才会理会、答理。本义是理会、答理。"[2]

点评：顾先生此释，将睬字形体结合的方式弄反了，"采"在此表示主动选取，而不是表示被动选取。用眼睛有意选取一个理会的对象（人），表示对他（她）有所注意，这才是此处"理会"、"答理"的真正含义。理会、答理他人，可以通过语言、眼睛或其他身体动作，但一般而

---

[1] 李程：《汉字字源与字根》，东方出版中心2008年版，第6页。
[2] 顾建平：《汉字图解字典》，东方出版中心2008年版，第489页。

言，眼睛是心灵的窗户，眼睛的行为是最能表达人们内心最真实的想法的，所以，作为"理会"意义来讲的"睬"，最后选择了从"目"构作。

音本义、形本义概括：

睬，是指用眼睛有意选取一个对象（人）的行为，表示对他（她）有所注意。

八　蔡

读音分析：

蔡，普通话、会同话都读为"cài"，两者读音完全相同。

形体分析：

蔡字，其形体演变的程度很大。据智龛先生在《蔡公子果戈》一文中介绍，存世的蔡公子果戈共有三具，"三戈的蔡字均作六，这是蔡字的正体；传世蔡器铭文大都作六，魏三体石经古文蔡作六，这是蔡字的简体。其简化的形迹是：六—六—六。"[1] 从智龛先生的介绍可知，蔡字的早期形体，其实就是我们所认为的"睬"字之初文（详见"睬"字一节分析），这应该属于同音通假的现象。

另外，高明《古文字类编》中收录有"蔡"字甲骨文、金文的形体。其甲骨文写作"六"、"六"等形，金文写作"六"、"六"、"六"（春秋蔡侯产剑）等形[2]。这些形体基本上都强调了用脚选取、踩踏的动作，尤其是春秋时期蔡侯产剑中的"六"形，很像一只鸡用爪子选取食物之状。大家知道，鸡是最喜欢用爪子在松土层、浅草丛中扒取食物的，蔡字的这一形体，更加可以佐证我们对"睬"（六）字推论的正确性。

蔡字《说文》小篆写作"蔡"形，字从"艸"（草）、从"祭"，已从早期通假"六"（睬）字的情况中脱离了出来，变为许慎《说文》中"从艸、祭声"的形声字了。

许慎《说文·丰部》："丰，草蔡也。象草生之散乱也。"段玉裁《说文解字注》："蔡，草丰也。"顾野王《玉篇·艸部》："蔡，草芥也。"丰、芥两字普通话读为"jiè"，会同话读为 gài，这与解、介、街等字会同话读为"gai"一音系情况相同。谷衍奎先生《汉字源流字典》从段玉

---

　　① 智龛：《蔡公子果戈》，《文物》1964 年第 7 期，转引自李圃主编《古文字诂林》第一册，上海教育出版社 1999 年版，第 503 页。

　　② 高明编：《古文字类编》，中华书局 1980 年版，第 305 页。

裁氏的观点，他说：《说文·艸部》："'蔡，草也。'从艸，祭声。'草也'当为'丯（割）草也。'本义为割草。"① 张舜徽先生《说文约注》也说："蔡之本义，当为芟草。说解原文当作'丯草也'。丯即割之初文，此与四篇'丯，蔡草也'义可互明。后人即误倒蔡篆下说解为'草丯也'，又以丯字久废不用，以芥易之。"② 陆宗达氏在《说文解字通论》中指出："从祭声的有'蔡'训草，此即治田拔除不尽的余草。"③ 我们认为，作为名词的"蔡"是指种上庄稼、蔬菜后的田地杂草，它们对农作物、蔬菜的生长有很大的破坏作用，因而需要用心选取、分割拔除（计按：庄稼、蔬菜和杂草同属草本植物，有些杂草和庄稼、蔬菜长得很像，因此，除草时必须用心选取）。根据名动相因的规律，这一在田地除草的行为，也被称作为了"蔡"，也即是"丯草"，丯草即为割草，丯有分割之义。会同话把专门从事将原木分割为木板的工匠称为"丯（gài）匠"（现在写作"镴匠"或"解匠"）。分割木板，称为"丯（gài）板子"，会同方言如此显著的存古特征，的确应该引起汉语语言文字学家足够的重视，因为它是研究上古汉语产生、发展最好的材料之一。分析可知，蔡字的形体意义，应该是需要通过细心选取的割除野草的行为。

过去，有一些文字学家认为"蔡"、"杀"同字或同音。胡吉宣先生说："杀之第三古文柔，与蔡之古文柔正合，盖为省形存声，以丯为杀也。……昔人仅知蔡杀同声通假，不知杀乃蔡得声义也。盖散乱之草须芟除，故耒从木推丯，害从宀下口从丯，㓞从刀从丯（均丯亦声），皆取其义也。草部'芟，刈草也，从艸殳'。案殳艸与父丯同意，芟杀亦一声之转，芟殆为杀之别构字与？"胡氏于古文字学似乎并未登堂入室，他认为"耒"字从"丯"构作，属于"从木推丯"的会意方式，大误，胡氏之说不足为据。国学大师商承祚氏认为："柔旧释㱾，于形不类。证以魏三体石经蔡之古文作𣏟，知上亦蔡字。又《说文》杀之古文一作柔，与此亦同。《左传·昭公元年》'杀管叔而蔡蔡叔'，释文曰：'上蔡字音素葛反，《说文》作𣏟。'正义曰：'《说文》𣏟为放散之义，故训为放𣏟，亦省作殺。《齐民要术》凡云殺米者，皆𣏟米也。《孟子》'杀三苗于三危。'

① 谷衍奎：《汉字源流字典》，华夏出版社 2003 年版，第 781 页。
② 转引自《汉语大字典》第六卷，四川出版集团、四川辞书出版社、湖北长江出版集团、崇文书局 2010 年版，第 3499 页。
③ 陆宗达：《说文解字通论》，北京出版社 1984 年版，第 200 页。

即㪔三苗也。又《书·禹贡》：'二百里蔡郑。'注云：'蔡之言杀，减杀其赋也。'皆可为古蔡杀同字之证，实则同音相假借也。"① 㪔读为 sà，又省写作殺，有"抛撒"、"流放"之义。因"殺"之初文写作"㪔"，古文写作"衮"，与"蔡"（踩）之甲骨文、金文"㝮"形体近似而常讹混，其实两字并非同音通假，也不是同字的关系。段玉裁《说文解字注·米部》㪔字下："㪔本谓散米，引申之凡放散皆曰㪔。（《左传·昭公元年》）字讹作蔡耳，亦省作殺，《齐民要术》凡云殺米者皆㪔米也。《孟子》曰：'殺三苗于三危。'即'㪔三苗'也。"段玉裁氏说殺字讹为蔡字，可知，段氏也发现了殺、蔡二上文形体相似的情况，独具卓识。

主流观点及点评：

1. 许慎《说文·艸部》："蔡，草也。从艸，祭声。"顾野王《玉篇·艸部》："蔡，草芥也。"段玉裁《说文解字注》："蔡，草丰也。"

点评：由宋代徐铉校定的《说文解字》这一训释，很可能有脱字的情况。顾野王《玉篇》"草芥也"，当即"草丰也"，芥、丰两字同音通假。

丰，普通话读为"jiè"，会同话读为"gài"。会同话中"丰"字有分割、割取之义，由此可知，"草丰也"即选取田地中特定的野草，然后加以拔除、分别的行为。

2. 《辞海》（1990 年版）："蔡，cài。①野草。②通'杀'。谓减杀。"

点评：《辞海》此释不确切。

根据前面的分析可知，蔡作为动词时，意指细心选取耕田菜地中特定的野草芟割。依照古汉语名动词相因的原理，则可以推论：作为名词的蔡，应该是指耕田菜地中需要芟割除掉的野草。另外，"蔡"、"杀"相通之观点有误，这其实是两字的古文形体因为形近而讹混造成的，段玉裁氏早已指出来了，此不赘言。

音本义、形本义概括：

蔡，作为动词时，指细心选取耕田菜地中的杂草进行芟除的行为。作为名词时，则指耕田菜地中需要通过细心选取予以芟除的杂草。

---

① 转引自李圃《古文字诂林》第一册，上海教育出版社 1999 年版，第 501 页。

九　裁

读音分析：

裁，普通话读为"cái"，会同话读为"cai"和"zai"两音。两者的读音基本相近。

我们认为，裁读为"cái"，则是强调选取适应的尺寸、样式而言的，而读"zái"时，则侧重于改变了布帛原有状态形状而言的。凡是改变原有状态、形状的行为、事物，都可读为"zai"音系。正因为这样，一些"zai"音之字，由此可以引申出"初始"的意义。如"才"（古代与"在"通假），是指种子破壳发芽生根，有"初始"义；如"菑"，《诗·大雅·生民》："无菑无害"，菑与灾同音通假，菑可读为 zǎi，《尔雅·释地》："田一岁曰菑。"菑是指初耕的田地，即通过开荒刚刚获取的耕地，有"初始"义，菑后来读为"zi"，这种变读，可能与会同话中的"仔"（zai，也写作"崽"）与"子"义同音异的现象有一定关系；又如"斋"，本来是指古人在重大祭祀活动前改变原有饮食状态的行为，因为是在祭祀活动的最前面，其实也可以引申出"初始"之义；又如当年岁讲的"载"，载作为"年"、"岁"来讲时，实际就是"才"（在）字的假借，"才"（在）指种子发芽生根，而植物的种子发芽是一年一次的。以植物长出新生的叶芽为一年之始，是古代对时间的一种朴素的认识。刘熙《释名·释天》："载，生物也。"《法言·五百》："月末望则载魄于西，既望则终魄于东。"李轨注："载，始也。"《广韵·代韵》也说："载，始也。"其实，作为"初始"、"年岁"意义讲的"载"，正是"才"（在）字的假借，甲骨文中有时写作"才"　（哉）。段玉裁《说文解字注》："裁，衣之始也。"作为制衣"初始"义讲的"裁"，可以有"zái"一音读。"裁"从"找"得音，从"找"为声符构造字，基本上都读为"zai"一音系，此也可以佐证，"裁"也应当有"zái"一音读（截字会同话就读 zái 音，如"把木头截断"，截字即读为 zai）。

形体分析：

裁字，《说文》小篆写作"裁"，字从"找"（今省写作找）、从"衣"构作。此形体不见于甲骨文、金文，属于后起的形声兼象事结构的文字。

"裁"字已见于甲骨文，写作"𢦏"、"𢦏"等形，字从"中"（才）、从"𠂤"（戈）构作，读为"zāi"。许慎《说文·戈部》："𢦏，伤也。从才、才声。"段玉裁注："谓受刃也，"许、段二氏所释比较正确。在商代甲骨文里，"𢦏"字主要指兵器伤灾和战争灾难，和"𒀝"、"𒀝"（水灾）、"𒀝"（火烧伤之灾）、"𒀝"（火灾）同为"灾"字的早期形体，但形体强调各有侧重而已。"裁"字从"𢦏"，可知是侧重强调用刀刃改变（破坏）布帛的原有状貌而言的。由于男女身体有别，个人的身高有异，负责裁剪布料缝制衣物之工匠，不断体会到人的身体与衣服尺寸，个人喜好与衣服样式的紧密关系后，选取度量、样式的重要性日益突出，裁音便逐渐从"zai"演变为"cái"。

裁字从"衣"，表明此字字义与衣服相关；字从"𢦏"得声，表示其意义与用刀刃改变某一事物的状貌有关，现在读为"cái"。此字的字义，在今天强调了"选取"的特点，所以，俗语中就有"量体裁衣"的说法。为了有利于汉语的推广、发展，我们仍选取"cái"音为分析裁字音形义的主要依据。中国服饰文化源远流长，《淮南子》一书记载："伯余之初作衣也，緂麻索缕，手经指挂，其成犹网罗，后世为之机杼胜複，以便其用，而民得以掩形御寒。"传说"伯余"是黄帝时候的人物，据这一记载，那个时代的衣服制作，还只能算是纺织而不能说是剪裁。当新石器时代出现纺织物以后，通过简单剪裁、缝制的衣服便产生了。沈从文先生对云南沧源、甘肃黑山、靖远吴家川等处的古代崖画资料进行了认真研究，发现了一种带有普遍性的细腰状（𝄞）长衣。他说："这种服饰，在新石器时代出现纺织物以后，可能是逐步规范了的、普遍流行的一种衣服，而且在社会进程滞缓的民族中一直沿用未变。它是用两幅较窄的布，对折拼缝的，上部中间留口出首，两侧留口出臂。它无领无袖，缝纫简便，着后束腰，便于劳作（那种齐地不宜劳动的衣服，可能只有不劳而获的统治阶层出现以后才能产生）。这种服饰对纺织品的使用，可以说是非常充分而无丝毫浪费的，在原始社会物力维艰时代，这是一种最理想的服制。其名称应叫'贯头衣'。"① 沈氏所讲的这种"贯头衣"，应当就运用了最初级的"裁缝"方式。《周礼·天官·缝人》："掌王官之缝线之事，以役女

---

① 沈从文：《中国古代服饰研究》，上海世纪出版集团、上海书店出版社2005年版，第18—20页。

御，以缝王及后之衣服。"郑玄注："女御裁缝王及后之衣服，则为役助之。宫中余裁缝事则专为焉。"可证到了周代，剪裁缝纫之事，已经受到了社会的普遍重视了。

《淮南子·主术》："乃至乱主，取民，则不裁其力。"高诱注："裁，度。"《篇海类编·衣服类·衣部》："裁，裁度也。"《资治通鉴·汉光武帝建武二十八年》："单于前言：'先帝时所赐呼韩邪竽、瑟、空侯（计按，后世又写作为箜篌，一种乐器）皆败，愿服裁赐'。"胡三省注："裁，量也，量多少以赐也。"度量，就是人内心进行选择、权衡取舍，实际就含有"选取"之意。这一意义，就源于裁缝师傅在缝制衣服时，对服饰的尺寸、样式的选取、权衡。此即"裁"（cái）字的音义结合原理。

主流观点及点评：

许慎《说文·衣部》："裁，制衣也。从衣，𢦏声。"段玉裁《说文解字注》："裁者，衣之始也。"《尔雅·释言》："裁，节也。"郝懿行义疏："裁者，制也，有减损之义。"《汉语大字典》："裁，剪裁，用刀剪把纸或布割裂。"

点评：许氏、段氏、《汉语大字典》所释近于本义，《尔雅》及郝氏《尔雅义疏》所释为裁字的引申义。

裁，读为 cái，是指选取适宜的尺寸、样式后，用刀剪把布帛割裂的行为。唐代贺知章《咏柳》诗："不知细叶谁裁出，二月春风似剪刀。"诗句运用了生动的比喻手法，将柳叶细长的形状，诗意地展现在读者的想象之中。诗中的"裁"，即是剪裁之义。

因为"裁"的音本义强调了"选取"的特点，选取适宜尺寸、样式的过程，就是一个度量、斟酌、权衡的过程，所以，"裁"字可以引申出"度量"、"斟酌"一类的意义。《文心雕龙·章句》："裁章贵于顺序，斯固情趣之指归。"句中之"裁"，即为"度量"、"斟酌"、"权衡"之义。唐代韩愈《感春五首》之二："孤吟屡阕莫与和，寸恨至短谁能裁？"诗中的"裁"，仍然是"度量"、"斟酌"之义。现在常说的"裁决"、"裁断"，一些辞书将其简单地解释为"决定"，其实是不对的。"裁决"即"斟酌后决定"，"裁断"即"斟酌后断定。"

另外，因为"裁"又是一个去掉布帛多余部分的行为，所以，"裁"又可以引申出"裁减"、"裁削"、"节制"的意义。《尔雅·释言》："裁，节也。"郝懿行义疏："裁者，制也，有减损之义。"节制、制裁，都包含了减削、减损之义。

此外，"裁"还有"杀、自杀"的意义。我们认为，这个意义的裁字，应当读为"zái"，即是"戕"的通假字，"戕"是用刀兵器伤害、杀的意思，与"裁"这一意义正好完全符合。《汉书·贾宜传》："其有大罪者，闻命则北面再拜，跪而自裁。"颜师古注："裁，谓自刑杀也。"裁的刑杀义，从汉字形义学原理来看，是无由引申出来的，此义必定属于"戕"字的通假。戕的伤害、刑杀之义，由于"戕"字的逐渐退出，后来便一并归入到了"宰"字之中。

音本义、形本义概括：

裁，是指选取适宜尺寸、样式之后，用剪刀对布帛进行割裂的行为。

十　猜

读音分析：

猜，普通话读为"cāi"，会同话读为"cǎi"，两者读音基本相同。

形体分析：

猜字，《说文》小篆写作"猜"形，字从"犬"、从"青"构作。对于此字的形体组合，历来的文字学家，可能很少有兴趣去予以解析。因此，我们未能找到有关"猜"字形体分析的资料。"猜"这个形体，不见于甲骨文、金文，属于后起的象事字。

猜字所从的"青"，是此字最核心的构字部件。如果想真正领会古人制造"猜"字的意图，就必须弄清楚"青"字在构字时的功能意义。"青"字金文写作"𤯪"（吴方彝）、"𤯪"（墙盘）等形[1]，《睡虎地秦简》写作"青"、"青"等形，字从"生"（计按：生字初文，像刚生的小草形）、从"冃"构作。其中所从的"冃"，有些文字学家认为是"井"字，如林义光氏，林氏《文源》卷十一："（青）古作𤯪（静敦），作青（静彝并静字偏旁）。从生，草木之生其色青也，井声。"有些文字学家认为是"丹"字，如：戴侗"石之青绿者，从丹，生声"，王筠"青自是石多，《大荒西经》有白丹青丹，是青即丹之类，字盖从丹生声也"，

---

① 参见容庚《金文编》。

章炳麟"丹为赤石，青从丹生声"等，持此说者甚众。对于"㕯"这一形体，姚孝遂氏认为："按，《说文》：'丹，巴越之赤石也，象采丹井。·，丹形也。'此说非是。林义光《文源》谓：'㕯形近丼字，故从井之字，古或讹从丹。然丹字无作丼者。古丹沙以柝盛之。《庚嬴彝》云："'赐贝十朋又丹一柝'是也。柝者截竹以盛物，今乡俗犹常用之。㕯象柝，一丹在其中。"① 姚氏引林义光关于"丼"（井）、"㕯"（丹）两字的分析，论述较有说服力。但"青"字在金文中既有从"㕯"作的，也有从"丼"作的，到底哪一个形体是讹变了的呢？从"青"字音形义组合的原理看，我们认为，林义光氏"从生，草木之生其色青也"的观点，是比较符合"青"字创造的实际背景的。"青"字上部所从之"生"，表示刚长出的丛生之小草，从"丼"，表示生长在水源附近的新生小草，色泽清亮美丽，长势良好，即"青"字所要表达的意思。通俗地说，青，就是指光亮（或清亮）的绿色。

　　从"青"构造的字，大多有"清亮"、"精美"的含义，这就是"青"字的比喻用法。纪德裕先生说："形声字声符能表义，除'戋'之外，如青为精明之义。日之无障者为晴，水之无混浊者为清，目之能见者为睛，米之取粗皮者为精。"② 孔刃非先生也认为："形声字绝对不是为了'声'而声，其声旁不只是为了标音的，更重要的是为了进一步协助形旁表义。形旁只能限定字义的大致范围，只能表现其共性，精确的意义还要靠声旁来指示。例如：青——上部为草，下部为丹，本表草色之精美；清——氵+青；水之至纯；倩——亻+青，男人之美丽；精——米+青，米谷之精美。""汉字对难表之对象根据普遍联系的精神，用尽可能让识读者理解的'意象'来表现。例如，情——忄+青。青——生+丹。'青'乃青绿色之丹石，即青绿色之纯粹，是为草木之色，生命与生长的标志。'情'是一种富有生命精粹的心态。"③ 纪德裕先生论述较正确，孔刃非先生的分析虽有瑕疵，但大体上还是可取的。事实上，"晴"，是指清亮的天空状况；"清"，是指清亮的水流状况；"情"，是指爱憎清楚分明的内心感受；"请"，是指意思清楚明白的告谕言辞，《尔雅·释诂上》：

---

① 于省吾主编：《甲骨文字诂林》第四册，中华书局 1996 年版，第 2851 页"姚氏按语"。
② 纪德裕：《汉字拾趣》（修订版），复旦大学出版社 2002 年版，第 231 页。
③ 孔刃非：《汉字创造心理学》，线装书局 2008 年版，第 21、100 页。

"请，告也。"邢昺疏："请者，言告也。"《仪礼·乡射礼》："主人答，再拜，乃请。"郑玄注："请，告也，告宾以射事。"《礼记·投壶》："请宾曰：'顺投为入，比投不释……'"郑玄注："请，犹告也。"告宾以射事，就是将"射"的规则向来宾讲清楚明白，即今天所讲的"规则说明"，《礼记·投壶》中的"请宾"，就是将投壶的游戏规则向来宾说清楚明白；"睛"，是指清亮的瞳仁；"精"，是指清亮的米粒；"靓"（liàng），是指清亮美好的皮肤、服饰之颜色。诸如此类，莫不如是。由此可推，从"犬"从"青"构作的"猜"字，很可能是指狗对动物、食物气味极其清楚的辨别、选取行为。有这种能力的狗，在我们人类看来，就是一个多疑的、善于怀疑的狗，因而可以引申出怀疑的意义。

许慎《说文·犬部》："猜，恨也。"顾野王《玉篇·犬部》："悇，恨也。"《众经音义》卷十三："猜，今作悇。"《集韵·咍韵》："猜，《说文》：'恨，贼也'。或作悇。"引文献资料，可知"悇"是"猜"的异体字，"悇"字从"心"从"采"，从汉字形体学的规律来看，"悇"就包含有用心去辨别、选取的意思。这一字体，也可以从侧面证明我们对"猜"字形义分析的正确性。

主流观点及点评：

1. 扬雄《方言》卷十二："猜，恨也。"许慎《说文·犬部》："猜，恨贼也。"王筠《说文句读》："许君为恨不足尽猜之情，故申之以贼，为其必有所贼害也。"

点评：这里的"恨"字，是嫉恨的意思。猜字的这一含义，很难与它的形体挂上钩，也未能在现在的普通话、方言中找到实际运用的例子，杨氏、许氏此释，不知有何根据。对于这一训释，马叙伦氏曾予以了评议，马氏说："伦按，恨贼也当作恨也贼也。然似皆非本义，亦非本训。恨也者，盖借为忮，猜声耕类，忮耕对转也。本书：'忮，很也。'很盖恨之误。或借为悻，《心部》：'悻，恨也。'悻声亦耕类。贼也者，或借为残，猜音清组，残音从纽，同为舌尖前破裂摩擦音。本书：'残，贼也。'今言猜忌即猜忮。猜疑之字当为憯，憯音精纽，亦舌尖前破裂摩擦音，古或借慊为之，本书：'慊，疑也。'"[1] 忌与疾音义同，慊与嫌音义

---

① 马叙伦：《说文解字六书疏证》卷十九，转引自李辅主编《古文字诂林》第八册，上海教育出版社 2003 年版，第 584 页。

同，马氏从音转的角度分析，认为《说文》对"猜"的解释，"然似皆非本义，亦非本训"。我们虽然不赞同所谓音转的学说，但同意马氏对《说文》"猜"字训释的评论。

《礼记·坊记》："贵不慊于上。"注："慊，恨不满之貌。"释为"疑"的慊字，与《说文》释作"恨"的猜字，同样有相通之处。我们认为，"猜"字的"恨"义，很可能源于汉语词义感染或渗透现象。1984 年，伍铁平先生发表了《词义的感染》一文，文章将词义的感染分为三个类型：组合感染、聚合感染、组合关系和聚合关系同时起作用的感染。关于组合感染，他列举了"夏"和"言论"两词，他认为，"夏"表示"大屋"，是由于古有"夏屋"一词，"夏"感染了"屋"的意义导致的，而"言论"在特定时代里，曾经是指"右派言论。"[1] 1985 年，孙雍长先生在《中国语文》发表《古汉语的词义渗透》一文，他说："词义渗透是词义发展的必然现象，它有着不同词义引申的特点。""与引申不同，渗透则是在两个（甚至两个以上）语词之间所发生的意义流转变化，不与词的本义发生直接联系。"[2] 根据伍、孙二氏的观点，猜字的"恨"义，很可能就是由"猜忌"（猜嫉）一词中"忌"字的意义渗透流转而来。《说文·心部》："忌，憎恶也。"《诗·大雅·瞻卬》："舍尔介狄，维予胥忌。"毛传："忌，怨也。"憎、怨都有恨义。《说文》："嫉，妒也。"《广雅·释诂三》："嫉，贼也，恶也。"嫉、恶都有憎恨义。忌、嫉音义相同，实为一字异体之现象。分析可知，猜的"恨"义，应该是从"忌"（嫉）的恨义感染渗透所致。

2. 《广雅·释言》："猜，疑也。"《左传·昭公七年》："夫子从君，而守臣丧邑，虽吾子亦有猜焉。"杜预注："言季孙亦将疑我不忠。"《篇海类编·鸟兽类·犬部》："猜，测也。"《辞海》（1990 年版）："猜，cāi。①嫌疑；怀疑。②揣摩测度；猜测。"

点评：各家所释都较正确。我们认为，怀疑与猜测只是一个意义的不同表达而已，"怀疑"就是"猜测"。从两个词的实际运用情况看，两者完全可以互相置换。《辞海》将"猜忌"的猜字释为"猜疑"，不从前人解释为"恨"，我们认为这是很可取的。猜字的本义，应该是指狗通过辨

---

① 伍铁平：《词义的感染》，载《语文研究》1984 年第 3 期。
② 孙雍长：《古汉语的词义渗透》，载《中国语文》1985 年第 3 期。

识气味而清楚地选取未知的正确对象的行为，即大家常说的"猜测"。

王力等先生认为，在古代汉语中，猜字只当"怀疑"讲，不当"猜测"来讲[①]。我们认为，王氏的这一认识不确切。从汉语音本义的原理看，古汉语所谓"名"的确定，主要是以事物呈现的特点来命名的。一个事物有不同的特点，它就可以得出不同的名称。众多的事物拥有共同的一个特点，大家就用同一个音节来命名，但会用不同的音调来加以区分。单音节词是这种情况，那么由这类单音节词组合的双音节、多音节词，自然也就会出现这种"一物异名"的情况。"怀疑"与"猜测"，是一个意义的不同表达手法，两者实为一事也。

音本义、形本义概括：

猜，本来是指狗通过辨识气味而清楚地选取未知的正确对象的行为。后用于泛指人类在未知正确答案、结果前提下的用心选取的行为。

---

① 参见王力等编《古汉语常用字字典》，商务印书馆 2007 年版，第 31 页。

参考文献

《中国建筑史》编写组编撰：《中国建筑史》，中国建筑工业出版社1982年版。

［美］Harry Hoijer：《语言的起源》，载《国外语言学》1981年第2期。

［美］S. 南达：《文化人类学》，陕西人民教育出版社1987年版。

［瑞士］索绪尔：《普通语言学教程》，高名凯译，商务印书馆1982年版。

［英］李约瑟：《中国科学技术史·序言》，陆学善译，科学出版社2003年版。

安子介：《汉字科学的新发展》，香港瑞福有限公司1992年版。

陈建民：《中国语言和中国社会》，广东教育出版社1999年版。

白川静：《常用字解》，九州出版社2010年版。

白玉峥：《契文举例校读》，载《中国文字》第八卷第三十四册，台北艺文印书馆1967年版。

鲍厚星：《湘方言概要》，湖南师范大学出版社2006年版。

北京大学中文系主编：《语言学论丛》，商务印书馆1980年版。

蔡栋：《湖湘文化百家言》，湖南人民出版社2008年版。

蔡梦麒：《〈说文解字〉字音注释研究》（上、下册），齐鲁书社2007年版。

曹伯韩：《文字和文字学》，载《中国语文》1958年第6、第7期。

曾永英：《论〈说文注〉中的"之言"、"之为言"》，载《重庆大学学报》（社会科学版）2003年第6期。

曾昭聪：《形声字声符示源功能论述》，黄山书社2002年版。

常玉芝：《商代宗教祭祀》，中国社会科学出版社2010年版。

陈初生等：《商周古文字读本》，语文出版社 1989 年版。

陈鹤岁：《汉字中的古代建筑》，百花文艺出版社 2005 年版。

陈梦家：《中国文字学》，中华书局 2006 年版。

陈梦家：《殷墟卜辞综述》，科学出版社 1956 年版。

陈彭年：《巨宋广韵》，上海古籍出版社 1983 年版。

陈鹏：《中国婚姻史稿》，中华书局 1990 年版。

陈世辉、汤馀惠：《古文字学概要》，福建人民出版社 2011 年版。

陈涛、董治国：《学生常用汉字浅释》，天津人民出版社 1981 年版。

陈炜湛：《甲骨文同义词研究》，载《古文字学论集》（初编），香港中文大学中国文化研究所 1983 年版。

陈五云：《从新视角看汉字：俗文字学》，河南人民出版社 2000 年版。

陈宗明：《汉字符号学》，江苏教育出版社 2001 年版。

程俊英 译注：《诗经》（上、下册），上海古籍出版社 2006 年版。

崇冈：《汉语音韵学的回顾和前瞻》，《语文研究》1982 年第 2 期。

崔枢华：《汉字与贸易》，载何九盈等主编《中国汉字文化大观》，北京大学出版社 1995 年版。

崔枢华：《〈说文解字〉声训研究》，北京师范大学出版社 2000 年版。

戴家祥：《金文大字典》，学林出版社 1999 年版。

戴震：《戴震全集》（全五册），清华大学出版社 1991 年版。

丁绵孙：《中国古代天文历法基础知识》，天津古籍出版社 1989 年版。

丁山：《甲骨文所见氏族及其制变》，科学出版社 1956 年版。

丁山：《商周史料考证》，中华书局 1988 年版。

丁骕：《读契记》，载《中国文字》1985 年第 10 期。

董琨：《汉字发展史话》，商务印书馆 1991 年版。

段成式：《酉阳杂俎》，中华书局 1988 年版。

段玉裁：《说文解字注》，上海古籍出版社 1981 年版。

［俄］伊斯特林：《文字的产生和发展》，左少兴译，北京大学出版社 1987 年版。

方平权：《汉语词义探索》，岳麓书社 2006 年版。

方文惠：《英汉对比语言学》，福建人民出版社 1991 年版。

方有国：《上古汉语语法研究》，巴蜀书社 2002 年版。

冯德培、谈家桢、王鸣岐主编：《简明生物学词典》，上海辞书出版社 1983 年版。

冯耀堂：《安徽临泉出圭大化楚国铜贝》，《文物》1985 年第 5 期。

凤生阁：《卜筮易知》，兰州大学出版社 1995 年版。

高亨：《文字形义学概论》，山东人民出版社 1963 年版。

高亨：《周易·古经今注》（重订本），清华大学出版社 2010 年版。

高鸿缙：《中国字例·二篇》，载《古文字考释提要总览》第二册，上海人民教育出版社 2010 年版。

高名凯、石安石主编：《语言学概论》，北京师范大学出版社 1987 年版。

高明：《古文字类编》，中华书局 1980 年版。

高明：《中国古文字学通论》，北京大学出版社 1996 年版。

高明：《古文字的形旁及其形体演变》，载《古文字研究》第 4 辑，中华书局 1980 年版。

甘于恩、刘倩编：《七彩方言——方言与文化趣谈》，华南理工大学出版社 2003 年版。

葛本仪、曹正义：《汉语言文字学专题研究》，山东出版社 2008 年版。

宫长为、徐义华：《殷遗与殷鉴》，中国社会科学出版社 2011 年版。

谷衍奎：《汉字源流字典》，华夏出版社 2003 年版。

顾建平：《汉字图解字典》，东方出版中心 2008 年版。

顾野王：《宋本玉篇》，中国书店 1983 年版。

桂馥：《说文解字义证》，中华书局 1987 年版。

郭沫若：《古代文字之辩证的发展》，载《考古学报》1927 年第 1 期。

郭沫若：《殷周青铜器铭文研究》，人民出版社 1954 年版。

郭芹纳：《训诂学》，高等教育出版社 2005 年版。

郭绍虞：《照隅室语言文字论集》，上海古籍出版社 1985 年版。

韩江苏、江林昌：《〈殷本纪〉订补与商史人物徵》，中国社会科学出版社 2010 年版。

《汉语大字典》编辑委员会编：《汉语大字典》（第二版），四川辞书出版社、崇文书局 2010 年版。

何金松：《汉字形义考源》，武汉出版社 1996 年版。

何金松：《汉字文化解读》，湖北人民出版社 1996 年版。

何九盈、胡双宝、张猛：《中国汉字文化大观》，北京大学出版社 1995 年版。

何琳仪：《河南温县东周盟誓遗址一号坎发掘简报》，《文物》1983 年第 3 期。

何琳仪：《古玺杂识续》，《古文字研究》第 19 辑，中华书局 1992 年版。

何泽翰：《杨树达诞辰百周年纪念集》，湖南教育出版社 1985 年版。

河南省文物考古研究所编：《舞阳贾湖》，科学出版社 1999 年版。

贺刚、向开旺：《湖南黔阳高庙遗址发掘简报》，载《文物》2000 年第 4 期。

洪成玉：《古今字》，语文出版社 1995 年版。

洪迈：《容斋随笔》，岳麓书社 2006 年版。

侯精一主编：《现代汉语方言概论》，上海教育出版社 2002 年版。

胡楚生：《训诂学大纲》，台湾华正书局有限公司 1990 年版。

胡朴安：《中国训诂学史》，中国书店 1983 年版。

胡双宝：《汉语·汉字·汉文化》，北京大学出版社 1998 年版。

华南农学院《农史研究》编辑部：《农史研究》第三辑，农业出版社 1983 年版。

华夏出版社社会科学编辑室：《中外社会科学名著千种评要·语言学卷》，华夏出版社 1992 年版。

华学诚：《扬雄〈方言〉校释汇证》（上、下册），中华书局 2006 年版。

黄本骥：《历史职官表》，上海古籍出版社 1980 年版。

黄伯荣、廖序东主编：《辞海·语言文字分册》，上海辞书出版社 1978 年版。

黄德宽、陈秉新：《汉语文学学史》，安徽教育出版社 1990 年版。

黄怀信等：《逸周书汇校集注》，上海古籍出版社 1995 年版。

黄金贵：《古代文化词义集类辨考》（1、2、3 册），上海教育出版社 1995 年版。

黄金贵：《古汉语同义词辨释论》，上海古籍出版社 2002 年版。

黄晋书：《汉字字源篇》，学林出版社 2006 年版。

黄侃：《黄侃论学杂著》，上海古籍出版社 1980 年版。

黄侃：《说文笺识》，中华书局 2006 年版。

黄侃：《声韵略说·论字音之起源》，载《古汉语论集》第一辑，湖南教育出版社 1985 年版。

黄侃述、黄焯编：《文字声韵训诂笔记》，上海古籍出版社 1983 年版。

黄生撰、黄承吉合按：《字诂义府合按》，中华书局 1984 年版。

黄伟嘉、敖群编著：《汉字部首例解》，商务印书馆 2008 年版。

黄易青：《上古汉语同源词意义系统研究》，商务印书馆 2007 年版。

会同县人民政府编：《会同县地名录》1983 年 7 月。

慧琳：《一切经音义》，上海古籍出版社 1986 年版。

纪德裕：《汉字拾趣》，复旦大学出版社 2002 年版。

贾祖章、贾祖珊：《中国植物图鉴》，开明书店 1937 年版。

姜椿芳、梅益编辑：《中国大百科全书·语言文字卷》，中国大百科全书出版社 1988 年版。

姜亮夫：《汉文字结构的基本精神》，载《浙江学刊》1961 年第 1 期。

蒋伯潜：《十三经概论》，上海古籍出版社 1983 年版。

蒋礼鸿：《"雺"的语源记疑》，载《中国语文》1983 年第 6 期。

蒋善国：《汉字的组成和性质》，文字改革出版社 1960 年版。

蒋善国：《汉字学》，上海教育出版社 1987 年版。

蒋宗福：《四川方言词语考释》，巴蜀书社 2002 年版。

金理新：《上古汉语形态研究》，黄山书社 2006 年版。

孔刃非：《汉字创造心理学》，线装书局 2008 年版。

孔刃非：《汉字全息学》，华艺出版社 2005 年版。

李程：《汉字字源与字根》，东方出版中心 2008 年版。

李梵：《汉字的故事》，中国档案出版社 2001 年版。

李海霞：《汉语动物命名考释》，巴蜀书社 2005 年版。

李昆声：《云南文物古迹》，云南人民出版社 1984 年版。

李乐毅：《汉字演变五百例》（修订本），北京语言大学出版社 1992 年版

李林：《汉字与服饰》，载何九盈等主编《中国汉字文化大观》，北京大学出版社 1995 年版。

李敏生：《汉字哲学初探》，社会科学文献出版社 2000 年版。

李圃主编：《古文字诂林》第一册，上海教育出版社 1999 年版。

李圃主编：《古文字诂林》第二册，上海教育出版社 2000 年版。

李圃主编：《古文字诂林》第三册，上海教育出版社 2001 年版。

李圃主编：《古文字诂林》第四册，上海教育出版社 2001 年版。

李圃主编：《古文字诂林》第五册，上海教育出版社 2002 年版。

李圃主编：《古文字诂林》第六册，上海教育出版社 2003 年版。

李圃主编：《古文字诂林》第七册，上海教育出版社 2002 年版。

李圃主编：《古文字诂林》第八册，上海教育出版社 2003 年版。

李圃主编：《古文字诂林》第九册，上海教育出版社 2004 年版。

李圃主编：《古文字诂林》第十册，上海教育出版社 2004 年版。

李圃主编：《古文字诂林》第十一册，上海教育出版社 2004 年版。

李荣主编：《现代汉语方言大词典》，江苏教育出版社 2002 年版。

李时珍：《本草纲目》，人民卫生出版社 1982 年版。

李思维、王昌茂：《汉字形音学》，华中师范大学出版社 2000 年版。

李霞：《〈松峰说疫〉疫学思想及避瘟疫方药特点探析》，载《陕西中医》2009 年第 8 期。

李孝定：《甲骨文集释》，"中研院"历史语言研究所 1974 年版。

李孝定：《甲骨文字集释》，"中研院"历史语言研究所 1965 年版。

李学勤：《力、耒和踏锄》，载《农业考古》1990 年第 2 期。

李一忻：《周易入门》，九州出版社 2003 年版。

连劭名：《卜辞中的"游泛有疾"与〈周易〉》，载《古文字研究》第 27 辑，中华书局 2008 年版。

梁东汉：《汉字的结构及其流变》，上海教育出版社 1959 年版。

林成滔：《字里乾坤》，中国档案出版社 2004 年版。

林成滔：《字里乾坤》，中国旅游出版社 1998 年版。

林城滔：《字里乾坤》，中国档案出版社 2004 年版。

林义光：《文源》，中西书局 2012 年版。

林尹：《训诂学概要》，台北正中书局版（油印件）。

林沄：《甲骨文中的商代方国联盟》，载《古文字研究》第六辑，中华书局 1984 年版。

林沄：《说戚、我》，载《古文字研究》第十七辑，中华书局 1989

年版。

林沄：《豐豐辨》，载《古文字研究》第十二辑，中华书局 1985 年版。

林沄：《古文字学简论》，中华书局 2012 年版。

刘博平：《古声同纽之字多相近说》，载《武汉大学文哲季刊》第二卷第二号。

刘操南：《古代天文历法释证》，浙江大学出版社 2009 年版。

刘恒：《殷契偶札》，《于省吾教授百年诞辰纪念文集》，吉林大学出版社 1996 年版。

刘佳：《话说甲骨文》，山东友谊出版社 2009 年版。

刘钧杰：《同源字典补》，商务印书馆 1999 年版。

刘庆俄：《汉字学纲要》，中国和平出版社 1994 年版。

刘师培：《刘申叔先生遗书》，台北京华书局 1970 年影印本。

刘师培：《左盦集》。

刘士和、梁嵘、李菲：《论师承中医瘟疫治疗法的特征》，载《中国中医基础医学杂志》2007 年第 3 期。

刘兴隆：《新编甲骨文字典》（增订版），国际文化出版公司 2005 年版。

刘英：《汉字与医疗》，载何九盈等主编《中国汉字文化大观》，北京大学出版社 1995 年版。

刘又辛：《刘又辛语言学论文集》，商务印书馆 2005 年版。

刘又辛：《语言学论文集》，商务印书馆 2005 年版。

刘又辛：《"右文说"说》，载《语言研究》1982 年第 1 期。

刘又辛、李茂康：《训诂学新论》，巴蜀书社 1989 年版。

刘钊：《古文字构形学》，福建人民出版社 2006 年版。

刘钊：《甲骨文字考释》，载《古文字研究》第十九辑，中华书局 1992 年版。

刘钊：《卜辞所见殷代的军事活动》，载《古文字研究》第十六辑，中华书局 1989 年版。

刘正埮、高明凯、麦永乾、史有为编：《汉语外来词词典》，上海辞书出版社 1984 年版。

刘志基：《汉字文化综论》，广西教育出版社 1996 年版。

刘志基：《铁砚斋学字杂缀》，中华书局 2006 年版。

刘志基主编：《古文字考释提要总览》，上海人民出版社 2010 年版。

刘志基主编：《古文字考释提要总览》第二册，上海人民出版社2010年版。

鲁迅：《鲁迅全集》，人民文学出版社1981年版。

陆德明：《经典释文》，中华书局1983年版。

陆宗达：《陆宗达语言学论文集》，北京师范大学出版社1996年版。

陆宗达：《说文解字通论》，北京出版社1981年版。

陆宗达：《训诂简论》，北京出版社2000年版。

陆宗达、王宁：《浅谈传统字源学》，载《中国语文》1984年第5期。

罗常培：《语言与文化》，语文出版社1989年版。

罗琨：《商代战争与军制》，中国社会科学出版社2010年版。

罗振玉：《增订殷墟书契考释》，艺文印书馆1981年版。

罗安源：《田野语音学》，中央民族大学出版社2000年版。

罗昕如：《湖南土话词研究》，中国社会科学出版社2004年版。

吕静：《春秋时期盟誓研究——神灵崇拜下的社会秩序再构建》，上海古籍出版社2007年版。

吕思勉：《文字学四种》，上海古籍出版社2009年版。

马承源：《中国青铜器研究》，上海古籍出版社2002年版。

马如森：《殷墟甲骨文实用字典》，上海大学出版社2008年版。

马叙伦：《说文解字六书疏证》，上海书店1985年版。

［美］布龙菲尔德：《语言论》，袁家骅等译，商务印书馆1980年版。

缪启愉、缪桂龙：《齐民要术译注》，上海古籍出版社2009年版。

摩尔根著，杨东莼、马雍、马巨译：《古代社会》，商务印书馆1981年版。

聂崇义：《新定三礼图》，清华大学出版社2006年版。

潘玉坤主编：《古文字考释提要总览》，上海人民出版社2008年版。

彭铎：《〈吕氏春秋〉拾补》，《中国历史文献研究集刊》第一集，岳麓书社1980年版。

戚雨村主编：《语言学引论》，上海教育出版社1985年版。

漆永祥：《乾嘉考据学研究》，中国社会科学出版社1998年版。

齐冲天：《汉字与婚姻家庭》，载何九盈等主编《中国汉字文化大观》，北京大学出版社1995年版。

齐冲天：《声韵语源字典》，重庆出版社1997年版。

齐佩瑢：《训诂学概论》，中华书局 1984 年版。

钱穆：《中国文化史导论》，商务印书馆 1994 年版。

钱曾怡：《汉语方言研究的方法与实践》，商务印书馆 2002 年版。

秦永龙：《西周金文选注》，北京师范大学出版社 1992 年版。

裘锡圭：《关于商代的宗族组织与贵族和平民两个阶级的初步研究》，中华书局 1983 年版。

裘锡圭：《文字学概要》，商务印书馆 1988 年版。

裘锡圭：《说字小记》，《北京师范学院学报》1988 年第 2 期。

裘锡圭：《古文字论集》，中华书局 1992 年版。

瞿秋白：《瞿秋白文集》，人民文学出版社 1953 年版。

阙勋吾：《试探中国何时开始用铁》，载《中国历史文献研究集刊》第三集，岳麓书社 1983 年版。

饶宗颐：《殷代贞卜人物通考》，香港大学出版社 1959 年版。

任德山、任犀然：《汉字博物馆》，商务印书馆 2007 年版。

任继昉：《汉语语源学》，重庆出版社 2004 年版。

任继愈：《中国古代饮食文化》，商务印书馆 1997 年版。

容庚：《殷周礼乐器考略》，《燕京学报》1927 年 6 月。

容庚：《金文编》，中华书局 1994 年版。

申小龙：《中国语言的结构和人文精神》，光明日报出版社 1988 年版。

沈从文：《中国古代服饰研究》，世纪出版集团、上海书店出版社 2005 年版。

沈家本：《历代刑法考》（一、二、三、四册），中华书局 1985 年版。

沈兼士：《段砚斋杂文》，协和印书局 1947 年版。

沈兼士：《沈兼士学术论文集》，中华书局 1986 年版。

石午编：《术数全书》，中州古籍出版社 1994 年版。

史游：《急就篇》，中华书局 1985 年版。

宋金兰：《训诂学新论》，首都师范大学出版社 2001 年版。

宋均芬：《汉语文字学》，北京大学出版社 2005 年版。

宋镇豪：《甲骨文"出日""入日"考》，《出土文献研究》第一辑。

宋镇豪：《中国风俗通史·夏商卷》，上海文艺出版社 2001 年版。

宋镇豪：《中国春秋战国习俗史》，人民出版社 1994 年版。

宋镇豪：《夏商社会生活史》（上、下册），中国社会科学出版社1994年版。

宋镇豪：《商代社会生活与礼俗》，中国社会科学出版社2010年版。

宋镇豪主笔：《商代史论纲》，中国社会科学出版社2011年版。

宋镇豪主编：《商代史》（全10卷），中国社会科学出版社2010年版。

苏宝荣：《文字学掇英——兼论文字的动态考释方法》，《河北师范大学学报》1993年第2期。

苏新春：《汉字文化引论》，广西教育出版社1996年版。

苏新春主编：《汉字文化引论》，广西教育出版社1996年版。

孙斌来：《何尊铭文补释》，《松辽学刊》1984年第2期。

孙常叙：《孙常叙古文字学论集》，东北师范大学出版社1998年版。

孙常叙：《耒耜的起源及其发展》，上海人民出版社1964年版。

孙海波：《甲骨文编》，中华书局1965年版。

孙景涛：《汉字与军事》，载何九盈等主编《中国汉字文化大观》，北京大学出版社1995年版。

孙希旦：《礼记集解》，中华书局1989年版。

孙亚冰、林欢：《商代地理与方国》，中国社会科学出版社2010年版。

孙诒让：《古籀余论》（戴家祥校点容庚校刻本），华东师范大学出版社1988年版。

孙诒让：《周礼正义》（第1—14卷），中华书局1996年版。

孙诒让：《墨子间诂》，中华书局1986年版。

孙雍长：《古汉语的词义渗透》，《中国语文》1985年第3期。

孙雍长：《训诂原理》，高等教育出版社2009年版。

孙中运：《论"六书"之假借》，吉林人民出版社2001年版。

谭宏姣：《古汉语植物命名研究》，中国社会科学出版社2008年版。

汤可敬：《说文解字今释》，岳麓书社1997年版。

唐汉：《汉字密码》（上、下册），陕西师范大学出版社2009年版。

唐汉：《中国文字学批判》，东方出版社2005年版。

唐兰：《古文字学导论》，齐鲁书社1981年影印版。

唐兰：《永盂铭文解释》，《文物》1972年第1期。

唐兰：《中国文字学》，上海古籍出版社1979年版。

唐启宇：《中国作物栽培史稿》，农业出版社1986年版。

田倩君：《说弃》，《中国文字》第十三册，台北艺文印书馆 1964 年版。

汪维辉：《东汉—隋常用词演变研究》，南京大学出版社 2000 年版。

王宝刚：《〈方言〉简注》，中央文献出版社 2007 年版。

王伯熙：《文字的分类和汉字的性质》，《中国语文》1984 年第 2 期。

王凤阳：《汉字学》，吉林文史出版社 1989 年版。

王凤阳：《古辞辨》，吉林文史出版社 1993 年版。

王夫之：《船山全书》，岳麓书社 1989 年版。

王国维：《古史新证》，清华大学出版社 1954 年版。

王吉怀：《尉迟寺聚落遗址的初步探讨》，《考古与文物》2001 年第 4 期。

王继洪：《汉字文化学概论》，上海世纪出版股份有限公司 2006 年版。

王筠：《说文解字句读》，中华书局 1988 年版。

王力：《汉语史稿》，中华书局 1980 年版。

王力：《龙虫并雕斋文集》，中华书局 1980 年版。

王力：《同源字典》，商务印书馆 1982 年版。

王力：《同源字论》，《中国语文》1978 年第 1 期。

王力：《中国语言学的继承和发展》，《中国语文》1962 年 10 月号。

王力：《中国语言学史》，山西人民出版社 1981 年版。

王力：《汉语词汇史》，商务印书馆 1993 年版。

王力等编，蒋绍愚等增订：《古汉语常用字字典》，商务印书馆 2007 年版。

王念孙：《广雅疏证》，江苏古籍出版社 2000 年版。

王念孙、王引之：《读书杂志》，江苏古籍出版社 1985 年版。

王宁：《汉字的起源》，载何九盈等主编《中国汉字文化大观》，北京大学出版社 1995 年版。

王宁：《汉字与烹食文化》，载何九盈等主编《中国汉字文化大观》，北京大学出版社 1995 年版。

王宁：《训诂学原理》，中国国际广播出版社 1995 年版。

王琪：《上古汉语称谓研究》，中华书局 2008 年版。

王其钧：《中国古建筑语言》，机械工业出版社 2007 年版。

王仁湘：《往古的滋味——中国饮食的历史与文化》，山东画报出版社 2006 年版。

王若江：《汉字与农业》，载何九盈等主编《中国汉字文化大观》，北京大学出版社 1995 年版。

王若江：《汉字与手工业》，载何九盈等主编《中国汉字文化大观》，北京大学出版社 1995 年版。

王慎行：《殷周社祭考》，载《中国历史研究》1988 年第 3 期。

王世征、宋金兰：《古文字学指要》，中国旅游出版社 1997 年版。

王先谦：《释名疏证补》，中华书局 2008 年版。

王祥之：《图解汉字起源》，北京大学出版社 2009 年版。

王引之：《经传释词》，江苏古籍出版社 1985 年版。

王宇信：《建国以来甲骨文研究》，中国社会科学出版社 1981 年版。

王宇信：《甲骨学通论》，中国社会科学出版社 1993 年版。

王宇信、徐义华：《商代国家与社会》，中国社会科学出版社 2011 年版。

王玉堂：《声训琐议》，载《古汉语论集》第一辑，湖南教育出版社 1985 年版。

王玉哲：《中华远古史》，上海人民出版社 2003 年版。

王玉哲：《中华民族早期源流》，天津古籍出版社 2010 年版。

王震中：《商族起源与先商社会变迁》，中国社会科学出版社 2010 年版。

王震中：《商代都邑》，中国社会科学出版社 2010 年版。

王志俊：《关中地区仰韶文记刻成符号概述》，《考古与文物》1980 年第 3 期。

王子今：《交通与古代社会》，陕西人民教育出版社 1993 年版。

王子今：《中国古代交通文化》，三环出版社 1990 年版。

吴其昌：《金文名象疏证·兵器篇》。

吴荣爵、吴胃：《尔雅全译》，贵州人民出版社 2000 年版。

吴文祺：《〈中华文史论丛〉增刊——〈语言文字研究专辑〉》，上海古籍出版社 1986 年版。

伍铁平：《词义的感染》，载《语文研究》1984 年第 3 期。

武占坤、马国凡：《汉字·汉字改革史》，湖南人民出版社 1986 年版。

夏纬瑛：《植物名释札记》，农业出版社 1990 年版。

萧启宏：《从人字说起》，东方出版社 1999 年版。

徐伯安：《汉字与建筑》，载何九盈等主编《中国汉字文化大观》，北京大学出版社 1995 年版。

徐德江：《索绪尔语言理论新探》，海潮出版社 1999 年版。

徐复、宋文民：《说文五百四十部首正解》，江苏古籍出版社 2003 年版。

徐灏：《说文解字注笺》。

徐锴：《说文解字系传》，中华书局 1987 年版。

徐中舒：《甲骨文字典》，四川辞书出版社 1988 年版。

徐中舒：《怎样研究中国古代文字》，载《古文字研究》第十五辑，中华书局 1986 年版。

徐中舒主编：《汉语古文字字形表》，四川辞书出版社 1987 年版。

许慎撰，徐铉校定：《说文解字》，长江文艺出版社 2005 年版。

许顺湛：《中原远古文化》，河南人民出版社 1983 年版。

许威汉：《训诂学导论》（修订版），北京大学出版社 2003 年版。

亚里士多德：《范畴篇·解释篇》，方书春译，商务印书馆 1959 年版。

严一萍：《楚缯书新考》，《中国文字》第二十六册，台北艺文印书馆 1967 年版。

羊达之：《说文形声字研究》，台湾文史哲出版社 1994 年版。

杨宝成：《殷代车子的发现与复原》，《考古》1984 年第 6 期。

杨端志：《训诂学》，山东文艺出版社 1986 年版。

杨清澄：《六书新论》，线装书局 2012 年版。

杨清澄：《小学经心：古代语言文字论集》，线装书局 2012 年版。

杨润陆：《汉字与交通》，载何九盈等主编《中国汉字文化大观》，北京大学出版社 1995 年版。

杨升南、马季凡：《商代经济与科技》，中国社会科学出版社 2010 年版。

杨树达：《积微居小学金石论丛》，中华书局 1983 年版。

杨树达：《中国文字学概要》，湖南人民出版社 2010 年版。

杨树达：《积微居甲文说》，中国社会科学出版社 1954 年版。

杨五铭：《文字学》，湖南人民出版社 1986 年版。

杨荫浏：《中国古代音乐史稿》，人民音乐出版社 1981 年版。

杨之水：《诗经名物新证》，北京古籍出版社 2000 年版。

杨之水：《诗经别裁》，中华书局 2012 年版。

姚孝遂：《甲骨刻辞狩猎考》，载《古文字研究》第六期，中华书局 1981 年版。

姚孝遂：《古汉字的形体结构及其发展阶段》，载《古文字研究》第四辑，中华书局 1980 年版。

姚孝遂：《古文字研究的现状及展望》，载《古文字研究》第一辑，中华书局 1979 年版。

姚孝遂：《许慎与说文解字》，作家出版社 2008 年版。

姚孝遂、肖丁：《小屯南地甲骨考释》，中华书局 1985 年版。

叶春林校译：《诗经》，崇文书局 2007 年版。

易建平：《部落联盟与酋邦——民主·专制·国家：起源问题比较研究》，社会科学文献出版社 2004 年版。

殷寄明：《语言学概论》，上海教育出版社 2000 年版。

殷寄明：《汉语语源义初探》，学林出版社 1998 年版。

尹黎云：《汉字字源系统研究》，中国人民大学出版社 1998 年版。

于省吾：《甲骨文字释林》，中华书局 1979 年版。

于省吾：《关于古文字研究的若干问题》，《文物》1973 年第 2 期。

于省吾主编：《甲骨文字诂林》（1、2、3、4 册），中华书局 1996 年版。

袁庭栋：《解密中国古代军队》，山东画报出版社 2007 年版。

越诚：《甲骨虚词探索》，载《古文字研究》第十五辑，中华书局 1994 年版。

臧克和：《中国文字与儒学思想》，广西教育出版社 1996 年版。

臧克和主编：《中国文字研究》2007 年第二辑。

臧克和主编：《中国文字研究》2007 年第一辑。

臧克和主编：《中国文字研究》2008 年第二辑。

臧克和主编：《中国文字研究》2008 年第一辑。

臧克和主编：《中国文字研究》2009 年第一辑。

翟双庆：《中医经典百题精解丛书——内经》，人民卫生出版社 2009 年版。

詹鄞鑫：《释辛及与辛有关的几个字》，《中国语文》1983 年第 5 期。

詹鄞鑫：《汉字说略》，辽宁教育出版社 1991 年版。

张光裕、黄德宽主编：《古文字学论稿》，安徽大学出版社 2008 年版。

张光直：《商文明》，辽宁教育出版社 2002 年版。

张桂光：《殷周"帝"、"天"观念考察》，《华南师范大学学报》（社会科学版）1984 年第 2 期。

张世禄：《张世禄语言学论文集》，学林出版社 1984 年版。

张素凤：《古汉字结构变化研究》，中华书局 2008 年版。

张以仁：《声训的发展与儒家的关系》，载《总统蒋公逝世周年论文集》，中央研究院 1976 年版。

张永言：《训诂学简论》，华中工学院出版社 1985 年版。

章太炎：《国故论衡》，上海古籍出版社 2007 年版。

章太炎：《国学讲演录·小学略说》，上海人民出版社 1985 年版。

赵诚：《甲骨文简明词典》，中华书局 1988 年版。

赵诚：《甲骨文字学纲要》，中华书局 2005 年版。

赵光贤：《周代社会辨析》，人民出版社 1980 年版。

赵荣光：《中国饮食文化概论》，高等教育出版社 2003 年版。

赵世民：《汉字：中国文化的基因》（二），广西人民出版社 2003 年版。

赵云旗：《中国古代交通》，中国国际广播出版社 2011 年版。

赵振铎：《训诂学纲要》，陕西人民出版社 1987 年版。

褚人获：《坚瓠集》，上海古籍出版社 2012 年版。

郑继娥：《甲骨文祭祀卜辞语言研究》，巴蜀书社 2007 年版。

郑文光：《中国天文学源流》，科学出版社 1989 年版。

郑玄注，贾公彦疏：《周礼注疏》（上、中、下册），上海古籍出版社 2010 年版。

智龛：《蔡公子果戈》，《文物》1964 年第 7 期。

中国大百科全书出版社和美国不列颠百科全书公司编译：《简明不列颠百科全书》，中国大百科全书出版社 2004 年版。

中国第一机械工业部统编：《热处理工艺学》，科技普及出版社 1983 年版。

周大璞：《论语音和语义的关系》，《古汉语论集》，湖南教育出版社 1985 年版。

周士璞：《假借质疑》，《武汉大学学报》1982 年第 2 期。

周淑敏：《快乐汉字》，中国文史出版社 2006 年版。

周一农：《词汇的文化蕴涵》，上海三联书店 2005 年版。

周有光：《文字演进的一般规律》，《中国语文》1957 年第 7 期。

周有光：《语文风云》，文字改革出版社 1980 年版。

周祖谟：《尔雅校笺》，云南人民出版社 2004 年版。

朱芳圃：《殷周文字释丛》，中华书局 1962 年版。

朱芳圃：《中国古代神话与史实》，中州出版社 1982 年版。

朱骏声：《说文通训定声》，中华书局 1984 年版。

朱瑞平：《孙诒让小学谫论》，商务印书馆 2005 年版。

朱祖延主编：《汉语成语大词典》，河南人民出版社 1985 年版。

竺可桢：《竺可桢文集》，科学出版社 1979 年版。

竺可桢：《中国近五千年来气候变迁的初步研究》，《考古学报》1972 年第 1 期。

庄子：《庄子》，吉林出版社 2007 年版。

邹晓丽：《基础汉字形义释源》（修订版），中华书局 2007 年版。

邹晓丽、李彤、冯丽萍：《甲骨文字学述要》，岳麓书社 1999 年版。

左民安：《细说汉字 ——1000 个汉字的起源与演变》，九州出版社 2005 年版。

后　记

　　购买 6 万余元书籍，花费 3 年多时间，破解上百个汉语语音的语源义、上千个汉字的音形义结合原理，写作 70 来万字，终得一部《会同话与简易汉字学》。这组数字对于别人来说，也许是枯燥的，但对于我们而言，却又是如此具体、生动和亲切，其背后的一个个活生生的情景让我们永生难忘。

　　做研究是艰苦的。青灯黄卷，日夜煎熬，青丝染霜，密发疏残，颈肩腰齐痛，眼胃腿皆病，这些都不算什么。令我们感到困难的是面前横亘着"三座大山"：一是在偏远的湘西南山区小县做研究，资料主要依赖购买，研究无人指导；二是我们并非汉字学专业毕业者，一切从头自学；三是两人皆可归为贫困之列，口袋里常常不足 100 元，便常常相视一笑作为相勉。

　　令我们感到欣慰的是，社会各界给予了精神与物质的支持。县委、县人大、县政府、县政协及有关部门大力支持我们的研究工作，县政协还通过大会参政议政发言呼吁支持我们的研究，历任和现任县领导十分重视这项文化工程，特别是政协主席李显阳倾注心血，始终竭尽全力支持，四处奔走呼吁。权威专家学者李学勤、王震中、王宇信一直关心、鼓励和支持我们的研究，并欣然为我们题词、作序和向出版社推荐出版。考古学家、历史学家、古文字学家、"国家夏商周断代史研究工程"首席专家组组长李学勤，审读了我们两人的研究成果片断后，鼓励道："很有意思，很有价值、很值得研究。"省政协、省社会科学联、市政协和市直有关部门领导给予了关注；怀化学院图书馆和县图书馆提供了特殊的借书帮助；中国社会科学出版社精心编辑、优质出版；中央组织部张绪勤君，日理万机犹记此研究，三日两头拨冗勤过问，亲跑书店选书购书，还在为本书的出版事宜及争取申报国家扶持项目，做了大量前期工作；杨云浩老先生及挚友王红飚、刘有元、龙世泉、杜运虎、曾庆文等在民俗例证和文字校对方面提供了很大帮助；我们所购大部分书籍，大多是吴氏林家不厌其烦地从网上帮助淘得；在外的其他朋友也是鼎力相助，如张干太、周正宇、廖良玉、郭志杰、王妙雄、杨卫民、付劲松、张秀成、聂子骛、石建涛、陈爱梅、杨结发、刘平等，也常常为我们的研究奔走操心；好友伍献清、粟永发、粟明发等给予了极大的鼓励和支持；王跃华、马伍香帮助录入了部分书稿；梁谞、杨增和协助校对了清样。还有大批给予关心和支持的热心人士不胜枚举。一项研究，众手相助，此情此景，令我们倍感温暖、备添力量。

可以说，我们没有辜负大家的期望，发现了汉语汉字音形义的起源和结合规律，重新构建了汉语言文字学的体系，将给中华文化发展和对外交流注入新的活力，将给汉语的推广带来前所未有的便利。因此，我们付出的辛劳是值得的，大家给予的帮助是有价值的。

当然，由于我们才疏学浅，且语言文字起源时代距今过于遥远，加上资料有限、时间仓促，书中难免有诸多错误和漏洞，还待方家不吝赐教。

2013 年中秋节前夕记于鸿发雅苑